中国年鉴精品工程
High Quality Project of China's Yearbook

牡丹江年鉴 2022

MUDANJIANG

YEARBOOK

中共牡丹江市委史志研究室 编

方志出版社
Publishing House of Local Records

图书在版编目（CIP）数据

牡丹江年鉴 . 2022 / 中共牡丹江市委史志研究室编 .—
北京 ：方志出版社，2022.12
ISBN 978-7-5144-5603-5

Ⅰ . ①牡… Ⅱ . ①中… Ⅲ . ①牡丹江市—2022—年鉴
Ⅳ . ① Z523. 53

中国版本图书馆 CIP 数据核字 (2022) 第 252678 号

责任编辑：顾洁
责任校对：刘玉霞
责任印制：梅中英
出 版 者：方志出版社
地　　址：北京市朝阳区潘家园东里 9 号（国家方志馆4层）
邮　　编：100021
网　　址：http://www.zgfzcb.cn
发　　行：方志出版社图书营销中心（010-67110500）
印　　刷：哈尔滨翰翔印务有限公司
开　　本：889毫米 × 1194毫米　1/16
印　　张：32
字　　数：1000千字
版　　次：2022年12月第1版
印　　次：2022年12月第1次印刷
定　　价：358.00元

《牡丹江年鉴（2022）》编委会

AAAAA景区镜泊湖吊水楼瀑布　　（刘贵文　摄）

序

国务院办公厅2015年8月印发的《全国地方志事业发展规划纲要（2015—2020年）》（以下简称《规划纲要》）要求，到2020年要做到地方综合年鉴一年一鉴，公开出版，实现省、市、县三级综合年鉴全覆盖。《规划纲要》还要求，坚持存真求实，正确处理质量与进度的关系，将精品意识贯穿于年鉴编纂出版工作全过程。2015年12月，中国地方志指导小组办公室启动中国年鉴精品工程，将其与先期实施的中国志书精品工程视为姊妹工程，一道作为加强地方志质量建设的重要抓手。

实施中国年鉴精品工程有助于推动中华优秀传统文化传承发展。近年来，在党中央、国务院的高度重视和关心支持下，全国地方志事业发展迎来最好的发展时期。年鉴编纂发端于欧洲，鸦片战争后被引入我国，在我国走过了100多年的发展历史。在长期的编纂中，年鉴在内容和形式上不断发展，逐渐演变成为适合反映中国国情、具有鲜明中国特色的一种文化载体，并在改革开放后出现了快速发展的局面。2006年5月，国务院《地方志工作条例》颁布施行，明确将地方综合年鉴纳入地方志工作范畴，年鉴工作走上了有法可依的轨道。《规划纲要》出台，为从依法编鉴转变到依法治鉴指明了方向。2016年12月，中国地方志指导小组印发《全国年鉴事业发展规划（2016—2020年）》，更进一步明确了到2020年全国年鉴事业的任务书、时间表、路线图。经过多年的发展，年鉴工作已经成为地方志工作的重要组成部分，成为中华民族优秀文化传统的有机组成部分，其存史、育人、资政作用日益彰显。实施中国年鉴精品工程，是年鉴工作者紧扣时代脉搏、坚持创新发展的一项重要举措，对于坚定文化自信，传承弘扬好中华优秀传统文化意义重大。

实施中国年鉴精品工程有助于为全面建成小康社会提供更多智力支持和历史借鉴。党的十八大作出全面建成小康社会的战略部署。党的十八届五中全会提出到2020年如期实现全面建成小康社会的目标要求。完成《规划纲要》确定的目标任务是年鉴工作者的神圣使命，更是年鉴工作者以自身力量为全面建成小康社会献上的厚礼。一方面，可以更好地利用年鉴这种年度资料性文献，及时记录各地区在全面建成小康社会伟大征程中每年取得的新成绩和新经验、出现的新情况和新问题、涌现的优秀人物和典型事迹等；另一方面，可以更好地积累地情、国情资料，为推动经济社会发展和深化改革提供智力支持，为推进国家治理体系和治理能力现代化提供历史借鉴。

实施中国年鉴精品工程有助于全面推进地方志事业转型升级。地方志不是单纯修志编鉴工作，而是全体方志人“修志问道，以启未来”的一项事业，这项事业包含着巨大的时代担当与使命追求。地方志工作要在“五大建设”总体布局和“四个全面”战略布局中发挥与其自身价值、功能相匹配的作用，就要因时而谋、乘势而上、顺势而为，全面推进地方志事业转型升级。转型升级，当下最重要的目标就是完成“两全”目标，包括“年鉴全覆盖”目标；长远的目标就是基本形成地方志编修体系、理论研究和学科建设体系、质量保障体系、资源开发利用体系、工作保障体系“五位一体”的地方志事业发展综合体系，包括“五位一体”的年鉴事业发展综合体系。中国年鉴精品工程是一项探索工程，也是一项创新工程，是推进地方志事业转型升级的重要内容。通过实施中国年鉴精品工程，不仅有助于确保年鉴质量，不断编纂出版具有鲜明时代特征、年度特点和地域特色的精品年鉴，也有助于推动年鉴工作适应经济社会发展形势和时代需要，不断改革创新，与时俱进。

多年来，在中国地方志指导小组办公室的指导和全国各级地方志工作机构的共同努力下，年鉴种类数量快速增长，年鉴成果粲然可观，为实施中国年鉴精品工程奠定了坚实的基础。实施中国年鉴精品工程，就是要在全国地方志系统起到示范作用，进一步培育精品意识，打造精品年鉴，以点带面，在提高年鉴质量方面探索出一条切实可行之路，使这项探索工程和创新工程能够积累经验，发挥引领作用。

“万山磅礴，必有主峰；龙衮九章，但挈一领。”实施中国年鉴精品工程，是筑牢地方志事业特别是年鉴事业发展根基之举，其意义与价值不言而喻。但编修出年鉴精品佳作，绝非朝夕之功，需要付出长期艰辛的努力。希望通过实施中国年鉴精品工程，能够进一步推进年鉴质量建设，使年鉴真正成为传承中华民族优秀传统文化的重要载体，成为展示中国国情、地情的重要窗口，成为“为当代提供资政辅治之参考、为后世留下堪存堪鉴之记述”的资源宝库，在全面建成小康社会过程中作出更大贡献。

是为序。

中 国 社 会 科 学 院 原 副 院 长
中国地方志指导小组原常务副组长

城市名片

- ★ 国家新能源示范城市
- ★ 全国流通领域现代物流示范城市
- ★ 国家级外贸转型升级专业型示范基地
- ★ 跨境电商进口商品零售试点城市
- ★ 中俄地区友好合作示范城市
- ★ 中国沿边开放先导城市
- ★ 中国绿色有机食品之都
- ★ 中国食用菌之城
- ★ 世界黑木耳之都

★中国十佳最具开发潜力城市

★全国金融生态示范城市

★全国双拥模范城

★中国最具潜力避暑旅游城市

★中国旅游竞争力百强城市

★中国冰雪旅游十强市

★中国优秀旅游城市

★国家公共文化服务体系示范区

★全国水生态文明城市

★国家生态文明先行示范区

★中国十佳宜居城市

中国雪乡　　（市文广旅局　供图）

雪城印象

冰雪名城

牡丹江市冰雪资源富集，冰雪文化悠久，冰雪产品多元，冰雪品牌林海雪原、中国雪城、中国雪乡、牡丹江雪堡等在全国全省叫响。2021年，牡丹江市承办第四届黑龙江省旅游产业发展大会，打造旅游产品新业态，精心策划“冰雪胜境·梦里雪乡”“林海雪原·红色畅想”“冰湖热泉·奥运之光”“百年口岸·异域时尚”“文旅消费·倾城共享”五大特色冬季旅游主题产品，集成化推出“渔猎文化·冰瀑热泉”“百年老镇·林海雪原”“冰雪胜境·极致雪景”“自然冰雪·最美村落”“梦幻世界·快乐之旅”“浪漫边城·红色通道”6条冬季旅游精品线路，强势延续旅发大会势头，为广大游客带来一场冬季旅发盛宴。

牡丹江雪堡（吴永久 摄）

梦幻雪乡（隋启林 摄）

全民滑雪运动 （吴永久 摄）

乐享雪趣 （马利秋 摄）

海林市光明顶林海雪原 （任少静 摄）

雪城印象

红色之城

牡丹江市是一座英雄的红色之城，中国共产党最早的党员之一、早期革命活动家马骏在这里播下了革命的火种。绥芬河红色秘密交通线，为中共六大的召开作出不可磨灭的贡献。以“八女英烈”为代表的一大批抗联英雄，为抗日战争的最后胜利作出重要贡献。解放战争时期，这里是东北民主联军剿匪作战的主战场和最早建立的东北根据地，杨子荣智斗“座山雕”的故事家喻户晓，“明知征途有艰险，越是艰险越向前”的大无畏精神激励着一代又一代牡丹江人迎难而上、勇往直前，红色是这座城市永不褪色的文化符号。

2021年6月18日，中共六大历史资料馆在绥芬河市开馆
（付楠楠　摄）

2021年9月3日，以东北抗联教导旅史实为背景的红花岭东北抗联小镇迎来众多游客，小镇被列为黑龙江省2021年度研学实践教育基（营）地目录　（市文广旅局　供图）

2021年9月29日，马骏纪念馆内，学生聆听东北地区党组织创始人马骏事迹（韩林林　摄）

2019年10月16日，经国务院批准，人民空军东北老航校旧址成为首个被国家保护的老航校旧址和首个能够代表人民空军属性的国保级文物。2021年6月，老航校整体改造项目举行揭牌仪式，成为牡丹江市党史爱国主义教育基地和标志性红色旅游产品

（市文广旅局　供图）

八女投江遗址纪念馆位于林口县刁翎镇境内，是国内唯一一家以八女英雄及抗联二路军史实为主题的抗战史实纪念馆，2005年入选全国红色旅游经典景区第一批名录

（市文广旅局　供图）

孤榆树东北抗联密营地位于穆棱市孤榆树村，是以“重走抗联路、共铸民族魂”为主旨的体验式教育教学现场和互动旅游景区。通过对穆棱抗日遗迹旧址复原，集中展示周保中、李延禄等10余名抗联英烈的生平事迹及英雄故事

（市文广旅局　供图）

雪城印象
宜居之城

四面青山排闼，一江春水绕城。牡丹江市生态优良、山川秀美、四季分明、气候宜人，是一座宜居宜游的魅力之城。自然生态与历史人文兼具，边塞风光与民俗风情并存，灵秀多姿的湖光山色、叠嶂起伏的群山林海、底蕴深厚的雪情冬趣、全面开放的中俄边城、多彩包容的民俗人文、珍稀奇特的野生动物基地和光辉闪耀的红色记忆，令众多国内外游客流连忘返，拥有“中国优秀旅游城市”“中国十佳宜居城市”“中国旅游竞争力百强城市”等诸多荣誉。

一江居中　两岸同兴

人民公园　（刘　杰　摄）

东四立交桥　（刘贵文　摄）

（市文广旅局　供图）

腾飞的牡丹江　（李发德　摄）

小提琴广场夜景　（隋启林　摄）

年度要闻

庆祝活动

2021年，全市党员干部围绕庆祝中国共产党成立100周年主题，结合党史学习教育，通过党旗传递、主题党日和群众文艺会演等形式，开展以唱红色经典、走革命红路、颂龙江精神、听红色故事、观党史历程为主要内容的系列庆祝活动。广大干部群众在实地实景实践中深情回顾党的奋斗历史，热情讴歌党的丰功伟绩，在学习中受教育，在活动中受洗礼。

2021年7月1日，市人社局组织全体党员观看中国共产党成立100周年庆祝活动现场直播（纪晓菲　摄）

2021年6月20日，市直机关参加"黑龙江省庆祝中国共产党成立100周年党旗传递活动（牡丹江专场）"主题党日活动（张　伟　摄）

2021年6月20日，市直机关庆祝中国共产党成立100周年主题党日活动演出（市直机关工委　供图）

2021年6月20日，市直机关庆祝中国共产党成立100周年"党旗在基层一线高高飘扬"经典演出"跨越时空的对话"（市直机关工委　供图）

2021年7月1日，庆祝中国共产党成立100周年牡丹江市少数民族群众文化展演
（王金成　摄）

2021年6月25日，爱民区拥军社区党委组织辖区老党员参加庆祝中国共产党成立100周年主题活动，为老党员颁发“光荣在党50年”纪念章　（罗绍仁　摄）

2021年6月29日，牡丹江市“两优一先”表彰大会举行　（张　伟　摄）

2021年6月29日，牡丹江市“两优一先”表彰颁奖现场　（张　伟　摄）

年度要闻

旅发大会

2021年9月1—3日，第四届黑龙江省旅游产业发展大会在牡丹江市举行。大会以“镜泊胜景·林海雪原”为主题，重点打造“四大亮点”（“乡村振兴·多维呈现”“红色研学·创意延展”“文旅融合·体验创新”“全域旅游·示范引领”），提升“四大板块”（“浪漫雪城·生活印象”牡丹江市区板块，“镜泊飞瀑·渤海故国”镜泊湖—宁安板块，“艺术小镇·林海雪原”海林—横道河子板块和“红色边城·异域风情”绥芬河—东宁—穆棱—林口板块），形成“42+N”旅发项目集群，多维度推介展示牡丹江资源优势、文化底蕴和旅游特色，塑造“龙江好风光•美在牡丹江”的城市文旅品牌。

2021年9月1日，第四届黑龙江省旅游产业发展大会开幕式
（市文广旅局　供图）

2021年10月29日，牡丹江市承办旅发大会总结表彰大会举行
（市文广旅局　供图）

旅发大会会徽“欢腾牡丹江”，吉祥物“虎娃”“雪妞”
（市文广旅局　供图）

2021牡丹江

镜泊湖吊水楼瀑布　　（镜泊湖管委会　供图）

中国·牡丹江爱熊猫小镇
（市文广旅局　供图）

海林市横道河子俄罗斯风情小镇
（市文广旅局　供图）

绥芬河中俄自驾游露营地　　（市文广旅局　供图）

年度要闻

牡佳高铁

2021年12月6日，我国最东端高铁——牡佳高铁开通运营，黑龙江省高铁网实现互联互通。牡佳高铁全长371.6千米，是省内里程最长的高铁线路。设计速度250千米/小时，牡丹江至佳木斯两地最快铁路旅行时间由7小时缩短至2小时10分钟。牡佳高铁为黑龙江省第四条高速铁路，与既有的哈牡高铁、哈佳铁路共同构成黑龙江省东部高铁环线，串联起沿线6座地级市，形成以哈尔滨为中心的两小时、三小时交通圈，对促进沿线资源型城市转型升级，助力东北全面振兴、全方位振兴，具有十分重要的意义。

2019年6月10日，牡佳高铁亮子河特大桥架梁施工
（市发改委　供图）

2019年8月30日，牡佳高铁路基及附属工程完成
（市发改委　供图）

2021年12月6日，牡佳高铁开通运营
（张　伟　摄）

2021年12月25日，行进中的牡佳高铁列车
（刘贵文　摄）

年度要闻

疫情防控

2021年，牡丹江市全力抓好新冠肺炎疫情防控工作，严守中国防疫北大门。坚持内外同防、人物环境同防，加强口岸边境防控和常态化疫情防控，开展疫苗接种工作，研发全民核酸结果查询系统、医疗感染风险监测和预检分诊监控平台，建立起全市统一协调的防疫工作机制。

2021年，牡丹江机场货物运输疫情防控

（牡丹江机场　供图）

2021年，东宁口岸货物运输疫情防控

（东宁口岸委　供图）

2021年，党员防疫做表率

（市直机关工委　供图）

2021年，牡丹江火车站疫情防控　（市直机关工委　供图）

2021年，G11高速公路牡丹江市出入口防疫服务　（市直机关工委　供图）

全面小康

项目建设

牡丹江市高度重视项目建设，形成市、县（市）区、乡、村共抓项目的协调机制和领导包扶机制。2021年，全市开复工“百大项目”300个，完成投资242.8亿元。新开工亿元以上项目63个，89个产业项目竣工投产，省市“百大项目”投资完成率113.6%；新引进亿元以上项目201个，招商引资到位资金385.5亿元，增长50.3%。

2021年，宁安有机绿色食品智慧化产业园一期鲜食玉米加工项目 （王重阳　摄）

2021年，林口县奥丰石墨开采加工项目 （李宏伟　摄）

2021年9月，绥芬河机场客机试飞成功 （绥芬河市发改委　供图）

2021年，海林开发区中医药产业园一期工程 （海林市发改委　供图）

2021年，荒沟抽水蓄能电站并网发电 （市发改委　供图）

2021年，阳明区VC·产业园投入运营 （阳明区发改委　供图）

全面小康

产业发展

牡丹江市全面贯彻落实国家融入共建“一带一路”倡议，精心做好改造升级“老字号”、深度开发“原字号”、培育壮大“新字号”“三篇大文章”，全力改造提升绿色食品、林木林纸、化工医药、装备制造、新材料、新能源六大主导产业，培育发展数字经济、生物经济等战略性新兴产业。工业经济稳步提升，培育引进高新技术企业，全市高新技术企业突破140户。现代服务业规模扩张，一批商业综合体投入运营，牡丹江市成为首批国家文化和旅游消费试点城市。加快发展特色农业，“菌菜牧林药”等优势产业初步形成，打造了中国绿色有机食品之都、世界黑木耳之都。

2021年，黑龙江北方双佳钻采机具有限责任公司被认定为国家级专精特新“小巨人”企业　（刘　鑫　摄）

2021年，牡丹江万鼎乳业有限公司示范牧场乳制品精深加工车间　（刘　鑫　摄）

黑龙江红星集团食品有限公司绿色养殖基地（关爱光　摄）

牡丹江恒丰纸业集团有限责任公司获批2021年度国家级绿色工厂，通过工信部两化融合管理体系贯标认证，入选省重点培育智能工厂库，在中国数字化年会获“数字化创新典范案例”奖　（刘　鑫　摄）

百威英博（牡丹江）啤酒有限公司酿造生产车间获评2021年黑龙江省数字化（智能）示范车间　（蔡安杰　摄）

全面小康

乡村振兴

2021年，全市规模以上农产品加工企业发展到186户。林口县白鹅产业被纳入全国优势特色产业集群政策支持范围，东宁市细岭村以黑木耳入选国家级“一村一品”示范村，宁安市获评全国首批休闲农业重点县，宁安市上官地村认定为中国美丽休闲乡村。全市农民参与创业创新人数11万人，带动就业人数22.5万人。全市农民年人均收入连续18年居全省第一位。

宁安市兰岗镇西瓜全国闻名　　（市农业农村局　供图）

宁安市宁安镇圆葱大丰收
（市农业农村局　供图）

林口县沙棘种植业
（市农业农村局　供图）

林口县大鹅养殖基地
（刘贵文　摄）

宁安市渤海镇火山岩石板大米种植基地
（市农业农村局　供图）

宁安市宁安镇蔬菜基地　　（市农业农村局　供图）

海林市榛子种植基地
（市农业农村局　供图）

林口县养蚕业
（赵　波　摄）

宁安市西红柿出口基地
（市农业农村局　供图）

东宁市黑木耳种植业　　（市农业农村局　供图）

全面小康
乡村振兴

牡丹江市独具特色的乡村旅游涵盖了生态休闲游、风情民俗游、科普研学游、冰雪休闲游和红色旅游、文化体验游、休闲娱乐游等，实现了县县有特色、区区有亮点。全市把承办第四届黑龙江省旅发大会与促进乡村振兴相结合，着眼培育乡村振兴新亮点，强化农村特色产业、田园生态和民族民俗风情等元素植入，加快提升牡丹江市乡村旅游规模和效益，为乡村振兴提供内在支撑。西安区中兴村、宁安市小朱家村和上官地村、海林市七里地村等成为特色乡村旅游打卡地。

宁安市小朱家村　（市文广旅局　供图）

海林市七里地村　（市文广旅局　供图）

宁安市上官地村　（市文广旅局　供图）

▲ 宁安市渤海镇
（市文广旅局　供图）

◀ 玄武湖畔稻花香
（市文广旅局　供图）

西安区中兴村　　　　（市文广旅局　供图）

农旅融合项目——穆棱七彩花田
（市文广旅局　供图）

全面小康

口岸建设

牡丹江市是黑龙江省东南部口岸群的中心城市，拥有绥芬河铁路口岸、绥芬河公路口岸、东宁公路口岸、牡丹江航空口岸4个国家一类口岸。年综合过货能力3950万吨，过客能力2200万人次。绥芬河铁路口岸是黑龙江省唯一的连接俄罗斯的铁路通道，也是黑龙江省规模最大的口岸。2021年，全市各口岸大力实施智慧通关，创建智能口岸运行体系，"95306"数字口岸系统在绥芬河铁路口岸投入使用，中俄两国海关和出入境检验检疫实现电子口岸管理，实行本币结算业务和汇款直通车业务。

绥芬河公路口岸　　（绥芬河市口岸委　供图）

东宁公路口岸　　（东宁市口岸委　供图）

牡丹江航空口岸　　（牡丹江机场　供图）

中欧班列货物装载　　　　　　（绥芬河市发改委　供图）

全面小康

进出口贸易

2021年，开通莫斯科至绥芬河中俄直列，运时缩减80%。回运俄粮13.5万吨，肥料、铁矿砂等大宗商品进口和农产品、轻纺等骨干品种出口保持增势。新开工亿元以上外向型产业项目6个，牡丹江保税物流中心（B型）新入驻企业20户。绥芬河市开展互市贸易进口商品落地加工试点。全市实际利用外资增长36%，境外农业合作规模居全省首位。牡丹江市对俄贸易额139.2亿元，占全省的43.83%。

绥芬河铁路口岸货场
（绥芬河市发改委　供图）

▲哈绥俄亚陆海联运（绥芬河市发改委　供图）

◀ 牡丹江海关对出口商品进行现场查验
（左　军　摄）

全面小康

生物经济

牡丹江市生物资源富集、产业基础雄厚。全市以生物种养殖为基础，重点发展生物制剂、生物旅游等相关生物产业。生物医药产业主要发展现代中药产业、做精做优化学医药产业、培育壮大兽药产业、扶持发展保健品产业、建设汉麻产业基地等五大产业，培育以“友搏药业”“黑宝药业”为代表的一批在全国有较高知名度和影响力的生物医药企业，形成以心脑血管药物、现代中药、化学原料药、生物农药及淀粉深加工等为主，中西药兼备、科工贸一体、多品种多剂型的产业群体，产业规模居黑龙江省第三位、全国第三十位。

牡丹江友搏药业有限责任公司养殖基地　　（朱毓敏　摄）

2021年，汉麻纤维全无氯漂白科技攻关项目试车成功，项目核心技术为全球同行业内首创　　（吴大为　摄）

黑龙江黑宝药业股份有限公司生产车间　（市工信局　供图）

黑龙江仁合堂药业有限责任公司生产线　（市工信局　供图）

牡丹江友搏药业药品生产线

（朱毓敏　摄）

牡丹江灵泰药业股份有限公司药品生产线

（朱毓敏　摄）

宁安市灵芝种植基地

（市农业农村局　供图）

海林市北药产业基地芍药园区

（市农业农村局　供图）

全面小康
文体繁荣

牡丹江市文化事业和文化产业在全省处于第一方队，是国家公共文化服务体系示范区。全市有公共文化馆15个，其中国家一级馆4个、二级馆2个、三级馆5个；有公共图书馆8个，其中国家一级馆1个、二级馆3个、三级馆4个；美术馆2个。全市有乡镇（街道）综合文化站（文化活动中心）70个，建有率达到100%，村和社区综合性文化服务中心建有率90%以上，形成覆盖城乡的公共文化服务网络体系。开展全民阅读进家庭、进社区、进校园、进农村、进企业、进机关活动，以市图书馆为主导，持续举办“牡丹江文化大讲堂”，提升群众人文素养。开展“欢庆我们的节日”“舞动全城”“朝鲜族民俗文化节”和全民健身、科普教育等系列群众性文化活动。结合中华传统节日、重要节日，广泛开展群众性节日民俗活动。加强体育场馆设施建设，群众性体育活动蓬勃发展。举办“百万青少年上冰雪”活动，让冰雪体育走进校园。培养体育人才，举办体育赛事，牡丹江市先后为国家培养了王淑媛、李琰、展焕丽、王曼丽、刘秋宏、高亭宇、宁忠岩等一批优秀运动员，在冬奥会、世界锦标赛、世界杯赛等国际大赛中摘金夺银。

2021年11月，高亭宇获速度滑冰世界杯波兰站男子500米（A组）冠军 （市体育局 供图）

2021年11月，宁忠岩获速度滑冰世界杯挪威站男子1500米冠军 （市体育局 供图）

2021年12月，宁忠岩获速度滑冰世界杯加拿大站男子1000米（A组）冠军 （市体育局 供图）

2021年9月5日，在牡丹广场举行全民健身健步走活动　　（刘增辉　摄）

健步走现场　　（刘增辉　摄）

宁安智慧科技馆科技园（市文广旅局　供图）

2021年，1946文创园以“工业遗存保护与再现”为主题，打造集文创、教育、科技、娱乐、工业博览于一体的文化创意产业园区　　（市文广旅局　供图）

全面小康
民生福祉

2021年，市委市政府解决12件利民实事作为服务民生抓手，从政府“为民做主”，转变为“由民做主”，以“人民满意”为目标，集中力量办好创业就业、社会保障、社会事业、市民安居、交通改善、便民服务等重点利民实事，民生福祉水平不断提升。全市深入开展“我为群众办实事”实践活动，用心用情用力解决好供热提标、保供稳价等群众“急难愁盼”问题，深入开展援企稳岗行动，城镇登记失业率低于省控目标2.32个百分点。社会保障明显加强，建立城乡居民基本养老保险丧葬补助金制度，全面做实医疗保险市级统筹，异地门诊就医实现直接结算，发放补缴退役军人“两费”“两险”3.9亿元，对低保家庭中重病重残等8类人员增发补助金，未成年人救助保护机构实现市县全覆盖，住房公积金扩面4.5万人。社会事业加快发展，统筹推进城乡义务教育一体化，全面落实“双减”政策，287个学科类培训机构全部压减；加快公共卫生体系建设，稳步推进公立医院改革，成立专科联盟56个，新增“优质服务基层行”达标卫生机构26家；牡丹江市被列为全国首批居家和社区基本养老服务提升行动项目地区。

2021年10月25日，“欢乐金秋购 圆梦新生活”牡丹江市人民政府消费券发放活动启动仪式在百货大楼门前举行

（市商务局　供图）

2021年4月22日，市人社局举办牡丹江市创业孵化基地联盟暨大学生创业基地建设工作会议　（市人社局　供图）

2021年11月3日，牡丹江市推广医保电子凭证，方便百姓“一码在手，就医购药不愁”

（市医保局　供图）

2021年，牡丹江市区供热网改造

（李卫民　摄）

2021年，穆棱市农村供水改造施工

（刘　欣　摄）

2021年春，牡丹江市区绿化植树

（韦兆信　摄）

2021年，东安区清福小区改造后照片

（杨　雷　摄）

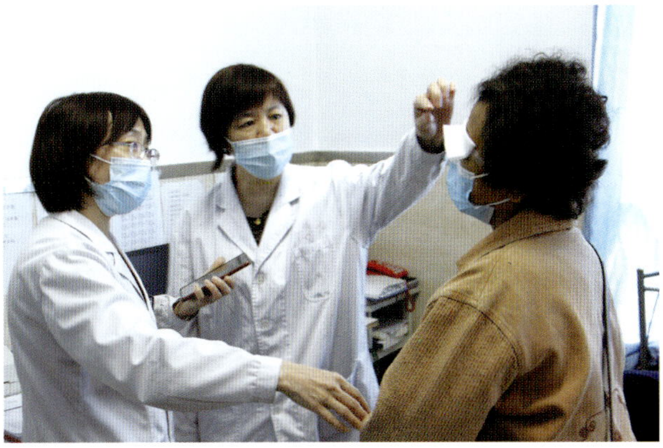

2021年6月，市卫健委开展卫生下乡送健康活动

（市卫健委　供图）

全面小康
数据指标

2021年7月1日，习近平总书记在庆祝中国共产党成立100周年大会上庄严宣告，在中华大地上全面建成小康社会，实现了第一个百年奋斗目标。

党的十一届三中全会以来，在中国共产党领导下，牡丹江市以经济建设为中心，以改革开放为动力，发展中国特色社会主义市场经济，地区生产总值由1978年的10.8亿元提高到2021年的875.0亿元，各项经济社会发展指标完成小康目标。

人均地区生产总值

单位：元

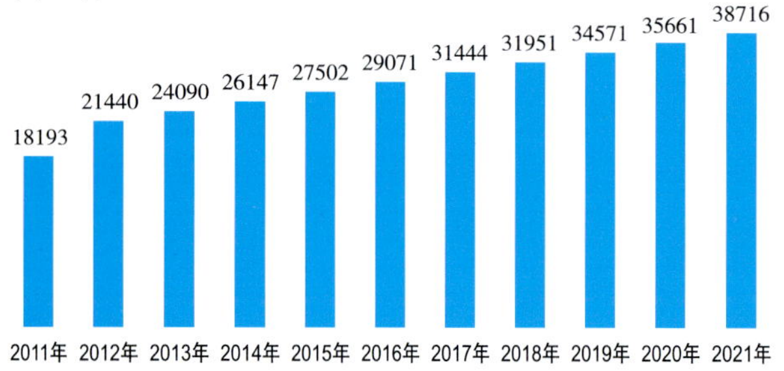

城乡常住居民人均可支配收入

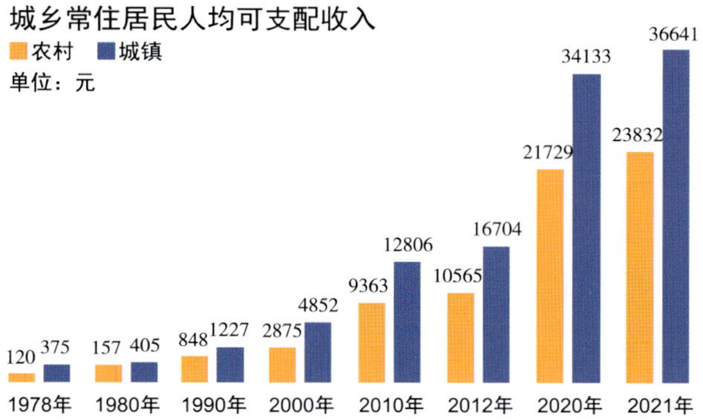

年末户籍人口数

单位：万人

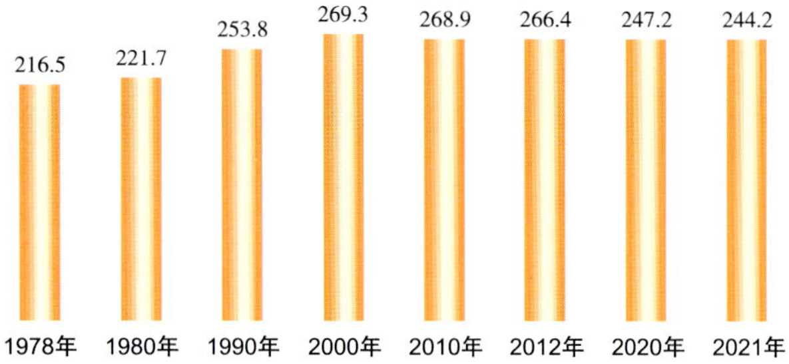

市区城镇居民恩格尔系数

单位：%

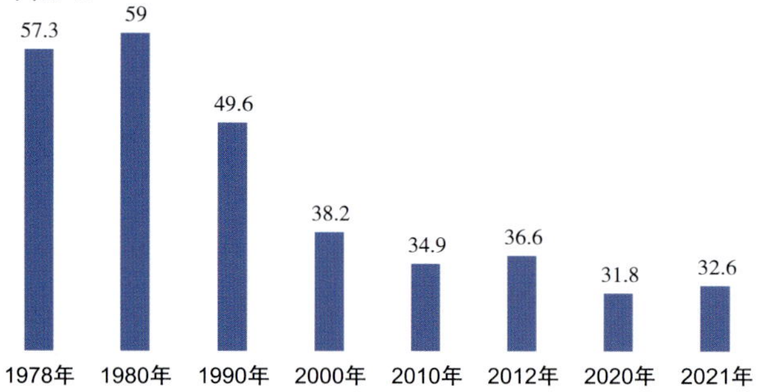

进出口总额

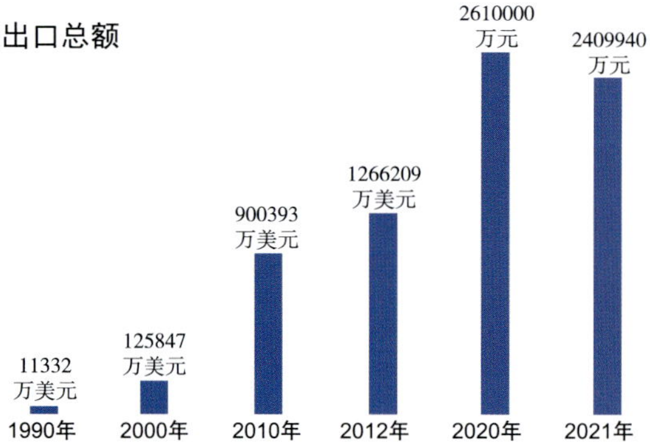

城乡居民娱乐教育文化服务支出占家庭消费支出比重

单位：%

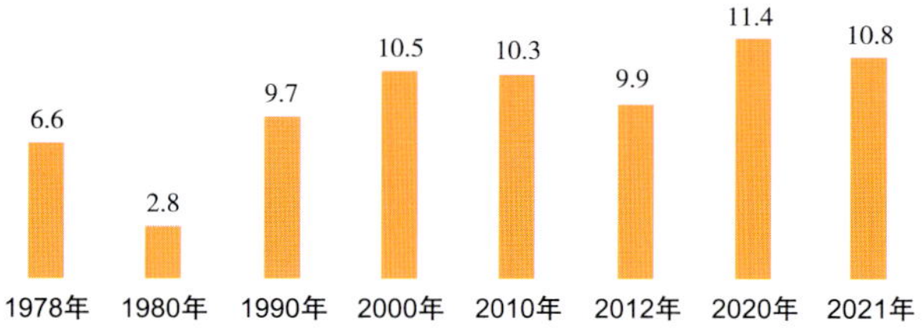

粮食总产量

单位：万吨

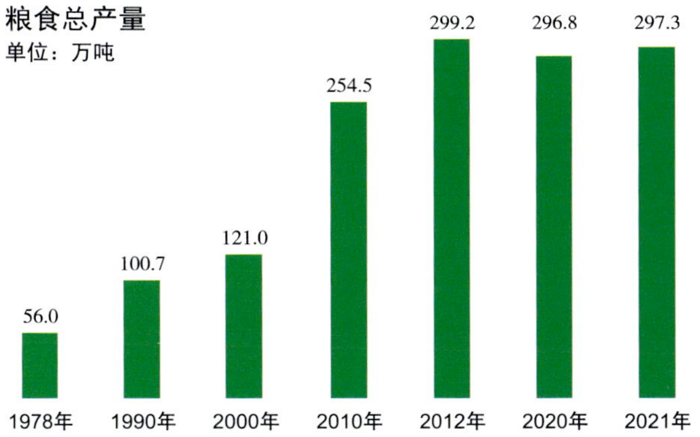

学龄儿童净入学率

单位：%

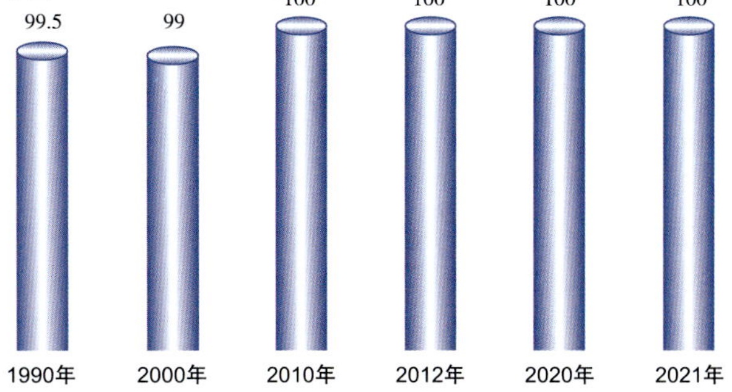

初中阶段毛入学率

单位：%

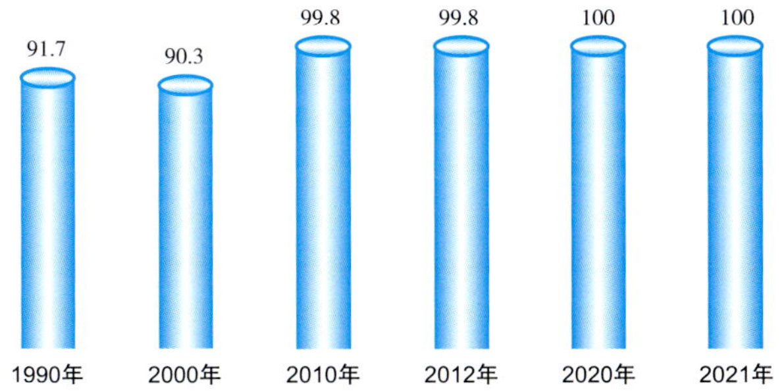

医院床位数

单位：张

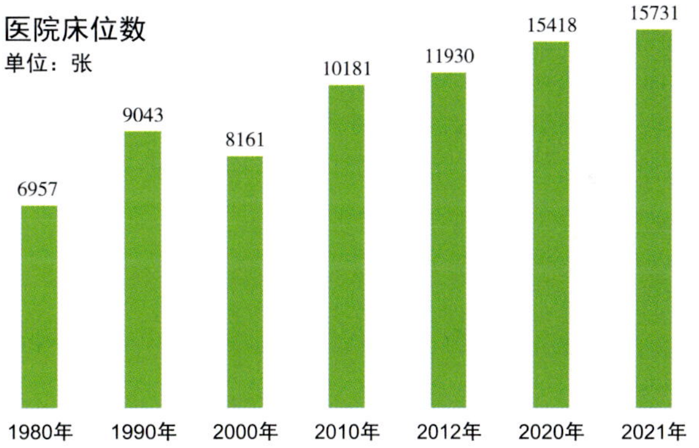

广播覆盖率

单位：%

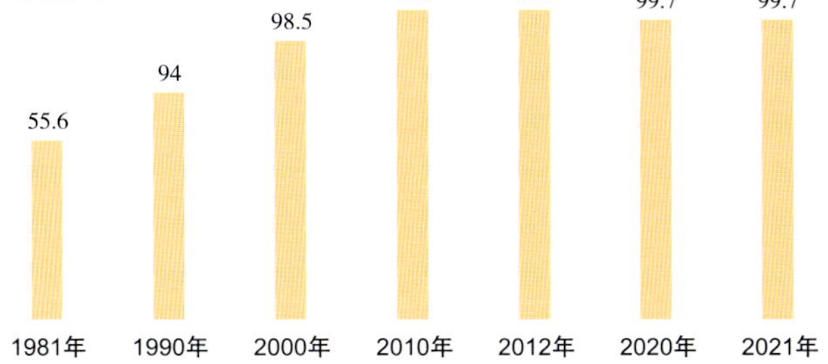

电视覆盖率

单位：%

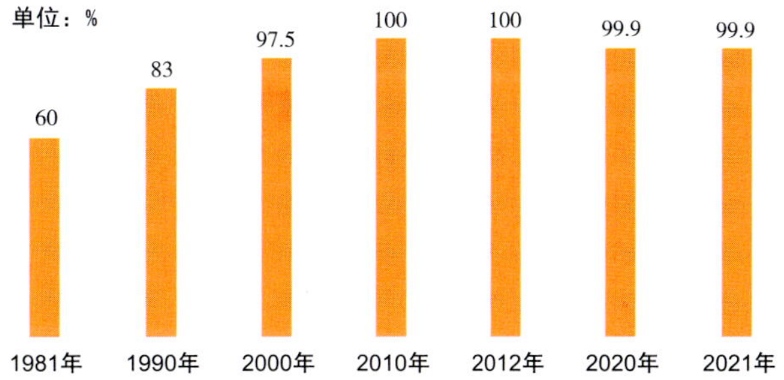

用水普及率

单位：%

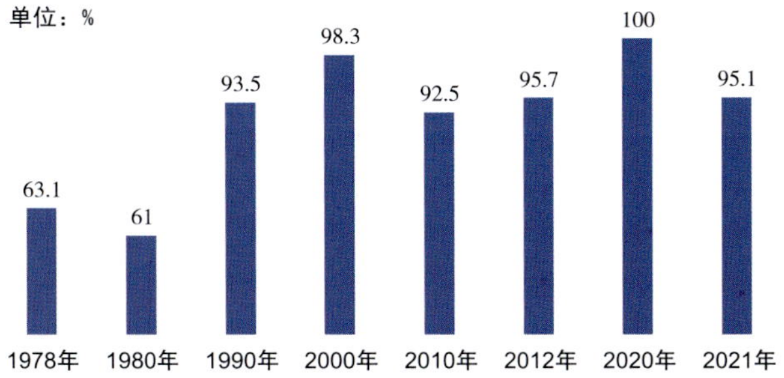

城市生活垃圾无害化处理率（垃圾粪便无害化处理率）

单位：%

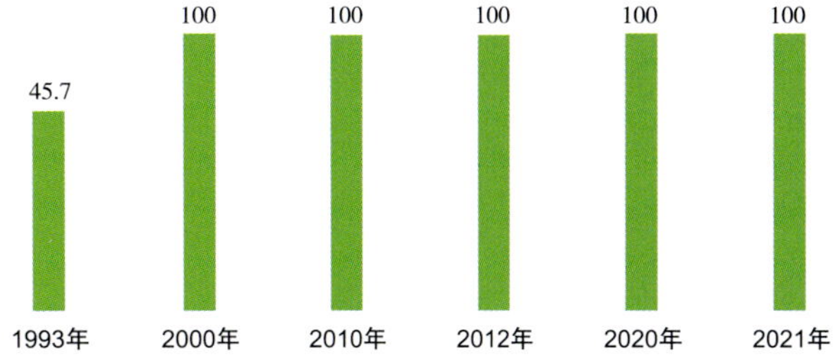

编辑说明

一、《牡丹江年鉴》是由中共牡丹江市委员会主办、中共牡丹江市委史志研究室编纂出版的年度资料性文献。1999年首次出版，《牡丹江年鉴（2022）》为第22卷。

二、《牡丹江年鉴（2022）》以马克思列宁主义、毛泽东思想、邓小平理论、“三个代表”重要思想、科学发展观、习近平新时代中国特色社会主义思想为指导，坚持辩证唯物主义和历史唯物主义的立场、观点和方法，全面、系统、客观地记述2021年牡丹江市自然、政治、经济、文化、社会、生态建设等方面概貌和发展情况，突出年度特点、时代特征和地方特色。

三、《牡丹江年鉴（2022）》记述时限为2021年1月1日至12月31日，部分内容略有前溯。文中直书月、日的，均指2021年日期，文中“年内”指2021年内。书中涉及其他年份的时间均标明年份。

四、《牡丹江年鉴（2022）》采用分类编辑法，主体内容设类目、分目、条目3个层次，部分分目增设次分目层次，条目为内容记述的基本形式。全书条目标题统一用黑体字加【 】表示，少数包含多方面资料的条目在段首加插楷体标题标示。

五、《牡丹江年鉴（2022）》卷首设地图及卷前彩页，正文设特载、专记、大事记、市情概览、中国共产党牡丹江市委员会、牡丹江市人民代表大会、牡丹江市人民政府、政协牡丹江市委员会、中共牡丹江市纪律检查委员会 牡丹江市监察委员会、民主党派·工商联、群众团体、法治、军事、经济管理、沿边开放平台、国际大通道建设、经贸合作、农业、工业、建筑业、商贸服务业、金融业、旅游业、冰雪产业、房地产业、交通·邮政·通信、城市建设、乡村振兴、生态建设、科学技术、教育、文化、卫生健康、体育、人力资源与社会保障、社会事务、公共安全、辖区建设、人物·荣誉等类目。

六、《牡丹江年鉴（2022）》在保持原有框架相对稳定的基础上，为充分体现牡丹江市进入新时代的新发展、新变化，对部分内容作以调整和充实。在卷前彩页设置雪城印象、年度要闻、全面小康3个专题，集中反映牡丹江市城市特点、年度亮点和改革开放以来发展变化情况；增设沿边开放平台、国际大通道建设、冰雪产业、房地产业、乡村振兴、公共安全、社会事务类目；人物·荣誉类目收录2021年为牡丹江市经济社会发展作出突出贡献、获得全国荣誉称号的人物和集体。

七、《牡丹江年鉴（2022）》载录资料由全市各机关、企事业单位及驻牡中省直单位提供，并经主要负责人审核，部分资料由《牡丹江年鉴》编辑部搜集辑录。条目署作者名，同一分目下的所有条目为同一作者的，在最后一个条目后署名。

八、《牡丹江年鉴（2022）》数字用法、标点符号用法分别采用国家标准《出版物上数字用法》（GB/T 15835—2011）、《标点符号用法》（GB/T 15834-2011），计量单位采用国家技术监督局1993年12月发布的《量和单位》系列国家标准。统计数据采用法定计量单位，个别遵从习惯用法。内容所涉数据来源于供稿单位或统计部门，相关数据或有差异，引用时一律以统计部门发布数据为准。

九、《牡丹江年鉴（2022）》采用双重检索系统，卷首刊有目录，卷末配有主题索引和图表索引。索引款目按汉语拼音字母顺序排列，方便读者查阅。

目　录

特　载

专　记

大事记

市情概览

中国共产党牡丹江市委员会

牡丹江市人民代表大会

牡丹江市人民政府

政协牡丹江市委员会

中共牡丹江市纪律检查委员会 牡丹江市监察委员会

民主党派·工商联

群众团体

法　治

军　事

经济管理

沿边开放平台

国际大通道建设

经贸合作

农　业

工　业

建筑业

商贸服务业

金融业

旅游业

冰雪产业

房地产业

交通·邮政·通信

城市建设

乡村振兴

生态建设

科学技术

教 育

文 化

卫生健康

体　育

人力资源与社会保障

社会事务

公共安全

辖区建设

人物·荣誉

附　录

索　引

担当实干　创新突破　勇毅前行
奋力谱写全面建设社会主义现代化牡丹江新篇章

——在中国共产党牡丹江市第十三次代表大会上的报告

市委书记　杨廷双

2022年1月9日

中国共产党牡丹江市第十三次代表大会，是在牡丹江加快晋位争先、振兴发展，阔步迈进全面建设社会主义现代化新征程的关键时期，召开的一次十分重要的会议。大会的主题是：坚持以习近平新时代中国特色社会主义思想为指导，深入贯彻习近平总书记重要讲话重要指示批示精神，担当实干、创新突破、勇毅前行，奋力谱写全面建设社会主义现代化牡丹江新篇章。

一、过去五年我们攻坚克难、锐意进取，全面建设社会主义现代化牡丹江的根基更加牢固

市第十二次党代会以来，面对全面建成小康社会重大任务、经济下行巨大压力、新冠肺炎疫情多轮冲击、承办全省旅发大会大战大考，在党中央的坚强领导和省委的正确领导下，市委深入学习贯彻习近平总书记对龙江重要讲话重要指示批示精神，团结带领全市干部群众真抓实干、砥砺奋进，经济、政治、文化、社会、生态文明建设和党的建设取得新成效。

——我们坚持旗帜鲜明讲政治，不断增强“两个维护”的自觉性坚定性。始终把政治建设摆在首位，深入学习贯彻习近平新时代中国特色社会主义思想，精心开展“两学一做”学习教育、“不忘初心、牢记使命”主题教育和党史学习教育，不断提高政治判断力、政治领悟力、政治执行力。持续对标对表习近平总书记重要讲话重要指示批示精神，坚决贯彻中央和省委决策部署，高质量完成中央和省委巡视反馈问题整改任务，以实际行动践行“两个维护”。不折不扣打赢三大攻坚战，高标准完成脱贫攻坚任务，全面建成小康社会，中央环保督察及“回头看”反馈问题全部完成整改，牢牢守住不发生系统性风险的底线，牡丹江振兴发展始终沿着党中央指引的方向前进。

——我们坚持高质量发展，经济综合实力稳步提升。聚焦经济建设这个中心，有效应对风险挑战和疫情冲击，全市地区生产总值年均增长3%左右，社会消费品零售总额增速和城镇居民人均可支配收入位居全省第一方阵。农业生产量质齐升，农林牧渔总产值净增100亿元，粮食生产实现“十八连丰”，农民收入连续十八年领跑全省。工业经济平稳发展，恒丰食品包装纸等一批项目竣工投产，佰佳信等一批企业获批省级“专精特新”企业，鑫北方等一批企业获批国家级“小巨人”企业，规上工业增加值年均增长4%左右。服务业加速提档升级，一批商业综合体投入运营，“文创牡丹江”品牌持续叫响，牡丹江成为首批国家文化和旅游消费试点城市。

招商引资成效明显，引进域外资金年均增长 18% 以上。高水准承办第四届黑龙江省旅游产业发展大会，改造提升东一中俄风情街、朝鲜民俗风情街等一批特色街区，精心打造中共六大历史资料馆、东北老航校旧址等一批红色景区场馆，开发航空科普体验馆、牡丹集团智慧科技馆等一批科技旅游项目，推出爱情谷、和园、1946 文创园等一批“网红打卡地”，培育中兴村、杏树村等一批农旅融合典范，“一核两带四区”全域旅游发展新格局初步形成，牡丹江高质量发展的根基更加坚实。

——我们坚持以创新引领振兴发展，创新资源要素加速汇聚。强力推进创新驱动发展，实施三轮科技型企业三年行动计划，全市高新技术企业突破 120 户、是 2016 年的 4.6 倍。创新平台加快建设，牡丹江高新区晋升国家级纳入以升促建考察计划，穆棱经开区获批省级高新区，数字经济产业园部分投入运营，VC 产业园建成开园。产学研合作取得新突破，与高校合作建立 12 个“头雁”团队工作站。科技成果转化成效显著，全市累计技术合同成交额比前五年增长 355%，全市授权专利总量达到 9885 件。优秀人才加速集聚，出台吸引人才政策 21 条，设立驻外人才工作联络办公室，与 20 所高校共建人才工作站，引进一大批急需紧缺人才，牡丹江成为人才聚集、创新创业的“高地”。

——我们坚持深化改革扩大开放，发展活力动力充分释放。认真贯彻落实中央和省委深改委重大部署，推出改革举措 560 余项，获批国家级和省级改革试点 40 余个，党政机构改革顺利完成，事业单位改革持续深化，国资国企改革稳步推进，农村集体经济产权制度改革全面完成，农村土地承包经营权确权登记颁证基本完成，经营权抵押贷款累计达到 6.3 亿元。营商环境持续优化，“放管服”改革深入推进，“证照分离”改革实现全覆盖，群众办事实现“最多跑一次”，市场主体发展到 20.4 万户。牡丹江开发区完成聘任制改革，建立“管委会 + 大公司”管理模式。对外开放持续扩大，牡丹江成为全国跨境电商进口试点城市，牡丹江机场国际航空货运口岸作业区获批运营，自贸试验区绥芬河片区、绥芬河与东宁跨合区、绥芬河国家跨境电商综试区、牡丹江保税物流中心（B 型）相继获批。区域交通枢纽功能不断完善，哈牡、牡佳高铁与牡绥快铁，海浪机场与绥东机场形成“双高铁”“双机场”支撑，“哈绥俄亚”出海大通道常态化运营，开放包容、充满活力的牡丹江加快融入“双循环”发展格局。

——我们坚持城乡统筹协调发展，美丽家园更加宜居宜业宜游。基础设施提档升级，大规模改造主干道路让市民出行更便利，牡丹江火车新站、综合交通枢纽中心成为城市新地标，全域高速公路改造升级扮靓交通大动脉，城乡交通路网日臻完善，5G 和千兆光网建设提速。城市品质实现大提升，累计改造棚户区 1.2 万户、供热供水老旧管网 177.27 公里，连续两年提前供热、延后停热；借势承办第四届黑龙江省旅游产业发展大会，全市改造老旧小区 542.39 万平方米、惠及居民 7.32 万户，新增绿地 154 万平方米，改造提升公园 12 个，沿江照明提升工程、牡海城际休闲观光带成为新的靓丽风景线。美丽乡村建设成效显著，农村人居环境整治三年行动顺利收官，上官地村、七里地村、孤榆树村等国家级美丽休闲村和旅游重点村唱响田园牧歌，牡丹江城乡面貌发生翻天覆地的可喜变化。

——我们坚持团结凝聚各方力量，民主法治建设扎实推进。各级人大、政协围绕中心、服务大局，积极参与疫情防控、旅发大会、社会治理等重点工作，地方立法和政协履职工作在全省、全国交流经验。法检两院履职尽责，全力为高质量发展保驾护航。爱国统一战线不断发展壮大，工青妇等群团组织桥梁纽带作用有效发挥，成功创建“全国民族团结进步示范市”。法治牡丹江建设持续深化，“七五”普法圆满完成，司法责任制综合配套改革纵深推进，法治政府示范创建取得明显成效。市域社会治理更加有效，牡丹江成为首批全国市域社会治理现代化试点城市。党管武装、军民融合、双拥共建扎实推进，荣膺全国双拥模范城“八连冠”，团结奋进的牡丹江汇聚起和衷共济、共谋振兴的强大合力。

——我们坚持统筹发展和安全，社会大局保持和谐稳定。始终把人民至上、生命至上放在首位，严格落实“四早”“早快准严细实”要求，众志成城打赢六轮疫情防控阻击战，创新实施“5+2+N”督导检查和交叉互检机制，从严从细从实抓好常态化疫情防控，牢牢守住国门省门，彰显了“牡丹江担当”。安全生产形势保持平稳，解决了 8000 余户逾期未回迁、1169 套“一房多售”和 10 万余套房屋办证难问题，重点行业领域连续五年未发生较大以上安全生产事故。平安牡丹江建设扎实推进，扫黑除恶专项斗争成效显著，政法队伍教育整顿得到中央督导组充分肯定，连续 10 年现行命案全破，获得全省平安建设优秀地市，牡丹江社会大局和谐稳定、人民群众安居乐业。

——我们坚持用心用情惠民利民，群众获得感持续增强。深入践行以人民为中心的发展思想，每年办好一批利民实事，民生支出占财政支出的比重保持在 80% 以上。就业优先政策全面落实，出台稳就业措施 60 条，累计减免企业社保费 7.01 亿元，发放创业担保贷款 2.89 亿元，新增城镇就业 30 万人。社会保障水平稳步提高，建成民生大厦以及创业就业、智慧招聘、劳动维权服务大厅，医保实现市级统筹，五项保险扩面新增 17.89 万人，累计发放社会救助金 20 亿元。教育事业高质量发展，县域义务教育基本均衡发展全部通过评估验收，普通高中教学质量稳居全省前列，累计新建、改扩建各级各类学校369所，“四零承诺”全面实施，在牡高校和职业教育服务地方经济发展能力显著增强。健康牡丹江行动深入推进，医疗卫生水平不断提升，牡丹江成为黑龙江省东南部感染性疾病和省级重症集中救治区域中心，建成覆盖城乡的基层卫生服务体系，人均预期寿命达到79.86岁。文体事业蓬勃发展，牡丹江人民的幸福感更充盈更实在。

2021年，位于牡丹江南岸的国际会展中心　　（市文广旅局　供图）

——我们坚持从严管党治党，政治生态不断净化优化。坚决扛起管党治党政治责任，清单制推动政治生态考核反馈问题整改，在省委政治生态建设成效考核中连续两年位次前移。意识形态领域向上向好，高标准组织庆祝新中国成立70周年、中国共产党成立100周年等重大主题宣传活动。干部队伍建设持续加强，强化正向激励，落实职级并行、关心关爱等制度，圆满完成县乡村集中换届，干部队伍精气神持续提升。基层基础不断夯实，动态整顿软弱涣散基层党组织，村党组织书记“一肩挑”实现应挑尽挑，全面消除集体经济收入5万元以下薄弱村，构建“10+N”党群服务中心体系，机关党组织与社区共驻共建、机关干部志愿服务常态化开展。作风和纪律建设全面加强，纪律监督、监察监督、派驻监督和本届市委巡察实现全覆盖，严肃查处腐败案件和不正之风，不敢腐、不能腐、不想腐一体推进综合效能不断提升，牡丹江政通人和、人心思进、风清气正。

艰难方显勇毅，磨砺始得玉成。五年来，我们经受住了一个又一个压力考验，化解了一个又一个风险挑战，办成了一批事关牡丹江长远发展的大事要事。特别是我们凝心聚力举办了一届惠民利企兴城的旅发大会，众志成城创造了牡丹江“旅发速度”“旅发精神”，铸就的硬核力量前所未有，积蓄的创新动能前所未有，催生的城乡变化前所未有，激发的创业激情前所未有，增进的民生福祉前所未有，牡丹江迎来了从“独角戏”到“大合唱”的转变，迎来了从“局部美丽”到“全域靓丽”的转变，迎来了从粗放型发展向高质量发展的转变！今天的牡丹江，扬帆起航、砥砺奋进，昂首阔步行进在全面建设社会主义现代化的康庄大道上！

总结五年来的实践经验，我们深切体会到：必须以政治建设为统领。只有坚决拥护“两个确立”，坚决做到“两个维护”，才能确保牡丹江发展始终沿着正确政治方向前进。必须以发展为第一要务。只有完整、准确、全面贯彻新发展理念，加快推动经济社会高质量发展，才能在危机中育先机、于变局中开新局。必须以改革创新为动力。只有持续解放思想，以改革的办法、创新的精神、开放的胸怀促振兴，强力推进创新驱动发展，才能在困境中闯出新路、开创未来。必须以安全发展为底线。只有统筹好发展和安全，抓实抓细疫情防控和安全稳定，才能推动经济社会发展行稳致远、破浪前行。必须以人民为中心。只有坚持人民至上、站稳人民立场、坚守为民情怀，才能以民生暖民心、以民心聚民力。必须以全面从严治党为保障。只有驰而不息推进自我革命，才能以山清水秀的政治生态为晋位争先、振兴发展保驾护航。这些经验启示弥足珍贵、历久弥新，必须倍加珍惜、发扬光大。

同时，我们也要清醒认识到，制约牡丹江高质量发展的深层次问题依然存在：经济总量偏小、增速不快，立市型大项目大企业少，产业支撑能力弱；科技创新和成果转化能力不强，人才对高质量发展的支撑不足；政务服务信息化水平不高，企业群众办事还不够方便快捷；公共服务资源配置不够均衡，历史遗留问题还没有彻底解决；一些干部担当作为意识不强，素质能力与高质量发展要求不相适应。对此，一定要高度重视，认真加以解决。

二、准确把握所处时代方位，科学谋划全面建设社会主义现代化牡丹江宏伟蓝图

站在“两个百年”奋斗目标的历史交汇点，立足“两个大局”，我们要准确把握新发展阶段的时代方位，完整准确全面贯彻新发展理念，积极服务和融入新发展格局，重新审视、重新考量、重新展望牡丹江，奋力跑出全面振兴全方位振兴的加速度高速度高质量。

置身大局审视牡丹江，我们面临的机遇前所未有。从全球看，百年变局和世纪疫情叠加，世界政治格局“东升西降”，共建“一带一路”向纵深推进，我国与俄罗斯、东盟战略伙伴关系进入新时期，开放合作迎来新的

战略机遇。从国内看，我国已经进入高质量发展阶段，经济韧性强、长期向好的基本面不会改变，加快推进“双碳”行动、全面实施新一轮东北振兴等重大政策交汇叠加，牡丹江深度融入“双循环”迎来诸多机遇。从省内看，我省肩负维护国家“五大安全”政治责任，全力打造对外开放新前沿，加速构建哈长城市群区域发展格局，有利于牡丹江更好发挥区位和资源优势，提升区域中心城市能级和战略地位。

立足市情考量牡丹江，我们积累的优势持续扩大。从区位看，牡丹江地处东北亚经济圈中心区域，牡敦高铁、牡丹江机场迁建等重大基础设施项目建成后，“双循环”枢纽中心地位将更加凸显。从要素看，牡丹江生态、教育、医疗、文化资源富集，科技创新资源加速集聚，多元开放平台体系日益完善，已经步入成果转化期和优势集中释放期。从产业看，“三篇大文章”扎实推进，产业转型升级加快，特别是国家和省大力发展数字经济、生物经济等战略性新兴产业，牡丹江有资源、有基础、有平台，厚积薄发、大有可为。

放眼未来展望牡丹江，我们的发展定位更加明晰。在新的起点上，我们要厚植“四个优势”、深化“五市”战略，建设东北亚更具影响力、竞争力的区域中心城市，加快打造“五个区域中心”：依托交通纵横、畅达国内外的通道优势，打造“区域交通枢纽中心”；依托业态丰富、市场繁荣的商贸优势，打造“区域生活消费中心”；依托自然环境优良、山川湖泊秀美的生态优势，打造“区域旅游康养中心”；依托教育医疗资源富集、文化底蕴深厚的资源优势，打造“区域教育医疗中心”；依托沿边近海、经贸活跃的区位优势，打造“区域对外合作中心”。

今后五年工作的指导思想是：坚持以习近平新时代中国特色社会主义思想为指导，全面贯彻落实党的十九大和十九届历次全会精神，深入贯彻落实习近平总书记重要讲话重要指示批示精神，弘扬伟大建党精神，坚持稳中求进工作总基调，坚持以供给侧结构性改革为主线，完整、准确、全面贯彻新发展理念，服务和融入构建新发展格局，推动高质量发展，实施创新驱动发展，加快产业结构转型升级，推进农业农村现代化，全面深化改革扩大开放，积极推动绿色低碳发展，统筹疫情防控和经济社会发展，统筹发展和安全，推进治理体系和治理能力现代化，深入实施“五市”战略，全力打造实力、活力、智慧、美丽、幸福、清朗牡丹江，建设东北亚更具影响力、竞争力的区域中心城市，推动全面振兴全方位振兴取得新突破，奋力谱写全面建设社会主义现代化牡丹江新篇章。

今后五年的奋斗目标是：

——*在产业振兴上实现新突破，打造根基稳固、势头更劲的实力牡丹江*。现代特色农业加速发展，工业加快振兴崛起，现代服务业更加充满活力，城市消费软硬环境提质升级，经济竞争力、创新力、抗风险能力显著增强。未来五年，全市地区生产总值年均增长5.5%左右。

——*在改革开放上实现新突破，打造包容并蓄、动能更足的活力牡丹江*。重要领域和关键环节改革扎实推进，营商环境全面优化，市场主体更加充满活力。自贸区引领作用持续释放，交通物流体系建设加快完善，东北通衢作用显著增强，龙江向南和对俄开放窗口地位更加凸显。

——*在科技创新上实现新突破，打造要素完备、引擎更强的智慧牡丹江*。科技创新引领能力显著增强，市校院企协同创新体系基本形成，全社会研发投入强度达到全省平均水平，高新技术企业、科技成果转化和创新人才实现三年倍增，打造全省科技创新高地。

——*在绿色发展上实现新突破，打造生态宜居、品质更优的美丽牡丹江*。“两山”理论得到深入践行，生态保护、开发、建设统筹推进，绿色低碳生产生活方式基本形成，旅游康养产业整体水平显著提升，建成全国文旅康养胜地，牡丹江天更蓝水更清地更绿、更加宜居宜业宜游宜养。

——*在改善民生上实现新突破，打造人民富裕、福祉更高的幸福牡丹江*。创新创业活力迸发，高质量就业更加充分，社会保障体系更加完善，公共服务更加优质均衡，优质教育和医疗资源辐射带动作用不断增强，市民文明素质和社会文明程度不断提高，居民收入增长高于经济增速，共同富裕取得明显成效。

——*在政治生态上实现新突破，打造海晏河清、风气更正的清朗牡丹江*。党风政风持续上扬，党员干部的发展理念、素质能力、精神状态与推动高质量发展要求相适应，干部正向激励机制不断完善，风清气正、政通人和的局面得到全面巩固和发展。

蓝图已经绘就，奋斗正当其时。只要我们踔厉奋发、笃行不怠，善作善成、久久为功，一个综合竞争力与区域影响力显著增强的牡丹江，一个高质量发展与高品质生活相得益彰的牡丹江，一个干部精气神和群众幸福感全面提升的牡丹江，一个经济环境平稳健康、社会环境国泰民安、政治环境风清气正的牡丹江，一定会在东北亚强势突破、卓然崛起！

三、加快晋位争先振兴发展，乘势而上迈进全面建设社会主义现代化牡丹江新征程

今后五年，我们要坚定不移沿着习近平总书记指引的方向前进，加强前瞻性思考、全局性谋划、战略性布局、整体性推动，运用好“三长三短”辩证方法，充分释放比较优势，持续抓重点、强弱项、补短板，扎实做好“六稳”“六保”工作，推动振兴发展实现新突破，凝心聚力建设现代化牡丹江。

（一）在强化创新驱动上聚力突破，构筑高质量发展新优势。坚持把振兴发展的基点放在创新上，加速形成以创新为引领支撑的经济体系和发展模式，全力打造创新高地。

提升科技创新能力。实施省市联合引导科技项目，争取国家和省级重点科技专项，开展核心技术难题联合攻关。强化企业创新主体地位，支持企业牵头组建创新联合体，紧扣产业链供应链布局创新链。落实省新一轮科技型企业三年行动计划，大力培育引进高新技术企业。今年，全市入库科技型中小企业突破220户，高新技术企业突破140户。

加快创新平台建设。打造数字经济孵化基地，建立生物技术产业孵化器，把牡丹江高新区建成引领创新发展的示范区和产城融合的科技城。支持穆棱打造国家级创新型县（市）。深化协同创新合作，充分发挥“头雁”团队工作站引领作用，依托在牡高校和科研院所，建设一批重点实验室和技术研发、中试研发、成果转化平台，推进“政产学研用金”深度融合。今年，力争牡丹江高新区晋升为国家级、桦林工业园区通过省级化工园区认定。

打造一流创新生态。落实科技体制改革三年行动计划，完善培优创新生态引领高质量发展政策，健全科技服务体系，推动重点领域项目、基地、人才、资金一体化配置。创新完善金融支持体系，发挥财政资金引导和放大效应，大力发展风投、创投基金。2026年，力争全社会研发投入强度达到全省平均水平。

大力发展数字经济、生物经济。促进数字经济与实体经济深度融合，大力推进产业数字化、数字产业化，加快发展人工智能、大数据、云计算、集成电路、区块链等数字产业，推动制造业、服务业、农业等产业数字化，做大做强数字经济市场主体，建设一批数字车间、数字工厂，加快数字基础设施建设，发挥数字技术对经济发展的放大、叠加、倍增作用，争当全省数字经济发展领跑者。加快做大生物经济，重点发展生物制造、生物农业、生物医药、生物环保、生物能源、生物基新材料等产业，引进和培育生物经济新模式新业态，促进生物技术与制造业、数字产业融合发展，搭建产学研一体化平台，组建创新共同体，加快生物技术集成化研究、市场化推广，推动技术与产业、技术与企业、技术与市场无缝对接，构建现代生物产业体系，打造全省数字经济与生物经济融合发展先行区。今年，出台数字经济、生物经济发展规划和政策，确保数字经济产业园全面运营，力争引进亿元以上数字经济、生物经济项目分别占招商引资总数的10%以上。

强化人才引领支撑。坚持外来人才引进与本土人才培育并重，深化人才发展体制机制改革，优化“引育留用管”人才政策，深入推进“万名青年人才引进计划”，健全柔性引才机制，搭建高层次人才服务平台，拓展人才成长空间和发展平台，引进一批急需紧缺人才、选育一批领军拔尖人才、招引一批返乡创业人才、培育一批本土实用人才，确保人才引得进、留得住、用得好，打造天下英才近悦远来的强大磁场。今年，力争引进各类人才3000人以上。

（二）在产业转型升级上聚力突破，推动经济持续稳定增长。深入做好“三篇大文章”、继续抓实“五头五尾”，做大做强实体经济，加快推进产业结构转型升级。

坚定不移推进“工业立市”。盘活存量、扩大增量、做大总量，构建以主导产业为引领、特色产业为牵动、骨干企业为支撑的“4+2+10”工业发展新格局，加快推动工业振兴崛起。聚焦巩固提升绿色食品、林木林纸、化工医药、装备制造四大主导产业，重点推进恒元汉麻深加工、蒙牛中俄跨境农牧业百亿集群等项目建设，加快形成配套完善、协作紧密的产业链条，打造具有竞争力的产业集群。围绕培育发展新材料、新能源产业，加快石墨资源高质化利用，推进百万千瓦风光基地、300万千瓦抽水蓄能电站项目建设。提升恒丰纸业、牡丹江烟厂、友搏药业等10户重点企业支撑力，推动企业高端化、智能化、绿色化发展，产品向价值链中高端攀升，能级向50亿级迈进，打造牡丹江“新十大厂矿”。大力扶持中小微企业发展，落实惠企纾困政策，帮助企业渡过难关，引导企业向“专精特新”方向发展，通过个转企、小升规、规改股、股上市，

2021年，牡丹江数字经济产业园投入运营　　（市开发区　供图）

充分激发企业活力，加快促进企业梯度成长，全力推动大企业顶天立地、小企业铺天盖地。今年，力争全市规上工业企业净增35户，确保工业增速排名在全省位次前移。

加快提升现代服务业。大力发展商贸、物流、金融等支柱型服务业，加快生活性服务业升级，促进生产性服务业向专业化和价值链高端延伸。构建现代商贸物流体系，支持平台经济、共享经济、流量经济、夜间经济等新兴业态发展。建强华晟、源丰等骨干物流园区，加强冷链物流体系建设，争创国家跨境电子商务综合试验区。提升金融服务实体经济能力，引入金融机构，创新金融产品，做好上市企业服务，提高直接融资水平。

强力抓招商上项目。打好招商和项目建设“四季会战”，提升招商引资实效，强化以商招商、产业招商、专业招商、园区招商，做好延链、补链、强链文章。强力推进省市“百大项目”建设，未来五年开复工亿元以上项目1000个以上。做大做强园区平台，引导优质资源向产业园区配置，加快基础设施、配套服务和产业生态建设，大力发展“飞地经济”，完善利益共享机制，推动各级各类园区优势互补、错位发展。未来五年，力争市开发区建成500亿级园区，各县（市、区）园区营业收入年增长15%以上。今年，谋划亿元以上项目300个、推进省市“百大项目”200个、新竣工省市“百大项目”100个，引进域外资金400亿元以上。

*（三）在深化改革开放上聚力突破，增强高质量发展动力活力。*把改革开放作为推动高质量发展“关键一招”，向改革要动力、向开放要活力。

深化重要领域和关键环节改革。持续推进国资国企改革，加快推进国投公司产业板块建设，引导国有资本向优势产业和战略性新兴产业集聚，打造千亿级产业集团。深化“强区放权”，完善城区功能，激发城区发展活力。有序实施农村集体经营性建设用地入市改革，稳慎推进农村宅基地制度改革试点。深化“三医”联动机制改革，让群众“病有良医”。

持续优化营商环境。深化“放管服”改革，最大限度减事项、减材料、减环节、减时间，实现更多“一件事一次办”。加快“数字政府”建设，强化“互联网＋政务服务”一体化平台应用，推进“跨区通办”“全城通办”。深入推进公平竞争政策实施，加强社会信用体系建设，有效治理恶意拖欠账款和逃废债行为。强化知识产权保护，创建国家知识产权示范城市。大力支持民营经济发展，弘扬企业家精神和工匠精神，深入实施民企倍增计划，完善政企常态化沟通机制和涉企政策发布机制，千方百计为民营企业办实事解难题，推动政企沟通“零距离”、企业办事“零障碍”、为企服务“零投诉”，让民营经济创新创造活力竞相迸发。今年，政务服务事项网上可办率达到100%。

建设对外开放高地。深度融入“双循环”，持续推进绥格铁路、东宁界河桥改造，加快推进牡敦高铁、牡丹江机场迁建项目建设，谋划牡符跨境高铁项目，提升陆海联运大通道运能。做优开放平台，释放“一区引领、多区联动”溢出效应，打造“数字自贸试验区”，推动牡丹江开发区、东宁、穆棱申建自贸区协同先导区，争建牡丹江综合保税区，支持绥芬河建设新时代中俄合作先行示范区。提升外贸质量，持续壮大境外园区，大力发展数字贸易、跨境电商、跨境结算、海外仓等外贸新业态新模式，建设中医药、文化、技术等服务出口基地，加速外贸转型升级。今年，确保全市新增外贸企业50户，推动自贸试验区绥芬河片区加快打造自贸特区。

*（四）在促进乡村振兴上聚力突破，推动农业农村现代化走在全省前列。*举全市之力推进乡村振兴，加快打造农业高质高效优势区、乡村宜居宜业样板区、农民富裕富足先行区、城乡融合发展示范区。

大力发展特色高效农业。坚持藏粮于地、藏粮于技，确保粮食供给安全。强力推进科技助农，强化良种示范推广和种业安全监管，加快建设农业科技示范基地。持续推进绿色强农，加快绿色有机食品认证，扩大“菌菜牧林药”等特色产业规模。加快推进质量兴农，大力发展设施农业，持续开展高标准农田建设，深入推进标准化种养和农药化肥减量增效技术推广应用，提升农业综合效益。深入推进品牌富农，做大做强牡丹江大米、东宁黑木耳、海林猴头菇等农业品牌，大力发展冷水鱼和蜂产业，推动产加销一体化发展，提高农产品附加值。支持新型经营主体建设，有序引导工商资本兴办农民参与度高、受益面广的乡村企业，探索建立利益联结模式，让农民获得更多产业增值收益。

实施乡村建设行动。统筹县域城镇和村庄规划建设，突出“一村一貌”“一村一韵”，开展新一轮实用性村庄规划修编，保留乡愁记忆。实施农村人居环境整治提升行动，扎实推进农村“厕所革命”，开展新一轮农村基础设施建设，持续改善乡村生产生活条件。深入开展法治乡村、平安乡村建设，打造充满活力、和谐有序的善治乡村。推动农旅深度融合，建设一批可游、可养、可居、可业的乡村景观和田园综合体。今年，完成全市乡村振兴产业和人居环境规划编制，打造10个乡村振兴示范村。

健全农民增收机制。坚持“四个不摘”，健全常态化监测预警帮扶机制，坚决确保不发生规模性返贫。聚焦提高农民收入，强化职业技术教育与技能培训，大力培育新型职业农民，支持企业吸纳农民灵活就业，引导农民就近就地就业创业。深化农村综合改革，盘活农村闲置资源资产，深化农村土地托管服务，增加农民财产性收入，保持农民收入全省领跑优势。

推动城乡融合发展。加快推进以县城为重要载体的新型城镇化建设，深入实施兴边富民行动，大力培育立县产业，提升县域工业比重，推动县域经济高质量发展、整体晋位争先。强化城乡要素双向流动，加快引导人才资金科技下乡，完善城乡公共资源均衡配置机制，推动公共服务向农村延伸。

（五）在提升城市能级上聚力突破，增强中心城市辐射带动力。坚持“三生融合”理念，统筹提升中心城区和县域城镇功能品质，把牡丹江建成现代文明的魅力之城。

系统化构建空间格局。强化规划引领，拉开“一核一区三带”发展框架，推动十个县（市、区）、市开发区、农垦、森工按照功能区定位差异化发展，加快牡海宁同城化、绥东穆一体化发展，构建中心带动周边、口岸联动腹地的发展格局。今年，完成《牡丹江市国土空间总体规划》编制。

品质化推进城市建设。厚植绿色底蕴，实施增绿、添彩、提质工程，创建国家园林城市。打造便捷生活，推进“城市客厅”建设，科学规划建设公共服务和便民配套设施，调整和优化商贸布局业态，打造“微城市”。深化城市更新，完成老旧小区改造任务，全面加强物业管理，推进城市热电联产热源建设，实施地下管网改造和净水厂供水、污水厂排放水质提升工程，超前布局城市生命线应急系统。深化文明创建活动，争创全国文明城市。今年，实现公铁联运“零换乘”，完成95.86万平方米老旧小区、43公里供水管网改造，加快推进林海水库项目前期工作。

精细化实施城市管理。强化“智管”，推进智慧城市建设，以数字技术赋能城市管理，实现城市运行“一网统管”。深化“细管”，持续推动执法下沉，深入开展拆违治乱、背街小巷治理、市容环境整治等行动，有效破解停车难、交通拥堵等城市病。

位于宁安市渤海镇的牡丹集团（宁安）智慧科技馆是集创新创业、农业农村现代化新时代文明实践中心、县域融媒体、文化科技特色小镇于一体的“智慧生态共同体”。2021年，通过人工智能、大数据、云计算、虚拟现实、增强现实等新技术的运用，打造数字赋能、智慧课堂、科技互动体验、拓展训练等旅游产品　　（市文广旅局　供图）

固化“众管”，推行“行走城管”模式，建立网格化管理、精细化服务、信息化支撑的社区管理服务平台，构建共治共建共享的城市管理格局。

（六）在推动文旅融合上聚力突破，提升城市品质和魅力。持续释放旅发效应，着力挖潜力、夯基础、扬优势，打造彰显独特魅力、富有时代特色的文化旅游名城。

繁荣发展文化事业。深入推进红色资源开发和整合，加强爱国主义教育和党性教育基地建设，把红色之城名片擦得更亮。加大对牡丹江特色文化资源挖掘、保护和传承力度，深挖历史文化、民俗文化、红色文化，加强考古能力建设和学科建设，守好文化根脉，打造国家级文化生态保护区。深入实施文化惠民工程，推动公共文化服务向基层延伸。弘扬和践行社会主义核心价值观，推动新时代文明实践中心建设提质扩面。

培育壮大文化产业。健全现代文化产业体系，扩大文化产品供给，推进文化资源向旅游产品转化，加快发展新型文化企业、文化业态、文化消费模式。推动新文创产业高质量发展，开发一批独具特色的文化IP和衍生产品，构建相互补充、上下游吃配、跨界融合的新文创产业生态体系，做大做强“文创牡丹江”品牌。

优化全域旅游发展布局。深入推进“一核两带四区”建设，探索“一票通”合作机制，推动各县（市、区）联动发展、错位发展。擦亮“镜泊胜景·林海雪原”金字招牌，加快镜泊湖景区资源整合，深入挖掘火山地质遗迹、温泉地热等优质资源，丰富“夏季避暑、冬季戏雪”产品业态，做强做优国家级森林康养试点建设基地，打造镜泊湖大旅游圈；加大雪乡景区开发力度，勾连整合周边冰雪旅游景点，推动哈亚雪一体化发展，建设辐射黑龙江东部的“多圈层”冰雪旅游环线，打造林海雪原大旅游圈。深化与重点旅游城市和周边热点旅游地合作，推动资源共享、客源互送、线路共建，持续提升牡丹江旅游吸引力。

发展旅游新兴业态。加快培育“旅游+”业态，丰富乡村休闲游、研学体验游、红色文化游、体育健身游、森林观光游、民俗风情游等产品供给，开发更多体验式、互动性旅游产品。促进文化与旅游深度融合，推动自然之美与文化之美共美，盘活“万年火山，千年古国，百年口岸”文旅资源，打造旅游文化演艺精品，推动旅游产业与文化创意有机结合，充分释放文旅消费潜能，让旅游更有文化内涵。以数字化赋能旅游产业，借助人工智能、虚拟现实等科技手段创新旅游产品，深化“互联网＋旅游”，推动旅游生产方式、服务方式、管理模式创新。坚持线上线下立体营销，持续提升牡丹江文旅品牌知名度和竞争力。

（七）在厚植生态文明上聚力突破，巩固提升绿色发展优势。深入践行“绿水青山就是金山银山”的理念，统筹推进山水林田湖草沙系统治理，争创国家生态文明建设示范市。

深入打好污染防治攻坚战。全面完成中央和省环保督察反馈问题整改。持续实施大气污染防治行动计划和“气化牡丹江”工程，常态化做好秸秆禁烧，深化工业污染治理，实现工业污染源全面达标排放。以“一江两湖四河”为治理重点，持续改善水环境质量，实现国控考核断面优良水体比例达到83.3%，全面推进生活垃圾分类，提高减量化资源化无害化水平。实施耕地保护与质量提升项目，保护好“耕地中的大熊猫”。

大力推进绿色低碳发展。稳步开展碳达峰碳中和行动，严格落实能耗“双控”目标。大力培育绿色、低碳、环保的新产业新业态，加快传统行业技术设备绿色化改造，探索建设节能低碳产业园区，鼓励园区引进共生和补链项目。提升生态系统碳汇能力，探索完善碳汇交易机制。倡导节约绿色低碳生活理念，让绿色办公、绿色消费、绿色出行成为自觉行动。今年，完成牡丹江碳达峰行动方案编制。

实行最严格的生态环境保护制度。健全自然资源资产产权制度，建立资源环境承载力评价与监测预警机制，完善生态文明建设目标评价考核制度。高标准推进东北虎豹国家公园建设。加强生态环境保护综合行政执法，全面推行“双随机、一公开”环境监管模式。严格落实河湖长制、田长制、林长制和生态补偿、生态环境损害赔偿制度，实行生态环境损害责任终身追究制。

（八）在民主政治建设上聚力突破，汇聚团结奋进强大力量。坚持党的领导、人民当家作主、依法治国有机统一，发展全过程人民民主，巩固发展民主团结、政通人和、生动活泼的政治局面。

加强和改进人大工作。发挥人大立法主导作用，加强重点领域立法，提升立法质量。增强人大监督刚性，促进“一府一委两院”依法行政、公正司法。探索实施“互联网＋代表监督”，推进智慧人大建设，提升人大履职水平。

推进政协协商民主。支持人民政协履行政治协商、民主监督、参政议政职能，提高建言资政和凝聚共识水平。丰富协商内容、创新协商形式，打造“有事好商量”牡丹江协商工作品牌，将政协制度优势转化为地方治理效能。

做好新时期统战工作。完善大统战工作格局，做好非公有制经济领域统战工作，加强党外代表人士队伍建设，巩固和发展最广泛的爱国统一战线。铸牢中华民族共同体意识，依法管理民族宗教事务，持续巩固全国民族团结进步示范市创建成果。更好发挥工青妇等群团组织作用，把广大人民群众更紧密地团结在党的周围。坚持党管武装，支持国防和军队建设，推动军民融合深度发展，争创全国双拥模范城“九连冠”。

推进法治牡丹江建设。坚持依法治市、依法执政、依法行政共同推进，法治牡丹江、法治政府、法治社会一体建设。加快建设法治政府，严格规范公正文明执法。全面深化政法领域改革，推进公正高效权威司法。高标准组织实施“八五”普法规划，夯实依法治市基础。

（九）在统筹发展安全上聚力突破，营造和谐稳定社会环境。强化底线思维，增强忧患意识，有效防范化解各类风险挑战，促一方发展、保一方稳定、护一方安宁。

慎终如始抓好疫情防控。完善常态化防控和应急处置转换机制，落实“四早”“早快准严细实”要求，毫不放松抓好“外防输入、内防反弹”，强化口岸疫情防控，提升联防联控、群防群控实效，筑牢疫情防控铜墙铁壁，坚决守住国门省门。

防范化解重点领域风险。落实总体国家安全观，坚决维护政治安全和制度安全。树牢“过紧日子”思想，多措并举开源节流，持续化解政府债务，兜牢“五保”底线。妥善处置化解金融风险，持续整治互联网金融、网络借贷乱象。

筑牢安全底线。深入实施质量提升行动，大力推进质量强市建设，全面加强食品药品安全监管，强化煤矿、非煤矿山、危险化学品、交通运输、建筑工地、城镇燃气、消防等重点领域隐患排查治理，坚决遏制重特大安全事故发生。

提升社会治理水平。健全立体化信息化社会治安防控体系，依法打击和惩治电信网络诈骗等违法犯罪活动，常态化推进扫黑除恶斗争，建设更高水平的平安牡丹江。坚持和发展新时代“枫桥经验”，完善矛盾纠纷多元化解机制，健全公共法律服务体系，加强信访矛盾源头治理和积案攻坚，持续化解存量、遏制增量、减少总量。今年，确保高质量完成全国市域社会治理现代化试点验收工作。

（十）在增进民生福祉上聚力突破，提高群众生活品质和幸福成色。既做大做好“蛋糕”，又切好分好“蛋糕”，扎实推进共同富裕，让改革发展成果更多更公平惠及人民群众。

促进更加充分更高质量就业。完善公共就业创业服务体系，深入推进“充分就业社区”建设，加大重点群体就业帮扶力度，争创省级和国家级人力资源服务产业园，城镇登记失业率控制在5%以内。提高城乡居民收入水平，健全工资合理增长机制，持续提高低收入群体收入，扩大中等收入群体，拓宽居民经营性和财产性收入渠道。

建设高质量教育体系。加快推进教育现代化建设，确保教育事业发展水平继续走在全省前列。实施学前教育发展提升行动计划，完成试点县（市）义务教育优质均衡发展任务，深入实施普通高中攻坚计划，加快职业教育提质培优，深化新时代教育评价和教育督导体制机制改革，全面落实“双减”政策。支持牡丹江师范学院、牡丹江医学院更名大学，加快谋划大学城建设。

健全多层次社会保障体系。实施全民参保计划，健全分层分类的社会救助体系，加强社保、医保基金监管力度，基本养老保险参保率达到95%。有效应对人口老龄化，落实三孩生育政策及配套支持措施，加快构建医养结合的公共服务体系，扩大养老托育服务有效供给。统筹社会福利、慈善和残疾人事业发展，加强青少年心理健康预防服务，健全老年人、残疾人、孤儿、农村留守儿童关爱服务体系，让“朝阳”更美、“夕阳”更红、社会更温暖。

推进健康牡丹江建设。建成现代化疾病预防控制体系，加快省级区域医疗中心建设，推进国家级医共体试点建设，探索建立医疗集团，提高基层卫生服务能力。加快发展康养产业，创新医养结合模式，打造全国文旅康养胜地。推动“中医药+”多业态融合发展，新建一批中医药特色小镇、培育省级中医药健康旅游示范基地。深入开展爱国卫生运动，构建市县乡村四级健身休闲设施网络，建设城区“15分钟健身圈”，承办更多国家级体育赛事，推动全民健身蓬勃开展。

四、坚定不移推进党的建设新的伟大工程，为全面建设社会主义现代化牡丹江提供坚强政治保障

深入贯彻新时代党的建设总要求和党的组织路线，大力弘扬伟大建党精神，持续巩固发展良好的政治生态，以高质量党建引领高质量发展。

（一）坚定不移加强政治建设，保持绝对忠诚的政治定力。坚决拥护“两个确立”，增强“四个意识”、坚定“四个自信”、做到“两个维护”，不断提高政治判断力、政治领悟力、政治执行力。持续贯彻落实习近平总书记重要讲话重要指示批示精神，完善重大决策督查落实机制，做精做准做实政治监督。严明党的政治纪律和政治规矩，严肃党内政治生活，严格执行重大事项请示报告制度。坚持和完善党的领导，坚持民主集中制，完善重大决策机制和议事规则，不断增强各级党组织凝聚力、战斗力。

（二）坚定不移强化理论武装，筑牢信念坚定的思想根基。坚持用习近平新时代中国特色社会主义思想凝心铸魂，深入开展理论宣讲、干部培训、党员轮训，坚持用党的创新理论观察时代、把握时代、引领时代。巩固党史学习教育成果，赋予“越是艰险越向前精神”时代内涵，引导党员干部用伟大建党精神滋养党性修养，以史为鉴、开创未来。健全思想政治工作责任制，落实思想政治工作定期分析报告制度。把握正确舆论导向，推动媒体深度融合发展，讲好中国故事牡丹江篇章。全面落实意识形态工作责任制，加强舆论、学校、宗教、文化等阵地管理，健全网络综合治理体系，抓牢基层意识形态工作，牢牢掌握意识形态工作领导权。

（三）坚定不移落实好干部标准，打造堪当重任的干部队伍。牢固树立重品行重实干重实绩的选人用人导向，大力选用经过实践检验的优秀年轻干部，加大向中心工作和重点项目选派干部力度，统筹用好各领域各年龄段干部，以正确用人导向引领干事创业导向。完善干部配备监测机制，优化班子结构、增强整体功能，做到人岗相适、人事相宜。实施干部专业化能力提升计划，推动党员干部完善知识体系、加强能力培训、强化实践锻炼，打造具备领导现代化建设能力的高素质干部队伍。健全正向激励体系，完善干部综合考核评价办法，落实职级并行制度，加强党内激励关怀帮扶，加大容错纠错力度，提振干部精气神，形成干部为事业着想、组织为干部着想的良性互动。

（四）坚定不移夯实基层基础，锻造坚如磐石的战斗堡垒。强力推进

2021年9月，在第四届黑龙江省旅游产业发展大会上，国家林草局森林康养创新联盟宣布镜泊湖风景名胜区为“中国夏季森林康养产业发展大会永久会址”。10月，中国林业产业联合会森林康养分会为镜泊湖风景名胜区颁发“中国森林康养试验基地”牌匾。图为牡丹江镜泊湖瀑布跳水第一人狄焕然表演悬崖跳水 （张 伟 摄）

抓党建促乡村振兴，实施农村“领头雁”素质提升行动，落实“助力乡村振兴万人计划”，常态化精准整顿软弱涣散基层党组织，因地制宜发展壮大村集体经济，全市集体经济收入20万元以上的村达到70%以上。持续推进城市基层党建与基层治理深度融合，健全社区管理和服务机制，提升社区工作者职业化水平，建立“我为群众办实事”长效机制，完善机关党组织与社区共驻共建、机关干部志愿服务制度，深化党建引领小区物业管理专项行动，用心用情用力解决群众“急难愁盼”问题。统筹抓好国企、机关、事业单位、“两新”组织党建工作，加强党支部规范化建设，强化基层基础保障，把基层党组织建成党旗高高飘扬的战斗堡垒。

（五）坚定不移正风肃纪反腐，营造风清气正的政治生态。严格落实中央八项规定及其实施细则精神，力戒形式主义、官僚主义，巩固拓展基层减负工作成果。持续改作风、优环境、提效能，完善领导责任、工作推进、考核评价、督导问责“四个体系”，全面落实“五细”要求，深入践行“四员”服务理念和“一线工作法”，强化“马上就办”的工作作风，教育引导党员干部以强烈的争先创优、赶超跨越意识，拼搏进取、晋位争先。发挥党内监督的政治引领作用，促进各类监督贯通融合，健全强化“一把手”和领导班子监督长效机制，完善派驻监督机制，高质量完成届内巡察全覆盖。科学精准运用监督执纪“四种形态”，常态化推进澄清正名和打击诬告陷害、“暖心回访”工作，让干部感受到监督无处不在、组织关怀就在身边。深化不敢腐、不能腐、不想腐一体推进，加大重点领域、关键环节和群众身边的腐败问题查处力度，强化以案示警、以案促改，加强廉政文化建设，坚定不移推进党风廉政建设和反腐败斗争向纵深发展。

牡丹江市全面建成小康社会

2021年7月1日，习近平总书记在庆祝中国共产党成立100周年大会上庄严宣告，在中华大地上全面建成了小康社会。改革开放之初，党中央就提出小康社会的战略构想，经过全党全国各族人民持续奋斗，实现了在中华大地全面建成小康社会的第一个百年奋斗目标。

1978—2021年，在党的十一届三中全会确立的改革开放路线指引下，全市人民努力实践马克思列宁主义、毛泽东思想、邓小平理论、“三个代表”重要思想、科学发展观、习近平新时代中国特色社会主义思想，进行了一系列政治、经济体制改革，全市政治、经济、文化和社会发展都取得了丰硕的成果。

一、经济建设

党的十一届三中全会后，市委、市政府把全党工作重点转移到经济建设上来，以经济建设为中心，以改革开放为动力，解放和发展生产力，全面进行社会主义现代化建设。20世纪80年代初期，全市人民按照党的十二大“我国经济建设分两步走”的战略部署，以建设小康社会为目标，大力发展有计划的商品经济，国民经济步入了快速、健康、稳定发展的轨道。在农村，推行家庭联产承包责任制；在城市，抓住牡丹江市被国家确定为综合改革试点市的机遇，采取向企业简政放权、实行“利改税”，允许个体户从事商品经营等一系列促进经济发展战略措施，激发农民、企业及职工和广大劳动者积极性，国民经济呈现加速发展的势头。20世纪90年代至21世纪初，市委、市政府认真贯彻邓小平南方谈话精神，按照党的十四大抓住机遇、加快发展的决策和战略部署，以“三个有利于”为标准，努力发展社会主义市场经济。党的十八大后，牡丹江市继续深化改革、扩大开放，坚持新理念引领新发展，加快转变经济发展方式，全力推进稳增长、调结构、促改革、惠民生、防风险、保稳定，推进经济社会发展取得新的重大进步。

（一）经济实力不断增强，产业结构持续优化

1978年，牡丹江市地区生产总值为10.8亿元，1994年突破100亿元大关，2001年跨上200亿元台阶，2005年再上300亿元台阶，达到308.8亿元，比1980年增长了27.6倍（绝对值为当年价），2006年以后的10年进入高速发展时期，“十一五”、“十二五”时期年均增速分别达到15.9%和11.1%，“十三五”中后期开始转入“中高速”发展阶段，至2020年，全市地区生产总值达到831.7亿元，在全省13个市（地）中排名第五位。2021年，全市地区生产总值875.0亿元。产业结构不断优化，1978年，全市三次产业结构为22.1 ∶ 58.9 ∶ 19；1997年，三次产业结构调整为23.1 ∶ 36.7 ∶ 40.2，第三产业增加值占经济总量比重超过第二产业；至2020年，三次产业结构进一步调整为23.7 ∶ 21.4 ∶ 54.9。2021年，三次产业结构为24.2 ∶ 21.5 ∶ 54.3。

（二）打生态绿色有机牌，走特色高效精品路

1983年实行家庭联产承包责任制后，牡丹江市逐步从“以粮为纲”到全面发展，将农业结构由“粮多企”调整为“企多粮”，全市粮经比例由1978年的95.7 ∶ 4.3调整为2002年的73.6 ∶ 26.4；林、牧、渔等产业竞相发展，产值由1978年的0.8亿元增加到2002年的14.7亿元。2003年开始，牡丹江市立足自身比较优势，找准特色发展道路，跳出农业抓增收，突出发展食用菌、蔬菜、畜牧业、林下经济，探索符合自身特色的“打生态绿色有机牌、走特色高效精品路”的发展路径，全市农民人均可支配收入升至全省第一位，2011年突破“万元大关”，2012年全市农业总产值达到309.2亿元，绿色有机食品认证面积发展到380万亩，特色农业收入占农民人均可支配收入比重达到41%。2013—2021年，在习近平“三农”思想的指导下，牡丹江市把发展现代农业作为振兴发展的重要内容，以农业供给侧改革为主线，加快特色现代农业建设，全市农业总产值突破400亿元。特色农业规模持续扩张，粮食总

产稳定在50亿斤左右，绿色有机食品认证面积占全市耕地面积一半。农民增收渠道更加多元、收入结构更加优化，2019年，农民人均可支配收入达到20045元，继续保持全省领先，“菌菜牧林”等特色优势产业占农民收入比重超过50%，农村劳动力向工业流动、向城市流动的趋势更加明显，农民工资性收入达到4516元、始终保持年均10%以上增速，财产收入、转移收入占农民收入比重比2012年提高了7个百分点。农民生活更加殷实，恩格尔系数降至30.3%，数字电视入户率达到58%、宽带网络实现乡村全覆盖；农村社会保障体系更加完善，失地农民纳入城镇居民保障范围，“新农保”制度实现全覆盖，提前实现全面小康目标。2021年，全市农林牧渔总产值388.4亿元，同比增长6.8%；一产增加值211.4亿元，同比增长6.3%；全市农民人均可支配收入23832元，同比增长9.7%，高于全省平均水平5944元，连续十九年领跑全省。

（三）支持民营经济发展，建设制造业强市

党的十一届三中全会以后，牡丹江市紧紧地抓住由计划经济向市场经济转化、实行市管县管理体制、建设综合改革试验区、优化资本结构试点市、扭亏增盈试点市、民营科技示范区等一系列重大历史机遇，坚持以搞活企业为基点，以提高经济效益为中心，以深化改革为手段，开放全市工业、全面引进人才、鼓励招商引资、广泛联合协作、推进技术进步、强化企业管理、建设规模经济，加快了工业经济管理体制由计划经济体制向市场经济体制转变和工业经济发展由粗放型向集约型转变的步伐，全市工业发生巨变。到1998年，全市工业企业达到1442户，固定资产总额1891377万元，实现乡以上工业总产值1446661万元，销售收入1350496万元，增加值446068万元，利税总额167626万元。

“八五”计划期间，牡丹江市个体私营经济迅速发展。从党的十一届三中全会到1991年，个体私营企业以商、饮、服行业为主，1994年以后，为促进中小型企业民营化改造和发展乡镇企业、个体私营企业，市委、市政府相继出台《推进国有中小型工商企业民营化暂行办法》《关于进一步加快发展个体私营经济的若干政策》《个体私营经济发展规划》等政策，鼓励和扶持一批乡镇企业和私企大户利用加快产权制度改革之机，整体或部分收购一批国有、集体企业的存量资产，组建规模较大的经济联合体。到1995年末，全市个体私营工业企业达到914户，从业人员5369人，是1990年的206.32%和633.97%。完成工业产值17980万元，是1990年的11倍多，成为工业经济重要组成部分。在中小企业民营化改造中，承包、租赁、收购国有集体中小企业320多户，联产扩散闲置机器设备1500多台（套），吸纳待业人员、企业优化下岗职工、特困人员、农村剩余劳动力25000人，对稳定社会发挥了重要作用。“九五”计划时期，紧紧抓住牡丹江市被定为优化资本结构试点市和城乡综合配套改革试点市的有利契机，加快实施结构重组和机制重塑，促进经济体制和经济增长方式的根本转变。到2000年末，全市规模以上工业企业139户，工业总产值680759万元。1996—2000年，累计完成工业总产值3283976万元。“十五”计划时期，贯彻市委“工业立市”的战略决策，紧紧抓住振兴东北老工业基地和对俄经贸技术合作战略升级的历史机遇，全市工业实施招商引资、科技兴市、结构调整三大战略，加速建设绿色食品、医药化工、电子信息、生态旅游四大基地。狠抓大项目建设、跨区域合作、大企业重组等重点工作，扶持有潜力、有发展前途的中小企业，推进民营经济快速发展。到2005年末，全市规模以上工业企业102户，其中国有企业11户，集体企业6户，私营企业21户，其他工业企业64户。公有经济比重占16.67%，其他工业企业占62.74%，私营企业占20.59%。2010年末，全市规模以上工业企业户数达到529户。“十一五”期末，全市工业增加值和利税分别是“十五”的3.5倍和4.7倍，年均增长28.5%和36.4%。全市非公经济增加值、实缴税金分别达到484亿元和51.4亿元，增长26.3%和36.9%，分别是“十五”期末的3.78倍和3.84倍，年均增长30.4%和30.8%。非公经济增加值占全市地区生产总值比重，由“十五”末期的42%上升到62%。“十二五”计划时期，民营经济探索建立“油贸通”“助保贷”等金融产品，进一步拓宽企业融资渠道。引导企业上市融资，友搏药业与九芝堂集团重组实现主板上市，天合石油、林海华安在新三板挂牌，友邦生物、上田农业、丛名菌业、石油装备等企业在上海股权交易中心Q板挂牌。“十三五”计划时期，全市形成以民营企业为主体，以林木林纸、绿色食品、装备制造、生物医药、新材料及建材等产业为主导的工业体系。全市累计登记注册各类市场主体总数18万户，比2015年末增长超过6万户。非公经济税收收入318亿元，占全部收入的66%。生物医药、新材料、新能源、电子信息等战略性新兴产业中，民营工业企业占总量94%。2021年，全市规模以上工业企业发展到310户，实现工业总产值同比增长22.2%，实现工业增加值同比增长11.6%。

（四）实施外向带动战略，发展开放型经济

1982年，牡丹江市被国务院列为第一批对外开放城市。1988年，牡丹江市恢复边贸，1990年绥芬河公路口岸、东宁公路口岸正式开放，至此拉开了全市对外开放蓬勃发展的序幕。进入20世纪90年代，牡丹江对俄贸易一片红火，边境小额贸易给中俄两国边民带来了巨大财富，一般贸易、现汇贸易、现钞贸易、加工贸易、互市贸易等多种贸易类型竞相发展。全市对外贸易在经历启动发展、规范调整两个阶段后，从1996年开始进入稳步增长阶段，尤其是2005年以后，全市对外贸易进入快速发展轨道，2008年进出口首次突破100亿美元。“十三五”时期，牡丹江市深度参与国家“一带一路”和“中蒙俄经济走廊”建设，外向型经济水平不断提高，自贸区绥芬河片区等重大开放平台相继获批，境外园区发展到13个，对俄贸易额占比超过七成，与牡丹江市有经贸往来的国家和地区发展到177个。2020年，全市外贸进出口总值实现261亿元，其中，出口82.1亿元，进口178.9亿元，出口、进口总值均为全省第二，绥芬河、东宁两市互贸进口货运量完成19.04万吨，同比增长118.59%；进口交易额完成10.3亿元，同比增长62%；参贸边民达到40.64万人次。2021年，牡丹江市再次被确认为国家级蔬菜外贸转型升级专业型示范基地，穆棱市获批国家级木制品外贸转型升级示范基地，绥芬河市、东宁市、穆棱市获批全省高水平出口消费品加工区，绥芬河市获批国家进口贸易促进创新示范区，青云市场获批全省唯一的国家级市场采购贸易方式试点，绥芬河跨境电商9610出口业务正式开通，牡丹江市沿边开放桥头堡作用稳步提升。

（五）依靠科技进步，实施创新发展战略

20世纪80年代中期，牡丹江市落实中共中央《关于科学技术体制改革的决定》，以邓小平科技是第一生产力理论为指针，全面推进科技进步，提高全民科技意识，调动广大科技工作者积极性，积极引进、推广新产品、新科技，广泛开展科普活动，科技事业进一步发展。1988年，市委、市政府提出“科技兴市”发展战略。1992年5月，市政府下发《关于全面推进科教兴市的决定》，对全面推进科教兴市工作的优惠条件、优惠政策、奖励政策、组织保证等14个方面作出了具体规定。到1995年，科技进步贡献率提高到29.6%，比1990年提高9.8个百分点；新产品产值占工业总产值的比重由1991年的2.5%提高到1995年的4.3%，高新技术产业产值占国民生产总值的比重由1%提高到4.4%。“九五”期间，市委、市政府落实党中央科教兴国战略部署，做出《关于深入实施科教兴市战略的决定》。期间，实施“科教兴市百亿工程”“科技与经济结合新突破”“提高自主创新能力、走创新跨越之路”等战略措施，推进阳明民省级营科技示范区和郊区国家级星火技术密集区建设，科技综合实力不断增强。到2000年，全市农业科技进步率达55%，农村种养业优良品种、品系覆盖率达96%，发展形成16个乡镇工业小区，依靠科技进步增加产值82.25亿元。“十五”期间，深入实施“国家技术创新区域试点”“国家清洁能源行动试点”和“省级制造业信息化试点”三项工程，高新技术产业初具规模，高新技术企业达到52户，其中国家级高新技术企业9户，省级高新技术企业43户，省以上高新技术产品53项。科技开发与研究的层次水平明显提高，高新技术产品数量大幅增加。有5个项目列入国家“863”计划，53项产品成为省级高新技术产品。民营科技企业发展步伐加快，累计发展民营科技企业495户，有21户民营科技企业成为国家和省级高新技术企业，其中3户为国家级，全市民营科技企业技工贸总收入达到37亿元，实缴税金达到1.8亿元。“十一五”期间，全市以提高自主创新能力、建设创新型城市为主线，实施科教兴市与人才强市战略，科技支撑引领作用显著增强。石油钻采装备特色产业基地快速发展，2006年被省科技厅认定为省级特色产业基地。2010年，特种材料产业基地被科技部认定为牡丹江国家高新技术产业化基地（全省仅三家）；黑龙江省中东部外向型星火产业带建设全面启动，科技兴农成效明显；国家级循环经济试点园区、省级爱民北药科技园区长足发展。2006年10月，牡丹江高新技术产业开发区被省政府认定为省级高新区；全市国家级高新技术企业发展到16户。“十二五”期间，按照国家、省深入实施创新驱动发展战略要求，牡丹江市大力推动以科技创新为核心的全面创新，“十二五”期末，全市国家级高新技术企业达到25户，比2010年增长39%；省级专利优势企业23户，年销售收入500万元以上科技型企业30户；高新技术产业产值322亿元，是2010年2.5倍；技术合同成交额突破1亿元，比2010年增长31.7%，首获国家科技进步先进市。迈入“十三五”，牡丹江坚持“科技兴市”战略，全面实施创新驱动发展战略，全市累计争取省以上各类科技计划项目218项，经费支持超过2.7亿元；累计登记成果293项，44项科技成果获得省级科学技术进步奖；北方双佳钻采机具公司“双作用机械液压式随钻震击器”、等离子体科技公司“低温等离子灭菌机”、恒远药业“孟鲁司特钠原料药”、灵泰药业“硒酵母”、佰佳信“恩拉霉素”等一批高新技术成果实现产业化。友搏药业和鑫北方石油钻具公司项目获得全省重大成果转化专项扶持。2020年，穆棱市获批省内首批县域省级高新区。友搏药业李振国、金钢钻张继红、沃野孔德元获得首批“龙江科技英才”称号。科技型企业规模不断扩大，企业梯队基本形成。圆满收官“省千户科技型企业三年行动计划（2015—2017）”和“省新一轮科技型企业三年行动计划（2018—2020）”，“十三五”期末，全市国家级高新技术企业总数增长到78家，比2015年增长212%；累计登记技术合同189项，成交额累计突破11.79亿元。与省科技厅联合开展第三轮厅市科技合作共商，在哈尔滨、北京设立产学研合作联络处，与哈工大、哈工程、哈兽研、省林科院等10余家高等院校院所签订科技合作协议，八一农垦大学牡丹江食品与生物创新研究院、省工研院牡丹江分院挂牌落地，建立哈工大等6个“头雁”团队工作站。2021年，全市有省级科技创新基地平台38家，其中省级技术创新中心27家，重点实验室8家，科学家工作室3家。

（六）不断加强城乡基础设施建设，推进城市升级

1992年，牡丹江市开始大规模修建高等级公路。1993—1997年，301国道（绥芬河—满洲里）绥芬河—横道河子段竣工通车，建设牡丹江市—海林市段全市第一条高速公路。1997—2003年，201国道（鹤岗—大连）宁安—林口段全线贯通。期间，修建了八面通、东宁、林口、海林、宁安与301、201国道的高等级连接公路以及方虎公路（方正—虎林）和鸡图公路（鸡西—图们）两条省道。2003年开始实施通乡公路工程，建设城际公路、旅游公路，到2021年末，全市公路总里程达到12492公里，其中：高速公路448公里，一级公路417公里，二级公路1128公里，三、四级公路9627公里，等外公路872公里。牡丹江与所辖各县（市）全部实现了一级或高速公路相贯通，全市51个乡（镇）和887个行政村全部实现硬质路面相连接，形成以G10、G11为X型高速公路主骨架，以县乡村公路为支线，连接“六城”（宁安、海林、林口、东宁、八面通、绥芬河），辐射乡镇和主要村屯，沟通“两湖”（镜泊湖、莲花湖）、“两岸”（绥芬河口岸、东宁口岸）和经济富线、旅游热线的四通八达的公路交通网络。铁路方面，牡丹江辖区内主要铁路运营干线4条（图佳线、滨绥线、哈牡客专、牡佳客专），共有专用线81家143条。其中A类专用线51家77条，B类专用线23家35条，C类专用线7家31条。2010年7月8日，牡绥铁路扩能改造工程开工建设，牡丹江市开始向高铁时代进军。2015年12月28日，中国首条在东北高寒地区、丘陵地带建设的电气化铁路——牡绥铁路全线竣工通车，全线总长138.823公里，运营时速200公里/小时，最短运行时间1小时8分钟，出发时间基本覆盖全天，趋于公交化。2014年12月15日，哈牡高速铁路开工建设。2018年12月25日正式开通运营。哈牡高铁全长293.204公里，运营时速250公里/小时，哈牡高速铁路是打通俄罗斯滨海边疆区—绥芬河—牡丹江—哈尔滨—满洲里—俄罗斯—欧洲铁路战略通道的重要区段。2016年11月8日，牡佳高速铁路开工建设。2021年12月6日，牡佳高铁全线正式通车，全长371.6公里，运营速度250公里/小时。“十三五”期间，全市铁路通车里程达到918公里，其中高速铁路里程达到210.8公里。航空方面，牡丹江海浪国际机场是国家4C级军民合用国际支线机场，是全省第二大、东北地区第六大机场，1985年9月2日，牡丹江海浪机场正式通航，拥有航空航线12条，先后通航了北京、上海（浦东、虹桥）、广州、杭州、济南、沈阳、深圳、青岛、烟台、威海、大连以及韩国首尔等城市，实现货物航空运输24小时到达，2019年旅客吞吐量达到峰值，达到104.8万人次，货邮吞吐量达到1290吨，飞机起降8128架次。2021年，绥芬河东宁机场竣工并完成试飞，规划开通直飞北京、沈阳、大连、青岛等城市的国内航线和俄罗斯的国际航线。党和政府十分重视城市建设和人民生活设施建设，低矮破旧的房屋被鳞次栉比的高楼大厦所取代，拥挤不堪的马路变得笔直宽阔，特别是1993年建成的东光立交桥是全国第一座无梁板结构的城市立交桥。“十三五”期间，虹云桥改造、南北太平路下穿、牡丹江大桥扩建、西十一扩宽改造等重大项目开通运行，牡丹江市成为全省唯一的“全面推进公交都市建设第一批创建城市”，提升了城市国际化形象。城市基础设施承载能力明显提高，水、热、电、气等公用事业同步发展，绿化、美化、亮化工程持续推进。1978年改扩建成一座日处理10万吨的水厂，1984年开始集中供热工程，1992年开工建设煤气工程，1994年建成水源二期工程。截至2021年末，全市集中供热面积4643万平方米，燃气普及率99%，改造老旧小区96.3万平方米、棚户区13071户，城市功能显著提升。

二、政治建设

党的十一届三中全会以来，牡丹江市持续加强党的领导，贯彻落实人民代表大会制度，以及中国共产党领导的多党合作和政治协商制度，党的领导核心作用持续凸显，人民民主不断扩大。

（一）加强党的建设，凸显党的领导核心地位

建立健全党的基层组织。党的十一届三中全会后，根据中央和省委指示精神，市委决定整顿基层党的组织，从1980年5月开始，到1984年10月结束，先后在76个党委进行整党试点。1987年1月，市委下发《关于加强农村基层组织建设的通知》，要求更新观念，提高农村基层领导班子的政治素质和专业知识及现代化管理水平，发挥村党支部在农村基层组织中的领导核心和战斗堡垒作用。是年，市委制定并实施《关于加强城镇个体工商业中党的基层组织建设的意见》，城镇个体工商业党的基层组织建设得到改善和加强。1988年，全市推行企业党组织机构设置和专职党务干部配备新模式，在117户大中型企业中，有23户企业厂长兼任书记，有55户企业书记兼任副厂长。1990年，在大中型企业中推行“双向进入、交叉任职”（党委书记和董事长一人兼；党委专职副书记进入董事会，纪检书

记进入党委会和监事会；党员总经理和部分党员副总经理进入党委会）制度。同年，对全市128个后进薄弱村党支部进行整顿，重点抓了思想整顿和组织整顿，全市共调整村党支部书记62名，支委63名。1994年，为了更好地加强街道社区党建工作，在部分街道社区党组织中开展“增三力、强核心”（增强党组织吸引力、凝聚力、战斗力，强化政治领导核心作用）工程试点工作，并于翌年在全市街道社区党组织中全面推行。下发《关于加强乡镇企业、三资企业、区街企业、个体私营企业、股份制企业党建工作的意见》，在非公有制经济组织中开展“双建双促”（建立健全党组织，促进党组织政治核心作用和党员先锋模范作用的发挥；建立完善党组织发挥作用的制度和机制，促进非公有制经济的健康发展）、“五个好”（领导班子好、党员队伍好、工作机制好、发展业绩好、群众反映好）创建活动。1996年开始，在全市党政机关中开展“满意在基层、争做好公仆”活动，党政机关工作作风和工作效率明显提高。2002年，在社区党组织中开展“创五有社区、实现六心目标”（有一个强有力的领导班子、有一支高素质的党员和社区工作者队伍、有一个协调和谐的工作新机制、有一个行之有效的工作途径、有一个安全文明的环境；实现党建贴心、服务热心、管理称心、文化欢心、治安放心、环境舒心）活动。在党政机关中开展整治“软、懒、散、拖”等问题为重点的创建优良经济发展环境活动。在农村中，贯彻实施《关于在全市农村基层党组织和党员中开展“建争带”活动的实施方案》，建立党员服务区，争当致富带头人、科技明白人、流通经纪人，带头学习、应用、传播农业实用技术，带头调整农业产业结构，带头扶贫解困，带头遵纪守法，带头移风易俗，带头缴纳税费，带头抵制派性矛盾，带头维护社会治安和村屯环境。到2005年末，全市有21764名农村党员参加“建争带”活动，建立党员服务区1.8万个。全市具备条件的847个非公有制经济组织全部建立了党组织。各县（市、区）委成立社区党建工作指导委员会，街道党工委成立社区党建工作联席会等机构，全市社区都建立了党支部。创建省级社区党建示范点2个、市级社区党建示范点20个。2018—2021年，市委建立“每季议党”工作机制，每季度召开党建领导小组会议重点关注、每半年集中督导推进、年底纳入基层党建述职考核内容方式攻坚推进落实党建重点工作任务。在农村，全力推进账外地收费，消除村集体收入5万元以下薄弱村，创新村集体经济激励机制，建立村党组织书记“选育管用”监管体系，851个村实现“三职一肩挑”，占比达到96%。在城市，逐步构建起社区工作者职业化管理体系、区街社三级“10+N”党群服务中心体系，开展党建引领小区物业治理专项行动，以重点项目突破带动城市基层党建工作整体提升。

加强党风廉政建设。党的十一届三中全会后，牡丹江市采取多种形式，开展党性、党风、党纪和党内法规教育；以坚持四项基本原则为主要内容的政治纪律教育；以正、反典型案例为教材，开展艰苦奋斗、全心全意为人民服务的宗旨教育、勤政廉政教育、反腐倡廉教育等。1986年，制定《牡丹江市党风廉政建设责任制》。1989年，按照中共提出的清理纠正六股歪风的要求，重点对领导干部违规超标建设住房、党政机关干部参与经营或创办公司、领导干部公费出国旅游、用公款大吃大喝及超标准接待、违规购置公务用车、公费安装住宅电话等不正之风进行清理整顿。1991年，在完善党风廉政责任制的基础上，试行党风廉政建设连带责任制，对领导干部疏于监督造成下属存在各种不正之风，连带追究领导干部失察责任。同年末，建立领导干部监督档案，制定书记谈话及书记挂牌接待制度和党内纪律监督通知书制度。1993年，制定《领导干部本人及家庭重大事项报告制度》《党风廉政建设巡视制度》。1994年，在市人大代表、政协委员和群众中聘请党风巡视员和特约监督员，形成专兼职相结合的监督体系。党的十八大以来，牡丹江市坚决落实推动全面从严治党向纵深发展的要求，进一步加强党风廉政建设和反腐败工作，制定市委巡察工作实施办法，深入贯彻党内问责条例，落实“一案双查”制度，严格执行新形势下党内政治生活若干准则和党内监督条例，坚持用好监督执纪“四种形态”，强化政治巡察，严明政治纪律和政治规矩，保持惩治腐败高压态势。进一步深化源头治腐工作，开通狠刹“四风”（形式主义、官僚主义、享乐主义、奢靡之风）网络监督平台，建立健全激励机制和容错纠错机制。按照中央和省委部署，开展党的群众路线教育实践活动、“三严三实”教育实践活动、“两学一做”学习教育、“不忘初心，牢记使命”主题教育和党史学习教育。

（二）落实人民代表大会制度

党的十一届三中全会提出发展社会主义民主、健全社会主义法制的方针后，1980年11月，牡丹江市完成县级直接选举，相继召开人民代表大会，依法设立常务委员会。1980年11月26日，牡丹江市第八届人民代表大会第一次会议召开，选举产生市人大常务委员会。1983年10月，地、市机构合并，牡丹江实行市管县的领导体制。1983年10月至2021年，牡丹江市人民代表大会历经第九届至第十六届人民代表大会及其常务委员会。

1980年，牡丹江市第八届人大代表由选民直接选举产生。1983年，从第九届开始，市人大代表由下一级人民代表大会选举产生。牡丹江市人民代表大会选举产生牡丹江市出席黑龙江省人民代表大会代表，1983—2002年，共选出出席黑龙江省第九届至第十三届人大代表221名。牡丹江市被选为第六届至第九届全国人民代表大会代表共29名。县（市、区）、镇（街道、乡）人大代表由选民直接选举产生。2021年，牡丹江市有市人民代表大会1个、区人民代表大会4个；全市有全国人大代表3人、省人大代表25人、市人大代表331人、区人大代表2237人。

牡丹江市历届人大代表履行管理国家事务职权，在历次人民代表大会上依法提出人大职权范围内的议案和建议、批评、意见。历次人大会上，代表提出的议案、建议和批评意见，由市人大常委会交由政府或有关部门办理，并答复代表。进入21世纪，牡丹江市人民代表大会及其常委会按照中共十五大提出的建设民主政治的要求，进一步完善人大代表、人民代表大会、人大常委会、主任会议、专门委员会五个层级的工作制度，在贯彻落实《宪法》，监督“一府两院”正确行使权力，决定全市重大事项，实现小康目标和建设和谐社会等方面发挥重要作用。

（三）推进政府依法行政

加强法治政府建设。1983年9月，设立市政府法制机构，进行本级政府规范性文件的审核、制发。1991年，建立特邀监察员制度。1991年8月起，建立规范性文件备案制度。1994年起，向市政府申请的行政复议案件和市政府的行政案件应诉事务由市法制办承办或代理。2011年，设立牡丹江市人民政府行政复议委员会。坚持推行民主决策和实行民主监督制度，主要措施包括：重视调查研究，为决策提供科学依据；重大决策、重大规划提请人大审议；支持人民政协参政议政，拓宽民主党派参政议政渠道：建立、健全政府决策研究机构；建立沟通渠道听取民意；认真接受人大的法律监督和政协的民主监督；发挥民主党派、统战团体、群众组织的监督作用；推行政务公开；建立和完善招投标制度；推进政风行风评议工作等等。

开展政务改革。1998年起，牡丹江市坚持以建设一流营商环境和政务环境为目标，以方便群众办事为着力点，以行政审批改革为突破口，持续推进行政审批制度改革和政务服务创新。第一轮审批制度改革从1998年下半年开始，2000年1月结束。第二轮审批制度改革从2001年9月开始，至2002年6月结束。2019年，牡丹江市推进商事登记制度改革，推行企业登记“一表制”，细化“一次性告知单”，实行“多证合一”“一照一码”，实现网上全程电子化领取营业执照。在全省率先制定《关于进一步精简审批事项优化建设项目审批流程方案》，落实建设项目并联审批和容缺审批，实行涉企服务“个性化”模式。推进“一网、一门、一次”改革，制定《关于牡丹江市加快“互联网+政务服务”一体化建设的实施方案》，搭建覆盖县区，包含自然人、法人一体化政务服务平台。以“数字政府”建设为突破口，与浪潮公司合作成立牡丹江浪潮数字投资发展有限公司，将“一云一网三平台”（政务云资源服务、政务外网、一体化政务服务平台、政务信息资源共享交换平台、信用信息平台）列入牡丹江市“数字政府”重点建设内容，全市统筹推进。2021年，建成全市一体化政务服务平台，1609项政务服务事项上线运行，市级依申请政务服务事项网上可办率96.43%，平台累计受理617451件，办结616585件，办结率99.85%。

（四）落实中国共产党领导的多党合作和政治协商制度

1979—2021年，牡丹江市人民政治协商会议历经第四至第十二届委员会。1979年2月25日，市委根据省委办公厅〔1979〕3号文件精神，决定恢复市政协组织机构，开始筹备四届委员会。1980年11月20—27日，政协牡丹江市第四届委员会第一次会议召开。自第四届委员会起，每届任期5年。

牡丹江市政协始终坚持党对政协工作的领导，把思想政治引领摆在首要位置，确保政协事业始终沿着正确政治方向前进。认真履行“政治协商、民主监督、参政议政”职能，开展调研视察，推进协商民主，积极建言献策，提出大量具有建设性的意见和建议，为牡丹江市经济社会发展做出重要贡献。提案工作方面，市政协第四届至第十二届委员会征集、办理提案数分别为559件、1000余件、1152件、1014件、1090件、773件、1256件、1844件、1592件。

党的十一届三中全会以后，落实各项统战政策，各民主党派组织得到恢复和发展。1985年，新建中国国民革命委员会牡丹江市委员会、中国民主促进会牡丹江委员会和九三学社牡丹江市委员会，5个民主党派（民盟、民建、民革、民进、九三学社）共有成员572人。1988年，农工党牡丹江市支部委员会筹备组成立，牡丹江市民主党派增至6个。民主党派组织恢复活动后，市委统战部持续推荐民主党派和无党派人士担任各级领导职务，为民主党派参政议政、民主监督提供条件，支持协助民主党派开展社会服务。做好党外知识分子、非公有制经济代表人士，以及港澳和海外的爱国统一战线工作。

三、文化建设

改革开放后至2021年，牡丹江市持续加强教育事业发展和红色文化之城建设，坚持弘扬社会主义核心价值观，推进社会主义精神文明建设。

（一）教育事业蓬勃发展

党的十一届三中全会后，全市各类学校把工作重点转移到以教学为中心的轨道上来，进行一系列的教育改革。有步骤地实行九年制义务教育，发展职业技术教育，加强成人和普通高等教育。“七五”时期，开展校长负责制改革试点，初中升高中（中考）采取择校“定额”的办法，重点中学招生择优录取。“八五”时期，制定《牡丹江市城市教育综合改革实施方案》，市政府作出《关于全面推进科教兴市的决定》，在全市实施基本普及义务教育、基本扫除青壮年文盲奠基工程，职前、职后的素质工程，面向现代化、面向世界、面向未来的希望工程，多渠道增加教育投入。改革企办学校管理体制，进行教师聘任制试点，调整小学布局，初步构建起初、中、高层次相衔接，职前、职后教育相促进，普通教育与职业教育相融通的教育基本框架。“九五”时期，市委、市政府作出《关于深入实施科教兴市战略的决定》，推进应试教育向素质教育转化，在全省率先实现基本普及九年义务教育、基本扫除青壮年文盲，全民受教育水平和文化素质大幅度提高。至21世纪初，牡丹江市已形成结构布局比较合理的现代国民教育体系。“十三五”期间，全市学前教育普及普惠水平大幅提升，学前三年毛入园率达到86.82%，普惠率88.45%。九年义务教育实现基本均衡，县域内城乡义务教育实现一体化发展，10个县（市、区）进入优质均衡发展新阶段。高中阶段毛入学率达到95%，普本、重本上线率持续提高；现代职业教育体系框架基本确立，学历教育与非学历教育、职业教育与普通教育协调发展。高等教育办学层次、学科建设、师资队伍、科研水平、办学条件、国际合作和办学质量稳中向好，覆盖人的不同发展阶段和满足社会不同群体需求的终身教育体系初步形成。2021年，全市有各级各类学校675所，其中普通高等学校7所，中等专业学校1所，技工学校3所，普通中学112所，职业中学7所，小学113所，特殊教育学校6所，幼儿园424所，成人中等专业学校2所。

（二）建设国家公共文化服务体系示范区

改革开放以来，牡丹江市大力弘扬优秀传统文化。坚持推行“一个传统节日一台演出、一个重大庆典一组文化活动”，连续多年举办朝鲜民族文化艺术节，是东北地区具有一定影响力的朝鲜民族群众性品牌文化盛会。连续10年举办“舞动全城”广场舞大赛和“万众放歌”文艺展演，释放广大群众参与群众活动的激情和热情；围绕“欢庆我们的节日”，常态化举办“乡村春晚”“新年音乐会”“端午诗会”等系列文化活动，营造欢乐祥和的节日氛围。围绕“庆祝新中国成立70周年”“庆祝中国共产党成立100周年”“喜迎党的二十大”等主题主线，举办“好韵牡丹江”文艺专场演出、“庆百年华诞·颂百年辉煌”群众歌唱会和“喜迎二十大·文旅嘉年华”民族、交响、管弦音乐会等各类活动300余场。创新推出公益文化大课堂，开设涵盖器乐、声乐、舞蹈、美术和语言类等七大门类20个专业，年培训学员近2000人。2013年，牡丹江市成功创建全国首批、全省第一个国家公共文化服务体系示范区。2018年，投资400余万元，开通运营“牡丹江公共文化云”数字文化服务平台，为群众一站式提供图书检索、网上阅读、在线视听、活动预约及多方互动等服务，标志着牡丹江市公共文化服务进入“线上”服务与“线下”服务互补、个性化服务与共性化服务互动的新阶段。实施文化惠民工程，先后争取各级资金5000余万元，对全市行政村（社区）基础设施和服务设施进行建设和改善，推动基层公共文化活动场所实现全覆盖。截至2021年末，全市有8个公共图书馆，总藏书量1323700册。建成乡镇（街道）的综合文化站78个，建成行政村文化活动室859个、文化广场850个。

（三）推动精神文明创建，为城市高质量发展提供强大精神力量

20世纪80年代初，牡丹江市群众性精神文明创建活动逐渐兴起。1981年2月，牡丹江市成立青少年教育办公室。1984年5月，牡丹江市青少年教育办公室更名为牡丹江市五讲四美三热爱活动委员会办公室。1986年6月，牡丹江市开展军警民共建共育活动，从共建文明村推广到共建文明街道、文明企业、文明学校、文明车站等，由此带动城乡创建、警民共建、企校共建等各种共建活动全面开展。1988年8月11日，牡丹江市五讲四美三热爱活动委员会办公室更名为牡丹江市精神文明建设活动委员会办公室。1989年6月，牡丹江市开展创建文明村镇活动，开展十星级文明户、五好家庭户、文明示范户、文明

2020年9月，牡丹江市长安小学江南校区、第十六中学江南校区投入使用（高峻松　摄）

庭院创建活动。1993年初，牡丹江市开展创建文明行业活动，倡导行业文明新风，开展行业规范服务活动、“百城万店无假货”活动、创建文明风景旅游区示范点等活动。1996年，市委八届三次全会提出“学习张家港、创建文明城”的目标，把创建文明城市的目标和任务列为市委市政府一级目标管理。1999年9月，牡丹江市被授予首批全国文明城市创建工作先进市荣誉称号。2015年，牡丹江市成为全国文明创建提名城市。2021年，全市55个乡镇（街道）中，评选出文明镇45个，占总镇数的82%。在文明城市创建过程中，牡丹江市着力培育和践行社会主义核心价值观，进一步提升市民文明素质和社会文明程度，用更多精神文明建设的丰硕成果为推动城市全方位高质量发展，提供强大精神力量和良好社会环境。

四、社会建设

1978—2021年，牡丹江市在经济发展的基础上，着力保障和改善民生，持续推进社会体制改革和扩大公共服务，完善社会治理体系和治理能力，促进社会公平正义和社会和谐，建设美丽幸福牡丹江。

（一）加强城乡基层建设，促进社会治理现代化

社会治理方面。1990年2月，牡丹江市建立市社会治安综合治理联席会议制度。1991年5月，成立市社会治安综合治理委员会。“十五”时期，初步建立“五网络一中心”的社会安全网络，开展严打整治斗争，扫除“黄赌毒”等社会丑恶现象，加强对邪教活动的防范打击，促进社会大局稳定。“十一五”时期，开展系列严打整治，完善社会矛盾调处机制，设立领导大接访制度，建立镇（街道）综治信访中心。“十二五”时期，坚持统筹社会治理与经济建设协调发展，获批地方立法权，健全科学民主依法决策机制，建立行政职权标准化制度，全面推广集中行政复议制度，依法行政水平不断提高；社会管理体系持续优化，建立镇（街道）领导干部定期直接联系群众制度，社区协同共治和服务水平不断提升；“平安牡丹江”深入创建，社会治安形势不断好转。2019年，牡丹江市获“2018全国社会治理创新示范市”称号。2020年，牡丹江市获批全国市域社会治理现代化第一期试点城市。

（二）保障和改善民生，人民生活水平和质量普遍提高

1982年，牡丹江市开始探索建立社会保障体系。首先在“安居”上进行试点，向个人出售公有旧住房，拉开了社会保障制度改革的帷幕。1983年，在牡丹江纺织厂进行“包干发放，超支不补，节约归己”的职工医疗费改革和全民所有制合同工养老保险改革试点。1986年，适应深化改革需要，住房、就业、养老制度改革全面展开。是年，有36个单位向职工出售公有旧住房416户，全民所有制、事业单位职工开始实行社会养老统筹。1987年7月，牡丹江市被国家确定为住房制度改革试点市。是月，出台《牡丹江市城镇住房制度改革工作规划》，采取统一租金标准、出售公有旧住房、筹集住房资金、建立住房基金制度的方式，推进住房制度改革。1991年，全面推行以退休费统筹为主要内容的企业职工养老保险制度改革，临时工、私营企业职工、外商投资企业中方职工、个体劳动者逐步纳入社会养老统筹范畴。1992年3月，集体企业职工拥有参加社会养老统筹的权利。至此，养老保险制度改革涵盖了全体劳动者。与此同时，全面启动提租发补贴、出售公有住房、建立住房公积金、推行货币化分房、实行廉租房等一系列住房制度改革。1993年，失业保险制度逐步完善，社会就业的“底线”有了初步保障。1995年，全市将只在建筑业实行的工伤保险延伸到全市劳动岗位各个工种，免除了因“工”受伤和致残人员的后顾之忧。1996年，推行生育保险改革，广大女工不再为生育和计划生育可能带来的风险担忧。同年，市直机关事业单位先行打破公费医疗制度，进行医疗保险改革试点。1997年，牡丹江市被国家和省确定为医疗保险制度改革试点市，建立起职工个人医疗账户与社会统筹医疗相结合的医疗保险制度，彻底改变了医疗费由政府和企业统包的格局。同年12月，最低生活保障制度开始建立，市政府向128户256人发放最低生活保障金5302元，社会保障更具人性化。翌年，牡丹江市被省确定为城镇居民最低生活保障制度改革试点市。1998年，全市基本医疗保险制度由“通道式”统账结合转变为“板块式”统账分开，机关、事业、企业单位全面停止住房实物分配，党政机关、企事业单位的职工住房实行货币化改革，实行了近50年的福利分房制度彻底退出历史舞台。至此，全市初步建立起包括住房、医疗、失业、工伤、生育、养老、最低生活保障在内的、与社会主义市场经济体制相适应的社会保障体系。2001年，低保对象由原民政部门救助对象扩大到符合条件的在职职工、下岗失业人员、退休人员、无业人员。2002年，推行大额医疗保险和离休人员医疗统筹，职工大病就医有了保障。2003年，适应广大市民的要求，在城镇灵活就业人员中推行医疗保险。2004年，实施城镇居民最低生活保障救助办法，对特困人群在教育、医疗、供热、住房、用水、用电、用燃气、劳动就业、法律援助等方面给予相应的优惠政策。随着经济的不断发展和收入水平的不断提高，牡丹江市城乡居民消费结构由以食为主向消费多元化的转变，实现温饱型向小康型的跃升，城乡居民消费结构明显优化，在城乡居民生活消费支出中，发展和享受型消费比重上升，消费领域不断拓宽，精神生活日益充实，对文化教育等发展性投入也不断增大。城镇居民收入保持全省前列，居住环境、

居住条件持续改善，就业岗位持续增加，教育、医疗卫生等基本公共服务均等化加快推进，基本养老保险和医疗保险实现全覆盖。截至2021年末，牡丹江市社会救助标准“十四连增”、企业退休人员养老金标准“十六连增”，基层医疗卫生机构实现全覆盖，10个县（市、区）全部通过义务教育基本均衡发展验收，牡丹江获批全国社会心理服务体系建设试点城市，海林市成为国家级健康促进试点市。居家社区养老服务加快发展，“一刻钟社区服务圈”基本全覆盖。保供稳价全面到位，城市文化品质和治理能力不断提升，“平安牡丹江”建设取得积极成效，被国家连续八次评定为“全国双拥模范城”。

五、生态文明建设

改革开放之初，牡丹江市就注重生态环境的保护。党的十八大后，更是把生态环境保护放在突出位置。在全面建成小康社会过程中，牡丹江市全力破解环境与经济的博弈困局，践行“绿水青山就是金山银山，冰天雪地也是金山银山”的理念，努力走出一条生态文明创新之路。

（一）生态环境主要指标稳定向好

大气环境质量稳步提升，特别是《环境空气质量标准》实施以来，牡丹江市区环境质量达标天数由2014年的267天跃升至2021年350天，达标天数增加83天，达标比例大幅增加22.7%，增至95.9%，2018年起牡丹江市市区空气质量均达到国家环境空气质量二级标准。水环境质量日趋向好，2021年牡丹江市地表水国控考核断面优良水体比例由“十三五”的75%提升至91.7%，同比提升16.7%，优良断面比例、水环境质量状况双双位列全省第一，市、县两级集中式饮用水水源地水质达标率均达到100%。

（二）打赢蓝天保卫战

结合牡丹江实际，制定出台《牡丹江市打赢蓝天保卫战三年行动计划实施方案》，有效解决秸秆露天焚烧工作攻坚战，统筹推进重点地区和重点行业企业大气污染治理，重点加强了对牡丹江区域大气环境综合治理，突出治理行业污染对市区环境质量的影响，不断提升环境质量。推进大气污染重点治理项目。完成总投资1562万元的恒丰纸业锅炉脱硫减排、桦林佳通锅炉除尘改造、北方高压电瓷窑炉技术改造以及公交集团更新购置新能源公交车等4个省级大气污染防治重点项目。2018年全市8家重点企业29台燃煤火电机组均已实现达标排放。推进全市燃煤设施淘汰改造。开展市建成区内燃煤锅炉专项治理工作，制定取缔燃煤小锅炉工作方案，全市建成区内709台10蒸吨/小时及以下燃煤锅炉全部淘汰，县（市）级城镇建成区10蒸吨/小时及以下燃煤锅炉524台全部按要求淘汰。完成华电能源股份有限公司牡丹江第二发电厂6号、7号机组超低排放改造项目。有效解决秸秆露天焚烧工作，成立禁止秸秆露天焚烧工作领导小组及联席会议，开展春秋两季秸秆禁烧工作，明确监管职责，建立全天候四级监管体系和多部门联动防控机制，采取十条禁烧和五化利用措施，解决秸秆露天焚烧问题。推进机动车尾气综合治理，严格机动车环保定期检测，推进黄标车及老旧车淘汰工作，完成机动车排污监控平台国家—省—市三级联网工作，全市29家机动车环保检测机构全部完成对接，正式投入使用。

（三）推进碧水保卫战

突出重点污染物、重点行业和重点区域的治理，全面推进牡丹江流域水污染防治工作。出台《牡丹江市六条主要河流县界断面考核实施方案》《牡丹江市24条主要河流水质考核断面监测方案》并推动实施。落实水源地环境整治，市政府召开全市水源地整治工作现场推进会议，组织市水务局等12家责任单位多次现场联合执法，完成全市46个乡（镇）级集中饮用水源地保护区及200个千人以上村屯集中式饮用水水源地保护区的划分工作，2018年牡丹江市区列入国家水源地整治“问题清单”5个问题、2019年县级列入国家水源地整治“问题清单”29个问题均提前完成整治工作。坚持“科学治理镜泊湖”，2018年开始，牡丹江市实施镜泊湖污染治理。印发《镜泊湖污染治理集中整治专项行动方案》，邀请中国环境科学研究院湖泊研究所专家对镜泊湖流域进行污染负荷调查分析，在牡丹江上游省界处、镜泊湖上中下游设置湖水监测断面，掌握水质状况，制定治理方案。推进工业污染源达标排放，对全市13个国控重点污染源企业全面实行在线监测，排污信息实时对外公布，重点企业环保设施运行达标率达到95%以上。突出重点行业废水整治，对电镀、医疗卫生、畜禽养殖、污水处理厂等行业开展专项治理工作，关停取缔小电镀企业13户，建立集中电镀处理中心，规范保留特种电镀企业5户，全市15户二级以上医疗机构全部安装了含菌废水处理装置，4家三甲医院安装了污水综合处理装置。市区关停取缔屠宰企业3户，14户屠宰企业获得市政府专项整治办联合审查许可。改造海林柴河纸业、三都纸业、镜农公司、宁安和丰酿酒等企业污水处理设施，提高污水处理能力，废水回用率不断提升。强化流域现场环境执法，对市域内牡丹江、穆棱河和绥芬河流域排污口进行全面排查，对全市国控重点水污染源实行污染物在线监测，全市排水企业污染防治设施运行达标率达到95%以上。

（四）推动净土保卫战

出台《牡丹江市土壤污染防治实施方案》，全面落实“土壤污染防治计划”，不断改善全市土壤、辐射、危废环境状况。实施黑土地保护专项行动，排查涉重金属企业重点区域10个、龙江品牌区域3个、地理标志作物重点区域19个，排查60个村屯，检查企业80户，将6户存在违法问题的企业列入整治清单。常态化开展辐射应急工作，对全市81家放射源及射线装置使用单位开展检查，针对存在的问题及时处理，消除安全隐患。开展危险废物专项治理行动，对全市8个报废汽车拆解企业、20个汽车销售4S店、35个三类以上汽车维修企业，300个汽车配件商店开展检查，对66个违法单位下达整改通知及行政处罚。加强危废监督管理工作，强化危险废物转移监管力度，企业危险废物转移安全转移率100%。完成全市加油站地下油罐防渗改造工作，历时3年，对169个加油站685个地下油罐进行改造，2020年6月全面完成。强化耕地土壤保护工作，32户企业被纳入土壤污染重点监管单位进行监管，全市217公顷安全管控类耕地实现安全利用。做好畜禽养殖污染治理工作，全市291户规上畜禽养殖企业遗留问题全部整改到位。持续推进农村生活污水治理工作，全市共有138个建制村完成污水治理任务，牡丹江市无“涉重”项目环评审批落地，无涉重金属行业“散乱污”现象，无涉重金属重大及突发环境事件。

（资料来源：市发改委等。汇总整理：市委史志研究室）

牡丹江市庆祝中国共产党成立100周年活动纪实

2021年是中国共产党成立100周年，中共牡丹江市委宣传部牵头全市宣传思想文化战线围绕“党的盛典人民的节日”主基调和迎庆中国共产党成立100周年主题主线，在市、县两级全媒体平台重要版面、重要时段统一开设“奋斗百年路、启航新征程”总栏目，下设“学党史悟思想办实事开新局”“永远跟党走”“龙江百万党员话初心”“小康圆梦”“红色记忆·百年百人”“寻足迹忆初心”等子栏目，记录历史伟业、展现百年风华，生动鲜活讲好中国共产党百年奋斗故事，齐声唱响共产党好的主旋律、主基调，聚焦党史学习教育工作进展，关注全面建成小康社会实景，体现第四届黑龙江省旅游产业发展大会工作实践，内宣外宣联动、线上线下一体，注重融媒体作品表达，全方位、多家度、立体化宣传阐释各地各战线各领域取得的突出成就和做出的巨大贡献，大力营造全市上下共庆百年华诞、开创振兴发展新局的浓厚氛围，市、县两级媒体发稿2200余篇。

2021年3月26日，《红色牡丹江》红色文化教育读本首发式在牡丹江市召开
（市委宣传部　供图）

一、庆祝中国共产党成立100周年主题宣传活动

按照中央和省、市委部署要求，结合牡丹江市地域、历史、红色文化特点，研究制定《牡丹江市庆祝中国共产党成立100周年主题宣传活动方案》，突出红色文化主题，大力弘扬东北抗联精神，宣传红色传统和革命精神，组织开展绥芬河市中共六大历史资料馆开馆仪式、“花开向阳·丹心向党”声声不息演讲比赛、“庆建党百年·迎旅发大会·人人争做红色宣讲员”主题评选等红色历史文化传播活动，编撰发行全省第一个以地方红色历史为题材的红色文化教育读本《红色牡丹江》，特别是在“红色宣讲员”主题评选活动中，全市近2000名选手参加大赛，近4000人参加红色故事海选视频征集，引导广大市民群众利用抖音等新媒体平台广泛传播，营造了人人讲红色故事、全民传播红色文化的浓厚氛围，全市共有6人被省委宣传部聘为黑龙江省思政教育青年宣讲师，7人成为省委宣传部“花开向阳·丹心向党”声声不息大赛巡演宣讲团成员，参加全省巡回演讲。

二、庆祝中国共产党成立100周年系列文艺文化活动

2021年，牡丹江市落实全省统一部署的群众性文化活动，广泛开展“庆百年华诞·颂百年辉煌”群众歌咏展演活动，100多支合唱团近1万名群众演员以众人唱红歌的方式迎庆中国共产党成立100周年。承办“庆百年华诞·舞动黑龙江”全省广场舞牡丹江片区展演活动，9月9日，全市10个县（市、区）的80支广场舞队伍、鸡西市和北大荒农垦集团等7支代表队参加演出，牡丹江市委宣传部荣获省委宣传部、省文旅厅颁发的优秀组织奖。举办“永远跟党走——庆祝建

党100周年”艺术党课系列演出，邀请长影乐团、上海京剧院、中国音乐家协会爱乐乐团合唱团等国内知名院团到牡丹江演出芭蕾舞剧《八女投江》、京剧《智取威虎山》以及《红色经典》交响乐音乐会等10余场音乐盛宴。开展“庆祝中国共产党成立100周年”主题征文活动，创作推出一批思想性和艺术性较强的本土优秀文学作品，在《牡丹江晨报》刊发获奖作品41期102篇。开展“唱支山歌给党听”群众性歌咏宣传展播活动，4月27日在江滨公园八女投江纪念碑前现场录制《唱支山歌给党听》《风调雨顺牡丹江》合唱视频，报送到国家公共文化云、央视频、腾讯音乐等平台进行展播。举办“少儿交响音乐会”“建党百年民族音乐会”“建党百年交响音乐会”及“七一”红歌音乐会，组织开展“城市之光”“美丽家园幸福生活”社区艺术节系列活动，在广场、社区、艺术场馆集中展演展示30场次。

三、“奋斗百年路·启航新征程——黑龙江省庆祝中国共产党成立100周年主题系列新闻发布会”牡丹江专场直播

2021年5月27日，由中共黑龙江省委宣传部主办的“奋斗百年路·启航新征程——黑龙江省庆祝中国共产党成立100周年主题系列新闻发布会”牡丹江专场召开。发布会围绕“百年奋进牡丹江振兴发展再启航”这一主题，向大家介绍在中国共产党的领导下，牡丹江这片红色沃土镌刻的奋斗足迹和伟大变迁。市委书记杨廷双就牡丹江百年奋进光辉历程和沧桑巨变壮丽画卷进行发布并回答记者提问。发布会期间，在线观看量1114.5万人次，央广网总网独家观看量996万人次，位列全省第一。

四、开展先优典型宣传

统筹市、县两级媒体开展“光荣在党50年”七一勋章获得者和“两优一先”模范事迹宣传，在“奋斗百年路启航新征程”栏目下开设“我们的榜样”子专栏，按照每周不少于3篇的频次，宣传各类先进典型事迹，反映他们的精神风貌，构建崇尚先进、学习先进、争当先进、见贤思齐的舆论声势，形成庆祝中国共产党成立100周年的浓厚氛围，报道各类典型人物50余个。

五、空军党委在牡丹江举行庆祝中国共产党成立100周年专题党日活动

2021年6月18日，空军党委在人民空军东北老航校牡丹江旧址举行庆祝中国共产党成立100周年专题党日活动。空军司令员丁来杭，空军政治委员于忠福，省委书记、省人大常委会主任张庆伟出席活动。丁来杭、于忠福、张庆伟等军地领导来到牡丹江海浪机场“启航广场”，向人民空军东北老航校前辈致敬。于忠福在致辞中说：“建党百年之际，空军党委常委回到党孕育雏鹰的东北老航校牡丹江旧址，感悟党恩之深、体悟创业之艰、领悟使命之重，镌刻“人民空军党缔造，人民空军忠于党”的蓝天忠魂。我们要永志不忘党缔造人民空军的高瞻远瞩，悉心领会党关怀人民空军的厚重承载，深刻铭记党领导人民空军的光辉成就，坚决实现党建设人民空军的宏伟目标。黑龙江省在打造拥军体系、支持演训任务、保障部队建设、深化国防教育等方面做了大量工作，空军党委和广大官兵对黑龙江省各级党委、政府和全省人民致以诚挚敬意。”张庆伟对空军党委在党史学习教育中到黑龙江举行专题党日活动表示欢迎，对空军建设取得的成就致以敬意，对空军和空军驻黑部队长期以来为黑龙江经济社会发展作出的贡献表示感谢。“人民空军东北老航校作为人民空军的‘摇篮’，是我党我军创办的第一所航空学校，是人民空军的初心之地、启航之地。站在新的起点上，我们要持续深入贯彻落实习近平强军思想，大力弘扬军爱民、民拥军光荣传统，巩固和发展军政军民团结，共同谱写新时代军地共建的绚丽篇章。黑龙江省委省政府将全力支持国防和军队建设改革，积极解决部队和官兵实际困难，进一步加大服务保障力度，以实际行动续写人民空军与白山黑水的深情厚谊”。军地领导参观老航校旧址展陈中心、老航校旧址，观看《党的光辉映蓝天》主题情景剧。北部战区空军司令员许学强主持活动，有关军地领导参加。

（市委宣传部　沈　明）

2021年6月18日，空军党委常委和部队官兵代表在中国共产党创办的第一所航空学校东北老航校旧址开展专题党日活动　　（余红春　摄）

牡丹江市承办第四届黑龙江省旅游产业发展大会工作纪实

2020年9月接过第四届全省旅游产业发展大会会旗以来，牡丹江市把承办一届高水准的旅发大会作为深入践行习近平总书记“两山”理论的实际行动和推动牡丹江高质量发展的难得机遇，坚决贯彻省委书记张庆伟“举办一届旅发大会，提升一个承办地”部署要求，创新理念、高点谋划，全域联动、抢前抓早，在省委省政府的高度重视下，在省委宣传部、省文旅厅及省直各部门的指导帮助下，凝心聚力办出一届特色鲜明、惠民利企兴城的文旅盛会，推动政策资金项目加快集聚，干部队伍精气神持续提振，旅游产业实现爆发式增长，经济发展充满生机活力，城乡面貌发生巨大变化，人民群众获得感持续攀升，凝聚起晋位争先、振兴发展强大动力。

一、大会总体情况及主要成果

2021年9月1日至3日，第四届黑龙江省旅游产业发展大会在牡丹江市举行，310名嘉宾和市域外媒体记者出席大会开幕式暨文化旅游推介会，分成7组观摩重点旅游推介项目，参加全省旅游产业发展推进会议。本届旅发大会集中展示牡丹江市的旅游成果、城市风貌和人文精神，用实际行动创造具有牡丹江特质的“旅发方案”“旅发速度”“旅发标准”“旅发质量”“旅发成效”“旅发精神”。

（一）打造精品，构建旅游发展新优势。释放“山水林田湖草”生态优势，彰显“湖林雪边俗特红”旅游特色，推动“旅游+”业态跨界融合，攻坚推进5大主题29个升级版、龙头型、多业态旅游产品，打造具有牡丹江特色的旅游IP。让旅游融入红色基因。结合党史学习教育和庆祝建党100周年，提升35个红色文化景区景点和主题场馆，重点打造中共六大历史资料陈列馆、人民空军东北老航校旧址、孤榆树东北抗联密营教育基地、红花岭抗联主题小镇和杨子荣烈士陵园等红色经典产品，红色文化之城的知名度加快抬升。让旅游注入文化灵魂。依托丰富的历史文化、民俗文化、生态文化资源，推出爱情谷公园、保税跨境商品展示馆、渤海国遗址公园、1946文创园等一批文旅融合项目，新建改造小提琴广场、牡丹广场等一批广场、街区、雕塑和小微博物馆、记忆馆，将《智取威虎山》《红灯记》等沉浸式情景剧植入景区，牡丹江旅游的文化魅力更加彰显。让旅游促进乡村振兴。打造中兴村、七里地村、上官地村、孤榆树村、保安新村、大湾村、杏树村等17个特色文化旅游村，全市休闲旅游乡村增加到53个，新建七彩花田、陌上花开一等批田园综合体，开发了中俄自驾游营地、中兴汽车营地·民宿酒店等新业态，走出一条农旅融合促进乡村振兴之路。让旅游插上科技翅膀。开发航空科普体验馆、牡丹集团智慧科技馆等一批“科技+旅游”项目，模拟恢复渤海皇城、林海雪原、中东铁路等历史风貌，市区和重点景区实现5G覆盖，建成智能化游客服务中心，游客旅游体验更加丰富多元。

2020年9月5日，牡丹江市委书记杨廷双从省长王文涛手中接过旅发大会会旗（郭俊峰　摄）

（二）突出重点，构建全域旅游新格局。借助承办旅发大会各方支持、资源汇聚的有利契机，谋划推进全域旅游发展，加快提升旅游产业层次和水平。立足推进全域旅游，聘请行业龙头深圳华侨城集团负责大会总体方案策划，通过打造“四大亮点”、提升“四大板块”，统筹全域旅游资源，把“食住行游购娱”传统要素做出特色，把“商养学闲情奇”新兴要素做成热点，加快了全国一流的生态休闲度假旅游目的地、夏季健康养生目的地、冬季冰雪旅游目的地和东北红色旅游目的地建设步伐。坚持全域布局。聚焦全季、全域旅游，确立“全谱系展现、多极点支撑”的办会思路，打造总投资104亿元的一批文旅项目，形成“42+N”旅发项目集群，通过串珠连线、连线成片，聚人气、增热度，打出了全域旅游组合拳，形成县县有特色、区区有亮点的全域旅游协同发展新格局。坚持全体系提升。新建和提升旅游服务中心24个、旅游标识109块、旅游厕所68座，13个重点景区实现数字化运营管理，“一部手机游牡丹江”上线开通，一码畅享全方位优质服务。

（三）彰显特色，叫响牡丹江旅游新形象。把承办旅发大会作为展示推介牡丹江旅游资源的难得载体和平台，着力塑造“龙江好风光·美在牡丹江”的城市文旅品牌。主题定位更加聚焦。围绕服务全省“北国好风光·尽在黑龙江”总品牌，确立“镜泊胜景·林海雪原”大会主题，全市旅游推介更加聚焦资源优势、禀赋特点和竞争潜力。欢腾牡丹江大会标识通过飘逸灵动的曲线展现了丰富的资源特色和民俗文化，呈现出一个热情奔放、多彩灵动的牡丹江。虎娃、雪妞大会吉祥物提升了牡丹江旅游的记忆点和辨识度，成为城市旅游新名片。特色展示更加多元。各县（市、区）、有关市直部门围绕多维度推介展示牡丹江资源优势、文化底蕴和旅游特色，谋划推出鹅文化美食节、猴头菇文化节、林海雪原旅游文化节和中俄摄影展等系列文旅活动，地方名优产品及俄罗斯商品展销会和“十佳旅游品牌”评选等活动更是为各方游客呈现出一个多元、多彩、多样的牡丹江。禀赋优势更加鲜明。采取“一主+六辅”和“云直播”形式举办开幕式，在为与会嘉宾和全省全国人民奉献了一场文旅盛宴、视觉盛宴的同时，更让镜泊湖主会场及吊水楼瀑布、玄武湖农业公园、海林市七里地村等6个分会场名扬四海，“飞流直下三千尺、纵情一跳吊水楼”“塞北江南、天下宁安”“林海雪原威虎山、越是艰险越向前”等文旅IP更加深入人心。

（四）景城一体，呈现城市建设新面貌。坚持旅发为民，把持续提升城市品位、增进群众福祉作为承办第四届黑龙江省旅游产业发展大会的根本出发点和落脚点。用心提升城乡颜值。既要“面子”更要“里子”，擦亮城乡环境美丽底色，实施城乡环境卫生综合整治和形象提升工程，统筹推进文明城市创建、爱国卫生运动、农村人居环境整治、美丽乡村建设，市区拆除违建、棚厦、围挡1700余处、10余万平方米，新增绿地45万平方米，东一中俄风情街、朝鲜民俗风情街成为市民和游客休闲娱乐的打卡地，牡海公路绿化带成为靓丽风景线。用情推进惠民工程。同步推进道路、桥梁、公园、广场、绿化、亮化改造升级，改造376万平方米老旧小区、惠及城乡居民11.7万人，系统推进71条道路、21座桥梁、18个公园广场等改造升级，城乡居民获得感和幸福感持续攀升。用力改善高速公路品质。投资近23亿元，对绥满高速海林至尚志段和鹤大高速牡丹江至吉林省界段近274公里高速公路进行路面大修，对沿线6处服务区、28个收费站开展风貌提升及微笑服务工程，“汽车一咣当，到了黑龙江”彻底成为历史，牡丹江旅游出行更舒适、更便捷。

（五）联动提升，厚植振兴发展新动能。坚持以一业兴百业，充分释放旅发大会乘数效应，加快汇聚人流、物流、信息流、资金流、技术流，着力增强转型发展、高质量发展的内生动力。承办旅发大会，有力提升了牡丹江旅游知名度和影响力。截至2021年7月末，全市接待游客1446.91万人次，旅游总收入105.76亿元，同比2019年分别增长33.28%、39.76%；同比2020年分别增长572.95%、694.59%。上官地村玄武湖农业公园、横道河子俄罗斯风情小镇等15个旅发大会改造提升项目持续火爆，接待游客超过200万人次；8月，绥芬河中俄自驾游营地、中兴朝鲜民俗村、七里地生态村等14个新建项目，接待游客超过70万人次。以旅发集聚创新资源。与省科技厅、文旅厅举办“科技+旅游”产业项目合作推介会，与20所高校共建人才工作站，与哈工大等高校院所企业深度合作，建立12个“头雁计划”工作站，共建共享院士专家疗养基地，一年引进急需紧缺人才4000余人，为高质量发展积蓄强大动能。以旅发促进招商引资。做好“旅发搭台，经济唱戏”文章，持续开展系列招商活动，多维集团、汉雅星空、华侨城集团、正威集团、牡丹集团、哈电集团、莱特兄弟及省六大投资集团等企业纷纷到牡丹江市洽谈合作，跑出招商引资加速度。7月28日，举行第四届黑龙江省旅游产业发展大会招商推介，集中签约项目71个、总投资548.2亿元，其中，总投资139.8亿元的39个项目当年开工建设。

（六）扩大影响，展示牡丹江城市新风采。借势借力宣传推介牡丹江，

2021年9月，横道河子俄罗斯风情小镇　（高连水　摄）

提升城市知名度、美誉度和影响力。多媒体精彩报道。一年来，新华网、人民网、《经济日报》《黑龙江日报》等多家媒体从不同角度对牡丹江筹办第四届黑龙江省旅游产业发展大会的成果成效进行报道。其中，“奋斗百年路·启航新征程——黑龙江省庆祝中国共产党成立100周年主题系列新闻发布会”牡丹江专场直播在线观看量达1114.5万，央广网总网独家观看量996万、直播观看量创全省新高。牡丹江市在全媒体平台推送旅发外宣报道2000余篇，在各平台推送的短视频总浏览量1600多万。云直播全网呈现。大会开幕式当天，央视频、新华网、人民网等30余家媒体对大会全程同步直播，中央电视台、新华社、黑龙江电视台等50余家国家级和省级媒体对大会开幕进行了关注报道，大会开幕48小时内，全网总观看量2.63亿次，创全省历史新高。利用免费办理旅发大会视频彩铃和在全市主要地段设置宣传板、吉祥物及城市小品等多种形式，纵深宣传推介第四届黑龙江省旅游产业发展大会，引导全市上下形成“人人参与、人人受益”的浓厚氛围。与中国联通、中国移动、中国银行、中国人寿财产保险等多家企业联手共办大会、共襄盛举。

（七）众志成城，凝聚攻坚克难新力量。不唱“独角戏”，搞好“大合唱”，形成各方汇力、齐心攻坚的生动局面。省级层面鼎力支持。省委省政府对办好旅发大会高度重视，省委书记张庆伟、省长胡昌升提出要求、寄予厚望，贾玉梅部长多次专题研究、实地踏查，省委宣传部及省文化和旅游厅、财政厅、发改委、自然资源厅、交通厅、住建厅、林草局、民宗委、民政厅、生态环境厅、教育厅、工信厅、科技厅、公安厅、司法厅、人社厅、水利厅、农业农村厅、商务厅、卫健委、应急管理厅、市场监管局、广播电视局、体育局、营商环境局、团省委、通信管理局、气象局、海事局、民航监管局、消防总队等中省直部门，省交通投资集团、建设投资集团（旅投集团）、央视动漫集团、联通公司、移动公司、哈铁集团、农投集团、金控集团、文投集团、新产业投资集团、农垦集团、森工集团等央企国企，在政策、资金、项目上主动对接、鼎力支持，省交投、建投集团主动担当，确保旅发重点项目如期竣工，全省上下谱写了一曲曲齐心协力办旅发的动人之歌。市级层面齐心发力。第一时间成立了以市委书记、市长为组长的承办工作领导小组，建立承办工作“指挥部”工作体系，组建“大会办”、工作专班和大会办工作组，分工合作，统筹调度，强化攻坚。全面推行重点任务日调度和“红黄绿”督办机制，先后召开协调推进会议100余次，有效形成了“事不过夜”、会战攻坚的承办态势。各县（市、区）及市直各相关部门抢工期、抓进度，大会召开前，完成了所有观摩项目建设和新业态的呈现，为大会成功召开奠定了坚实基础。社会层面共同参与。组织开展“我为旅发献一策”“我爱牡丹江我为家乡做代言”“庆建党百年、迎旅发大会、创文明城市”志愿服务等主题活动，动员全市人民以主人翁精神全力投入到各项承办工作，积极配合支持违建拆迁、风貌改造、公路绿化、环境美化、交通管治和安全保卫等工作，体现出了极端负责的主人翁精神；上万名农民工参与第四届黑龙江省旅游产业发展大会项目建设，夜以继日，加班加点，吃苦耐劳；全市机关干部、警务人员、医务人员和志愿者战斗在一线岗位，确保了整个大会工作的高效运转、万无一失。

二、办会的经验启示

（一）凝心聚力、担当作为是旅发大会成功举办的坚强保证。旅发大会承办工作中，全市干部群众思想统一，步调一致，全市上下一盘棋、一条心、一股劲，干就干好，干就干成，形成了齐心协力、攻坚克难的强大合力。市级四个班子齐上主战场，市级领导以上率下、以身作则，带头落实“一线工作法”和项目包保督办机制，推动工作在一线落实、问题在一线解决。市人大、市政协与党委政府同频共振，通过包保重点、开展视察调研、务实建言献策、参与志愿服务等多种方式，为筹办旅发大会贡献智慧力量。各民主党派充分发挥职能作用，围绕旅发大会主题定位、旅游产品开发、旅发大会筹备等建真言、谋良策、出实招，助力旅发大会成功举办。驻牡中省直单位、在牡高校、驻牡部队给予承办工作倾心相助、鼎力支持，以主人翁精神积极投身到旅发大会宣传推介、环境整治、志愿服务、城市管理等工作。各县（市、区）、市开发区充分发挥主力军作用，全员上阵扛标，自我加压、竞相发力、比学赶超，挑战一个又一个极限，创造一个又一个奇迹。广大党员干部特别是基层干部“五加二”“白加黑”，舍小家顾大家、不讲条件不计代价，发扬不怕疲劳、连续作战的顽强作风，绘就了团结就是力量的时代画卷。

（二）坚定信念、周密部署，是旅发大会成功举办的重要基础。自筹办旅发大会以来，全市上下不讲条件、不计代价、日夜奋战，创造了一个个“旅发速度”，塑造了牡丹江“旅发精神”，使一大批文旅项目、基础设施实现从无到有，从图纸到现实，创造了“牡丹江旅发速度”。特别在距离最初确定的大会召开日期8月3日还有1天时间，由于国内新冠肺炎疫情趋紧，牡丹江市坚决贯彻省委省政府部署，迅速切换到应急状态，一面从严从紧抓防控，一面自我加压抓筹备，全市各级各部门坚定“旅发有我、有我必胜”的信念，思想不松、干劲不减、标准不降，持续在项目打磨、业态提升、细节完善等方面下真功夫、花大力气，完成了29个旅游项目业态精彩绽放，50项系列活动闪亮登场。

（三）履职尽责、高标极致，是旅发大会成功举办的关键所在。杜绝差不多、一般化，精益求精做好会务保障工作，全力以赴为全省旅发大会立标打样。全力提供周到细致的服务保障，反复深入现场“走流程”，认真打磨每处服务细节，大到各项现场设计、时间安排和嘉宾邀请，小到房间布置、桌牌摆放、饮食安排、接送站和出行陪同等具体事宜，都能做到精心布置、周密安排。制定18项突发事件应急预案，先后整改各类安全隐患3678项，实现从旅发大会承办开始到圆满结束“零事故”目标。狠抓承办任务落实，大会重启后，推行每日常态化巡线，累计巡线6000余公里，整改问题近300个。坚持以“铁手腕”治隐患，深入开展“平安之夏”暨“庆建党百年、迎旅发盛会”安保会战，从严规范交通和停车秩序，在全省率先成立旅游警察大队、组建景区警务队，有力营造了安定和谐的办会氛围。广大志愿者全过程做到一流组织、一流服务、一流接待，力求尽善尽美，生动展现牡丹江人的热情好客以及良好的社会人文环境。

三、释放旅发大会的乘数效应

第四届黑龙江省旅游产业发展大会的闭幕，是全市旅游产业发展的新启幕。牡丹江市以本届旅发大会为新起点，大力发扬越是艰险越向前的奋斗精神，思想不松、干劲不减、标准不降，持续释放“旅发效应”，继续跑出“旅发速度”，乘势而上、趁热打铁、力争上游，打造永不落幕的旅发大会，为建设“旅游强省”和现代化新龙江贡献更多的“牡丹江力量”。

（一）全力做好全域旅游文章。一是狠抓规划落地执行。强化规划引领作用，聘请哈工大规划设计院修改完善全域旅游发展规划和冰雪旅游发展规划，健全完善“一核两带四区”全域旅游发展布局，积极谋划和推进一批重点项目，加快提振做强城市休闲与集散服务核，打造南北纵向贯通的牡丹江休闲度假带和东西横向贯通的中俄国际旅游合作带，梯次推进镜泊胜景、林海雪原、边境风情和生态康养“四大旅游块区”，进一步优化旅游高质量发展空间格局。二是加强旅游资源整合。对外，树立大旅游合作观，积极加强与哈尔滨、佳木斯、敦化、长白山、秘境双湖、鸡西等重点旅游城市和周边热点旅游地域合作，深化客源共享，借势借力提升牡丹江市旅游的吸引力。对内，坚持穿点成线，依托旅发大会打造的重点项目和推出的66条精品线路，探索“一票通”合作机制，鼓励各县（市、区）联动发展、错位发展。发挥市旅游服务中心的集散功能，在现有开通线路的基础上，围绕全域全季旅游，开发更多具有地域特色的旅游产品，切实发挥带动全市旅游发展的龙头作用。加强与各旅行社的深度合作，全力支持各旅行社积极投身全域旅游发展，依托各自擅长领域和客源优势，强化特色产品设计和推出，打通景区与旅行社、旅行社与市旅游服务中心连接，加快形成多点开发、全域发展的良好局面。三是深化多业态融合发展。促进旅游与乡村振兴相结合，深化旅游与农林产业融合，大力发展观光农业、休闲农业，培育田园艺术景观等创意农业，打造具备旅游功能的“美丽乡村”“生态小镇”和“特色民居”。促进旅游与科教文卫体融合，利用科技馆、科研基地等发展科技游；依托丰富的红色文化、历史文化、民俗文化资源，开发教育研学游；利用文博图场馆、非物质文化遗产展示馆开展文化体验游；借助生态和中医药资源基础，积极开发中医药特色、康复疗养、休闲养生等健康游。结合国家文旅消费试点城市建设，大力发展夜间经济、创意经济和体验式消费经济，使旅游业真正成为“一业带百业”的永久朝阳产业。

（二）全力优化旅游发展环境。一是完善旅游基础设施。坚持发动经营主体、政府投资、引入社会资本等多条腿走路，畅通“微循环”、提高便捷性，打通旅游交通“最后一公里”。完善常态化维管机制，升级改造景区旅游厕所、停车场、服务中心等基础设施，规范旅游引导标识设置，配套便民服务设施，注重旅游沿线景观和卫生环境改造，持续提高旅游环境的整洁性和舒适度。二是提升旅游服务品质。深入实施旅游服务质量提升行动计划，持续开展AAA级及以下景区评定工作，用“有进有出”倒逼景区服务“有质有量”。完善旅游景区和项目讲解服务、解说词系统和景区管理体制机制，确保服务标准不降、管理水平持续提升。三是深化智慧旅游建设。充实完善“一部手机游牡丹江”平台功能和内容，引导更多商家和业态入驻平台，全面提升平台“吃住行游购娱”旅游全要素服务水平。深化旅游大数据平台建设，建立数据共享机制，推动重点景区5G和Wi-Fi信号全覆盖，实现旅游管理和服务智慧化、现代化。

（三）全力提升旅游发展后劲。一是加力培育市场主体。实施“旅游龙头企业培育”工程，引进专业化战略投资主体，继续深化与省交投、建投等集团的务实合作，探索现有景区景点市场化运行机制，推进域内旅游资源开发运营、管理市场化、效益化。二是持续提升观摩项目。进一步发掘牡丹江市生态资源、历史文化、百年口岸、乡村振兴、红色研学、民族风俗等优势旅游题材，精心策划、包装和开发出有特色、有亮点、有新意、有市场的体验式、娱乐性新产品，强化业态设计和引进，为项目后续发展注入内在活力。三是创新品牌营销模式。坚持“线下、线上、体验”同步，深化与国内外旅游机构合作，积极开展旅游目的地精准推介、合作城市资源互换、重点城市组团体验、线上平台直播推介和影视剧取景地打造等活动，把“镜泊胜景·林海雪原”的形象树起来、声势打出去。

（四）全力以赴燃爆秋冬旅游市

场。一是打造多元秋季旅游产品。把握当前自驾游、徒步游、亲子游、体验游需求旺盛的有利契机，把牡丹江的五花山色、湖光秋色和果蔬采摘、稻田风光等秋季旅游资源融入到旅游产品设计之中。抢抓中秋节、“十一”黄金周的有利契机，利用抖音、快手、火山小视频等新媒体，借助携程网等平台，大力宣传推介牡丹江的美景美色，扩大牡丹江秋季旅游品牌的影响力。二是放大冰雪旅游资源优势。坚持哈亚雪一体化发展，进一步擦亮雪乡“冰雪皇冠上的明珠”名片；谋划梦幻冰瀑灯光秀、冰瀑跳水、冬捕渔猎、冰上马拉松等旅游产品，增强冬季镜泊湖旅游吸引力和知名度；放大林海雪原风景区的带动效应，依托森林观光小火车，串联冰雪旅游项目和业态，推出“林海雪原穿越”和“林海雪原自驾”等户外运动产品，加快形成独具魅力的林海雪原产品体系。三是规范旅游市场秩序。落实全省冬季旅游市场专项整治各项部署，完善哈牡冬季旅游会商联动机制，用好旅游投诉热线和先行赔付基金，严厉打击旅游市场行业乱象，维护好牡丹江的旅游形象，擦亮牡丹江冰雪旅游的“金字招牌”。

（五）全力保障旅游产业发展。一是强化统筹协调。探索建立从上到下支持旅游工作、参与旅游建设的工作机制和模式，加快推动旅游产业发展从“小马拉大车”向“高速动车组”转变，在全市形成纵向到底、横向到边、无缝衔接、齐抓共管的良好局面。二是强化政策支持。着眼后旅发时代和后疫情时代，积极主动、抢前部署，找准旅游产业发展规律，科学制定配套政策措施，特别是在“引客入牡”、金融支持等方面先行一步，为旅游企业发展营造良好环境。三是强化典型带动。学习借鉴和推广承办工作中涌现出的新经验、新典型，以点带面，推动旅游产业加快发展。四是强化督办检查。引导各地各部门切实把工作重心向推动旅游产业高质量发展上聚焦倾斜，确保市委市政府关于加快旅游产业转型升级的各项决策部署落到实处、取得实效。

（牡丹江市承办第四届黑龙江省旅游产业发展大会领导小组办公室）

大 事 记

1月

4日 牡丹江市政治生态建设专题会议召开。

5日 中国共产党牡丹江市第十二届委员会第八次全体会议召开。传达贯彻省委十二届八次全会和省委经济工作会议精神，讨论《市委常委会工作报告》和《市委常委会2020年党的建设工作报告》，审议通过《中共牡丹江市委关于制定国民经济和社会发展第十四个五年规划和二〇三五年远景目标的建议》和《中国共产党牡丹江市第十二届委员会第八次全体会议关于工作报告的决议》。

7日 市残联、市人社局在人社局一楼智慧人力资源市场举办“2021年牡丹江市就业援助月启动暨就业困难人员专场招聘”活动，为残疾人求职者提供一站式服务。

是日 西安区举行新文创产业园揭牌仪式，牡丹江国际书画文博中心正式入驻园区。

10—11日 市委书记、市新冠肺炎疫情防控工作领导小组组长杨廷双在东宁市主持召开社区（村屯）疫情防控工作座谈会，并到东宁互市贸易区、疾控中心、基层医疗机构和人员密集场所调研疫情防控及项目建设情况。

12日 市委副书记、市长王文力就旅发大会筹备工作开展“走流程”调研。落实“办一届旅发大会，提升一个承办地”要求，围绕群众需求，统筹推进环境整治、交通改造、绿化亮化等工作，实现产业兴城、兴市惠民。

15日 市新冠肺炎疫情防控指挥部召开视频会议，贯彻落实全国和全省疫情防控工作电视电话会议精神，做好全市冬春特别是春节前后疫情防控工作。

18日 市新冠肺炎疫情防控工作领导小组召开专题会议，传达贯彻全省疫情防控工作视频会议精神，听取县（市、区）疫情防控和贯彻落实全省视频会议精神情况汇报，安排部署全市疫情防控工作。

19日 牡丹江市举行第一批支援望奎县医疗队出征仪式，医疗队共有10名队员。

21日 全市征兵和民兵工作电视电话会议召开。总结2020年征兵和民兵工作情况，部署2021年征兵和民兵工作任务。

25日 牡丹江市第二批赴绥化支援望奎县医疗队16名医务人员紧急响应，整装出征。

是日 牡丹江市举行2021牡丹江——“12个省市自治区和香港特别行政区”企业家网上视频推介会暨项目签约仪式。签约31个项目，涵盖生物医药、食品加工、林木林纸、精细化工、新能源、矿产开发、旅游娱乐等领域，总投资额121.35亿元。

是日 第四届黑龙江省旅游产业发展大会领导小组第四次会议召开。专题听取各责任单位重点观摩项目建设推进情况，研究解决遇到的问题，部署下阶段重点项目建设任务，明确工作目标、时间节点、完成标准，推进项目建设提速提质提效。

27日 市政府征兵办公室暨市征兵服务中心举行揭牌仪式，为全省首家揭牌。

27—28日 市政协第十二届委员会第五次全体会议举行。听取和审议市政协常务委员会工作报告及提案工作情况报告等，补选市政协副主席、秘书长、常务委员。

29—30日 市第十六届人民代表大会第六次会议举行。听取并通过市人大常委会和“一府两院”工作报告及决议。

2月

5日 牡丹江市困难群众基本生活保障工作专题会议召开。传达《黑龙江省人民政府办公厅关于进一步做好困难群众基本生活保障有关工作的通知》精神，动员各方力量，采取有力举措，确保全市困难群众度过温暖安乐祥和的春节。

6日 牡丹江医学院附属红旗医院举行省级重大疫情防控救治基地建设项目奠基仪式。

7日 市纪委十二届六次全体会议召开。审议市纪委《推进新阶段纪检监察工作高质量发展 为开启全面建设现代化牡丹江新征程提供坚强保障》工作报告。

9日 全市村（社区）“两委”换届工作推进视频会议召开。

是日 市新冠肺炎疫情防控领导小组暨指挥部召开视频会议，贯彻落实省应对疫情工作领导小组视频会议精神，研究部署冬春季常态化疫情防控特别是春节期间疫情防控工作。

20日 市、区两级人力资源和社会保障部门、卫健部门联动，组织50名农民工登上去往浙江杭州的返岗专车，搭建“点对点、一站式”劳务协作服务平台。

25—26日 副省长李毅到牡丹江火车站调研，检查公安机关工作。

26日 省委副书记、省长胡昌升一行到东宁市、绥芬河市调研口岸疫情防控工作。

28日 全市深化机关作风整顿优化营商环境工作会议召开。全面落实全省深化机关作风整顿优化营商环境工作会议精神和省委副书记、省长胡昌升到牡丹江市调研讲话要求，总结2020年改作风优环境工作，安排部署2021年工作。

3月

1日 市人大常委会举行《牡丹江市红色文化遗存保护利用条例》施行新闻发布会。《牡丹江市红色文化遗存保护利用条例》于2020年12月24日经黑龙江省第十三届人大常委会第二十二次会议审查批准，2021年3月1日起正式施行。

是日 牡丹江市推进工业立市工作视频会议召开。全市工业战线扛起“抓防疫”和“抓工业”双重责任，采取综合推进和“一企一策”灵活措施，夺取疫情防控和经济发展“双胜利”。

4日 十二届市委第八轮巡察工作动员部署会议召开。宣读《十二届市委第八轮巡察组组长、副组长授权任职及任务分工的决定》，组建6个巡察组，对市委统战部、市政府办公室党组等17个党组织开展政治巡察。

6日 全市政法队伍教育整顿动员部署会议召开。传达全国、全省政法队伍教育整顿动员部署会议精神，安排部署全市政法队伍教育整顿工作。

8日 全市党史学习教育动员大会召开。贯彻落实习近平总书记在党史学习教育动员大会上的重要讲话精神和全省党史学习教育动员大会精神，对全市党史学习教育进行安排部署。

9日 全市推进殡葬综合改革暨2021年清明节疫情防控和文明祭祀服务保障工作会议召开。贯彻落实全省殡葬改革工作联席会议精神，就进一步深化殡葬领域专项整治、推进殡葬改革、做好清明节疫情防控和文明祭祀服务保障工作进行安排部署。

14日 市政府新闻办、市政法队伍教育整顿办召开全市政法队伍教育整顿新闻发布会，向社会各界介绍全市政法队伍教育整顿情况。

18日 第四届黑龙江省旅游产业发展大会志愿者培训启动仪式举行。播放旅发大会志愿者宣传片，发布旅发大会志愿者标识，启动旅发大会志愿者微信公众号、视频号、微博号，为志愿者团队代表授旗，并对志愿者进行专题培训。

19日 牡丹江市创建第七届全国文明城市暨迎旅发城市形象提升行动启动大会召开。系统推进城乡环境大提升、文明素质大提升、形象品质大提升。

26日 牡丹江市召开《红色牡丹江》红色文化教育读本首发式暨出版发行座谈会。

27日 市直机关启动“我为群众办实事”周末志愿服务活动。市委书记杨廷双为志愿服务队代表授旗，并参加志愿服务活动。

是日 哈尔滨工程大学校长姚郁带领哈工程调研组到牡丹江合金工具有限公司、牡丹江恒丰纸业股份有限公司、黑龙江盛世雪城科技有限公司进行调研。市委书记杨廷双参加调研。

28日 牡丹江市举行2021年首批“百大项目”春季集中开工暨爱熊猫小镇基础设施配套工程开工奠基仪式。

是日 全市政法系统典型先进英模事迹报告会举行。作报告的五位英模代表是爱民公安分局三道关派出所四级警长张凯、宁安市公安局交警大队镜泊湖中队民警刘国瑞、市人民检察院第七检查部主任付冬梅、东安法院刑事审判庭庭长王洋、市法律援助中心主任李辉。

29日 中国老促会会长王建一行到牡丹江市出席中国老促会、黑龙江省老促会教育培训中心揭牌、捐赠和签约仪式。

30日 市委书记杨廷双参加省委全面依法治省工作会议并作经验交流发言。

是日 牡丹江市举行“市委书记进校园”宣讲活动暨校园专场招聘会。市委书记杨廷双走进牡丹江师范学院、牡丹江医学院作主旨宣讲。

是日 全市春季森林草原防灭火工作视频会议召开。贯彻落实全国和全省森林草原防灭火工作电视电话会和大兴安岭森林防火工作座谈会议精神，总结全市2020年森林防火工作，分析研判、安排部署全市2021年春季森林草原防灭火工作。

31日 市委召开农村工作暨全市巩固拓展脱贫攻坚成果同乡村振兴有效衔接工作会议。贯彻落实中央农村工作会议、全国脱贫攻坚表彰大会精神和省委农村工作会议精神，总结2020年“三农”工作，安排部署2021年乡村振兴工作。

4月

2日 全市项目建设推进会议召开。通报全市2021年省、市“百大项目”建设计划，对新一轮“百大项目”建设进行安排部署。

4日 牡丹江经济技术开发区海浪铁路专用线项目开工建设。

6日 市新冠肺炎疫情防控领导小组召开会议，推进全市春季各类人群新冠疫苗接种工作。

8日 市政府与哈电集团举行战略合作协议签约。市委副书记、市长王文力率牡丹江市党政代表团赴哈电集团考察，与全国政协常委、哈电集团党委书记、董事长斯泽夫共同出席签约仪式。

9日 全市开放招商工作领导小组第一次会议召开。贯彻落实省政府开放招商工作领导小组会议精神，对全市招商引资工作进行动员部署。

11日 市人社局联合团市委、西安区政府在牡丹江万达广场举办“春风送岗位，就业助旅发”大型招聘会。收集500户企业1万余个岗位招聘信息提供给求职人员，为企业和劳动者搭建对接平台。

15日 “4·15”全民国家安全教育日暨牡丹江市云端国家安全教育展馆启动仪式在市委党校举行。

是日 第四届黑龙江省旅游产业发展大会重点建设项目——星河传说·花园城滨江美食商业街区招商发布会暨牡丹江市“特色餐饮店”“金牌地方菜”“地方名小吃”评选活动启动仪式在牡丹江大剧院举行。首批入驻商业街区的6户企业代表签署合作协议。

15—16日 省政协常委、社会和法制委员会主任辛忠德一行到牡丹江市调研。了解牡丹江市夏季候鸟式养老产业发展情况，征求进一步做好夏季候鸟式养老产业发展的意见建议。

16日 威虎山影视城举行全省首批电视剧拍摄基地挂牌仪式。

20日 牡丹江市人民政府与央视动漫集团有限公司、汉雅星空文化科技有限公司签署战略投资合作框架协议，共同打造央视动漫全产业链示范基地。

20—21日 国家广播电视总局科技司司长许家奇率队到牡丹江市，对牡丹江市迎庆中国共产党成立100周年广播电视和网络视听安全播出保障工作督导检查。

21日 牡丹江市人民政府与中国纺织科学研究院、中国制浆造纸研究院举行项目签约仪式。三方创新合作形式，强化产学研融合，共同推动牡丹江造纸产业转型升级。

23日 第七届“书香中国·龙江读书月”暨牡丹江市全民阅读活动启动仪式在牡丹江大剧院举行。牡丹江市荣获“黑龙江省全民阅读活动示范城市”称号。

是日 省委组织部一级巡视员、省委党史学习教育领导小组办公室副主任、实践活动组组长张凤臣一行3人到牡丹江市，调研指导“我为群众办实事”实践活动。

是日 第四届黑龙江省旅游产业发展大会倒计时100天启动仪式暨筹备工作情况汇报会在牡丹江市专家服务中心多功能厅举行。各县（市、区）、市直有关部门负责人、旅发大会办各工作组组长出席启动仪式并参加筹备工作情况汇报会。

26日 牡丹江高新技术产业开发区与深圳大学理论经济学博士后科研流动站签约暨揭牌仪式举行。

27日 牡丹江技师学院中商国际爱商学院、牡丹江技师学院深圳领军企业高级职业人才选育基地揭牌仪式举行。中商国际管理研究院院长杨思卓教授，技师学院党委书记孙立国、院长杨常红共同揭牌。

27—28日 省人大常委会秘书长宋宏伟率省人大执法检查组到牡丹江市，开展《中华人民共和国固体废物污染环境防治法》执法检查。

28日 牡丹江陆港物流综合仓储集散中心项目举行开工仪式。

29日 全市安全生产工作视频会议召开。贯彻落实国家、省安全生产工作会议精神，分析研判安全生产形势，安排部署“五一”期间和第二季度安全生产重点工作。

是日 全市开展2021年春季义务植树活动。

30日 2021年牡丹江市“消费促进月”活动在百货大楼门前举行。以“乐享消费 美好生活”为主题，开展为期一个月的“消费促进月”活动。

是日 牡丹江市总工会召开庆祝中国共产党成立100周年暨“五一”国际劳动节表彰大会。表彰荣获2021年牡丹江市五一劳动奖、工人先锋号、第三届“雪城工匠”、职工“双创新星”的集体和个人。

5月

3日 市委召开林海水库项目情况专题会议。听取专项工作汇报，明确建设林海水库项目的重要性和紧迫性。

4—5日 省委宣传部副部长、省文旅厅党组书记、厅长张丽娜到牡丹江市实地考察指导第四届黑龙江省旅游产业发展大会项目建设筹备工作，听取情况汇报，并就下步工作进行安排部署。

6日 省工信厅印发《关于公布2021年黑龙江省“专精特新”中小企业名单的通知》，牡丹江市鑫北方、北方双佳、和音乐器、佰佳信、北方油田、禾丰牧业6户企业被认定为省“专精特新”中小企业。

7日 省委书记、省人大常委会主任张庆伟到绥芬河市调研。省委常委、秘书长张雨浦，牡丹江市和省直有关部门负责同志参加调研。

是日 省应急管理厅副厅长王忠

华率省安全生产重点行业领域检查组到牡丹江市进行安全检查。

8日 省委常委、统战部部长聂云凌带领省委统战部调研组到牡丹江市，就贯彻落实《中国共产党统一战线工作条例》，全国、全省统战部长会议精神，开展党史学习教育等工作进行调研指导。

是日 省政法队伍教育整顿第三指导组组长刘恒源带队到市中级人民法院、市人民检察院、市公安局、市司法局实地调研指导市直政法单位教育整顿开展情况，并召开座谈会。

是日 省委调研组对牡丹江市党史学习教育开展情况进行专题调研。省委党史学习教育调研组组长、省民政厅二级巡视员杨晓光出席会议并传达省委党史学习教育领导小组第二次全体会议精神，市委书记杨廷双作工作汇报。

10日 市委全面依法治市委员会守法普法协调小组召开2021年第一次会议。传达中央全面依法治国和省委全面依法治省工作会议精神，审议通过《2021年全市普法依法治理工作要点》《2021年度全市国家机关“谁执法谁普法”普法责任清单》。

12日 国家科技部成果转化与区域创新司处长曹煜中一行到牡丹江高新区展厅、八一农大牡丹江食品与生物技术创新研究院、中关村牡丹江孵化器、牡丹江综合保税区（B）、等离子体物理应用科技有限公司、万鼎乳业有限公司、数字经济产业园、牡丹江医学院、黑龙江林业职业技术学院、恒丰纸业集团有限责任公司、友搏药业有限责任公司调研。

13日 “黑龙江省《党风政风热线》走进牡丹江”大型直播活动在牡丹江市新闻传媒中心举行。活动由黑龙江省深化机关作风整顿领导小组办公室主办，黑龙江广播电视台、牡丹江市深化机关作风整顿领导小组办公室、牡丹江市新闻传媒中心承办。

是日 庆祝中国共产党成立100周年“永远跟党走·启航新征程”暨第四届黑龙江省旅游产业发展大会召开系列群众文化活动启动仪式在市文化广场举行。活动由市委宣传部、市文旅局主办，市群众艺术馆承办。

是日 市委书记杨廷双赴哈尔滨工程大学对接合作，与哈尔滨工程大学党委书记高岩共同出席校地合作座谈会暨签约仪式、哈尔滨工程大学牡丹江籍在校学生代表座谈会。市校双方签署战略合作框架协议，牡丹江市3户企业与哈尔滨工程大学3个“头雁”团队工作站分别签署合作协议。

18日 全省中药材单品种研讨会在牡丹江市召开。会议进一步落实《黑龙江省中医药发展规划》，做好人参、刺五加、五味子等中药材单品种发展规划，推动全省中医药健康产业高质量全方位发展。

是日 “永远跟党走 人民在心中”黑龙江政法英模先进事迹巡回宣讲会在市中级人民法院举行。

是日 “踏寻百年履痕 传承红色基因”2021年“5·18”国际博物馆日黑龙江主会场系列活动在牡丹江市文化广场举行。

18—19日 副省长杨博到绥芬河市、东宁市调研自贸区交通物流便利化、营商环境及口岸疫情防控工作。

19日 由省文化和旅游厅、牡丹江市人民政府主办，市文化广电和旅游局承办的2021年“中国旅游日”黑龙江主会场活动在市文化广场举行。

19—20日 副省长沈莹到牡丹江市、绥芬河市，调研商事制度改革及稳就业工作，并召开座谈会。

20日 省人大常委会委员、农业林业委员会主任委员吴兵，省人大常委会委员、社会建设委员会主任委员李东明带领的《黑龙江省优化营商环境条例》（以下简称《条例》）执法检查组第四小组对牡丹江市进行检查，听取《条例》贯彻实施情况汇报。

21日 市新冠肺炎疫情防控工作领导小组暨指挥部召开视频会议，贯彻落实习近平总书记关于疫情防控重要指示精神和省委书记张庆伟，省委副书记、省长胡昌升在全省疫情防控工作调度会议上的讲话精神，学习国务院第八版《新型冠状病毒肺炎防控方案》和黑疫指办发第91号—96号6个文件。

22日 河南安阳化学工业集团与黑龙江晟顶化工科技有限公司合作建设的年产80万吨复合肥项目在爱民区开工。

24日 牡丹江市2021年选调生座谈会召开。市委出台选调生系列政策，将选调生作为年轻干部队伍的生力军重点培养。

是日 市人大视察老旧小区改造工作。老旧小区改造连续两年被列为市人大“一号议案”。

25日 市委全面深化改革委员会第九次会议召开。传达中央全面深化改革委员会第十七、十八、十九次会议，省委全面深化改革委员会第十四、十五次会议精神，通报市委全面深化改革委员会2020年重点任务完成情况，审议《市委全面深化改革委员会2021年工作要点》《市委全面深化改革委员会信息工作办法》，听取全市“办好一件事”改革工作汇报，审议审定有关改革方案。

26日 牡丹江市举行第二批党史教育基地命名授牌会议，10家单位被命名授牌为市级党史教育基地。省委史志研究室副主任陈春雷，市委常委、秘书长徐利刃出席会议，并为命名单位授牌。

是日 穆棱市与省新产业投资集团战略合作协议签约仪式在牡丹江市举行。双方围绕新能源、智慧供热、石墨产业及高新技术产业等方面开展合作。省新产业投资集团党委书记、董事长沈宏宇，市委书记杨廷双出席签约仪式。

26—27日 省政协副主席、民进省委主委张显友带领省政协调研组到牡丹江市，就《关于强化知识产权保

护 促进高质量发展的实施意见》贯彻落实情况开展监督性调研。

27日 由省委宣传部主办的“奋斗百年路 启航新征程——黑龙江省庆祝中国共产党成立100周年主题系列新闻发布会”第二场牡丹江专场在哈尔滨市举行。

31日 全市金融工作座谈会召开。贯彻落实省政府金融工作座谈会和推进企业上市工作座谈会精神，安排部署全市金融工作。

是日 市民政局印发《牡丹江市临时救助工作实施细则》，明确提出建立“容缺”办理急难救助机制。

6月

1日 市委副书记、代市长张国军主持召开全市项目建设、招商引资、工业运行推进会议暨开放招商领导小组第二次会议。

是日 人民空军摇篮纪念馆在西安区温春文旅街区开馆。该馆为全市爱国主义教育基地、党史教育基地、中小学生研学基地。

是日 牡丹江市人民政府办公室印发《关于建立牡丹江市城乡居民基本养老保险丧葬补助金制度的通知》。明确待遇标准、领取范围和资金渠道，7月1日起正式实施。

2日 市委副书记、代市长张国军会见俄罗斯驻哈尔滨总领事奥谢普科夫一行。双方就文化、对外开放、经贸合作等展开深入交流，并就深化交流拓展合作空间、实现互利共赢发展达成广泛共识。

是日 牡丹江恒丰纸业集团有限责任公司控股股东牡丹江市国有资产投资控股有限公司与黑龙江省新产业投资集团有限公司就恒丰集团股权转让项目签署协议，标志着产投集团收购恒丰集团100%项目基本完成。

3日 省科技厅与牡丹江市人民政府“科技＋旅游”产业项目合作推介会议在牡丹江市召开。市、厅、企三方就“科技＋旅游”产业项目合作事宜进行交流与探讨。省科技厅厅长张长斌、副厅长石兆辉，市领导杨廷双、张国军、陈文远、徐利刃、刘军龙出席会议。

是日 以省人大常委会委员、财经委主任委员李大义为组长的省执法检查组到牡丹江市，开展《中华人民共和国企业破产法》执法检查，听取牡丹江市情况汇报。

是日 共青团牡丹江市十九届四次全委（扩大）会议召开。

5日 全省老促会工作会议暨“学党史、悟思想、开新局”推动老区振兴发展首期培训班在牡丹江市委党校举行。省委常委、副省长王永康出席并讲话，市委书记杨廷双致辞，省老促会会长杜吉明主持开班式。

6日 市委书记杨廷双率牡丹江市党政代表团赴七台河市，与七台河市委书记王文力共同出席两市区域合作签约仪式。

8—9日 副省长徐建国到牡丹江市调研中央环保督察反馈问题整改和全省百大项目建设情况。省政府副秘书长李明春，省住建厅厅长杨春青，市领导杨廷双、张国军、徐利刃、张维国分别参加相关活动。

9日 全市安全生产月活动启动仪式暨安全宣传“五进”“五宣”活动在宁安中加矿业举行。

10日 牡丹江至佳木斯高速铁路联调联试正式启动。

是日 庆祝中国共产党成立100周年暨第18个世界献血者日“热血铸丰碑”全国无偿献血奉献奖颁奖公益晚会在牡丹江大剧院举行。

11日 市第十六届人民代表大会第七次会议举行第一次和第二次全体会议。第一次全体会议，市人大常委会主任郑君桥作《关于市人民政府市长候选人和市人大常委会副主任候选人建议名单的说明》。第二次全体会议，张国军当选牡丹江市人民政府市长，李彬当选牡丹江市第十六届人民代表大会常务委员会副主任。

14日 市委书记杨廷双会见中国工程院院士、哈尔滨工业大学环境学院副院长、教授、博士生导师马军一行。双方就合作事宜展开深入交流沟通。

15日 “薪火相传 文脉相承”2021牡丹江第二届非遗文化节在北山体育场南广场正式启动。活动由市委宣传部主办，爱民区委区政府、市文旅局、市体育局、市新闻传媒中心联合承办。市委常委、宣传部部长陈文远出席启动仪式并参观非遗展区。

17日 省委书记张庆伟到牡丹江首控石油化工有限公司、牡丹江中燃气发展有限公司江南LNG气化站、牡丹江烟厂、市服务外包产业园调研检查运行情况和安全工作。

是日 国网黑龙江省电力有限公司红色教育舞台剧《原动力》在牡丹江水力发电总厂镜泊湖发电厂首演。

18日 中共六大历史资料馆在绥芬河市开馆。省委常委、宣传部部长贾玉梅出席开馆仪式并讲话。

是日 国网黑龙江省电力有限公司在镜泊湖发电厂举行镜泊湖红色教育基地启用仪式。该基地是全市党史教育基地、爱国主义教育基地。

18—19日 省委常委、宣传部部长贾玉梅到牡丹江市，实地调研第四届黑龙江省旅游产业发展大会重点观摩项目建设情况，安排部署大会筹备工作。

19日 “党的光辉照我心——庆祝中国共产党成立100周年”第二届牡丹江市中小学生书画展在市书画院举行。

20日 “传承百年志 奋进新征程”——黑龙江省庆祝中国共产党成立100周年党旗传递牡丹江专场活动暨“党旗在基层一线高高飘扬”——牡丹江市直机关庆祝中国共产党成立100周年主题党日活动在牡丹江大剧院举行。

20—24日 全国市县老促会会长

“学党史葆本色、助振兴促发展”专题培训班在牡丹江市举办。20日正式开班，中国老区建设促进会副会长杨庆堂，黑龙江省老区建设促进会副会长白亚光，市委常委、组织部部长侯信波出席。24日结业式，全国政协常委、中国老促会会长王健，中国老促会副会长杨庆堂，中国老促会秘书长张建设，省军区司令员夏俊友，省政协副主席刘睦终，省老促会会长杜吉明，市领导杨廷双、韩雪松、侯信波、徐利刃，市老促会会长杨明分别参加相关活动。

21日 牡丹江市应急广播正式建成开播。

是日 穆棱市与哈尔滨工业大学共建学生政务实习基地合作签约仪式暨首批实习学生到岗对接会举行。

26日 东北老航校旧址红色教育基地落成授牌仪式在中国人民解放军93066部队启航广场举行。

27日 “七一”前夕，市委书记杨廷双走访慰问部分市级老干部、老党员，为他们佩戴“光荣在党50年”纪念章。

是日 全市新党员入党宣誓仪式在市博物馆和烈士纪念馆阳光大厅举行。来自全市机关事业单位、国有企业及农村、社区的30名新党员代表面向党旗庄严宣誓。

是日 市委书记、市总河湖长杨廷双到海林市调研基层党建联系点及项目建设情况，并开展巡河工作。

29日 牡丹江市“两优一先”表彰大会召开。来自全市各行各业、在工作中取得优异成绩的100名共产党员、100名党务工作者和150个基层党组织分别被授予“全市优秀共产党员”“全市优秀党务工作者”“全市先进基层党组织”荣誉称号。

30日 市直机关举行“两优一先”表彰大会和“四员”（联络员、信息员、战斗员、服务员）报告会。市委书记杨廷双会前接见报告会成员，对他们的事迹给予充分肯定，勉励他们立足岗位，踏实工作，再建新功。

是日 “庆建党百年 迎旅发大会”牡丹江市书法美术优秀作品展开幕式在牡丹江国际书画文博中心举行。

7月

1日 庆祝中国共产党成立100周年大会在北京天安门广场隆重举行。牡丹江市各界干部群众收听收看庆祝中国共产党成立100周年大会。

2日 以省消防救援总队副总队长陈健为组长的省“除隐患、保平安、迎大庆”百日专项行动第三综合督查组到牡丹江市，围绕百日专项行动开展情况督导检查。

3日 由市文广旅局、西安区打造的“牡丹江旅游纪念品展销中心”建成，面向市民和游客开放。

5日 全市自然灾害综合风险普查启动视频会议召开。贯彻落实全国、全省自然灾害综合风险普查电视电话会议精神，安排部署全市普查工作任务。

6日 全市打击整治枪支爆炸物品违法犯罪市级联席会议全体会议召开。对全市非法枪爆物品清缴整治行动进行安排部署。

是日 以“学习毛泽东诗词中的党史故事”为主题的2021年第一期“青年学习汇”在市直机关青年理论学习基地举行。

是日 “听党话、感党恩、跟党走”牡丹江市工商联（总商会）庆祝中国共产党成立100周年文艺会演在牡丹江大剧院举行。

8日 市政府召开巡山清套反盗猎专项行动推进会议。

是日 “2021牡丹江夏季车展”在江滨公园启幕。活动由市商务局、市新闻传媒中心主办，市汽车流通行业协会、《牡丹江晨报》承办，50个品牌、200多款热销车型展出。

是日 全省民族团结进步创建经验交流现场会在牡丹江市党政会议中心召开。

10日 全市学习宣传贯彻习近平总书记“七一”重要讲话精神电视电话会议召开。全面部署“七一”重要讲话精神学习宣传贯彻工作，推动全市党史学习教育和“四史”宣传教育走向深入。

是日 牡丹江市东安区1946文创园开园，举行东安区红色爱国主义教育基地授牌仪式。

11日 “恒丰”杯东北三省健美健身公开赛暨大学生健美健身锦标赛在恒丰全民健身中心开赛。本次比赛由黑龙江省健美协会主办，牡丹江恒丰纸业集团有限责任公司、阳明区文旅局承办。

12日 在市个体劳动者协会的倡议组织下，“云地摊”2.0版在国贸地下商城地坑间正式上线。

是日 第四届黑龙江省旅游产业发展大会重点观摩项目东一中俄风情街全面完成改造提升，举行“东一中俄风情街开街启动仪式暨迎旅发文娱活动展演”。

12—13日 以省人大常委会委员、财经委主任委员李大义为组长的省人大常委会战略性新兴产业项目建设情况专项视察组到牡丹江市部分新兴产业企业视察，听取情况汇报。

13日 牡丹江“新时代好少年”发布会暨颁奖典礼在东华小学三楼礼堂举行。活动由市文明办、市教育局、团市委、市妇联和市关工委主办。获评2021年牡丹江“新时代好少年”荣誉称号的20名学生以及2020年全国“新时代好少年”彭子骅接受表彰。

13—15日 全省工业节能监察诊断培训班在牡丹江市举行。来自全省各市（地）工信局分管节能工作相关负责同志、节能科室负责人等100余人参加培训。

15日 全市立法工作会议召开。传达第二十六次全国地方立法工作座谈会和第三次全省设区的市（地）立法工作座谈会精神。

是日 全市应对突发公共(卫生)事件暨旅发大会医疗卫生应急保障队伍点验演练在市实验中学举行。

16日 市委全面深化改革委员会第十次会议召开。传达中央全面深化改革委员会第二十次会议、省委全面深化改革委员会第十六次会议精神，学习习近平总书记在全国国有企业党的建设工作会议上的重要讲话精神，听取有关改革工作汇报，审定有关改革方案。

是日 由牡丹江市新闻传媒中心主办的“迎旅发 醉美牡丹江”手机月历壁纸摄影大赛网络投票正式结束，《牡海大桥》等12幅作品获奖。

18日 牡丹江市十佳旅游形象大使选拔赛决赛在市新闻传媒中心演播大厅举办。大赛选出“十佳旅游形象大使”选拔赛冠、亚、季军和单项奖得主。

20日 第四届黑龙江省旅游产业发展大会交旅项目集中交工仪式在鹤大高速公路牡丹江南收费站举行。标志着省交投集团助力旅发大会重点项目全面竣工。

21日 市四个班子领导参加“致敬杨子荣、重走剿匪路”主题军事日活动。为杨子荣雕像揭幕，参观杨子荣纪念馆，重走杨子荣剿匪路，增强国防观念，强化党管武装意识。市委书记、牡丹江军分区党委第一书记杨廷双为杨子荣雕像揭幕，市委副书记、市长、市国防动员委员会主任张国军在杨子荣雕像揭幕仪式上讲话，牡丹江军分区司令员赵晓利主持杨子荣雕像揭幕仪式。

是日 市政府批准设立东安区振兴街道，将东兴街道兴隆、胜利、乜河、中乜河4个村和恒大社区、兴隆社区、三利社区、绿地社区4个社区划归振兴街道管辖。

21—23日 黑龙江省国际式摔跤锦标赛在牡丹江市东四体育馆举行，154名运动员参赛。

23日 “邮储银行杯”第五届“创青春”黑龙江省青年创新创业大赛颁奖仪式暨“青创雪城”项目对接推介会在牡丹江市举行。

是日 国网牡丹江供电公司第一批驰援河南特大暴雨防汛抗洪抢险救灾工作的11名先锋队队员从牡丹江市出发。

是日 由全国学校体育联盟机器人工委、黑龙江省机器人运动协会、东安区人民政府、中国移动通信集团黑龙江有限公司牡丹江分公司联合举办的“东安杯”全国青少年机器人创新挑战赛在1946文创园拉开帷幕。来自全国20个省的1107支参赛队1827名参赛选手围绕多个竞技项目展开激烈角逐。

26日 全国高技能领军人才暑期休假活动在牡丹江市启动。来自全国各地的34名高技能领军人才到牡丹江市参加休假活动。

是日 黑龙江烟草工业有限责任公司牡丹江卷烟厂举行揭牌仪式。

27日 市委党的建设工作领导小组会议召开。学习贯彻习近平总书记在庆祝中国共产党成立100周年大会上的重要讲话精神，贯彻落实全面从严治党总体要求，推动基层党建工作落实落地。

28日 牡丹江市“十佳文旅品牌”评选活动颁奖晚会在牡丹江大剧院歌剧厅举行。

是日 第四届黑龙江省旅游产业发展大会产业推介会暨项目签约仪式举行。签约项目71个，签约金额548.24亿元。

28—30日 以省人大常委会机关党组成员赵万山为组长的省人大常委会调研组到海林市民政局、幼教中心、海丰朝鲜族社区、民族广场、横道河子镇、西安区中兴村、西牡丹朝鲜族社区，就民族团结进步创建工作开展实地调研。召开座谈会，听取全市民族团结进步创建工作汇报。

30日 全市煤炭保供和释放煤炭优质产能工作会议召开。贯彻全省煤炭保供会议和全省释放煤炭优质产能专题会议精神，分析研判全市煤炭保供形势，确保企业生产需求和百姓温暖过冬。

是日 第三届中国医院总会计师大会在牡丹江市召开。中国总会计师协会副会长、上海国家会计学院党委书记李扣庆，副市长刘军龙出席开幕式。

是日 市新闻传媒中心透明直播间在新建成的东一中俄风情街正式开播。融媒时代下的IP新视觉成为城市老街网红打卡新地标。

8月

5日 牡丹江市2021年度市总河湖长视频会议召开。落实党中央、省委关于全面推行河湖长制决策部署，以及2021年度省总河湖长视频会议精神，听取部分单位汇报，研究部署下步工作。

6日 牡丹江市商事调解中心正式启动。

9日 全市市、县、乡人大换届选举工作会议召开。

11日 全国首个提琴工业旅游体验馆——和音提琴工业旅游体验馆建成并对外开放。体验馆占地面积1800平方米，设置提琴生产构件材料展区、提琴制作工具展区、提琴历史文化展区、和音乐器厂历史沿革和工匠风采展区、提琴成品展区以及工艺品配件展区。

12日 牡丹江市落实中央和省生态环境保护督察反馈问题整改“百日攻坚”行动、“大棚房”问题专项清理整治、违建别墅整治推进工作会议召开。

是日 市商务局组织开展第四届黑龙江省旅游产业发展大会地方名优产品及俄罗斯商品展销会“直播带货日”活动。

15日 牡佳高铁联调联试现场首

组 CR400BF-G 型复兴号高寒动车组从牡丹江站出发。这是复兴号高寒动车组首次参与牡佳高铁联调联试，也是首次在全国最东端高寒高铁线路试跑。

17 日 牡丹江市举行成长型工业企业座谈会。听取企业家对市政府工作的意见、建议，帮助企业解决生产经营中遇到的难点、堵点。

是日 牡丹江市第 16 届 32 次规划委员会会议和市建设用地审批委员会第一次会议召开。

19 日 全市工业经济运行专题调度会议召开。传达贯彻全省工业经济运行监测调度工作专班第三次调度会议和市政府全体会议精神，总结分析前 7 个月工业工作，安排部署当前重点工作。

是日 牡丹江至佳木斯高速铁路首趟试运行列车从牡丹江站出发，标志着我国最东端高铁——牡佳高铁正式进入运行试验阶段。

20 日 黑龙江北方双佳钻采机具有限责任公司获批工业和信息化部第三批专精特新“小巨人”企业，牡丹江市专精特新“小巨人”企业实现零的突破。

24 日 全市扫黑除恶斗争领导小组召开第一次会议暨四大行业领域整治推进会议。贯彻落实中央、省委关于扫黑常态化暨四大行业领域整治推进会议精神，安排部署信息网络、自然资源、交通运输、工程建设四大行业领域整治，带动十大行业领域整治持续深入开展。

25 日 牡丹江师范学院《光洁士：空心微珠为载体的纳米光催化剂——新一代高效环境净化产品》项目在第七届中国国际“互联网 +”大学生创新创业大赛黑龙江赛区决赛排位赛中获得全省高校主赛道——本科生创意组第二名，成功入围全国总决赛。

是日 广州大参林医药与牡丹江天利医药举行控股签约仪式。大参林药业为天利医药注资 1 亿元。

28 日 在东京残奥会女子 150 米个人混合泳 SM4 级决赛中，牡丹江籍运动员刘玉以 2 分 41 秒 91 成绩勇夺金牌，这是本届残奥会黑龙江省运动员收获的首枚金牌。

30 日 牡丹江市推进减轻义务教育阶段学生作业负担和校外培训负担工作会议召开。传达黑龙江省推进减轻义务教育阶段学生作业负担和校外培训负担工作会议精神，部署牡丹江市减轻义务教育阶段学生作业负担和校外培训负担工作。

31 日 第四届天鹅颐养经济走廊城市合作机制年会在牡丹江市召开。

9 月

1 日 第四届黑龙江省旅游产业发展大会“碳中和”项目颁证仪式在牡丹江市举行。

是日 “永远跟党走 启航新征程”庆祝第四届全省旅游产业发展大会召开系列群众文化活动，分别在市牡丹广场、文化广场和小提琴广场举行。

是日 爱民区兴平街道社会工作服务站开站运营，为全市首个正式运营的社工站。

1—3 日 第四届黑龙江省旅游产业发展大会开幕式暨文化旅游推介会在牡丹江市举行。开幕式以“镜泊胜景 · 林海雪原”为主题，镜泊湖会场与七大分会场同时直播联动；旅游产业发展推进会议在牡丹江大剧院举行。

3 日 在日本东京举行的残奥会游泳女子 50 米仰泳 S4 级决赛中，牡丹江籍运动员刘玉以 44 秒 68 成绩夺得金牌。

4—7 日 黑龙江省“多威杯”田径锦标赛在牡丹江市师范学院田径场举行，全省 803 名运动员参赛。

7 日 牡丹江市阳明经济开发区 VC 产业园正式开园。园区落户企业 129 户。

是日 全市生态环境保护督察整改工作领导小组会议召开。贯彻习近平生态文明思想，全力抓好中央环保督察反馈问题整改。

是日 全市违建别墅问题清查整治专项行动领导小组、农村乱占耕地建房问题整治工作领导小组、国家自然资源督察沈阳局督察反馈问题整改、批而未用和闲置土地处置工作会议召开。落实习近平总书记关于耕地保护工作的重要指示批示精神，研究部署违建别墅问题清查整治、农村乱占耕地建房问题整治、国家自然资源督察沈阳局督察反馈问题整改、批而未用和闲置土地处置等工作。

是日 牡丹江市“雪城优才”招录硕士研究生参加实践培训人员座谈会召开。了解“雪城优才”招录硕士研究生在旅发大会重点项目实践培训情况，总结招聘工作和实践培训成果收获。

是日 牡丹江市高校挂职干部座谈会召开。了解掌握高校挂职干部挂职以来的工作、生活情况，激励挂职干部发挥自身优势，助力牡丹江市经济社会高质量发展。

8 日 《牡丹江历史人物传略》新书发布会在市图书馆举行，现场为革命先烈后代赠书。活动由市委宣传部、市文旅局主办，市退役军人事务局、市文联协办，市图书馆承办。

是日 牡丹江市开始试行异地购房提取住房公积金“跨省通办”，试行期 1 年。

是日 由省民宗委、省文化和旅游厅联合主办，牡丹江市委市政府承办的“黑龙江省第四届少数民族文艺调演”在牡丹江市举行。来自全省 13 个市（地）代表团 200 余名演职人员参加演出。

9 日 黑龙江省“美丽家园”创建工作现场推进会在牡丹江市召开。

是日 西安区牡丹街道社会工作服务站完成高标准建设并启动运营，成为牡丹江市首家省级社工站试点。

9—10 日 以省人大社会建设委

员会副主任委员谢宝禄为组长的省人大常委会执法检查组就贯彻实施《中华人民共和国消防法》和《黑龙江省消防条例》情况对牡丹江市进行执法检查，并举行汇报座谈会。

10日 2021年全省河湖长制专项督查工作（牡丹江市）反馈会议举行。省航务事业发展中心主任、省级河湖长制第七督查组组长赵勇刚对牡丹江市河湖长制工作取得的成绩给予充分肯定。

是日 牡丹江市庆祝第37个教师节大会召开。总结成绩，表彰先进，弘扬教师无私奉献正能量，充分调动广大教师和教育工作者教书育人的积极性和创造性，营造全社会关心教育、支持教育，关爱教师、尊重教师的浓厚氛围。

11日 牡丹江市与东莞市对口合作工作座谈会在牡丹江市举行。东莞市委副书记、市长吕成蹊，牡丹江市委副书记、市长张国军出席会议。

14日 中国农业科学院副院长、党组成员冯忠武，中国农业科学院哈尔滨兽医研究所党委书记王笑梅一行到中共六大历史资料馆、誓言广场、秘密交通线纪念馆、红花岭东北抗联主题小镇等地开展党史学习教育现场教学。

是日 省生态环境厅与牡丹江市人民政府共同深化落实生态优先绿色发展战略合作框架协议签约仪式在绥芬河市举行。

是日 市禁毒委召开2021年禁毒工作电视电话会议。对全市禁毒工作进行安排部署。

15日 由市委统战部、市文广旅局、西安区政府联合主办的“庆中秋、迎国庆”国家级非遗项目“朝鲜族花甲礼”展示活动在牡丹江市朝鲜民族文化广场开展。

16日 市人大常委会举行《牡丹江市文明行为促进条例》新闻发布会。《牡丹江市文明行为促进条例》于2021年7月27日由牡丹江市第十六届人大常委会第三十次会议通过，2021年8月20日经黑龙江省第十三届人大常委会第二十七次会议批准，2021年10月1日正式施行。

是日 牡丹江市2021年秋季入伍新兵欢送仪式在牡丹江火车站举行。2021年是国家实行“两征两退”模式后首次秋季征兵，所有新兵在当天分批启程奔赴军营。

是日 全市秋季森林草原防灭火电视电话会议召开。对秋季防灭火工作全面动员部署。

17日 全省乡镇纪检监察工作推进会在牡丹江市召开。推动全面从严治党向基层延伸，打通监督执纪问责“最后一公里”。

18日 全市假日文旅市场工作视频会议召开。贯彻第四届全省旅发大会精神、全省交通运输安全电视电话会议精神，贯彻落实省文旅厅和市委市政府关于假日文旅市场工作有关要求，研究部署常态化疫情防控下的中秋、国庆“双节”假日市场工作，丰富文旅产品供给，规范假日旅游市场秩序。

26日 在新疆乌鲁木齐举行的2021—2022中国杯速度滑冰精英联赛上，牡丹江市运动员宁忠岩获得男子1500米、1000米及团体追逐赛3枚金牌。

28日 市政府与市总工会举行2021年度联席会议。

29日 全市有序用电、煤炭保供和节日安全工作会议召开。分析研判全市有序用电和煤炭保供形势，安排部署有序用电和煤炭保供、节日安全等各项工作。

30日 牡丹江市举行国家烈士纪念日公祭仪式。市党政领导和社会各界代表在北山公园抗日战争暨爱国自卫战争殉难烈士纪念碑前集会，缅怀革命先烈丰功伟绩。

是日 全市经济发展专题会议召开。贯彻落实省委省政府关于统筹推进疫情防控和经济社会发展的部署要求，落实市委十二届九次全会精神，分析研判全市经济形势，安排部署第四季度经济重点工作。

是日 国务院批复同意设立东北虎豹国家公园。公园跨吉林、黑龙江两省，保护面积140.65万公顷，其中黑龙江省片区面积45.08万公顷，全部位于牡丹江市境内。

10月

6日 根据国家、省新冠病毒疫苗接种工作的统一部署，牡丹江市启动第三剂次新冠病毒疫苗接种工作。

12日 牡丹江市基层协商民主建设经验交流会议在东宁市召开。按照市委印发《关于充分发挥政协专门协商机构作用推进全市基层协商民主建设的工作方案（试行）》部署，对全市推进基层协商民主建设情况进行阶段性总结。

是日 市人大常委会主任郑君桥带领由省市人大代表组成的“一号议案”视察组到四城区，对全市两级政府承办的2020年和2021年“一号议案”、老旧小区改造项目情况开展第三次视察，召开座谈汇报会，听取各方面的情况汇报，并对各城区改造工作情况进行打分测评。

是日 东北虎豹国家公园被列入第一批国家公园名单。

12—16日 “美璇杯”牡丹江城际六人制足球比赛在市恒丰体育场举行。宁安队、海林队、东安区队、西安区队4支足球队100余位足球爱好者参加。

13日 恒丰纸业集团教育奖励基金捐赠仪式在市东华小学举行。市东华小学和市第十五中学获得恒丰纸业集团捐赠教育基金30万元，用于奖励两校教育教学工作中表现突出的教师和学生。

是日 中国农工民主党牡丹江市第七次代表大会在市党政会议中心召开。农工党黑龙江省委副主委、市人大常委会副主任魏芝红当选为新一届农工党牡丹江市委主委。

是日 黑龙江省交投集团与牡丹江市人民政府在中兴村汽车营地会议室举行项目建设座谈会。

是日 牡丹江市村级电子商务服务站启动仪式在阳明区铁岭镇福民村举行。

是日 牡丹江市医保信息系统与国家医保平台对接，正式上线。

14日 牡丹江市生态环境保护委员会第一次会议召开。贯彻习近平生态文明思想，落实全省生态环境保护工作精神，讨论审议市生态环境保护委员会工作规则及其办公室工作细则，研究部署全市生态环境保护工作。

是日 全市民兵建制排比武考核在牡丹江军分区靶场举行。此次比武考核是自国防动员系统调整改革以来，全省范围内首次开展的群众性比武，来自牡丹江各县（市、区）的308名民兵参加活动。

是日 九三学社牡丹江市第九次代表大会在市党政会议中心召开。选举产生九三学社牡丹江市第九届委员会。九三学社黑龙江省委副主委朱晓峰出席会议并致辞。市政协副主席张富广当选新一届九三学社牡丹江市委主委。

是日 中国民主同盟牡丹江市第十三次代表大会在市党政会议中心召开。选举产生新一届领导班子，张冰当选新一届民盟牡丹江市委主委。

15日 中国民主促进会牡丹江市第八次代表大会在市党政会议中心召开。选举产生中国民主促进会牡丹江市第八届委员会、常务委员会。

是日 七台河市委书记王文力率党政代表团到牡丹江市参观考察食品产业、文旅产业、乡村振兴项目和红色教育基地等，了解牡丹江市借力借势旅发大会，以一业兴百业，在城市发展规划、特色产业培育、文旅产业融合等方面的做法和经验。市委书记杨廷双，市委副书记、市长张国军陪同考察。

20日 市政协召开关于完善调解工作机制、多元化解社会矛盾、推进依法治市协商会议。

是日 市住房公积金管理委员会审议通过《牡丹江市住房公积金提取实施细则》（以下简称《细则》）。对住房公积金提取范围、提取条件、提取凭证、提取时限、提取额度、提取程序等做出规定，精简户口簿、不动产证书等14项提取要件。《细则》自2021年11月1日起正式施行。

21日 县（市、区）重点工作专题会议召开。传达学习、贯彻落实10月19日全省领导干部会议精神和省委书记许勤讲话要求，重点听取疫苗接种进展情况汇报，安排部署阶段性工作。

是日 黑龙江省首家知识产权仲裁庭在牡丹江仲裁委员会办公楼揭牌成立。市知识产权局与市仲裁委员会共同签订《关于对知识产权纠纷通过仲裁裁决的合作协议》。

22日 全省应急广播建设推进现场会在牡丹江市召开。展示牡丹江应急广播体系建设成效，交流分享牡丹江市在推进应急广播体系建设中的好做法、成功经验，以点带面，推进全省各市（地）应急广播体系建设。

是日 牡丹江市退役军人返乡欢迎会、现场招聘会、适应性培训“三位一体”服务活动在市委党校举行。150余名退役军人参加活动。

23日 由市农业农村局、市乡村振兴局、市市场监督管理局与西安区委、区政府联合主办的第二届牡丹江大米（沙虎大米）节暨地方名优绿特农产品展销会在西安区中兴村启幕。

25—30日 以国家督学于学书为组长的教育职责评价实地督导组到牡丹江市，对市政府履行教育职责情况进行实地督导和评价。

26—28日 省工信厅副厅长王冰带队到牡丹江市区和绥芬河市调研重点工业企业，主持召开工业经济稳增长调研座谈会。

27日 市委副书记、市长张国军与白俄罗斯波洛茨克区执行委员会主席马尔科维奇举行视频会谈。双方就经贸合作、文化、教育、对外开放等领域展开深入交流，并就深化交流拓展合作空间、实现共赢发展达成广泛共识。

是日 国务院发展研究中心党组成员余斌率调研组到牡丹江市，就优化创业就业环境、完善产业基础设施建设、助力东北振兴进行调研。

是日 省工业和信息化厅公示《2021年度黑龙江省企业技术中心专家评审结果》，牡丹江北方合金工具有限公司和牡丹江石油工具有限责任公司两户企业的技术中心被认定为2021年度黑龙江省企业技术中心。

28日 市委、市政府优化营商环境领导小组第一次会议召开。落实省委省政府优化营商环境领导小组第三次会议精神和市委十二届九次全会精神，听取牡丹江市参加全省2020年度营商环境评价情况及有关工作贯彻落实意见的汇报，审议营商环境相关文件，研究部署下步工作。

是日 全市进口冷链集中管理仓投入运营协调会召开。各成员单位落实人、物、环境同防同查措施，织密织牢冷链食品物防网络，确保冷链食品追溯管理闭环管控。

是日 绥东两地疫情联防联控调度会议在牡丹江市召开。传达省委书记许勤批示精神和省应对新冠肺炎疫情工作领导小组第三十八次会议暨省疫情防控指挥部会议精神，听取疫情防控工作情况汇报。

29日 牡丹江市承办第四届黑龙江省旅游产业发展大会总结表彰大会在市党政会议中心召开。全面总结牡丹江市承办工作经验和成绩，表彰在承办工作中做出突出贡献的先进集体和先进个人。市委书记杨廷双，市委副书记、市长张国军，市四个班子副秘书长以上领导，中省市直单位、各民主党派、各县（市、区）、承办旅发大会工作专班、大会办各工作组有关负责同志及获奖先进集体和先进个人代表270余人参加会议。

31日 厦门—青岛—牡丹江往返航线正式开通，每日一班。

11月

1日 全市口岸疫情防控视频调度会议召开。贯彻全国疫情防控工作电视电话会议、省委常委会会议和省政府疫情防控视频调度会议精神，落实市委常委会会议和市疫情防控视频调度会议要求，加强全市外防输入和口岸疫情防控工作。

5日 牡丹江市进口冷链食品集中管理仓正式启用。首批3521公斤进口冷冻食品进入市进口冷链食品集中管理仓集中监管。

8—12日 由省消防救援总队总工程师昌新文带领的督查组到牡丹江市重点行业领域和高风险企业，采取听取汇报、查阅资料、现场检查和反馈意见等方式，对牡丹江市安全生产隐患大排查大整治行动开展综合督查。

9日 牡丹江市2021年招商引资“冬季会战”动员大会召开。贯彻落实省委省政府倾力开展招商引资的决策部署，动员全市上下发起“冬季攻势”，掀起“大招商、招大商，大引资、引大资”热潮。

9—11日 在上海新国际博览中心举行的第二十五届FHC上海环球食品展上，牡丹江特华得食品有限公司生产的特华得食品荣获2021年度FHC（Food & Hotel China）金苹果大奖。

10日 市人大常委会组织召开学前教育工作专题询问会议。支持和督促有关方面补短板、堵漏洞、强弱项，推进构建学前教育公共服务体系。

15日 全市宣传思想文化战线学习宣传贯彻中共十九届六中全会精神电视电话会议召开。

是日 市政府食品安全委员会全体会议召开。审议《2021年食品安全工作情况报告（审议稿）》，安排部署下步重点工作任务。

是日 市质量强市工作领导小组召开工作会议，审议《牡丹江市质量强市工作领导小组2021年工作报告》和市首届人民政府质量奖、提名奖名单，总结全市质量工作，安排部署下步工作任务。

18日 全市发展非公有制经济（中小企业）工作领导小组工作会议召开。总结分析全市非公经济的发展态势和存在问题，安排部署下阶段重点工作，通报全市非公经济发展情况，宣读《牡丹江市发展非公有制经济（中小企业）工作领导小组工作规则》。

21日 牡丹江市应对冰雪灾害天气视频调度会议召开。落实省委省政府主要领导批示精神和省、市关于暴风雪应对工作的部署要求，对各项应急防范工作进行再部署、再落实、再强化。

22日 牡丹江市重点工作调度会召开。对全市经济指标、保煤炭保供热、安全生产隐患大排查大整治、农民工工资清欠等重点工作进行集中调度。

24日 全市项目建设“冬季会战”启动大会举行。

是日 由省科技厅副厅长石兆辉带队的省委深改办与省科技厅联合督察组到牡丹江市，对省改革任务“新一轮科技型企业三年行动计划”贯彻落实情况进行督察。

26日 市委书记杨廷双会见全国人大代表、民建中央联络委员会主任、北京林达投资集团董事局主席李晓林一行。双方就深化交流合作等事宜进行洽谈。

27日 副省长杨博到牡丹江市，就相对集中行政处罚权和行政许可权工作开展情况、基层赋权落实情况进行调研，听取相关部门意见建议，并开展巡河工作。

29日 全市工业经济运行专题调度会议召开。传达全省工业经济运行监测调度专班第五次会议精神，通报工业强省擂台赛有关情况，总结分析前10个月工业经济运行情况，研判形势，安排下步重点工作。

30日 市妇联与市人社局合作成立全省首个妇女劳动权益维护工作站。携手维护妇女劳动权益，多元化解矛盾纠纷。

12月

6日 牡佳高铁开通运营。牡丹江到佳木斯最快2小时10分钟可到达，哈尔滨、牡丹江、佳木斯三地构成高铁环线。

7日 全市中小学教师“县管校聘”管理体制改革推进会召开。

8日 “绥疫控”平台建设经验交流会议召开。安排部署全市疫情防控大数据平台建设工作。

10日 全市城镇燃气安全排查整治暨保障“两节”“两会”安全稳定动员部署会议召开。落实全国、全省电视电话会议精神，安排部署全市城镇燃气安全排查整治行动，统筹做好“两节”“两会”安全防范工作。

16日 全市抓党建促乡村振兴工作会议召开。落实党中央和省、市委相关决策部署，总结运用抓党建促脱贫攻坚经验，就深入推进抓党建促乡村振兴进行专题部署。

17日 “2021年度中国数字化转型与创新评选颁奖典礼”在成都举行。牡丹江恒丰纸业股份有限公司申报的《PHM设备故障预测与监控平台》《批次供应链追溯平台》入选“数字化创新典范案例”奖。

20日 黑龙江荒沟抽水蓄能电站首台机组并网发电。

21日 全市青年工作联席会议第三次全体会议召开。听取《牡丹江市贯彻落实〈黑龙江省中长期青年发展规划（2017—2025年）〉实施方案》2021年落实情况，安排部署下一阶段全市青年发展工作。

22日 牡丹江市扩大对俄贸易绥芬河工作组绥芬河公路口岸疫情防控专题会议召开。研究绥芬河公路口岸俄货入关、司乘人员查验流程及疫情防控方案优化工作，进一步研究梳理进口贸易主体及贸易量匹配问题。

24日 全市第八次法治宣传教育工作视频会议召开。贯彻中共十九届六中全会精神和习近平法治思想，总结“七五”普法成效，部署“八五”普法工作。

27日 牡丹江市工商联（总商会）第十七次代表大会召开。选举产生市工商联十七届执行委员会，王伟华当选新一届牡丹江市工商联主席（市总商会会长）。

28日 全省2021年度公检法司系统及边境县（市、区）急需紧缺岗位公务员考试笔试开考。来自24个省份的2461名考生在牡丹江市参加考试。

是日 市红十字会开展为机关、学校等公共场所配置应急救护AED一体机活动。全市设置5处AED安置点，其中市党政办公中心2台、东安区政府1台、东宁市政府1台、技师学院1台。

29日 市委宣传思想和意识形态工作领导小组第九次会议召开。听取全市意识形态工作情况和巡视整改落实情况，审议有关文件，安排部署下步工作。

是日 市委网络安全和信息化委员会第四次会议召开。听取全市网信工作开展情况，审议有关文件，研究部署下一阶段工作。

是日 市委全面深化改革委员会第十二次会议召开。传达中央深改委第二十二次和二十三次会议、省委深改委第十八次和十九次会议精神，审议市委深改委成员领衔抓改革情况报告，听取全市推动市域社会治理现代化试点、电子商务发展、数字政府建设、自贸区绥芬河片区制度创新情况汇报，审定《牡丹江市国资国企监督管理权责清单》《牡丹江市黑土耕地保护利用“田长制”实施方案（试行）》。

自然地理

【位置面积】 牡丹江市位于黑龙江省东南部，距省会哈尔滨市318公里，是黑龙江省东南部政治、经济和文化中心。全市总面积38827平方公里。牡丹江市地处长白山山脉东北端的张广才岭、老爷岭和完达山麓之间，地理坐标为：北纬43°24′48″—45°59′06″，东经128°02′36″—131°18′18″。牡丹江市东部的东宁市、绥芬河市、穆棱市为国家边疆县，与俄罗斯滨海边区为邻，边境线总长209.24公里，其中，东宁市138.24公里，穆棱市44.0公里，绥芬河市27.0公里；陆界104.85公里，水界104.39公里。南与吉林省敦化、汪清、珲春相接；西靠本省的尚志、五常、方正；北及东北与勃利、依兰、七台河、鸡西、鸡东为界。哈绥铁路和301国道自西向东横贯海林、牡丹江市区、穆棱、东宁、绥芬河五市（县）。牡佳、牡图、牡东（东方红）铁路及鹤大201国道自北向南穿越林口、牡丹江市区、宁安三市（县）。绥芬河、东宁口岸距俄罗斯重要口岸符拉迪沃斯托克（海参崴）、纳霍德卡东方港皆不远，经陆海联运，进出口货物可往返于日本、韩国、朝鲜之间。牡丹江市距联合国开发计划署援助开发的图们江地区（中、朝、俄边境）仅200公里。

（资料来源：市委史志研究室）

【地质地貌】

地质 牡丹江市境内元古界地层比较发育，有下元古界兴东群大马河组，中元古界黑龙江群湖南营组、鸡冠山组、山咀子组，及东三家子岩组，上元古界张广才岭群新兴组。境内中生界地层分布较广，有侏罗系中统太安屯组，白垩系下统（宁远村组、建兴组、猴石沟），白垩系上统海浪组。境内新生界有下第三系黄花组，上第三系（土门子组、船底山玄武岩），第四系（镜泊中期玄武岩、I级阶地堆积层、高漫滩堆积层、低漫滩堆积层）。牡丹江市出露的侵入岩有晚元古代侵入岩、晚三叠世侵入岩、早侏罗世侵入岩和早白垩世侵入岩。牡丹江市区以东为麻山隆起构造，以南为海浪凹陷构造，以西为张广才岭边缘隆起构造。

地貌 牡丹江市境内地形复杂，地貌多样，主要地貌类型有河谷冲积平原、剥蚀丘陵、剥蚀侵蚀山地、熔岩台地。牡丹江以西为张广才岭，南及东南为老爷岭、太平岭等。东北部为那丹哈达岭的余脉，山峰连绵相继。总的地势是西南高而东北渐低，呈阶梯式倾斜。全境为黑龙江省东南部著名的熔岩中低山区。海拔最高点是海林市西南老秃顶子1687米，最低点在绥芬河出境点86.5米。东部的老爷岭、太平岭的脊顶在千米上下，东北的那丹哈达岭峰峦多在600米—700米。在总面积38827平方公里中，山地占72.5%（其中低山占59.1%，中山占13.4%），丘陵占21.9%，平原（含水面）占5.6%。这种复杂多样的地形地貌，蕴藏着丰富的自然资源，为牡丹江市域经济发展提供较好的基础。

（资料来源：黑龙江省第一地质勘察院）

【自然资源】

土地资源 2021年，牡丹江市域土地总面积388.27万公顷，其中，湿地2.78万公顷，占土地总面积的0.72%；耕地88.79万公顷，占土地总面积的22.87%；园地1.25万公顷，占土地总面积的0.32%；林地274.24万公顷，占土地总面积的70.63%；草地3.03万公顷，占土地总面积的0.78%；城镇村及工矿用地6.77万公顷，占土地总面积的1.74%；交通运输用地1.69万公顷，占土地总面积的0.44%；水域及水利设施用地7.39万公顷，占土地总面积的1.90%；水工建筑用地面积0.08万公顷，占土地总面积的0.02%；其他用地2.25万公顷，占土地总面积的0.58%。全市有各类保护地43处，其中，自然保护区14处，分别为黑龙江牡丹峰国家级自然保护区、黑龙江小北湖国家级自然保护区、黑龙江穆棱东北红豆杉国家级自然保护区、黑龙江老爷岭东北虎国家级自然保护区、黑龙江海林莲花湖省级自然保护区、黑龙江九龙沟省级自然保护区、黑龙江六峰湖省级自然保护区、黑龙江镜泊湖省级自然保护区、黑龙江东宁鸟青山省级自然保护区、黑龙江绥芬河金家沟自然保护区、黑龙江东宁国防林县级自然保护区、黑龙江东宁松茸县级自然保护区、黑龙江绥芬河大马哈鱼、滩头鱼自然保护区、黑龙江绥阳林业局野生刺五加自然保护区；森林公园11处，分别为威虎山国家森林公园、黑龙江夹皮沟国家森林公园、雪乡国家森林公园、牡丹峰国家森林公园、三道关国家森林公园、火山口国家森林公园、镜泊湖国家森林公园、绥芬河国家森林公园、六峰山国家森林公园、龙虎山省级森林公园、绥阳小天桥森林公园；地质公园4处，分别为镜泊湖世界地质公园、黑龙江莲花湖地质公园、黑龙江省宁安火山口地质公园、黑龙江东宁洞庭峡谷地质公园；湿地公园9处，分别为黑龙江东京城镜泊湖源头国家湿地公园、黑龙江牡丹江沿江国家湿地公园、黑龙江西安区海浪河国家湿地公园、黑龙江大海林二浪河国家湿地公园、黑龙江白桦川国家湿地公园、黑龙江穆棱雷锋河国家湿地公园、黑龙江东宁绥芬河国家湿地公园、黑龙江绥阳国家湿地公园、林口六合省级湿地公园；风景名胜区3处，分别为镜泊湖风景名胜区、莲花湖风景名胜区、雪乡原始林风景名胜区；国家级水产种质资源保护区2处，分别为海浪河特有鱼类国家级水产种质资源保护区、绥芬河东宁段滩头鱼大马哈鱼国家级水产种质资源保护区。

矿产资源　牡丹江市有较为丰富的矿产资源。全市已发现矿产81种，占全国已发现矿产230种的35.2%，占全省已发现矿产136种的59.6%；已查明储量的矿产有34种，占全市已发现矿产的42%。其中，水泥用大理岩、火山灰、饰面用花岗岩、玄武岩、耐火黏土、叶蜡石、沸石、珍珠岩、陶粒页岩的储量在全省居领先地位。硅线石、柳叶岩、油页岩、石墨、泥炭的储量在全省也占有重要位置。矿产资源优势集中在非金属矿产，应用于能源、新材料和建材工业。其中煤炭、水泥为牡丹江市传统优势产业，新能源产品页岩油，新材料石墨、碳酸钙，建材用各种石材是全市具有发展潜力矿种。市本级由于受地理环境的制约，矿产资源探明矿种主要有以下几类：建筑用砖、瓦、沙、石、土矿、硅石、火山灰、石灰石、耐火土、沸石、油页岩、矿泉水。截至2021年末，全市已开发利用的矿产资源有31种。

生物资源　全市森林覆盖率65%，森林活立木蓄积2.3亿立方米，人工林蓄积0.4亿立方米，是黑龙江省森林环境林木生长条件最好的地区，树种有25科百余种。主要优质木材有红松、云杉、冷杉、落叶松、樟子松、水曲柳、黄波椤、胡桃楸、椴、桦、柞等，人工培育的速生高产加拿大杨普遍生育成长良好。牡丹江林区是山产土特产资源较为丰富的地区之一，有各种可开发利用的野生经济植物2200多种，年贮量75万吨。主要品种有：刺五加、黄芪、杜鹃、五味子、桔梗、沙参等。名贵品种有：山参、平贝母、细辛等。人参、黄芪、黑豆果、龙胆草等已大面积人工栽培。可食用的山野菜开发利用的有80多种，如蘑菇、木耳、蕨菜、薇菜、刺老芽等，年蕴藏量40万吨。这些山野菜被视为“山珍”“天然无污染绿色食品”，畅销海内外。开发利用的山野果有红松籽、榛子、山核桃、山葡萄、山里红、刺玫果等30多种，年贮量15万吨以上。蜜源植物类木本与草本约60种，主要有椴树、胡枝子、山丁子、稠李子、毛水苏、野玫瑰等，蜜源面积130多万公顷，可养蜜蜂30万群。野生动物资源有东北虎、东北豹、梅花鹿、马鹿、黑熊、棕熊、水獭、紫貂、野猪、山兔、黄鼬、狐狸等18科53种。鸟类资源有48科265种，主要有中华秋沙鸭、白天鹅、东方白鹳、虎头海雕、苍鹭、榛鸡、鸿雁、野鸭、鹰、雀鸟等，其中留鸟38种。江河湖泊中有淡水鱼16科89种，其中常见的有74种。名贵特产鱼类有镜泊湖银鲫、红尾、滩头、大马哈、鲟、鳇等。历史上名贵的“三花五罗”仍有产出的有鳌花、鳊花、鲫花、法罗（三角鲂）、哲罗、雅罗。鲤鱼、鲇鱼、嘎牙子和“四大家族”青、草、鲢、鳙在各水域中皆常见。虹鳟鱼和罗非鱼在宁安市和东宁市已人工饲养多年。

水资源　牡丹江市区域内河网密布，地表地下水资源丰富。境内有牡丹江、穆棱河、绥芬河三大水系，其中乌斯浑河、大小海浪河等一、二级支流有2364条，湖泊、泡沼823处。全市水域面积74356平方公里，牡丹江为松花江的第二大支流，发源于吉林省长白山的牡丹岭。河流大致呈南北走向，全长725公里，流域总控制面积38900平方公里，其中流经牡丹江市辖区内的干流长度397公里，流域面积28600平方公里。海浪河位于海林市的西部山区，河长218.8公里，流域面积5251平方公里。蛤蟆河流域位于宁安市境内的南部，控制面积1912平方公里，河长94.6公里。乌斯浑河流域位于林口县境内，是牡丹江较大的支流，流域面积4100平方公里，河长154公里。五林河位于林口县及牡丹江市辖区，流域面积1420平方公里，河长88.4公里，该流域为全市境内径流的低值区。穆棱河发源于穆棱市老爷岭山脉东坡，流域横跨穆棱、鸡西、鸡东、密山、虎林5个市（县），后分两路，一路注入乌苏里江，另一路注入兴凯湖，河流总长692公里，其中穆棱市境内流段234公里，流域面积6793平方公里。绥芬河河流全长246公里，其中在牡丹江市辖区内的流段63公里，流域面积7705平方公里。全市有各类水库56座，其中大型水库5座、中型水库8座、小型水库43座。2021年，全市水资源总量137.93亿立方米（近五年平均水资源总量112.27亿立方米），耕地每公顷有地表水量13022.05立方米，为全省均数1.5倍。山区有众多山泉，已查明有较大开采价值的21处。全市江河水量充沛，落差大，水能资源丰富。全市水能资源理论蕴藏量1756兆瓦，其中，牡丹江流域1408兆瓦，穆棱河流域109兆瓦，绥芬河流域239兆瓦。全市水能可开发利用量1433兆瓦，其中，牡丹江流域1252兆瓦，穆棱河流域30兆瓦，绥芬河流域151兆瓦。

（资料来源：市自然资源局　市水务局）

【气候】　2021年，牡丹江市气候主要特点是温度略高，降水正常，日照偏少，无霜期长；夏季高温少雨、日照略少，对农业生产有一定的影响。

气温　2021年，牡丹江市区年平均气温5.4℃，比历年高0.5℃。最热月7月平均气温25.2℃，较常年均值高2.5℃；最冷月1月的平均气温-17.8℃，较常年均值低1.5℃。极端最高气温37.1℃（出现在7月28日），比历史极值低1.3℃；极端最低气温-30.0℃（出现在12月25日），比历史极值高8.3℃。日最高气温≥30℃的日数33天；终霜出现在4月30日，初霜出现在10月6日，无霜期159天。主要特点是有明显阶段性低温和高温时段。冬季（12—2月）：平均气温-14.3℃，比历年低0.5℃；春季（3—5月）：平均气温7.5℃，较常年均值高1.1℃；夏季（6—8月）：平均气温21.7℃，较常年均值高0.4℃，其中7月中下旬连续19天日最高气温超过30℃；秋季（9—11月）：平均气温6.6℃，较常年均值高0.8℃。日平均气温稳定通过0℃的初日是3月19日，终日是11月10日；日平均气温稳定通过5℃的初日是4月10日，终日是10月17日；日平均气温稳定通过10℃的初日是5月11日，终日是10月3日。

降水　2021年，牡丹江市区降水量462.2毫米，较常年均值少115毫米。春季首场≥10毫米的雨出现在5月7日，降水量14.1毫米；全年日最大降水量42.1毫米（出现在6月18日）；过程最大降水量60.9毫米（出现在6月17日—6月20日）。主要特点是降水时空分布不均，呈多局地强对流天气。全年降水过程多，≥5毫米降水日数24天；≥10毫米降水日数15天；≥25毫米日数2天，≥50毫米降水日数无。农作物生长季（4—9月）降水量355.1毫米，较常年均值少27%。2021年冬季（12—2月）：降水量15.3毫米，较常年均值少4.9毫米；春季（3—5月）：降水量106.6毫米，较常年均值少0.7毫米；夏季（6—8月）：降水量210.4毫米，较常年均值少126.8毫米；秋季（9—11月）：降水量124.4毫米，较常年均值多11.6毫米。

风　2021年，市区平均风速2.9米/秒，较常年均值偏大0.6米/秒；最大风速15.6米/秒（出现在3月9日），极大风速25.9米/秒（出现在5月24日）。

日照　2021年，市区年日照时数2291.6小时，较常年均值少26.8小时；市区最长日照月份7月，日照时数254小时；最短日照月份为11月，日照时数118.5小时。

地温　2021年，市区地面年平均温度10.3℃，较常年均值高2.6℃；极端最高地温59.0℃（出现在7月19日），较历年极大值低3.0℃；极端最低地温-12.1℃（出现在12月31日），较历年极小值高2.7℃；草面（雪面）年平均温度8.8℃，极端最高温度64.1℃（出现在7月19日），极端最低温度-30.8℃（出现在12月25）；地面温度≤0℃的日数183天。年内牡丹江最大冻土深度156厘米（出现在3月7日），比上一年多5厘米。春季土壤解冻日期3月13日，比历年早17天；30厘米稳定解冻日期3月24日，比历年早7天；土壤化冻日期4月15日。

（市气象局　徐明伟）

【水文】　2021年，牡丹江市主要河道水位无超警戒水位情况，中小河流水文站面雨量告警40余站次，超预警水位5站次。其中，松乙河金家村站（宁安市镜泊乡金家村）超预警水位2次，8月22日出现最高水位100.47米，高于预警水位0.67米；沙兰河沙兰镇站（宁安市沙兰镇）超预警水位1次，8月22日出现最高水位99.74米，高于预警水位0.24米；嘎斯河榆林村站（宁安市江南乡榆林村）超预警水位2次，6月20日出现最高水位99.55米，高于预警水位0.25米。

（省水文水资源中心牡丹江分中心　武永娜）

历史人文

【历史沿革】　牡丹江地域历史悠久，早在远古时代的旧石器时期，肃慎先民们就在牡丹江流域劳动生息繁衍，创造了富有特色的古肃慎文化。从商周到隋朝的2200多年间，牡丹江是满族先祖肃慎、挹娄、勿吉、靺鞨等部族的世居地，均同历代中原王朝保持密切联系，进行不断的朝贡往来，被记载于历代史籍中。唐代，粟末靺鞨在牡丹江流域崛起，建立渤海国，为唐属地方民族政权。它长期以上京龙泉府（今宁安市渤海镇）为首府，进行卓有成效的开发与建设，开展同唐、日本、契丹、新罗在政治、经济、贸易、文化等方面的交往活动。渤海地方民族政府的上层特别注重搞好与唐朝中央政权的关系，派出王室子弟到唐廷长安“宿卫”，到唐廷朝贺、进贡、抄写典籍和留学。渤海靺鞨部族的第一、第二代首领被唐朝册封为渤海郡王。从渤海的第三代王大钦茂起，以下各代皆被唐册封为渤海国王。渤海国努力学习中原的先进科技文化，仿效唐京长安，积极从事渤海国的经济和社会发展，被誉为“海东盛国”，辖有5京、15府、62州、103县，国传15位王，历时长达229年，为牡丹江地方后世在政治、经济、文化、生活等方面的发展留下深远的影响。公元926年，渤海国被契丹（亦称辽）攻灭后，契丹在渤海国故地建立东丹国（意为契丹以东的国），以原渤海国首都上京城为东丹国的京城，改称天福城。不久，因契丹国发生内乱，东丹国京城被契丹焚毁。自此，给渤海上京城留下“东京城”的称呼，其意为东丹国的京城，后简称东京城。在辽、金、元、明各朝代，这里主要为女真族居住经营。金朝时期，属女真部上京会宁府胡里改路。金朝晚期，金大将蒲鲜万奴叛金，于公元1215年自立大真国，自称天王，改元天泰，拥兵10万余众，今史学界称其为东真国或东夏国，牡丹江境域隶属东夏国。元朝，牡丹江地方属胡里改军民万户府统辖。元大德十一年（公元1307年）划归合兰（海兰、海浪、孩懒）府古（谷）州管辖。明代，牡丹江境域由奴儿干都指挥使司统辖。设有建州卫、麦兰（穆棱）河卫、阿速江卫、五林河卫、速平江卫等48卫所。在清代，管辖盛京（沈阳）将军衙署以北广大地区的衙署——宁古塔将军府就设在今牡丹江市辖区以内。先是在今海林市长汀镇古城村设有宁古塔昂邦章京衙署，后改为宁古塔将军府。衙署于康熙五年（公元1666年）由宁古塔旧城（古城村）迁至宁古塔新城（今宁安市）。康熙十五年（公元1676年），宁古塔将军衙署迁往吉林以后，在宁古塔地方仍设有副都统镇守。光绪二十七年（公元1901年）2月，沙俄修筑的中东铁路东部线试运行，设牡丹江站。光绪二十九年（公元1903年），清政府在宁古塔副都统辖区设绥芬厅（今东宁三岔口），与宁古塔副都统同域治理。宣统元年（公元1909年）撤销宁古塔副都统，绥芬厅移驻宁古塔城。宣统二年（公元1910年）改绥芬厅为宁安府。辛亥革命后，1912年宁安府改为宁安县。今牡丹江市郊乜河，属宁安县第五行政区团聚乡所在地，为当时境内的政治、经济、文化中心。

1917年俄国“十月革命”爆发后，牡丹江站两侧归哈尔滨中东铁路公司督办公署辖属。1920—1930年，中东铁路哈尔滨地亩管理局在牡丹江站周围地段发放过3次街基号，街路不断扩大，人口继续增加，店铺作坊日益兴起，逐步形成集镇。宁安县第五区的政治、经济、文化中心很快从乜河转移到火车站周围。1932年5月，日本侵略军占领牡丹江站及乜河、铁岭河、卡路、海浪、南岭（今胜利村）等地。这一时期，牡丹江由伪满当局统治。1937年7月1日，日伪当局设立“牡丹江省公署”，辖宁安、穆棱、东宁、密山、虎林5县，在伪省公署内设立“牡丹江市政筹备处”。12月1日，正式成立伪牡丹江市公署。时“牡丹江省”辖5县1市，“省会”设在“牡丹江市”。1943年10月1日，日伪当局设立“东满总省”，辖“牡丹江省”“东安省”和“间岛省”（今吉林省延边地区），共3市、16县，“总省省会”设在“牡丹江市”。1945年5月28日，日伪当局撤销“东满总省”，划出“间岛省”，将“牡丹江省”和“东安省”合并，设立“东满省”，辖2市11县，“省会”仍设在“牡丹江市”。1945年8月14日，日本侵略者败退，伪东满省公署和牡丹江市公署同时解体。

1945年8月18日，在苏联红军驻军帮助下，成立牡丹江市地方治安维持会。8月25日，成立中共牡丹江市委员会，隶属中共牡丹江地区委员会领导。10月14日，牡丹江军区司令员李荆璞接收牡丹江市地方治安维持会，建立中国共产党领导下的牡丹江市民主政府。1946年4月8日至10日，在牡丹江市召开绥宁省临时参议会，成立绥宁省政府，省府设在牡丹江市，省辖1市8县。4月18日，成立中共绥宁省委。1946年10月7日，绥宁省撤销，成立东北政联直属牡丹江行政督察专员公署，牡丹江市隶属牡丹江专员公署领导。1947年8月20日，牡丹江专区与东安专区合并，成立牡丹江省，牡丹江市隶属牡丹江省领导。1948年7月9日，撤销牡丹江省建制，并入松江省，牡丹江市为松江省直辖市。1949年5月27日，牡丹江市政府改称市人民政府。1954年6月19日，松江省并入黑龙江省。牡丹江市划为黑龙江省直辖市。1955年3月24日，牡丹江市人民政府改称牡丹江市人民委员会。1958年6月18日，牡丹江市划归牡丹江专员公署领导，变为地辖市。1966年2月8日，牡丹江市由地辖市又改为黑龙江省直辖市。1967年4月8日，撤销牡丹江市人民委员会，成立牡丹江市革命委员会，隶属于牡丹江地区革命委员会领导。1968年2月，撤销牡丹江市建制，市革委并入地革委。1973年9月1日，牡丹江地、市分设，恢复牡丹江市建制，仍归牡丹江地区革命委员会领导。1979年2月8日，牡丹江地区革命委员会改称牡丹江行政公署。牡丹江市革命委员会仍隶属牡丹江行政公署领导。1980年12月1日，牡丹江市革命委员会改称牡丹江市人民政府，归牡丹江行政公署领导。1983年9月29日，牡丹江地、市合并，撤销牡丹江行政公署建制。牡丹江市为省辖市，实行市管县的领导体制，原牡丹江行署管辖的海林、宁安、林口、穆棱、东宁、密山、虎林七县和绥芬河市皆归属牡丹江市。原所属鸡东县划归鸡西市。1993年，密山市和虎林县划归鸡西市管辖。市属的海林、宁安、穆棱三县，分别于1992、1993、1995年改为县级市。2011年7月，绥芬河市被列为省直管县体制改革试点。2015年12月，经国务院批准、民政部批复，同意撤销东宁县，设立东宁市。2017年11月，省委、省政府中止绥芬河市省直管市试点，重新划归牡丹江市管辖。

（资料来源：市委史志研究室）

【行政区划】 牡丹江市为黑龙江省辖市，实行市管县的领导体制，截至2021年末，全市辖4个区：东安区、阳明区、爱民区、西安区。1个县：林口县。代管5个县级市：绥芬河市、海林市、宁安市、穆棱市、东宁市。各县（市、区）下辖48个镇（含2个民族镇）、7个乡（含4个民族乡）、24个街道、887个建制村、173个社区。7月21日，《牡丹江市人民政府关于东安区调整部分街道行政区划的批复》下发，同意设立东安区振兴街道办事处，列入东安区政府派出机构，将东兴街道办事处兴隆、胜利、乜河、中乜河4个村和恒大、兴隆、三利、绿地4个社区划归振兴街道办事处管辖，为振兴街道办事处的行政区域，振兴街道办事处驻三利社区；东兴街道办事处驻地迁移至东居华庭社区。8月24日，《黑龙江省民政厅关于确定牡丹江市新成立街道行政区划代码的批复》确定，牡丹江市东安区振兴街道行政区划代码为231002006。

东安区辖6个街道：新安街道、长安街道、七星街道、五星街道、东兴街道、振兴街道。1个镇：兴隆镇。

阳明区辖4个街道：阳明街道、前进街道、新兴街道、桦橡街道。4个镇：铁岭镇、桦林镇、磨刀石镇、五林镇。

爱民区辖7个街道：向阳街道、黄花街道、铁北街道、新华街道、大庆街道、兴平街道、北山街道。1个镇：三道关镇。

西安区辖7个街道：先锋街道、火炬街道、立新街道、牡丹街道、江滨街道、沿江街道、水泥街道；1个镇：温春镇；1个民族乡：海南朝鲜族乡。

林口县辖11个镇：林口镇、古城镇、刁翎镇、朱家镇、柳树镇、三道通镇、龙爪镇、莲花镇、青山镇、建堂镇、奎山镇。

绥芬河市辖2个镇：绥芬河镇、阜宁镇。

海林市辖8个镇（含1个民族镇）：海林镇、长汀镇、横道河子镇、山市镇、柴河镇、二道河子镇、新安朝鲜族镇、三道河子镇。

宁安市辖8个镇：宁安镇、东京城镇、渤海镇、石岩镇、沙兰镇、海浪镇、兰岗镇、镜泊镇。2个乡：马河乡、三陵乡；2个民族乡：江南朝鲜族满族乡、卧龙朝鲜族乡。

穆棱市辖6个镇：八面通镇、穆棱镇、下城子镇、马桥河镇、兴源镇、河西镇；1个乡：共和乡；1个民族乡：福禄朝鲜族满族乡。

东宁市辖6个镇（含1个民族镇）：东宁镇、三岔口镇、大肚川镇、老黑山镇、道河镇、绥阳镇。

（市民政局　刘　涛）

【文化遗存】

商周莺歌岭文化　莺歌岭遗址位于宁安市镜泊乡镜泊村南1.5公里，镜泊湖南端、莺歌岭临湖的断崖一带。1999年黑龙江省人民政府批准公布为第四批省级文物保护单位。莺歌岭遗址基本沿湖岸分布，1963年6—7月，黑龙江省博物馆进行清理发掘，发掘面积约100平方米。莺歌岭遗址包含上、下两层不同时代的文化堆积。下文化层的房址为平面呈圆角长方形（或方形）半地穴式建筑。陶器以夹砂红褐陶为主，还有少量粗灰陶，纹饰富于变化，主要有粗、细人字形划纹、斜平行线划纹和由篦点组成的人字形纹，还有梳齿纹、“W”形印纹，器类较简单，多为直口或侈口平底器，有罐、碗、盅和纺轮等。石器以打制为主，有锄、斧、网坠等。磨制石器只有磨制斧1件。骨角器仅有骨针、鹿角锄各1件。莺歌岭下层类型是迄今已知牡丹江流域最早的原始文化遗存。上文化层遗物有陶、石、骨、牙和蚌器等。陶器以夹砂黑灰陶为主，泥质黑陶很少，均为手制，磨光施纹饰的少且纹饰简单，以陶罐为多，其次有碗、杯、盅等。陶塑动物有陶猪和陶狗，共17件，其中较完整的7件，多为褐陶，手捏塑，造型逼真，姿态各异，是很珍贵的艺术品。此外，还有一件较大的陶兽头。石器以磨制为主，压制石器也占较大比重，黑曜石压制石器是这一类型的重要特点，器形有磨制斧、锛、矛、镞等，压制矛、镞、长刮器、短刮器、石片刮器。骨器有针、锥、簪、匕、凿、镞等。牙、蚌器有牙镞1件，牙刀、牙锥、蚌刀，还有少量桦树皮器。上层的居住址为方形（长方形）半地穴式石壁建筑。当时的人们已从事农业生产，过着定居生活，渔猎经济还占有相当比重。上文化层的居住遗址出土的木炭和桦树皮，经碳-14测定，距今3025±90年，2985±120年，表明上层类型的时间应在商周之际。此外，在遗址采集的双突耳筒形罐，是战国至三国时期的典型器物，由此可见，莺歌岭遗址年代的下限很晚。

唐代渤海国文化　公元698年，粟末靺鞨族酋长大祚荣在今吉林省敦化一带建立政权（公元698—926年）自立为震国。公元713年，唐朝册拜大祚荣为左骁卫员外大将军、渤海郡王，忽汗州都督。大钦茂即位后，着力推行以文治国的基本国策。首先是吸收中原文明，“宪象”唐的典章制度。其次，加强与唐、日交往，修文重教。大钦茂时期遣使入唐49次，出使日本12次。公元738年，大钦茂派人赴唐都长安抄写《唐礼》《三国志》《晋书》等经史典籍，并派大批留学生到长安学习，“习识古今制度”。这些留学生学成回国后，把大量的中原文化典籍带回到渤海国，促进了盛唐文明在渤海国的传播。公元755年，大钦茂大兴十八年将都城从吉林敦化迁到今宁安渤海，建成首府上京龙泉府（史称忽汗城）。公元762年，唐王朝晋封大钦茂为渤海国王，渤海政权

递升为唐朝册封体制下的一个藩封国。十世王大仁秀、十一世王大彝震时代，以文治渤海国，大彝震亦积极派学子入唐学习和派使朝唐，为渤海国昌盛储备人才。大彝震不仅是渤海国历史上往唐朝输送“留学生”最多的一个国王，而且对留唐归来的学子大都委以重任。先后派19人入唐求学，此时渤海国达到鼎盛，史称“海东盛国”。十三世王大玄锡时代，渤海国创造了盛极一时的“海东文化”。公元926年，契丹人灭了渤海国，建东丹国，把上京龙泉府改为东丹国的首都，叫天福城。公元928年，东丹国向南迁移，烧毁了天福城。牡丹江市境内渤海国时期遗址较多，古城遗址有：上京龙泉府（今渤海镇）、城墙砬子（镜泊湖西岸）、上屯村桥头、大石头河子（水产养殖场）、西湖嘴子（后渔村西北）、南湖头（湖南村）、牛场村、爱林村、和平村南岭、江东乡大王山；建筑遗址有：白花甸子、前进村、大牡丹村、教育村、长江村、新颜村；桥梁遗址有：高力桥（平安村附近牡丹江中）、七孔桥（上官地村北牡丹江中）；墓葬和墓群有：大朱家村、陆家店（西石岗子）、洋草沟（沙兰镇境内）、高力庙子（沙兰镇郭老五沟附近）、三陵村、风水崴子（镜泊湖附近）、大牡丹村等。另外在渤海镇和上屯村附近还各有古窑址1处。渤海国上京龙泉府遗址位于黑龙江省牡丹江市宁安市渤海镇。上京龙泉府是渤海国的五京之一，曾两次为都，为都时间160多年。上京龙泉府是中原文化和东北古代民族文化相融合的产物，是渤海国的政治经济文化中心，是中国东北地区规模最大的古代城市遗址，是中世纪东方世界的一大都市。上京城的建制和规模完全是仿唐都长安城而兴建的，整个城址略呈长方形，由内城、外城和宫城组成，三城环套，坐北朝南。保存较完好的有上京城垣、宫殿、禁苑址等。外城周长18.5公里，北垣长5.5公里，中间向北突出一部分，宽度与内城相等，南垣长不足5公里，东西两垣各长3.5公里左右，城垣残高平均2米左右。城的四面有10门，南北两面各3门，东西两面各2门，由正南门通向内城正南门有一条笔直的大街，宽88米，把外城分为东西两区。城内有东西走向笔直大街4条，各宽近50米。在这5条主要大街之间有纵横交错的街道，构成市区街坊里巷。内城在外城内北部正中，周长约4.5公里，亦呈长方形，仅部分城址和禁苑遗址保存良好。在内城东垣以西、宫城东垣以东为禁苑（俗称御花园），周长约1.5公里。今存池塘遗址，面积近20000平方米，为一人工湖。池塘东西两侧存假山址，北部有亭榭址，础石仍就原址存放，附近多黄绿色釉瓦。宫城又称“紫禁城”，在内城里北部中央，呈长方形，今存有宫墙、宫殿址、石井（八宝琉璃井）等。宫城正南门为午门，俗称“五凤楼”。今存台基，残高6米，东西长约60米，南北宽约20米，上有排列有序的圆形础石。午门址两侧，还各有一处便门址。由午门往北排列五重宫殿址，均在一条中轴线上。第一殿址距午门址约200米，台基以条石砌筑，高3米左右，其上保存原址排列的大型圆形础石40个，主殿两侧和后面也有建筑遗迹，今存础石。由第一殿址往北约150米处是第二殿址，面积最大，东西82米，南北28米。它的东侧有著名的“八宝琉璃井”，今井身依然完好。由第二殿址往北陆续排列的是其余三座殿址。在五重宫殿址的两侧，均有长廊与各殿相通。东侧长廊的柱础石至今存在。后边的3座殿规模较小，应为寝殿，有炕道、烟囱等取暖设施。上京龙泉府遗址的文物除石灯幢、大石佛、舍利函外，地面遗物最多的是各种屋瓦和建筑用的石料，其中渤海建筑瓦上，有很多印有清晰的文字，考古工作者称之为“文字瓦”，这是研究渤海文字的珍贵资料。已发现文字瓦的文字中，汉字占十分之八。还有很多陶器残片和少量的铁器。另外还有龟趺，龙首龟身，造型棱角突出，是珍贵的渤海文物。石灯幢是用牡丹江镜泊湖地区的玄武岩为原料，经过雕琢，叠垒拼接架构而成。它全高将近6米，由12节块组成，共用大小石材40余块，是中国东北渤海国时期留下来的著名佛教石雕艺术品。1961年3月，渤海国上京龙泉府遗址被国务院公布为第一批全国重点文物保护单位。

清代宁古塔流人文化 宁古塔

位于宁安市渤海镇兴隆寺的唐代渤海国石灯幢　　（王志君　摄）

文化最具影响的是宁古塔流人文化。从顺治年间开始，宁古塔成了清廷流放人员的接收地。顺治十二年（公元1655年）吏部给事中陈嘉猷被流放宁古塔，这是第一位被遣戍宁古塔的流人。还有方拱乾、张缙彦、吴兆骞、杨越、抗清名将郑成功之父郑芝龙、文人金圣叹家属、思想家吕留良后裔等，都曾流放于此。在悲惨境遇中勉强生存的流人，为边疆的经济建设和文化、教育、艺术的发展做出杰出的贡献。宁古塔将军衙门存续的一百多年中，流人们的文化产品繁多，且极具历史价值和文学价值。归纳起来主要有三类：即方志类、散文类和诗歌类。主要的方志有：方拱乾著《绝域纪略》（又名《宁古塔志》）。张缙彦著《宁古塔山水记》，书稿形成于1668年，后由其子张欲昌和私淑者刘孳槰辑成，是东北第一部山水志和第一部地名学专著，具有极高的史料价值。杨宾著《柳边纪略》，此书是第一部比较全面系统记述黑龙江乃至东北历史地理之作，被梁启超誉为开边徼地理研究风气之名著，也是宁古塔地域有关历史研究的重要史料。吴桭臣著《宁古塔纪略》，此书从多侧面以笔记形式详细叙述了宁古塔的山川、土地、生产、出猎、烧荒、物产、贸易、住宅、服饰和生活习俗等方面的情况，虽然没有以地方志命名，实有地方志的诸多因素。散文集有：张缙彦的《域外集》，此书共22篇，是当时宁古塔地区第一部散文集，文笔优美，有较高的文学价值。其中《苍头街移镇记》是关于中俄关系最早的著述，文中提到的黑龙江口石碣，是对永宁寺碑最早的记录；"放雉崖"之名也是张缙彦在《游宁古台记》一文中记录下来的。泼雪泉之名是张缙彦在《宁古塔山水记》中以《泼雪泉》一文记录下来并刻于石上，刻石虽然不见，而泼雪泉之名却得以扬名天下，并成为宁安的一个产业品牌。诗集有：方拱乾的《何陋居集》，吴兆骞的《秋笳集》，祁班孙的《紫芝轩遗稿》，张贲的《白云集》，杨宾的《宁古塔杂诗》等等。这些诗人中成就最高、影响最大的当属吴兆骞，他的《长白山赋》《封祀长白山二十韵》曾使康熙帝阅后为之动容；他的《高丽王京赋》被朝鲜使臣带回国并广泛流传。许多流人在戏剧、绘画等方面有很深的造诣，如张缙彦善绘画，还曾有歌姬10人；祁班孙擅长歌舞。流人们在宁古塔虽然过着谪戍生活，仍然流连诗酒、寄情歌舞，放歌塞外的山川沃野，使宁古塔满族人也喜爱上了中原的文化艺术。吕留良的后人吕懿兼是著名中医，流徙宁古塔后曾在此地行医多年，解决了宁古塔地域无医药的问题，传播了医药知识。康熙四年（公元1665年），由张缙彦、吴兆骞发起成立七子之会，也称七子诗会，成员有张缙彦、吴兆骞、钱威、姚其章、钱虞仲、钱方叔、钱丹季7人。是宁古塔地区（当时含吉黑两省和外东北地区）最早的诗社，创作了许多不朽诗篇。

（资料来源：市委史志研究室）

【人口方言】

人口 截至2021年末，全市户籍人口244.2万人（常住总人口229.0208万人），其中市区84.7万人。户籍人口中，城镇人口146.8万人，乡村人口97.4万人；城镇人口占总人口的比重（户籍城镇化率）为60.1%，与2020年同期相比下降0.1个百分点；男性人口122万人，女性人口122.2万人，男性人口和女性人口比例为99.8 : 100。出生人口7569人，比2020年减少3222人，出生率3.1‰；死亡人口17291人，比2020年减少1921人，死亡率7‰。人口自然增长率–3.98‰。

方言 牡丹江地区是满族文明源头之一和全国第二大朝鲜族聚居地。牡丹江属于黑松片中的佳富小片，方言接近普通话，但仍与普通话存在一些差异。牡丹江人说话时，声母是平翘舌混淆、r和y不分、m和n不分、r和l不分等；单元音韵母o与声母b、p、m、f相拼时误读，u、a、n误读；声调平淡、含混，不够响亮、清晰，缺乏起伏变化与抑扬顿挫。同普通话的调值相比，处于居中状，阳平和上声不分。

（资料来源：市统计局　市教育局）

【民族宗教】

民族 2021年，牡丹江市境内有43个民族成分。除汉族外，有42个少数民族，少数民族总人口221517人，占全市总人口的9.9%。其中，朝鲜族111063人，占少数民族总人口的50.13%；满族97160人，占少数民族总人口的43.86%；回族7722人，占少数民族总人口的3.48%；蒙古族3958人，占少数民族总人口的1.78%。人口在100人以上的少数民族有：锡伯族（317人）、达斡尔族（187人）、壮族（185人）、黎族（117人）、土家族（114人）、苗族（112人）。其余少数民族有：彝族、赫哲族、鄂伦春族、侗族、瑶族、白族、布依族、畲族、鄂温克族、藏族、羌族、傈僳族、维吾尔族、柯尔克孜族、哈尼族、傣族、高山族、俄罗斯族、仫佬族、佤族、土族、仡佬族、水族、阿昌族、拉祜族、东乡族、普米族、京族、毛南族、景颇族、德昂族、哈萨克族等。

宗教 牡丹江市有佛教、道教、伊斯兰教、天主教、基督教5种宗教。市级宗教团体6个，分别是市佛教协会、市道教协会、市伊斯兰教协会、市天主教爱国会、市基督教三自爱国会、市基督教协会；县级宗教团体7个，分别是绥芬河市佛教协会、绥芬河市基督教三自爱国会、宁安市基督教三自爱国会、海林市基督教三自爱国会、穆棱市基督教三自爱国会、东宁市基督教三自爱国会、林口县基督教三自爱国会。

（市委统战部　卜长顺　房进成）

城市标识

【中国雪乡】 中国雪乡国家森林公园地处黑龙江省大海林林业局施业区内，由中国雪乡风景区、原始林风景区、海浪河漂流风景区、二浪河风景区、农家小院、雪乡影视基地、雪乡文化展览馆、大雪谷、亚雪驿站等组成。雪乡旅游风景区坐落于长白山脉张广才岭与老爷岭的交汇处，占地面积17916公顷，海拔1100米。因贝加尔湖冷空气与日本海暖湿气流在此频繁交汇，以及山高林密的局域小气候影响，造就了这里“夏无三日晴，冬雪漫林间”的奇特气候，每年10月开始降雪至次年4月，雪期长达7个月，积雪厚度可达2米左右。积雪随物具形，千姿百态，是世界独一无二、不可复制的旅游景区。

【镜泊胜景】 镜泊湖是中国最大、世界第一大火山熔岩堰塞湖，位于黑龙江省牡丹江市境内南部，地处张广才岭与老爷岭的过渡地段，距牡丹江市区80公里，地理坐标为北纬43° 46′ —44° 18′，东经128° 30′ —129° 10′ 。是省级自然保护区、首批国家级重点风景名胜区之一、国家AAAAA级旅游区。湖区及火山口森林方圆1200平方公里地带为国家级自然风光保护区。

镜泊湖风光旖旎，景色秀丽。景区内有气势雄浑的吊水楼瀑布，伟岸壮观的毛公山，雄奇壮阔的火山口，怪石峥嵘的地下熔岩洞，浩瀚无垠的火山口原始森林（地下森林），历史悠久的渤海国遗址，幽静肃穆的药师古刹，辉煌灿烂的莺歌岭文化遗址，激发爱国情思的抗联遗址，繁复珍奇的野生动植物资源，绮丽的自然与人文景观，尽展鬼斧神工之灵魅。镜泊湖风景名胜区和自然保护区主要由百里长湖景区、火山地质景区及渤海故国景区三部分组成。

2021年9月，游客在林海雪原剧院观看现代京剧《智取威虎山》
（张进伟　摄）

【林海雪原】 《林海雪原》是现代作家曲波创作的一部长篇小说，1957年出版。小说描写的是在1946年冬天，东北民主联军一支小分队，在团参谋长少剑波的率领下来到牡丹江一带，深入林海雪原执行剿匪任务，侦察英雄杨子荣与盘踞在威虎山的座山雕匪帮斗智斗勇的故事。《林海雪原》一直被视作“革命通俗小说”的典型代表，并被誉为“新的政治思想和传统的表现形式互相结合”的光辉典范，是整个“十七年文学”发展之中不可替代的重要小说作品。2019年9月23日，《林海雪原》入选“新中国70年70部长篇小说典藏”。小说成功地塑造了杨子荣、少剑波等一批个性鲜明而又极具传奇色彩的经典英雄人物，影响了一代代读者。《林海雪原》曾获多种艺术形式的改编。根据《林海雪原》中有关智取威虎山的情节，就有3个改编本：京剧《智取顽匪座山雕》、京剧《智取威虎山》、话剧《智取威虎山》。小说中的奇袭奶头山的内容改编的京剧有《林海雪原》。1960年，小说中智取威虎山的情节被拍成电影《林海雪原》，京剧《智取威虎山》剧中经典的词句，精美的唱腔，传奇英雄的形象，画一样的背景——林海雪原强烈感染着观（听）众，一经问世就红遍大江南北，传唱50余年不衰，其中“打虎上山”选段更是被全国人民耳熟能详，林海雪原和杨子荣形象也随其原著及改编作品的传播深深烙入全国人民的脑海中，成为牡丹江地区的形象和标牌。2021年，牡丹江市承办第四届黑龙江省旅游产业发展大会，“西线”观摩区建设单位海林市融贯大会“镜泊胜景·林海雪原”主题精神，在横道河子镇建设了省百大项目之一——林海雪原风景区。模拟恢复《林海雪原》场景林海雪原、中东铁路、森林小火车等，建设了林海雪原剧院、东北民俗文化展示区、分岭河漂流等，把中东铁路文化、东北抗联文化、关东影视文化、民俗文化、康养观光、冰雪运动有机融合，突出自然生态、历史人文、林海冰雪、生态民俗、历史旧貌，打造成为龙江旅游“新地标”，成为全省重点三大冰雪旗舰景区之一。

【百年口岸】 1903年中东铁路建成至1933年，有俄、日、朝、英、法、意、美等18个国家的使节和商贾云集于绥芬河，文化和经贸交流异常繁荣活跃，时称“旗镇”和“国境商业都市”，并有“东亚之窗”的美称。1933年后，日本关东军占领绥芬河，对苏贸易完全停止。中华人民共和国成立后的十年间，绥芬河始终承担运输中苏战略物资和进出口货物的重任。20世纪60年代初至70年代末，中苏政治关系恶化，双边贸易处于停滞状态。20世纪80年代后，中苏两国政治关系缓和，经贸关系出现转机。中苏两国相继签订《经济和科技合作协定》《贸易和支付协定（1986—1990年）》。1987年，绥芬河市与对岸城市波格拉尼奇内区政府签订合作协议，地方层面边境贸易由此拉开序幕。1988年，绥芬河市被黑龙江省委、省政府批准为通贸兴边试验区；1992年被国务院批准为国家首批沿边扩大开放城市，同年设立边境经济合作区，实现由省级通贸兴边试验区向国家级沿边开放城市的历史性跨越；1999年6月，经中俄两国外交换文，批准成立中俄互市贸易区；2009年4月，经国务院批准，设立黑龙江绥芬河综合保税区；2019年8月，经国务院批准，设立中国（黑龙江）自由贸易试验区。9月，自贸区绥芬河片区挂牌。

绥芬河地处东北亚经济圈的中心地带，西距哈尔滨460公里，东距俄罗斯符拉迪沃斯托克190公里，既是东北地区参与国际分工的桥梁纽带，也是“中蒙俄经济走廊”和与俄远东大开发战略对接的重要节点，被誉为连接东北亚和走向亚太地区的“黄金通道”。有公路、铁路两个国家级一类口岸，年过客能力600万人次、年过货能力3850万吨，形成集公路、铁路、航空、境外港口于一体的现代化立体式交通网络。以绥满铁路为轴，向东可依托俄罗斯远东港口借港出海贯通日韩及北美，连接“冰上丝绸之路”；向西可辐射俄罗斯全境和欧洲腹地，是中国通往日本海的唯一陆路贸易口岸。

绥芬河对俄进出口商品有171大类、1400多个品种，对俄贸易连续多年占黑龙江省的1/4以上，口岸过货量占黑龙江省85%以上。进口商品扩展到木材、煤炭、化肥、纸浆、铁矿砂、液化石油气等资源类商品，是中国最大的俄罗斯木材进口集散地和重要的资源能源进口口岸。创新开展互市贸易，设立全国首个中俄互贸交易结算中心，开通全国首家铁路互贸交易市场，冲破边民的身份、数量和经营范围等限制，在全国首次推行边民合作社组织形式，互市贸易进口国家拓展至韩国、蒙古国、哈萨克斯坦等7国，截至2021年末，是全国开展互贸交易国别最多的口岸。获批为国家跨境电商综合试验区，开通“1210”和“9610”跨境电商保税备货和跨境交易服务平台。以绥芬河为节点，连接国际、走向世界，拓展全球“朋友圈”，打造经贸“升级版”。

绥芬河已获批建设自由贸易试验区、重点开发开放试验区、国家级边境经济合作区、综合保税区、互市贸易区、跨境电商综合试验区、跨境经济合作试验区等特殊功能区。绥芬河口岸是全国首批进境粮食指定口岸，拥有猪肉出口和冰鲜水产品、食用水生动物、肉类、整车等进口资质；获批卢布现钞使用试点城市和对俄投资结算中心，开通卢布现钞陆路跨境调运通道，实行俄罗斯人进境免签和境外旅客购物离境退税等高含金量国家级政策。

【市树市花】 2007年7月30日，牡丹江市十四届人大第三次会议审议通过，将云杉定为市树，牡丹定为市花。

（市委史志研究室　任连柱）

经济社会发展

【经济建设】 2021年，牡丹江市地区生产总值增长5.8%、规上工业增加值增长4%、社会消费品零售总额增长10%、农林牧渔业总产值增长8%、固定资产投资增长18%、实际利用内资增长100%以上、一般公共预算收入增长10.8%（实际数），城乡居民人均可支配收入均增长7%左右。推进“千人进万企三送两帮”服务，充分释放支持中小企业健康发展“18条”、促进民营经济加快发展“21条”等政策红利，为企业落实政策资金7.4亿元，发放首贷、无还本续贷贷款和贷款周转金22.7亿元，金融机构贷款余额增加30.1亿元，降低水、电、气等要素使用成本2500余万元。新设立市场主体3.8万户、注册商标4798件、授权专利1284件，总量分别达到20.4万户、2.4万件和1万件，友搏药业有限责任公司等3户企业通过国家知识产权管理体系认证，知识产权管理体系认证企业增加至42户。新增规上工业企业35户、新增限上商贸企业70户，总量分别达到342户和336户。佰佳信生物科技有限公司等6户企业被认定为省级专精特新中小企业，鑫北方石油钻具有限责任公司、北方双佳钻采机具有限责任公司2户企业被认定为国家级小巨人企业。

【百大项目】 2021年，全市列入省、市“百大”项目39个，有16个列入省“双百”项目。中车铸业技改、恒丰纸机改造等17个重点项目竣工投产。恒丰2万吨食品包装纸、益优康恒源产业园等项目获得省投产项目奖励。

【产业升级】 聚焦“4+2”产业发展方向，实施产业链链长制，加快发展医药、食品加工、木制家居等产业链，利用网格化包保机制为企业解决难题超过100项，建设重点技改升级项目34个。加快推进产业数字化进程，恒丰纸业股份有限公司获批工信部两化融合管理体系贯标认证、入选省级重点培育智能工厂库，百威啤酒有限公司、辛巴赫啤酒有限公司获批省级数字化（智能）示范车间，累计建成5G基站2970个。华创文创产业园落户企业125户。“头雁”团队工作站发展到12家，牡丹江医学院备案省级新型研发机构、牡丹江师范学院备案省级重点实验室。恒丰纸业股份有限公司、卷烟材料厂有限责任公司获批为省级工业质量标杆，北方合金工具有限公司、石油工具有限责任公司获批为省级企业技术中心，国林木业城获批为省级创新创业载体奖励项目。登记技术合同超过600项，成交额10.6亿元。212户企业进入国家科技型中小企业信息库，国家级高新技术企业总量达到120户。

【深化改革】 2021年，继续“放管服”改革，分别对县（市、区）、绥芬河自贸片区下放权力事项7项和21项，推动80项市场主体经营类、11项查询和即办类“一件事”上线办理，175项政务服务事项实现“大综窗”办理、1600项实现“一窗”办理、1609项实现网上办理。全面推进“企业开办一网通办”“证照联办”和电子营业执照应用，企业开办时限压缩至1日，简易注销时间压缩为20天，44个项目开通审批绿色通道。涉民服务事项全部进驻民生大厦。建立全省首个惠企政策信息服务平台，“信易贷”成功授信27.4亿元，处于全省前列，“诚信牡丹江”建设取得新进展。重点改革不断深入，市属一级国有企业公司制改制基本完成。市直事业单位改革精简单位49个，精简编制2743名。市、县两级版权局挂牌成立。牡丹江新闻传媒集团改革步伐加快，以内容建设为根本、以先进技术为支撑、全媒体传播体系基本建成。

【对外开放】 2021年，绥芬河自贸区试验区19项创新成果为国家首创、23项入选省级案例。保税物流中心（B型）达成合作意向企业105户，电商贸易额增长37.1倍。新增外贸企业71户，绥芬河互贸物流加工园区等项目建成运营，电商销售出口发展至俄罗斯、意大利等30余个国家。穆棱市获批为国家级木制品外贸转型升级示范基地。哈绥俄亚班列发运15列，为稳定产业链、供应链提供支撑。与俄罗斯、韩国、日本等国开展线上人文交流合作，绥芬河获批为中国口岸城市市长论坛永久举办地。

【社会民生】 2021年，牡丹江市五项保险新增参保人数2.9万人，企事业单位离、退休养老金标准和城、乡低保标准分别增长4.7%、3.5%、5.4%和9.4%，发放退役军人“两费”（退伍补助费；一次性退役金）资金2.8亿元。居民消费价格指数保持合理增长区间，供暖用煤储备超过省定标准，秋粮收购有序开展。就业政策扎实落地，全年发放就业补助资金近2亿元，城镇新增就业3.6万人、城镇登记失业率控制在3.1%以内。生态环境持续改善，34项省级生态环境保护督察问题整改完成。138个村（屯）生活污水治理项目正式运行，地表水国控考核断面优良水体比例达到75%。水土流失治理面积51.6万亩。市区空气质量优良天数比例95.5%。全面建立“林长制”体系。东北虎豹公园成为首批国家公园。公共服务能力不断提升。统筹推进城乡义务教育一体化发展，全面实施中小学课后服务，压减学科类培训机构287家、压减比例100%。新增养老机构7家，养老床位1.6万张。成立56个专科联盟，海林市、绥芬河市和林口县分别成为国家级、省级医共体改革试点。承办全国“行走大运河”全民健身健步走黑龙江省启动仪式，宁古塔满绣入选国家级非遗名录。推进隐患排查治理，重点行业领域未发生较大以上生产安全事故。开展“矛盾源头治理百日攻坚”行动，922个事项、93件督办案件、2314件突发事件全部化解。严打涉黑、涉恐、涉毒犯罪活动，严防口岸偷越境、闯关、夹带案件，破获电信网络诈骗案件980起，挽回损失7880万元，八类案件破案率98.5%，暴恐案件保持“零发生”。全年城镇居民人均可支配收入36641元，同比增长7.3%；农村居民人均可支配收入23832元，同比增长9.7%。全市参加基本养老保险136.9万人，参加失业保险17万人，领取失业保险金2981人；参加基本医疗保险172.4万人，参加生育保险19.8万人。

（资料来源：市发改委）

中国共产党牡丹江市委员会

综　述

【概况】　2021年，中国共产党牡丹江市委员会（以下简称市委）在中国共产党黑龙江省委员会（以下简称省委）正确领导下，面对经济下行巨大压力、新冠疫情严峻挑战、承办第四届黑龙江省旅游产业发展大会大战大考，发挥总揽全局、协调各方领导核心作用，统筹推进疫情防控和经济社会发展，全市经济稳中有进、社会和谐稳定。

【政治建设】　2021年，市委坚持以习近平新时代中国特色社会主义思想为指导，深入学习贯彻“七一”重要讲话和十九届六中全会精神，持续对标对表习近平总书记重要讲话重要指示批示精神，不断提高政治判断力、政治领悟力、政治执行力。精心开展党史学习教育，市级四个班子带头参观党史教育基地、带头讲党课、带头参加志愿服务活动、带头走进社区为困难群众实现“微心愿”，完成实事台账任务97项。顺利完成政法队伍教育整顿，中央督导组交办案件查结率100%，结合优化营商环境、为群众办实事、助力旅发大会，推出一系列便民利民举措，法治环境持续优化。坚决打赢三大攻坚战，持续巩固拓展脱贫攻坚成果同乡村振兴有效衔接，中央环保督察及“回头看”反馈问题全部完成整改，牢牢守住不发生系统性风险的底线。

【经济发展】　2021年，市委推进工业立市、产业强市，经济运行稳中有进。工业经济平稳发展，实行经济运行网格化调度、企业发展问题协调处理联动机制和“4+2”产业链长制，建立全省首个惠企政策信息服务平台，为企业减税降费近7500万元、降低水电气等生产成本2500万元；深入实施民营企业梯度成长培育计划，推进投资千万元以上工业项目74个，恒丰纸业股份有限公司实现股权优化，百威（牡丹江）啤酒有限公司等72户企业获得省级奖励支持，全市净增规上工业企业35户。农业发展量质齐升，建设高标准农田35.1万亩，粮食生产实现“十八连丰”，食用菌生产规模稳定在23亿袋（块），开工建设北药产业园等亿元以上项目18个，新希望草根知本集团增资红星集团食品有限公司，万鼎乳业加工厂竣工投产，新认证绿色有机产品18个、达到227个，“牡丹江大米”商标注册成功，东宁黑木耳入选首批中欧互认地理标志保护名录，农产品网络零售额增长26%；巩固拓展脱贫攻坚成果同乡村振兴有效衔接，新建产业项目59个。服务业加速提档升级，开展年货上门、消费促进月、产品展销会等特色主题促销活动，全市电子商务交易额329.1亿元、增长21.4%。全年接待旅游总人次同比增长166.1%、实现旅游总收入同比增长168.6%。项目建设成效明显，压茬推进“百大项目”建设“四季会战”，新开工亿元以上项目63个，89个产业项目竣工投产，省市“百大项目”投资完成率113.6%；新引进亿元以上项目201个，招商引资到位资金385.5亿元、增长50.3%。

【改革开放】　2021年，市委持续深化推动重点领域改革，牡丹江国有资产投资控股有限公司完成市场化改革，牡丹江恒丰纸业集团有限责任公司与省新产业集团实现强强联合。“数字政府”建设成效明显，1668项政务服务事项上线运行。牡丹江开发区完成聘任制改革，建立“管委会+公司”管理模式；对外开放持续扩大，自贸试验区绥芬河片区探索形成102项创新案例，牡佳客专通车运营，绥东机场成功试飞，新增外贸企业71户，回运俄粮13.5万吨，新开工亿元以上外向型产业项目6个，牡丹江保税物流中心（B型）新入驻企业20户，绥芬河市开展互市贸易进口商品落地加工试点，牡丹江市实际利用外资增长36%，境外农业合作规模居全省首位。

【保障和改善民生】　2021年，市委深入开展“我为群众办实事”实践活动，用心用情用力解决好供热提标、保供稳价等群众“急难愁盼”问题，全市民生支出比重达到86.9%。扎实推进稳就业工作，出台稳就业“60条”政策措施，城镇登记失业率低于省控目标2.32个百分点。兜牢社会保障底线，五项社保新增参保人数2.9万人，在全省率先接入国家医保异地门诊直接结算平台，不动产与水电气暖实现联动过户。全面落实“双减”政策，287个学科类培训机构全部减压。深入推进“健康牡丹江”行动，成立专科联盟56个，新增“优质服务基层行”达标卫生机构26家。平安牡丹江建设深入推进，组织开展“平安之夏”暨“庆建党百年·迎旅发盛会”安保维稳大会战，全市未发生较大以上生产安全事故，连续10年获得全省平安建设优秀地市。党管武装、军民融合、双拥共建扎实推进，荣膺全国双拥模范城“八连冠”，人民群众幸福感持续攀升。

【党的建设】 2021年，市委坚决扛起管党治党政治责任，省委政治生态建设成效考核位次前移，高质高效完成党史学习教育主题活动。意识形态领域向上向好，高标准组织庆祝中国共产党成立100周年等重大主题宣传活动。干部队伍建设持续加强，强化正向激励，落实职级并行、关心关爱等制度，圆满完成县乡村集中换届，干部队伍精气神持续提升。基层基础不断夯实，村党组织书记“一肩挑”实现应挑尽挑，机关党组织与社区共驻共建、机关干部志愿服务常态化开展。作风和纪律建设全面加强，严肃查处腐败案件和不正之风，不敢腐、不能腐、不想腐一体推进综合效能不断提升。

【创新资源汇集】 2021年，牡丹江高新区晋升国家级纳入以升促建考察计划，数字经济产业园部分投入运营，VC产业园建成开园。科技成果转化成效显著，技术合同成交额10.6亿元、同比增长37%。积极培育科技型企业，新增国家级高新技术企业42户、科技型中小企业33户、省级科技创新基地2个。加快集聚创新人才，深入实施“万名青年人才引进计划”，开展“雪城优才”“市委书记进校园”等宣讲招聘活动，新增“头雁”团队工作站6家，全年引进各类人才近3000人。

【承办第四届黑龙江省旅游产业发展大会】 2021年，市委落实“举办一次旅发大会，提升一个大会承办地”要求，围绕“镜泊胜景·林海雪原”主题，凝心聚力举办一届特色鲜明、惠民利企兴城的文旅盛会，赢得社会各界的充分肯定和广泛赞誉。以旅发汇聚硬核力量，协调30多个省直部门、10多户央企国企在政策、项目、资金上鼎力支持，聘请顶级团队策划设计，统筹全域优质旅游资源，提升“四大板块”、打造“四大亮点”、推出5大主题29个精品观摩项目，形成县县有特色、区区有亮点的“42+N”全域旅游发展格局。以旅发厚植发展动能，释放旅游业“一业兴百业”乘数效应，谋划打造总投资104亿元的文旅项目，形成旅发项目集群，旅发大会推介会集中签约项目71个、总投资548.2亿元。以旅发推动融合发展，精心打造中共六大历史资料馆、东北老航校旧址等一批红色景区场馆，培育中兴村、杏树村等一批农旅融合典范，开发航空科普体验馆、牡丹集团智慧科技馆等一批科技旅游项目，推出爱情谷、和园等一批“网红打卡地”，东一中俄风情街、朝鲜民族文旅商贸园区成为全省首批省级旅游休闲街区。以旅发长期惠民利民，实施城乡环境卫生综合整治和形象提升工程，市区拆除违建、棚厦、围挡10余万平方米，新增绿地45万平方米，集中改造376万平方米老旧小区、惠及城乡居民11.7万人，系统实施71条道路、21座桥梁、18个公园广场等升级改造工程，沿江照明设施提升工程、牡海城际休闲观光带成为靓丽风景线，全域高速公路改造推动交通环境大优化。实现文旅融合发展、资源进步整合、基础设施进一步完善、品牌进一步叫响、旅游价值进一步提升的目标。

【疫情防控阻击战】 2021年，市委始终把疫情防控作为头等大事来抓，严格落实“四早”“早快准严细实”要求，坚持扁平化指挥、一天一调度，市委主要领导带头深入各县（市、区）实地督导检查疫情防控，督促各地各部门强化联防联控，严排风险人员、严控重点部位关键环节，做好各项能力储备、物资储备、应急准备。将绥芬河、东宁口岸疫情防控作为重中之重，市委、市政府主要领导分别把守绥芬河和东宁两个口岸城市，从严实施“人不见面”验放模式，认真落实口岸定期核酸检测制度，强化两地人、物、环境同防，最大限度降低物传风险；坚持军警民联动，严厉打击走私犯罪，严防违法越境事件发生。把规范佩戴口罩作为硬性要求，开展机关干部志愿服务“百日攻坚”专项行动。各年龄段人群疫苗接种工作有序推进，加快构筑起免疫屏障。创新实施“5+2+N”督导检查和交叉互检机制，强化森工农垦与地方联防联控，建立高校疫情防控联盟，从严从细从实抓好常态化疫情防控，牢牢守住国门省门城门家门。

（市委史志研究室　鞠　军）

重要会议

【中国共产党牡丹江市第十二届委员会第八次全体会议】 2021年1月5日召开。会议审议通过《中共牡丹江市委关于制定牡丹江市国民经济和社会发展第十四个五年规划和二〇三五年远景目标的建议（草案）》《中共牡丹江市委关于贯彻落实〈中共黑龙江省委关于深入贯彻新发展理念加快融入新发展格局推进农业农村现代化

2021 年 9 月 17 日，中国共产党牡丹江市第十二届委员会第九次全体会议召开
（市委宣传部　供图）

实现新突破的决定〉的实施意见（讨论稿）》。会议以党的十九届五中全会、中央经济工作会议和省委十二届八次全会、省委经济工作会议精神为统领，客观总结“十三五”及 2020 年重点工作，全面部署“十四五”及 2021 年工作任务。会议充分肯定市委十二届六次全会以来市委常委会的工作。市委团结带领全市人民，同舟共济打赢疫情防控阻击战，全面落实“六稳”（稳就业、稳金融、稳外贸、稳投资、稳预期、稳外资）“六保”（保居民就业、保基本民生、保市场主体、保两市能源安全、保产业链供应链稳定、保基层运转）任务，加速汇聚创新资源要素，坚持深化改革扩大开放，加快改善城乡面貌，推进民主法治建设，全力保障改善民生，全面加强党的建设，交出一份人民满意的“牡丹江答卷”。2021 年是“十四五”规划和第二个百年奋斗目标的起步之年，以办好第四届黑龙江省旅游产业发展大会为总抓手，推进创新驱动，加快构建现代产业体系，全面推动乡村振兴，建设现代文化名城，打造黑龙江省向南和对俄开放重要窗口，持续深化重点领域改革，建设宜居宜业宜游美好家园，巩固提升绿色发展优势，凝聚振兴发展强大合力，切实增进人民群众福祉，夺取全面建设现代化牡丹江首战全胜。坚持党的全面领导，加强党的政治建设，强化宣传思想工作，锻造过硬干部队伍，抓实基层组织建设，持续正风肃纪反腐，为全面建设现代化牡丹江提供坚强政治保障。

（市委办　潘丽娟）

【中国共产党牡丹江市第十二届委员会第九次全体会议】 2021 年 9 月 17 日召开。深入学习贯彻中共十九届五中全会精神和习近平总书记在庆祝中国共产党成立 100 周年大会上的重要讲话精神，全面贯彻省委十二届九次全会精神，总结年初以来的工作，安排部署下步重点任务，动员全市上下从百年党史中汲取力量，把第四届黑龙江省旅游产业发展大会效应转化为发展内生动力，推动“十四五”开好局起好步。会议强调，要全面贯彻落实省委全会会议精神，抢抓机遇、释放优势，全力建设特色农业强市、实施乡村建设行动、保持农民增收良好势头、构建新型工农城乡关系，打造农业高质高效优势区、乡村宜居宜业样板区、农民富裕富足先行区、城乡融合发展示范区，走出一条具有牡丹江特色的农业农村现代化道路。

（市委办　潘丽娟）

【市委常委会会议】 2021 年，中共牡丹江市第十二届委员会召开 36 次常委会会议。

（市委办　潘丽娟）

【市委理论学习中心组集中学习会议】 2021 年，中共牡丹江市委理论学习中心组开展集中学习会议 12 次。

（市委宣传部　沈　明）

表 1　2021 年中共牡丹江市委常委会会议一览表

序号	会次	时间	主要内容
1	市委十二届一百二十七次	2021 年 1 月 9 日	市委书记杨廷双主持会议。会前学习《中华人民共和国证券法》（会议内容涉密）
2	市委十二届一百二十八次	2021 年 1 月 25 日	市委书记杨廷双主持会议（会议内容涉密）

续表

序号	会次	时间	主要内容
3	市委十二届一百二十九次	2021 年 2 月 1 日	市委书记杨廷双主持会议。会议听取市人大常委会、市政府、市政协、市中级法院、市检察院党组工作汇报，研究部署相关工作；传达学习习近平总书记在中央政治局第二十六次集体学习时的重要讲话精神，研究贯彻落实意见；传达全国、全省宣传部长会议暨全省网信办主任会议精神，讨论牡丹江市贯彻落实意见，同意召开全市宣传思想文化暨网信工作会议；传达全国安全生产电视电话会议精神，讨论牡丹江市贯彻落实意见；传达全国市县乡领导班子换届工作会议精神，讨论牡丹江市贯彻落实意见；听取全市脱贫攻坚工作完成情况汇报，研究部署相关工作；审议市委书记杨廷双在十二届市纪委六次全会上的讲话和十二届市纪委六次全会工作报告，决定 2 月 7 日在市党政会议中心召开十二届市纪委六次全会；审议《2020 年度巡察工作、整改落实情况和 2021 年度巡察工作计划》；听取市委常委班子 2020 年度民主生活会筹备情况汇报，审议市委常委班子 2020 年度民主生活会对照检查材料。会前学习《中华人民共和国城市居民委员会组织法》
4	市委十二届一百三十次	2021 年 2 月 24 日	市委书记杨廷双主持会议。会前学习《中国共产党党员教育管理工作条例》（会议内容涉密）
5	市委十二届一百三十一次	2021 年 3 月 3 日	市委书记杨廷双主持会议。会前学习《中华人民共和国土地管理法》（会议内容涉密）
6	市委十二届一百三十二次	2021 年 3 月 9 日	市委书记杨廷双主持会议。会议讨论并同意于学胜、杜吉君、高忠远、赵荣国任免意见
7	市委十二届一百三十三次	2021 年 3 月 16 日	市委书记杨廷双主持会议。会议传达全国“两会”精神，讨论牡丹江市贯彻落实意见；听取市政府主要领导率队到深圳等地招商考察情况汇报，研究部署相关工作；听取全市党史学习教育工作情况汇报，审议《关于在全市党员中开展党史学习教育的实施方案》《市委常委班子党史学习教育工作方案》《市委党史学习教育巡回指导工作方案》《市委党史学习教育领导小组组成人员名单》《市委党史学习教育领导小组办公室及内设机构的工作职能和人员分工》《市委党史学习教育领导小组工作规则》《市委党史学习教育领导小组办公室工作规则》
8	市委十二届一百三十四次	2021 年 4 月 12 日	市委书记杨廷双主持会议。会前学习《中华人民共和国城乡规划法》（会议内容涉密）
9	市委十二届一百三十五次	2021 年 4 月 17 日	市委书记杨廷双主持会议（会议内容涉密）
10	市委十二届一百三十六次	2021 年 4 月 20 日	市委书记杨廷双主持会议。会议讨论并同意李长生、杨国利的任免意见；讨论市纪委监委关于干部处分事宜
11	市委十二届一百三十七次	2021 年 4 月 23 日	市委书记杨廷双主持会议。会议剖析爱民区丰收村“大棚房”反弹问题，研究部署下步工作
12	市委十二届一百三十八次	2021 年 4 月 28 日	市委书记杨廷双主持会议。会议传达省委常委、宣传部部长贾玉梅在第四届黑龙江省旅游产业发展大会承办工作推进会上的讲话精神，讨论牡丹江市贯彻落实意见，听取旅发大会承办工作进展情况汇报，研究部署相关工作；传达全国党史和文献部门主要负责人会议精神，讨论牡丹江市贯彻落实意见；分析反思 2021 年一季度全市经济形势，研究部署相关工作。会前学习《中华人民共和国建筑法》
13	市委十二届一百三十九次	2021 年 4 月 30 日	市委书记杨廷双主持会议。会议讨论并同意王文力、张国军、陈伟宏任免意见；讨论并同意从高校选派到县（市、区）挂职干部任职意见

续表

序号	会次	时间	主要内容
14	市委十二届一百四十次	2021年5月11日	市委书记杨廷双主持会议。会议传达省委书记张庆伟在牡丹江市、绥芬河市调研指示精神，研究贯彻落实意见；听取牡丹江市参加省政府代表团到广东经贸考察情况汇报，研究部署相关工作；审议市承办第四届黑龙江省旅游产业发展大会领导小组工作机构调整意见；传达全省兴边富民行动协调小组会议精神，讨论牡丹江市贯彻落实意见，同意召开全市兴边富民行动协调小组会议；传达全省扫黑除恶专项斗争总结表彰大会精神，讨论牡丹江市贯彻落实意见，同意召开全市扫黑除恶专项斗争总结表彰大会；听取全省“两优一先”推荐情况汇报，讨论牡丹江市向全省“两优一先”拟推荐对象；听取市人大十六届七次会议筹备情况汇报，决定于2021年6月10日在市党政会议中心召开市人大十六届七次会议。会前学习《中国共产党统一战线工作条例》
15	市委十二届一百四十一次	2021年5月26日	市委书记杨廷双主持会议。会前学习《中华人民共和国预算法》（会议内容涉密）
16	市委十二届一百四十二次	2021年6月4日	市委书记杨廷双主持会议。会前学习《中国共产党问责条例》（会议内容涉密）
17	市委十二届一百四十三次	2021年7月6日	市委书记杨廷双主持会议。会前学习习近平总书记对统计工作重要指示批示精神和《防范和惩治统计造假弄虚作假重要文件选编》、统计违法警示案例（会议内容涉密）
18	市委十二届一百四十四次	2021年7月21日	市委书记杨廷双主持会议。会议讨论干部处分事宜
19	市委十二届一百四十五次	2021年7月30日	市委书记杨廷双主持会议。会议讨论干部任免事宜
20	市委十二届一百四十六次	2021年8月5日	市委书记杨廷双主持会议。会前学习《中国共产党宣传工作条例》（会议内容涉密）
21	市委十二届一百四十七次	2021年8月13日	市委书记杨廷双主持会议。会前学习《中国共产党党和国家机关基层组织工作条例》（会议内容涉密）
22	市委十二届一百四十八次	2021年9月13日	市委书记杨廷双主持会议。会前学习《党委（党组）落实全面从严治党主体责任规定》（会议内容涉密）
23	市委十二届一百四十九次	2021年9月17日	市委书记杨廷双主持会议（会议内容涉密）
24	市委十二届一百五十次	2021年9月29日	市委书记杨廷双主持会议。会前学习《中国共产党领导国家安全工作条例》（会议内容涉密）
25	市委十二届一百五十一次	2021年10月27日	市委书记杨廷双主持会议。会前学习《中共中央组织部关于领导干部及时报告个人有关事项的通知》（会议内容涉密）
26	市委十二届一百五十二次	2021年11月3日	市委书记杨廷双主持会议。会议讨论并同意绥芬河市、宁安市、海林市、穆棱市、东宁市、林口县、东安区、西安区、爱民区、阳明区、市信访局、市经合局、黑幼专有关干部任免，讨论并同意部分干部职级晋升的意见
27	市委十二届一百五十三次	2021年11月10日	市委书记杨廷双主持会议（会议内容涉密）
28	市委十二届一百五十四次	2021年11月14日	市委书记杨廷双主持会议（会议内容涉密）
29	市委十二届一百五十五次	2021年11月20日	市委书记杨廷双主持会议（会议内容涉密）
30	市委十二届一百五十六次	2021年11月29日	市委书记杨廷双主持会议（会议内容涉密）
31	市委十二届一百五十七次	2021年11月30日	市委书记杨廷双主持会议（会议内容涉密）
32	市委十二届一百五十八次	2021年12月6日	市委书记杨廷双主持会议（会议内容涉密）
33	市委十二届一百五十九次	2021年12月15日	市委书记杨廷双主持会议（会议内容涉密）

续表

序号	会次	时间	主要内容
34	市委十二届一百六十次	2021 年 12 月 19 日	市委书记杨廷双主持会议（会议内容涉密）
35	市委十二届一百六十一次	2021 年 12 月 27 日	市委书记杨廷双主持会议。会议传达学习省委十二届十一次全会暨省委经济工作会议精神；传达学习省委人才工作会议精神，研究牡丹江市贯彻落实意见，原则同意 2022 年 1 月召开市委人才工作会议；听取全市妇女儿童工作情况汇报，研究牡丹江市贯彻落实意见；讨论通过《牡丹江市出席黑龙江省第十三次党代会代表候选人初步人选名单》
36	市委十二届一百六十二次	2021 年 12 月 31 日	市委书记杨廷双主持会议（会议内容涉密）

（资料来源：市委办）

表 2　2021 年中共牡丹江市委理论学习中心组集中学习会议一览表

序号	会次	时间	主要内容
1	第一次	2021 年 1 月 20 日	学习习近平总书记在中央政治局民主生活会上的重要讲话精神
2	第二次	2021 年 3 月 16 日	学习贯彻习近平新时代中国特色社会主义思想、党的百年奋斗史、习近平《论中国共产党历史》《毛泽东邓小平江泽民胡锦涛关于中国共产党历史论述摘编》《习近平新时代中国特色社会主义思想学习问答》《中国共产党简史》
3	第三次	2021 年 4 月 7 日	由省委宣讲团成员、省委史志研究室副主任车迎坤作党史专题宣讲报告
4	第四次	2021 年 4 月 14—17 日	举办市委理论学习中心组集体学习暨党史学习教育专题读书班。学习内容：聚焦学史明理、学史增信、学史崇德、学史力行，深入学习贯彻习近平新时代中国特色社会主义思想，全面系统学习党的百年奋斗史，认真学习习近平《论中国共产党历史》《毛泽东邓小平江泽民胡锦涛关于中国共产党历史论述摘编》《习近平新时代中国特色社会主义思想学习问答》《中国共产党简史》，进一步把思想和行动统一到习近平总书记重要讲话精神和中央决策部署上来，切实提高思想认识和政治站位，增强“四个意识”、坚定“四个自信”、做到“两个维护”，不断提高政治判断力、政治领悟力、政治执行力，真正做到学党史、悟思想、办实事、开新局
5	第五次	2021 年 4 月 26 日	由北京大学领导力研究中心执行主任、深圳市决策咨询委员会专家杨思卓围绕《新领导力引领发展新格局》作专题辅导报告
6	第六次	2021 年 6 月 22 日	学习习近平总书记在中央政治局第二十九次集体学习时的重要讲话精神
7	第七次	2021 年 7 月 12 日	学习贯彻习近平总书记在庆祝中国共产党成立 100 周年大会上的重要讲话精神
8	第八次	2021 年 8 月 5 日	观看学习国务院安全委员会办公室、应急管理部组织制作的电视专题片《生命重于泰山》。学习习近平总书记关于安全生产的重要论述
9	第九次	2021 年 11 月 11 日	学习习近平总书记在中央政治局第三十四次集体学习时的重要讲话精神
10	第十次	2021 年 11 月 30 日	由省委宣讲团成员、牡丹江师范学院党委书记王志浩围绕学习贯彻党的十九届六中全会精神作专题报告
11	第十一次	2021 年 12 月 9 日	学习党的十九届六中全会精神
12	第十二次	2021 年 12 月 29 日	学习习近平总书记在中央人大工作会议上的重要讲话精神及省委书记许勤在省委人大工作会议上的讲话精神、习近平总书记在中央人才工作会议上重要讲话精神、习近平法治思想、《党委（党组）意识形态工作责任制实施办法》《中国共产党统一战线工作条例》《“三定”规定制定和实施办法》《机构编制监督检查工作办法》等条例法规

（资料来源：市委宣传部）

市委重点工作

【中央和省委巡视反馈意见落实】 2021年，市纪委监委承接中央第六巡视组反馈意见72项，整改任务全部在时限范围内完成。细化分解的省委第七巡视组反馈意见98项，整改任务全部在计划时间内整改到位或取得阶段性成效。初步建成巡视整改落实“长久立”工作机制，形成市委整改工作领导小组牵头抓总，市委整改办日常督办，市纪委监委、市委组织部日常监督，市委巡察办专项巡察，各责任单位各司其职的“1+N”推进落实体系。开展巡视整改“回头看”，全面完成各项整改任务。

【牡丹江市黑土耕地保护利用“田长制”实施】 2021年，市委制定《牡丹江市黑土耕地保护利用“田长制”实施方案（试行）》，通过市政府常务会议、市委深改委审议审定，于2021年12月31日以市委办公室、市政府办公室文件印发执行。方案明确指导思想、基本原则、主要指标、组织体系、工作职责、主要任务、保证措施。到2025年，全市黑土耕地保护区土壤有机质含量平均增加1千克以上。到2030年，稳步提升黑土耕地质量，全市黑土耕地保护区土壤有机质平均含量较2025年提高1千克；全市耕地数量不低于国家规划下达的耕地保有量和基本农田数量；推进化肥农药减量增效，推行农药、肥料包装废弃物和废旧农膜回收利用。加强小流域水土流失综合治理，开展坡地和侵蚀沟治理，建立农田林网结构，防治黑土耕地风蚀沙化；全面建立“田长制”工作体系，实现黑土耕地保护利用全覆盖。

【事业单位改革部署】 2021年，市委全会对事业单位改革工作进行重点部署，将深化事业单位改革试点纳入市委全面深化改革重点任务推进。制发《牡丹江市深化事业单位改革试点实施方案》，下发《牡丹江市深化事业单位改革试点重点任务分工》等4个文件。

按照政事分开、政企分开、管办分离等政策要求，对市直事业单位职能职责逐一进行清理规范。规范领导职数配备和内设机构设置，严格按照“大科室制”和优化协同高效原则，精干设置内设机构。加强人才编制保障，新设市人才工作中心。升格、新设林海水库、机场建设等重大项目推进机构，政务服务、社会治理等优化营商环境服务机构，医保经办、劳动仲裁等民生服务机构；为重大项目建设、引进人才、应急保障、教育等领域事业单位核增编制155名，为住建、农业、民政、卫生、文化、生态等在系统内调剂事业编制575名。创新突破推动公益事业发展，理顺市直事业编制经费形式465名。

【构建现代环境治理体系部署】 2021年1月25日，市委办公室、市政府办公室印发《牡丹江市有关部门生态环境保护责任清单》。市委、市政府对全市环境治理负总体责任，组织落实目标任务、政策措施，加大资金投入。深化生态环境保护督察整改。推进中央环保督察整改反馈意见整改。加强对重点镇污水处理项目建设的推进落实，下发《关于做好中央环保督察反馈重点镇、重点流域镇、污水管网向农村延伸试点等污水整改项目销号验收工作的通知》。构建环境治理企业责任体系，成立《排污许可管理条例》宣传贯彻工作领导小组，出台《关于印发贯彻落实〈排污许可管理条例〉实施方案的通知》，全市联网企业35户，安装123台（套）污染源自动监控设施。构建环境治理社会参与体系，强化污染治理和环境监督管理，及时处理化解群众关心的环境热点难点问题，构建环境治理监管体系，纳入双随机抽查库企业807户，入库执法人员18人。精准实施重度污染天气区域联合预警和应急响应，有效控制全市重污染天气的发生。建立山水林田湖草一体化生态保护和修复制度，实行水资源、林地、草原和湿地保护制度，完善秸秆综合管控机制。构建环境治理市场体系，落实营商环境15项措施、服务复工复产16项措施和环评审批正面清单。构建环境治理信用体系，制发《关于印发牡丹江市加强政务诚信建设助力优化营商环境专项行动方案的通知》，开展“我承诺我诚信”政务公开承诺，落实“办事不求人”等方面做出承诺。

【乡村振兴】 2021年，牡丹江市粮食生产连续18年丰收。全市新建高标准农田35.1万亩，绿色有机食品认证面积510万亩。食用菌规模保持在23亿袋（块），中药材种植面积26.2万亩。生猪出栏量110万头，林口县纳入全省白鹅产业集群。深化农业改革，推广农业生产托管服务，托管面积达到160.3万亩，省级“示范县”“试点县”“示范乡”分别为2个、3个和7个。实施家庭农场培育计划，省级农民专业合作社示范社发展到48个，全国家庭农场名录注册家庭农场数量达到26910个。巩固脱贫攻坚成果，健全防止返贫动态监测和帮扶机制，持续加大产业扶贫投入力度，新增投资1.7亿元、建设过渡期项目59个。持续改善人居环境，开展农村人居环境整治行动，清理垃圾13.9万立方米，整改5449户农村改厕问题，秸秆、畜禽粪污综合利用率分别达到90.5%和85%，34个村分别列入省级龙江居民示范试点村和美丽宜居村庄试点村。

【庆祝中国共产党成立100周年系列活动】 2021年，全市各级党组织开展了丰富多彩的庆祝中国共产党成立100周年系列活动。市委组织部开展专题轮训，举办8期市管干部学习贯彻中共十九届五中全会精神集中轮训班，采取专题辅导、分组研讨、个人自学、学员论坛相结合的方式，组织1100名市管干部参加培训；举办4期市管干部习近平新时代中国特色社会主义思想暨党史学习教育研修班，培训350名市管干部；举办2期科级公务员习近平新时代中国特色社会主义思想进修班暨任职培训班，培训科级干部近200人。抓好党内表彰，牡丹江热电公司党委被授予“全国先进基层党组织”称号，东宁市税务局机关党委、牡丹江市第二人民医院急诊社区党支部等16个党组织被授予“全省先进基层党组织”称号，陈玉香、由艳丽等11人被授予“全省优秀共产党员”称号，刘洪河、陈湘舟等11人被授予“全省优秀党务工作者”称号。组织市级召开牡丹江市“两优一先”表彰大会，表彰优秀共产党员100名、优秀党务工作者100名、先进基层党组织150个，颁发“光荣在党50年”纪念章11542枚。开展走访慰问，七一前夕下拨市管党费391.6万元，对获得党内功勋表彰的党员、生活困难党员、老党员、老干部和烈士遗属、因公殉职党员干部家属等开展走访慰问，确保基层党组织按需报备的5961名走访对象应走尽走。

【省、市“百大项目”超额完成“双200目标”】 2021年，牡丹江市市委宣传部开展了庆祝中国共产党成立100周年系列选宣传活动。市直机关推进省“百大项目”15个，项目总投资245.8亿元，投资完成率112.5%，第四届黑龙江省旅游产业发展大会旅游突破提升工程、绥芬河东宁机场项目均已竣工。推进市“百大项目”285个，项目总投资为384.9亿元，截至2021年末，全市开复工市“百大项目”285个，项目开复工率达到100%，投资完成率达到114.1%，竣工项目163个。

【县、乡领导班子换届】 2021年，市委把党管干部原则贯穿县、乡领导班子换届始终，制定下发《中共牡丹江市委关于县（市、区）、乡（镇）领导班子换届工作的意见》，着眼班子结构功能需要，突出实干实绩选任导向，合理优化县级党政交叉任职方式，选优配强县乡两级领导班子，县级换届中有59名在基层一线扎实历练，表现突出的干部得到提拔重用，县级党政班子平均年龄由换届前的46.7岁下降到45.2岁。截至2021年9月末，全市55个乡镇完成党代会选举，2021年末，10个县（市、区）召开党代会、政协会、人代会，市县两级党委批复的人选均当选，换届期间没有接到换届风气问题举报，实现“绘出好蓝图、选出好干部、配出好班子、树立好导向、形成好气象”换届目标。

【河长制工作】 2021年，市委、市政府印发《牡丹江市强化河湖长制工作方案》，指导“十四五”期间全市河湖长制工作，全市设置各级河长湖长1530名。印发《关于加强牡丹江市河湖长效保洁工作的指导意见》，加强河湖长效保洁工作。在全市推广“穆棱市水生态补偿试点”经验，对各乡镇实施生态补偿考核。完成河湖长制挂图作战任务清单9项158个任务。在全省率先与延边自治州河湖长制办公室建立《跨区域联保联防联治制度》，就省级河流牡丹江枯水期断面水质问题、加强水库联合调度等工作多次开展行动。与鸡西市河湖长制办公室建立《穆棱河跨区域联防联控制度》，并开展穆棱河跨区域联合执法行动。1—11月全市地表水国控考核断面达到或好于Ⅲ类水体比例为75%，集中式饮用水水源地水质达标率100%。

【林长制工作】 2021年，市委、市政府印发《牡丹江市全面推行林长制实施方案》，市委、市政府主要领导担任市级林长，分管林草工作的副市长担任市级副林长，其他分管副市长担任市级区域林长，分区负责、高位推动林长制工作。市直18个有关部门明确责任分工，细化任务安排，狠抓工作落实，形成林长制工作合力。各县（市、区）均建立由党委、政府主要负责人担任林长的“双林长”工作机制和把责任落实到林间地块的“网格化”管理体系。农垦、森工系统既纳入地方林长制组织体系，又建立企业内部林长制，压实经营单位主体责任。全市确定四级林长1756名（包括2名市级林长、1名市级常务副林长、3名市级副林长、6名市级区域林长、20名县级林长、79名县级副林长、153名乡级林长、487名乡级副林长和1005名村级林长），构建“党政同责、属地负责、部门协同、源头治理、全域覆盖”的市、县、乡、村四级林长制责任体系。

完善“林长+护林员”网格化管理体系，推动林长和管护人员全部“入网入格”，落实落靠保护发展林草资源责任。探索“林长+警长+检察长+法院院长”工作方式，强化执法力度，形成林草资源保护合力。各级党委、政府落实保护发展森林资源的主体责任，完善林长制组织、制度、责任体系和运行机制，市级林长杨廷双、张国军带头巡林，各级林长结合需求，因地制宜开展林长巡林、检查督导，组织协调解决重点难点问题。各级林长办加强能力建设，为林长做好参谋。林长制各成员单位履行行业管理职责，推动林长制落地见效。

（市委史志研究室　鞠　军）

全面深化改革

【概况】 2021年，牡丹江市深入贯彻落实中央、省委改革部署，全年召开市委深改委会议4次，统筹推进国家级和省级改革试点33项，重要领域和关键环节改革取得新突破。

【经济体制改革】 2021年，稳步推进供给侧结构性改革，启动天然气价格联动机制，两次调整非居民用气销售价格，有效减少用气企业成本支出。下发农业水价综合改革实施计划，提高农业用水效率。对全市供水、供热、供气企业开展成本监测，最大限度降低企业要素使用成本，全年为近200户企业降低水、电、气成本2400万元。加速科技创新资源汇聚，发展数字经济，牡丹江数字经济产业园建成开园，初步构建“直播+”、AI数据标注、呼叫中心三大数字产业体系。深化市厅院企共建，与哈尔滨工程大学等高校和科研院所共建“头雁”团队工作站，全市“头雁”团队工作站达到12个，“城市网格化社会综合治理系统”“页岩油过钻头测井仪器智能对接装置”等一批技术攻坚项目加快推进。培育壮大科技型企业和科技平台，66户企业申报国家高新技术企业，牡丹江高新区“以升促建”工作进入验收阶段。健全完善要素市场化配置机制，出台加快构建更加完善的要素市场化配置体制机制的改革方案，制定公布现行有效金融政策、信贷产品、保险产品“三个清单”，优化企业贷款周转金政策，发放贷款周转金6006万元，“信易贷”线上融资模式加快推广。推进西安区集体经营性建设用地入市试点以及全市集体经营性建设用地入市工作，市区集体建设用地基准地价编制工作完成招标程序。释放市场主体活力，制定下发《牡丹江市国企改革三年行动实施方案》，牡丹江市国有资产投资控股有限公司完成市场化改革，牡丹江恒丰纸业集团有限责任公司与省新产业集团实现强强联合，牡丹江新闻传媒集团有限公司政企政事分离改革稳步推进，市属一级国有企业全部完成公司化改制。深入落实国家发改委支持民营经济发展“21条”政策和“三篇大文章”政策奖励资金，牡丹江鑫北方石油钻具有限责任公司、牡丹江佰佳信生物科技有限公司、黑龙江北方双佳钻采机具有限责任公司等6户企业被认定为省“专精特新”中小企业，牡丹江鑫北方石油钻具有限责任公司、黑龙江北方双佳钻采机具有限责任公司2户企业被认定为国家“专精特新”小巨人企业。

【沿边开放平台建设】 2021年，推进自贸区建设，制定实施《自贸区绥芬河片区促进经济发展扶持办法》，争取上级资金1.46亿元，绥芬河片区经验复制推广率达到98%。绥东重点开发开放试验区获得中央转移支付资金1亿元，新增市场主体6653户。牡丹江保税物流中心（B型）入驻企业86户，进出口工业商品货值7.23亿元。积极申建牡丹江综合保税区，完成综保区可行性研究报告及概念规划。加快基础设施互联互通，对接俄罗斯“滨海1号”大通道，开通莫斯科、叶卡捷琳堡至绥芬河中俄直列，“哈绥俄亚”班列“借船出海”连通俄、日、韩以及东北亚、北美等国家和地区，累计开行288列，货物总值27.39亿元，绥芬河公路口岸完成工程货检区改造项目，初步形成海、陆、空立体化的集疏运体系。绥芬河东宁机场完成实地试飞，牡敦客专完成预可研编制，牡佳客专2021年9月开通运营。健全外向型产业体系，持续发展壮大外贸主体，新增外贸企业71户，入驻龙江云展会平台企业210户，牡丹江市被确认为国家级蔬菜外贸转型升级专业型示范基地，穆棱市获批国家级木制品外贸转型升级示范基地。

【行政管理体制改革】 2021年，牡丹江市印发《深化事业单位改革试点实施方案》，对全市315家事业单位逐一研究明确党组织设置，精简机构49个、事业编制2743名。健全事业单位制度机制，对新组建及进行重大调整的28家市直事业单位制定机构职能编制规定。强化重点领域机构编制

2021年，牡丹江数字经济产业园直播基地运营　　（市开发区　供图）

保障，为重大项目建设、人才引进、应急保障等领域事业单位核增编制155名，在全省率先为引进人才事业单位核定17名人才专项领导职数。推进“放管服”改革，印发《深入推进“办好一件事”改革实施方案》，在原有107项“一件事”的基础上，重塑跨部门业务流程，实现3个全生命周期（自然人、市场主体、项目的全生命周期）150件情景式“一件事”全覆盖。推动行政审批“三集中”，通过建立“首席代表负责制”以及成立市政管线办等专门机构，审批职责向专业岗位集中、同类型审批事项向专门机构集中基本实现，推进审批权向特定部门集中。加快“数字政府”建设，建成覆盖市、县（市、区）、乡镇三级，包含自然人、法人的市级一体化政务服务平台，10个县（市、区）、44家中省市直部门入驻黑龙江政务服务网，1668项政务服务事项上线运行，市级依申请六类政务服务事项网上可办率达到92.43%，形成全市政务服务“一张网”。

【生态文明体制改革】 2021年，牡丹江市完成《牡丹江市国土空间总体规划（2020—2035）》（草案）编制工作。加强自然资源保护力度，健全矿山地质环境保护与治理机制，完成对历史遗留矿山609个图斑的核查工作，落实矿业权人勘查开采信息公示制度，探矿权、采矿权公示率分别为100%、98.4%。深入推进东北虎豹国家公园改革试点，在保护区范围内全面实施禁牧休牧制度，形成以东北虎豹国家公园为重点的自然保护地体系。污染防治攻坚战，改革完善生态环境治理体系，完成中央环保督察及“回头看”整改任务，蓝天、碧水、净土“三大保卫战”取得阶段性成果。全面淘汰县级及以上城市10蒸吨及以下燃煤小锅炉。严格落实河湖长制，整治各类水源地环境问题48个，市区饮用水源地水质达标率100%。加强耕地土壤保护，32户企业被纳入土壤污染重点监管单位，全市耕地安全利用率保持在95%以上。

【民生领域改革】 2021年，牡丹江市在全省率先创建“创业孵化基地联盟”，为高校毕业生等创业群体提供从高校到社会无缝衔接的创业服务，全年新增孵化企业62户，孵化创业项目177个，带动就业2418人。在全省率先建立创业担保贷款“一站式”协同快办模式，放款时间缩短至12个工作日，全年发放创业担保贷款4702万元，实现创业带动就业1263人。社会保障提质扩面，实施全民参保计划，建立社保、工商、税务数据共享、联动征缴机制，推进新业态从业人员参保，全市基本养老保险、失业保险、工伤保险扩面新增2.1万人。全面推行助保贷款制度，为263名符合条件的困难人员发放助保贷款449.7万元。统筹推进新时代教育评价、新时代教育督导体制机制、义务教育教学等改革，3所学校启动教育评价改革试点工作，63个督学责任区聘任督学147人，实现中小学、幼儿园全覆盖。推进农村义务教育联盟式发展，东京城第二小学、绥阳镇中心小学被选树为全省新时代农村义务教育“十面红旗”学校。推进公立医院后勤服务社会化、信息化改革和物资供应改革，牡丹江市第一人民医院在全省率先引进“国天云”后勤管理信息化系统，在医疗废物、综合服务、设备台账、巡检巡更、能耗监测5个方面实施智慧化管理。全面做实医疗保险市级统筹，与武汉、天津等地门诊直接结算通过全国测试。

【党的建设制度和纪检监察体制改革】 2021年，牡丹江市制发《关于全面推行村级事务小微权力清单制度的实施意见》，建立重大决策、党建政务、“三资”管理等7大类21项“小微权力”事项基本目录和流程参考清单，进一步厘清村级组织和村干部的职责权限。创新实施乡镇党委落实农村基层党建重点工作推进情况督导通报制度，发挥乡镇党委龙头牵动作用，推动重点工作落实落地。完善人才引育机制，制定《牡丹江市关于加快人才集聚推动高质量发展的若干措施》，细化人才管理、评价、激励等方面举措，为培育和引进高质量人才、激发人才活力提供有力的政策支持。创新干部交流机制，选调哈尔滨工业大学、东北林业大学等7所高校的16名优秀干部人才到县（市）政府、市直部门挂职任职，服务全市重点工作和重大项目建设。启动实施“万名青年人才引进计划”“雪城优才”招聘等活动，2021年引进省内外高校应届毕业生506人。推进纪检监察体制改革，创新开展“两函一书”（廉洁提醒函、履责提醒函、纪检监察建议书）工作，推动对“一把手”及班子成员监督具体化、常态化、规范化；规范开展乡镇纪委“七必访”“四必谈”，增强监督实效，密切党群干群关系。

（市委深改办 张 鑫）

党史学习教育

【组织领导】 2021年，组建市委党史学习教育领导小组及办公室，将工作任务、时间节点、步骤要求细化为具体工作举措。市委主要领导围绕开展学习教育集中调研指导，市委常委结合中心工作深入分管领域加强督办指导，形成凡会议必讲学习教育要求、凡调研必听学习教育进展的高位推动局面。坚持项目化推进，制定《开展党史学习教育的实施方案》和《开展“我为群众办实事”实践活动的工作方案》《在全市城乡基层组织开展“七个一”学习教育活动的方案》《全市党史学习教育宣传工作方案》等系列配套方案，形成“1+X”工作方案体系，推动基层明晰路径，学好党史、办好实事。推动任务可视化，建立任务“一图制”，即制定市委常委班子《工作安排表》，明确集中学习、专题调研、专题党课、实践活动等7大类、30项具体任务，强化以上率下、层层带动，确保各项工作任务落地落靠。推动流程标准化，制定6个专项工作方案以及《领导小组办公室工作规则》等一批内部机制，围绕指导内容、指导方式、工作流程标准等方面，细化明确市委巡回指导组重点工作任务，推动全市学习教育指导工作按表推进、按图索骥。坚持从严督导，市委组建10个巡回指导组，对83个单位学习教育全程监督指导。严格审阅各单位工作方案等文件，严防工作跑散跑偏和形式主义问题；实行调研指导工作制度，开展“陪伴式”指导，采取列席参会等方式，对没有持续安排学习、出现松懈问题的及时纠偏，防止前紧后松；灵活运用随机点人、集中座谈、抽考抽问等方式，重点检查领导干部“四本书”等指定教材学习情况，对学习不到位的进行补课，严防学习教育跑空跑粗，压紧压实工作责任。

【学习教育活动】 2021年，市委结合紧扣习近平总书记“七一”重要讲话精神和党的十九届六中全会精神等重点内容，采取组织促学、领导领学、专题研学以及理论中心组、专题党课、组织生活会等形式，在党员干部中开展全覆盖式学习。在全市组建200支“特色宣讲联盟”小分队，采取“宣讲＋故事”“宣讲＋文艺”等形式，深入基层和群众开展分众化、对象化、互动化宣讲，推动“七一”重要讲话和全会精神家喻户晓。扎实做好“光荣在党50年”纪念章首次颁发和“两优一先”表彰工作，举办庆祝中国共产党成立100周年系列活动，举办全省“奋斗百年路·启航新征程”牡丹江专场新闻发布会，在线观看量达到1114.5万人次、央广网总网独家观看量达996万人次、位列全省第一位。11月14日，市委召开全市领导干部会议，学习传达贯彻党的十九届六中全会精神，市委主要领导深入绥芬河、东宁等县（市、区）及部分市直部门、基层一线宣讲。11月23日，市、县两级班子及相关部门负责人集中收听收看中央宣讲团宣讲报告会。创新学习宣讲载体，各部门精心打造“红色晨读”“初心广播站”微课堂，“红领巾心向党”等品牌学习载体；各县（市、区）针对流动党员、非公组织党员等群体，组建党史学习小组，采取“结对互学”“上门送学”等措施强化党史学习教育。镇、村通过“村村大喇叭”“乡贤讲党史”等形式面向农民讲党史知识。全市组建宣讲团、宣讲小分队562个，文艺巡演、流动电影放映队126支，受众30余万人。构建立体化宣传格局，建立市县两级新闻媒体联动机制，着力推动宣讲“上线、上云”，在各部门微信公众平台、门户网站、极光新闻客户端播发党史教育视频1000余个，利用“两微一端”转载推送党史内容，常态化开设“党史学习教育掌上听”和“党史日历”等音视频产品专栏，多级放大学习效应。在国家级和省级主流媒体刊发党史相关报道400余篇，推送新媒体作品4500余个，向省办推荐典型专题材料80余份，《人民日报》《光明日报》《中国文化报》等媒体相继刊发牡丹江市经验做法。

【红色资源挖掘】 2021年，牡丹江市结合庆祝中国共产党成立100周年，精心打造红色地标，重点打造和提升绥芬河市中共六大历史资料馆、人民空军老航校博物馆、海林杨子荣烈士纪念馆等35处大型红色教育基地，新命名授牌10处市级党史教育基地，其中中共六大历史资料馆形成走革命之路、颂龙江精神、悟六大贡献等“一线五点”精品案例。聚焦弘扬老区红色文化，通过积极争取，国家、省老区建设促进会教育培训中心落户牡丹江市。全市各类红色教育基地和场馆接待58.7万人次。深挖地域红色文化，组织专家学者编辑出版《红色牡丹江》系列文化教育读本11册、向社会发放读本1.4万册。精心策划“寻红牡丹江”系列主题活动，组织记者团探访抗联遗迹，讲述抗联故事，推出东北抗联精神专题报告会和舞台剧，促进红色文化传播。广泛开展红色教育，依托基层党建活动室、新时代文明实践中心等载体，在全市打造红色课堂、红色擂台、红色剧场、红色书房“四红”阵地2000余个。组建党史学习教育红色宣讲团，开展红色经典故事会活动，在全市创新开展“红色旅学”打卡集章主题活动，以红色教育基地“趣味集章”带动学习教育，让红色学习之旅焕发生机、充满魅力。

【为民解难题办实事】 2021年，市委聚焦解决群众“急难愁盼”，坚持开门听民意。深化民生难题“大排查”，在媒体上广泛征求群众“急难愁盼”问题，建立“我为群众办实事”台账梳理形成97项任务，全部完成并在《牡丹江日报》上动态公示。全市各级党组织为群众办实事19249件，在全省行风专场评议中，群众满意率94.5%。建立机关党员干部周末志愿服务制度，市级领导带头参加周末环境整治、服务群众等活动，带动全市组建4924支志愿服务队，开展志愿服务活动10367次，参加人员14.3万余人次。开展预防疫情“百日攻坚”专项行动，劝导群众规范佩戴口罩，组织5300余名机关干部佩戴红袖标走上街头巡回值守，设置提示牌、示范岗，四个城区规范佩戴口罩人数占比达到95%，6个县（市）接近100%。建立机关党组织与小区共驻共建工作机制，组织全市机关单位党组织包保1404个小区，推动建立业委会、物管会或功能型党组织居民小区占比达到88%，老旧小区管理水平全面提升。在社区开展点亮“微心愿”“接诉即办”等活动，为居民群众实现“微心愿”、解决“小诉求”。在全省率先推行创业担保贷款“一站式”服务，放款时间缩短至12个工作日，发放创业担保贷款4702万元。开展“看病不求人”便民服务活动，在全省率先接入国家异地门诊直接结算平台，方便群众异地就医跨省结算，建立三级远程医疗会诊服务体系，开展服务1.2万人次。在窗口单位优化服务质量，推出数字化智能化便民服务举措，深入推动“最多跑一次”，实行不动产登记与水电气暖联动办理、审批业务一次性告知二维码等创新举措，方便群众办事。

【学用结合】 2021年，市委把学习党史同总结经验、观照现实、推动工作结合起来，开创振兴发展新局面。把疫情防控作为检验党史学习教育成效的主战场和“我为群众办实事”的具体行动，始终保持应急状态，牢牢守住国门省门。针对新发疫情，落实“早快准严细实”要求，市委、市政府主要领导坚持一天一调度，深入各县（市、区）实地督导检查疫情防控，实行“5+2+N”督导检查机制和相邻县（市、区）结对子交叉互检机制，强化森工农垦与地方联防联控，建立高校疫情防控联盟，全力筑牢疫情防控防线。突出强化绥东口岸防控，坚持问题导向，建立问题清单和台账，逐一整改销号，77条抵边便道、通边要道实现智能监控全覆盖、全时段联合布控，严防违法越境事件发生。按照省委书记许勤调研指示要求，制定完善《冬季疫情防控方案》，对防控流程特别是口岸疫情防控进行再优化，全力筑牢疫情防控防线。

把党史学习教育成果体现在筹办第四届黑龙江省旅游产业发展大会上，协调30多个省直部门、10多户央企国企在政策、项目、资金上鼎力支持，汇聚旅发硬核力量。统筹全域优质旅游资源，推出五大主题29个精品观摩项目，集中打造中兴村、七里地村等17个特色文化旅游村，形成县县有特色、区区有亮点的全域旅游协同发展格局。释放旅游业“一业兴百业”乘数效应，打造总投资104亿元的文旅项目，形成“42+N”旅发项目集群，举办系列大型招商活动，旅发大会推介会集中签约项目71个、总投资548.2亿元。借势借力旅发大会促进乡村振兴，加强对乡村振兴的组织领导，率先在全省成立乡村振兴局，深入谋划推进乡村振兴，出台推进农业农村现代化实现新突破的相关文件，哈尔滨工业大学、哈尔滨工程大学、中国农业科学院哈尔滨兽医研究所、东北林业大学、东北农业大学、黑龙江省农业科学院、黑龙江省工业技术研究院、黑龙江中医药大学，为牡丹江乡村振兴提供人才、智力、技术和项目支持；邀请东北林大教授李继红对助力龙江发展高校专家联盟进行辅导，组织动员在牡丹江市高校成立牡丹江乡村振兴联盟，在宁安市开展乡村振兴试点。以筹办旅发大会促进城乡面貌大提升，改造376万平方米老旧小区，是2020年的3倍多，惠及居民5.6万余户；系统实施71条道路整修维修、21座桥梁提升、18个公园广场提升、“四横四纵”等升级改造工程，牡海城际公路成为最美风景线，景城一体化扮靓城市容颜。

把党史学习教育成果体现在转作风优环境上，加快推进“放管服”改革，推行联络员、信息员、战斗员、服务员“四员”理念，建立法治营商环境面对面工作机制，协调解决企业难题，有效应对拉闸限电，着力构建亲清政商关系。推动党史学习教育和政法队伍整顿同向发力、同频共振，在政法各单位开展党史学习243次，开展警示教育活动119场次，组织政法干警开展“五进”活动，创新推出“服务群众十项承诺”以及48项300个便民利民举措，把“办事不求人”落实到执法司法全过程各方面。把党史学习教育成果体现在创新驱动发展上。推进“科技兴市”“人才强市”，巩固拓展与中国农科院、哈工大、哈兽研等省高校和科研院所交流合作，率先在省内设立省重点研发计划和省自然科学基金省市联合引导项目，技术合同成交额实现7.3亿元。实施省新一轮科技型企业三年行动计划，全市进入国家科技型中小企业信息库企业183户，35户企业申报国家高新技术企业。推动牡丹江高新区晋升国家高新区，数字经济产业园项目竣工，全市科技创新基地和平台达到46家，在全省首创“创业孵化基地联盟”，入孵企业662户。实施“万名青年人才引进计划”，开展“市委书记进校

绥芬河中共六大历史资料馆 （市委宣传部 供图）

园”“雪城优才”等宣讲招聘活动，全市“头雁”团队工作站增加到12个，与高校院所共建共享院士专家疗养基地，引进各类人才4300余人。谋划推进数字经济，市委主要领导深入调研数字经济发展情况，邀请哈工大教授叶强围绕“数字经济与高质量发展”作辅导报告，推进数字经济中长期发展规划和行动方案编制等重点工作，推进数字经济产业园建设，支持华创文创园做大做强，督促各地各职能部门深入研究数字经济，以数字经济培育新动能。

把党史学习教育成果体现在激发干事创业内生动力上。引导全市广大党员干部奋发有为，在全市掀起大招商、招大商、大上项目、上大项目的热潮，市级四个班子包保督导省、市“百大项目”，召开招商引资“冬季会战”动员大会，实施“九大行动”，掀起招商引资新攻势。党政主要领导带队赴北京、广东多地精准招商，与七台河市签署区域合作协议，举办推介会、签约活动149次，全市签约项目624个、到位资金229.4亿元，正威集团总投资40亿元的石墨烯深加工产业园项目，实现10亿元以上产业项目签约“零的突破”。

（资料来源：中共牡丹江市委党史学习教育领导小组办公室）

市委办工作

【党内法规制度建设】 市委办制发《牡丹江市2021年党内法规工作责任分工方案》，将加强党内法规制度建设纳入全面从严治党责任清单。市本级向省委报备党内规范性文件12件，审查各单位向市委报备的党内规范性文件43件，推动县（市、区）对新中国成立至2018年印发的党内规范性文件集中清理，废止党内规范性文件513件，宣布失效党内规范性文件346件。东宁市作为“中央法规文件在基层”全国首选的8个观测点之一，为中央办公厅法规局掌握基层贯彻落实中央法规文件提供第一手资料。编发《党内规范性文件备案审查工作手册》，作为工具书查阅使用。

【重点工作督办检查】 2021年，牡丹江市承办重点督查任务173项，督办落实超过90%。形成督查专报、快报102期，其中50%得到市委主要领导签批。完善省委主要领导批示要求、重要会议和重要文件精神专责督办机制，建立专项督查台账和市委主要领导交办事项台账。聚焦旅发大会项目建设、环境提升、氛围营造以及干部群众“精气神”等重点，开展60余项专项督查，发现并督促整改环境卫生、市容市貌、城市文明等方面问题300个，提出相关工作建议200余条，建立“四项”跟踪督办制度，制定“三个”任务台账，创新实行“红黄蓝灰绿”牌工作预警机制，确保所有观摩项目如期竣工运营。

【基层减负】 按照《关于进一步解决形式主义问题做好2021年为基层减负工作主要措施及分工方案》，市委办制发年度督查检查考核计划。市级层面督检考事项压减到21项，同比减少19%；市本级会议126次，同比下降8.7%，全市会议629次，同比下降3.23%；市本级精简文件比例78.49%，县（市、区）精简文件比例平均为79.4%。

【国家安全】 2021年6月，市委国安委第三次全体会议召开，对全市国家安全工作进行部署。4月19日，《黑龙江日报》第三版头题刊发市委书记、市委国安委主任杨廷双署名文章《深入践行总体国家安全观 坚决守好新时代国家安全的“牡丹江防线”》；建成全省首家云端国家安全教育展馆，累计参观人数超10万人次，典型经验获得省委肯定。依托“百年老街”解放路，在西安区建设全市首个国安教育美术馆。

【边防稳定】 2021年6月，市委边防委员会会议、边境地区疫情联防联控调度和交流研判会商会议召开。推动边防政策法规宣传“上线、上云”，在抖音、微信、学习强国、极光新闻客户端播发边防宣传内容80余条，在国家级和省级主流媒体刊播边防报道40余篇，开展边民教育培训32场次。

【协调服务】 2021年，加大会议协调。筹备全市大型会议13次，筹备参加上级视频会议26次、本级视频会议54次、小型座谈会35次，协助其他部门筹备大中型会议5次，确保重大会议高效、有序进行。完成重要等级接待任务，执行空军党委主题党日活动、中国老区建设促进会等接待任务，接待来牡丹江市人员1200余人次。

【综合信息】 高质量起草市委领导讲话、情况汇报、工作总结、实施方案等各类综合文稿200余篇，充分发挥《工作交流》经验推广、成果展示、思路谋划的载体平台作用，对全市深化改革、乡村振兴等先进经验进行了总结推广。

【文电办理】 全年共制发各类文件665件，办理上级、本级和下级文电1181件；交换各类公文128600件，投递分发各类报刊信函12万余件，全口径发文68次。翻印省委文件全流程“专人定点配置”，顺利完成163件省委文件翻印工作。拟办意见领导采用率达到95%以上。组织全市各单位业务应用系统使用人员参加全省电子公文业务培训。

（市委办 潘丽娟）

组织工作

【党员和基层党组织】 截至2021年末，牡丹江市有地方党委11个，其中市委1个，县（市、区）委10个，有各级党组366个，基层党组织8591个。城市街道24个，城市社区136个，建立114个党委、18个党总支、4个党支部；乡镇55个，全部建立建立党委；乡镇社区37个，建立4个党委、2个党总支、31个党支部；建制村887个，建立4个党委、30个党总支、853个党支部；全市1824个非公企业中，建立1410个基层党组织，其中46个党委，43个党总支，1321个党支部。

全市共有党员169985人，其中女性党员53172人，占31.28%；35岁及以下的27005人，占15.89%；60岁以上的56408人，占33.18%；具有大学专科及以上学历的88085人，占51.82%；具有高中及以上学历的132273人，占77.81%。

2021年，市委组织部研究制定《发展党员工作注意事项》（发展党员50条），全年全市发展党员6274人。推行域外接续培养机制，实施“3年未发展党员村”攻坚行动，销号“3年未发展党员村”。推开农村发展党员违规违纪排查整顿，排查2012—2021年入党9713人，排查出“四类”问题473个，涉及党员424人，试点做法在全省专项会议上作经验交流。

【干部选拔任用】 2021年，市委组织部坚持实干实绩导向，注重在重大任务、斗争一线、关键时刻考察选用干部，调整市管干部19批（其中市级领导职务性兼职任免7批次）、665人次（其中因换届工作调整2批178人次）。加大干部实践锻炼力度，选派56名干部到第四届黑龙江省旅游产业发展大会工作专班、28名干部到招商专班、9名干部到中草药专班培养锻炼，推动干部在实践中丰富工作经验、提升综合素质。完善干部选拔任用工作制度，制定市直部门年轻干部配备阶段性专项预审制度、双重管理干部选任工作流程等文件。严把干部政治标准，结合年度考核，对94名市管干部进行政治素质考核，为选拔任用政治过硬干部提供重要依据。坚持以事择人、人岗相适，统筹用好各领域、各专业、各年龄段干部，推动干部队伍专业结构不断优化，提拔重用实绩突出的优秀市管干部到重要岗位255人次（其中因换届工作调整86人次）。

【干部教育培训】 2021年，市委组织部把党史学习教育列入全市干部教育培训年度计划，在市、县党校开设专门班次、设置专题课程。做好全市党性教育培训机构规范管理和质量提升工作，发挥党性教育基地作用，用身边的红色革命故事教育引导广大党员干部坚定理想信念、加强党性修养、传承红色基因、赓续红色血脉，推进党史教育走深走实。指导基层党组织依托“三会一课”、主题党日，组织党员干部学习党史。深化开展“党课开讲啦”活动，分四个阶段推荐、录制、报送党课。截至年末，向省委组织部报送党课文稿99篇，通过审核文稿52篇，在“龙江先锋”微信公众号展播党课视频27部，均列全省第一位。

【干部管理监督】 2021年，市委组织部坚持严管和厚爱结合、激励与约束并重，贯彻落实中央、省委关于进一步激励广大干部新时代新担当新作为的有关要求，落实定期体检、带薪休假、津贴补贴等措施，春节期间对12名援藏干部人才进行慰问，年初提拔重用3名表现突出的援藏干部。用好用足公务员职务与职级并行制度激励作用，127名市管干部晋升职级。加强干部日常监督管理，用好监督执纪第一种形态，严格执行“凡提四必”，全年完成领导干部个人有关事项报告查核748人，强化干部选用廉政把关，防范干部“带病提拔”。

【基层党组织建设】 2021年，市委组织部聚焦重大战略实施和重大任务落实，发挥基层党组织战斗堡垒作用。坚持抓党建促乡村振兴，通过村“两委”换届，选优配强“两委”班子成员，公开招聘345名大学生到村任职，轮换选派357名省、市、县机关干部驻村帮扶，与清华大学合作在海林市横道河子镇、宁安市渤海镇建立清华大学乡村振兴工作站，有80余名清华大学学生进站实习实训。夯实乡村振兴经济基础，持续发展壮大村级集体经济，在全省率先实施激励办法，为175名村党组织书记发放激励资金252.46万元，评选发展壮大村级集体经济“十强村”“十佳奋进村”“十佳项目”各10个，经验做法在中组部《党建研究》上刊发，在全省第六次发展壮大村级集体经济现场会上作经验介绍；创新实施村党组织领办合作社模式，领办合作社173个，实现村集体收益134万元，带动参股农民增收256万元；推动村级集体经济产业项目化、规模化发展，聚焦重大战略实施和重大任务落实，发挥基层党组织战斗堡垒作用。

【公务员管理】 2021年，市委组织部贯彻落实公务员法和相关配套法规，完善公务员管理体系。规范职级晋升和备案工作，完善职级调整请示备案工作流程，实时更新各类别职级职数台账，强化对拟晋升人选事前把关，针对常见问题下发工作提示，巩固拓展职务与职级并行制度成效。在职级晋升中树牢实绩实干的鲜明用人导向，发挥职级晋升的正向激励作用。推进参公单位重新认定，先后完成市县两级181家参公单位认定工作，启动参照管理单位职务与职级并行工作，对参照管理单位职级设置方案和职级晋升方案进行审批。市直82个单位完成首次晋升，61个单位完成二次晋升，

60个单位完成三次晋升，市管干部晋升111人次、非市管干部晋升1678人次，坚持优化结构、科学补员，公务员招录岗位向基层一线倾斜，注重为应届毕业生创造更多就业机会，上半年招录公务员602人，录用587人，开展全省公检法司及边境县急需紧缺岗位考试录用公务员工作，考录142人，生成有效考录计划124个，完成调任事前审批66人。坚持人岗相适、规模适度开展公务员选调工作，指导4家参公单位补充22名优秀人才。细化公务员分类培训，按照综合管理、政法系统、选调生等岗位类别，对774名新录用公务员开展4期初任培训。常态化开展公务员登记工作，实施公务员管理“一站式”服务，为进入机关及参公单位人员办理公务员登记13批620人，跟进落实职务职级晋升后工资待遇421人。推进自贸区绥芬河片区管委会聘任制公务员试点工作。制定《牡丹江市公务员平时考核实施办法（试行）》，开展2020年度公务员年度考核工作，普遍提高公务员年度考核优秀比例2个百分点，对2020年度目标考核优秀单位比例提高7个百分点，考奖优秀公务员1163人。落实带薪休假、津贴补贴等工资福利制度，督促市直单位制定2021年度公务员休假计划。为5085名公务员核定发放十三月工资3100多万元。平稳承接公务员工资统发工作，按月足额发放90多个市直单位5110名公务员（离休人员）工资。

【高层次人才引进】 2021年，市委组织部实施人才强市战略，统筹用好待遇、编制、事业平台等引才要素，打造具有牡丹江特色的人才制度体系。深化人才发展体制机制改革，健全以《关于进一步引进和培育急需紧缺人才激励创新创业的若干意见》为统领的“1+N”人才政策体系，出台《“万名青年人才引进计划”实施方案》《深化市校合作分工方案》《大学生实习实训管理暂行办法》等政策文件，在人才引进、培养、使用、管理等方面明确政策标准和推进措施。创新“事业编周转池”制度，建立“行政编制周转池”和“企业人才编制周转使用制度”，核定周转事业编制30个，创新成立市人才工作中心，核定7名人才专项领导职数，加强人才工作力量。广泛吸引集聚各领域优秀人才，实施“万名青年人才引进计划”，打造“雪城优才”引才品牌，2021年引进各领域人才近3300人。开展“市委书记进校园”活动，深入牡丹江师范学院、牡丹江医学院宣讲推介，校园专场招聘县（市、区）事业编制人员187人。2021年“雪城优才”招聘本科以上人才506人，其中硕士研究生263人。通过兑现惠企人才政策，支持规上工业企业和国家级高新技术企业引进全日制本科以上学历110人，其中硕士研究生学历23人。推进市、校、企合作共建，省、校合作线上签约仪式，与清华大学签订人才合作协议，与哈尔滨工程大学、黑龙江中医药大学2所高校签订战略合作框架协议，深圳大学在牡丹江开发区设立博士后科研流动站，与哈尔滨工程大学合作建设牡丹街道社工站项目，与哈尔滨工业大学、哈尔滨工程大学、黑龙江八一农垦大学等高校合作新建“头雁”团队工作站6个，“头雁”团队工作站达到12个。开展大学生实习实训，全市接待清华大学、哈尔滨工业大学、中国政法大学等高校实习实训学生2952人。将人才主要责任指标考核内容，落实引进急需紧缺人才、定向选调生各项政策，安置5名驻牡高校院所博士子女入学。截至2021年末，投入人才发展专项资金800万元。建成大学生实习实训后勤保障基地，新装修64套人才公寓。与深圳市人才集团开展战略合作，导入相关产业资源，承接粤港澳大湾区人才溢出效应，打造人才创新离岸基地，推进人才事业产业化发展。

【驻外人才工作站设立】 2021年，市委组织部在北京、哈尔滨设立驻外人才工作联络办公室，与清华大学、吉林大学、大连理工大学、东北大学、哈尔滨工业大学、哈尔滨工程大学等20所高校签约建立驻高校人才工作站，发挥招才引智桥梁纽带作用。聚焦落实“科技兴市”“人才强市”战略部署，推动哈尔滨商业大学设立自贸区研究院、黑龙江大学设立技术转移与成果转化中心、黑龙江八一农垦大学设立食品与生物技术创新研究院以及成立博士研究生创新实践基地等项目平台，促进高校高新科研成果落地实践。分别与哈尔滨工程大学合作建设牡丹街道社工站项目，与牡丹江医学院共建医药研发平台，拓展市校合作领域。先后与东北林业大学、哈尔滨工业大学签订科技成果转化战略协议2个，与哈尔滨工程大学、黑龙江大学、牡丹江医学院签订战略协议3个，开展科技成果转化项目12个，科技创新引领发展能力显著增强。与哈尔滨工业大学、哈尔滨工程大学、东北林业大学等5所高校合作建立12个“头雁”团队工作站，马军、黄志伟、冯吉才等“头雁”团队，以创新平台和科研项目为依托，多次对接企业，合作开发项目，推动科教资源优势转化为经济社会发展优势。

（市委组织部　付　峥）

宣传工作

【理论工作】 2021年，市委宣传部组织市委理论中心组学习12次，举办市级领导和市直单位主要领导专题读书班，带动全市党员干部学深悟透习近平新时代中国特色社会主义思想。将中心组学习纳入党建工作责任制和意识形态工作责任制，组织各级党委（党组）理论中心组学习专项检查，建立中心组学习巡听旁听制度。加强“雪城理论”网站、“雪城理论学习”公众号建设；持续推进“学习强国”学习平台的使用，推送精选学习信息万余条。开展理论宣传普及，围绕党的十九届六中全会、省市委全会组织理论宣讲3412场，受众31万余人次。

【新闻宣传】 2021年，市委宣传部贯彻落实中央、省市委重大决策部署，聚焦自贸区建设、“百大项目”建设、落实“六稳”“六保”等全市重点工作，组织主题宣传报道战役，推出新闻报道近2万篇；组织市县媒体开辟“坚决打赢疫情防控阻击战”等专题专栏。

【社会宣传】 2021年，市委宣传部出版发行全省第一个以地方红色历史为题材的红色文化教育读本《红色牡丹江》。《红色牡丹江》以牡丹江党组织活动为主线，以历史事件的发生发展为脉络，针对不同群体进行编写。系列读本分为两大类、4个层次、11册。截至年末，发行16000余册。宣传习近平总书记重要指示批示精神，宣传党中央、国务院重大决策部署，宣传省委、省政府，市委、市政府务实举措，刊播权威稿件上万件；组织“牡丹江抗疫精神”采访，推出全媒体报道1.3万余篇；组织对外推介，全年在国家和省级主流媒体发稿3600余篇（条），在全省新闻发布39项评估工作中，跻身“第一方阵”。依托第五届国际展望大会（新加坡）线上平台，市委副书记、市长张国军发表视频演讲，向全球推介牡丹江市特色优势；在中央电视台《百年百城》大型活动中，点赞量位居前十，获“全国百年百城非常活力奖”，短视频《牡丹江奔小康》入选央视网《百年百城》主题宣传活动，城市影响力、美誉度全面提升。

【对外宣传】 2021年，市委宣传部围绕中国共产党成立100周年、党史学习教育、第四届黑龙江省旅游产业发展大会三项重点，在国家级和省级媒体刊播发报道3600余篇（条）。在中央电视台《新闻联播》播发13条，在新华社推出70余篇报道，在新华社客户端、微博等总浏览量超亿次。在《人民日报》上刊发13篇报道，其中一版刊发的《东宁市10万农民种植黑木耳增收 品质响当当 致富更稳当》大篇幅报道实现10年来在版面的突破。在中央电视台新闻频道实现8场直播报道，总时长40余分钟。“奋斗百年路·启航新征程——黑龙江省庆祝中国共产党成立100周年牡丹江专场新闻发布会”央广网、人民网、新华网等直播在线观看量1114.5万，央广网总网独家观看量996万，直播观看量居全省13个地市第一位。完成省委宣传部39项新闻发布评估工作，牡丹江市在全省5个上榜地市中排名前4。第四届黑龙江省旅游产业发展大会48小时云直播及开幕式直播，全网总观看量2.63亿。中央电视台《财经频道》推出大型融媒体活动《百年百城》聚焦大美牡丹江，直播一小时浏览量129.3万，在全国100座城市点赞活动中牡丹江市点赞量达到98万，排名第十位，牡丹江市获得百年百城非常活力城市奖。在省电视台《新闻联播》中播发270篇报道，在《黑龙江日报》上刊发19期专版、400多篇报道。开展国际传播工作，全年在海外社交平台账号推送消息13000条。

【意识形态工作】 2021年，牡丹江市坚决打好关键时期意识形态领域主动仗，持续巩固向上向好态势，营造良好舆论氛围。市委宣传部落实意识形态工作责任制，召开2次专题会议进行部署，强化意识形态阵地管理，排除风险点，把握意识形态工作领导权，推动意识形态工作责任制落实到位。完成意识形态领域文稿起草工作，把关市委主要领导各类新闻稿百余篇，确保新闻稿真实性、客观性、时效性。

【全国文明城市创建】 2021年，市委宣传部召开创建全国文明城市启动大会，制定《三年行动计划》和《城市形象提升行动计划》，组织城市形象提升专项行动，推进15项问题整治行动，加强36类实地测评项目建设，完成创建全国文明城市年度测评迎检工作。

【文明单位创建】 2021年，市委宣传部完善市直机关单位和各级文明单位包联居民小区帮建、市区领导包条块、“两单一会”等制度机制，实现创建工作常态化、制度化。

【群众性精神文明建设】 2021年，市委宣传部推进群众性精神文明创建，推荐评选表彰省级先进集体173个、市级365个。广泛挖掘、培育道德典型、先进模范人物，18人获得全省道德模范（含提名奖）、中国好人、龙江好人和龙江好少年等荣誉称号。推动《文明行为促进条例》颁布实施，以法治思维和法治理念涵育文明意识。

【未成年人思想道德建设】 2021年，市委宣传部开展“新时代乡村阅读季”活动和“我的书屋·我的梦”农村少年儿童阅读实践活动，上报软笔书法作品88幅、硬笔书法141件、绘画作品215张、手抄报170张以及征文271篇，作品数量均创历史新高。

【先进典型选树推广】 2021年，市委宣传部深化文明实践改革，推进新时代文明实践中心建设全覆盖，全市建成新时代文明实践中心10个、实践所82个、实践站1045个，形成以全国试点宁安市、全省试点林口县、全市试点海林市为示范引领，辐射覆盖全域“市、县、乡镇（街道）、村（社区）、点”五级文明实践活动工作体系。宁安市工作经验多次在国家和省作典型发言，工作经验入选中央文明办丛书。

（市委宣传部 沈 明）

统战工作

【市级组织换届】 2021年，市委统战部会同各民主党派市委、市工商联、市侨联第一时间形成工作方案并启动换届工作，反复研究工作流程、人选标准等具体政策规定，加强各方协商，细化工作环节，在全省范围内率先完成民主党派、工商联、侨联市级组织换届工作。

（市委统战部 李晓丰）

【民主党派工作】 2021年，市委统战部落实参政党建设"三个文件"精神，完善支持民主党派履行职能方法，支持民主党派反映社情民意、协调社会关系、维护社会稳定、开展民主监督。配合市委制定印发《中共牡丹江市委2021年度政党协商计划》文件，组织开展政党协商活动，撰写《关于牡丹江市民主党派代表人士队伍建设情况的调研报告》；协助各民主党派市级组织完成换届工作，组织召开全市各民主党派市级组织新老领导班子座谈会。指导支持各民主党派市委建立健全领导班子民主生活会、述职评议等制度规定，推动民主党派市级组织加强自身建设。

（市委统战部 王 宇）

【宗教工作】 2021年，市委统战部贯彻落实党的宗教工作基本方针，依法管理宗教事务，坚持宗教中国化方向，制定印发《关于开展整治非法宗教活动、遏制宗教渗透蔓延工作的实施方案》等文件，开展宗教活动场所监督检查100余次，加大对境外宗教势力渗透打击力度，集中开展铲除境外宗教势力渗透专项行动。把"四进"活动纳入日常宗教管理，组织开展宗教场所升国旗、学《宗教事务条例》等活动。

（市委统战部 房进成）

【民族工作】 2021年，市委统战部认真贯彻党的民族政策和法律法规，以铸牢中华民族共同体意识为主线，深化民族团结进步创建，巩固民族团结进步示范市成果，海林市、东安区市政社区获得全省民族团结进步示范区（示范单位）荣誉。加强城市民族工作，10个县（市、区）签署少数民族流动人口服务管理联动协议，制定《少数民族流动人口服务管理实施方案》，在市区建立6处少数民族流动人口服务站，建立少数民族流动人口服务管理信息平台，为各族群众办好事，解难事。承办全省少数民族文艺会演和全省民族团结进步创建经验交流现场会，市委统战部经验在会上交流。

（市委统战部 卜长顺 全文吉）

【非公有制经济统战工作】 2021年，市委统战部推动民营企业家培训纳入市委计划，每年培训50人。开展"重走长征路·走进延安"红色理想信念教育活动，68人参与。实地走访调研民营企业102次，为民营企业提供政策、招商服务410次。开展"创成型企业"等问卷调查4次，开展法律维权委员会"大走访"3次，涉及企业26户。联合市人社局、市教育局、市总工会开展"招聘月"现场招聘活动；与市税务局携手开展2021年"春雨润苗"专项行动；与市检察院联合开展"法官进百企"活动，在20户民营企业建立法律服务联系点，专门受理企业涉法涉诉问题。搭建域外交流平台，指导市工商联与陕西省宝鸡市工商联签订合作框架，开展两地民营企业家对接活动，参与企业家21人。

（市委统战部 解新辉）

【无党派人士和党外知识分子统战工作】 2021年，市委统战部召开党外知识分子统战工作座谈会，开展无党派人士摸底调研，建立2245人的无党派人士人才数据库，并于6月全面完成63名无党派代表人士身份认定工作，全市无党派代表人士就疫情防控和复工复产提出意见建议11条。

（市委统战部 赵 磊）

【新的社会阶层人士统战工作】 2021年，市委统战部开展新的社会阶层人士"凝聚新力量·筑梦新时代"共庆中国共产党成立100周年、"迎旅发寻美牡丹江"等活动，牡丹江市新的社会阶层统战工作经验在全省统战部长会议上交流。

（市委统战部 赵 磊）

【港澳台统战工作】 2021年，市委统战部把握新时代港澳台统战工作正确方向，探索搭建台资企业政策咨询平台、沟通互助平台、信息发布平台，做好台资企业法律援助工作，撰写《关于牡丹江市对台工作情况的调研报告》。

（市委统战部 李香玉 高淑雯）

【海外统战工作】 2021年，市委统战部分析研判海外统战工作形势，梳理侨务政务服务事项，做好华侨、归侨及侨眷身份认定和贫困侨眷帮扶工作，实现帮扶政策应落尽落。

（市委统战部 李香玉 高淑雯）

机构编制工作

【党政机构改革】 2021年，市委机构编制委员会办公室（以下简称市委编办）推进脱贫与乡村振兴有效衔接，调整扶贫工作机构设置，组建市乡村振兴局。优化机构职能设置，为市、县文化旅游部门加挂文物局牌子，为市委宣传部加挂版权局牌子，独立设置市法学会机关，优化政协、文旅、人社、教育、司法等20余个部门的机构、编制、职数、职能设置，重新制定市政府办公室、市退役军人事务局"三定"（定职能、定机构、定编制）规定。

（市委编办 赵法新）

【事业单位机构改革】 2021年，市

委编办对315家事业单位逐一研究明确党组织设置，确立党组织的地位、作用和领导体制。优化事业单位布局结构，市直事业机构和编制分别精简49个、2743名，对事业单位班子领导职数配备、内设机构设置和领导职数设置进行规范。健全事业单位制度机制，28家市直事业单位制定机构职能编制规定，2家事业单位探索建立政事权限清单，2家事业单位探索实行章程管理，创新事业单位治理体系。市事业单位机构改革试点工作在省委编制委员会办公室年底考核评比中评为优等，工作经验先后在《中国机构改革与管理》、省委编制委员会办公室《机构编制动态》刊发。

（市委编办　赵法新）

【机构编制资源配置】　2021年，市委编办规范全市开发区管理机构设置，重新制定“三定”规定。服务办好全省旅发大会，明确镜管委与市直相关部门、宁安市审批职责划分，争取省批准成立副处级事业单位绥芬河中共六大历史资料馆。加强重点领域机构编制保障，升格、新设林海水库、机场建设等重大项目推进机构，政务服务、社会治理等优化营商环境服务机构，医保经办、劳动仲裁等民生服务机构，为重大项目建设、引进人才、应急保障等领域事业单位核增编制155名。优化人才机构体制，在全省首次为引进人才事业单位核定12名人才专项领导职数。为“雪城优才”“书记进校园”等引进人才核准使用编制472名。形成行政、事业、卫生、教育4个领域人才编制周转使用制度。

（市委编办　赵法新）

【机关事务管理局撤并】　按照2021年6月25日市委书记专题会议精神，经市委编委研究决定，撤销市机关事务管理局。将市机关事务管理局工作职能、人员编制整体划入市政府办公室管理。市政府办公室根据机构编制调整情况，重新制定部门“三定”规定。将市直机关房产服务中心、市直机关文印中心、市公务用车保障中心、市专家服务中心4家市机关事务管理局所属事业单位整体转隶市政府办公室管理。

（市政府办　张长亭）

政策研究

【概况】　2021年，市委政研室履职尽责，做好重要文稿起草、重点课题调研、重大改革推进等工作，撰写讲话提纲、调研报告等各类文稿140万字，推动市级年度重点改革任务取得明显进展，充分发挥以文辅政作用。

【政务服务】　2021年，市委政研室深入贯彻党的十九届五中、六中全会精神及省委十二届八次、九次全会精神，高质量完成市委十二届九次全会报告和市第十三次党代会报告等重要文稿起草工作，累计起草讲话、工作汇报、署名文章、致辞贺信等各类文稿140万字，在省级以上媒体刊发理论文章7篇，把关主要领导政务活动新闻稿168篇，形成《发展民政 兜底民生 凝聚民心 推动新时代民政事业高质量发展》等19篇政研专送，市委主要领导签批率80%以上。

【调查研究】　2021年，市委政研室深入一线调查研究，采取自主调研、联合调研等方式，形成《关于市民政局用心用情服务民生的调查与启示》《关于牡丹江医学院及附属医院战“疫”一周年的调查报告》《牡丹江市运用智能化手段抗击新冠疫情调查报告》等调研报告及政研专送20余篇，80%以上得到市委主要领导签批。其中，《关于市民政局用心用情服务民生的调查与启示》等多篇调研报告获得市委主要领导充分认可和签批，并转发至各相关部门；《关于加强东一步行街管理的调研报告》为整治东一步行街环境及全市旅发大会筹备工作提供重要参考依据；《高质高效筹备全省旅发大会奋力推动牡丹江晋位争先振兴发展》等7篇调研报告在省委《调查研究》上发表。起草的《以承办全省旅发大会为契机 加快农旅融合发展 深入推进乡村振兴》一文，在2021年全省党政领导干部优秀调研成果中获得二等奖，是全省13个地市中唯一入选二等奖的地市。严格落实关于市级领导在党史学习教育中开展“办实事、开新局”专题调研通知要求，编印市级领导《2021年优秀调研成果汇编》1册、15万字。

【深化改革】　2021年，市委政研室筹办深改委会议4次，推动审议（审定）《牡丹江市国企改革三年行动实施方案（2020—2022年）》《牡丹江市构建现代环境治理体系的实施方案》等改革方案18项，系统推进28项市级年度重点改革任务和15项市委深改委成员领衔抓改革任务。挖掘地方改革经验，编报《牡丹江改革》综合信息15篇，其中2篇被省委深改办刊发推介；向市委深改委编报《改革动态》8篇，其中《海林市实施“红色物业1234”工作法激活“社区治理”新引擎》等文稿得到市委主要领导批示。抓好督察统筹，采取书面督察与实地督察相结合的方式，对城市医联体紧密型县域医共体等重要领域和关键环节改革任务完成情况进行督察，形成督察专报3期，其中深化事业单位改革专报被市委主要领导签批。

（市委政研室　李立君）

市直机关党建

【机关组织建设】　2021年，牡丹江市直属机关工作委员会（以下简称市直机关工委）推进基层党组织规范化、标准化建设，从“五个基本”（基本组织、基本队伍、基本活动、基本制度、基本保障）入手，分析查找短板弱项，围绕领导干部参加双重组织生活、支部班子建设、支委会召开、主题党日活动开展等方面形成一批制度化成果，促进党支部标准化规范化建设。把政治标准放在首位，采取“一推一评两考”方式，全年发展党员364名。发挥和彰显组织优势，动员组织广大党员干部投身疫情防控、第四届旅游产业发展大会、党史学习教育等重大斗争、重大活动，在工作一线锻炼队伍，提升组织力，增强战斗力。

【模范机关创建】 2021年，市直机关工委开展模范机关创建。围绕讲政治、守纪律、负责任、有效率四个方面内容，确定15项重点工作任务，有序开展模范机关创建活动。

【党组织书记述职】 2021年，市直机关工委组织市直机关直属69家单位的党组织书记以书面形式对党的政治建设工作情况，聚焦落实党中央、省委、市委和上级党组织关于党建工作部署要求，履行党建工作责任情况进行党建述职。

【慰问困难党员】 2021年，市直机关工委在元旦春节期间和“七一”前夕分两批次在市直机关开展走访慰问老党员、老干部、生活困难党员活动。深入排查党组织关系隶属市直机关工委且因病、因灾等情况致使家庭特别贫困的党员，因公去世的基层干部家属，确定走访慰问对象694名，发放慰问金77.1万元。

【为群众办实事】 2021年，市直机关工委开展“我为群众办实事”周末志愿服务。深化与社区结对共建，采取接单服务、点亮微心愿、共建任务清单等有效方式，围绕第四届黑龙江省旅游产业发展大会、文明城创建、爱国卫生运动、帮贫济困等方面为群众办好事实事4000多件。

【理论武装】 2021年，市直机关工委坚持线上与线下相结合、集中学习与分散自学相结合，发挥理论中心组、基层党支部和青年理论学习小组作用，采取举办专题讲座、设立“微讲堂”、开展主题党日活动、参观红色教育基地、组织教育培训等多种方式，推动习近平新时代中国特色社会主义思想学习走深走实。

【教育培训】 2021年，市直机关工委结合党史学习教育要求，在市直机关范围内广泛开展学习教育活动。举办入党积极分子、党务干部、基层支部书记、新党员培训班3期，培训党员干部1321人。

【“党旗在基层一线高高飘扬”党日活动】 2021年，市直机关工委以筑牢理想信念之基为主题，举办“党旗在基层一线高高飘扬”党日活动，4500余名党员干部自编自演，以重温习近平总书记讲过的红色故事、跨越时空的对话、情境党课、抗击新冠肺炎疫情情景剧向党和人民报告等形式，让党员干部感悟和汲取信仰的力量、真理的力量、奋进的力量。

【先进表彰】 2021年，市直机关工委表彰优秀共产党员50名、优秀党务工作者50名、先进基层党组织50个。市领导带队送奖上门，传递关爱，鼓舞士气，激发党员干部集体荣誉感。

【党组织与小区共驻共建】 2021年，市直机关党组织与60个老旧小区结成共建对子，确定服务项目220项，协助社区成立物业管理委员会相关机构66个，其中成立功能型党支部小区36个，小区环境面貌实现较大改观。

（市直机关工委　张绪明）

信访工作

【网上信访渠道畅通】 2021年，市信访局引导群众通过网上反映诉求，发挥网上信访“主渠道作用”，实现“让群众少跑腿、数据多跑路”。针对不同信访群体，制作发放《信访便民服务卡》《人民信访有问快答》《依法信访理性维权》宣传手册5000余份。全市网上投诉占比80.01%，问题解决群众满意率85.04%。

【信访事项办理】 2021年，市信访局办理群众信访事项12501件（次），涉及16398人（次），初信初访一次性化解100%。打造人民建议征集办公室与市委“我为群众办实事”办公室共建专栏，广泛征集人民所需所盼各类意见建议，引导人民群众为高质量建设牡丹江建言献策。2021年，呈报市领导人民建议3件，市领导批示100%，全部转化为利民成果。提升市长热线“12345”办理效能，快速回应信访群众诉求，建立常态化民生诉求梳理机制和新冠肺炎疫情防控快速答疑机制，形成涉疫信息114期，为市领导决策研判提供建议意见。截至2021年末，市长公开电话受理中心“12345”平台接听受理群众来电204066件，办结200617件，办结率98.31%，日均受理620件；受理新冠肺炎疫情案件41805件，办结41786件，办结率99.95%。

【信访工作长效机制构建】 2021年，市信访局立足解决群众合理诉求实际，构建长效创新机制，发挥基层信访联席会议作用。建立健全“六个工作机制”（三合一通报、巡视与信访工作有机衔接、三级督查、干部包片服务、五个常态化、信访纳入政治生态考核工作机制），逐步建立5+N工作体系；探索基层多元化解信访矛盾机制，市县两级“人民满意窗口”硬件达标98%；落实法律工作者参与接访制度，全市设立律师接访窗口（涉法涉诉案接待室）11个；推动目标考核阳光公示“晒表晾事”工作制度；实行“信访代理制”，以机制建设推动信访工作向上开展。在全省创新建立“五有”“五大员”“五结合”阵地建设验收标准，全市10个县（市、区）81个乡镇(街道)建立信访联席会议制度，打通信访工作责任落实“最后一公里”。在绥芬河市、穆棱市、阳明区建立6个规范化试点，及时就地调处信访矛盾400余件，群众满意率95%以上，基本实现“小事不出村、大事不出镇、矛盾不上交”的工作目标。以乡镇（街道）信访工作联席会议为载体，开展“信访矛盾源头治理百日攻坚”专项行动，排查出各类矛盾纠纷2.8万件，将矛盾化解在基层。在市本级和宁安市、海林市、林口县试点应用信访工作智能监管预警系统，为全市信访事项办理质量、重点领域矛盾排查、信访工作总体评价等方面提供数据支持，提升市信访工作智能化、信息化水平。

【信访突出问题化解】 2021年，市信访局梳理出全市10大领域14类突出问题2314件信访事项，由市级领导牵头成立专班，将属事属地责任落实到各县（市、区）、各责任部门，全市“十大领域”信访事项化解率达到100%。成立房地产领域专项整治推进组，定期通报落实不力行为，省下交的14件信访事项全部实现化解。针对时间久远、较为突出的诉求群体，成立工作专班，各属事部门协同配合，统一政策口径进行联合接访，推动信访问题解决。

（市信访局 孙庆鸿）

老干部工作

【老干部队伍】 截至2021年末，牡丹江市有离休干部659人。其中市本级415人，县（市、区）244人。退休干部44579人，其中副处级以上退休干部2066人。全市离退休干部中，担任过副市实职以上职务的74人、享受副市级待遇的28人。全面开展离退休干部党支部标准化规范化建设工作，创建7个离退休干部党支部省级示范点、30个市级示范点，绥芬河市离退休干部党建工作在全省作典型经验交流。积极打造“银耀雪城”品牌，组织开展离退休干部庆祝中国共产党成立100周年系列活动，市委书记杨廷双亲自陪同全市百名离退休干部参加“迎旅发、看发展”考察活动。高质量完成国家、省级“双先”报评，海林市委组织部老干部办公室主任张洁荣获全国老干部工作先进个人，东安区市政社区“党员110工作室”党支部等5个离退休干部党支部荣获全省离退休干部先进集体、牟锦江等11名离退休干部荣获全省离退休干部先进个人。强化服务保障，全年走访慰问离休干部1097人次，发放慰问金、困难企业离休干部取暖费补贴167.47万元，离休干部补贴、医疗待遇全部兑现。市关工委荣获“全国中华魂主题教育活动”先进集体。“龙江先锋网”和“黑龙江老干部”微信公众号推介牡丹江市“先模”和典型工作事迹42条。

【走访慰问】 2021年，市委老干部局落实关爱老干部政策，“两节”期间，走访慰问市级老领导、生活困难离退休老干部、抗战老干部、困难企业离休干部342人，发放慰问金25.74万元。“七一”前夕，组织全市各级党委走访慰问离休干部795人，发放慰问金81.6万元。完成29名抗战时期参加革命的离休干部享受副省（部）长级医疗待遇、享受副省（部）长标准报销医疗费待遇的档案审核、材料上报等工作。

【学习活动阵地建设】 2021年，市委老干部局加强老干部工作信息化建设。结合党史学习教育，依托“雪城离退休干部”微信公众号，开辟“牡丹江党史天天读”专栏，供全市广大离退休干部和老干部工作者学习使用。通过“雪城离退休干部”微信公众号发布各类老干部工作信息249篇，其中24篇被“黑龙江老干部”微信公众号采用刊发，在全省市（地）级老干部微信公众号矩阵综合排名第四位。

【老干部作用发挥】 2021年，市委老干部局开展“我想向党说句话”“建党百年话龙江、初心不改赞辉煌”等系列活动，组织拍摄117部短视频，传递党的声音。筹备“赞百年辉煌”文艺演出，“庆建党百年”书画作品展览、摄影作品展览及乒乓球、门球赛等活动。会同市卫健部门，启动“学史力行 天使助老 联创联建走基层”志愿服务活动。

（市委组织部 潘 丹）

党校（行政学院）工作

【干部教育培训】 2021年，市委党校举办全市干部教育培训班次19期2341人次；分别于6月5日、6月19日承办省老促会首期培训班、国家老促会培训班。市委党校举办学历教育（省委党校研究生班）2个培训班次297人次；廉政教育基地接待54家单位2141人次参观学习。

【科研资政】 2021年，市委党校在《牡丹江日报》（理论版）发表文章10篇；撰写16篇理论文章参加省、市征文活动；刊发8期决策咨询，其中《关于以全域旅游助力旅发大会的建议》，获市领导签批；参加全省党校干校系统科研工作组织奖和个人优秀科研成果评奖活动，获得黑龙江省委党校（行政学院）干校系统第二十五次优秀科研工作组织奖，获得黑龙江省委党校（行政学院）干校系统第二十九次优秀科研成果奖5项，分获一、二、三等奖；启动“学党史、学讲话、下基层、献良策”大调研活动，19名优秀教师参与，深入14家市直、高校及基层单位开展为期一年的蹲点调研。围绕全市中心工作和重大现实问题进行科研攻关，2021年申报市委组织部调研课题、校级和个人课题立项16项，结项上一年课题20项，参与中央党校委托课题1项，其他合作课题3项。

【党史特色课程开发】 2021年，市委党校把党史学习教育融入教学布局，作为党的理论教育、党性教育的重要组成部分和主体班的必修课程，构建形成独立的党史教育教学单元，相继开发完善《透过百年党史看中国共产党的执政经验》《中国共产党走向成功的战略智慧》等10余门党史专题课。

【党校教学大奖赛】 2021年6月，市委党校参加全省党校系统教学大赛，市委党校22名教师参赛，16名教师分获3个组别奖项。市委党校选送的参赛课程《百年党史中的法治历程及基本经验》获市（地）党校组一等奖，在全省大奖赛中牡丹江市荣获市（地）组和县（市、区）组一、二、三等奖。

（市委党校　周　华）

表3　2021年牡丹江市委党校科研成果一览表

（截至2021年12月31日）

序号	成果名称	成果类型	发表媒介或荣获奖项名称	发表获奖时间
1	《关于全域旅游助力旅发大会的建议》	论文	《决策咨询》	2021年1月
2	《关于地方党组织政治生态建设的思考——以穆棱市为例》	论文	《新西部》	2021年1月
3	《关于社区法治文化建设对策研究》	论文	《国际公关》	2021年1月
4	《绘就高质量发展民生底色 助力现代化牡丹江建设》	论文	《牡丹江日报》（理论版）	2021年2月
5	《在“互联网+”时代背景下关于牡丹江市体育产业创新发展的思考》	论文	《国际援助》	2021年3月
6	《关于中国共产党创新能力与哲学思维关系问题研究》	论文	《警戒线》	2021年3月
7	《关于做好网络意识形态工作的建议》	论文	《新丝路》	2021年4月
8	《重温红色足迹 感悟革命精神》	论文	《牡丹江日报》（理论版）	2021年5月
9	《优化民营企业发展环境的法治逻辑》	论文	《区域治理》	2021年5月
10	《新时代弘扬东北抗联精神的现实意义》	论文	《现代交际》	2021年6月
11	《高新技术产业技术创新的实践与思考》	论文	《青年时代》	2021年6月
12	《推动牡丹江市重要全产业链高质量发展》	论文	《海峡科技与产业》	2021年7月
13	《依托牡丹江红色资源开展党史学习教育的对策研究》	论文	《越野世界》	2021年7月
14	《关于加快推进牡丹江实施乡村振兴战略的思考》	论文	《国际援助》	2021年7月
15	《建党百年坚守初心使命》	论文	《牡丹江日报》（理论版）	2021年7月
16	《学史明理增强政治自觉》	论文	《牡丹江日报》（理论版）	2021年7月
17	《弘扬伟大建党精神 奋力谱写牡丹江高质量发展新篇章》	论文	《牡丹江日报》（理论版）	2021年7月
18	《牡丹江市融入区域产业链集群对策研究》	调研报告	2020年全省党校系统重点调研课题（优秀）	2021年7月
19	《牡丹江市依托红色文化资源推进党性教育制度化研究》	调研报告	2020年全省党校系统重点调研课题（优秀）	2021年7月
20	《牡丹江市农业高质量发展对策研究》	调研报告	2020年全省党校系统重点调研课题（免于鉴定）	2021年7月
21	《解放思想推动牡丹江市经济高质量发展路径研究》	论文	《黑龙江省干校系统第二十九次优秀科研成果集》	2021年8月

续表

序号	成果名称	成果类型	发表媒介或荣获奖项名称	发表获奖时间
22	《推进市域社会治理现代化路径研究》	论文	《黑龙江省干校系统第二十九次优秀科研成果集》	2021年8月
23	《刘少奇廉政思想及当代价值研究》	论文	《黑龙江省干校系统第二十九次优秀科研成果集》	2021年8月
24	《牡丹江红色文化的当代价值及实现路径》	论文	《黑龙江省干校系统第二十九次优秀科研成果集》	2021年8月
25	《加强基层党组织建设，力促脱贫攻坚问题对策研究——以东宁市为例》	论文	《黑龙江省干校系统第二十九次优秀科研成果集》	2021年8月
26	《从百年宣言中感悟党的初心使命》	论文	《牡丹江日报》（理论版）	2021年8月
27	《浅谈如何做好新社会阶层党建工作》	论文	《科学与生活》	2021年8月
28	《挖掘文化资源 推动文旅融合发展的措施》	论文	《善天下》	2021年9月
29	《关于全市党性教育基地和党性现场教学点建设发展状况问题研究》	结项报告	2021年市委组织部课题	2021年10月
30	《关于如何增强我市人才政策开放度问题研究——以海林市为例》	结项报告	2021年市委组织部课题	2021年10月
31	《全力推动牡丹江市文化旅游产业高质量发展路径探析》	论文	《决策咨询》	2021年10月
32	《实施分类建设推动县级党校达标升级对策建议》	论文	《决策咨询》	2021年10月
33	《深入贯彻全会精神 真抓实干晋位争先》	论文	《牡丹江日报》（理论版）	2021年10月
34	《牡丹江市人才政策创新研究》	论文	《警戒线》	2021年10月
35	《全力推动牡丹江市文化产业高质量发展》	论文	《警戒线》	2021年10月
36	《关于进一步优化我市营商环境的建议》	论文	《决策咨询》	2021年11月
37	《关于推进我市社区功能型党支部建设的建议——以阳明区为例》	论文	《决策咨询》	2021年11月
38	《关于完善我市人才政策的建议——以海林市为例》	论文	《决策咨询》	2021年11月
39	《关于加强全市党性教育基地和党性现场教学点建设的建议》	论文	《决策咨询》	2021年11月
40	《关于推进乡村人才振兴的建议——以宁安市为例》	论文	《决策咨询》	2021年11月
41	《坚定理想信念 砥砺奋进新征程》	论文	《科学与生活》	2021年11月
42	《牡丹江市公务员诚信档案建设研究》	论文	《越野世界》	2021年11月
43	《总结历史经验激发奋进伟力》	论文	《牡丹江日报》（理论版）	2021年11月
44	《深入贯彻习近平法治思想 为牡丹江高质量发展提供坚强法治保障》	论文	《牡丹江日报》（理论版）	2021年11月
45	《深刻领悟加强党的政治建设的重要性和必要性》	论文	《牡丹江日报》（理论版）	2021年12月
46	《牡丹江市文旅产业融合发展研究》	结项报告	社科联课题结项报告	2021年12月

（资料来源：市委党校）

综　述

【概况】　2021年，牡丹江市人民代表大会（以下简称市人大）召开人民代表大会2次、常委会会议6次、人大常委会主任会议3次、专门委员会会议35次，听取和审议“一府两院”范畴的专项工作37项。市人大设8个专门委员会：监察和司法委员会、财政经济委员会、农林委员会、城乡建设环境保护委员会、科教文卫委员会、民族侨务外事委员会、社会建设委员会、法制工作委员会；市人大设2个办事工作机构：法制工作委员会、预算工作委员会。

【人大代表产生】　2021年，市人大根据《关于做好牡丹江市第十七届人民代表大会代表候选人推荐提名的通知》，规定代表推荐提名程序和标准，规定新老代表推荐原则，规定推荐渠道和责任主体。由组织推荐提名的代表分5种方式：连选连任代表，由各代表团依据代表作用发挥情况，提出初步建议人选；新提名代表，由各代表团依据代表结构比例，提出初步建议人选；民主党派、工商联、无党派人士、归侨、台胞、宗教界等方面代表，由市委统战部与各代表团及所在地统战部门协商，提出初步建议人选；市直领导干部和群团组织负责人，由市委组织部依据构成要求，提出初步建议人选。市人大机关有关领导干部和中省直单位，由市人大依据代表构成要求，提出初步建议人选。明确市级人大代表的推荐提名，要坚持“严格身份界定，严肃考察考核，确保结构比例”3个原则。在代表专业化分组工作方面进一步探索，在保证代表性和广泛性的基础上，充分体现地域特点，市级代表在东安区突出商贸旅游群体，西安区突出基础设施建设群体，爱民区突出大中专院校专家学者群体，阳明区突出工业企业群体，各县（市、区）按人口均衡分配，形成各具特色的代表专业化群体，为换届后代表工作奠定基础。全市10个县（市、区）和驻牡的中国人民解放军、武警部队11个选举单位开展代表的提名推荐工作。

【人大代表构成】　2021年，牡丹江市第十七届人民代表大会代表名额343名。其中，公务员代表113名，占33%；工人、农民代表73名，占21%；企业负责人代表50名，占15%；专业技术人员代表67名，占20%；其他代表30名，占9%；解放军代表10名，占3%。中共党员代表257名，占75%；非中共党员代表86名，占25%；妇女代表93名，占27%；少数民族代表35名，占10%。在选出336名代表中，公务员代表112名，占34%；工人、农民代表71名，占21%；企业负责人代表48名，占14%；专业技术人员代表66名，占20%；其他代表29名，占9%；解放军代表10名，占3%。在选出的市十七届人大代表中，中共党员代表255名，占76%；非中共党员代表81名，占24%；妇女代表108名，占32%；少数民族代表40名，占12%。

（市人大　王占林）

重要会议

【人民代表大会会议】　2021年，牡丹江市第十六届人民代表大会召开全体会议2次。

市第十六届人民代表大会第六次会议　2021年1月29—30日在市党政会议中心举行。会议听取并审议牡丹江市人民政府工作报告；听取牡丹江市国民经济和社会发展第十四个五年规划纲要的说明，审查和批准牡丹江市国民经济和社会发展第十四个五年规划和二〇三五年远景目标纲要；审查牡丹江市2020年国民经济和社会发展计划执行情况、2021年国民经济和社会发展计划（草案）的报告，批准牡丹江市2021年国民经济和社会发展计划（草案）；审查牡丹江市2020年财政预算执行情况和2021年财政预算（草案）的报告，批准牡丹江市2021年市本级财政预算（草案）；听取并审议牡丹江市人大常委会工作报告；听取并审议牡丹江市中级人民法

2021 年 1 月 29 日，牡丹江市第十六届人民代表大会第六次会议召开
（张传海　摄）

院工作报告；听取并审议牡丹江市人民检察院工作报告；选举事项；做出相应决议、决定。

市第十六届人民代表大会第七次会议　2021 年 6 月 11 日在市党政会议中心举行。会议选举牡丹江市人民政府市长。

【人大常委会会议】　2021 年，市人民代表大会常务委员会（以下简称市人大常委会）组织召开常委会会议 6 次，即十六届第二十七次至第三十二次常委会会议。

【人大常委会主任会议】

市十六届人大常委会第三十五次主任会议　2021 年 3 月 23 日召开，会上组织市人大常委会班子及机关副处级以上干部集中学习；研究确定市人大常委会 27 次会议召开时间及日程安排；听取第 27 次常委会有关议题准备情况的汇报；讨论通过《牡丹江市人大常委会 2021 年重点工作任务分解（草案）》；讨论通过《牡丹江市人大常委会 2021 年监督工作计划（草案）》；讨论通过《牡丹江市人大常委会主任会议工作程序》。

市十六届人大常委会第三十六次主任会议　2021 年 5 月 10 日召开，会上组织市人大常委会班子及机关副处级以上干部集中学习；研究确定市人大常委会 28 次会议召开时间及日程安排；听取第 28 次常委会有关议题准备情况的汇报；研究市第十六届人大第七次会议有关事宜。

市十六届人大常委会第三十七次主任会议　2021 年 6 月 7 日召开，听取第 29 次常委会有关议题准备情况的汇报。

【专门委员会会议】　2021 年，市人大专门委员会召开 35 次会议。

（市人大　王占林）

表 4　2021 年牡丹江市人大常委会会议一览表

序号	会次	时间	主要内容
1	十六届第二十七次	2021 年 3 月 30 日	会议传达十三届全国人大四次会议精神；听取并审议市政府 2020 年城市建设计划执行情况和 2021 年城市建设计划安排意见的报告；听取市人大城市环境委员会关于 2020 年城市建设执行情况和 2021 年城市建设计划安排意见的审查报告；听取并审议 2020 年牡丹江市规范性文件备案审查工作情况的报告；进行人事任免事项
2	十六届第二十八次	2021 年 5 月 17 日	会议听取市政府关于《牡丹江市文明行为促进条例（草案）》的说明；听取市人大教科文卫委关于《牡丹江市文明行为促进条例（草案）》审议意见的报告；听取市政府关于牡丹江市湿地保护情况的报告；听取市人大农林委关于全市湿地保护情况的审议报告；关于市政府 2020 年牡丹江市环境状况和环境保护目标完成情况的报告（书面）；市人大城环委关于 2020 年牡丹江市环境状况和环境保护目标完成情况的审议报告（书面）；听取并审议市十六届人大七次会议有关议题；听取并通过《牡丹江市第十六届人民代表大会第七次会议召开时间的决定（草案）》；听取《牡丹江市第十六届人民代表大会第七次会议筹备工作方案》；听取并通过《牡丹江市第十六届人民代表大会第七次会议预备会议及主席团第一次会议建议日程（草案）》；听取并审议《牡丹江市第十六届人民代表大会第七次会议建议日程（草案）》；听取并通过《牡丹江市第十六届人民代表大会第六次会议以来代表变化情况和补选代表资格审查情况的报告（草案）》；听取并通过《关于牡丹江市第十六届人民代表大会第七次会议列席人员名额的决定（草案）》；听取并审议《牡丹江市第十六届人民代表大会第七次会议主席团和秘书长名单（草案）》；听取并审议《牡丹江市第十六届人民代表大会第七次会议主席团常务主席名单（草案）》；听取并审议《牡丹江市第十六届人民代表大会第七次会议副秘书长名单（草案）》；听取并审议《牡丹江市第十六届人民代表大会第七次会议总监票人、监票人名单（草案）》；听取并审议选举牡丹江市人民政府市长候选人名单（草案）；进行人事任免事项

续表

序号	会次	时间	主要内容
3	十六届第二十九次	2021 年 6 月 7 日	会议进行人事任免事项；听取市第十六届人民代表大会常务委员会代表资格审查委员会关于代表资格审查的报告
4	十六届第三十次	2021 年 7 月 27 日	会议听取关于市政府 2021 年上半年国民经济和社会发展计划执行情况的报告（书面报告）；听取市政府 2020 年度财政决算（草案）和 2021 年上半年财政预算执行情况的报告；听取市政府关于 2020 年度市级财政预算执行及其他财政收支情况的审计工作报告；听取市人大常委会预算工委关于市政府 2020 年财政决算（草案）和 2021 年上半年财政预算执行情况的审查报告；市人大常委会关于批准 2020 年市本级财政决算的决议（草案）；听取市政府关于牡丹江市 2021 年财政预算调整方案（草案）的报告；听取市人大常委会预算工委关于牡丹江市 2021 年财政预算调整方案（草案）的审查报告；市人大常委会关于批准 2021 年财政预算调整方案的决议（草案）；听取市人大法制委员会关于《牡丹江市文明行为促进条例（草案）》审议结果的报告；听取并审议市政府贯彻实施《中华人民共和国职业病防治法》工作情况的报告；听取市人大教科文卫委关于市政府贯彻实施《中华人民共和国职业病防治法》工作情况的审议报告；听取市人大法制委员会关于《牡丹江市文明行为促进条例（草案）》修改情况的报告；表决《牡丹江市文明行为促进条例（草案表决稿）》；进行人事任免事项
5	十六届第三十一次	2021 年 9 月 16 日	会议听取并审议市政府关于落实国家减税降费政策工作情况的报告；听取市人大财经委关于市政府落实国家减税降费政策工作情况的审议报告；听取并审议市政府 2020 年度国有资产管理情况的综合报告；听取市人大常委会预算工作委员会关于市政府 2020 年度国有资产管理情况的审议报告；听取并审议市政府关于牡丹江市“七五”普法工作完成情况及“八五”普法规划安排的报告；听取市人大监司委关于牡丹江市政府“七五”普法工作完成情况及“八五”普法规划安排的审议报告；审议并通过《牡丹江市人大常委会关于开展第八个五年法治宣传教育的决议（草案）》；听取并审议市政府关于筹办 2021 年第四届全省旅游发展大会工作情况的报告；听取市人大民侨外委关于市政府筹办 2021 年第四届全省旅游产业发展大会工作情况的审议报告；听取市政府关于落实市十六届人大常委会第二十八次会议关于全市湿地保护情况审议意见的报告（书面）；听取并审议市政府贯彻落实《中华人民共和国消防法》和《黑龙江省消防条例》工作情况的报告；听取市人大社会建设委关于市政府贯彻落实《中华人民共和国消防法》和《黑龙江省消防条例》工作情况的审议报告；听取牡丹江市第十七届人民代表大会代表名额分配情况的说明；审议并通过牡丹江市第十七届人民代表大会代表名额分配的决定（草案）；进行人事任免事项
6	十六届第三十二次	2021 年 11 月 16 日	会议听取市政府关于《牡丹江市住宅物业管理条例（修订草案）》的说明；听取市人大城环委关于《牡丹江市住宅物业管理条例（修订草案）》的审议意见；听取并审议市政府关于市十六届人大六次会议确定的《坚持“建管并重”持续高效推进我市老旧小区改造的议案》（一号议案）办理情况的报告；听取并审议市检察院关于食品药品安全领域公益诉讼检察工作情况的报告；听取市人大监察和司法委关于食品药品安全领域公益诉讼检察工作情况的审议报告；听取并审议市监察委员会关于开展整治群众反映强烈突出问题工作情况的报告；听取市人大监察和司法委关于市监察委开展整治群众反映强烈突出问题工作情况的审议报告；听取市政府关于 2020 年度市级预算执行和其他财政收支审计查出问题整改情况的报告、关于社保减免政策审查不严问题的整改情况报告（书面）、关于医保资金结算滞后问题的整改情况报告（书面），并对上述工作整改情况进行满意度测评；会议听取并审议市政府关于市 2021 年财政预算调整方案（草案）的报告；听取市人大预工委关于市 2021 年财政预算调整方案（草案）的审查报告、市人大常委会关于批准 2021 年市级财政预算调整方案的决议（草案）；关于市政府落实市十六届人大常委会第三十次会议关于《中华人民共和国职业病防治法》审议意见情况的报告（书面）；听取并审议市政府 2021 年代表建议办理情况的报告、关于市中级法院 2021 年代表建议办理情况的报告（书面）、关于市检察院 2021 年代表建议办理情况的报告（书面）；听取并通过《牡丹江市第十七届人民代表大会第一次会议召开时间的决定（草案）》；听取并通过《牡丹江市第十七届人民代表大会第一次会议筹备工作方案（草案）》；分组审议《牡丹江市住宅物业管理条例（修订草案）》；进行人事任免事项

（资料来源：市人大）

表5　2021年牡丹江市人大专门委员会会议一览表

序号	会次	时间	主要内容
1	市十六届人大法制委员会第十六次会议	2021年1月8日	通过市第十六届人民代表大会法制委员会2020年工作报告
2	市十六届人大法制委员会第十七次会议	2021年7月19日	根据市人大常委会组成人员和各方面提出的意见，对《牡丹江市文明行为促进条例（草案）》进行统一审议，提出审议结果报告和条例草案修改稿
3	市十六届人大法制委员会第十八次会议	2021年7月27日	根据市人大常委会组成人员对《牡丹江市文明行为促进条例（草案修改稿）》的审议意见，对草案修改稿进行修改，提出条例草案表决稿
4	市十六届人大监察和司法委员会第十五次会议	2021年3月3日	会议讨论并通过《牡丹江市人大监察和司法委员会2021年重点工作安排》
5	市十六届人大监察和司法委员会第十六次会议	2021年5月20日	会议对公益诉讼视察工作作出安排，并准备做好与市检察院的对接工作
6	市十六届人大监察和司法委员会第十七次会议	2021年7月2日	会议对为配合省人大监察和司法委知识产权审判工作视察作出安排
7	市十六届人大监察和司法委员会第十八次会议	2021年9月14日	会议审议了七五普法总结与八五普法决议草案
8	市十六届人大监察和司法委员会第十九次会议	2021年11月24日	会议对2021年工作进行了总结，讨论并通过市十六届人大监察和司法委员会2021年工作报告
9	市十六届人大农林委员会第二十一次会议	2021年1月30日	会议审议市十六届人大六次会议代表提出的有关农林方面的五件议案原案
10	市十六届人大农林委员会第二十二次会议	2021年5月8日	会议通过市政府《关于全市湿地保护情况的报告》和《关于全市湿地保护情况的审议报告》
11	市十六届人大农林委员会第二十三次会议	2021年6月8日	会议通过市人大农林委员会《关于对市政府贯彻落实〈中华人民共和国种子法〉情况进行执法检查的报告》
12	市十六届人大农林委员会第二十四次会议	2021年6月18日	会议通过市人大农林委员会《关于对全市贯彻落实〈中华人民共和国渔业法〉执法检查情况的报告》
13	市十六届人大农林委员会第二十五次会议	2021年12月8日	会议通过《牡丹江市第十六届人民代表大会农林委员会工作报告》
14	市十六届人大城乡建设环境保护委员会第二十一次会议	2021年1月7日	委员们围绕市人大代表提出的有关城建环保工作方面的议案进行讨论，并形成专门委员会意见，提交市十六届人大六次会议议案审查委员会审议
15	市十六届人大城乡建设环境保护委员会第二十二次会议	2021年3月6日	委员们在对市政府《2020年城市建设计划执行情况和2021年城市建设计划（草案）安排意见》进行综合审查的基础上，提请市人大常委会审议

续表

序号	会次	时间	主要内容
16	市十六届人大城乡建设环境保护委员会第二十三次会议	2021年4月17日	委员们审议《关于坚持“建管并重”，持续高校推进我市老旧小区改造的议案（一号议案）》，并形成专委会审议报告，提请市人大常委会审议
17	市十六届人大城乡建设环境保护委员会第二十四次会议	2021年4月24日	委员们就2020年全市环境状况和环境保护目标完成情况进行初审，并形成专委会审议结果报告，提请市人大常委会审议
18	市十六届人大城乡建设环境保护委员会第二十五次会议	2021年10月29日	委员们审议《牡丹江市住宅物业管理条例（修订草案）》，并形成专委会审议意见，提请市人大常委会审议通过
19	市十六届人大城乡建设环境保护委员会第二十六次会议	2021年11月8日	委员们审议《关于坚持“建管并重”、持续高效推进我市老旧小区改造的议案（一号议案）》，并形成专委会审议报告，提请市人大常委会审议
20	市十六届人大城乡建设环境保护委员会第二十七次会议	2021年12月29日	委员们围绕市十六届人民代表大会第六次会议交付的《关于坚持“建管并重”、持续高效推进我市老旧小区改造的议案（一号议案）》，对市十六届人大城乡建设环境保护委员会的五年工作报告进行审议。根据委员们的审议意见建议修改后，向市十七届人民代表大会第一次会议作书面报告
21	市十六届人大财政经济委员会第十八次会议	2021年1月7日	会议审议通过《牡丹江市第十六届人民代表大会财政经济委员会2020年工作报告》，同意将报告提交市十六届人大六次会议
22	市十六届人大财政经济委员会第十九次会议	2021年1月29日	会议审查十六届人大财经委《关于2020年国民经济和社会发展计划执行情况与2021年计划草案的审查报告》和《关于牡丹江市2020年财政预算执行情况和2021年财政预算草案的审查报告》，同意将上述两个报告提交市十六届人大六次会议审查批准
23	市十六届人大财政经济委员会第二十次会议	2021年7月5日	会议对全市上半年国民经济和社会发展计划执行情况、财政预算执行情况以及2020年牡丹江市本级预算执行和其他财政收支审计情况进行初步审查。会议审查通过财经委《关于牡丹江市2020年财政决算和2021年上半年财政预算执行情况的审查报告》和《关于牡丹江市2021年市级财政预算调整方案（草案）的审查报告》，同意将上述两个报告提交市人大常委会会议审查批准
24	市十六届人大财政经济委员会第二十一次会议	2021年9月3日	会议审议通过《关于对牡丹江市政府落实国家减税降费政策情况的审议报告》，同意提交市人大常委会会议审议
25	市十六届人大财政经济委员会第二十二次会议	2021年12月30日	会议审议通过《牡丹江市第十六届人民代表大会财政经济委员会工作报告》，同意将报告提交市十七届人大一次会议
26	市十六届人大教科文卫委员会第二十次会议	2021年1月30日	会议讨论并通过《市人大教科文卫委员会2021年工作要点》，审议市人大代表提出教科文卫方面的议案和建议
27	市十六届人大教科文卫委员会第二十一次会议	2021年5月26日	会议对《牡丹江市红色文化遗存保护利用条例（草案）》进行审议，并提出审议报告

续表

序号	会次	时间	主要内容
28	市十六届人大教科文卫委员会第二十二次会议	2021年6月3日	会议听取对市政府落实《关于在全市开展厉行节约反对食品浪费行为的建议》工作情况进行审议，并形成审议报告
29	市十六届人大教科文卫委员会第二十三次会议	2021年6月25日	会议对市政府贯彻实施《中华人民共和国职业病防治法》工作情况进行审议，形成审议报告
30	市十六届人大教科文卫委员会第二十四次会议	2021年10月24日	会议对市政府贯彻实施党中央、国务院《关于学前教育深化改革规范发展的若干意见》工作情况进行审议，形成审议报告
31	市十六届人大民族侨务外事委员会第十七次会议	2021年4月9日	会议通报镜泊湖水域船只管理立法前期工作，讨论通过向市十六届人大常委会第三十六次主任会议提交的相关汇报材料
32	市十六届人大民族侨务外事委员会第十八次会议	2021年7月14日	会议对牡丹江市筹办全省第四届旅游产业发展大会在建项目开展集中视察情况进行了总结，听取参加视察的代表委员对办好第四届黑龙江省旅游产业发展大会和全市旅游产业长远发展的意见建议
33	市十六届人大民族侨务外事委员会第十九次会议	2021年9月13日	会议审议市政府提交的《关于牡丹江市筹办第四届全省旅游产业发展大会工作情况的报告》，讨论通过专委会在市十六届人大常委会第三十一次会议所作的《关于对牡丹江市筹办全省第四届旅游产业发展大会工作情况的审议报告》
34	市十六届人大民族侨务外事委员会第二十次会议	2021年12月30日	会议讨论通过《牡丹江市第十六届人民代表大会民族侨务外事委员会工作报告》
35	市十六届人大社会建设委员会第十四次会议	2021年3月17日	在牡丹江市消防支队进行《中华人民共和国社会保险法》《中华人民共和国英雄烈士保护法》《中华人民共和国消防法》专题辅导培训，并参观消防基地的建设
36	市十六届人大社会建设委员会第十五次会议	2021年4月21日	对《关于对市政府贯彻落实〈中华人民共和国社会保险法〉（社保部分）工作情况的执法检查报告》进行审议
37	市十六届人大社会建设委员会第十六次会议	2021年9月3日	研究省人大社会建设委员会执法检查组来牡对市政府贯彻落实《中华人民共和国消防法》和《黑龙江省消防条例》情况进行执法检查事宜
38	市十六届人大社会建设委员会第十七次会议	2021年9月13日	对《关于对市政府贯彻落实〈中华人民共和国消防法〉和〈黑龙江省消防条例〉情况的审议报告》进行审议
39	市十六届人大社会建设委员会第十八次会议	2021年10月27日	对《关于对市政府贯彻落实〈中华人民共和国英雄烈士保护法〉情况的执法检查报告》进行审议
40	市十六届人大社会建设委员会第十九次会议	2021年12月28日	对《牡丹江市第十六届人民代表大会社会建设委员会工作报告》进行审议

（资料来源：市人大）

人大立法

参见《法治》

人大监督

【“一号议案”督办】 2021年，市人大将《加强老旧小区改造和物业管理》确定为“一号议案”。市人大常委会组织各级人大代表，采取市区人大联动、专题询问、打分测评等一系列措施，推动居住环境改善，受到群众好评，相关报道被全国人大、省人大媒体转载。

【预算审查监督】 2021年，市人大听取审查《牡丹江市国民经济和社会发展计划执行情况报告》。适应新形势需要，建立人大代表预算审查监督联络员、预算审查监督专家库制度，制定监督重点向支出预算和政策拓展实施方案。落实预算网络监督举措，开辟预算监督新途径。听取国有资产管理情况报告，专题调研政府债券“借、用、管、还”，审查批准市政府新增债务预算调整方案，连续三年对审计整改情况和重点监督问题整改情况进行满意度测评，助力防范化解重大风险。

【闭环式建议督办】 2021年，市人大从提交环节入手，引导代表关注大事、要事、全局事，提高建议“含金量”。市人大代表积极为民代言，提出民生保障方面建议30余件，为市委决策提供有价值的参考。市人大常委会领导领衔督办重点建议，采取听专题汇报、召开协调会、满意度测评、“回头看”、跨年督办等方式，解决实际问题。代表建议、批评和意见全部转交市政府、法检“两院”和相关部门办理，并以正式文件答复代表，解决和列入解决计划占比达到96.73%，形成“提、办、督、效”良性循环。

【《黑龙江省优化营商环境条例》执法检查】 2021年，市人大持续开展《黑龙江省优化营商环境条例》执法检查，启动代表约见国家机关负责人，直面问题、敢于碰硬。视察中小企业促进法贯彻实施情况，调研制约企业发展壮大的问题及根源，推动扶持民营经济发展“21条”政策的出台。

【乡村振兴工作监督】 2021年，市人大将产业兴旺、农民增收作为乡村振兴的首要问题进行监督审议，助推“现代、特色、精品”农业提质增效。市人大农业与农村委推进农民生活富裕情况专项监督和乡村振兴立法调研等两项工作方案。推进农民生活富裕情况专项监督，重点监督农村基本公共服务和农民社会保障、农民收入增长长效机制建设，农民住房建设和管理与农民生活富裕直接相关的农村基础设施建设等。开展乡村振兴过程中遇到的重点和难点问题调研工作，聚焦乡村振兴立法的必要性和可行性，立法的体例框架和主要条款内容，全面汇总、认真梳理、提炼转化具有针对性的法律条款。

（市人大　王占林）

代表工作

【代表培训】 2021年，市人大常委会设置“菜单式”课程，缺什么补什么。邀请专家学者作辅导，解决知识面不宽问题；走进市委党校解决能力不足问题。培训各级代表1000余人次，培训面达到100%，提高代表的综合素质和履职能力。

【代表履职平台】 2021年，市人大常委会推动代表之家、代表联络站建设，600多家（站）织起遍布全市的立体网络。顺应互联网时代潮流，林口县人大创建代表工作手机APP平台，东安区人大五星代表团尝试直播述职，有的开通网上民意直通车，建立代表之家公众号，代表活动、建议办理更加高效、快捷、方便。运用典型引路，推广东宁市人大“一团一品一亮点”做法，总结海林市人大“回选区、见选民，察民情、解民忧，聚民智、谋发展”主题活动经验，召开牡丹江市新时代人大代表工作海林现场会和全市人大代表工作会议，省人大给予高度评价，经验在全省推广。

2021年，牡丹江市地明小区改造后环境优美　　（市人大　供图）

表 6　2021 年牡丹江市人大专门委员会重点建议一览表

序号	代表建议	领衔代表	负责专委会
1	关于优化人民法院年终结案率考核机制的建议	薛念臣	监察和司法委员会
2	关于大力扶持本土企业发展的建议	孙继东	财政经济委员会
3	关于加大对实体经济扶持力度的建议		
4	关于加大优秀中小微企业政策扶持力度的建议		
5	关于加快推进北药产业发展的建议	姜殿刚	农林委员会
6	关于在全市开展厉行节约反对食品浪费行动的建议	朱　明	科教文卫委员会
7	关于牡丹江市文化旅游纪念品开发的建议	薛　弘	民族侨务外事委员会
8	关于打造全域乡村旅游大格局激发乡村振兴新动能的建议	申　奥	
9	关于在市内增加各类运动场地的建议	刘节修	社会建设委员会

（资料来源：市人大）

【代表联系】　2021 年，市人大常委会相继出台“双联系”、履职、约见、述职等规范性文件，统一建立五级人大代表履职档案。以市委名义转发《市人大常委会党组关于完善人大代表联系人民群众制度的意见》，增强各级领导干部的责任意识和代表的履职意识。召开优化营商环境服务企业联系代表对接大会，出台联系代表实施意见。市人大常委会组成人员联系省、市人大代表 137 人，收集代表意见建议 170 余条，帮助企业解决实际困难 10 余件，征集招商引资信息，宣传推介牡丹江。

【议案建议办理】　2021 年，9 位市人大代表牵头，分别提出 9 项有关推动全市经济社会高质量发展方面的建议，市委做出决策部署，市政府工作报告中有对应措施，市人大常委会工作报告中做出“全程跟踪第四届黑龙江省旅游产业发展大会筹备工作”的安排，列入大会议程，交付代表审议答复率 100%。

【议案办理审议】　2021 年，市人大常委会议案审查委员会建议，将议案《关于坚持“建管并重”、持续高效推进市城镇老旧小区改造的议案》，作为大会的第一号议案，会后交由市人大城乡建设环境保护委员会组织审议和跟进督办。县（市、区）政府做好统筹调度、协同联动工作，强化组织实施，完善配套政策。市人大常委会专项听取相关的审议办理情况报告，并向市人民代表大会作书面报告。

（市人大　王占林）

人事任免

【任免事项】　2021 年，市人大常委会在市委领导下，加开两次人代会，满票选举两任市长，选举任免 575 人、618 个职位，通过法定程序成为国家政权机关的领导人员。

【人大常委会人事任免办法修订】　2021 年，市人大常委会修订《牡丹江市人民代表大会常务委员会人事任免办法》，根据《中华人民共和国地方各级人民代表大会和地方各级人民政府组织法》《中华人民共和国人民法院组织法》《中华人民共和国人民检察院组织法》和《黑龙江省人民代表大会常务委员会人事任免条例》有关规定制定任免规范制度，坚持和完善任前法律知识考试，拟任职发言、宪法宣誓等制度，通过法定程序实现人事安排。

（市人大　王占林）

综 述

【民生实事】 2021年，牡丹江市人民政府（以下简称市政府）将利民实事从政府“为民做主”，转变为“由民做主”，以“人民满意”为目标，集中力量办好创业就业、社会保障、社会事业、市民安居、交通改善、便民服务6个方面12件重点利民实事。截至2021年末，12件利民实事工作完成年初工作目标，完成率100%。

表7 2021年牡丹江市人民政府12件民生实事一览表

序号	民生实事内容
1	为全市残疾人提供康复服务3813人次，残疾人就业服务1645人次
2	创新“局校企”合作模式，全省率先组建“创业孵化基地联盟”，覆盖8所高校、18家创业孵化和培训基地，为高校毕业生提供无缝衔接的创业服务。联盟新增入孵企业62户，开展创业培训1659人，带动就业2418人
3	在全市10个县（市、区）同步实施城乡居民基本养老保险丧葬补助金制度。7月1日实施以来，为2018人审核拨付丧葬补助金70.63万元，提高城乡居民养老保障待遇水平
4	扩大法律援助覆盖面，办理各类弱势群体法律援助案件1923件，实体大厅和12348热线平台解答法律咨询服务8781人次，为当事人挽回经济损失1500多万元；免费为群众调解专业性、行业性矛盾纠纷1484件，实现全市低收入弱势群体法律援助全覆盖
5	加强公共体育健身设施建设，建成标准化校园冰场34处、门球场6处，全民健身路径30套
6	聚焦街区外貌、商贸业态、基础设施等进行提档升级。东一步行街11条辅街25栋楼体粉刷工程，临街中保财险、东一商场、星元物业、建设银行等楼体美化亮化工程已全部完成，建成牡丹江文旅纪念品展销中心暨朝鲜民俗风情街游客服务中心，展示俄罗斯和朝鲜民族特色，让市民体验到异域民族风情
7	新建第21中学，已完成新校区选址、项目规划勘察测绘、规划用地界线划定等年内目标
8	改善全市老旧小区居住环境，298万平方米老旧小区，36公里老旧供热管网、79处二次供水泵房、131公里供水管网改造工程全部完成年初预计目标
9	加强城市基础设施建设，完成海浪机场、火车站前广场、牡丹广场和牡丹江大桥等市区节点彩化项目，建设以体育公园为主要改造内容的沿江景观带提升项目和街路绿化景观提升项目，提高城市绿化亮化美化水平
10	保障农村饮水安全，113处农村供水维修养护工程已完成，受益人口14.5万人
11	推动市区智能化停车场建设，逐步实现市区停车、收费“一卡通”，提高泊车效率、缓解市区停车压力
12	在10个偏远乡镇89个派出所建设公安政务服务“全科窗口”，实现68项车驾管、治安与户政业务“一窗办理”，让乡镇群众办事少跑腿

表 8　2021 年牡丹江市人民政府重要公文辑目一览表

序号	重要公文
1	《牡丹江市人民政府关于下放行政权力事项的通知》
2	《牡丹江市人民政府关于印发牡丹江市国民经济和社会发展第十四个五年规划和二〇三五年远景目标纲要的通知》
3	《牡丹江市人民政府关于印发牡丹江市产业链链长制实施方案的通知》
4	《牡丹江市人民政府关于实施“三线一单”生态环境分区管控的意见》
5	《牡丹江市人民政府关于县级以上人民政府统一行使行政复议职责有关事项的通告》
6	《牡丹江市人民政府关于启用市政府行政复议专用章和行政应诉专用章的通告》

（资料来源：市政府办）

【督察督办】　2021 年，市政府督查室下发《督查通知单》256 份，向市政府主要领导报送《督查推进专报》31 期，专项请示或报告 25 期，处置国务院“互联网＋督查”留言信息 78 条、领导留言板省长留言信息 134 条、市长留言信息 96 条，现场督查 10 次。督查结束后均形成督查报告，对督查中发现问题形成工作建议，按照要求分别向市政府领导和市委督查室报送。

【建议及提案办理】　2021 年，市政府印发《关于切实做好建议提案办理工作的通知》。2021 年转交市政府办理的市人大议案 1 件，代表建议、批评和意见 254 件，市政协提案 223 件，共计 478 件。5 月 27 日，组织召开全市议案建议和提案交办工作会议，对任务逐项进行分解落实，并对 49 个承办部门提出具体要求。478 件建议提案全部按时限要求答复代表，答复率 100%。

【重要公文辑目】　2021 年，市政府制发公文 23 项，其中重要文件有 6 项。

（市政府办　张长亭）

重要会议

【政府全体会议】　2021 年，市政府召开全体会议 2 次。

市政府十六届五次全体成员（扩大）会议　2021 年 2 月 25 日召开，会议贯彻落实黑龙江省第十三届人民代表大会第五次会议、市委第十二届八次全体会议、市“两会”精神，落实落靠 2021 年重点工作任务。

市政府第十六届六次全体（扩大）会议　2021 年 8 月 9 日召开，会议贯彻落实省委十二届九次全会、省政府第 75 次常务（扩大）会议暨 2021 年上半年经济形势分析反思会议精神，对上半年全市经济形势进行分析研判，安排部署下半年工作。

2021 年 8 月 9 日，市政府第十六届六次全体成员（扩大）会议召开

（张　伟　摄）

【政府常务会议】　2021 年，市政府召开常务会议 12 次。

【专题会议】　2021 年，市政府召开专题会议 69 次。会议主要研究如下内容：关于第 21 中学新建项目事宜；关于研究黑龙江幼儿师范高等专科学校附属第二幼儿园园址有关事宜；关于城市应急水源工程建设相关事宜；关于牡丹江市餐厨废弃物资源化利用和无害化处理项目相关事宜；关于建设南小屯雨水强排泵站相关事宜；关于 2020 年西安区供热“冬病夏治”工作完成情况以及解决落实相关资金事宜；研究提升新冠病毒核酸检测能力有关事宜；研究部署机场迁建项目推进相关工作；关于市生活垃圾焚烧发电厂项目防洪工程等相关事宜。

（市政府办　张长亭）

表 9　2021 年牡丹江市人民政府常务会议一览表

序号	会次	时间	主要内容
1	十六届四十七次常务会议	2021 年 1 月 8 日	会议传达全市政治生态建设推进会议精神；传达县（市、区）新冠肺炎疫情防控视频会议和省新冠肺炎疫情防控指挥部专题会议精神；审议《政府工作报告》；审议《关于牡丹江市 2020 年财政预算执行情况和 2021 年财政预算（草案）的报告》；审议《牡丹江市国民经济和社会发展第十四个五年规划和二〇三五年远景目标纲要（2021—2025 年）》；审议《2021 年利民实事建议》；听取关于 2020 年市直财政重大支出及新增暂付款情况的汇报
2	十六届四十八次常务会议	2021 年 2 月 7 日	会议审议《牡丹江市服务外包产业发展规划（2020 年—2025 年）》；审议《牡丹江市文明行为促进条例（草案）》；审议《关于“五清”行动推进情况的汇报》；审议《关于海林穆棱卷烟厂联合易地改造项目建成后税收分享情况的汇报》；审议《关于将市城投集团等公司经营管理权划归市国投公司的汇报》；审议《关于对市住房公积金管理中心拟使用资金购置办公楼有关情况的汇报》；听取关于 2021 年市直财政重大支出及新增暂付款情况的汇报
3	十六届四十九次常务会议	2021 年 4 月 13 日	会议审议《牡丹江市国企改革三年行动实施方案（2020—2022 年）》；听取《关于建议设立牡丹江“企业家日”的汇报》；审议《牡丹江市产业链链长制实施方案》；审议《“十四五”时期全市规模以上工业企业培育工作方案》；审议《牡丹江市优质工业产品推荐名录管理办法》；审议《牡丹江市人民政府 2021 年立法工作计划（草案）》；审议《黑龙江省牡丹江市林海水库工程投融资体制机制改革创新方案》；审议《镜泊湖水产养殖场与省旅投北鱼集团合作组建合资公司的方案》；听取关于 2021 年市直财政重大支出及新增暂付款情况的汇报
4	十六届五十次常务会议	2021 年 5 月 21 日	会议审议《牡丹江市人民政府关于废止、修改部分规范性文件的通告》；审议《牡丹江市贯彻落实省生态环境保护督察反馈意见整改方案》；审议《牡丹江市区 2021 年城镇老旧小区改造实施方案》；审议《关于办理市人大〈关于坚持“建管并重”持续高效推进我市老旧小区改造的议案〉（一号议案）工作方案》；听取关于 2021 年市直财政重大支出及新增暂付款情况的汇报
5	十六届五十一次常务会议	2021 年 7 月 5 日	会议传达全省常态化新冠肺炎疫情防控和疫苗接种工作会议精神，安排部署疫情防控工作；听取《全市安全生产工作情况汇报》；审议《牡丹江市构建现代环境治理体系的实施方案》；审议《牡丹江市关于深化医疗保障制度改革的实施方案》和《牡丹江市全面做实基本医疗保险市级统筹实施意见》；听取《关于全市农村人居环境整治工作开展情况的汇报》；听取《关于成立牡丹江市建设用地审批委员会情况的汇报》；听取关于 2021 年市直财政重大支出及新增暂付款情况的汇报
6	十六届五十二次常务会议	2021 年 8 月 6 日	会议听取全市上半年招商引资情况汇报；听取关于全市开展突出生态环境问题排查整治“百日攻坚”行动的汇报；审议《2021 年牡丹江市营商环境提升专项行动计划》；审议《牡丹江市 2021 年度深入推进“办好一件事”改革实施方案》；听取“大棚房”问题清理整治“回头看”工作情况汇报；审议《关于落实〈黑龙江省关于深化新时代教育督导体制机制改革的实施意见〉的实施方案》；审议《牡丹江市行政复议体制改革实施方案》；听取关于拟调整镜泊湖景区部分管理职能的汇报；听取关于 2021 年市直财政重大支出及新增暂付款情况的汇报

续表

序号	会次	时间	主要内容
7	十六届五十三次常务会议	2021年9月7日	会议传达全省交通运输安全电视电话会议精神、研究贯彻落实意见并听取全市安全生产工作情况汇报；传达全省推进落实粮食安全省长责任制电视电话会议精神、研究贯彻落实意见；传达省政府常务会环保督察工作情况、省水污染防治工作领导小组会议精神、省大气污染防治行动联席会议精神、研究贯彻落实意见，传达省生态环境保护督察工作领导小组办公室暗访情况；传达全省开发区闲置土地和闲置资产专项清查工作动员会议精神、研究贯彻落实意见；审议《牡丹江市全面推行林长制实施方案》；审议《市委宣传部、市司法局关于在全市公民中开展法治宣传教育的第八个五年规划（2021—2025年）》；传达国家林草局东北虎豹国家公园建设视频调度会议精神、研究贯彻落实意见；审议《关于积极应对金融风险做强做优做大国有资本工作方案（2021年）》；听取关于2021年市直财政重大支出及新增暂付款情况的汇报
8	十六届五十四次常务会议	2021年10月12日	会议传达省政府常务会调度全省秋收工作情况省长讲话精神、通报牡丹江市秋收工作情况及贯彻落实意见；传达黑龙江省科技创新暨奖励大会会议精神、研究贯彻落实意见；讨论《牡丹江市人民政府关于下放行政权力事项的通知》；讨论《牡丹江市全面加强新时代大中小学劳动教育的实施方案》；讨论《牡丹江市关于深化教育教学改革全面提高义务教育质量的实施方案》；讨论《牡丹江市全民所有自然资源资产所有权委托代理机制试点实施方案》；听取关于市属新闻媒体改革有关情况的汇报；讨论《2021年加强未成年人思想道德建设工作情况汇报》；听取关于2021年市直财政重大支出及新增暂付款情况的汇报
9	十六届五十五次常务会议	2021年10月26日	会议传达省政府第81次常务（扩大）会议暨2021年前三季度经济形势分析会议省长胡昌升讲话精神；听取关于2021年前三季度全市宏观经济运行情况的汇报；听取关于加快推进项目建设持续扩大有效投资的汇报
10	十六届五十六次常务会议	2021年11月11日	会议传达近期省委、省政府有关安全防范工作会议精神、听取全市安全生产工作情况汇报；听取《关于牡丹江市循环工业园区配套基础设施项目一般债券调整项目的汇报》；传达全省公安机关加强边境地区管控工作推进会议精神、研究贯彻落实意见；听取《关于2020年度牡丹江市法治政府建设工作情况的汇报》；讨论《牡丹江市住宅物业管理条例（修订）》（草案）》；讨论《牡丹江市科技、公共文化、教育、生态环境、自然资源、应急救援、交通运输、医疗卫生8个领域市以下财政事权和支出责任划分改革方案》；听取《关于办理市人大“一号议案”工作完成情况的汇报》；讨论《牡丹江市国资国企监督管理权责清单》；听取关于2021年市直财政重大支出及新增暂付款情况的汇报
11	十六届五十七次常务会议	2021年12月9日	会议调度全市经济运行情况；讨论《牡丹江市人民政府关于贯彻落实东北全面振兴“十四五”实施方案的工作方案》；讨论《牡丹江市黑土耕地保护利用“田长制”实施方案（试行）》；听取《关于牡丹江市河湖“清四乱”和河道采沙整治专项行动进展情况的汇报》；听取《关于牡丹江市第三次国土调查成果情况的汇报》；讨论《牡丹江市市场主体住所（经营场所）登记管理暂行办法（试行）》；讨论《牡丹江市推进“证照分离”改革全覆盖实施方案》；听取《牡丹江市数字政府建设情况汇报》；听取《关于佳日热电供热片区保供情况的汇报》；听取关于2021年市直财政重大支出及新增暂付款情况的汇报
12	十六届五十八次常务会议	2021年12月28日	会议讨论《政府工作报告》；讨论《关于牡丹江市2021年财政预算执行情况和2022年财政预算草案的报告》；讨论《关于牡丹江市2021年国民经济和社会发展计划执行情况与2022年国民经济和社会发展计划草案的报告》；讨论《2022年利民实事建议》；讨论《牡丹江市深化应急管理综合行政执法改革实施意见》；讨论《东北虎豹国家公园（黑龙江片区）矿业权退出方案》；听取《关于佳日热电托管运营情况的汇报》；听取关于2021年市直财政重大支出及新增暂付款情况的汇报

（资料来源：市政府办）

政策研究

【调查研究】 2021年，市政府围绕全市中心工作、热点工作以及市委、市政府关注的重点难点问题，指导和督办政府系统开展调研工作和重点调研课题，收集政府部门2018-2020年调研成果71篇，刊发《政府调研》6期，《关于城区经济发展情况调研报告》获得2021年度全省党政领导干部优秀调研成果优秀文稿。针对复工复产、为群众办实事情况开展专项调研；围绕市城区经济发展情况、进一步优化营商环境、做强做大石油装备产业等领域开展调研，为市委、市政府科学决策提供借鉴。

【文稿起草】 2021年，政府研究室起草各类文稿350篇、150万字，围绕统筹疫情防控和经济社会发展，起草《政府工作报告》；围绕落实市委全会和全市“两会”，起草市政府全体成员会、政府党组会、常务会等政府系统会议和农村工作、依法治市、安全生产、廉政会议等全市大会以及全市金融、养老、煤炭保供等专业会议讲话，协助政府领导对重点行业、重点领域工作谋划部署；围绕对上汇报，起草市政府主要领导参加省委全会、全省“两会”、省政府常务会等发言类文稿；围绕对外宣传，起草牡丹江市在新加坡国际展望大会、中国动漫城洽谈会、亚布力论坛、第四届天鹅年会致辞推介类文稿，在全省民政工作座谈会、省政府商贸业升级推动县域发展大会等经验介绍类文稿；围绕经济运行和工作推进，起草政府领导经济形势分析会、项目建设“冬季会战”讲话等推进类文稿；围绕全市重点工作，参与起草第四届黑龙江省旅游产业发展大会、环保督察相关文稿。注重把握领导关注点、决策需求点、信息服务点，及时精准地为市领导提供宏观政策信息、外地成功经验、牡丹江市实践探索，全年为市政府领导决策提供有价值的《推动地方数字经济打开新空间》《发展“飞地经济”典型案例》《三种模式六种类型可复制的乡村振兴》等方面的参阅资料12期。配合《牡丹江日报》、牡丹江电视台等媒体记者，做好市政府主要领导政务活动新闻稿把关工作；组织协调市内外专家对市委、市政府重大决策开展咨询论证，完成市政府常务会等15个议题论证服务工作。

（市政府研究室　宋明佳）

政务服务

【政务公开】 2021年，市政府发挥“中国·牡丹江”政府门户网站在政务公开工作中的平台作用，推进网站集约化建设，督促各部门依法公开本机关相关信息，在规定时限内更新法定主动公开内容，及时、准确地发布政策信息。开展政策解读工作，加大行政规范性文件公开力度。全市受理政府信息公开申请116件、办结110件。推进涉企政策信息公开，市政府门户网站涉企政务信息公开专栏发布有效涉企政策文件17个、涉企政务活动信息81条。

（市政府办　张长亭）

【智慧政务】 2021年，牡丹江市布局建设一图调度、三级统筹、五级协作、七大板块于一体的“一网统服”数字平台，实现“一屏观全城、一网管全市”智慧治理模式，带动行政重心下移、行政职能下沉、行政资源下放，推进“街道吹哨、部门报到”，实现身边事不出网格、小事不出社区、大事不出街道、矛盾问题解决在基层，提升社会治理体系和治理能力现代化建设水平。

（市营商局　林　杨）

【公共资源交易服务】 2021年，牡丹江市公共资源交易中心完成公共资源交易项目794个（宗），成交金额55.86亿元，节支增收3.17亿元，资金节约率5.37%。其中，政府采购项目成交551个，成交金额2.92亿元，节支0.33亿元，资金节约率11.31%；建设工程成交183个，成交金额44.09亿元，节支1.99亿元，资金节约率4.32%；国有土地、矿产权、国有产权使用权出让成交60宗，成交金额8.85亿元，节支0.85亿元，溢价率10.64%。服务重点项目，年内完成第四届黑龙江省旅游产业发展大会招标项目37个（宗），交易金额6.4亿元。落实扶持小微企业政策，按照《中国人民共和国政府采购法》《政府采购促进中小企业发展暂行办法》《黑龙江省财政厅关于统筹支持疫情防控和企业复工复产若干财税的意见》等文件要求，市公共资源交易中心对非专门面向中小企业的项目，在招标文件中作出规定，对小微型企业产品的价格给予10%的扣除，用扣除后的价格参与评审。融合“互联网+”，招投标流程实现电子化，完成从“传统纸质交易”到“无纸化网上交易”的转变，降低企业投标成本，实现“数据多跑路，企业少跑腿”，采购效率平均提高2—3日。根据电子化评标要求，以“一站式”业务全程办理的方式取代“分段式”办理，通过各级责任人审核把关的方式，使工作责任更加明确，项目办理时限有效缩短。规范招标文件、中标公告等文件模板，实现信息“同口径”发布。明确竞争性磋商二次报价业务流程，压实采购人主体责任。中心在委托代理协议中明确采购人在提供采购需求、应对询问质疑、依法抽取评审专家、履约验收等方面的主体责任，实行采购人修改采购需求公示及审核采购文件的限时办结制，缩短采购周期。

（市公共资源交易中心　李廷忠）

【网上政务服务】 2021年，牡丹江市强化信息化制度建设，制定《牡丹江市政务信息化项目建设管理暂行办

2021年10月，市民生大厦综合服务窗口　　（高峻松　摄）

法》，明确“数字政府”建设职责分工，利用现有政务信息化基础设施，为全市信息化建设提供制度保障。牡丹江市建成全市一体化政务服务平台，1609项政务服务事项上线运行，市级依申请政务服务事项网上可办率96.43%，平台受理617451件，办结616585件，办结率99.85%；完成“爱城市网—雪城牡丹江”APP与“全省事”APP对接，注册31510人次；搭建政务服务“好差评”系统，上传评价数据39.2万条。搭建市级政府数据共享平台和开放平台，部署开放数据资源接入、目录管理、资源管理和资源处理业务子系统，代理国省市资源264个，调用接口3929万余次，数据交换量位列全省第三位。

（市营商局　林　杨）

【文稿拟办】　2021年，市政府办公室撰写各类文稿588篇，130余万字。完成2021年度《牡丹江市情手册》编纂、2022年利民实事征集等工作。高标准完成中央第六巡视组和省委第七巡视组反馈问题整改等各项工作。撰写《关于对全市黑木耳产业发展的几点思考》《关于市农业生产托管开展情况的调研报告》。

（市政府办　张长亭）

营商环境优化

【放管服改革】　2021年，市政府印发《关于做好2021年权力下放工作的通知》《关于落实省政府向乡镇街道赋权工作的通知》，推动市卫生健康委员会、市市场监督管理局等单位下放权力事项7项，按照省政府3号令对绥芬河自贸片区下放权力21项，确定牡丹江市第一批赋予乡镇和街道集中行政处罚权力19项。根据机构、职能调整情况，组织各部门对权责事项进行梳理调整，形成新的权责事项清单并在政务服务网公示。梳理全市行政审批信用承诺制事项清单。梳理全市高频事项167个，完成首批30个高频事项下沉工作。

【政务服务效率】　2021年，市营商局制定《牡丹江市2021年度推进“办好一件事”改革实施方案》，在首批推出107项的基础上，梳理2021年清单45项，超额三倍完成黑龙江省“一件事”50件改革任务。推动“个人全生命周期一件事”和企业开办“一件事”上线运行，不动产+水电热气联办实现户号免申，推动“一件事一条链”“一件事一次办”。围绕企业注册开展“政银合作”服务，实行企业名称自主申报，推动企业注册开办向区级政务服务大厅下沉，实现免费印章刻制和100%全程电子化。1—12月，全市新设立市场主体37346户，同比增长18.1%。企业简易注销时间由45天压缩为20天，市场主体退出机制进一步完善。

【涉企服务水平】　2021年，市营商局开展冬季预办、一图会办、容缺受理、网上办理，推进“承诺制”审批改革，全年通过各种方式为44个项目开通审批绿色通道，完成一图制会审21次，为22个项目解决实际问题。第四届黑龙江省旅游产业发展大会期间，突破属地化立项审批，先后为镜泊湖风景提升项目、飞龙潭景观改造、镜泊湖北门防洪工程和东宁要塞改造等旅发大会项目办理可研批复，协调推进小提琴广场等7个旅发大会项目、应急水源地建设项目、老旧小区建设项目等，完成政府投资项目审批131项，保障建设项目快速审批、落地。当好企业“四员”，组建涉企全要素保障专班，开展“码上诚信”工作，为全市81197户市场主体赋码成功，推进“信易贷”工作，牡丹江市入驻全国“信易贷”平台企业14461户，授信金额27.42亿元。搭建全省首个惠企政策兑现服务平台，对惠企政策进行颗粒化分解。截至2021年末，平台发布惠企政策84项，惠企事项78项。

【监督投诉效能】　2021年，市营商局开展重点领域专项整治，开展“清赖”回头看工作，梳理出台账事项105件，涉及金额30477万元，还款12529万元；推进招投标和政府采购专项整治，组织相关单位认领查找问题，推进整改；开展惠企政策落实专项监督工作，收集问题线索5条。建立健全营商环境投诉举报制度，畅通投诉举报渠道，在市政府门户网站设立“企业投诉”专栏，设立“12346”营商环境投诉举报专线，接听电话1213次。加大案件督办力度，用好《营商环境专报》直通车，坚持典型案例通报约谈制度和高位推动办理机制，收到举报线索117件，办理116件，办结率99%。

（市营商局　林　杨）

外事工作

【APEC商务旅行卡办理】　2021年，市外事办落实新冠肺炎疫情形势下因公出国管理政策，与省外事办出国（境）管理处共同开展“APEC商务旅行卡专题座谈会”，向参会企业解读办理APEC旅行卡的相关政策和措施，听取企业的意见和建议，解答企业提出的疑问。宣传APEC商务旅行卡相关政策及办理流程。截至2021年末，办理APEC商务旅行卡5人次。

【因私出境管理】　2021年，市外事办牵头成立全市参与共建“一带一路”安全保障协调小组，开展预防性宣传，提高赴海外人员安全意识和风险防范能力。完善牡丹江地区“一带一路”境外企业数据库，组织境外企业开展视频连线，了解境外企业总体情况，为企业解答在安保和新冠肺炎防疫等方面关心的问题，将“以人为本、外事为民”服务理念落到实处。

2021年6月2日，牡丹江市代市长张国军会见俄罗斯驻哈尔滨总领事奥谢普科夫
（李　达　摄）

【外事活动】　2021年1月13日，市政府与俄罗斯农业集团召开生猪养殖一体化项目视频会议；6月2日，牡丹江市代市长张国军会见俄罗斯驻哈尔滨总领事奥谢普科夫；10月27日，牡丹江市市长张国军与白俄罗斯波洛茨克区执行委员会主席马尔科维奇举行在线视频会谈；12月20日，牡丹江市副市长齐忠彦与俄罗斯萨哈（雅库特）共和国梅甘诺－甘加拉斯基区第一副区长波塔波夫·谢苗·谢梅诺维奇举行视频会谈。

表10　2021年牡丹江市重要外事活动一览表

活动时间	活动名称	活动内容
1月13日	牡丹江市—俄罗斯农业集团—东方希望集团三方视频会晤	牡丹江市副市长齐忠彦、经合局局长鞠绎铼、外事办主任刘长生、东方希望集团与俄罗斯农业集团中国区负责人谢尔盖·伊万诺夫出席视频会晤，三方围绕俄罗斯农业集团提出的生猪养殖一体化项目进行洽谈
6月2日	工作会谈	牡丹江市代市长张国军会见俄罗斯驻哈尔滨总领事奥谢普科夫，双方围绕经贸、人文、旅游、友城合作等领域进行会谈
10月27日	牡丹江市与白俄罗斯波洛茨克区政府间视频会晤	牡丹江市市长张国军与白俄罗斯波洛茨克区执行委员会主席马尔科维奇出席视频会晤，双方围绕经贸合作、文化、教育、对外开放等内容进行深入探讨，并就深化交流、拓展合作空间、实现共赢发展达成广泛共识
12月20日	牡丹江市与俄罗斯萨哈（雅库特）共和国梅甘诺－甘加拉斯基区政府间视频会晤	牡丹江市副市长齐忠彦与俄罗斯撒哈（雅库特）共和国梅甘诺－甘加拉斯基区第一副区长波塔波夫·谢苗·谢梅诺维奇出席视频会晤，双方建议以“中俄体育交流年”为契机，充分发挥中俄体育的优势与特色，拓宽体育交流项目，探索体育产业合作，通过体育交流为经贸领域的合作开辟道路

（资料来源：市外事办）

2021 年 5 月 31 日至 6 月 8 日，在俄罗斯哈巴罗夫斯克市举办“天赋——献给所爱的城市”线上国际儿童画展。图为牡丹江市参展的 10 幅优秀绘画作品

（李　达　摄）

【友城交往】　截至 2021 年末，牡丹江市共有 7 个国外友好城市，其中：俄罗斯友好城市 2 个，分别为乌苏里斯克市和梅甘诺 - 甘加拉斯基区。韩国友好城市 1 个，为坡州市。澳大利亚友好城市 1 个，为莫斯曼市。芬兰友好城市 1 个，为于韦斯屈莱市。日本友好城市 1 个，为大津市。白俄罗斯友好城市 1 个，为波洛茨克区。2021 年，举办牡丹江市与韩国坡州市庆祝结好 15 周年，2020 年 10 月 14 日牡丹江市与韩国友城坡州市缔结友好合作城市关系 15 周年纪念日前夕，牡丹江市市长王文力与坡州市市长崔钟桓互致贺信祝贺。崔钟桓市长赠送一批坡州特产人参制品慰问牡丹江市抗疫人员。

2021 年 5 月 31 日至 6 月 8 日，在俄罗斯哈巴罗夫斯克市举办“天赋——献给所爱的城市”线上国际儿童画展。外事部门积极征集牡丹江地区近百幅儿童作品，其中，有 10 幅优秀绘画作品脱颖而出，亮相本次画展。主办方对这 10 名同学的作品给予高度评价，并颁发荣誉证书。本次活动是自疫情以来，牡丹江与俄罗斯地方政府间的的首次线上人文交往活动。为庆祝《中俄睦邻友好合作条约》签署 20 周年，中俄友好、和平与发展委员会地方合作理事会中方主席单位黑龙江省，联合理事会中方各成员省份，共同发起“2021 年我在中国过春节”短视频征集活动。俄罗斯籍“中国媳妇”娜塔莎受市外事办邀请参加本次活动，主办方为她颁发感谢状，感谢其对活动的支持。与黑龙江农业经济职业学院、俄罗斯滨海边疆区国立农业学院举行三方线上会议。会谈中，市外事办发挥桥梁纽带作用，促成中俄两校校长初步达成合作共识，双方表示将在科技、教育和农业领域深挖合作项目。本次视频会谈为中俄地方农业高校搭建友好交流平台，为双方开展深入合作开创良好的开端。

（市外事办　毕琳琳）

综 述

【概况】 政协牡丹江市第十二届委员会（以下简称市政协）由29个界别组成，有委员323名，其中常务委员会组成人员61人（含主席1人，副主席6人，秘书长1人，常务委员53人）。内设市政协设提案委员会、经济委员会、农业和农村委员会、教科卫体委员会、社会与法制委员会、民族宗教和联络委员会、文化文史和学习委员会、办公室、研究室、机关党委、委员联络服务中心，机关驻有市纪委监委派驻纪检监察组。

【政协委员构成】 市政协委员有323人，由29个界别构成，包括中国共产党18人、中国国民党革命委员会14人、中国民主同盟14人、中国民主建国会13人、中国民主促进会13人、中国农工民主党10人、九三学社10人、无党派人士13人、中国共产主义青年团2人、总工会2人、妇女联合会6人、青年联合会2人、工商业联合会20人、科学技术协会16人、台胞台属联谊会8人、归国华侨联合会5人、文化艺术界17人、科学技术界16人、社会科学界7人、经济界298人、农业界19人、教育界15人、体育界4人、新闻出版界5人、医药卫生界12人、社会福利和社会保障界6人、少数民族11人、宗教界代表6人，以及特别邀请人士25人。

【政协自身建设】 2021年，市政协增设研究室，组建委员联络服务中心，增加人员编制5个，市委选派4名处级干部充实市政协工作力量，市政协选调8名科级及以下干部进入市政协机关工作。启动市政协委员履职信息平台建设，完善提案、社情民意信息、委员履职等管理系统，促进委员履职提质增效。

【社情民意】 2021年，市政协以《政协动态》《委员之声》等形式，报送《关于牡丹江综合交通枢纽（公铁联运中心）规划、建设及周边综合治理的建议》《强化景区精细化管理持续推动品质提升》等社情民意信息，向党政领导汇报工作进展情况、典型经验做法、委员意见建议等，为党委、政府提供富有价值的决策参考。

【信息宣传】 2021年，市政协通过《政协动态》《委员之声》《工作简报》等形式及时将市政协工作重点、亮点及委员意见建议，向市委、市政府领导及相关部门和县（市、区）报送、推送，市委、市政府主要领导对多期信息作出批示。落实党委部门信息工作要求，向市委办报送工作信息12条，向市委宣传部报送舆情信息43条。向各级各类新闻媒体报送宣传市政协工作稿件，《打出“组合拳”助力“旅发会”》《发挥专门协商机构作用推进基层协商民主建设》等多篇稿件被《中国政协报》、省政协网、《牡丹江日报》等媒体平台采用。依托市政协门户网站、微信公众号、《牡丹江政协》杂志等平台，发布网站信息148篇、公众号链接102篇，刊印杂志3期、文章信息89篇。

【创新履职】 2021年，市政协在全省率先探索发挥政协专门协商机构作用、推进基层协商民主建设的创新实践。在党组织的领导下，通过政协组织搭台指导，在乡镇（街道）、村（社区）设立协商议事会议，由政协委员召集组织议事会议成员、利益相关方代表和其他相关人员，就涉及当地建设发展和群众公共利益的问题，开展协商议事活动，弥合分歧，增进共识，推进问题解决。在全市10个县（市、区）全面建立起组织体系，推进60多个基层试点建设，初步形成一批各具特色协商议事模式，促进政协制度优势转化为基层治理效能，《人民政协报》给予较大篇幅报道，市政协蝉联全省“政协工作创新奖”。

（市政协　孙综河）

重要会议

【全体委员会议】 2021年1月27—28日，政协牡丹江市第十二届委员会

2021 年 1 月 27 日，政协牡丹江市第十二届委员会第五次会议召开
（陈占辉　摄）

第五次会议举行。会议协商讨论市政协主席闫岩代表市政协常委会所作的工作报告、市政协副主席赵中三代表市政协常委会所作的提案工作情况报告；协商讨论《市政府工作报告》《牡丹江市国民经济和社会发展第十四个五年规划和二〇三五年远景目标纲要（草案）》《市中级人民法院工作报告（协商稿）》《市人民检察院工作报告（协商稿）》及其他报告。会议补选十二届市政协副主席、秘书长和常务委员会委员。

【常务委员会会议】　2021 年，政协牡丹江市第十二届委员会召开 5 次常委会会议。

【主席会议】　2021 年，政协牡丹江市第十二届委员会召开9次主席会议。
（市政协　孙综河）

表 11　2021 年牡丹江市政协常委会会议一览表

序号	会次	时间	主要内容
1	十二届第二十次	2021 年 1 月 26 日	听取市政府 2020 年度办理政协提案情况的通报；听取市政协十二届五次会议筹备情况报告；审议市政协十二届五次会议建议议程、建议日程（草案）；审议市政协十二届委员会副主席、常务委员候选人建议名单（草案）；审议市政协十二届五次会议秘书长、副秘书长建议名单（草案）；审议市政协十二届委员会调整、增补委员名单（草案）；审议市政协十二届五次会议选举办法（草案）；审议市政协十二届五次会议总监票人、监票人建议名单（草案）；审议市政协十二届委员会副秘书长，部分专门委员会主任、副主任，办公室主任调整名单（草案）；审议市政协十二届委员会常务委员会工作报告（讨论稿）；审议市政协十二届委员会提案工作情况报告（讨论稿）；市政协主席闫岩讲话
2	十二届第二十一次	2021 年 1 月 27 日	听取大会对市政协十二届委员会常务委员会工作报告讨论情况汇报；听取对补选市政协十二届委员会副主席、秘书长、常务委员候选人名单（草案）的讨论意见；听取对大会选举总监票人、监票人名单（草案）讨论意见；听取对大会选举办法（草案）的讨论意见；审议大会决议（草案）
3	十二届第二十二次	2021 年 4 月 13 日	学习全国“两会”精神；通报《牡丹江市 2021 年度政协协商工作计划》；通报《关于建立市政协委员履职档案工作实施方案（试行）》；市政协主席闫岩讲话
4	十二届第二十三次	2021 年 8 月 24 日	传达习近平总书记“七一”重要讲话精神（书面）；听取市政协专题调研组《培育壮大龙头企业推动工业振兴崛起的调研报告（协商稿）》；市政协委员发言；市政协委员与市政府相关部门互动；市政府领导作有关情况报告；市政协主席闫岩讲话
5	十二届第二十四次	2021 年 10 月 15 日	学习传达习近平总书记在纪念辛亥革命 110 周年大会上的重要讲话精神（书面）；听取市政协专题调研组《关于农村人居环境整治情况的调研报告（协商稿）》；市政协委员发言；市政协委员与市政府相关部门互动；市政府领导作有关情况报告；市政协主席闫岩讲话

（资料来源：市政协）

表 12　2021 年牡丹江市政协主席会议一览表

序号	会次	时间	主要内容
1	十二届三十三次	2021 年 1 月 5 日	研究市政协班子政治生态建设工作
2	十二届三十四次	2021 年 1 月 25 日	听取市政协十二届五次会议筹备情况报告；审议市政协十二届五次会议建议议程、建议日程（草案）；审议市政协十二届委员会副主席、常务委员候选人建议名单（草案）；审议市政协十二届委员会调整、增补委员名单（草案）；审议市政协十二届五次会议选举办法（草案）；审议市政协十二届五次会议总监票人、监票人建议名单（草案）；听取市政府 2020 年度办理政协提案情况通报的准备情况；审议市政协十二届五次会议秘书长、副秘书长建议名单（草案）；听取邀请出席、列席市政协十二届五次会议人员有关情况说明；通报关于表彰 2020 年度市政协优秀委员优秀提案的决定；审议市政协十二届委员会副秘书长，部分专门委员会主任、副主任，办公室主任调整名单（草案）；审议确定市政协十二届二十次常委会议召开时间及建议议程；审议确定市政协十二届五次会议大会发言；审议市政协十二届委员会提案工作情况报告（讨论稿）；审议市政协十二届委员会常务委员会工作报告（讨论稿）
3	十二届三十五次	2021 年 3 月 9 日	传达省“两会”精神及市委书记、市人大主任杨廷双关于贯彻省“两会”精神讲话；传达市深化机关作风整顿优化营商环境会议精神（书面传达）；听取市政协十二届五次会议秘书处关于大会工作情况的汇报；审议《市政协 2021 年专项重点工作分工方案》；审议《政协牡丹江市委员会关于开展助力旅发大会‘五个一’活动方案》；听取各委办 2021 年工作计划情况汇报
4	十二届三十六次	2021 年 4 月 12 日	传达全国“两会”精神（书面）；讨论《〈政协牡丹江市第十二届委员会履职纪实〉编制出版工作方案》；审议《关于建立市政协委员履职档案工作实施方案（试行）》；审议政协牡丹江市十二届五次会议重点提案；审议《牡丹江市 2021 年度政协协商工作计划》；审议市政协第十二届二十二次常委会会议议程
5	十二届三十七次	2021 年 7 月 29 日	学习传达习近平总书记“七一”重要讲话精神（书面）；听取市政协 2021 年十项专项重点工作推进情况汇报；听取市政协机关 2020 年度政治生态建设和目标考核情况的汇报；审议《政协牡丹江市委员会关于开展“书香政协”读书活动的实施方案》；听取市政协专题调研组关于“培育壮大龙头企业推动工业振兴崛起”调研工作情况及常委会议政性协商准备情况的汇报；审议通过市政协十二届二十三次常委会会议议程
6	十二届三十八次	2021 年 9 月 18 日	学习传达市委十二届九次全会精神（书面）；听取全市基层协商民主建设经验交流会筹备情况；审议《牡丹江市基层协商民主议事工作规则（试行）》；审议《政协牡丹江市委员会应用型专家智库管理办法（试行）》及听取第二批智库专家人选推荐情况；听取委员换届人选推荐情况
7	十二届三十九次	2021 年 10 月 14 日	学习传达习近平总书记在纪念辛亥革命 110 周年大会上的重要讲话精神（书面）；听取市政协专题调研组关于“接续推进农村人居环境整治”调研工作情况及常委会议政性协商准备情况的汇报；审议通过市政协十二届二十四次常委会会议议程
8	十二届四十次	2021 年 11 月 16 日	会前传达学习党的十九届六中全会公报精神、市委书记、市人大主任杨廷双同志在市委 12 届 154 次常委（扩大）会议上的讲话精神（书面）；传达《中共中央组织部关于领导干部及时报告个人有关事项的通知》（书面）；通报黑龙江省委《关于隋清江同志免职的通知》；听取市政协各委办室年度工作情况汇报；审定《政协牡丹江市委员会十三届一次会议筹备工作方案》；市政协主席闫岩讲话
9	十二届四十一次	2021 年 12 月 13 日	听取市政协十三届一次会议筹备工作情况的汇报

（资料来源：市政协）

协商议政

【年度协商议政会议】 2021年，市政协发挥协商民主重要渠道和专门协商机构作用，按照《牡丹江市2021年度政协协商工作计划》，围绕市委全会确定的目标任务和工作重点，结合政协工作实际，开展“培育壮大龙头企业、推动工业振兴崛起”“接续推进农村人居环境整治”2个常委会会议议政性协商会议。

【专题议政会】 2021年，市政协开展“第四届黑龙江旅游产业发展大会筹备情况”“推进数字经济建设、助力企业创新驱动”“《宗教事务条例》贯彻落实”3个专题协商议政会议。按照《牡丹江市2021年度政协协商工作计划》安排，于10月27日，由副主席吴庆兰带队，组织部分政协委员就牡丹江市老旧小区改造情况开展监督式议政。分别视察东安区东兴小区和爱民区地明小区两个老旧小区改造现场，召开对口议政会，展现全过程人民民主的基层实践。委员们对牡丹江市老旧小区改造取得的成绩表示充分认可，小区环境得到美化，基础设施进一步完善，住宅品质和价值明显提升，居民幸福感、归属感大幅增强。提出建议：强化建设中的科学统筹；严格把控工程质量；严格把握施工进度；加强老旧小区改造后续管理；加强物业管理；从多角度做好宣传工作；从政府层面严查“牛皮癣”小广告的张贴；注重改造的实用性和时效性；与相关配套和施工单位对接，做好小区配套设施的全面改造；彻底清除改造后小区居民窗户护栏和挂框；做好小区配套设施建设；加强规划引导，提升小区服务功能。

（市政协　孙综河）

调研与视察

【调研工作】 2021年，市政协落实省、市、县三级联动调研工作部署，协助省政协完成《发挥基层文化馆阵地作用、促进乡村振兴发展》《加强黑土地保护和利用》《推进智能仓储设施建设、延长粮食安全保质周期》《城市饮用水二次供水情况》《林下经济发展情况》等课题的专题调研。配合全国政协和省政协领导率领的调研组到牡丹江市调研，开展相关内容调研资料的收集、整合、问题梳理，提出措施建议等，参与在牡丹江市的调研活动。4月24日，全国政协副主席张庆黎带领调研组到牡丹江市，就重视和加强军人所赡养老人医养保障工作重点提案进行督办调研。5月26—27日，省政协副主席、民进省委主委张显友带领省政协调研组一行，对牡丹江市《关于加强知识产权保护促进高质量发展的实施意见》贯彻落实情况开展监督性调研。6月17—19日，全国政协外事委副主任王民带领调研组到牡丹江市，就推动新时代中俄全面战略合作关系高水平发展进行考察调研。6月25日，省政协副主席刘睦终带领省政协调研组到牡丹江市，就健全和完善普惠性托育服务体系进行专题调研。

【集中视察】 2021年，市政协围绕《加快牡丹江市大数据应用中心建设促进数字经济发展》课题，在副主席李自亲、吴庆兰的带领下，开展专题视察。视察多次走访市政府相关部门、市政协委员、智库专家，征求意见，实地视察市大数据应用中心、蚁聚高新技术创业服务集团、友博制药数字化智能车间等，就大数据应用中心建设及相关产业发展深入研讨。

（市政协　孙综河）

委员工作

【政协委员培训】 2021年5月13日，市政协组织市、区两级政协委员和政协机关干部近300人，在党政会议中心举行学习培训报告会。通报牡丹江市承办第四届黑龙江省旅游产业发展大会情况；邀请牡丹江师范学院中国抗联研究中心副主任、市委党史学习教育宣讲团成员李洪光教授作《学党史 悟思想 办实事》专题讲座。5月26日，市政协组织40名政协委员和机关干部赴全国政协干部培训中心，进行为期8天的培训。

【优秀提案推荐】 2021年，市政协在270件提案的基础上，推荐优秀提案4个：《关于办好第四届黑龙江省旅游发展大会的建议》《关于进一步举全市之力深入实施“工业立市”战略的建议》《关于扎实推进兴边富民，建设繁荣宜居边境的建议》《关于完善牡丹江市婴幼儿托育服务的建议》。

【提案工作报告审议】 市政协十二届五次会议以来，收到提案270件，经审查立案228件，立案率84.4%。立案提案已全部交由相关部门办理。未立案的42件提案与提案人沟通后，分别转为社情民意信息进行办理。截至2021年末，提案已全部办理完毕。

（市政协　孙综河）

综　述

【概况】　2021年，中国共产党牡丹江市纪检检查委员会、牡丹江市监察委员会（以下简称市纪委监委）在省纪委监委和市委的坚强领导下，坚决拥护“两个确立”，增强“四个意识”、坚定“四个自信”、做到“两个维护”，认真履行协助职责和监督专责，坚定不移正风肃纪反腐，充分发挥监督保障执行、促进完善发展作用，为推进牡丹江全面振兴全方位振兴提供坚强保障。全年运用“四种形态”批评教育帮助和处理6793人次，其中运用第一种形态批评教育帮助5021人次，占比73.9%。注重发挥查办案件治本作用，全市纪检监察机关下发纪检监察建议书270份，督促推动发生违纪违法问题的地方和部门检视问题、举一反三、完善制度、堵塞漏洞。深入落实“三个区分开来”要求，及时为20名干部和2个单位进行澄清正名，对461名受处分干部开展暖心回访。推行乡镇纪委“七必访”“四必谈”工作，累计访谈群众5000余人次，立案34件，推进解决问题312个，促进完善制度机制33个。实行“县纪委监委班子成员＋监督检查室＋派驻机构＋乡镇纪委”协作模式，全市建立40个办案协作区，各乡镇立案281件、同比增长2.2%。

【队伍建设】　2021年，市纪委监委聚焦打造“五型”机关，持续深化“三铁”活动，组织开展乡镇（街道）纪检监察干部、派驻机构干部等培训819人次；编写《牡丹江市纪委监委监督执纪执法工作规范》，收录相关党内法规、文件制度13个，对线索处置、初步核实等六个方面110个常用文书格式进行细化规范。制定市纪委监委纪检监察干部监督工作意见和警示教育工作常态化制度化意见，市县两级干部监督工作全部由委主要领导直管，健全内部风险防控机制，实现县级干部监督室应设必设，成立市纪委监委机关纪委，从严查处执纪违纪、执法违法问题。全年查处纪检监察干部违纪违法案件10件，党纪政务处分10人，运用第一种形态批评教育帮助75人次。

【纪律教育】　2021年，市纪委监委通过组织党员干部参观廉政教育基地、观看警示教育片、参加旁听庭审等方式，以身边事教育身边人，切实强化廉洁自律意识。通过在网站、微信公众号发布党纪法规知识、典型案例分析、不定期向社会公开通报违纪违法典型案例等方式开展警示教育。全年发布党纪法规知识67期，通报曝光违纪违法典型案例25起46人次。

【作风建设】　2021年，市纪委监委一以贯之落实中央八项规定及其实施细则精神，打好督促提醒、专项检查、从严查处、警示通报“组合拳”，坚决防止“四风”问题反弹回潮。全年查处形式主义、官僚主义问题269个，批评教育帮助和处理322人，其中给予党纪政务处分275人；严肃查处享乐主义、奢靡之风问题168个，批评教育帮助和处理202人，其中给予党纪政务处分149人。

（市纪委监委　于美健）

重要会议

【市纪委全体会议】　2021年2月7日，中国共产党牡丹江市第十二届纪律检查委员会第六次全体会议召开。会议总结2020年全市党风廉政建设和反腐败工作，部署2021年任务。市委书记杨廷双出席会议并讲话，市领导王文力、郑君桥、闫岩、李长生、张长虹、赵荣国、陈文远、侯信波、徐利刃、黄士伟、殷波、黄莲花、魏芝红、王兆光、孙喜忠、苏凤仙、齐忠彦、张维国、李自亲、王奉辉、隋清江、赵中三、张富广、吴庆兰出席会议。市委常委、市纪委书记、市监委主任张长虹代表市纪律检查委员会常务委员会作题为《推进新阶段纪检监察工作高质量发展 为开启全面建设现代化牡丹江新征程提供坚强保障》工作报告。

【市纪委常委会会议】 2021年，中共牡丹江市第十二届纪律检查委员会召开常委会会议32次。

（市纪委　于美健）

党风廉政建设

【“四风”纠治】 2021年，市纪委监委查处形式主义、官僚主义问题269个，批评教育帮助和处理322人；查处享乐主义、奢靡之风问题168个，批评教育帮助和处理202人。

【反腐倡廉宣传】 2021年，市纪委监委打造“清风雪城”廉洁文化品牌，创新开展廉洁文化“六进”（进机关、进社区、进家庭、进学校、进企业、进农村）工作，开展“清风传家”、以红促廉等系列活动，组织3000余人次到市廉政教育基地接受教育，推进海林市七里地农村党风廉政教育基地、穆棱市河西廉政教育基地等改造升级。

【优化营商环境专项监督】 2021年，市纪委监委制定工作措施清单，紧盯窗口单位、关键岗位、重点人员，坚决纠治吃拿卡要、庸懒散慢浮等行为。全市纪检监察机关查处破坏营商环境问题113个，批评教育帮助和处理122人。

【民生领域专项整治】 2021年，市纪委监委开展中小学“学生餐”、农村集体“三资”（资金、资产、资源）管理、粮食购销等民生领域专项整治。构建纪委监委专责监督、职能部门具体整治、上下联动推进工作落实格局。全市纪检监察机关查处群众身边腐败和作风问题1132个，批评教育帮助和处理1324人，其中给予党纪政务处分710人。

（市纪委监委　于美健）

2021年2月7日，中国共产党牡丹江市第十二届纪律检查委员会第六次全体会议召开

（市纪委监委　供图）

监督执纪

【政治监督】 2021年，市纪委监委制定《政治监督工作台账》，有力整治粮食购销领域、农村乱占耕地建房和公共停车管理行业等方面突出问题，严肃查处“大棚房”反弹问题，及时跟进中央环保督察移交信访问题处置和公开曝光典型案件监督问责，问责“两个责任”落实不力党员干部232人。抓好意识形态工作，召开意识形态工作领导小组会议专题研究部署，出台《牡丹江市纪委监委媒体平台管理办法》《牡丹江市纪委监委网络舆情应急处置管理办法》等制度，加强对意识形态工作情况的监督检查，对履责不力的严肃问责，助推政治生态持续好转。组织开展2020年度政治生态考核，推动市领导约谈提醒考核排名靠后县（市、区）和部门主要负责人，征集评选政治生态建设“金点子”，通过“掌上廉政通”手机APP开展民意调查12期，助推牡丹江市政治生态持续向好，在省委考核中再次实现位次前移。

【完善监督工作规程】 2021年，市纪委监委协助市委制定全市《关于加强对“一把手”和领导班子监督的工作责任分工方案》，细化《关于加强对“一把手”和领导班子监督措施清单》，创新开展“两书一函”（纪律检查建议书、监察建议书、提醒函）工作，制发《廉洁提醒函》374份、《履责提醒函》191份、纪检监察建议书155份，推动整改问题187个、完善制度85项，工作做法得到省委书记批示肯定。

【强化监督第一职责】 2021年，市纪委监委提升监督精准度实效性。把精准化理念贯穿监督全过程，推进责任向监督压实、力量向监督倾斜，将权力置于严密监督之下。做实日常监督，对标中央纪委国家监委36项监督指标，动态分析研判，针对异常指标查找原因、推进整改。利用“民心网”受理举报投诉咨询类问题7267件、答复率100%，通过信、访、网、电等渠道接收信访举报3711件，全部录入检举举报平台，精准受理办理，及时回应群众关切。使用干部廉政档案查询400人次。

【监督责任落实】 2021年，市纪委监委紧跟新冠肺炎疫情形势和省市要求，监督检查场所23.42万个，发现问题1.49万个，给予党纪政务处分29人，运用第一种形态批评教育帮助218人次，形成《疫情防控专报》94期。

（市纪委监委　于美健）

审查调查

【处分执行情况检查】　2021年，全市纪检监察机关下发纪检监察建议书270份，督促推动发生违纪违法问题的地方和部门检视问题、举一反三、完善制度、堵塞漏洞。落实“三个区分开来”要求，把干部在推进改革中缺乏经验、先行先试出现的失误和错误，同明知故犯的违纪违法行为区分开来；把上级尚无明确限制的探索性试验中的失误和错误，同上级命令禁止后依然我行我素违纪违法行为区分开来；把为推动发展的无意过失，同为谋取私利的违纪违法行为区分开来。为20名干部和2个单位进行澄清正名，对461名受处分干部开展暖心回访，激励干部担当作为。

【案件质量评查】　2021年，市纪委监委着力提升办案质量，制定完善问题线索办理工作规程和问题线索办理、反馈和督办工作办法等制度规范，对2017—2021年市管干部违纪违法案件卷宗开展评查，将249件超期未处置问题线索全部处置，长期未办结的399件问题线索全部办结，做好查办案件“后半篇文章”。

【案件审理】　2021年，市纪委监委采取领导包案、专班突破、市县联动等方式加大办案力度，查办省纪委监委移交和指定管辖案件49件，严肃查处涉及“5·26”爆炸等案件。立案1771件，同比增长2%，其中市本级立案234件，同比增长30%，给予党纪政务处分1746人，留置43人，移送检察机关54人，高压态势下主动投案90人。

（市纪委监委　于美健）

巡察工作

【概况】　2021年，中共牡丹江市委巡察工作领导小组办公室（以下简称市委巡察办）开展第八轮常规巡察，对14个市直党组织和3个县（市、区）检察院开展政治监督，按计划完成巡察全覆盖任务，并按照省委巡视办统一部署，对供销社系统、中小学“学生餐”和涉粮问题等开展专项巡察。通过常规巡察和专项巡察发现问题717个，移交问题线索136件，立案35件，给予党纪政务处分20人。

（市委巡察办　张　旭）

【十二届市委第八轮巡察】　2021年3月4日，十二届市委第八轮巡察工作动员部署会议召开。宣读《十二届市委第八轮巡察组组长、副组长授权任职及任务分工的决定》，组建6个巡察组，对市委统战部、市政府办公室党组等17个党组织开展政治巡察。十二届市委第八轮巡察以习近平新时代中国特色社会主义思想为指导，以党的政治建设为统领，牢固树立“四个意识”，坚决做到“两个维护”，以“三个聚焦”为重点，紧盯形式主义、官僚主义的问题，紧抓重点人、重点事、重点问题。聚焦党的理论路线方针政策和党中央决策部署在基层贯彻落实情况，进一步促进党员干部担当作为；聚焦群众身边腐败问题和不正之风，推动全面从严治党向基层延伸；聚焦基层党组织领导班子和干部队伍建设，推动解决软弱涣散问题、增强基层治理实效。重点检查落实意识形态工作责任制情况、“放管服”情况、监督检查执法办案情况、惠民政策落实情况等民生工程领域腐败和作风问题、涉黑涉恶问题、群众反映强烈问题、侵害群众利益问题等。通过开展巡察监督，推动巡视巡察发现问题整改落实为全面从严治党提供有力支撑，发挥标本兼治战略作用。

（市委巡察办　张　旭）

【巡察制度制定】　2021年6月15日，市委巡察办《牡丹江市委巡察整改日常监督工作流程》；7月26日，制定并印发《市委巡察机构与市直属机关工作委员会建立协作配合机制的意见》；10月8日，制定并印发《关于建立市委巡察机构与市财政局协调协作机制的意见》《关于建立市委巡察机构与市级政法机关协调协作机制的意见》《关于建立市委巡察机构与市审计局协调协作机制的意见》；11月9日，制定并印发《牡丹江市委巡察整改评估实施办法（试行）》及其评估指标。

（市委巡察办　张　旭）

2021年3月4日，十二届市委第八轮巡察动员部署工作会议召开

（杜宇嘉　摄）

【专项巡察】 2021年3月4日至7月10日，开展供销社系统依法履职专项巡察，发现服务“三农”发展理念树立得不够牢固，履职担当意识不强，推进综合改革工作滞后等问题87个，问题线索19件，立案2件。5月6日至6月4日，开展中小学“学生餐”突出问题市县上下联动机动式巡察，发现对“学生餐”工作重视不足，配餐质量和安全得不到有效保障等问题196个，问题线索8件，立案8件，与市纪委监委联动配合，开展专项治理，全市中小学食堂和配餐管理更加规范安全。6月16日至7月10日，开展粮食系统及企业违纪违法问题市县上下联动机动式巡察；9月18日至10月17日，开展全市涉粮问题专项巡察“回头看”。发现责任意识淡薄、纪律意识不强、资金监管不到位、履职尽责不力、不作为乱作为等问题195个、问题线索34件，立案16件，推动粮食购销领域党委政府主体责任、相关行业主管部门监管责任、涉粮企业直接责任落实。

（市委巡察办　张　旭）

【整改落实】 2021年，市纪委监委开展市委第八轮巡察，发现问题515个、移交问题线索39个，完成十二届市委巡察全覆盖任务。加强对县级巡察工作指导督导，10个县（市、区）全部实现巡察全覆盖。强化巡察上下联动，组织开展供销社系统上下联动专项巡察、中小学“学生餐”突出问题机动式巡察、全市粮食系统及企业违纪违法问题机动式专项巡察和涉粮问题专项巡察“回头看”，发现问题71个，移交线索27件，对发现的问题线索“边巡边交、边查边办”，形成紧密衔接、有效协作、成果共享的工作格局。

（市纪委监委　于美健）

中国国民党革命委员会牡丹江市委员会

【职能履行】 2021年，中国国民党革命委员会牡丹江市委员会（以下简称民革市委）建立健全参政议政工作机制和精品意识，在全市“两会”期间，民革市委党员中的市、区两级人大代表、政协委员提交议案、提案49件。在市政协十二届五次会议上，民革市委主委徐海鸥代表民革市委作题为《抓住新基建投资机遇，加速提升文旅业品质与活跃度》大会发言。民革市委集体提案《真正提升改进“一网通办”实际效率的几点建议》获得市领导批示落实。徐海鸥被评为优秀省政协委员，周春健、狄焕然被评为优秀市政协委员，朱磊的《关于加强小作坊和散装白酒生产经营规范化管理的建议》、于志勇的《关于加强青少年心理健康教育的建议》被评为优秀提案。

【组织建设】 2021年，民革市委发展党员19人，平均年龄39岁。其中，男性12人，女性7人，硕士研究生学历2人，中级以上职称6人。完成换届工作，召开民革牡丹江市第八次代表大会，选举产生民革牡丹江市第八届委员会主委、副主委、常委和出席民革黑龙江省第十三次代表大会代表，任命民革市委秘书长，成立民革第八届市委内部监督委员会。按照民革中央、民革省委关于示范支部创建的精神，开展“民革党员之家”建设和“示范支部”创建工作，组织开展党员活动及支部会议，增强党员归属感和凝聚力，促进支部工作走向正规化轨道。对专委会及组成人员进行调整，将一批年富力强、学有所长、有较强参政议政能力的党员充实到各专委会，增强专委会活力，营造民革市委组织建设良好氛围。2021年，民革界别有市人大代表2人、市政协委员28人。民革市委被民革省委评为十九届五中全会精神征文活动先进单位；14名党员被评为宣传工作先进个人标兵、机关工作先进个人标兵、参政议政先进个人、社会服务先进个人、组织工作先进个人、宣传工作先进个人、祖国统一先进个人。

【社会服务】 2021年春节前夕，民革市委开展“送春联、迎福气”走访慰问70岁以上老党员活动，为他们送去民革党员书画家书写的春联、福字和慰问品。3月27日，由民革市委、中国林业文联美术家协会主办，民革牡丹江中山书画院、牡丹江市书画院承办，牡丹江市飞扬广告有限公司、绥芬河市合众印刷有限公司协办的“庆祝中国共产党成立100周年暨纪念辛亥革命110周年”美术作品展在牡丹江市书画院开幕，主委徐海鸥出席开幕活动并致辞。5月27日，民革市委主办“庆祝中国共产党成立100周年、纪念辛亥革命110周年、助力第四届黑龙江省旅游产业发展大会百年税史展”在牡丹江市红罗女书画院开幕。中共牡丹江市委常委、秘书长徐利刃出席开幕式，主委徐海鸥

2021年6月6日，民革市委带领民革医学院支部在北山体育场举办“我为群众办实事·献爱心送光明”惠民义诊活动 （民革市委 供图）

在开幕式上致辞。6月1日，副主委金龙云、田明参加师院支部开展的庆祝中国共产党成立100周年“大手牵小手，童心跟党走”活动。6月6日，民革市委带领医学院支部在北山体育场举办“我为群众办实事·献爱心送光明”惠民义诊活动，民革市委副主委金龙云、田明，秘书长赵杰，医学院支部主委邢健、附属红旗医院一分院眼一科主任李金颖及医护人员参加活动。6月30日，民革市委参加中共牡丹江市委统战部组织的“听党话 跟党走 感党恩，统一战线工作成果展”，中共牡丹江市委常委、秘书长徐利刃观看民革市委的工作成果展，全体机关干部参观展览。7月25日，庆祝中国共产党成立100周年暨黑龙江省首届“同心圆梦”美术、书法作品展颁奖典礼暨牡丹江巡展活动在牡丹江市书画院举行，全国政协常委、省人大常委会副主任、民革省委主委、省社会主义学院院长谷振春，市人大常委会主任、党组书记郑君桥，市政府副市长刘军龙，中共牡丹江市委统战部常务副部长迟德彬，民革省委副主委柳玉滨，民革省委副主委、民革黑龙江省中山画院院长匡伟光，民革省委组织部部长张福良出席颁奖典礼及巡展开幕式，民革市委主委徐海鸥主持颁奖典礼及巡展开幕式。全省获奖书画家代表、评委代表、全市民革党员及美术书法爱好者200余人参加颁奖典礼及巡展开幕式。8月，民革市委主委徐海鸥带领秘书长赵杰、办公室主任徐申华先后到牡丹江隆捷电梯安装有限公司、牡丹江市鼎盛元食品有限公司、牡丹江西安区华兴实木门窗经销处等企业，对企业经营发展具体情况、存在的问题、新冠肺炎疫情防控期间面临的困难以及未来规划进行调研。9月1—3日，为助力第四届黑龙江省旅游产业发展大会在牡丹江市胜利召开，民革市委组织民革党员响应中共牡丹江市委的号召，以志愿者的身份在各个街道维护秩序，服务群众，做好迎接第四届黑龙江省旅游产业发展大会的各项准备工作。随着变异新冠肺炎病毒传入国内，民革市委机关干部响应中共牡丹江市委号召，投身到高速路口和“引导群众规范佩戴口罩百日攻坚战”新冠肺炎防疫值守工作中，用实际行动筑牢疫情“外防输入”第一道防线。

（民革市委　冯雅宁）

中国民主同盟牡丹江市委员会

【职能履行】　2021年，中国民主同盟牡丹江市委员会（以下简称民盟市委）推荐市政协委员14人。全市“两会”期间提交提案13件，其中集体提案2件。《关于扎实推进兴边富民 建设繁荣宜居边境的建议》作为市政协大会发言，得到中共牡丹江市委、市政府领导的高度重视，围绕做好“六稳”工作、落实“六保”任务、打赢“三大攻坚战”、“十四五”规划、新冠肺炎疫后经济重振、实施乡村振兴战略、促进非公经济发展等重点课题开展调研，提升调研工作的组织化程度和建言献策工作水平。重点课题调研采用实地走访调研的模式，组织盟内调研组到绥芬河市、东宁市，与专家代表座谈交流，形成《构建进口中药材跨境产业链加快中药产业发展》调研报告，为中共牡丹江市委、市政府科学决策提供参考。

【组织建设】　2021年，民盟市委有盟员1141人，平均年龄57.59岁，具有中级以上职称的占盟员总数的72.39%，大学以上学历盟员占73.01%，下设5个总支、16个支部。2021年，民盟市委新发展盟员26人，平均年龄36.5岁，其中，女盟员12人，占46%；研究生以上学历7人（博士1人），占27%；副高级以上职称6人，占23%，完成全年发展目标。圆满完成换届工作，2021年10月14日，中国民主同盟牡丹江市第十三次代表大会胜利召开，选举民盟市委主委1名、副主委4名、常委13名、委员29名。新一届领导班子均满票当选，顺利实现新老交替、完成政治交接，为“十四五”时期进一步加强自身建设，提高履职实效提供坚强的组织保障。2021年，张冰主委荣获民盟中央“组织发展工作先进个人”荣誉称号。

【社会服务】　2021年，民盟市委开

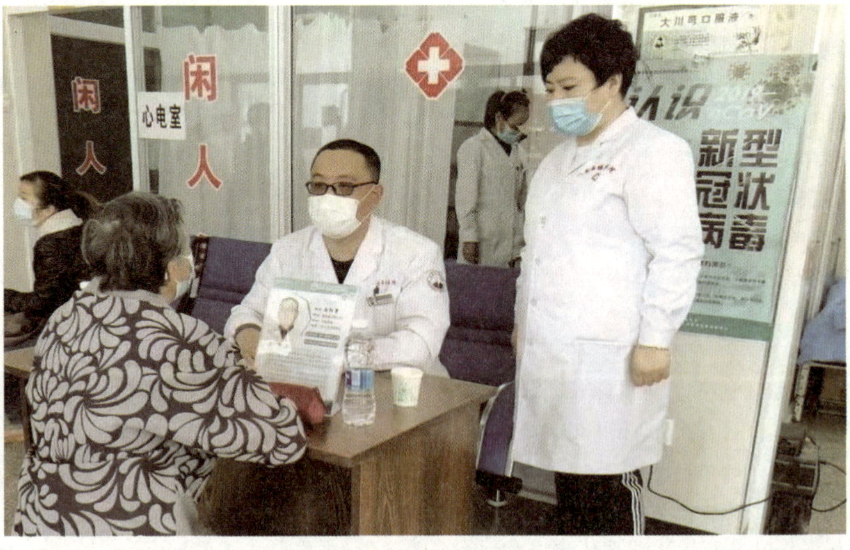

2021年5月14日，民盟牡丹江市中医医院支部“学党史·践初心”服务百姓健康义诊活动走进穆棱市八面通镇民主村　（民盟市委　供图）

展“我为群众办实事”活动。将党史学习教育落到实处。在打造“同心同行 为民办实事”社会服务品牌中，携手盟员企业心宁医院，先后到阳明区铁岭河镇、穆棱市下城子镇、八面通镇民主村等地，为60余户困难精神类患者家庭捐助近20万元，定期组织盟员节假日到敬老院、福利院、社区探望老人、儿童及贫困户，关注留守儿童和贫困学生，先后为6名贫困患者送去免费医疗救助；组织盟内医疗基层组织走进基层开展义诊活动10余次；开展新冠肺炎疫情防控工作，组织盟员深入社区、收费站、宾馆、机场值守，参与“引导群众规范佩戴口罩百日攻坚”活动，六次逆行出征的盟员白红亮和新盟员战剑楠主动驰援绥芬河市；组织盟员“穿上红马甲、当好东道主、义务助旅发”志愿者服务上街头等活动。民盟市委荣获“民盟中央社会服务先进集体”和民盟黑龙江省委抗击新冠肺炎疫情先进集体”荣誉称号。树立民盟良好形象。多次到穆棱市开展脱贫攻坚民主监督工作，并针对紧扣稳定增收、医疗卫生、产业发展等短板提出针对性强的意见和建议，同时走访贫困村，带领包含神经内科、老年病科、泌尿科、骨科、妇科等专家民盟医疗服务队，为因病致贫的贫困村民一对一把脉问诊，切实缓解贫困群众“就医难”问题。2021年，民盟市委被民盟中央评为“脱贫攻坚先进集体”，秘书长周亚庆和民盟市委常委陶峰被民盟中央授予“民盟脱贫攻坚先进个人”称号。

（民盟市委　关　勇）

中国民主建国会牡丹江市委员会

【职能履行】 2021年，中国民主建国会牡丹江市委员会（以下简称民建市委）认真参加中共牡丹江市委召开的民主协商会、情况通报会、党外人士征求意见会等，参与全市重大决策和重要人事安排协商，围绕牡丹江市改革发展提出意见和建议10余条。参加市人大组织的《牡丹江市文明行为促进条例》立法协商座谈会和《牡丹江市住宅物业管理条例（修订草案）》征求意见座谈会，针对条例内容的修订完善提出5条意见建议，为推进牡丹江市科学立法、民主立法、依法立法，保证地方立法质量，贡献民建智慧和力量。

2021年9月8日，民建市委举办民建大讲堂·仲裁法律知识咨询讲座

（民建市委　供图）

2021年，民建市委在全市“两会”上，提交提案38件，其中集体提案5件，委员提案33件。民建市委作《大力推动旅特食品产业发展 打造市经济新支点》大会发言，张新波提交的《扎实做好各项服务 助力民营经济发展》入选大会发言交流材料。机关支部上报的集体提案《关于解决市境外农业合作困境的几点建议》被市政协转化成全省提案提交省政协大会。《关于推进牡丹江市蔬菜外贸转型升级专业型示范基地建设的建议》《关于改造大庆路化工园区基础设施建设、盘活企业资产的建议》被评为市政协优秀提案，李炳波、吴忠民、邹国丽等3名会员获2020年度优秀市政协委员表彰。都业宁、刘书晶等17人在担任市政协十二届委员会委员期间，履职表现突出，被评为优秀等次。

2021年，民建市委认真开展履职能力建设年活动，全年走访调研企业及行政事业单位20余家，组织召开座谈会10余次。围绕民建中央“构建全国统一市场，打通国内循环关键堵点”重点考察调研专题，形成《关于对牡丹江市城乡统一建设用地制度改革有关情况调研的报告》《加强金融领域对中国（黑龙江）自贸区绥芬河片区有效支持，助力牡丹江边贸城市与俄罗斯滨海边区经贸来往》《解决国内循环堵点的综合系统措施建议》等3篇调研成果上报民建省委及民建中央，为高层决策提供基础性参考。就牡丹江市对外贸易发展情况进行调研，形成《关于增强对外贸易综合竞争力的建议（以牡丹江市为例）》，作为年度调研成果上报民建省委。

2021年，民建市委鼓励和支持各级民建组织和广大会员广泛收集民声、采撷民意，全年报送民建省委、省市人民建议征集办公室、市政协社情民意信息20余件次，完成民建省委重点信息征集任务1个。其中《推进落实碳达峰碳中和工作》《保暖保供，如何应对高煤价下供热安全》等信息紧扣民生和社会经济发展的迫切问题，得到民建省委的充分肯定，社情民意信息工作位于全省前列。

【组织建设】 2021年，民建市委班子分别带队走访调研全市21个基层组织，并下发问题建议征集表，召开基层组织、专委会工作会议，收到问题意见建议30余条，梳理后主要为5个方面21条，经民建市委主委会、常委会几次认真分析研究，针对各支部的基本情况，对标对表，按计划分步骤逐一进行整改，有力地加强对基层组织的领导，进一步推动基层组织建设工作健康发展。

【社会服务】 2021年，民建市委继续加强“雪城 思源”社会服务品牌建设，引领会员担当社会责任。组织参与助力第四届黑龙江省旅游产业发展大会、新冠肺炎疫情防控值守等志愿服务活动10余次，发动民建会员志愿者100余人次，制定并下发《牡丹江民建助力第四届黑龙江省旅游产业发展大会活动方案》，先后开展“我为旅发献一策”“服务旅发我发展”等系列活动，组织会员到小黄山景区开展“雪城思源 助力旅发”环境清洁志愿服务等。开展“雪城思源 捐资助学”活动，民建市委向新星小学15名贫困留守学生捐款1.5万元，阳明联合支部资助帮扶海林林业小学1名贫困学生。“七一”之前，诚信、大厦等支部还与爱民区退役军人事务局共同组织慰问市部分退役老兵等。

民建市委班子实地走访会员企业，了解企业情况，对企业在转型发展中遇到的困难和瓶颈问题进行调研，帮助会员企业解决实际问题。与市司法局联合开展“雪城思源 法律服务进企业”活动，走访调研会内外各类企业30余户，进行法治体检、普法宣传、法务服务50余件次，组织开展仲裁法律知识咨询讲座，帮助企业增强法律意识、防范法律风险。组织民建企业家会员参加民建中央组织举办的风险投资论坛和非公经济论坛，开阔眼界，拓展思路，加强交流合作。

（民建市委　胡雪薇）

中国民主促进会牡丹江市委员会

【职能履行】 2021年，中国民主促进会牡丹江市委员会（以下简称民进市委）领导班子建言献策，在参加中共牡丹江市委、市政府召开的党外人士座谈会上，民进市委领导班子对政府工作报告、市委常委会会议的重要文稿等内容进行协商，提出意见和建议，在牡丹江市政协十二届五次全会上，民进市委提交集体提案4件，分别为《关于改进物业管理的建议》《关于深入开展中小学劳动教育的建议》《关于在镜泊湖建设户外活动基地的建议》《关于发展中药产业，加快乡村振兴的建议》，其中《关于深入开展中小学劳动教育的建议》作为市政协大会交流材料。民进界别的政协委员报送《关于规划和建设我市地下管网的提议》《关于使用残保金购买残疾人就业岗位的建议》《关于大力发展乡村休闲旅游的建议》《关于加快推进全市武术进校园的建议》等提案，内容涉及教育、文化、旅游、交通、民生等多个领域，均得到有关部门的重视和答复。换届以后，为进一步加强参政议政工作，做好2022年度提案线索征集工作，民进市委组织召开参政议政推进会。新一届参政议政工作委员会成员及市政协十三届委员建议人选参加会议，并围绕市委、市政府重点工作，提出提案线索。

【组织建设】 2021年，按照《民进牡市委基层组织换届工作方案》要求，民进市委不断推进基层组织换届工作，认真对基层组织现状开展调研，根据实际情况对基层组织进行调整。截至2021年末，已有12个支部完成换届工作。民进市委按照组织发展规划，严格把关，认真筛选，吸收14名优秀人才加入民进组织，其中大学以上文化12人，占86%，全市会员为548人，基层支部22个。

【社会服务】 2021年，民进市委全国“春联进万家·奋进新征程”牡丹江分会场活动以集中创作、分散分发

2021年，民进市委举办“春联进万家·奋进新征程”活动

（民进市委　供图）

方式进行。1月19日，市书法协会副主席、民进会员张永昌，民进会员王尧、李延军及各位受邀书法家书写200余副春联和福字赠送给群众。民进市委联合珠海森龙生物科技有限公司，向林口县9家乡镇卫生院和社区卫生服务中心捐赠9台医疗设备，价值360万元，解决当地医疗机构设备短缺的状况，并且节省医疗机构的成本消耗和政府的财政支出。民进市委机关干部投身机场、高速卡口新冠肺炎疫情防控检查工作和市区街道“引导群众规范佩戴口罩百日攻坚行动”，为新冠肺炎疫情防控工作做出贡献。第四届黑龙江省旅游产业发展大会期间，在民进市委倡议下，民进会员勇当志愿者，投身街路巡逻志愿服务活动中，维护城市秩序，对行人乱闯马路等不文明行为进行劝导，以实际行动助力第四届黑龙江省旅游产业发展大会。

（民进市委　徐　岩）

中国农工民主党牡丹江市委员会

【职能履行】　2021年，中国农工民主党牡丹江市委员会（以下简称农工党市委）参加中共牡丹江市委、市人大、市政府、市政协及市委统战部、有关部门的民主协商会、情况通报会、座谈会以及考察、视察等活动，就全市中心工作和重点工作提出意见和建议。就农工党市委全会工作报告、市政府工作报告、脱贫攻坚民主监督工作、常态化新冠肺炎疫情防控及复工复产、第四届黑龙江省旅游产业发展大会筹备等，同党委、政府及时交换意见，沟通思想，达成共识。围绕经济社会发展中的重要问题和人民群众的重大关切，开展调查研究，形成《牡丹江市0—3岁婴幼儿托育服务发展情况调研报告》。全市“两会”期间，提交《关于利用网络直播新业态助力旅游产业新发展的建议》《关于以绿色发展理念为引领，助力旅游业提档升级的建议》《关于完善婴幼儿托育服务的建议》等集体和提案、建议30余份，得到党委、政府的答复和督办。

【组织建设】　2021年，认真贯彻“人才强党”战略，注重人才队伍建设和基层组织建设，不断增强组织活力。严把组织发展入口关，发展20名政治素质好、业务能力强、有代表性的高中级知识分子入党。加大对后备干部选拔和培养力度，在新党员培训班上，以“传承和弘扬农工党优良传统，做一名优秀农工党党员”为主题，为新党员做专题辅导。认真召开民主生活会和年度领导班子述职工作会议，提升领导班子建设水平。

【社会服务】　2021年，农工党市委中医护工作者始终战斗在新冠肺炎疫情防控最前线。副主委、牡丹江市康安医院副院长曾惜秋作为市新冠肺炎医疗救治组组长，带领全院医务人员攻坚克难。农工党市委常委、肿瘤医院感染科科长王丽在2020年12月15日至2021年1月6日奔赴绥芬河市，作为医疗救治感控组组长主持和协调全面工作，到绥后即刻全面制定感控方案和工作流程，为新冠肺炎疫情防控及预防院内感染贡献力量，实现医护人员“零感染”工作目标。农工党界别的市、区政协委员和机关干部响应中共市委号召，第一时间下沉到各社区、卡口坚守岗位，按照“百日攻坚”行动要求，走上街路劝导群众规范佩戴口罩，通过网络载体宣传新冠肺炎疫情预防知识，传递党和政府打赢新冠肺炎疫情防控攻坚战的信心和决心，上报新冠肺炎疫情防控工作信息和意见建议，报道农工党员投入新冠肺炎疫情防控的典型事迹。

（农工党市委　魏芝红）

九三学社牡丹江市委员会

【职能履行】　2021年，九三学社牡丹江市委员会（以下简称学社市委）发挥九三学社界别政协委员作用，孟凡海提交的《关于消灭市区裸地，加强城市园林绿化的提案》，隋维林提交的《关于对在非机动车道上违停管理、处罚的建议》，陈辉提交的《持续精准发力“自贸+”赋能对俄经贸合作发展》，史中华提交的《关于封闭小区消防通道安全管理提案》，林春欣提交的《关于中小学生校园餐安全问题的建议》，李春来提交的《关于加强专科医院建设的建议》等提案均被市政协提案委立案，调研报告《盘活闲置宅基地，助力乡村振兴》被十三届市政协选为大会交流材料。学社市委撰写的调研报告《加快高新技术企业培养 夯实科技创新基础》被确定为十三届市政协大会的发言。履职尽责助力乡村振兴，学社市委主委带队到浙江省杭州市萧山区、湖州市吉安市、山东省威海市等地考察学习先进经验，并对海林市、宁安市、穆棱市、林口县、东宁市开展实地调研，召开座谈会，了解掌握全市农村改厕、垃圾处理、污水治理等人居环境整治情况，剖析问题和根源，形成《关于农村人居环境整治情况的调研报告》，市人大主任、市委书记杨廷双，市委副书记、市长张国军对调研报告作批示，给予高度肯定。

【组织建设】　2021年，学社市委积极发展新社员，严格按照学社省委规定质量标准及数量发展新社员，着力发展代表性强人士，全年完成发展新社员18名，新社员上报学社省委备案；全力做好省级优秀组织、优秀社员推荐工作。按照学社省委《九三学社黑龙江省第九次代表大会表彰方案》通知要求，学社市委精心组织，认真审查，九三学社牡丹江市医学院支社等

16个基层组织被评为省级先进基层组织，孟凡海等60名个人评为省级先进个人，学社市委获得先进市级组织奖。建立九三社员数据库，梳理完善九三学社社员档案数据库，建立九三学社人才专家“数据库”“参政议政和社会服务专项工作数据库”，逐步对接九三省委“大数据”系统，通过对社员梳理分类，了解广大社员知识结构、年龄结构等基础数据，依据专业特长、研究领域为建言议政、服务农业、对接乡村经济发展，提供技术、人力支持。进行骨干社员培训，2021年，社市委联合市委统战部，先后分两期对10名骨干社员，在中共市委党校进行封闭培训，培训活动纳入中共市委党外代表人士培训记录。在九三学社黑龙江省委纪念九三学社创建75周年表彰活动中，医学院等4个支社荣获“优秀基层组织”，王作超等11名社员荣获“优秀社员”；农经学院等4个支社荣获“组织工作先进集体”，刘强等11名社员荣获“组织工作先进个人”。

【社会服务】 2021年，九三学社社员发挥医疗科技人才荟萃的优势，卫生支社主委林春欣主动请缨到四城区新冠肺炎疫情防控督导组，西安支社王秋被任命为康安医院新冠肺炎疫情专家组组长；全市有100余名九三社员放弃节假日，坚守岗位，奋战在抗击疫情工作一线。红旗医院医生姜英爱火线申请加入九三学社，获得学社省委特批。东安区支社主委冯广明组织报送宣传信息30余篇。东宁支社主委刘强创作以“战疫”为主题的多篇原创作品，诗歌《共同的心愿》被推荐到省文旅厅和文旅部微信平台。

（学社市委　王　铁）

牡丹江市工商业联合会

【职能履行】 2021年，牡丹江市工商业联合会（以下简称市工商联）围绕市委、市政府中心工作，就经济、政治、文化、社会等方面建设，特别是大力发展民营经济、优化营商环境方面开展调查研究，到企业倾听意见建议。提交《着力破解民企发展难题，助力民营经济做大做强》作为市政协大会发言，为改善营商环境、助力民营经济发展建言献策。全市各级工商联界别政协委员提交提案60余份。

【商会情况】 市工商联第十七届执委会有执行委员129人，会员3721人，其中团体会员39人，个人会员2879人，企业会员803人。截至2021年末，市工商联组建直属商（协）会16个，另有3个异地牡丹江商会（深圳、东莞、大连），与东莞、温州、无锡、宝鸡等10余个经济发达地区工商联缔结友好商会关系。

【企业发展服务】 2021年，市工商联发挥法律维权委员会职能作用，进一步完善与市中级法院、市检察院、市公安局、市司法局、市营商局等部门沟通机制，受理会员企业维权投诉近20件。组织骨干会员与公检法司等部门联合召开企业座谈会，就涉法涉诉、行政审批等企业关心问题交换意见、反映诉求，解决实际困难。6月4—5日，接待省工商联副主席乔惠东到牡丹江市调研，陪同走访4户民营企业及1家直属商会，了解掌握企业当前急需解决的涉法涉诉案件，通过省工商联平台帮助企业协调解决。6月18日，与市仲裁委联合举办民营企业仲裁培训座谈会，提高会员企业的调解仲裁意识和法律维权自我保护意识。

【引导企业服务社会】 2021年，市工商联向全市民营企业发出《民营企业助力第四届黑龙江省旅游产业发展大会倡议书》。旅发大会召开期间，组织直属商（协）会及会员企业员工200余人，开展“穿上红马甲、当好东道主、义务助旅发”志愿服务活动。与和音乐器材有限公司设计建成世界级的提琴博物馆，成为旅发大会期间牡丹江市一张靓丽文化名片。甜甜购物中心作为旅发大会唯一指定旅游购物目的地，耗资15万元，在牡丹广场附近制作高10米的爱心熊，成为新的网红打卡地。很多会员企业也利用各自行业优势，争做雪城代言人，讲好牡丹江故事。

（市工商联　吴　铭）

2021年11月11日，市工商联走访邮储银行牡丹江分行就小微企业融资问题开展座谈交流

（市工商联　供图）

群众团体

牡丹江市总工会

【概况】 2021年，牡丹江市总工会（以下简称市总工会）围绕市委中心工作，聚焦黑龙江省工会第十二次代表大会提出的目标任务，把握服务大局助推发展主题，在职工思想政治引领、组织职工建功立业、竭诚服务职工群众等方面真抓实干，团结动员广大职工为“十四五”开好局起好步贡献智慧和力量。全市有直属工会80个，基层工会组织4368个，工会会员33.08万人。市总工会荣获全国工会财务工作先进单位、全国互联网＋工会普惠服务最具影响力平台、全国最美户外劳动者服务站点等称号。

【职工思想教育】 2021年，市总工会丰富职工思想政治引领工作载体，建立由各级各类先优模范、劳模（工匠）创新工作室带头人、“八大群体”（货车司机、快递员、护工护理员、家政服务员、商场信息员、网约送餐员、房产中介员、保安员）、一线产业工人、社区干部中的优秀代表等组成的千人职工思想政治引领骨干队伍，到企业、乡镇、社区开展理论宣讲，持续弘扬劳模精神、劳动精神、工匠精神，引导职工听党话、跟党走。开展各类线上线下宣讲70场次，覆盖职工15000余人次。强化典型示范作用，选树五一劳动奖、“龙江工匠”、“雪城工匠”、“双创新星”、全市优化营商环境奖等先进集体和个人435个，释放“头雁”效应，引导更多职工投身经济社会发展。

【职工劳动竞赛】 2021年，市总工会以助力第四届黑龙江省旅游产业发展大会为目标，举办全市首届导游（讲解）员职业技能大赛和快递行业、家政行业、公交系统等劳动竞赛。开展各类劳动和技能竞赛116场次，竞赛工种107个，参赛企业988户，涌现出“五小”创新优秀成果313项，签订“名师带高徒”协议1415对，实现技能提升453人，转化经济效益3000余万元。

【职工文体活动】 2021年6月11日，为庆祝中国共产党成立100周年，市总工会举办“永远跟党走、讴歌新时代”大型职工文艺演出活动。职工们用歌曲、舞蹈等节目歌颂党的伟大历程，表示广大职工永远跟党走的决心。6月30日，市总工会举办“感党恩、听党话、跟党走”庆祝中国共产党成立100周年职工文艺演唱会。

【职工维权服务】 2021年，市总工会做实叫响“五师一室”（职工法律援助师、劳动关系协调师、创新创业指导师、劳动安全咨询师、身心健康引导师和职工权益纠纷调解室）维权服务品牌，建立职工法律援助服务站和志愿者工作点23个，职工劳动权益纠纷调解室10个，接受职工委托办理法律援助案件62件，调解涉及职工权益纠纷案件254件，为职工挽回劳动报酬等270余万元。推动集体协商工

2021年6月30日，市总工会举办“感党恩、听党话、跟党走”庆祝中国共产党成立100周年职工文艺演唱会 （市总工会 供图）

作，签订（续签、新签）集体合同628份，覆盖企业2155户，覆盖职工61908人，建会企业签订合同93.54%，维护职工工资水平、劳动安全、集体福利等方面的权益。

【困难职工帮扶】 2021年，市总工会着眼新冠肺炎疫情实际，对发展困难的小微企业全额返还工会经费150余万元，慰问基层社区干部1362人，网格长1783人。筹措送温暖资金746万元，慰问困难职工5200余人次。

【职工就业创业服务】 2021年，市总工会组织“岗为你来”专场招聘会32场次，服务企业170户。依托工会职工技能培训（见习）基地和职工创业孵化基地，开展美妆、草编、直播销售等专项技能培训13期，组织工创赋能普惠服务活动170期，惠及职工群众5100余人次。为31户企业提供创业贷款贴息服务，带动创业就业2070人，安置困难职工、下岗职工1100人次。将全市225个户外劳动者服务站点纳入百度、高德等导航软件，方便环卫、交警、快递员等户外劳动者就近享受各类服务。

（市总工会　黄　鑫）

共青团牡丹江市委员会

【概况】 2021年3月31日，牡丹江市团校并入市委党校。截至年末，共青团牡丹江市委员会（以下简称团市委）有下级组织4728个，全市有团的领导机关团干部56人，基层团干部6714人，团员77716人。

【青少年思想引领】 2021年，团市委把党史学习教育作为贯穿全年重大政治任务，引领广大青少年把党史学习教育成果转化为践行“请党放心，强国有我”思想自觉和行动自觉。强化统筹，推动党史学习教育入脑入心。把“学党史、强信念、跟党走”作为全市各级共青团和少先队组织贯穿全年的学习教育主题，把深入学习领会习近平总书记在党史学习教育动员大会上的重要讲话精神、“七一”重要讲话精神和党的十九届六中全会精神作为学习主线，下发工作方案，召开动员部署会，建立“党史共读每日打卡、红色精神每周必学、教育基地每月探访、学习积分每季通报、服务对象年终满意”机制，示范带头确保党史学习教育走深走实。200余名团干部、少先队辅导员组成的青年讲师团和红领巾巡讲团到基层宣讲500余场，覆盖青少年2.5万人次。团市委“日周月季年”党史学习教育机制被中青网报道。分类施策，推动党史学习教育全覆盖。发挥牡丹江市国家级爱国主义教育基地资源富集优势，策划“行走的团课”沉浸式红色教育实践路线，组织全市各级团组织走进牡丹江八女投江纪念馆、海林杨子荣烈士陵园、宁安马骏纪念馆等14个教育基地。联合中影中数影视传媒利用假期时间开设红色影厅，面向青少年发放免费红色观影券15.6万张。驻牡高校团委组织将5篇中共牡丹江党史人物传记译成5种语言结集出版。青少年参与“青年大学习”“红领巾爱学习”网上主题团课人数160余万人次，制作的《最美牡丹江》《百年新天地》《少年》等短视频作品累计浏览量50余万人次。

【青年人才建设】 2021年，团市委加强和规范团干部协管，在直属团委领导班子人员调整、重大事项请示报告等工作中发挥作用，全年接收函询20次，涉及团干部33人次，复函20次，配备县级专职团干部9人。推荐10名团干部参加团中央培训，11名团干部参加团省委培训，提高团干部队伍能力素质。

【牡丹江市十佳旅游形象大使选拔赛】 2021年，团市委将十佳旅游形象大使比赛作为预热旅发盛会的重要赛事精心谋划、周密筹备，立足打造一场集思想、内涵、艺术性、知识性及可观赏性于一体的综合性大赛，选拔出最能代表牡丹江时尚、活力、自信、健康形象的旅游文化使者，树立牡丹江市旅游品牌形象代言人。历经一个半月海选、复赛、决赛，评选出冠、亚、季军和湖光、森林、冰雪、边境、民俗、红色、特色10名形象大使以及30名礼仪大使，组织的网络票选被北京、上海、广州等222个城市的粉丝关注支持，浏览量87.3万次，总投票数426491票，决赛被黑龙江卫视等媒体平台广泛报道。

【青少年关爱帮扶】 2021年，团市委筹措“金秋助学”支持经费27.8万元，全覆盖资助全市237名建档立卡

2021年7月18日，团市委在市新闻传媒中心演播大厅举办牡丹江市十佳旅游形象大使选拔赛决赛（团市委　供图）

困难家庭学生。打造农村小学青联“希望小屋”10个，提供美术、体育、益智等2.8万元器材，丰富乡村学校“第二课堂”教育。举办牡丹江市青年春季就业招聘会，邀请近百户企业面向高校毕业生、返乡青年、农村待业青年提供就业岗位960余个，为近2700名求职者提供求职咨询。

【第五届“创青春”黑龙江省青年创新创业大赛】 2021年，第五届“创青春”黑龙江省青年创新创业大赛在牡丹江市举办，吸引全省13个市(地)、30余所高校、580余个“科技创新”“乡村振兴”“互联网+”创新创业项目参赛，18个项目获得一、二、三等奖及3个优秀奖项，发放赛事奖金19.8万元。邀请黑龙江青年企业家协会、哈尔滨股权投资协会、哈尔滨侨界青年联合会、全省各市（地）优秀文旅产业代表等300余人到会参加“青创雪城”项目对接推介会。推动黑龙江省青企协代表、哈尔滨盛唐文化传媒有限公司在西安区投资建设城市卡丁车项目。

【团市委推报项目在第五届全省青年志愿服务公益创业赛中获奖】 2021年9月，共青团黑龙江省委举办第五届黑龙江省青年志愿服务公益创业赛，团市委动员、指导各基层团组织、青年志愿者协会、青年社会组织申报优秀公益创业项目，经过市级初评，推报3个项目参赛。公益创业赛设金奖4名、银奖6名。经过全省志愿服务专家和赛事组委会评审，牡丹江市推报的3个参赛项目全部获奖。其中“英雄少年——培养工程”项目荣获第五届黑龙江省青年志愿服务公益创业赛金奖，“1+1一起快乐成长计划”项目和“嗨，老伙计社区为老服务项目”项目荣获银奖。团市委在赛事中组织保障有力、推报项目质量高，荣获优秀组织奖。

（团市委　宫　旭）

2021年9月，团市委推报项目在第五届全省青年志愿服务公益创业赛中获奖，图为“英雄少年——培养工程”项目　　（团市委　供图）

牡丹江市妇女联合会

【概况】 2021年，牡丹江市妇女联合会（以下简称市妇联）团结带领全市广大妇女为牡丹江高质量发展汇聚巾帼力量。争取妇女发展资金（物资）252万元，多项工作在《中国妇女》《奋斗》杂志、《黑龙江日报》、黑龙江新闻联播中刊播，四项重点工作在全省介绍经验，全省“美丽家园”创建现场会在牡丹江市召开。政治生态考核、市直机关目标考评均为优秀，荣获省级“七五”普法先进单位、市级“先进基层党组织”“承办第四届黑龙江省旅游产业发展大会先进集体”荣誉称号。

【组织建设】 2021，市妇联围绕保持和增强政治性、先进性、群众性，持续深化妇联组织建设，实施“破难行动”。夯实组织基础，着力完善妇联组织体系。持续巩固扩大村“会改联”和社区改革扩员成果，借助第十二届村（社区）“两委”换届有利契机，坚持提前介入，统筹推进，出台《关于在村（社区）“两委”换届选举中做好妇女参选参政和村（社区）妇联同步换届工作的通知》。组织862个村、156个社区召开妇女代表大会，选举村（社区）妇联执委8000余名，配齐配强村（社区）妇联领导班子，村（社区）“两委”女性正职分别为79人、142人，分别占比8.92%和91%，阳明区、爱民区、东宁市女性当选新一届村委会正职比例突破13%，调整优化村（社区）妇联执委队伍。拓展妇联组织覆盖面，探索“妇联+行业协会+会员单位”“妇联+商圈楼宇+业主商户”等“1+1+N”细胞裂变模式，在大型行业协会、女性社会组织等“四新”领域建立妇联组织。分别在家居建材装饰装修行业协会、个体劳动者协会、领航舞蹈艺术团等“四新”领域中建立妇联组织51个、“妇女之家”16个、“妇女微家”43个、网络“微家”17个，通过行业协会、女性社会组织裂变辐射“四新”领域民营企业、个体工商户、女性社团1200余个，覆盖妇女群众万余人。

【妇女思想引领】 2021年，市妇联

围绕“学党史、悟思想、办实事、开新局”主题，引领广大妇女听党话、跟党走，激发广大妇女的历史责任感和使命感，以矩阵式宣传宣讲凝聚共识。开展“十百千巾帼大宣讲”活动，依托巾帼宣讲队、新时代巾帼文明学习驿站、“妇女之家”“一微一网两平台”新媒体矩阵，开展党史学习教育宣传宣讲活动。在“雪城女性”微信公众号，开设“巾帼花开心向党 百年历史正辉煌”“献礼建党百年讲巾帼英雄故事”“向榜样看齐”红色家风故事“短视频展播”，开展“迎百年 庆旅发 巾帼红色游”线上百场宣讲，浏览点击65万人次。市妇联党组坚持先学一步，作出示范，开展“学党史 悟思想—红色晨读”“周五红色故事汇”“红色电影观影谈”以及“学党史 祭英烈 不忘初心”“学党史、忆先烈 传承红色基因”等10次主题党日活动，组织全国、省级三八红旗手、巾帼建功标兵，开展“绣党旗 致敬英雄 奋进新征程”主题活动，以当代巾帼模范致敬八女英烈的方式，带动广大妇女继承八女英烈英勇无畏、敢于奉献的精神，为建设现代化牡丹江贡献巾帼力量。以“巾帼心向党 奋斗新征程”为主题，以激发昂扬向上的巾帼正能量为目的，开展党史宣传文化“六进”（进企业、进农村、进机关、进校园、进社区、进网络）活动。以选树典型引领示范，选树国家、省级三八红旗集体、巾帼建功先进集体、巾帼文明岗25个；三八红旗手、巾帼建功先进个人17人；入围人民网“百千万职业女性风采宣传展示”全国巾帼建功标兵1人，全国巾帼文明岗1个，引导广大妇女岗位建新功、奋进新时代。

【家庭家风建设】 2021年，市妇联在党政机关举办“家和万事兴”家教家风主题展、“廉洁家庭主题展”“助力旅发家庭展”；在妇联公众号、抖音、快手等播出“把爱带回家”家风故事汇30期、“家风主题展”10期传播优秀家风家教故事，播放次数近万次；面向全市广大家庭发出“树清廉家风 创最美家庭”倡议书、“爱老敬老助老倡议书”；深入村屯打造试点，为村民家庭量身定制家风家训展示牌（牌上有户主姓名和家训内容）悬挂门前，打造家风主题村规民约文化墙；宣传好家风，引导广大家庭见贤思齐、择善而从，以家庭文明促进社会文明。

【妇女创业创新】 2021年，市妇联做大做强“妇”字号品牌，打造“乡村振兴巾帼行动”示范区，争取妇女发展项目资金65.5万元，打造全国巾帼现代农业科技示范基地1个（全国100个），省级创业创新基地15个，推动“龙嫂绿厨”“龙江巧女”“龙女电商”等妇字号基地精品化、特色化、服务化纵深发展。创新形式提升女性素质，与杨思卓爱商学院联合创办“新女性成长学堂”，借助思卓私房课，不定期为全市广大妇女提供女性公益课程，提高新时代女性综合素质和家庭幸福指数；成立“新视听学院女子培训基地”，培养女性“全媒体运营师”，让更多妇女姐妹搭上“网红经济”的“云快车”；扶持“龙妹家政”与浙江中电海康、浙江省妇女干校开展高端家政合作，分批培养输送高素质农村家政从业妇女，实现全省首家科技赋能家政行业的探索实践，推进家政服务品牌进军浙江省中高端市场。

2021年1月20日，唐满文化“妇女之家”挂牌成立　（市妇联　供图）

【妇女儿童权益维护】 2021年，市妇联针对女性权益维护，开展婚姻家庭纠纷预防化解和反家暴工作，成立妇女议事会3个，打造“‘家+和’婚调工作坊”9个，女童保护小屋5个，0—3岁托幼机构1个，实现婚姻家庭纠纷预防化解和女童保护机制县（市、区）全覆盖。联合市检察院出台《关于未成年被害人一站式办案保护工作的实施意见》《关于建立妇女儿童权益保护公益诉讼配合协作机制的意见》，成立全省首家“妇女劳动权益维护工作站”，走出一条维护妇女儿童合法权益的新路子。落实“五项机制”（发现报告机制、联防联动机制、关爱服务机制、舆情应对机制、工作监督机制），启动“联手共行动——让未成年人健康成长”宣讲活动，开展女童保护知识讲座100场，受益学生万余人次。

【家庭教育指导】 牡丹江市实施《妇女儿童发展规划（2016—2020）》工作在全省介绍经验，新一轮“两个规划”将妇女、儿童、家庭建设三个方面以专条的形式纳入《牡丹江市国民经济和社会发展第十四个五年规划》，各县（市、区）妇儿办均实现“两个规划”与经济社会发展同规划、同部署，新一轮“两个规划”完成编制工作。

（市妇联　王　莉）

牡丹江市科学技术协会

【概况】 2021年，牡丹江市科学技术协会（以下简称市科协）围绕全市中心工作，发挥科协组织作用，扎实开展科学普及、学会建设等方面工作，全面完成预定的目标任务。市科协由市级学会、协会(研究会)和县(市、区)系统科协组成。截至年末，全市有10个县（市、区）科协，22个企事业科协，40个市级学会、协会、研究会，拥有会员3.8万名、30个乡镇科协和1660个农村专业技术协会，拥有会员6.9万名。市科协所属科技类学（协）会11个，企业科协3个，高校科协3个，园区科协3个。

【组织建设】 2021年，按照《牡丹江市科学技术协会市级学会通则（试行）》，制定申请成立市科协业务主管学会、申请成为市科协业务主管学会、申请学会换届、申请成为市科协团体会员、申请变更事项五个类别规则。年内，吸纳牡丹江市蜂产业协会为市科协团体会员，依托科协群团组织优势提升蜂产业品牌影响力。

【青少年科普活动】 2021年，市科协组织全市15所中小学及科技教师申报省青少年机器人竞赛牡丹江预选赛，并参照全省竞赛章程和规则推荐来自10所学校的20名优秀选手，组成9支队伍参加省级3项5个组别的比赛，获得省赛二等奖4个、三等奖5个。参与全国青少年高校科学营活动，经市教育局推荐，从牡丹江市第二中学、第三中学、第五中学选拔优秀学生和带队教师33人参加哈尔滨工业大学、哈尔滨工程大学、东北农业大学3所高校承办的2021年青少年高校科学营黑龙江省分营活动。组织开

2021年9月17日，市科协联合市青少年宫、市模型协会在紫光小学开展科普大篷车活动　（市科协　供图）

展第三十一届牡丹江市青少年科技创新大赛，全市有25所学校申报青少年提交的科技创新成果、科技辅导员科技教育创新成果、科技实践活动和科学幻想画四大类作品493件，其中80件优秀作品参加第三十五届黑龙江省青少年科技创新大赛。

【学会（协会）活动】 2021年，市科协组织抗癌协会开展“健康中国健康家——关爱生命科学防癌”主题义诊活动，为广大市民进行甲状腺、乳腺、妇科肿瘤筛查，免费测量血压、血糖等医疗服务。组织模型协会举办牡丹江市首届中小学生航模竞赛，设小学组、中学组两个组别，20支参赛队伍400人参加比赛。指导防痨协会利用“3·24”世界防治结核病日，面向公众尤其是青年学生开展形式多样的宣传活动，同步开展走出医院，进学校、进社区普及结核病知识系列公益活动，让广大群众正确预防和治疗结核病。

【科普日活动】 2021年，市科协组织“科技创造生活，科普成就未来”牡丹江市2021年全国科普日系列活动，开展科普大篷车进社区、进校园科普活动，1600名科普志愿者和青少年参与，发放科普图书1000册，展出展板30余块。开展全国科普日联合行动，全市在全国科普日网站注册科普日活动35个。第三十三届科普之冬期间，联合各县（市、区）科协深入科普基地，围绕农业主导产业和农民对农业技术需求开展系列农技活动。通过举办技术培训、科普大集、科技咨询等，传授急需的实用新技术和信息，提高农民依靠科技致富的能力。举办各类科技培训班573场次，科普宣传24次，开展技术咨询63次，参训参展人数12.79万人次，发放科普书籍、宣传单等各类科技资料8.7万份，普及推广农业新技术、新项目、新品种12项（个）。

【创新资源共享平台注册】 2021年，市科协依托中国科协“科创中国”品牌，发挥服务科技经济融合发展行动试点示范作用，吸引学会、协会、大专院校、企业、园区和科研院所注册“科创中国”创新资源共享平台，围绕企业产业难点与需求，有效组织科技供给与产业需求有效对接，服务科技经济融合发展。牡丹江热电有限公司科协、牡丹江恒丰纸业集团有限责任公司科协、黑龙江北方工具有限公司科协和

黑龙江林口经济开发区科协完成注册。截至年末，有13家学会、协会、企业、园区入驻创新资源共享平台。组织各县（市、区）科协、所属学会、协会、大专院校科协和企业科协104人参加全省企业创新方法线上培训。

【农业科技服务】 2021年，黑木耳服务团、蜂业服务团、柞蚕服务团、优质水稻服务团、大榛子苗木服务团、小杂粮种植服务团等针对农户需求，展开丰富实用的农业科技培训。3月11日，在海林市蔬菜村开展棚栽蔬菜培训会；9月16日，在宁安市中草药基地开展中草药技术培训；9月18日，在林口县食用菌基地、大豆基地开展新品种新技术推广现场会，为全市黑木耳、食用菌、柞蚕、烤烟、水稻等地方品牌的发展提供科技支撑。

【科技情报信息服务】 2021年，市科协利用微信等移动平台向市政府、企业及群众宣传科技政策、推介科技成果及服务等信息240条。完成全市查检36项、科技成果登记22项。宣传省、市科技政策和科技成果推介、挖掘技术需求和提供科技资源等精准服务，直接服务单位200余家，完成科技咨询、技术转移转化及项目检验检测等各种科技服务450次；开展科技政策、技术市场、高新技术企业申报及科技创新等方面培训380人次。

（市科协　韩秋先）

牡丹江市归国华侨联合会

【参政议政】 2021年，牡丹江市归国华侨联合会（以下简称市侨联）做好归侨侨眷市人大代表和市政协委员的推荐工作，经过基层推荐和组织考核，推荐市人大代表1名，市政协委员5名，其中1人当选市政协常委，发挥归侨侨眷在参政议政工作中作用。研究制定《牡丹江市侨联2021年课题计划》，确定调研题目，召开基层组织建设座谈会，到基层开展调研，形成《牡丹江市侨联基层组织建设调研报告》《牡丹江市侨联系统兼职副主席履职情况调研报告》。

【社会服务】 2021年，市侨联创建“侨法宣传角”，推进“我为群众办实事”实践活动，分别在阳明区恒丰社区、牡丹江医学院创建2处“侨法宣传角”。以“侨法宣传角”为基地开展《中华人民共和国归侨侨眷权益保护法》学习交流座谈会，深化涉侨政策法规在侨界人士和广大群众中的推广，提高群众对侨务法律法规的社会认知度。组织开展普法宣传活动，与牡丹江铁路运输法院密切合作宣传法治，持续开展普法共建活动。在阳明区恒丰社区举办“党史学习教育暨我为群众办实事携手普法宣传进社区”活动，向社区居民宣传《中华人民共和国归侨侨眷权益保护法》《中华人民共和国保守国家秘密法》《中华人民共和国民法典》《中华人民共和国民事诉讼法》等与百姓生活息息相关的法律法规，牡铁法院的法官为社区居民解答法律诉讼相关问题，发放各类宣传资料172份，接受各类法律咨询31件。组织华商会会员企业黑龙江中业建筑装饰工程有限公司20名员工参与助力第四届黑龙江省旅游产业发展大会志愿者服务工作。

【侨胞之家】 2021年，市侨联推进创建侨胞之家，开展为侨服务工作。向省侨联争取，组织四城区、高校侨联负责人召开侨胞之家创建工作推进会，在阳明区恒丰社区、东安区绿地社区、牡丹江医学院分别创建3处侨胞之家，打造密切联系侨界群众、践行为侨服务理念的新阵地，创新活跃基层侨联工作、凝聚侨心侨力的新载体。

【龙江侨界百篇优秀征文抒写百年辉煌活动】 2021年，市侨联组织骨干成员撰写文章，推荐参加省侨联优秀征文评比，有两篇征文获奖，并刊发《旗帜——献给建党一百周年》《雄山巍峨铸党魂——庆祝建党一百周年》文章。市侨联在省侨联举办的“龙江侨界喜迎建党100周年主题征文”活动中，荣获优秀组织奖。

【第二十二届世界华人学生作文大赛参赛组织工作】 2021年，市侨联组织第二十二届世界华人学生作文大赛牡丹江市参赛工作，制订征文活动方案，组织高中学生参赛，700人参加。通过初评，确定66篇文章参加比赛。

（市侨联　王　晖）

牡丹江市台湾同胞联谊会

【参政议政】 2021年，牡丹江市台湾同胞联谊会（以下简称市台联）围绕中共牡丹江市委关于“十四五”规划和2035年远景目标的决策部署，开展调查研究，撰写的调研报告《关于加大支持西安区台湾农民创业园休闲农业功能区建设的建议》在市政协十二届五次会议上作书面交流。调动担任各级政协委员的台胞台属撰写提案，向省政协、市政协提交《关于加强农业废弃物处理与资源化利用的建议》《关于加强挖掘、保护和利用红色资源的建议》等8件提案，为党委和政府科学民主决策提供参考。对市台联界别政协委员联名提交的提案《关于缓解一中上下学高峰期交通拥堵等问题的建议》进行推进落实，助推相关部门实施道路拓宽改造工程，缓解一中交通拥堵问题，为一中师生提供安全顺畅的交通环境。组织台胞台属代表参加市人大举办的立法协商座谈会、市政协开展的专题调研视察活动，建言献策。

【台胞台属服务】 2021年，市台联发挥桥梁纽带作用，加强同台胞台属联系沟通，做好服务团结工作。开展春节走访慰问活动，为部分老台胞、老台属和机关退休干部送去慰问品和新春祝福。编辑制作“相聚云端·喜迎新春”2021年牡丹江市台胞台属新春祝福视频，通过网络传递对广大台胞台属的美好祝福和亲情暖意。向全市女台胞台属发出“三八”妇女节节日贺信，举办“玫瑰绽放·芳馨台联”庆“三八”妇女节花艺活动。9月16日，同市台办一起走访慰问在牡丹江市台商，送去月饼和中秋祝福。通过实地走访、电话沟通等方式走访台胞台属，了解台胞台属学习、工作和生活情况，协调解决台胞台属遇到的困难和问题，为台胞台属做好事、办实事、解难事。会长孟宪东向郑州市慈善总会捐款5000元，专门用于郑州市台胞台属救灾，帮助台胞台属渡过水灾难关。

【交流交往】 2021年，市台联邀请全国台联、省台联组团来牡丹江市开展交流考察活动。5月18—19日，接待全国台联办公室财务处处长王兴海一行3人来牡丹江市考察，参观牡丹江市博物馆和烈士纪念馆、绥芬河党史教育基地，宣传推介牡丹江红色文化资源。9月14—15日，由省台联主办的以“游镜泊胜景·赏田园风光”为主题的参访团一行18人到牡丹江市参访交流，实地参观镜泊湖风景区、西安区中兴村，感受牡丹江市自然风光和发展变化，进行两岸同胞的亲情乡情交流。

（市台联　徐莹莹）

牡丹江市文学艺术界联合会

【概况】 2021年，牡丹江市文学艺术界联合会（以下简称市文联）实行团体会员制，有团体会员23个，15个文艺家协会有会员2000余人。其中市作家协会会员504人、省级会员150人、国家级会员9人；市诗词楹联家协会有国家级会员近10人、省级会员20余人；市网络作家协会有会员63人；市美术家协会有市级会员300人、省级会员60人、国家级会员7人；市书法家协会有市级会员300余人、省级会员100余人、国家级会员15人；市摄影家协会有市级会员240人、省级会员60人、国家级会员7人；市戏剧家协会、市曲艺家协会有会员98人；市音乐家协会有会员501人；市舞蹈家协会有会员105人，其中省级会员4人；另有市民间文艺家协会、市广播电视艺术家协会、市文艺志愿者协会、市艺术设计协会、市朗读者协会；2个行业文联，即牡丹江市公安文联、牡丹江市检察官文联；有6个县（市）文联，即海林市文联、宁安市文联、穆棱市文联、东宁市文联、林口县文联、绥芬河市文联。

2021年6月15日，市文联所属事业单位牡丹江市书画院组织本院艺术家赴海林市开展“庆祝建党百年 弘扬抗联精神”采风写生活动　（市文联　供图）

【文艺人才培养】 2021年，市文联组织市诗词楹联采风团到东宁要塞举办红色之旅采风活动，重温历史、进行爱国主义教育。到穆棱市参观下城子镇孤榆树村东北抗联密营地、七彩花田和海月湾，创作专题作品，弘扬抗联精神、传承红色文化、赞美多彩穆棱。市作协骨干走进东京城林业局尔站二林场、牡丹江市三道关国家森林公园开展创作写生活动，共绘牡丹江旅游生态美景，为基层文化建设助力。组织市朗读者协会、市图书馆共同举办牡丹江文化大讲堂红色文化系列专题讲座《红色牡丹江——革命先驱马骏》。通过开展各类培训、研讨、采风、笔会、座谈会等文艺创作活动培养文艺人才，送文艺活动到基层。

【文艺作品展】 2021年，市文联组织开展“庆建党百年·迎旅发大会”牡丹江市书法美术作品展、“迎接建党百年·献礼旅发大会”第三届牡丹江市青年书法展暨第二届书法创作领军人才梯队作品展和“第四届黑龙江省旅游产业发展大会重点项目暨牡丹江旅游摄影作品展”等文艺活动。

【文艺创作】 2021年，市文联组织市朗读者协会参与打造旅游景点镜泊湖鸳鸯池，组织市摄影协会会员多次拍摄，在协会微信公众号和视频号刊发作品。其中刊发的《助力旅发大会·县

（市）专版》绥芬河篇和东宁篇，得到东北网的重视并予以转发。组织市戏剧家协会会员以专业表演者身份在第四届黑龙江省旅游产业发展大会开幕式上、在文化广场的舞台上、在林海雪原的小火车上，以及在 1946 文创园演出话剧《牡丹江保卫战》等。

【文艺服务】 2021 年，市文联组织摄影家带你走近雪城牡丹江”系列活动。组成文艺轻骑兵，开展“我们的中国梦——摄影家带你走近雪城牡丹江”系列活动。通过市摄影家协会微信公众号“雪城影像视界”发布摄影作品。出版《“庆建党百年迎旅发大会”——牡丹江市美术书法优秀作品集》。举办“庆建党百年·迎旅发大会”牡丹江市硬笔书法作品线上展并出版作品集。在“庆建党百年·迎旅发大会”牡丹江市诗词楹联大赛中，征集诗词、楹联、现代诗作品 600 余件，最终分别评选出诗词、现代诗和楹联类别在《牡丹江晨报》上选登。参与编撰《红色牡丹江》《红色文化教育读本》。在市文联的组织下，县（市）文联排演《党的历史记心间》《一颗红心永向党》《非凡的领航》《百年沧桑跟党走》《红灯记》等一批戏曲节目，为群众开展文艺精品服务。

（市文联　许延萍）

中国国际贸易促进委员会牡丹江市委员会

【参展工作】 2021 年，中国国际贸易促进委员会牡丹江市委员会（以下简称市贸促会）组织线上展会 4 次。因受新冠肺炎疫情影响，首届中国（黑龙江）国际绿色食品产业博览会和第四届中国·黑龙江国际大米节改为线上举办，39 户企业参加展会；协助市相关企业参加第三十一届哈洽会（线上）、组织引导企业参加中国（长春）国际先进装备制造业博览会（线上）、“中国—俄罗斯双向农林牧渔”主题云展会等新模式线上展会。

【招商服务】 2021 年，市贸促会开展产业招商活动，协助市绿色食品招商专班、市农业农村局参加上海中国国际食品和饮料展览会、湖南农业博览会；会长宋慧茹协助开发区对接贵州亚麻生产加工项目和城投建设工程有限公司迈克机床与通用集团合作项目；副会长王银成协助东宁市对接王守义十三香北方生产基地项目；四级调研员白玉协助开发区对接浙江嘉兴印染织布企业和对韩合作项目。

（市贸促会　严　娜）

牡丹江市残疾人联合会

【概况】 2021 年，牡丹江市有户籍持证残疾人 73419 人（男性 44704 人，女性 28715 人）。其中，视力残疾 8478 人，听力残疾 8740 人，言语残疾 760 人，智力残疾 7782 人，肢体残疾 39326 人，精神残疾 6446 人，多重残疾 1887 人。

【残疾人就业创业指导】 2021 年，牡丹江市残疾人联合会（以下简称市残联）依托“金保工程”，将 297 名残疾人作为帮扶对象。对全市 24 家用工单位建立岗位信息库，10 家单位录入中国残疾人联合会就业创业服务平台。开展技能培训 16 场，培训 583 人次。开展残疾人按比例年审，年审 332 家单位，比 2020 年度新增加 18 家。举办 11 场残疾人招聘会，提供 80 个工作岗位，238 人次残疾人参加招聘，安置 7 人就业。开展就业援助月活动，走访登记失业残疾人家庭 326 户、登记失业残疾人 343 人、帮助 72 名残疾人享受专项扶持政策。加强应届高校毕业生就业服务工作，实行“一生一策动态管理”，对县（市、区）38 名残疾人毕业生进行跟踪回访服务，组织应届残疾人毕业生线上创业培训、专场招聘会帮助就业。

【残疾人关爱工程】 2021 年，市残联实施精准扶贫，对 60 户残疾人家庭中的 65 人进行监测，其中边缘易致贫户 6 户 8 人。建立健全防止返贫动态监测长效机制，对监测户残疾人家庭

2021 年，牡丹江市人社局、市残联组织开展就业援助月启动暨就业困难人员专场招聘活动
（市残联　供图）

进行跟踪访视。开展“一键帮”行动，落实帮扶政策，评估帮扶效果，并将相关信息录入全国防返贫监测系统。印发《关于做好极端天气下残疾人基本民生保障工作的通知》《关于进一步做好全市疫情防控对封闭管理的残疾人群众服务保障工作指导意见》，指导县（市、区）残联做好困难残疾人生活状况摸排探访工作。开展帮扶慰问，两节期间开展“送温暖活动”，走访慰问3332名贫困残疾人，投入资金128.5万元。坚持因人施策，对脱贫不稳定户、边缘易致贫户等重点监测。落实“两不愁、三保障”及兜底政策，将两项补贴资金及时发放到位。施行“跨省通办”，2021年发放两项补贴487921人次、4435万元。其中，市本级150685人次，1377万元；县（市）337236人次、3058万元。实施“阳光家园计划”项目，为149名残疾人进行居家托养服务。强化“一人一案式”融合教育服务，做好适龄残疾儿童少年随班就读、送教上门等个性化就学安置工作，适龄儿童658人，入学643人；资助牡丹江市残疾人及残疾人子女接受高等教育，资助146人，资助金额10.06万元。

【残疾人康复】 2021年，市残联实施残疾儿童康复项目，为298名0—6岁残疾儿童进行抢救性康复；申请本级资金为20名7—12岁残疾儿童进行康复救助。开展精准康复，发放残疾人辅助器具3500余人次，为2100余人进行家庭医生签约。推进平安牡丹江建设，为42名精神病患者提供住院治疗，为520名精神病患者提供免费服药。开展助残惠残活动，实施“关爱眼健康慈善光明行”活动，为100名白内障患者进行复明手术。聘请第三方对儿童康复定点机构进行评估，通过电话随访等方式对定点机构为残疾儿童提供的康复服务进行评估，回访率85%，满意度95%。

（市残联　顿鹤明）

牡丹江市红十字会

【组织建设】 截至2021年末，市红十字会有基层组织320个，团体会员单位172个，会员总数38000人，其中成人会员4700人、青少年会员33300人，红十字中、小学校48所，挂牌单位4个。

【红十字博爱送万家活动】 2021年，市红十字会开展红十字博爱送万家活动，弘扬“人道、博爱、奉献”红十字精神。救助对象以市四城区和3个县（市）困难群众为主，重点向孤寡老人、留守儿童、残疾人（丧失劳动能力）、三无人员倾斜。全年救助特困家庭180户，东安区、西安区、爱民区、阳明区各20户；市红十字会党支部对接社区20户；穆棱市、东宁市各发放家庭箱（包括衣服、棉被、大米、白面、豆油、糖果）30箱；宁安市发放家庭箱20箱。活动现场以集中发放的形式，把救助物资发放到困难群众的手中。

【红十字宣传活动】 2021年，市红十字会开展“5·8”世界红十字日、“5·12”防灾减灾日系列宣传纪念活动。5月8日在市文化广场举行以“关爱生命·救在身边”为主题的“红十字博爱周”宣传活动。各区红十字会、红十字冠名医疗机构和市中心血站及其他的医疗服务单位、红十字救援队和红十字志愿者参加活动。活动中派出18家医疗机构、工作人员和志愿者62人，摆放展台18个，宣传板17块，条幅13条，发放宣传单、宣传册3000多份。5月12日，市红十字会在青龙山广场开展以“防范化解灾害风险，筑牢安全发展基础”为主题全国防灾减灾日宣传活动。5月13日，市红十字会组织红十字救援队开展灾后应急救援演练。救援队员利用绳索攀爬到五楼进行现场评估、建立保护站、展开地毯式搜救，多名队员将灾后被困和受伤人员安全救出，迅速进行心肺复苏和外伤止血包扎，将伤者运送到安全地带，展现救援队员救援技术、熟练的救护技能和奉献精神。

【红十字应急救援能力建设】 9月11日是“世界急救日”，市红十字会在青龙山广场开展主题为“做学校和

2021年，牡丹江市红十字会开展博爱送万家活动　（市红十字会　供图）

社区的急救英雄”宣传活动。为广场居民发放应急救护宣传手册，并向居民宣传自救互救理念和简单的救护常识，发放宣传册200余份。12月28日，市红十字会开展为机关、学校等公共场所配置应急救护AED一体机的活动。全市设置5处AED安置点，市党政办公中心2台、东安区政府1台、东宁市政府1台、技师学院1台，推动应急救护工作开展，营造“人人学急救，急救为人人”氛围。

【救护培训】 2021年，市红十字会开展6期救护员培训班，对森林消防支队和消防救援支队300名队员进行培训。采取线上线下相结合的培训方式，线上理论培训，线下实践操作。现场手把手指导学员实践操作，使学员们掌握心肺复苏和创伤救护的操作方法。

【人道救助】 2021年，市红十字雪城救援队的志愿者们参与全国行走大运河全国健身健步走大赛的救援保障工作。受新冠肺炎疫情影响，牡丹江市临床医疗用血极度短缺，为缓解各级医疗机构用血需求压力，确保特殊时期用血供应，市红十字会发出献血倡议书，鼓励符合献血条件的公民，

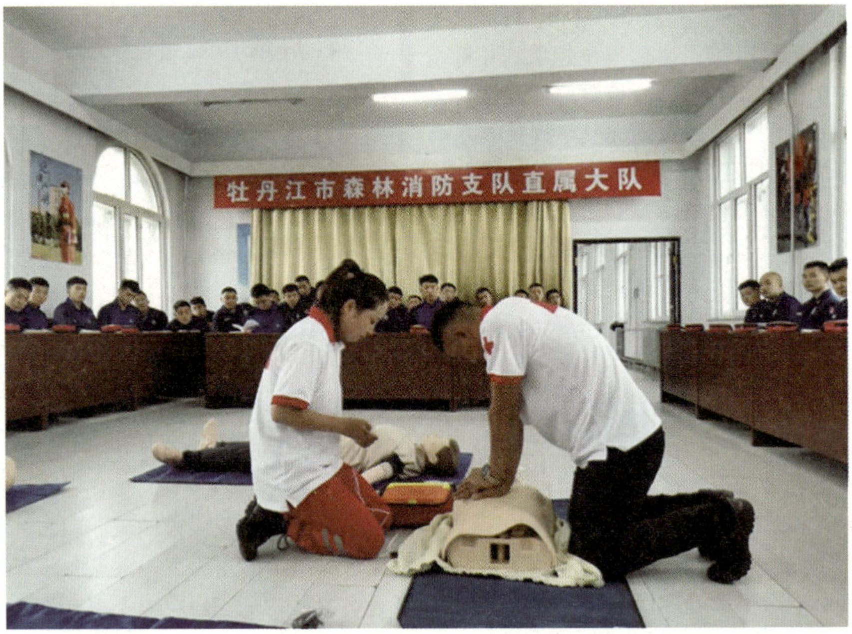

2021年9月16日，市红十字会在牡丹江市森林消防支队举办“我为群众办实事”应急救护知识培训活动 （市红十字会 供图）

加入到热血战“疫”行动中来。市红十字雪城救援队响应号召，带头参加无偿献血，献血2000毫升。

【造血干细胞与人体器官捐献】 2021年，市红十字会发挥红十字志愿服务队的作用，加大“三献”（无偿献血、造血干细胞捐献、遗体器官捐献）宣传力度，提升广大市民对该项工作的认知度与参与度。4月1日，市红十字会在青龙山公园开展遗体器官捐献宣传活动，发放200份宣传手册。4月2日，会领导到遗体（器官）和眼角膜捐献者李军和李秋林家中走访慰问。11月5日，市红十字会在青龙山广场开展“生命之约·大爱传递”宣传活动，发放人体器官捐献宣传手册200本。全年全市有30多人完成遗体和器官捐献的登记。

（市十红字会 张晓丹）

人大立法

【年度立法项目】 2021 年，牡丹江市人民代表大会（以下简称市人大）制定《牡丹江市红色文化遗存保护利用条例》《牡丹江市文明行为促进条例》，为传承红色基因、创建全国文明城提供硬核保障。启动《牡丹江市物业管理条例》修改，将化解物业管理矛盾、增进民生福祉进行到底。制定《牡丹江市人民代表大会及其常务委员会立法条例》，规范地方立法活动。建立健全立项、起草、调查研究、征求意见、评估论证、立法协商等制度机制，建立 16 个基层立法联系点，组建 41 人的立法咨询专家库，推进立法工作规范化、制度化、精细化。

【《红色文化遗存保护利用条例》颁布实施】 2021 年，市人大通过立法加强牡丹江市红色文化遗存的保护、管理和利用，《牡丹江市红色文化遗存保护利用条例》共五章三十七条，适用范围为本市行政区域内红色文化遗存的保护、管理和利用。在遵循上位法的基础上，根据牡丹江市红色文化资源的状况和存在的现实问题，进行制度设计，创新管理措施，解决管理难点。条例自 3 月 1 日起施行。

【《文明行为促进条例》颁布实施】 2021 年 7 月 27 日，《牡丹江市文明行为促进条例》（以下简称《条例》）在牡丹江市第十六届人民代表大会常务委员会第三十次会议上通过。8 月 20 日，通过黑龙江省第十三届人民代表大会常务委员会第二十七次会议批准。《条例》共六章三十七条，适用范围为牡丹江市行政区域内文明行为促进及其相关工作。《条例》明确文明行为促进工作的原则、格局和目标，并对群众反映集中、已经违反法律法规规定却没有行政处罚的不文明行为，进行分类规定。本条例自 2021 年 10 月 1 日起施行。

（市人大　王占林）

政法委与综治工作

【维护社会稳定】 2021 年，牡丹江市委政法委员会（以下简称市委政法委）在全国“两会”、中国共产党成立 100 周年、第四届黑龙江省旅游产业发展大会等重大活动中完成安保任务。制定《牡丹江市重大决策社会稳定风险评估工作方案》，从源头上防范化解社会矛盾风险。构建全省规模最大的地市级专业人民调解中心，矛盾纠纷调解成功率 96% 以上。制定《牡丹江法律援助承诺制实施办法》，为当事人挽回经济损失 1400 多万元。

【平安牡丹江建设】 牡丹江市连续 11 年被评为“平安黑龙江建设优秀单位”。维护政治安全，严防敌对势力渗透破坏活动，深入排查重点单位风险隐患，对重点关注人员开展精准核查和跟踪研判，组织反恐实战演练，保持暴力恐怖案件“零发生、零打响”。深化反邪教警示教育宣传，提升群众识别、抵制邪教的能力。扫黑除恶常态化开展，制定《全市常态化开展扫黑除恶斗争工作要点》《牡丹江市扫黑除恶斗争领导小组主要职责、工作规则和工作机构》，明确常态化扫黑除恶工作定位和工作方向。对涉黑恶案件、重点线索进行倒查，发现问题及时处理。落实《全市扫黑除恶常态化暨四大行业领域整治工作方案》，遏制“四大行业”（信息网络、自然资源、交通运输、工程建设）突出问题高发态势。开展“百日攻坚”“首季攻势”“平安之夏”“云剑”“净网”等专项行动，现行命案即发即破，八类案件破案率 98.5%，攻克电信诈骗案件 980 起，挽回经济损失近 8000 万元。在全市开展非法枪爆危化物品清缴整治，消除公共安全隐患。

【法治环境建设】 2021 年，市委政法委开展教育整顿，整治各类顽瘴痼疾。审判机关受理各类案件 55000 多件，审结知识产权案件 70 件；审结借款、票据等案件 8000 多件；审结环境资源类案件近 90 件。成立三个旅游巡回法庭维护旅游秩序，诉讼案件执结率 95%，执行到位资金近 50 亿元。快立、快审、快执涉企纠纷17000多件，维护企业合法权益。市检察机关推出“服务群众十项承诺”，立案公益诉讼348件，开展“助力市域旅游发展”公益保护专项监督，制发诉前检察建议72份，开展刑事诉讼“挂案”专项监督，清理涉企“挂案”30件，落实“少捕慎诉慎押”司法理念，决定或建议不羁押100余人。公安机关出台《优化市场化法治化国际化营商环境20项措施》《支持服务保障绥芬河自贸片区建设30项措施》，89个派出所完成“全科窗口”建设，组建旅游警察专门队伍，依法打击涉企经济犯罪、侵犯知识产权犯罪、食药环领域犯罪200多起，侦破涉企案件17起，为企业挽回损失近千万元。市司法行政机关受理行政复议案件275件，纠错率22.4%，“七五”普法规划圆满收官，宁安市盘岭村、穆棱市西村荣获第八批“全国民主法治示范村”称号，解答法律咨询服务13000多人次。市委政法委制定《我为群众办实事工作实施方案》《牡丹江市法治化营商环境面对面工作机制（试行）》等，优化法治营商环境。市委书记杨廷双在省委全面依法治省工作会议上做《坚持“三突出”“三强化”高质量推进法治牡丹江建设》交流发言。

【社会治安综合治理】 2021年，市委政法委推动落实黑龙江省委政法委印发《关于加强综治中心及网格化建设推进市域社会治理现代化工作的实施方案》，全市市级综治中心、10个县级综治中心、77个乡镇级综治中心批复成立。专业人民调解中心、“三调联动”（人民调节、司法调节、行政调节）经验做法、推进党建引领“红色物业”探索创新基层社会治理新模式、打造社会心理服务“三平台”（搭建心理健康工作平台、筑牢心理健康公众反腐平台、发展心理健康社会参与平台）等典型经验得到中央和省委政法委充分认可。

【司法体制改革】 2021年，市委政法委深化执法司法制约监督体系改革，五方面20项改革任务全部完成。市委政法委依据《黑龙江省贯彻落实〈中国共产党政法工作条例〉实施办法》，出台四个配套文件（即《关于进一步加强政法队伍建设的若干意见》《关于进一步加强社会治安综合治理基层基础建设的意见》《关于进一步落实社会治安综合治理及维护社会稳定领导责任制的意见》《关于进一步加强和改进信访工作的若干意见》）和两个实施方案［即《牡丹江市法治社会建设实施方案（2021—2025年）》《牡丹江市加强法治乡村建设实施方案》］，党的领导监督机制更加健全。市中级人民法院减、假、暂案件一律公开审理、公示文书，同步接受市检察院监督，并邀请举报人、人大代表、政协委员等进行社会监督。市检察院在全市公安系统11个执法办案管理中心派驻检察室。市公安局执行重大专项任务资金及职务晋升、调整使用挂钩绩效考核等所需经费得到保障。市司法局与市检察机关联合制定《社区矫正对象外出请销假管理办法》，落实刑罚执行一体化。

（市委政法委　张立晖）

法治政府建设

【政府立法工作】 2021年，牡丹江市人民政府（以下简称市政府）围绕服务第四届黑龙江省旅游产业发展大会和民生重点，科学编制并组织实施政府年度立法计划。《牡丹江市文明行为促进条例》经省十三届人大二十七次会议批准，于10月1日起施行，《牡丹江市物业管理条例（修正稿）》已报批审查。

【法治宣传教育第八个五年规划（2021—2025年）】 中共牡丹江市委牡丹江市人民政府转发《市委宣传部、市司法局关于在全市开展法治宣传教育的第八个五年规划（2021—2025年）》的通知，把学习宣传贯彻习近平法治思想作为“八五”普法工作的首要政治任务，学习宣传习近平法治思想的重大意义、丰富内涵、精神实质和实践要求。通过多种形式，运用各类媒体和平台，发挥好各类普法阵地作用，推动习近平法治思想入脑入心、走深走实。开展尊崇宪法、学习宪法、遵守宪法、维护宪法、运用宪法的宣传教育活动，阐释好新时代依宪治国、依宪执政的内涵和意义。加强国旗法、国歌法等宪法相关法的学习宣传，强化国家认同。结合“12·4”国家宪法日，开展“宪法宣传周”系列宣传活动，加大宪法学习宣传力度，弘扬宪法精神。突出学习宣传民法典，宣传应知应会的基本法律。明确普法重点对象，提升国家工作人员法治素养，落实国家工作人员学法用法制度，把法治教育纳入干部培训内容，定期组织开展法治讲座、旁听庭审活动。重点抓好领导干部“关键少数”，深化落实党组会前学法、重大决策前专题学法等措施。加强法治文化阵地建设，推动法治文化与传统文化、红色文化、地方文化融合发展，因地制宜建设法治文化阵地，扩大法治文化的覆盖面和影响力。推进普法与依法治理有机融合，坚持依法治理与系统治理、综合治理、源头治理有机结合，深化基层依法治理、专项依法治理，开展多层次多形式法治创建活动，提高社会治理法治化水平。着力提高普法的针对性、实效性，运用新技术新媒体开展精准普法，扩大法治宣传教育覆盖面。加强组织实施和领导，党政机关负责人严格遵守推进法治建设第一责任人职责。

【规范性文件审查】 2021年，市政府发挥法律顾问职能作用，将市政府重大合同、重点项目全部纳入合法性审查范围，先后完成关于《恒丰集团股权转让协议》《牡丹江机场迁建技术服务合同》《林海水库工程投融资模式改革创新实施方案》以及牡丹江新闻传媒集团有限公司改制、红星集团食品有限公司与草根知本集团重组、退役士兵待安置期间两费发放、丰收村“大棚房”专项整治、牡丹江佳日供热公司托管等重大合同、重点项目、重大决策合法性审查130件，从源头防范决策风险，提高重大决策法治化水平。

【行政执法监督】 2021年，市政府针对旅游执法领域突出问题，旅游市场监管薄弱环节，开展“规范执法·服务旅发”专项行动，规范旅游市场秩序。畅通涉旅案件监督绿色通道，公示全市各部门及各县（市、区）53家单位行政执法监督电话、邮箱，接受市场主体监督，受理对涉旅行政执法行为的投诉。通过开展专项监督、个案监督、案卷评查，发现监管不到位、执法不规范问题32项，持续跟踪问效，督促问题到位。提升涉旅执法人员素质，开展“提升素质、规范执法、服务旅发”“拉练式”培训，连续三年举办行政执法（监督）人员公共法律知识考试，参考4374人，合格4240人，通过率96.94%，其中3348名执法人员使用电子行政执法证件，保证执法全流程规范化。

【行政复议】 2021年，全市受理行政复议案件275件，同比增长48.6%，审结案件263件，案件审结率90%；作出撤销、确认违法及责令履行法定职责的59件，通过协调、调解方式化解52件，案件纠错率22.4%。开展“复议为民促和谐”专项行动，全市排查重点案件249件，重点案件总体化解率93.9%；复议案件化解221件，化解率90.2%。

【政府法律顾问工作】 2021年，牡丹江市司法局发挥政府法律顾问职能作用，为民营企业提供法律咨询900余次，为企业起草、修改、审核合同1300件，办理涉企诉讼案件695件、非诉业务322件，提供经营决策建议257件，为企业维护经济利益1.1亿余元。

【依法行政指导】 2021年，牡丹江市推进落实减证便民，市司法局牵头制定《牡丹江市告知承诺制证明事项目录》，确定牡丹江市实行告知承诺制证明事项25项，减少“奇葩”证明、循环证明、重复证明。10月，司法部开展行政执法协调监督体系建设，牡丹江市被确定为东北三省唯一的试点城市。

（市司法局　辛　颖）

公　安

【刑事侦查】 2021年，牡丹江市公安局（以下简称市公安局）开展“首季攻势”“平安之夏”“云剑”“净网”等专项行动，创新刑事打击工作新机制，严厉打击刑事犯罪，现行命案全破，破案率继续保持100%。

【警务督察】 2021年，市公安局组织召开区域警务协作会议，严格队伍内部管理，签署牡丹江区域公安警务协作议定书，深化八大领域协作，有效提升警务协作效能和整体作战水平。

【边防安全管理】 2021年，市公安局聚焦国防安全，强化边境意识、边防意识，强化边境管控，破获走私案件13起，完成重大安保工作。

【监所管理】 坚持实施安全预警和应急处突演练机制，与驻所武警中队配合，保障武警有力处突防控；以严态势攻案件为指导思想，保障专案顺利诉讼。坚持发挥医疗保障作用，妥善处置多名患传染病、肝癌、脑出血等重大疾病在押人员的医疗救治。坚持“外防输入，内防扩散”总要求，严抓制度落实，严守各个环节，以《公安监管场所常态化新冠肺炎疫情防控应急处置预案》为依托，调整疫情应急响应等级和勤务模式。

【治安管理】 2021年，市公安局强化大型活动安保，完成中共六大资料馆开馆仪式、黑龙江省第七届龙江读书月启动仪式、国际博物馆日等安保任务；在中国共产党成立100周年、第四届黑龙江省旅游产业发展大会举办日、国庆日、党的十九届六中全会召开日等重大活动启动安全工作专班，稳控率实现100%。

【户政管理】 2021年，市公安局制定出台《支持服务保障中国（黑龙江）自由贸易试验区绥芬河片区建设30条措施》；推广派出所窗口“1+X”一站式办理，推进实现“网上办”，将办事窗口向基层所队延伸。

【经济犯罪侦查】 2021年，全市经侦部门立案118起，破案81起，抓获犯罪嫌疑人221人，挽回经济损失1833万元。严打非法集资犯罪，坚持“打防治宣”同步推进，有效遏制非法集资犯罪高发态势。成立牡丹江市税警联合作战中心，构建侦查一体、优势互补、快速联动的税警联合新模式。

【群防联动机制】 2021年，市公安局推行全天候立体化信息化巡逻防控机制，校园定点执勤、街道武装巡逻、边境双向查控、社区群防群治、公安武警联勤联动，城区出现16次单日刑事“零警情”，突出违法犯罪得到有效遏制。

【电信诈骗防范打击】 2021年，市公安局坚持“人民利益至上”原则，全力攻坚侦破公安部督办电信网络诈骗案件980起，挽回人民群众经济损失7880万元。

（市公安局　高　萌）

检　察

【刑事检察】　2021年，牡丹江市人民检察院（以下简称市检察院）严厉打击各类刑事犯罪，批捕855人，起诉2143人；贯彻宽严相济刑事政策，不批捕263人，不起诉130人，认罪认罚从宽制度适用率89.22%。监督立案62件，同比上升158.33%；监督撤案36件，同比上升157.14%；侦查活动违法监督案件148件，同比上升428.57%；侦查活动纠正违法采纳率98.09%，同比上升39.16%。

【监所检察】　2021年，市检察院开展羁押必要性审查，审查823人次，决定或建议不羁押133人。加大对民营企业的保护力度，对涉民企经济犯罪案件2个单位、9个犯罪嫌疑人依法做出不起诉决定。

【控告申诉检察】　2021年，市检察院践行“老百姓主张法律公道不求人”承诺，办理各类信访事项2220件次，7日内程序性回复率100%，办理公开听证133件，司法救助22件。

【民事行政检察】　2021年，市检察院强化民事行政检察，办结各类民事行政案件968件。创新开展网络司法拍卖执行活动监督，受理案件126件，提出检察建议126件，经验做法被中华人民共和国最高人民检察院肯定。在社区、乡镇、企业、法院建立“四位一体式”（科学立法、严格执法、公正司法、全民守法）检察机关民事支持起诉服务站，依托服务站办理民事支持起诉42件，均被市中级人民法院采纳。

【未成年人保护】　2021年，市检察院强化未成年人司法保护。建立青少年法治教育基地，依托“冬梅姐姐”法治巡讲团开展法治巡讲，对全市中小学及校外培训机构教职员工30139人开展入职查询，对1004家宾馆、旅店开展涉未成年人犯罪治理专项活动。东宁市人民检察院、海林市人民检察院、东安区人民检察院未成年人保护案件被黑龙江省人民检察院评为典型案例，市检察院未成年人检察部被团中央授予“全国青少年维权岗”称号。

【职务犯罪查办】　2021年，市检察院落实从严治检责任，制定出台《牡丹江市人民检察院党组落实全面从严治党主体责任清单》等一系列制度规定，结合教育整顿常态化开展示范教育、警示教育、岗位廉政教育，推动全面从严治检。办理职务犯罪案件46件52人，提前介入涉案金额巨大的鸡西李某某专案。立案侦查司法工作人员相关职务犯罪案件3件。

（市检察院　柳　庆）

法　院

【概况】　2021年，全市法院受理各类案件54974件，结案52895件，同比分别上升56.84%、55.30%。其中，牡丹江市中级人民法院（以下简称中级法院）受案4583件，结案4301件，同比增长21.37%、17.87%。有4个集体、13名个人获国家级荣誉，20个集体、27名个人获省级荣誉。市中院被评为全国司法宣传和通联工作先进单位，刑一庭被评为全国法院扫黑除恶专项斗争先进集体。

【刑事审判】　2021年，市中级法院依法审理各类刑事犯罪案件1828件，一审判处有罪人犯2499人，其中判处五年以上人犯343人，重刑率13.73%，维护国家安全、社会安定、人民安宁。

【民商事审判】　2021年，市中级法院审结各类民商事案件31180件，结案标的额约48.03亿元。组建知识产权审判团队，审结知识产权纠纷案件70件。研究涉外案件新特点，审结涉外商事案件27件，助力深度融入“一带一路”建设。

【行政审判】　2021年，市中级法院坚持支持与监督并重，审结行政案件724件，结案93.06%，审查行政非诉执行案件243件，结案率100%。审理新冠肺炎疫情防控期间生产销售不合格口罩、强行驾车闯卡等行政处罚案件，并在《黑龙江日报》《牡丹江晨报》刊登，起到良好社会效果和法律效果。推进市县两级法院行政机关负责人出庭，连续三年出庭率100%。

【执行工作】　2021年，市中级法院在市公安局、市自然资源局、市银行监管等部门支持配合下，开展执行攻坚，执结案件15725件，执结率91.42%，执行到位金额10.29亿元。推行失信被执行人惩戒机制，公布失信被执行人名单3025人，限制高消费7084人，252人慑于信用惩戒主动履行义务，一批“钉子案”“骨头案”全市法院得到实际执结。

【国家赔偿案件审判】　2021年，市中级法院行政庭受理国家赔偿案件18件，占比10.89%，结案17件，结案率94.44%，调撤3件，调撤率16.67%。

【审判监督】　2021年，市中级法院健全完善院庭长监督机制，对黑龙江省高级人民法院设定的二十余项审判绩效指标进行常态化分析，为院庭长加强审判管理、提升弱项指标及考核部门开展季度考核提供依据。公示“四类案件”（涉及群体纠纷、可能影响社会稳定的；疑难、复杂且在社会上有重大影响的；与本院或者上级法院的类案判决可能发生冲突的；有关单位或者个人反映法官有违法审判行为的）170件，公示率100%。审结再审案件101件，依法改判57件，择优向省院推荐年度案例报送8次，上报335个案例。

【法警工作】 2021年，市中级法院组织全市法院系统开展“护航司法安全、献礼建党百年”百日会战活动，保障法院机关安全；组织开展“警务实战化训练推进年”活动，参加全省法院司法警察执法知识竞赛，提升司法警察队伍整体业务技能；圆满完成中华人民共和国成立后涉案金额最大的一起制造假币案件刑事庭审警务保障工作。

【人民陪审工作】 2021年，市中级法院根据《中华人民共和国陪审员法》《人民陪审员选任办法》《黑龙江省人民陪审员选任工作方案》，结合牡丹江市人民陪审员工作实际，联合市司法局、市公安局共同组成人民陪审员选任工作领导小组，负责领导和指导人民陪审员选任工作，坚决贯彻实施“两个随机”即选任随机、参审随机，并建立人民陪审员分类参审机制，根据其所从事单位职业、人生经历或所学专业进行分类，不断提升陪审员“事实审”积极性。合理设置年度参审案件数量上限，严格按照人民陪审员法司法解释规定，合理制定每名人民陪审员年度参加案件数量上限，对于因客观原因超过上限案件数的，按照规定向上级法院报备。市中级法院结合市人民陪审工作实际情况，指导辖区法院，科学选定培训内容，灵活适用培训形式，制定培训计划。在新选任人民陪审员后，及时进行岗前培训，采取分散、线上培训与线下集中学习、座谈交流、观摩庭审和模拟法庭开庭等形式，开展思想政治、人民陪审工作基本要求、法律法规、业务能力和庭审审判技巧等方面的培训。

【民营经济发展保障】 2021年，市中级法院快立、快审、快执涉企纠纷案件17978件，为民营企业营造公平公正的法治化营商环境。落实“万名干警走访万家企业”工作部署，走访企业242户，办结意见建议97个，为企业纾困解难、发展生产提供法律帮助，增强企业防范化解风险能力。探索破产审判新思路，持续推进天合石油集团股份有限公司与关联企业合并重整，助力危困企业走出困境。

（市中级法院　陈勇军）

司法行政

【概况】 2021年，牡丹江市司法局（以下简称市司法局）召开市委全面依法治市工作会议、市委全面依法治市委员会第四次会议，制定出台《法治牡丹江建设实施方案（2021—2025年）》《牡丹江市法治社会建设实施方案（2021—2025年）》《牡丹江市加强法治乡村建设实施方案》及其五年任务分解等法治建设领域的重要文件，聚焦重点任务，推进依法治市各项工作。市委常委会会议、市政府常务会议专题听取法治牡丹江（法治政府）建设情况，举办习近平法治思想培训班，全市2800多名干部参加在线学习。对全市及中央、省级直属单位2020年度法治建设目标责任制完成情况进行考核，以考核促落实；推进黑龙江省委依法治省等小组办公室开展的法治建设综合性督察反馈意见整改工作，以整改促提升。在省委召开的全面依法治省工作会议上，牡丹江市作为在会上交流发言的三个地市之一，市人大常委会主任、市委书记杨廷双做《坚持“三突出”“三强化”高质量推进法治牡丹江建设》交流发言。市司法局被中央宣传部、司法部、全国普法办授予2016—2020年全国普法工作先进单位称号。

【法律宣传】 2021年5月10日，牡丹江市召开市委全面依法治市委员会守法普法协调小组2021年第一次会议，推动落实“谁执法谁普法”普法责任制。组织开展以“美好生活 民法典相伴”“宪法宣传周”“助力旅发 普法同行”等全市性主题宣传活动5次，推动法治宣传全覆盖。7月27日，承办全省“大美龙江 无法不美”——走进雪城牡丹江旅游普法活动，“极光新闻”、凤凰网直播启动仪式，线上观看量达38.6万人次。运用新媒体开展“学法送票”活动，打造“法治+文旅”普法新模式。按照体现习近平法治思想核心要义的“十一个坚持”，设计制作南湖法治文化公园景观，促进法治文化元素与城乡公共休闲设施建设有机融合。加强青少年法治宣传教育，新增市级青少年法治教育基地1个。全市“八五”普法规划如期启动。

【律师工作】 截至2021年末，全市有律师事务所60户，其中市区44户，县（市）16户。全市有律师390名，其中专职律师273名，兼职律师13名，

2021年7月27日，黑龙江省2021年“学法送票——走进雪城牡丹江”启动仪式在牡丹江市镜泊湖风景名胜区举行　（市司法局　供图）

公职公司律师95名，法律援助律师9名。律师等法律服务人员在做好诉讼代理业务的同时，聚焦服务经济高质量发展，开展“民营企业法治体检”活动23次，服务企业78户，为全市涉及旅游的20多户企业订制“涉旅法律套餐”，累计为民营企业提供法律咨询900余次，为企业起草、修改、审核合同1300件，办理涉企诉讼案件695件、非诉业务322件，提供经营决策建议257件，为企业维护经济利益1.1余亿元，为促进经济社会发展提供优质的法律服务。

【公证服务】 截至2021年末，全市有公证机构9家，其中市区3家，县（市）6家。深化公证体制机制改革，全市公证机构推行“最多跑一次”事项80项，解答咨询13256人次，核实证据材料2900件。“我为群众办实事”525件、上门服务160人次（办理144件公证）、提供预约服务978件、节假日预约120件、提供延时服务86件、材料容缺服务42件。探索“互联网＋公证”“零接触”网上办理公证新渠道，远程视频公证案27件。

【社区矫正工作】 2021年，市司法局成立三级社区矫正委员会68个，召开市社区矫正委员会第一次全体会议，强化党委、政府对社区矫正工作的组织领导，全市社区矫正对象无脱管漏管。

【法律援助】 2021年，牡丹江市将法律援助列为政府利民实事项目，制定《牡丹江市法律援助承诺制实施办法》，全市全年办理法律援助案件2815件，实体大厅和“12348”热线平台解答法律咨询服务19075人次，为当事人挽回经济损失3388.27万元。

【戒毒工作】 2021年，市司法局针对具体情况和具体对象做好社区戒毒、康复工作，走访戒毒对象，了解戒毒断吸情况，巩固戒断成果，降低复吸率。

【国家司法考试工作】 2021年，市司法局克服因新冠肺炎疫情国家统一法律职业资格考试三次延迟带来的不利影响，以服务考生为本，组织1103名考生报名、2310人次2次考试，实现疫情防控和考试组织实施“两个万无一失”。审核授予214人法律职业资格证书，全系统有9人通过法律职业资格考试，为历年最多。市司法局被司法部授予“2021年国家统一法律职业资格考试表现突出单位”称号。

【市金融纠纷调解委员会成立】 2021年9月14日，市金融纠纷调解委员会在牡丹江市非诉讼纠纷解决中心挂牌成立。市金融纠纷调解委员会由市中级人民法院、市司法局、中国人民银行牡丹江市中心支行、中国银行保险监督管理委员会牡丹江监管分局发起成立，打造以牡丹江市金融纠纷调解委员会为平台的多元协同调解机制，构建“投诉＋调解＋裁决”一站式模式，通过非诉讼途径解决金融纠纷，有效减轻当事人诉累，实现金融纠纷的源头治理。

（市司法局　辛　颖）

仲　裁

【概况】 2021年，牡丹江市仲裁委员会（以下简称市仲裁委）立案各类经济仲裁案件100件，经审核，12件不予受理。受理的涉案标的额22338.21万元。其中，建设工程合同纠纷7件，占案件总数的8%，涉案标的额10653万元；物业服务合同纠纷23件，占案件总数的27%，涉案标的额5.9万元；房地产合同纠纷7件，占案件总数的8%，涉案标的额556.9万元；买卖合同纠纷1件，占案件总数的1%，涉案标的额44.96万元；房屋租赁合同纠纷1件，占案件总数的1%，涉案标的额0.5万元；其他类合同纠纷47件，占案件总数的55%，涉案标的额11076.95万元。

【仲裁业务普及】 2021年，市仲裁委筹建牡丹江仲裁委黑龙江自贸区（绥芬河片区）分支机构，推进涉外知识产权等纠纷仲裁和调解工作。以开展仲裁“护航”企业为平台，宣传推介仲裁法律制度。先后与20余户民营企业、13户金融机构、20多户涉旅企业、阳明区域内的30多户企业进行对接，邀请专家学者就仲裁对民商事纠纷解决优势、仲裁制度的基石—仲裁条款的签订等进行宣传推介，建立企业微信群，每天由仲裁秘书在微信群推送案例和法律释义，搭建互通桥梁，得到企业的肯定。

【知识产权纠纷通过仲裁裁决合作协议签订】 2021年，牡丹江市拓展仲裁服务领域，市知识产权局与市仲裁委员会签订《关于知识产权纠纷通过仲裁裁决的合作协议》，成立黑龙江省首家知识产权仲裁庭，10月21日举行揭牌仪式。

（市仲裁委　姜　晔）

牡丹江军分区

【概况】 2021年，牡丹江军分区（以下简称军分区）贯彻习近平强军思想，坚决落实上级党委决策部署，开展全年思想教育，推进备战秩序、训练秩序、工作秩序、生活秩序建设，做好征兵、民兵工作，年度各项工作任务圆满完成，全面建设发展呈现积极向上的良好态势。军分区协调多方投入经费1000余万元，接续完成宁安市、爱民区、西安区、东安区4个人武部搬迁新址，实现10个县（市、区）人武部全部完成搬迁换建，硬件设施实现历史性跨越，全部达到三星级标准。全年组织3批次10名人武部文职人员到军分区机关代培锻炼，能力素质得到提升。协调军区组织部以换届为契机，调整配备65名基层武装部长和专职人民武装干部，平均年龄下降4.35岁，本科学历占比明显提升。组织第二批110名专武干部参加培训和素质考核认证，认证上岗率达到98%。积极办实事解难题，两级党委投入138万元改造浴池、宿舍、卫生间、洗衣间等，为官兵职工办实事70件。东宁市、绥芬河市、东安区人武部被省军区评为先进，军分区动员处被黑龙江省军区评为机关服务基层先进处。

【政治工作】 2021年，军分区坚持思想引领，强化看齐追随，突出抓好习近平强军思想、党的十九届六中全会精神学习贯彻，跟进学习习近平总书记党史学习教育动员讲话、“七一”重要讲话，用创新理论最新成果武装头脑、指导工作。制定《关于建立军分区思想政治教育体系的措施（试行）》，扎实推进党史学习教育，开展“庆祝建党百年，缅怀八女英烈”主题党日活动，组织驻军到第四届黑龙江省旅游产业发展大会部分场馆参观见学，使广大官兵、职工在感悟百年党史和伟大成就中砥砺前行。

【后勤保障】 2021年，军分区推进重点场所升级改造和软件规范，推进“四个秩序”（战备秩序、训练秩序、工作秩序、生活秩序）建设，战训设施、工作秩序、生活环境不断升级，抓基层打基础取得成效。干休所率先在省军区范围内完成营区综合整治，增强离休干部和遗孀的幸福感满意度。军地合力投入资金建成市征兵服务中心和县（市、区）征兵服务站。

【国防动员】 2021年，军分区紧紧围绕提升“平时服务、急时应急、战时应战”三个能力，着眼应对强敌夯实国防动员建设基础，努力把潜力优势转化为打赢胜势。紧抓市委常委会议军会议、国动委会议等时机，组织学习《国防法》《国防动员法》《兵役法》等法规政策，提高军地各部门依法抓动员建设意识。及时调整市、县两级国动委人员构成，协调落实综合办政府编制专职人员配备，确定成员单位联络人员，提高军地协调效能。围绕应急应战，组织修订完善各类动员预案，做好重点潜力核查工作，摸清重点潜力，调整动员保障队伍，有效保障任务行动需要。

【征兵工作】 2021年，国家首次推行两季征兵，军分区紧盯“两节”“两假”关键期，克服“多轮新冠肺炎疫情”防控矛盾期，超前部署、细排工期、精准指导、精要控局，确保常态化新冠肺炎疫情防控下“一年两征”工作落实。以兵员质量为标准，把好政治素质关、文化素质关、身体素质关、年龄关，时刻紧绷“兵员质量”这根弦，坚持原则，完成年度征兵任务。

【民兵工作】 2021年，军分区积极适应民兵建设新要求，深挖辖区优质潜力，严把编建合理性关口，持续优化结构布局，常态落实各项制度，推进民兵整组工作。组织召开年度民兵工作会议、市国动委职能办公室会议等军地会议，推动军地联合印发民兵工作相关文件，组织全市民兵工作骨干业务培训、组织基干民兵基本信息核对、全市民兵整组工作检查验收，逐一点验拉动市民兵应急营各分队和各县（市、区）民兵应急连及部分应急排。

【学生军训】 2021年，军分区从驻

2021 年 9 月，牡丹江师范学院新生军训　　（牡丹江师范学院　供图）

军某部遴选 73 名综合素质过硬的官兵组成集训队，承担牡丹江师范学院、第五高级中学、第二高级中学、朝鲜族中学学生军训任务。其中，牡丹江师范学院军训工作从 9 月 23 日到 30 日，历时 8 天；第五高级中学军训工作从 8 月 15 日到 20 日，历时 6 天；第二高级中学军训工作从 8 月 13 日到 19 日，历时 7 天；朝鲜族中学军训工作从 8 月 15 日到 20 日，历时 6 天，学生军训任务圆满完成。

【庆“八一”军事日活动】 2021 年 7 月 21 日，军分区在第 94 个建军节前夕，借助庆祝中国共产党成立 100 周年和牡丹江市承办第四届黑龙江省旅游发展大会有利契机，充分挖掘驻地红色资源，以“致敬杨子荣，重走剿匪路”为主题，着眼传承英雄基因，开展庆“八一”军事日活动。市委、市人大、市政府、市政协 4 个班子，驻牡部队主要领导和军分区处级以上领导干部 50 余人参加活动。通过为杨子荣广场雕像揭幕、参观新建成的杨子荣事迹馆、观看《我们的身后是祖国》新时代卫国戍边英雄群体先进事迹教育片等系列活动，引导地方党政领导干部重温英雄情怀、感悟红色基因、砥砺初心使命。通过参观杏树村党性教育基地，探寻杨子荣精神发源地，体验杨子荣剿匪首站成名地，走“剿匪小路”、听红色故事、看红色场景，传承红色精神。

（军分区　李卓浩　戴启辉）

武警牡丹江支队

【概况】 2021 年，中国人民武装警察部队牡丹江支队（以下简称牡丹江支队）深入贯彻习近平强军思想，紧跟武警部队、总队党委决策部署，常态做好兵力抽组准备，严密组织方案推演，加强任务专项训练，不断提升遂行任务能力。全年累计用兵 1080 人次，圆满完成武装巡逻、武装押解、绥芬河口岸机动备勤任务和第四届黑龙江省旅游产业发展大会机动备勤任务。把党史学习教育作为政治任务，设置学习“专柜”、培养宣讲“专员”，常态开展“好兵讲英模”“百名党员讲百年”“兵哥讲党史”、小兵说理等活动，引领官兵追根溯源、唤醒初心。“万里边疆数字文化进军营”建设纪实在《解放军生活》《人民武警报》、人民武警公众号专版刊载。2021 年，牡丹江支队被中国人民武装警察部队黑龙江省总队（以下简称武警黑龙江总队）评为安全工作“六无”单位、军事职业教育先进单位、新闻舆论工作先进单位、机要密码工作先进单位、安全工作“六无”单位、正规化执勤优秀单位、总队“强军风采”群众性文化活动优秀组织奖。

【思想政治建设】 2021 年，牡丹江支队坚持把思想政治建设作为首要任务紧抓不放，持续打牢部队忠诚于党、听从指挥的思想政治根基。扭住习近平强军思想这个根本，采取领导领学、微课导学、网络助学、互助促学、板报宣学、分享共学等形式，灌输习近平强军思想。广泛开展理论服务走基层和“双百”微课等活动，运用“四学四讲”方式学好用好 9 本指定书籍，引导官兵学原文、学历史、学事迹，不断坚定理想信念、坚守奋斗初心。紧盯教育“需求端”，强化“供给侧”，不断丰富活化教育形式，利用训练间隙、开饭点名等时机广泛开展“三个一”（一个党员一面旗、一名干部一标杆、一片红心献教育）活动，接续抓好“三观”和警示教育，让教育在接地气中进入官兵灵魂，不断增强思想政治教育的时代性和感召力。支队“用党史学习教育助推拥政爱民工作”做法被《人民武警报》头版刊载，新闻报道和网络舆论工作始终位于总队前列，绥芬河中队被武警黑龙江总队表彰为“书香中队”。全年 1 名战士被表彰为全军优秀共青团员，1 名指导员被武警黑龙江总队评为优秀政治教员。

【战备训练】 2021 年，牡丹江支队围绕特殊年份、特殊要求，心无旁骛抓战备、专心致志抓执勤、凝神聚力抓训练，部队向战而行能力稳步提升。坚决贯彻落实新时代执勤安保规范化集训精神，组织召开执勤工作现场会，加强勤务规范指导，经常性执勤工作质量不断提升。采取“43211”（组建四个领导小组、三级约谈、两天一碰头、一封信、充分发挥一线战斗员作用）措施，推进执勤隐患治理，执勤隐患同比 2020 年下降 40.7%，先后派出16个工作组实地检查，累计整改执勤隐患72处，执勤安全系数不断提升。注重科技强勤，累计投入30万元完善执勤设施，促进“智慧磐石”效能释放。着眼抢大险、救大灾、防大疫，精细规范战备值班和编携配装，严格落实战备物资储运“三化”（体系化、实案化、精准化）要求，部队战备水平稳步提升。强化党委抓训管训主责，广泛开展冬季大练兵、重难点科目会操和群众性练兵比武，牡丹江支队在武警黑龙江总队组织的军事素养提升竞赛中获得第5名，1人在武警黑龙江总队“武教头—2021”比武中获评优秀教练员，2份教案被武警黑龙江总队评为优秀教案。

【组织建设】 2021年，牡丹江支队深化政治能力训练，常态组织民主集中制学习教育，扎实抓好党建法规学习贯彻和武警黑龙江总队三级党委（支部）书记培训成果转化，部队党的建设规范化水平显著提升，牡丹江支队党委班子年度考评满意度达100%。突出党内生活这个重点，深入学习贯彻党章，严格落实七项制度，以上率下做好表率。严肃认真开好民主生活会，突出抓好党员干部教育管理和日常监督，使思想交锋、红脸出汗成为常态，切实管住思想、管住行为，不断增强各级班子领导力、组织力、执行力，全面落实政治生态建设措施，持续纠四风、治顽疾。加大对选人用人、经费开支、物资采购、工程建设等敏感事项的监督执纪问责力度。扎实搞好廉政提醒和廉政教育，常态抓好基层风气联系点建设和明查暗访，着力纠治重点领域不正之风和基层微腐败，推动正风肃纪反腐向基层有效延伸。

【从严治军】 2021年，牡丹江支队突出强化依法治军、从严治军，全面提升正规化建设水平，不断夯实部队安全发展根基。培育官兵法治素养，持续开展“条令年”活动，着力纠治“宽松软”“封堵禁”等问题。立起依法指导、依法管理、依法运行的规矩标准，扎实开展法治教育训练、法治军营创建活动，把学规范用规范融入经常，真正让法治思维理念深入人心、法治工作方式形成高度自觉。严格落实正规管理，突出为战抓管、以训促管、依法严管，学习借鉴武警黑龙江总队直属单位正规化建设成果，狠抓一日生活制度落实，常态组织“四不两直”（不发通知、不打招呼、不听汇报、不用陪同接待、直奔基层、直插现场）检查，全面规范“五个秩序”（治安秩序、交通秩序、安全秩序、营运秩序、环境秩序），全力打造有里有面、整体融合的正规化。

【军营文化建设】 2021年，牡丹江支队以“强军风采”群众性系列文化活动为牵引，隆重举办“喜迎盛会·奋斗强军”文艺会演、文化大篷车巡演、书法美术摄影作品展和“身边典型”先进事迹报告会等活动，有力催生精武强军正能量。借力红色资源“富矿”优势，组织官兵到驻地红色教育基地参观见学，在“沉浸式”“零距离”中感悟驻地“十种精神”。在建设好基层图书室基础上，盯紧抓实“讲荐评写”4个环节，大力营造“爱读书、读好书、善读书”浓厚氛围，“书香军营”以文铸魂、以文育人、以文助战的功能作用充分彰显。

【基层建设】 2021年，牡丹江支队深入贯彻中国人民武装警察部队党委1号文件精神，注重蓄底气、管长远，持续向稳固基层聚焦，向打牢发展基础用力。扎实开展“学纲要、知纲要、用纲要”活动，动态完善“一计划一清单”，确保各级按纲建、不折腾。围绕“学法规、强能力、抓规范、严落实”这一主题，严密组织基层党委（支部）书记培训，通过授课辅导、难题会诊、观摩演示、答疑解惑和专项检查，着力规范组织设置、训强书记队伍、增强能力素质。突出经常学、注重常态帮、贴近岗位练，分级抓好两个群众组织培训，集中全体基层主官和骨干力量逐单位观摩学习借鉴，不断建强关键层级和主体力量，从源头上培养按纲抓建明白人、实干家。坚持综合衡量、分类排队，建立“常委精准帮、部门重点带、股室挂钩教、大队督导查”机制，紧贴形势任务、紧盯难点堵点、紧跟现实矛盾，建立抓建基层联系点“五项机制”（共教共育机制、联席会议机制、联合演练机制、相互监督机制、联检联识机制），以“清单式”台账抓实督导整改，不断提高检查调研和指导帮带质量，4个重点帮建单位和6个新调整班子进步明显。

（牡丹江支队 杜 波 王心武）

双拥工作

【拥政爱民】 2021年，军分区协调推进第四届黑龙江省旅游产业发展大会项目——杨子荣广场建设，与爱民区联建杨子荣事迹馆，拓展爱民区国防教育阵地。开展助学兴教，设立5万元大病教师救助基金，援建阳明小学少年军校，为井冈山小学建设国防教育墙，教师节慰问全市15所中小学教师。开展扶贫帮困，投入10余万元慰问贫困户。出动职工、民兵参与社区新冠肺炎疫情防控，出动民兵参与牡丹江、海浪河流域抢险救灾。协调为50名伤残军人开展免费体检。某部帮扶铁岭镇福民村，磨刀石镇团山子村。组织福民村两委会班子到海林市蔬菜村参观见学，投入26.25万元为福民村建设温室大棚。为第十五中学捐资助学投入5万元，为20个贫困生每人发放助学金1000元。某部扶贫投入5万元，帮助二道岗子村修整图书室、赠送会议桌椅，帮扶贫困学生5人。派遣车辆运送退役士兵，常态开展走访慰问和支部共建活动。

【全国双拥模范城建设】 2021年，牡丹江市在创建全国双拥模范城“九连冠”工作中，按照考评方案要求，对照考评标准逐项抓好工作落实。加强对全省双拥模范城（县）创建中期考评，按照《全省双拥模范城（县）创建中期检查考评工作方案》要求，8月中旬完成对10个县（市、区）双拥模范城（县）创建中期检查考评工作，将考评结果分别上报市双拥工作领导小组和省双拥工作领导小组。备战迎接全省双拥模范城中期考评，先后召开双拥工作部署会、双拥工作领导小组会议、双拥工作领导小组办公室主任会议，部署推进创建全国双拥模范城中期考评工作。因新冠肺炎疫情原因，11月30日以视频方式接受省双拥办对创建全省双拥模范城中期考评工作，取得优异成绩，得到市领导和省双拥办领导一致好评。考评结束后，根据黑龙江省双拥工作领导小组办公室反馈意见，对存在弱项和短板及时梳理，制定整改措施。参与全国双拥工作领导小组办公室征集双拥标识、歌曲和微视频活动，上报黑龙江省双拥工作领导小组办公室办双拥主题标识3个、双拥主题歌曲3首及双拥主题微视频2个，其中专业团队制作的《双拥筑国梦 江水濯红缨》双拥主题微视频，再现牡丹江市双拥历史及习近平新时代双拥指示批示精神和市双拥工作取得的丰硕成果。

（市退役军人事务局　王　娟）

人民防空

【概况】 2021年，牡丹江市深化人防行业整治成果，依法办理防空地下室审批事项9项，竣工验收人防工程面积1.9万平方米，全年新增人防工程竣工面积创近20年来历史新高。开展人防工程建设质量管理提升活动，强化质量终身责任，监督服务在建人防工程17项，监督工程面积达14.9万平方米，上门指导服务70次，解决施工技术难题8项，拓展人防工程公共服务功能。完善人防工程平战转换方案，规范全市人民防空工程标识牌和疏散路线，在太平路、东一条路人防工程出入口安装标识牌30块。

【人防指挥体系建设】 2021年，牡丹江市人民防空办公室（以下简称市人防办）开展群众防空活动，完成心理防护、组织伪装设障、信息防护等三支人防新型专业队组建。开展人防训练演练，加强人防指挥要素建设，按程序推进市级人防指挥部成立，人防指挥所和疏散地域（基地）建设取得阶段性成果。健全重要经济目标单位防护队伍和防护方案，建立与市教育局、市应急局等部门合作的人防教育联动机制，把人民防空教育纳入教学大纲，联合开展《全市人民防空知识教育的通知》，设置12课时的教学课程。

【人防工程安全管理】 2021年，市人防办落实安全生产责任制，与各县（市、区）人防主管部门签订安全生产责任状11份，下发全口径安全生产指导文件4份，向黑龙江省人民防空办公室报送安全生产材料6次；开展“两会”“五一”“十一”等重要节点安全检查12次，执行汛期、国庆等关键节点全天候领导带班应急值守和24小时值班制度，联合应急、消防等相关部门深入全市各人防地下商场进行撒网式安全隐患排查4次。持续推进安全生产“四大行动”（大体检、大执法、大培训、大曝光），不断研究制定安全文明施工措施。组织安全文明教学检查评比活动，及时表彰宣传正面典型，教育处罚违规行为，促进安全文明施工深入持久健康发展。及时检查、督办、处理施工中各类事故隐患和不文明施工行为。做到教育在先，处罚在后，达到整改目的。按照“四不放过”（事故原因未查清不放过、责任人员未处理不放过、整改措施未落实不放过、有关人员未受到教育不放过）原则，开展安全生产三年专项整治活动，推进安全生产月等年度工作，会同属地消防部门深入开展隐患风险排查和督导检查，全系统全年无安全生产事故发生。

【防空警报鸣响】 2021年，牡丹江市人防办强化人防预警报知能力，持续完善防空警报控制网络，完成警报器升级改造和新增安装任务和警报标准化整改工作。圆满完成“9·18”警报鸣放任务，市本级警报器性能完好率100%、警报覆盖率75%以上。

【人防宣传培训和演练】 2021年5月12日，全国第十三个防灾减灾日与共驻共建社区、结对共建社区开展“人防宣传进社区，我为群众办实事”专项行动。市人防办向解放社区和西三社区赠送《居民防灾减灾知识手册》《人民防空知识》500份。组织人防志愿者走进西三社区汇宾二区，开展防灾减灾知识和技能宣传，展出宣传图板40余块，现场发放《居民防灾减灾知识手册》等宣传资料300余份，接受居民咨询100余人次，宣传和普及家庭防灾科普、消防安全常识和自救互救知识等。加强人防训练演练，参加全省人防应急支援行动、机动指挥通信系统跨区域训练、应急机动指挥通信系统跨区域演练等，组织开展全市人防系统冬季训练和群众疏散活动。

（市人防办　赵旭东）

宏观经济调控

【发展规划管理】 2021年，牡丹江市发展和改革委员会（以下简称市发改委）将“十四五”发展规划纲要提出的12个方面重点任务、37项主要发展指标分解纳入年度指标体系，推动年度计划与5年规划相衔接，定期督查、动态管理，确保“十四五”规划主要任务全部落地。推进各相关部门开展“十四五”专项规划编制工作，截至2021年末，68个专项规划已完成21个。启动编制《新能源产业发展规划》《现代产业发展体系规划》《中医药产业发展规划》《燃气利用发展规划》《全域开放实施方案》《推动基础设施高质量发展的实施方案》《推动制造业竞争优势重构、打造“产业名城”工作方案》《推动老工业城市工业遗产保护利用、打造“生活秀带”工作方案》《国家物流枢纽城市建设方案》等一系列发展规划及方案，为推动重点领域和相关行业高质量发展做好顶层设计。

【经济运行管理】 2021年，市发改委聚焦市委、市政府提出的年度发展目标，发挥经济运行监测调度专班办公室职能，建立健全市级专班+行业专班+县区专班“条”“块”结合的经济运行调度机制，通过逐级分解目标、月度监测调度、季度榜单晾晒，推动全市上下形成工作合力。创新建立网格化包保服务企业的工作机制，选派1000多名网格长和网格员，为3400多户企业和项目包保服务，帮生产、解难题、送政策，为重点企业和项目解决问题100余项，有效助企纾困解难，推动全市经济健康、平稳发展。全年牡丹江市地区生产值同比增长6.1%，农林牧渔业总产值同比增长6.8%，规上工业增加值同比增长2%，社会消费品零售总额同比增长9.9%，固定资产投资同比增长18.2%，实际利用内资同比增长125%，外贸进出口同比增长-8%，一般公共预算收入同比增长10.8%，城镇居民人均可支配收入同比增长7.3%，农村居民人均可支配收入同比增长9.7%，居民消费价格总指数（CPI）同比增长0.5%。

【重大项目投资管理】 2021年，市发改委抢抓“第四届黑龙江省旅游产业发展大会”有利契机，高质量实施项目“冬季会战”“春季开工”“夏季会战”和“秋季总攻”等“百大项目”（100个基础设施与重点产业的重大投资类项目）建设系列活动，常态化实施周调度、旬通报、月排名，推动全市上下始终保持大抓项目、抓大项目的浓厚氛围，提前完成市委、市政府提出的“百大项目”建设“双200”（2021年推进建设百大项目200个以上，2021年完成项目投资200亿以上）目标。2021年，全市开复工“百大项目”300个、完成投资242.8亿元，分别超目标任务50%和21.4%，其中15个省级“百大项目”完成投资78.3亿元，投资完成率112.5%。285个市级“百大项目”完成投资164.6亿元，投资完成率114.1%，创近年来最好水平。通过“百大项目”强力带动，全年固定资产投资实现18.2%高速增长（全省第四名、综合类城市第二名）。

（市发改委　周彦兵）

自然资源管理

【规划编制】 2021年，牡丹江市自然资源局（以下简称市自然资源局）《牡丹江市国土空间总体规划（2020—2035）（草案）》面向社会公开征询意见建议，成为黑龙江省继哈尔滨市后第二个发布公众意见征询的国土空间总体规划。年初完成国家要求的首轮城市体检工作，形成《牡丹江市城区范围确定报告》《牡丹江市2020年国土空间规划城市体检评估报告》；4月，完成中心城区开发边界试划，形成《牡丹江开发边界试划方案》；依据国家《市级国土空间总体规划编制指南》要求完成纲要方案并有序开展矿产资源规划编制工作；就国土空间总体规划编制中面临的生态保护与修复、城市空间形态发展趋势、城镇化与人口变化趋势、三条控制线划定、公共安全、总体城市设计等重大问题形成专题研究报告，支撑规划方案编制。编制各类规划70项，指导各县（市、区）编制村庄规划33项。

【建设项目用地保障】 2021年，市自然资源局开展建设项目审批，行政审批大厅窗口审批预审与选址意见书29宗，土地出让8宗，土地划拨11宗，办理用地规划许可证23宗，工程规划许可证23宗，乡村建设规划许可证3宗，立面装修101件，改变性质5件、分户4件。市自然资源局推进百大项目建设，采取优化流程、调整时序、线上咨询、线上申请、一会多审、多审会签等服务，保障项目实施，全市（除绥芬河）26项省百大项目（市本级9项，县级17项），完成用地审批手续7项，存量用地及不涉及用地审批项目12项。

【土地供应】 2021年，市自然资源局供应国有建设用地205宗，实现土地出让价款9.81亿元，其中市本级供应国有建设用地26宗，实现土地出让价款5.33亿元；各县（市、区）供应国有建设用地179宗，实现土地出让价款4.48亿元。全市出让矿业权23宗，收缴矿业权出让收益9110.26万元，其中市本级出让矿业权4宗，收缴矿业权出让收益1627万元；县（市、区）本级出让矿业权19宗，收缴矿业权出让收益7483.26万元。

【执法监察】 2021年，市自然资源局开展违建别墅清查整治工作“回头看”工作，推进常态化长效化管理。开展打击盗采泥炭黑土专项整治百日行动，推进以打击“沙霸”“矿霸”为重点的扫黑除恶暨自然资源领域专项整治。开展“大棚房”清理整治“回头看”，确保“大棚房”问题彻底整治到位。开展农村乱占耕地建房问题核查，严格执行国家关于农村乱占耕地建房“八不准”（不准占用永久基本农田建房，不准强占多占耕地建房，不准买卖、流转耕地违法建房，不准在承包耕地上违法建房，不准巧立名目违法占用耕地建房，不准违反“一户一宅”规定占用耕地建房，不准非法出售占用耕地建房屋，不准违法审批占用耕地建房）要求，以“零容忍”态度坚决遏制新增行为，发现一起、拆除一起，坚决确保“零新增”。沈阳督察局例行督察反馈的2019年耕地保护督察问题117个，完成整改81个；国家自然资源督察沈阳局反馈问题68个，完成整改51个。完成对2020年第四季度及补充卫片及2021年上半年度卫片的核查上报工作。2021年对118个案件进行立案查处，及时发现制止，打击违法现象。

【地籍测绘】 2021年，市自然资源局完成第三次国土调查和年度土地利用现状变更调查工作，数据成果顺利通过省级和国家验收。落实耕地保护制度，利用分局改革后的基层执法力量，推进设施农业用地上图入库工作，完成备案和上图入库926宗。

【地质调查与管理】 2021年，市自然资源局启动地质灾害风险普查工作，编制《牡丹江市2021年度地质灾害防治方案》，强化地灾会商和监测预警报送工作，按照市防指统一部署组织防汛检查组开展防汛督导检查和隐患排查。完成对609个历史遗留矿山图斑核查，为下步开展历史遗留矿山生态环境修复治理摸清底数。

【土地评估与地价监测】 2021年，市自然资源局围绕违规设置土地出让前置条件、土地出让价格确定不合理、土地出让程序不规范、规避招拍挂出让行为、擅自减免土地出让金、违法供地等方面整治内容，对整治范围内涉及土地利用领域的项目开展重点排查。完成9宗闲置土地处置任务，闲置土地处置217.10公顷，完成率250.86%；批而未供土地处置377.23公顷，完成率84.62%。矿业权人勘查开采信息公示应公示161宗、已公示159宗，公示率为98.8%。

【不动产登记】 2021年，市自然资源局解决“已入住未办证”历史遗留问题48个项目20621户，其中市本级解决7个项目9662户。先后为牡丹江市医学院56栋建筑物办理不动产登记，涉及用地面积27.52万平方米，建筑面积15.69万平方米。助力军工企业转型融资问题，针对黑龙江北方工具有限公司和中国融通资产管理集团有限公司提出的办证申请，设立绿色通道，组织工作人员办理60本不动产权证。推进省委第七巡视组反馈的“群众办证难”问题和“630户无法办证问题”，重点督办，多次约谈开发企业，两个问题成功销号。市自然资源局深化放管服改革，本着应进必进的原则，对涉及自然资源管理220项政务服务事项进行认真梳理，其中168项涉及群众切身利益的不动产登记事项全部进驻民生大厦，其他涉及企事业单位及个人各类政务服务事项全部进驻行政审批大厅，实现自然资源管理业务的无差别受理。不动产登记实现“一日办结”，对涉企（中小微）类不动产登记设立专门窗口，及时办结出证，推进不动产登记业务的网上延伸，对省市重点建设项目、重大民生工程、政府督办项目、中小微企业，现役军人、外地人员在牡丹江市购房及老、弱、病、残、孕人员，实行绿色通道服务，全年办理各类不动产登记159213件（154698套）、登记面积1793.52万平方米，不动产登记费收取1012.98万元，其中市本级办理各类不动产登记69778件（90451套）、登记面积1120.11万平方米，不动产登记费收取532万元。

【矿业权人勘查开采信息公示核查】 2021年，市自然资源局根据自然资源部统一部署和省自然资源厅要求，明确矿业权人勘查开采信息公示核查内容和核查要求，由核查专家和矿政工作人员组成核查小组，对省厅以随机摇号方式确定的勘查开采项目开展实地核查。实地核查项目12个，其中按不低5%比例抽查的企业数为9户（探矿权2户、采矿权7户），往年异常名录3户。核查过程中核查小组采取资料梳理、调查询问、凭证查阅、对比分析等方法，核查矿业权人基本情况及履行义务情况，确保核查数据的准确性和真实性。经过现场查验、分析研判、问题整改、核查成果汇总等阶段，牡丹江市完成2021年度矿业权人勘查开采信息公示、实地核查任务，通过省厅验收。

（市自然资源局　孙羽茜）

国有资产监督管理

【概况】　牡丹江市国有资产监督管理办公室（以下简称市国资办）经市政府授权对市属国有企业行使出资人职责。2021年，牡丹江市国有经济保持稳定发展态势，截至年末，市国资办及相关部门监管企业48户，其中，市国资办监管企业31户（一级企业11户、重点二级企业20户），由市工信局、市商务局、市林草局、阳明区等主管部门出资管理的下属企业17户。

（市国资办　杨霁钰）

【国有资本运营】　截止2021年末，市国资办监管的一级和重点企业，资产总额1028.2亿元，负债总额481.4亿元，所有者权益总额546.8亿元，营业收入总额3.8亿元。职工人数2974人。市属国有企业增加上缴超额利润3520，已交税费总额4625，比2020年增加4%。2021年市属国有出资企业国有资本经营预算收入完成854.5万元，2022年收入预算1021万元。

（市国资办　杨霁钰）

【市场化用工管理】　2021年，牡丹江市属国有企业加快建设和实施以劳动合同管理为关键、以岗位管理为基础的市场化用工制度，推行员工公开招聘、管理人员竞争上岗等制度。在牡丹江市国有资产投资控股有限公司（以下简称市国投公司）开展职业经理人试点工作，制定《牡丹江市国有资产投资控股有限公司职业经理人经营业绩考核办法》，建立健全有效激励约束机制，引导职业经理人更好地履行责任使命，实现企业高质量发展。

（市国资办　杨霁钰）

【国有企业改革】　2021年，中共牡丹江市委全面深化改革委员会第八次会议审定《牡丹江市国企“十四五”规划重大体制机制改革纲要》《牡丹江市城投集团事企分开改革实施方案》，牡丹江市整合全市国有企业，实行统一管理、集中经营，理顺国资监管体制、统筹化解政府债务。2月，牡丹江市政府常务会议议定牡丹江市城市投资集团有限公司经营管理权归属市国投公司。11月，牡丹江镜泊湖旅游集团有限公司等企业纳入市国投公司管理。全市国企改革有序完成牡丹江市城市投资集团有限公司、牡丹江镜泊湖旅游集团有限公司、牡丹江市旅游发展有限公司、牡丹江飞龙潭酒店发展有限公司、牡丹江名震房地产开发有限公司、牡丹江水务建设投资有限责任公司等6户国有企业管理权接收工作；启动牡丹江新闻传媒集团有限公司、牡丹江金良粮食投资有限公司、龙盐（牡丹江）盐业有限公司、牡丹江市第二粮库、牡丹江市城市投资集团有限公司等企业清产核资及接收准备工作。

（市国资办　杨霁钰）

【国有资本运作】　2021年，市国投公司先后完成牡丹江市城市投资集团有限公司、牡丹江飞龙潭酒店发展有限公司、牡丹江镜泊湖旅游集团有限公司、牡丹江名震房地产开发有限公司等企业管理权接收，通过战略性重组和专业整合，构建起近期“1+4”框架（即国投本部＋城市更新、资源开发、人力资源、数字经济4个投资板块），经营业务涉及资产管理、股权投资、金融服务、人力资源、文化旅游、城市建设、物业管理、贸易流通、乡村振兴等多个经营领域。组建国有资本运营公司，完成《做大做强牡丹江市国有资本运营公司实施方案》拟定，打造盈利能力强、资本属性突出、金融牌照多样、产品丰富、服务多元的综合性国有资本运营公司，为牡丹江市战略性、基础性和新兴产业发展提供强有力的资本支撑、金融支持。

（市国资办　杨霁钰）

【风险防控】　2021年9月，市政府第十六届五十三次常务会议审议通过《关于积极应对金融风险做大做强做优国有资本工作方案（2021年）》，方案确定牡丹江市属国资布局资本投资和资本运营两个板块，其中资本投资板块以国投公司为平台，整合全市国有企业，按所属行业板块分类，纳入国投公司统一管理，近期目标为本部加资源开发、基础设施建设、人力资源、大数据4个板块；资本运营板块由市国资办出资成立牡丹江国有资本运营公司，主要开展资本运作、股权投资、产业基金管理和金融服务等方面业务。

（市国资办　杨霁钰）

【牡丹江市国有资产投资控股有限公司】　市国投公司成立于2009年6月，前身为1997年8月组建的牡丹江市国有资产经营有限公司，是牡丹江市国有资产管理委员会出资组建的国有独资公司，注册资本20亿元。经营范围包括国有资产经营、技术开发转让、信息咨询服务(不含需国家审批项目)。

2021年，市国投公司实现收入20.1亿元，利润3520万元，上缴利税4625万元。

（市国投公司　魏书常）

财　政

【概况】　2021年，全市一般公共预算收入完成60.4亿元，增长10.8%。预算收入加转移支付收入总额358.5亿元；支出加上解支出等，总额313亿元，收支相抵，结转2022年45.5亿元。市级一般公共预算收入完成24.6亿元，增长25.1%；支出87.2亿元，增长1.3%。市级预算收入加转移支付收入额120.6亿元；支出加上解支出额110亿元，收支相抵，结转2022年10.6亿元。全市政府性基金收入14.6亿元，下降14.4%；支出42.3亿元，增长24.3%。全市预算收入加地方政府债券收入总额61.3亿元；支出加调出还本支出总额50.7亿元，收支相抵，结转2022年10.6亿元。市级收入9.3亿元，下降21.8%；支出22.2亿元，增长14.3%。市级预算收入加地方政府债券收入总额30.4亿元；支出加调出还本支出总额27.6亿元，收支相抵，结转2022年2.8亿元。全市国有资本经营预算收入867万元，加2020年结转等，收入总额5062万元；支出加调出资金，支出总额2148万元，收支相抵，结转2022年2914万元。市级国有资本经营预算收入867万元，加2020年结转等，收入总额1898万元；支出加调出资金总额1745万元，收支相抵，结转2022年153万元。全市社保基金收入188.4亿元，完成年初预算的97.6%；支出187.1亿元，完成年初预算的99.9%；当年结余1.3亿元。市级社保基金收入103.7亿元，完成年初预算的96.9%；支出103.6亿元，完成年初预算的97.4%；2021年结余0.1亿元。

表13　2021年牡丹江市本级一般公共预算收支决算统计表

（截至2021年12月31日）　　单位：万元

预算科目	预算数	调整预算数	决算数	预算科目	预算数	调整预算数	决算数
一、税收收入	135787	135787	133620	一、一般公共服务支出	49301	53398	48501
增值税	40896	40896	43626	二、外交支出	—	—	—
企业所得税	20949	20949	19082	三、国防支出	150	1701	357
个人所得税	5540	5540	4300	四、公共安全支出	50802	48431	46258
资源税	171	171	138	五、教育支出	67356	74619	70951
城市维护建设税	7669	7669	9686	六、科学技术支出	1486	3612	2564
房产税	7013	7013	7089	七、文化旅游体育与传媒支出	14685	36468	31096
印花税	1399	1399	1656	八、社会保障和就业支出	171202	326418	324452
城镇土地使用税	4916	4916	4757	九、卫生健康支出	50152	54333	51533
土地增值税	15559	15559	11970	十、节能环保支出	7708	13769	10076
车船税	9479	9479	8477	十一、城乡社区支出	50860	115000	96382
耕地占用税	1280	1280	-588	十二、农林水支出	20787	23446	17578
契税	20572	20572	23090	十三、交通运输支出	8732	28303	21692
烟叶税	—	—	—	十四、资源勘探工业信息等支出	17549	34011	33176
环境保护税	333	333	221	十五、商业服务业等支出	769	1624	1584
其他税收收入	11	11	116	十六、金融支出	—	30	30
二、非税收入	76150	76150	112318	十七、援助其他地区支出	—	—	—
专项收入	5295	5295	7844	十八、自然资源海洋气象等支出	4115	3874	3142
行政事业性收费收入	12273	12273	14416	十九、住房保障支出	61213	147435	103338
罚没收入	15668	15668	22256	二十、粮油物资储备支出	468	492	233
国有资本经营收入	4500	4500	19659	二十一、灾害防治及应急管理支出	3410	4414	2975

续表

预算科目	预算数	调整预算数	决算数	预算科目	预算数	调整预算数	决算数
国有资源（资产）有偿使用收入	28040	28040	34787	二十二、预备费	10628	—	—
其他收入	10374	10374	13356	二十三、其他支出	30316	275	275
	—	—	—	二十四、债务付息支出	3420	5485	5485
	—	—	—	二十五、债务发行费用支出	—	257	257
本年收入合计	211937	211937	245938	本年支出合计	625109	977395	871935

（资料来源：市财政局）

【财政收支管理】 2021年，市财政局严格收入征管，聚焦财源建设，夯实输入增长基础，搭建市级工作专班，组建财政调度专班，依法组织收入，规范资产处置，全市一般公共预算收入增收5.9亿元，市直预算财力增加4.5亿元。深挖保供潜力，制定预算支出管控清单，出台禁止类、限制类支出“双九”管理规定，压减非刚性、非急需、非重点支出1.2亿元，规范政府采购管理节省财政资金0.58亿元，严格投资评审管理审减资金1.38亿元，清收暂付款和结余结转资金12.7亿元。对接政策，抢抓承办第四届黑龙江省旅游产业发展大会契机，精细包装项目，加强沟通协调，全市争取到位资金242.6亿元，市本级到位资金80.3亿元，保障“五保”支出，兜牢民生底线，支持市委、市政府重大决策、部署顺利实施。严格绩效管理，健全预算绩效目标、监控、评价全覆盖全链条管理体系，坚持执行监控与考评考核相结合，将预算单位绩效管理不断向纵深推进，财政资金使用效益明显提升。

【经济发展投入】 2021年，市财政局落实财政政策，安排支持产业发展、科技创新等专项资金3771万元，争取省规上奖励、研发补助等政策资金3896万元，落实减税降费政策，减轻企业负担36亿元，为龙翔木业等企业提供贷款周转金2550万元，市级重点监控20户企业营业收入、利润和税金均呈增长趋势。扩大项目投资，深化政银合作，以骨干企业和“百大项目”为重点，推进线上线下融资对接，为企业（项目）融资184.4亿元，支持“百大项目”开复工率100%、投资完成率113.6%。发展现代农业，支持粮食稳产增产行动，发放粮食生产者补贴12.53亿元。安排农业发展资金634万元，争取专项资金3.43亿元，培育特色产业，鼓励精深加工，支持乡村振兴，农民人均纯收入稳居全省首位。激活流通市场，落实外经贸发展资金517.6万元，兑现服务外包企业补贴政策134.95万元，安排航线补贴2437万元，支持开放活市，对外贸易企稳回升。激活消费市场，发放4期政府消费券2000万元，拉动消费2.85亿元。支持开展“消费促进月”活动，全市社会消费品零售总额增长10%。办好旅发盛会，市财政局筹集落实资金7亿元，支持改善城市环境、扮靓景点景区、推动以会兴城富民，全市接待游客和旅游业总收入分别增长166%和169%。

【民生投入】 2021年，市财政局加大民生投入力度，支持办成群众急盼实事12件，全市民生支出占一般公共预算支出比重86.9%。在全省出台城乡居民基本养老保险丧葬补助金制度，推行助保贷款，全市新增基本养老、失业、工伤参保人员2.1万人。加大社会救助力度，投入9423.76万元，受益13142人。稳定社会就业形势，支持援企稳岗，发放灵活就业社保补贴、公益性岗位补贴、就业创业服务补贴等5760万元；统筹推进疫情防控和稳定就业，发放阶段性失业补助等5648万元；支持创业就业，发放创业担保贷款4702万元，新增个体工商业户344户。保障人民群众健康，支持常态化新冠肺炎疫情防控投入4674万元，免费接种疫苗5次471万人次。支持深化医药卫生体制改革，基本公共卫生服务、基本药物制度补助、公立医院综合改革补助等投入2.96亿元，群众看病难、看病贵问题有效缓解。办好人民满意教育，落实“两个只增不减”，安排义务教育补助、困难学生资助4407万元，促进义务教育均衡发展。统筹预算财力，争取上级专项，支持完成长安小学等9所学校薄弱环节改造。安排债券资金2000万元，支持推进6所高中改善办学条件，教育教学水平持续提升。

【“三大攻坚战”投入】 2021年，市财政局坚持重点突破，支持三大攻坚战（防范化解重大风险、精准脱贫、污染防治）投入。优化财政支出结构，科学调配财政资源，向重点领域、重点任务精准发力。持续推进环保攻坚，通过预算安排、对上争取、盘活存量资金等方式，筹集落实资金5.3亿元，支持集中整治碳排放，有序推进镜泊湖水系生态修复、城市污水管网向农村延伸等重点工程，高质量完成中央环保督察整改任务。

【财政改革与监督】 2021年，市财政局严格实施预算支出项目化管理，严禁无预算、超预算拨款，防止形成新的资金占用，财政暂付款做到“只减不增”。深化预算一体化管理改革，将绩效管理实质性嵌入预算管理流程，建立绩效与预算安排挂钩机制和低效无效项目退出机制，强化化绩效评价结果运用，提高财政资金使用效益。

【政府性债务规范管理】 2021年，市财政局综合采取置换重组、筹资融资、资产处置等手段推进稳债化险，守住不发生区域性系统性债务风险底线。加强金融机构监管，整改3家，劝退2家，取消资质1家，地方金融组织“零风险”。严厉打击非法集资，新发案件同比下降33.3%。

（市财政局 许 娇）

税 务

【概况】 2021年，牡丹江市税务局（以下简称市税务局）完成税费收入162.2亿元，同比增长8.5%，增收12.8亿元。其中税收收入完成95.6亿元，同比增长5.4%，增收4.9亿元；社会保险费收入完成62亿元，同比增长12.8%，增收7.1亿元；其他规费收入完成4.6亿元，同比增长21.4%，增收8099万元。

【税务征收管理】 2021年，市税务局确定10户预上规上工业企业作为重点税源进行培植，明确11项培植措施。将2020年纳税200万元以上397户重点税源企业纳入日常税收监控，精准测算税源变化，科学预测收入规模。利用大数据分税种、分时段对收入进行实时监控，对收入畸高畸低等异常情况，及时分析排查，确保税费收入质量。建立完善税收大数据和风险管理平台，科学设置226项指标47个模型，开展“五+N”专项整治行动，有效防范和化解风险。与市公安局联合成立牡丹江市税警联合中心，严厉打击偷漏税违法行为，稽查查补入库税费3335万元。

【社会保险费和非税收入征管职责划转】 2021年，市税务局按照“政府主导、税务主责、部门协同”和避免风险、便民利民原则，以及“无痛无缝无感”要求，顺利完成17个非税收入划转。与市水务局、市人防办分别制定《税务部门征收缴费指引》，对缴费人进行税务征收政策宣传和“一键申报”缴费操作辅导，牡丹江市在全省首家开通税务城管“互联互通”，实现建筑垃圾处理费“一键申报”。与市医保局密切配合，通过乡镇人员比对；特困供养、低保对象、建档立卡人员比对；批扣数据比对，采取银行通知存款等措施，保证参保缴费。与市退役军人事务局密切配合，落实“从速从简”工作要求，开通“绿色通道”，落实退役士兵社会保险接续收官工作，受理退役士兵社会保险接续补费业务844人，征收社会保险费1901万元。推进医疗保险联网征收平台建设，实现社保费“掌上办”，全年微信缴费54.36万人次，缴费额7.28亿元。12月8日，协助市政府召开全市社会保险费和非税收入划转及征管工作推进视频会议，全面推进国有土地使用权出让收入和矿产资源专项收入划转工作。

【减税降费】 2021年，市税务局及时汇总梳理延续实施和新出台的税费优惠政策，按照“一策一筛、一企一策”原则，通过门户网站、微信公众号、税企工作群、举办纳税人学堂、创办《政策速递》专刊等方式，将优惠政策精准推送到户、精细辅导到位。从多角度、多层面、多维度开展减税降费政策效应分析，主动向地方党委政府提供各类分析报告16篇。从税收优惠政策应享未享和违规享受两个维度，有效监控政策落实。全年新增减免税费2.9亿元；为煤电和供热企业办理“减、退、缓”税2996万元，为制造业中小微企业办理缓税5047万元。

【税收法治】 2021年，市税务局认真学习中共中央办公厅、国务院办公厅《关于进一步深化税收征管改革的意见》（以下简称《意见》），制定《贯彻落实〈关于进一步深化税收征管改革的意见〉工作方案》《深化税收征管改革任务分工》。及时向市政府汇报《意见》具体内容和落实情况及下步工作措施。通过网站、微信公众号等形式，发布专业人员权威解读4次，印制《一图了解〈意见〉》宣传册1500册，在各办税服务厅宣传推广。

【税收政策落实】 2021年，市税务局落实《黑龙江省税务系统深化税收征管改革任务分工》中的24类124项任务，推出全省首创车辆购置税“掌上办”套餐业务、全省率先开发的“税易联”网格化服务平台等亮点措施，基本实现企业税费事项能网上办理，个人税费事项能掌上办理，运用大数据精准推送优惠政策信息。

【税种管理】 2021年，市税务局确保主税与附加税费申报整合工作顺利实现，增值税整合申报7971户、消费税整合申报96户；做好企业所得税汇算清缴工作，确保实现多退少补；加大房地产税收一体化管理系统应用力度，辅导符合条件的开发项目全部纳入系统，做好开发项目税款申报缴纳情况监控。10月30日，不动产登记网上受理、纳税顺利上线；强化建筑项目管理，及时与市发改委、市城建局、市财政局等部门沟通，跟进项目建设进展；与市水务局、市发改委开展水资源税调研摸底，分析市实施水资源费改税存在的难点问题，提出可行性建议3条。加强与市生态环境局沟通协调，落实《关于进一步深化环境保护税征管协作的通知》要求，形成51名税务和环保人员组成的联络员工作机制，调研加强协作配合、完善信息共享、落实比对复核机制和流程等事项。

【智捷办税活动】 2021年，市税务局推行“24×365”式自助服务模式，打造“十分钟办税服务圈”，实现企业缴纳税费“网上办”。建立牡丹江市个体养老保险费和医保费联网征缴服务平台，搭建银行柜台、网络、自助终端、手机微信多位一体的缴费体系，访问量36万人次，办理缴费5亿元；依托“龙江税务”APP，推出车辆购置税微信缴税，做到车购税申报缴税“无纸化”“便利化”“全时化”和档案管理“电子化”，已有519台车辆通过微信缴税529.8万元，实现自然人缴纳税费“掌上办”。

【税务稽查】 2021年，市税务局开展贸易信贷报告监管核查，对180余户企业开展非现场核查；加强国际收支统计核查，非现场核查国际收支间接申报数据3.7万余笔，对2家银行国际收支间接申报及结售汇业务开展现场核查；定期监测辖内资本项目外汇收入支付便利化政策执行情况，审查便利化支付结汇90余笔；围绕重点主体、重点领域、重点渠道开展外汇检查行动，先后对辖内FDI、出口不收汇、个人分拆等异常线索进行专项核查检查。

【税务营商环境优化】 2021年，市税务局开展“便民办税春风行动”“春雨润苗专项行动”“您诚信纳税 我诚心服务”等优化税收营商环境活动。推进电子专票改革，使用电子专票纳税人2032户、核定领购数量1.9万份、领用专票9032份、开票金额2.9亿元，64个科所实现开票全覆盖。逐步将6大类50项办税事项的办理时间压缩至1分钟以内，单笔业务等候时间平均缩短5—7分钟。创建“纳税服务明星工作室”“心连心专家辅导工作室”14个，提供个性化服务350余次。联合市诚信办，帮助企业入驻“全国中小企业融资综合信用服务平台”。

（市税务局 荣 辉）

金融监管

【外汇管理】 2021年，牡丹江市落实便利化政策措施，支持涉外经济发展。简化企业名录登记手续，全年使360余户企业受益；办理行政许可业务457笔，其中网上办理15笔，邮寄办理18笔，实现零差错，100%好评率；便利外汇业务使用电子单证，指导辖区金融机构以审核电子单证方式办理货物贸易外汇收支业务，办理电子单证审核业务121笔、资金5246.5万美元；取消部分退汇业务登记手续，可直接在金融机构办理，免于登记手续的特殊退汇业务46笔、资金84.6万美元；指导辖内银行简化资本项目结汇审核手续，提升跨境投资便利化水平，实现资本项目收入支付便利化结汇198笔、资金348.1万美元，占同期资本项目结汇的92.9%，便利化政策红利得到有效释放；切实落实外债改革措施，助力涉外企业发展，为企业办理外债新增1552万美元，外债展期3笔，金额合计770万美元，变更外债额度2笔，帮助企业释放可借额度1500万美元，有效缓解企业资金短缺问题；针对经常项目重点领域核查，加强货物贸易重点企业、服务贸易预警数据、个人外汇业务的监测，加大分类管理力度，跨境人民币业务平稳发展，全市跨境人民币实际收付16亿元，同比增长35.8%，实际收付金额265.9亿元。

【风险监控】 2021年，中国人民银行牡丹江市中心支行召开专题会议研究部署防范化解金融风险工作，纪委部门对金融稳定工作开展监督问询；推动《牡丹江市金融稳定发展工作议事协调机制》建成，形成与地方政府相互补充协调的地方金融监管格局；配合市防范和处置非法集资工作领导小组办公室等政府部门开展相关工作，组织《防范和处置非法集资条例》专题培训，开展涉非涉稳风险排查，政府债务排查等；组织辖区银行业金融机构落实重大事项报告制度、应急演练要求、防范非法集资排查等工作，及时反馈综合评价结果；稳步开展央行金融机构对地方法人机构的评级工作，年内高风险机构减少1家，问题机构减少2家，改制农商行1家，推动专项债匹配到位，6家农合机构指标持续向好，对高风险机构开展风险专项监测，完成存款保险适用费率核定及保费收缴工作，开展偿付能力敏感性压力测试和流动性风险压力测试，开展风险警示约谈20次；推进存款保险制度实施，持续开展《存款保险条例》线上线下宣传活动，组织对金融机构一线人员进行抽查巡察，开展存款保险知识竞赛；对证券业、保险业开展风险监测；协调金融服务局对小贷、典当、融资担保等地方金融组织进行风险监测。

【金融服务】 2021年，牡丹江市制定《金融支持中国（黑龙江）自由贸易试验区绥芬河片区发展建设方案(草案)》，组织12家银行到绥芬河自贸区调研，与30余户企业现场对接，解决实际问题，为自贸区发展注入金融动能。推动“特许机构+银行”现钞兑换合作模式平稳运行，兑换卢布现钞284笔，金额8888万卢布，绥芬河市卢布现钞兑换7.6亿卢布，2391笔，满足中俄经贸往来的本外币需求。

【货币流通】 2021年，牡丹江市加大现金供应和保障力度，货币金银服务管理规范。完成辖内外发行基金和保管品调拨8次、资金58.5亿元。全辖现金投放74.4亿元，回笼65.3亿元，净投放9亿元。采取措施确保辖区现金使用安全。完成销毁残损人民币3次，金额22.3亿元。完成18次履职查库，开展发行库安全管理自查工作。增设城市、乡镇现金服务示范区各1个，开展小面额人民币服务暗访，规范人民币流通环境。加大假币收缴力度，收缴假币11312张，金额538407元。

（人民银行牡丹江市中支　王　东）

审　计

2021年6月29日，市委审计委员会第三次会议在市审计局召开

（高　蕾　摄）

【审计委第三次会议】　2021年6月29日，市委审计委员会第三次会议在牡丹江市审计局（以下简称市审计局）召开。会议学习传达省委审计委员会及全省审计工作会议精神，书面听取2020年全市审计工作情况，审议通过2020年审计项目计划调整及2021年度审计项目计划，审议通过《中共牡丹江市委审计委员会成员单位工作协调推进机制》，研究部署2021年全市审计工作。

【政策落实情况跟踪审计】　2021年，市审计局开展两轮市本级及所属六县（市）、四城区优化营商环境相关重点政策措施落实情况审计。对200余家单位、企业进行延伸审计调查，揭示优化民营经济发展环境。

【财政审计】　2021年，市审计局对全市一级预算单位开展数据分析全覆盖，紧盯预算编制完整性和规范性、重点支出预算及政策执行、新增财政资金直达市县基层直接惠企利民等情况，发现6大类32个方面、59个具体问题，问题金额2.33亿元。并按照上级审计机关安排开展所属县（市、区）税务系统全面审计工作。

【民生审计】　2021年，市审计局聚焦农村人居环境整治情况、医保基金、养老基金、义务教育学生营养改善计划专项资金管理使用情况，以及市委、市政府交办的老年人乘公交补贴资金专项审计调查、供水企业成本和收益情况分析、餐厨废弃物资源化利用和无害化处理特许经营情况开展审计调查，配合市纪检部门开展粮食购销领域腐败问题专项整治等工作。

【固定资产投资审计】　2021年，市审计局围绕公共投资绩效开展专项审计，全市审计机关完成投资类审计项目26项，查出多计工程价款3000余万元。开展第四届旅游产业发展大会建设项目统计调查及重点项目工程建设程序审计调查，将审计发现的问题上报市领导并协同相关部门召开第四届黑龙江省旅游产业发展大会重点项目建设程序履行情况专题会议，通过对被审计单位提出整改建议，促进提高工程质量和投资绩效。

【资源环境审计】　2021年，市审计局完成领导干部自然资源资产离任审计22项，其中完成东宁市及市自然资源局原主要领导自然资源资产离任审计，审计揭示相关问题资金5700万元。在审计方式方法上探索大数据审计模式，注重运用遥感技术、地理信息系统、全球定位系统等新技术新方法开展审计，提升资源环境审计质效，促进市自然资源资产节约集约利用和生态环境安全。

【经济责任审计】　2021年，市审计局与市委组织部等部门沟通协调，科学制定年度经济责任审计项目计划。全年审计机关完成领导干部经济责任审计207项，查出主要问题金额10874万元，其中领导干部负直接责任问题188万元，负领导责任问题10686万元。

【内部审计】　2021年，全市两级审计机关共审计281个单位，查出违规问题金额15631万元、损失浪费问题金额29万元、管理不规范问题金额85456万元；审计处理处罚金额29169万元；审计促进整改落实资金28397万元，其中促进增收节支22311万元；移送问题线索25件；审计提出建议592条。其中，市审计局审计50个单位，查出违规问题金额54万元、管理不规范问题金额50352万元；审计处理处罚金额4813万元；审计促进整改落实资金3012万元，其中促进增收节支1451万元；移送问题线索4件；审计提出建议140条。

【审计整改】 2021年，市审计局以市委、市政府出台的《关于进一步加强审计整改工作的意见》为牵动，对当年审计、以前年度审计发现已到整改期限问题908项，中央、省级审计机关专项审计发现涉及全市问题233项，上级部门巡视发现涉及全市问题11项，进行牵头抓总、统筹协调，以制定方案、函询督促、实地检查等方式督促被审计单位落实审计整改工作责任，市政府召开审计查出问题整改工作专题推进会议，推动提高思想认识、压实整改责任，落实标本兼治，各类问题综合整改率90%以上。在全省率先出台《牡丹江市审计局审计整改认定标准指导意见（试行）》，明确审计整改结果认定原则、认定标准、认定依据和认定程序，推动审计整改标准化、制度化，推动审计整改工作取得实效。

（市审计局　高　蕾）

统　计

【国家统计调查】 2021年，牡丹江市各类产业复工复产情况良好，经济运行平稳，城乡居民收入稳步提升，实现"十四五"良好开局。全市城镇居民人均可支配收入绝对值为36641元，同比增长7.3%，绝对值高于全省2995元，在全省十三个地级市中排名第三位，增速低于全省0.8个百分点，排名第十一位。全市农村居民人均可支配收入为23832元，排名第一位，绝对值高于全省平均水平5944元，在省内地市中仍居"榜首"。

（国家统计局牡丹江调查队　宋焕圣　于　洁）

【统计基础建设】 2021年，牡丹江市统计局（以下简称市统计局）稳步推进事业单位改革工作，按照市委编办《关于印发〈牡丹江市统计局深化事业单位改革方案〉》要求，根据职能相近、管服分开原则，对所属3个事业单位黑龙江省统计局牡丹江社会经济调查队、牡丹江市统计局社会经济调查队、牡丹江市统计信息中心进行整合，组建牡丹江市社会经济调查中心，保留原牡丹江市普查中心。

（市统计局　张一波）

【重点领域统计改革】 2021年，市统计局推动统计改革创新落地落靠。全市规上工业企业于6月底建立工业统计生产台账，建筑业企业电子台账建账率达八成以上，房地产业企业电子台账建账率超六成，全市劳资报表单位中"四上"单位和规上研发报表企业建账率均达100%。

（市统计局　张一波）

【统计督察】 2021年，市统计局组织协调全市20个部门成立牡丹江市迎接国家统计督察工作领导小组和督察工作联络组。落实统计督察规定"回头看"工作，全市统计执法检查员执法培训会议1次，先后制发各类文件10余份。

（市统计局　张一波）

【统计法治建设】 2021年，市统计局在行政执法过程中做好统计业务服务工作，坚持执法宣传在先、惩治在后的服务理念，面向基层统计专业人员开展培训100余人次，为企业统计人员普法上门20余次。召开全市统计法治工作会议，围绕服务社会经济中心，强化统计法律知识宣教和统计业务知识辅导，对1户提供不完整统计资料的报表单位，依法予以行政警告，遏止统计违法行为，为夯实统计数据质量提供法治保障。

（市统计局　张一波）

【统计监测】 2021年，市统计局统计监测从事后监测向伴随监测转变，建立"一套表日报告"和"入库企业日报告"制度，实现从国家一套表开网即对重点企业、重点行业、重点领域监测的工作制度，为各级领导和相关部门制定科学决策提供即时数据支撑。统计评价从重规模、轻质量向高质量评价转变，充分发挥统计监测职能，切实用好各项统计调查手段，以客观真实的统计调查结果搭建市委、市政府与市民"连心桥"。

（市统计局　张一波）

【统计专项调查】 2021年，市统计局首次开展2020年度生态环境和基本公共服务群众满意度评价调查工作，通过"三个坚持"，与民生相关的统计调查工作成绩较好，统计监测实现扩面的目标。全年通过第三方电话访问7000余次，成功获取样本2000个，成功发放并回收书面问卷调查4000份。"七人普"工作再获阶段性工作成果。

（市统计局　张一波）

【统计数据质量专项检查】 2021年，市统计局到县（市、区）统计局及100余户基层企业单位，进行统计执法推进，详细了解统计基础建设情况和查阅数据生产过程基础资料，针对数据核查中发现的问题及时反馈并要求限期整改，规范数据报送流程。

（市统计局　张一波）

【人口普查和抽样调查】 2021年，市统计局推进第七次全国人口普查后续相关工作，5月29日，分别在《牡丹江日报》和市政府网站发布牡丹江市第七次全国人口普查公报数据。西安区、东宁市等县（市、区）也按照相关要求发布本地区普查公报。圆满完成5‰人口抽样调查和《中国妇女发展纲要（2021—2030年）》《中国儿童发展纲要（2021—2030年）》监测工作。联合市妇联开展对县（市、区）工作督办和培训指导工作，高质高效完成5%人口抽样各阶段工作。9

月 23 日，荣获“第七次全国人口普查国家级先进集体”荣誉称号。

（市统计局　张一波）

价格监管

【价格调控】　2021 年，牡丹江市市场监督管理局（以下简称市市场监管局）建立完善价格调控机制，调整非居民用气销售价格，一年两次启动天然气价格联动机制，推动重点企业用气稳供稳价。统筹推进精准补贴和节水奖励机制、工程建设和管护机制、终端用水管理机制健全和落实，推进农业水价综合改革，提高农业用水效率。推动土地、人力、资本、技术和数据等五大要素市场化配置改革，重点推动水、电、气价格改革工作，为全市近 200 户企业降低水、电、气成本 2500 余万元。加强供水、供热、供气价格成本监审，推动重点生产要素价格保持在合理区间，最大限度降低企业生产要素使用成本，有效激发市场活力。

【价格监督检查】　2021 年，牡丹江市市场监管局细化工作落实，制发《治理涉企收费专项行动监督检查推进表》，采取“过筛子、销号推进”方式开展监督检查，确保工作全覆盖、无死角。专项整治以“四供”（供水、供电、供热、供气）为重点检查内容，开展“五查”（查主体资格、查销售行为、查油品质量、查计量工具、查有无价格）工作，各县（市）局均制定工作方案，有序组织开展监督检查，严肃查处涉企违规收费行为，降低企业经营成本，确保各项降费政策落到实处。全市检查涉企收费单位 279 户，其中检查商业银行 25 户、中介服务机构 37 户、行业商协会 111 户、物流领域 45 户、公用事业单位 60 户（供电单位 11 户、供水单位 7 户、供气单位 9 户、供暖单位 33 户），立案 13 起，退还违规收费 40187 元、罚款 11825 元。

【农业生产资料价格管理】　2021 年，牡丹江市按照全省统一部署，全市价格执法人员第一时间展开行动。3 月上旬，市市场监管局组织执法人员集中对市辖区农资经营企业进行专项检查，通过开展上门“提醒告诫”，下发《关于稳定农资市场价格的提醒告诫函》和现场监督检查的形式，对全市营业的 17 户农资经营商铺进行检查，告诫经营业主严格遵守《中华人民共和国价格法》规定，严格执行商品明码标价。严禁相互串通，趁机涨价；囤积居奇，操纵市场价格等违法行为。全市专项检查出动执法人员 41 人次、检查农资经营商铺 52 户、发放提醒告诫书 62 份。

【民生商品市场价格监管】　2021 年，牡丹江市为严格执行新冠肺炎疫情防控措施，督导企业落实防控责任，市市场监管局按照黑龙江省市场监督管理局《黑龙江省应对新型冠状病毒肺炎疫情指挥部第 4 号公告》具体要求，开展市场价格监管工作。重要时段采取日检汇报制度，落实政府依法制定的价格干预措施。全市价格执法人员对全市药店、农贸市场、超市等 4192 个经营场所进行监督检查，发放《提醒告诫书》2800 余份，立案查处 9 户（含简易处罚程序 3 户），罚款 15170 元。

【资源产品价格管理】　2021 年，市市场监管局按照《关于印发〈牡丹江市城市天然气价格改革的实施方案〉的通知》，启动非居民用气价格联动机制。对非居民用气终端销售价格由 6.50 元/立方米调整为 4.80 元/立方米，降低实体经济生产经营成本支出，增强企业的市场竞争力。

【医疗服务价格管理】　2021 年，贯彻落实省纪委关于强化医疗领域突出问题专项整治工作有关部署，按照国家卫生健康委等九部门《2021 年纠正医药购销领域和医疗服务中不正之风工作要点》和《黑龙江省市场监督管理局、黑龙江省药品监督管理局强化医疗领域突出问题专项整治实施方案》要求，市市场监管局制发《牡丹江市市场监督管理局强化医疗领域价格违法行为专项整治实施方案》，对全市各医疗服务机构下发《关于开展医疗服务价格专项治理工作的通知》，规范医疗服务价格秩序。

【价格案件查办】　2021 年，牡丹江市强化价格监管，开展粮食购销领域市场秩序、停车场收费专项整治，检查粮库 32 家、停车场 29 家，发放提醒告诫书 2800 余份。开展公平竞争审查，清理存量、审查增量，实现规范化、常态化。开展学生餐商业贿赂专项整治，立案 3 起，已经移交公安部门。市市场监督管理局处理的 12315 热线转办的几件关于物业服务费投诉，均已办结。

（市市场监管局　裴得明）

市场监督管理

【市场主体登记】　2021 年，市市场监管局培育发展市场主体，推进“企业开办一网通办”“证照联办”电子营业执照应用。落实“证照分离”改革，打造更好的市场准入环境。全市新设立市场主体 37865 户，同比增长 19%；实有市场主体 205191 户，同比增长 11.29%。

【民营经济发展服务】　2021 年，市市场监管局建立“领导＋战线”“专班＋园区”“协会＋平台”工作机制，明确方向，2021 年签约项目 3 个，拟签约项目 3 个，拟合作项目 4 个，正在沟通跟进项目 3 个。

【企业信用监督与广告管理】　2021 年，市市场监管局加强信用监督管理，企业年报完成33224户，年报率96.47%，全省排名第五位。加强《中华人民共和国广告法》宣传，推进广告行业监督管理，开展广告违规违法专项整治工作，保持主要媒体广告违法率为零。

【消费者权益保护】 2021年，市市场监管局把12315消费者投诉、综合执法举报职能统一整合到消费者权益保护中心，优化投诉举报流程，直接与综合执法支队对接，业务科室参与配合，减少中间环节，使投诉、举报处置更加便捷高效。抓好消费维权，创建放心消费试点单位23家，打造西安区“朝鲜族风情放心消费一条街”。全年受理投诉举报咨询26235件，为消费者挽回损失100.1万元，市消费者协会被中消协评为2020—2021年度消费维权先进集体。加大综合执法力度，全年查办案件449件，罚没429万元，维护市场秩序。

【商事制度改革】 2021年，市市场监管局推进“证照分离”改革全覆盖工作，建立工作机制抓推进。市市场监管局在以书面形式征求市级33个部门及各县（市、区）政府意见后，形成《牡丹江市推进“证照分离”改革全覆盖实施方案》，经12月9日市政府常务会议审议通过。按方案将牡丹江市“证照分离”改革工作协调小组调整为牡丹江市“证照分离”改革工作专班，专班总召集人为主管市长，召集人为市市场监管局、市营商局、市司法局、市商务局主要领导，下设办公室，设在市市场监管局，成员单位由承担改革任务的各部门及各县（市、区）政府分管领导组成。全面落实涉企经营许可事项分类改革。要求中省直和市直有关部门、绥芬河自贸片区要对照《中央层面设定的涉企经营许可事项改革清单（2021年版）》《中央层面设定的涉企经营许可事项改革清单（2021年自贸试验区黑龙江版）》逐项认领，并落实具体改革举措和事中事后监管措施。经各部门认真梳理，确定《牡丹江市落实中央层面设定的涉企经营许可事项改革清单》，绥芬河自贸区确定《绥芬河自贸区落实中央层面设定的涉企经营许可事项改革清单》，并对认领的事项在具体改革举措及事中事后监管措施上进行细化，做到责任全覆盖。实施涉企经营许可事项分类管理，不折不扣落实《中央层面设定的涉企经营许可事项改革清单（2021年版）》确定的523项改革任务和《中央层面设定的涉企经营许可事项改革清单（2021年自由贸易试验区黑龙江版）》确定的70项改革任务。按照直接取消审批、审批改为备案、实行告知承诺、优化审批服务四种方式分类实施，市级各部门按权限对163项改革事项进行认领，其中直接取消审批13项、审批改为备案4项、实行告知承诺21项、优化审批服务125项。绥芬河市自贸区按权限对65项改革事项进行认领，其中直接取消审批14项、审批改为备案15项、实行告知承诺36项。市市场监管局按权限对19项涉企经营许可事项进行认领，其中直接取消审批2项，审批改为备案1项，实行告知承诺4项，优化审批服务12项，为切实落实好改革举措和做好事中事后监管工作，制定《牡丹江市市场监管系统涉企经营许可事项改革清单》，对改革举措和事中事后监管措施进行细化，便于实际操作。

【网络交易监管】 2021年，市市场监管局按照监管的侧重点和风险点，对数据库中的网站和网店建立分级管理模式，扩充到112家被列入重点网站进行严密监测，按照规定好检查的频率、检查的内容进行网上巡察。做好网络交易监测信息线索分发系统管理，接收线索8条，全部进行处理分发。组织核查打击网络交易违法行为，在黑龙江省市场监督管理局关于开展打击非法经营泥炭黑土行为专项执法行动中，对本地2家电商平台和7家农贸市场进行检查，未发现相关产品。接到黑龙江省市场监督管理局转办4条网络交易违法案件线索，通过营业执照等信息找到经营者，对经营行为进行检查，全部调查终结，责令商家下架商品2件，1个店铺属于不需要登记的情形，同时网络巡察京东、淘宝、天猫的本地店铺412家。组织开展《清理整治网络销售和宣传“特供”“专供”标识商品专项行动的通知》，对1条线索进行核查反馈。精心部署开展网络商品交易监管执法行动。开展牡丹江2021网络商品交易监管执法专项行动和2021网剑行动，分别完成五个方面和四个重点任务的整治工作。市市场监管局下发《牡丹江市2021年网络商品交易监管执法专项行动方案》，联合11部门转发《黑龙江省市场监督管理局等14部门转发〈关于印发2021网络市场监管专项行动（网剑行动）方案的通知〉的通知》（以下简称《通知》）。开展行动宣传，在公众号刊发网剑行动信息，扩大行动影响力，震慑违法行为；在《网络交易监督管理办法》实施前，通过公众号等媒介进行广泛宣传，并向电子商务者进行发放；行政指导土特产网，行动中立案7件，罚款0.9万元。抓好粮食购销领域网络交易监管，转发黑龙江省市场监督管理局《通知》并提出相关要求。全市有3个农贸市场内有粮食经营户，有5个粮油经营户，1个粮食批发市场。开展行政指导，12月16日对粮食批发市场进行现场行政指导，并发放《规范经营告知书》。规范粮食自建网站，向宁安市市场监督管理局、林口县市场监督管理局移送线索2条，关闭网站2个。

【合同监管】 2021年，市市场监管局把“合同惠民”行动作为“我为群众办实事”实践活动重要载体，聚焦合同双方市场地位不平等、信息不对称等突出问题，加强合同格式条款监管工作，切实强化民生领域消费者权益保护，依法查处合同违法行为，努力营造公平公正、诚实守信的市场环境。推广合同示范文本，提升合同意识，推广《物业管理合同》《汽车销售合同》等合同示范文本，并第一时间转发《中小学生校外培训服务合同（示范文本）》（2021年修订版）。开展培训合同整治，推进双减工作，联合市教育局开展对校外培训机构利用不公平格式条款侵害消费者权益违法行为集中整治。按照"双减"要求，下发《关于进一步加强校外培训机构利用不公平格式条款侵害消费者权益违法行为整治的通知》，加强规范校外培训机构合同行为，全市各级市场监督部门检查校外培训机构127户，完成36份校外培训机构使用的合同格式条款甄别、评审。加大行业监管力度，清除霸王条款。针对餐饮行业"谢绝自带酒水，收取餐位费、开瓶费、包房最低消费，作出单方享有解释权或者最终解释权"等霸王条款进行重点整治，对易使用的声明、店堂告示、结算小票进行重点查看。市市场监管局当场下达处罚决定书1份，下达责令整改通知书1份。开展汽车销售、拍卖等行业的回头看工作，制定汽车市场、拍卖企业双随机检查计划，对7户汽车销售企业、5户拍卖企业的合同格式条款进行检查，防止合同格式条款违法问题反弹，对1户拍卖企业下达责令整改通知书，把1户拍卖企业列入异常名录。

【反不正当竞争】 2021年，市市场监管局加强保密服务，提高保护意识。发挥《黑龙江省商业秘密保护行政指引》作用，深入建立的9家联系点，推进保护企业商业秘密联系点建设，指导企业正确认知商业秘密范围，提高商业秘密自我保护意识，建立和完善保密协议等商业秘密保护内部管理制度。加强法律宣传，优化竞争环境。监管服务与疫情防控相结合，对经营日用品、食品、"保健品"等市场主体发放《中华人民共和国反不正当竞争法》和国家市场监督管理总局《规范促销行为暂行规定》等法律法规规章的宣传单，加强宣传教育，宣讲培训、合规指导400余次，引导经营者树立公平竞争意识，自觉依法合规经营，促进经营者守法经营和诚信自律，营造公平竞争的市场环境。深入执法行动，维护竞争秩序。以重点领域不正当竞争行为为突破口，加大监管执法力度，以仿冒混淆、虚假宣传、商业贿赂等不正当竞争为重点，持续深入开展专项执法行动。严格会销、直销监管工作。按照省局《关于加强直销监管有关工作的通知》要求，为有效落实疫情防控，开展辖区内宾馆、酒店、社区商户等会销场所，取消宣传名称活动，核查利用讲座进行虚假宣传行为。对宝健（中国）有限公司、无限极（中国）有限公司、玫琳凯（中国）化妆品有限公司、广东太阳神集团有限公司等4家的10户直销企业服务网点，就疫情防控期间企业退换货制度执行，是否存在虚假宣传、是否违规开展培训等相关情况进行执法检查，对6户网点提出整改要求，规范经营行为。向经营者提出网上经营的合理化建议，反不正当竞争，处罚虚假宣传案件2件，东安区享佳日子超市在销售幸航金装多维高钙配方羊奶粉及灵芝孢子粉过程中对其商品的功能进行虚假宣传，对当事人处罚1万元；东安区中爱健生活用品馆销售广东卡沃罗氢气机过程中对其商品的性能、功能进行虚假宣传，对当事人处罚1万元。处罚混淆行为案件1件，牡丹江市华东食品有限责任公司销售字母饼干，其字母饼干包装与广州鹰金钱食品集团有限公司"积士佳"字母饼干包装近似，对当事人处罚3万元。另外有一件虚假宣传案件，当事人为牡丹江宇才经贸有限公司，已结案，不处罚。

【市场秩序管理】 2021年，市市场监管局优化监管执法工作机制，组建综合执法支队，市区实行一个层级执法。针对实际运行中综合执法支队与区市场监督管理局日常监管脱节、"坐堂受案"被动执法问题，经过调研论证，在不改变现有体制的前提下，按区域配置执法力量，市局综合执法支队力量下沉，按四个城区配置综合执法大队（同时市级保留两个机动执法大队）下沉到区市场监督管理局与日常监管对接，解决监管执法脱节和"坐堂办案"问题。

【标准化监督管理】 2021年，市市场监管局推进牡丹江市场监管窗口政务服务国家级标准化试点建设，建立以政务服务事项为主，服务和管理互为补充、相辅相成、协调推进的市场监管窗口试点标准体系（包括通用基础、服务提供、服务保障三个子体系）。汇集国家标准20项、地方标准1项，法律法规及相关文件20项，制定企业标准101项，其中制定服务事项办理规范68项，各种标准文件142项。对市场监管服务窗口工作人员进行培训，加强对窗口标准化试点指导。积极与市营商局沟通，联合市场监管服务窗口及相关部门，推进市场监管窗口标准化试点工作。

【计量监督管理】 2021年，市市场监管局强化计量检定基础建设，对40项省级计量标准进行复审复核工作，保障量传溯源体系有效运行。对音速喷嘴式燃气表检定装置进行技术改造，可在任意工位、任意组合进行检定，提高燃气表检定的工作效率。加强对计量检定机构仪器设备的管理，《仪器设备电脑管理系统》获得黑龙江省"五小"创新项目三等奖。

【特种设备安全监察】 2021年6月4日，市市场监管局组织召开全市特种设备安全监察工作视频会议。特种设备监察机构全体干部、检验机构负责人参加视频会议。传达贯彻2021年全省特种设备安全监察工作视频会议和全市安全生产工作会议精神，开展日常监督检查。制定印发《2021年特种设备生产和使用单位日常监督检查计划以及重点监督检查特种设备使用单位目录》，并报市政府安全生产委员会办公室和黑龙江省市场监管局备案。开展特种设备安全冬季保卫战。在2020年工作基础上，组织各县（市、区）局持续开展冬季安全生产保卫战。

【食品药品领域监管】 2021年，市市场监管局强化风险隐患排查，对食品、药品、特种设备、工业产品质量“四大安全”，实行全覆盖全链条监督检查，检查生产、经营和使用单位22671家，排查隐患1415个，全部限期完成整改。开展食品安全应急演练桌面推演，提高食品安全应急处置能力。强力开展专项整治，先后开展餐饮安全、校园食品安全、流通环节药品安全、新冠疫苗质量安全等系列专项整治，拉网式检查，防范在先、排查隐患、建立台账、销号管理，确保不破底线。

（市市场监管局 裴得明）

知识产权保护

【概况】 2021年，牡丹江市知识产权局（以下简称市知识产权局）推进国家知识产权示范城市培育，加快推动知识产权服务业高质量发展，在知识产权创造、运用、保护、管理和服务工作方面取得成效，被评为全国知识产权系统先进集体，开发区被确定为省级试点园区，市知识产权局与绥芬河市政府开展“局市共建”，知识产权助力经济高质量发展作用明显增强，知识产权优势企业增至45户。

（市知识产权局 嵇华骏）

【专利保护】 2021年，牡丹江市贯彻《专利法》，加强专利管理工作体系建设。不断适应知识产权发展的政策法治环境，持续开展知识产权宣传培训。实施战略推进工作，提高整体专利意识，促进专利申请、转化工作，专利工作取得很大进步。全市新授权专利1284件，增长54.89%，总量达到10089件。

（市知识产权局 嵇华骏）

【商标注册】 2021年，牡丹江市宣传贯彻《中华人民共和国商标法》，助力企业高质量发展，培育全市实体企业发展总量，不断推进各类企业成长进步，注意培养企业商标注册工作，成熟一个，注册一个。全市新增注册商标4798件，总量达到23998件，分别增长39.2%、21.6%；牡丹江大米商标由牡丹江市大米协会提交申请，3月7日成功注册。

（市知识产权局 嵇华骏）

【版权保护】 2021年，牡丹江市抓住《中华人民共和国著作权法》发布实施有利契机，挂牌成立牡丹江市版权局，参照省委宣传部改革模式，市委宣传部正式对外加挂市版权局牌子。同时，县（市、区）按时间要求完成版权局牌子加挂工作。全市各级版权局对279家经营单位开展版权执法，出动执法人员593人。组织开展打击网络侵权盗版的“剑网2021”专项行动。印发《关于开展打击网络侵权盗版“剑网2021”专项行动的通知》，打击网络直播、体育赛事、在线教育等领域侵权行为，巩固新闻作品、网络音乐、电商平台等领域专项治理成果。推进党政机关软件正版化工作，制定印发《牡丹江市2021年推进使用正版软件工作计划》，在全市党政机关组织开展软件正版化自查自纠和实地检查工作，对市机关事务管理局、市财政局、市发改委、市人社局等单位进行具体指导。

（市委宣传部 沈 明）

【地理标志产品保护】 2021年，牡丹江市开展首届市政府质量奖评比工作，20户企业荣获质量奖和质量提名奖。在第五届黑龙江品牌（文化）节上，镜泊湖旅游景区品牌价值蝉联旅游目的地（区域）品牌榜首。制定窗口政务服务标准101项，中药种植地方标准8项。全市有机产品认证发展到52户企业36个产品。东宁黑木耳入选首批中欧互认地理标志保护名录。

（市知识产权局 嵇华骏）

【全省首家知识产权仲裁庭成立】 2021年10月21日，黑龙江省首家知识产权仲裁庭在牡丹江仲裁委员会办公楼揭牌成立。市市场监管局副局长、市知识产权局局长刘红雨，市司法局副局长王非非为知识产权仲裁庭揭牌，

2021年10月21日，市知识产权局与市仲裁委员会共同签订《关于对知识产权纠纷通过仲裁裁决的合作协议》 （市仲裁委 供图）

并共同签订《关于对知识产权纠纷通过仲裁裁决的合作协议》。知识产权仲裁庭的成立为牡丹江市知识产权纠纷提供多元化解决途径，提升企业知识产权维权效率，实现仲裁调解与其他知识产权保护有机互补、相互衔接的保护工作格局。

（市知识产权局　嵇华骏）

信用体系建设

【体制机制建设】　2021年，牡丹江市落实党中央、国务院和省委、省政府关于加强社会信用体系建设的各项决策部署，推动社会信用体系建设发展，社会信用体系建设体制机制逐步健全。牡丹江市营商环境建设监督局承担社会信用体系建设和市“诚信牡丹江”建设工作领导小组办公室职责，通过建立健全议事协调机制，统筹安排部署全市社会信用体系建设工作。45个成员单位在牡丹江市“诚信牡丹江”建设工作领导小组领导下，统一推进本部门本单位社会信用体系建设工作。各县（市、区）相继成立营商环境建设监督部门，明确社会信用体系建设职能和社会信用体系建设议事协调机构职责，推进本地社会信用体系建设工作。

（市政府办　张长亭）

【信用体制管理制度和规范】　2021年，市营商局推进诚信制度体系建设，牡丹江市社会信用体系建设制度日趋完善，印发《牡丹江市人民政府关于印发牡丹江市社会信用体系建设“十三五”规划的通知》《牡丹江市人民政府关于建立完善守信联合激励和失信联合惩戒制度》《加快推进社会诚信建设的实施意见》《牡丹江市人民政府关于印发牡丹江市政务诚信建设工作方案的通知》，市政府办公室印发《牡丹江市人民政府办公室关于印发深入推进行政许可和行政处罚信用信息公示工作实施方案的通知》《牡丹江市人民政府办公室关于印发牡丹江市加强政府诚信推进方案的通知》《牡丹江市人民政府办公室关于在行政管理中实施信用记录核查的意见》《牡丹江市人民政府办公室关于印发牡丹江市个人诚信体系建设工作方案的通知》等文件，推进社会信用体系建设法治化、规范化进程。

（市政府办　张长亭）

【信用平台建设】　2021年，牡丹江市诚信中心成立，负责牡丹江信用信息共享平台及信用中国（牡丹江）网站维护、运行。全市逐步建立社会信用体系建设工作体制机制，为加强社会信用体系建设、优化营商环境提供组织保障。牡丹江信用信息共享平台实现与省公共信用信息平台互联互通、数据共享，平台归集企业和自然人等主体信用信息46万余条，通过信用网站发布各类信用动态1万余条。加强信用平台维护，清理欠款1.3亿元。

（市政府办　张长亭）

【信用应用与服务】　2021年，牡丹江市信用应用和信用服务领域不断拓展，坚持以信用惠民便企为导向，提供信用信息查询服务，为招标投标、政府采购、公共资源交易、评选表彰提供信用支撑。开展“信易贷”工作，引导金融机构和市场主体入驻全国中小企业融资综合服务示范平台（牡丹江站）。截至2021年末，19家金融机构入驻全国“信易贷”平台，发布金融产品48个，成功授信金额2400万元，为中小微企业解决融资难题提供新的渠道。

（市政府办　张长亭）

【重点领域社会信用体系建设】　2021年，牡丹江市重点领域社会信用体系建设水平不断提高，推动政府部门发挥社会信用体系建设的引领示范作用，320家政府部门作出政务诚信承诺，并在省、市两级信用网站公开公示，接受社会监督。开展政府部门失信违诺“清赖行动”，开展企业诚信承诺活动，归集各类信用承诺书2611份；开展失信企业信用修复工作，帮助295户企业完成信用修复。推广诚信文化在全社会普及工作，将大厅、企业、市场、社区、校园作为诚信宣传的主阵地，开展“诚信龙江五进”工作，开展“诚信龙江市长谈”“诚信之星”评选等活动，弘扬诚信文化，强化社会诚信意识。

（市政府办　张长亭）

【征信管理】　2021年，中国人民银行牡丹江市中心支行强化征信管理与查询服务，提高为民服务效率和水平。推动征信查询网点标准化建设，开展征信主题培训和宣传，提高社会公众诚信意识。截至2021年末，全市布设自助查询机17台，自助查询点查询80556人（次）；窗口办理企业信用报告查询2242户（次）、个人信用报告360人（次）；司法查询个人129笔、企业78笔。做好动产和权利担保统一登记，推动应收账款融资服务实体经济。举办动产和权利担保统一登记和中征应收账款融资服务平台培训班。全市完成动产和权利统一登记系统审核企业12户；中征应收账款融资服务平台新增注册开通用户13家，融资交易5笔，融资金额5.7亿元。以金融与产业融合为目标，推动企业信用建设。印发《牡丹江市信用企业示范园区建设实施方案》，成立企业信用建设组织机构。指导金融机构选派业务骨干，开展“进厂区”“入园区”银企对接，并通过组织系列培训，引导企业健全内部信用管理机制，推动企业诚信经营。13家金融机构精选159户企业为示范点，开展企业信用建设。帮助99户企业获得融资4.4亿元，支持50户企业首贷融资2.8亿元。

（人民银行牡丹江市中支　王　东）

中国（黑龙江）自由贸易试验区绥芬河片区

【概况】 中国（黑龙江）自由贸易试验区绥芬河片区（以下简称绥芬河片区）2019年9月29日挂牌，片区规划面积19.99平方公里，重点发展木材、粮食、清洁能源等进口加工业和商贸金融、现代物流等服务业，建设商品进出口储运加工集散中心和面向国际陆海通道的陆上边境口岸型国家物流枢纽，打造中俄战略合作及东北亚开放合作的重要平台。2021年，绥芬河片区新设立企业895户，税收收入4.45亿元，进出口总额136亿元，其中，进口104亿元，出口32亿元。

【制度创新】 2021年，绥芬河片区聚焦贸易、物流、金融、营商等领域，突出“对俄、沿边、跨境”特色优势，在探索差异化、特色化、首创性上下功夫，探索形成制度创新成果102项，29项入选省级创新实践案例，为扩大沿边开放提供新经验、新模式。贸易通关更便利，实施预约通关、快速放行、上门验放、开辟绿色通道等通关方式，创新建立通关环节自主备案、自主申报、自主核销、自主缴税、简化海关核准手续等制度，通关效率整体提升67%。探索中俄车辆联检快放新模式，信息采集备案时间由30分钟缩短到2分钟，车辆查验通关时间由10分钟缩短到30秒。利用与广东、广西、云南等全国其他先进片区的合作机遇，通过挂职锻炼和走访调研等形式，探索在制度创新方面的融合联动、跨区联动、发展联动。开展“四个对标”（对标粤港澳大湾区，对标省内片区，对标沿边口岸，对标兄弟县市）找差距，将优秀创新成果进行“点对点”复制推广，结合片区特色进行再创新、本土化，推动先行先试突破和改革措施落实，全国改革试点经验复制推广率98%，全省总体方案试点任务实施率100%。

【开放合作】 2019年绥芬河片区批复建设以来，累计外贸进出口总额291.2亿元，居全省陆路口岸首位。2021年，绥芬河片区进出口总额136亿元，同比增长16.4%，口岸过货量884.9万吨，占全省陆路口岸的89.7%；外贸总额、对俄贸易额（剔除管道原油和天然气因素）分别占全省的16.33%和43.83%。在承接中欧班列基础上，自主运营哈绥俄亚班列，开通莫斯科至绥芬河中俄直列及哈萨克斯坦至绥芬河互贸专列。与96个国家和地区实现贸易往来，与国内16个沿海港口合作推动内贸货物跨境运输，中欧班列累计过境1156列，104600标准箱；哈绥俄亚班列累计发运294班列，31094标准箱；中俄直列累计发运13列，1066标准箱，形成环日本海及长三角、珠三角物流网络。鼓励企业“走出去”参与国际产能合作，绥芬河片区在俄投资项目70个，投资总额16.72亿美元。建立7个境外园区，涵盖林业开发、农业种植、商贸物流等领域。开发境外耕地林地460万公顷，年回运煤炭、铁矿砂等资源600余万吨。支持境外企业“引进来”，以自贸片区为引领，获批液化石油气、冰鲜水产品、整车、肉类等指定口岸资质，形成资源回运、储备、加工、集散的千万吨级中俄跨境产业链。融合“自贸区”与“自由港”，对接国际经贸准则，15户企业入驻俄罗斯符拉迪沃斯托克自由港和超前发展区，带动中俄合作海外仓和离岸加工业发展，形成跨境多区联动、多产融合的“单边试验＋嵌入发展”模式。

【产业发展】 2021年，绥芬河片区构建木业、粮食、水产、中药材、清洁能源五大生产加工型，物流、电商、金融、旅游（医养）、会展五大服务贸易型融合发展的“5+5”产业体系，创新形成“自贸＋”发展模式。“自贸＋园区平台”模式，综保区发挥“两头在外”政策优势，带动全市粮食和食品加工企业44户，打造“头”在境外、“尾”在境内的全产业链经济。利用俄罗斯绿色食品原材料优势，灵活运用有关配额关税政策，打造俄罗斯农产品产业园。全年综保区实现进出口贸易额31.84亿元，同比增长83.4%；边合区依托“国林木业”平台，实施木业产业精深制造战略，复制“小组团滚动开发”模式，带动木业规模以上企业增至54户。进口木材落地加工比例提升至70%，阔叶单板年产量1500万平方米，占全国70%份额，成为全国最大单板供销集散地。“自贸＋互市贸易”模式，建设全国首家铁路互贸交易市场，互贸交易占全省总量的85%，互贸进口拓展至7个国家，成为全国互贸国别最多的地区。全年互贸进口量9.96万吨，进口商品交易额5.51亿元，占全省的99.06%，参贸人数12.46万人次，惠民金额149.52万元，为落实兴边富民行动开辟了新路径。“自贸＋电子商务”模式，打通保税跨境贸易电子商务（以下简称“1210”）保税备货进口和跨境贸易电子商务（以下简称“9610”）交易业务，带动从业人员约2.5万人，全年快递发寄量1593.56万件，居全省县域首位。“自贸＋金融平台”模式，发展普惠金融，创新仓单质押、供应链金融、银税贷等产品，探索内保外贷、外保内贷跨境金融业务。搭建供应链金融平台，组织开展银企对接、政银对接，帮助企业解决现金流紧张、融资难、融资贵等问题。

【招商引资】 2021年，绥芬河市依托自贸优势，开展以商招商、专业招商、产业招商和小分队招商，辟建总部经济大厦，向“不见面”经济、数字经济、枢纽经济聚焦发力。创新“不见面”招商方式，由面对面变为“屏对屏”，通过钉钉、好信云等平台“云交流”，开展线上招商推介活动20余次。延伸招商触角，利用口岸通道、互贸交易、综保区等形成的低成本资源汇聚地优势，紧盯对低成本资源高度依赖的日、韩等国家，围绕拥有加工制造能力和完善营销网络的龙头企业主动招商、精准招商。全年绥芬河片区新签约项目投资额227.94亿元，引进外资项目4个，每千人拥有市场主体数量222户，高于全国全省平均水平。

【营商环境】 2021年，绥芬河片区继续深化“放管服”改革，打造“有温度的自贸区”。简化办事程序，推进“最多跑一次”改革，梳理公布1247项“办事不求人”清单和1236项“最多跑一次”事项清单，“零跑动”事项达到80%。推行集中审批，成立片区行政审批局，实施以“一口受理、一网服务、一枚印章管审批”为核心的行政许可权改革，企业开办“照、章、银、税、金、保”六个环节一日办结。推行商事主体登记确认制改革，开通“绥东两城一体化”商事登记业务，创新“互联网＋不动产登记＋金融服务”新模式，办结效率是传统办理模式的近10倍。整合司法、外事、市场等部门职能，构建涉外公证、涉外调解、涉外法援“三服务”体系，对俄公证业务年办证1000余件，成功调处涉外纠纷160余件，形成具有边境特色的司法保障模式。加大政策供给，承接落实牡丹江市下放的15项市级审批权和省政府第一批565项省级行政权力事项，绥芬河片区出台《促进经济发展扶持办法》《优化营商环境78条》等一批政策举措，初步形成以省级政策为总领、市级权限为主干、片区专项政策为支撑的“1+1+N”政策体系，厚植发展沃土，营造良好的经济发展环境。年内实现新入驻企业895户，其中外资企业7户。

【金融服务】 2021年，绥芬河片区从国际视角推进金融创新发展，在全国首次推出俄罗斯籍自然人及代理人跨境人民币支付业务、代理边民支付外汇服务；开展首笔区块链平台贴现融资，利用人民币跨境支付系统（CIPS）开展对俄跨境本币结算，创设黑龙江地区首例木材经营信用贷款，有效解决木材贸易企业不能提供有效抵押物、申请贷款难度较大的问题；开办“跨境融资性风险参与”业务，开通首条对俄卢布现钞陆路调运通道，为中俄跨境金融合作探索新路径。

【创新管理模式】 2021年，绥芬河片区创新临时入境车辆交通违法处罚新模式，突破俄罗斯籍车辆在中国境内交通违法行为不能处罚的瓶颈。依托对俄医疗旅游试点市、首批国家中医药服务出口基地，构建对俄特色医疗旅游模式，累计接待外国医疗旅游者4万余人次。以数字经济为核心，打造“数字自贸试验区”，上线运营“绥意办”APP，自主开发“绥疫控”疫情防控大数据服务平台，建设全省功能最全的24小时离厅式智慧办税厅，建立大数据应急保障平台及国有资产资源储备数据库，不断提升数字服务水平。

【全省首笔外籍自然人不入境开户】 2021年3月19日，绥芬河市付女士在龙江银行黑龙江自贸区绥芬河自贸片区支行代俄罗斯阿尔泰边疆区的伊万诺夫娜开办银行卡，该业务成为全省首笔互市贸易区中方代理人代外籍人开卡业务，破解了疫情原因外籍自然人无法入境开立账户事宜。此举创新畅通绥芬河互市贸易区新增市场主体境外结算渠道，提升绥芬河自贸片区金融服务实体经济能力。同日，龙江银行黑龙江自贸区绥芬河自贸片区支行办理两笔互市贸易区中方代理人代外籍人境外付款业务，金额1781万卢布，互市贸易付汇成常态化。2019年绥芬河市自贸片区成立以来，龙江银行绥芬河自贸片区支行已先后实现4个“首批次”，分别是全省首笔互市贸易区俄罗斯籍边民使用人民币跨境付款、首笔俄罗斯籍边民委托中方代理人使用人民币跨境付款、首笔中方代理人为互贸区俄罗斯籍边民代理购付汇业务、首笔外籍自然人不入境开户。

【互市贸易＋综合保税区委托加工新模式】 2021年，中国（黑龙江）自由贸易试验区绥芬河片区搭建载体平台，驱动市场运营，依托互市贸易平台，注册成立5家边民互市贸易专业合作社。合作社成员以边民为主体，通过绥芬河片区市场监督管理局办理边民合作社登记证，取得合法经济组织资格。合作社作为参贸主体与俄方供货商签订采购合同，采购商品后向互贸区海关申请“集中报关”，并在税务部门取得完税发票，将互贸商品销售给第三方公司，由第三方公司与综保区内有加工资质的企业签订委托加工协议；发挥联动优势，开展委内加工，根据《国务院关于促进综合保税区高水平开放高质量发展的若干意见》，允许综合保税区内加工制造企业利用剩余产能承接境内区外委托加工。综保区与互贸区协同联动，协调海关协助第三方公司办理相关申报手续，通过互市贸易方式进口农副产品原料，委托保达和良运等符合条件的企业落地加工，加工成品报关出区，海关对加工费进行征税；制定《绥芬河市边民互市贸易进口商品落地加工试点方案》《绥芬河市边民互市贸易进口商品落地加工压力测试工作方案》《绥芬河市边民互助组（合作社）交易流程》，按照哈尔滨海关监管处要求，在符合检测报告和加工要求前提下开展业务，确保“源头可溯、责任可究、风险可控”。

【全省县级市首个城市服务APP“绥意办”在绥芬河上线启动】 2021年7月30日，省级审批权限下放承接暨“绥意办”城市服务APP上线启动仪式在自贸区绥芬河片区政务服务中心商事登记服务区举行。此次绥芬河片区承接的省级行政权力事项涉及36个省级部门、565项行政权力，其中行政处罚244项、行政许可321项。省级层面下放的行政权力赋予绥芬河片区更大的改革自主权，绥芬河片区以便民利企为切入点，推出“绥意办”城市服务APP，提供城市服务的终端窗口，为全省县级市首个政务服务APP和公共服务APP。平台聚合全市各类政务服务和公共服务资源，市民用手机即可办理政府提供的各项办事服务，了解本地新闻动态和社会热点，体验各类生活便民应用，更便捷地获得政府服务，参与城市管理。

2021年7月30日，省级行政权力下放承接暨“绥意办”城市服务APP上线启动仪式在自贸区绥芬河片区举行 （刘海涛 摄）

【绥芬河自贸创新展示馆开馆】 2021年9月29日，绥芬河自贸创新展示馆开馆仪式暨创新成果展在综合保税区举行。展示馆总面积3828平方米，其中一层2000平方米，二层1828平方米。围绕“创新驱动发展、自贸引领未来”主线，设置历史的深度、城市的温度、产业的热度、创新的高度、合作的维度5个单元和序厅、尾厅两个板块，展示绥芬河市深厚底蕴、营商环境、产业发展、制度创新、开放合作及创新发展成果。展示馆通过图板、实物、多媒体演示等形式，举办综保区特殊政策、重点项目、重点企业、电商大数据、外贸经济成果展，展示创新成效。

（自贸区绥芬河片区 刘晟良）

跨境经济合作试验区

【概况】 2019年12月17日，省政府举行黑龙江跨境经济合作试验区授牌仪式，批复成立黑龙江跨境经济合作试验区（以下简称跨合区）。跨合区定位为完善对外开放合作园区体系，打造跨境产业链和产业集聚带，建设境内外联动、上下游衔接的跨境产业合作基地，设立黑河、绥芬河、东宁3个片区。其中，绥芬河片区占地面积7.3平方公里，包括综合保税区、龙江进出口加工园区、中俄边民互市贸易区3个区块；东宁片区占地面积8.28平方公里，包括核心区、加工保税一区、加工保税二区、物流园区、绥阳绿色食品园区5个区块。

【黑龙江省跨境经济合作区绥芬河片区】 2021年，跨合区绥芬河片区重点发展木材、粮食、食品、海产品等进口加工产业，服装、电子产品等出口加工产业，以及旅游购物、电子商务、现代物流等产业，建设商品进出口储运加工集散中心和面向国际陆海通道的陆上边境口岸型国家物流枢纽，打造中俄战略合作及东北亚开放合作的重要平台。

【黑龙江省跨境经济合作区东宁片区】 截至2021年末，跨合区东宁片区核心区和配套区入驻企业40户。跨合区东宁片区以加工制造业为依托，以农副产品加工、食品加工、中药材加工等为重点，遵循落地加工优先的原则，跨境连锁加工初具规模，已实现大豆、松子、油瓜子、宝玉石、桦树茸等产品进口落地加工。进口粮食类：银河10万吨进口大豆加工项目完成厂房建设；天马公司与河南许昌企业合作新上万吨进口大豆食品加工项目正式投产；丰禄豆制品加工项目完成厂区、设备改造，加工能力提升到5000吨以上；宏达高蛋白饲料有限公司粮食深加工项目发展良好。进口坚果类：鑫源、拓源、鹰鹿等企业年进口松子4700吨，加工后主要销往欧盟、美国等地。进口宝玉石类：依托俄罗斯丰富的宝玉石资源，发展宝玉石加工产业，东宇公司2021年累计进口宝玉石60000千克，加工10000千克。进口中药材类：设计能力为年加工进口桦树茸2000吨的鑫润昌公司桦树茸加工项目，年内完成冷库、设备安装等系列基础设施建设工作。

（市商务局　栾　兰）

2021年3月23日，绥芬河互贸（国际）物流加工园区项目签约，当年开工，当年建成

（市商务局　供图）

绥芬河边境经济合作区

【概况】　绥芬河边境经济合作区（以下简称边合区）是国务院特区办于1992年3月批复设立的国家级边境经济合作区，批准规划面积5平方公里。截至2021年末，边合区有入区企业154户（规上企业33户），其中木业及相关企业136户，粮油加工企业4户，食品海产品企业8户。2021年，边合区完成工业总产值33.5亿元，同比增长3%，其中规上企业产值13.5亿元，同比增长0.37%。财政收入1.44亿元，同比下降18.87%。实现税收1.43亿元，同比下降18.75%。进出口总额37.2亿，同比增长2.76%。主营业务收入79亿元，同比增长1.01%。

【产业发展】　边合区产业发展以木业产业为主导，走多元化发展道路。通过推进森联国际中俄木材加工交易中心项目建设，完善规范木材初加工园区。以国林木业城一、二、三期为平台，发展木材中端产品加工园区，对部分进口原木和锯材进行中级加工，生产单板、装饰材料、木材小料、旋切木皮、建筑用集成材、地板表板、橱柜部件、家具部件等中级加工产品。以国林木业城四期和区内重点企业为依托，组织建设实木地板、实木家具、实木橱柜等终端产品，发展终端产品加工园区。除发展木业产业外，园区立足绥芬河区位优势和自贸区政策优势，利用互市贸易优惠政策，依托俄远东地区资源优势，促进区内产业朝多元化方向发展。招引黑龙江省高速公路集团有限公司建设绥芬河市互贸（国际）物流加工园区项目，2021年3月23日，绥芬河互贸（国际）物流加工园区项目正式签约，形成生产、物流储运、商服办公一体化的多元产业格局。

【招商引资】　2021年，边合区完成新签约项目16个，签约额21.85亿元，投资超过亿元项目6个（认证成功4个）；新开工项目4个，其中亿元以上新开工项目2个；谋划项目36个，其中亿元以上谋划项目8个；探索线索项目60个；到位资金21968万元。在全市招商引资“再战一百天”活动中，边合区注册公司13个，注册个体工商户146户，获得优胜单位称号。边合区管理局积极参与绥芬河市“总部经济招商年”活动，全年注册总部经济企业12户。其中，腾麒总部经济项目5月25日签订投资协议，10月份正式开展业务；北京佳和兴盛财务咨询有限公司在绥芬河市注册公司；广东腾东照明工程有限公司在绥芬河市注册公司并获批劳务资质。

【互贸（国际）物流加工园项目】　2021年3月23日，绥芬河互贸（国际）物流加工园区项目正式签约。项目是以粮油加工、食品加工、海产品加工为主的产业园区，利用互市贸易政策，招引企业入驻。项目总规划占地面积72万平方米，计划总投资18亿元。其中，一期占地面积21万平方米，计划总投资5亿元，4月18日开工建设。建设粮食加工区、油料类加工区，主要用于绥芬河市互贸进口商品落地加工。园区项目规划建设标准化厂房11个、中央仓储库房7座、粮食钢板筒仓9个、互贸农产品交易中心1座，总规划建筑面积109737平方米。规划建设现代仓储库区，具备10万吨粮食作物的仓储能力。截至年末，项目办公楼主体工程、砌筑工程、二次结构、园区道路、电气外网、2—5#厂房均已完成，达总工程量的95%，累计完成投资2.2亿元。内蒙古嵘发粮油有限公司、天津瀚众粮油有限公司、内蒙古锦富诚粮油有限公司、绥芬河市盈兴经贸有限公司、绥芬河市旭普贸易有限公司等10户企业入驻互贸（国际）物流加工园区建设粮油加工项目，8月签订协议。

【实木家居产业园项目】 项目是以实木精深加工为主的产业园区，总投资5.67亿元，规划建设26栋工业厂房。2021年，向上申请5530万元专项债券全部拨付完毕。7月，百年口岸家具制造有限公司和绥芬河市成益木业有限公司签订入驻协议。

【中药饮片加工基地项目】 绥芬河中药饮片加工基地项目建设中医药产业兼具综合居住、健康保健、休闲旅游、商贸物流、公共配套服务等多功能于一体，辐射俄罗斯的国际化健康产业新城，项目总投资1.5亿元，用地由市城投公司摘牌，2021年完成投资2632万元，3000万元债券的申请已通过。

【德铨地板背板加工项目】 2021年6月，德铨地板背板加工项目签约入驻国林木业城，建设年产1万立方米地板背板加工项目，总投资4000万元，年产值2500万元。当年投产运营。

【敬崎木业桦木橱柜部件加工项目】 2021年4月，敬崎木业桦木橱柜部件加工项目签约入驻国林木业城，建设年产3000立方米桦木橱柜部件加工项目，总投资2000万元，年产值1500万元。当年投产运营。

【益满燕麦加工项目】 2020年7月，绥芬河市益满进出口贸易有限公司注册成立，在边合区投资燕麦加工项目，利用绥芬河口岸优势和互贸政策，对进口大麦、燕麦、荞麦等产品进行落地加工。益满燕麦加工项目总投资5000万元，占地面积9900平方米，一期建设粮食脱壳生产线，二期建设进口燕麦片加工生产线。2021年4月18日，绥芬河边合区益满燕麦加工项目举行投产仪式。作为牡丹江市“百大项目”和绥芬河自贸片区首批农副产品加工项目，益满燕麦加工项目带动互贸进口商品落地加工。

（市商务局　栾　兰）

绥东重点开发开放试验区

【概况】 黑龙江绥芬河—东宁重点开发开放试验区（以下简称绥东试验区）于2016年4月19日经国务院批复设立，是全国第六个、东北三省唯一的国家重点开发开放试验区，涵盖绥芬河市全境和东宁市东宁镇、绥阳镇、三岔口镇部分区域，总面积1284平方公里，规划“两核三区两带”布局结构，“两核”即绥芬河现代服务业集聚区、东宁产业发展集聚区；“三区”即进出口加工功能区、特色农业功能区、旅游产业功能区；“两带”即绥芬河至绥阳经济带、绥芬河至东宁口岸经济带。截至2021年末，区内有1个国家级铁路口岸、2个国家级公路口岸和1个支线机场，年货运通关能力3970万吨，年内新增市场主体6653户。

【政策支持】 绥东试验区获批以来，得到国家、省、市的高度重视和支持。试验区获得中央转移支付资金5亿元，其中2021年获得中央转移支付资金1亿元；争取中央预算内专项资金2.46亿元，支持24个项目建设，总投资10.68亿元。省政府先后出台《支持黑龙江绥芬河—东宁重点开发开放试验区建设若干政策》《关于进一步支持绥芬河—东宁重点开发开放试验区建设若干措施》等政策，印发《黑龙江绥芬河—东宁重点开发开放试验区建设总体规划》。2021年，《牡丹江市人民政府关于贯彻落实东北全面振兴“十四五”实施方案的工作方案》《牡丹江市构建现代产业体系发展规划（2021—2025年）》等多个文件出台，明确提出高质量建设绥东试验区。

【产业发展】 绥东试验区地跨绥芬河市、东宁市，与俄罗斯滨海边疆区接壤，突出制度创新优势、开放先导优势、腹地空间优势，推进绥东两地区域一体化发展，构建沿边开放新格局。2021年，绥东两地地区生产总值实现129亿元（绥芬河54亿元，东宁75亿元）；公共财政预算收入8.38亿元（绥芬河5.36亿元，东宁3.02亿元）；社会消费品零售总额分别增长11.4%、8.5%；城镇固定资产投资分别增长12.5%、3.8%；对外贸易额214.5亿元（绥芬河163.2亿元，东宁51.3亿元），占全省的21.5%，其中绥芬河对俄贸易额139.2亿元，剔除管道原油和天然气因素，占全省43.83%；绥东两地口岸过货量901.97万吨（绥芬河884.92万吨，东宁17.05万吨），占全省的94.3%。

（市发改委　林佳炎）

牡丹江保税物流中心（B型）

【概况】 2018年9月，牡丹江保税物流中心（B型）（以下简称保税中心）通过国家“四部委”联合验收，2019年4月封关运营。总规划面积32万平方米，仓储面积7.5万平方米。配备保税仓库、冷库、海关查验、跨境商品检验等基础设施。2020年10月，东北首家依托保税物流中心保税仓储功能开设的保税跨境商品展示馆正式投入运营，展馆以区内仓储、区外展示销售模式，汇集10余个国家的近2万种商品。2021年，保税中心入驻企业86户，进出口工业商品货值7.23亿元。累计进出区货物总量40余万吨，货物总值20多亿元。

【项目建设】 为配套国际运输，降低大宗货物进出口运输成本，2021年3月，保税中心开工建设牡丹江海浪铁路专用线工程项目，专用线站场配设5条铁路（2条国际，3条国内），总里程7.1公里，总投资5.4亿元；为配套国内仓储物流，实现区域性大宗商品集散，建设牡丹江陆港物流综合仓储集散中心，集散中心总规划面积1平方公里，总投资26亿元，分三期建设，项目一期8万平方米零担物流区已完成建筑封顶；为保税中心与全国各口岸开展“运抵直达”业务，开工建设保税物流中心功能区升级项目，项目主要建设海关检验处理区、集装箱堆场、大宗商品转运仓库，项目有效利用检验处理功能，对大宗进口商品进行检验处理，对出口货品提前检验封箱，运至港后直接出口无需检测，为企业节省出口到港排队的时间，同时也为牡丹江综合保税区的升级奠定基础；为提升牡丹江加工贸易产业能力，由蒙牛集团投资建设的牡丹江农牧产业园区项目开工建设，总规划面积2.75万平方米，主要建设原料库、饲料车间、散料发放仓、散料发放棚、成品库、卸粮棚、钢板仓、提升塔架、辅助生产用房、生产管理用房等，用于为入驻企业提供生产和经营场地。

【牡丹江综合保税区建设】 为提升园区业务功能，满足牡丹江市加工贸易企业需求，2021年，市经济技术开发区启动牡丹江综合保税区申建工作，完成发展规划、申报方案及规划设计的编制工作。牡丹江综合保税区总规划面积230.89万平方米，分为仓储区和加工区两部分建设。截至年末，已确定入区项目7个：牡丹江市农牧业产业园项目、中融贸投资的境外种植境内加工项目、万海集装箱还箱点项目、贵州华亨麻业20万吨亚麻精加工项目、林轩木业遮阳产业园项目、中检集团氧化氯消杀设备研发项目、中纺院绿色纤维制品研发加工项目。

（市商务局　栾　兰）

绥芬河综合保税区

【概况】 黑龙江绥芬河综合保税区（以下简称综保区）是全国第六个综合保税区、中俄边境首个获批的综合保税区，也是中国（黑龙江）自由贸易试验区绥芬河片区的重要功能区。2009年4月21日经国务院批准设立，规划面积1.8平方公里，首批验收1.46平方公里，其中0.24平方公里为配套区。综保区具有国际中转、国际配送、国际采购、转口贸易、商品展销、进出口加工等功能，企业在区内可享受保税、免税、退税、境外货物入区免许可证和配额管理等优惠政策，是中俄边境开放程度最高、政策最优惠、功能最齐全的海关特殊监管区。截至2021年末，绥芬河综保区累计实现贸易额39.93亿美元，税收14.75亿元，完成固定资产投资36.76亿元。综保区内注册企业834户，42户企业在区内有经营场地。2021年，综保区进出口贸易额完成31.84亿元人民币，同比增长83.4%，经营总收入71.1亿元，同比增长24.96%，工业总产值2.61亿元，税收7538万元，进口俄粮2.07万吨，俄粮加工1.88万吨，形成粮食境外种植、口岸进口、保税加工的跨境全链条产业联动。

2021年，牡丹江保税物流中心　（牡丹江海关　供图）

【招商引资】 2021年6月21日和7月12日，绥芬河综合保税区分别举办两次集中签约仪式和集中开工仪式，签约各类项目17个，其中已落地项目5个，签约投资金额12亿元，签约税收金额2200万元，签约贸易额13.9亿元。集中签约项目涵盖农业、食品、汽车、金融、物流、商贸等多个领域。宏程通达整车进口、和贸隆粮食加工、丰缘（绥芬河）农业科技发展有限公司俄罗斯粮食加工项目，在绥芬河市综合保税区举行开工奠基仪式。

【项目建设】 2021年，绥芬河综合保税区内新投产运营项目6个，辛巴赫精酿啤酒项目、保达跨境农牧项目、良运油脂加工项目、挂面生产项目、晴川牧业饲料加工项目、域外本草中草药加工项目；在建项目5个，北大荒丰缘粮油加工项目、和贸隆粮食加工项目、宏程通达整车进口项目、华世融承进口中草药加工项目、圆和快件项目。

辛巴赫精酿啤酒项目　项目总投资1.7亿元，占地面积1.9万平方米，进口欧洲和澳洲的麦芽和酵母，美国的啤酒花，采用意大利啤酒离心机和瓶塞口扎丝机等设备，在综保区工厂发酵加工、生产精酿啤酒。2021年产量2195.45吨，产值实现3844万元。

保达跨境农牧项目　项目境内外总投资3亿元，境外建有2个农场，境内项目总投资8000万元，占地4万平方米。设计年玉米压片产能10万吨，产值2亿元；饲料年产能12万吨，产值2亿元。2021年产量1.38万吨，产值4013万元。

良运油脂加工项目　项目总投资2.3亿元，年加工压片玉米6万吨、小麦粉4万吨、混合饲料30万吨。2021年产量1894.27吨，产值568万元。

挂面生产项目　综保区已建成挂面生产线2条，其中驰宇、三颗麦项目投产运营，挂面项目总投资超1000万元。利用综保区标准化厂房4000平方米，年供货能力5万吨。2021年，产量701吨，产值631万元。

晴川牧业饲料加工项目　项目投资1000万元，建设饲料生产线、原料仓储区、成品仓储区。2021年开始试生产。

域外本草中草药加工项目　项目由黑龙江域外本草药业有限公司投资建设，投资1500万元（含流动资金），租用海都机电公司6号楼，建成进口中药材挑选加工车间、中药饮片加工车间，年加工能力3000吨。2021年，进口防风300吨、乳香2600吨、没药1500吨，产值0.9亿元。

北大荒丰缘粮油加工项目　2021年7月12日，丰缘（绥芬河）农业科技发展有限公司俄罗斯粮食加工项目在综保区举行开工奠基仪式。项目总投资1.09亿元，占地面积2.1万平方米，分两期建设。小麦加工面粉生产线年产3万吨，挂面年产2.25万吨，混合饲料年产20万吨。新开工奠基的俄粮加工项目，是北大荒农垦集团聚集北大荒丰缘集团有限公司、北大荒食品集团有限公司、黑龙江北大荒牧业有限公司、北大荒商贸（收储）集团有限公司四大龙头企业共同出资成立。项目以俄罗斯粮食资源为载体，推进产业结构战略升级，保障粮食安全，优化粮源渠道，拓展国际合作，推进农垦和地方发展。项目利用综保区俄粮资源优势和保税优惠政策，进口俄麦开展加工业务。一期规划用地2.1万平方米，年加工小麦3万吨、年产混合饲料20万吨，年产挂面1.2万吨，总投资1.09亿元。

和贸隆粮食加工项目项目　占地面积4万平方米，分三期建设。一期投资1000万元，利用综保区粮油加工优势开展玉米、大豆、小麦等农产品加工。2021年6月21日开工建设。

宏程通达整车进口项目　宏程通达进出口贸易有限公司借助绥芬河市为东北三省第一个陆路整车进口口岸的优势，投资建设宏程通达整车进口项目，开展整车进口业务。在综保区设立展销中心，为综保区首家进口整车展销企业。计划投资1000万元，占地面积0.95万平方米。2021年6月21日开工建设，年末完成厂房建设和设备安装。

华世融承进口中草药加工项目　项目利用绥芬河片区中药材进口政策开展中药进口加工，计划投资500万元，租用综保区7号厂房。2021年完成厂区改造。

圆和快件项目　租用综保区查验中心，计划投资1000万元，厂区面积1500平方米。该项目是绥芬河首个通过哈尔滨海关验收的国际快件监管中心，设计通关能力每年1200吨。2021年完成设施建设。

【俄罗斯食品加工产业】　2021年，综保区依托俄罗斯小麦、大豆、面粉等绿色有机原料，发展食品加工产业，打造俄罗斯有机食品产业园，实现绿色食品品牌化。驰宇挂面、三颗麦挂面等食品加工企业落户综保区，初步形成以面条为主的面食产业集聚区。年内，北大荒丰缘集团完成摘地，投资1.09亿元，建设小麦、饲料、挂面生产线。

【俄罗斯海产品加工和冷链物流产业】　综保区利用俄罗斯丰富的海洋资源，发展海产品加工产业。2021年，以清河水产、界河海产品进口公司为龙头，联合绥芬河市水产品协会，学习借鉴“珲春模式”，把互市贸易与保税加

2021年6月21日，绥芬河综合保税区项目集中签约仪式上，现场签约13个项目，涵盖能源、稀有金属进口7个总部经济类项目和粮食加工、医药、合作协议6个产业项目　（李　颖　摄）

工深度结合，争取界河公司海产品暂养池建设，打造面向国内市场的俄罗斯水产品仓储加工集散地。

【粮食加工产业】 依托俄罗斯丰富的农业资源和综保区规避配额外高关税的政策，吸引利用俄罗斯粮食为原料的企业进行粗加工或深加工。保达公司、良运公司、晴川牧业落户区内，开展饲料加工业务。2021年，推进省农投集团与保达公司、北大荒佳沃集团与晴川牧业在俄粮加工项目的合作；推进象屿集团、大北农集团、厦门建发集团盘活闲置厂房开展饲料加工和产品研发。

【中药材加工产业】 2020年2月，哈尔滨海关允许槲寄生、防风、白鲜皮、黄芪、桔梗、五味子、苍术、紫草、红景天、赤芍等15种俄罗斯中药材经东宁口岸进境，指定在自贸区绥芬河片区落地加工。综保区有3户企业落户，2021年业务总量突破千万元。新引进的华世融承公司，厂房装修和设备安装完毕。

【酒类加工和灌装产业】 2021年，利用原料进口保税政策和加工后按产品实际状态征税政策，以辛巴赫精酿啤酒为样板，吸引国内外啤酒企业在区内加工生产。利用综保区保税仓储政策，开展白酒、红酒原瓶进口仓储业务。

【跨境电子商务产业】 充分发挥综保区跨境电商进境业务免关税，增值税、消费税按70%征收政策优势，实现保税备货模式与线上平台交易优势相结合，吸引进口企业在区内开展跨境电子商务。2021年，保税备货1210通关模式正式运营。真品会、四叶草、龙关通电子商务平台入驻综保区，150吨豆油、80吨矿泉水和红酒、婴儿奶粉、保健品向国内分拨。

（市商务局 栾 兰）

境外园区

·综述·

【概况】 2021年，牡丹江市有13个境外园区，数量占全省的三分之二，国家级对俄境外园区数量占全国的三分之二。境外园区开发总面积10.41平方公里，驻区企业99户，其中中资控股企业94户。中方累计完成投资20.37亿美元，其中，建区企业完成投资8.27亿美元，驻区企业完成投资12.1亿美元。

【园区类型】 13个境外园区中，资源利用型（林业）5个、农业产业型5个、加工制造型2个、商贸物流型1个。2个国家级境外园区分别为乌苏里斯克经贸合作区（我国在俄最大工业园区）和龙跃林业经贸合作区，1个省级境外经贸合作区为华宇经贸合作区。穆棱市长宏木业有限公司投资建设的俄罗斯下诺夫哥罗德木材工贸合作区，位于欧洲平原伏尔加联邦区首府，是牡丹江市唯一跨出远东地区、深入俄罗斯腹地城市的境外园区，也是省商务厅对俄合作稳东向西发展战略唯一一家在俄罗斯欧洲部分的工业园区。

【跨境贸易】 2021年，牡丹江市境内外园区加速互动。跨境农牧业方面，境外园区生产的玉米、小麦、大豆等俄粮回运至境内，主要在绥芬河综保区和边合区、东宁跨合区内进行深加工，市开发区万鼎乳业依托在俄回运鲜奶生产加工俄罗斯进口巴氏鲜奶，日产能50吨，形成集境外种植、养殖、粮食回运、保税加工于一体的境内外全产业链。跨境林木业方面，乌苏里斯克经济贸易合作区、鹏瑞境外林业采伐加工园区、瀚宇木业产业园区均建有在俄木材生产加工基地，在绥芬河边合区、穆棱开发区、阳明开发区等境内园区进行木材进口落地加工，生产家具、地板等产品销往京津冀、珠三角、长三角等地，出口欧美、日韩等国家和地区。

·宝国境外农业产业园区·

【概况】 2004年7月，绥芬河宝国经贸有限责任公司在俄罗斯滨海边疆区投资建设宝国境外农业产业园区项目，建设一区多园型现代农牧业产业园区。截至2021年末，实际投资2285万美元，形成集境外种植、养殖、粮食回运、保税加工于一体的全产业链布局。

【招商引资】 项目总投资1000万美元，截至2021年末，实际投资2285万美元。在俄罗斯租用耕地1.7万公顷，厂房面积25000平方米；设计生产规模为年生产大豆、玉米、小麦等粮食7.5万吨。在俄建有2个农业种植基地，拥有大农机设备300余台（套），原粮烘干生产线3条，日加工能力900吨，有粮库6座，库容50000吨，机械修理库1200平方米，配件及设备库2000平方米，车库及化肥库2000平方米，猪场7000平方米，猪场办公室、饲料加工车间720平方米，职工宿舍及办公楼1320平方米。员工120人，其中中方30人、俄方90人。

【项目建设】 在综保区成立保达农牧产品加工基地，规划用地面积4万平方米。项目建设内容包括：年产10万吨玉米和小麦蒸汽压片生产线、12万吨混合饲料生产线、3万吨膨化大豆蛋白粉生产线、5万吨豆油压榨生产线（厂房建设完成，生产设备未上）和3座单储5000吨的粮食仓储钢板仓等，总投资9000万元人民币。2021年，玉米压片、膨化大豆和混合饲料正式投产，生产的玉米压片、混合饲料等产品由于非转基因、绿色有机等特点深受客户青睐，销售市场扩展到黑龙江省周边地区以及河南、河北、吉林、山东、安徽等多个省份。

·华宇经贸合作区·

【概况】 2003年10月，黑龙江华宇工贸（集团）有限责任公司在俄罗斯滨海边疆区十月区投资建设华宇经贸合作区(以下简称华宇经贸区)项目，为省级境外经贸合作区。华宇经贸区位于俄滨海边疆区边境城市波克罗夫卡，为“一区多园”发展格局，重点发展农业产业、加工制造、文化旅游等产业。截至2021年末，华宇经贸区取得完备法律手续的土地面积近70万平方米，园区建筑面积14.5万平方米。

【招商引资】 截至2021年末，建区企业实际投入7767.1万美元，入区企业5户，投资2187万美元。累计总产值18450万美元，上缴东道国各种税费310万美元，就业人数174人，其中俄罗斯籍34人。

【产业发展】 华宇经贸区类型为农业产业型，在农业种植、养殖、仓储和农产品加工方面具备一定规模，另有加工和商贸物流企业入驻园区，形成“一区四园”发展格局。截至2021年末，园区已取得工业土地面积100万平方米，储备用地200万平方米。园区还有地板加工企业和板材加工企业，入驻企业有锯切、旋切生产线4条，地板厂主要生产出口欧美地板、表板、底板和芯板等原料。

【入区企业简介】

伊娃公司 农业种植行业，种植大豆、玉米、小麦、中药材。2021年受新冠肺炎疫情影响，仅种植100公顷大豆。累计投资986万美元，年产值480万美元，纳税额17万美元。总就业人数29人，其中俄罗斯籍10人。

禾丰公司 养殖生猪、蛋鸡。截至2021年末，生猪存栏2000头，蛋鸡存栏25万只。累计投资470万美元，年产值360万美元，纳税额10万美元。总就业人数62人，其中俄罗斯籍20人。

罗斯远东大豆公司 主要做粮食烘干和仓储。仓储能力5万吨，拥有烘干塔1座，年烘干能力10万吨。每小时加工能力12吨。累计投资270万美元，年产值50万美元，纳税额5万美元。总就业人数20人，其中俄罗斯籍0人。2021年处于停产状态。

金隆地板加工厂 累计投资450万美元，2021年生产实木地板12万平方米，年产值120万美元，纳税额9.5万美元。总就业人数24人，其中俄罗斯籍4人。

牛郎星公司 农业种植行业，累计投资11万美元，年产值180万美元。截至2021年末，累计纳税额10万美元。总就业人数3人，其中俄罗斯籍0人。

·乌苏里斯克经贸合作区·

【概况】 2006年，东宁吉信工贸（集团）有限责任公司与浙江康奈集团、华润公司合作建设乌苏里斯克经济贸易合作区，合作区类型为制造加工型。这是2006年经国家商务部批准建设的首批国家级境外经贸合作区之一，合作区规划面积228万平方米，完成面积53.8万平方米。截至2021年末，合作区完成投资17189.77万美元。

【招商引资】 截至2021年末，合作区入区企业14户，入区企业累计投资89619.77万美元。上缴东道国各种税费1101.51万美元（累计11496.42万美元）；从业人员200人，其中外籍员工105人。入区企业中有5户企业入驻俄罗斯符拉迪沃斯托克自由港，其他企业办理中。

【入区企业简介】

兴特制鞋厂 投资400万美元，年生产110万双，产值542.86万美元，出口371.43万美元，累计上缴东道国各种税费81.4万美元。2021年暂停生产。

上海振佳进出口有限公司 投资882万美元，生产彩钢，出口镀锌板50000吨，年生产45000吨，产值4500万美元，带动出口额3500万美元，累计上缴东道国各种税费675万美元（自由港企业）；员工62人，其中中方48人。2021年已开工。

吉信木业 投资2500万美元，采购原木2.7万立方米，生产集成材1.35万立方米，年产值1736万美元，出口美国、日本等，累计上缴东道国各种税费260万美元。2021年暂停生产。

吉远木业有限公司 投资550万美元生产旋切板、胶合板，2020年2月份开始投产，年生产旋切板1万立方米、胶合板1.2万立方米，带动出口额142.86万美元，产值1600万美元（自由港企业）；员工43人，其中中方18人。2021年已开工。

“费博·叶奥耶·帕卡仁格”股份公司 投资300万美元生产易拉罐瓶盖，2019年4月份投入生产，年产150吨，产值42.9万美元，带动出口额171.4万美元，累计上缴东道国各种税费6.5万美元（自由港企业）；员工30人，其中中方17人。2021年已开工。

PE包装制品厂 投资100万美元，2019年5月份投入生产，生产包装袋、打包袋，年生产1500吨，产值214.29万美元，累计上缴东道国各种税费32万美元。2021年暂停生产。

吉远药用植物公司 投资200万美元，2019年1月份投入生产，生产中草药，年生产272吨，产值62.2万美元，进口额62.2万美元，带动出口额7万美元，累计上缴东道国各种税费9.33万美元（自由港企业）。2021年暂停生产。

黑龙江吉舜木业有限公司 投资400万美元，生产旋切材、刨切材等。2021年暂停生产。

“滨海瓦楞纸板”股份有限责任公司 投资450万美元，生产纸箱，

2021 年，俄罗斯乌苏里斯克经贸合作区　　（王晓蕾　摄）

2019 年 3 月份投入生产，年产值 200 万美元，累计上缴东道国各种税费 30 万美元（自由港企业）；员工 65 人，其中中方 12 人。2021 年已开工。

东宁双宁经贸有限公司　种植食用菌，项目总投资 200 万美元，2019 年 10 月份投入生产，一期年生产 350 万吨，产值 100 万美元，中国工人 10 人，俄罗斯工人 15 人；二期年生产 900 万吨，产值 285.71 万美元。2021 年暂停生产。

浙江天台云博塑胶有限公司　投资 200 万美元，主要生产汽车玻璃塑胶夹层，2020 年 6 月投产，带动出口额 50 万美元。2021 年暂停生产。

江苏省扬中市晨伟无纺布加工厂　投资 200 万美元生产无纺布，2019 年 11 月份投入生产，年生产 1600 吨，进口 1700 吨，出口 1600 吨，产值 182.86 万美元，带动进口额 182.86 万美元，带动出口额 7 万美元。2021 年暂停生产。

福达木业有限公司　投资 300 万美元，生产欧松板、胶合板，2020 年 2 月份开始生产，年生产欧松板 2000 立方米，产值 714 万美元；胶合板年生产 8000 立方米，产值 571 万美元，带动出口额 46 万美元。2021 年暂停生产。

建祥木业有限公司　投资 300 万美元，生产旋切板，年生产 3000 立方米，产值 1200 万美元，带动出口额 40 万美元。2021 年暂停生产。

·华洋境外绿色农业园区·

【概况】　东宁市华洋贸易有限公司始建于 2008 年，在俄罗斯联邦滨海边疆区乌苏里斯克区投资建设农场、养殖场、乳制品加工厂、销售公司等合作项目，以产、供、销一条龙形式，2015 年在省商务厅注册华洋境外绿色农业园区（以下简称华洋园区），获得对外批准证书。华洋园区位于滨海边疆区十月区和哈洛里地区，规划面积 25 万平方米，实际拥有面积 15.6 万平方米。项目计划总投资 3000 万美元，截至 2021 年末，实际投资额 3326 万美元。

【招商引资】　截至 2021 年末，华洋园区企业投入 1553 万美元，入区企业 7 户，入区企业投入 1773 万美元。累计总产值 841 万美元，上缴东道国各种税费累计 149 万美元。就业人数 149 人，其中俄罗斯籍 46 人。

【产业发展】　华洋园区类型为农业产业型。2021 年，华洋公司拥有耕种养殖总面积 2.5 万公顷。境外养殖基地拥有优质天然牧场 8000 多公顷，饲料基地 5000 多公顷。拥有年烘干能力 100000 吨标准化烘干塔和仓储设施年仓储能力 50000 吨标准化仓储设施。

【入区企业简介】

华洋乳制品厂　主要生产瓶装牛奶及其他乳制品。年生产瓶装牛奶 120 吨，奶油及奶渣制品 70 余吨。截至 2021 年末，累计投资 204 万美元，年产值 42 万美元，纳税额 10 万美元。总就业人数 16 人，其中俄罗斯籍就业人数 12 人，中方就业人数 4 人（自由港企业）。

华洋养牛场　截至 2021 年末，存栏奶牛 1285 头，成年母牛 752 头，育成牛 321 头，犊牛 212 头。累计投资 363 万美元，年产值 54 万美元，纳税额 11 万美元。总就业人数 28 人，其中俄罗斯籍就业人数 10 人，中方就业人数 18 人。

华洋农场　农业种植行业，主要种植大豆、玉米，2021 年种植面积 16200 公顷，其中大豆 12000 公顷，玉米及其他农作物 4200 公顷。年产大豆 20000 吨，玉米 40000 吨。累计投资 550 万美元，年产值 65 万美元，年纳税额 3.5 万美元。总就业人数 52 人，其中俄罗斯籍就业人数 6 人，中方就业人数 46 人。

华洋粮食加工厂　截至 2021 年末，累计投资 274 万美元。年烘干能力 10 万吨，年产值 42 万美元，纳税额 2.5 万美元。总就业人数 16 人，其中俄罗斯籍就业人数 6 人，中方就业人数 10 人。

华洋鸡场　截至 2021 年末，存栏蛋鸡 80000 只，年产鸡蛋 2000 吨。累计投资 145 万美元，年产值 93 万美元，纳税额 4 万美元。总就业人数 19 人，其中俄罗斯籍就业人数 5 人，中方就业人数 14 人。

华洋农产品销售公司　主要经营农副产品、奶制品、果菜批发等。截至 2021 年末，累计投资 120 万美元，年产值 32 万美元，纳税额 2 万美元。总就业人数 11 人，其中外籍就业人数 4 人，中方就业人数 7 人。

华洋榨油厂　主要生产油制品及附属产品，截至 2021 年末，累计投资

117万美元，年产油制品50余吨，年产值33万美元，纳税额1.6万美元。总就业人数7人，其中俄罗斯籍就业人数5人，中方就业人数2人。

·亿亨乌苏里斯克物流商贸园区·

【概况】 2011年3月，绥芬河亿亨有限责任公司与俄罗斯乌苏里服务有限公司在俄罗斯滨海边疆区乌苏里斯克市共同投资建设亿亨乌苏里斯克物流商贸园区（以下简称亿亨园区）项目。亿亨园区位于俄滨海边疆区乌苏里斯克市，占地面积12万平方米。2018年，将中国大市场改为乌苏里国际商贸中心。项目总投资75000万美元，截至2021年末，实际投资9050万美元。

【项目建设】 亿亨园区分为A、B、C、D 4个区，A区为建材区，可批发可零售；B区为农贸产品区，主要经营果菜副食品；C区为轻工产品批发夜市区，主要经营服装、鞋帽、大小百货、箱包、电子产品以及文化用品；D区为轻工产品零售区，经营与C区相同，零售为主。2013年，中方投资517.5万美元在C区建设2个营业大厅，面积3450平方米。2014年投资360万美元在C区改造1个营业大厅，面积2400平方米。2015年扩建营业门厅。2019年4月投资225万美元，在B区改建装修1500平方米的6家饭店。亿亨园区内还建有宾馆等配套服务设施，占地面积15000平方米。截至2021年末，亿亨园区共有1314家商铺。

【产业发展】 亿亨园区是集商贸、物流于一体的商贸物流型园区，也是俄罗斯远东最大的中国商品中转集散地之一，每年带动大量的中国商品出口。截至2021年末，亿亨园区营业总面积31800平方米，仓储面积34100平方米。中方工作人员7人，俄罗斯籍工作人员40人。

·乌苏里斯克跃进工业园区·

【概况】 2006年8月，绥芬河市跃进经贸有限公司获得国家商务部颁发的中国企业境外投资批准证书。2012年3月20日，经俄罗斯滨海边疆区政府批准，乌苏里斯克跃进工业园区（以下简称跃进园区）成立。2017年，绥芬河市跃进经贸有限公司取得俄罗斯符拉迪沃斯托克自由贸易港企业资格。截至2021年末，总投资5857万美元。

【招商引资】 跃进园区企业累计投入4390万美元。新冠肺炎疫情发生之前入区企业7户，2020年后全部停产。入区企业累计投入1467万美元，累计总产值1443万美元，上缴东道国各种税费37万美元。从业人数166人，其中俄罗斯籍36人。

【产业发展】 合作区类型为加工制造类型园区。园区规划面积20万平方米，截至2021年末，实际拥有面积10万平方米。生产车间及办公楼以及附属设施3.5万平方米，区内基础设施齐全，有自己的铁路专用线。

【入区企业简介】 跃进园区有企业7户。2021年，由于新冠肺炎疫情原因，所有企业全部停产，疫情之前产能状况如下。

塑料打包带厂 利用废旧塑料加工塑料打包带产品，年总产值110万美元，产量0.12万吨，纳税额1万美元。就业人数20人，其中俄罗斯籍9人。

汽车修理厂 汽车维修，投资22万美元，总产值30万美元，利润12万美元，纳税1万美元。就业人数350人，其中俄罗斯籍50人。

俄通物流公司 投资15万美元，物流强度在5万吨/平方公里·年。就业人数400人，其中俄罗斯籍310人。

鹿茸加工厂 主营鹿茸的初级加工烘干，投资90万美元，总产值700万美元，利润60万美元，纳税9万美元。就业人数140人，其中俄罗斯籍110人。

金凤凰有限责任公司 生产塑料编织袋，设计年产量10万吨，总投资1600美元，设备安装完毕待生产。就业人数46人，其中俄罗斯籍12人。

泰邦管材高密度厂 主要生产缠绕式塑料壁管，总投资1000万美元，设备安装完毕尚未生产。就业人数120人，其中俄罗斯籍50人。

铝塑板厂 主要生产加工铝塑板，总投资230万美元，在建中。

·俄罗斯龙跃林业经贸合作区·

【概况】 2013年3月，牡丹江市龙跃经贸有限公司在俄罗斯投资建设俄罗斯龙跃林业经贸合作区（以下简称龙跃合作区）项目。合作区位于俄罗斯犹太州帕斯科沃区、阿穆尔边疆村、滨海边疆区丘古耶夫卡市、伊尔库兹克州秋娜镇，主要进行木材采伐和精深加工。2015年4月，被商务部、财政部批准为国家级境外经济贸易合作区。项目计划总投资13亿美元，实际投资额3.95亿美元，建区企业投入2.28亿美元，入区企业投入1.67亿美元。龙跃合作区规划面积653.22万平方米，已完成面积200万平方米。截至2021年末，入区企业20户，累计投资1.67亿美元，累计总产值9.13亿美元，上缴东道国各种税费累计9806.93万美元，就业人数398人，其中俄罗斯籍242人。

【产业发展】 龙跃合作区类型为资源利用型园区，主要进行木材采伐和精深加工。设计生产规模为90万立方米胶合板、100万立方米复合地板基材、80万立方米板材、170万立方米原木年生产能力。截至2021年末，龙跃合作区完成起步区占地面积200万平方米的土地平整及水、电、路、热力等基础设施建设，并拥有9.1公里自备铁路专用线与西伯利亚大铁路连接；建设完成近8万平方米的标准厂房、办公楼、员工宿舍及餐厅食堂，为企业入区创造良好条件。

【入区企业简介】

俄罗斯耐力木业有限责任公司 投资604万美元，年加工原木能力7万立方米，年生产木片能力1.4万立方米，年生产集成材能力5000立方米，累计纳税440万美元。就业人数3人，其中外籍2人。2021年暂停生产。

俄罗斯阿穆尔建材有限责任公司 投资453万美元，年生产单板能力9000立方米，年生产板材能力1.8万立方米，累计纳税264万美元。就业人数3人，其中俄罗斯籍2人。2021年暂停生产。

俄罗斯优塑有限责任公司 投资417万美元，年生产塑料及塑木制品能力800吨，累计纳税304万美元。就业人数3人，其中俄罗斯籍2人。2021年暂停生产。

俄罗斯白熊有限责任公司 投资250万美元，年生产苯板能力2000吨，生产复合板能力160万平方米，累计纳税243万美元，就业人数3人，其中俄罗斯籍2人。2021年暂停生产。

俄罗斯新春木业有限责任公司 投资1897万美元，年育苗能力300万株，年森林采伐能力30万立方米。截至2021年末，累计纳税1046.93万美元。就业人数41人，其中俄罗斯籍29人。

俄罗斯新东方有限责任公司 投资1049万美元，年加工原木能力30万立方米。截至2021年末，累计纳税590万美元。就业人数26人，其中俄罗斯籍14人。

俄罗斯海华有限责任公司 投资1283万美元，年生产单板能力2万平方米、年生产地板能力100万立方米。截至2021年末，累计纳税841万美元。就业人数37人，其中俄罗斯籍18人。

俄罗斯远东春天有限责任公司 投资655万美元，年采伐能力30万立方米，原木加工能力5万立方米，累计纳税465万美元。就业人数3人，其中俄罗斯籍0人。2021年暂时停产。

俄罗斯远东商务商贸有限责任公司 投资977万美元，年采伐能力40万立方米。截至2021年末，累计纳税718万美元。就业人数47人，其中俄罗斯籍35人。

俄罗斯云海有限责任公司 投资798万美元，年采伐能力15万立方米，年产木炭能力3500吨。截至2021年末，累计纳税570万美元。就业人数40人，其中俄罗斯籍20人。

俄罗斯储德湖有限责任公司 投资442万美元，年生产胶合板2万立方米、复合地板积材2万立方米，累计纳税315万美元。就业人数3人，其中俄罗斯籍2人。2021年暂停生产。

阿穆尔钢结构有限责任公司 投资150万美元，年生产钢结构1万吨、异型钢材1万吨，累计纳税202万美元。就业人数3人，其中俄罗斯籍3人。2021年暂停生产。

俄罗斯阿穆尔—安吉尔有限责任公司 投资2030万美元，年产8万吨彩涂板，累计纳税838万美元。就业人数39人，其中俄罗斯籍19人。2021年暂停生产。

金色希望有限责任公司 投资855万美元，年生产能力6万吨机制炭。截至2021年末，累计纳税489万美元。就业人数35人，其中俄罗斯籍19人。

杰勒米纳尔有限责任公司 投资393万美元，年采伐能力35万立方米，年原木加工能力8万立方米。截至2021年末，累计纳税308万美元。就业人数37人，其中俄罗斯籍24人。

远东出口有限责任公司 投资374万美元，年生产单板8000立方米，板材1.5万立方米。截至2021年末，累计纳税286万美元。就业人数23人，其中俄罗斯籍11人。

针叶林有限责任公司 投资58万美元，设计年生产地板10000立方米，累计纳税61万美元。就业人数6人，其中俄罗斯籍6人。2021年暂停生产。

安哥拉有限责任公司 投资1275万美元，年采伐能力25万立方米，年原木加工能力15万立方米。截至2021年末，累计纳税699万美元。就业人数28人，其中俄罗斯籍16人。

列娜有限责任公司 投资725万美元，年采伐能力20万立方米，年原木加工能力10万立方米。截至2021年末，累计纳税459万美元。就业人数26人，其中俄罗斯籍15人。

秋娜木业有限公司 投资997万美元，年采伐能力20万立方米，年原木加工能力10万立方米。截至2021年末，累计纳税668万美元。就业人数28人，其中俄罗斯籍19人。

·中俄农牧业产业示范园区·

【概况】 2013年5月23日，中鼎牧业有限公司成立，境内实施主体为黑龙江省龙源润丰经贸有限公司，境外实施企业名称为“龙”有限责任公司。2015年，建成中俄农牧业产业示范园区（以下简称中俄农牧业园区）。中俄农牧业园区位于俄罗斯滨海边疆区，面积30万平方米。项目计划总投资18000万美元，截至2021年末，实际投资4371.3万美元。

【招商引资】 截至2021年末，建区企业累计投入3907.7万美元，入区企业2户，累计投入463.6万美元。累计总产值751.97万美元，上缴东道国各种税费累计74.15万美元。从业人数90人，其中俄罗斯籍75人。

【产业发展】 中俄农牧业园区类型为农业产业型，是一家集农牧乳为一体的全产业链大型乳业集团，在俄罗斯开展农产品种植、奶牛、生猪养殖业务。截至2021年末，中俄农牧业园区在俄罗斯建设农场基地1座。自有及租赁49年所有权的土地总面积10000公顷，主要分布在俄罗斯滨海边疆区哈洛里、伊曼、列索等地；农业用地地势平坦，多为黑钙土质，适宜大田作物种植。园区在俄建设标准化奶牛场1座，占地30公顷，建设牛舍6栋，奶牛存栏1000头；建有猪场1座，猪舍6座，并配有屠宰场1座，存栏数3000余头。拥有年烘干能力146000吨的标准化烘干塔和年仓储能力55000吨的标准化仓储设施。

【入区企业简介】

龙翔有限公司　从事境外大豆、玉米和燕麦的种植、加工业务。截至2021年末，累计投资325万美元，年生产大豆、玉米等0.45万吨，纳税额32.5万美元，就业人数50人，其中俄罗斯籍40人。

农业发展有限公司　从事境外大豆和玉米种植、加工业务。截至2021年末，累计投资138.6万美元，年生产大豆、玉米等0.5万吨，纳税额33.7万美元。就业人数40人，其中俄罗斯籍35人。

·俄罗斯犹太自治州春天农业经贸合作区·

【概况】　2015年5月，牡丹江盛弘源经贸有限公司投资建设俄罗斯犹太自治州春天农业经贸合作区（以下简称春天合作区）项目。春天合作区实施企业为牡丹江盛弘源经贸有限公司，注册资金1亿元。在俄罗斯注册全资子公司——俄罗斯春天有限责任公司为建区企业，负责合作区投资运营和管理。春天合作区规划面积120万平方米，完成57万平方米（实际拥有）。项目计划总投资2.4亿美元，截至2021年末，实际投资额累计9615.86万美元。

【招商引资】　截至2021年末，春天合作区入区企业7户，项目暂停6户。建区企业投入累计7734.57万美元，入区企业投入累计1881.29万美元。累计总产值1278万美元，上缴东道国各种税费累计102.34万美元。从业人数27人，其中俄罗斯籍员工9人。

【产业发展】　春天合作区类型为农业产业型。园区以农业种植为基础，以畜牧养殖和农工项目为支撑，以种子培育推广和畜牧繁育为核心，是要素集聚和服务集成的现代农业产业园区。2021年，园区内粮食及中草药种植面积8000公顷。

【入区企业简介】

俄罗斯汉源有限责任公司　投资403.64万美元，年大米加工能力40000吨，水稻烘干能力140000吨，建设中无纳税。就业人数1人，俄罗斯籍员工1人。2021年，因管理和技术人员无法入境，项目暂停。

俄罗斯通古斯有限责任公司　投资416.15万美元，生猪年出栏15000头。截至2021年末，存栏0头，纳税累计13.38万美元。就业人数20人，其中俄罗斯籍员工2人。因发现非洲猪瘟，生猪已全部屠宰，项目暂停。

俄罗斯东展科博有限责任公司　投资215.8万美元，开垦生荒地2000公顷，种植1000公顷，土地总面积6654公顷，纳税累计7.84万美元。就业人数1人，其中俄罗斯籍员工1人。2021年，因人员无法入境俄罗斯，大片已交租金土地闲置，严重亏损。

俄罗斯远东膳食有限责任公司　投资115.7万美元，种植中草药关防风100亩，柴胡100亩。就业人数2人，其中俄罗斯籍员工2人。2021年，因人员与设备无法入境，项目暂停。

俄罗斯球墨铸铁有限责任公司　投资358.39万美元，主产品农机配件及铸造件，纳税累计57.47万美元。就业人数1人，其中俄罗斯籍员工1人。2021年，因技术人员与设备材料无法入境，项目暂停。

"远东农业联盟"有限责任公司　投资371.61万美元，种植大豆及粮食贸易，纳税累计23.65万美元。就业人数37人，其中俄罗斯籍员工2人。2021年，因种植季节人员无法入境，项目暂停。

俄罗斯维斯克有限责任公司　2021年，生物化肥、屠宰厂因投资方问题项目暂停。

·俄罗斯下诺夫哥罗德木材工贸合作区·

【概况】　2015年4月，穆棱市长宏木业有限公司在俄罗斯下诺夫哥罗德州投资建设俄罗斯下诺夫哥罗德木材合作区（以下简称工贸合作区）项目。项目总投资629万美元，截至2021年末，实际投资489万美元。园区占地面积50万平方米，已开发使用20万平方米，厂房1.5万平方米，租用林地4.5万公顷。截至2021年末，累计产量63万立方米，累计实现销售收入（进出口额）1.3亿元。

【项目建设】　项目总投资629万美元，实际投资489万美元。截至2021年末，工贸合作区已引进穆棱华盛木业、绥芬河木材交易网、山东岚山对俄木制品加工区及木材加工中心等6户企业和相关配套公司，带动中国企业"走出去"。

【产业发展】　2021年，工贸合作区具备年采伐、加工原木100万立方米的专业能力，拥有自动锯材生产线2条，年产锯材6万立方米；半自动推台锯组合生产线5条，年产锯材4万立方米；杨木单板旋切半自动生产线1条，年产杨木单板1.5万立方米；桦木单板旋切全自动生产线3条，年产桦木单板4万立方米。产品有原木、锯材、刨光材、旋切单板等产品，规划产品有集成材、胶合板、木颗粒和刨切木皮。园区先后投资兴建办公楼、公寓宿舍、职工餐厅等生活设施，具备企业入驻的基本条件。

·鹏瑞境外林业采伐加工园区·

【概况】 鹏瑞境外林业采伐加工园区（以下简称鹏瑞园区）位于俄罗斯哈巴罗夫斯克边疆区，2016年11月30日建区，境内实施主体为绥芬河市鹏瑞经贸有限公司。鹏瑞园区规划面积20万平方米，实际完成面积18万平方米。拥有自己租赁林地，总面积2500平方公里。项目计划总投资4000万美元，截至2021年末，实际投资额3017万美元。俄罗斯哈巴罗夫斯克边疆区出产的白松、落叶松材质量优秀，深受日韩青睐。鹏瑞园区与韩国大韩集团签订长期采购合同，建立长期合作伙伴关系。境外区域内产品70%从绥芬河口岸进口国内销售，30%直接出口韩国、日本。累计回运板材29万立方米，金额4500万美元。

【招商引资】 截至2021年末，建区企业投入1821万美元，入区企业投入1196万美元，累计总产值19448万美元，上缴东道国各种税费336万美元。就业人数470人，其中俄罗斯籍318人。

【产业发展】 鹏瑞园区类型为资源利用型。2021年，建设森林资源合作开发、加工、管理和市场营销的统一平台，拓展跨国林业和林产品产业链，构建森林经营、采伐、储运、综合加工利用和市场营销一体化的木材工业产业集群。

【入区企业简介】 2021年，新成立俄罗斯科米林业有限责任公司和俄罗斯星业有限责任公司。截至年末，入区企业4户，有8座木材加工厂，分别是303厂、艾利班厂、白桦镇厂、乎鲁木力厂、盖乌拉尔厂、艾德里根厂、过林厂、列索厂。年采伐原木23万立方米，年加工原木40万立方米，年生产板材20万立方米，主要产品有各种规格白松板材、落叶松板材等。

远东马克西姆木+有限责任公司 生产加工木材，截至2021年末，累计投资额707万美元，年产值12903万美元，纳税200万美元。

俄罗斯东方有限责任公司 生产加工木材，截至2021年末，累计投资额489万美元，产值6545万美元，纳税136万美元。

（市商务局 栾 兰）

·中俄远东经贸合作区·

【概况】 中俄远东经贸合作区（以下简称远东合作区）位于俄罗斯滨海边疆区波格拉尼奇内镇，距绥芬河口岸28公里。区内集生产、加工、销售、服务于一体，2017年9月取得符拉迪沃斯托克贸易自由港入驻企业资质。项目计划总投资7300万美元，实际总投资额575万美元。合作区规划面积100万平方米，完成面积20万平方米（实际拥有）。2020年上半年开始，受新冠肺炎疫情影响，管理及劳务人员无法派出，合作区项目建设暂停。

【招商引资】 截至2021年末，建区企业累计投资额562万美元，入区企业累计投资额13万美元，累计总产值66万美元，上缴东道国各种税费48万美元。就业人数30人，其中俄罗斯籍15人。

【入区企业简介】 远东合作区类型为资源利用型，主要发展木材加工、林产品加工、商品展示。截至2021年末，入区企业2户，计划总投资2000万美元，累计投资13万美元。

艾利特有限责任公司 经营类别为原木采购和板材加工，计划总投资1000万美元，在建中。

阿廖尔有限责任公司 经营类别为原木采购和板材加工，计划总投资1000万美元，在建中。

（市商务局 栾 兰）

·瀚宇木业产业园区·

【概况】 2018年3月，绥芬河瀚宇经贸有限公司在俄罗斯滨海边疆区斯巴斯克市投资建设瀚宇木业产业园区（以下简称瀚宇产业园区）项目。项目总投资6000万美元，截至2021年末，实际投资4000万美元。有3户木业企业入驻园区，分别为绥芬河东北鼎源木业有限公司、江苏靖江市扬子木业有限公司和盛旺木业有限公司。

【企业经营】 瀚宇产业园区建设厂房面积20公顷，购买林地254000公顷。经营项目包括货物进出口、技术进出口，通过边境小额贸易方式向毗邻国家和地区开展各类商品及技术的进出口业务、木材加工及销售。2021年，瀚宇产业园区实现销售收入18800万元。年内派出劳务人员80人，雇佣俄罗斯员工196人，主要管理人员18人。截至年末，累计产量50万立方米，累计实现销售收入32475万元，累计派出劳务人员823人次。

【产业发展】 瀚宇产业园区占有林地50万公顷，年采伐量50万立方米，阔叶树种占80%。拥有两个加工园区，一个加工园区在阿尔谢尼夫市亚格里夫卡镇，占地面积5公顷，生产线4条，年加工能力8万立方米；另一个加工园区在斯巴斯克市，占地面积15公顷，年烘干能力1200立方米。

（市商务局 栾 兰）

口　岸

【概况】　牡丹江市有国家一类口岸4个。其中，航空口岸1个，为牡丹江航空口岸；公路口岸2个，为东宁公路口岸、绥芬河公路口岸；铁路口岸1个，为绥芬河铁路口岸。4个国家一类口岸中包含3个中俄边境口岸，为东宁公路口岸、绥芬河公路口岸、绥芬河铁路口岸。全市口岸年过货能力3950万吨，年过客能力2200万人次。2021年，牡丹江市开放运行的口岸有3个，为东宁公路口岸、绥芬河公路口岸和绥芬河铁路口岸，牡丹江航空口岸因新冠肺炎疫情原因未运行。全年全市口岸进出口货物9058779吨，同比下降13.8%。其中，进口8502135吨，同比下降15%；出口556644吨，同比增长8.2%。

2021年，牡丹江航空口岸　　（张　伟　摄）

【牡丹江航空口岸】　牡丹江航空口岸（牡丹江海浪机场）是军民两用机场，位于牡丹江市区西南部，距市区9公里，占地面积5万平方米，候机楼0.82万平方米。牡丹江机场1985年9月2日通航。1996年6月13日被国务院批准为对外开放的国家一类口岸，是黑龙江省东南部地区唯一的航空口岸。1998年12月，牡丹江航空口岸正式对外开放使用。2000年，牡丹江机场开通第一条国际航线，牡丹江—俄罗斯符拉迪沃斯托克航线。2005年，

表14　2021年牡丹江口岸进出境统计表

项目		1—12月累计	同比（±%）	绥芬河口岸						东宁口岸	
				1—12月累计	同比（±%）	绥铁路	同比（±%）	绥公路	同比（±%）	1—12月累计	同比（±%）
货运（吨）	合计	9058779	-13.8	8849171	-13.3	8498780	-13.6	350391	-5.1	209608	-31.5
	进口	8502135	-15.0	8453884	-13.9	8312443	-13.5	141441	-34.2	48251	-73.1
	出口	556644	8.2	395287	1.8	186337	-20.4	208950	35.5	161357	27.8
客运（人次）	合计	73657	-59.6	48521	-62.2	15815	-48.1	32104	-67.2	25136	-35.9
	入境	36828	-61.1	24260	-63.3	7906	-45.2	16052	-68.9	12568	-40.0
	出境	36829	-58.1	24261	-60.9	7909	-50.7	16052	-65.1	12568	31.3

（资料来源：市商务局）

牡丹江机场开通至韩国的航线，牡丹江—首尔航线。之后陆续开通牡丹江至俄罗斯哈巴罗夫斯克、雅库茨克，牡丹江至韩国釜山、青州、济州等不定期或包机国际航线。2017 年 8 月，经民航局批准，牡丹江机场正式更名为牡丹江海浪国际机场，是黑龙江省首个更名为“国际机场”的支线机场。2018 年，牡丹江航空口岸货运作业区正式获批。2021 年，由于新冠肺炎疫情原因，牡丹江航空口岸关闭。

2021 年 10 月，绥芬河公路口岸货运车辆 （张 伟 摄）

【绥芬河公路口岸】 1988 年 12 月，经国家主管部门批准进行汽车临时过货运输。1990 年 3 月，经中国与苏联两国政府换文确认为汽车运输口岸。1993 年 1 月，经中俄两国政府换文确认为汽车过往口岸。1994 年 1 月，经中俄两国政府确认为国际公路客货运输口岸。2000 年 9 月，经国务院批准，作为国家一类口岸对外开放。2003 年 5 月，经国务院批准，开展口岸签证工作。口岸客货设计能力为每年 600 万人次 /550 万吨。截至 2021 年末，绥芬河口岸已获批资质有汽车整车进口口岸、进境食用水生动物制指定口岸、冰鲜水产品进口指定口岸、饲草进口指定口岸、进境粮食指定口岸。全年绥芬河公路口岸累计进出口货物 350391 吨，同比下降 5.1%。其中，进口 141441 吨，同比下降 34.2%；出口 208950 吨，同比增长 35.5%。

【东宁公路口岸】 东宁口岸是中国距俄罗斯远东最大港口城市——符拉迪沃斯托克最近的一级陆路口岸。1989 年 12 月，经国务院批准对外开放的国家一类口岸。1990 年 3 月，经中国与苏联两国政府换文确认为双边公路汽车运输口岸。1992 年 11 月，经中俄两国政府换文确认开展旅客运输，陆续开通至俄邻近城市的旅游业务。1994 年 1 月，经中俄两国政府再次确认为双边客货公路运输口岸。口岸客货设计能力为每年 150 万人次 /100 万吨。截至 2021 年末，东宁口岸已获批资质有进境粮食指定口岸、金伯利进程国际证书制度指定口岸、中药材进口指定口岸、进境食用水生动物指定口岸。全年东宁公路口岸累计进出口货物 209608 吨，同比下降 31.5%。其中，进口 48251 吨，同比下降 73.1%；出口 161357 吨，同比增长 27.8%。

2021 年 6 月，东宁公路口岸进境俄罗斯货车通过集装箱检测系统

（东宁市委宣传部 供图）

【绥芬河铁路口岸】 1899 年 6 月建成。1900 年，绥芬河至俄乌苏里斯克区间开始通车。1903 年 7 月，绥芬河至满洲里全线通车。1994 年 1 月，经中俄两国政府确认为国际铁路客货运输口岸。2003 年 5 月，经国务院批准，开展口岸签证工作。口岸客货设计能力为每年 100 万人次 /3300 万吨。2021 年，“哈绥俄亚”陆海联运班列常态化运行，辐射国内沿海多个港口。绥芬河铁路口岸进境货运车辆 1148 列，3.97 万车，累计进出口货物 8498780 吨，同比下降 13.6%。其中，进口 8312443 吨，同比下降 13.5%；出口 186337 吨，同比下降 20.4%。

【口岸建设】 2017 年 7 月，绥芬河中俄边境公路口岸改造工程开工建设，包括货检区项目、货检区附属配套工程、货检区查验系统及配套设施工程和货检区土石方工程。2021 年 11 月，工程基本建设完工，货检区占地面积 23 万平方米。受俄方新冠肺炎疫情影

绥芬河铁路口岸是黑龙江省唯一的对俄铁路口岸，图为货运列车进入绥芬河铁路口岸（吴 浩 摄）

响，绥芬河公路口岸实施封闭管理，货检区工程除新建报关业务用房（位于口岸管控区内）暂未投入使用，其余工程均已正常运行。落实中俄两国首脑会商共识要求，在确保疫情“外防输入、守好国门”前提下，全年绥芬河铁路口岸累计卸车9450节，公路口岸累计过货车辆6223台，绥东铁路公路口岸实现正常运行。招引28户外贸企业入驻保税物流中心（B型），实现进出口商品总值1.2亿美元，出入境货运量18.7万吨，累计缴纳税款5719万元。

【智能口岸运行体系建设】 2021年，全市各口岸大力实施智慧通关，提升发展数字经济，创建智能口岸运行体系，有效支撑口岸通关和服务体系。在新冠肺炎疫情防控逐渐常态化下，“95306”数字口岸系统（全国铁路货运电商平台的组成部分，2020年7月在全国铁路口岸站投入应用）在绥芬河铁路口岸投入应用，借助信息化技术赋能，铁路舱单信息确认升级为电子审核，铁路舱单归并、数据传输实现无纸化，企业不到场即可完成舱单归并、放行等操作，通关无纸化水平和全链条运作效率大幅提升，进一步减少人为接触，企业申报到海关放行时间由半天缩短至30分钟以内，最快只需几分钟。

【口岸双边合作】 为推动解决中俄双边口岸建设、优化通关环境、提高通关效率以及简化班列查验方式等问题，2021年，绥芬河口岸与俄国家边境建设署、远东铁路局、纳霍德卡市政府、东方港集装箱码头有限公司、格罗捷科沃车站等部门建立对接机制，开展定期和不定期工作会谈，解决前方通道“通而不畅”问题，提升均衡通关能力。

【口岸综合治理】 2021年，牡丹江市加强口岸区域“围封”与“闭环”建设管理机制，完善口岸疫情防控基础设施建设。为缓解因新冠肺炎疫情防控需要产生的集装箱货物卸车和存放难问题，调整绥芬河铁路口岸交付集装箱作业区由存放400国际标准集装箱增加至1000国际标准集装箱。绥芬河公路口岸增设车辆甩挂区1万平方米，建设货物中转区1.45万平方米。推动中俄货运信息实现电子监管、信息共享，提高口岸运输组织和通关效率。转变监管理念和监管方式，规范口岸收费行为，定期听取企业意见建议，优化口岸营商环境。加快推进物流枢纽承载城市建设，整合口岸物流要素，打造智能化物流体系。通过多措并举，持续提升口岸综合治理水平，扛起建设中国向北开放重要桥头堡的政治责任。

【绥芬河市获批中国口岸城市市长论坛永久举办地】 2021年6月3日，中国口岸协会正式批复绥芬河市为中国口岸城市市长论坛永久举办地。绥芬河是中国边境口岸城市市长论坛的三个发起城市之一，在承办2008年第二届论坛、2019年第十二届论坛基础上，2020年新冠肺炎疫情防控期间，以线上方式承办第十三届“云上论坛”。2021年，中国边境口岸城市市长论坛更名为中国口岸城市市长论坛。论坛为加强各口岸城市紧密交流，搭建合作平台，创造多元的发展机遇。

【绥芬河口岸接卸全省首批进口再生钢铁原料】 2021年5月4日，第一批次2车124.35吨再生钢铁原料从俄罗斯运抵绥芬河口岸，在绥芬河海关和铁路车站支持下顺利通关。这是自《再生钢铁原料》国家标准正式施行后，绥芬河市乃至黑龙江省首批进口再生钢铁原料。绥芬河口岸在原有进口煤炭、铁矿砂等大宗产品的基础上，尝试进口再生钢铁原料，取得成

2021 年 5 月，绥芬河口岸接卸进口再生钢铁原料　　（付晓军　摄）

功。再生钢铁原料是废钢铁经过分类回收及加工处理，作为铁素资源直接入炉使用的炉料产品，它不仅是一种可再生资源，而且是唯一可以替代铁矿石的铁素资源，是钢铁工业实现绿色发展的一种重要原料，可以缓解国内高度依赖进口铁矿石的情况。截至 5 月 31 日，绥芬河发展集团公司已进口再生钢铁原料 5 车，与俄方公司签订 3000 吨再生钢铁原料采购合同，价值 1000 万元人民币，填补黑龙江省进口再生钢铁原料空白。

（市商务局　栾　兰　李　然）

对俄开放大通道建设

【重大平台建设】　2021 年，牡丹江市深度参与“一带一路”建设，持续深化对俄大通道建设。中国（黑龙江）自贸区绥芬河片区、绥芬河—东宁重点开发开放实验区坚持“为国家试制度、为地方谋发展”，累计形成 144 项制度创新成果。黑龙江跨境经济合作试验区绥芬河、东宁片区在全国首次推行边民合作社组织形式，建设全国首家铁路互贸交易市场和中俄互贸交易结算中心。获批中国（绥芬河）跨境电子商务综合试验区、牡丹江跨境电商零售进口试点城市，电商销售出口发展至俄罗斯、意大利等 30 余个国家。牡丹江保税物流中心（B 型）入驻企业 87 户，跨境电子商务产业贸易额同比增长 231.5 倍，积极申报综保区，形成“多区联动”的开放优势。

【对俄经贸】　2021 年，牡丹江市对俄进出口完成 177 亿元，同比增长 12.3%。其中，对俄出口 59 亿元，同比增长 9.3%；自俄进口 118 亿元，同比增长 13.8%。

【跨境通道贯通】　2021 年，牡丹江市深入对接俄“滨海 1 号”国际交通走廊，运营“哈绥俄亚”班列，承接“中欧班列”，开通莫斯科至绥芬河“中俄直列”，打通哈萨克斯坦至绥芬河“互贸专列”，与国内 16 个沿海港口合作推动内贸货物跨境运输，全面贯通黑龙江省东向“出海口”。

（市发改委　林佳炎）

陆海联运大通道建设

【概况】　为深度融入共建“一带一路”，2016 年 6 月，牡丹江市打通“哈绥俄亚”陆海联运大通道，将内贸货物以跨境运输的方式，经绥芬河铁路口岸、俄罗斯港口海运至中国的华东和华南等地区以及日本、韩国等国家。“哈绥俄亚”陆海联运大通道以哈尔滨为起点，向东经绥芬河口岸抵达海参崴、东方港等俄罗斯远东港口，在俄远东港口装船出海至中国的华东、华南地区和日本、韩国等国家。货物从哈尔滨经绥芬河铁路口岸和俄罗斯远东港口运到韩国釜山，比经大连港运距缩短 224 公里，到日本新潟、横滨分别缩短 1390 公里、740 公里，到美国西海岸缩短 2000 公里，有力拉动黑龙江与俄罗斯远东地区及日韩等国的经贸往来合作。

【陆海联运货物运输走廊】　陆海联运国际货物运输走廊，是以哈尔滨为核心，连接“哈牡绥东”外向型产业带，以绥芬河为窗口，经俄罗斯远东港口群至日本、韩国等国家的“中—外—外”陆海联运国际货物运输走廊。陆海联运内贸货物运输走廊，是以哈尔滨为核心，连接“哈牡绥东”外向型产业带，以绥芬河铁路口岸为窗口，经俄罗斯远东港口群至中国上海、宁波、天津等地区的“中—外—中”陆海联运内贸货物运输走廊。截至 2021 年末，内贸货物跨境运输港口有上海、宁波、黄埔、泉州、汕头、洋浦、天津、大连港、南沙、盐田、蛇口、福州、湛江、厦门、太仓港、大铲湾港 16 个港口。

【运输能力】　截至 2021 年末，“哈绥俄亚”陆海联运大通道累计开行 291 个班列，发运 30794 标准箱，实现货物总值 27.71 亿元，货运量 46.19 万吨。以“哈绥俄亚”陆海联运大通道为纽带，初步建立起中、俄、韩、日四国区域合作机制。“哈绥俄亚”陆海联运大通道搭建了黑龙江省与华东、华南经济发达地区联通的桥梁，黑龙江省东部地区的木材加工业获得辐射东南沿海以及韩日、北美的区位优势，稳定了产业链，完善了供应链，产业聚集效应逐步显现。陆海联运大通道的畅通，使“龙江出海口”的潜

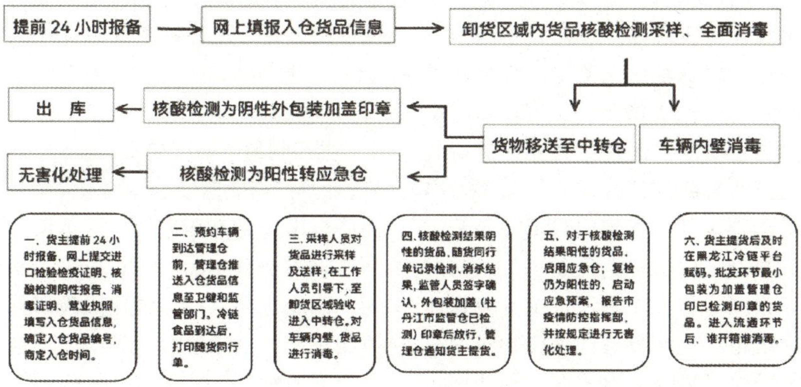

图 1 牡丹江市进口冷链食品集中管理仓入仓流程指南

能进一步释放，“东出西联、南下北上”的多式联运体系更加完善，牡丹江市参与“中蒙俄经济走廊”建设、对接“一带一路”倡议的步伐更加坚实。

【牡丹江市进口冷链食品集中管理仓投入运营】 2021 年 11 月 5 日零时起，牡丹江市进口冷链食品集中管理仓正式启用，首批 3521 公斤进口冷冻食品进入市进口冷链食品集中管理仓集中监管。进口冷链食品追溯管理疫情防控组办公室制定集中管理仓管理方案和工作流程图，对入仓管理流程进行严密设置。凡进入牡丹江市存储、流通、加工、销售的进口冷链食品和来自国内中高风险疫情地区的冷链食品，必须在到达牡丹江市前 24 小时向市进口冷链食品集中管理仓报备，网上填报入仓信息，商定入仓时间。入仓后核酸检测结果为阴性、完成预防性消毒的冷链食品，由管理仓在外包装上加盖“牡丹江市管理仓已检测”印章，方可出仓进入市场；经核酸检测结果为阳性的入仓冷链食品，按照疫情防控规定进行无害化处理。外包装上未加盖管理仓“牡丹江市管理仓已检测”印章的，一律不得在牡丹江市存储、流通、加工、销售。

（市发改委　林佳炎）

海　关

【概况】 2021 年，牡丹江海关受理进出口货物报关单 4144 份，与上年同期相比增长 228.1%；监管进出口货物 15.6 万吨，增长 19.5%；贸易额 1.06 亿美元，增长 65.7%；征收税款合计 6582.2 万元，增长 69.4%；受理出入境检验检疫申请 4206 批，下降 5.4%；签发原产地证书 2188 份，下降 12%，金额 7279.7 万美元，增长 0.5%。

【海关放管服改革】 2021 年，牡丹江海关深化“证照分离”，落实审批改备案制度，推进“注销便利化”，全年办理进出口收发货人备案 80 家，企业政务服务“好差评”参评率、好评率均达到 100%。发挥“两步申报”“汇总征税”的共振效应，为企业通关减费用、降成本。提升属地查检工作效能，全力支持外贸企业扩大进出口，全年办理属地查检业务 805 批。推进原产地政策改革，做好区域全面经济伙伴关系协定实施准备工作。加强海关减免税优惠政策和相关法律法规宣传，为科研机构、大专院校减免关税及增值税 356.2 万元。

【口岸基础设施改扩建】 2021 年，牡丹江海关建设检疫方舱，优化入境检疫查验流程，提高通关速度，单个航班检疫时长较以往缩短至 1.5—2 小时，满足常态化疫情防控要求。

【进出口货物监管】 2021 年，牡丹江海关严格落实随机分派、双人作业、查处分离等查验要求，加强风险监测和分析研判，全年查验货物 4035 批次。贯彻落实有关冷链食品新冠病毒检测及预防性消毒工作要求，多次组织冷链食品新冠病毒检测、预防性消毒及个人防护的技能培训。落实危险品监管措施，助力企业顺利通关。

【出口转关配合机制】 2021 年，牡丹江海关面对经济下行、新冠肺炎疫情冲击等严峻复杂形势，持续落实“办理海关事项不求人”和《牡丹江海关助力地方经济发展六条举措》，服务地方外贸，推动经济发展。与大窑湾

2021 年，牡丹江海关监管货物进出口 15.6 万吨，同比增长 19.5%

（牡丹江海关　供图）

海关建立出口转关配合机制，在东北地区率先采用出口“运抵直装”通关模式，把“出海口”搬到“家门口”。9月18日，牡丹江恒丰纸业有限公司向牡丹江海关申报转关出口22.8吨货值4.6万美元的卷烟纸，由大窑湾海关核销结关，标志着牡丹江海关打通内陆到港口的“最后一公里”。

【企业服务】 2021年，牡丹江海关促成航空货运转关通道开通，开拓一般贸易、跨境电商等转关模式，实现牡丹江海浪机场货运作业区业务“零的突破”，实现牡丹江保税物流中心与青岛综合保税区、哈尔滨综合保税区之间的保税货物点对点流转和保税电商货物航空联运模式常态化运行。用好进口货物入区存储暂缓缴税，出口货物入区即可办理出口退税政策，有效缓解企业资金压力，“中国海关”强国号、《黑龙江日报》等媒体多次报道。全年牡丹江保税物流中心监管进出口货物13.8万吨，同比增长406.4%，进出口总值9302.6万美元，同比增长606.2%，进出口总值在全国保税物流中心排名中由2020年末的第69名，上升到2021年末的第40名。

【“国门利剑2021”专项行动】 2021年，牡丹江海关落实总体国家安全观，保持打击走私高压态势。聚焦象牙等濒危物种及其制品、洋垃圾等走私行为，营造打私氛围，强化风险研判和监测预警，全年移交缉私部门刑事案件线索1起，办理行政案件13起。

（牡丹江海关　林　琳）

参与“一带一路”建设

【概况】 2021年，依托口岸区位优势，重点推进陆海联运和铁海联运通道建设，畅通牡丹江市货物“东出西联、南下北上”物流路径，开通“哈绥俄亚”班列15列，运送货物2万吨，畅通“双循环”，带动产业转型升级和重要资源类商品保供。借助国家支持重点开发开放试验区政策，累计为绥东试验区争取中央转移支付资金5亿元、项目专项支持资金2.5亿元，为试验区加快建设提供有力支撑。

【“一带一路”中俄欧国际贸易物流集散分拨中心项目】 2021年5月15日，中国（黑龙江）自由贸易试验区绥芬河片区管理委员会、中国国际货运代理协会、绥芬河友谊木业（集团）有限公司签订三方战略合作协议，合作推进“一带一路”中俄欧国际贸易物流集散分拨中心项目。项目集“物流+贸易+产业+金融”于一体，包含国际集装箱储存转运、进出口冷链储存加工及展示交易、大宗货物集散分拨中心、现货及期货交割、供应链服务及金融服务平台等五大功能，主要建设国际加工仓储、国际集装箱中转场所、冷链及办公配套设施，在东北地区打造“一带一路”中俄通道综合运营平台，国际贸易物流口岸建设先行示范项目。

【莫斯科至绥芬河“中俄直列”开通】 2021年2月12日9时10分，莫斯科直达绥芬河“中俄直列”班列驶进绥芬河车站南货场。这是中国（黑龙江）自由贸易试验区绥芬河片区获批以来的首部专列，横跨欧亚大陆，行程9100公里，标志着以莫斯科为中心的俄罗斯欧洲腹地与绥芬河实现互联互通，破解了长期以来绥芬河对俄合作依赖远东市场的发展局限，对实现中国（黑龙江）自由贸易试验区绥芬河片区的功能定位具有重大战略意义。这趟由绥芬河海铁联捷国际货运代理有限公司开通运营的直达班列，由47个40尺高柜集装箱组成。其中，进口桦木板材34个集装箱，合计1100立方米；进口俄罗斯糖果13个集装箱合计338吨。这是俄罗斯国家铁路首次批准的莫斯科霍夫里诺车站直达绥芬河车站的“图定”班列，全程定时定线、不拆不编，在途运行时间仅需12天，相较传统的运输方式运时节省40天以上，运费下降10%左右。在绥芬河站和俄铁对方站的配合下，彻底解决以往集货零散、编组停靠、运时长、运费高的跨境运输物流瓶颈。

2021年2月，莫斯科至绥芬河直达班列常态化运行　　（杜怀宇　摄）

【哈萨克斯坦至绥芬河“互贸专列”】 2019年11月，哈萨克斯坦至绥芬河“互贸专列”开通，承载互贸商品的铁路专列从哈萨克斯坦出发，经由俄罗斯转关后直达绥芬河口岸，无需换装，较原有运输方式时长节省66%，运费降低7.2%。2021年，发运哈萨克斯坦至绥芬何互贸专列2班，货物5300吨，运输商品为亚麻籽。

（市发改委　牛　汉）

招商引资

【概况】 2021年，牡丹江市引进域外资金385.52亿元，同比增长50.3%，完成全年计划的115.6%。其中，第一产业引进域外资金47.73亿元，同比增长215.9%，占总额的12.4%，主要集中在农业、畜牧业和农林牧渔服务业，分别占总额的7.3%、4.2%和0.8%；第二产业引进域外资金207.43亿元，同比增长32.8%，占总额的51.4%，主要集中在农副产品及食品加工业、木材加工制造业、采矿业、建筑业、电力燃气及水的生产供应业和石化产品制造业，分别占总额的11.1%、9.6%、5.4%、3.6%、3.1%和2.9%；第三产业引进域外资金130.33亿元，同比增长53.0%，占总额的33.8%，主要集中在住宿餐饮娱乐服务业、批发零售贸易业、交通运输仓储物流业和社会服务业，分别占总额的9.3%、6.1%、4.1%和4.0%。年内，牡丹江市新批外商投资企业19户，合同外资金额7605.86万美元，同比下降46.9%；实际使用外资276.07万美元，同比增长36.29%，占全省实际使用外资的0.4%。其中，宁安市163.72万美元、海林市49.4万美元、绥芬河市42.95万美元、市开发区20万美元。外商投资领域主要涉及制造业和批发零售业等行业。

【新引进重点项目】 2021年，全市新签约亿元以上项目201个，同比增长37.7%。新引进的重点项目包括：市开发区引进的西安三元数字经济产业园项目、北方5G物联网云计算数据中心项目；东安区引进的休闲农业示范园区建设项目、发现者机器人产业项目；西安区引进的红星文旅民宿综合体项目、中韩食品产业园项目；阳明区引进的牡莞智能家居产业园项目、医疗器械生产加工项目；爱民区引进的医疗耗材综合服务产业中心项目、绿色建材产业园项目；穆棱市引进的中药材种植加工基地建设项目、麻纤维加工及基地建设项目；海林市引进的光伏发电项目、地下5G管网建设项目；宁安市引进的镜泊湖铁矿二期矿建项目、农业社会化综合服务体系建设项目；绥芬河引进的中俄清洁能源产业园项目、互贸物流加工园项目；东宁市引进的黑木耳菌种生产及基地建设项目、鼎盛石材开采加工项目；林口县引进的上三阳石墨精深加工项目、沙棘种植与加工项目等。

【招商考察活动】 2021年3月5—12日，市委副书记、市长王文力，副市长齐忠彦前往重庆、深圳、成都、银川等地开展招商考察活动，市经合局、市工信局、市商务局、市文广旅局、市开发区、东安区、西安区参加相关活动。考察深圳正威集团、四川航天拓鑫玄武岩实业有限公司、重庆文德数慧科技有限公司、草根知本集团、重庆猪八戒网、深圳奇屏科技有限公司等企业。

4月19—21日，市委书记杨廷双，市委常委、副市长韩雪松，市委常委、市委秘书长徐利刃，副市长齐忠彦赴北京开展招商考察活动，市开发区、市经合局、市贸促会、牡丹江大学参加相关活动，与央视动漫集团、汉雅星空文化科技有限公司、中国纺织科学研究院、中国制浆造纸研究院等单位进行洽谈，签署战略合作框架协议。

5月6—9日，市委副书记、市政府党组书记张国军参加省政府代表团赴广东开展经贸考察活动，市经合局、市开发区、西安区、阳明区、绥芬河市、东宁市参加相关活动。参加广东·黑龙江对口合作工作座谈会、黑龙江（广州）重点产业合作交流推介会和黑龙江（深圳）重点产业合作交流恳谈会。在黑龙江（广州）重点产业合作交流推介会上，牡丹江市签约项目7个，总投资额134.8亿元。

6月21—24日，市委副书记、市长张国军，副市长齐忠彦前往福建、上海等地开展招商考察活动，市经合局、市开发区、林口县参加相关活动。考察厦门国贸控股、厦门建发集团、厦门中绿集团、宁德时代新能源科技股份有限公司、上海电气集团、上海月星集团、新城控股集团等企业，在林木林纸、绿色食品、新能源、新兴商贸等产业领域洽谈合作。

9月15日，黑龙江省招商推介会暨“招商云平台”上线启动仪式召开，副市长张维国参加会议，市经合局参加活动。张维国代表牡丹江市进行招商推介。

10月18—19日，副市长齐忠彦前往北京、天津、衡水开展招商考察活动，市经合局、市商务局、牡丹江市驻北京招商联络办参加活动。考察中关村软件园、衡水学谷教育集团、中贸融汇国际能源有限公司、天津牡丹江商会等企业、商会。

12月12日，副市长齐忠彦前往深圳开展招商考察活动，市经合局、市开发区、牡丹江市驻深圳招商联络办参加相关活动。与深圳大学一带一路国际合作（深圳）研究院、黑龙江—粤港澳大湾区产业协同服务中心进行洽谈交流，考察永一格文旅创意产业集团、吉百安北斗电子科技有限公司、飞扬科技有限公司、深圳市中小企业家联谊会、中装建设集团股份有限公司等企业。

【牡丹江市开放招商工作领导小组第一次会议】 2021年4月9日，牡丹江市开放招商工作领导小组第一次会议召开，市委副书记、市长王文力，市委常委、副市长韩雪松，副市长齐忠彦、张维国、刘军龙、高忠远参加会议。会议成立由市长王文力任组长的全市开放招商工作领导小组；下设“三办七专班”：央企、总部、乡贤和校友企业家项目招商工作办公室，全要素保障和金融工作办公室，绩效考评工作办公室和“旅游+”产业招商专班，绿色食品产业招商专班，生物医药产业招商专班，装备制造产业招商专班，现代商贸物流产业招商专班，高科技产业招商专班，化工及新材料产业招商专班；审议《关于成立牡丹江市开放招商工作领导小组的通知》《关于进一步加强招商引资工作的八条意见》《2021年招商引资到位资金目标任务分解方案》《牡丹江市招商引资激励办法》《牡丹江市2020年招商引资激励资金分配使用方案》等5个相关文件。

2021年7月28日，第四届黑龙江省旅游产业发展大会产业推介会暨项目签约仪式举行，签约项目71个，总投资548.24亿元　（李学斌　摄）

【第四届黑龙江省旅游产业发展大会产业推介会暨项目签约仪式】 2021年7月28日，第四届黑龙江省旅游产业发展大会产业推介会暨项目签约仪式举行，省委宣传部副部长、省文旅厅厅长张丽娜，市委书记杨廷双，市委副书记、市长张国军，市人大常委会主任郑君桥，市政协主席闫岩，市委常委、宣传部部长陈文远，市委常委、副市长韩雪松，市委常委、秘书长徐利刃，副市长齐忠彦、张维国出席仪式。来自北京、上海、天津、广东、福建等全国21个省、市、自治区以及韩国的280位企业家参加活动，万鼎乳业有限公司、天津黑龙江商会作为企业代表发言。签约仪式上签约项目71个，总投资548.24亿元，是近年来牡丹江市签约额度最大、成果最多、质量最高、合作领域最广泛的一次签约活动。

【2021牡丹江—“十二个省市自治区和香港特别行政区”企业家网上视频推介会】 2021年1月25日，组织召开2021牡丹江—“十二个省市自治区和香港特别行政区”企业家网上视频推介会暨项目签约仪式，市委副书记、市长王文力，副市长齐忠彦，以及来自黑龙江省、吉林省、河北省、山东省、江苏省、安徽省、浙江省、海南省、北京市、天津市、上海市、内蒙古自治区和香港特别行政区等地企业家参加活动，签约31个项目，总投资121.35亿元。

【参加第二十一届亚布力论坛企业家年会】 2021年6月8—10日，市委副书记、代市长张国军，副市长齐忠彦参加第二十一届亚布力论坛企业家年会，市经合局参加相关活动。其间，参加论坛开幕式、“社会责任论坛”、“亚布力之夜——黑龙江省投资合作交流大会”等，牡丹江市签约7个项目，总投资额18.8亿元。

【参加“在华投资韩资企业龙江行”活动】 2021年7月15日，市委副书记、市长张国军参加“在华投资韩资企业龙江行”活动，市经合局参加相关活动。张国军宣传推介牡丹江市的投资环境，签约项目2个，总投资10020万美元，与现代汽车（中国）投资有限公司、斗山集团、银成化学株式会社等26家韩资企业进行洽谈对接。

【参加第二十一届中国国际投资贸易洽谈会】 2021年9月7—10日，副市长齐忠彦参加第二十一届中国国际投资贸易洽谈会，市经合局、市开发区、各县（市、区）参加相关活动。红星集团食品有限公司、宁安玄武湖大米专业合作社、穆棱纳豆生物科技有限公司、黑龙江中穆沙棘产业有限公司、东宁北域良人山珍食品有限公司等牡丹江市的5户企业在投洽会黑龙江展区进行参展布展，在9月8日黑龙江省重点产业推介对接会上签约3个项目，总投资11.5亿元。

【牡丹江·东莞对口合作工作座谈会】 2021年9月11—12日，东莞市委副书记、市长吕成蹊率考察团到牡丹江市，举行牡丹江·东莞对口合作工作座谈会，市委副书记、市长张国军，市委常委、副市长韩雪松，副市长齐忠彦参加会议。会上就两市党政互访、考察洽谈、平台建设、产业合作、人才交流等方面合作达成共识。

【进博会招商活动】 2021年11月5—10日，第四届中国国际进口博览会在上海市举办，牡丹江市组织51户企事业单位参加进博会。副市长齐忠彦到上海参加进博会，市经合局、市商务局参加相关活动。进博会期间，参加上海黑龙江商会成立大会暨黑龙江招商推介会、黑龙江（上海）现代服务业招商对接恳谈会，与上海黑龙江商会、大连黑龙江商会、杭州黑龙江商会、江苏黑龙江商会等商会进行洽谈合作。

【牡丹江市人民政府与央视动漫集团有限公司、汉雅星空文化科技有限公司举行战略投资合作框架协议签约仪式】 2021年4月20日，牡丹江市人民政府与央视动漫集团有限公司、汉雅星空文化科技有限公司签署战略投资合作框架协议，三方以牡丹江市经济、文化、旅游、教育的结构转型升级为契机，以建设重点项目为基点，开展文旅、科教、经济、民生板块合作，共同打造“四位一体”的央视动漫全产业链示范基地。市委书记杨廷双，市委常委、副市长韩雪松，市委常委、秘书长徐利刃，副市长齐忠彦，央视动漫集团董事长蔡志军，汉雅星空董事长刘树魁参加相关活动。蔡志军表示，牡丹江是一座极具发展潜力的城市，拥有良好的产业基础、丰富的文旅资源，是投资兴业的热土，央视动漫、汉雅星空将聚集各自优势资源，开发优质动漫 IP，融合牡丹江经济、科教、文旅等重点领域新发展，放眼国际，合作共赢。

【牡丹江市人民政府与中国纺织科学研究院、中国制浆造纸研究院举行项目签约仪式】 2021 年 4 月 21 日，牡丹江市人民政府与中国纺织科学研究院、中国制浆造纸研究院举行项目签约仪式，三方创新合作形式，拓宽合作领域，强化产学研融合，为推动牡丹江造纸产业转型升级与高质量发展提供新动能。市委常委、副市长韩雪松，副市长齐忠彦，中国纺织科学研究院有限公司董事长兼通用技术高新材料集团有限公司副董事长、总经理庄小雄，中国制浆造纸研究院有限公司总经理孙波出席签约仪式。

【牡丹江市招商引资平台试运行】 2021 年 3 月，牡丹江招商引资大数据平台开始试运行。大数据平台涵盖了对外宣传推介、查询信息资源、上报招商数据、自动化办公等各项功能。其中，对外宣传推介部分分为市情简介、重点招商引资项目库、招商引资动态、招商引资政策、园区平台简介等几大模块，系统实现了对市情、招商园区的简介，以图文结合形式对外展示园区的状况、图片、视频、介绍等信息等，并通过实时更新招商引资政策、招商动态信息，及时全面地对外展示全市招商动态情况，对一些对外商会建立数据化管理。

（市经合局　辛爱迪）

对外贸易

【概况】 2021 年，全市进出口总值 241 亿元，与上年同期相比下降 8%，总量排名全省第三位。其中，出口总值 85.7 亿元，同比增长 5.2%，占全省的 19.2%；进口总值 155.2 亿元，同比下降 14%，占全省的 10.3%。扣除原油进口因素，1—12 月，全市进出口总值增长 14%，其中进口总值增长 19.7%，出口总值增长 5.2%，全市对外贸易整体呈增长态势。

【贸易方式】 2021 年，牡丹江市边境小额贸易方式进出口总值 139.9 亿元，同比增长 20.7%，占全市进出口总值的 58.1%；一般贸易进出口总值 81.6 亿元，同比下降 35%，占比 33.9%；加工贸易进出口总值 9.6 亿元，同比增长 31.2%，占比 4%；两区一库仓储进出口总值 6.5 亿，同比增长 93.6%，占比 2.7%。边境小额贸易占主导地位，两区一库（海关特殊监管区域、海关保税监管场所、保税仓库）增势明显。

【进出口市场分布】 与牡丹江市有经贸往来的国家和地区 177 个，2021 年，牡丹江对俄贸易值 177.2 亿元，增长 12.3%，占全市进出口贸易额的 73.5%，对俄非油贸易额连续 31 年居全省首位；对欧盟（不含英国）贸易总值 16.2 亿元，同比增长 25.8%；对美国贸易额 8.5 亿元，同比下降 39.2%；对日本贸易总值 6.1 亿元，同比增长 17.1%；对新西兰贸易额 5.2 亿元，同比增长 17.5 倍；对东盟贸易总值 4.6 亿元，同比下降 9%；对加拿大贸易额 3 亿元，同比下降 37.8%；对蒙古国贸易总值 1.8 亿元，同比增长 28.7%。

表 15　2021 年牡丹江市出口主要商品统计表

商品名称	单位	数量	同比（±%）	金额（万元）	同比（±%）	销往国家（地区）
蔬菜	万吨	11.5	-12.4	98585	33.9	俄罗斯、泰国、马来西亚、韩国、越南
鞋类	—			138810	109.7	俄罗斯、美国、希腊、新西兰、印度
机电产品（含列名商品）	—			117070	2.2	俄罗斯、伊朗、美国、日本、越南
鲜、干水果及坚果	万吨	1.1	-21.8	22658	40.5	俄罗斯、美国、德国、澳大利亚、荷兰
家具及其零件	—			51629	31.6	美国、法国、加拿大、俄罗斯、波兰
肥料	万吨	0.13	-99.7	26	-99.7	印度、孟加拉国、尼泊尔、秘鲁、印度尼西亚
纺织纱线、织物及制品	—			62912	-67.3	俄罗斯、美国、阿联酋、尼日利亚、新加坡
胶合板及类似多层板	万立方米	3.27	53.1	31475	51.3	加拿大、荷兰、英国、美国、意大利
服装及衣着附件	—			32320	-20.1	俄罗斯、南非、加拿大、摩洛哥、德国
塑料编织袋	千克	39098	37	101	28.3	俄罗斯

（资料来源：市商务局）

表 16　2021 年牡丹江市进口主要商品统计表

商品名称	单位	数量	同比 ±%	金额（万元）	同比 ±%	进口国家（地区）
原油	万吨	13.1	−93.6	29262	−94.5	巴西、伊拉克、俄罗斯、安哥拉、阿联酋
原木	万立方米	393.04	16.3	376364	24.2	俄罗斯、新西兰、加拿大、澳大利亚、美国
锯材	万立方米	185.9	−1.1	258927	2.1	俄罗斯、芬兰、瑞典、美国、拉脱维亚
煤及褐煤	万吨	189.1	−23.0	110125	10.8	俄罗斯、印度尼西亚、澳大利亚
纸浆	万吨	28.75	20.8	124723	47.3	俄罗斯、智利、美国、加拿大、巴西
铁矿砂及其精矿	万吨	163.3	−17.6	171101	44.4	蒙古国、俄罗斯
肥料	万吨	93.1	−9.5	182290	13.9	俄罗斯、菲律宾
大豆	万吨	9.2	−29.2	23447	−14.0	俄罗斯
天然及合成橡胶（包括胶乳）	吨	6613.3	−22.3	7469	−9.7	马来西亚、印度尼西亚、美国、加拿大、泰国

（资料来源：市商务局）

【进出口企业】　2021 年，全市新备案进出口企业 71 户；全市有进出口业绩的企业 790 户。其中亿元以上企业 49 户，5000 万元以上企业 93 户，1000 万元以上企业 249 户。

【进出口产品】　2021 年，全市主要出口商品品种为蔬菜、鞋类、水果、家具等，占外贸出口比重的 60% 以上。主要进口商品品种为锯材、原木、煤、纸浆等，占外贸进口比重的 90% 以上。

【进口落地加工产业】　2021 年，牡丹江市进口落地加工主要包括木业加工、粮食加工、中药材加工、宝玉石加工、亚麻加工等产业。进口木业加工方面，绥芬河市建成全省最大的对俄进口木业加工产业基地，中林集团、曲美集团、大自然集团等品牌企业相继落户，木材加工企业 369 户，年均木材进口量 600 万立方米，落地加工率 100%，产品涵盖家具、地板、装饰材料等 11 大类 60 余个品种。穆棱市依托国家级木制品外贸转型升级基地重点发展木家居产业，木业企业 300 余户，包含科冕木业、华晨实木家居、好家木业等 25 个著名商标企业，产品涵盖家具地板、装饰装潢、建筑建材 3 大类、500 余个品种，发展成中俄边境地区最大的木家居产业集群。阳明区聚集统茂木业、博森木业、晨光木业等 200 余户木业加工企业，形成原木加工、刨切皮、单板、细工木板、胶合板、家居配件等全产业链生产体系，铁岭河木切皮品牌享誉全国，是全省最大的家居原辅材料基地。进口粮食加工方面，绥芬河市发挥综保区粮食入区加工免配额等政策优势，自俄罗斯进口玉米、小麦等精深加工，制成豆油、面粉、玉米压片进行国内销售或复出口，吸引了辛巴赫啤酒、良运油脂、福旺面条等一批企业落户，在全国率先实现亚麻籽、油菜籽、葵花籽等油料作物互贸进口加工，年加工能力 128 万吨。东宁市依托在俄种植的绿色有机大豆，建成银河、友谊、丰禄、森隆等多个豆制品深加工厂，年加工俄罗斯大豆 10 万吨以上，东宁鑫源、东宇等企业年进口松子 1 万吨以上，加工后主要销往欧盟、美国等国家和地区。进口中药材加工方面，自贸区绥芬河片区以东宁口岸准许进口 15 种俄罗斯中药材落地加工为抓手，开展防风、槲寄、白鲜皮等进口药材加工业务，有中草药加工市场主体企业 77 户，冠硕中草药加工、域外本草中草药加工、祁草堂中草药加工等中草药加工项目落户，年进口加工总量突破 1000 万元。东宁市重点推进年加工进口桦树茸 2000 吨的鑫润昌公司桦树茸加工项目，年进口鹿角 1000 吨以上。进口宝玉石加工方面，东宁市建成占地面积 21 万平方米的珠宝玉石产业基地，是省政府批准建设的全省唯一的珠宝玉石产业基地，以进口俄罗斯宝玉石毛料为主，进口朝、韩、蒙宝玉石毛料为辅，集通关、保税、加工、物流、融资、研发、鉴定、展销、结算和旅游等功能于一体的东北亚宝玉石毛料集散中心和成品批发市场，宝玉石加工企业 20 余户，累计交易宝玉石 1200 吨，主要生产查罗石、铬透辉石等，产品销往广东、河南等地。进口亚麻加工方面，穆棱市亚麻产业“两头在外”，主要从法国、比利时和白俄罗斯等国家进口原材料，亚麻生产加工企业发展到 10 户（规上企业 8 户），以生产纯亚麻纱和纯亚麻匹布为主，产品外销主要出口至意大利、土耳其、法国、美国等国家，内销主要销往江苏、浙江和广东一带，纺纱生产能力 6 万锭，占全国亚麻纱锭数的 10%，穆棱市成为全国亚麻纺纱单体第一城市。

【出口加工产业】 2021年，牡丹江市出口加工产业主要包括木制品、机电产品、农副产品加工等产业。木制品出口方面，以穆棱市、绥芬河市和阳明区为主，主要企业包括三峡木业、国林木业、瀚宇木业、曲美木业、欣成木业、盛昌木业、鹏瑞木业、科冕木业、子乔木业等，主要制成品涵盖木制百叶窗帘、实木家具、实木百叶门、密度板、胶合板、实木复合地板等，除内销至京津翼、长三角、珠三角等地外，主要出口至欧盟、美国、日本、韩国等国家和地区。全年全市出口家具及其零件5.1亿元，胶合板及类似多层板3.1亿元。机电产品出口方面，以市开发区、西安区和爱民区为主，机电出口企业主要有欧地希、伯瑞克、富通空调、北方双佳、佳通轮胎、天合石油、乾耀机械等，主要生产加工焊接机、汽车配件、石油钻机零部件和轮胎等产品，产品出口至美国、日本、西亚、东南亚和印度等国家和地区，其中，以富通空调和天合石油为龙头企业的空调机和石油配件产业形成配套协作、相互吃配的产业链条。全年全市出口机电产品11.7亿元，占出口总值的13.6%。农副产品出口方面，蔬菜出口以宁安市为主，有牡达、源丰、雨润等直接或间接出口蔬菜的企业400余户。全年全市蔬菜出口基地面积43万亩，出口蔬菜11.5万吨，占全省对俄蔬菜出口80%以上，成为全国最大的对俄出口蔬菜生产基地，被誉为“俄远东地区的菜篮子”。食品出口以阳明区、林口县、东宁市为主，主要有中龙食品、东宁鑫源食品、绿沣农副产品、林中鸟调味品等，阳明区中龙食品公司是全省最大的蘑菇罐头出口生产企业，林口县被确定为黑龙江省有机绿色农副产品生产加工基地县，产品主要出口俄罗斯、日本、韩国和东南亚等国家和地区。其他品种出口包括纸制品、塑料、小提琴等产品，出口3.4亿元，主要出口企业集中在四城区，有恒丰纸业、兴瑞工贸、和音乐器等。其中恒丰纸业主要生产卷烟纸、铜版纸、特种纸等，产品除内销外，出口菲律宾、马来西亚、韩国、泰国等国家；阳明区兴瑞工贸是全省对俄出口塑料纺织袋的主要企业之一，产品主要出口俄罗斯、日本、韩国等国家。西安区和音乐器主要生产专业提琴系列，产品出口至美国、德国、西班牙等十余个国家。

【服务外包】 2021年，全市有服务外包企业101家，从业人员6000余人，主营业务涉及酒店、机票、火车票在线预订及在线医疗、快递物流、网络文学、有声书、视频直播、电竞、广告传媒和金融服务等众多领域。制定《牡丹江市服务外包产业发展规划（2021—2025年）》，市开发区加快推进牡丹江数字经济产业园建设运营，洽谈推进北京文德数慧科技公司数据标注服务外包、深圳顺丰集团快递售后服务外包、北京字节跳动有限公司抖音后台客服审核、北京中关村智酷公司数字经济产业平台等项目加快落地；推动牡丹江晨辉信息技术服务有限公司加快“龙之旅现代信息服务平台”测试运营工程。

【牡丹江市再次获批国家蔬菜外贸转型升级专业型示范基地】 2021年4月，商务部对国家级外贸转型示范基地进行重新申报、重新考核，淘汰发展不佳、发挥作用不好的原有示范基地。6月，经商务部重新审核，牡丹江市蔬菜外贸转型升级专业型示范基地再次被确认为国家级示范基地，有利于牡丹江市以出口蔬菜产业为重点带动外向型农业加快发展，争取国家优惠政策扶持，引导全市特色农业生产基地加快转型升级，放大品牌效应，提升农业效益和农民收入。

【穆棱市获批国家级木制品外贸转型升级示范基地】 2021年6月，商务部批准穆棱市为国家级木制品外贸转型升级示范基地，助推穆棱市木制品产业集群式发展，推进以穆棱开发区木制品产业园区为带动的全市木业产业发展。穆棱市坚持“打俄罗斯牌，借口岸光”，与绥芬河市实行“园区同建、产业同谋、项目同引、政策同用、企业同扶、利益同享”六同机制。建设“一区三园”，木制品产业按照“出口抓加工，进口抓落地”战略部署，探索外贸转型升级，摆脱以往“过埠不增值”窘境，形成林产品加工、产业链配套等产业集群，成为进口木材加工出口重要基地。

（市商务局　栾　兰）

跨境电子商务

【跨境电子商务服务平台建设】 2021年1月，牡丹江市被列为全国跨境电商零售进口试点城市，可开展“1210”模式，为牡丹江发展跨境电子商务创造有利条件。已完成的跨境电子商务线上交易平台，可实时传送交易、支付、仓储和物流等数据，实现用户通过手机下单购买跨境电子商务产品，本地申报、本地查验、本地派送的跨境电商包裹进口全链条的进口业务，为企业发展跨境电商提供必要条件。

【中国（绥芬河）跨境电子商务综合试验区建设】 2021年，绥芬河市着力部署中国（绥芬河）跨境电子商务综合试验区建设，通过制度创新、管理创新、服务创新，实现跨境电子商务自由化、便利化、规范化发展。全年实现跨境电子商务商品进口额300万元；通过国内平台线上销售、直播带货等方式带动销售一般贸易、互市贸易等俄罗斯进口商品8.6亿元。

【项目建设】 2021年，京东物流在绥芬河市开展京东平台、京东新通道、京东云仓、电商培训等方面合作，推

2021 年，位于自贸区绥芬河片区内的跨境电商直播基地选品中心
（杜怀宇　摄）

进联合仓、云仓落地。重庆大龙网科技集团有限公司、宁波国际物流发展股份有限公司与绥芬河市人民政府签署战略合作协议，相关物流、进出口和通关服务项目推进中。谋划建设兼具进出口通关报关服务及政务信息发布功能的绥芬河综合服务平台，完成项目立项和可行性调研。完善线下基础设施，助力跨境电商发展，打造黑木耳交易、轻纺制品、俄货商品等电商基地和双创孵化、跨境物流、同城配送等服务中心，完善电商产业链条，带动跨境电商企业发展。立足俄罗斯进口商品集聚优势，发展“1210”保税备货进口，绥芬河综合保税区龙关通跨境电子商务有限公司（跨境电商监管中心）入驻企业开展“1210”保税备货进口业务。筹划跨境电商“9610”出口业务，“9610”出口业务海关场所经营资质得到批复，国家邮政管理局和海关总署备案办理完毕，仓储库和监管设备等布置完毕，开始试单。试单期间，本地企业通过辽宁葫芦岛等菜鸟出口仓实现出口额 2400 万元。

【招商计划】　2021 年，充分发挥绥芬河跨境电子商务综合试验区区位、政策优势，从重渠道、重流量、重产品、重品牌 4 个方向开展招商活动。以京津冀、长三角、珠三角等电商发达地区作为重点招商地区，考察电商配套扶持政策、电商发展氛围及要素、产业园运营方式、电商平台建设及制度规范、“9610”出口及“1210”进口成型发展模式、跨境电商 B2B 直接出口（以下简称“9710”）及跨境电子商务出口海外仓（以下简称“9810”）等跨境 B2B 发展规划等领域。

【牡丹江市开通跨境电商进口商品空运渠道】　2021 年 4 月 16 日，从日本经沈阳桃仙国际机场转至牡丹江海浪国际机场的一批跨境电商进口商品（货值 8279.25 万日元），运抵牡丹江保税物流中心，办理申报、查验等手续后，准予出区，标志着牡丹江外贸商品在陆路运输基础上增加航空运输模式。这是牡丹江海关落实《2021 年哈尔滨海关自贸试验区和特殊区域发展工作要点》，探索支持跨境电子商务网购进口保税业务发展的具体举措之一，为外贸企业开展跨境电商进口商品业务提供便利条件。

（市商务局　栾　兰）

边民互市贸易

【概况】　受疫情影响，东宁—波尔塔夫卡互市贸易区自 2020 年 12 月 12 日暂停后，未恢复运营。2021 年 1 月，绥芬河互市进口交易暂停。

【中俄东宁—波尔塔夫卡互市贸易区】　2000 年，国务院办公厅批准设立中俄东宁—波尔塔夫卡互市贸易区，规划占地 2.754 平方公里，注册俄籍商铺 31 个，备案收货企业 45 个，成立边民互助组 15 个。2012 年建成全省唯一珠宝玉石产业基地，入驻珠宝玉石经营业户 13 户，主要发展互市贸易、珠宝玉石进口、集散和落地加工等产业。截至 2021 年末，互贸区累计进口货物总量 6.2 万吨，货值 8.3 亿元。

【绥芬河互市贸易进口商品落地加工试点】　2021 年，绥芬河市推动互贸商品落地加工，加快互贸商品落地加工平台建设。4 月 18 日，绥芬河互贸（国际）物流加工园区奠基仪式举行。绥芬河互贸（国际）物流加工园区由黑龙江省交通投资集团投资建设，园区主要用于绥芬河市互贸进口商品落地加工，通过厂房租赁、金融融资、物流代理服务、原材料采购、下游市场对接等方式，助力中小企业成长发展，形成国内国际双循环的新发展格局。项目总规划占地面积 72 万平方米，计划总投资 18 亿元。其中，一期占地面积 21 万平方米，建筑面积 10.6 万平方米，计划总投资 5 亿元，建设粮食加工区、油料类加工区，主要用于绥芬河市互贸进口商品落地加工。一期可容纳互贸进口商品落地加工企业 11 户，已达成签约意向企业 10 户。落地益满、馨怡纯、融创、谷益 4 户互市贸易落地加工企业，开展亚麻籽、油菜籽、燕麦等农副产品加工业务，总投资超过 6000 万元人民币，年加工能力 40 万吨。年内 4 户企业均已建设完成，相关设备调试完毕，进行油菜籽指定加工厂资质申报。

（市商务局　栾　兰）

对外经济技术合作

【境外直接投资】　牡丹江市在俄投资主要分布在滨海边疆区、哈巴罗夫斯克边疆区、阿穆尔州、犹太自治州、伊尔库茨克州等地，其中在滨海边疆区投资企业占全部在俄投资企业数量的三分之二以上，在俄企业经营范围集中在木材采伐、木材加工、农业种植和养殖。截至2021年末，牡丹江市在俄备案投资企业93户，累计对俄投资8.45亿美元，其中绥芬河市73户、东宁市16户、市直1户、海林市1户、宁安市1户、穆棱市1户。

【“驻区企业”资质登记注册】 截至2021年末，牡丹江市有20户企业完成符拉迪沃斯托克自由港和超前发展区“驻区企业”资质登记注册。绥芬河曲美木业发展有限公司、绥芬河侨兴远东现代农业发展有限公司、绥芬河中速快递有限公司、绥芬河市跃进经贸有限公司、绥芬河市峰祥经贸有限公司、绥芬河市亿亨经贸有限公司、绥芬河瀚宇经贸有限公司、绥芬河综合保税区远健进出口有限公司、绥芬河绿地经贸有限公司、黑龙江吉远木业有限公司、“费博·叶奥耶·帕卡仁格”股份公司、东宁市旭睿药业有限公司、“滨海瓦楞纸板”股份有限责任公司、森雅木业、上海振佳彩钢厂完成符拉迪沃斯托克自由港“驻区企业”资质登记注册工作。黑龙江省龙源润丰经贸有限公司、绥芬河中速快递有限公司完成超前发展区“驻区企业”资质登记注册工作。

【境外劳务合作】 由于疫情原因，境外劳务输出大幅减少。2021年，全市派出劳务人员28人，主要派往日本等国家和地区。

（市商务局 栾 兰）

经贸促进

【经贸洽谈】 2021年，牡丹江市组织51家单位、33户企业、209人参加第四届中国国际进口博览会，新签约项目3个，总投资额16亿元；特色人文展参展企业3户，参会采购商签订意向合同10个，金额600万美元。组织各开发区参加厦投会、高交会、消博会等系列展会活动，围绕主导产业进行产业链招商，参加专场招商推介活动，促成签约项目8个，到位资金1亿元。

【签发一般原产地证明书】 2021年，牡丹江市新增进出口企业3户。受新冠肺炎疫情影响，市贸促会通过不见面服务方式，为出口企业网上办理一般原产地证明书，全年为15户进出口企业签发一般原产地证书959份。出口产品为化工产品、石油钻井工具、轮胎、纸制品等九大类，出口国家为德国、印度、俄罗斯、加拿大等53个国家，涉及出口金额4335万美元，促进全市对外贸易发展。

【参与中国仲裁周黑龙江专场培训活动】 2021年9月15日，“精准服务企业助力贸易发展——中国仲裁周黑龙江专场培训”活动在牡丹江市举办。市贸促会组织全市外贸企业代表、仲裁员及法律工作者等60余人参会。中国贸仲委专家、省社科院研究员以及经贸领域专家代表，从黑龙江省对外经贸实际情况和外经贸企业的实际需求出发，针对“中俄经贸合作风险防范与争端解决”“远东经济形势分析与加强对俄合作”“政策性金融机构助力企业扬帆远航”3个专题进行权威的分析和解读，助力全省外贸企业发展，提出对策建议，现场互动交流，推动国际仲裁更广泛应用与实践，让牡丹江市外贸企业对商事争端解决与最新趋势、加强对俄合作有全面和深刻的了解掌握，更好地开拓俄罗斯市场，开拓国际市场，融入国内国际双循环新发展格局。

（市贸促会 多春生）

牡丹江经济技术开发区

【概况】 牡丹江经济技术开发区创建于1992年，时名裕民经济开发区，是商务部备案的省级开发区，规划面积6.91平方公里，重点发展煤化工、生物医药、装备制造等产业。2006年1月，为实现优势互补、资源整合，将原裕民经济开发区与江南新城区整合成立牡丹江经济开发区。同年，8月获批省级高新区，加挂牡丹江高新技术开发区牌子。2008年，被列为全省八大经济区之一。2013年3月，晋升为国家级开发区。先后获批国家循环化改造示范试点园区、国家产城融合示范区、国家级众创空间及国家级孵化器，并对镇、村、社区、学校等进行托管。2019年1月，按照牡丹江市委、市政府决策部署，实施去社会化，结束对镇、村、社区、学校托管，完成向专业化园区管理机构转变。2021年，启动晋级高新区工作，保税区晋升综保区和化工园区省级认定工作，开展体制机制改革，施行全员聘任制改革，下辖经开发展集团、牡丹江新区城市投资有限公司、牡丹江龙盛投资有限公司，初步建立“管委会+公司”的新运转架构。

【招商引资】 2021年，牡丹江经济技术开发区新谋划亿元以上项目97个；新签约项目50个，总投资335.07亿元，其中亿元以上项目24个；新开工项目31个，其中亿元以上项目15个；列入省重大签约项目台账项目8个，其中已开工项目5个，居全县（市、区）首位。引进域外资金31.34亿元，占全年任务数的126.7%，实际利用外资20万美元，外资项目实现破零。与央视动漫集团、吉利汽车集团、步长药业、国贸集团、建发集团、蒙牛集团等一大批国际国内百强企业建立高层互动、实质洽谈关系，推进高质精准招商。开发区组织精干招商人员赴深圳驻点招商，成为全省第一个入驻深圳协同服务中心、第一个实现常态化办公、第一个组织推介活动、第一个实现项目签约、第一个也是唯一一个实现异地办照的地市。

【项目建设】 2021年，牡丹江经济技术开发区聚焦新材料化工、食品与生物医药、科技创新与数字经济、现代服务业、综合保税园区五大方向，推进各类项目57个，总投资317.8亿元，投资完成率102.1%。新开工亿元以上产业项目13个，新竣工亿元以上产业项目7个。其中，产业项目30个，亿元以上产业项目23个。推进省百大项目3个，市百大项目22个，开复工率100%，投资完成率100.1%。烟厂项目达产达效，全年实现利税30亿元；万鼎乳业有限公司生产线当年建设、当年开工投产，实现新增产值6亿元；作为省百大及第四届黑龙江省旅游产业发展大会项目的铁岭河郊野公园项目竣工投入使用；牡丹江陆港物流园区及铁路专用线项目中的物流综合仓储集散中心项目推进展销商铺主体及屋面工程，海浪铁路线桥梁工程推进箱梁施工；保税跨境商品展示馆完成升级改造，货品涵盖15个国家和地区的近2万种商品。

【产业发展】 2021年，牡丹江经济技术开发区重点发展中俄跨境农牧业产业百亿集群、石墨、玄武岩、中欧产业园、中药材交易市场、玉冰生物中药萃取、七牛云大数据存储等一批产业项目，实现签约并陆续开工建设。

【科技创新】 2021年，牡丹江经济技术开发区高技术产业营业收入50.49亿元，同比增长10.87%；技术交易合同55项，交易额2.5亿元；新增科技型中小企业35户；新增高新技术企业17户，累计达到34户；知识产权授权数161件；省级、市级科技企业孵化器各备案获批2家；拥有省级科研机构15个、驻区科研院所3个，"头雁"团队工作站6个；推荐亿科医疗、森田特种车等企业申报中央引导地方科技发展专项项目4项，获得专项资金200万元支持；争取省级重点科技研发项目和科技创新基地奖励资金345万元，研发投入后补助和技术交易后补助资金1005万元。与北京中科院、深圳大学分别建立科技成果转化促进中心和人才联合培养实践基地，注册成立牡丹江先进技术发展研究院，重点围绕"3+1"产业，结合企业技术需求，开展科技成果产业化研究，形成自主知识产权，促进科技成果转化落地，推动企业在技术创新上实现新突破。

（市开发区　陆　宽）

与东莞市对口合作

【概况】 2021年是牡丹江市与东莞市确立对口合作关系的第四年，两市依托已建立的合作基础和工作机制，围绕扩大合作领域和提升合作水平，持续开展双向往来交流，推进项目建设落地，打造合作载体平台，各项工作平稳有序推进。

【项目合作】 截至2021年末，牡丹江市已建成和已开工建设的与东莞市对口合作项目29个，总投资36.44亿元，涉及装备制造及加工业、现代服务业、软件和信息技术服务业、住宿和餐饮业等领域。其中，已建成达产的有弘图高档出口家具生产、俪涞国际小区、LPG换装站项目等19个，完成投资12.44亿元；2021年新开工建设的有穆棱境外木材加工园区、宁安翰潍环保能源有限公司垃圾发电、贤丰矿业集团洋灰洞铜矿建设等10个项目，总投资额24亿元，完成投资5.33亿元。全年两市新签约项目12个，总投资额112.3亿元，涉及制造业、农业、现代服务业等领域，其中4个项目开工建设：阳明区牡莞智能家居产业园项目，完成基础设施建设和项目主体建设，部分投入运营和生产；西安区人脸识别支付项目，完成营业法人注册，设备开始安装调试；西安区麗枫连锁酒店项目，完成土地平整及基础设施建设，施工队伍陆续进场；东宁市洋灰洞子铜矿项目，土地预审、核准、环评等前期手续办理完毕，建设招投标工作接近尾声。对接洽谈一批项目：围绕发挥区位优势，绥芬河市与广东华峰能源集团对接，在绥芬河建设大宗进口俄罗斯商品储备基地，整合物流资源；围绕绿色食品深加工，东宁市和海林市分别与广东至润油脂食品工业有限公司和东莞市供销集团有限公司围绕洽谈黑木耳、食用菌和林下产品深加工开展合作；围绕基础设施建设，林口县委托广东和源水电开发有限公司编制龙山湖水电站项目规划，利用其资金技术优势，推进建设启动。

【粮食和绿色农产品供销合作】 按照两市2018年签订的《农副产品合作销售意向性协议》，牡丹江市以大米为突破口，经过3年努力，将牡丹江市优质农产品大米、黑木耳、猴头菇、油豆角等产品推广到广东沃尔玛山姆会员店、东莞嘉荣超市、碧桂园旗下直营社区超市等广东知名商贸企业。相关企业建立实体展示店，开展高端农产品定制。宁安市渤海镇水稻合作社依托2018年与东莞常平粮油市场经营公司签订的长期供应合同，不断供应优质石板大米进入广东市场，2021年供货25吨。

【科技创新服务合作】 按照两省科技厅统一部署，牡丹江市科技局与东莞市科技局于2018年签订《科技企业孵化器对口合作框架协议》，商定围绕推进科技企业孵化器和新型研发机构建设与发展开展合作。牡丹江市科技局学习东莞市在高新技术成果转移转化、科技创新服务平台建设等领域工作模式，借鉴东莞市孵化器、众创空间提档升级的经验，2021年新增省备案科技企业孵化器3家、省备案众创空间1家、市备案科技企业孵化器4家、市备案众创空间1家。其中，"牡丹江市北药资源开发与应用协同创新中心”成功备案黑龙江省级新型研发机构。

【县镇结对合作】 2021年，西安区依托与东莞市茶山镇的结对合作关系，主动对接大参林医药股份有限公司、永富食品有限公司等企业，围绕两地的有机绿色食品资源优势和产业链优势，形成一系列合作共识；阳明区利用自身木业加工产业基础与浩玮智能家具有限公司和名创家具有限公司合作，共建牡莞智能家具产业园，截至年末，园区公路、供电、供水等配套工程均已完成。

【省际交流活动】 2021年5月，黑龙江省委副书记、省长胡昌升带队赴广东省学习考察，开展经贸交流活动。牡丹江市委副书记、市政府党组书记张国军率牡丹江市代表团全程参加，在黑龙江（广东）重点产业合作交流推介会上与广东企业签订合作项目7个，总投资额91.8亿元。9月，广东省委副书记、省长马兴瑞率广东省政府代表团到黑龙江省学习考察。牡丹江市委副书记、市长张国军率有关县（市、区）和企业赴哈尔滨市参加活动，在黑龙江省与广东省对口合作项目签约仪式上，牡丹江市签约合作项目5个，总投资额18.5亿元。

【政府间交流互动】 2021年5月，牡丹江市委副书记、市政府党组书记张国军随黑龙江省政府代表团赴广东省开展学习考察，赴东莞市参观考察期间，与时任东莞市委副书记、市长肖亚非会见。9月，东莞市委副书记、市长吕成蹊率东莞市政府代表团一行访问牡丹江市，两市共同召开对口合作工作座谈会，并参观东莞在牡丹江市投资企业。两市市直有关部门按商定工作内容开启一系列交流活动。牡丹江市科技局组织域内重点高校、企业相关负责人赴东莞市，围绕构建新型研发机构和促进科技与产业融合发展开展学习调研；牡丹江市营商局针对东莞市“数字政府”建设的成功事例，主动联络，获得启示；东莞市发改局、文广旅局和商务局针对粮食产销对接、文旅康养合作、跨境电子商务等领域分别与牡丹江市对口单位开展对接洽谈；东莞市城管局组织镇（街）主要领导和业务骨干到牡丹江市学习城市精细化管理工作，开展实地调研和现场交流。

【派驻工作】 牡丹江市、县两级选派优秀干部赴粤港澳大湾区开展驻点工作。2021年，穆棱市将派驻东莞干部工作范围扩大到粤港澳大湾区，加大走访企业和项目招引力度；阳明区选派工作人员在东莞厚街镇商务局挂职，依托阳明区产业基础和载体平台优势，针对木业企业开展宣传走访，吸引东莞市沐盈家具有限公司、东莞市富登电子有限公司等多家企业实地考察洽谈；海林市组建林木加工产业专班、生物医药产业专班、高新技术产业专班，进驻东莞市大朗镇开展招商工作，先后拜访20余户台商知名企业；牡丹江市选派2名优秀干部，进驻黑龙江—粤港澳大湾区产业协同服务中心，开展长期驻点。

【商会协会合作】 牡丹江市农业农村局借助2021中国新时尚博览会暨广东直播电商选品交易会活动契机，组织13户本地农产品企业参展。展会现场销售和直播带货销售45万元，与辛选直播、八方盛世直播、合兴传媒3个直播基地确定合作意向；东宁市人民政府分别与广东省营养健康产业协会、广东省黑龙江商会、深圳市牡丹江商会、东莞市牡丹江商会等签署战略合作协议，确立友好合作关系，与其成员机构参与东宁市智慧城市建设、口岸能力提升、委托招商和直接投资等方面确定长期合作。

【载体平台建设】 2021年，两市的合作载体平台建设取得突破，穆棱市境外木业加工园区和阳明区牡莞智能家具产业园初见雏形。穆棱市下诺夫哥罗德州境外木业加工园区位于俄罗斯下诺夫哥罗德州，由东莞市长宏木业有限公司投资建设。截至年末，园区入驻企业6户，通过中欧班列和多式联运的方式进行木材回运，回运量每月6列300多个标箱，年采伐体量20万立方米。牡莞智能家居产业园位于阳明区经济技术开发区，占地面积7万平方米，由牡丹江浩玮智能家具有限公司（东莞投资）投资建设。截至年末，产业园入驻企业6户。

（市经合局　皮圣洁　马泽方）

综　述

【概况】 2021年，牡丹江市以建设特色农业强市为目标，狠抓粮食安全及重要农产品稳产保供、农业三产融合等重点任务，推动农业现代化建设，农业经济保持稳步发展的良好势头。全年农林牧渔业总产值增长6.8%，高于全省平均水平1.2个百分点；农民人均可支配收入增长9.7%，超过全省平均水平1.7个百分点，实现全省"十九连冠"。把粮食生产作为"三农"工作首要任务，确保粮食播种面积"只增不减"，粮食作物和经济作物播种面积分别达到972万亩、137万亩，粮食生产实现"十八连丰"。全力做好"菜篮子"稳产保供，全年生猪、肉牛、家禽主要畜禽品种出栏分别为108万头、20.2万头、1020.8万只，肉蛋奶总产量23.3万吨；蔬菜产量105.5万吨。

（市农业农村局　张英杰）

【现代农业发展】 2021年，牡丹江市以建设特色农业强市为引领，用现代物质装备农业，用现代科技提升农业，推进农业现代化发展，全市棚室菌菜栽培规模分别发展到5.4亿袋、6.3万亩，棚室总量达到4万余栋。农业机械装备水平稳步提升，农业机械总动力350.12万千瓦，农作物耕种收综合机械化率达到97%以上。创建省级农业科技示范基地9个，推动三产融合发展，省级以上龙头加工企业52户，农产品加工转化率62%。食用菌、白鹅产业列入国家级优势特色产业集群建设支持范围。全年全市农产品网络零售额达到6.3亿元，较2020年增长32.8%。推进新型经营主体规范化建设，全市国家农民合作社示范社7个，省级农民合作社示范社48个，创建省级家庭农场示范场72家，农业生产土地托管服务160.33万亩。

（市农业农村局　张宇辰）

【高标准农田建设】 2021年，牡丹江市高标准农田建设任务35.08万亩，截至年末，实际建成高标准农田年度结转和2021年新建项目共39.17万亩。其中，市本级4.38万亩，阳明区6.7万亩，林口县3.12万亩，海林市6.06万亩，穆棱市10.85万亩，东宁市8.06万亩。总投资42096万元。根据《全国高标准农田建设规划》和《黑龙江省高标准农田建设规划》，编制《牡丹江市高标准农田建设规划》，把灌排体系建设优先作为高标准农田建设内容，整合相关项目，加强地力培肥，提高耕地地力水平，达到"农田必须是良田"的目标。落实科技、绿色、质量和品牌要求，坚持良田粮用，优先在永久基本农田保护区、粮食生产功能区和重要农产品生产保护区实施高标准农田建设，围绕"田、土、水、路、林、电、技、管"等8个方面开展建设，完成建设任务39.17万亩，已建成高标准农田完成上图入库工作。按照《黑龙江省农田建设项目管理实施办法》《黑龙江省农业建设项目监督检查暂行办法》《关于加强高标准农田项目工程设施建后管护工作的意见》《农田建设项目工程质量飞检实施办法》《黑龙江省农田建设项目管理规程》，制定牡丹江市高标准农田建设相关制度，规范开展项目前期准备、项目评审、申报审批、招标投标、工程施工和监理、竣工验收、监督检查、移交管护等工作，实现农田建设项目集中统一高效管理，有效发挥投资效益。严格执行因素法资金分配制度，分解落实年度建设任务资金。建立"线上和线下"相结合的监督检查机制，强化项目监督检查和工程质量飞行检查，对农田建设项目建设实施全过程监督管理，委托第三方专业机构项目对工程质量实施随机抽查检测，确保资金规范使用和项目建设质量。按照"先建机制、后建工程""谁使用、谁管护，谁受益、谁管护"原则明确管护主体，落实管护责任。建立多元化长效管护经费保障机制，调动受益主体管护积极性，确保建成的工程设施正常运行。将高标准农田建设完成情况纳入粮食安全责任制考核、经济社会发展主要经济指标考核内容，开展高标准农田建设激励评价，对项目任务完成好的县予以倾斜支持，对未完成任务的进行约谈处罚，推动全社会形成支持高标准农田建设的良好氛围。

（市农业农村局　张桐宁）

【农业合作】　积极参与国家“一带一路”建设，优化提升跨境产业链，2021年，牡丹江市在俄合作粮食种植面积540万亩，回运粮食13.5万吨；全市农产品出口基地43万亩，出口量12.5万吨。举办第一届“龙台农业合作论坛”，西安区台湾农民创业园在年度考核评比中获全国进步最快园区，推进牡丹江市海峡两岸农业合作深入发展。东宁市农业对外开放合作试验区探索积累可复制、可推广的5个创新工作法（融资方式、担保形式、财政税收政策、合力支持体系、投融资政策），加快对俄农业开放合作建设步伐。

（市农业农村局　张　丽）

【高效设施农业】　2021年，全市设施农业总数量4.3万个，总面积4.7万亩。其中，塑料大棚数量3.7万个，面积3.8万亩；日光温室数量4000个，面积3700亩；其他设施2000个，面积5000亩。牡丹江市所辖10个县（市、区）均有分布，主要集中在宁安市、市城区和东宁市，分别达到1.5万个、1.6万个和0.7万个，主要用于棚室蔬菜和棚室食用菌生产。

（市农业农村局　徐　健）

【特色产业】　2021年，牡丹江市把发展特色农业作为拉动农业和农民增收的核心任务，持续优化产业结构，壮大产业规模，特色产业产值占比达到65%。食用菌、蔬菜产业保持稳步发展，种植规模分别为23亿袋、28.5万亩，其中棚室菌菜分别为5.4亿袋、6.3万亩。特色畜牧养殖规模不断扩大，全市大鹅养殖量突破120万只，林口大鹅入选全国特色产业集群建设名单。中药材产业持续壮大，种植规模达到26.2万亩，种植品种发展到200余种，其中林口黄芪、穆棱人参、宁安苍术被列为全省道地药材十大生产基地。依托冷水养殖资源，加快推进渔业、蜂业发展，宁安虹鳟鱼、镜泊湖红尾鱼被评为黑龙江省十大地产特色名鱼，举办首届中国（牡丹江）椴树蜜大会暨蜂业博览会，全市渔业及蜂业产值分别达到3.8亿元、3.1亿元。

（市农业农村局　张英杰）

【绿色农业】　2021年，牡丹江市加大秸秆综合利用力度，通过提升装备力量、建设秸秆能源项目、扩大还田利用规模等措施，加快秸秆综合利用工作进程，全市秸秆综合利用率达到90.5%。加大养殖粪污资源化利用力度，通过组织推广生产沼气、制作有机肥、作为垫料以及堆（沤）肥等方式，加大养殖废弃物资源化利用力度，全市畜禽粪污综合利用率达到84%，粪污设施装备配套率达到100%。加大绿色有机产品认证力度，截至年末，全市有机产品认证获证组织58家，证书106个。包括有机植物类、加工类、畜禽类、水产类，有机植物类涉及稻谷、玉米、黑木耳、菜豆、猴头菇等，加工类涉及大米、奶粉、酸奶、鲜奶、黑木耳、菜豆、猴头菇等，畜禽类涉及奶牛、牛乳、猪等，水产类有鲤鱼、鲫鱼等。全市绿色有机食品认证面积510万亩，占全市耕地面积一半以上；全年新认证绿色有机产品18个，新增宁安西红柿、林口白鲜皮、林口黄芪3个农产品地理标志登记保护产品，农产品地理标志产品及绿色有机认证产品分别发展到26个、227个，位列全省第二；宁安市、穆棱市分别获批全国蔬菜绿色高质高效创建示范县、大豆绿色高质高效创建示范县，面积分别达到10万亩、50.3万亩。

（市农业农村局　曲彦霖）

【农业品牌建设】　2021年，牡丹江市推进农业品牌建设，制定《牡丹江市农业品牌培育工作方案》。挖掘和培育中华老字号、驰名商标、地理标志保护品牌，形成全市农产品知名品牌名录。3月，东宁黑木耳作为中国食用菌典型代表成功入选中国首批受欧盟保护地理标志，穆棱大豆获批全国农产品知名品牌（品牌价值5.76亿元）。5月，东宁黑木耳、响水大米分别以181.27亿元、42.47亿元的品牌价值，荣登区域品牌价值榜单。8月5日，省知识产权局发布《关于核准宁安市鑫叶米业有限公司等7户市场主体使用“响水大米”地理标志产品专用标志的公告》，牡丹江市获得地理标志产品专用标志使用权的市场主体累计达到35家。截至年末，全市获得“两品一标”数量达到253个，其中全市地理标志农产品26个，分别是穆棱晒烟、穆棱大豆、穆棱肉牛、穆棱黑木耳、穆棱冻蘑、穆棱沙棘和穆棱红豆杉果、兰岗西瓜、镜泊湖红尾鱼、宁安虹鳟鱼、镜泊湖胖头鱼、宁安马铃薯、宁安西红柿、林口滑子蘑、刁翎甜瓜、林口白鲜皮、林口黄芪、海林猴头菇、海林黑木耳、东宁黑木耳、东宁大米、东宁苹果梨、东宁椴树蜜、牡丹江油豆角、牡丹江金红苹果和牡丹江龙丰苹果；全市有机食品认证企业6个、产品59个；全市绿色食品认证企业87个、产品168个。2021年秋季，围绕地理标志产品生产集中地、销售集散地、城乡接合部等重点区域，牡丹江市组织开展地理标志保护专项行动，严厉查处假冒地理标志产品、违规使用专用标志和侵犯商标专用权等违法行为，净化市场环境。引导地理标志品牌所有人建立健全管理体系，提升质量控制力，以品质求生存、以品牌促发展。建立“北国鱼米香、品牌牡丹江”农业品牌体系，对认定的品牌农产品实行动态监管。对于发生重大农产品质量安全突发事件的品牌，施行一票否决。

（市农业农村局　张大博）

表 17　2021 年牡丹江市省级农业品牌一览表

序号	县（市、区）	农业企业品牌名称	农产品品牌名称	产品类别	所属企业全称
1	宁安市	响水大米	响水	水稻	黑龙江响水米业股份有限公司
2			常衡	蔬菜	宁安市庆雨蔬菜专业合作社
3			古塔田源	林果	宁安市明君瓜类专业合作社
4			美旺福	马铃薯	宁安市民生瓜菜专业合作社
5			LANJI 蓝季	玉米	宁安市老李玉米专业合作社
6			钻心湖	其他	黑龙江钻心湖渔业有限公司
7			寒地菜香	蔬菜	宁安市国占蔬菜专业合作社
8			鳌乡	其他	宁安市鳌月湾水产养殖专业合作社
9			高山堰塞湖	蔬菜	宁安市宁古塔蔬菜专业合作社
10			镜响	水稻	宁安市镜响大米专业合作社
11			御膳田	水稻	宁安市玄武湖大米专业合作社
12			五道沟	杂粮	宁安市宝山农产品专业合作社
13			明锋园	肉	宁安明锋生猪养殖专业合作社
14			沿江石	水稻	宁安市渤海沿江石大米专业合作社
15			东园子	蔬菜、林果	宁安市兴盛果菜专业合作社
16			东北马铃薯	马铃薯	宁安市金钰马铃薯专业合作社
17			三陵村	水稻	宁安市三陵村水稻专业合作社
18			石板源	水稻	宁安市石板水稻专业合作社
19			镜泊湖	水稻	宁安市镜泊湖大米专业合作社
20			火山岩	水稻	宁安市火山熔岩大米专业合作社
21			响稻家	水稻	宁安市瑞发大米专业合作社
22			响香	水稻	宁安市渤海源水稻专业合作社
23			影响	水稻	宁安市龙泉水稻专业合作社
24			超响	水稻	宁安市渤海镇西莲水稻专业合作社
25			米妮田园	水稻	宁安市响莲稻米专业合作社
26			板香源	水稻	宁安市台地山庄水稻种植专业合作社
27			稻秋香	水稻	宁安市稻秋香稻米专业合作社
28			自种来	蔬菜、林果	宁安市大华成果蔬农民专业合作社
29	海林市	威虎山		食用菌	海林市远东商贸有限公司
30		北味		食用菌	海林市北味天然食品有限公司
31		鑫庄园		水稻	海林市金色庄园米业有限责任公司
32		森宝源		食用菌	海林市森宝源天然食品有限公司
33		富源琦珍		食用菌	海林市富源菌业有限责任公司
34		海河		水稻	海林市海河米业有限公司
35		海湘河庄园		水稻	海林市文中水稻专业合作社

续表

序号	县（市、区）	农业企业品牌名称	农产品品牌名称	产品类别	所属企业全称
36	海林市	豪堂		水稻	海林市森展有机食品有限责任公司
37		海浪河		水稻	海林市新安镇国栋精制米加工厂
38		亓嘉		其他	海林市山市镇鑫铭果仁加工厂
39		森洁		食用菌	海林市森洁天然食品有限公司
40		悦来颐和		食用菌	海林市悦来颐和食用菌种植专业合作社
41		海麟玉品		食用菌	海林市光明食用菌专业合作社
42		寒香来		玉米	海林天龙食品有限公司
43		金老头		水稻	海林市新新永乐粮食种植专业合作社
44		谷米集		水稻	牡丹江响农农副产品有限公司
45	穆棱市	皓月		肉类	黑龙江省皓月食品有限公司
46		瑞多依		大豆、杂豆、杂粮	穆棱市凯飞食品有限公司
47		津泽淳		大米	穆棱市恒源商贸有限公司
48		悬羊砬子		食用菌	穆棱市悬羊食用菌农民专业合作社
49		龙穆耳		食用菌	穆棱市食用菌协会
50	东宁市	天施恩		水稻	东宁县天施恩现代农业发展有限责任公司
51		林彦达		食用菌	东宁市林达工贸有限公司
52		芬河帝堡	芬河帝堡	其他	黑龙江禄源酒业有限公司
53			紫金花	其他	
54		双杈子	双杈子	食用菌	黑龙江宏福山特产品有限责任公司
55		北域良人	北域良人	食用菌	东宁北域良人山珍食品有限公司
56			福佳翔	食用菌	
57			运福	食用菌	
58			运福元宝耳	食用菌	
59			运福黄金耳	食用菌	
60			泉眼河	食用菌	
61		福睿达	福睿达	食用菌	东宁英奈尔山产品有限责任公司
62		双胜远达	双胜远达	大豆	东宁双胜远达食品有限公司
63		泓儒	泓儒	食用菌	黑龙江鳞河山珍食品有限公司
64		山友	木耳娃娃	食用菌	东宁山友食用菌科技研发有限公司
65			润乡	食用菌	
66		原木子	原木子	食用菌	东宁东辉食用菌科技研发有限公司
67		祥伟	祥伟	食用菌	东宁林祥山珍产品加工有限公司
68		润乡	唯美庄园	食用菌	东宁润乡山产品有限公司
69		珍珠耳	珍珠耳	食用菌	黑龙江佰盛食用菌有限公司

续表

序号	县（市、区）	农业企业品牌名称	农产品品牌名称	产品类别	所属企业全称
70	绥芬河市	维多宝	维多宝黑木耳	食用菌	黑龙江省维多宝食品股份有限公司
71			维多宝有机黑木耳	食用菌	
72			维多宝富硒秋木耳	食用菌	
73		珍汇选	珍汇选黑木耳	食用菌	
74		米格	米格鸡蛋	其他	绥芬河市米格牧业有限公司
75		旗镇	旗镇猪肉	肉类	绥芬河市畜牧有限公司
76		吉嶺	吉嶺蜂蜜	其他	绥芬河市崔吉明养蜂合作社
77			吉嶺蜂王浆	其他	
78			吉嶺蜂花粉	其他	
79	林口县		奎山孙记粉条	马铃薯	林口县太平食品加工有限公司
80	阳明区	萨哈林		其他	黑龙江萨哈林食品有限公司
81		慈蜂堂		其他	黑龙江小慈生态农业发展有限公司
82	西安区	北纯		杂粮	黑龙江北纯农产品开发有限公司
83		龙莫绿蔬		蔬菜	牡丹江市西安区兴农蔬菜种植农民专业合作社
84	爱民区		吉稻、康有源品	水稻	牡丹江康之源农业有限责任公司
85	东安区		兴隆大西村	林果	东安区兴隆镇西村村汪庆利家庭农场
86			山萃源	食用菌	东安区兴隆镇迎门山村山萃源木耳专业合作社
87			丹峰果蔬	蔬菜	东安区丹峰绿园蔬菜专业合作社
88			东北抱团米	水稻	东安区东胜村丹峰泉彩米农民专业合作社
89			富友	其他	东安区富合友食品加工厂

说明：1. 品牌类型：农业企业品牌（以加工生产农产品以及销售为主的企业，企业或产品拥有注册商标使用权，且由于企业自身实力而形成品牌，或凭借生产销售的产品品牌影响力而形成品牌的农业企业，包括合作社及家庭农场等主体）、农产品产品品牌（在农产品及其初加工产品上使用的，用于区分其他相同和类似产品的名称、术语、象征、符号及其组合等标志）。

2. 类别包括：玉米、水稻、大豆、杂粮、马铃薯、蔬菜、食用菌、奶、肉、林果、中药材、其他等

（资料来源：市农业农村局《关于推进农业标准化生产和市场化营销　打造品牌农业的调研报告》）

【农产品质量建设】　2021年，牡丹江市开展特色农产品标准体系建设，健全涵盖农业产前、产中、产后各个环节的标准体系，打造规模化种植养殖、标准化生产和产业化经营为主的现代农业产业体系，确保全市农业生产经营有章可循、有标可依。修订、完善各类农业生产技术规范和操作规程，形成农产品从田间到餐桌的全过程质量标准指标体系。搭建农产品质量安全追溯系统，全市建设农产品质量安全监管公共服务机构49个，工作人员97人。县级网格10个，工作人员15人；镇级网格49个，工作人员77人；村级网格768个，工作人员773人。各县（市）搭建农产品质量安全追溯平台，农产品质量安全执法检查、抽样检测、行政处罚联动机制有效运行。

（市农业农村局　殷秀彦）

【农业综合行政执法】　2021年，开展农业投入品“假、劣、转、无证生产”等违法行为专项整治、镜泊湖及牡丹江水域私捕滥捞违法行为专项检查、省（市）菜篮子农产品质量跟踪监测及线索查处、生猪等活畜产地检疫专项检查、兽药诊疗行业规范检查、农业机械交通安全专项整治、村级财务专项检查、农药包装废弃物回收处理监督检查八大方面农业综合行政执法工作，检查商户门店356家、生产企业125户，农业行政执法立案查处58起，结案58起。开展执法大练兵活动，组织人员深入6县（市）畜牧领域实地执法指导，向有关县（市）现场移交属地管理案件7起。

（市农业农村局　刘丹宇）

粮食生产

【概况】　2021年，全市农作物总播种面积保持在1000万亩左右，其中粮食作物播种面积972.3万亩，粮食总

2021年10月，牡丹江大米再次喜获丰收。图为宁安市渤海镇农民收割稻米
（张 伟 摄）

产量29.75亿公斤，实现“十八连丰”。组织实施农业技术推广项目26项，其中玉米优质高产综合栽培技术、测土配方施肥技术等10项农业重点推广项目落实面积2484.1万亩次。持续加大高标准农田项目推进和质量监管力度，年内完成建设任务39.17万亩，全市高标准农田总面积达到111.75万亩，占播种面积的12%左右。借鉴“兰西模式”，全面推进农业生产托管服务，省级“示范县”“试点县”“示范乡（镇）”分别达到2个、3个、7个，托管面积160.33万亩。

【水稻种植】 2021年，全市水稻播种面积75.4万亩，总产量6.6亿斤，平均单产875.3斤/亩，主栽品种有龙稻18、松粳18、绥粳18、五优稻4等，区域分布情况为市辖区6.5万亩、林口县11.4万亩、海林市14.1万亩、宁安市28.8万亩、穆棱市9.7万亩、东宁市5万亩。

【玉米种植】 2021年，全市玉米播种面积549.1万亩，总产量43.8亿斤，平均单产797.7斤/亩，主栽品种有禾育187、金庆908、富尔116、绿单2号、吉单54等，区域分布情况为市辖区65.9万亩、林口县126.2万亩、绥芬河市0.8万亩、海林市94.5万亩、宁安市135.7万亩、穆棱市85.4万亩、东宁市40.6万亩。

【大豆种植】 2021年，全市大豆播种面积319.4万亩，总产量7.2亿斤，平均单产225.4斤/亩，主栽品种有垦鉴23、合丰55、黑农44、垦丰17、黑农38、绥农4等，区域分布情况为市辖区22.8万亩、林口县90.4万亩、绥芬河市2.6万亩、海林市35.4万亩、宁安市35.2万亩、穆棱市96.2万亩、东宁市36.8万亩。

【其他粮食作物种植】 2021年，全市除玉米、大豆和水稻三大粮食作物，其他粮食作物播种面积28.4万亩，其中：薯类播种面积18.3万亩，产量1.44亿斤；杂豆播种面积5.8万亩，产量0.11亿斤；杂粮播种面积4.3万亩，产量0.33亿斤。

（市农业农村局 徐 健）

食用菌产业

【概况】 食用菌产业是牡丹江市农业主导优势产业和富民惠民产业，2021年，全市食用菌规模稳定在23亿袋，约占全国的3%，全省的34%（其中，黑木耳20.6亿袋，占全国的14%，全省的32%；猴头菇1.6亿袋，占全国的13%，全省的80%），总产量115万吨（鲜品），拉动农民人均收入1700元。推动食用菌全产业链建设，初步形成围绕菌种研发、菌需物资供应、食用菌生产、产品加工、运输、销售和食用菌机械、废弃物回收利用的全产业链条，对农民增收致富、资源综合利用、生态环境保护起到重要作用。

【菌需物资供应】 2021年，全市有菌包厂100余户，黑尊、佰盛等大型现代化菌种菌包生产项目入驻牡丹江市，供应全市菌农使用，改变了“家家搭灶、户户冒烟”的土作坊生产方式，全市形成专业市场、综合市场、专业商店相结合的菌需物资供应体系。贵龙、永兴等一批食用菌机械企业发展迅速，粉碎、拌料、装袋、接菌、灭菌、打孔等食用菌专业设备应运而生，提高食用菌产业劳动生产率。截至年末，全市有食用菌机械生产企业25户，年产12大类专用设备近4万台（套）。

【食用菌产业园区】 2021年，牡丹江市以园区化、棚室化为突破方向，加快建设一批标准化食用菌园区，推动食用菌产业向节约集约、优质高效方向转型升级。全市有食用菌标准化园区100个，专业村210个，棚室菌规模达到5.2亿袋，占总规模比重提升到23%。海林市加快新民河猴头菇产业带建设，建成标准化猴头菇园区10个，菇棚总量5000栋，年生产猴头菇1亿袋，袋均效益1元以上，鲜品产量5万吨。穆棱市推进穆棱河流域食用菌产业带建设，穆棱市鑫北科技公司双孢菇产业园占地面积18万平方米，年产鲜双孢菇2000吨以上，每斤效益1.5元，产品主要销往俄罗斯及国内市场，为省内首家工厂化、机械化草腐菌对俄出口生产加工企业。东宁市以国家级黑木耳标准化栽培示范园区为重点，建成标准化生产基地38个，食用菌园区化水平达到85%。

【食用菌生产技术】 全市有黑龙江农业经济职业学院、黑龙江林业职业技术学院、省农科院牡丹江分院、省林副特产所、省林业科研所等16家科研机构，拥有一大批黑木耳科技人员和具有丰富实践经验的专业人才。制定出台黑木耳、猴头菇、滑子蘑等标准化技术操作规程，组织开展新品种、新技术研究60余项，独创越冬耳、元宝耳栽培技术，黑木耳小孔栽培、春耳秋管、棚室吊袋、替代料栽培等技术全国领先。2021年，东宁市食用菌研发中心开展西藏6号等新菌种试种、菌糠替代木屑栽培黑木耳试验和棚室挂袋黑木耳试验，东宁市食用菌协会发布《地理标志产品东宁黑木耳》团体标准，标准的发布和实施对规范产业发展，全面提升黑木耳管理水平和发展水平具有重要意义。

【食用菌加工企业】 2021年，全市有食用菌加工型龙头企业32户，其中国家级龙头企业2户（东宁雨润、海林北味），省级龙头企业5户（牡丹江中龙食品、龙飞商贸、绥芬河维多宝、林口岩手、穆棱凯飞），龙头企业年加工量11万吨，精深加工占比提升到10%。培育一大批知名品牌，其中，全国驰名商标1个（维多宝），全省著名商标10个（绥阳耳、双枒子、运福、福睿达、林彦达、北味、森宝源、岩手、世纪中龙、丛名），市级知名商标10个，东宁市“运福”“双枒子”“润乡”，海林市“北味”“森宝源”“千菌方”，穆棱市“悬羊砬子”“瑶阳羽”“龙穆耳”“穆菇”“北国香菇”，林口县“岩手”“吉庆”，绥芬河市“维多宝”等品牌具有较高知名度。海林市俊峰食品有限公司与北京千菌方菌物科学研究院合作，建设猴头菇原浆暨饮品加工项目，生产猴头菇原浆、饮料、含片、冲剂等产品，延伸产业链条，填补国内猴头菇产品精深加工领域空白。

【市场营销】 2021年，依托食用菌产业基础，举办第六届中国·牡丹江黑木耳节，承办第三届全国黑木耳产业创新发展大会，全面搭建起贸易、洽谈、合作、交流的平台，提升牡丹江市食用菌的知名度和影响力，构建起专业市场、互联网、经纪人营销的“三驾马车”。建成以东宁雨润绥阳木耳批发大市场、海林市农产品综合交易市场、牡达农副产品物流园为主体的食用菌市场体系，东宁雨润绥阳木耳批发大市场销售量达到100万吨（鲜品），约占全国黑木耳总销售量的三分之一，成为国家发改委、农业部、商务部等八部委联合授予的“全国农业产业化龙头企业”和农业部“定点市场”。全年“互联网+”电商平台销售方式占到总销售额的32%，“东宁黑木耳”“北域良人”“天猫香山绿源”“海林威虎山食用菌网”“农品天下网”“悦来颐和”等一批网上旗舰店、专营店成立，以新模式促进产业新发展。全市从事食用菌经销的经纪人近4000人，年经销额100余亿元，在开发市场和带动基地上发挥积极作用。

（市供销社 张鸣霞）

2021年9月，东宁黑木耳标准化栽培示范园区木耳采摘 （秦玉强 摄）

中药材产业

【概况】 2020年，牡丹江市出台《推动中医药产业发展三年行动计划（2020—2022年）》，全力推进中药材产业发展。2021年，全市中药材种植品种、面积由2017年的29个、5万亩，发展到种植品种近200个，面积26.2万亩（不含农垦、森工系统）。1000亩以上的品种发展到28个，5000亩以上的品种发展到12个，其中，刺五加、平贝、白鲜皮、防风、苍术、人参、蒲公英种植面积超万亩。启动建设中药材交易市场2个、良种繁育基地1个。

【全省中药材示范基地建设】 2021年，全市新增中药材种植面积5.8万亩，达到26.2万亩。通过推广工商资本、新型主体带动模式，全市中药材基地规模进一步扩大，林口县开展省中药材示范县基地项目建设，宁安市海浪镇、海林市老家站村等6个乡、村开展省中药材示范乡、村基地项目建设，宁安市获得全省中药材良种繁育基地示范项目。

【全省道地药材生产基地建设】 2021年6月24日，在2021首届中国铁力平贝节暨“寒地龙药”产业发展高峰论坛上，省农业农村厅为全省十大道地药材生产基地授牌，牡丹江市林口黄芪、穆棱人参、宁安苍术占其三席。全市中药材种植面积（不含农垦、森工系统）发展到26.2万亩，形成海林平贝、刺五加，林口黄芪、蒲公英，穆棱人参、黄芩，宁安苍术、白鲜皮，东宁紫苏、灵芝等一批优势产业集中区，全市中药材产业规模、区域优势、

2021 年，海林市二道河镇老家站村“千亩中草药示范基地”
（市农业农村局　供图）

品牌效应位列全省前列。

【林口黄芪被认证为地理标志】 2021 年 6 月，林口黄芪被农业农村部认证为“林口黄芪”地理标志，莲花镇获得全国首批黄芪“三品一标”产品认证，获得黑龙江省农业农村厅、省医药管理局等相关部门十多项认证。林口黄芪种植面积 1.5 万亩，年产商品黄芪 1.5 万吨，占全国黄芪年销售市场 10 万吨的 15%，占高药物含量优质黄芪市场份数 50% 以上。
（市农业农村局　汪佳宝）

林　业

【概况】 2021 年，全市林业产值 201.86 亿元。其中，第一产业产值 114.72 亿元，主要由涉林产业和林业系统非林产业两大类构成；第二产业产值 82.91 亿元，由涉林产业和林业系统非林产业两大类构成；第三产业产值 4.23 亿元。全市地方林业经营面积在千万亩左右，分布在 9 个县（市、区）、43 个国有林场及乡镇。全市认真践行习近平“绿水青山就是金山银山”生态文明思想，加快发展林下经济，推动林果、林药、林菌、林养和林游等林下经济基地建设，扩大产业规模，提高经济效益，全年全市林下经济产值 103.6 亿元，占林业产业半壁江山，处于全省领先行列。

【规模化经营】 牡丹江市充分发挥地方林场林地多的优势，采取公私联建联营、工商资本自建自营等方式，建设城区东和林场大榛子、林口县柞木林场红树莓、宁安市江东林场寒地果、海林市德家林场红松兼果林、东宁市通沟林场大榛子及食用菌、穆棱市代马沟林场北药等高标准林下经济示范基地。发挥新型主体主力军作用，探索城区工商资本自营自建、林口科技推营、东宁工商企业出资金 + 合作社出土地股份经营等模式，培育壮大 120 个大榛子、沙棘、食用菌等新型经营主体。强化能人带动，放大农村“熟人”社会效应，培育东宁盛艳景、林口杜中元、穆棱王树生、市本级杜振强等 25 名林下经济能人，带动全市建设 45 个食用菌、36 个坚果、17 个浆果等 98 个林下经济基地，实现林下经济由分散经营向规模经营，集约开发方式转型升级。

【林产品加工】 壮大加工集群，按照绿色特色融合、存量增量并重、高端高效结合的开发思路，全市先后培育出城区丛名菌业集团龙飞商贸实业有限公司、海林森宝源、东宁顺风公司等一批加工龙头，形成以绿色食品开发为主导的林产品加工产业体系。2021 年，全市林产品加工能力 15 万吨，年产值 22.84 亿元。

【林产品销售】 完善市场体系，按照线上线下并进、优质优价结合的方向，在东宁绥阳黑木耳大市场、东北山货交易大市场、海林市农产品综合交易大市场等大型物流市场建立 23 个林副产品专卖店（专柜），培育北味食用菌、上田农业、龙飞商贸等 6 个农产品电商平台和一大批网上专营店，培育红林之梅树莓产品、森宝源山特产品、世纪中龙山珍产品等区域优势产品品牌，有效带动牡丹江市林特产品“走出去”。2021 年，全市实现林产品销售额 53.9 亿元，同比增加 6.7 亿元。

【林果基地建设】 依托牡丹江市坡岗地多、适宜还林面积多的优势，实施政策、资金、项目、科技定向支持，以城区、东宁、林口等县（市、区）为重点，着力扩大森林红松兼果林、大榛子两大品种规模。截至 2021 年末，全市坚果种植面积 59.20 万亩，其中大榛子 6.92 万亩，红松兼果林 52.28 万亩，亩均效益分别达到 4100 元、1200 元，实现增绿色、增收入“一举两得”效果。扩大寒地浆果种植面积，针对本地气候冷凉、适宜寒地浆果种植的特点，以宁安、穆棱、林口和城区等县（市、区）为重点，组织农民种植红树莓、沙棘等寒地浆果。两种浆果种植面积达到 14.59 万亩，其中红树莓 0.91 万亩、沙棘 13.68 万亩，亩均效益分别达到 11800 元、4000 元，与粮食作物相比，“一亩顶十亩”效益优势明显。截至年末，全市地方林

2021 年 10 月，宁安市镜泊湖果树场鸡心果采摘　（赵　波　摄）

业建成以红松、大榛子等坚果，树莓、沙棘、寒地果等浆果为主的林果基地 380 个，总面积 97.7 万亩，总产量 135 万吨。林口县结合“三北”防护林、退耕还林和精准扶贫工程大力推广沙棘种植，成立种植专业合作社和服务站 10 多家，按照“公司＋合作社＋基地农户”和“国有林场 + 园区”运营模式，引领辐射广大农户参与沙棘种植。全县种植“深秋红”沙棘近 10 万亩，新建 500 亩以上规模沙棘基地 12 个、育苗基地 10 处，繁育优质苗木近千万株。

【林菌基地建设】　实施耳菇并进，构建食用菌全国领先优势。全市先后建设东宁佰盛、黑尊和市城区浩盛等工厂化食用菌项目，打造东宁大城子无公害黑木耳生产示范园区、海林食用菌产业园、海林新民河猴头菇产业带等一大批棚室基地，有效带动食用菌产业向工厂化、设施化方向发展，产业规模、市场、技术、质量、效益优势全国领先。截至 2021 年末，全市建成以黑木耳、滑子蘑、猴头菇、香菇为主的珍稀食用菌基地 1400 余个，栽培总量达到 23 亿袋（块），总产量 115 万吨（鲜品），成为林下经济支柱产业。

【林药基地建设】　截至 2021 年末，全市建成以人参、平贝、五味子、刺五加、防风、黄芪、白鲜皮为主的北药种植基地 358 个，总面积近 3 万亩，年产量 1.6 万吨。

【林养基地建设】　截至 2021 年末，全市建成以生猪、牛、羊、蜂、林蛙、特种动物、森林鸡、森林鹅为主的林下养殖基地 460 个。其中，猪、牛、羊养殖总量 20 多万头，蜂 2 万多箱，林蛙 3000 万只以上，林禽 140 万只以上。

（市林草局　李广学）

畜牧业

【概况】　2021 年，全市畜牧业产值 74.74 亿元，同比增长 8.1%。主要畜禽品种存出栏量维持合理稳定区间，肉蛋奶产量分别达到 15.02 万吨、4.32 万吨、2.34 万吨，同比分别增长 11.74%、6.36%、2.75%。貂、狐、貉存栏 3.8 万只，马鹿、梅花鹿存栏 4225 只，特种禽类存栏 102.5 万只，鹿茸、毛皮、熊胆汁、禽蛋产量 400 万吨，产值实现 4 亿元。实施国家粮改饲建设项目，全年全市完成全株青贮玉米种植面积 2.32 万亩，收贮青贮饲料 6.68 万吨。

【畜禽养殖】　截至 2021 年末，全市生猪存栏 83.14 万头，同比下降 1.12%，其中能繁母猪存栏 7.06 万头，同比下降 5.97%；生猪出栏 107.99 万头，同比增长 15.20%，产猪肉 8.64 万吨，同比增长 16.36%。全年奶牛存栏 0.44 万头，同比下降 30.79%，奶牛存栏下降的主要原因是 1 家奶牛规模养殖场停业。牛奶产量 2.34 万吨，同比增长 2.75%，牛奶收购价格全年平均在 4.33 元 / 公斤。肉牛存栏 31.98 万头，同比增长 8.03%；肉牛出栏 20.20 万头，同比下降 1.31%。羊存栏 36.37 万只，同比下降 6.17%；羊出栏 41.52 万只，同比增长 7.96%。肉鸡存栏 183.06 万只，同比增长 4.28%；肉鸡出栏 846.49 万只，同比下降 2.78%。蛋鸡存栏 337.04 万只，同比下降 12.93%。大鹅出栏 130 万只。

【畜禽屠宰】　2021 年，全市有生猪定点屠宰厂（场）16 户、牛定点屠宰企业 9 户、羊定点屠宰企业 9 户、禽定点屠宰企业 8 户。推进生猪屠宰标准化创建，全市 1 户生猪屠宰企业被确定为国家级标准化示范厂。强化畜禽屠宰监督执法，建立联合执法机制，严厉打击私屠滥宰等违法行为。

【动物疫病防控】　强化非洲猪瘟等重大动物疫病防控，组织落实网格化管理全覆盖，制定《2021 年牡丹江市动物疫病监测与流行病学调查计划》，有序开展动物疫病监测和流调工作，监测各类动物疫病样品 8803 份。实施牲畜口蹄疫、高致病性禽流感、布病集中强制免疫，有效构筑免疫屏障。坚持人病兽防、关口前移，扩大炭疽等疫病宣传覆盖面，提高群众防治意识。推动院企合作，中国农业科学院哈尔滨兽医研究所在牡丹江市设立省内首个检测服务站——“哈兽研动物

2021 年，林口县柳树镇大鹅养殖场　（范德福　摄）

卫生检测中心牡丹江服务站”和“哈兽研研究生实践训练基地”。

【兽医兽药管理】　2021 年，组织官方兽医资格审查确认，新增官方兽医 19 人，注销官方兽医资格 28 人。有序开展执业兽医、乡村兽医备案，实现应备尽备，实时更新。统筹实施全市兽药质量安全专项整治行动，开展兽药质量监督抽检 25 批次，合格率 100%；动物及动物产品兽药残留抽检 8 批次，合格率 100%。

【饲料行业监管】　2021 年，全市完成 3 批次饲料及瘦肉精抽检任务，抽检饲料样品 70 份，现场抽检尿样 75 份，检查范围涵盖 43 个乡镇、40 余户饲料生产销售企业、30 余家畜禽规模养殖场，经送省检测，全部样品合格率 100%。开展“互联网 + 行政许可”饲料和饲料添加剂网上行政许可事项审批工作，采取网上视频审核申报饲料生产许可，新设立饲料企业 4 户，续展饲料企业 3 户。

（市农业农村局　周　迪　刘　洋）

渔　业

【概况】　2021 年，牡丹江市水产养殖品种以大宗水产品为主，水产品总产量 19621 吨，同比增长 5.4%。按所有制划分，国有渔业 2883 吨，集体渔业 5198 吨，个体渔业 11540 吨；按获取方式划分，养殖产量 18994 吨，捕捞产量 627 吨。

【水产绿色养殖技术】　2021 年，牡丹江市在开展生态健康养殖模式推广行动中，发展生态健康养殖、养殖尾水治理、养殖用药减量、配合饲料替代、种业质量提升等“五大行动”水产绿色健康养殖技术。推荐黑龙江省镜泊湖水产养殖场、东京城镇红星渔场、宁安市钻心湖虹鳟鱼场为省级“五大行动”示范基地。

【增殖放流】　2021 年，投入中央财政资金 30 万元，在镜泊湖放流蒙古鲌（红尾鱼）38.58 万尾；投入中央财政资金 77 万元，在绥芬河黑龙江段放流大马哈鱼 60 万尾和滩头雅罗鱼 85 万尾；投入中央财政资金 15 万元，在海浪河长汀段放流黑龙江茴鱼 3 万尾；镜泊湖水产养殖场投入资金 220 万元，在镜泊湖放流花白鲢 320 万尾；苏式仓储有限公司投入资金 150 万元，在莲花水库放流花白鲢 150 万尾，全市合计放流 656.58 万尾。

【水产养殖种质资源普查】　2021 年 8 月，第一次全国水产养殖种质资源普查工作启动，牡丹江市成立水产养殖种质资源普查工作办公室，整体调度全市普查工作。督促全市 10 个县（市、区）普查工作组按时完成现场普查、信息录入、省级审核等相关工作。全市普查水产养殖场户 1862 户，完成普查面积 261597.06 公顷，登记全市水产养殖资源鱼类 39 种，虾蟹 1 种，蛙类 2 种。

【渔业安全】　2021 年 5 月，市农业农村局印发《关于加强牡丹江市渔业安全管理工作的紧急通知》，针对全市渔业安全提出 5 项具体要求。加大牡丹江市区江段渔业船舶安全隐患排查力度，对市区江段的 19 条渔船进行现场检验，宣传捕捞渔船安全操作注意事项，对船名号不清晰的渔船重新喷涂，为渔民现场办理渔船证书检验。5 月 16 日—7 月 31 日禁渔期期间，所有渔业捕捞船舶禁止违规从事渔业生产作业。对镜泊湖水域机动渔船进行渔业安全隐患排查，对渔船的船长、船宽、型深、发动机功率等参数重新测量和记录，做到渔船实际参数和渔业船舶证书记录精确吻合。6 月 1 日，市农业农村局与市海事局执法人员对黑龙江镜泊湖水产养殖场山庄分场开展渔业安全联合检查，检查渔业船舶是否适合生产作业，消防设施是否齐备，对不清晰的船名号重新喷涂，同时测量船体各项参数。

【水产品质量安全】　2021 年，《牡丹江市水产养殖用投入品专项整治三年行动方案（2021—2023 年）》印发，压实属地监管责任和企业主体责任，健全水产养殖用投入品监管机制，保障地产水产品质量安全。在全市开展水产品质量安全监测，检查饲料企业 3 户、投入品销售企业 6 户、养殖企业 160 户，全市抽取饲料样品 2 户，抽检水产品样本 80 个，检测合格率 96.26%。

【渔业招商引资】 2021年，北创商学院创新领袖EMBA研究班20多个国内知名企业到牡丹江市考察，牡丹江市与安徽富煌集团、镜泊湖水产养殖场与北京北水食品有限公司洽谈鱼糜等加工合作事宜。考察烟台经海海洋渔业建设的深海鱼养殖平台，推进黑龙江钴心湖渔业、黑龙江水产研究所与烟台经海海洋渔业签订鲑鳟鱼产业发展战略合作框架协议。推动虹鳟“水科1号”落户牡丹江，布局水产现代种业。

【渔政执法】 2021年，全市出动执法人员1977人次，执法车辆537车次，陆上巡查里程21215公里，分别执行水产养殖用投入品规范使用专项执法行动、渔船自然停靠点执法检查、船舶网具修造厂点执法检查、水产市场执法检查等；水上巡查里程6168公里，检查渔船278艘（次），清理整治违规网具216张（顶）。全市范围内查办违规违法案件8件（已结案），查获涉案人员9人，查获渔获物100公斤，渔获物价值0.069万元，行政处罚处以罚金3.55万元。

（市农业农村局　杨　锐）

种　业

【概况】 2021年，市农业部门科学指导推介良种，组织有关作物育种、栽培、推广专家，制定《牡丹江市2021年主要农作物优质高效品种种植区划布局》，确定玉米、水稻、大豆三大主要农作物88个高产优质品种，指导种植户科学选种用种，促进粮食增产、农民增收。承担6个玉米、水稻、大豆三大主要农作物品种省级公益性试验点的试验任务，为加快高产、优质农作物新品种的审定提供科学数据依据。按照《黑龙江省种业振兴行动实施方案》，宁安市、林口县两个县（市）被认定为国家杂交玉米制种基地，全市主要农作物良种基本实现全覆盖。

（市农业农村局　梁孝莉）

【种质资源】 2021年，黑龙江省农业科学院牡丹江分院（以下简称分院）保存大豆种质资源3416份，其中包括外引、自育栽培大豆3056份，外引野生大豆360份；水稻种质资源（外引、自育）1258份；玉米种质资源（自育）36份；苹果种质资源31份，其中包括苹果25份，海棠2份，山荆子4份；梨种质资源11份；黑茶藨子种质资源16份；蓝果忍冬种质资源23份；李种质资源75份；杏种质资源5份。分院有试验耕地100公顷，用于资源保存活体种植的耕地40公顷。水稻种质资源保存库200平方米，大豆低温种质保存库30平方米，玉米种质资源保存库25平方米，果树活体保存果园20公顷，干燥通风种质保存柜1台。

（省农科院牡丹江分院　时新瑞）

【种业成果】 2021年，牡丹江市审定大豆新品种2个，牡豆23、东生201；审定水稻品种2个，牡育稻44、牡育稻66。马铃薯品种“牡育薯1号”进入新品种登记程序。申请植物新品种权5件，牡豆23、东生83、东生85、东生201、鸿韵李。获得植物新品种权3件，牡豆9（CNA20162430.4）、牡豆11（CNA20191006041）、牡豆15（CNA20191005498）。通过成果转化，与讷河市绿农种业等多家知名种子企业开展合作，完成牡豆12、牡豆14、牡豆23、东生79共4个品种成果转化；与佳木斯德育农业等种子企业开展合作，完成牡育稻49水稻品种的成果转化。2021年，作物品种成果转化金额130万元。

（省农科院牡丹江分院　时新瑞）

【种业知识产权保护】 按照省农业农村厅《黑龙江省2021年保护种业知识产权专项整治行动实施方案》要求，市农业农村局在全面推进种业监管执法年的基础上，8月开始，集中开展为期半年的种业知识产权保护专项整治行动，制定《牡丹江市2021年保护种业知识产权专项整治行动实施方案》，牢铸产权保护意识防御盾牌。组织全市农业农村部门和有关单位70人参加国家保护种业知识产权专项整治行动视频会议，开展种业知识产权保护宣传进企业、进市场、进农村等活动，提高社会各界特别是种业企业产权保护意识。

（市农业农村局　柴晓芳）

【玉米制种基地苗期转基因专项检查】 2021年苗期，对牡丹江市辖区内杂交玉米制种基地进行转基因专项检查，检查企业11户，利用转基因试纸条对玉米叶片做转基因快速检测，检测结果均为阴性。对各制种企业的证照、生产品种、繁育地点与生产经营许可证进行核对，结果一致，具有品种权许可，均经过审定。生产经营档案健全，受委托生产者均有备案，生产委托书（合同）齐全，生产的品种、面积与委托书（合同）一致。

（市农业农村局　柴晓芳）

【夏季种子生产基地巡查】 2021年夏季，市农业农村局对全市杂交玉米、大豆生产基地开展专项巡查，此次巡查行动以繁（制）种企业生产经营许可、生产备案、委托合同、品种权属和亲本来源等内容为重点，对杂交玉米、大豆繁（制）种基地无证生产、生产非法转基因种子以及盗取亲本、抢购套购等侵权行为严厉打击。全市有17户繁（制）种企业进行种子生产，其中本地企业13户，其他地区企业4户。17户繁（制）种企业证照齐全，资质符合要求，质量控制及种子生产经营档案建立健全，委托制种的均能提供制种委托手续。种子生产品种77个，其中玉米品种37个，大豆品种40个，繁（制）种企业生产的品种、地点与许可证注明项目一致。制种面积5.4975

万亩，其中玉米杂交种子生产面积1.585万亩，大豆种子生产面积3.9125万亩。制种面积与生产信息报送情况一致，无未按照种子生产经营许可证的规定生产和无证生产种子等行为。对杂交玉米制种田、大豆常规种繁殖田的生产情况和田间管理情况进行检查，全市抽检企业16户、63个品种，抽检面积5.07万亩，其中杂交玉米制种企业10户、29个品种，抽检面积1.1万亩；大豆常规种繁殖田企业8户、34个品种，抽检面积3.87万亩，所抽检种子繁（制）种田的隔离区设置均符合种子生产技术规程要求。杂交玉米种子生产田除杂去雄彻底，田间杂株率和母本散粉率低于规定标准，均在规定标准范围内。

（市农业农村局　柴晓芳）

【秋季种子生产基地检查】　2021年秋季，市农业农村局对林口县、宁安市两大农业农村部认定的杂交玉米种子生产基地进行检查，以制种企业生产经营许可、生产备案、委托合同、品种权属和亲本来源等内容为重点，对基地生产品种的真实性、转基因成分等特性进行抽样检测，完成玉米果穗现场转基因检测样品8份，检测结果均为阴性，严禁假种子、非法转基因种子流入基地。

（市农业农村局　柴晓芳）

东宁市农业对外开放合作试验区

【概况】　东宁市农业对外开放合作试验区（以下简称试验区）是农业农村部首批认定的农业对外开放合作试验区之一，试验区总面积7139平方公里，辖6镇102个行政村，人口23万。2021年，受新冠肺炎疫情影响，东宁市在俄农业合作开发总面积减少20万亩，总量为340万亩，对比2019年降低5.6%。牛、禽分别达到1300头、28万只。黑木耳是试验区主导产业，生产规模9.5亿袋，产量4.5万吨，实现产值40亿元，黑木耳产业单项人均增收1.6万元，是全市头号富民产业，连续十六年位居黑龙江省榜首。创建15万亩全国绿色食品原料（黑木耳）标准化生产基地，培育全国最大的黑木耳交易市场，年交易量20万吨，交易额70亿元。东宁黑木耳成为全国农产品地理标志示范样板，列入首批中欧互认名单，并荣获中国百强农产品区域公用品牌，东宁黑木耳品牌价值181.27亿元。凭借黑木耳，东宁跻身中国特色产业百佳县行列。

【建设规划】　东宁市被确定为全国首批、全省唯一农业对外开放合作试验区建设试点以来，充分发挥自身区位优势、产业优势和对外合作优势，主动融入“一带一路”中蒙俄经济走廊建设，打造境外农业合作大集团、中俄农产品贸易大通道、进口粮食加工大基地，在政策服务、运行机制和出口基地建设等方面取得突破性进展。编制完成《东宁市对外农业开放合作试验区建设规划》和《东宁市农业（黑木耳产业）对外开放合作试验区建设规划》，进一步明确农业对外开发合作总体要求和发展目标以及重点建设项目，使试验区在建设实施过程中，不盲目、有抓手，奠定了取得良好成效的坚实基础。

【跨境连锁加工】　2021年，试验区突出中俄“双向贸易、双向加工”模式，实现境内、境外园区互动配套发展，深化与俄方资源合作与开发，形成跨境产业配套体系、产业链分工合作体系，基本建成集境外粮食回运、加工、储存、运输、销售于一体的俄罗斯进口粮食物流加工园区。银河10万吨进口大豆加工项目、天马公司与河南许昌企业合作万吨进口大豆食品加工项目正式投产；丰禄豆制品加工项目完成厂区、设备改造，加工能力提升到5000吨；宏达高蛋白饲料有限公司粮食深加工项目发展良好。鑫源、鹰鹿等企业年进口松子近万吨，加工后主要销往欧盟、美国等地。设计能力为年加工进口桦树茸2000吨的鑫润昌公司桦树茸加工项目，完成基础设施建设工作。进出口果菜、黑木耳、松子、海产品等绿色有机食品热销中俄两国，并远销日韩、欧美、东南亚等国家、地区。

【出口黑木耳产业集群】　2021年，试验区重点规划、建设绥阳镇黑木耳加工园区，集中改造、扶持“山友”“北域良人”“宏福”等黑木耳深加工项目。东宁黑木耳通过国家级地理标志农产品认证并率先打造国家级农产品地理标志示范样板，建设拥有15万亩的全国绿色食品原料标准化生产基地，入列首批100个中欧互认地理标志保护产品名录。创新开发若干有市场竞争力的科技含量和附加值高的新产品，形成干制品、调味品、冷冻品、保健品、即食食品等高中低档品种全面开花的局面，创出各龙头企业的主导产品、

2021年，东宁国家级黑木耳标准化栽培示范区　（东宁市供销社　供图）

名牌效应和企业影响力，打造成对俄出口黑木耳精深加工产业聚集区。

【农产品通关绿色通道】 2021年，开辟出口果蔬、进口食用水生动物等农产品绿色通道，采取24小时预约、随到随检、随检随放的全方位通关便利化举措。解决进口大宗货物通关效率问题，实现大豆等大宗进口货物通关时间由最长7天缩短到4小时左右。

【农副产品出口退税政策】 2021年，试验区推进税收征管方式改革，实行“汇总征税+关税保证保险”模式，发挥出口退税对稳外贸的作用，增进出口退税便利化，加快出口退税速度，确保出口企业应享尽享、应享快享优惠政策。指导企业运用出口退税系统，主动提升退税审核效率，压缩审核时限，将平均审核时间压缩至2.5个工作日内，缓解企业的资金压力。

【果菜出口免检平台建设】 2021年，依托中俄海关监管结果互认机制，扶持天翼公司建立果菜出口免检平台建成并投入使用，为中俄果菜进出口提供高效便捷的“一站式”服务，享有综合免检服务平台功能，争取中俄双方认可，实现中俄互检互认范围扩大至玉米、麦芽啤酒等品种。

【争取俄方政策】 抢抓俄罗斯全力实施“向东看”战略，建设符拉迪沃斯托克自由港，为自由港境内企业和投资者实行特殊法律和税收，设立自由关税区和免签证制的机遇，争取中俄（滨海边疆区）现代农业合作区享受俄远东跨越式发展政策。

【政策信息服务】 试验区领导小组办公室负责境内外企业的外事协调、生产指导、代理服务等各项事务，实现境内外信息及时互动。加快构筑以东宁口岸为中心，外联俄远东地区，内接东宁有机粮食加工基地以及其他省市的粮食回运和农产品、农资、机械对俄出口的绿色通道。利用广播、电视、报纸、网络等媒体，宣传东宁市农业对外开放合作试验区建设的重要意义，引导境内外企业大力发展自身建设和境外产业。建立企业家资料库，构建与俄方的人才、资源共享平台。推动境外园区稳步发展，2021年，境外农业园区种植面积2万公顷，蛋鸡饲养规模25万只，奶牛存栏1500头，保持稳定的种植、养殖规模。

（东宁市农业农村局 张 伟）

水 利

【概况】 2021年，牡丹江市完成水土流失治理面积53.1万亩，占全市年度任务计划的354%。完成审批事项88项，实现取水许可证电子证照发放工作，并全面完成存量转换工作。通过“双随机一公开”监管平台，完成全市水行政检查和监管。做好第四届黑龙江省旅游产业发展大会防洪预警和镜泊湖水位调度保障主会场景观水位等工作。5月，市水务局被水利部授予全面推行河长制湖长制先进集体。

【水利项目建设】 2021年，牡丹江市水利项目主要涉及重要支流治理项目、农村饮水安全巩固提升工程、山洪灾害防治项目等14类水利项目95项工程，计划投资3.91亿元，其中中央投资1.45亿元，地方投资2.46亿元（含地方政府一般债券2.02亿元），比2020年增长25.8%。截至年末，完成项目投资3.57亿元，完成率91.3%，其中完成中央投资1.37亿元，完成地方投资2.19亿元。

【农村饮水安全】 2021年，省级下达牡丹江市一般性债券4972万元，覆盖农村人口5.6万人，新建农村供水工程57处，新建水源井52眼，安装供水设备43台（套），建设井房58座，铺设管网492公里。全年完成投资4972万元，完成投资率100%。

【水旱灾害防御及河湖运管】 2021年，市水务局组织完成全市流域面积50平方公里以上河流划界矢量数据整编上图，组织制定市县两级洪水防御方案，21座小型水库除险加固遗留问题攻坚全部完成。完成12座超期到期水库大坝安全鉴定，分散管理小型水库管护机制创新涉及43座小型水库，均采取“区域集中管护”创新。

（市水务局 孙颜君）

农业生产经营管理

【农业产业化经营】 聚焦全省“百千万”工程，围绕畜牧、稻米、食用菌等特色产业，狠抓农业产能提升。2021年，全市规上农产品加工企业186户，实现营业收入136.1亿元，同比增长5.9%；农产品加工转化率62%。林口县纳入全省大鹅特色产业集群建设县。绥芬河市绥阳镇进入2021年全国乡村特色产业十亿元镇行列。海林市蔬菜村和宁安市东安村进入2021年全国乡村特色产业亿元村行列。

（市农业农村局 王雪峰）

【农业机械化】 截至2021年末，全市农机总动力350.12万千瓦，全市拖拉机保有量11.19万台，其中100马力及以上拖拉机0.19万台；各类联合收获机0.53万台、水稻插秧机0.62万台、播种机4.23万台；农作物耕种收综合机械化率稳定在97%以上，为实现粮食“十八连丰”奠定坚实的装备基础。

（市农业农村局 郭浩田）

【农机整地】 2021年，全市春季完成春播面积957.66万亩，春季机耕面积944.1万亩；秋季完成收获957.66万亩，实施秋整地305.5万亩。指导

2021年10月，秋粮收获时节，牡丹江市农业机械化作业 （高连水 摄）

各地通过修整农机、技术培训等方式，加大机收减损力度。组织东宁市、穆棱市成功创建主要农作物生产全程机械化示范县，全市示范县达到5个。采取“平台+终端”的模式对深松整地、秸秆还田、免耕播种等作业进行调度统计和实时监测，2018—2021年，全市累计安装各类监测终端1639台。

（市农业农村局 郭浩田）

【农机补贴】 2021年10月26日，《黑龙江省2021—2023年农机购置补贴实施方案》下发，牡丹江市贯彻落实文件精神，利用微信、短视频等平台以及县乡村屯道路宣传车、发放明白纸等形式，广泛宣传农机购置补贴新方案，引导广大农机购买户购置适用本地的高端智能农机产品，确保全市农机购置补贴政策精准落实。由于政策调整原因，2021年农机购置补贴于次年发放。

（市农业农村局 郭浩田）

【农机安全】 动员各地农机部门，协同公安、交通等部门，严查严管农机违法载人，严控隐患车辆上路，及时提示各地做好雨雪天气农机安全作业。2021年，全市成立检查组101个，出动执法检查人员5363人次，检查农业机械9674台，粘贴反光标识27.3万贴，排查隐患793处，已整改完成，整改率100%。全市开展督导检查898次，检查单位548家，发现问题326个。

（市农业农村局 郭浩田）

【农业病虫害防治】 坚持“预防为主，综合防治”，贯彻“公共植保、绿色植保”，2021年，全市农作物病虫草鼠害发生面积124.8万公顷次，较上年增多29.54万公顷次，总体属偏轻至中等发生年份。组织防治病虫草鼠害141.73万公顷次，仅病虫害防治挽回粮食损失超过0.33亿公斤。其中，中央和地方财政共投入260.63万元，完成稻瘟病、稻水象甲等水稻重大病虫统防统治0.55万公顷次，生物、物理等非化学绿色防控措施占比91%；省财政投资32.5万元，开展全省农田统一灭鼠4.3万公顷。在病虫测报方面，牡丹江市监测网点数量增加到202个，虫情测报灯、性诱捕器等监测设备增加到530台，监测信息实现手机APP在线上报和管理，全市病虫疫情在线监测预警平台进一步完善；植保部门及时发布市级病虫预报12期、市（县）级预报60期；在穆棱市实施植物保护能力提升工程项目，建设国家级病虫疫情田间监测点10个。在绿色防控方面，建立1个省级一体化绿色防控技术示范区和1个中药材病虫草害绿色防控技术试验区，全市主要农作物病虫害绿色防控措施覆盖率53.99%。在重大疫情普查防控阻截方面，充分发挥市病虫疫情监测点作用，疫情监测调查面积67.3万公顷次，新发现稻水象甲、大豆疫病等新发疫点3个，开展大豆疫病、稻水象甲、苹果蠹蛾等重大植物疫情统防统治0.19万公顷次；全市开具产地检疫合格证224份，开具调运检疫证书225份，田间检疫繁育种田面积7.48万亩。在农药减量方面，新补贴更换节药喷头3657套，新增改造打药机车300余台，全市累计更换35166套，更换打药机比例达到5%。据农业农村部门行业统计测算，牡丹江市农药总用量同比减少46吨，减幅1.54%，农药利用率46.06%，较上年提高1个百分点。在农药包装废弃物回收处理方面，全市累计回收217.18吨，回收率82.11%，其中资源化利用18.31吨。在航空植保作业方面，植保无人机数量200台，作业面积13.8万公顷次。

（市农业农村局 于广胜）

【农资监管】 2021年，市农业农村局持续开展种子、农药、化肥等重点农资专项检查行动，检查企业、经营门店221户次，查处农资违法案件10起，收缴罚款4.41万元，挽回直接经济损失3.16万元。接待农民投诉20余起，倒查暗访农户59户，没收、扣押玉米种子1379袋。对13个乡镇7个种子集贸市场（种子一条街）、种子市场交叉执法检查，发现涉嫌违法种子案件19起，交当地种子管理部门查处。开展农药监督抽查，完成部级任务20个，省级任务30个。按法定程序向抽样农药样品标注生产企业发送《产品确认通知书》65份。开展农药、肥料市场双随机3个轮次执法检查，对全市77个种子生产品种样品（玉米品种37个、大豆品种40个）进行转基因快速检测均为阴性。发放禁用限用农药宣传挂图92份，引导农民禁止使用禁用农药和超范围使用限用农药，发放《农药采购查验台账》92册，开展2021年农作物种子秋季生产基地检查工作。

（市农业农村局　殷秀彦）

【农产品产地冷藏保鲜设施建设】2021年，全市有32家建设主体完工，建设冷藏保鲜设施44个。宁安市被农业农村部列为2021农产品产地冷藏保鲜整县推进试点。

（市农业农村局　张大博）

【农产品线下营销】　2021年10月23日，第二届牡丹江大米节暨地方名优绿特农产品展销会在西安区海南朝鲜族乡中兴村广场开幕。全市30余户稻米生产加工企业参展，20多个优质稻米品种亮相，现场销售2.3万公斤大米。组织牡丹江市7户农产品企业参加12月24—26日在广州举办的中国国际农产品交易会产销对接暨脱贫地区品牌推介活动，此次展会牡丹江市搭建54平方米的特装展位，7户农产品企业展出特色农产品，响水大米、北纯杂粮、慈蜂堂蜂蜜、圣宝泰沙棘等产品受到一致好评。

（市农业农村局　张大博）

【绿色食品原料标准化生产基地建设】截至2021年末，全市建设完成15个全国绿色食品原料标准化生产基地，总面积478.63万亩，年产绿色食品原料188.6万吨。其中，玉米基地4个，总面积190万亩，每年原料产量99万吨；大豆基地4个，总面积180万亩，每年原料产量30万吨；水稻基地2个，总面积60万亩，每年原料产量25万吨；蔬菜（茄子、圆葱、马铃薯）基地3个，总面积10.63万亩，每年原料产量25万吨；黑木耳基地3个，总面积38万亩，每年原料产量9.6万吨。全市绿色有机食品认证总面积510万亩，占全市农业播种面积的47.53%。

（市农业农村局　孙立宽）

表18　2021年牡丹江市全国绿色食品原料标准化生产基地一览表

序号	基地名称	创建单位	面积（万亩）
1	全国绿色食品原料（玉米）标准化生产基地	宁安市人民政府	50
2	全国绿色食品原料（大豆）标准化生产基地	宁安市人民政府	40
3	全国绿色食品原料（水稻）标准化生产基地	宁安市人民政府	40
4	全国绿色食品原料（马铃薯）标准化生产基地	宁安市人民政府	2.94
5	全国绿色食品原料（茄子）标准化生产基地	宁安市人民政府	3.46
6	全国绿色食品原料（圆葱）标准化生产基地	宁安市人民政府	4.23
7	全国绿色食品原料（玉米/大豆）标准化生产基地	穆棱市人民政府	100
8	全国绿色食品原料（黑木耳）标准化生产基地	穆棱市人民政府	10
9	全国绿色食品原料（大豆）标准化生产基地	林口县人民政府	60
10	全国绿色食品原料（玉米）标准化生产基地	林口县人民政府	60
11	全国绿色食品原料（玉米）标准化生产基地	海林市人民政府	30
12	全国绿色食品原料（大豆）标准化生产基地	海林市人民政府	30
13	全国绿色食品原料（水稻）标准化生产基地	海林市人民政府	20
14	全国绿色食品原料（黑木耳）标准化生产基地	海林市人民政府	13
15	全国绿色食品原料（黑木耳）标准化生产基地	东宁市人民政府	15

（资料来源：市农业农村局）

农业科技

【概况】　2021年，牡丹江市在6个农业县（市）开展基层农技推广体系建设，重点推广玉米提质增效综合高产高效栽培技术、高蛋白大豆优质高效栽培技术、优质稻谷配套栽培技术和三大作物（玉米、水稻、大豆）亿亩生态标准化生产技术规程等8项模式化栽培技术，累计推广面积75.32万公顷，新增粮食总产7.73万吨，新增总产值2.11亿元，为全面支撑牡丹江市粮食生产、农民收入水平持续提升和当好保障国家粮食安全的“压舱石”起到重要贡献。

【产学研合作平台建设】　牡丹江市与八一农垦大学、东北农业大学等20余家高校院所进行科技对接，与东北林业大学、东北农业大学、黑龙江省林业科学院、中国农科院哈尔滨兽医研究所、中国农科院作物科学研究所等农业领域高校院所签订合作协议。2021年，八一农垦大学牡丹江食品与生物创新研究院在牡丹江市挂牌落地，杂粮绿色生产及食品深加工技术研发“头雁”团队在牡丹江市建立工作站；中国农科院作物所杂粮、玉米、水稻、马铃薯等良种繁育示范田达5000亩以上。中科热泵“玉米热泵烘干设备”、佰佳信“生物农药原料药”、众恒科技公司“6H日光温室”、仁和堂药业“大麦芽保健饮品”、北纯食品“营养健康杂粮”等一批校企院企合作的农业高新技术成果得到转化应用。鼓励企业、高校、院所自建或合作共建农业领域科技创新基地和平台，截至年末，全市农业领域科技创新基地和平台发展到14家，其中省级工程技术研究中心（技术创新中心）6家，省级重点实验室3家、科学家工作室3家，省级新型研发机构1家，“头雁”团队工作站1家。

【优质高效农业生产技术推广】 2021年，依托农业技术推广单位，面向全市农业重点领域推广优质高效农业技术应用。水稻栽培方面，推广优质水稻栽培技术模式。蔬菜方面，重点发展西红柿、油豆角、西甜瓜、圆葱、马铃薯等“北菜南销”和对俄出口适销品种，推广优质高效生产技术，突出绿色标准化规模化种植。食用菌方面，推广黑木耳小孔栽培技术、黑木耳棚室吊袋技术、替代料栽培技术。鲜食玉米方面，重点发展甜加糯玉米和糯玉米，推广标准化生产模式。果树方面，优化生产布局，推广寒地果树标准化技术、寒地小浆果优质高效栽培技术，加快冷凉资源开发，提早或延后结果，抢占市场空档期。推广测土配方施肥技术、主要农作物病虫害绿色综合防控技术、高效低毒低残留化学除草技术、肉牛和奶牛绿色养殖技术、新型农机装备技术等农用技术。

【农业配套科学技术应用】 2021年，强化农业关键核心技术攻关集成推广，围绕化肥减量增效，示范推广水肥一体化、生物有机肥等新肥料、新技术；围绕农药减量增效，试验示范生物防控、理化诱控等绿色防控产品，推广精准高效用药、轮换用药等科学用药技术；围绕秸秆综合利用，开展秸秆腐熟造肥还田技术示范。实施黑土耕地保护与质量提升技术，开展耕地质量调查监测评价工作，完成1060个耕地质量评价监测点采样调查、测试分析工作；应用“3S”技术开展耕地质量等级调查评价，建立健全耕地质量数据库，全面提升耕地质量管理水平，测土配方施肥技术覆盖率达到80%。

【农业高新企业】 截至2021年末，全市有农业领域高新技术企业25户，其中种子类企业6户，分别是绿丰种业、益民种业、长春种业、塔牌种业、迎丰种业和富芷源种业；农机装备类企业14户，分别是福联收割机、富丰机械、福瑞农机、福瑞农机、福兴机械等；食用菌类企业3户，分别是顺德兴盛、润乡山产品、众旺食用菌等；其他类高新技术企业2户。据不完全统计，农业类国家级高新技术企业形成自主知识产权（品种）97个，其中种子类企业通过自育或合作繁育种子品种近45个，种子企业平均年销售额1000万元左右，主要辐射牡丹江地区周边县（市），以大豆品种销售规模最大的企业塔牌种业为例，销售大豆50万公斤，推广面积大约10万亩。

【大豆品种选育推广】 重点依托省农科院牡丹江分院开展大豆品种培育。2016—2021年，省农科院牡丹江分院承担国家、省、市各级课题109项，其中国家级课题30项，省级课题36项，院市级课题43项。围绕大豆领域打造技术研发平台，院内建有国家大豆改良中心牡丹江试验站、中国科学院大豆分子设计育种重点实验室牡丹江试验站、黑龙江省中国科学院田志喜大豆资源工作室。联合开展大豆品种选育研发，与南京农业大学、中国科学院东北地理与农业生态研究所等国内高校和科研院所开展合作研发，先后育成牡字号、牡试号、东生号大豆新品种21个，其中高油大豆新品种东生79，平均脂肪含量突破24%，高达24.16%，保持黑龙江省高油大豆品种记录；育成的高蛋白大豆品种牡豆15和牡试6号蛋白质含量突破45%，年际间保持稳定；17个品种完成成果转化，转化金额680万元，在塔牌种业、飞龙种业、田友种业等企业转化的品种年销售量6000吨左右，累计推广面积1000余万亩。

【农业科技人才建设】 市域内的牡丹江师范学院、牡丹江医学院、省农业经济职业学院、省林业职业技术学院等高校设有生物、药学、农作物、食用菌等涉及农业的本硕专业，每年毕业生1100人以上；省农科院牡丹江分院、省林科院牡丹江分院、省农机研究院牡丹江分院、牡丹江八一食品研究院等省级农业科研单位，拥有“寒地食用菌”“众创食品”“设施农业”“寒地果树产业”4个省级星创天地以及3个众创空间，拥有中级职称以上的科技人员260人，常年有100人左右深入基层开展技术服务。持续开展送科技下乡活动，推行科技特派员制度，供需对接，精准选派157名科技人员深入乡镇开展科技服务，动态保持县域乡镇的省、市、县三级科技特派员全覆盖，推广农业科技新技术和新品种，解决农民生产种植难题。

（市科技局　唐鸿儒）

特色农产品

【牡丹江大米】 “牡丹江大米”地理标志证明商标产品的生产地域范围为牡丹江市所辖宁安市、海林市、穆棱市、东宁市、林口县、东安区、西安区、阳明区和爱民区。地域坐标为北纬43° 24′—45° 59′，东经128° 02′—131° 18′，水田总面积71.5万亩。牡丹江水稻生产区地处长白山脉北部，属于中温带大陆性季风气候，区内分布三大水系，有大小支流6000多条，天然地表水资源不仅丰富而且水质好、无污染，保证水稻种植和灌溉的需要，并利于水稻根系和植株的健壮生长。牡丹江四季分明，雨热同季，粮食作物一年一熟，生长周期长，在水稻抽穗、灌浆到成熟期的8月至9月，平均气温在18℃以上，日照充足，昼夜平均温差12℃左右，最大温差可达20℃，有利于“牡丹江大米”干物质的合成和沉淀。牡丹江水稻生产区地势较为平坦，土壤类型为水稻土，有机质含量2%—3%，高于全国平均水平一倍以上。特有的自然地理环境和生态环境造就“牡丹江大米”特定的品质：生米颗粒饱满，质地坚硬，色泽清白透明，腹白少，横断面呈扁圆形，颜色白色透明的较多，蒸煮时即可闻到浓郁的饭香味，米饭口感绵软柔糯，适口性强，饭粒表面色泽油亮，冷却后仍能保持良好口感，剩饭不回生。独有的自然地理环境和科学的种植，成就了“吃在牡丹江——一粒大米千古芬芳”的美名。“响水大米”连续三届蝉联中国农业博览会金奖；“漫屋香”牌鸭稻米获中国国际大米节“铜奖”；“天施恩”牌稻花香米获中国农民丰收节“龙江好大米”称号；“镜泊渔村”“镜响大米”“富硒彩稻”“东宁大米”“沙虎大米”等20余个商标品牌在稻米市场中小有名气。2021年，“牡丹江大米”种植面积75.4亩，产量6.6亿斤。

【东宁黑木耳】 东宁黑木耳的地域保护范围为东宁全市境内，主产区域为六镇和绥阳林业局。东宁黑木耳形如弯月、色如墨玉、口感爽滑、质地柔软、优质、肉厚，具有超高的营养价值，同时也是重要的药用菌。东宁森林覆盖率高达85.3%，为黑木耳栽培提供大量的优质原料；充足的日照及紫外线杀菌，赋予黑木耳颜色黑、杂菌少等优良品质；冷凉型气候、昼夜温差大的特点使黑木耳内营养物质积累丰富；东宁境内河流众多且无污染，为黑木耳养殖提供充足的天然矿泉水。2021年3月，“东宁黑木耳”作为中国食用菌典型代表成功入选中国首批受欧盟保护地理标志；5月，东宁黑木耳以843的品牌强度和181.27亿元的品牌价值，蝉联全国地理标志产品食用菌类第一名。全年东宁市栽培黑木耳20.1亿袋，干品产量超过10万吨，种植规模占全省总量三分之一以上。

【海林猴头菇】 海林市猴头菇主产基地在海林镇，主要集中在新民、模范、光荣、三合、新合、共和6个行政村；山市镇、二道河子镇、三道河子镇、柴河镇有少量种植。2007年6月，海林市被中国食用菌协会授予“中国猴头菇之乡”，海林镇被授予“猴头菇特产乡”。2015年，海林市猴头菇种植量1.5亿袋，产量75000吨（鲜品），占全国猴头菇种植量的56%，占全省猴头菇种植量的91%。2017年5月31日，“海林猴头菇”通过中国质量技术监督总局组织的专家评审会，正式获得国家地理标志保护产品称号，这是海林市首个地理标志产品。2021年1月，中国食用菌协会批准成立猴头菇分会，分会地址设在海林市。全年海林猴头菇种植1.5亿袋，产量7.5吨（鲜品）。

【穆棱大豆】 穆棱市位于密敦大断裂带地区，大量玄武岩浆的喷涌，使得这一地区的土壤中含有丰富的磷元素，为大豆生产创造得天独厚的生态条件，建设穆棱镇振兴村、福禄乡成德村、河西镇龙眼村、下城子镇西村、共和乡共和村等10余个千亩连片绿色、有机大豆生产基地。穆棱大豆成熟度好，色泽正，为非转基因大豆。由于品种优良，土壤气候适宜，加之地处国家级生态示范区，种植区内生态环境良好，采取绿色食品标准种植，赋予穆棱大豆以优秀的内在品质。1995年，由于穆棱大豆品质优、数量多，穆棱市被授予“中国大豆之乡”称号。2002年，4万亩大豆获得绿色食品基地认证，填补穆棱市绿色食品基地认证空白。2004年，穆棱市50万亩大豆获得国家级绿色食品标准化生产基地认证。2006年，1.5万亩大豆获得有机食品基地认证，填补穆棱市有机食品基地认证空白。2021年，穆棱大豆种植面积96.15万亩，产量11.59万吨。

表19 牡丹江市地理标志证明商标、地理标志保护产品一览表

序号	商标名称	使用商品	认定时间	商标类型
1	穆棱晒烟	烟	2010年3月28日	地理标志证明商标
2	宁安大蒜	大蒜	2013年12月21日	地理标志证明商标
3	东宁黑木耳	黑木耳	2015年4月7日	地理标志证明商标
4	宁安黑猪	活猪	2015年6月21日	地理标志证明商标
5	宁安黑猪	猪肉	2015年9月7日	地理标志证明商标
6	牡丹江大米	大米	2021年3月1日	地理标志证明商标
7	海林猴头菇	猴头菇	2021年8月7日	地理标志证明商标
8	响水大米		2007年1月	地理标志保护产品
9	穆棱大豆		2018年3月	地理标志保护产品
10	海林猴头菇		2017年5月	地理标志保护产品
11	东宁黑木耳		2016年11月	地理标志保护产品
12	东宁冰酒		2020年11月	地理标志保护产品

（资料来源：市市场监督管理局）

2021年11月，林口特产奎山粉条晾晒　　（林口县农业农村局　供图）

【宁安大蒜】　“宁安大蒜”地理标志证明商标商品的生产地域范围是宁安市所辖的全部地域，具体为宁安镇、东京城镇、渤海镇、石岩镇、兰岗镇、沙兰镇、海浪镇、三陵乡、马河乡、卧龙乡、江南乡、镜泊乡12个乡镇。该地域属低山丘陵区，暗棕黑钙土层深厚、疏松肥沃，水资源丰富。北温带大陆性季风气候，昼夜温差大，日照充足、无霜期短，适宜大蒜的生长。“宁安大蒜”有紫皮和白皮之分，紫皮质量最佳，蒜头硕大，重50—100克，每头6—8瓣，蒜瓣整齐，肉质肥厚脆嫩，辛香味浓，富含蛋白质和多种微量元素。2021年，宁安大蒜种植面积4558公顷，其中紫皮蒜4058公顷。

【宁安黑猪】　“宁安黑猪”地理标志证明商标商品生产地域范围是宁安市所辖的全部地域，具体为宁安镇、东京城镇、渤海镇、石岩镇、兰岗镇、沙兰镇、海浪镇、三陵乡、马河乡、卧龙乡、江南乡、镜泊乡12个乡镇。使用“宁安黑猪”地理标志证明商标商品特定品质是：肉色呈深紫玫瑰红，色鲜艳，有弹性，有浓重的大理石纹和雪花纹，纹理结构清晰，组织较为细致。肌内蕴含“全蛋白”，氨基酸、铁、锌、钙等微量元素远高于普通猪肉，而胆固醇含量只有普通猪肉的1/6。“宁安黑猪”经过几千年的自然进化与繁育，遗传其祖先的野性血统，毛发浓黑有光泽，在自然牧养中，保持着极强的抗病能力，食物构成丰富，运动量较大，造就黑猪独有的浓香、紧实、弹嫩的口感。2021年，宁安黑猪养殖数量6万头，猪肉产量4000吨。

【林口大鹅】　林口县是国家级生态示范区，森林覆盖率61.5%，林下养殖的大鹅毛质好，肉质腥味小，受到消费者和加工企业欢迎和青睐。依托林下资源和水资源优势，林口县大力发展大鹅产业，以大鹅美食业为牵动，以鹅雏补贴政策为支持，推动鹅产业快速发展。2021年，全县大鹅产业打造出海华、鸿瑞、汇兴等5个5万只以上大鹅养殖基地，万只以上的大鹅养殖场发展到14个，年孵化能力400万只，拉动全县大鹅养殖120万只。通过招商引资引进中林集团鹅美食文化中心项目，依托中林天恒有限公司，新上屠宰加工、冷库工程等及其配套附属设施，形成大鹅养殖+屠宰加工+美食餐饮产业链。截至年末，林口大鹅餐饮企业发展到15户，县域外林口大鹅餐饮加盟企业达到23户，林口铁锅燇大鹅深受广大消费者喜爱，技艺独特，“林口大鹅香飘龙江”美誉在省内外叫响。

【林口奎山粉条】　林口奎山粉条生产历史久远，经过多年发展，成为省内知名品牌。马铃薯是奎山粉条和淀粉的重要原料，2021年，全县马铃薯种植面积10万亩，基地主要分布在奎山乡、青山镇、刁翎镇、龙爪镇等乡镇，重点推广的品种有尤金885、荷兰212、荷兰806、延薯4号等6个品种。林口奎山粉条加工多以个体粉坊为单位，仅奎山乡就有粉条加工企业17户（含小型合作社、作坊等），年产粉条3000吨左右。

【林口沙棘】　林口县属寒温带大陆性季风气候，夏季温热多雨，冬季漫长寒冷，全年无霜期129天，年降水量530毫米左右，拥有寒地黑土、绿色生态的自然环境，具有发展冬果沙棘的独特气候优势，非常适合“深秋红”品种冬果沙棘生长。2016年，在林口隆达沙棘种植合作社、春旭有机沙棘种植专业合作社、金科沙棘有限公司等示范合作社的引领下，“深秋红”沙棘树种在几个基地繁殖推广。2018年，林口县举办首届林口沙棘采摘文化节，被国际沙棘协会授予“冬果沙棘之乡”称号。2021年，林口县沙棘种植面积15万亩，总产量2000吨。

【林口白鲜皮】　林口县位于牡丹江市北部，中药材资源丰富，是黑龙江省寒地北药优势产区。林口白鲜皮品种品牌历史传承源远流长，文化底蕴厚重，具有60多年中药材栽培历史。2018年，林口县被黑龙江省野生药材资源保护管理局授予全省唯一一个白鲜皮规范化种植示范基地。2020年，林口白鲜皮被农业农村部认证为“林口白鲜皮”地理标志，获得省级白鲜皮规范化种植基地等多项认证。2021年，林口白鲜皮种植面积0.3万亩，产量800吨。

（市市场监督管理局　王春江）

综 述

【概况】 2021年，全市规上工业总产值同比增长6.8%，规上工业增加值同比增长2%。其中，四城区及市开发区规上工业增加值同比增长1.9%，县域规上工业增加值同比增长2.2%。有4个县（市）实现两位数增长，其中绥芬河市增长14.6%、穆棱市增长14.1%、宁安市增长14.1%、林口县增长13.9%，均超过全省平均水平。全市规上工业企业净增15户，达到316户，50户重点监测企业实现产值153.3亿元。全市规上工业万元增加值综合能耗同比下降7.3%。

【主导产业】 2021年，全市林木林纸、绿色食品、装备制造、化工医药、新材料、新能源等六大主导产业中，规上工业企业发展到294户，占全市总数的93%。从林木林纸产业看，有规上企业102户，实现产值72.5亿元，增长10.8%；实现销售收入53.7亿元，增长3.2%。从绿色食品产业看，有规上企业64户，实现产值48.2亿元，增长22.9%；实现销售收入51.6亿元，增长12.3%。从装备制造产业看，有规上企业33户，实现产值24.3亿元，下降1.9%；实现销售收入27.6亿元，增长2.2%。从化工医药产业看，有规上企业27户，实现产值37.5亿元，增长5.5%；实现销售收入34.9亿元，增长3.2%。从新材料产业看，有规上企业31户，实现产值17.1亿元，增长0.3%；实现销售收入14.8亿元，下降2.4%。从新能源产业看，有规上企业37户，实现产值60.5亿元，增长9.1%；实现销售收入55亿元，增长1.7%。

【项目建设】 2021年，全市重点推进投资1000万元以上工业项目74个，总投资197亿元。其中，列入省、市“百大”项目39个，有16个列入省“双百”项目。中车铸业技改、恒丰纸机改造等17个重点项目竣工投产。恒丰2万吨食品包装纸、益优康恒源产业园等项目获得省投产项目奖励。全年累计对上争取省级政策支持6500余万元。新签约亿元以上项目2个，引进域外资金7.9亿元。哈电集团与牡丹江市签署战略合作协议。

【民营工业企业】 2021年，民营经济单位突破20万个，其中民营企业3.88万户，实现增加值占全市GDP比重达到66.5%，税收占全市税收60%以上，吸纳就业79.3万人，占全市比重达到86%以上。有国家级高新技术企业116户；科技创新基地和平台企业43户；省级以上科技企业孵化器（众创空间）18户；进入国家信息库企业212户。

【上市工业企业】 截至2021年末，全市有上市（挂牌）企业5户。其中主板上市企业2户（恒丰纸业、S*ST佳通），借壳主板上市企业1户（友搏药业借壳九芝堂），新三板挂牌企业2户（华安新材、恒远药业）。

【专精特新中小企业】 2021年5月6日，省工信厅印发《关于公布2021年黑龙江省“专精特新”中小企业名单的通知》，牡丹江市鑫北方、北方双佳、和音乐器、佰佳信、北方油田、禾丰牧业6户企业被认定为省“专精特新”中小企业，全市累计达到17户。其中，北方双佳、鑫北方获批工信部第三批国家级“专精特新”小巨人企业，牡丹江市“专精特新”小巨人企业实现零的突破。全市持续加大对“专精特新”中小企业的培育和支持力度，帮助企业聚焦主业、打造优势，提升企业创新能力和核心竞争力。继续发挥市促进民营经济发展领导小组办公室职能作用，支持推动中小企业转型升级，以专精特新中小企业为基础，在核心基础零部件（元器件）、关键基础材料、先进基础工艺和产业技术基础等领域，培育一批主营业务突出、竞争力强、成长性好的“专精特新”中小企业。

表 20　牡丹江市“专精特新”中小企业一览表

序号	企业名称	级别	所属县区	认定年份
1	牡丹江卷烟材料厂有限责任公司	省级	市直	2020
2	牡丹江灵泰药业股份有限公司	省级	爱民区	2020
3	牡丹江恒远药业股份有限公司	省级	爱民区	2020
4	牡丹江市林海石油打捞工具有限公司	省级	爱民区	2020
5	黑龙江仁合堂药业有限责任公司	省级	爱民区	2020
6	牡丹江富通汽车空调有限公司	省级	西安区	2020
7	黑龙江北纯农产品开发有限公司	省级	西安区	2020
8	牡丹江等离子体物理应用科技有限公司	省级	开发区	2020
9	牡丹江市特华得食品有限公司	省级	东安区	2020
10	黑龙江圣宝泰农业有限公司	省级	林口县	2020
11	林口县林源食品有限公司	省级	林口县	2020
12	牡丹江鑫北方石油钻具有限责任公司	国家级	开发区	2021
13	黑龙江北方双佳钻采机具有限责任公司	国家级	开发区	2021
14	牡丹江佰佳信生物科技有限公司	省级	阳明区	2021
15	牡丹江和音乐器有限公司	省级	西安区	2021
16	牡丹江北方油田机械有限公司	省级	爱民区	2021
17	牡丹江禾丰牧业有限公司	省级	海林市	2021

（资料来源：市工信局）

【智能工厂建设】　2021 年，百威啤酒酿造生产车间、辛巴赫精酿啤酒数字化酿造车间获评黑龙江省数字化（智能）示范车间。恒丰纸业特种纸智能工厂被列入省重点培育智能工厂库名单，12 月 28 日，恒丰纸业以平台化理念重构和新建的云苍穹 ERP 系统、主数据管理云平台、企业服务总线 ESB 系统、帆软 BI 商务智能分析平台正式切换上线。12 月，在“2021 年中国数字化转型与创新评选”颁奖典礼上，牡丹江恒丰纸业股份有限公司申报的《PHM 设备故障预测与监控平台》《批次供应链追溯平台》入选“数字化创新典范案例”奖，公司通过工信部两化融合管理体系认证。

【绿色制造体系建设】　为推动全市工业经济向绿色低碳方向发展，市工信局积极组织传统行业更新升级技术设备，引导支持企业实施绿色化改造。在百威啤酒获批工信部第五批绿色工厂、实现牡丹江市零的突破基础上，2021 年，组织恒丰纸业、东宁山友食用菌科技研发有限公司申报绿色工厂，桦林佳通申报绿色设计产品，推荐黑龙江辛巴赫、东宁润乡山产品、黑龙江佰盛食用菌等企业申报工业产品绿色设计示范企业。组织指导桦林佳通、恒丰纸业、绥芬河市新区供热公司、绥芬河市国林木业城等企业申报节能技改项目，每户企业获得节能技术改造资金 100 万元。指导绥芬河市鑫圣热力有限公司热网自动化控制技术及设备应用节能技改项目申报，通过省第三方专家现场审核。经工信部评审认定，牡丹江恒丰纸业获批 2021 年度国家级绿色工厂。截至年末，全市有国家级绿色工厂 2 户。

【省级“隐形冠军”企业】　2021 年，宁安粮油淀粉机械制造有限公司通过省工信厅综合评审，被评为 2021 年黑龙江省第二批制造业“隐形冠军”企业，成为牡丹江市首家省级“隐形冠军”企业。宁安粮油淀粉机械制造有限公司成立于 2000 年 6 月，位于黑龙江宁安经济开发区内，占地面积 54000 平方米，是一家以薯类淀粉和杂粮加工为主的食品机械加工的小微型股份制有限公司，企业注册资本 1000 万元。主要产品有薯类淀粉设备、杂粮淀粉设备、蛋白提取设备、玉米生全粉加工设备、清洗设备、固液分离设备、粉体烘干设备、自动化控制系统等，以其他农作物淀粉深加工及转化为主导方向。从工艺设计到设备制造、安装调试一条龙，产品畅销东北、华北、西北和西南地区，并远销非洲，在国内行业排名前三。2012 年和 2015 年自主研发的薯类蛋白提取线成套设备、大型湿法超细玉米生全粉成套设备生产线项目，被认定为国内首台（套）

表 21　2021 年牡丹江市省级企业技术中心一览表

序号	单位名称	资金落实（万元）	获批年份
1	牡丹江恒丰纸业股份有限公司	—	2006
2	桦林佳通轮胎有限公司	—	2006
3	牡丹江富通汽车空调有限公司	—	2006
4	黑龙江黑宝药业有限公司	—	2006
5	牡丹江金钢钻碳化硼有限公司	—	2006
6	牡丹江友搏药业股份有限公司	—	2013
7	牡丹江佰佳信生物科技有限公司	—	2013
8	黑龙江红星集团食品有限公司	—	2016
9	牡丹江北方高压电瓷有限责任公司	—	2016
10	牡丹江鑫北方石油钻具有限责任公司	30	2017
11	牡丹江市万通微孔技术开发有限责任公司	30	2018
12	黑龙江仁合堂药业有限责任公司	30	2019
13	牡丹江灵泰药业股份有限公司	30	2019
14	牡丹江北方油田机械有限公司	30	2019
15	牡丹江卷烟材料厂有限责任公司	30	2020
16	牡丹江北方合金工具有限公司	30	2021
17	牡丹江石油工具有限责任公司	30	2021
总计		240	

（资料来源：市工信局）

项目，填补国内空白。2015 年，企业被认定为“高新技术企业”。2020 年 6 月，通过知识产权管理体系认证，获得授权专利 71 项。

【省级企业技术中心】　2021 年 10 月 27 日，省工业和信息化厅公示《2021 年度黑龙江省企业技术中心专家评审结果》，牡丹江北方合金工具有限公司和牡丹江石油工具有限责任公司两户企业的技术中心被认定为 2021 年度黑龙江省企业技术中心，分别落实资金 30 万元，全市省级企业技术中心累计达到 17 户。

（市工信局　李　森　许景阳）

绿色食品产业

【概况】　牡丹江市绿色食品产业有农副产品加工业，食品制造业，酒、饮料和精制茶制造业三大类，包括谷物磨制、饲料加工、屠宰及肉类加工等 12 个小类 28 种产品，形成以粮油、山特产品、畜产品、乳制品、果蔬、酒及饮料为主的食品生产加工体系。2021 年，全市绿色有机食品认证面积 510 万亩，绿色有机食品企业 91 户，绿色有机认证产品总数 227 个。产品远销俄罗斯、韩国、日本及欧美等 40 多个国家和地区，果菜对俄出口占全省 70%，响水大米、东宁黑木耳享誉海内外，食用菌年产量占黑龙江省二分之一，交易量占全国三分之二。北域食品、辛巴赫、益优康、东升农发、不老源等 5 户企业入选 2021 年度全国食品工业“三品”专项行动典型成果。全年全市啤酒产量 9.6 万吨，同比增长 6%；液态奶产量 6.75 万吨，同比增长 2600%；婴儿奶粉产量 1274 吨，同比下降 56%；酒精产量 3.8 万吨，同比下降 15%；加工牛肉、羊肉 4210 吨，同比增长 40%；加工猪肉 2961 吨，同比下降 43%。

【项目建设】　2021 年，牡丹江市重点建设中林佰盛绿色生态产业园、万鼎乳业中俄跨境乳制品加工厂等 20 个项目。中林佰盛绿色生态产业园项目一期竣工投产。万鼎乳业中俄跨境乳制品加工厂项目投产，实现日产 240 吨液态奶加工能力，全年产值 6 亿元，完善了牡丹江市食品工业产业链条，推进全市绿色食品产业健康发展。

【食品加工销售】　2021 年，全市建成粮油、食用菌、果菜、山特产品、畜产品等食品生产加工体系，加工总量 100 万吨，形成以穆棱凯飞食品、响水大米为主的粮油，以鑫鹏肉业、皓月食品为主的畜产品，以黑尊生物、雨润食品为主的食用菌及山特产品等食品加工链条。品牌效应日益凸显。牡丹江市食品产业拥有“中国食用菌之城”“中国肉牛之乡”“东宁黑木耳第一县”等地域品牌，还有响水大米、红星乳业、维多宝等中国驰名品牌，品牌化效应日显突出，拥有中国驰名商标10个，地理标志产品11个。全市有运营电商平台22家，其中“中国土特产网”“农品天下”“中国商网”“雪城汇”具有一定规模和影响力。通过平台连接全国多个农产品交易大市场，实现线上线下双轮驱动，为食品销售开辟全新、有效渠道。

【特华得食品荣获FHC金苹果大奖】2021年11月，在第二十五届FHC上海环球食品展上，牡丹江特华得食品有限公司生产的特华得食品荣获2021年度FHC（Food & Hotel China）金苹果大奖，同时获得2019—2021中国饭店业最佳合作伙伴荣誉。牡丹江特华得食品有限公司创办于2001年，是一家集研发、生产、销售为一体的肉制品加工企业。主要生产经营“特华得”品牌系列产品，包括哈尔滨红肠系列、

2021年11月，在第二十五届FHC上海环球食品展上，牡丹江特华得食品有限公司生产的特华得食品荣获2021年度FHC（Food & Hotel China）金苹果大奖

（市工信局　供图）

酱卤肉制品系列、速冻肉制品系列、西式香肠系列等60余个品种。其中，水煮香肠系列产品年销售100万根，创造全国同行业同类产品销量第一的佳绩。企业产品定位高端，主打北京、上海、广州、深圳等国内一线城市并出口海外，先后获得黑龙江省著名商标、龙江特产等多项荣誉。全年产量2043吨，产值11854万元。

【黑龙江红星集团食品有限公司】红星品牌创建于1952年，是新中国第一家大型机械化乳品生产企业，是新中国第一代奶粉的制造者。新红星2009年落户牡丹江，占地8万平方米，建筑面积1.9万平方米。生产基地在牡丹江市，销售分公司在北京市。产品主要覆盖有机婴幼儿配方奶粉、成人奶粉、有机巴氏奶、酸牛奶等多个系列，设计产能年处理70万吨鲜牛奶、各类产品产量60万吨以上。多款产品获得中国、欧盟的双有机认证，是双有机全产业链乳品企业，也是国内唯一婴幼儿配方奶粉3个系列都是有机产品的企业。企业拥有婴幼儿配方奶粉研发实验室，所有产品均自主研发，获得专利证书4件。荣获黑龙江省省级企业技术中心、有机乳粉技术创新中心、黑龙江省数字化（智能）示范车间等荣誉。2021年，公司重点打造红星品牌、有机品牌，突出黑龙江牡丹江“绿色、有机、高端”食品地标特色，奶粉产量1274吨，液态奶产量2510吨，产值2.23亿元，销售收入1.28亿元。

【百威（牡丹江）啤酒有限公司】百威牡丹江啤酒有限公司始建于1958年，是一家具有60年发展历史的现代化、专业化啤酒生产企业。企业的前身是牡丹江啤酒厂，2001年加入哈尔滨啤酒集团，2012年被世界啤酒巨头百威英博集团全资收购。公司注册资本6412万元，资产总额6.4亿元，占地面积30万平方米，职工170人。年设计产能30万吨，主营“花河”“哈啤”“百威”等多种系列啤酒品牌，产品主要销往黑龙江省南部地区。2021年，产量9.4万吨，产值2.43亿元。获得国家级绿色工厂、黑龙江省数字化（智能）示范车间等荣誉称号。

（市工信局　姜　辣）

林木林纸产业

【概况】　2021年，依托丰富的林木资源，牡丹江市林木产业得到蓬勃发展，三峡经贸、锦丰木业、美好家具等木材加工企业开发生产高档仿古实木家具、实木地板、百叶窗、指接板、胶合板等系列加工产品，出口日本、欧美、东南亚、韩国等国家和地区，初步形成木材—板材—木制品—家具的产业链条，在国内外具有较高的影响力，是全国重要的木业加工基地。年产地板166万平方米，家具14万件，百叶窗10万立方米，整体橱柜10万平方米，板材700万平方米。造纸产业形成以恒丰纸业为龙头，以卷烟材料纸为制造主体，以烟用接装纸、箱板纸、食品包装纸等为辅的特色产业结构，在国内外具有较强的市场竞争力。年产卷烟配套纸16.39万吨，烟用接装纸5000吨，瓦楞纸4万吨，瓦楞纸箱2万吨。

【发展优势】　与牡丹江市接壤的俄罗斯远东地区是世界上唯一尚未充分开发的森林资源宝库，木材蓄积量223.1亿立方米，森林覆盖率45%。其中，成熟林和过熟林木材蓄积量近百亿立方米。每年通过绥芬河、东宁口岸进口各类俄罗斯木材670万立方米左右，分别占全国和全省年均总量比例的21%和86%。骨干企业竞争力强，恒丰纸业是国内特种工业用纸行业龙头，年产能23万吨，卷烟配套用纸行业综合排名亚洲第一、世界第二，产

品国内市场占有率近40%。三峡经贸是拥有进出口权的工贸一体化企业，成长为黑龙江省对俄林业行业龙头。锦丰木业是生产百叶窗帘零件的专业企业，产品销往美国等国家和地区。亮剑家具是省内重要的中式欧式家具生产企业，产品远销美国、加拿大等国家。

【牡丹江恒丰纸业集团有限责任公司】
牡丹江恒丰纸业集团有限责任公司隶属于黑龙江省新产业投资集团有限公司，控股牡丹江恒丰纸业股份有限公司和黑龙江恒元汉麻科技有限公司，是一家具有多元产权结构，引领中国烟草工业用纸发展，领先国内汉麻育种、栽培、加工及检测技术，并在区域经济中占有重要地位的国际一流企业。2021年，牡丹江恒丰纸业集团有限责任公司以29.93%的比例控股牡丹江恒丰纸业股份有限公司，以51%的比例控股黑龙江恒元汉麻科技有限公司，拥有资产总额30.81亿元，年创利税2.24亿元。

【牡丹江恒丰纸业股份有限公司】
牡丹江恒丰纸业股份有限公司由牡丹江恒丰纸业集团有限责任公司控股，拥有70年成熟的特种薄页纸研发制造技术。公司于2001年上市，股票代码600356，注册资本2.99亿。拥有21条机制纸生产线，年机制纸生产能力23万吨，可生产51种烟草工业用纸和薄型印刷纸、食品包装纸等产品，是全球行业公认的一流材料供应商。公司是国家高新技术企业，拥有CNAS认可的国家级检测中心，是中国卷烟配套用纸国家标准和行业标准主要制定单位。2021年6月15日，牡丹江恒丰纸业股份有限公司被省工信厅认定为2021年黑龙江省工业质量标杆。年末获批2021年度国家级绿色工厂，并入选2021年中国数字化转型与创新评选“数字化创新典范案例”奖。

2021年12月，在中国数字化改型与创新评选颁奖典礼上，恒丰纸业的两个项目入选“数字化创新典型案例”奖。图为恒丰纸业数字化生产车间
（刘　鑫　摄）

【黑龙江恒元汉麻科技有限公司】
黑龙江恒元汉麻科技有限公司成立于2019年，由牡丹江恒丰纸业集团有限责任公司控股。公司专注于汉麻全产业链建设，以黑龙江省为基地辐射全球，包括汉麻良种、麻籽食品和大麻素产品3个核心板块。汉麻良种培育技术居行业领先水平，大麻素和汉麻食品项目取得突破，纤维加工设备实现提档升级，初步搭建起纤、籽、屑、油、仁、粉销售网络。《一种纤维用工业大麻茎秆田间站立脱胶剂及其脱胶工艺方法》获得国家发明专利授权，种植培育科研成果不断向实际应用技术转化。2021年5月，汉麻纤维全无氯漂白科技攻关项目试车成功，标志着公司彻底攻克麻纤维全无氯漂白技术难题，项目核心技术为全球同行业内首创。8月1日，举行10号机改造项目投产剪彩仪式暨项目拉练活动。年内与中国制浆造纸研究院、东北林业大学开展产学研深度融合，建立长期战略合作伙伴关系；与安徽中烟、云南中烟合作开发新型烟草功能材料取得新进展；黑龙江恒祥信测检测技术有限公司通过CMA资质认定。

【黑龙江省新产业投资集团收购牡丹江恒丰集团】　2021年6月2日，牡丹江恒丰纸业集团有限责任公司（以下简称恒丰集团）控股股东牡丹江市国有资产投资控股有限公司与黑龙江省新产业投资集团有限公司（以下简称产投集团）就恒丰集团股权转让项目签署协议，标志着产投集团收购恒丰集团100%项目基本完成。6月4日，完成《详式权益变动报告书》等内容披露。黑龙江省新产业投资集团隶属于省国资委，收购完成后，恒丰集团从牡丹江市属国企变为省属国企，产投集团间接取得恒丰集团下属的上市企业牡丹江恒丰纸业股份有限公司29.93%的股权。

【牡丹江永昌纸制品厂】　永昌纸制品厂位于牡丹江市开发区高新科技产业园内，公司成立于1990年7月，系民营股份制企业，注册资金1500万元，企业总资产1.6亿元，占地面积2万平方米，建筑面积16000平方米。主要生产烟用接装纸，重点服务于烟草行业，先后同湖北、四川、黑龙江等中烟合作，为黄鹤楼、红金龙、天下秀等知名品牌配套。2013年企业调整战略，开拓国际市场，同亚非欧十几个国家和地区烟企建立稳固的供需合作。2020年下半年开始，先后投入800余万元对设备升级改造，购置两台5色电脑套印印刷机、一台新型铝箔复合机、两台激光打孔机、两台高速电脑纠偏分切机，形成年产4000吨的生产能力。2021年，永昌纸制品厂实现产值6000万元，同比增长15%。

（市工信局　汪龙蛟）

装备制造产业

【概况】 装备制造业是牡丹江市重点支柱产业之一，在全市工业经济发展中的地位和作用突出，拥有富通空调、中车铸业、穆棱电站阀门、北方双佳、鑫北方、等离子体、欧地希、森田特车等一批骨干企业。产品涵盖汽车空调压缩机、石油机械配件、机车配件、特种车辆、逆变焊机、农业机械、输变电设备等十大类百个品种千种规格。富通汽车空调年产能200万台，为国内20多种车型配套。北方双佳的震击解卡工具、稳定器和旋塞产品列入行业名牌，多种产品替代进口。鑫北方石油钻具是具有石油内防喷工具甲级资质单位。中车金缘铸业是国内铁路货车配件专业化生产企业。森田汽车198个特种改装车型位居全国之首，研制的“战地宿营车、微型灭火救援机器人、隧道旋转车”等9项新产品获得专利授权。欧地希焊接机为国内第二大逆变焊机生产企业，年生产能力2万台。穆棱电站阀门拥有特种设备制造许可证，阀门产品有十大类200多个品种和规格。等离子体科技公司生产的“凯斯普牌”低温等离子体灭菌器为国内首创。新安石油带压作业修井装置、鑫北方石油钻具内防喷器压力自动检测设备、通用石油测流装置、中科热泵烘干塔及三杰科技的半钢胶片四辊压延生产线等获得全省首台（套）创新产品荣誉。

【项目建设】 2021年，富通空调长城汽车空调配套生产线和两体斜盘式变排量压缩机产业化、宁安粮油淀粉机械薯类蛋白淀粉生产线设备加工、森田特车改装中心、佳友电器新型汽车空调压缩机CVC活塞全喷涂生产线、穆棱北一半导体制造、林海石油打捞工具全数控化生产线、万达电梯生产基地等一批新续建项目相继建成投产见效。

【改革创新】 富通空调、万通微孔、等离子体、石油工具、林海石油、北方油田等先后建成省级技术中心。2021年，北方双佳、鑫北方获批国家级专精特新“小巨人”企业，宁安粮油淀粉机械获批“隐形冠军”企业。北方双佳是黑龙江省震击解卡工具工程技术研究中心、黑龙江省石油钻采装备产业技术创新战略联盟首届理事长单位。鑫北方检测中心通过中国合格评定国家认可委员会（CNAS）评审后承担检测任务。

【牡丹江富通汽车空调有限公司】 富通空调有限公司是专业生产汽车空调压缩机的高新技术企业。富通空调的前身是牡丹江空调机厂，始建于1988年。2016年8月，富通空调与奥特佳新能源公司重组，成为其全资子公司。公司购进国内外的先进设备建成机械加工、金属热处理、表面处理生产线和5条自动防差错装配线。建有计量理化检测中心、试验中心和产品研发中心，并在市区内建成有20多户中小企业的零部件配套园区。2021年，生产压缩机142万台，比上年增长9.5%，销售收入6.9亿元，比上年同期增长31%。

【牡丹江中车金缘铸业有限公司】 中车铸业是隶属于中车股份有限公司旗下中车齐齐哈尔车辆有限公司下属的全资子公司。2021年，公司实现产值3.53亿元，同比减少12.6%。生产钢水3.83万吨，生产各型枕架7872辆份，各型车钩12099套。实现销售收入3.83亿元，同比减少8.5%，其中出口收入480万元，同比减少61%。全年销售枕架8718辆份，国铁市场占有率24.2%。

【黑龙江北方双佳钻采机具有限责任公司】 北方双佳公司是由中国兵器装备集团公司黑龙江北方工具有限公司控股的石油钻采机具专业制造企业。产品类型包括震击解卡工具、内防喷工具、钻柱工具、固井工具、打捞工具、扩孔工具、磨铣工具、井口工具、顶驱钻具部件等十余个系列、数百个品种、上千种规格的产品谱系。企业取得专利30项，其中发明专利7项。取得API Spec 7-1、API Spec 5DP、API Spec 5CT、API Spec Q1等美国石油协会会标使用权，是国家高新技术企业、国家级专精特新“小巨人”企业，黑龙江省震击解卡工具工程技术研究中心，黑龙江省石油钻采装备产业技术

2021年8月20日，黑龙江北方双佳钻采机具有限责任公司获批工信部第三批专精特新“小巨人”企业，牡丹江市专精特新“小巨人”企业实现零的突破
（市工信局　供图）

创新战略联盟首届理事长单位，行业信用AAA级。2021年实现营业收入13003万元，比上年增长7.97%。

【桦林佳通轮胎有限公司】 桦林佳通轮胎有限公司占地面积60万平方米，建筑面积28万平方米，轮胎生产能力670万条/年，形成GT、PW、桦林、红旗全钢、半钢子午胎品牌，涵盖载重、乘用500余种规格的系列产品。其中，全钢子午胎年生产能力140万条，半钢子午胎年生产能力525万条。2021年，桦林佳通的生产经营呈前高后低态势，通过2020年全钢子午胎产能提升和产品结构调整，2021年上半年全钢胎基本满负荷生产，半钢胎产能利用率72%。下半年市场形势变化较大，全钢产能利用率不到60%。全年实现产值12.56亿元，同比增长10.6%。

（市工信局　汪龙蛟）

新材料产业

【概况】 牡丹江市新材料产业重点发展石墨、硬质材料、新型建筑材料、化工新材料等四大产业，年加工能力碳化硼3000吨、石墨15.5万吨、碳纳米管及人造石墨烯导电材料500吨、钨合金500吨、硬质合金刀具200万片、光引发剂3000吨、轻质碳酸钙20万吨。铸浩石墨有限责任公司是省内主要石墨生产企业，产品出口德国、韩国、美国等国家。瑞江顺新材料科技有限公司主要生产石墨和碳化硼，产品出口欧美等国家和地区。北方合金工具有限公司生产的钨合金、硬质合金产品远销国内外，是国内最具实力的钨合金和硬质合金制品生产厂家之一，也是中国兵器装备集团公司的钨弹部件生产企业之一。

【基地建设】 建设石墨产业基地，以市场需求大、产品附加值高的石墨新材料产业为主攻方向，推动产业高端化、园区化、集聚化发展，向石墨资源开发和精深加工发展。建设硬质材料产业基地，充分释放牡丹江国家特种材料高新技术产业化基地带动作用，重点发展碳化硼纳米级超细微粉及工程陶瓷、特种碳化硼、自洁绝缘子等产品。发挥材料的高硬度、高温稳定性、化学稳定性等优异特性，加大研发碳化硼陶瓷、军用防弹装甲等产品，推动无机非金属硬质材料向着超细微粉化、制品化、功能化方向发展。建设新型建筑材料产业基地，支持北方水泥调整优化水泥产品结构，建设油井水泥等特种水泥生产基地。利用市区高岭土资源储量大、品质好的优势，引进有实力的龙头企业，重点发展高新技术陶瓷工艺品、新型饰面材料等，培育专业化配套产业体系。建设化工新材料产业基地，扩大专用化学品、特殊化学品、功能化学品比重，加快推动原料产品向下游产品转型，打造国内具有竞争力的医药、农药中间体产业链。开发高档染料添加剂、高性能纤维、光引发剂等，带动产业集聚发展。

【宏旭石墨有限公司】 宏旭石墨有限公司成立于2010年10月，企业占地面积15.5万平方米，建筑面积1.5万平方米，由辽宁省鹏轩耐火材料有限公司竞购穆棱市中兴石墨矿组建，是集矿山开采、石墨产品加工制造和石墨新技术、新产品开发研制于一体的民营企业。矿区与柳毛石墨矿、麻山石墨矿相毗邻，矿床成因相同，属同一矿田。企业成立以来，累计投资5亿元对矿山、精粉生产车间及除尘系统等改造升级，投资1.2亿元建设占地面积80万平方米的尾矿库。2019年，投资1000万元安装年产2万吨提质生产线。2021年企业产值1.8亿元。

【黑龙江省铸浩石墨有限责任公司】 铸浩石墨有限责任公司成立于2011年5月，是集石墨矿山开采、选矿、精深加工一体化企业。年产精深加工产品3万吨，其中，年产精细球形石墨5000吨，高纯石墨20000吨，年产高纯微粉石墨30000吨，碳纳米管500吨。公司生产的精细球形石墨等产品，销往德国、韩国、日本、美国等国家。公司的原材料采用自主选矿生产，对原料质量稳定和持续供货能力有一定控制，为产品生产提供有力的供应保证。企业致力于建立石墨全产业链精深加工业务，定位石墨新材料发展方向，建设以石墨材料相关高新技术为主导，研发为支撑，生产加工与物流集散为基础，打造集产、学、研为一体的石墨高科技产业基地。2021年企业产值1.83亿元。

【黑龙江瑞江顺新材料科技有限公司】 瑞江顺新材料科技有限公司成立于2018年5月，由山东青岛永康石墨有限公司投资兴建。占地面积1万平方米，建筑面积3800平方米，通过对石墨粉的筛选、分级、包装，生产各种不同粒度、不同碳量的100余种规格天然鳞片石墨产品，年可加工石墨1万吨。2021年企业产值6600万元。

（市工信局　汪龙蛟）

数字产业

【概况】 2021年，牡丹江市精心谋划推进数字经济，市委主要领导深入基层调研数字经济发展情况，邀请哈工大教授叶强围绕“数字经济与高质量发展”作辅导报告，推进数字经济中长期发展规划和行动方案编制等重点工作，加快推进数字经济产业园建设，支持华创文创园做大做强，督促各地各职能部门研究数字经济，以数字经济培育新动能，争当全省数字经济创新发展“排头兵”。

【项目建设】 2021年，组织牡丹江落实市人民政府与省联通公司“5G+

新型智慧牡丹江”战略合作协议，文旅、城管、应急大数据平台等18个项目进展顺利。引入浪潮集团与市政府合资成立“数投公司”，投资3000余万元，建设“政务云”“一体化政务服务”和“政务数据共享交换”3个平台。北京远舢科技与恒丰纸业合资成立恒舢互联网公司，建设牡丹江市首家工业云平台——恒舢云，入选工信部企业上云典型案例。盛世雪城公司开展“智慧社区”“智能安防”应用，实施项目70余个，年销售额3000余万元。

【企业数字化改造】 2021年，恒丰纸业投入近4000万元，建设完善实验室信息管理、生产制造执行等系统，实现业务流程再造和组织方式变革，通过工信部“两化”（智能化、数字化）融合管理体系贯标认证。友搏药业实施欧盟项目专用网络系统的硬件配置和软件升级，上线金蝶、英克等系统，开通研发中心、医贸公司的应用ERP系统和致远OA系统。灵泰药业购入数台服务器和终端计算机建设企业信息化ERP系统，工业生产核算实现信息化管理，降低生产成本，提升市场竞争力。红星乳业产品质量追溯系统管理2300批婴配粉/成人粉的生产销售信息，对提升消费者购买信心以及内部审核都有极大的帮助。桦林佳通通过条码系统实时反馈产量、库存等信息，每日对条码系统数据进行汇总分析并查遗补缺。富通空调建立覆盖产、供、销、人、财、物等各个方面的数据信息平台，实现从需求到生产、到供应的产业链联动。

（市发改委　周彦兵）

生物医药化工产业

【概况】 牡丹江市生物医药行业主要产品有疏血通注射液、熊胆粉、熊胆胶囊、五维赖氨酸口服溶液、孟鲁司特钠、硒酵母片、补肾益脑丸等。2021年，全市拥有药品生产剂型22类，药品批准文号506种，22种产品常年投入生产。具备原料药生产能力221吨、片剂18亿片、丸剂2.3亿丸、口服溶液剂5100万支、滴眼剂300万支、小容量注射剂2亿支、药用纤维素4000吨。化工行业涵盖石油加工、化学原料和化学制品制造、橡胶和塑料制品等行业领域，主要产品有轮胎、光引发剂、石油添加剂、造纸添加剂、改性聚丙烯、塑窗型材等。

【项目建设】 2021年，生物医药产业依托牡丹江市中药材资源和产业基础，重点发展现代中药产业、做精做优化学医药产业、培育壮大兽药产业、扶持发展保健品产业、建设汉麻产业基地等五大产业。化工产业重点谋划3个化工项目，投资4000万元的1000吨“芳纶”新型化工纤维项目，由宁安昕荣农开公司收购大庆路化工厂改造升级建设。投资2000万元的向春化工助剂项目入驻桦林工业园，主要生产造纸用湿强剂、消泡剂、中性胶等化工原料。博傲化工废油利用及综合处置项目投资2000万元，利用蒸馏、离心等方法，对废矿物油、废机油进行提纯生产燃料油、润滑油。

【牡丹江友搏药业有限责任公司】 友搏药业是国家级重点高新技术企业，公司注册资本4.5亿元，总资产26亿元，拥有小容量注射剂、片剂、胶囊剂等多个生产剂型，20多个中、西药品种。2015年，公司完成与九芝堂股份有限公司重组，跨入上市公司行列，为九芝堂股份有限公司全资子公司。公司位于牡丹江市阳明区裕民路288号，占地面积25万平方米，建筑面积12万平方米。研发中心在北京市顺义区，是国家级博士后科研工作站，与国内外众多知名科研院所常年开展业务合作。在研的“抗凝一类新药LFG”的开发是友搏药业承担的黑龙江省重大科技成果转化中试熟化项目，获得项目扶持资金500万元。LFG项目属于国际1类新药，是国际上首个见于报道的选择性的X酶抑制剂，境内外均未上市的新药，拥有自主知识产权，2021年开展中国临床试验，项目总投资1亿元。

【黑龙江黑宝药业股份有限公司】 黑宝药业是国家级高新技术企业、农业旅游示范单位，国家级AAAA级旅游景区，全国科普教育基地，省级农业和林业产业化龙头企业。“黑宝”

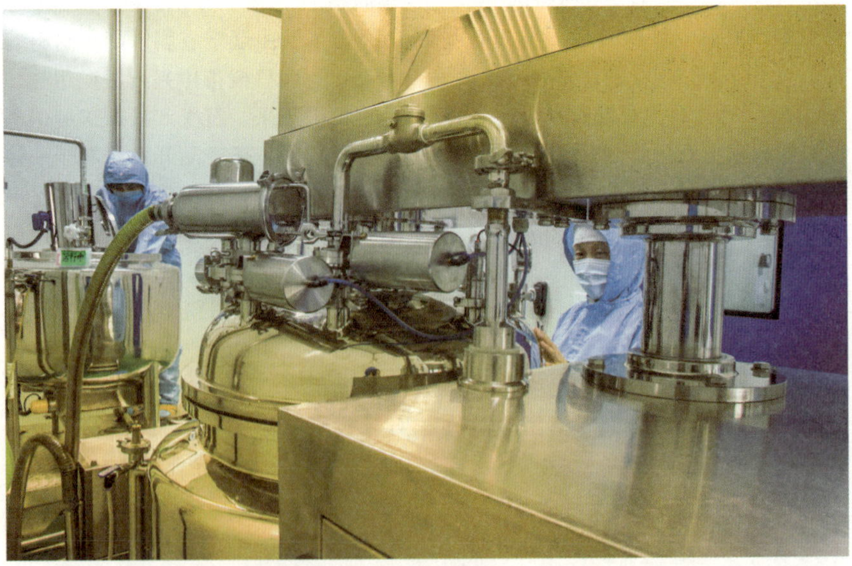

2021年，牡丹江市重点发展现代中药产业。图为黑宝药业股份有限公司生产车间（市工信局　供图）

为国家驰名商标。主要从事熊科动物人工饲养繁殖、无管引流采胆、熊胆粉及其系列药品的生产与销售及东北特色资源的开发和利用。拥有世界最大的3000头熊养殖基地、制药厂、工程技术中心、肝胆疾病研究所、遍布全国十几个省市的销售公司和多家黑宝大药房。公司占地面积60万平方米，建筑面积10万平方米，总资产3.5亿元。拥有熊胆粉、口服液、滴眼剂、胶囊剂、软膏剂、水丸剂6个制剂车间，有7个国药准字号药品，其中，黑宝牌“熊胆粉”是国家级中药一类新药；“熊胆胶囊”“熊胆黄芩滴眼液”和“熊胆茵陈口服液”是国内独家品种；“熊胆痔灵膏”和“熊胆救心丹”为国家中药保护品种。2021年，创新开发熊油抗高血脂新品种、熊油治疗胃溃疡新品种、熊油保化系列产品、熊骨系列药品、熊胆和熊骨酒类产品。完成产业项目建设，扩建滴眼剂车间，增加熊胆冻干粉生产线。熊胆黄芩滴眼液与海王药业、修正药业建立销售合作关系。续建熊胆茵陈口服液项目，在前期建设的基础上，完成中药提取车间建设和制剂灌装车间设备安装。

（市工信局　汪龙蛟　杨琬若）

新能源产业

【生物质能源】　牡丹江市农作物秸秆可再生能源资源非常丰富，年可利用总量536.46万吨。依据统计资料，正常年份时牡丹江市秸秆潜在利用量为134.12万吨（不含还田部分）。牡丹江市林业用地325万公顷，其中有林地面积272.3万公顷，分别占全省和全国森林面积的13.6%和1.7%。据调查统计，林业生物质潜在利用量为130.7万吨。牡丹江市垃圾成分占比约为：厨余垃圾35%、纸质垃圾2%、塑料垃圾2%、脏土垃圾58%、金属垃圾3%。其中可能源化利用的（直燃或制气）为厨余垃圾、纸质垃圾、塑料垃圾，占垃圾总量的39%。根据调查统计，生活垃圾潜在利用量为36.27万吨。2021年，重点推进牡丹江市区、东宁市、宁安市、海林市、穆棱市、林口县、西安区海南乡、三陵乡东沟村等生活垃圾发电项目和生物质热电联产项目。

【风能资源规划】　根据《黑龙江省东部高比例可再生能源外送基地规划（初稿）》，牡丹江市风电光伏规划开发总装机容量595万千瓦（风电430万千瓦）。其中，市区规划装机容量75万千瓦（风电40万千瓦）；绥芬河市规划装机容量20万千瓦（风电10万千瓦）；海林市规划装机容量60万千瓦（风电50万千瓦）；宁安市规划装机容量200万千瓦（风电120万千瓦）；穆棱市规划装机容量100万千瓦（风电90万千瓦）；东宁市规划装机容量40万千瓦（风电30万千瓦）；林口县规划装机容量100万千瓦（风电90万千瓦）。

【抽水蓄能项目】　2021年，中水东北勘测设计研究有限责任公司历时3个月对牡丹江市抽水蓄能资源进行普查，综合评价地理位置、地形地质条件、水源和环境等因素，筛选资源站点3个，全部列入国家发改委8月份颁布的《抽水蓄能中长期发展规划（2021—2035年）》。黑龙江省列入国家规划重点实施项目9个，牡丹江市占3个。其中，全省列入国家规划“十四五”重点实施项目7个，牡丹江占2个；全省列入“十五五”重点实施项目2个，牡丹江占1个。牡丹江市列入国家规划“十四五”重点实施项目包括：总投资80亿元的海林市海浪河站点（装机120万千瓦），上水库位于海林市西南岔林场东南侧5公里处，下水库位于二道海浪河支流西南岔河上；总投资120亿元的林口县建堂站点（装机180万千瓦），下水库位于林口县建堂镇乌斯浑河支流红旗沟河上，上水库位于下水库东侧。牡丹江市列入国家“十五五”规划重点实施项目：总投资100亿元的海林市二道海浪河站点（装机160万千瓦），下水库位于二道海浪河上，上水库位于下水库北侧。

【黑龙江荒沟抽水蓄能电站投产发电】2021年12月20日和12月30日，荒沟抽水蓄能电站1号和2号机组分别并网发电，实现全年两台机组并网发电的目标。黑龙江荒沟抽水蓄能电站位于牡丹江市辖海林市三道河子镇，是黑龙江省首座抽水蓄能电站，也是国内纬度最高的抽水蓄能电站。2012年8月获国家发展改革委核准批复，项目总投资58.03亿元，总装机容量120万千瓦，安装4台30万千瓦的

2021年12月20日，黑龙江荒沟抽水蓄能电站首台机组并网发电　（张春祥　摄）

2021 年 8 月 1 日，牡丹江辰能生物质发电有限公司正式转入商业运营。图为厂区远眺　　　　（市工信局　供图）

混流可逆式水轮发电机组，年发电量 18.36 亿千瓦时，年抽水电量 24.09 亿千瓦时，综合效率 76.2%。2014 年 5 月，荒沟抽水蓄能电站开工建设。建成后以两回 500 千伏输电线路接入东北电网，在电网中发挥调峰、调频、调相、储能、事故备用和黑启动等作用。截至 2021 年末，项目累计完成投资 46.36 亿元。

【大唐黑龙江新能源开发有限公司双岭风电场】　双岭风电场位于宁安市西南 98 公里处的老爷岭支脉，地属山区林地，海拔高程 1000 米—1200 米。双岭风电场由头道岭、二道岭两个项目组成，其中，头道岭项目年平均风速 7.28 米 / 秒，设计年发电量 12627.5 万千瓦时，年等效满负荷小时数 2551 小时；二道岭项目平均风速 8.54 米 / 秒，设计年发电量 13513.5 万千瓦时，年等效满负荷小时数 2732 小时。安装 66 台轮毂高度为 85 米的 GW82/1500 型风电机组，总装机容量 99 兆瓦。2018 年 7 月 22 日开工建设，2020 年 12 月 27 日 66 台机组全部并网发电。2021 年，双岭风电场头道岭及二道岭年收入总额 8336 万元。

【牡丹江辰能生物质发电有限公司】　牡丹江辰能生物质发电有限公司成立于 2017 年 9 月，位于牡丹江市阳明经济开发区，注册资本 6000 万元，主要从事电力、热力生产、销售等业务。项目隶属于黑龙江省新产业投资集团有限公司，由黑龙江省新产业投资集团龙江新能源开发股份有限公司出资建设并管理，机组容量为 1×30 兆瓦凝汽式汽轮发电机组，配套 1 台 1×130 吨 / 小时高温高压生物质循环流化床锅炉。2020 年 11 月 29 日投产发电，2021 年 8 月 1 日正式转入商业运营。累计运行 3078.8 小时，发电量 9152.58 万千瓦时，上网电量 8260.754 万千瓦时，负荷率 99.73%，厂用电率 9.74%，单耗 1462.3 克 / 千瓦时。

（市工信局　汪龙蛟）

电力工业

【概况】　2021 年，牡丹江市有发电站 62 座，总装机容量 335.6 万千瓦。其中火电厂 9 座，装机容量 137.8 万千瓦；水电厂 35 座，装机容量 136.2 万千瓦；风电厂 13 座，装机容量 53.2 万千瓦（含分散式风电项目）；生物质电站 4 座，装机容量 6.2 万千瓦；光伏电站 1 座，装机容量 2.1 万千瓦（含分布式光伏项目）。全市可再生能源电厂总装机容量 197.7 万千瓦，占总装机比重为 58.9%。截至年末，牡丹江电网内在运的发电厂 58 座，牡丹江电网总装机容量 2745.475 兆瓦。其中，省调管辖电厂 18 座，总装机容量 2349.85 兆瓦；地调管辖地方及企业自备电厂 40 座，总装机容量 395.625 兆瓦。电网系统内 35 千伏及以上变电所、塔 112 座，变压器 165 台，总容量 4464.35 兆伏安。35 千伏及以上电压等级输电线路有 237 条，线路总长度 3949.243 公里。10 千伏配电线路 553 条，线路总回长 10108.8417 公里。全年牡丹江电网全口径供电量 46.9655 亿千瓦时，比上年同期增长 7.26%。网供供电量 36.9314 亿千瓦时，比上年同期增长 8.61%。地方电厂上网电量 10.0342 亿千瓦时，比上年同期增长 2.56%。

（国网牡丹江供电公司　刘霄雯）

【电网建设】　2021 年，国网牡丹江供电公司下达电网投资 1.3 亿元，按计划完成年度电网发展指标。完成牡佳客专林口南、桦林东牵引站外部供电工程等重点电网工程，保障牡佳客专等项目按时投产。完成 10 千伏及以下业扩配套电网项目 6 批次的分解，下达投资 5262 万元，同比增长 55%，保障第四届黑龙江省旅游产业发展大会及地区经济发展用电需求。配合省公司完成“十四五”规划项目滚动编制工作，上报 2022 年电网基建项目。完成 7 座变电站产权证办理，解决项目立项必要件缺失问题。完成 220 千伏中山至绥芬河线路工程、城南变 10 千伏高压室新建工程等项目可研前期推进工作。编制雪乡、二浪河景区供电方案，形成可研报告。响应国家“碳中和，碳达峰”战略，配合省公司开展煤改电工作调研，配合市发改委编制《黑龙江省东部可再生能源外送基地规划》。

（国网牡丹江供电公司　刘霄雯）

【电网调度】 年内编制完成《2021年度牡丹江电网运行方式》《2021年度牡丹江配电网运行方式》《牡丹江地区2021年事故限电序位表、超计划限电序位表》和《牡丹江地区2021年接地选线序位表》《2021年牡丹江电网低频减载整定方案》，编制《2021年牡丹江电网迎峰度夏工作方案》《2021年牡丹江电网防汛预案》《牡丹江供电公司调控中心2021年迎峰度冬期工作方案》。完成保电任务70次，安排检修作业317项，合格率100%，继续保持安全生产长周期态势。全年发布电网风险预警17次，规避四级电网风险5次。保证3项新建、技改设备工程顺利安全投运。完成220千伏五牵甲、乙线，麻牵甲、乙线，及220千伏五林变，220千伏五牵变、麻牵变新投设备的投运工作；完成110千伏莲花变#2主变更换、220千伏温春变#2主变35千伏侧加装限流电抗器、110千伏碾子沟变110千伏#1、#2主变中性点装置更换、220千伏穆棱变66千伏输电线路及#1主变66千伏侧CT更换、110千伏碾子沟变10千伏2号接地变更换改造等工作。

2021年，牡丹江电网考核点电压合格率99.95%，同比持平，中枢点电压合格率99.99%，同比持平，监视点电压合格率99.94%，比同期降低0.01个百分点。牡丹江主电网电压合格率100%，自动化基础数据合格率99.88%，继电保护和安全自动化装置率100%，两票合格率100%。实现电网安全运行无调度责任事故11458天。

（国网牡丹江供电公司 刘霄雯）

【国网牡丹江供电公司】 国网牡丹江供电公司始建于1946年，为国家大二型企业，所辖电网是联结哈尔滨、佳木斯、鸡西、吉林电网的重要枢纽，担负着4区6县（市）的供电任务，服务用电客户155.74万户，资产总额32.36亿元。2021年，牡丹江公司营业总收入198293.19万元，较上年同期增加13824.97万元，提高7.49%，内部利润实际完成-16664万元；县公司营业总收入56525.46万元，较上年同期增加3804.63万元，提高7.22%，县公司内部利润实际完成322万元。全年国网牡丹江供电公司申请专利16项，其中发明申请量8项；专利授权11项，其中发明授权量1项，实用新型授权10项。配合省公司组织开展技术标准实施评价工作，发布《国网黑龙江省电力有限公司技术标准体系表（2021版）》。与省公司电科院协作的“极寒地区电动汽车综合保障关键技术与应用”和“寒冷地区遍野器智能冷却控制系统研究和应用”项目分别获得省公司2021年科学技术进步二等奖和三等奖；公司承担的“变电站液压机构箱温度在线监控系统研究”项目获得省公司2021年科学技术进步三等奖；专利“一种接地卡具”和“10千伏配电线路带电更换直线角度杆绝缘子推拉起降器”获得项目获得省公司2021年专利三等奖。配合省公司完成2020年科技项目验收，收集上报2022年科技储备项目4项，完成110千伏及以上变电站的电磁、噪声、废水年度计划监测任务。完成年度QC小组注册工作，向省公司企协申报7项QC成果。电缆及带电作业中心（配网带电）QC小组“新型带电更换角度杆高压绝缘子推拉器的研制”成果获水电质协2021年电力行业优秀质量管理小组二等奖；电缆及带电作业中心（电缆）QC小组“电缆故障查找遥控放电球隙的研制”、客户服务中心雪域之光QC小组“提高牡丹江供电公司获得电力指标率”、营业及电费室匠心核算QC小组“提高自动化集中发行成功率”、服务指挥QC小组“降低客户欠费复电时长”等4项成果获水电质协2021年电力行业优秀质量管理小组三等奖。电缆及带电作业中心（配网带电）QC小组的“新型带电更换角度杆高压绝缘子推拉器的研制”成果获省公司2021年质量管理（QC）小组成果一等奖；电缆及带电作业中心（电缆）QC小组“电缆故障查找遥控放电球隙的研制”、客户服务中心雪域之光QC小组“提高牡丹江供电公司获得电力指标率”、营业及电费室匠心核算QC小组“提高自动化集中发行成功率”等3项成果获省公司2021年质量管理（QC）小组成果二等奖；服务指挥QC小组“降低客户欠费复电时长”、计量中心负控QC小组“便携式负控跳闸模拟装置”、林口公司刘君业QC小组“研制电缆插拔头快速拆除工具”、宁安市农电有限公司安全生产QC小组“缩短故障抢修到达时间”、电缆及带电作业中心抢修班抢修QC小组“缩短10千伏跌落式熔断器更换时间”等5项成果获省公司2021年质量管理（QC）小组成果三等奖。电缆及带电作业中心（配网带电）QC小组、电缆及带电作业中心（电缆）QC小组、客户服务中心雪域之光QC小组、营业及电费室匠心核算QC小组、营业及电费室匠心核算QC小组、服务指挥QC小组、计量中心负控QC小组、林口公司刘君业QC小组、宁安市农电有限公司安全生产QC小组、电缆及带电作业中心抢修班抢修QC小组、输电运检中心管理组QC小组、发展策划QC小组、党委组织部（人力资源部）QC小组、互联网办公室QC小组等14项成果被省质量协会评为2021年全省优秀质量管理小组二等成果。

2021年，国网牡丹江供电公司积极应对新冠肺炎疫情防控、电力供应紧张形势，完成驰援河南抢险救灾、驰援宾县抗冰抢险等电网抢修支援任务，以及防洪抗灾、牡丹江地区三轮雨雪冰冻灾害中电网设备安全平稳运行，完成春（秋）检、迎峰度夏（冬）和庆祝中国共产党成立100周年、第四届黑龙江省旅游产业发展大会保电等一系列重点工作。截至年末，城市供电电压合格率累计完成99.998%，同比降低0.001%。农村供电电压合格率累计完成 99.762%，同比降低 0.160%，实现连续安全生产 6241 天。

（国网牡丹江供电公司　刘霄雯）

【黑龙江省电力有限公司牡丹江水力发电总厂】　牡丹江水力发电总厂（以下简称水电总厂）成立于1993年11月，隶属于国家电网黑龙江省电力有限公司。下辖 3 个发电二级单位，分别是镜泊湖发电厂、莲花发电厂和一家省管产业单位，总装机容量 66.6 万千瓦，年平均发电量 11 亿千瓦时。承担着黑龙江省电网发电、调峰任务，兼顾牡丹江流域防洪、灌溉、旅游等功能。2021 年，水电总厂全口径完成发电量 11.39 亿千瓦时。其中，莲花厂完成发电量 7.41 亿千瓦时，营收 5.38 亿元，同比下降 16.69%；镜泊湖厂完成发电量 1.70 亿千瓦时；产业单位完成发电量 2.28 亿千瓦时，营收 1.27 亿元，同比下降 9.55%。全年完成专利授权 5 项，荣获黑龙江省电力公司科技奖 2 项、管理创新成果 2 项，QC 成果荣获国家级奖项 3 项、省部级奖项 7 项、黑龙江省电力有限公司奖项 6 项。6 月 18 日，水电总厂红色教育基地正式启用，教育基地入选中央企业 100 个红色资源之一，镜泊湖发电厂被国家电网公司纳入"百年电力"首批文化遗产名录。

（水电总厂　刘　阳）

【华电能源股份有限公司牡丹江第二发电厂】　华电能源牡丹江第二发电厂（以下简称牡二电厂）位于牡丹江市东北郊，距市中心 11 公里。始建于 1978 年 5 月，有两台 210 兆瓦机组、一台国产 200 兆瓦机组和"上大压小"工程两台 300 兆瓦国产机组，总装机容量 1220 兆瓦，是黑龙江省东部电网的重要电源点。2001 年，牡二电厂以国家产业政策为导向，优化和调整产业结构，走热电联产之路，实施引热入市工程，是牡丹江市供热能力最大的热电联产企业。截至 2021 年末，接带热负荷 1209 万平方米。全年牡二电厂完成发电量 34.78 亿千瓦时。

（第二发电厂　赵迎春）

2021 年 12 月，黑龙江省百大项目、牡丹江市重点工程——牡丹江热电有限公司 1×100MW 背压式供热机组建设取得突破性进展，按计划进入锅炉调试阶段

（李卫民　摄）

【牡丹江热电有限公司】　2021 年 12 月，省百大项目、市重点工程——牡丹江热电有限公司 1×100 兆瓦背压式供热机组建设取得突破性进展，按计划进入锅炉调试阶段。公司电站锅炉总容量达到 1200 吨 / 小时，热源总容量 2620 吨 / 小时。全年发电量 6.38 亿千瓦时，同比减少 3.75%；供电量 5.34 亿千瓦时，同比减少 4.61%；电厂综合厂用电率 16.33%，同比上升 4.81%；5 台汽轮发电机组综合利用小时数 4607 小时，同比减少 3.71%。电厂和西城全年供热量 865 万吉焦，从二电厂购热 191.3 万吉焦，外购热量占总供热量的 18.1%。供热面积 2700 万平方米，承担着全市热电联产供热面积 65% 以上供热任务，服务用户 26 万户。在 21 个新建小区安装智能平衡阀 1305 台，实现小区二级网智能平衡调控，"室温自动监测系统"在供热调节中"千里眼"作用得到充分发挥，公司基于二级网均温的全网平衡智慧供热技术节能效果国内领先。2021 年，公司被中共中央授予"全国先进基层党组织"光荣称号；被中国城镇供热协会评选"中国供热行业能效领跑者"，连续两年荣获这一称号，单项荣誉全国居首。

（热电总公司　李卫民）

综　述

【概况】　2021年，牡丹江市有总承包和专业承包建筑业企业532户，其中有工作量的企业140户。全年完成建筑业总产值58.6亿元，同比增长7.2%；完成房屋建筑施工面积201.7万平方米，同比增长18.4%。全市有劳务资质建筑业企业164户，有相对稳定的建筑产业工人8000人，全年劳务用工本地化人数206419人。全市在建项目全部纳入“黑龙江省工程建设项目施工现场信息化管理平台”，全年应用“施工现场信息化管理平台”项目215个。截至年末，全市建设工程企业库入库企业175户，其中年内新入库企业11户。

【规划和制度建设】　2021年，市住建局制定《牡丹江市建筑业企业改革发展实施意见》；制定下发《重点建筑业企业首席服务员制度》，市直7家部门联合制定建筑业保增长31条政策措施；实行产值月报表制度及季度调度制度，每季度召开会议，通报各县（市、区）完成情况。

【重点企业】　2021年，全市有市级建筑业重点企业10户，分别是黑龙江海华建筑工程有限公司、黑龙江牡安建设集团有限公司、牡丹江建工集团有限公司、牡丹江市江达市政建筑有限责任公司、黑龙江省水利四处有限责任公司、牡丹江市城投建设工程有限公司、黑龙江新陆建筑工程集团有限公司、牡丹江市第三建筑工程有限公司、牡丹江市光大建筑安装工程公司、牡丹江市兴国建筑工程有限公司。

【建筑产业培育】　2021年，牡丹江市按照省住建厅《关于印发第一批、第二批建筑业保增长政策措施工具包的通知》要求，结合牡丹江市实际，细化保增长政策措施。从扶持全市建筑业企业发展、加快推进外埠企业本地化、提升建筑业产值统计质效三个方面，出台《推进全市建筑业保增长31条政策措施》。年内开发区有北京城建和中照集团2户外埠企业在牡丹江市注册全资子公司，签订合同额近3亿元。

【建筑产业工人培训基地创建】　2021年，牡丹江市依托市建设行业协会具备的建筑产业工人培训资格，与佳木斯博立职业技术培训学校产业工人培训基地合作，由博立职业技术培训学校出资建设标准化机房，共同完善培训硬软件设施。经省住建厅复核，审核通过牡丹江市建设行业职业技能培训学校培训资格，12月20日开班，采取线上方式，开展七大员、特种作业和技能工人三类人员培训，培训人员近300人。组织对接企业和本地区工程项目，实现就地培训、就近培训。

（市住建局　朱　林）

建筑施工

【概况】　2021年，全市以施工为主的建筑企业2户，具有资质等级的总承包和专业承包建筑业企业178户。年内，市住建局协调建筑企业做好疫情防控措施，开展“六保六稳”金融支持，推行工程担保制。

【建筑业新技术运用】　2021年，牡丹江市推进实施《黑龙江省绿色建筑评价标准》，规范绿色建筑相关规划、设计、建设、运营等活动，引导绿色建筑高质量发展，加大政策支持和资金投入，协调推进新建绿色建筑、建筑能效提升、装配式建筑、商品房全装修、绿色建材推广、既有建筑绿色化改造、可再生能源建筑应用等工作，健全相关标准和引导激励措施。贯彻落实省住建厅、省自然资源厅《关于在土地出让阶段明确装配式建筑要求的通知》要求，制定《牡丹江市关于推进装配式建筑发展实施意见》，以政府投资工程为引领，推进装配式示范基地和示范项目建设，促进全市装配式建筑整体发展。培育预制部品部件生产和施工安全企业。年内全市新增装配式建筑21.73万平方米，装配式建筑占新建建筑面积的22.69%。推广 BIM 技术应用，林业医院改扩建等 4 个项目应用 BIM 新技术，在全省“冰雪杯”建设工程 BIM 大赛上荣获二等奖和优秀奖。

【优质工程评选】 经市住建局和市建设行业协会组织专家评审，评出 2021 年度牡丹江市优质建设工程奖（结构优质）28 项。牡丹江市入选 2021 年度黑龙江省建设工程龙江杯项目 3 项，包括开发区外滩首府项目一期、宁安市污水处理厂改扩建工程第二标段、江南新区 36—A 地块一期（二标段）。

表 22　2021 年牡丹江市优质建设工程奖（结构优质）获奖工程一览表

序号	工程名称	承建单位 参建单位	项目 经理	技　术 负责人	质　量 负责人	监理单位	总监理 工程师	建设单位
1	牡丹江综合交通枢纽（公铁联运中心）工程	中铁二十二局集团有限公司	曹文亮	王洪雨	王心愿	黑龙江省云河建筑工程监理有限责任公司	尹智程	牡丹江市交通运输局
2	黑龙江省牡丹江市西安区峰悦中兴营地·民宿酒店项目 EPC 工程总承包	黑龙江省峰悦工程建设有限公司	车春燕原占海	王诗博	钱继勇	黑龙江省公路工程监理咨询有限公司	张轶群	牡丹江交投交旅资源开发有限责任公司
3	牡丹江市江南新区 36–A 地块二期 6# 楼	哈尔滨三建工程有限责任公司	邓　煜	张　勋	杨海波	哈尔滨工大建设监理有限公司	王建刚	牡丹江保辉置业有限公司
4	牡丹江市江南新区 36–A 地块二期 7# 楼	哈尔滨三建工程有限责任公司	邓　煜	张　勋	杨海波	哈尔滨工大建设监理有限公司	王建刚	牡丹江保辉置业有限公司
5	牡丹江市江南新区 36–A 地块二期 8# 楼	哈尔滨三建工程有限责任公司	邓　煜	张　勋	杨海波	哈尔滨工大建设监理有限公司	王建刚	牡丹江保辉置业有限公司
6	牡丹江市江南新区 36–A 地块二期 9# 楼	哈尔滨三建工程有限责任公司	邓　煜	张　勋	杨海波	哈尔滨工大建设监理有限公司	王建刚	牡丹江保辉置业有限公司
7	牡丹江市江南新区 36–A 地块二期 10# 楼	哈尔滨三建工程有限责任公司	邓　煜	张　勋	杨海波	哈尔滨工大建设监理有限公司	王建刚	牡丹江保辉置业有限公司
8	牡丹江市江南新区 36–A 地块二期 12# 楼	哈尔滨三建工程有限责任公司	邓　煜	张　勋	杨海波	哈尔滨工大建设监理有限公司	王建刚	牡丹江保辉置业有限公司
9	牡丹江市江南新区 36–A 地块二期 13# 楼	哈尔滨三建工程有限责任公司	邓　煜	张　勋	杨海波	哈尔滨工大建设监理有限公司	王建刚	牡丹江保辉置业有限公司
10	牡丹江市江南新区 36–A 地块二期 14# 楼	哈尔滨三建工程有限责任公司	邓　煜	张　勋	杨海波	哈尔滨工大建设监理有限公司	王建刚	牡丹江保辉置业有限公司
11	铁岭河南山郊野公园建设项目	黑龙江牡安建设集团有限公司	何大伟	潘玉荣	孙　磊	牡丹江市振兴工程建设监理有限责任公司	胡岚辉	牡丹江市峻睿房地产开发有限公司
12	林口县中医院应急病区项目	黑龙江省水利水电集团第二工程有限公司	狄建国	衡昌东	张金珠	黑龙江华达工程项目管理有限公司	张智燚	林口县中医院
13	江山如画一期一标段 A1# 楼	黑龙江海华建筑工程有限公司	郑广强	丛　山	王丽娜	中星工程项目管理有限公司	张　红	黑龙江海华建设集团有限公司
14	江山如画一期一标段 A2# 楼	黑龙江海华建筑工程有限公司	郑广强	丛　山	郑庆欣	中星工程项目管理有限公司	张　红	黑龙江海华建设集团有限公司
15	江山如画一期一标段 A6# 楼	黑龙江海华建筑工程有限公司	杨富睿	张继高	吴雪梅	中星工程项目管理有限公司	张　红	黑龙江海华建设集团有限公司

续表

序号	工程名称	承建单位 参建单位	项目 经理	技　术 负责人	质　量 负责人	监理单位	总监理 工程师	建设单位
16	江山如画一期一标段A7# 楼	黑龙江海华建筑工程有限公司	杨富睿	张继高	吴雪梅	中星工程项目管理有限公司	张　红	黑龙江海华建设集团有限公司
17	江山如画一期一标段B1# 楼	黑龙江海华建筑工程有限公司	杨富睿	汪　洋	高　阳	中星工程项目管理有限公司	张　红	黑龙江海华建设集团有限公司
18	江山如画一期一标段B9# 楼	黑龙江海华建筑工程有限公司	杨富睿	夏晓欢	牛鑫博	中星工程项目管理有限公司	张　红	黑龙江海华建设集团有限公司
19	江山如画一期一标段B10# 楼	黑龙江海华建筑工程有限公司	杨富睿	夏晓欢	牛鑫博	中星工程项目管理有限公司	张　红	黑龙江海华建设集团有限公司
20	江山如画一期一标段B19# 楼	黑龙江海华建筑工程有限公司	杨富睿	汪　洋	高　阳	中星工程项目管理有限公司	张　红	黑龙江海华建设集团有限公司
21	江山如画一期一标段C1# 楼	黑龙江海华建筑工程有限公司	郑广强	丛　山	郑庆欣	中星工程项目管理有限公司	张　红	黑龙江海华建设集团有限公司
22	江山如画一期一标段C2# 楼	黑龙江海华建筑工程有限公司	郑广强	庞晓龙	马　辉	中星工程项目管理有限公司	张　红	黑龙江海华建设集团有限公司
23	江山如画一期一标段C3# 楼	黑龙江海华建筑工程有限公司	郑广强	庞晓龙	马　辉	中星工程项目管理有限公司	张　红	黑龙江海华建设集团有限公司
24	江山如画一期一标段S1# 楼	黑龙江海华建筑工程有限公司	杨富睿	张继高	吴雪梅	中星工程项目管理有限公司	张　红	黑龙江海华建设集团有限公司
25	江山如画一期一标段S2# 楼	黑龙江海华建筑工程有限公司	杨富睿	张继高	吴雪梅	中星工程项目管理有限公司	张　红	黑龙江海华建设集团有限公司
26	B7807 项目第九批新建工程 XJ1—2#	中铁十二局集团第三工程有限公司	孟军庆	杨绪哨	张德洋	北京兴电国际工程管理有限公司	马安平	北部方向工程代建指挥部
27	开发区瑜山盛璟项目一期	中照建设工程有限公司	胡铁强	朱立春	代　鑫	中宏工程管理咨询有限公司	曲万松	牡丹江凤辰房地产开发有限公司
28	黑龙江省牡丹江市江达翰林城项目 1—12# 楼	牡丹江市江达市政建筑有限责任公司	徐崇磊	刘永杰	李　越	牡丹江市振兴工程建设监理有限责任公司	刘宝君	牡丹江市江盛房地产开发有限公司

（资料来源：市住建局）

表 23　2021 年牡丹江市荣获黑龙江省建设工程龙江杯奖获奖工程一览表

序号	工程名称	承建单位参建单位	建设单位
1	黑龙江省牡丹江市开发区外滩首府项目一期	中照建设工程有限公司	牡丹江汇欣龙房地产开发有限公司
2	宁安市污水处理厂改扩建工程第二标段	黑龙江省建筑安装集团有限公司	宁安龙江环保治水有限公司
3	牡丹江市江南新区 36–A 地块一期（二标段）	哈尔滨三建工程有限责任公司	牡丹江保辉置业有限公司

（资料来源：市住建局）

表 24　2021 年牡丹江市 BIM 技术设计阶段应用项目一览表

序号	项目名称	佐证资料	项目情况
1	牡丹江至佳木斯高速铁路建设项目	2021 东北区建设工程 BIM 技术应用大赛获奖名单	2021 年竣工
2	牡丹江动车所建设项目	2021 东北区建设工程 BIM 技术应用大赛获奖名单	2021 年竣工
3	穆棱市奋斗水库工程项目	2021 年优秀勘设奖（推荐国家）	在建
4	海林和穆棱卷烟厂联合易地技术改造项目	第一届冰雪杯 BIM 大赛优秀奖	2021 年竣工
5	牡佳客专七标段项目	第一届冰雪杯 BIM 大赛二等奖	2021 年竣工
6	牡丹江综合交通枢纽（中铁联运中心）项目（火车北站）	BIM 管线综合排布前期三维可视化实例及在本工程中的应用效果	2021 年竣工
7	牡丹江保税物流中心（B 型）一期工程项目	嘉图工程管理咨询有限公司扫描件	在建

（资料来源：市住建局）

【勘察设计】　2021 年，牡丹江市有勘察设计企业 20 户，其中，以勘察为主营的企业 2 户，以设计为主营的企业 16 户。从业人员 458 人，其中，具有高级职称 182 人、中级职称 161 人、初级职称 62 人，国家级注册类人员 83 人。全年勘察设计企业总收入 23247 万元，获得省级以上优秀勘察设计成果奖项 7 个，应用 BIM 技术设计的工程项目 7 个，创建省级工法 2 项、十项新技术示范工程项目 6 项。BIM 等信息技术在建筑施工领域得到推广应用，参加首届“冰雪杯”建设工程 BIM 大赛，有 2 个项目获得奖项。年内，市住建局组织勘察设计企业开展信用等级评价，监督勘察设计企业贯彻落实相关法规、规章，指导勘察设计企业拟订行业发展战略、制定改革方案，监督执行产业政策、规章制度。按照省住建厅《关于启用黑龙江省工程勘察数据系统的通知》要求，牡丹江市启用勘查数据系统，在开展勘察活动时，录入企业和人员信息，对数据进行影像留存，将勘察作业成果、勘察报告等信息录入系统。

2021 年 9 月 9 日，牡丹江市住建局监督执法检查组对穆棱市经济开发区小微企业园标准化厂房七期 B 区第二标段进行执法检查　（图片来自网络）

【工程建设组织新模式】　2021 年，牡丹江市在 16 个项目中推行工程总承包，在 13 个项目中推行全过程工程咨询工程建设组织新模式。培育牡丹江市建筑设计院、中宏工程管理咨询有限公司、中星工程项目管理有限公司 3 个具备全过程咨询综合服务能力的企业。

【建筑工程质量管理】　2021 年，牡丹江市落实建设单位工程质量首要责任。根据《建设工程质量管理条例》，健全工程质量监督管理体制，出台相关制度措施。加强工程质量监督管理与审查，工程项目开工前，工程建设七方主体项目法定代表人必须签署法人授权委托书，项目负责人签订质量终身责任承诺书；工程竣工后，建设单位须在建筑物主要通道或入户口等明显部位设置永久性标牌，载明七方主体参建单位名称和项目负责人姓名等信息，接受社会监督，新开工项目七方责任主体两书签订率 100%。

为进一步规范工程质量检测机构行为，严厉打击检测机构弄虚作假违法行为，提高建设工程质量，7 月 5 日至 9 日，市住建局组织开展全市建设工程质量检测机构 AAA 级信用评价工作。要求各检测单位利用工程质量检测监督管理平台对检测资料进行管

2021年6月7日，牡丹江市住建局在穆棱市开展农村房屋安全隐患排查整治工作督导调研（穆棱市住建局 供图）

理，实现检测业务流程完全闭合，确保检测数据可追溯性。9月9日至15日，市住建局对市区的9家建筑工程检测机构进行专项监督检查，开展全市住建领域质量月活动，组织16户企业查找质量隐患29项，整改29项，参与人数100余人。

根据《黑龙江省住房和城乡建设厅关于开展2021年预拌混凝土质量专项检查通知》要求，11月4日至8日，市住建局检查了11户预拌混凝土企业生产情况，对正在生产的混凝土进行现场取样5组，下发《责令（限期）改正通知书》10份，基本整改完成并书面回复。为切实强化预拌混凝土质量监管，市住建局开展牡丹江市预拌混凝土生产质量专项检查整改情况"回头看"工作。

牡丹江市在黑龙江省住建领域信访、投诉、举报网上受理平台质量问题139起，已处理139起，重复件60起。其中，黑龙江省信访信息系统质量问题接访60起，已处理60起，重复件48起；2021年质量信访、投诉、举报接访79起，已处理79起。

【建筑工程安全管理】 2021年，牡丹江市根据《建设工程安全生产管理条例》及有关法律、法规规定，结合老旧小区改造工程，制定出台《牡丹江市老旧小区改造工程质量安全管理工作指导意见》《牡丹江市市区老旧住宅小区改造工作手册》，对全市6个县（市、区）通过"双随机、一公开"平台，进行建筑市场和工程质量安全监督执法检查，加大建筑工程质量责任追究力度，发现隐患问题150余项，全部整改完成，监督执法结果在信用牡丹江平台向社会公示。推进"四大"（大培训、大体检、大执法、大曝光）"双重预防机制"常态化，全年发现住建领域安全隐患387项，整改率100%，停产整顿6户，收缴罚款136.63万元。实施城市建设安全专项整治三年集中攻坚行动计划，开展"建筑施工排险治违"保安全、住建领域安全隐患大排查大整治行动及"回头看"行动等专项行动，排查治理隐患483项，开展警示教育活动15场，警示教育6908人次。

（市住建局 朱 林）

建筑行业监管

【概况】 2021年，牡丹江市建立健全"项目、企业、人员、信用"基础数据库，建设建筑市场监管公共服务平台、施工现场信息化管理平台、工程建设项目审批管理系统、建设工程承发包管理系统、建设工程造价数据监测平台等信息系统，构建工程建设项目全过程信息化监管体系，提升建筑市场、施工现场治理能力。围绕建筑市场招投标、承发包、施工许可、合同履约等方面存在的问题进行专项整治。严厉打击建筑市场各类违法违规行为，重点整治建筑市场行为、法定建设程序、施工质量安全等工作。全年检查在建项目50个次，责令停工31件，下达整改通知40份，全部整改完毕。对已处罚到位的20个项目全部在"信用中国"进行公示；将工程款结算纳入日常建筑市场监管，作为执法检查内容之一；开展市本级25个在建项目欠薪专项排查。全市有94个项目140户企业实行招投标保证金、工程质量保证金和农民工工资保证金担保。其中，以银行保函或保险保单形式缴纳6618.77万元，使用保函、未使用保函或使用保单缴纳比例分别为79.1%、65.4%、77.4%；督导中标企业按时录入合同信息及竣工结算备案。发布2021年3—10月份材料价格。2021年公共资源领域招投标专项整治工作梳理出市本级房屋建筑和市政基础设施工程整治范围内项目415项，问题项目22项。其中，先建后招、未批先建11项；围标串标7项；低价中标高价结算4项；省转线索2项。

【劳务信息化管理】 2021年，牡丹江市以"黑龙江省工程建设项目施工现场信息化管理平台"为主要载体，对全市在建项目劳务人员实施全流程信息化管理，实行建筑业工人实名制管理，落实注册考勤、建立工资专户、按月足额支付等治欠保支制度，对未落实到位的项目提出限期整改意见。

【工程建设项目放管服改革】 2021年，牡丹江市持续优化审批流程，形成线上线下融合的审批服务机制。全市工程建设项目实行四个阶段并联审批、联合会商，完成“一张表单”“一个窗口”“一套机制”，强化审批时限监管，提高审批效率。全市4个城区6个县（市）以及开发区工程建设项目52个审批事项均纳入审批系统管理，实现国家、省、市、县四级系统平台互联互通，数据实时共享。进一步优化审批流程，工程建设项目审批流程由22个减至19个，加快全市工程建设项目审批制度改革步伐。

【诚信体系建设】 2021年，市住建局与市建筑业协会联合开展施工、工程监理企业、勘察设计企业信用等级评价，在资质申请、招投标、工程审批、评优评先、工程担保等领域实施应用，引导企业诚信经营、守法经营。

【监理单位履职监管】 2021年，牡丹江市有监理企业12户，其中，具备甲级资质（全过程咨询业务）企业2户，具备乙级资质企业7户，具备丙级资质企业3户。从业人员490人，其中，国家级注册类人员109人，包括注册监理工程师84人，注册造价师10人，注册建造师15人。年内12户监理企业承担监理业务76项；具有全过程咨询业务的2户企业承揽全过程咨询业务3项。市住建局落实“双随机、一公开”要求，加强对建筑市场各方主体动态检查，监督管理监理企业及从业人员行业行为，组织监理企业开展信用等级评价，指导监理企业对建设监理的法规、规章进行监督和实施，拟订监理企业行业发展战略、改革方案、产业政策，监督规章制度执行情况。

【建筑招投标管理】 2021年，牡丹江市建设工程招投标市场主要围绕七个方面进行管理：规范招标公告发布、防范招标人与其委托的招标代理机构排斥潜在投标人、打击串通投标等违法违规行为、依法按照调查程序处理投诉、推行工程总承包招标、推进“评定分离”方法评标试点工作、开展全过程工程咨询服务招标试点工作。

【建筑工程造价管理】 按照《黑龙江省2021年度建筑安装等工程结算参考意见》，5—10月，市住建局于施工旺季在省造价信息网报送建筑材料价格，全年办理招标控制价备案8个。

（市住建局 朱 林）

综 述

【概况】 2021年，牡丹江市组织开展政府消费券发放、商贸企业让利促销、直播带货等活动，促进全市生产、分配、流通、消费各环节有机衔接，着力打造牡丹江市“双循环”的战略节点和枢纽城市，助推商贸经济高质量发展。全市社会消费品零售总额731亿元，总量排名全省第三位，同比增长9.9%，较全省平均增速高1.1个百分点。截至年末，全市有商贸流通企业6203户，其中批发和零售企业6119户，住宿和餐饮企业84户。

【市场体系建设】 2021年，牡丹江市以现代商贸中心理念、现代商业网点理念和现代服务业理念为支持，以城市空间布局调整为契机，以《建设高标准市场体系行动方案》为指导，围绕市场体系基本制度、要素高效配置、市场环境和质量、高水平市场开放、现代化市场监管机制等五大方面，采取“强化核心、据点开发、形成轴带、带动城市”总体思路，合理布局商业网点，建立起与城市定位、发展目标和总体布局相适应的现代化都市型商业网点体系，引导老城疏解、新区及开发区建设，实现城市发展的新跨越，全面提升城市功能、形象和品位，增强牡丹江市作为区域性中心城市的综合服务功能和吸引辐射能力，促进城市发展新格局的形成，推动建设大商贸、大流通、大市场的现代化区域性商贸中心城市。构建与城市总体布局相适应的商业网点体系框架，初步建立适应市场经济发展和经济发展水平、布局合理、特色突出的商业网点体系。

【批发零售业】 2021年，全市批发业商品销售总额同比增长28.7%，零售业商品销售总额同比增长20.2%。组织绿色商场创建工作。按照《黑龙江省绿色商场创建实施方案（2020—2022年度）》要求，组织牡丹江市符合条件的购物中心、百货商场、超市、专卖店等实体零售企业申报绿色商场，牡丹江万达广场商业管理有限公司被评为2020年绿色商场创建单位，通过打造提供绿色服务、引导绿色消费、实施节能减排、资源循环利用的绿色商场，深挖流通业发展潜力，促进绿色消费，践行低碳环保，推动绿色发展。

【蔬菜市场】 2021年，全市有蔬菜批发市场2个，从业人员450人。批发、零售蔬菜31.67万吨，全年居民食用蔬菜18.53万吨，平均每天食用507.6吨，同比增长1.36%。其中，地产上市蔬菜10.3万吨，同比下降4.62%；外运菜21.37万吨，同比增长3.89%。6月，经商务部重新审核，牡丹江市蔬菜外贸转型升级专业型示范基地再次被确认为国家级示范基地。

【汽车销售及二手车经营】 2021年，全市销售汽车17597辆，销售金额169390.6万元。全市有二手车交易市场36个（其中市区7个，县、市29个），从业人员391人。二手车交易量突破39697辆，交易额10.02亿元。

【报废汽车回收与拆解】 2021年，全市有废旧汽车回收企业2户，即牡丹江市报废汽车回收有限公司、牡丹江市龙丰报废汽车回收有限公司。全市回收报废车辆3746台，回收废钢6642吨。

【老字号企业】 2021年12月14日，在黑龙江省第五批“龙江老字号”认定中，牡丹江渤海靺鞨文化发展有限公司和牡丹江市东一商场有限责任公司2户企业获此称号。牡丹江渤海靺鞨文化发展有限公司是一家经营地方民族工艺品和渤海靺鞨绣承传、柞蚕丝绸的研发、生产、加工、销售于一体的品牌文化企业，2012年被商务部评为国家进出口文化企业单位，2019年“满族刺绣”进入《国家级非物质文化遗产代表性项目保护单位名单》。东一商场是一家百年老店，抗日战争时期即为抗联提供给养的中转站。1958年成为国企，2003年国企改制，为牡丹江市食品餐饮行业的龙头企业。截至2021年末，全市有9户“老字号”企业。其中，由商务部认定的“中华老字号”企业2户，分别是牡丹江白酒（厂）有限公司、牡丹江市松城调味品有限责任公司；由省商务厅认定的“龙江老字号”企业7户，分别是牡丹江市回民商店、牡丹江金钢钻碳化硼有限公司、牡丹江饭店有限责任公司、黑龙江响水米业股份有限公司、黑龙江省泼雪泉酒业有限公司、牡丹江市东一商场有限责任公司、牡丹江渤海靺鞨文化发展有限公司。

【消费促进】 2021年，牡丹江市充分释放全省旅发大会效应，组织开展“消费促进月”活动，参与企业530户，累计销售额6.2亿元；组织开展牡丹江餐饮评选活动，从128户餐饮企业、370个菜品和小吃中评出十佳“特色餐饮店”“金牌地方菜”“地方名小吃”等6个奖项；首次举办地方名优产品及俄罗斯商品展销会，设立28个地方名优产品展销区、12个俄罗斯商品展销区，参展企业170户，展品600余种，其中俄罗斯商品销售额9.3亿元，同比增长158.3%。组织开展系列主题促销活动。春节期间，创新开展“好日子年货送到家”“居家嗨购 网上过年”“新春年货大集”活动；以传统节日为契机，组织开展“浓情三月 美丽绽放 快乐女神节”“初春花嫁”“女王夜宴‘3·8’魅力女人节”“无限嗨购狂欢节”“潮派有礼万券齐发”等系列主题促销活动；组织开展春秋两季车展，销售汽车2100辆，销售额超3亿元；开展“欢乐金秋购 圆梦新生活”市政府消费券发放活动，省市投入2000万元，分四期进行发放，拉动消费2.85亿元，消费倍率达10倍以上，全面提振消费信心。加大服务企业力度，确保达限企业应统尽统，采取网格化管理方式，设立企业服务助理，持续开展“千人进万企——三送两帮”活动，深入企业指导，为企业纾困解难，重点对地利、万达租赁企业进行逐户走访，加大沟通服务力度，对临限企业做好跟踪服务，确保达限企业及时纳统。全年新增限上企业104户，拉动全市社会消费品零售总额持续增长。

【政府消费券发放活动】 2021年10月，为贯彻落实省政府办公厅《关于进一步扩大消费若干措施的通知》要求，最大限度地激发市场经营主体积极性，市政府决定在全市开展电子消费券发放、扫码满减及刷卡满减活动。活动分四期进行，参与的商家涉及全市批发、零售、住宿、餐饮行业限上企业、部分个体工商户和汽车销售指定商户。四期活动投入2000万元，拉动消费2.85亿元。

（市商务局 栾 兰）

现代商圈

【概况】 牡丹江市现代商圈分为市级商业中心（太平路商业中心）—区级商业中心（西部商业中心、江南商业中心和东部商业中心）—社区商业中心3个层级，基本构建起与城市总体布局相适应的商业网点体系框架。2021年，联华国际精品商业街竣工开业；月星环球港一期、二期完成；中农批冷链东北亚（牡丹江）国际物流港完成一期总工程量的80%，20余栋建筑实现封顶，招商接待中心建成；欧特姆小镇部分融资；禧禄达国际酒店完成大楼内部装饰工程、设备购置及部分配套工程。

【商业综合体】 牡丹江市商贸综合体集流行百货、家电连锁、超级市场、酒店、餐饮娱乐等多业态组合为一体，一站式满足消费者购物、休闲、娱乐、餐饮需求。2021年，大商股份牡丹江新玛特购物广场有限公司净销售额44931.1万元；牡丹江万达广场总租金收入9486万元；大商集团牡丹江百货大楼销售额4.3亿元，上缴税金1713万元；牡丹江甜甜国际服饰有限公司租金120万元，同比增长650%。

【特色街区】 2021年，全市有3条特色街区，分别为：东一中俄风情街区、解放路百年老街、朝鲜民俗风情街。

东一中俄风情街区 位于牡丹江市核心商贸圈，是在东一条路步行街基础上改造而成，是牡丹江最早的街路之一。北邻火车站，南邻市文化广场，街区全长946米，总占地面积55.5万平方米。商家1400余户，其中文化类商户数量580户，营业面积13万平方米，夜间文化娱乐游览面积占比44%。2021年，东安区依托商业街基础优势，对东一中俄风情街区进行提档改造。东一中俄风情街区主题定位为中俄风情，以中俄文化交融并蓄为背景，围绕“一轴三段七景十一纵”，

2021年7月，重新改造整修的东一中俄风情街区 （张春祥 摄）

由南至北规划“中俄不夜商街”“中俄艺术风情街”“中俄文化老街”3个特色街区，打造“地上＋地下”“白天＋黑夜”全方位、立体式、多元化的经营模式，建设“灯火牡丹”“俄罗斯套娃广场”“中东水晶列车”“街区邮局”“时光隧道”“时尚东一”等标志性景观。纵向延伸设置11条品类齐全、业态丰富、个性突出的副街：业态综合区“繁荣小街”“聚福小街”“恒通小街”“吉运小街”；休闲综合区“民生小街”；美食集中区“美食小街”；住宿集中区“安居小街”；民俗风情集中区“锦绣小街”。街区业态布局丰富，既有东一商场、老道饺子等老字号，又有沪上阿姨、蜜雪冰城等新商家，有夏威夷国际大酒店、禧禄达国际酒店等星级酒店承载住宿休闲功能，还有大型商超满足购物需求，纵跨全市6条最繁华、最具人气、最热闹的主街，是集购物、餐饮、娱乐、商务于一体的一站式景观街区。

解放路百年老街 位于西一条路和太平路之间，南起平安街，北到光华街，长约1公里，是牡丹江市最早的街路之一。2021年，西安区以发展新零售、打造新载体、丰富新业态、搞好新服务为重点，打造解放路百年老街，推动商业街区向特色化、高端化发展。建设牡丹江小微博物馆、牡丹江城市记忆老照片展示馆、牡丹江国安教育美术馆、西安区电影海报馆、中国移动解放路百年老街5G体验馆、牡丹江国际书画文博中心、中国邮政渤海邮驿主题邮局、解放路百年老街服务中心等，承载牡丹江城市历史记忆和文化基因。

西安区朝鲜民俗风情街 位于牡丹江市西三条路至西十一条路之间的长安街区段，全长1.9公里，是牡丹江市朝鲜族居民集聚区，黑龙江省第二条被评为国家级景区的街路。街上有传统风味、民族特色、时尚潮流的餐饮娱乐、宾馆酒店、购物休闲等商家400余户，其中餐饮娱乐类占60%以上。商住一体是朝鲜民俗风情街的一大特色，上宅下店，前店后铺，丰富的商贸业态和居民生活相互交融。2021年，西安区委托哈尔滨工业大学城市规划团队和延吉春天旅游集团设计团队对朝鲜民俗风情街进行整体提升规划和设计实施，全街路强电弱电入地，道路及配套路灯、绿化全面升级改造，实现整街亮化提升，设置一批民族风格的雕塑等公共艺术品和特色商亭、座椅等服务类设施，新建网红打卡地民俗小巷、牡丹江旅游纪念品展销中心、金达莱邮局、阿妈妮读报组，提升朝鲜民族文化广场，改造27号院文创园，新引进乐汤汇宾馆，打边炉、辣不下、林福宫等一批特色餐饮项目，形成集吃、住、行、游、购、娱等全元素的夜经济链条。

（市商务局　栾　兰）

住宿餐饮业

【概况】 截至2021年末，全市有住宿餐饮法人企业84户，其中住餐一体法人企业13户，限上住宿餐饮法人企业29户。规模较大的住餐一体法人企业有：牡丹江市夏威夷国际大酒店有限公司、牡丹江东方明珠国际大酒店有限公司、禧禄达国际酒店有限公司、牡丹江世茂置业有限公司世茂假日酒店等企业。2021年，夏威夷酒店营业收入2841万元，世茂假日酒店营业收入1806.74万元，禧禄达酒店营业收入1800万元，东方明珠酒店营业收入1409万元。

【住宿业发展】 2021年，为了举办好第四届黑龙江省旅游产业发展大会，牡丹江市针对住宿业发展进行多方面政策扶持。创新业态，提高行业接待能力，高端酒店通过价格调整和产品创新吸引消费者，大众化消费成为主流，民俗客栈、精品酒店、主题酒店、短租公寓、连锁酒店、民宿、度假酒店等业态快速发展。全年全市住宿业营业额同比增长13.2%。

【餐饮业结构】 牡丹江市餐饮业主要以满足大众化餐饮为主，大众化餐饮表现出旺盛的生命力。2021年，全市餐饮业经营业态呈现多样化，如特色餐饮、快餐、休闲餐饮、农家乐等，方便群众生活，丰富餐饮市场。餐饮

2021年6月28日，市商务局组织开展的牡丹江市“特色餐饮店”“金牌地方菜”“地方名小吃”评选活动现场
（市商务局　供图）

企业在实体店基础上开发网上营销、网上订餐、电子支付、美食鉴赏、顾客点评等服务功能，线上线下同步运营转型发展模式，形成新的经营热点和经济增长点。第四届黑龙江省旅游产业发展大会召开期间，全市组织开展多种主题文化、多种消费体验相结合的特色餐饮评选活动，餐饮业营业额同比增长37.6%。

【牡丹江市特色餐饮评选活动】 2021年5月，市商务局联合牡丹江技师学院组织开展牡丹江市"特色餐饮店""金牌地方菜""地方名小吃"评选活动。经过初评、现场调研和网上投票等阶段，6月28日进入现场展示评比环节，全市有128户餐饮企业报名参赛，经新区公证处公证，专家评审组按名次评出"十佳餐饮企业""优秀餐饮企业""特色餐饮店""金牌地方菜""十佳地方名小吃""优秀地方小吃"六大奖项，并在第四届黑龙江省旅游产业发展大会会演晚会上颁奖。

（市商务局　栾　兰）

表25　2021年牡丹江市"地方名小吃"获奖名单一览表

序号	店名	菜名	获得奖项
1	明八珍熟食店	猪手	十佳地方名小吃
2	巧老婆杀猪菜	酸菜肉菜团子	十佳地方名小吃
3	品利源面食店	红小豆豆包	十佳地方名小吃
4	金舟包子	猪肉葱花包子	十佳地方名小吃
5	南翔面食店	传统五香饼	十佳地方名小吃
6	iam 韩式料理	炸糯米肠	十佳地方名小吃
7	园宝饺子	纯白菜水饺	十佳地方名小吃
8	佟源记炸肉店	炸里脊	十佳地方名小吃
9	祥和酒店	祥和肉饼	十佳地方名小吃
10	镜泊小镇	孝心大麻花	十佳地方名小吃
11	台峡糕点店	绿豆糕	优秀名小吃
12	小牛匠	招牌牛腱面	优秀名小吃
13	金牌牛骨头	特色牛肉大包子	优秀名小吃
14	三种匠麻辣串	三种匠麻辣串	优秀名小吃
15	小辣椒川味店	鱼香炒面	优秀名小吃
16	吉晟居砂锅面	砂锅面	优秀名小吃
17	东方明珠酒店	开花枣馒头	优秀名小吃
18	顺峰大酒店	果仁酥饼	优秀名小吃
19	巨无霸海鲜馆	传统水煎包	优秀名小吃
20	郭记榆林镇筋饼	筋饼	优秀名小吃

（资料来源：市商务局）

表26　2021年牡丹江市"十佳餐饮企业"获奖名单一览表

序号	店名
1	啤酒花园
2	夏威夷国际大酒店
3	东方明珠酒店
4	姬家鱼
5	老全州牛肉豆腐锅店
6	华晟山城火锅

续表

序号	店名
7	镜泊湖宾馆
8	名厨餐饮养生馆
9	禧禄达国际酒店
10	昆仑大酒店

（资料来源：市商务局）

表 27　2021 年牡丹江市“金牌地方菜”获奖名单一览表

序号	店名	菜名	获得奖项	菜品计数
1	禧禄达国际酒店	秘制鳜鱼头	金牌地方菜	1
		锅包猴头菇	金牌地方菜	2
		松茸菊花盏	金牌地方菜	3
2	东方明珠酒店	八宝葫芦鸭	金牌地方菜	4
		太极松茸鲍鱼羹	金牌地方菜	5
		大鹏展翅	金牌地方菜	6
3	灶座小锅烀饼	排骨豆角烀饼	金牌地方菜	7
4	华晟山城火锅	草原大片羊	金牌地方菜	8
		极品脆毛肚	金牌地方菜	9
5	华鲀酒店	红烧河豚	金牌地方菜	10
6	姬家鱼	红烧鱼肚	金牌地方菜	11
		醋浇白鲢	金牌地方菜	12
7	顺峰大酒店	独家秘制菌汤	金牌地方菜	13
		松茸鲜虾丸	金牌地方菜	14
8	宏祥府酒店	香酥小炸肉	金牌地方菜	15
		宏福烧鹅	金牌地方菜	16
9	夏威夷国际大酒店	丹江鱼头王	金牌地方菜	17
		金牌敲虾	金牌地方菜	18
		农家扣黑猪肉	金牌地方菜	19
10	老全州牛肉豆腐锅	牛肉火锅	金牌地方菜	20
11	啤酒花园	东坡大方	金牌地方菜	21
		葱烧牛蹄	金牌地方菜	22
		红煨肘子	金牌地方菜	23
12	祥和酒店	肝尖白肉	金牌地方菜	24
		京烧大肠	金牌地方菜	25
		樱桃肉	金牌地方菜	26
13	天福熟食	富贵肘子	金牌地方菜	27
14	巧老婆杀猪菜	杀猪菜	金牌地方菜	28
15	老张记熏酱酒馆	熏笨鸡	金牌地方菜	29

续表

序号	店名	菜名	获得奖项	菜品计数
16	九九香水煮鱼	水煮鱼	金牌地方菜	30
		一品石板平锅菜	金牌地方菜	31
17	豪友会酒店	黄金雪龙	金牌地方菜	32
		发财大肘子	金牌地方菜	33
18	郭记榆林镇筋饼	九转大肠	金牌地方菜	34
		松鼠鱼	金牌地方菜	35
19	巨无霸海鲜公馆	酥绵山药	金牌地方菜	36
		丹江风味拌菜	金牌地方菜	37
20	长安大冷面	明太鱼炒鸡蛋	金牌地方菜	38
21	鱼悦饭店	砂锅鱼头	金牌地方菜	39
		铁锅炖胖头	金牌地方菜	40
22	关东人家	小笨鸡炖蘑菇	金牌地方菜	41
23	兜之道鱼头居家烧鱼馆	张大厨烧鹅	金牌地方菜	42
24	沟帮子食品店	熏猪蹄	金牌地方菜	43
25	小鸭掌土钵融合菜	居家烧肉	金牌地方菜	44
26	iam 韩式料理	即席肥牛年糕锅	金牌地方菜	45
27	老四水煎牛肉	水煎牛肉	金牌地方菜	46
28	姚大厨私房菜	厨娘煎虾饼	金牌地方菜	47
		那年茄子	金牌地方菜	48
29	名厨餐饮养生馆	姿造刺参海参	金牌地方菜	49
		葱香虾丸	金牌地方菜	50
		书香门第	金牌地方菜	51
30	川味鱼经	水煮鱼	金牌地方菜	52
31	恭喜饺子	酒香焖肉	金牌地方菜	53
		香辣美容蹄	金牌地方菜	54
32	小牛匠	卤金钱肚	金牌地方菜	55
33	泰和居酱骨	风味酱骨	金牌地方菜	56
34	昆仑大酒店	镜泊湖鱼头泡饼	金牌地方菜	57
		虎头猴头菇	金牌地方菜	58
35	邵胖子大鹅	㸆大鹅	金牌地方菜	59
36	醉新鲜・丹江第一锹	丹江第一锹	金牌地方菜	60
37	盛双盛	有机蔬菜包笨五花肉	金牌地方菜	61
		明太鱼汤	金牌地方菜	62
38	赤吉九鲜坊	特色金牌肚锅	金牌地方菜	63
		红柳鲜切羊排	金牌地方菜	64
39	镜泊小镇	靠山屯蒸肉	金牌地方菜	65
		黄蘑扣肉	金牌地方菜	66

续表

序号	店名	菜名	获得奖项	菜品计数
40	爱家小厨	老式炸肉丸子	金牌地方菜	67
		鱼杂焖豆腐	金牌地方菜	68
41	老妈全自动炭烤串	炸蛋锅	金牌地方菜	69
42	付氏栏杆牛肉汤	牛肉汤	金牌地方菜	70
43	明阳骨头店	清水棒骨	金牌地方菜	71
44	军马场骨头锅	招牌三样锅	金牌地方菜	72
45	经典老菜坊	传统锅包肉	金牌地方菜	73
		经典大拉皮	金牌地方菜	74
46	大江可酸菜鱼	虾油鲜笋	金牌地方菜	75
		麻辣鸡块	金牌地方菜	76
		香辣鱼子酱	金牌地方菜	77
47	粟氏天府烧烤七星街店	麻辣排骨串	金牌地方菜	78
		特色涮肚锅	金牌地方菜	79
48	趣烤三国	蒜香肥牛	金牌地方菜	80
49	李嘉嘉串串香火锅	大圣金箍棒	金牌地方菜	81
50	镜泊湖宾馆	光辉岁月	金牌地方菜	82
		韭香鱼丸	金牌地方菜	83
		书香门第	金牌地方菜	84
51	鄉味砂锅菜馆	酱鸭	金牌地方菜	85
		外婆红烧肉	金牌地方菜	86
52	小辣椒川味店	川北凉粉	金牌地方菜	87
		麻辣牛肉干	金牌地方菜	88
53	金牌牛骨头	金牌牛骨头	金牌地方菜	89
54	渝哥渝妹成都水煮鱼	夫妻肺片	金牌地方菜	90
55	利众刀削面小酒馆	炒驴脸	金牌地方菜	91
56	然爆鳗鱼烤肉店	蒲烧鳗鱼	金牌地方菜	92
		炭烤活鳗	金牌地方菜	93
		秘制猪肉	金牌地方菜	94
57	我家酸菜鱼	酸菜鱼	金牌地方菜	95
58	张大叔市井火锅	大叔一咪羊排	金牌地方菜	96
59	泰和居熏酱小酒馆	果木猪蹄	金牌地方菜	97
60	金日牛市潮汕鲜牛肉	牛雪花	金牌地方菜	98
		牛肋条	金牌地方菜	99
61	东北一锹鲜	海鲜全家福	金牌地方菜	100
62	福顺天天大酒店	大福稻香肉	金牌地方菜	101
		张灯结彩	金牌地方菜	102

续表

序号	店名	菜名	获得奖项	菜品计数
63	晟合禄炭烤鳜鱼头	炭烤鳜鱼头	金牌地方菜	103
64	通海俄式烧烤	俄罗斯红菜汤	金牌地方菜	104
		俄罗斯大肉串	金牌地方菜	105
65	牡丹宴	墨鱼花枝丸	金牌地方菜	106
66	好再来麻辣香锅	麻辣香锅	金牌地方菜	107
67	苏氏烤肉	烤牛排	金牌地方菜	108
68	一品鸭冠仙	脱骨鸡爪	金牌地方菜	109
69	周道黑卤鸭	甜麻鸭锁骨	金牌地方菜	110
70	胖哥传说	香辣牛脸肉	金牌地方菜	111

（资料来源：市商务局）

电子商务

【概况】 2021年，全市电子商务交易额329.1亿元，同比增长21.44%；全市电子商务网络零售额31.31亿元，同比增长20.8%，全市电子商务交易额和网络零售额在全省均位列第三。农产品网络零售额6.3亿元，同比增长32.81%。直播零售额5.56亿元，其中点淘直播零售额1.92亿元，抖音直播零售额2.49亿元，快手直播1.15亿元。贯彻落实《黑龙江省直播电商发展三年行动计划》，大力扶持西安区、阳明区和开发区3个网红电商直播基地建设，引导电商企业与阿里巴巴、抖音、快手等知名平台合作，开展系列电商直播活动。第四届黑龙江省旅游产业发展大会期间，开展“直播带货月”和“直播带货日”活动，网络零售额超过2000万元，环比增长43%。推广“电商＋龙头企业＋专业合作社＋农户”合作模式，搭建本地农产品线上销售平台，创建330个村级电商服务站，助力乡村振兴发展。牡丹江保税物流中心（B型）引入跨境电商企业82户，其中保税跨境商品展示馆入驻企业8户，完成跨境电商交易额1300万元；绥芬河跨境电商综试区入驻企业40户，完成跨境电商交易额300.14万元。

【电子商务平台建设】 截至2021年末，全市有5个自建电子商务平台；2个国家电子商务示范基地，牡丹江经济技术开发区电子商务企业园、中国（黑龙江）自由贸易试验区绥芬河片区；3个直播电商基地，绥芬河罗斯帝国跨境电商直播基地、西安区直播电商基地、阳明区直播电商基地；10个电子商务产业园。全市有跨境电商企业23户，跨境电商自建平台2个，绥芬河万象文化传媒有限公司、绥芬河综合保税区龙关通跨境电子商务有限公司，跨境电商进口贸易额1300万元。12月，罗斯帝国跨境电商直播基地获批“省级直播电商示范基地”。

【农村电子商务】 2021年，依托牡丹江市特色农业优势，电子商务在支持农业产业化龙头企业、农民专业合作社、家庭农场、种植养殖大户等新型市场经营主体，开拓国内外销售市场方面发挥重要作用。全市农产品网络零售额6.3亿元，同比增长32.81%；农村电商零售额13.36亿元，同比增长5.1%。制定《牡丹江市村级

表28 2021年牡丹江市自建电子商务平台一览表

序号	企业名称	平台名称	平台网址
1	牡丹江狼图腾国际旅游集团有限公司	狼图腾旅行	www.langtt.com
2	牡丹江龙飞商贸实业有限公司	中国特产网	www.chinatcw.com.cn
3	海林绿源优品电子商务有限公司	林海雪原印象	www.hlxyyx.com
4	绥芬河万象文化传媒有限公司	绥芬河幸福边城	m.sfhxfbc.com
5	绥芬河综合保税区龙关通跨境电子商务有限公司	真品会跨境电商平台	www.hljzph.com

（资料来源：市商务局）

电子商务服务站建设实施方案》，在全市范围内建设电子商务服务站。截至年末，全市创建330个村级电商服务站，海林市、穆棱市、林口县3个县（市）荣获国家级电子商务进农村示范县称号。

【牡丹江市首批村级电子商务服务站启动】 2021年10月13日，为普及农村电子商务应用，发挥农村电商服务三农、数字乡村建设和助力乡村振兴的示范作用，牡丹江市首批村级电子商务服务站启动仪式在阳明区福民村举办，同时启动的有宁安市、海林市、林口县、穆棱市、西安区等辖区内的20个村级电商服务站。以参加启动仪式的首批20个村级电商服务站为示范，在全市建设330个村级电商服务站，通过农村电商基础设施建设、农村电商与快递业务协同发展、农产品进城服务体系和农村电商培训体系建设等措施，打造功能完备、运作规范、服务便捷的村级电商服务站，进一步拓宽农产品线上销售渠道，带动牡丹江市特色农产品由种得好向卖得好转变，促进农民增收致富，全面推进乡村振兴。

【2021年“双11”购物节全市网络零售额2.39亿元】 2021年“双11”购物节期间，全市实现网络零售额2.39亿元，同比涨幅71.2%，居全省第三名。其中，绥芬河市、东安区和阳明区网络零售额占比排名前三。分行业来看，“双11”购物节期间，牡丹江市实物行业实现网络零售额1.99亿元，占全市网络零售额的比重为83.4%。实物网络零售额排名前三的商品分别是食品酒水、服装服饰和汽车用品，网络零售额占比分别为46.3%、21.1%和6.5%；在非实物行业中，在线餐饮、生活服务和虚拟商品位列前三，网络零售额占比分别为92.6%、2.8%和1.7%。“双11”购物节期间，全市农村电商实现网络零售额1.26亿元，同比涨幅117.5%，在全省排第三名，占网络零售总额的比重为52.8%。全市农产品实现网络零售额5406.4万元，同比涨幅57.5%。直播带货成为电商销售的重要手段，“双11”购物节期间，全市参与直播的商品实现网络零售额1244.4万元，零售量32.1万件。

（市商务局　栾　兰）

油气经营

【成品油营销】 2021年，全市有加油站195座，成品油销售28.41万吨。其中，汽油销量16.37万吨，柴油12.04万吨。平均每天销售成品油778.36吨。

（市商务局　栾　兰）

【燃气经营】 2021年，牡丹江市天然气供应能力持续增强，全市天然气供气总量3300万立方米。天然气通气居民用户数量23万户，比上年增加1万户，天然气供气范围覆盖全市各区。主要天然气供应来源为吉林省松原市、省内七台河市，天然气储气能力48万立方米。全年新增天然气管网10公里，全市天然气管网增至587.92公里。截至年末，全市已建设并运行的LNG储配站2座；全市瓶装液化石油气企业5户、液化石油气储配站5座。全年全市液化石油气消费量9116吨。

（市住建局　朱　林）

【非居民用气价格联动机制】 2021年，贯彻落实国务院关于深化资源性产品价格改革决策部署，促进资源节约型社会建设，按照《关于印发〈牡丹江市城市天然气价格改革的实施方案〉的通知》，启动非居民用气价格联动机制。对非居民用气终端销售价格由6.50元/立方米调整为4.80元/立方米，降低实体经济生产经营成本支出，增强企业的市场竞争力。

（市发改委　刘宏伟）

会展业

【概况】 2021年，市商务局组织企业参加3次线下大型展会（首届消博会、第四届进博会、服贸会），组织企业参加龙江云展会，截至年末，全市有210户企业入驻龙江云展会平台。

【数字会展】 2021年6月15—19日，第三十一届哈尔滨国际经济贸易洽谈会首次线上举办，牡丹江市组织包括非遗文化、地标产品、旅游风光、跨境商品和科技产品等15家企业、70余种产品参加线上展览。牡丹江市VR云展厅面积300平方米，设计主题为“奋力开启全面建设现代化牡丹江新征程”，突出开放、绿色、创新的风格特点，布展对外开放、地标产品、数字经济、绿色旅游、跨境电商、科技创新六大板块。整个展厅用蓝色科技色调装点，融入传统与时尚元素，通过数字展馆、VR展厅、线上直播、云上洽谈等方式实现展览展示功能。为助力外贸企业缓解出口压力，引导外贸企业出口转内销，拓宽国内销售渠道，市商务局和市贸促会组织外贸企业参加龙江云展会，全市有210户外贸企业入驻。

【参加首届中国国际消费品博览会】 2021年5月7—10日，市商务局组织鞑靼文化、唐满文化、红星集团、东宁黑木耳等4户企业参加首届中国国际消费品博览会活动（全省21户企业参会），参展商品涵盖非遗产品（特色刺绣、箱包、定制旗袍）及品牌乳制品、特色食用菌等。达成签约项目8个，签约金额600万元，现场交易额70万元，洽谈客户210余家，形成合作意向线索377条。参加博览会期间，牡丹江交易分团重点围绕商贸业转型升级展开洽谈招商，与厦门百货商会进行相关项目的对接和洽谈，就重点商贸服务业项目落地达成协议。

2021 年 5 月 7 日，牡丹江交易分团参加首届中国国际消费品博览会

（市商务局　供图）

参加省工商联与海口市联合举办的“黑龙江省农业和农产品加工项目招商推介会暨海南乡贤企业家座谈会”，向全国各地的参会企业家推介牡丹江市亚麻、黑木耳加工等项目。

【参加第四届中国国际进口博览会】 2021 年 11 月 5—10 日，第四届中国国际进口博览会在上海市国家会展中心举办，牡丹江市 51 户企事业单位参加展会，其中，企业 33 户，事业单位 18 户，209 人报名参加。33 户参会企业主要有经贸、木业、机械制造、电子商务、商超、酒店、纺织、建筑等行业。进博会期间，组织和音乐器、鞣鞨绣、唐满旗袍参加黑龙江省人文交流展区特色产品展，宣传推介牡丹江市相关产业最新发展成果，展示牡丹江市“老字号”特色产品和黑土地传统技艺文化。

【参加 2021 年中国国际服务贸易交易会】 2021 年 9 月 2—7 日，市商务局组织企业参加由商务部和北京市人民政府共同主办的 2021 年中国国际服务贸易交易会（以下简称服贸会）。交易会上，牡丹江渤海靺鞨文化发展有限公司、牡丹江市唐满文化发展有限公司和绥芬河市人民医院国家中医药服务出口基地在综合展区“黑龙江省专区”展示牡丹江市服务贸易的特色优势和最新成果，洽谈客户 50 余个，达成合作意向 10 余个。

【2021 牡丹江春季汽车展】 2021 年 4 月 22 日，市商务局与牡丹江市新闻传媒中心联合举办“再遇春天”2021 牡丹江春季汽车展暨牡丹江车企助力第四届黑龙江省旅游产业发展大会志愿活动。车展活动历时 4 天，启用江南国际会展中心室外 5000 平方米场地展出，展会期间组织 38 户汽车销售企业参与，销售汽车 300 余辆，销售额 5500 万元。

【地方名优产品及俄罗斯商品展销会】 2021 年 8 月，牡丹江市举办为期一个月的第四届黑龙江省旅游产业发展大会地方名优产品及俄罗斯商品展销会。展销会整合各县（市、区）、开发区和各森工林业局的地方名优产品、地标产品和俄罗斯商品进行集中展示展销。设立 28 个地方名优产品展销区、12 个俄罗斯商品集中展销区，总面积 1.8 万平方米，参展企业 170 户，展销产品 600 余种。同时开展“牡丹江直播带货月”活动及展销会主题日活动，主题日线上线下销售 271186.5 元，入店人数 7376 人。

【2021 惠动金秋汽车节】 2021 年 10 月 28 日，牡丹江市 2021 惠动金秋汽车节暨政府购车消费刷卡满减活动在江南国际会展中心启动。本次活动由牡丹江市人民政府主办，牡丹江市商务局、阳明区人民政府、牡丹江市新闻传媒中心、牡丹江交通广播、牡丹江汽车流通协会、牡丹江镜泊湖旅游集团有限公司承办。在为期一个月的时间里，全市有 45 户汽车企业参与活动，累计销售汽车 1750 辆，销售金额 23187 万元。

（市商务局　栾　兰）

物流业

【概况】 2010 年，牡丹江市被商务部确定为全国首批、全省唯一“全国流通领域现代物流示范城市”。2014 年，牡丹江和绥芬河被获批跨境电商试点城市（出口型）。2015 年，牡丹江市列入《全国流通节点城市布局规划（2015—2020 年）》区域级流通节点城市。2016 年，绥芬河—东宁重点开发开放试验区获国务院批复，成为国家第六、东北第一个重点开发开放试验区。2018 年，牡丹江市被国家发改委、交通运输部确定为商贸服务型和陆上边境口岸型国家物流枢纽城市。2019 年 8 月，中国（黑龙江）自由贸易试验区绥芬河片区获批，作为国家首批在沿边地区布局的自贸区，绥芬河片区成为中俄战略合作及东北亚开放合作的重要平台。2021 年，牡丹江认真贯彻落实全国物流业调整和振兴规划，完善相关政策，加大投入

位于牡丹江市阳明区江浦路的牡丹江华晟国运物流中心　（市商务局　供图）

力度，促进全市物流产业快速发展。截至年末，全市有物流企业1479户，个体工商户2473户。其中运输型物流企业727户（铁路运输类企业11户，公路运输类企业409户，水运类企业4户，航空运输企业3户，运输代理类企业206户，装卸搬运类企业94户）；仓储型物流企业109户；综合型物流企业297户（园区管理、综合型物流企业272户，供应链管理类企业25户）；快递类企业346户。牡丹江市市区有冷链物流企业17户，冷库总容积40余万立方米。国家AAA级物流企业3户，国家AA级物流企业2户。从新产业业态看，快递业得到快速发展，全市有快递品牌17个、营业网点310个。全年全市快递服务企业业务量累计完成4569.39万件，同比增长44.09%；业务收入累计完成4.22亿元，同比增长15.11%。其中，同城业务量累计完成401.14万件，同比增长93.97%；异地业务量累计完成4111.37万件，同比增长39.23%；国际业务量累计完成56.88万件，同比增长395.03%，初步形成多种经济成分、多种经营模式、多种规模层次、多种服务方式并存的物流企业群体。

【载体建设】　2021年，牡丹江市形成以国家高速公路G10、G11为“X”形高速公路主骨架，以县乡村公路为支线，连接“六城”（绥芬河市、宁安市、海林市、穆棱市、东宁市、林口县），贯通“两湖”（镜泊湖、莲花湖）、“两岸”（绥芬河口岸、东宁口岸）“两横两纵”的高速公路与国道，实现市区与各县（市）物流节点间的快速、便捷连通。G10高速公路、绥满公路（国道301）由西向东覆盖海林市、牡丹江市区、穆棱市、东宁市及绥芬河市，是连接市区与这4个县级市的主要通道。G11高速公路、鹤大公路（国道201）由东北向西南覆盖林口县、牡丹江市区、宁安市，是连接市区与这2个县级市的主要通道。区域中心城市与所辖各县（市）全部实现一级或高速公路相贯通，全市55个乡（镇）和887个行政村全部实现硬质路面相连接。此外，拥有航空航线12条，先后通航北京、上海（浦东、虹桥）、广州、杭州、济南、沈阳、深圳、青岛、烟台、威海、大连以及韩国首尔等城市，实现货物航空运输24小时到达。全市形成以五大出海通道（大连港出海通道、丹东港出海通道、满洲里出海通道、海参崴出海通道、罗津港出海通道）、四大陆路通道（滨绥铁路和国家高速G10为主体的省内区域陆路主通道，国家高速G11、哈密铁路为主体的省内陆路物流通道，绥东口岸通往俄远东主要港口的陆路通道，东部铁路（东边道）为主体的沿东部边境的省际陆路通道）、四个国家一类口岸（绥芬河公路口岸、东宁公路口岸、绥芬河铁路口岸、牡丹江民航口岸）、四个内陆港（华晟国运物流中心内陆港、大连港穆棱内陆港、宁安源丰内陆港、牡丹江交通枢纽中心“内陆港”）、八大物流园区（哈牡绥东国际物流园区、牡丹江陆港物流园区、绥芬河国际综合物流园区、东宁国际物流园区、穆棱海铁联运物流园区、宁安综合物流园区、林口综合物流园区、海林综合物流园区）、五大物流中心〔牡丹江交通枢纽国际物流中心、牡丹江公铁联运物流中心、中农批冷链（牡丹江）东北亚国际物流港、牡丹江华晟国运物流中心、牡丹江保税物流中心（B型）〕为主体的物流节点体系，积极开辟“哈牡绥俄亚”陆海联运国际大通道，并加紧建设绥芬河航空口岸和以牡丹江B型保税物流中心、综合保税区（申建）打造的牡丹江内陆口岸物流集群，促进口岸综合服务功能提档升级，为全市物流业发展起到良好的示范和拉动作用。

【智慧物流】　牡丹江市智慧物流发展迅速，2021年，全市大型物流园区（中心）均建有智能化信息系统。牡丹江保税物流中心（B型）拥有先进的信息化管理系统，国内一流的信息化监管“六大系统”（智能卡口系统、视频监控指挥系统、海关数据机房系统、保税物流企业服务平台系统、跨境电商企业服务平台系统、支撑网络和服务云平台及综合布线系统）与海关运行网、海关监管管理网、海关电子口岸专网、海关视频专网及园区互联网五套网络实现无缝对接。实现一站式申报、一站式通关服务、一体化流程作业，一次录入，查验结合，一次放行，在建设智慧海关进程中实现智能监管。华晟国运物流中心内信息化指挥中心与大连港集装箱码头监管系统联网，能够实时查看大连港码头集装箱货物装卸情况。物流信息平台可以帮助企业实时查询货物物流信息，GPS定位跟踪系统保障货物在境内和境外运输安全性，海关、铁路智能化提高铁路货物运输、通关等环节作业的准确性和时效性。中农批冷链（牡丹江）东北亚物流港和陆港物流园区也配备有先进的物流基础设备和智能化信息系统。

【冷链物流体系建设】 2017年，牡丹江市被确定为“全国农产品冷链流通标准化示范城市”，牡丹江市牡达农副产品有限公司和牡丹江市盛祥冷冻食品加工有限公司被授予“全国农产品冷链流通标准化示范企业”称号。为更好地服务农产品冷链生产加工企业，牡丹江市积极响应国家政策，大力发展农产品冷链物流体系建设。截至2021年末，全市拥有冷链仓储物流企业24户。其中，市区13户，县（市）11户。有仓库134座，仓储面积19万平方米。拥有常温车22台，冷藏车130台。其中，主要储藏肉类的冷链物流企业9户，企业都是以肉类食品冷藏加工、冷藏储存、冷藏运输为主；主要储藏水产副食的冷链企业有2户；主要储藏果蔬等农副产品的冷链企业有10户；主要储藏药剂的冷链企业有2户；主要储藏俄冻货的冷链企业有1户。

【华晟物流园区】 牡丹江对俄贸易工业园区华晟国运物流有限公司成立于2006年4月，注册资本1.05亿，是商务部批准成立的具有一级国际货运代理权的大型物流企业，是黑龙江省人民政府批准的中俄陆海联运内、外贸货物过境运输的试点企业，是牡丹江市重点招商引资企业。2017年11月，经交通运输部、国家发改委联合批准，“牡丹江国际（国内）陆海联运通道集装箱多式联运”列为全国多式联运示范工程。2017年12月，经国家中欧班列运输协调委员会审核批准，华晟国运物流有限公司被列为中欧班列运输协调委员会成员单位。2021年，牡丹江对俄贸易工业园区华晟国运物流有限公司进出口额39万元，同比下降99.8%。

【源丰物流园区】 宁安源丰对俄国际物流园于2009年开工建设，2011年5月投入使用，是全省首个内陆口岸。距绥芬河口岸180公里、吉林省珲春口岸190公里，地处东北地区外贸的中心地带。园区总占地23.42公顷，投资2.5亿元，建成6800平方米的恒温保鲜库，2.7万平方米的果蔬交易大棚，并附带果蔬检测、结算、检验检疫和报关等一条龙综合服务区，由绥芬河市源丰经贸有限责任公司与俄罗斯投资伙伴合资兴建，开通俄罗斯至宁安（镜泊湖）的国际客货运输线路。园区内设立海关、出入境检验检疫等部门，实施出入境检验检疫、报关、封签、结算、通关、货物代理一站式服务，形成境内有基地、境外有市场、中间有通道的对俄果蔬产、供、销一体化格局，在哈巴罗夫斯克、乌苏里斯克等俄罗斯远东城市有稳定的市场和客户，成为黑龙江省东南部最大的对俄出口基地。2021年，因新冠肺炎疫情影响，处于停业状态。

（市商务局 栾 兰）

粮食流通

【粮食收储】 2021年，市粮食局紧紧围绕粮食安全省长责任制，全力以赴维护粮食安全。做好秋粮收购工作，在规范有序开展最低价收购的基础上，引导各类粮食经营主体入市，不断完善主体多元、渠道多样的市场化收购格局。秋粮收购期全市收购农民手中余粮217万吨，其中最低收购价稻谷6.6万吨。提升安全储粮水平，严格落实国有粮食仓储物流设施保护制度，组织全市开展3次国有粮油仓储物流设施备案，摸清国有粮油仓储物流设施家底，及时掌握变化情况，加强备案动态管理。围绕库容库貌、仓储及设施管理等内容，在全市14户地方国有粮食购销企业中开展仓储规范化管理提升行动，培育创建典型企业，提升地方国有粮食企业规范化管理和安全储粮水平。

【优质粮食工程】 2021年，牡丹江市实施粮油品牌建设，开展“黑龙江好粮油”牡丹江区域优质粮油品牌建设和营销项目工作，实施公众号建设运营、东三省媒体品牌发布、广告投放、宣传片制作、高铁广告、昆明地推商演等一系列推广活动，打响牡丹江市好粮油和企业品牌，提高牡丹江市优质粮油产品的市场占有率。发挥粮食产后服务中心和具备条件的地方国有粮食购销企业作用，助力农民开展粮食产后服务。指导农户使用科学储粮装具进行储粮，提高粮食质量，减少“地趴粮”，提升农户收益。

【粮油质量监管】 2021年，牡丹江市开展政策性粮食数量和质量“大清查”工作，确保政策性粮食数量真实、质量良好、储存安全。组织牡丹江市粮油卫生检验监测站对牡丹江市区、海林市、宁安市、穆棱市、东宁市、林口县2021年收获的稻谷、玉米、大豆进行质量调查和品质监测，确保新粮质量安全。

【粮食市场监管】 畅通12325粮食热线，方便群众反馈问题。针对省粮食局反馈的问题线索，组织相关县（市）局对问题涉及企业进行核查处理、反馈整改。加大对政策性粮食定向稻谷销售的监管，确保饲用稻谷定向用途，防止流入口粮市场。2021年，牡丹江市饲用稻谷定向销售两批6.9万吨。

组织开展秋粮收购期间监督检查，整改一般性问题24个。开展冬春季安全生产防范化解检查、安全生产“标准化建设”“安全生产月”和“安全生产龙江行”等一系列工作，夯实安全生产基础。

（市发改委　牛　汉）

供销合作

【供销合作社综合改革】　2021年，全市供销社推进机制创新、业态改造和服务改进，形成社企分开、上下贯通、整体协调运转的运行机制，打造体现新发展理念和高质量发展要求的综合型联合经济组织。加强社有资产监管，市供销社组建社有资产管理委员会，成立牡丹江供联资产管理公司，出台《社有资产管理委员会议事规则》《社有资产处置备案管理办法》《直属基层社资产监管暂行办法》《供销合作基金管理办法》等制度；对原城区社、基层社和社属企业开展资产调查，加速化解产权问题；加强对出资企业、供销学校、食用菌协会审计监督力度。制定《关于成员社对联合社工作评价办法》《领导干部联系点制度》，强化联合社服务成员社的工作导向。开展生产、供销、信用“三位一体”综合合作试点工作，确定宁安市社为试点单位。

【供销合作经济发展】　依托流通网络优势和组织体系优势，克服疫情影响，2021年，全市供销合作社系统商品销售总额65.8亿元，农副产品采购额26.2亿元，农业生产资料销售额5.4亿元，消费品零售额27.5亿元，再生资源销售额1.3亿元，电子商务销售额7435.5万元，各项主要经济指标完成良好。在农产品销售上，与东莞市供销社开展产销对接，本地名优农产品“北品南销”进入“珠三角”。在农业生产资料供应上，全市供销社发挥主渠道作用，全年下摆各类化肥17万吨，满足了农业生产需求。在供销电子商务上，对接省供销社“小康龙江”电商平台，组织名优产品入驻省供销社乡村振兴数字经济产业园。在招商合作上，与东莞市供销社开展战略合作，与河北供销集团、上海市供销合作总社、杭州市供销社沟通，与省内齐齐哈尔、大庆、鹤岗、鸡西、尚志、密山等地供销社开展合作交流。

【农村合作经济组织建设】　2021年，全市供销合作社系统有基层供销社60个，乡镇覆盖率91%，发展社员3.1万人；农民合作社174个，7个合作社获“农民合作社示范社”，60%以上开展企农超对接或产销对接；综合服务社509个，行政村覆盖率57%；发展协会等社会组织37个，发展会员1.6万人。

【食用菌产业发展】　2021年，牡丹江市食用菌规模23亿袋，总产量115万吨（鲜品），拉动农民人均收入1700元。产业链条逐步完整，全市初步形成食用菌菌种研发、菌需物资供应、基地种植、产品加工、市场营销、食用菌机械、废弃菌包回收利用的全产业链。市场体系日趋成熟，建成以东宁雨润绥阳木耳批发大市场、海林市农产品综合交易市场为主体的食用菌市场体系，东宁雨润绥阳木耳批发大市场年销售量约占全国黑木耳总销售量的三分之一。研发推广先进适用技术，以各级供销社、食用菌协会为主体，组织开展新品种、新技术研究60余项。市供销社作为全市食用菌废弃菌袋污染治理工作协调领导小组办公室，组织制定《牡丹江市废弃菌袋污染治理工作实施方案》，开展两轮全市性废弃菌袋污染治理督导工作，牵头组织开展《牡丹江市废弃菌袋污染防治条例》立法调研，全市废弃菌袋综合利用完成年度目标任务。

（市供销社　张鸣霞）

盐业经营

【盐产品销售】　2021年，牡丹江市盐业公司及龙盐（牡丹江）盐业有限公司主要开展食盐销售，全年食盐总销量1813.56吨，包括小包装食盐1634.84吨（占牡丹江市62%小包装食盐市场份额）、大包装散盐178.72吨。全市食盐合格率99.99%以上。

【食盐储备管理】　2021年，牡丹江市盐业公司及龙盐（牡丹江）盐业有限公司制定《牡丹江市食盐管理应急预案》，建立市级食盐储备。为迅速有效地处置食盐供应突发事件，最大程度预防和消除因突发事件引起的食盐市场异常波动，保证特殊情况下居民生活用盐的有效供给，维护社会稳定，合理规划食盐总储备量1800吨，其中市级储备盐项目小包装食盐200吨，企业自有储备1600吨。可满足牡丹江市区60万人口半年食盐需求。

（市工信局　许景阳）

烟草专卖

【卷烟营销】　2021年，全市累计销售卷烟72160箱，实现单箱销售收入27230元，利税增长4.71%。推动现代终端走进农村市场，年内建设农村现代便民店7户。以助力第四届黑龙江省旅游产业发展大会为契机，在旅游景点、重点道路和文化公园集中布置烟蒂回收处305个。加强营销队伍建设，强化开口营销，开展“我与客户共成长”主题营销活动，通过“我的业务我学习”“我的业务我辅导”“我的终端我维护”等具体实践，提升服务客户能力。

【涉烟违法案件查处】　深化与公安、邮管、交通等部门的沟通联系，建立合作机制，形成执法合力。2021 年，全市查处各类涉烟违法案件 547 起，总案值 998.68 万元，破获国标网络案件 3 起，省标案件 4 起，刑拘 41 人，判刑 7 人，在全省烟草行业破获网络案件排名第一位。

【市场监管】 2021 年，市烟草专卖局开展“守护成长”专项检查行动，清理幼儿园周边持证户 16 户，登记建档电子烟实体店 30 户。严格执行许可证“三个工作日”办结时限，按照“四步走”工作法推进许可证网上办理工作，网办率由 9.49% 提升至 39%。

【专卖内部监管】 定期开展对恒丰纸业、卷烟材料厂“产、供、销、废”环节的监督检查，2021 年现场监销各类废弃烟草专卖品 45 次。联合牡丹江烟叶公司开展烟叶收购期间专项检查，重点检查辖区内 5 家烟叶分公司废弃烟叶的收集、管理、销毁等工作。

（市烟草专卖局　李明彦）

家庭服务业

【家政服务业信用体系建设】 2021 年，牡丹江市继续开展家政服务业信用体系建设工作，组织家政企业在商务部家政服务业信用信息管理平台开展人证合一录入工作。截至年末，全市录入家政服务人员 2000 余人。

（市商务局　栾　兰）

【家政服务员分类体检】 按照省商务厅、省卫生健康委员会《关于转发〈商务部国家卫健委关于建立家政服务员分类体检制度的通知〉的通知》，2021 年，市商务局联合市卫健委下发通知，组织辖区内家政企业全面建立家政服务员分类体检制度，做好家政服务员体检结果的应用，并将牡丹江市具备相应体检条件的二级以上医疗机构和独立体检中心名单提供给家政企业，自行联系确定体检机构。

（市商务局　栾　兰）

【家政高级管理人员赴济南培训】 2021 年 5 月 18—20 日，市商务局组织全市 6 户家政企业高级管理人员赴济南参加由省商务厅统一组织的技能培训。本次培训由山东省济南市阳光大姐公司主办，培训课程包括家政服务业提质扩容政策解读、家政服务标准化概述及实践、家政经理人如何职业化、1+X 职业技能等级证书制度解读、第三方评价证书解读、家政服务财务管理实践、家政信息化系统建设、家政服务实践教育等。培训期间组织学员到济南阳光大姐全国标准化实践基地考察观摩，推进牡丹江市家政行业标准化、规范化进程。

（市商务局　栾　兰）

【社区养老服务设施骨干网建设】 2021 年，牡丹江市将“街道和社区养老服务中心（驿站）覆盖率达到 80% 以上”列为政府重点工作任务。各县（市、区）落实新建小区配建养老服务用房政策，利用社区闲置办公用房资源改建社区养老服务中心或驿站，打造“15 分钟养老服务圈”。截至年末，全市 24 个街道、173 个社区建成街道（社区）养老服务设施的分别为 20 个、139 个，总面积 3.1 万平方米，床位总数 583 张。全市建成一批具有示范意义的街道居家养老服务中心，爱民区投入 193 万元打造兴平街道和铁北街道居家养老服务中心，西安区投入 60 万元为朝鲜族老年人打造占地面积 426 平方米的牡丹街道办事处阿妈妮养老服务中心。

（市民政局　王　超）

【养老服务重大项目谋划】 2021 年，市民政局与市发改委协同配合，起草制定《牡丹江市“一老一小”整体解决方案》，指导各县（市、区）做好“十四五”养老项目谋划工作，全市谋划特困供养机构新建提升改造项目、居家和社区养老综合服务项目、康养旅居项目 27 个。市民政局牵头与光大汇晨养老公司洽谈战略合作，在机构养老、社区居家养老、康养旅居、养老人才培养等四个方面达成初步意向，促进国投公司与北京光大汇晨养老公司合作，签订旅居合作协议，确定怡馨园颐养社区为其旅居基地。在第四届天鹅年会期间，国家开发银行黑龙江省分行与镜泊南湖国际颐养中心达成投资意向，省交投集团也表示加大在牡丹江市康养旅居的投资力度。

（市民政局　王　超）

【养老护理员队伍建设】 2021 年，牡丹江市推进养老护理员职业培训工作，培训养老护理员 2935 人。7 月 28 日，组织开展全国养老护理职业技能大赛牡丹江市选拔赛，全市有 23 名选手参赛，在全省养老护理职业技能大赛中获得团体第二名。

（市民政局　王　超）

【第四届天鹅颐养经济走廊城市合作机制年会在牡丹江市召开】 2021 年 8 月 31 日，第四届天鹅颐养经济走廊城市合作机制年会在牡丹江市召开。本届年会作为第四届黑龙江省旅游产业发展大会的四峰会之一，以“融汇共享，旅居康养”为主题，以“传播、感悟、招募、共享”为宗旨，共谋龙江养老产业发展新篇章。会议采取线上线下同步举办的方式，省政府副秘书长殷延涛，省民政厅、省发改委、省商务厅、省国资委、省卫健委、国开行省分行等相关部门领导，各市（地）分管副市长、民政局局长、省内养老产业项目代表等 80 余人参加会议。牡丹江市副市长刘军龙就深化天鹅颐养合作机制、招引战略投资者、发展“养老 +”新业态新模式、提升养老产品供给能力、做优品牌、做足业态、做好服务，让大美牡丹江成为老年朋友向往的康养幸福之地作主旨推介发言。

会上播放牡丹江市康养旅居形象宣传片《踏遍青山独爱此间》，与会嘉宾观看天鹅颐养联盟历届活动成果展及全省养老产业重点招商项目推介展，对牡丹江市怡馨园颐养社区项目建设、相关配套设施配备、社区运营模式和管理等情况进行实地参观考察。9月1日，在西安区中兴村召开第二届健康养老产业座谈会，各市（地）民政局局长及省交投集团等养老产业项目代表围绕养老产业现状、旅居康养产业发展趋势进行交流。新华社新华丝路网对年会进行网络直播，阅读量过百万。

（市民政局　王　超）

2021年8月31日，天鹅颐养经济走廊城市合作机制第四届年会在牡丹江市召开，与会嘉宾参观活动展览　（市民政局　供图）

商务服务业

【人力资源服务业】　2021年，全市有人力资源服务机构46家。其中，经营性人力资源服务机构32家，公益性人力资源服务机构14家。从业人员180余人。人力资源服务业全年营业总收入39.44亿元，帮助实现就业和流动人数7.4万人次，服务用人单位5800余户次。全市保存流动人员档案95919份，依托档案提供服务17657人次。

（市人社局　孔　丹）

【会计业务服务业】　2021年，代理记账许可审批实行告知承诺制，全市新增15家代理记账机构许可，截至年末，全市登记注册代理记账机构87家。全市有初级会计师2792人，中级会计师1320人，高级会计师419人，正高级会计师33人，注册会计师116人。年内牡丹江市参加全国会计职称考试初级资格考试报名4205人，同比下降6%，出考率65.9%；中级资格考试报名3978人，同比增长19%，出考率38.5%。会计专业技术人员继续教育依托网校在线培训，全年参加学习并合格的会计人员4187人。

（市财政局　许　娇）

【科技服务业】　2021年，全市有14个技术合同代办机构，全年登记技术合同630余项，完成技术合同成交额11.47亿元，同比增长48%，为历年新高。全市新备案4家科技企业孵化器，1家众创空间完成市级重新备案，新备案3家省级科技企业孵化器、1家省级众创空间，全市市备案以上科技企业孵化器、众创空间总量25家，其中国家级科技企业孵化器、众创空间各1家。截至年末，在孵企业369户。黑龙江盛世雪城科技有限公司、黑龙江省锝浩石墨有限责任公司、牡丹江万鼎乳业有限公司等16户企业与清华大学、哈尔滨工业大学、哈尔滨工程大学等14所大学院所新增合作推进项目23个。市政府与哈尔滨工程大学、黑龙江中医药大学签署战略合作框架协议，建立人才引进对接渠道。全市新增6个“头雁”团队工作站，黑龙江绥发消毒服务有限公司与哈工大合作建立马军“头雁”团队工作站；黑龙江经开化工发展有限公司与哈工大合作建立马军“头雁”团队工作站；牡丹江天擎科技有限公司与哈工程合作建立李晔“头雁”团队工作站；黑龙江盛世雪城科技有限公司与哈工程合作建立赵春晖“头雁”团队工作站；镜泊湖水产养殖场与哈工程合作建立杨德森“头雁”团队工作站；黑龙江北纯农产品开发有限公司与八一农垦大学合作建立杂粮绿色生产及食品深加工技术研发“头雁”团队工作站。

（市科技局　唐鸿儒）

【广告业】　2021年，牡丹江市有广告业经营单位940户。其中，市区553户（企业181户，个体工商户372户）；县（市）387户（企业111户，个体工商户276户）。为适应新形势广告监管工作，消除互联网广告监测盲区，市市场监督管理局对全省各地市广告监测平台进行调研，对比多家数据监测公司报价和服务，委托第三方广告监测公司北京中视亚信科技有限公司对牡丹江市辖区互联网广告进行监测。11月正式签订监测服务合同，建立市级广告监测互联网平台。全年监测牡丹江市级传统媒体数8个，县级媒体数11个。依托省局监测平台监测电视广告79168条次，广播45379条次，报纸498条次。所属县级媒体监测电视广告4708条次，广播广告36条次，报纸广告0条次。互联网广告监测范围覆盖六县（市）四城区，监测广告24617条。加大广告审查指导力度，重点督促各级播出机构履行广告发布审查责任，规范本地主流媒体广告业务的承接、登记、初审、复核、归档等程序，特别是医疗养生类节目上播出前的备案制度落实情况。年内重点开展十大广告专项整治工作，开展农资广告的整治工作，检查农资经营业户40家，互联网监测各类广告210条次；开展抗幽门螺杆菌牙膏违法广告专项整治工作，监测传统媒体和互联网广告136条次，检查大型商超108户，化妆品店36户，日杂店32户；开展泥炭黑土广告整治工作，监测传统媒体及互联网广告157条次，排查电商平台、直播平台、互联网网站31个，排查APP12个，排查公众号23个，监测户外广告126条次，监测印刷品广告45条次；开展“护苗助老”整治行动，检查业户30家，互联网监测108条次；牵头开展违法违规商业营销宣传集中整治行动，检查业户210家，互联网监测各类广告750条次；开展旅游市场广告专项整治，对旅行社及其服务网点进行摸排，检查旅行社20家；开展户外广告专项整治，对城市主干道、交通站点等重要区域及公交车、出租车等城市公共交通工具户外广告位、广告牌进行排查，检查户外广告221块，监测户外广告322条次；开展移动端互联网广告专项整治，排查监测本辖区APP 2个，公众号39个，自媒体账号41个，监测移动端互联网广告520条次。全面清理医疗领域广告，重点清理宣传含有“协和”“同仁”等相关字词的医疗广告案件，监测主流媒体医疗类广告条数678条次，处理相关医疗广告案件3件；开展全市教育培训广告专项整治工作，调查处理违法广告案件线索33件，移交办案部门24件。建立公益广告研究基地，与牡丹江师范学院美术与设计学院局校共建牡丹江市公益广告研究基地，促进市高校、政府、企业及其他社会资源有效整合，充分发挥公益广告在传播社会主义核心价值观和中华民族传统优秀文化方面的正向引领作用。牡丹江市公益广告研究基地成立后，将公益广告理念融入日常教学过程中，组织师范学生创作公益广告作品175幅，举办第九届海洋文化创意设计大赛，开展相关培训2次。在牡丹江市开展“我和我的祖国”公益广告大赛中，组织学生报送作品72幅。

（市市场监督管理局　刘　琪）

【拍卖业】 截至2021年末，全市有拍卖企业18户，员工总数26人，同比上升8.3%；拍卖师6人，与上年持平。全年拍卖成交场次31场，同比上升182%；成交额9993.91万元，同比上升399%；佣金额180.3万元，同比上升82.57%；主营业务利润5.09万元。

（市商务局　栾　兰）

金融业

综 述

【概况】 2021年，牡丹江市金融机构执行稳健的货币政策，创新支持和服务实体经济发展，确保全市金融运行总体平稳，各项存款平稳增长。金融机构本外币各项存款余额2039.6亿元，同比增加162亿元，同比增长8.6%。受新冠肺炎疫情影响，居民预防性储蓄增加，大多居民倾向投资大额定期存单和将到期理财转为定期存款。住户定期存款余额同比增加197.9亿元，对冲住户活期存款减少15.8亿元和企业存款减少8.5亿元的不利因素。住户存款占各项存款85.6%，成为拉动存款稳定增长的主力。各项贷款继续增长，全市金融机构本外币各项贷款余额778.5亿元，同比分别增加28.9亿元，同比增长3.9%。住户贷款、企事业单位贷款同比分别增加11.1亿元、10.8亿元，同比增长3.6%、2.4%。住户经营贷款及消费贷款年内分别增加10.6亿元、1.3亿元。企事业单位贷款同比增加，主要是中长期贷款年内增加21.2亿元，成为拉动企业贷款增长的主力。企事业单位票据融资余额同比减少3.5亿元，对贷款增长产生下拉作用。信贷结构持续优化，从产业贷款余额看，全市第一、二、三产业贷款余额分别为6.7亿元、134.4亿元、304.7亿元，同比分别增加0.5亿元、13.4亿元、7.4亿元，同比分别增长8.1%、11.1%、2.5%。从企业贷款余额分类型占比看，大、中、小微型企业占比分别为26%、33.4%、40.6%。从余额增量同比看，小微企业贷款同比增加33.1亿元；大型、中型企业贷款余额同比分别减少11.4亿元、12.2亿元。跨境收支快速增长，全市外汇收支总体呈上升态势，跨境收支、银行结售汇较同期增加。全市国际收支总额27.1亿美元，同比增长26.8%。银行结售汇总额24.1亿美元，同比增长23.3%。跨境人民币实际收付16.0亿元，同比增长35.8%。

（市金融服务局　孙鹏飞）

【经理国库】 2021年，中国人民银行牡丹江市中心支行（以下简称人民银行牡丹江市中心支行）不断规范业务操作流程，细化参数管理，及时办理各级预算收支；强化制度建设和内控管理，严守“两条底线”，确保国库资金安全和系统安全；持续推进储蓄国债下乡工作，开展国债恢复发行40周年主题宣传活动。及时办理各级预算收支，全辖办理各级预算收入98万笔，金额218.9亿元；预算支出30万笔，金额419.4亿元，确保各级政府预算资金安全高效运行。配合完成个税汇算清缴退库工作，全年完成个人所得税退税4万余笔、金额2034万元，精准释放民生红利，助力财税体制改革稳步实施。组织做好国库集中支付电子化上线工作，完成TCBS、TIPS、国库前置系统测试环境参数配置及测试工作，为确保集中支付电子化顺利上线奠定基础。创新建立全省首家储蓄国债销售示范村，率先探索“承销宣传点+便民服务站+国债示范村”的国债下乡支持乡村振兴战略的新模式。8—11月，示范村销售储蓄国债286.3万元，同比增长377.2%，切实做到为民办实事，提升农村居民的获得感、幸福感和安全感。

（人民银行牡丹江市中支　王　东）

【支付结算】 2021年，人民银行牡丹江市中心支行开展各项会计核算业务，确保支付系统稳定运行。完成ACS及子系统换版升级、ACS综合前置子系统推广工作。通过ACS支付系统运行平台，全辖办理业务5556笔。为金融机构办理出入库核算2389笔，金额139.7亿元；通过支付系统平台办理大小额支付往来业务1181笔，金额222.45亿元；完成国库存款和商业银行存贷款计息、财政性存款手续费支出491笔，全年通过ACS综合前置子系统办理财政性交存款900笔，一般性存款396笔，资金汇划136笔，金额56亿元，完成账务核对31298次。开展ACS及其子系统换版升级验证，推动海林远东村镇银行成功接入ACS综合前置子系统，完成林口农村信用合作联社改制各项参数维护工作，中小金融机构常备借贷便利DVP结算业务和再贴现业务票款对付结算业务成功上线。通过ACS业务监督子系统，对全辖日常会计核算业务进行复审、检验，审核监督业务79048笔，其中实时监督172笔，事后监督4542笔，监督凭证影像3375个，重要账户余额监督3304笔，确认对账结果34604户，监督ACS工作日志33051次；整理归档2021年度会计核算各种传票、账表、登记簿档案435本。

2021年，人民银行牡丹江市中心支行通过人民币银行结算账户管理系统，为全市金融机构办理开立、变更、撤销账户业务。全辖通过账户管理系统，开立、变更、撤销的单位银行结算账户25379个，核准类账户3983个，备案类账户21396个，完成辖内银行机构27个银行结算账户批量迁移工作。指导银行机构推广使用电子营业执照办理账户业务并接入“一网通办”平台，发挥银行布放商事登记自助一体机的优势，实现企业注册登记、银行开户一站式服务。全辖近500户企业使用电子营业执照办理账户业务，提升企业开户便利度。建立优化银行账户服务常态化暗访机制，通过电话暗访或实地走访，完成152个银行网点对公银行账户开户服务和474个银行网点个人银行账户开户服务暗访工作。统筹做好支付手续费减费让利工作，指导辖内银行机构做好过渡期收费自查、价格公示、系统改造、小微企业身份识别及政策宣传工作。截至年末，辖内银行机构降费98.8万元，惠及小微企业7865户、个体工商户4992户。

（人民银行牡丹江市中支　王　东）

【货币政策执行】　2021年，牡丹江金融机构执行稳健的货币政策，提升金融服务地方经济、支持中小微企业发展质效。组织实施宏观审慎评估，优化评估结果；通过两次降准释放长期可用资金2.9亿元，增强地方法人银行机构信贷投放能力；推动利率报备系统平稳上线；引导全市银行机构让利实体经济，新发生贷款加权平均利率5.45%，其中小微企业贷款利率5.34%，同比下降0.23个百分点；发挥再贷款工具的牵引带动作用，年内发放再贷款10.7亿元。使用再贷款地方法人银行机构覆盖率100%，支持小微企业再贷款在辖区实现“零”的突破，发放3.5亿元；在中央国债登记结算有限责任公司、银行间市场清算所股份有限公司两家托管机构开立托管账户，与法人银行机构签订再贷款质押合同30份，金额8.1亿元，再贷款质押率75.7%；办理全省首笔常备借贷便利“一键成交”业务，提高货币政策工具的操作效率。

（人民银行牡丹江市中支　王　东）

【金融创新】　2021年，市金融服务局制发《牡丹江市绿色金融工作实施方案》《关于促进牡丹江市金融机构绿色金融发展办法》，推动绿色企业项目库建设。建立综合评价机制，召开线上推动会，开展摸底调研，加大绿色信贷投放，截至年末，绿色贷款余额47.58亿元，同比增长70.5%，贷款余额和增速分别居全省地市第三位和第四位。

（市金融服务局　孙鹏飞）

【融资结构优化】　2021年，牡丹江市完成动产和权利统一登记系统审核企业12户；中征应收账款融资服务平台新增注册开通用户13户，融资交易5笔，融资金额5.7亿元。以金融与产业融合为目标，推动企业信用建设。印发《牡丹江市信用企业示范园区建设实施方案》，成立企业信用建设组织机构。指导金融机构选派业务骨干，开展“进厂区”“入园区”银企对接，通过组织系列培训，引导企业健全内部信用管理机制，推动企业诚信经营。全市13户金融机构精选159户企业为示范点，以点带面，开展企业信用建设。帮助99户企业获得融资4.4亿元，支持50户企业首贷融资2.8亿元。

（市金融服务局　孙鹏飞）

【金融综合服务】　2021年，市金融服务局助力乡村振兴，牵头制定《牡丹江市金融支持新型农业经营主体实施方案》，开展金融机构服务乡村振兴考核评估，举办融资对接专项行动，制作信贷产品电子宣传手册；投放备春耕贷款67.8亿元，同比增长43.8%；金融支持种业企业覆盖率47.1%；农村金融产品创新贷款余额同比增长64.2%；涉农贷款余额262.6亿

2021年7月27日，牡丹江市驻企金融联络员工作推进会　（王佳成　摄）

元，同比增长 7.9%。

（市金融服务局　孙鹏飞）

【企业债券发行监管】 2021 年，市金融服务局推动建立“地方国企债券风险监测联席工作机制”，加强存续债券风险动态监测预警，协助化解地方国企债务风险。

（市金融服务局　孙鹏飞）

【降杠杆和市场化债转股推进】 2021 年，市金融服务局引导全市银行机构支持省市“百大项目”“百千万工程”，向项目授信 127.2 亿元，发放贷款 48.9 亿元。优化民生金融服务，参与修订《牡丹江市创业担保贷款实施办法（试行）》，创业担保贷款余额 1.6 亿元。做好房地产金融审慎管理，推动压降目标有序实现。

（市金融服务局　孙鹏飞）

银行业

【概况】 截至 2021 年末，牡丹江市有银行业金融机构 19 家，其中政策性银行 1 家，国有商业银行 6 家（包括邮储银行在内）、股份制银行 2 家、城商行 2 家、农村金融机构 4 家，村镇银行 4 家。银行业机构网点数 515 个，银行业从业人员 7135 人。

（市金融服务局　孙鹏飞）

【中国农业发展银行牡丹江市分行】 2021 年，中国农业发展银行牡丹江市分行（以下简称农发行牡丹江市分行）各项贷款 22.28 亿元，同比多放 11.06 亿元，增幅 98.57%；贷款余额 88.31 亿元，比年初增加 12.14 亿元，增幅 15.94%，贷款总量、增量分别占全市金融机构的 11.34%、41.37%。落实“六稳”“六保”政策，坚持让利于农，仅利率优惠一项政策让利企业 1900 万元，缴纳地方性税收 1465 万元，在支持乡村振兴中发挥骨干和支柱作用。

农发行牡丹江市分行统筹抓好政策性收储和市场化收购，提前开展客户布局和授信审批。全年各类粮食收购贷款 9.21 亿元，同比多放 1.1 亿元，支持企业收购粮食 36.25 万吨。根据 2021 粮食年度玉米市场行情，对优质市场化粮油企业授信规模实现翻倍。新审批粮油类贷款客户授信 56 亿元，市场化收购企业授信增幅 32%。围绕粮食收购、绿色信贷项目和地方特色扶贫产业，发放扶贫贷款 1.94 亿元，同比多放 0.76 亿元。

加大重点领域中长期项目支持力度，抓住牡丹江市承办第四届黑龙江省旅游产业发展大会契机，选调业务骨干，组建营销团队，与市政府相关部门对接，建立重点客户营销目标清单。支持绥芬河自贸区建设、重大水利工程、农村路网及公共教育、新型城镇化建设、清洁能源及生态环保等多个民生项目，营销入库项目 37 个、融资需求 82.66 亿元，入二级库项目 8 个、金额 21.63 亿元，实现投放项目 6 个、金额 13.35 亿元。

推进服务民营小微企业，落实监管部门小微企业“增量、扩面、提质、降本”，推动解决民营小微企业“融资难”“融资贵”，向 11 户普惠小微企业发放贷款 0.79 亿元，余额 0.62 亿元，实现户数和余额“双增”。新发放普惠小微企业贷款加权平均利率 4.1%，匡算让利企业约 160.1 万元。

规范财会运营基础管理，梳理财务核算和集中运营相关规章制度，组织财会运营人员掌握和学习，全年开展财会运营条线参训参考 150 人次。定期召开全辖财会运营专业会议，加大财会运营条线检查辅导力度。执行财务审查委、集中采购委审查审议规则，明确职责分工，增强财务开支透明度。营销客户网上银行业务，提高网银支付替代率，辖区网银覆盖率提高到 82.97%，开办网银账户 229 户，开办手机银行业务。

（农发行牡丹江市分行　孙立平）

【中国工商银行股份有限公司牡丹江分行】 2021 年，中国工商银行股份有限公司牡丹江分行（以下简称中国工商银行牡丹江分行）人民币全部存款时点余额 257 亿元，较年初增加 13 亿元，增幅 5.56%。其中储蓄存款余额 225 亿元，较年初增加 25 亿元；对公存款余额 32 亿元，比年初减少 12 亿元。人民币各项贷款余额 101 亿元，比年初增加 0.84 亿元。实现中间业务收入 1.06 亿元，比同期增加 392 万元。实现净利润 1.13 亿元，上缴地方税金 5559 万元。

2021 年，中国工商银行牡丹江分行通过梳理按季下发揽储增储指引，促进储蓄存款日均增量稳增和创新高。全年储蓄存款增量实现 5 个同业第一位，包括本外币储蓄存款日均、时点增量，人民币储蓄存款日均、时点增量，个人外币储蓄存款时点增量，创历史最好水平。为顺应产业互联网、政务互联网、平台经济快速发展趋势，推进“GBC 工作方案”在全行落地执行，8 个 GBC 重点场景推进效果显著。宣传推动柜台政府地方债券发行工作，仅首发日上午即营销政府地方债券 656.23 万元，完成省行发债计划 164.06%，发行总量位居全省第二位。首次实现省森工系统域内林业局账户全覆盖，时点余额高达 8.76 亿元。

2021 年，中国工商银行牡丹江分行支持域内企业生产经营，对接省市“百大项目”，加大新能源领域贷款投放力度，支持民营制造业客户发展，发放公司贷款 9.97 亿元，贷款余额占比列同业第二位，增量占比列同业第二位。在普惠金融方面，通过信贷体制改革，恢复城区支行小微企业信贷经营资质；结合牡丹江地域特色，创新研发“林创 e 贷”及其子产品“林信 e 贷”，并入“工银农 e 贷”，全年投放农户贷款 10400 万元，为 20 户小微企业办理无还本续贷 8558 万元，缓解小微企业的还款压力，支持小微企业发展。拓展数字供应链业务，为小微企业办理“工银e信”融资400万元，解决企业经营中资金流转不足的难题。加速银政通业务落地，发放全省工行系统内首笔银政通贷款400万元，开创龙江政银企三方合作的新模式。发展网络融资业务，年末网络融资余额23625万元，较上年增加10811万元，增幅84.37%。打造区域第一个人按揭贷款银行，发放个人住房贷款5.85亿元，同业占比49.86%，列同业第一位；增量0.62亿元，列同业第一位。推广个人住房公积金组合贷款业务，发放贷款2325万元。

（中国工商银行牡丹江分行　刘　丹）

【中国农业银行股份有限公司牡丹江分行】 2021年，中国农业银行股份有限公司牡丹江分行（以下简称中国农业银行牡丹江分行）所辖营业机构55个，含分行营业室1个、一级支行10个、二级支行38个、分理处6个。其中城区网点23个、县域网点32个。55个网点中，核心网点12个、骨干网点29个、轻型网点14个。

2021年，中国农业银行牡丹江分行把金融服务、乡村振兴摆在经营工作首位，加强粮食安全、乡村产业发展金融服务力度。组织召开乡村振兴工作会议，对全行乡村振兴工作进行具体安排部署。制定《牡丹江分行县域支行“三农”服务乡村振兴县域支行重点工作评价方案》《牡丹江分行服务乡村振兴县城支行重点工作评价方案》等文件。全行涉农贷款余额16.21亿元，其中农户贷款9.5亿元、农村企业及各类组织涉农贷款5.36亿元、城市企业及各类组织涉农贷款1.31亿元。信息建档客户1276户，生成白名单3187户。县域对公贷款客户71户，贷款金额33.34亿元。惠农通服务点104个，实现县域网点全覆盖。

以“普惠行动”为抓手，加强省市“百大项目”营销，放款或授信项目5个。召开普惠小微工作会议、督导会议、推进会议30余次。贷款投放56笔，金额1.92亿元。其中，“双稳”续贷37笔，金额1.14亿元；“总对总”担保贷款19笔，金额7819万元。为96户小微企业提供线上贷款，放款金额1.06亿元，不良率为零，线上化率从年初30%提升到59%，形成以“纳税e贷”“抵押e贷”等拳头产品为支撑、“首户e贷”“账户e贷”“资产e贷”等特色产品为主力的“小微e贷”品牌。全年为25户企业减免抵押评估、保险、登记费用15.43万元。

中国农业银行牡丹江分行固化“两转合一”工作成果，推进私人银行客户精细化管理，落实“首席客户经理”制度。个人掌银月活跃客户数17.71万户，较同期增加4.24万户。个人掌银交易笔数574万笔，较2020年增长89万笔。互联网场景商户新增上线56户，存量商户146户，较2020年增加12户。互联网场景带动掌银客户数5.94万户，较2020年增加8900户；带动掌银交易金额1.32亿元，较2020年增长6800万元。按照“优化网点布局，提升经营效能”工作要求，对辖内网点进行整合，完成网点撤并4个，调整网点隶属关系1个，充实网点营销人员，均衡城区支行管理网点数量，提升网点效能。财富管理中心正式投入使用，被评为总行级私人银行中心。

（中国农业银行牡丹江分行　郑秀波）

【中国银行股份有限公司牡丹江分行】 中国银行股份有限公司牡丹江分行（以下简称中国银行牡丹江分行）成立于1982年1月，分行下设13个部门，15个市区直属支行，管辖东宁、宁安、海林、穆棱4个县级支行，全辖有营业网点28个。

中国银行牡丹江分行本外币各项存款（含理财）时点余额210.66亿元，较年初增加14.52亿元，增长7%。其中人民币各项存款（含理财）时点余额204.15亿元，较年初增加15.16亿元，增长8%；外币各项存款余额1.02亿美元，较年初下降746万美元。中国银行牡丹江分行人民币贷款时点余额66.5亿元，较年初下降11.1亿元。其中，公司贷款时点余额43.42亿元，较年初下降6.38亿元；对私贷款时点余额22.62亿元，较年初下降0.11亿元。

多项财务指标位列全省系统前列，实现营业净收入3.48亿元，贡献度系统内地市行排名第一位；净利息收入2.96亿元，贡献度系统内地市行排名第一位；非利息收入5227万元，贡献度系统内地市行排名第二位；拨备前利润2.09亿元，贡献度系统内地市行排名第一位；实现净利润1.71亿元，同比增加7386万元，贡献度系统内地市行排名第二位。缴纳利税0.64亿元，缴纳地方国库0.28亿元。普惠金融重点领域贷款时点余额2.06亿元，全年新增投放8114万元，为各类中小企业、自主创业者提供金融支持，为牡丹江市各业态注入“金融活水”。全年投放公司贷款19.24亿元，助力地方经济快速发展。其中荒沟电站绿色信贷项目投放，实现绿色金融业务的突破。助力第四届黑龙江省旅游产业发展大会在牡丹江市召开，荣获先进集体称号。巩固医保、社保项目领域合作，深化与政府的银政合作关系，拓展“银发”“K12”等服务场景，代发薪总量全省系统内排名第一位；服务客户总量占全市人口的55%，居全省系统内第一位、全市同业第一位。参与中国银行总行“惠如愿、千岗万家”普惠金融行动计划，依托“中银企E贷”线上服务平台，为各类企业、个体工商户、创业者提供金融服务。以省、市级医保合作为切入点，实现“省+市+县”全域、全链条合作，以“智医惠民”平台为抓手，实现医疗行业G–B–C端全链条延伸式一体化服务。

聚焦支农金融产品推广应用、农业务数字化转型等重点工作，服务乡村振兴战略。2021年，中国银行牡丹江分行涉农贷款余额2.67亿元，比上年提升0.42亿元，增速18.9%；普惠型涉农贷款余额0.61亿元，较上年增长0.17亿元，增速37.93%。建档评级各类农户214户，比上年增加47户；授信农户288户，比上年增加99户；用信农户288户，比上年增加99户。鼓励开展以核心龙头企业为支点“企业＋基地＋合作社＋农户”农业产业链模式，推动由单一信贷主体议价向全产业链金融服务的议价转变，逐步拓宽三农业务覆盖面。

中国银行牡丹江分行利用外汇外贸专业优势，服务各类进出口企业，打造区域外汇首选银行，分别与美国、英国、意大利、日本、韩国、泰国、肯尼亚等33个国家（地区）发生汇入汇出业务往来，跨国结算业务遍及世界各地。全年国际贸易结算量3.06亿美元，比上年同期2.38亿美元增长6765万美元，同比增长28.36%；跨境人民币业务增长较快，全辖共续做跨境人民币业务6.2亿元，比上年同期2.22亿元增长3.98亿元，同比增长179.61%。面对国内福费廷业务市场卖方强买方弱，价格、商品要求难以契合等众多瓶颈难题，续做国内信用证福费廷二级市场买入业务，业务总额3.17亿元。与市商务局、市场监督管理局保持沟通联系，协助办理境外直接投资企业登记5户，助力牡丹江市招商引资企业项目。

（中国银行牡丹江分行　李司帅）

【中国建设银行股份有限公司牡丹江分行】 中国建设银行股份有限公司牡丹江分行（以下简称中国建设银行牡丹江分行）辖33个营业网点，其中营业部1个，支行32个。截至2021年末，各项贷款余额77.93亿元，新增贷款20.37亿元，占全市金融机构新增总量的123%，其中对公贷款余额41亿元、个人贷款余额36.93元；一般性存款时点余额224.3亿元，新增18.17亿元，四大国有银行排名第一位，其中对公存款余额44.67亿元、个人存款余额179.63亿元；中间业务净收入11368万元，四大国有银行排名第一位；单位人民币结算账户总量16282户；不良贷款额5892万元，不良贷款率0.76%，同比实现“双降”；主营业务收入4.14亿元，税前利润1.41亿元。

中国建设银行牡丹江分行把创新作为经营发展的核心动力，坚持“城市＋乡村”双轮驱动，人行口径普惠贷款新增3.2亿元，连续两年增速超过40%；银保监会口径普惠贷款新增1.13亿元，四大国有银行排名第一位。围绕商户、医保、涉农、大型商贸、核心企业五大核心客群，组织开展“三户一贷”营销活动，个体工商户经营快贷新增9805万元，增速165%。在全省建行系统创新推出大数据线上产品“医保云贷”，惠及全市1182家两定机构、药企、药店。因地制宜落实“租购并举”要求，在四区六县上线应用公租房信息系统，覆盖面达到100%，通过系统代发补贴、代收租金1.45万笔。牢固“科技兴行”理念，对内赋能业务管理升级，对外广泛连接B、C、G三端生态场景，在全省建行系统率先上线应用“建融慧学”缴费大厅，为全市18所中小学提供线上缴收延时费、书费等功能，累计缴交金额超千万元。完成财政预算一体化上线工作，独家获得镜泊湖管委会“集中支付、公务卡、统发工资”三项代理资格。与龙江环保供水公司开展场景合作，建成全省建行首个覆盖46万自来水客户的大型便民场景。通过金融科技手段，助力牡丹江热电总公司和第二发电厂实现线上线下全渠道收缴热费，全年全行实现聚合支付交易额29.9亿元，同比大幅增长15.8亿元。

2021年，中国建设银行牡丹江分行围绕社会、企业、员工三大维度，完成32项“我为群众办实事”任务清单，为小微企业让利降费、为乡村加强渠道建设、为基层机构减负赋能。支持地方实体经济建设，聚焦国家“十四五”规划和地区“4+2”产业精准发力，为各类市场主体投放贷款超过40亿元，支持天楹环保能源、龙江环保供水等优质民营企业发展；按照“双碳”战略目标，大力发展绿色金融，绿色信年内新增6.03亿元，余额首次突破10亿元，荣获建行总行“服务碳达峰碳中和劳动竞赛”先进单位荣誉称号。做好消费者权益保护工作，95533服务投诉同比下降154笔，降幅78%，荣获中国人民银行“2021年度金融消费者权益保护工作”先进单位称号。

（中国建设银行牡丹江分行　刘　洋）

【交通银行股份有限公司牡丹江分行】 交通银行股份有限公司牡丹江分行（以下简称交通银行牡丹江分行）位于牡丹江市西安区西三条路58号。下设营业部、乌苏里路支行、华隆支行、七星支行4个经营网点。2021年，发挥交通银行信贷政策、融资服务及金融创新优势，践行国有大行职责，坚持“以客户为中心”服务理念，重点为客户提供“智慧金服”“热费代缴”等产品服务，在满足客户对金融服务需求同时，实现做大交易流量，争当客户“主要结算行”，稳步推动负债业务增长。截至年末，各项存款时点余额15.13亿元，比年初增长2.03亿元，各项存款日均余额12.45亿元，比年初增长1.18亿元。

交通银行牡丹江分行支持地方经济发展，为重点项目投放固定资产贷款1.67亿元，支持重点制造类企业贷款投放7300万元，为地方高校、文化旅游类客户投放贷款合计1662万元。落实中央关于“增强金融普惠性”要求，探索服务小微企业以及地区城市治理、乡村振兴、民生消费等领域金融需求，依托交行“线上”普惠业务产品优势，深入市区重点商圈，开展“企业行活动”“线上”与“线下”多点发力，提升普惠金融服务覆盖面。截至年末，两增口径贷款余额2664.33万元，较

2021 年，交通银行股份有限公司牡丹江支行　（郑　莉　摄）

上年增加 1010 万元，增幅 61.06%。两增户数 47 户，较上年增加 22 户，增幅 88%，普惠贷款余额及户数均超额完成上级行下达的年度任务目标。

（交通银行牡丹江分行　赵　奇）

【中国邮政储蓄银行股份有限公司牡丹江市分行】　2021 年，中国邮政储蓄银行股份有限公司牡丹江市分行（以下简称邮储银行牡丹江市分行）实现收入 3.05 亿元，同比增幅 9.1%。利润 1.03 亿元，同比增幅 10.6%。各项贷款余额 51.85 亿元，净增 6.16 亿元，增幅 11.9%。自营个人存款余额 61 亿元，年日均余额 59 亿元，净增 2.8 亿元，增幅 5.8%；公司存款余额 8.2 亿元。资产质量上，邮储银行牡丹江市分行不良额 4950 万元，不良率 0.8%，不良率低于全省不良率 0.01 个百分点。转型指标上，经济增加值（EVA）实现 0.36 亿元，同比增长 28.6%，经济资本回报率（RAROC）18.4%；网均利润增长 38 万元，人均利润增长 2.1 万元；全行成本收入比 57%，同比下降 3.4 个百分点。全年邮储银行牡丹江市分行涉农贷款净增 1.91 亿元，普惠涉农贷款净增 2.06 亿元，个人精准扶贫贷款发放 183 笔、金额 2953.18 万元，惠及客户 165 户。普惠小微企业结余 13.82 亿元。稳企稳岗贷款放款 1.09 亿元，续贷 30 笔，金额 6625 万元；办理延期还本付息 10 笔、金额 2700 万元；稳企稳岗贷款接续率 53%。经营性贷款放款 25.42 亿元，结余 15.77 亿元，净增 4.08 亿元。消费贷款放款 6.05 亿元，结余 28.47 亿元，净增 2.08 亿元。小企业贷款放款 7.21 亿元，结余 7.28 亿元，净增 1606 万元。线下信用易贷本年放款 2355 万元，年净增 1425 万元。

全年个人业务储蓄存款余额 61 亿元，年日均余额 59 亿元，余额、日均余额创近五年新高；实现新单保费 2.84 亿元；理财产品年日均 20.6 亿元，较 2020 年净增 6133 万元；资管、信托计划销售 3.76 亿元；贵金属实现收入 98.49 万元；活跃收单商户 238 户；绑卡 21428 户；激活手机银行 12237 户。截至年末，邮储银行牡丹江市分行信用卡结存量 12.24 万张，新增客户 23139 户，30 天激活率 53.7%，新增激活首刷率 58.6%，消费规模 21.19 亿元。公司存款余额 8.2 亿元，年日均 9.27 亿元；新增公司贷款 2 笔，贷款余额 1.88 亿元；新增同业客户 1 户；票据新增直贴客户 12 户。交易银行业务开放式缴费平台实现交易笔数 75648 笔，交易额 1.46 亿元；现金管理账户发展 1070 户，余额 4.03 亿元；重点现金管理产品账户年日均 2.65 亿元，年净增 0.36 亿元；企业网银开通 2231 户。

（邮储银行牡丹江市分行　姜　曼）

【中信银行股份有限公司牡丹江分行】　截至 2021 年末，中信银行股份有限公司牡丹江分行（以下简称中信银行牡丹江分行）全口径日均存款余额 22.62 亿元，各项贷款余额 27.32 亿元。中信牡分行在对公存款波动较大前提下，加强存款营销，把机构业务发展作为公司业务发展突破口，保证存量存款不流失；营销财政账户招标工作；以专项债为契机，辅导相关单位，助力地方经济；推进轻资本业务，加快 PPN 项目和资金托管业务的落地；与牡丹江国投集团合作，助力地方经济发展。

2021 年，中信银行牡丹江分行零售板块精耕市场，深入社区商圈，围绕客户群体建设，紧盯资金源头，锁定优质代发工资户、优质对公企业高管、专业市场业主、土地拆迁户、高收入企业员工等群体，实施重点营销；深化网点转型，提升价值创造力和综合竞争力。加强渠道拓展开发，实现批量获客经营，深化“一点一圈一线”营销理念；做大做强批量代发业务，突出公私联动主线。发挥联动营销作用，拓宽获客渠道，通过走访代发工资企业，拓宽获客渠道，深挖客户营销，在有效客户和有效代发上取得较大突破；加快个人贷款业务转型，确保总对总项目在牡丹江落地项目的全覆盖；加强“信秒贷”业务营销，深入准入单位，逐户进行宣传，作为个贷业务产品新的“烟商贷”取得初步成效。

（中信银行牡丹江分行　于文东）

【广发银行股份有限公司牡丹江分行】　2021 年，广发银行股份有限公司牡丹江分行（以下简称广发银行牡丹江分行）人民币总资产 17.37 亿，比年初增加 4.96 亿，增幅 40%；人民币各项存款 16.12 亿，比年初增加 4.86 亿，增幅 43.1%；人民币各项贷款 3.31 亿，比年初减少 0.3 亿，减幅 8.3%；实现营业收入 0.7 亿，利息净收入 0.56 亿，中间业务净收入 0.13 亿，实现净利润0.1亿。2013—2021年银联口径信用卡发卡16.3万张，有效发卡10万张，信用卡营业收入占比全年营业收入70.4%。

2021年，广发银行牡丹江分行面向有贷款融资需求且可提供不动产抵押担保的小微企业，推广“快融通”产品，针对符合准入标准客户，为其提供额度不超过1000万元、单笔期限最长3年的流动资金贷款支持。针对符合产品要求的优质客群，执行差异化抵押率，最高可将抵押率上浮至90%，满足小微企业流动资金贷款需求。广发银行牡丹江分行加强与互联网、大数据的融合，深度挖掘自身金融数据和外部征信数据资源，在加强合规管理和风险控制的前提下，研发推广税银通2.0线上产品，打造全流程线上贷款业务模式。积极参与银行业APP使用工作，持续提升云闪付、支付宝、微信等移动便民支付工具中广发卡客户的绑定、余额查询功能等基础工作。推出“移动收单”业务，向商户提供基于扫码支付、小额支付、公众号支付等资金清算服务，同时支持微信、支付宝、银联等渠道。整合聚合支付及票券支付等领域，通过商户支付二维码实现“发现精彩”APP平台的优惠票券类业务，通过“云播报”等设备实现交易实时播报等功能，商户端通过手机APP及公众号实现实时查询，业务全面覆盖餐饮、商超、百货、大零售等大众消费行业。推进“随身贷”项目功能，客户征信端查询可通过手机短信发送网址进行授权查询，为客户简化办理业务程序。客户可登陆手机银行、网上银行、微信银行进行个人信用贷款申请，已实现贷款申请、审批、发放的全流程线上办理。

（广发银行牡丹江分行　关雪静）

【龙江银行股份有限公司牡丹江分行】 龙江银行股份有限公司牡丹江分行(以下简称龙江银行牡丹江分行)下设25家支行（含营业部）、营业网点覆盖4个城区和6个县（市）。截至2021年末，龙江银行股份有限公司牡丹江分行各项存款余额1717365.45万元，其中对公存款市场占比全市第一位。各项贷款余额910037.44万元，营业总收入35583万元。全年累计上报人民币可疑案例1767份，上报人民币大额案例39550份，上报人民银行重点可疑交易报告1份,涉及可疑客户1人。对客户风险进行细分，其中高风险客户46户，较高风险客户1610户，一般风险客户164951户，较低风险客户596443户，低风险客户48769户。对可疑客户采取积极措施，年内暂停非柜面业务11笔,涉及自然人客户11人。推进自贸区人民币、卢布现钞跨境调运。在取得人民币、卢布现钞通过绥芬河口岸跨境调运资质的基础上，进一步打通从绥芬河口岸过境调运本币现钞的渠道，构建起黑龙江自贸区首个对俄现钞陆路跨境调运通道。完成全行首笔大额现钞跨地区调缴工作，将龙江银行东宁支行290万美元的库存现钞押运上缴至中国银行黑龙江省分行，成为龙江银行首笔跨地区大额现钞调缴业务。

创办助保贷款业务，帮助无力缴纳养老保险的困难群众解决养老问题。协调财政、人社、法院等相关部门推出“助保贷”贴息政策贷款，累计发放145笔，金额354.94万元。稳定财政存款，扩展贷款户数、缓解“两增”监管户数压力，支持地方经济。完成三批次总额23.1亿元的政府隐性债务置换贷款工作；推动机构和大项目营销。疫情防控期间，为省“百大项目”中农批国际贸易有限公司4.4亿元项目贷款上报总行。以银团贷款方式为宁安市北连线项目发放贷款3.6亿元。为市第一人民医院疫情防控改造和购设备授信1亿元，为市心血管病医院放款3000万元，为农经学院和市卫生学校审批流动资金贷款5400万元和1000万元；执行国家信贷政策，发放支小再贷款业务402户，发放金额67058万元。发放稳企稳岗政策贷款58户，金额56179.3万元。在全市同业机构中稳企稳岗政策性贷款投放全市排名第二位。开展小微企业融资对接工作，推动“百行进万企”融资对接，全年完成752户企业的对接工作，对接完成率100%，对其中9户防疫重点企业及时发放抗疫贷款资金4000余万元。强化贷后管理，及时发现潜在风险贷款，摒弃“重贷轻管”发展方式，采取现场和非现场检查相结合的方式强化贷后管理。

（龙江银行牡丹江分行　卢振兴）

【哈尔滨银行股份有限公司牡丹江分行】 哈尔滨银行股份有限公司牡丹江分行（以下简称哈尔滨银行牡丹江

2021年7月8日，人民银行牡丹江市中心支行到哈尔滨银行牡丹江分行走访督导加大信贷投放力度　（李　娟　摄）

分行）成立于2011年7月4日，在牡丹江市区、绥芬河市、东宁市、穆棱市等地设立8家经营机构。截至2021年末，分行各项存款余额142.61亿元，广义信贷余额69.09亿元，实现账面净利润1.31亿元，荣获“哈尔滨银行2021年度董事长特别团队奖”和“哈尔滨银行2021年度卓越分行”两项殊荣。

2021年，哈尔滨银行牡丹江分行推进网点智慧运营工程，推出“适老”类服务4项，推出金融提升类服务7项，为客户提供优质的金融服务，推动普惠金融稳健发展，荣获“银行营业网点服务国家标准达标单位”称号。

2021年，哈尔滨银行牡丹江分行通过银政企合作平台参与政府稳债化险、“百大项目”建设和普惠金融等工作中，与10户重点企业开展战略合作，投放公司业务2.15亿元，投放惠农业务9.33亿元，投放政信类业务10.42亿元。

（哈尔滨银行牡丹江分行　王政杰）

2021年7月，牡丹江市农村信用合作社联合社深入田间地头开展评级授信

（牡丹江市联社　供图）

【牡丹江市农村信用合作社联合社】牡丹江市农村信用合作社联合社（以下简称牡丹江市联社）是为“三农”和中小企业服务的股份制合作金融机构。辖内有法人机构8家，其中地市级联社1家，牡丹江城郊、海林市、宁安市、穆棱县级联社4家，林口县、东宁市、绥芬河市农村商业银行3家，下辖111个营业网点，其中乡镇网点57个、县城内网点30个、市区内网点24个。

2021年，牡丹江市联社资产总额376.5亿元，较2020年增加33.9亿元，增幅9.9%。各项贷款余额168.2亿元，完成省联社168亿元任务。表内外合计清收不良贷款7.5亿元，完成省联社表内外整体计划5.2亿元的144%。不良贷款率3.39%，较年初上升0.03个百分点。负债总额350.1亿元，较上年增加19.2亿元，增幅5.8%。各项存款余额327亿元，较年初增长32.3亿元，完成省联社计划20.9亿元的154.7%。所有者权益26.4亿元，较上年增加14.7亿元，增幅125.8%。净利润5018万元。

2021年，牡丹江市联社带领辖内各县级行社紧盯重点经营指标，对标对表查缺补漏，做好任务的层层分解保持规模合理增长和结构持续优化。在控制成本的情况下，提升负债管理主动性。开展联动营销活动，将代发工资营销活动与对公账户和对公存款营销活动结合，实现代发业务及低成本存款两增长、两促进。截至年末，全市农信社当年新增对公账户1062户、余额13.47亿元，代发工资22.3万笔、金额4.4亿元。围绕乡村振兴战略，巩固三农市场，支持新型农业经营主体、粮食精深加工业、畜牧业、蔬菜基地和种植业等重点涉农领域。市、县两级行社与农委对接，深入了解全市备春耕生产及农业产业项目融资需求情况，满足备春耕生产资金有效需求，发放备春耕贷款58.42亿元。紧跟省联社步伐实施“整村授信”，调整贷款方式，提高信用贷款占比，评定信用村146个，全年完成信息采集90576户，完成信用等级评定户数72902户，完成授信户数70112户，新增用信金额27.25亿元，实现符合条件农户评级覆盖率和农户授信率两个百分之百。介入村级组织“三资”改革，按照“巩固存量客户、争夺流失客户、拓展潜在客户”的总体思路，建立有效的攻坚路径和策略体系，推进信贷规模提升和结构优化，巩固扩大传统市场份额和优势，全年发放农户及合作社贷款23421户。余额30.36亿元；依托手机银行发放农户贷款3万笔、金额13.57亿元。加大对地方实体经济的服务力度，改变以往按年结息模式，制定按季、按月的收息计划和考核模式，加大贷款收息力度，实现早投放、早收益、早见效。与林口县政府签订战略合作协议，为黑龙江奥丰矿业等重点项目建立一对一服务机制。

围绕中央和省委扩大内需战略部署，落实稳市场主体政策要求，强化对中小微企业金融支持力度，提升贷款可及性和效率性，完成小微企业金融服务“增量、扩面、提质、降本”目标。支持复工复产、服务实体经济，在政策允许和风险可控的前提下，分门别类、一户一策提供金融服务，提高贷款投放精准度。截至2021年末，全市农合机构单户授信总额1000万元以下小微企业8152户、余额56.62亿元。围绕市“百大项目”、龙头企业、重点产业和项目，加强对农业、农资、农副产品相关大企业集团的营销和深度合作，发放各类项目贷款56.6亿元，各项对接工作及时到位。发挥金融服务优势，服务绥芬河自贸片区项目建设，将“监管质押贷款”出质商品种类扩大到俄罗斯进口粮食作物、木材等领域，为绥芬河中俄木材加工中心二期园区项目144户企业发放信贷资金15亿元。

（牡丹江市联社　刘立巍）

保险业

【概况】　截至2021年末，牡丹江市有33家保险机构，其中财产险公司15家、人身险1公司8家。全年实现保费收入69.97亿元，赔款及给付16.46亿元。

（市金融服务局　孙鹏飞）

【中国人民财产保险股份有限公司牡丹江市分公司】　中国人民财产保险股份有限公司牡丹江市分公司（以下简称人保财险牡丹江分公司）成立于1984年，是牡丹江市保险市场上最大的经营财产险业务的中央直属企业，开办包括企事业单位财产保险、建筑和安装工程保险、货物运输保险、机动车辆保险、家庭财产保险、船舶保险、责任保险、信用保证保险、人身意外保险、健康保险、农业保险等300多个险种。公司在全市设有13个县区级支公司、2个营销服务部、5个营业部，从业人员300余人。2021年，实现保费收入2.93亿元，市场份额31.76%，居全市财险行业首位。处理各类赔案1.79万件，支付赔款1.46亿元。缴纳税款4187万元，其中直接缴纳各项税款820万元，代扣代缴税款3367万元。车险方面，沟通市银保监分局，牵头全市各主体，在黑龙江省银行业协会自律要求的框架下，先后在6月1日、11月12日、12月1日三次下发《黑龙江省保险行业机动车辆保险自律公约》，降低行业市场投放标准，车险增速实现双超，市场份额重返全市第一位，家用车险业和营收增速实现双超。商业非车险方面，抓好大项目跟进，探索商业非车险销售模式转型，寻找和拓展新的商非业务增长点。跟进辖区内“百大项目”及“危桥改造项目”，工程险实现保费收入225万元，同比增幅25.04%，诉责险业务推广初见成效，与市中级人民法院等7家法院签订战略合作协议，保费增速128.65%；医疗责任险保费，保费收入110万元，同比增幅4.27%；小微企业出口信用险保费收入236万元，同比增长15.23%；人人安康、驾意险分别实现保费收入495万元和165万元，保费增速分别为25.12%和33.07%。农险方面，先后拜访各级政府部门，就政策性农险招标、乡村振兴等进行交流，所辖7家各经办农险支公司全部中标政策性农险经办资格，农险实现保费收入7052万元，增量保费1034万元。面对旱情，各承保分支机构成立灾害应急小组，逐村逐户进行旱情巡察工作。公司各分支机构与市农业经济部门及各承办主体沟通协调，推动查勘理赔工作。

2021年，人保财险牡丹江分公司保险险种多元化，开办包括企事业单位财产保险、建筑和安装工程保险、货物运输保险、机动车辆保险、家庭财产保险、船舶保险、责任保险、信用保证保险、人身意外保险、健康保险、农业保险等300多个险种。与牡丹江市中级人民法院及各县（市、区）7家人民法院签署战略合作协议，深化“人民法院+人民保险”合作模式，将保险机制引入诉讼保全等立案、审判执行工作中，为保障当事人的合法权益、有效节约诉讼成本、提高诉讼效率提供新路径、新方法。

（人保财险牡丹江分公司　王恒生）

【中国平安人寿保险股份有限公司牡丹江中心支公司】　中国平安人寿保险股份有限公司牡丹江中心支公司（以下简称平安人寿牡丹江支公司）成立于2003年，公司位于牡丹江市西安区景福街181号，下辖穆棱市、绥芬河市、宁安市、海林市、东宁市5个支公司和下城子镇、穆棱镇、东京城镇、林口镇、绥阳镇、柴河镇、西安区7个营销服务部及1个培训中心。

2021年，人寿保险牡丹江支公司保费收入10.47亿元，投保客户突破34.7万。全年办理理赔1.18万件，支付赔款近1.44亿元，理赔服务时效平均1.34天，豁免保费2172.06万元，为投保客户满期领取3617.88万元，为牡丹江市贡献税收612.55万元，支付员工工资及福利1956.45万元。

（平安人寿牡丹江支公司　郝　伟）

【阳光农业相互保险公司牡丹江中心支公司】　阳光农业相互保险公司牡丹江中心支公司（以下简称阳光农险牡丹江公司）市内设有阳明支公司，在海林市、林口市、宁安市、东宁市、穆棱市、绥芬河市设有6个子公司，全辖员工84名。2021年，阳光农险牡丹江公司落实“防风险、严管控、强科技、增效益”工作部署，实现保费收入9835万元（财务口径），完成年初计划的100.59%，同比增长4.43%。

（阳光农险牡丹江支公司　王一帆）

证券业

【概况】　2021年，牡丹江市只有一户证券企业，为华泰证券股份有限公司牡丹江西一条路证券营业部（以下简称华泰证券牡丹江西一条路营业部），开展证券代理买卖（股票、权证、封闭式基金、记账式国债、开放式基金），代理还本付息、分红派息，证券代保管，代理开户，代理期货IB业务，代理融资融券业务、期货IB业务等。截至年末，总开户人数65445户，总托管资产达32.81亿元，总成交量473.71亿元；营业税金127.64万元，营业收入831.72万元，实现利润157.81万元。

【证券金融服务】 2021年，华泰证券牡丹江西一条路营业部集网络和信息优势为一体，利用总公司品牌资源优势，为广大投资者提供专业咨询，提供全国性券商、基金发布的上市公司调研报告和研究报告。设有独立的投资顾问中心，为投资者提供信息和投资咨询服务，并根据客户需要，提供一对一投资服务。独立研发涨乐理财系列服务，为投资者精确把握价值投资，及时捕捉交易机会。为高端客户量身打造投资理财产品，提供500万起点高端产品专属服务。

（华泰证券西一条路营业部　段冬云）

其他非银行金融机构

【小额贷款公司】 牡丹江市小额贷款公司是全市民营企业或个人的贷款融资平台，面向个人、个体经营户、中小企业主提供信誉支持。截至2021年末，全市有小额贷款公司32家，总注册资本18.95亿元，贷款余额16.86亿元。

【融资投资公司】 牡丹江市融资投资公司主要经营融资性担保、诉讼保全担保、履约担保、与担保业务有关的融资咨询、财务顾问等中介服务，以自有资金进行投资、投标担保、其他合同担保。2021年，全市融资担保机构有24家（含4家分支机构），注册资本29.68亿元，担保余额18.82亿元，平均放大0.61倍。其中，政府性担保公司业务全部围绕小微企业、“三农”开展。

【典当行】 2021年，牡丹江市典当行发展迅速，主要经营质押、房地产抵押典当业务。截至年末，全市有典当行31家，注册资本4.58亿元，典当余额4768.5万元，典当总额3868万元。

（市金融服务局　孙鹏飞）

综　述

【概况】　2021年，牡丹江市以高质量承办第四届黑龙江省旅游产业发展大会为牵动，实现旅游收入193.11亿元，同比增长141.56%，接待旅游总人数2695.55万人次，同比增长143.68%。全年新评定太平沟原始森林景区、七里地村景区、宁安牡丹科技体验馆等6家AAA级旅游景区；新入选国家级乡村旅游重点村镇2个（穆棱市下城子镇孤榆树村、宁安市渤海镇）；新入选省级旅游休闲街区2个（牡丹江东一中俄风情街、牡丹江朝鲜族文旅商贸园区）。截至年末，全市有A级景区48个，S级滑雪场3个，国家级乡村旅游重点村镇5个（宁安市渤海镇小朱家村、西安区海南乡中兴村、海林市横道河子镇七里地村、穆棱市下城子镇孤榆树村、宁安市渤海镇），省级乡村旅游重点村6个，省级旅游度假区1个，省级旅游休闲街区2个，星级饭店20家，旅行社100户。

表29　2021年牡丹江市旅游接待情况统计表

接待人次（万人次）	总花费（万元）	人均花费（元）	旅行社个数（个）			星级宾馆饭店个数（个）	星级宾馆饭店客房数（个）
				国内旅行社	国际旅行社		
2695.55	1931100	716	96	91	5	16	1804

（资料来源：市文广旅局）

表30　2021年牡丹江市旅游资源分布统计表

城市	AAAA级及以上景区	AAA级及以下景区	全域旅游示范区	S级滑雪场	国家级乡村旅游重点村镇	省级乡村旅游重点村	国家级旅游度假区	省级旅游度假区	省级旅游休闲街区	合计
牡丹江市	14	34	—	3	5	6	—	1	2	65

（资料来源：市文广旅局）

表31　2021年牡丹江市A级旅游景区一览表

等级	景区名称	评定年份
AAAAA	牡丹江市镜泊湖景区	2019
AAAA	牡丹江市火山口景区	2006
AAAA	牡丹江市雪乡景区	2010
AAAA	牡丹江市东宁要塞遗址景区	2010
AAAA	牡丹江市横道河子东北虎林园景区	2010
AAAA	牡丹江市柴河九寨旅游景区	2013
AAAA	牡丹江市黑宝熊乐园水上大世界景区	2013
AAAA	牡丹江市海林亿龙水上风情园景区	2013

续表

等级	景区名称	评定年份
AAAA	牡丹江市海浪河欢乐谷景区	2013
AAAA	牡丹江市宁安渤海上京龙泉府遗址旅游景区	2014
AAAA	牡丹江市飞龙潭山庄景区	2014
AAAA	牡丹江市海林横道河子威虎山影视城景区	2014
AAAA	牡丹江市三道关景区	2015
AAAA	牡丹江市海林横道河子俄罗斯风情小镇景区	2015
AAA	牡丹江市镜泊峡谷景区	2001
AAA	牡丹江市海林市杨子荣烈士陵园景区	2006
AAA	牡丹江市宁安农场现代农业示范园	2008
AAA	牡丹江市北大荒海林北欧度假区	2008
AAA	牡丹江市八女投江遗址纪念地景区	2011
AAA	牡丹江市穆棱市远东林木博物馆	2012
AAA	牡丹江市芍菊古苑旅游景区	2014
AAA	牡丹江市穆棱市海月湾欢乐水世界景区	2014
AAA	牡丹江市海林莲花湖莲花山庄旅游区	2015
AAA	牡丹江市大湾水世界景区	2015
AAA	牡丹江市穆棱市孤榆树东北抗联密营地	2017
AAA	牡丹江市东宁市碧水湾国际旅游度假区	2017
AAA	牡丹江市绥阳双桥子景区	2018
AAA	牡丹江市威虎山莲花湖景区	2018
AAA	牡丹江市南湖经营所休闲度假景区	2019
AAA	牡丹江市林口县博物馆景区	2019
AAA	牡丹江市绥芬河国门风景区	2020
AAA	牡丹江市绥芬河爱情谷景区	2020
AAA	牡丹江市穆棱粮台山风景区	2020
AAA	牡丹江市宁安玄武湖风景区	2020
AAA	牡丹江市镜泊湖北湖头风景区	2020
AAA	牡丹江市中兴朝鲜民族文化风情园景区	2020
AAA	牡丹江市鲜花港景区	2020
AAA	牡丹江市海林市太平沟景区	2021
AAA	牡丹江市海林市七里地景区	2021
AAA	牡丹江市宁安市科技馆景区	2021
AAA	牡丹江市宁安市小朱家村景区	2021
AAA	牡丹江市绥芬河市红花岭东北抗联小镇景区	2021
AAA	牡丹江市穆棱市七彩花田景区	2021

续表

等级	景区名称	评定年份
AA	牡丹江市穆棱爱苑度假区	2012
AA	牡丹江市穆棱六峰湖风景区	2012
AA	牡丹江朝鲜民俗风情街	2012
AA	牡丹江市中东铁路历史文化穆棱陈列馆	2017
AA	牡丹江市红旗田园综合体景区	2019

（资料来源：市文广旅局）

表 32　2021 年牡丹江市滑雪场一览表

序号	雪场名称	雪场等级	所在县（区）	详细地址
1	牡丹峰滑雪场	SS	东安区	黑龙江省牡丹江市东安区
2	横道河子滑雪场	SS	海林市	黑龙江省牡丹江市海林市横道河子镇境内，俄罗斯风情园内
3	绥芬河国家森林公园滑雪场	SS	绥芬河	黑龙江省牡丹江市绥芬河市区以西 10 公里，G301 国道 18 公里处
4	大湾滑雪场		东安区	黑龙江省牡丹江市东安区大湾新村
5	东村滑雪场		东安区	黑龙江省牡丹江市牡丹峰公路 6 公里处
6	十九顶毡房烤全羊滑雪场		爱民区	黑龙江省牡丹江市爱民区三道关镇八达村
7	中兴村滑雪场		西安区	黑龙江省牡丹江市牡海南道中兴村
8	雪乡雪宝滑雪场		海林市	黑龙江省牡丹江市海林市大海林林业局双峰林场雪乡景区
9	威虎山雪村滑雪场		海林市	黑龙江省牡丹江市海林市柴河林业局卫星林场
10	林口天宝山滑雪场		林口县	林口县四季游乐园

（资料来源：市文广旅局）

【旅游规划】　2021 年，落实《牡丹江市全域旅游发展规划》《牡丹江市冰雪旅游专项规划》《牡丹江市旅游产业转型升级方案》等产业发展顶层设计文件，推进“旅游 + 文化”“旅游 + 农业”“旅游 + 林业”“旅游 + 商贸”“旅游 + 交通”“旅游 + 体育”“旅游 + 康养”七大产业深度融合，构建以城市休闲旅游产业集群为核心，以镜泊湖康养度假产业集群、冰雪文化旅游产业集群、林业休闲与文化旅游产业集群、绥东边贸旅游产业集群、生态农业产业集群为重点的全市产业发展大格局。引导资金、政策、土地资源向旅游产业集群倾斜，以空间优化、资源整合促进产业集聚化、差异化发展。借助承办第四届黑龙江省旅游产业发展大会各方支持、资源汇聚的有利契机，谋划推进全域旅游发展，提升旅游产业层次和水平。在新业态培育和产业融合方面实现新突破，以农旅融合为代表的玄武湖风景区，以科技与旅游融合为代表的牡丹科技馆、牡丹江旅游服务中心，以旅游与交通融合为代表的绥芬河中俄自驾营地、中兴村峰悦自驾营地，以旅游与林业融合为代表的林海雪原风景区项目，以旅游和文化融合为代表的渤海遗址公园提升项目、威虎山影视城提升项目等，都是以新理念做好“旅游 +”的示范项目。坚持全域规划，聘请行业龙头深圳华侨城集团负责第四届黑龙江省旅游产业发展大会总体方案策划，推出红色经典、乡村振兴、文旅融合、科技赋能和品质提升五大主题 29 个升级版、龙头型旅游产品，构建县县有特色、区区有亮点的全域旅游协同发展格局。确定“镜泊胜景 · 林海雪原”的大会主题，设计推出“欢腾牡丹江”大会标识和“虎娃”“雪妞”大会吉祥物，高质量完成观摩线路、解说词系统、《畅游牡丹江》《诗情画意牡丹江》和《城市旅游手绘地图》的设计、编创，精心筹办“十佳旅游品牌”评选活动，助推第四届黑龙江省旅游产业发展大会高质量举办。

【全域旅游】　2021 年，聚焦全季、

全域旅游，牡丹江市确立“全谱系展现、多极点支撑”办会思路，打造总投资104亿元的一批文旅项目，形成“42+N”旅发项目集群，通过串珠连线、连线成片，打出全域旅游组合拳。坚持全体系提升，全市新评定AAA级旅游景区6家，穆棱市孤榆树村、宁安市渤海镇分别入选国家级乡村旅游重点村、镇，宁安市小朱家村被评为全国乡村旅游重点村示范监测点，海林市顺桥村、宁安市上官地村和江西村被评为全省乡村旅游重点村，东一中俄风情街、朝鲜族文旅商贸园区入选全省首批省级旅游休闲街区。新建和提升旅游服务中心24个、旅游标识109块、旅游厕所68座，13个重点景区实现数字化运营管理，“一部手机游牡丹江”上线开通，一码畅享全方位优质服务。中共六大历史资料馆、孤榆树东北抗联密营地等5个红色经典产品使牡丹江红色文化之城知名度加快抬升，西安区中兴村朝鲜民俗风情园等6个乡村振兴产品成为富裕农民、繁荣农村新亮点，宁安市渤海上京国家考古遗址公园、海林市林海雪原风景区等7个文旅融合产品开创以文塑旅、以旅彰文新局面，牡丹江旅游服务中心、牡丹集团智慧科技馆等3个科技赋能产品翻开智游牡丹江新篇章，镜泊湖风景名胜区博物馆、威虎山影视城、东一中俄风情街等8个品质提升产品让一批老景区焕发新生机，全市旅游发展活力进一步增强。积极克服疫情影响，为宁安智慧科技馆等8个项目争取省级文旅产业扶持资金2000万元，争取第四届黑龙江省旅游产业发展大会文旅项目债券资金3.6亿元，专项扶持资金1.2亿元。

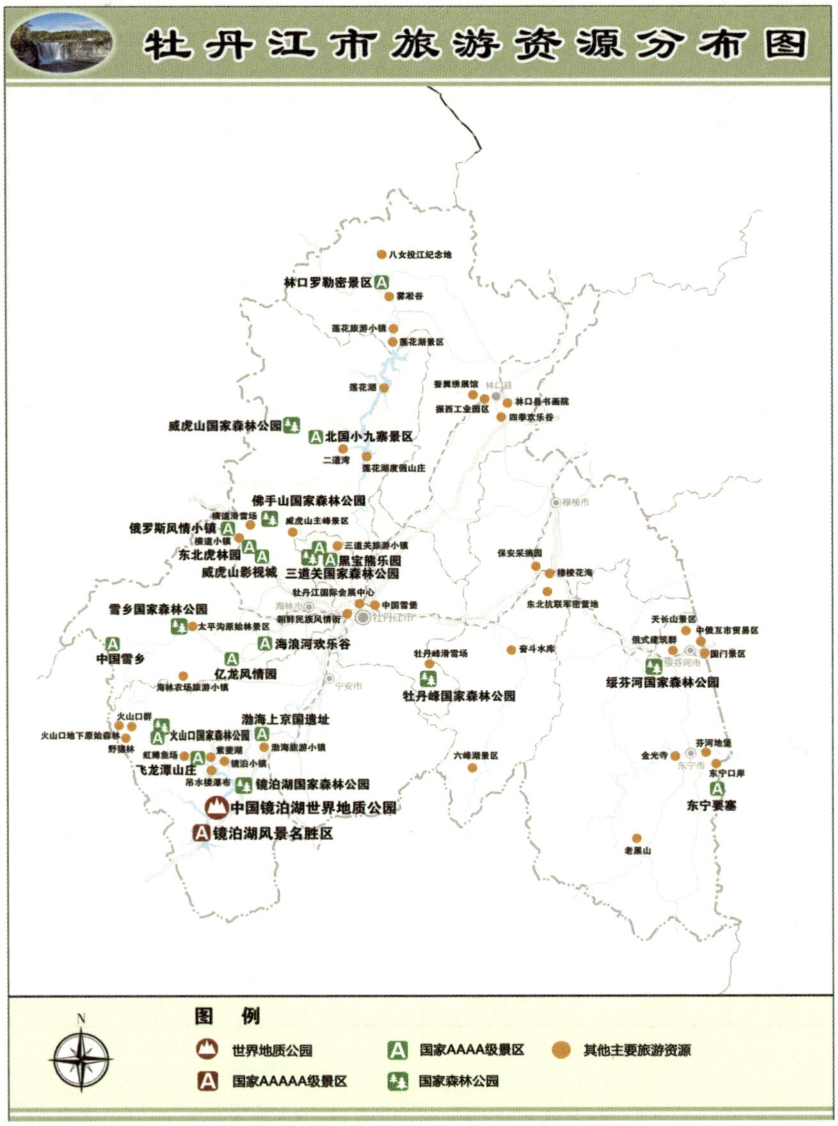

图2　牡丹江市旅游资源分布图

【旅游项目建设】　2021年，牡丹江市以“湖林雪边俗特红”为特色，推出5大主题29个旅游精品项目，改造提升东一中俄风情街等一批特色街区，精心打造中共六大历史资料馆等一批红色景区场馆，开发航空科普体验馆等一批科旅项目，推出爱情谷等一批“网红打卡地”，培育中兴村等一批农旅融合典范，持续擦亮“镜泊胜景·林海雪原”金字招牌，尽显“北国好风光，尽在黑龙江；龙江好风光，美在牡丹江”之魅力。第四届全省旅游产业发展大会推进重点项目42个，推出红色经典、乡村振兴、文旅融合、科技赋能、品质提升五大主题产品，规划“浪漫雪城、生活印象”“镜泊飞瀑、渤海故国”“艺术小镇、林海雪原”“红色边城、异域风情”4条精品观摩路线，新开发生态休闲游、风情民俗游、科普研学游、冰雪休闲游和红色旅游、文化体验游、休闲娱乐游等7大类66个旅游产品。穆棱市推出孤榆树东北抗联密营地景区、七彩花田景区和东北抗日联军重炮三团纪念馆。绥芬河市推出中共六大历史资料馆、爱情谷主题公园、中俄自驾营地、红花岭抗联主题小镇和中东铁路记馆等文化场馆。东宁市与中林集团合作，启动洞庭景区建设与乡村风貌提升工作。牡丹江市区推进“一镇（爱熊猫小镇）、一园（1946文创园）、两街（东一中俄风情街、西长安朝鲜民族风情街）、两中心（牡丹江旅游服务中心、保税区跨境商品展示中心）、三村（西安区中兴村、红星村和阳明区杏树村）、五馆（91366部队东北老航校人民空军起飞地展陈中心、温春镇人民空军起飞地纪念馆、阳明区牡丹江市工业记忆馆、东北民俗馆、解放路牡丹江老照片展示馆）等项目。东北虎林园新建游客服务中心、小动物观赏区和文化休闲区。威虎山影视城景对景区进行全面整修改造，引进《智取威虎山》“沉浸式”表演和《红灯记》《智取沙家浜》演出。镜泊湖风景区强化环境打造和亮化提升，重新启动旅游服务中心和火山博物馆建设，景区风貌、旅游环境和综合服务实现“脱胎换骨”的变化。渤海国跨越博物馆重新装修布展，遗址公园打造微缩景观、铺设参观栈道、增加VR体验，提升讲解与服务水平。海林横道河子中俄风情街景区引进市场化运作机制，对街区进行全方位规划打造，成为旅发大会最火爆的旅游“打卡地”之一。依托特色乡村资源、红色文化与民俗文化，打造出宁安市小朱家村、西安区中兴村、海林七里地村、穆棱孤榆树村4个“国家级旅游重点村”，宁安明星村、宁安上官地村和阳明区杏树村等6个“黑龙江省重点旅游村”，以及林口县长胜村、东安区大湾村等“牡丹江市十佳旅游村”，带动形成32个有一定特色和影响力的旅游村。红色旅游项目开发多点开花，绥芬河中共六大纪念馆、中共一大至七大联合展馆、秘密通道纪念馆、嘎丽娅纪念馆、东宁要塞和要塞博物馆、穆棱东北抗日联军重炮三团纪念馆、牡丹江东北老航校人民空军遗址展陈中心、黑龙江航空科普馆、镜泊湖“源动力”展馆等一批红色展馆相继建成开放，与海林杨子荣烈士陵园、林口八女投江纪念地、牡丹江八女投江群雕、宁安马骏纪念馆和张闻天工作室等爱国主义教育基地，共同形成牡丹江市的红色文化经典，促进全市红色旅游系列化、品质化和品牌化发展。在海林市治山至分岭河中东铁路沿线，打造林海雪原风景区项目，连通亚布力至牡丹江市区冬季冰雪旅游的“断点”，成为牡丹江市冰雪旅游的又一张“王牌”。开展自驾营地建设、民宿打造、科技赋能、智慧旅游和全域租车等新业态开发，新建4处自驾与低空飞行体验营地，分别是绥芬河中俄自驾营地、西安区中兴峰悦营地、穆棱花海火车旅馆与自驾营地，以及镜泊湖北门自驾与低空飞行体验营地。打造宁安小朱家民宿、上官民居、西安区中兴民宿、海林七里地村栖里民宿和杏树村民宿群。打造宁安牡丹科技馆、黑龙江航空科普馆、镜泊湖云旅游博物馆和“一部手机游牡丹江”智慧旅游服务平台，“科普研学”和“智慧旅游”成为牡丹江旅游发展“热点名词”。与省交通投资集团合作，在旅游服务中心开办“全域租车”业务，进一步丰富和完善牡丹江旅游交通出行服务方式。

（市文广旅局　高　阳）

旅游资源

【概况】　牡丹江市旅游资源丰富，依照国标分类标准，牡丹江市主要旅游资源涵盖8个主类，29个亚类，109个旅游资源基本类型，在全国资源基本类型中占比达70.32%，包括1个国家AAAAA级景区，13个国家AAAA级景区以及29个国家AAA级景区，总量丰富，类型多样，禀赋优异，成就牡丹江“冰雪胜境，避暑天堂”美名。在牡丹江优质生态基底之上，旅游资源呈现“湖、林、雪、边、俗、特、红”七大特色，其中“湖、林、雪、边”资源品级突出，镜泊湖、中国雪乡、渤海国遗址公园、绥芬河百年口岸、海林林海雪原、横道河子中东铁路历史文化遗存和牡丹江空军老航校等国家级高品质资源竞争优势鲜明，是提升旅游吸引力和打造高品质旅游产品的核心。世界最大黑熊养殖基地、世界最大东北虎繁育基地也是牡丹江市独一无二的特色资源。生态、冰雪、边贸、民俗资源组合相得益彰，整合基础良好，综合开发潜力巨大。

【冰雪旅游资源】　牡丹江地处黑龙江省东南部，区域跨越“神奇的北纬45度线”，植被保护较好，森林覆盖率65%。气候属北半球中纬度温带大陆性季风气候区，冬季漫长，夏季短促，特殊地理环境和气候条件造就牡丹江地区雪量充沛的冰雪资源特点，积雪期最长达到6个月，雪质极佳。以“中国雪城”著称的牡丹江市，依靠得天独厚的冰雪旅游资源，倾力打造“雪乡”“雪城”“雪堡”“雪场”品牌，成为东北冬季旅游，特别是冰雪休闲旅游的重要目的地，初步形成“游”雪城雪堡、“享”雪乡雪村、“看”镜泊冬捕、“赏”冰瀑跳水、“浴”小镇温泉、“观”林口雾凇、“玩”高山滑雪、“感”冬日虎威、“住”萨满村落、“踏”林海雪原等十大冰雪旅游产品。

在空间分布上，牡丹江冰雪资源集中分布在西部地区，其中牡丹江城区、双峰林场区域、横道河子区域、柴河区域以及镜泊湖区域五大片区优势鲜明，是牡丹江高品质冰雪旅游资源集聚区。截至2021年末，全市建有滑雪场10个，其中S级3个，分别是牡丹峰滑雪场、横道河子滑雪场、绥芬河国家森林公园滑雪场；初级滑雪场7个，分别是大湾滑雪场、东村滑雪场、海南乡中兴滑雪场、雪乡雪宝滑雪场、爱民区十九顶毡房滑雪场、威虎山雪村滑雪场和林口天宝山滑雪场，雪道全长超过1万米。

表 33　2021 年牡丹江市冰雪旅游景区景点建设一览表

景区名称	状态	位置	基本情况	2021 年建设情况
中国·雪乡	既有	海林市	中国·雪乡旅游风景区位于黑龙江省牡丹江市西南部，为国家 AAAA 级旅游风景区，先后荣获全国文明村、中国十大最美乡村、“美丽中国”十佳景区、国家级旅游服务标准化单位、中国优秀国际乡村旅游目的地等殊荣。受贝加尔湖冷空气与日本海暖湿气流频繁交汇以及特殊地形影响，造就雪乡“夏无三日晴 冬雪漫林间”的奇特小气候。在近 7 个月的积雪期，深达 2 米的白雪在风力的作用下随物具形，千姿百态。《地理中国》《舌尖上的中国》《爸爸去哪儿》《闯关东》《智取威虎山》《悬崖之上》、央视春节系列节目和 70 多个国家、地区的媒体聚焦雪乡，《美丽中国（二）牡丹江雪乡》普通邮票被确定为中国和马尔代夫两国建交 45 周年文化交流邮票，真正体现“中国雪乡 世界共享”	
牡丹江雪堡	再建	牡丹江市区	牡丹江雪堡是“中国雪城——牡丹江”的主打旅游品牌，始建于 2001 年。每年 11 月末开始建造，12 月末至翌年 2 月为观赏游览期	2021 年 1 月 7 日，第二十届中国·牡丹江雪堡在牡丹江江心岛开园。本届雪堡以“幻彩雪秀，酷玩雪堡”为主题，占地面积 9 万平方米，总造雪量 2.2 万立方米，由“快乐相约”“福山寿海”“幻彩秀场”“互动乐园”“激情雪域”“招财进宝”等“六区六福”布局模式组成。雪堡大门以爱熊猫小镇的“熊猫”为灵感设计，并辅以广受游客喜爱的“雪宝”元素雪雕。整个雪堡乐园设计 50 余个生动有趣、造型奇特的雪雕景观，成为“中国雪城”牡丹江的城市标志，也是牡丹江市对外宣传的主打冰雪旅游品牌项目

（资料来源：市文广旅局）

表 34　2021 年牡丹江市湖泊旅游景区景点建设一览表

景区名称	状态	位置	基本情况	2021 年建设情况
镜泊湖国家风景名胜区	再建	宁安市	镜泊湖国家风景名胜区位于牡丹江市西南部，是国家首批重点风景名胜区，国家 5A 级旅游景区，2006 年被联合国教科文组织批准为世界地质公园。镜泊湖距离牡丹江市区 80 公里，是远古时期历经多次火山喷发，熔岩流阻塞牡丹江古河道形成世界第一大火山熔岩堰塞湖	2021 年，镜泊湖国家风景名胜区提升工程总投资 1 亿元，包括 60 余栋景区建筑外立面美化和道路沿线景观绿化、景区亮化及智慧化改造等工程。为做强做大镜泊湖冬季冰雪旅游，2021 年冬季，镜泊旅游集团和镜泊湖管委会在镜泊山庄码头、水产养殖场和镜泊小镇购置相关设备、设施，开展冰跑（冰上马拉松）、冰上龙舟、冰上足球、冰爬犁、冰面雪圈漂移、冰雪滑降、冬捕和温泉疗养等特色文体活动，进一步丰富冬季旅游产品供给。对镜泊湖瀑布进行适当填充、美化和修饰，形成壮美的“冰瀑”奇观
镜泊湖湿地公园景区	再建	宁安市	镜泊湖湿地公园景区位于镜泊湖风景区北门至火山口旅游公路上。东距镜泊湖风景区 5 公里，西距火山口森林公园 20 公里。景区占地面积 780 万平方米，以一万年前火山喷发熔岩流冷却后形成的火山岩石群景观和原始天然的熔岩湿地景观为依托，由镜心湖、镜心园两部分组成，2013 年被国家旅游局评定为国家 AAAA 级旅游景区	2021 年，镜泊湖湿地公园景区重新启动火山博物馆建设工作，通过镜心湖景、镜心园夜游、镜泊石海、幸福公社、虹鳟鱼场、湿地体验馆等 30 余项水陆旅游产品，完整展现世界级火山湿地的博大文化内涵

续表

景区名称	状态	位置	基本情况	2021年建设情况
镜泊南湖温泉度假区	新建	宁安市	镜泊南湖温泉度假区紧邻中国最大、世界第二大高山熔岩堰塞湖镜泊湖南湖畔，距牡丹江市区80公里，是集温泉沐浴、住宿、会议、度假、餐饮服务、康体养生、研学游及生态田园旅游为一体的旅游综合体	2021年，镜泊南湖温泉度假区立足打造国家四星级综合配套型氟温泉旅游度假胜地，建成温泉湖景房7栋，室内泡池6座，室外泡池5座，面积2000余平方米，二期工程扩建温泉湖景房、泉泡池、温泉酒店及中国少年军校牡丹江基地（研学游基地）
镜泊湖大峡谷	既有	宁安市	镜泊峡谷是依托火山喷发熔岩流形成的堰塞峡谷，形成于印支期（约2亿年前）花岗岩地貌上的峡谷地貌，数千年以来，来自吊水楼瀑布的水流不断对下伏花岗岩进行冲刷，形成长达3000多米的峡谷河道景观。谷内火山岩丰富，形状怪异，水质极其清澈，被称作“中国野游谷”。镜泊峡谷冰臼群是我国已发现冰臼中纬度最高的河谷冰臼，是一处不可多得的冰臼地质公园	
莲花湖风景区	既有	海林市	莲花湖位于黑龙江省海林市境内东北部，是国家重点工程莲花水电站建成后形成的大型人工湖泊，为黑龙江省级风景名胜区，湖面133平方公里，全长99.9公里，平均水深40米，莲花湖风景区以森林、湖泊、岛屿与峰崖石壁为主体景观，景区内有三大峡谷、五大湖湾、六大岛屿和三十多个主要景点，是牡丹江流域最大的人工湖	
六峰湖风景区	再建	穆棱市	六峰湖风景区总占地面积8.7平方公里，建筑面积5000平方米	2021年，景区依托六峰湖省级自然保护区、六峰山国家森林公园和全国最大的野生东北红豆杉自然保护区品牌，开发生态观光、休闲养生、野外露营、户外拓展训练等旅游产品
东宁洞庭风景区	既有	东宁市	东宁洞庭风景区位于黑龙江五大水系之一的绥芬河两岸，是黑龙江省洞庭峡谷地质公园的核心，占地面积0.3平方公里。具有河流峡谷、断层构造、岩浆喷溢、火山岩石等地质遗迹复合性特征，具有极高的科研价值，有象头崖、蝙蝠崖、骆驼峰、神女峰、锯齿峰等诸多知名景点，被誉为“北方小阳朔”	
海浪河欢乐谷景区	新建	海林市	海浪河欢乐谷景区位于海林市海长公路32公里处，占地面积150多万平方米，为国家AAAA级景区	2021年，新建环流河、水幕舞台、水上餐厅、急速风车、大摆锤、游泳池、水上索道滑车、高架自行车、足球场、篮球馆、恐龙科技园、儿童淘气堡、摩托艇、3D画馆、画舫船等游乐设施，是一个集水上乐园、生态休闲、海浪河漂流、演艺表演、龙舟竞技、特色餐饮、生态探险、户外运动、观光旅游、综合服务于一体的东北地区大型主题水上游乐园

（资料来源：市文广旅局）

【湖泊旅游资源】 牡丹江市水资源丰富，牡丹江、穆棱河、绥芬河三大水系共有大小河流6677条，湖泡823处。境内的河流、湖泊、涧溪、瀑布水质较好，绝大部分未遭到严重污染。境内拥有世界第一大火山熔岩堰塞湖——镜泊湖、中国东北最大的人工湖——莲花湖、中国最大的保存完好的原生态火山湿地——紫菱湖，还有小北湖、玄武湖、六峰湖、海浪河、响水河等众多江河湖泊。据旅游资源普查结果，全市有风景河段、湖泊、瀑布、泉和其他水域5个基本类型，11处基本类型实体。其中湖泊为最多，共6处；风景河段2处；瀑布、泉和其他水域各1处。

【森林旅游资源】 牡丹江市森林覆盖率65%，高于全国和全省平均水平。境内有牡丹峰、三道关、火山口、雪乡、威虎山、绥芬河、镜泊湖、夹皮沟、六峰山等九大国家森林公园，是中国拥有国家级森林公园最多的城市，为开展森林浴、森林露营、森林康养、森林探险、野生动物观赏、野生植物采摘等旅游项目提供广阔天地。2020—2021年，牡丹江威虎山九寨景区、牡丹江三道关国家森林公园、牡丹江火山口国家森林公园、牡丹江绥阳双桥森林康养游基地、牡丹江海林太平沟原始林景区、牡丹江罗勒密山景区、牡丹江穆棱六峰湖风景区先后入选黑龙江省森林康养目的地。其中，2020年6月，经国家林业和草原局、民政部、国家卫生健康委员会、国家中医药管理局等四部门组织专家评审，绥阳双桥森林康养游基地——黑龙江省绥阳林业局有限公司入选第一批国家森林康养基地。

表35 2021年牡丹江市国家级森林公园一览表

名称	批准时间（年）	地址
牡丹峰国家森林公园	1992	牡丹江市东安区
火山口国家森林公园	1992	宁安市
威虎山国家森林公园	1998	海林市
三道关国家森林公园	1999	牡丹江市爱民区
绥芬河国家森林公园	2000	绥芬河市
雪乡国家森林公园	2001	海林市
镜泊湖国家森林公园	2005	宁安市
夹皮沟国家森林公园	2005	海林市
六峰山国家森林公园	2005	穆棱市

（资料来源：市林草局）

表36 2021年牡丹江市森林旅游景区景点建设一览表

景区名称	状态	位置	基本情况	2021年建设情况
火山口地下森林公园	既有	宁安市	火山口地下森林公园为国家AAAA级景区，位于宁安市境内，距牡丹江市区92公里。森林蓄积量100万立方米，景区面积8965公顷，是集森林生态环境、森林保健、自然景观、人文景观于一体的生态型公园。公园完整展现自然奇观，有大小不等的16个内壁塌陷火山口和一条长65公里、面积174平方公里的完整熔岩流，是世界上已知最长的近期熔岩流之一	
威虎山九寨景区	既有	海林市	威虎山九寨景区位于威虎山国家森林公园内，距牡丹江市区95公里，是国家AAAA级景区，有“北国小九寨”之美称。景区内有数十座秀丽的石峰，奇松怪石遍布景区，茂密的原始森林古朴清幽，两条无污染、清澈的高山河流终年流水不息，还有我国东北罕见而壮观的瀑布群，是登山、休闲、溯溪、探险等活动的最佳之选	
三道关旅游景区	既有	爱民区	三道关国家森林公园位于牡丹江市西北部，距市区20公里，以山美、水碧、石秀、林幽著称。公园以森林景观及地貌景观为特色，集观光游览、休闲疗养、动植物资源保护、生态考察、科普知识于一体。主要景区有雾溪谷景区、岱王峰景区、小黄山景区、鸡冠峰景区	

续表

景区名称	状态	位置	基本情况	2021年建设情况
罗勒密山·鸳鸯峰景区	再建	林口县	鸳鸯峰景区位于红旗林场，森林覆盖率93%，空气负氧离子含量最高达108100个/立方厘米，是集自然风光、避暑养生和互动参与体验于一体的新型避暑康养度假景区	2021年建有玻璃栈道、森林滑道、玻璃鹊桥以及高空玻璃漂流等旅游项目
绥阳双桥康养游基地	再建	东宁市	绥阳双桥康养游基地位于双桥子林场，面积62.57平方公里	2021年，绥阳双桥康养游基地立足打造国际森林康养旅游新地标，按照“城在林中、林在城中、人在画中和滨水林山”的理念，持续提升配套服务设施水平，建设宜居、宜行、宜业的美丽旅居小镇

（资料来源：市文广旅局）

【边境旅游资源】 牡丹江市是中俄边境贸易和旅游的前沿，与俄罗斯著名的旅游城市符拉迪沃斯托克（海参崴）毗邻，是跨国旅游的通道城市。境内有牡丹江国际航空港、绥芬河公路口岸、铁路口岸以及东宁公路口岸4个国家级一类口岸。国门、互市贸易区、界碑、瞭望塔、俄式建筑等构成神秘的口岸风光。20世纪90年代开始，活跃的边境贸易、浓郁的异国风情，为发展边境风情游、跨国购物贸易游创造必要的条件。2021年，受新冠肺炎疫情影响，跨境游项目暂停。

【红色旅游资源】 牡丹江市是全国最早解放的城市之一，红色旅游资源极为丰富。6个县（市）有5个是革命老区，其中一类革命老区2个，占全省一类革命老区总数的四分之一；国家关于发展红色旅游八个主题中，牡丹江市占6个，主要表现在：早期党建工作、创建红色政权、抗日战争、剿匪战争、无产阶级革命家的丰功伟绩、革命先烈的战斗事迹等方面。有反映老一辈革命家活动的马骏纪念馆和张闻天工作室，体现抗联精神的八女投江纪念地、抗联密营，第二次世界大战最后的战场——东宁要塞群，体现“林海雪原”剿匪英雄主义精神的杨子荣烈士陵园、威虎山，中国空军的摇篮——东北老航校等不可移动的红色革命文物81处，还有其他众多的革命历史遗址、遗迹，成为牡丹江人民继承革命优良传统、奋发向上的精神财富。2021年全省旅发大会承办过程中，围绕“红色文化之城建设”，重点推进35个红色旅游景区景点和主题场馆提升建设。《全国红色经典旅游景区名录》公布的300处全国红色经典旅游景区，牡丹江市占3处。中

表37 2021年牡丹江市边境旅游景区景点建设一览表

景区名称	状态	位置	基本情况	2021年建设情况
绥芬河国门景区	既有	绥芬河市	绥芬河国门景区位于黑龙江最大的对俄陆路口岸——绥芬河市公路口岸、G10绥满高速零起点上，是中国境内唯一纵跨国境通道的景区，景区内最高建筑绥芬河第三代国门，高52米，为中国北方第一高国门。国门景区占地面积10万平方米，内有“两碑、两房、四门、二十四景”，其中“大国边境线”“国门坐标”“最佳取景地”“国门金水池”“大国脚印”“中东铁路起点”“西瓜外交”“草坪婚礼场地”等“国门八景”深受游客喜爱	
牡丹江保税跨境商品展示馆	新建	牡丹江市区	牡丹江保税跨境商品展馆为牡丹江B型保税物流园区配套项目，总投资1亿元，总面积2.2万平方米。保税中心与入驻企业在俄罗斯和日本共同建设海外仓，直接与生产厂家对接，平价引进各国商品，让到牡丹江市的游客不出国就能购买到保真、质优、价低的海外高品质商品	2021年开放，设高档商品展示销售、进口商品超市、轻奢商品专卖店及异域餐饮体验三大功能区。展馆汇集俄罗斯、日本、韩国、东南亚、澳大利亚、欧美等国家和地区的高档化妆品、生活洗化用品、小型家用电器、食品、高中档红酒、洋酒等百余种品类、万余种商品

（资料来源：市文广旅局）

共六大历史资料馆是中共七次代表大会全国巡回展馆之一，是庆祝中国共产党成立100周年“十大献礼工程”。全省14个国家级爱国主义教育示范基地中，牡丹江有5个（东宁要塞、马骏纪念馆、杨子荣烈士陵园、林口八女投江殉难地、绥芬河市秘密交通线纪念馆）。全年全市红色教育基地总接待人次近50万。

表38　2021年牡丹江市红色旅游景区景点建设一览表

景区名称	状态	位置	基本情况	2021年建设情况
中共六大历史资料馆	再建	绥芬河市	中共六大历史资料馆是新时代对全国党员干部开展党史学习教育活动的重要阵地，展陈面积2800平方米。馆内珍藏中共六大相关历史资料5700多万字、图片2300多张、文物300余件	2021年，绥芬河市投资100万元，对中共六大历史资料馆进行系统性改造提升，2021年6月18日开馆对外开放。共设三个展区：第一展区内容为中共六大召开前的国内形势和六大代表奔赴莫斯科；第二展区内容为中共六大召开的主要内容；第三展区内容为中共六大代表回国的艰辛与六大精神的贯彻以及中共六大的历史意义
孤榆树东北抗联密营教育基地	再建	穆棱市	穆棱孤榆树村有穆棱·东北抗联文化第一村之称。孤榆树东北抗联密营教育基地占地面积2平方公里，总投资4000万元	2021年，孤榆树东北抗联密营教育基地建设1400平方米游客服务中心、“六地一站”抗联文化核心展示区和2公里抗联密营路。通过对穆棱抗日遗迹旧址集中复原，再现周保中、李延禄、杨松、安顺福、冯淑艳、李范五、李兆林等10余名抗联英烈的生平事迹及英雄故事
红花岭东北抗联主题小镇	新建	绥芬河市	红花岭东北抗联主题小镇以东北抗联教导旅史实为背景，为游客提供沉浸式旅游体验服务，打造中国首家抗联主题影视基地、黑龙江首个体验式情景剧景区、中国共产党第一个特种兵部队东北抗联教导旅纪念馆，总面积3.66平方公里，总投资5200万元	2021年，建设北野营营地、远东战役战场、景观游览路线“十四年抗战路”，被列为黑龙江省2021年度研学实践教育基（营）地目录
人民空军东北老航校旧址	再建	牡丹江市	2019年10月16日，经国务院批准，人民空军东北老航校旧址成为首个被国家保护的老航校旧址和首个能够代表人民空军属性的“国保级”文物	2021年6月，老航校整体改造项目举办揭牌仪式。人民空军东北老航校旧址主要由老航校时期的1条跑道、1座塔台、4个机库和5处机堡等飞行训练及防护设施组成，成为牡丹江市标志性红色旅游产品
杨子荣烈士陵园	再建	海林市	海林市杨子荣烈士陵园始建于1966年，由纪念馆区、烈士墓区、军事展区和植物园区四部分组成，占地面积9.77万平方米，是全国重点烈士纪念建筑物保护单位和全国爱国主义教育示范基地	2021年，投资3000万元完善配套设施，优化烈士陵园布局和烈士纪念馆展陈的新建智慧旅游系统，研发文创纪念品，使杨子荣烈士陵园成为牡丹江地区全新的红色教育研学基地、东北剿匪文化体验基地、党员干部党性教育课堂
东宁要塞景区	再建	东宁市	景区内有勋山要塞遗址、东宁要塞群遗址博物馆、苏联红军烈士纪念碑、东宁抗联英雄园、兵器园、侵华日军罪证碑园和浮雕墙等参观项目，是全国爱国主义教育示范基地、全国重点文物保护单位、国家国防教育示范基地、国家AAAA级旅游景区、全国红色旅游经典景区、国家级抗战纪念设施（遗址）、全国中小学生研学实践教育基地	2021年对外开放的要塞景区是东宁要塞群中一个中型军事要塞——勋山要塞，该要塞占地0.32平方公里
八女投江遗址纪念馆	再建	林口县	八女投江遗址纪念馆位于林口县刁翎镇三家子村，是国内唯一一家以八女英雄及抗联二路军史实为主体的抗战史实纪念馆。八女投江殉难地遗址为省级文物保护地、省级爱国主义教育基地、第一批全省中共党史教育基地、国家AAA级景区	2021年，八女投江红色旅游区以“生命在绿树鲜花中延续”为服务宗旨，糅合现代人文纪念、生命教育、人性关怀、爱国主义和国防教育理念，将常规室内博物馆延伸到室外博物馆，丰富了牡丹江红色旅游产品

续表

景区名称	状态	位置	基本情况	2021年建设情况
阳明区杏树村振兴示范基地	新建	阳明区	阳明区杏树村振兴示范基地暨党性教育基地位于五林镇杏树村，不仅存有唐代渤海国遗址、杏树山城遗址，更因是杨子荣剿匪首战地而闻名，素有“杨子荣精神发源地”之称	2021年，杏树村振兴示范基地以剿匪史实为脉络、以穿村而过的亮子河为布局中线，复建了剿匪部队集结地、剿匪小路、剿匪部队营地、土匪老巢及演武场等旧址原貌，规划建设红船花海、杏树乡村会客厅、磨谷器博物馆等多个既各自独立、又相互关联的功能区，将红色文化资源和乡村振兴结合，给游客带来全新的红色旅游体验

（资料来源：市文广旅局）

【历史文化民俗旅游资源】 牡丹江流域古为肃慎地，历史源远。早在5000多年前，这里就出现镜泊湖莺歌岭文化，其后的大牡丹文化、东康文化及1200多年前的唐代渤海国文化，为牡丹江的历史增添更加辉煌的一页。牡丹江市是多民族融合之地，集多种语言、文化、习俗、宗教于一体，形成多姿多彩的社会风俗。各民族比较完整地保留本民族的生产生活习俗，有自己的语言、文字，餐饮、服饰、歌舞，节庆活动独具特色，民族文化得到较好传承，其中满族、朝鲜族风情是民俗旅游资源的主体。牡丹江市是满族先民的故乡，域内的很多山名、地名、江河湖泊名称都是由满语转化而来。牡丹江市也是朝鲜族较大的聚集地之一，全市有6个朝鲜民族自治乡镇，142个自然村。原汁原味的渤海满族风情园、镜泊峡谷朝鲜族民俗村、大牡丹文化遗址、东康文化遗址、唐代渤海国上京龙泉府遗址、清代宁古塔将军治所，以及独树一帜的清代流人文化，使得牡丹江市历史文化和民俗风情旅游充满传奇色彩和独特魅力。

表39　2021年牡丹江市历史文化民俗旅游景区景点建设一览表

景区名称	状态	位置	基本情况	2021年建设情况
渤海上京国家考古遗址公园	再建	宁安市	渤海上京国家考古遗址公园是渤海国历史文化研究、考古发掘、文物保护与展示、游览与休憩等功能并存的人文历史和自然景观游览区，包括渤海上京遗址博物馆、上京龙泉府宫城遗址两个景点	渤海上京遗址博物馆总占地面积2.25万平方米，建筑面积5760平方米，2021年实现文物展陈、AR眼镜智慧导览、二维码游程讲解、触摸屏查询等多功能服务。唐渤海国上京龙泉府宫城遗址是中国保存最完好、地面建筑遗存最丰富的唐朝时期都城遗址，2021年新建占地面积1216平方米的宫城遗址微缩景观和各区间观光栈道，实现AR眼镜智慧导览和二维码游程讲解，多维度呈现渤海古国宫城风貌
穆棱市粮台山风景区	既有	穆棱市	穆棱市粮台山风景区位于兴源镇南侧，毗邻穆棱河。景区内建有爱国教育基地吴大澂纪念馆和粮台山景区公园，为国家AAA级旅游景区。吴大澂纪念馆是全国首家“吴大澂纪念馆”，与粮台山景区遥相呼应，占地面积2万多平方米，建筑面积600平方米。粮台山又叫凉台山，古时从宁古塔去沙河采金的人，背粮食存于此，光绪年间钦差大臣吴大澂，在此设穆棱招垦局，屯兵建粮仓，故名“粮台山”，为省级重点文物保护单位	
林海雪原风景区	新建	海林市	林海雪原风景区位于横道河子镇原中东铁路沿线治山至分岭河段，所在区域核心区平均海拔610米，周边山顶平均海拔1200米，雪资源品质可与雪乡媲美	2021年，林海雪原风景区把中东铁路文化、东北抗联文化、关东影视文化、民俗文化、抗战史实演绎、康养观光和冰雪运动等文旅体验内容有机结合，建设森林有轨观光火车、林海雪原剧院、夹皮沟屯东北民俗文化展示区、复原《林海雪原》小说场景商业业态、分岭河漂流等功能区和项目，精彩重现“红灯记故事”“智取威虎山”和“林海雪原”等历史文化场景，是全市集参与互动、表演观赏、冰雪体验和康养休闲等于一体的重点景区

续表

景区名称	状态	位置	基本情况	2021 年建设情况
横道河子俄罗斯风情小镇	再建	海林市	横道河子俄罗斯风情小镇位于海林市横道河子镇镇区东部，是“中国历史文化名镇”，2019 年获得联合国教科文组织亚太地区文化遗产保护荣誉奖，成为首个获得世界教科文组织认可的中国近现代城镇文化遗产保护案例，是世界范围内唯一一个以铁路遗产为背景获奖的历史城镇	2021 年，横道河子俄罗斯风情小镇通过总投资 1 亿元的改造提升，在原有文化艺术主题街区、教堂、机车库的基础上，增加俄式餐厅、俄式民宿、俄罗斯油画馆、面包房咖啡厅、套娃工坊等 19 处俄式业态，特色文旅小镇的文化氛围、俄式风情更加彰显和突出，是第四届黑龙江省旅游发展大会最火爆的旅游“打卡地”之一
朝鲜民俗风情街	再建	西安区	朝鲜民俗风情街位于牡丹江市西三条路至西十一条路之间的长安街区段，全长 1.9 公里，是牡丹江市朝鲜族居民集聚区，是牡丹江市重要的特色文化消费街区	2021 年，朝鲜民俗风情街重点打造朝鲜民俗风情街民族小巷、牡丹江旅游商品纪念品展示中心（朝鲜民俗风情街服务中心）和朝鲜民族服饰展示馆等 3 处文化景观。其中朝鲜民俗风情街民族小巷还原年代味道，融入朝鲜民俗元素，引入朝鲜族特色食品、商品现场制作体验售卖等业态。牡丹江旅游商品纪念品展示中心（朝鲜民俗风情街服务中心）建设面积 560 平方米，包括由旅游纪念品展示中心、阿妈妮党群服务中心、金达莱邮局和街区警务室。朝鲜民族服饰展示馆是一座兼具展示、体验、婚纱拍摄、旅游商品销售功能于一体的朝鲜族民俗展馆，占地面积 550 平方米，展示不同时期民族服饰 100 余套，朝鲜族器物（场景）200 余处，朝鲜族传统服饰体验馆
关东民俗记忆馆	新建	阳明区	关东记忆民俗馆位于阳明区 VC 产业园院内，占地面积 300 平方米，建筑面积 500 平方米	2021 年建成，是一座全面收藏展示牡丹江地区历史，突出满族民俗、民风、民情、民生的主题文化展馆，展出的老物件从“衣”“食”“住”“行”“用”等角度全方位反映东北的历史文化、农耕文化和群众文化，老物件大都来自社会捐赠
牡丹江工业印象馆	新建	阳明区	牡丹江工业印象馆位于阳明区 VC 产业园院内，以“记录城市生长、沉淀工业记忆”为主题，是牡丹江市第一座以工业发展历史为背景，全面系统反映牡丹江市工业的专题展览馆，馆室建筑面积 900 平方米	2021 年建成开放。馆陈以文字、图片、设备、产品等形式，全面回溯从日伪时期殖民消费工业兴起，到新中国成立前工业的自然发展；从新中国成立后建市之初艰苦创业，到改革开放市场弄潮；从实施老工业基地改造，到推进经济结构战略性调整，全面再现牡丹江市工业发展的风雨历程

（资料来源：市文广旅局）

【特种旅游资源】 牡丹江市拥有亚洲最大的猫科动物繁育中心——横道河子东北虎林园、中国最大的熊科动物饲养基地——三道关黑宝熊乐园，还有横道河子中东铁路遗址、春城园艺科技示范园（国家级农业旅游示范点）等特种旅游资源。2021 年，牡丹江市培育乡村振兴新亮点，强化农村特色产业、田园生态和民族民俗风情等元素植入，提升牡丹江市乡村旅游资源，形成 17 个特色乡村，打造 8 个乡村振兴产品。

（市文广旅局　高　阳）

表 40　2021 年牡丹江市特种旅游景区景点建设一览表

景区名称	状态	位置	基本情况	2021 年建设情况
东北虎林园	再建	海林市	东北虎林园是专门从事东北虎研究、繁育、保护教育和教育旅游的机构。园区四周群山环绕，森林覆盖率高达 98%，被授予“中国虎乡”之称，2012 年被评为全国科普教育基地，是世界上最大的东北虎人工饲养繁育基地，有东北虎 324 只	2021 年，东北虎林园投资 3500 万元，改造东北虎野化训练区，新建 1600 平方米游客服务中心、2100 平方米停车场，对园区进行智慧化改造，提升整体美化绿化水平和服务功能，形成集旅游、观赏、餐饮、休闲为一体的综合性景区和全国范围内独具特色的东北虎研学保护教育基地

续表

景区名称	状态	位置	基本情况	2021年建设情况
威虎山影视城	再建	海林市	威虎山影视城始建于1998年，是全国综合性影视拍摄基地。按照小说《林海雪原》的描述和20世纪20—30年代林海山城的模式兴建，集中体现旧东北民俗风情，再现“林海雪原”和威虎山的壮美景色和历史风貌	2021年投资1500万元，对影视城内旧东北民俗风情场景和《林海雪原》小说描绘的“五合楼”“剿匪司令部”“夹皮沟屯”等场所进行修缮提升，植入《一本书、一出戏、一座城》京剧片段、“奇袭虎狼窝”“激战夹皮沟”等沉浸式演出，引进东北酒馆、大煎饼铺、崩爆米花、微电影梦工厂等业态，实现景观风貌整体提升和服务业态的导入与重塑
中兴村朝鲜民俗风情园	再建	西安区	中兴村朝鲜民俗风情园位于牡海城际观光带，距离牡丹江市区14公里，是具有浓郁朝鲜族风情的城市近郊乡村文化休闲度假地和朝鲜民族乡村旅游田园综合体，项目总投资7000万元	2021年，中兴村建设的朝鲜族田园民宿、稻田栈道、观景亭、稻田画及稻田小火车等成为游客稻田风光游览和体验的绝佳场所，其中稻田画占地5000平方米，是知名观光打卡地。中兴民族食品产业园采用产品生产和销售体验模式，凸显民族、民俗元素，将商品销售与游客体验有效结合，实现工业+旅游的综合效应
七里地生态村	再建	海林市	七里地村位于海林市横道镇东北部，是中东铁路建设时期主要伐木区，距海林市30公里，有“老金沟”或“金沟屯”之称，被授予“中国乡村旅游模范村”“中国美丽乡村百佳范例”“全国乡村旅游重点村”、市爱国主义教育基地等称号	2021年，为打造红色生态民俗村，七里地村引进运营团队并投资3200万元，建设七里地寒地浆果加工厂，完善中共海林党史馆、红色抗联广场等景点，以及金沟水街、民俗馆、“山野乐园”和“田野乐园”等旅游业态，带动全村70%以上农户参与旅游业发展，成为东北山林版的“乡村振兴”和“山林田园综合体”样板
玄武湖农业公园	再建	宁安市	玄武湖农业公园位于渤海镇上官地村，包括玄武湖及周边区域，占地面积70万平方米	2021年，建设仿上京城和清华大学玄武湖稻作工坊。仿上京城以“海东盛国”为主线，打造具有唐代渤海国风貌的商业区、客栈、护城河和渤海文化展示区。游客可以观看唐代渤海风情演艺，利用全息技术、沉浸式演艺进行场景互动和现场体验，感受唐朝文化魅力。清华大学玄武湖稻作工坊是集科研、特色加工、展示于一体的综合工坊，借助清华大学在教育、科研、人才等方面优势，打造乡村振兴“样板间”和“乡村创新创业孵化器”
渤海镇上官民宿	新建	宁安市	上官民宿位于渤海镇上官地村，包括22户民居	2021年，利用村民闲置房屋修缮改造而成，一次性可接待200余人。整体建筑风格以关东民居为主，以朝鲜族、新中式、仿唐式等风格为辅，外墙运用绘画手法，融入仿唐元素，通过手绘形式展现唐渤海国发展历程，为打造特色民居增添文化韵味
渤海镇小朱家村	再建	宁安市	小朱家村位于渤海镇，紧邻镜泊湖、渤海国上京龙泉府遗址等著名景区，区域面积30万平方米。该村以优质稻米、文化旅游、特色种养殖为主导产业，先后被授予全国文明村、中国乡村旅游示范村、中国美丽休闲乡村等称号，入选全国100个特色乡村、100个乡村旅游推介线路	2021年，小朱家村依托现有的自然资源及接待能力，重点打造餐饮、民宿、渔猎、“冰村”“龙泉岛”等品牌，游客在这里可以尽享渔猎文化、“冰村”、丛林探险、CS对战、红色旅游、农业观光体验等旅游项目

续表

景区名称	状态	位置	基本情况	2021 年建设情况
穆棱七彩花田	新建	穆棱市	穆棱七彩花田位于下城子镇，总投资 7500 万元，是集生态农业、旅游观光、科普教育和农事体验于一体的“农旅融合”田园综合体，是 2021 年全省规模最大、农作物品种最全、独具花海火车自驾游特色的农旅项目	2021 年，景区建设“三区、四中心”。“三区”即“稻”梦空间——富硒水稻基地、火车主题小镇、七彩花田；“四中心”即游客服务中心、科普展示中心、餐饮服务中心、农产品展销中心，并建有自驾游营地、穆棱河湿地公园、食用菌科普馆、9° 柿子体验农场等配套设施，实现从种植到加工销售和农业旅游的全链条开发，形成土地流转、富余劳动力务工增收，特色种植、以旅游促销售增收，科技农业、带动产业发展增收等相互促进补充的乡村振兴新模式
绥阳黑木耳小镇	再建	东宁市	绥阳黑木耳小镇占地 3.5 平方公里，按照“以产兴城，产城融合、旅发兴业”建设理念，以跨境经济合作区——绿色食品园区为核心区，辐射带动全镇黑木耳产业发展	2021 年，绥阳镇建设黑木耳文化展示馆、黑木耳特色主题餐厅等功能区，成为风情独具、文化浓郁的乡村振兴典型示范样板城镇

（资料来源：市文广旅局）

表 41　2021 年牡丹江市网红打卡地一览表

景区名称	状态	位置	基本情况	2021 年建设情况
1946 文创园	再建	东安区	1946 文创园在原全国最大的木工机械厂老厂区基础上建设，占地面积 9.1 万平方米，建筑面积 4.75 万平方米	2021 年，1946 文创园遵循“修复改善、功能新生、凸显价值”原则，以“工业遗存保护与再现”为主题，打造集文创、教育、科技、娱乐、工业博览于一体的文化创意产业园区。园区入驻东安智库、奥体国际健身中心、中国机器人运动牡丹江人才培养基地、牡丹江现代艺术馆、地方艺术家工作室等 30 个项目。拥有全国最大的工厂式健身馆，全省最大的全息式剧场，全市最大的电音酒吧。园区以古道传媒为依托，建成“网络文学 +”全息情景体验式红城剧场，是全市爱国主义教育基地、青少年研学基地
爱情谷主题公园	新建	绥芬河市	绥芬河爱情谷主题公园总占地面积 131.4 万平方米，总投资 1.3 亿元。公园地理坐标为北纬 44°、东经 131°，经纬度放在一起是 1314，同时公园所在位置海拔高度 520 米。由于 1314、520 两组数字的特殊寓意，故命名为爱情谷主题公园	2021 年，爱情谷主题公园内建设七大洲立柱、帆船木栈广场、雕塑广场、人工岛和守望亭、亲水沙滩、连心桥等一系列爱情主题景观，成为情侣表达爱情、倾诉爱意的见证
绥芬河中俄自驾游营地	新建	绥芬河市	绥芬河市中俄自驾游营地位于天长山湖畔，占地面积 5.85 万平方米，建筑面积 2643 平方米，总投资 1.1 亿元	2021 年，绥芬河中俄自驾游营地建成开放。营地由配套服务区、商业消费区、特色住宿区、休闲娱乐区和环湖风景区五部分组成，其中，配套服务区包含景区大门、停车场、游客中心；商业消费区由 64 个集装箱组合搭建；特色住宿区设有自带帐篷营地、租赁帐篷营地、房车营地、木屋和星空屋，满足不同游客的住宿需求；康养娱乐区包含特色运动场、儿童娱乐区等特色娱乐内容；环湖风景区由环湖步道、白桦林湿地、垂钓台、码头等内容组成
中兴峰悦自驾车营地	新建	西安区	中兴峰悦自驾车营地位于西安区中兴村，总投资 1 亿元，占地面积 7.97 万平方米，建筑面积 8760 平方米，是集生态观光、民俗文化、度假休闲、农事体验等多元化业态为一体的综合型汽车度假营地	2021 年，营地整合中兴村景观资源和民俗文化资源，利用依山傍水的地理优势，建成游客服务中心、酒店、餐饮、精品民宿、亲子乐园、房车营地、停车场、生态运动区等功能区，涵盖旅游度假、房车宿营、亲子研学、文化交流、会议会展、运动休闲六大板块

续表

景区名称	状态	位置	基本情况	2021 年建设情况
中国·牡丹江爱熊猫小镇	新建	东安区	“中国·牡丹江爱熊猫小镇”位于牡丹江南山与大湾部分区域，总投资 22 亿元，占地 73.37 公顷，由北京汉雅星空文化科技有限公司与中国大熊猫保护研究中心合作建设，是中国首个以大熊猫为元素的传媒交流体验中心	2021 年，小镇一期“中华大熊猫苑”养殖观赏区建设 22 栋单体建筑，设动物馆舍、动物餐厅、动物医院等体系化配套设施，已入住小熊猫、金丝猴、朱鹮等国家珍稀动物
黑龙江省航空科技展馆中国 C919 飞行体验馆	新建	东安区	黑龙江省航空科技展馆中国 C919 飞行体验馆位于牡丹江江南核心区牡丹广场南侧，牡丹江市旅游服务中心内。展馆分为 5 个展区，分别为第一展区“造梦篇——梦开始的地方”、第二展区“筑梦篇——梦孕育的土壤”、第三展区“圆梦篇——梦放飞的翅膀”、第四展区“畅想篇——梦翱翔的天堂”和第五展区莱特科普研学区域。	2021 年建成。场馆建设以突出“牡丹江”元素为主，以高科技的手段讲述牡丹江故事。沉浸式体验馆通过裸眼 3D 技术、全息影像、沉浸式光影等科技手段，以“春夏秋冬”为主题，以牡丹江“湖、林、雪、边、俗、特、红”七大特色旅游为主线设计的场景互动式体验区，总面积 1000 平方米。“四季体验区”以春、夏、秋、冬四个季节为主题，通过动画模拟的方式讲述牡丹江故事，追寻城市记忆。“溯源科普区”展示火山喷发、堰塞湖形成、原始地下森林等地质科普类场景元素，游客可以通过触碰场景了解相关信息。“滑雪体验区”可以使用专业设备，在全景虚拟现实显示系统中，来一场雪中畅快滑行的刺激体验
牡丹集团（宁安）智慧科技馆	再建	宁安市	牡丹集团（宁安）智慧科技馆坐落于渤海镇，营业面积 13000 平方米，是集创新创业、农业农村现代化新时代文明实践中心、县域融媒体、文化科技特色小镇于一体的“智慧生态共同体”	2021 年，智慧科技馆集合数字赋能、科普教育、应用开发等功能平台，在大数据、云计算、人工智能等技术的加持下，打造数字赋能、智慧课堂、科技互动体验、拓展训练 4 个区块，通过人工智能、大数据、云计算、虚拟现实、增强现实等新技术运用，让游客享受极佳体验
穆棱七彩花田	新建	穆棱市	穆棱七彩花田位于下城子镇，总投资 7500 万元，是集生态农业、旅游观光、科普教育和农事体验于一体的“农旅融合”田园综合体，是 2021 年全省规模最大、农作物品种最全、独具花海火车自驾游特色的农旅项目	2021 年，景区建设“三区、四中心”。“三区”即“稻”梦空间——富硒水稻基地、火车主题小镇、七彩花田；“四中心”即游客服务中心、科普展示中心、餐饮服务中心、农产品展销中心，并建有自驾游营地、穆棱河湿地公园、食用菌科普馆、9° 柿子体验农场等配套设施，实现从种植到加工销售和农业旅游的全链条开发，形成土地流转、富余劳动力务工增收，特色种植、以旅游促销售增收，科技农业、带动产业发展增收等相互促进补充的乡村振兴新模式

（资料来源：市文广旅局）

旅游业态

【冬季游】

冰雪胜境、极致雪景主题线路

线路节点：牡丹江—中国雪乡—雪韵大街—羊草山—雪乡滑雪场—大秃顶子山—雪谷。

渔猎文化、冰瀑热泉主题线路

线路节点：牡丹江—镜泊湖—南湖温泉—稻草主题公园—渤海国遗址公园—渤海国遗址博物馆—兴隆寺—冰村（小朱家村）—牡丹智慧科技馆。

百年老镇、林海雪原主题线路

线路节点：牡丹江—横道河子俄罗斯风情小镇—印象林海雪原—俄罗斯老街—中东铁路博物馆—威虎山影视城—东北虎林园—七里地生态村—林海雪原风景区—横道河子滑雪场。

自然冰雪、最美村落主题线路

线路节点：牡丹江—雪村—八女投江遗址纪念地景区—雾凇谷。

梦幻世界、快乐之旅主题线路

线路节点：牡丹江—雪堡—大湾水世界—牡丹峰滑雪场、中兴滑雪场、东村滑雪场。

浪漫边城、红色通道主题线路

线路节点：牡丹江—绥芬河爱情谷—中共六大历史资料馆—中俄自驾游营地—嘎丽娅纪念馆—秘密交通线纪念

馆—中东铁路记忆馆—绥芬河森林公园滑雪场—红花岭东北抗联小镇—穆棱孤榆树抗联密营教育基地。

【夏季游】

湖光之夏、历史人文主题线路 线路节点：牡丹江—镜泊湖—火山口地下森林—玄武湖农业公园—渤海国遗址公园—渤海国遗址博物馆—兴隆寺—小朱家村—牡丹智慧科技馆。

百年老镇、林海雪原主题线路 线路节点：牡丹江—杨子荣烈士纪念馆—横道河子俄罗斯风情小镇—印象林海雪原—俄罗斯老街—中东铁路博物馆—威虎山影视城—东北虎林园—七里地生态村—林海雪原风景区—亿龙水上风情园—太平沟原始林景区。

绿色生态、康养之旅主题线路 线路节点：牡丹江—威虎山国家森林公园—莲花湖风景区—八女投江遗址纪念地—罗勒密山景区。

浪漫边城、红色通道主题线路 线路节点：牡丹江—穆棱孤榆树抗联密营教育基地—七彩花田—东宁要塞—东宁洞庭景区—绥芬河爱情谷—中共六大历史资料馆—中俄自驾游营地—嘎丽娅纪念馆—秘密交通线纪念馆—中东铁路记忆馆—红花岭东北抗联小镇。

美丽乡村、雪城印象主题线路 线路节点：三道关国家森林公园—黑宝熊乐园—杏树村文化旅游基地—VC工业主题公园—朝鲜民俗风情街—中兴村民俗风情园—牡丹峰国家森林公园—爱熊猫小镇—牡丹江保税商品展示馆—1946文创园—东一步行街。

【自驾游】

寻迹百年中东铁路 线路节点：横道河子小镇—牡丹江—绥芬河。自驾天数：2天1晚。

山湖边境赏秋之旅 线路节点：横道河子小镇—牡丹江—镜泊湖风景区—火山口地下森林—绥芬河边境游。自驾天数：4天3晚。

“抗联英雄 林海雪原”红色之旅 线路节点：牡丹江市八女投江革命烈士陵园—海林市杨子荣烈士墓及剿匪遗址—绥芬河市红花岭东北抗联教导旅主题小镇、绥芬河中共六大历史资料馆和红色秘密交通线纪念馆—东宁要塞等。自驾天数：3天2晚。

表42 2021年牡丹江市乡村自驾游线路一览表

线路名称	线路节点	自驾天数
牡丹江美丽乡村生态游	牡丹江—中兴村—住宿（中兴村民宿）—横道河子俄罗斯风情小镇—七里地生态村	2天1晚
牡丹江美丽乡村度假游	牡丹江——宁安渤海镇小朱家村—玄武湖农业公园——住宿（上官地村民宿）	1天1夜

（资料来源：市文广旅局）

表43 2021年牡丹江市森林自驾游线路一览表

线路名称	线路节点	自驾天数
回归自然·牡丹江森林戏水游	牡丹江—三道关景区（雾溪谷、小黄山）—威虎山九寨—住宿（威虎山九寨园区内）—柴河九寨水上乐园—住宿（罗勒密山景区内红旗度假中心）—罗勒密山景区（鸳鸯峰登山、响水河漂流）	3天2晚
呼吸清肺·牡丹江森林康养游	牡丹江—火山口国家森林公园（鸳鸯池、熔岩洞、古冰洞、响泉）—火山口国家森林公园住宿（筑·野山舍）—太平沟原始林景区	2天1晚

（资料来源：市文广旅局）

表44 2021年牡丹江市红色自驾游线路一览表

线路名称	线路节点	自驾天数
牡丹江“红色记忆”之旅	牡丹江—张闻天工作室旧址纪念馆—马骏纪念馆—镜泊湖抗联战士纪念碑—火山口抗联密营纪念馆—火山口国家森林公园住宿（筑·野山舍）—杨子荣烈士陵园—威虎山影视城—中共海林党史纪念馆	2天1晚
牡丹江“红色追忆”之旅	牡丹江市—八女投江遗址纪念馆—孤榆树东北抗联密营教育基地—穆棱住宿（奥鑫酒店）—嘎丽娅纪念馆—红色秘密交通纪念馆—中东铁路记忆馆—绥芬河住宿（天长山宾馆）—东宁要塞	3天2晚

（资料来源：市文广旅局）

【周末高铁游】

哈牡高铁之“百年古镇游” 线路节点：横道河子—东北虎林园—圣母进堂教堂—油画村—机车库一日游。

哈牡高铁之“生态小九寨” 线路节点：牡丹江—柴河小九寨—威虎山国家森林公园一日游。

哈牡高铁之“胜景镜泊湖” 线路节点：牡丹江—镜泊湖—吊水楼瀑布—红罗女文化园—八女投江纪念公园两日游。

哈牡高铁之“东宁小江南” 线路节点：东宁要塞群遗址—东宁国门—金光寺—神仙洞一日游。

哈牡高铁之“边城绥芬河” 线路节点：绥芬河—绥芬河市博物馆—国门—中共六大历史资料馆—天长山景区—中东铁路记忆馆—人头楼—大白楼—罗斯帝国俄罗斯商品集散中心一日游。

【康养游】

原始森林·纯净呼吸·森林公园洗肺养生游 线路一：横道河子佛手山—威虎山主峰景区—太平沟原始森林；线路二：莲花湖—威虎山九寨—罗勒密山景区。

镜泊湖渔猎文化养生度假游 线路节点：镜泊湖吊水楼瀑布—火山口国家森林公园—镜泊南湖温泉度假区。

远离城市喧嚣·雪城后花园周边养生游 线路节点：牡丹江—三道关国家森林公园—牡丹峰国家森林公园。

探访中俄边城·异域风情养生游 线路节点：穆棱六峰湖景区—穆棱红豆杉自然保护区—东宁洞庭景区—绥芬河天长山景区。

中医药康养游 线路一：玄武湖—小朱家村—镜泊湖南湖百果园—南湖温泉—南湖经营所（采摘、垂钓、游泳）；线路二：山市镇中药种植基地—横道镇（观光、特色餐饮）—佛手山祈福—七里地村红色体验（或治山采摘）；线路三：穆棱兴源镇—河西村—林口莲花镇—锅灰山看日出。

（市文广旅局 高 阳）

旅游推介

【旅游市场推介】 2021 年，牡丹江市聚焦“镜泊胜景·林海雪原”城市旅游定位，实现品牌营销新提升，建立传统媒体和新媒体相结合的全媒体信息传播机制，与“同程旅行”等 OTA 企业建立合作推广渠道，龙广传媒、龙视新闻联播、极光新闻等权威平台高频次播发牡丹江市旅游内容，全年新媒体平台推送“春节打卡地”“影视剧打卡地”“牡丹江春雪”等专题宣推文章 700 余篇。借助抖音短视频账号、微信公众号、官方微博、今日头条及省文化和旅游厅新媒体等平台发布牡丹江市旅游信息 600 余条。组织参加全省夏季旅游北京推介会、第十七届海峡旅游博览会、“美好目的地·北国好风光——中国·黑龙江”文旅峰会等旅游推介活动，赴上海、福州等重点客源地开展冬季旅游产品发布会。在第四届黑龙江省旅游产业发展大会召开期间，央视频、新华网、人民网等 50 余家国家和省级媒体对牡丹江市承办全省旅发大会相关内容进行宣传报道，大会开幕式 48 小时全网总观看量 2.63 亿次，创全省历史新高。

【旅游节庆活动】 2021 年，受新冠肺炎疫情影响，牡丹江市各类旅游节庆活动开展较少，主要开展镜泊湖秋冬旅游文化节、林海雪原旅游文化节等节庆活动。

表 45 2021 年牡丹江市主要旅游节庆活动一览表

品牌节庆	主要内容
牡丹江雪堡	从 2001 年开始，每年冬季运用建筑、雕塑、园林、绘画、音乐等多学科技艺建造牡丹江雪堡，已举办 21 届，年用雪量一般在 14—18 万立方米，是世界上最大的雪城堡之一
中国雪乡旅游节	中国雪乡旅游节是黑龙江省冰雪旅游三大节庆之一，中国雪乡旅游节不仅有美不胜收的雪韵景观，还有大型冰雕、雪雕供游客欣赏，吸引无数游客到此，深受国内外游客喜爱
镜泊湖冬捕节	镜泊湖冬捕节起始于 2012 年，每年举办的镜泊湖冬季捕鱼节重现祭湖醒网等古代习俗，成为镜泊湖与牡丹江的冬季代表性产品
镜泊湖秋冬旅游文化节	镜泊湖秋冬旅游文化节始于 2011 年，通过观冰瀑跳水、赏雾凇奇观、看冬捕冰挂、游雪堡乐园、寻神秘萨满、尝宫廷鱼宴几大特色产品呈现不一样的冬季
中国林口雾凇节	冬季到林口赏雾凇、亲自然的游客大幅增长，中国林口雾凇节已经成为黑龙江省代表性的冰雪旅游名品，被列入全省旅游产品向国内外推广
东宁冰葡萄采摘节	起始于 2015 年，依托东宁芬河帝堡国际酒庄冰葡萄资源，通过冰葡萄采摘体验活动，品尝压榨冰葡萄原汁，参观酒庄等活动内容，打造牡丹江冬季品牌节庆

续表

品牌节庆	主要内容
林口沙棘采摘节	2018 年 1 月 5 日，林口县举办首届林口沙棘采摘文化节。采摘节包括冬果沙棘现场采摘，文创产业园暨文博馆落成开馆仪式，沙棘产业座谈会，书画展，摄影展等活动内容，每年一届
林口鹅文化美食节	起始于 2017 年，以林口传统特色“鹅”为主题，多角度、多层次、全方位展示林口鹅美食资源，举办鹅产业发展论坛，促进大鹅美食文化交流，加快大鹅产业发展
林海雪原旅游文化节	起始于 2019 年，2021 年举办第三届林海雪原旅游文化节，组织开展旅游类、文体类、美食类等数十项活动

（资料来源：市文广旅局）

【第四届黑龙江省旅游产业发展大会在牡丹江市启幕】 2021 年 9 月 1 日至 3 日，第四届黑龙江省旅游产业发展大会在牡丹江市召开。会议由省委常委、省委宣传部部长贾玉梅主持，省委书记张庆伟出席并宣布大会开幕，省长胡昌升致辞，文化和旅游部党组成员王晓峰、俄罗斯滨海边疆区州长科热米亚科等以视频形式致辞，各市（地）负责人、部分重点旅游企业负责人 310 人参加大会。大会围绕“镜泊胜景，林海雪原”主题，举办开幕式暨文化旅游推介会，召开全省旅游产业发展推进会议，组织项目观摩考察。开幕式上，中国气象局公共气象服务中心发布《牡丹江气象指数绿皮书》，国家林草局森林康养创新联盟宣布镜泊湖风景名胜区为“中国夏季森林康养产业发展大会永久会址”，牡丹江市作文化旅游推介。与会嘉宾现场观看“镜泊胜景・林海雪原”主题文艺演出。开幕式在 AAAAA 级旅游景区镜泊湖设主会场，7 个分会场遥相呼应。精心推出红色经典、乡村振兴、文旅融合、科技赋能、品质提升 5 大主题，29 个重点观摩项目和 66 条文旅精品线路，为广大游客奉上一场独具黑龙江特色的旅发盛宴。举办招商签约会、地方名优产品及俄罗斯商品展销会等经济活动 40 余项，与多维集团、汉雅星空、华侨城集团、正威集团、牡丹集团、哈电集团、哈尔滨莱特兄弟科技开发有限公司和省六大投资集团等企业签约项目 71 个，投资总额 548.2 亿元。

【“科技＋旅游”产业项目合作推介会】 2021 年 6 月 3 日，省科技厅与牡丹江市人民政府“科技＋旅游”产业项目合作推介会议在牡丹江市召开，市、厅、企三方就“科技＋旅游”产业项目合作进行交流与探讨。省科技厅聚焦旅游产业发展需求，组织一批科技企业到牡丹江市对接合作，发挥科技助力作用，与牡丹江市共同把第四届黑龙江省旅游产业发展大会办成一届科技与旅游融合的盛会，推动全省旅游产业实现高质量发展。哈尔滨莱特兄弟科技开发有限公司在牡丹江市投资 5000 万元建立航空互动体验馆，黑龙江省发现者机器人股份有限公司在牡丹江市投放智能机器人，为旅发大会增添科技元素。

（市文广旅局　高　阳）

旅游管理

【旅游市场监管】 2021 年，市文广旅局规范全市旅游市场经营秩序，印发《关于加强旅游市场管理的通知》，严格落实旅行团线上“一团一报”制度，对从事雪乡冬季线路的导游实行备案管理。开展冬季旅游市场专项整治行动，协调公安、交通、市场等部门形成合力，集中整治“黑导”“黑社”“黑车”等侵犯游客合法权益问题，对近两年受理的 95 件冬季旅游投诉案件线索进行复查。充分发挥旅游投诉热线和先行赔付基金作用，累计受理旅游投诉 72 件，结案率 100%，无先行赔付案件。严查旅游包车“五不租”、旅行团合理报价、一团一报、签订电子合同、导游信息备案、执业亮码服务等管理措施落实情况，对旅游市场不合理低价游、无照经营、无证上岗、虚假宣传、养老诈骗、欺客宰客、未经许可经营旅行社业务等违法违规经营行为开展联合执法。

【旅游业信用体系建设】 2021 年，市文广旅局实施信用分级分类监管和失信修复行动，构建差异化、规范化监管模式，制定《牡丹江市文旅行业分级分类监管工作方案》《行政处罚信用信息修复工作方案》。开展政务诚信承诺活动，全市行政审批和执法人员签订政务诚信承诺书。督导旅行社签署《规范经营承诺书》，推广应用“马上诚信”“信易游”等信用手段，引导文旅企业诚信守规经营，文旅企业赋码率 40% 以上。探索实施“诚信码＋旅游合同＋宣传手册”应用，鼓励旅行社主动展示主体信用状况，促进旅游市场诚信经营、良性发展。

【文明旅游建设】 2021 年，市文广旅局通过媒体引导、社会监督、游客参与等方式，加强对文明旅游宣传教育，引导游客自觉遵守《中国公民国内旅游文明行为公约》，培养文明、成熟、理性的消费观念，形成全社会文明氛围。加强导游队伍管理，实施素质提升工程，从礼仪礼貌、仪容仪表、文明用语、安全保障、微笑服务等方面开展培训，全面提升导游文化底蕴、理解能力、表达能力。结合“3·15”国际消费者权益日、“5·19”中国旅游日、安全生产月、质量提升月、诚信兴商、文明城市创建等工作，开展法律法规及文明旅游宣传教育活动，加强对文明旅游、打击低价游等宣传力度，提高广大游客及从业者文明意识，强化群众法律意识，营造良好的旅游环境。旅游高峰期及时发布风险提示、旅游交通、气象等旅游安全提示，引导游客安全出行、理性出游，开展旅游团队志愿服务活动，对游客做好文明告知、文明提醒、文明规劝，引导游客自觉遵守防疫规定，全市文明旅游工作，全年呈现出稳步向好发展态势。

【旅行社管理】 2021年，市文广旅局制定出台《鼓励旅行社“引客入牡”奖励办法》，为6家旅行社兑现奖励资金10.65万元。落实文旅部“疫情期间暂退80%旅游质量保证金”政策，为22家旅行社暂退旅游质量保证金102.5万元。借助承办第四届黑龙江省旅游产业发展大会有利契机，与哈铁国旅合作开通“引客入牡”旅游专列，发送定向“哈尔滨—牡丹江”定向旅游专列4趟，引入省内外游客2100人，拉动地区旅游消费100余万元。建立涵盖景区、旅行社、酒店、娱乐场所等门类的文旅企业融资需求库，入库企业16户，推动文旅市场回暖复苏。按照省文旅厅工作部署，市文广旅局开展旅行社经营地址、旅行社质量保证金、旅行社责任险等市场主体信息核查工作，对文化市场长期存在的“僵尸”业户集中清理。截至年末，全市在册旅行社96家（市区51家、六县45家），实际经营地址与备案信息均一致，处于经营状态有30家。

表46 2021年牡丹江市“十佳旅行社”一览表

序号	旅行社名称
1	牡丹江狼图腾国际旅游集团有限公司
2	黑龙江省悠然旅行社有限公司
3	牡丹江镜泊湖旅行集团国际旅行社有限责任公司
4	黑龙江省野途户外旅游有限公司
5	牡丹江凤凰国际旅行社有限责任公司
6	牡丹江莲花假日旅游有限责任公司
7	牡丹江青年国际旅行社有限公司
8	牡丹江雪城国际旅行社有限公司
9	牡丹江招商国际旅行社有限责任公司
10	绥芬河市凯翔国际旅行社有限责任公司

（资料来源：市文广旅局）

表47 2021年牡丹江市“十佳旅游酒店”一览表

序号	酒店名称
1	夏威夷国际大酒店
2	世茂假日酒店
3	东方明珠国际大酒店
4	禧禄达国际酒店
5	全季牡丹江火车站酒店
6	镜泊湖宾馆
7	镜泊湖雪阅度假酒店
8	镜泊湖飞龙潭酒店
9	雪乡雪韵阁酒店
10	绥芬河天长山酒店

（资料来源：市文广旅局）

【导游管理】 2021年，牡丹江市导游执业实行备案管理，备案导游41人。参与“龙江金牌导游”及工作室、导游“四个一百”转型升级计划，申报培养文旅宣传员30人、红色导游8人、金牌导游1人，组织雪乡旅游公司、尚丽娟工作室申报“金牌导游工作室”，促进文广旅市场主体丰富技能、提升素质。加强旅游从业人员培训，与行业专家、高职院校开展合作，开展涉旅行业人员技能提升培训，累计培训600余人次。推进“旅游+电商”多业态融合发展，组织文旅从业人员173人参加全省电商直播培训。

【住宿业等级评定】 2021年，牡丹江市新评定三星级酒店1家（镜泊人家酒店），申报国家级甲级旅游民宿1家（林子草堂民宿），申报丙级民宿2家。严格执行服务标准管理机制，取消铁路青年宾馆星级称号。

【“十佳旅游品牌”评选】 为发挥典型示范引领作用，打造一流旅游服务品牌，助力第四届黑龙江省旅游产业发展大会，2021年4月，牡丹江市启动“十佳旅游品牌”评选活动。经过自愿申报、县区推荐、初评筛选、网络评选、实地评选与综合考评等程序，6月，评选出“十佳旅行社”和“十佳旅游酒店”。

（市文广旅局 王洪伟）

旅游公共服务

【旅游基础设施建设】 2021年，牡丹江市新建智能化旅游服务中心24个、旅游标识109块、旅游厕所68座，投资23亿元大修高速公路274公里、道路71条、桥梁21座，改造服务区6处、收费站28个，13个重点景区实现数字化运营管理，上线开通“一部手机游牡丹江”，市区和重点景区实现5G覆盖，一体化监管、数字化服务、便利化出行的旅游服务体系更加健全。

【智慧旅游平台建设】 2021年，智游牡丹江文旅大数据平台（以下简称智慧旅游平台）建成，主要包括“文旅大数据”和“一部手机游牡丹江”两部分内容。“文旅大数据”依托中国联通海量数据及行业大数据分析处理能力、AI能力等，以5G通讯、人工智能等新兴技术为支撑，通过终端设备的采集，完成对消费、投诉、舆情、OTA等数据的分析和处理，做到实时动态监控指挥、产业监测分析、游客特征画像等。“一部手机游牡丹江”平台立足畅通牡丹江旅游要素推广渠道，涵盖全市景点、酒店民宿、特产产品等丰富的旅游资源，包含产品预定、定位周边商户、全域导览、一键投诉、找厕所等功能，为游客提供“吃、住、行、游、购、娱”一站式综合解决方案和全域线上旅游一体化服务，全维度提升游客旅游体验度。“一部手机游牡丹江”全方位覆盖游客游前、游中、游后的各项需求，面向政府提供精准客流、渠道、产品数据，面向企业提供独立的全渠道、全业态、全自动的分销、直销、无人化、社群化、裂变式营销，为牡丹江市全域旅游提质增效提供切实保障。

【牡丹江旅游服务中心】 2021年，牡丹江旅游服务中心建成。中心坐落于牡丹广场南侧，是牡丹江地区集研学科普教育、智慧旅游服务体验、旅游集散服务、地方名优商品展示为一体的综合性旅游服务中心。占地面积1.3万平方米，总面积3.48万平方米，分为地上二层、地下一层（智慧停车场），总投资6250万元，是黑龙江省功能最全、业态最丰富的旅游综合体，包括监管指挥、研学科普、旅游体验、旅游集散、商品销售及服务五大功能区。监管指挥区依托云平台、大数据、5G通讯、人工智能等新兴技术，构建牡丹江智慧旅游监管平台；研学科普区引进沉浸式体验航空教育科技馆（莱特兄弟项目），以模型还原的方式对东北老航校的诞生、创办、发展、功勋等进行展示；旅游体验区以“湖、林、雪、边、俗、特、红”七大特色为主线，以“春夏秋冬”四季为主题，通过裸眼3D技术、全息影像、沉浸式光影等科技手段，推出“城市记忆、边境旅游一条街、雪城全域景点体验区、“家”上牡丹江打卡区、体感滑雪竞速区”等场景体验及展示；旅游集散区包括旅行咨询服务、旅游班车、全域租车等相关服务功能；旅游商品售卖区设立保税商品专区、牡丹江名优商品售卖区、直播间、物流中心及旅游超市等功能区块。作为旅发大会重点观摩项目之一，牡丹江旅游服务中心通过打造多元化业态的特色旅游展馆，集中展现牡丹江独特的地域文化，用高质量、高科技手段为游客服务。

【镜泊湖游客服务中心】 2021年，镜泊湖游客服务中心建成。镜泊湖游客服务中心项目位于镜泊湖景区北门西侧，占地面积15万平方米，总建筑面积2.5万平方米，总投资2.1亿元，是集镜泊湖景区的主出入口、云旅游博物馆、门区管理站、票务中心、游客服务中心、地方名优产品、俄罗斯商品、餐饮中心、智慧监控于一体的景区旅游服务综合体场馆。外形如跌宕起伏山峦，又似波澜荡漾湖水，从空中俯瞰，犹如水滴滴入湖面产生的层层涟漪，充分展现高山堰塞湖的地质形态特色。镜泊湖游客服务中心由博物馆综合区、游客公共服务区及商业餐饮区组成。博物馆综合区由镜泊湖云旅游博物馆及商业服务项目组成，镜泊湖云旅游博物馆结合“云落清波镜若天”意境，打造“一站游镜泊一馆藏智慧”科技赋能网红博物馆。博物馆分为“地球奇迹”“镜泊奇境”“镜泊奇景”“文明奇遇”和“未来奇点”五大主题，游客可以通过投影互动、沉浸体验方式，穿越时空，领略科技镜泊湖的魅力。“云旅游博物馆”是科技赋能型博物馆，融合艺术、科技、VR、智慧等体验手段建设而成，通过运用全息影像、裸眼体感、投影触摸等高科技互动手段，让游客深入了解镜泊湖的人文历史、景点魅力以及独有的堰塞湖生态资源，成为牡丹江科技体验研学目的地和新地标。游客公共服务区位于场馆西侧，共有三层。一层主要是票务中心、游客服务中心、多媒体播放室、邮政室、警务室、急救站、国际旅行社、司法调解投诉室、商务中心、图书馆等，是集门区管理、公共配套、游客服务为一体的综合区域；二层是多媒体会议中心，包含1个综合会议厅和2个小型会议室，还有1700平方米公益区域；三层是景区智慧监控中心。场馆东侧设置商业餐饮区，有自助餐厅、民族特色餐厅，还有年轻游客非常喜欢的主题轰趴馆，在特色餐厅可以品尝到镜泊湖特产有机野生鱼及铁锅炖等特色东北美食。

【牡丹江旅游纪念品展销中心建成开放】 2021年7月3日，牡丹江旅游纪念品展销中心建成开放。展销中心位于长安街西四条路路口，是旅发大会朝鲜民俗风情街观摩项目之一，集旅游商品、旅游文化、民俗风情特色、移动5G体验于一体，兼具朝鲜民族风情街景区游客服务中心功能。为让旅游纪念品具有地方特色和代表性，依托全市文旅纪念品大赛，牡丹江旅游纪念品展销中心汇集优质特色礼品、纪念品5大类114个小类近千件商品，展出满绣绣品、满绣衍生品，牡丹江特制的白酒、啤酒、红酒，本地特色大米、绿色杂粮，经典景观的新文创产品、钢笔画明信片，黑土地上的黑木耳、松、榛等特色山产品，朝鲜族旅游纪念品、俄罗斯特色商品、老邮局纪念品、移动5G体验展示等，涵盖牡丹江市旅游纪念品优质资源。毗邻的金达莱邮局特别开办免费旅游纪念品快递业务，助力文旅产业发展。

（市文广旅局　高　阳）

冰雪产业

综　述

【概况】　2021年，牡丹江市作为全国十佳冰雪旅游城市，落实"旅游强省"部署，全面促进冰雪文化旅游产业创新发展，集中优势力量谋划、研究牡丹江市冰雪旅游创新和可持续发展策略，以大项目引领、商业模式创新、平台整合、跨界融合，充分挖掘全市特色旅游资源优势，高标准编制全域旅游规划及冰雪旅游专项规划，倾力打造"冰雪胜境、避暑天堂——牡丹江"城市旅游品牌，提升镜泊湖和中国雪乡两大核心产品的层级，全力打造北国风光生态旅游胜地。起草《关于加快牡丹江市冰雪文化旅游产业创新发展的实施意见》，明确牡丹江冰雪旅游的发展定位、目标、实现路径、重点项目和保障措施。

【冰雪资源开发】　牡丹江市冰雪旅游资源具有种类丰富、禀赋优异、组合度高的特点，结合冰雪旅游资源空间分布特征，重点开发牡丹江城区、双峰林场区域、横道河子区域、柴河区域以及镜泊湖区域五大区域，通过挖掘雾凇、冰瀑、冰湖等冰雪旅游资源以及林海、温泉、民俗等与之融合的资源特色，打造牡丹江市冰雪旅游系列品牌产品。东部区域虽然冰雪资源相对较少，但可结合各地区自身特色植入冰雪新业态产品，通过品牌产品加新业态产品的综合布局，构建具有国际竞争力的冰雪旅游产品体系，推动牡丹江市冰雪旅游业向集群化、创新化发展。

【冰雪产业规模】　2021年，牡丹江市建有滑雪场9个，其中SS级3个，分别是牡丹峰滑雪场、横道滑雪场、绥芬河森林公园滑雪场。初级滑雪场5个，分别是大湾滑雪场、东村滑雪场、海南乡中兴滑雪场、雪乡雪宝滑雪场、爱民区十九顶毡房滑雪场和威虎山雪村滑雪场，雪道全长超过1万米。牡丹江市重点打造的人工冰雪观光景点为牡丹江雪堡，年投资约1000万元左右，已经成功举办二十届。第二十届雪堡在牡丹江市江心岛举办，总面积6万平方米，用雪量2.2万立方米。雪堡是"中国雪城"牡丹江的城市标志，也是牡丹江市对外宣传的主打冰雪旅游品牌项目。

（市文广旅局　高　阳）

表48　2021年牡丹江市冰雪资源一览表

分区	资源评价	
牡丹江城区	区域特点	城区作为牡丹江市重要的旅游集散中心，周边有温泉、滑雪场等资源，同时集聚牡丹江市特色的民俗风情、城市文化，借助城市较好的综合旅游服务功能，作为牡丹江市重要的冰雪旅游市场，具备较强的冰雪时尚产品和创意产品开发潜力
	核心资源	牡丹江雪堡、大湾温泉、八达滑雪乐园、城市综合旅游服务功能等
	开发情况	以城市乐园、都市休闲产品开发为主
双峰林场区域	区域特点	双峰林场地处长白山脉张广才岭东麓，受贝加尔湖冷空气与日本海暖湿气流在此频繁交汇，以及山地小气候影响，双峰林场冬季降雪早、雪期长、雪质好。从每年的10月初开始，一直到第二年的4月初，积雪期长达6个月，积雪最厚的地方可达2米。同时，雪乡的雪黏度较其他地方大，降雪在风力的作用下，形成"雪舌""雪蘑菇"等形态各异的天然雪雕作品
	核心资源	以中国雪乡旅游区为核心形成的冰雪旅游资源集群，核心旅游资源包括冰雪、民俗、森林等
	开发情况	以冰雪观赏、"雪屋"住宿等民俗体验为主

续表

分区	资源评价	
横道河子区域	区域特点	海林市横道河子镇位于长白山脉张广才岭东麓，与中国雪乡双峰林场处于同一条山脉，直线距离 100 公里左右，自然、气候条件十分相似，降雪量和积雪期与中国雪乡基本一样，略有不同的是，横道河子一带的雪湿度稍小
	核心资源	横道河子特色小镇、治山林场、虎峰岭、七里地村、威虎山主峰等区域内都具有丰富的雪资源
	开发情况	由于雪乡承载力饱和，牡丹江市在横道河子附近打造“第二雪乡”，依托百年老镇建设集生态、人文、冰雪运动为一体的冰雪旅游度假综合体，构建哈尔滨—亚布力—牡丹江冰雪旅游线路的支撑性产品。谋划建设第二雪乡、林海雪原度假区、雪堡冰雪文化四季馆等 5 个冰雪项目，包装、改造林海雪原国际滑雪场、三道关国家森林公园滑雪场、牡丹峰国家森林公园滑雪场等 5 个滑雪场项目
柴河区域	区域特点	长篇小说《林海雪原》很多故事就发生在柴河林区，具有较高的市场知名度，区域内冬季降雪量、积雪期、空气湿度等条件与横道镇基本一致
	核心资源	威虎山雪村、卫星林场、柴河小九寨景区、红色文化
	开发情况	柴河小九寨景区开发较为成熟
镜泊湖区域	区域特点	世界地质公园、国家 AAAAA 级旅游景区镜泊湖是冰雪旅游资源富集的区域，冰上捕鱼、冰上运动、冰瀑跳水等项目已经成为牡丹江市乃至黑龙江省的冬季特色旅游产品，成为全省的冬季精品旅游线路上的重要节点。火山口地下森林每年冬季都是大雪封山，雪资源十分丰富
	核心资源	镜泊湖、火山口地下森林、民俗节庆活动等
	开发情况	作为牡丹江龙头旅游景区，体验型产品仍旧缺乏，游客参与度较低

（资料来源：市文广旅局）

冰雪旅游产业

【冰雪旅游景区】 结合中国旅游研究院和途牛旅游网发布的《中国冰雪旅游消费大数据报告（2018）》以及牡丹江所处的地理区域，筛选出周边五大热门冰雪旅游景区，同牡丹江冰雪旅游代表景区中国雪乡进行竞合，明确周边景区冰雪旅游发展，差异定位，互惠共赢。坚持错位发展，以与哈尔滨市、亚布力镇等周边景区互补的优势旅游产品，凸显牡丹江市天然冰雪特色，利用张广才岭两麓雪黏度大、雪量大、品相好、雪期长的优势，多维度开发可供游客畅享高品位寒地壮美冰雪世界的旅游产品；利用牡丹江市江河纵横、湖泊众多的优势，全方位开发易于参与和体验的便民性、大众化冰雪旅游产品；支持市域内冬季冰雪旅游体验，精心打造各具优势的冰雪产品。

【冰雪旅游产业项目建设】

中国雪乡　依托双峰林场降雪早、雪期长、雪质好的特点，挖掘东北民俗文化，结合冰雪资源开展冰雪娱乐、冰雪观光、冰雪运动、冰雪度假等冬季旅游项目，将雪乡旅游风景区打造成一个集休闲度假、康体运动、民俗体验等功能于一体的知名的冰雪休闲度假胜地。坚持“绿水青山是金山银山，冰天雪地也是金山银山”发展理念，立足生态保护，坚守中国雪乡可持续发展的根本。做好雪乡的废水、废气、固体废弃物等收集和处理，同时保护好景区内国家重点保护动物。通过优化客群结构、实施分段旅游、建立各部门全方位有效的联动机制等手段，确保旅游活动符合景区环境承载力要求。借助森工体制机制改革的契机，转变经营管理理念，提升旅游服务水平。借助森工体制改革强化管理，建立违规商户的经营退出机制，将完善管理制度、规范经营活动、提高服务质量等作为中心工作。打破行政分割限制，扩大雪乡旅游区管理范围，规范经营活动，保护雪乡品牌。收回部分经营权，建立示范经营体制。以中国雪乡风景区为核心，联动周边资源，差异化发展，覆盖多个消费层次的游客。中国雪乡风景区开展景区提档升级，做足高端冰雪度假，延长游客停留时间，有效降低大众客群数量，有效保护生态环境。通过联动周边二浪河风景区、亚雪驿站等发展大众休闲旅游，形成“赏雪、戏雪”替代产品，实现游客分流。丰富多元业态，提升游客接待能力，完善休闲购物娱乐功能，引进战略投资，按照国际标准建设欧洲风情冰雪小镇或冰雪文化街区，打造品质生活休闲雪乡，丰富夜间娱乐活动，如夜间宴会，夜间演艺，夜间光影秀等特色活动，构建集特色餐饮、主题住宿、休闲购物、主题游乐于一体的综合性冰雪旅游体验地，打造一个国际级休闲大IP。

牡丹江时尚冰雪城　以建设“国际冰雪旅游目的地”为目标，整合城区及周边的滑雪场、温泉、山林、湖泊等资源，构建时尚冰雪旅游品牌。依托剧院、影院、商业综合体以及城市休闲街区等，丰富城区冰雪旅游产品；加快大湾滑雪场、东村滑雪场等城市周边冰雪旅游项目提升；推进覆盖全市中小学学校的室外滑冰场和专项冰上运动设施建设；丰富市民参与冰雪文化、冰雪体育运动内容，将牡丹江市城区建设成为集冰雪观光体验、度假休闲、商务会展、时尚文化等于一体的时尚冰雪旅游城市。构建雪系列产品，提升城市冰雪旅游时尚范儿。结合牡丹江上的冰雪资源，在城区打造雪堡—世界最大的梦幻冰雪城堡、雪街、雪娱—雪世界、雪宴—冰雪餐厅酒吧、雪夜—雪城光影秀、雪宿—雪屋酒店等冰雪主题产品；引入最新科技，在江南开发区植入冰雪旅游场景VR、视觉艺术餐厅、无人超市、五彩冰灯广场、灯光秀表演等新科技、新业态、新产品，通过将冰雪旅游科技化提升，打造一座丰富多彩的时尚冰雪新城。完善冰雪旅游设施建设，鼓励全民参与冰雪旅游。有计划地在城区建设一批公共滑冰馆、室外滑冰场和室内滑雪场等冰雪运动场地，鼓励利用公园、城市广场等公共用地，因地制宜建设“可移动”冰雪场地。积极推动冰雪健身场所安排一定时段免费向社会开放，鼓励商业性冰雪健身场所在非高峰时段低收费开放，引导群众积极参与冰雪健身消费，推行“百万青少年上冰雪”和“校园冰雪计划”,促进青少年冰雪运动普及发展。联动城市周边重点资源，构建环城冰雪游憩圈。整合提升中兴朝鲜风情特色村、三道关森林休闲度假区、牡丹峰温泉冰雪小镇、大湾水世界等环城项目，丰富冬季旅游休闲业态，开发参与性强的冰雪旅游活动项目，差异化发展，提升服务品质，与城市内的旅游功能形成互补，承接牡丹江市城区冰雪旅游大发展的刚需外溢。

中国横道　以海林市横道河子镇（以下简称横道河子镇）生态资源和东北民族传统习俗、中东铁路历史文化、俄式风情为依托，在文化保护开发理念和节庆运作市场化理念指导下，合理规划横道河子镇旅游开发，将居民日常生产生活和冬季冰雪旅游产业发展有机融合；从冰雪休闲度假产品开发和民俗传统习俗保护出发，培育融观光、度假和节庆于一体的综合性旅游项目，打造知名的冰雪休闲度假体验基地。深入挖掘横道河子资源，打造民俗冰雪特色旅游区。通过横道河子镇本地民俗文化与冰雪资源结合，打造一系列冰雪旅游产品。构建东北民俗住宿、冰雪小屋等丰富东北特色生活体验；精心打造传统春节节庆、文艺活动、赛事活动等，提高“中国横道”知名度，民俗文化；挖掘本土传统手工艺文化，打造横道河子镇文化工艺产业，同时研发具有横道河子镇特色的旅游纪念品,延长产业链条。突破单一的农家乐模式，打造一体化高端度假区。冰雪旅游因低温环境设下天然门槛，因此，不管是滑雪还是观景，方便的生活服务设施在冰雪旅游度假中十分重要，单一的农家乐已经不能满足当代游客需求。规划在横道河子镇现状的基础上进行提升，建设和引入特色主题民宿、酒店；在打造本地特色餐饮品牌的同时引入其他大众餐饮品牌；完善超市、银行等生活必需设施和酒吧、电影院等娱乐设施建设；最终打造集滑雪、娱乐、观赏以及住宿为一体的度假区。丰富冰雪娱乐项目，提升区域冰雪旅游产品品质。以俄罗斯风情小镇、横道河子滑雪场、威虎山主峰景区、七里地生态民俗村等重点景区为核心，丰富景区内冰雪活动项目，完善配套设施建设，提升旅游服务质量。同时打造本土特色节庆，通过节庆活动的引爆，进一步提升横道河子镇冰雪旅游的品牌影响力，共同打造区域冰雪旅游产品品质。

威虎山旅游区　以《林海雪原》中智取威虎山的故事为构架蓝本，以森林、山地、河湖为环境基础，深入挖掘原始森林、莲花湖、林俗生活等资源，有机整合威虎山九寨、威虎山雪村、威虎山滑雪场、莲花湖锅盔湾、夹皮沟等景区，结合冰雪资源打造剿匪文化、东北民俗文化、林业生产文化、林海雪原自然风光、莲花湖生态风光等主题冰雪特色群落，将威虎山国家森林公园打造成一个以东北林区民俗文化体验为核心，集生态休闲、冰雪运动等功能于一体的国内知名森林生态旅游胜地。东北林区民俗文化主题化开发,全面提升旅游区知名度。做活文化体验，深入挖掘东北林区在住宿、饮食、交通、娱乐、生产、习俗等方面的特点，融入旅游度假区开发建设中，营造传统东北林区居民生产生活氛围，通过主题化开发手段，加快推进度假区品牌建设。同时策划冰雪体育赛事、穿越林海雪原大型体验活动、冰雪会议等主题活动，丰富营销手段，加大营销力度，提升威虎山冬季旅游知名度与影响力，构建牡丹江市冰雪旅游新的增长极。区域内外联动发展，积极融入亚布力国际冰雪公园建设。与雪乡串联，融入哈亚雪精品旅游线路，借助其品牌知名度提高度假区冬季旅游知名度与影响力。串联度假区内重点景区，形成旅游线

威虎山雪村摄影基地　　（市文广旅局　供图）

路，开通景区间免费旅游直通车，实现各景区的串联。同时加快推进与大交通的连接，积极对接哈尔滨旅游集散中心、东北亚旅游集散中心（牡丹江市），形成外地游客进入哈尔滨市以后重要的分流景区。加快产业升级，构建森林冰雪旅游全产业链。以森林资源为基础，以冰雪资源为串联，融合山地、河湖、林俗等资源，开发冰雪观光、冰雪运动、冰雪娱乐、林区生产、林下经济、林俗体验、生态康养、文化体验、冰雪狩猎类等产品，实现产业链的延伸。

镜泊湖休闲度假旅游区　镜泊湖作为全国最大、世界第二大高山堰塞湖，拥有世界最大玄武岩冰瀑、罕见奇观冰湖雾凇、千年传承冬捕渔猎、亚洲之最中国雪堡、秘境文化萨满祭祀、朝贡圣品鱼米之香、地质传奇火山遗迹，发挥世界级资源优势，打造独一无二的冰瀑奇观体验，丰富“中国雪堡”IP，创意冰雪娱乐活动，结合萨满文化，做大镜泊湖冬捕节，打造品牌节庆，结合火山温泉资源，高品质提升冰雪旅游产品，构建以“戏雪游乐＋节庆体验＋冰雪度假”为发展模式的高端创意冰雪娱乐区，将镜泊湖打造成为世界级戏雪游乐目的地。做强品牌冰雪产品，发挥世界级资源价值。将世界最大玄武岩冰瀑、亚洲之最中国雪堡两大世界级资源做强，结合现代科技提升冰瀑奇观旅游体验，增加冰瀑5D灯光秀表演、推出镜泊湖冬季冰幕电影节，变单一的观光产品为复合型体验产品；发挥“中国雪堡”IP优势，将萨满文化、创意冰雕、雪雕等融入其中，打造持续旅游影响力；依托镜泊湖冰湖资源，创新“冰捕体验、冰湖露营、冰湖焰火秀、冰湖穿越、冰钓、冰上越野”六大冬季体验产品，结合“时尚戏雪”系列活动策划，打造冰雪嘉年华。创意提升旅游要素，打造高品质冬季旅游目的地。依托镜泊小镇打造冰雪创意酒店，结合火山口地下森林温泉资源，打造特色火山温泉休闲体验。完善度假设施，重点解决镜泊湖部分住宿设施中冬季无暖气问题，同时完善其他基础配套设施，提升冰雪旅游配套休闲度假业态水准，丰富冰雪旅游购物产品类型；提升景区软服务水平，增加游客服务中心服务内容，提高游客服务满意度，全面提升镜泊湖冬季休闲度假旅游体验。节庆活动引爆市场，支撑“镜泊冰湖，别样冬天”品牌。结合镜泊湖渔猎文化，打造品牌节庆镜泊湖冬捕节，做足湖鱼特色；对现有资源进行深度创新开发，依托镜泊湖冬季冰瀑资源，举办攀冰瀑、冰瀑高空钢丝等极限运动赛事，增强镜泊湖极限探险运动影响力，利用火山口地下森林公园森林植被资源，举办冬季森林穿越生存赛、森林狂想曲演奏会、冰雪摇滚演唱会等文艺演出项目，进一步丰富镜泊湖节庆赛事，引爆镜泊湖冰雪旅游体验。

牡丹峰温泉冰雪小镇　位于牡丹江市东安区，牡丹峰国家级自然保护区附近。整合森林生态资源、冰雪资源以及温泉资源等，将冰雪旅游与温泉度假融合，打造温泉冰雪小镇。将现有滑雪场升级为综合性滑雪场，丰富冰雪运动项目，完善服务接待水平，创新娱乐体验活动；建设温泉养生酒店、精品度假酒店等，打造温泉养生基地；完善冰雪旅游基础设施建设，大力推进旅游公厕、旅游标识系统、观光旅游巴士、自驾游停车场等项目配套建设。

林口县百里雾凇谷　位于林口县莲花镇和三道通镇沿江两岸。依托百里雾凇，叫响“中国雾凇谷”品牌，完善夏季旅游，实现夏季避暑娱乐，冬季观光体验，打造中国冰雪旅游北斗七星的第七星；做火“中国林口雾凇节”；建设雾凇谷、雾凇湾、雾凇岛、冰雪雾凇摄影基地、雾凇造型观赏、冰雪雕刻等项目，配置滑雪板、马拉爬犁、狗拉爬犁、低噪声雪地观光车等设备；联动天宝山滑雪场、牡丹江雪堡等发展冰雪娱乐项目，建设户外冰雪运动基地；开发具有北方特色的雾凇村、农家院，完善服务配套设施。

绥芬河冰雪装备商贸基地　推进旅游与冰雪装备、商贸产业融合发展，依托绥芬河国门口岸得天独厚的贸易优势，建设冰雪商贸基地，开展中俄冰雪运动用品与时尚展会，以经贸会展、论坛、商品流通等为主要方式，开发以冰雪旅游商品交易类和冰雪新装备展销类为核心的牡丹江冰雪商贸产品，实现冰雪装备产品的国际化交流；发展冰雪装备展销类商贸产品，开展“冰洽会”、冰雪产业博览会、冰雪产业论坛等经贸活动，展销最新冰雪设备、冰雪高端产品等，构建冰雪商贸产品体系，通过品牌化、市场化管理，助推牡丹江市冰雪产业提档升级，实现全产业链发展。

绥芬河冰雪异域风情旅游区　整合打造绥芬河国家森林公园、温泉度假区等，融合边境风情，打造集冰雪运动、风情体验、温泉度假等于一体的冰雪旅游地。依托绥芬河国家森林公园，丰富冰上运动项目、雪上运动项目以及非冰雪运动项目，打造冰雪运动基地。建设最边境温泉度假区，突出俄式风情，建设室内与室外相结合、四季互动的主题温泉旅游度假区，建设室内外森林养生温泉、雪地温泉野浴、俄式风情温泉浴、养生温泉等。开展中俄国际滑雪节，引爆边境冰雪旅游。

芬河帝堡国际酒庄　整合红酒、温泉、冰葡萄、冰雪等资源，打造冰酒主题冰雪度假基地。突出温泉资源，打造红酒主题温泉池，丰富温泉周边景色建设，联通酒店建设休息大厅及套房，提供橡木桶葡萄泡浴、橡木桶主题房以及专业的红酒 SPA；依托节庆做活市场，大力开展中国·东宁芬河帝堡国际酒庄冰葡萄采摘节，借势开展冰葡萄酒展销节。

东宁冰雪运动基地　打造冰雪运动基地和旅游目的地，办好东宁中俄国际冬泳邀请赛和中俄冰球邀请赛，扩大中俄在冬季冰雪文化旅游方面的合作；引进俄罗斯速度滑冰和冰球教练，整体提升冰雪体育运动专业水平，打造冰雪体育运动人才队伍。在此基础上深挖冰雪文化，丰富大众冰雪运动体验，继续完善大绥芬河河段的“冰雪乐园”项目，丰富滑雪圈、滑雪板、冰滑车、速度滑冰、花样滑冰、游乐坦克车、雪上沙滩车、冰上碰碰车、抽冰尜等冰雪娱乐项目，增加特色配套。

穆棱冬季冰雪采摘节　避开穆棱市冰雪资源的短板，发挥农业优势，整合保安采摘园、移民新村农业项目、下城子镇田园综合体、明月生态园等农业资源，开发采摘项目，举办冬季休闲采摘节。在采摘的基础上，积极打造冰雪运动项目，丰富明月生态园冰雪运动项目。完善餐饮、住宿等配套，推出东北地区传统特色餐饮、住宿、生产生活体验等。

林口沙棘冬果采摘基地　发挥林口县 10 余万亩的沙棘种植产业优势，联合现有的 10 家沙棘种植专业合作社，按照“公司 + 合作社 + 基地农户”运营模式，辐射带动周边 500 多户农户，打造林口沙棘冬果采摘基地。在举办冬季采摘活动、节庆的基础上，延展产业链条，建设沙棘文创产业园，联合国际沙棘协会定期举办沙棘产业发展研讨会，打造沙棘加工基地，开发沙棘美食、养生保健医药等多种商品，形成林口县重点特色产业，带领农户致富。

【冰雪旅游品牌】

“游”雪城雪堡　选址雪城雪堡，在原有“雪城之光”“雪堡游乐岛”“冰雪探秘园”等主题游览区基础上，开发冰雕小品、冰雕路灯、冰酒吧、冰酒窖、冰上火锅、冰上 Party、冰火之歌等创意产品，并对接市场新动态，引入当下流行的冰雪奇缘，打造冰雪奇缘故事场景，进一步拓展亲子市场，整体打造黑龙江最好玩的冰雪文化盛宴。

“享”雪乡雪村　选址中国雪乡、七里地村等，打造雪屋等特色冰雪住宿产品，为游客提供从房屋到家具都是冰雪打造的居住体验。除了提供已经布置好的雪屋住宿设施，还为游客提供从搭建雪屋、冰雪家具制作、雪屋布置到雪屋入住一整套体验。同时开展创意雪屋大赛，通过赛事征集雪屋创意，运用到雪屋产品的打造，将创意雪屋打造成牡丹江市冰雪旅游的知名产品。

围绕雪屋延伸乡村冰雪休闲产品和特色冰雪民俗产品。借助中国雪乡知名度，激活牡丹江市冰雪乡村旅游，依托乡村冬季优美雪景、自然环境和特色建筑、文化等资源，以乡土生活、民俗民族文化体验为核心，将牡丹江市村落、田园、民族、民俗等资源旅游最大化，因地制宜的开发一批地方特色浓郁、参与性强、配套设施齐全、卫生环境良好的特色冰雪旅游村镇，构建以民俗体验为引领的乡村冰雪休闲产品。

以威虎山雪村为牡丹江市冬季旅游新引爆点，主打原汁原味的东北乡村文化，与中国雪乡形成差异化定位，开发东北民俗类冰雪文化产品，鼓励当地农民积极参与乡村冰雪旅游，将特色村旅游开发与地方民俗文化、时尚创意文化相结合，积极发展乡村冰雪摄影基地、冰雪影视基地、民居客栈等产品。植入林海雪原红色文化，开发红色文化类冰雪文化产品，依托民族民俗、非物质文化遗产等，开发手工艺品、特色冰雪旅游纪念品等旅游商品，打造特色冰雪民俗产品。

“看”镜泊冬捕　充分发挥镜泊湖“一湖一世界，一水一天堂”龙头资源优势，突出冬捕为核心吸引，做强做大镜泊湖冬捕节，让游客全方位参与冬捕过程，还可以参观并亲自参与大网捕鱼、体验小网挂鱼或冰上钓鱼，动手捕捞、加工、烹制美味湖鱼，还可以品尝由渔公渔婆现场做的铁锅炖鱼、鱼火锅、全鱼宴等纯正的镜泊湖渔家宴。

“赏”冰瀑跳水　利用镜泊湖景区内吊水楼瀑布的自然条件，辅以引流注水等方式使吊水楼瀑布冬季冰瀑呈现在游客面前，继续做好“飞人冰瀑跳水”表演，同时策划“冰瀑跳水”挑战赛活动，让喜好挑战的游客前来体验，进一步增强瀑布冬日游览体验性与吸引力。

“浴”小镇温泉　选址牡丹江市城区及环城游憩带、镜泊湖、镜泊小镇、中国雪乡、芬河帝堡酒庄等，打造室外冰雪温泉，提供头顶冰雪泡温泉体验产品。大力开发牡丹江市温泉旅游，打造城区温泉休闲产业集群，定期举办“牡丹江温泉冰雪旅游节”，创新温泉康养旅游产品，为广大游客以及牡丹江市市民带来丰富多彩、主题鲜明、样式新颖的冬季旅游体验。大力推进镜泊湖和中国雪乡温泉旅游产品开发。在东宁芬河帝堡酒庄打造高端温泉度假体验，将冰葡萄酒与温泉养生相结合，依托“冰、雪、泉、酒”等资源，串联优质的冰酒制造、农业、商业、文化、观光、休闲等众多相关产业和旅游产品，围绕冬季国外圣诞节、国内元旦、春节、情人节四大节日，提供高品质的温泉酒庄度假体验，打造牡丹江市温泉第一品牌。

“观”林口雾凇　选址林口县莲花湖，依托雾凇资源创意观光产品，为游客提供创意雾凇拍摄体验，并举办创意雾凇摄影大赛。发挥牡丹江雾凇奇观优势，打造中国·百里雾凇谷，丰富游览视觉体验，创新设计透明暖玻璃屋、观景长廊等游览观光方式。针对游客的个性化需求，植入直升机、航拍等低空观光、全景式天窗缆车、高空透视玻璃走廊、森林小火车等趣味性体验方式，以此丰富创意雾凇拍摄方式，同时借助微博、微信、直播平台等开展创意雾凇网络评选大赛，助推旅游营销。此外借助雾凇谷周边的山地景观、森林景观、冰雪景观等优势资源，设计“百里雾凇”等室外实景演出、极限运动表演等主题特色演出，打造室外中高端冰雪旅游演艺产品，综合构筑中国雪谷旅游品牌。

“玩”高山滑雪　选址威虎山雪村、中国雪乡、中国横道等地，深入挖掘趣味性冰雪体验，为游客提供滑雪、雪地扎猛子、雪地游泳、雪地华尔兹、雪地拔河、雪地 CS、打雪仗、打跐溜滑、雪地足球赛等系列趣味性冰雪娱乐活动。打造成冬季来牡丹江市必玩儿的冰雪体验。

做足滑雪体验，提升牡丹峰滑雪场、横道河子滑雪场、中国雪乡滑雪场、大湾滑雪场等多处滑雪场的设施水平和配套服务能力，由单一的滑雪运动功能向小而美、小而精的接待型冰雪旅游景区转变。利用横道河子镇治山村、威虎山主峰景区的降雪和森林资源优势，举办国家级和区域性竞技体育赛事，形成以赛事为载体的专业竞技类冰雪运动产品。依托牡丹江市城区周边雪场资源推出“滑雪＋休闲＋游乐”的复合型产品，开展全民健身、户外拓展训练、冰雪龙舟竞渡、冬泳等体育活动，依托室内外体育场馆和训练基地开发健身、休闲类冰雪运动旅游产品，推进滑雪场专业化与大众化综合发展。

“感”冬日虎威　选址威虎山九寨、横道东北虎林园，为游客提供当一回林间老猎人，观一次雪地猛虎捕食的体验。开发“雪地狩猎”系列产品，还原林海雪原生态氛围，体验冰河抓鱼，雪地猎狗抓兔子等突出冬季特色内容，夜间举办篝火晚会，感受一场速度与激情、力量与智慧的碰撞。游客可乘坐特制的旅游车穿行于虎群之间，设置东北虎科普陈列馆，以标本、图片和文字动画等形式展现。东北虎林园内设置“艺品屋”，供游人选择具有东北虎特色的工艺品，“虎园邮局”出售东北虎林园明信片、首日封等。

选址威虎山雪村等地，推出冰天雪地吃火锅的旅游产品，为游客提供“一边冰天雪地，一边热气腾腾”特色就餐体验，让游客真正体会到什么是“冰火两重天”，为原汁原味小山村增添特色的东北生活体验。火锅食材精选牡丹江市当地特色的林口大鹅、镜泊湖红尾鱼、蘑菇、东宁木耳等，同时推出火锅配雪糕、沙棘汁、蓝莓汁等特色饮食搭配，进一步推广牡丹江市特色美食。

在柴河九寨，深入挖掘林海雪原文化内涵，还原智取威虎山故事场景，以 cosplay 形式为主为游客提供深度体验产品，引发中老年人的回忆潮，激发青少年学习红色革命历史的热情。

“住”萨满村落　“萨满村落”聚焦镜泊湖文化主题，核心内涵是传统萨满文化的真实展现，将具有神秘色彩的萨满文化和镜泊湖优势冰雪资源进行有机结合，主打原汁原味的东北乡村文化，与中国雪乡形成差异化定位，开发东北民俗类冰雪文化产品，鼓励农民积极参与乡村冰雪旅游，将特色村的旅游开发与地方民俗文化、时尚创意文化相结合，发展乡村冰雪摄影基地、冰雪影视基地、民居客栈等产品。突出萨满文化特色，依托民族民俗、非物质文化遗产等，开发手工艺品、特色冰雪旅游纪念品等旅游商品，打造特色冰雪民俗产品，为游客打造一个极具观赏性、体验性、互动性的全新旅游产品，给游客带来全

林口雾凇　（市文广旅局　供图）

穿越林海雪原 （曲修庆 摄）

新的旅游体验。

“踏”林海雪原 选址威虎山雪村、威虎山影视城、威虎山主峰景区、中国雪乡、七里地村等地，以林海雪原故事为蓝本，组织穿越林海雪原大型体验活动，以“穿林海、跨雪原，探寻威虎山”为主题打造大型穿越“林海雪原”之旅活动。设置“寻找先遣图”“深入匪巢”“活捉座山雕”等互动型任务，沿途设置补给站。充分利用特色交通工具，包括雪地爬犁、雪地摩托、鹿拉雪橇、空中溜索、高山滑雪等，在此过程中融入当下最火爆的冰雪新玩法，如雪地骑行、泼水成冰、雪地脚步作画、雪地火把夜行等。

（市文广旅局 高 阳）

冰雪服务产业

【冰雪餐饮业】 强化镜泊湖红尾鱼、东宁黑木耳、穆棱晒烟、响水贡米、东宁冰葡萄酒、林口大鹅、林口沙棘、穆棱冻蘑、东宁苹果梨等国家地理标志产品，培育上档次、有品牌的牡丹江特色菜品；联动旅行社推出“牡丹江冬季美食一日游”“东北农家乐美食游”“龙江特色美食行”等冰雪饮食文化旅游产品。

【冰雪住宿业】 在市城区建设雪屋酒店，在镜泊小镇建设温泉度假酒店，在瀑布村建设萨满木屋，在雪乡建设冰雪住宿综合体，在七里地生态冰雪旅游区建设以林俗体验为主的家庭旅馆，形成布局合理、质量优化的特色冬季住宿接待体系。

【冰雪旅游交通业】 重点建设冰河列车项目，作为海林市横道河子镇最重要的交通体验方式；同时推出城市马车、狗拉雪橇、马拉爬犁、雪地摩托等特色交通体验项目。

【冰雪购物业】 依托“绥芬河—东宁”口岸，以及牡丹江市特色的生态资源、冰雪资源、林业资源、边境商贸资源，构建以旅游商品研发、生产、销售为主的一条龙旅游产品购物体系；形成以绥芬河综合保税区为核心、以市区综合商业街为辅助的购物平台，重点推出冻食产品、山野干货商品、林俗工艺品、俄式商品。

【冰雪娱乐业】 在《镜泊华章》《林海雪原》《镜泊胜景》《欧洲风情秀》等基础上，开发更具吸引力的演艺活动，借助牡丹江市冰瀑景观、森林景观、冰雪景观等优势资源，设计“镜泊盛景”“林海雪原”“中国横道”等室外实景演出、极限运动表演等主题特色演出，同时，依托牡丹江市城区各影视剧院、景区场馆、特色民俗村等，进行东北二人转、大秧歌等特色演艺。

【冰雪旅行社业】 由市政府牵头成立或转型一批主营冰雪旅游产品和线路的旅行社，针对东北地区、京津冀地区等市场重点推介。打好牡丹江市5大冰雪旅游线路：渔猎文化——冰瀑热泉主题线路；人文民俗——极致雪景主题线路；自然冰雪——最美村落主题线路；畅游冰雪——速度激情主题线路；百年口岸——异域风情主题线路。

（市文广旅局 高 阳）

冰雪融合产业

【冰雪旅游+体育产业】 以牡丹峰滑雪场、横道滑雪场、世纪乐园滑雪场、大湾滑雪场为依托，在牡丹江市区建设一批复合型冰雪旅游基地和冰雪运动中心，同时规划构建一批滑雪运动基地、冰雪户外运动基地、雪地探险运动基地等，完善基地服务设施、安全设施，提升基地旅游服务质量；以社会关注度高、市场空间大的冰球、冰壶、花样滑冰、高山滑雪等专业竞技活动赛事为推手，有计划地举办一批国际水平专业赛；积极培育冰雪竞赛表演业，促进办赛主体多元化，推进冰雪赛事活动市场化运作。增强冰雪体育旅游的吸引力，将牡丹江市建设成为中国冰雪体育产业示范基地、中国冰雪赛事基地。

【冰雪旅游+林俗产业】 依托萨满村、雪乡、威虎山雪村、七里地村等地，以吃山野菜、睡火炕、盖花被、坐马拉爬犁、参与“挖参喊山”等活动，深度挖掘林区饮食文化、住宿特色、娱乐习俗等，打造具有“山野情趣”牡丹江冰雪林俗旅游品牌，并开发桦树皮画、朽木根雕、板皮浮雕、山野菜、鹿产品、高档木制工艺品等林区相关旅游产品。

农民雪地画（张宝华 摄）

【冰雪旅游＋文化产业】 充分挖掘牡丹江民俗文化、民族文化、山林文化、红色文化、异域文化等文化资源，将文化与冰雪旅游相融合，大力发展冰雪文化创意产业，提升冰雪文化商品原创力，鼓励社会资本进入特色演艺业，发展一批民营演艺企业，带动演艺娱乐、冰雪文化旅游、特色冰雪主题节庆、特色冰雪旅游商品展览等发展，促进冰雪旅游向观光、参与、体验等多重方面全面发展。鼓励扶持以冰雪主题影视拍摄制作、冰雪主题动漫动画设计、冰雪摄影、冰雪书画、冰雪艺术作品、冰雪景观设计为主导的各类文化旅游创意产业园和创意产业基地集聚发展。

【冰雪旅游＋健康产业】 以牡丹江市优质的温泉、生物医药、绿色食品等康养资源为依托，以“两果一药”（浆果、坚果、北药）种植基地及大型中药加工企业为补充，与牡丹江市独特的冰雪旅游资源相结合，打造冰雪特色医疗、中医药疗养、养生保健、冰雪康体运动等冰雪康养旅游产品。完善产业要素及服务业态，打造“冰雪旅游业＋大健康产业”链条，促进产业优化升级，加速产业发展。选址牡丹峰将冰雪旅游与温泉度假融合，打造温泉冰雪小镇。将现有滑雪场升级为综合性滑雪场，丰富冰雪运动项目，完善服务接待水平，创新娱乐体验活动。建设温泉养生酒店、精品度假酒店等，打造温泉养生基地。

【冰雪旅游＋商贸产业】 借助发展边贸旅游的机遇，以经贸会展、论坛、商品流通等为主要方式，开发以冰雪旅游商品交易类和冰雪新装备展销类商贸产品为核心的牡丹江市冰雪商贸产品，更好地吸引国内外专项市场游客，推动牡丹江市冰雪商贸旅游发展。依托镜泊湖、雪乡、横道河子、威虎山等重点景区，积极发展冰雪旅游商品交易类产品，为游客提供具有便携性、纪念性、艺术性、实用性、收藏性的冰雪旅游纪念品。依托绥芬河市、牡丹江市城区等重点城区发展冰雪装备展销类商贸产品，举办国际级冰雪论坛、冰雪产业博览会，展销最新冰雪设备、冰雪高端产品等，带动牡丹江市冬季冰雪旅游人气。

（市文广旅局　高　阳）

综 述

【概况】 2021年，牡丹江市房地产市场施工总面积1246.5万平方米，同比下降19.0%，其中住宅施工面积977.3万平方米，同比下降13.1%；房地产完成投资62.55亿元，同比增长7.00%；新开工面积165.6万平方米，同比增长82.1%，其中新开工住宅面积143.8万平方米，同比增长89.7%；商品房销售面积97.3万平方米，同比下降30.5%；商品房销售额44.6亿元，同比下降34.8%。

【房地产市场政策】 2021年10月20日，牡丹江市出台《关于吸引优秀人才、农民进城购房享受补贴及合理提高公积金贷款最高额度的通知》，共413人享受299.61万元购房补贴，均已兑现到位；提高公积金贷款上限，防止本地人才流失，吸引外来人口和人才落户。

【土地出让】 2021年，全市供应国有建设用地26宗，总面积50.25公顷，同比减少85.21%。其中，以划拨方式供地11宗，面积22.33公顷，同比减少69.95%；以出让方式供地15宗，面积27.92公顷，同比减少89.48%。实现土地出让价款53296.42万元，同比减少55.58%。按用途划分：商服用地8宗，面积4.95公顷，出让价款8997.63万元；工业、仓储用地2宗，面积0.25公顷，出让价款81.37万元；普通商品住房用地5宗，面积22.72公顷，出让价款44217.42万元；公共管理与公共服务用地3宗，面积6.16公顷；交通运输用地8宗，面积16.17公顷。

【市场调控措施】 2021年，牡丹江市贯彻《财政部 国家税务总局关于全面推开营业税改征增值税试点的通知》，个人将购买不足2年的住房对外销售的，按照5%的征收率全额缴纳增值税，个人将购买2年以上（含2年）的住房对外销售的，免征增值税。

【房地产投资】 截至2021年末，牡丹江市房地产贷款余额217.2亿元，比上年末增长0.29%；占各项贷款余额比重27.89%。其中，房地产开发贷款余额42亿元，比上年末下降1.24%，增速比上年同期下降5.56个百分点，比年初减少0.5亿元，比上年同期减少5273万元。个人住房贷款余额169.5亿元，比上年末增长1.39%。

【房地产开发】 牡丹江市有房地产开发企业159户。其中，一级资质企业2户、二级资质企业28户、三级资质企业82户、四级资质企业41户、暂定资质企业6户。2021年，全市房地产开发投资额比上年增长7%。全年新建商品房新上市面积58.20万平方米，同比下降29.97%，其中新建商品住房新上市面积56.52万平方米，同比下降41.21%。

（市住建局 朱 林）

房地产经营

【概况】 2021年，牡丹江市房产经纪企业（含分支机构）216户、房地产价格评估企业22户。房地产市场交易总量分别为商品房97.32万平方米、商品住房90.7万平方米、非商品住房7.1万平方米。新建商品住房成交面积占商品住房总量的90.1%，存量商品住房成交面积占商品住房总量的9.9%。新建非商品住房成交面积占非商品住房总量的85.6%，存量非商品住房成交面积占非商品住房总量的14.4%。全年全市存量商品房成交面积186.88万平方米，比上年下降5.1%；成交均价3447元/平方米，比上年下降13.46%。其中，存量商品住房呈下降趋势，成交面积110.79万平方米，下降4.44%；成交均价2884元/平方米，下降0.41%。

【新建商品房市场】 2021年，牡丹江市新建商品房累计新上市面积89.79万平方米，比上年下降3.26%。其中，新建商品住房累计新上市面积78.66万平方米，下降1.88%。

2021年，牡丹江市新建商品房销售面积60.39万平方米，比上年增长2.7%；销售金额22.49亿元，比上年增长4.87%；销售均价4584元/平方米，比上年下降6.2%。新建商品住房销售面积53.78万平方米，比上年下降1.99%；销售金额21.51亿元，比上年上涨4.08%；销售均价4497元/平方米，下降5.7%。新建非商品住房销售面积6.61万平方米，比上年下降35.6%；销售金额3.43亿元，比上年下降36.58%；销售均价6008元/平方米，下降10.3%。

截至年末，全市新建商品房库存面积392.02万平方米，去库存周期24个月，比上年同期的20.5个月增加3.5个月；新建商品住房库存面积235.58万平方米，去库存周期18个月；新建非商品住房库存面积156.44万平方米，去库存周期32.5个月。

【房屋中介与租赁】 2021年，牡丹江市累计二手房交易14088套，同比增长41.20%；交易面积126.18万平方米，同比增长66.44%；交易金额434994.86万元，同比增长99.45%。其中，住房13605套，同比增长41.58%；面积99.79万平方米，同比增长37.60%；交易金额287820.46万元，同比增长44.60%。二手房交易均价3447元/平方米，同比增长19.81%。其中住房平均价格2884元/平方米，同比下降0.41%；非住宅平均价格5748元/平方米，同比下降9.23%。

【商品住房市场】 截至2021年末，牡丹江市区库存面积208.18万平方米，占全市库存总量的53.10%；东安区92.48万平方米，占全市库存总量的44.42%；西安区44.95万平方米，占全市库存总量的21.59%；爱民区40.65万平方米，占全市库存总量的19.52%；阳明区30.1万平方米，占全市库存总量的14.45%。

2021年，牡丹江市区在售商品住房中低于每平方米2500元的在售商品住房占总量的0.43%，每平方米2500—3000元的在售商品住房占总量的2.13%，每平方米3000—4000元的在售商品住房占总量的5.96%，每平方米4000—5000元的在售商品住房占总量的25.96%，每平方米5000—6000元的在售商品住房占总量的42.11%，每平方米6000—7000元的在售商品住房占总量的19.15%，高于每平方米7000元的在售商品住房占总量的4.26%。

2021年，牡丹江市区商品住房销售5571套。其中，60平方米以下商品住房占销售总量的8.09%；60—90平方米商品住房占销售总量的13.61%；90—140平方米以下的商品住房占销售总量的64.26%；144平方米以上的商品住房占销售总量的14.04%。

（市住建局　朱　林）

物业管理

【概况】 2021年，牡丹江市区采取“两级政府、三级管理”体制，市级物业管理行政主管部门负责全市物业管理服务的统一监督管理，区、县（市）物业管理行政主管部门负责本行政区域内物业服务的监督管理。截至年末，市区共有物业服务企业141户。其中，本市企业130户，外来企业11户，从业人员5000人。市区有756个住宅小区和538栋单体楼，总建筑面积3671万平方米。物业管理住宅小区509个，管理面积3041万平方米，物业管理覆盖率86.22%。其中，专业化物业管理小区323个（四级物业服务小区44个、611万平方米；三级物业小区68个、798万平方米；二级物业小区159个、1070平方米；一级物业小区52个、189万平方米）；实行物业管理但仅收卫生费小区93个、214万平方米；业主自治管理小区93个、159万平方米。政府兜底（社区物业服务部）管理的住宅小区247个、538栋单体楼，管理面积524万平方米。

表49　2021年牡丹江市区物业企业一览表

序号	物业公司名称
1	牡丹江市骏升物业管理有限公司
2	牡丹江元嘉物业有限公司
3	黑龙江天懋物业管理有限公司
4	牡丹江市华隆物业管理有限责任公司
5	牡丹江星元房产有限公司
6	牡丹江锦程物业有限公司
7	牡丹江百佳信物业管理有限公司
8	牡丹江市江南机关物业经营管理有限公司
9	黑龙江瑞亨物业管理有限公司

续表

序号	物业公司名称
10	牡丹江神龙物业管理有限公司
11	牡丹江恒丰物业管理有限公司
12	牡丹江东盛物业管理有限公司
13	牡丹江市鑫宏远物业管理服务有限公司
14	北京中原华夏物业管理有限公司牡丹江分公司
15	牡丹江广源物业管理有限公司
16	深圳市深华物业集团有限公司牡丹江分公司
17	牡丹江联华物业管理有限公司
18	牡丹江田园物业有限公司
19	海林市嘉诚物业管理有限公司
20	牡丹江百好戴维斯物业有限责任公司
21	牡丹江大树物业管理有限公司
22	牡丹江市新陆物业有限责任公司
23	牡丹江金水湾物业有限公司
24	牡丹江市鑫贵和物业管理有限公司
25	黑龙江亨通基业集团物业经营有限公司
26	黑龙江万瑞物业管理有限公司
27	牡丹江天和物业管理有限公司
28	牡丹江顺峰物业有限公司
29	秦皇岛市秦新物业服务有限公司牡丹江分公司
30	牡丹江市金昊物业管理有限公司
31	牡丹江安逸物业有限责任公司
32	牡丹江市华泰物业有限公司
33	大连万象美物业管理有限公司牡丹江分公司
34	牡丹江鸣扬物业管理有限公司
35	牡丹江市新泰物业管理有限公司
36	牡丹江金管家物业管理有限公司
37	牡丹江畅华物业管理有限公司
38	牡丹江天择物业管理有限公司
39	牡丹江市万佳物业管理有限公司
40	牡丹江北方物业管理有限公司
41	牡丹江帅千管理有限公司
42	牡丹江市碧源物业管理有限公司
43	牡丹江三友机车物业有限公司
44	牡丹江市蓝天物业有限责任公司
45	牡丹江市旭广物业管理有限公司

续表

序号	物业公司名称
46	牡丹江鑫浩物业有限公司
47	牡丹江市天晟物业有限公司
48	牡丹江市坤程物业管理有限公司
49	牡丹江东居华庭物业有限责任公司
50	牡丹江市东安物业管理服务有限公司
51	牡丹江市星海物业管理有限公司
52	牡丹江美林物业管理有限公司
53	牡丹江鸿祥物业管理有限公司
54	牡丹江市德信物业管理有限公司
55	牡丹江振兴家园物业管理有限公司
56	牡丹江市大源物业管理有限责任公司
57	牡丹江东大物业管理有限责任公司
58	牡丹江华威物业有限责任公司
59	北京城建德远（牡丹江）物业管理有限责任公司
60	牡丹江市康驰物业管理有限公司
61	牡丹江市新阳物业管理有限责任公司
62	牡丹江天鑫物业管理有限公司
63	牡丹江艺雷物业管理有限公司
64	牡丹江鹏通物业管理有限公司
65	牡丹江市吉伟物业管理有限公司
66	牡丹江市龙辉物业有限公司
67	牡丹江市佳鑫物业有限公司
68	牡丹江东园物业有限责任公司
69	牡丹江市大正物业管理有限公司
70	牡丹江市华侨物业管理有限公司
71	牡丹江市江南物业管理有限公司
72	牡丹江市江盛物业管理有限公司
73	牡丹江天豪物业有限公司
74	牡丹江家玺物业管理有限公司
75	牡丹江金禹物业有限公司
76	牡丹江鑫峰物业管理有限公司
77	上海科瑞物业管理发展有限公司牡丹江分公司
78	牡丹江威比物业管理有限公司
79	牡丹江都爱物业管理有限公司
80	牡丹江市金祥物业管理有限公司
81	牡丹江民鑫物业管理有限公司

续表

序号	物业公司名称
82	牡丹江市瑞升物业管理有限公司
83	牡丹江市百福元物业管理有限公司
84	牡丹江家和物业管理有限公司
85	牡丹江市百正祥物业管理有限公司
86	牡丹江市煜华物业管理有限责任公司
87	牡丹江市利泰物业管理有限公司
88	牡丹江市军城物业管理有限公司
89	牡丹江尚品物业管理有限公司
90	金碧物业有限公司牡丹江分公司
91	牡丹江市海苑物业管理有限公司
92	牡丹江市吉兆嘉建筑工程有限公司
93	牡丹江众星物业管理有限公司
94	牡丹江丽景物业管理有限公司
95	安徽珍宝岛物业管理有限公司牡丹江分公司
96	世茂天成物业服务集团有限公司牡丹江分公司
97	牡丹江市富友物业管理有限公司
98	牡丹江佳美物业管理有限公司
99	牡丹江市诚佳物业管理有限公司
100	牡丹江卓健物业管理服务有限公司
101	牡丹江市含笑物业管理有限公司
102	牡丹江市富通物业管理有限公司
103	黑龙江恒秉物业管理有限公司
104	牡丹江桓彬物业管理有限公司
105	牡丹江和谐家园物业管理有限公司
106	牡丹江洁信物业管理有限公司
107	牡丹江市千翔物业管理有限公司
108	牡丹江市鑫龙物业有限公司
109	牡丹江市福盛物业有限公司
110	牡丹江市孙管家物业管理有限公司
111	牡丹江辉瑞物业管理有限公司
112	牡丹江百隆物业管理有限公司
113	牡丹江市汇龙物业管理有限公司
114	牡丹江市金通物业有限责任公司
115	牡丹江金晟物业管理有限公司
116	牡丹江百盛物业管理有限公司
117	牡丹江市御品居物业管理有限公司

续表

序号	物业公司名称
118	牡丹江市晟昌物业管理有限责任公司
119	牡丹江鑫鹏物业管理有限公司
120	哈尔滨中润房产经营物业管理有限公司牡丹江分公司
121	牡丹江市健平物业管理有限公司
122	牡丹江市乐家物业管理有限公司
123	牡丹江众谋物业管理有限公司
124	牡丹江市卓晟物业管理服务有限公司
125	牡丹江市鼎励物业管理有限公司
126	牡丹江市诺诚成物业管理有限公司
127	牡丹江市军地物业有限公司
128	牡丹江万树园物业管理有限公司
129	牡丹江鑫品诚物业管理有限公司
130	牡丹江生旺物业管理有限公司

（资料来源：市住建局）

【物业行业管理服务】 2021年，开展四期物业企业考评，建立“红黑榜”，对物业管理服务开展专项整治，查出40户物业企业在51个物业管理项目上存在问题，对40户物业企业负责人采取警告、责令限期改正1次，约谈37次，通报23次，限制承接新物业服务项目2个进行惩戒。加大物业服务收费信息公开力度，让群众明明白白消费。督导检查物业管理小区794个，全部完成物业服务信息公示制度。开展检查139次，约谈督促未公示物业服务企业57户，督促其规范物业服务行为，严格落实公示制度。

【绿色社区创建】 按照《关于印发黑龙江省绿色社区创建行动实施方案的通知》要求，牡丹江市以老旧小区改造、配套基础设施维护、生活垃圾分类、物业服务优化等社区建设管理为抓手，开展绿色社区创建活动。成立工作专班，市住建局牵头，市发改委、市民政局、市公安局、市市场监督管理局等八部门联合，全面推进绿色社区创建。完善监控安防设施，设置大门、增设门卫值班室、安装车辆道闸、完善小区监控系统等；配建地上停车位676个，充电桩67个，配建智能安防系统13处，设置大门72个，在公共区域设置无障碍休息区和休息座椅110处。以改造小区为试点，探索建设2个小区为绿色社区创建示范典型，以点带面，逐步推开共建“绿色社区”，为居民建设美好、宜居、幸福的家园。

（市住建局 朱 林）

表50 2021年牡丹江市绿色社区统计表

序号	县（市、区）	社区总数	绿色社区数量
1	东安区	24	23
2	西安区	27	19
3	爱民区	28	24
4	阳明区	23	16
5	海林市	44	17
6	宁安市	18	10
7	穆棱市	17	10
8	林口县	9	5
9	东宁市	12	7
10	绥芬河市	16	10
合计		218	141

（资料来源：市住建局）

公　路

【概况】　2021年，牡丹江市公路总里程12491.776公里，占全省公路总里程的7.43%，公路密度32.17公里/百平方公里（全省为36.6公里/百平方公里），二级以上公路占公路总里程的15.9%，区域中心城市与所辖各县（市）全部实现一级或高速公路相贯通，全市55个乡（镇）和887个行政村全部实现硬质路面相连接。按技术等级分，全市境内高速公路447.928公里，一级公路416.584公里，二级公路1127.866公里，三、四级公路9626.905公里，等外公路872.493公里。按行政等级分，国道6条，里程1469.677公里；省道7条，里程1369.186公里；县道44条，里程1539.487公里；乡道257条，里程2651.5公里；村道947条，里程4844.535公里；专用公路163条，里程617.391公里。全年完成客运量694万人，旅客周转量42207万人公里；完成货运量2232万吨，货物周转量279152万吨公里。

（市交通局　廉洪奎）

【干线公路建设与养护】　2021年，市交通局实施公路路域环境综合整治工程，投资500余万元，全方位清理公路边沟护坡，维修维护公路附属设施，打造畅、洁、绿、美、舒、安的公路交通环境。完善牡海城际公路等重点路段、重点景区的旅游标牌、标识等附属设施，维护牡海城际公路沿线6座公交站亭，新建中兴村2座高标准公交站亭，打造牡海城际观光带。

（市交通局　廉洪奎）

2021年7月，G11高速牡丹江路面改造工程完工　（市交通局　供图）

【农村公路建设与养护】　2021年，市交通局建设维护农村公路141.8公里、危桥36座，提升群众出行品质。创建“美丽农村路”145公里，绿化香化12万株，全市县、乡、村级公路优良路率分别达到75.24%、76.9%、73.5%，公路养护质量不断提升。

（市交通局　廉洪奎）

【路网设施建设】　2021年，牡丹江市交通运输基础设施建设完成投资17.8亿元。争取省交投集团投资11.8亿元，改造高速公路165.8公里收费站16个、服务区6个。抢抓全省实施国省道质量提升工程有利契机，争取省交通厅投资2.64亿元，改造国省干线公路255公里。全额争取省交通厅专项资金2707万元，高标准完成牡海城际公路绿化工程，成为第四届黑龙江省旅游产业发展大会的“引爆点”和风景线。

（市交通局　廉洪奎）

【高速公路改造工程】　为提升高速公路通行体验，打造最佳旅游交通环境。2021年，牡丹江市重点推进鹤大高速公路牡丹江至黑吉省界段和绥满

2021年，牡丹江市公铁联运中心主体完工（市交通局 供图）

高速公路海林至尚志段路面改善工程，全长273公里，总投资约19亿元。其中，鹤大高速公路牡丹江至黑吉省界段全长117公里，总投资约10亿元；绥满高速公路海林至尚志段全长156公里，总投资约9亿元。3月项目开工建设，7月中旬完工通车。为确保项目顺利推进，市交通局不断深化“四员”服务，跟踪跟进项目，帮助企业解决立项、用地、供电、供水等实际问题，确保项目如期完工。7月20日，牡丹江市举行第四届黑龙江省旅游产业发展大会交旅项目集中交工仪式，展示建设成果，预热旅发大会。

（市交通局 廉洪奎）

【服务区品质提升工程】 2021年，市交通局实施高速公路服务区、收费站品质提升工程，投资2亿元，改造高速公路服务区6个、收费站16个，改造内容包括：服务区外立面改造升级、内部重新装修等工程；收费站站亭、收费岛、机电工程和收费站厂区道路改造等工程。项目于4月开工建设，7月中旬完工交付使用。

（市交通局 廉洪奎）

【公路交通运输管理】 2021年，市交通局开展迎旅发交通整治专项行动，加强“两站一场”等窗口重点区域运输市场管理，查处违法违规车辆352台，营造规范有序的运输环境。交通窗口承办政务服务事项31638件，未发生错办、漏办、超时办结现象，按时限办结率100%，实现“零”投诉服务，继续保持牡丹江市行政审批先进单位荣誉。

（市交通局 廉洪奎）

【公铁联运中心主体完工】 2021年11月5日，牡丹江综合交通枢纽项目主体结构及钢结构（含屋面板）全部完成。牡丹江综合交通枢纽项目是省百大项目之一，7月开工建设，11月5日提前完成项目主体结构封顶。截至年末，项目主体结构及钢结构（含面板）全部完成；二次结构及抹灰工程完成，给排水主管道完成80%；电力电缆桥架完成75%；通讯信息桥架完成95%；外装主龙骨完成。牡丹江综合交通枢纽（公铁联运中心）建成后，旅客最高聚集人数4000人，为国家一级客运站，地下部分主要是地下出站通道，与既有站房出站通道相连接，为桥北（虹云桥以北区域）的旅客进入或离开车站提供便捷路径。实现火车、客车、公交车、出租车之间一站式零距离换乘。

（市交通局 廉洪奎）

【道路交通安全管理】 2021年，市公安局交警部门围绕“人、车、路”等关键环节，全力预防道路交通事故，查处各类交通违法66万起，同比上升15.09%；查处酒驾醉驾违法3655起，同比上升9.8%；全年未发生死亡3人以上的较大交通事故。

（市公安局 高 萌）

表51 2021年牡丹江市道路交通事故情况统计表

项目	2021年	2020年	同比
发生（起）	1184	911	29.97%
死亡（人）	155	114	35.96%
受伤（人）	1369	1126	21.58%
财产损失（万元）	192	185	3.62%

（资料来源：市公安局）

表 52 2021 年牡丹江市区机动车保有量统计表

（截至 2021 年 12 月 31 日）

项目			保有量（辆）
总计			152910
汽车	合计		139493
	载客	小计	124560
		大型	1661
		中型	823
		小型	121706
		微型	370
	载货	小计	13790
		重型	3246
		中型	499
		轻型	10044
		微型	0
		三轮汽车	0
		低速货车	1
	专项作业车	小计	1143
		重型	459
		中型	208
		轻型	475
		微型	1
摩托车	合计		12288
	普通		11242
	轻便		1046
挂车	合计		1043
	重型		1021
	中型		6
	轻型		16
	微型		0
与 2020 年同期相比增长		机动车总量	18%
		汽车总量	18%
		载客汽车	18%
		载货汽车	24%
		专项作业车	–0.7%

（资料来源：市公安局）

表 53　2021 年牡丹江市机动车保有量统计表

（截至 2021 年 12 月 31 日）

项目			保有量（辆）
总计			382804
汽车	合计		338131
	载客	小计	290659
		大型	2866
		中型	1623
		小型	284851
		微型	1319
	载货	小计	45382
		重型	11905
		中型	2777
		轻型	30666
		微型	3
		三轮汽车	5
		低速货车	26
	专项作业车	小计	2090
		重型	863
		中型	364
		轻型	861
		微型	2
摩托车	合计		41015
	普通		39414
	轻便		1601
挂车	合计		3559
	重型		3528
	中型		6
	轻型		25
	微型		0
与 2020 年同期相比增长		机动车总量	5.9%
		汽车总量	7.4%
		载客汽车	8.2%
		载货汽车	3.1%
		专项作业车	–1.1%

（资料来源：市公安局）

铁 路

【概况】 牡丹江火车站位于西安区境内，中心里程位于滨绥线351公里465米处、图佳线248公里151米处、哈牡客专线298公里761米处，是黑龙江省东部地区铁路运输枢纽，牡丹江市经济产品枢纽集散地，集客、货运业务于一体的综合性特等站。主要任务是办理哈尔滨、绥芬河、图们、林口4个方向的客、货列车接发、解编、甩挂及自站作业车取送等业务。日均接发旅客列车69.5对（动车组列车42.5对，普速列车27对），货物列车55对。2021年，运输收入完成30409.8万元，欠计划的13.6%。发送旅客313.3万人次，欠计划的19.2%。其他业务收入完成547.5万元，超计划的7.3%。其他业务利润完成286.3万元，与计划持平。

（牡丹江火车站 张 斌）

【安全管理】 2021年，牡丹江火车站夯实安全基础管理，完善“三位一体”（物防、技防、人防）安全保障体系，明确121项年度重点工作清单，建立完善《劳动安全控制办法》等19项制度办法，编制《牡丹江站应急管理实施方案》，确定行车、客运、货运3个系统28个应急预案。梳理完善运输、货运、客运3个系统137项风险点，组织两级专业干部实施风险管控3000余人次。推进安全专项整治三年行动，全年排查整治各类隐患问题811件，治理不良作业地点和站区封闭设备设施133处，防止险情43起。圆满完成287项行车施工、79项临近营业线施工、8105项天窗维修任务。深化“技防”保安全工作，加大4G作业记录仪调阅，规范调车作业，惯性问题同比下降8.3%。推进“两违”积分限量考核+红线管理+正向激励办法实施，全年预警3853人次、扣款858人次、离岗培训1人。对193名无“两违”（铁路系统的违章违纪）职工奖励3.24万元，对52名防止事故险情职工奖励2.49万元。坚持从严管理，推动安全责任落实，下发15期干部作风通报，考核追责干部205人次。开展现场作业对规对标写实，建立对规对标写实平台，推动各级管理人员学规章、下现场、抓指导，促进专业管理能力提升。截至年末，实现无行车一般D类事故882天，无人身伤亡事故9412天。

（牡丹江火车站 张 斌）

【运输保障】 2021年，牡丹江火车站树立大运输理念，发挥区域性编组站作用，全年日均办理货车4993辆，单日最高办理6712辆，有调比重达到49.53%。编组优质小运转列车，扩大车站辐射范围，为哈尔滨南站上行作业创造便利条件。加强运行图调整期间运输组织，严格执行“一日一表”，落实“三核对”（即签、票、货三核对）制度，全年季度调图4次，临时调图228次，下发调整调图通知232份，确保各次调图顺利实施。加强货车装载作业质量检查，全年接发货物列车3.24万列157.43万辆，发现问题车308辆，甩修车16辆，确保货物列车安全顺利开行。做好运统——电子化传递实施工作，自2020年11月1日实施以来，使用运统——电子化出发列车作业3419列，完成发送率100%、签认率100%。做好站内保留列车、动车所客车停留组织工作，加强绥芬河口岸中欧班列运输组织，常态化开行牡丹江至大连外贸班列，保障哈尔滨局东部枢纽畅通，发挥编组站“列车工厂”作用。

（牡丹江火车站 张 斌）

【牡佳高铁开通】 2021年12月6日，牡佳高铁正式开通运营，黑龙江省高铁网实现互联互通。牡丹江至佳木斯两地最快铁路旅行时间由7小时缩短至2小时10分钟。牡佳高铁位于黑龙江省东部地区，是沈阳至佳木斯高速铁路的组成部分，也是我国最东端的高铁。线路南起牡丹江市，经鸡西市、七台河市、双鸭山市，终至佳木斯市，全长371.6公里，是黑龙江省境内里程最长的高铁线路。设计时速250公里，设牡丹江、林口南、鸡西西、七台河西、桦南东、双鸭山西、佳木斯等7座客运车站，除牡丹江、佳木斯为既有车站外，其余均为新建车站。牡佳高铁开通运营后，成为黑龙江省第四条高速铁路，与既有的哈牡高铁、哈佳铁路共同构成黑龙江省东部高铁环线，串联起沿线6座地级市，形成以哈尔滨为中心的两小时、三小时交通圈，对促进沿线资源型城市转型升级，助力东北全面振兴、全方位振兴，具有十分重要的意义。牡佳高铁开通初期安排开行动车组列车18对，最高运营时速250公里。省内方向运行动车组列车13对，首次在哈尔滨、牡丹江、佳木斯间开行环线动车组列车，在牡佳高铁开行通达大庆、齐齐哈尔等地的动车组列车，实现省内高铁网

- **2016年10月12日** 国家发展改革委批复牡佳高铁项目可行性研究报告。
- **2016年11月10日** 牡佳高铁开工建设。
- **2020年7月30日** 牡佳高铁最长隧道七星峰隧道全线贯通。
- **2020年11月30日** 牡佳高铁铺轨完成。
- **2021年6月10日** 牡佳高铁开始联调联试。
- **2021年8月19日** 牡佳高铁开始运行试验。

牡佳高铁建设历程

（市发改委 供图）

互联互通。省外直通方向运行动车组列车5对，包括鸡西西至北京朝阳（北京）1对、双鸭山西至大连北1对、七台河西至大连北2对、双鸭山西至石家庄1对。

（市发改委　林佳炎）

【海浪铁路专用线开工建设】　2021年4月4日，牡丹江经济技术开发区海浪铁路专用线项目开工建设。项目总投资5.3亿元，新建专用线项目接轨于图佳线海浪站，出站后并行既有图佳线走行，下穿G201国道、G10国道（绥满）高速、G11国道（鹤大）高速后进入综合保税区。在保税物流中心南侧，新兴村以西新建保税区物流站，总里程7.109公里。物流站采用横列式布置，设置集装箱货物和综合货物两大作业功能区，其中集装箱货物作业功能区靠近综保区侧布置：综合货物作业功能区分为包装成件货物作业区、长大笨重货物作业区，能满足装箱、包装成件、长大笨重货物装卸。

（市发改委　林佳炎）

航　空

【概况】　牡丹江海浪国际机场位于牡丹江市西南城郊，距市中心9公里，为4C级国际支线机场、国家对外开放的一类航空口岸。机场航站楼面积8200平方米，设2个登机口。民航站坪面积3.8万平方米，设4个机位。有1条长2600米、宽45米的沥青跑道，可起降波音B737—800以下机型。2021年，牡丹江机场保障飞行起降6776架次，同比增加34.87%；完成旅客吞吐量757451人次，同比增长42.2%；完成货邮吞吐量379.4吨，同比增长62.41%。

【海浪机场设施建设】　2021年，牡丹江飞机场从智慧机场建设入手，改善旅客出行体验和运行保障效率。引进4台自助值机系统，更新航班显示系统，旅客可自行选座、值机、出票，由人工值机平均5分钟处理速度缩短为15秒完成，提升旅客出行体验。

2021年9月16日，绥芬河东宁机场客机试飞成功

（绥芬河市档案馆　供图）

【绥芬河东宁机场试飞】　2021年9月16日15时05分，一架南航A320客机平稳降落在绥芬河东宁机场跑道上，标志着绥芬河东宁机场客机试飞成功。本次试飞历时3个多小时，验证绥芬河东宁机场飞行程序和运行最低标准，检查机场通信导航、目视助航等设备设施的运行情况，飞行区道面、标志、标记牌的标绘、设置情况，滑行路线和停机位情况以及机场净空情况。绥芬河东宁机场2017年10月开工建设，2021年8月底飞行区工程及空管工程通过竣工验收，9月4日完成校飞。

（牡丹江机场　姜程博）

水　运

【概况】　牡丹江市辖区内有水路运输企业4户，分别是牡丹江市江滨船艇游乐有限公司、牡丹江镜泊湖观光船旅游有限责任公司、黑龙江省柴河林业局有限公司，海林市滨岛轮船客运有限公司，经营项目均为船舶客，2021年，全市水路运输完成客运量12.7407万人，客运周转量422.2636万人公里。同比分别上升76.79%和101.03%。运辖区内无货物运输。

【搜救能力建设】　2021年，牡丹江海事局开展线上水上搜救协调员技能培训，增强从业人员专业技能和应急反应能力；5月11日，组织开展应急演习演练，联合镜泊湖观光船旅游有限公司举办“镜泊湖2021防灾减灾水上搜救演习”；7月30日，联合牡丹江市应急局、镜泊湖管委会、牡丹江市消防支队以及辖区观光船公司举办“镜泊湖2021旅发大会水上交通安全保障演习”；9月8日，在莲花湖二道林场水域组织开展汛期水上应急演练。加大应急救援力量合作扶持力度，与牡丹江镜泊湖观光船旅游有限责任公司签订《镜泊湖水上救助协议书》，成立镜泊湖水上应急救助队，标志着辖区湖泊、水库等封闭水域内的船舶互助互救机制探索有一个良好开端；为牡丹江市红十字雪城救援队、牡丹江市江滨船艇游乐有限公司各争取到0.5万元的搜救奖励金；与牡丹江市公安局开展水上搜救业务交流，开展水上应急突发事件救援知识培训，就整合水上应急资源力量，及时、快速、高效地开展水上突发事件应急处置活动等内容达成共识；邀请牡丹江市红十字雪城救援队进行交流会谈，增强应对水上险情、事故的协调处置能力，着力提高水上应急处置能力。

【安全保障】 2021年，牡丹江海事局维护水上通航环境和通航秩序，强化船舶安全监督管理，严格按照要求办理船舶登记工作，全年办理船舶登记51艘次。在牡丹江镜泊湖旅游船舶智能监管系统基础上，探索旅游客船安全监管模式，创建“151”工作模式，用“一个引领、五个确保、一个支撑”，打造封闭水域旅游客船安全监管示范样板工程。保证船舶进出港报告制的落实落靠，在航船舶注册率100%，实施电子报告率100%，实施船舶安全检查73艘，初查74艘次，复查74艘次。牡丹江海事局与镜管委、市交通局等部门联合执法，优化镜泊湖水上旅游环境。推动航运企业全员安全生产责任制落实，推进双重预防机制试点工作，依据《水上交通安全约谈管理规定》，对辖区船舶公司进行水上交通安全约谈2次。持续开展长期逃避海事监管船舶专项整治行动，汇总形成长期逃避海事监管船舶清单，排查船舶221艘，完成排查销号199艘，梳理纳入最终长期逃避海事监管船舶名录22艘。

（牡丹江海事局　于　洋）

航　道

【概况】 2021年，牡丹江海事局主要负责牡丹江水系水上安全监督和防止船舶污染、船员考试发证、船舶和水上设施登记和发证、水上通航秩序管理、水上水下活动审批与行政执法等，代表市政府具体实施牡丹江市水上搜救指挥工作。

【航道工程建设】 2021年，牡丹江海事局联合北海航海保障中心天津测绘中心完成镜泊湖湖区和吊水楼瀑布水域测量工作，为第四届黑龙江省旅游产业发展大会各项水上活动开展，提供更加准确的通航、水文等数据。升级完善镜泊湖旅游船舶智能监管系统，智能化监管效用进一步发挥。及时发布航行通告，海巡指挥船实施水上通航秩序管理，安排海事及消防人员随船指挥待命，保障旅发大会期间水上交通安全。

2021年5月11日，牡丹江镜泊湖海事处联合辖区观光船公司举办“镜泊湖2021防灾减灾水上搜救演习”
（牡丹江海事局　供图）

【航道治理】 2021年，牡丹江海事局强化通航管理，制定《牡丹江海事局水上无线电秩序管理专项整治工作方案》，办理无线电证书船舶12艘（总计办理68艘），100%覆盖运营船舶；按照海事监管和航海保障一体化融合发展工作要求，分别与北海航海保障中心天津海事测绘中心、哈尔滨通信中心开展业务交流和CCTV设备联合巡检工作；结合巡航救助一体化建设，全年开展巡航98次，出动执法人员246人次，巡航时间233.5小时，巡航里程2201.71海里。

【绿色航道建设】 2021年，市海事局开展巡航巡河检查，加强船舶防污染执法监管，强化重点水域、重点船舶、重点时段的巡航巡湖，发现并处罚污染违法违规行为1起。开展防治船舶污染治理，强化船舶防污染设备、文书等内容的检查，要求辖区所有营运船舶设置符合法规要求的生活污水贮存柜、油污水贮存柜、船舶垃圾箱等防污染设备，将船舶污染物依法合规分类存储，严禁违法违规排放，对73艘船舶进行检查，登轮检查339艘次，发现防污染相关缺陷13项，全部督促整改完毕。开展船舶燃油硫含量检测工作，现场快速检测船舶102艘次，检测结果均在10PPM左右，船舶燃油取样送检50艘次。

（牡丹江海事局　于　洋）

邮　政

【概况】 2021年，牡丹江市邮政局（以下简称市邮政局）邮政业务总收入10.53亿元，同比增长12.27%；业务总量完成10.73亿元，同比增长27.80%。其中快递业务量完成4569.39万件，同比增长44.09%；快递业务收入4.22亿元，同比增长15.11%，量收指标均排名全省第二位。邮政普遍服务寄递时限达到国家规定标准。邮政、快递服务满意度持续提高。

【邮政行业监管】 2021年，牡丹江市邮政局加强普遍服务行政审批与备案管理，对邮政企业涉及设立普遍服务网点备案、迁址等事项开展备案管理工作205项，集中整治2021年普服监管系统上线以来邮政普服局所实际名称、坐标、地址与系统不符的情况。开展乡镇邮政普遍服务局所“回头看”专项检查，实地检查农村局所23处，视频检查47处。严格规范企业、建制村打卡频次，达不到100%的需要上报原因说明，对企业因优化投递服务引起的线路、投递时间等的变更，以及乡邮员提出的建制村定位错误、无法完成打卡等情况，及时开展坐标变更审核，更新维护系统，全市建制村投递打卡率显著提升。开展《人民日报》当日见报情况抽查，对县级人民政府收到当日《人民日报》情况进行专项调查，继续督促邮政企业做好党报党刊投递工作。开展社会监督工作，新增4名社会监督员，达到牡丹江辖区内10个县（市、区）全覆盖。采用微信视频会议形式对辖区内的邮政特邀监督员进行培训，开展“快递进村”专项调研工作，10名监督员采取实地走访和电话访问的形式，全年开展邮政普遍服务监督75人次、快递监督50人次、邮政监督25人次。

【邮政普遍服务】 2021年，市邮政局更换营业网点新标准“店招”52处，更换新标准“营业时间牌”146处，对市区内59个邮筒完成升级改造。通过调整作业组织、增加投递车辆等方式，有效解决农村地区通邮问题，全市887个建制村通邮率、汽车投递率均为100%。全市建设邮政服务站742个，非城中村覆盖率100%。综合便民服务站因地制宜叠加收寄投递、便民缴费、包裹代收投、站点批销等多种功能，服务能力不断提升。通过开通高铁邮路、调整干线汽车邮路、增加县域转接车辆等方式，确保县级城市党政机关党报党刊当日见报率100%；机要通信邮件丢失率、损毁率保持为零。

【快递业务】 2021年，市邮政局制发《牡丹江市邮政快递业“十四五”发展规划》，推动县、乡、村三级物流快递体系与全市集疏运体系大规划、电子商务进农村产业规划（项目）有效衔接，将农村邮政快递发展纳入全市“十四五”规划中。推动林口县邮政分公司签约林口县电子商务进农村综合示范项目，承担“县乡村三级物流体系建设”，构建“工业品下乡和农产品进城双向流通渠道”服务“电商运营模式创新建设项目”获得中央财政专项资金支持1070万元，省邮政公司及市公司投资1200万元。联合市商务局、市农业农村局等六部门联合印发《牡丹江市村级电子商务服务站建设实施方案》，推动在全市先期建设100个农村电商快递服务站，为农户搭建本地农产品销售平台，打造“电商+供销+农业+快递”一体化运营模式，促进农业增效和农民增收。

【网点转型】 2021年，牡丹江市97处营业网点达到5项业务叠加要求，转型网点业务叠加完成率达到100%；建设主题邮局3处；开办警邮合作网点24处（市内6处、县分公司18处），税邮合作网点60处（市内22处、县分公司38处）；压降台席88个，完成压降计划的100%；打造财富中心2处，其中省级1处、市级1处。

【中国邮政集团有限公司牡丹江市分公司】 中国邮政集团有限公司牡丹江市分公司（以下简称牡丹江市邮政分公司）承担牡丹江市的邮政通信服务任务，是黑龙江省东南部最大的邮政通信枢纽和邮件集散中心。提供的邮政服务主要有函件、包件的寄递以及报刊发行、集邮、渠道平台、代理邮政金融、代理速递等业务，下辖10个二级企业（4个市区分公司和6个县市分公司）。2021年，全市邮政总收入完成6.15亿元，规模列全省第四位；进度97.46%，列全省第六位；增幅8.46%，列全省第六位。邮银联动成立各级惠农专班，与市农业农村局、邮储银行三方协议签订率100%。走访合作社5301户，发展农民个人会员30508人，进度132.06%；推送一级白名单客户398个，推荐完成率180.91%；实现融资E贷款1082.75万元，完成率127.32%；实现农产品交易额2163万元，进度130.3%；实现农产品寄递收入943.3万元，进度221.43%。在全省惠农合作“比学赶帮超”活动中，综合得分列全省第二位。

（牡丹江市邮政分公司　何冰冰）

通　信

·中国电信股份有限公司牡丹江分公司·

【概况】 2021年，中国电信股份有限公司牡丹江分公司（以下简称电信分公司）收入18642万元，同比增长8.96%，收入市场份额12.74%；出账用户31.1万户，市场份额12.10%；计费用户14.73万户，市场份额18.34%。荣获承办第四届黑龙江省旅游产业发展大会“先进集体”称号和荣获牡丹江市“五一劳动奖状”称号。

【网络建设】 2021年，电信分公司坚持云网为本，持续提升云网基础能力，强化网络覆盖，提高网络质量，全年建设宽带小区176个，4G共享承载开通共享小区239个，5G共建拓展到乡镇，开通率100%，共享率100%。开展高铁移动网部署建设，牵头共建哈牡高铁沿线传输线路，部署9段隧道移动网络，引接站点44个；牡佳高铁开通基站81个。

【通信保障】 2021年，电信分公司履行央企的社会责任，推进乡村振兴与巩固脱贫攻坚成果有效衔接。严格落实市政府关于巩固脱贫攻坚成果工作的各项要求，全年走访5次为贫困户送慰问品，全年完成消费帮扶14万元。新冠肺炎疫情期间医疗卫生等重点行业及企业提供通信保障，停课不停学。承接各类社会活动所需的重大通信保障9次，第四届黑龙江省旅游产业发展大会期间，对34个分会场、重要景区、交通枢纽、高铁等区域开展全面测试，优化通信保障。对镜泊湖北门（瀑布）、虎园等处进行覆盖提升，安装10个基站小区，协同联通公司加快哈牡高铁沿线基站开通进度。大会召开当日出动应急通信车一辆，其他保障车辆6台，各类保障人员20人，部署重点路段线路巡视，全天监测网络状态，与现场应急队员互动沟通实时网络调整，保障镜泊湖主会场及吊水楼瀑布等分会场网络平稳，圆满完成第四届黑龙江省旅游产业发展大会网络保障任务。牡丹江营业厅建立14家爱心翼站，为群众提供休息、饮水、充电、网络、便民等各类贴心服务，提供电信助老适老产品体验等特色服务。

（电信分公司 丁国娟）

·中国移动通信集团黑龙江有限公司牡丹江分公司·

【概况】 2021年，中国移动通信集团黑龙江有限公司牡丹江分公司（以下简称移动分公司）实现通信服务收入8亿元，净利润1亿元，通信客户份额71.5%。4G客户120万户，5G客户45万户。家庭市场收入1.6亿元，家庭宽带客户35万户。

【信息化项目建设】 2021年，移动分公司双路由保障94户，信息化收入435万元。实现面对一线的全流程支撑，支撑落地信息化项目19个，合同金额4800万元。

【工程建设】 2021年，移动分公司5G三期规划建设基站927个，全省第五个完成建设。建设4G基站90个，新建光缆1944.514公里，新建管道17.334公里，新建分纤箱403个，开通传输设备381端。

【网络优化】 2021年，移动分公司网络综合排名全省第二位。无线投诉量同比降幅30%，重复投诉率1.9%，5G时长驻留比87.68%，位居全省第二位，5G分流比23.47%，位居全省第五位。家宽网络质量投诉同比降幅18%，装维投诉降幅22%，重复投诉率0.28%，OLT故障历时同比降幅56%，魔百盒有线98.5%，位居全省第二位，弱光占比0.36%，位居全省第二位。装机式开通比例82.51%，位居全省第五位，资源完整率99.49%，全省排名第二位。

【家庭宽带建设】 2021年，移动分公司工程建设端口3.4万线，快速扩容2.65万线，新增端口6.05万，家宽102个难点小区达产94个，完成比例92.2%，城区覆盖规模98%。无线改有线1400户，有线接入率由年初的97.5%提升至98.58%。质差问题点解决率76.41%，排名全省第三位。100%装维回访，提升装维管理水平。完成1.4万户上门服务，整治量全省第二位。宽带客户累计到达36.1万户，年净增0.93万户，完成规模发展目标的28%，排名全省第九位。

【网格运营】 2021年，移动分公司将36个网格以“九宫格”分类管理。个人客户与家庭客户入格率100%，网格长与网格经理91人。社会渠道、泛

2021年，移动分公司建设5G基站
（移动分公司 供图）

渠道、自有渠道100%入格，铁通人员入格比例62%，CD类集团4601全量入格，牡丹江辖区内4554个小区100%入格。基础网格人员99人，入格占比24%。

【服务工作】 2021年，移动分公司10086投诉降幅20.13%，家宽网络质量投诉降幅18.94%，投诉满意度从年初的85.56%提升至92.49%，月均重复投诉率5.01%，全省排名第三位。

（移动分公司 邱洪波）

·中国联合网络通信有限公司牡丹江市分公司·

【概况】 中国联合网络通信有限公司牡丹江市分公司（以下简称联通分公司）主营收入4.2亿元，完成预算目标的100.76%，增幅6.81%；利润完成超预算986万元。推进“智慧生活新生态”工程，推动数字化转型，实现基础业务收入3.6亿元，增幅1.95%，位居全省第三位。

【项目拓展】 2021年，联通分公司秉承“首席客户经理”理念，公司总经理带头走访深耕客情，助推区县对接本地重点项目，打造数字政府、智慧城市、智慧文旅等重点领域行业标杆。数字政府领域，以“5G+新型智

慧牡丹江”战略合作为契机，成功签约“龙江先锋党建云平台”“数字乡村”等项目。生态环保领域，推动市生态环境局机动车遥感检测项目落地，项目合同金额290万元。文旅领域，借助第四届黑龙江省旅游产业发展大会在牡丹江召开契机，与市文化广电和旅游局签约“智慧旅游平台项目”，项目金额975万元。医疗领域，签约“牡丹江心血管病医院互联网+信息集成平台建设”“牡丹江医学院附属红旗医院移动医护平台”项目。教育领域，与西安区所属44家幼儿园签约“幼教云平台”项目。

【网络能力建设】 2021年，联通分公司落实匠心网络“新基建”工程，完成第四届黑龙江省旅游产业发展大会通信保障，兑现普遍服务承诺。投入1590余万元，实施杆路拆除、管道新建及光缆落地，完成77处4/5G基站新建及扩容，提前完成哈牡、牡佳高铁48个站点建设开通；按期完成林口奋斗林场、穆棱新兴经营所普遍服务基站建设任务；新建5G基站715个，开通4G电联共享扇区1980个，补点口碑场景基站58个，建设千兆OLT设备52套，接入新楼及改造旧楼243栋，简单扩容830处；加速云网一体网络能力建设，投资510万元打造云数据中心，构建智慧城市大脑；前后台协同快速交付，完成专网局等269个政企双线、智慧旅游等115个创新项目建设任务；网业协同优服务。聚焦业务发展及用户感知服务痛点，实施口碑场景、交通干线等补点建设4/5G基站171个；统一服务形象，为全区智家工程师配发“九统一”物品207套；降本增效强运营。提升五自承接及创效能力，由网络运行向经营网络转变，增加收入及利润贡献。通过新五自运营、资产报废等多措并举，节省成本390万元，创收1510万元（含房产）；节省投资223万元，年减少折旧728万元；资源可视促应用。大力开展资源清查，光缆成端率等4项指标全部达标，初步实现政企双线电路端到端可视。

【优质服务】 2021年，联通分公司推进客户感知转型攻坚行动，工信满意度评价、工信有效申诉压降双达标。四季度联通APP自助服务占比82.36%，列全省第一位；借助新媒体优势，聚焦“十项服务承诺”“助老适老服务”等活动，开办线上直播25期，线下讲堂6场，围绕“我为群众办实事”“冬奥会”等主题，发布宣传内容近200件，联通APP直播20场，获得人气3.86万，品牌知晓度位列全省第四位；落实营业服务规范，对服务窗口明查暗访17次，发现问题18件，下发整改督办4件，确保十项服务承诺落地执行。

【安全生产运营】 2021年，联通分公司投入消安防费用153万元，对市公司数据大楼、海林分公司消防设施及设备楼气体灭火系统三大项目实施改造；落实主体责任，加强安全检查频次及隐患整改力度，全年无安全生产事故。开展节假日安全生产联合大检查5次、“四不两直”检查10次，发现隐患201件，整改及时率100%；落实安全生产专项整治三年行动计划，完成166条安全生产责任清单专项整治，整治比例达到97%；打击电信网络诈骗犯罪，协助公安机关侦办案件，关停涉案号码18个、诈骗骚扰电话876户，配合捣毁电信诈骗窝点3个，缴获无卡GOIP设备6台，直接破获诈骗案件30起，在“断卡”行动中，连续7个月涉案卡“零开办”。

（联通分公司　惠向东　蒿佳音）

城市规划

【概况】 2021年，牡丹江市自然资源局发布《牡丹江市国土空间总体规划（2020—2035年）》（以下简称《规划》）。《规划》主要包括规划总则、目标战略、优化国土空间总体格局、山清水秀的生态空间、现代化绿特农业空间、集约高效的城镇空间、多元精彩的特色空间、安全韧性的支撑体系、国土综合整治和生态修复、精准传导与实施保障十部分内容。《规划》提出牡丹江市的城市性质为面向俄罗斯和东北亚的交通枢纽、中俄合作示范城市、黑龙江省东南部地区的中心城市、国际风景旅游城市。《规划》提出牡丹江市的国土空间开发保护总体格局为“一核引领、一区支撑、三带协同”，其中，一核为城镇核心组团，即牡海宁城市圈；一区为山水生态区，包括牡丹江全域中处于生态红线范围内的区域；三带为国道G10沿线经济带（全市产业创新发展带）、国道G11沿线经济带（绿色经济带）和绥东沿边经济带（开放型经济示范带）。

【规划编制】 2021年，市自然资源局进行实地调研后，全面开展规划编制工作，编制组统筹研究解决规划编制面临的各类问题。经过研究论证，形成规划纲要，初步提出城市性质、空间布局、开发边界、功能结构、规划分区、底线约束等规划内容。5月14日，市自然资源局带领编制组和哈工大规划院、市城市规划研究院、黑龙江省国土空间规划院专题研究推进规划方案，针对城市性质、规划规模、重点项目布局等问题进行详细讨论，形成《牡丹江市国土空间总体规划（2021—2035年）》纲要。8月25日，按照省自然资源厅《开门编制国土空间规划实施方案》要求和市级国土空间总体规划编制工作领导小组工作安排，《牡丹江市国土空间总体规划（2021—2035）（草案）》正式面向社会公开征询意见建议。12月末，国土空间总体规划编制完成问题梳理、评估评价、城市体检、开发边界试划、草案公示等阶段性工作，形成规划实施评估报告、城市体检报告、开发边界试划方案、《规划》文本、说明书、图件等系列成果，经省自然资源厅阶段性成果技术审查，牡丹江市国土空间阶段规划成果在全省13个地市中列第三位。

【规划管控】 2021年，市自然资源局编制组统筹划定“三条控制线”。划定生态保护红线，优先将市域自然保护地、重要水源涵养、生物多样性维护、水土保持、防风固沙等生态系统服务功能极重要区域和水土流失、土地沙化等生态环境极敏感区域划入生态保护红线；划定永久基本农田，优化农业生产空间布局，引导布局都市农业，提高就近粮食保障能力和蔬菜自给率，重点保护集中连片的优质耕地、草地，明确具备整治潜力的区域，以及生态退耕、耕地补充区域；划定城市开发边界，强化城镇开发边界对开发建设行为的刚性约束作用，并为未来发展留有空间。

（市自然资源局　孙羽茜）

市政公用事业

【城市亮化】 截至2021年末，牡丹江市区有路灯50612盏。其中，主干路109条22570盏，次干路55条4054盏，小街巷195条7141盏，其他庭院灯、草坪灯等16847盏。市城区城市照明亮化设施有5座桥梁、6处广场、4个湖泡、152栋楼体、1处沿江景观带、15个公园、三溪一河景观带亮化。全市投资11423万元，升级改造沿江照明设施。

（市住建局　朱　林）

【城市公共交通】 2021年，牡丹江市开展“公交都市”创建活动和试行高寒城市智能公交系统项目，更新新能源公交车30台，优化公交线路3条，公交信息管理与调度系统项目投入使用。截至年末，市区公交线路发展到59条，公交车总量785辆，其中公共汽车运营车辆658辆。高标准公交站亭350个，平均日运送乘客30余万人次，公交出行分担率43%。改善维护牡海城际公路沿线6座公交站亭，新建中兴村2座高标准公交站亭。

（市交通局　廉洪奎）

【供气】　2021年，全市供气总量9126吨，用气户数38876户，用气人口5.26万人。天然气供气总量3300万立方米，天然气通气居民用户数量23万户，比2020年增加1万户。天然气供气范围覆盖全市各区。主要天然气供应来源为吉林省松原市、黑龙江省七台河市，天然气储气能力48万立方米。全年新增天然气管网10公里，全市天然气管网587.92公里。截至年末，全市有LNG储配站2座，瓶装液化石油气企业5户，液化石油气储配站5座，全年全市液化石油气消费量9116吨。

（市住建局　朱　林）

【供热】　2021年，牡丹江市区集中供热面积4643万平方米，用户48.5万户，供热管道长度862公里。全年改造供热老旧管网35公里，新增集中供热面积165万平方米。天豪花园和华威小区两个供热质量差的小区在供热期前并入集中供热网。

（市住建局　朱　林）

2021年10月8日，华电能源牡丹江第二发电厂热力公司安生部四班班长刘恒开启板式换热器阀门，投运阳明二期换热站运行　（蒋新东　摄）

【供电】　2021年，牡丹江电网售电量43.45亿千瓦时，较上年同期40.32亿千瓦时增加3.13亿千瓦时，上升7.76%。售电平均单价0.57元/千瓦时，剔除调价因素同比上升0.11元/千瓦时；反窃查违完成561.47万元；全年治理高负损台区187个，台区线损治理合格率100%；电费回收率100%，实现连续42年“双结零”；投入业扩配套项目资金5262万元，为重点项目顺利推进提供有力保障。打造“阳光业扩”办电品牌，引进人脸识别设备，在全省率先实现“刷脸办电”“零证办电”。将“网上国网”APP、“95598”网站植入黑龙江政务服务平台，推动电力服务与政府服务“一件事”集成办理。增供扩销服务地方工作，年度完成正式用电43项、临时用电49项，增售电量1050万千瓦时。挖掘“碳达峰、碳中和”潜力项目，电能替代电量完成1.47亿千瓦时，新增热泵、电排灌项目8个，新增电量1100万千瓦时。

（国网牡丹江供电公司　刘霄雯）

【供水】　截至2021年末，牡丹江市龙江环保供水有限公司有2座净水厂，实际处理能力一水厂8万米^3/日、四水厂17万米^3/日。市政供水管网总长度540公里，二次供水加压泵站214座，居民用水户数43万户，全年供水总量7034万立方米。二次供水改造项目工程总投资15200万元。

（市水务局　周迪鹤）

【污水处理】　2021年，牡丹江市污水处理厂年处理污水总量7300万立方米。防治市区3个黑臭水体，对市区一号泡、二号泡、金龙溪、银龙溪及八达沟加强日常监管，定期取样检测，联合市城管局开展周边环境排查整治，确保“长治久清”。市生态环境局牵头联合四城区对市区湖泡水系清淤整治，全部达到国家一级B排放标准。落实县（市、区）主体责任，督办全市16个重点镇需建设污水收集处理设施。

（市生态环境局　潘朝辉）

【垃圾填埋】　2021年，牡丹江市环境卫生中心组织生活垃圾无害化处置作业，优化垃圾称重计量软件，做好入场生活垃圾的接收、摊平、压实，运输3万余立方米覆盖土，覆盖6万平方米垃圾堆体及边坡，修建三库区和四库区中间挡泥坝100延长米，全年常态化全天候运行垃圾渗滤液处理设施，确保入场生活垃圾处置全面做到无害化、渗滤液处置后外排污水全面达标，年内接纳处置生活垃圾25万吨，处置垃圾渗滤液7.5万吨。

（市城管局　王靖阳）

【园林绿化】　2021年，牡丹江市城区建成区绿地面积2222.94公顷，建成区绿地率27.03%，建成区绿化覆盖面积2401.56公顷，建成区绿化覆盖率29.2%，公园绿地面积405.48公顷，公园19处，游园绿地30处，湖泡绿地4处；广场用地14.23公顷（3处）；防护绿地514公顷（包括主城区内的铁路、公路、河道等两侧的防护林带和环城山）；附属绿地755.21公顷（包括道路附属绿地、居住区附属绿地、单位庭院附属绿地）；区域绿地534.02公顷。完成牡丹广场至东四跨江桥段带状公园基础绿化、铺设部分甬路，江南新区东四跨江桥至西十一兴隆大桥带状公园建设全面贯通。人民公园、南湖公园、莲花公园和明珠广场铺装道路、广场，加固人行桥梁基础、引桥、亲水平台，维修护栏护岸、张拉膜等设施。省建投集团援建人民公园2350米人工湖健康步道翻新、66米长钢桥改建以及上岛危桥翻建等项目。南湖公园湖泡清淤2.8万平方米，清除淤泥3.1万立方米。人民公园湖心岛栽植乔木300株，灌木200株，模纹1500株；南湖公园周边栽植乔木

60株。人民公园、江滨公园、儿童公园、明珠广场、阳明公园、南湖公园、北山公园、三溪一河公园、江滨公园、爱民广场等13处公园栽植草花20万株。江南人民广场、右岸带状公园、奔腾广场等处栽植花卉30万株。完成建设右岸公园，总投资625万元。

（市城管局　王靖阳）

【城市防洪设施】　牡丹江市城市内涝防治标准为30年，即中心城区能有效应对不低于30年一遇的暴雨。按照牡丹江市城市排水（雨水）防涝综合规划，结合城镇地势，将市区分为三大排水区，分别是铁北排水区、铁南排水区和江南排水区。截至2021年末，市区有排水管网762.96公里。其中，污水211.81公里，雨水367.74公里，合流183.41公里。检查井18588座，雨水口16743座，泵站22座。

（市住建局　朱　林）

【牡丹江市五级网格服务打通供热服务"最后一公里"】　2021年，牡丹江市对管道老化、供热效果不佳的小区开展维护和检修。建立供热网格化管理制度，市供热管理办公室下设五级网格化管理机构，一级总协调、二级区域片长、三级街道组长、四级社区管理员、五级网格长，并设置驻企业协调员，下好供热"一盘棋"。为确保用户室温达到20℃以上，市住建局从9月24日起，启动城区供热网格化管理百人下基层活动。百名机关干部深入基层，对供热期间市区居民供热质量及供热相关问题进行监测，为百姓解决供热不达标问题。

（市住建局　朱　林）

市容管理

【概况】　2021年，市城管局配合市委督查室在市区范围内开展"四纵四横"街路检查，对临街路物业小区、单体楼外墙皮脱落、破损、外墙污渍、房顶屋檐长杂草等环境问题进行综合整治。市住建局牵头协调各城区政府、城区住建局、相关单位落实整改。通过巡查检查，梳理整改问题40件，分别对接属地管理部门、相关部门落实整改到位。

【市容秩序管理】　2021年，牡丹江市区修剪树木500株、补植绿地绿化带4800余平方米、补植花草30余万株。规范占道经营行为，清理各类违规占道经营摊位4500个次，拆除围挡60处5.56万平方米、棚厦300余处3600平方米。整治立面张贴广告，拆除改造牌匾广告1200余处，清理张贴涂写广告5000余处，清理门前杂乱物品设施及二楼以上建筑立面阳台私搭乱挂2000余处，规范立面装修行为34处。

【数字城管建设】　2021年，牡丹江市投资1185.06万元，由中国联通牡丹江市分公司承建数字化城管二期平台建设，主要包括：数字城管软件平台建设（九标系统、十一项拓展系统），机房等设施设备建设或升级，重点区域视频监控设备建设，安全等级保护建设，事、部件普查及更新、维护，三维倾斜摄影数据导入、前端设备配备及APP安装等。按照"边运行、边完善、边建设"的工作思路，8月31日印发《数字城管试运行实施方案》，推进系统调试、技术完善。采取"人工＋智能"方式，对主干路、占道市场（摊区）等重点区域以及街面秩序、停车秩序等重点问题进行监督，并纳入信息采集、监督指挥、核查评价等系统工作流程指挥。完成系统运行案件23宗，结案率100%。制定《数字化城市管理工作实施暂行办法》以及《安全管理5项制度》，推动数字城管制度化、规范化运行管理。

【停车秩序治理】　2021年，牡丹江市加大违停车辆处罚力度，查处人行道乱停乱放车辆1万多起，规范共享单车乱停乱放2000余台次，处罚违停车辆2300多台、非机动车2000多台，施划停车泊位3800余个。

【违法建设治理】　2021年，牡丹江市加强违法建设整治，拆除历史遗留建筑物，清理各类私搭乱建，拆除各类违章建筑1500处5.1万平方米。

【环境卫生管理】　2021年，牡丹江市加强垃圾收运处置，市区主次干道、小街巷、城乡接合部清理垃圾14300立方米，清理清运公园广场内积存枯枝败叶及各类垃圾4200立方米，设置新果皮箱163个，完善维修公厕104处，对街路地面进行水冲刷洗，保持街路环境卫生。

【生活垃圾分类】　按照省委、省政府的工作部署，牡丹江市于2018年末启动城区生活垃圾分类试点工作。经过三年多的试点运转，牡丹江市区公共机构生活垃圾分类实现全覆盖，全面建成餐厨废弃物和其他垃圾分类体系，推进居民小区生活垃圾分类工作，城区生活垃圾分类收集、分类运输和分类处置体系进一步完善。2021年，牡丹江市投资9500万元，配置分类垃圾桶和转运垃圾桶44.15万个，配置垃圾收集车、转运车875辆，建设垃圾分拣中心673座，新建垃圾中转运站8座。

（市城管局　王靖阳）

城市更新

【路桥更新】　2021年，牡丹江市完成旅发大会城市更新工程，翻建6条道路，完成桥梁整修维护工程。重新整修兴中路（海林街至地明街路段）、新安街西延（桥头至西十二条路路段）、新华路（海林街至北山公园路段）道路，完成机动车道罩面36000平方米，非机动车道完成水稳基层15000平方米。建设附属设施给水井13座、消火栓12个、照明灯82套、雨水管线3976米、雨水井91座。城市道路建设项目主要涉及第四届黑龙江省旅游产业发展大会观摩道路主干线提升、开发区街路牌建设、部分街路铣刨路面摊铺、桥坑槽摊铺、路砖改黑、新建人行道、新建路牙石等工程。6月份开始，对市区21座桥梁进行整修维护升级改造，具体涉及光华街地道桥、东光立交桥、东四地道桥、光明桥、阳明泡桥、东四跨江桥、海浪河路小桥、八面通街南北桥、八面通街小桥、铁岭河立交桥、外环路桥、牡丹江大桥、兴隆大桥、西十一跨线桥、新华桥、东地明桥、西地明桥、牡丹江大学人行天桥、富江桥、铁岭河公路大桥桥梁、铁岭河公路大桥桥面及路灯照明。桥梁整修维护工程施工内容包括挖补罩面、沥青铣刨、沥青摊铺、伸缩缝钢板、路灯照明、更换护栏立柱、修补缺失的大理石、护栏粉刷、人行道新建和修补、人行道大理石及花岗岩铺设和油漆喷涂等，对铁岭河大桥进行重新罩面。

【沿江照明设施提升改造】 2021年，牡丹江市实施沿江照明设施提升改造工程，完成投资3400万元，对沿江两岸景观带（东四跨江桥—西十一跨江桥）及江心岛景观带、西十一跨江桥桥体亮化设施、牡丹江大剧院、牡丹江会展中心、锦江丽都、中级人民法院等楼体亮化设施进行提升改造，对沿江54栋楼体、牡丹江大桥桥体亮化设施、东四跨江桥桥体亮化设施等原有亮化设施进行利旧维修，以沿江两岸景观带为核心，以夜景景观打卡点为亮点，带动牡丹江市夜经济的发展，为第四届黑龙江省旅游产业发展大会及创建全国文明城市增光添彩。

2021年老旧小区改造后的地明小区 （市住建局 供图）

【老旧小区改造】 按照国务院“十四五”期间保障性安居工程主要推进工作要求，科学有序开展城镇老旧小区改造工作。组织市本级四城区、所属六个县（市）政府分别编制《2021年—2025年城镇老旧小区改造规划》，全市5年内计划改造2000年底（包括部分2005年底）前建成的老旧小区（项目）932个、2519栋楼、建筑面积1575万平方米，涉及居民21.03万户。针对老旧小区居民共用屋面防水、外墙保温、楼道，小区配套供供热、燃气、排水、供电管网，小区内道路、监控安防、健身休闲、无障碍设施等内容进行综合改造。2021年，牡丹江市实施老旧小区改造项目116个，其中，市本级实施城镇老旧小区改造项目40个、建筑面积298.63万平方米，总投资13.55亿元（申请中央补助6.10亿元，申请地方政府一般债券3.6亿元）；所辖6个县（市）实施改造项目76个、建筑面积77.80万平方米，总投资3.35亿元。

【街路牌更新】 为迎第四届黑龙江省旅游产业发展盛会，牡丹江市城区重新安装60余条街路253座造型美观、特色鲜明的街路牌。新街路牌在设计理念上考虑牡丹江市的历史文化、地域风情，兼顾时代气息。其中地明街、新华路、太平路、西三条路、长安街、东四条路等城市框架路上的街路牌除中文外，同时使用俄文、朝文指示路街。

（市住建局 朱 林）

乡村振兴

脱贫攻坚成果巩固

【乡村振兴补助资金】 2021年，全市各级财政衔接推进乡村振兴补助资金22690.83万元。其中，中央资金13332万元（少数民族发展资金4320万元，巩固乡村振兴成果和脱贫攻坚任务资金9012万元），省级资金7649万元，市级资金634万元，县级资金1075.83万元。全市各级财政衔接推进乡村振兴补助资金支出20852.16万元，总拨付资金占比91.90%。

【扶贫产业项目库建设】 2021年，全市建立多层次、多类型、覆盖面广的扶贫产业项目库，增强产业项目建设工作的指导性和针对性，加大扶贫项目储备力度。坚持项目库动态管理，有进有出，适时更新，成熟一批入库一批，审定后及时录入省精准扶贫大数据管理平台，全年全市项目库入库项目128个。其中，产业项目64个，村基础设施项目29个，教育扶贫项目13个，金融扶贫项目6个，生活条件改善项目5个，其他项目11个。

【防止返贫致贫】 严格落实“四个不摘”要求，健全防止返贫监测和帮扶机制、农村社会保障和救助制度，保持过渡期内帮扶政策、资金支持、帮扶力量总体稳定。截至2021年末，全市排查出拟纳入监测对象106户207人。其中，脱贫不稳定户10户22人，边缘易致贫户87户169人，突发严重困难户9户16人。通过帮扶，实现所有监测对象消除返贫致贫风险，防止脱贫人口返贫和新的贫困发生。

【产业帮扶】 2021年，全市新增投资1.67亿元，建设用于支持过渡期内巩固脱贫成果产业项目73个，全市脱贫户两个以上产业项目覆盖率100%，为巩固拓展脱贫攻坚成果提供有力支撑。全年全市脱贫人口实现收入13268元，同比增长5.68%。通过采取土地入股、托管养殖及贫困户参加合作社抱团发展等多种带动模式，增强脱贫人口参与产业发展主动性。全市有3个帮扶龙头企业和96个农民专业合作社参与到产业帮扶中。全年累计发放脱贫人口小额贷款346.1万元，贷款户数92户，带动增收3000余元。

【消费帮扶】 2021年，全市开展“以买代帮”活动拉动消费帮扶，市市场监督管理局、市残联、市委统战部等帮扶单位和社会爱心人士采取“以买代帮”“以购代扶”形式，帮助所帮扶村贫困户解决自产农副产品销售问题。截至年末，帮销助销农产品金额60.1万元。拓宽线上渠道拉动消费帮扶，东宁市的帮扶企业开展线上直播，销售帮扶产品金额30余万元；穆棱市在农民丰收节上帮助脱贫户销售农副产品1万元。推进品牌认证劳动消费帮扶，年内8个县（市、区）的96个产品纳入全国扶贫目录，销售金额10927.54万元。

（市乡村振兴局 汲长宝）

2021年7月，牡丹江市林口县刁翎镇幸福村刁翎甜瓜合作社农民采摘甜瓜
（梁悦祥 摄）

农村改革

【农业生产托管服务】 2021年，牡丹江市在全省率先开展农业生产托管服务，按照“试点先行、以点带面”的推进方式，组织开展申报2021年度农业生产托管服务示范县、试点县、示范乡（镇）工作。全市进入省级农业生产全程托管服务面积达到20万亩以上的“示范县”2个，分别是海林市、穆棱市；全程托管服务面积达到10万亩以上的“试点县”3个，分别是阳明区、东宁市、林口县；农业生产全程托管服务面积达到2万亩以上“示范乡（镇）”7个，分别是西安区海南朝鲜民族乡、宁安市三陵乡、东宁市大肚川镇、海林市柴河镇、林口县林口镇、穆棱市穆棱镇、阳明区五林镇。全年全市签订农业生产托管服务合同总面积160.32万亩，完成省里下达托管任务的134.73%。其中，小农户签订合同数24920户，签订面积122.29万亩；种植大户签订合同数1708户，签订面积38.03万亩。服务小农户89025户次，纳入名录库的农业社会化服务组织880个，其中有一定规模的农业生产服务组织350个。

按照主体多元、形式多样、服务专业、竞争充分原则，全市采取申报备案制，成立由深圳丰农控股集团组建的黑龙江托管公司、中化集团、金丰公社等农事企业，以及村集体经济组织、农民专业合作社、家庭农场等参与的农业生产服务组织350个。3月，深圳市丰农控股有限公司在牡丹江市注册成立全资子公司——黑龙江省济农农业服务有限公司（以下简称济农公司），主要在牡丹江区域内做农业社会化服务托管业务。全年济农公司在牡丹江市托管面积6500余亩。其中，阳明区五林镇4088亩，海林市长汀镇2432亩，合计投资600万。10月10日，在阳明区五林镇召开农业生产托管兑现会，在2021年旱情减产50%的情况下，仍按约定兑现托管合同，兑现农户每亩1000元的产值，相较其他农户每亩增收500元。

【农村集体产权制度改革】 2021年，牡丹江市继续做好农村集体产权制度改革，开展农村集体产权交易平台建设，推动农村集体产权线上交易活动，各县（市、区）全部建成产权交易市场，开展线上交易。推动农村集体经济组织发展，将农村“三变”改革落到实处，全市1077个农村集体经济组织中，有1076个完成农村集体产权赋码登记，全市农村集体经济组织实现总收入4.09亿元，资产总额52.4亿元。

【农村宅基地全省制度改革试点】 2021年，省农业农村厅把海林市、西安区列为宅基地改革省级试点县，牡丹江市有序推进改革试点工作。根据省农业农村厅、省自然资源厅、省住房和城乡建设厅联合印发的《黑龙江省农村宅基地审批流程管理规程（试行）的通知》（黑农厅联规〔2021〕10号）通知精神，市农业农村局配合市自然资源局开展农村房地一体宅基地调查确权颁证工作，进一步完善管理及审批流程。组织海林市、西安区完成宅基地改革方案的制定，市级完成方案的批复，并向省政府备案。

（市农业农村局　翁少刚）

产业发展

【概况】 2021年，全市规模以上农产品加工企业发展到186户。推进农业和农产品加工招商引资，全市签约项目124个，签约额100.7亿元。林口县白鹅产业被纳入全国优势特色产业集群政策支持范围，东宁市细岭村以黑木耳入选国家级“一村一品”示范村，宁安市获评全国首批休闲农业重点县，宁安市上官地村被认定为中国美丽休闲乡村。全市农民参与创业创新人数11万人，带动就业人数22.5万人。

（市农业农村局　王雪峰　公晓伟）

【农村集体经济】 牡丹江市辖6县（市）4区，55个乡镇，887个行政村，农户34.3万户，农业人口97.4万人，劳动力62.3万人。截至2021年末，全市1076个农村集体经济组织完成农村集体产权制度改革任务，挂牌组建集体经济组织并进行赋码登记。其中，股份经济合作社794个，经济合作社282个，分别占总数的73.8%、26.2%。按清产核资的改革时点，全市集体经济组织量化资产总额37.6亿元，成员持有经营性资产收益分配权金额26.4亿元，累计确认农村集体经济组织成员86.6万人，占农村人口总数的88.9%。全市1077个农村集体经济组织中，除宁安市2个村级集体经济组织外，均在年末完成首届换届工作。全市农村集体经济资产总额52.4亿元。其中，经营性资产35.3亿元，非经营性资产17.1亿元，分别占资产总额的67.4%、32.6%。全年新增债务1.05亿元，化解债务8940万元，债务总额11亿元。全市农村集体经济总收入4.09亿元，资产大于负债的村有844个，占农村总数的95.2%；有经营收入的村558个，占农村总数的62.9%。全市村集体经营收入、发包及上交收入分别为0.64亿元、1.86亿元，同比分别增长123.4%、21.1%。

（市农业农村局　何　伟）

【“农业大数据＋金融”支农模式】 2021年，牡丹江市借鉴成熟地区农业生产托管服务试点经验，同步推进农业社会化服务信息化体系建设，依托全省“数字农业”综合服务体系，接入农投大数据全省“农业生产托管服务平台”，共同推动农业社会化服务内容、服务方式、服务手段的创新，探索建立“生产托管＋农村金融＋农业保险＋粮食银行”农业生产托管服

东宁市绥阳黑木耳小镇 （张 伟 摄）

务模式。组织县（市、区）工作人员赴兰西县实地考察，与巴彦县刘辉等大型托管服务组织负责人进行面对面交流，学习托管经验做法。全年引导服务组织全市投保服务面积25.26万亩，投保服务金额104.69万元，完成贷款总额2866.8万元，“托管+金融+保险+银行”模式初步形成。

（市农业农村局 翁少刚）

【特色产业集群】 2021年，牡丹江市结合美丽乡村建设、农业产业强镇示范建设、农村改厕等专项工作，加大对村镇休闲农业和乡村旅游公共服务设施建设的支持力度，打造一批农业文化旅游一体、生产生活生态同步改善、一二三产交叉融合的特色村镇。年内，宁安市获省级数字农业示范县，林口县白鹅产业列入国家级优势特色产业集群建设支持范围。渤海镇、下城子镇、绥阳镇、古城镇、新安镇列入国家产业强镇，全市国家级“一村一品”示范村达到14个，示范镇达到4个。海林市、穆棱市、东宁市纳入全省食用菌优势特色产业集群建设。加快推进农业和农产品加工项目招商引资，截至年末，全市正式签约项目124个，投资额100.69亿元，到位资金34.63亿元。创新农产品营销方式，推广网络直销、直播带货等营销模式，扩大农产品网络营销额，全年农产品网络零售额达到6.3亿，同比增长32.8%。举办第三届全国蜂业社会组织联席会议、首届中国（牡丹江）椴树蜜大会暨蜂业博览会，有效推动牡丹江市“小蜜蜂”飞上全国大舞台。加快农旅融合步伐，开展牡丹江市“十佳特色旅游村”评选活动，集中示范“农耕文化+山水风光”“红色文化+特色民俗”“自然风光+特色餐饮”等农旅融合模式，带动形成环宁安市渤海镇、牡海公路沿线等精品示范区带。

（市农业农村局 王雪峰）

【休闲观光农业】 2021年，牡丹江市充分利用“八山半水分半田”生态优良、资源丰富的有利条件，深入发掘山水资源富集、特色农业发达、民俗文化浓郁等方面的优势和潜力，全面推动休闲农业发展。全市休闲农业实体达到100家，带动就业2万余人，年接待游客300万人次，年收入19.6亿元。以沿湖沿路沿景区为重点，优先打造一批休闲农业精品路线和示范带，通过延时延线带动旅游经济增流增量，提高牡丹江市休闲农业吸引力和综合效益。打造沿牡丹江、穆棱河、绥芬河流域，沿牡海公路和省道沿线的乡村旅游示范带，宁安市、海林市、穆棱市、东宁市先后被评为全国休闲农业示范县。10月，农业农村部发布首批全国休闲农业重点县名单，宁安市被认定为全国休闲农业重点县。培育休闲农业新业态，发挥乡村旅游资源优势，培育以休闲养生度假为一体的高水平的民俗游、现代农业园区游、农家乐、“文化农庄”“田园农庄”等多种旅游业态，逐渐成为休闲农业发展的亮点。七里地村立足红色资源优势，将红色旅游与富民生态旅游相结合，开发建设以海林党史馆、廉政教育馆为代表的红色旅游项目，打造集红色文化、绿色生态、特色农家乐三位一体的“红色乡村旅游”品牌，让游客在游山玩水中接受革命传统教育。2021年，依托第四届黑龙江省旅游产业发展大会，牡丹江市评选出七里地村、上官地村等“十佳特色旅游村”，建设兰岗果蔬庄园、大湾农业生态园区为代表的一批特色高效

表54 2021年牡丹江市“十佳特色旅游村”名录

序号	村名
1	宁安市小朱家村
2	宁安市上官地村
3	海林市七里地村
4	穆棱市孤榆树村
5	林口县莲花村
6	东宁市三岔口村
7	绥芬河市永胜村
8	东安区大湾村
9	阳明区杏树村
10	西安区中兴村

（资料来源：市农业农村局）

全国乡村旅游重点镇——宁安市渤海镇 （郭俊峰 摄）

农业庄园，东宁市洞庭村、宁安市小朱家村、爱民区丰收村、穆棱市孤榆树村、海林市哈达村和宁安市上官地村入选中国美丽休闲乡村，宁安响水稻作文化系统被评为中国重要农业文化遗产，全市开发休闲观光农业的庄园和园区达到60多个。截至年末，全市有全国乡村旅游重点村4个，宁安市渤海镇小朱家村、西安区海南乡中兴村、海林市横道河子镇七里地村、穆棱市下城子镇孤榆树村；黑龙江省乡村旅游重点村4个，宁安市江南朝鲜族满族乡明星村、海林市横道河子镇顺桥村、宁安市渤海镇江西村、宁安市渤海镇上官地村；全国乡村旅游重点镇1个，宁安市渤海镇；省级乡村旅游示范点18个，牡丹江市世外桃源度假村、小朱家龙泉岛乡村旅游区、渤海镇华侨度假村、西安区韩国民俗风情园、东安区峰源阁家庭旅馆、东宁市太阳升村现代农业科技示范园区、东宁市碧水湾乡村养老旅游度假区、穆棱市太和美丽乡村、宁安市顺心园山庄、中兴朝鲜民俗风情园、东宁市洞庭村、卫星林场（威虎山雪村）、穆棱花海、穆棱市一米农田文创产业园、爱民区丰收玫瑰农业观光采摘基地、东宁市三岔口镇朝鲜族村、海林市柴河镇群力村、西安区海南乡红旗村红旗田园综合体。

（市农业农村局 王雪峰）

【现代农业产业园】 2021年，牡丹江市依托县域优势资源，以规模种养业为基础，通过“生产＋加工＋科技”，推进全产业链开发，创新联农带农机制，引领带动乡村产业振兴、农民就业增收和农业农村现代化。全市创建国家级现代农业产业园1个，宁安市国家级瓜菜现代农业产业园；省级现代农业产业园4个，穆棱市省级大豆蔬菜现代农业产业园、镜泊湖省级现代渔业产业园、海林市省级食用菌现代农业产业园、东宁市省级黑木耳现代农业产业园。

（市农业农村局 庄和润）

【新型农业经营主体培育】 推进新型农业经营主体高质量发展，2021年，全市农民专业合作社发展到5160个，其中示范社发展到352个，7家合作社被列入国家级农民专业合作社示范社名单。全国家庭农场名录系统完成注册数量26910个，省级家庭农场示范场127家。聚焦全市新型经营主体建设，打造企业品牌，先后引入皓月、正大、红星、雨润等行业领军企业，提升牡丹江市企业品牌层次；培育北味、镜农、响水、黑宝、凯飞等一批大型知名企业。截至年末，全市有国家级农业产业化龙头企业4户、省级农业产业化龙头企业48户。

（市农业农村局 魏 巍）

【农产品电商平台】 2021年，全市有市级农产品电商平台2个，天猫商城牡丹江原产地官方旗舰店和学习强国牡丹江农产品专馆。其中，天猫商城牡丹江原产地官方旗舰店于2020年6月上线运营，为全省第二批与阿里

表55 2021年牡丹江市国家级农民专业合作社示范社一览表

序号	示范社名称	批准年份
1	牡丹江市东安区山萃源木耳种植专业合作社	2018
2	绥芬河市东龙林下经济专业合作社	2018
3	穆棱市下城子镇悬羊食用菌农民专业合作社	2018
4	林口县奎山孙记马铃薯种植专业合作社	2019
5	宁安市友联现代农机专业合作社	2019
6	海林市悦来颐和食用菌种植专业合作社	2020
7	穆棱市兴西食用菌农民专业合作社	2020

（资料来源：市农业农村局）

合作项目。经市政府授权，由康之源公司与阿里相关部门开展平台建设及运营合作。响水大米、东宁黑木耳、穆棱黑木耳、穆棱冻蘑、东宁椴树蜜、镜泊湖红尾鱼、海林黑木耳、海林猴头菇、东宁冰葡萄酒等地理标志产品按照要求审核上架；学习强国牡丹江农产品专馆于2020年11月上线运营。按照市政府与深圳市丰农控股有限公司签订的《共建学习强国——“牡丹江农产品专馆”战略合作协议》，牡丹江市向丰农公司推荐19户企业的75种产品。

（市农业农村局　张大博）

镇村建设

【村庄规划编制】　2021年，为深入实施乡村振兴战略，统筹推进国家、省和牡丹江市“十四五规划”，加大市区村庄规划编制工作推进力度，市自然资源局成立村庄规划编制工作领导小组及工作专班，市本级开展村庄规划22项。其中，阳明区7项，分别为五林镇四岗村、五岗村、庆丰村，磨刀石镇苇子沟村、代马沟村，铁岭镇青梅村，桦林镇南城子村；西安区10项，分别为温春镇敖东村、小莫村、大莫村、东和村，海南乡红星村、中兴村、南拉古村、福兴村、红旗村、沙虎村；东安区3项，分别为兴隆镇东村、东胜村、西村；爱民区2项，分别为三道关镇三道关村、丰收村。

（市自然资源局　孙羽茜）

【农村基础设施建设】　在饮水安全上，2021年，省级下达牡丹江市政府一般性债券4972万元，覆盖农村人口5.6万人，包括新建农村供水工程57处，新建水源井52眼，安装供水设备43台套，建设井房58座铺设管网492公里等。全年完成投资4972万元，完成投资率100%。农村集中供水率、自来水普及率均达95%以上，24小时供水的行政村达到135个（基本为城中村、镇中村），落实安全饮水工程657个行政村，受益人口55.8万人。在住房安全上，以农村“六类重点对象”危房改造为重点，争取财政资金1146.6万元，完成改造515户。在道路建设上，通村公路实现全覆盖，村内主干道路硬化基本达到全覆盖，村内巷道及通组公路硬化覆盖率在50%以上。在物流体系上，639个行政村（除在城镇中的行政村以外）启动交邮合作，累计覆盖完成交邮综合服务站点249个，500户以上大型村物流网络节点覆盖率达到100%，穆棱市、东宁市交邮合作站点实现全覆盖；建成村级电子商务服务站330个；6个县（市）有5个县级物流配送中心，海林市、林口县、穆棱市获评国家电子商务进农村综合示范县。其他设施上，全市建有体育健身设施和文体广场的行政村分别达到802个、828个，803个行政村建有公共照明设施；村电网改造升级的行政村390个，有线电视和4G网络实现全覆盖。

（市农业农村局　孙颜君）

【数字乡村建设】　2021年，牡丹江市统筹推进西安区（国家级试点）、东宁市（省级试点）数字乡村试点建设工作。11月，在全省数字乡村建设试点评估工作中，西安区被省专家评估组评定为优秀等次，上报至中央网信办。

（市委网信办　张延辉）

【美丽乡村建设】　2021年，牡丹江市以“打造干净整洁村庄，喜迎建党100周年”为主题，以“六清一修一改一建”（清理农村积存垃圾，清理柴草垛，清理残垣断壁，清理村内沟塘，清理农户庭院，清理畜禽养殖粪污等农业生产废弃物；修复杖墙栅栏；改变影响农村人居环境的不良习惯；建立村庄清洁制度）为重点，全面开展村庄清洁行动，巩固提升美丽乡村建设成果。全市887个行政村累计出动16.1万人次、8.6万车次，清理垃圾13.9万立方，14.4万农户清理庭院，村容村貌显著提升，海林市被评为全国村庄清洁行动先进县。

（市农业农村局　许天惠）

【龙江民居建设】　牡丹江市依托生态、民俗、文化、产业等优势，按照省制定的“龙江民居”3大类9种类型35个户型示范图集，集中建设一批省、市龙江民居试点示范村，发挥示范村样板带动作用。2021年，以第四届黑龙江省旅游产业发展大会在牡丹江市举办为契机，提升“龙江民居”建设水平，催生一批“龙江民居”示范亮点。西安区中兴村、

2021年9月，位于宁安市渤海镇上官地村的“龙江民居”　（张春祥　摄）

宁安市小朱家村和上官地村、海林市七里地村、穆棱市孤榆树村等成为旅发大会重点观摩项目的最大亮点，独具特色的民宿、景区景点得到省内外业内人士和游客的广泛认同。其中，中兴村采取“村企合作、项目融合、一体管理、市场化运作”运营模式，借势旅发大会推进人居环境整体改造提升，成为远近闻名的乡村旅游休闲度假特色村，年接待游客30万人次。上官地村致力乡村振兴、打造龙江民居样板，投入3500万元，对道路、供水、排水、绿化、亮化等基础设施进行整体改造，建成展示世界唯一石板大米种植历史的稻作文化馆，使文化旅游与现代农业农村建设有机融合，带动农村旅游业发展，助力乡村振兴。全年集中建设4个省级龙江民居试点村（海林市海林镇新合村、东宁市三岔口镇三岔口村、绥芬河市阜宁镇永胜村、西安区海南乡中兴村）和33个省级美丽宜居村庄试点村。

（市农业农村局　许天惠）

【农村厕所革命】　2021年，牡丹江市以自建管网和接入城镇管网建设室内水冲厕所为主导，以节水水冲、免冲生态模式为补充，以化粪池模式为辅助，将旱厕变成室内水冲厕所，改变农民传统卫生习惯，减少疾病传播，提升农民生活质量。全年建设农村室内水冲厕所546户，2019—

表56　2021年牡丹江市省级美丽宜居村庄名录

评选类型	村庄名称
生态良好型	宁安市宁安镇小唐村 宁安市镜泊乡后渔村
古村保护型	宁安市卧龙乡勤劳村
优美宜居型	宁安市海浪镇盘岭村 宁安市宁安镇联合村 宁安市东京城镇光明村 海林市柴河镇佛塔密村 海林市三道镇边安村 穆棱市穆棱镇腰岭村 穆棱市马桥河镇永安村 东宁市绥阳镇柞木村 东宁市东宁镇暖泉二村 林口县刁翎镇样子沟村 林口县龙爪镇兴隆村 林口县莲华镇莲花村 林口县建堂镇大百顺村 阳明区桦林镇互利村
民俗文化型	宁安市江南乡明星村 海林市海林镇新合村 海林市长汀镇哈达村 海林市新安镇西安村 穆棱市兴源镇新丰村 东宁市三岔口镇三岔口村 东宁市大肚川镇浪东沟村
特色旅游型	宁安市渤海镇上官地村 宁安市渤海镇小朱家村 海林市横道河子镇七里地村 海林市二道镇钓鱼台村 穆棱市下城子镇孤榆树村 东宁市大肚川镇太阳升村 绥芬河阜宁镇永胜村 阳明区五林镇杏树村 阳明区铁岭镇福民村

（资料来源：市农业农村局）

2021年累计建设农村室内水冲厕所35334户，室内水冲厕所普及率26.8%。宁安市盘岭村和穆棱市腰岭村被列为全省厕所革命示范村。

（市农业农村局　许天惠）

【农村生活垃圾治理】 2019—2021年，全市农村新增设垃圾桶44.15万个，收集转运车辆875台（套），建设中转站27座、村级分拣中心674座，村集中、乡转运、县处理的农村生活垃圾处理体系覆盖全市887个行政村，农村生活垃圾有效治理率达到100%。全市有“1县6镇15个村”成为全省农村生活垃圾治理试点。

（市住建局　朱　林）

【村庄生活污水治理】 2019—2021年，全市投入农村污水处理项目资金1.7亿元，38个农村污水治理项目涵盖63个行政村，1.6万农户从中受益。2021年，完成市区西水源地取水口周边农村污水治理，实现水源地保护区内农村污水全收集。

（市生态环境局　潘朝辉）

【菜园革命示范村建设】 实施菜园革命，利用乡村农户庭院、露台等房前屋后空地资源建设“小菜园”，开展新品种、新技术、新模式、新工艺推广应用，鼓励农民种植有机蔬菜、庭院平贝、红树莓等庭院经济作物，打造兰岗西瓜、新立大白菜、大莫番茄等品牌，创建一批菜园革命示范村。4月15日，制定下发《2021年牡丹江市“菜园革命”示范村建设实施方案》，明确各地示范村建设的数量和目标。全年全市创建菜园革命示范村324个，其中六县（市）、阳明区等7个评价县创建菜园革命示范村306个。

（市农业农村局　吕　烨）

【农村能源革命】 2019—2021年，牡丹江市积极推广秸秆固化成型燃料站建设和开发清洁能源，争取项目扶持资金8115万元，新建秸秆压块站55个，安装户用生物质炉具2万台，秸秆综合利用率90%以上。2021年，海林市新合村实现燃气入户。

（市农业农村局　魏　巍）

乡村文化

【“新乡贤”文化】 2021年，全市深入挖掘“新乡贤”文化，以选好、管好、用好“新乡贤”为抓手，探索村镇基层治理新模式，带动文明新风向善向好。以全省“求新求变·迈出文化发展新步伐”大调研工作为契机，组建“新乡贤”文化专题调研小组，宁安市制发《寻找“新乡贤”、评选“孝老模范”活动实施方案》，在全市启动“新乡贤”评选。加强对“新乡贤”管理指导，组织成立“新乡贤”党支部和“新乡贤”理事会，制定《“新乡贤”管理办法》和《理事会章程》，理事会依法在市民政局正式注册为社会团体。“新乡贤”积极参与全市精准扶贫和“百公里东北亚高端食品农产品和文化生态产业走廊”建设，帮扶贫困户致富增收，200余名贫困农民受益。

【“村系列”活动】 2021年，牡丹江市创新开展“村系列”活动，编《村史》、办“村晚”、写“村歌”，深入挖掘农耕文化，接续传承村落文化，大力弘扬乡土文化，助力乡村振兴。截至年末，167个村举办“村晚”，谱写“村歌”37首，举办“村歌联赛展演”活动，首批41个村《村史》编纂完成，打造9个“村史馆”样板。各村屯用好“德信讲堂”“农民夜校”“农民教育微信群”等课堂，满足农民精神信仰需求、政策知识需求和发展能力需求，为深化乡村文明建设提供动力。建立乡镇文联组织13个，组建各类文艺家协会分会75个，组建各类文化（文艺）兴趣小组200余个，吸纳农民会员并注册文艺志愿者350名。

【乡村特色文化产业】 2021年，牡丹江市依托丰富的非物质文化遗产资源，发展乡村特色文化产业。截至年末，全市形成东宁市上橕村手工艺品加工生产集群；牡丹江市区及海林市、宁安市等乡村地区剪纸工艺品生产集群；以渤海靺鞨绣、宁安满族刺绣、林口蚕翼绣等企业为代表的满族刺绣产业集群；以“八大碗”“杀猪菜”为代表的饮食类非遗技艺；以“鼎奇酒业”“魁氏烧锅”为代表的原生态酒类制作技艺；以“宁安纸扎”“海林玉米秆编制”为代表的手工艺品等，带动相关产业周边农民增加收入。

【乡村文化产业项目库建设】 2021年，牡丹江市对已经产业化的项目进行梳理并集中推介，对具备条件的村庄打造乡村文化产业链式发展。吸收和扶持非遗项目进行梯队储备，丰富乡村文化产业。将整合后的文化产业项目打包推介到各旅游景区，丰富乡村文化旅游内涵，完善旅游纪念品体系，打造具有地域特色的文化旅游景区。

（市文广旅局　高　阳）

乡村治理

【镇村领导班子换届】 2021年，全市完成镇村领导班子换届，乡镇班子配备人数从年初的588人增至年末的646人，增配58人。新当选村党组织书记平均年龄49岁，高中及以上学历增加107人，占比69%，其中致富能手、退役军人、返乡创业大学生等各类人才364人，为全面加强乡村治理奠定坚实组织基础。建立村党组织书记“选育管用”监管体系，851个村实现“三职一肩挑”，占比96%。

（市委组织部　张玉兴）

【法治乡村建设】 2021年，牡丹江市开展“乡村振兴 法治同行”主题活动，制定法治乡村建设规范性文件《牡丹江市加强法治乡村建设实施方案》，市委常委会（扩大）会议审议通过，推进法治乡村建设任务全面落实。开展“宪法进万家”“法治进乡村”等法治宣传主题活动，宣传与乡村群众生产生活密切相关的法律法规。健全乡村公共法律服务体系，推进公共法律服务实体平台建设，市、县实体平台建设覆盖率100%。推动法律援助热线与12345市长热线对接，值班人员及时为群众答疑解惑。建立村（居）法律顾问制度，对全市1034个村（居）派驻200余名律师提供免费法律服务，建立一村一居法律顾问微信群，实现村居法律顾问工作全覆盖。年内，宁安市海浪镇盘岭村、穆棱市兴源镇西村荣获第八批“全国民主法治示范村”，对全市推进法治乡村建设起到引领示范作用。

（市司法局　辛　颖）

【乡村社会治安综合治理】 2021年，配齐配强全市79个乡镇（街道）的政法委员，完成“一村（社区）一警（辅警）”100%全覆盖、乡镇平安巡防队伍不低于常住人口1‰的工作标准，常态化开展巡防工作。持续开展乡村治理，在全市开展平安乡镇和无传销社区（村）创建，严防涉黑涉恶及涉及宗族恶势力问题人员进入村（社区）“两委”班子。开展一站式矛盾纠纷调处示范平台和矛盾纠纷就地化解示范村（社区）活动，打造矛盾纠纷综合调处平台。推行“大数据＋网格化”的基层社会治理模式，提高社会治安防控、矛盾纠纷排查化解、居民心理健康服务与疏导及安全隐患排查整治、开展反邪教等安全防范工作管理质量。深化党建网格和社会治理网格“双融合”机制，建立网格党支部726个。实现村（社区）警务、矛盾纠纷化解与网格化服务管理深度融合。

（市政法委　刘春丹）

【村规民约修订】 2021年，牡丹江市依法组织村规民约修订工作，村规民约修订全覆盖。严格依照《村（居）民委员会组织法》规定，指导开展村规民约和居民公约修订工作，注重对规范日常行为、维护公共秩序、保障群众权益、调解群众纠纷、引导民风民俗、提升村容村貌等方面内容的修订和完善，倡导优良乡风。

（市民政局　周永梅）

【乡村治理示范村创建】 2021年6月，按照中央农村工作领导小组办公室、农业农村部、中央宣传部、民政部、司法部、国家乡村振兴局《关于开展第二批乡村治理示范村镇创建工作的通知》要求，市农业农村局会同市委宣传部、市民政局、市司法局等部门，研究乡村治理示范村镇具体创建标准，在全市范围内组织开展乡村治理示范村镇创建活动。根据中央对乡村治理的有关政策要求和各地乡村治理开展情况，明确示范村创建强化六个方面标准：村党组织领导有力、村民自治依法规范、法治理念深入人心、文化道德形成新风、乡村发展充满活力、农村社会安定有序。明确示范乡（镇）创建强化四个方面标准：乡村治理工作机制健全、基层管理服务便捷高效、农村公共事务监督有效、乡村社会治理成效明显。按照先培育和树立一批乡村治理典型，发挥其引领示范和辐射带动作用的要求，牡丹江市有1镇5村进入国家级示范村行列。第一批国家级示范村有海林市蔬菜村、宁安市上官地村、绥芬河市永胜村。9月，东宁市上碱村、西安区中兴村、穆棱市穆棱镇获批进入全国第二批乡村治理示范村行列。根据省农业农村厅《关于开展黑龙江省乡村治理体系建设试点工作的通知》要求，牡丹江市组织1镇1村申报省级试点，分别是宁安市渤海镇和爱民区北安村。

（市农业农村局　翁少刚）

生态环境质量

【空气环境质量】 2021年，牡丹江市区空气质量达到国家二级标准，优良天数350天，有效监测天数365天，优良天数同比提升13天，优良比例95.9%，同比提升3.8%。

【水环境质量】 牡丹江市地表水资源有牡丹江、穆棱河、绥芬河三大水系，地下水资源总量32.57亿立方米。全市12个地表水国控考核断面，11个达到Ⅲ类水体及以上，优良水体比例由“十三五”的75%提升至91.7%，高于全省平均水平21.3个百分点，优良断面比例、水环境质量状况双双位列全省第一位，市、县两级集中式饮用水水源地水质达标率均达到100%。

【声环境质量】 2021年，牡丹江市区声环境质量监测结果显示，功能区昼间总达标率80.6%，同比上升8.4%；夜间总达标率61.1%，同比下降23.5%。各类功能区昼间达标率范围66.7%—100%，夜间达标率范围12.5%—100%。开展全市声环境功能区划分调整工作，1月14日印发《牡丹江市人民政府关于调整牡丹江城市环境噪声功能区划分的通告》，制定《2021年市区噪声污染专项整治实施方案》，对市区噪声污染行为开展专项整治，定期通报噪声污染信访情况。在高（中）考期间，发布噤声公告，实行噪声排放管制，防止和减少噪声污染，为考生提供安静良好的学习和应试环境。通过牡丹江生态环境公众号对噪声污染防治工作进行科普宣传，对《中华人民共和国噪声污染防治法》进行解读，建立环境噪声科普小课堂，普及噪声污染防治知识。

【辐射环境质量】 2021年，牡丹江市审批辐射项目环评文件5件。市生态环境局开展核与辐射安全监管工作，编制下发《牡丹江市边境辐射环境应急预案》，完成现场辐射安全隐患排查81户，组织开展2次辐射事故应急演练，提高辐射安全监管工作力度。

【重点污染源监控】 2021年，牡丹江市有重点监控污染源20户，其中废水污染源10户（企业污染源2户，污水处理厂8户），废气污染源10户。市生态环境局对10户废气污染源和10户废水污染源进行了2次监测，监测结果显示，废水、废气、城镇污水处理厂污染源达标率均为100%。

（市生态环境局　潘朝辉）

土地资源保护

【耕地保护】 2021年，市农业农村局按照黑龙江省人民政府办公厅《关于建设占用耕地耕作层土壤剥离利用工作的指导意见》的文件要求，审查耕地耕作层土壤剥离利用方案和专家的评审情况。督促各乡镇政府加强日常动态巡查，遏制非农化新增问题。按照省级下达的耕地保护指标，逐级签订耕地保护目标任务责任状，实行耕地数量管控。利用“4·22地球日”“6·25土地日”宣传耕地保护，增强公众对耕地保护工作的责任意识和参与意识，营造珍惜保护耕地氛围。

（市农业农村局　王　霞）

【受污染耕地安全利用】 市农业农村局和生态环境局联合制定下发《2021年牡丹江市受污染耕地安全利用与严格管控实施方案》《关于分解下达2021年度牡丹江市受污染耕地安全利用任务的通知》，落实2021年受污染耕地治理任务，全市共落实安全利用类任务面积45187.12亩，严格管控类落实面积127.59亩。根据《轻中度污染耕地安全利用与治理修复推荐技术名录》，因地制宜落实各项措施，建立治理台账。开展农产品样品采集化验工作，全市抽检受污染耕地农产品样品56份，农产品质量达标率100%，全面完成受污染耕地安全利用任务。

（市农业农村局　王　霞）

【净土保卫战】 2021年，全市32户企业被纳入土壤污染重点监管单位，217公顷安全管控类耕地实现安全利用。291户规模以上畜禽养殖企业遗留问题全部整改到位。138个建制村完成污水治理，治理率15.16%，比上年提高近4个百分点。

（市生态环境局　潘朝辉）

【废弃菌袋污染治理】　2021年，牡丹江市食用菌废弃菌袋污染治理工作协调领导小组成立，市供销社作为协调领导小组办公室，组织制定《牡丹江市废弃菌袋污染治理工作实施方案》，明确以“六化”（燃料化、肥料化、饲料化、基料化、原料化、无公害化）形式解决废弃菌袋“出口”的方式方法和具体措施。全市以循环经济理念为指导，采取直接还田、集中堆放、生产有机肥、木质燃料和作替代原料等方式处理废弃菌袋，截至10月末，全市食用菌废弃菌袋上年存量和2021年增量共计24.65亿袋，综合处理16.9亿袋，综合利用率68.58%。至年末，全市废弃菌袋综合利用率达到85%，其他剩余废弃菌袋通过集中堆放和填埋的方式解决。

（市供销社　张鸣霞）

【畜禽粪污资源化利用】　2021年，牡丹江市落实中央、省环保督察反馈意见，实施非畜牧大县粪污治理项目，推进种养结合循环模式发展。在承接“十三五”时期河长制、水污染防治、《中华人民共和国固体废物污染环境防治法》排查等各项重点任务基础上，开展突出环境问题排查整治百日攻坚行动，进一步提升全市畜禽规模养殖治理水平，全市畜禽规模养殖场粪污处理设施装备配套率达到100%，粪污综合利用率84%。

（市农业农村局　周　迪）

黑土地保护

【黑土耕地保护长效机制】　贯彻落实中共中央、国务院和黑龙江省关于做好生态文明建设、耕地保护工作的决策部署，落实最严格的耕地保护制度，压紧压实黑土耕地保护利用责任，巩固提升粮食综合产能，2021年，牡丹江市探索实施“田长制”。成立“田长制”工作办公室，制定《牡丹江市黑土耕地保护田长制实施方案（试行）》（以下简称《方案》），经市政府常务会议、市委深改委审议审定，12月31日以市委办公室、市政府办公室文件印发执行。《方案》设置市、县、乡、村和网格、户六级田长，以稳定黑土耕地数量，提升黑土耕地质量，改善黑土耕地生态，建立黑土耕地管护机制为主要目标，严格耕地监测管理保证数量不减少，坚持耕地用养结合保证质量不降低，提高综合治理能力保证生态环境，加强基础工程建设保证设施能力，加强行政执法监管保证耕地不被侵占、不被破坏，强化源头治理抓好农业污染防治。

【保护性耕作】　2021年，牡丹江市对黑土耕地保护实施数量、质量、生态协调发展，统筹推进生产与生态、农机与农艺、用地与养地相结合，不断改善黑土耕地设施条件、内在质量和生态环境。针对耕地坡度、种植作物，探索建立秸秆深翻还田、秸秆碎混还田、秸秆覆盖免耕、合理轮作等综合技术，持续推广农艺保护治理模式。全市落实旱田秸秆翻埋面积95.7万亩，秸秆碎混面积15.1万亩，保护性耕作面积2.2万亩，耕地轮作试点面积3.58万亩，深松整地93.8万亩。实施科学施肥合理用药，全市新增测土配方施肥172万亩，推广节药喷头体更换3657套，建立病虫害疫情监测网点202个，农药包装废弃物回收网点1064个，为黑土耕地“数量、质量、生态”全面提升夯实基础。

【打击盗采泥炭黑土专项行动】　2021年，市农业农村局对《黑土地保护利用条例》以及打击盗采泥炭黑土工作进行宣传报道，推动全市黑土耕地保护工作取得成效。发挥乡镇村、社区的哨岗作用，将日常巡查、卫片执法检查、耕地保护督察、耕地流向建设用地排查、农村乱占耕地建房专项整治和严厉打击“砂霸”“矿霸”等专项工作结合起来，摸排破坏、占用黑土耕地问题线索，保持严厉打击的高压态势，发现一起、处理一起、问责一起。特别是2月份五常市发生盗采泥炭黑土破坏耕地违法行为以来，按照省委、省政府安排部署，牡丹江市于4月1日至7月10日集中开展严厉打击盗采泥炭黑土行为专项百日行动。市委市政府搭建工作专班，市、县、乡、村同向发力，多部门联合执法、全方位摸排，梳理历史卷宗，形成严厉打击盗采泥炭黑土破坏耕地的强有力震慑。

【清洁生产】　印发《2021年牡丹江市废旧农膜回收利用实施方案》，加强废旧农膜（棚膜、地膜）回收技术宣传与指导。在东宁市、海林市开展食用菌废弃菌袋膜回收与资源化处置试点县建设。组织林口县进行全生物降解地膜试验，筛选适合牡丹江市地域、气候特点的全生物可降解地膜产品。

【科学施肥】　牡丹江市以保障国家粮食安全、农产品质量安全和农业生态安全为目标，深入实施化肥减量增效示范区建设，推进测土配方施肥技术应用，取得较好成效。依托新型农业经营主体和社会化服务组织，在海林市开展化肥减量增效示范区建设，示范带动广大农户和合作社应用种肥同播、缓控释肥料、微生物肥料等新技术和新肥料，调整和推荐施肥配方，转变施肥观念和施肥方式，减少农民盲目施肥现象，逐步提高科学施肥水平，在海林市完成化肥减量增效示范县建设任务1.4万亩。在全市10个县（市、区）开展测土配方施肥技术推广工作，全市农村完成新增测土配方施肥技术推广面积 172 万亩，累计推广测土配方施肥技术 1052 万亩次。2021 年农用化肥施用量 90589.96 吨（折纯），较 2020 年减少 1523.04 吨，减幅 1.65%。

（市农业农村局　王　霞）

水资源保护

【河湖长制工作】 2021 年，《牡丹江市强化河湖长制工作方案》出台，指导“十四五”期间全市河湖长制工作。全市设置各级河长湖长 1530 名，全年巡河 17882 次，设立并更新公示牌 1534 块。完成河湖长制挂图作战任务清单 9 项 158 个任务。1—11 月全市地表水国控考核断面达到或好于Ⅲ类水体比例为 75%，集中式饮用水水源地水质达标率 100%。完成权限内 11 座大坝安全鉴定和 54 座水库工程的年度调度方案、大坝应急预案编制批复；小型水库雨水情测报、大坝安全监测项目完成时限比省定提前 1 个月。11 月 1 日，《关于加强牡丹江市河湖长效保洁工作的指导意见》出台，在全市范围推广“穆棱市水生态补偿试点”经验，对各乡镇实施生态补偿考核。贯彻总河湖长 3 号令，组织县（市、区）政府和相关部门，开展取用水管理专项整治。实施水环境质量提升行动，对全市 24 条河流 55 个断面开展水质监测，24 条河流和市区湖泡全部纳入监测范围。

【水资源管控】 2021 年，全市计划用水总量 14.12 亿立方米以内，实际用水总量 10.06 亿立方米。加强地下水资源的开发利用控制，编制完成牡丹江水量调度计划。全市地下水用水量 0.84 亿立方米，完成省政府下达的 1.4 亿立方米控制目标，在省政府水资源管理考核中排名全省第四位。推进全市重点河湖生态流量目标管控和江河水量分配，完成 3 条跨县重点河流水量分配方案和生态流量保障方案编制及批复任务。推进县域节水型社会达标建设和水资源刚性约束制度基础工作，县域节水型社会达标建设建成率 60%，超出目标 10 个百分点。

【河湖问题稽查整改】 2021 年，牡丹江市加强河湖水域岸线管理保护，巩固提升专项行动列入台账的 74 处问题水利部暗访交办牡丹江市的 21 处问题均已销号。省暗访系统涉及牡丹江市 200 处问题省河湖长制专项督查“一市一单”交办的 9 处问题全部完成整改。建成河道采砂信息化监控平台，实行旁站式管理和采运“四联单”制度。在全市 51 座水库实施库长制，压实管理责任，巩固提升水库管理水平。落实省总河湖长第 4 号令，完成 20 座小型水库除险加固竣工验收任务，提前 1 年完成 43 座小型水库管护机制创新。3 次开展大规模河湖岸线清理整治行动。截至年末，各项行动投入费用 369.53 万元，下达督办单（预警函）21 个，出动机械 5700 余台次，清理废弃菌袋及垃圾 47980 立方米。

【水行政执法】 2021 年，全市组建 7 家水政监察队伍，东宁市、穆棱市单独组建水政监察大队，市本级及其余 4 个县（市）水务部门均加挂水政监察支队牌子。与公检法司等部门联合出台《执法协同联动实施方案》，联合开展执法行动 11 次，全年查办涉水行政案件 12 件。开展海事巡航 96 次，巡航里程 2163.91 海里，发现并处罚相关违法违规行为 1 起。组织执法部门联合开展重点水域专项整治，查处行政案件 8 起，摸查化解涉河湖问题 8 处；检查部门办理涉河湖案件 43 件。对全市 219 家规模养殖场开展督导检查。完成水土保持疑似违法违规图斑核查 48 处。牡丹江示范河湖建设以 99.4 分位居全省第一位。创作的《幸福鱼米乡、美在牡丹江》宣传视频获得第三届全国短视频公益大赛“优秀奖”。

【穆棱市水生态补偿试点经验推广】 2021 年，穆棱市首创“水生态补偿机制”，按照《穆棱河流域水质目标考核奖惩办法》，理顺管理体制，落实管理责任，进行分段管理、分段考核、分段问责。对 8 个乡镇实施生态补偿机制，连续考核 6 个月，兑现奖励 111 万元，处罚 75 万元。主管市领导约谈水质变化较大的 3 个乡镇河长，调动各乡（镇）河长对河流污染防治的工作积极性。根据检测结果，有针对性地指导乡镇开展水环境治理，在畜禽养殖废弃物处理、食用菌种植污染治理、排污口治理、农村生活污水垃圾处理、退耕还林、水土流失、农业面源污染等方面采取措施，有效遏制水质持续恶化的趋势。

（市生态环境局　潘朝辉）

森林资源保护

【概况】 2021 年，全市辖 6 个县（市）林业局，有 45 个国有林场，4 个国有苗圃，林地 27423.65 平方公里。其中，乔木林地 26859.94 平方公里，灌木林地 216.52 平方公里，其他林地 347.19 平方公里。

【林长制改革】 2021 年，牡丹江市全面推行林长制，研究制定《牡丹江市全面实施林长制实施方案》，同步出台部门协作制度、会议制度、工作督察制度、信息公开制度、考核制度 5 项制度；市、县、乡级林长制 5 项工作制度均制定完成，村级也研究制定村级林长制及其相应配套制度，林长制体系全面建立。

【森林督查】 2021 年，《牡丹江市天然林保护修复制度实施方案》和《牡

2021 年 2 月，牡丹江市北山全民义务植树造林现场

（市林草局　供图）

丹江市森林经营方案》制定出台。陆续开展打击毁林种参、打击盗采泥炭黑土、打击毁湿等专项行动，开展中央环保督查第一轮反馈问题整改“回头看”案件查办以及森林督查等专项执法行动，持续保持对破坏森林资源违法犯罪行为的高压态势。

【生态工程建设】 2021 年，牡丹江市认真抓好储备林建设、“三北”防护林工程、生态效益补偿等重点生态工程建设，全年完成造林 6.6 万亩，组织 9 万余人参与全民义务植树 202.57 万株，新建义务植树基地 22 个，绿化美化村庄 257 个，建设省级村庄绿化示范村 7 个。组织实施林业生态补偿，落实森林生态效益补偿面积 439.77 万亩，拨付补偿基金 4211.79 万元；返还植被恢复费用 199.47 万元，完成植被恢复面积 996.92 亩。完成“三北”工程造林 500 亩，公益林管护总面积 105.25 万亩，补偿补助总资金 981.88 万元。

【森林病虫害防治】 2021 年，牡丹江市本级林业有害生物发生面积 35250 亩。其中，轻度发生 31950 亩，中度发生 3300 亩。发生的林业有害生物为落叶松毛虫、果梢斑螟、落叶松红腹叶蜂、林业鼠害。防治面积 27200 亩，无公害防治面积 27200 亩，无公害防治率 100%。防治的林业有害生物为落叶松毛虫、果梢斑螟、落叶松红腹叶蜂、林业鼠害。常发性林业有害生物得到有效防控，未有重大外来林业有害生物松材线虫病和美国白蛾传入。按照《黑龙江省松材线虫病病情防控实施方案》的通知要求，市林草局制定《牡丹江市松材线虫病病情防控实施方案》并下发至县（市）及相关单位。市本级松林监测面积 32.634 万亩，监测覆盖率 100%，检查物流企业 135 户，检疫检查涉木企业 13 户。

【森林草原防灭火】 2021 年，市林草局印发《关于提前做好春季（秋季）森林草原防灭火准备工作的通知》《全市 2021 年森林草原防灭火工作清明节战役实施方案》《关于清明节期间安全防范工作提示的通知》，围绕森林草原防灭火深入一线督导检查，坚决遏制各类火情火警。全市检修防火机具设备 3200 台（套），维护瞭望塔 130 座，举办指挥扑救等培训班 24 期、培训 2200 人次，森林消防支队靠前驻防指战员 266 人。市县两级森林草原防灭火指挥部和林草系统组成督察检查组 89 个，深入各县（市、区）和 8 个森工林业局、63 个乡镇、745 个村、216 个林场，开展全覆盖督察检查，全市未有森林草原火灾和自然灾害发生。

【生态银行挂牌】 2021 年，市林草局探索“生态银行”项目，借力东北林业大学人才、学科、专业的综合性优势，到成型经验的福建省南平市进行考察，结合牡丹江市实际，借鉴省“兴安生态银行”模式，配合市财政局和国投集团完成生态银行挂牌工作。事业单位改革任务全部完成，实现林草行政资源配置更优化、权责关系更协同，林草服务保障效能得到提升。

（市林草局　王新安）

自然保护地保护

【概况】 牡丹江市有 5 种类型的保护地 43 处，包括自然保护区、森林公园、湿地公园、风景名胜区、地质公园，总面积 2416419.11 公顷（包括交叉重叠面积），在保护生物多样性、保存自然遗产、改善生态环境质量和维护国家生态安全方面发挥重要作用。其中，国家、省级保护地 37 处，县（市）级保护地 6 处。按级别分：国家级自然保护区 4 处，国家级风景名胜区 1 处，世界地质公园 1 处，国家森林公园 9 处，国家湿地公园 8 处，国家水产种质资源保护区 2 处；省级自然保护区 5 处，省级地质公园 3 处，省级风景名胜区 2 处，省级森林公园 2 处，省级湿地公园 1 处；县级自然保护区 5 处。按保护类型分：自然保护区 14 处，其中，国家级自然保护区 4 处，省级自然保护区 5 处，县（市）级自然保护区 5 处；国家水产种质资源保护区 2 处；森林公园 11 处，其中，国家级 9 处，省级 2 处；

湿地公园 9 处，其中，国家级 8 处，省级 1 处；风景名胜区 3 处，其中，国家级 1 处，省级 2 处；地质公园 4 处，其中，国家级 1 处，省级 3 处。

【自然保护区】 2021 年，牡丹江市有自然保护区 14 处。其中，国家级 4 处，黑龙江牡丹峰国家级自然保护区，管理机构是牡丹峰国家级自然保护区管理局，保护区类型为森林生态系统类型；黑龙江小北湖国家级自然保护区，管理机构是黑龙江小北湖国家级自然保护区管理局，保护区类型为森林生态系统类型；黑龙江穆棱东北红豆杉国家级自然保护区（森工），管理机构是黑龙江穆棱东北红豆杉国家级自然保护区管理局，保护类型为野生植物类型；黑龙江老爷岭东北虎国家级自然保护区（森工），管理机构是黑龙江老爷岭东北虎国家级自然保护区管理局，保护类型为野生动物类型。省级 5 处，黑龙江海林莲花湖省级自然保护区，管理机构是莲花湖省级自然保护区管理局，保护区类型为内陆湿地系统类型；黑龙江九龙沟省级自然保护区，管理机构是黑龙江九龙沟省级自然保护区管理局，保护区类型为森林生态系统类型；黑龙江六峰湖省级自然保护区，管理机构是黑龙江六峰湖省级自然保护区管理处，保护区类型为内陆湿地系统类型；黑龙江镜泊湖省级自然保护区，管理机构是黑龙江省镜泊湖风景名胜区自然保护区管理委员会，保护区类型为森林生态系统类型；黑龙江东宁鸟青山省级自然保护区，管理机构是黑龙江东宁鸟青山省级自然保护区管理局，保护区类型为森林生态系统类型。县级 5 处，黑龙江绥芬河金家沟自然保护区，管理机构是绥芬河市天长山水库管理站，保护区类型为内陆湿地系统类型；黑龙江东宁国防林县级自然保护区，无管理机构，保护区类型为森林生态系统类型；黑龙江东宁松茸县级自然保护区，无管理机构，保护区类型为野生植物类型；黑龙江绥芬河大马哈鱼、滩头鱼自然保护区，管理机构是东宁市水产局，保护区类型为野生动物类型；黑龙江绥阳林业局野生刺五加自然保护区（森工），管理机构是绥阳林业局资源林政科，保护区类型为野生植物系统类型。

2021 年 4 月，镜泊湖世界地质公园火山熔岩台地上绽放的达子香

（市文广旅局　供图）

【森林公园】 2021 年，牡丹江市有森林公园 11 处。其中，国家级森林公园 9 处，包括地方管理 4 处，分别为牡丹峰国家森林公园、三道关国家森林公园、火山口国家森林公园、绥芬河国家森林公园。森工管理 5 处，分别为威虎山国家森林公园、黑龙江夹皮沟国家森林公园、雪乡国家森林公园、镜泊湖国家森林公园、六峰山国家森林公园；省级森林公园 2 处，分别为龙虎山省级森林公园、绥阳小天桥森林公园（森工）。

【湿地公园】 2021 年，牡丹江市有湿地公园 9 处。其中，国家湿地公园 8 处，包括地方管理 5 处，分别为黑龙江牡丹江沿江国家湿地公园、黑龙江西安区海浪河国家湿地公园、黑龙江白桦川国家湿地公园、黑龙江穆棱雷锋河国家湿地公园、黑龙江东宁绥芬河国家湿地公园。森工管理 3 处，分别为黑龙江东京城镜泊湖源头国家湿地公园、黑龙江大海林二浪河国家湿地公园、黑龙江绥阳国家湿地公园；省级湿地公园 1 处，林口六合省级湿地公园。按照《牡丹江市自然生态保护存在破坏湿地突出问题专项整治工作方案》，将国土空间生态修复规划编制工作费用列入财政预算。开展打击违法破坏森林湿地草原资源专项行动，对照省林草局下发的湿地卫星变化图斑，组织各县（市、区）及相关单位，按照要求逐地块进行现地核查工作，完成全部核查上报。制定市本级三年还湿修复计划，海浪河湿地公园实施三年湿地修复。中央环保督察涉湿整改还湿 19.35 公顷，完成率 109%。

【地质公园】 2021 年，牡丹江市有地质公园 4 处。其中，国家地质公园 1 处，镜泊湖世界地质公园；省级地质公园 3 处，分别为黑龙江莲花湖地质公园、黑龙江省宁安火山口地质公园、黑龙江东宁洞庭峡谷地质公园，全部为地方管理。年内对所辖自然保护地存在的问题进行全面排查、整改并建立台账。

（市林草局　王新安）

生物多样性保护

【东北虎豹国家公园建设】 2021 年 9 月 30 日，国务院批复同意设立东北虎豹国家公园。10 月 12 日，东北虎豹国家公园被列入第一批国家公园名单。公园跨吉林、黑龙江两省，保护面积 140.65 万公顷，是中国东北虎、东北豹种群数量最多、活动最频繁、最重要的定居和繁育区域。其中，黑龙江省片区面积45.08万公顷，占总面积的32.05%，全部位于牡丹江市境内，涉及东宁、宁安、穆棱3市9个乡镇、17个行政村、27431人。牡丹江市认真贯彻落实习近平总书记关于国家公园建设的系列重要指示，推动东北虎豹国家公园建设，组建专班，召开民生项目会商会，制定《东北虎豹国家公园牡丹江区域产业转型方案》《东宁市抵边示范村建设方案》《东北虎豹国家公园（黑龙江片区）矿业权退出方案》等6个方案，按国家、省和有关部门的要求推进落实。

【野生动物保护】 2021年，市林草局与公安、市场监管等职能部门合作，开展“清风”“净网”“巡山清套”等保护野生动物专项行动，依法打击乱捕滥猎滥食及破坏、利用野生动物及其制品违法行为。出台《春季候鸟迁徙保护和野生动物疫源疫病监测防控工作预案》，落实监测排查和野外巡护责任，严防破坏野生资源违法犯罪活动和疫源疫病发生蔓延。

【“完达山一号”东北虎野外放归】 2021年4月23日，黑龙江省密山市白鱼湾镇临湖村出现一头东北虎，被捕获后送到海林市横道河子东北虎林园。4月26日，经国家林草局确定，被命名为“完达山一号”。经过专家检查，这是一只2—3岁的雄性东北虎，体重225公斤。5月18日，东北虎“完达山”一号在穆棱林业局东兴林场施业区内被放归山林，林业部门在老虎可能活动区域设立警示牌，逐户发放《遇到老虎怎么办》宣传册，普及预防野生动物伤害知识，保障区域内居民人身安全。

【草原禁牧行动】 2021年，牡丹江市草原面积20814.18公顷。其中，牡丹江市区草原面积1247.90公顷，海林市草原面积3724.10公顷，宁安市草原面积6922.70公顷，林口县草原面积6070.20公顷，东宁市草原面积2041.20公顷，穆棱市草原面积504.48公顷，绥芬河市草原面积303.60公顷。有生态管护员350人。在全市范围内开展草原禁牧行动，全市保护地内1566.25公顷草地全部禁止放牧。

【林地绿地保护】 2021年，牡丹江市通过施工图审查新增绿色建筑面积107.45公顷，通过施工图审查新增建筑面积113.06公顷，新建建筑执行绿建标准占比为94.6%。

（市林草局　王新安）

污染防治

【水污染防治】 2021年，牡丹江市注重“三水统筹”（“水环境、水生态、水资源”三水共治），按照“一点两线”（“一点”是指水生态环境质量状况；“两线”是指污染减排和生态扩容）的框架思路，以“一江两湖四河”为治理重点，市河长办与市水防办联动，紧盯重点河湖、重点时段，排查整改重点环境问题。在全市范围推广“穆棱市水生态补偿试点”经验，对辖区各乡镇实施生态补偿考核。筹集2000万元用于市区湖泡水系清淤，191个入河排污口列入动态清单台账，3个黑臭水体全部完成整治并长期巩固。

【大气污染防治】 统筹推进散煤污染治理，2021年，全市减少散煤用量11.96万吨。海林市推进“三重一改”，雪乡景区及周边区域燃煤治理专项行动提前一年完成40台燃煤小锅炉淘汰改造任务。完善预警预报制度，重新明确重污染天气预警分级标准，调整应急减排措施，统一应急减排比例要求，实施“一厂一策”，完善企业重污染天气应急减排方案，扩大重污染天气应急预警减排企业范围，将应急预警减排企业调整至111户。实施减污降碳、协同增效，全市6户火电企业进入全国碳排放交易市场并网交易，通过植树造林实现第四届黑龙江省旅游产业发展大会碳中和、“零碳”大会。

【化工污染物减排】 2021年，牡丹江市重点污染物减排工作全面完成省下达目标任务。氮氧化物重点工程减排目标522.6吨，实际减排量1108.08吨，完成“十四五”总目标的33.9%；挥发性有机物重点工程减排目标162.4吨，实际减排量473.84吨，完成“十四五”总目标的46.68%；化学需氧量重点工程减排目标969.2吨，实际减排量1981.95吨，完成“十四五”总目标的32.7%；氨氮重点工程减排目标75.2吨，实际减排量187.97吨，完成“十四五”总目标的40%。

【土壤和重金属污染防治】 2021年，全市无“涉重”项目环评审批落地，无涉重金属行业“散乱污”现象，无涉重金属重大及突发环境事件。

【固体废物管理】2021年，牡丹江市加大固体废物污染防治力度，对85户重点固体废物产生单位全面排查，严厉打击涉固废违法行为。

（市生态环境局　潘朝辉）

节能减排

【工业节能】 2021年，牡丹江市全面推行绿色制造，助力工业领域实现碳达峰、碳中和目标，通过加强工业企业节能目标管控与能耗监测分析，实施重点企业节能技术改造，全市规模以上工业增加值增长2.0%，工业综合能源消费量同比下降5.4%。规模以上万元工业增加值综合能耗同比下降7.3%，完成省工信厅下达的节能目标。组织开展全市绿色工厂、绿色设计产品、绿色工业园区、绿色供应链管理企业推荐工作，组织恒丰纸业股份有限公司、中龙食品股份有限公司、东宁山友食用菌科技研发有限公司等企业申报省级、国家级绿色工厂，恒丰纸业股份有限公司获批国家级绿色工厂。加快推进重点用水企业节水技术进步和创新，促进企业用水效率持续提升，组织海林市柴河林海纸业有限公司和黑龙江辛巴赫精酿啤酒有限公司申报省工业节水标杆企业；组织百威啤酒和黑龙江辛巴赫精酿啤酒有限公司申报国家工业节水工艺、技术和装备推荐目录，并入选省推荐目录。为加快推广应用先进适用节能技术装备产品，推动工业能效提升，组织牡丹江蔚蓝环保科技有限公司申报并入选省工业节能技术装备。按照国家、省 2021 年工业节能监察工作的安排部署和通知要求，向省工信厅申报高耗能行业、阶梯电价政策执行、重点用能产品设备能效提升、数据中心能效 4 个专项监察类别 6 户企业。挖掘企业节能潜力，降低企业成本，筛选全市 20 户工业企业推荐至省工信厅，开展工业节能诊断服务工作。绥芬河鑫圣热力有限公司热网自动化控制技术及设备应用节能技改项目符合申报要求，上报至省工信厅和省财政厅，通过省厅专家初审、第三方专家现场审核等程序，企业获得 100 万元节能技术改造奖励资金。

（市工信局　许景阳）

2021 年 5 月，市节能办在市委党校配置多功能垃圾分类设施设备

（市节能办　供图）

【公共机构节能】 2021 年，市政府完成全市公共机构人均综合能耗同比下降 2.3%、人均用水量同比下降 3.2%、单位建筑面积能耗同比下降 2.3% 的目标。市机关事务管理局开展节水创建工作，经过申报、创建、审核、验收等程序，节水创建工作通过国家机关事务管理局验收，获评“国家级水效领跑者”称号。开展节约型机关创建工作，完成 260 家创建单位，达到国家和省要求的 80% 覆盖面。建立分类投放、分类收集、分类运输、分类处理的生活垃圾处理体系，推进公共机构垃圾分类工作长效开展，公共机构垃圾分类工作在全省公共机构中排名第一位；完成全市 1662 家公共机构能耗定额工作，成为全省首批公共机构能耗定额试点城市。在全市范围内开展以“节能降碳，绿色发展”为主题节能宣传周活动，全市 6 万余人参与，通过观看启动仪式、参与直播互动、短视频接龙、张贴节能低碳倡议书、制作主题展板以及发放推广可降解环保袋等活动，形成节能宣传氛围。对全市公共机构垃圾分类、塑料污染治理、反食品浪费等节能重点领域、重点工作进行监督检查，做好年度节能对标考核工作，发挥监督考核约束作用，促进公共机构节能工作扎实有效开展。

（市机关事务管理局　王久馨）

【交通节能】 2021 年，牡丹江市通过出租汽车 LED 屏、公交车 LED 屏、客运站电子显示屏等，宣传“深化交通绿色发展，助力碳达峰碳中和”等内容。倡导机关干部出行乘坐公共交通工具、骑自行车或步行，鼓励广大群众绿色出行，并停开办公场所公共区域（门厅、走廊、楼道、卫生间）照明一天。牡丹江市“公交都市”创建和试行高寒城市智能公交系统项目进展顺利，年内更新新能源公交车 30 台，优化公交线路 3 条，公交信息管理与调度系统项目投入使用，公交车总量达到 785 辆，公交出行分担率达到 43%，在城市交通体系中占据主体地位。

（市交通局　康洪奎）

【减碳降耗】 2021 年，市林草局与国开新能源科技有限公司签订战略合作协议，规划总投资 66.7 亿元的市直 120 万千瓦可再生能源基地项目，形成《牡丹江市直区域 120 万千瓦可再生能源基地（项目）开发建设方案》；落实“碳达峰、碳中和”总体部署，率先在市直 4 个林场进行空气能＋电加热锅炉供热系统改造，降低能耗、改善生态环境的同时，提升林场办公条件。

（市林草局　王新安）

【建筑业节能】 2021 年，牡丹江市在老旧小区改造中重视节能改造工作，通过墙面保温、屋面平改坡、门窗更换，完成 318 万平方米既有居住建筑节能改造。发展绿色建筑和建筑节能，关停大部分黏土砖瓦企业，淘汰以黏土为主的墙材产品，推进建筑垃圾减量化。新建建筑全面执行《黑龙江省居住建筑节能设计标准》（DB23/1270–2019）75%+节能标准。根据省住建厅2021年重点工作任务和《牡丹江市绿色建筑行动实施方案》要求，牡丹江市任务目标为65%，至年底超额完成任务。

（市住建局　朱　林）

环境监管

【中央环保督察整改】 2021年，牡丹江市出台多项中央和省生态环保督察整改方案和整改措施。市委书记杨廷双主持召开市委常委扩大会议，审议《第二轮中央环保督察迎检工作方案》和《迎检任务分工方案》。市长张国军组织召开全市迎检动员会议和信访案件集中会审会议，有关领导先后批示160余件工作事项，实地调研生态环境工作20余次，现场督导检查。全市组织6个工作组开展“大排查、大复核”和多个专项攻坚行动，梳理各类问题130个，下达督办文件39件次，对突出问题进行约谈、通报。聚焦秸秆禁烧等重点难点问题，划定“时间表”和“路线图”，“一案一策”抓落实。第一轮中央环保督察及“回头看”36项整改任务、296件信访案件及省环保督察39项整改工作全部完成。

（市生态环境局　潘朝辉）

【环境监测】 2021年，牡丹江市建立以自动监控为核心的远程监管体系，设置360度全景摄像机对整个水源地水域范围进行高点监控，24小时实时监控进入水源地区域进行破坏、烧烤等违规行为，利用科技手段，开展环境监测。

（市生态环境局　潘朝辉）

【环保执法】 推进“三项制度”（即行政执法公示制度、执法全过程记录制度、重大执法决定法制审核制度）落实，严格执行“双公示”制度，全年下达行政处罚22件，处罚金额260万元。聚焦环境问题多发、频发行业，部署危险废物等9项专项执法检查，对辖区内污水集中处理设施、垃圾填埋场、规模化畜禽养殖场实现执法检查全覆盖。

（市生态环境局　潘朝辉）

【生态项目服务】 2021年，牡丹江市推进“环评百人帮百企”活动，上门送政策，专班帮扶。在项目启动之前，派专人进行跟踪指导服务，协调沟通项目进展情况，针对项目环评中存在的问题，为项目提供专业技术指导，避免项目在环评环节“走弯路”，为项目建设节省大量时间，全年审批建设项目环评文件74项。推进《排污许可管理条例》的贯彻落实，开展“进企业、送法规、促发展”宣传活动，60余户企业代表参加活动，推动企业知环保法、懂环保法、守环保法。截至年末，全市核发排污许可证590户，发证率100%，实现固定污染源全覆盖。完成重点排污单位中31户废气、废水排污的监督性监测工作，帮扶林口县企业自行监测。

（市生态环境局　潘朝辉）

【生态规划】 2021年，牡丹江市出台施行的生态保护规划有：《关于加强牡丹江市河湖长长效保洁工作的指导意见》《牡丹江市自然生态保护存在破坏湿地突出问题专项整治工作方案》《牡丹江市全面实施林长制实施方案》《天然林保护修复制度实施方案》《牡丹江市森林经营方案》《牡丹江市松材线虫病病情防控实施方案》。

（市生态环境局　潘朝辉）

【“垃圾围村”问题整改】 2021年，牡丹江市完成中央环保督查反馈“垃圾围村”问题整改，农村生活垃圾治理完成规划指引、专家论证，建立项目库。6月2日，市住建局启动督导检查机制，开展垃圾治理调研督导，采购垃圾桶和转运垃圾桶44.15万个，垃圾收集车815台，乡镇转运车60台；建设垃圾分拣中心673座，垃圾中转站8座；争取省级专项资金和债券9500万元。30处非正规垃圾堆放点完成治理任务，并通过省住建厅四轮专家现场指导验收销号。

（市住建局　朱　林）

【生态保护宣传】 2021年，牡丹江市以“6·5”世界环境日、“4·22”地球日、低碳周、国际生物多样性日为时点，围绕“人与自然和谐共生”等主题，宣传绿色、环保、低碳、节能内容，全年编发生态环境保护宣传信息、新闻稿件6000余篇，微信公众号2000余条，微博5000余条，《牡丹江日报》发稿30余篇，《牡丹江晨报》发稿40余篇。青少年环保意识增强，18人次在全省第五届“环保小卫士”杯青少年书法绘画大赛获奖，“牡丹江生态环境”微信公众号每月推广量稳居全省前三名，扩大生态环境重点工作知悉范围。

（市生态环境局　潘朝辉）

科技创新

【概况】 2021年，全市有重点科研院所5家，即黑龙江省农业科学院牡丹江分院、黑龙江省林业科学院牡丹江分院、黑龙江省农业机械工程科学研究院牡丹江分院、黑龙江省造纸工业研究所、黑龙江省八一农垦大学牡丹江食品与生物技术创新研究院。制定出台《牡丹江市“十四五”科技创新规划》，持续深化改革，营造良好创新创业生态，推动各项科技领域重点指标全面突破。全市高新技术企业总量达到131户，同比增长68%，省内综合型城市（哈尔滨、大庆、齐齐哈尔、牡丹江、佳木斯、绥化）增幅排名第一；技术合同成交额完成11.47亿元，占GDP比重1.31%，综合型城市排名第二；全社会研发投入3.16亿元，同比增长56%，综合型城市增幅排名第一。在新一轮科技型企业三年行动计划考核中，牡丹江市综合评价位列全省第一。

【科技型企业培育】 2021年，牡丹江市启动《黑龙江省新一轮科技型企业三年行动计划（2021—2023）》，212户企业进入国家中小型科技企业信息库，同比增长18.4%；国家级高新技术企业数量净增53户，增长68%，总量达到131户。

【科技平台建设】 2021年，牡丹江医学院“北药资源开发与应用协同创新中心”备案全省首批省级新型研发机构，牡丹江师范学院“光电功能材料重点实验室”备案省级重点实验室。至年末，全市科技创新基地和平台发展到47个，其中，省级技术创新中心22个，省级重点实验室9个，科学家工作室3个，省级新型研发机构1个，“头雁”团队工作站12个。黑龙江北方双佳钻采机具有限责任公司“黑龙江省震击解卡工具工程技术研究中心”、牡丹江友搏药业有限责任公司“黑龙江省糖肽类药物重点实验室”、牡丹江金钢钻碳化硼有限公司“黑龙江省碳化硼特种材料工程技术研究中心”、牡丹江鑫北方石油钻具有限责任公司“黑龙江省石油钻采内防喷工具工程技术研究中心”、牡丹江北方合金工具有限公司“黑龙江省钨材料工程技术研究中心”获得省级科技创新基地奖励资金350万元（含科研机构、科研载体建设机构、省级企业重点实验室）。

【“头雁”团队工作站】 2021年，牡丹江市新增“头雁”团队工作站6个，即黑龙江绥发消毒服务有限公司与哈尔滨工业大学合作建立马军“头雁”团队工作站；黑龙江经开化工发展有限公司与哈尔滨工业大学合作建立马军“头雁”团队工作站；牡丹江天擎科技有限公司与哈尔滨工程大学合作建立李晔“头雁”团队工作站；黑龙江盛世雪城科技有限公司与哈尔滨工程大学合作建立赵春晖“头雁”团队工作站；镜泊湖水产养殖场与哈尔滨工程大学合作建立杨德森“头雁”团队工作站；黑龙江北纯农产品开发有限公司与八一农垦大学合作建立杂粮绿色生产及食品深加工技术研发“头雁”团队工作站。

【高新技术产业】 2021年，牡丹江市有国家高新技术企业131户。按技术领域划分，先进制造与自动化领域58户，生物与新医药领域34户，新材料领域19户，电子信息领域9户，高技术服务领域5户，新能源与节能领域6户；按所属县（市、区）划分，开发区34户，爱民区22户，西安区19户，阳明区9户，东安区5户，穆棱市16户，海林市6户，宁安市9户，东宁市4户，林口县5户，绥芬河市2户。

【科技创新环境优化】 2021年，牡丹江市举办中国创新创业大赛牡丹江赛区选拔赛，择优推荐8户企业参加省赛。推行科技特派员制度，55个乡镇动态保持市级科技特派员全覆盖。在林口县古城镇、海林市山市镇建立科技特派员示范基地，分别开展新品种示范和中草药品牌试点建设。营造科技创新的舆论氛围，加大科技普及

表 57　2021 年牡丹江市科技企业孵化器（众创空间）一览表

序号	科技企业孵化器（众创空间）名称	认定（备案）类型	所属县区	运营单位名称
1	牡丹江高新技术创业服务中心	国家级科技企业孵化器	高新区	牡丹江新区高新技术投资有限公司
2	高新创客	国家备案众创空间	高新区	牡丹江新区高新技术投资有限公司
3	黑龙江八一农垦大学牡丹江食品与生物技术创新研究院	省备案科技企业孵化器	高新区	黑龙江八一农垦大学牡丹江食品与生物技术创新研究院
4	牡丹江市乐享孵化器	省备案科技企业孵化器	高新区	牡丹江市乐享众创管理有限公司
5	海龟科技孵化器	省备案科技企业孵化器	高新区	黑龙江海龟科技有限公司
6	中关村牡丹江孵化器	市备案科技企业孵化器	高新区	牡丹江龙创网络科技有限公司
7	牡丹江创新创业基地蚁聚孵化器	省备案科技企业孵化器	东安区	牡丹江蚁聚高新技术创业服务集团有限公司
8	阳光创客空间	省备案众创空间	东安区	黑龙江阳光创客空间高新技术创业服务有限公司
9	黑龙江奥通航空汽车零部件生产配套创业基地	省备案科技企业孵化器	西安区	黑龙江奥通汽车部件制造有限公司
10	牡丹江市总工会职工创业孵化基地（工创 e 家）	省备案众创空间	西安区	牡丹江市职工服务中心
11	仁合堂生物科技众创空间	市备案众创空间	西安区	黑龙江仁合堂生物科技有限公司
12	黑林学院大学生创业孵化基地	省备案众创空间	爱民区	黑龙江林之源高新科技创业服务有限公司
13	牡丹江市轴承机械工业园创业中心	省备案科技企业孵化器	爱民区	牡丹江轴承制造有限责任公司
14	牡丹江丛名创业科技园	省备案科技企业孵化器	爱民区	牡丹江龙飞商贸实业有限公司
15	牡丹江创泰孵化器（牡丹江市阳明电子商务创业服务中心）	省备案科技企业孵化器	阳明区	牡丹江多云创泰网络科技有限公司
16	易联科技孵化器	省备案科技企业孵化器	阳明区	牡丹江易联信息技术有限公司
17	黑龙江阳明区经济开发区 VC・产业园	市备案科技企业孵化器	阳明区	牡丹江市融晟建设集团有限公司
18	阳明电子商务产业园	市备案科技企业孵化器	阳明区	牡丹江市阳明城乡投资开发有限公司
19	海林市电商创业园	省备案众创空间	海林市	黑龙江省亿丰商品交易有限公司
20	穆棱市万众创新创业孵化器	省备案科技企业孵化器	穆棱市	穆棱市万众创新创业管理有限公司
21	下城子创新创业孵化器	省备案科技企业孵化器	穆棱市	穆棱市惠民农业农村基础设施建设投资有限公司
22	穆棱市高新科技孵化基地	省备案科技企业孵化器	穆棱市	穆棱市智嘉人力资源有限公司
23	穆棱市志清网络众创空间	省备案众创空间	穆棱市	穆棱市志清网络科技发展有限公司
24	林口县电子商务产业园	省备案科技企业孵化器	林口县	林口湾云云计算技术有限公司
25	罗斯帝国跨境电商孵化基地	市备案科技企业孵化器	绥芬河市	绥芬河罗斯帝国商业管理有限公司

（资料来源：市科技局）

表 58　2021 年牡丹江市省级工程技术研究中心一览表

序号	机构名称	依托单位	类别	批准部门
1	黑龙江省熊科动物人工繁育、生产工程技术研究中心	黑龙江黑宝药业股份有限公司	省级工程技术研究中心	省科技厅
2	黑龙江省北一半导体技术创新中心	穆棱市北一半导体科技有限公司	省级工程技术研究中心	省科技厅
3	黑龙江省钨材料工程技术研究中心	牡丹江北方合金工具有限公司	省级工程技术研究中心	省科技厅
4	黑龙江省木屋机械设备工程技术研究中心	牡丹江中大木工机械有限责任公司	省级工程技术研究中心	省科技厅
5	黑龙江省生物质收获包装工程技术研究中心	黑龙江沃野生物质收获包装设备有限公司	省级工程技术研究中心	省科技厅
6	黑龙江省特种消防车辆救援装备工程技术研究中心	牡丹江森田特种车辆改装有限责任公司	省级工程技术研究中心	省科技厅
7	黑龙江省石油钻采内防喷工具工程技术研究中心	牡丹江鑫北方石油钻具有限责任公司	省级工程技术研究中心	省科技厅
8	黑龙江省心脑血管中药制剂工程技术研究中心	牡丹江友搏药业有限责任公司	省级工程技术研究中心	省科技厅
9	黑龙江省石油打捞工具工程技术研究中心	牡丹江市林海石油打捞工具有限公司	省级工程技术研究中心	省科技厅
10	黑龙江省红星有机乳粉技术创新中心	黑龙江红星集团食品有限公司	省级工程技术研究中心	省科技厅
11	黑龙江省水稻无土育苗工程技术研究中心	牡丹江金达农化有限公司	省级工程技术研究中心	省科技厅
12	黑龙江省碳化硼特种材料工程技术研究中心	牡丹江金钢钻碳化硼有限公司	省级工程技术研究中心	省科技厅
13	黑龙江省油气集输净化装置工程技术研究中心	牡丹江市金环石化设备有限公司	省级工程技术研究中心	省科技厅
14	黑龙江省灵泰技术创新中心	牡丹江灵泰药业股份有限公司	省级工程技术研究中心	省科技厅
15	黑龙江省山地玉米收获机械工程技术研究中心	宁安市中凌机械有限公司	省级工程技术研究中心	省科技厅
16	黑龙江省特种纸技术创新中心	牡丹江恒丰纸业股份有限公司	省级工程技术研究中心	省科技厅
17	黑龙江省生物农药兽药发酵工程技术研究中心	牡丹江佰佳信生物科技有限公司	省级工程技术研究中心	省科技厅
18	黑龙江省低温等离子体工程技术研究中心	牡丹江等离子体物理应用科技有限公司	省级工程技术研究中心	省科技厅
19	黑龙江省食用菌装备工程技术研究中心	黑龙江贵龙食用菌设备有限公司	省级工程技术研究中心	省科技厅
20	黑龙江省震击解卡工具工程技术研究中心	黑龙江北方双佳钻采机具有限责任公司	省级工程技术研究中心	省科技厅
21	黑龙江省薯类淀粉废水废渣综合利用工程技术研究中心	宁安市粮油淀粉机械制造有限公司	省级工程技术研究中心	省科技厅
22	黑龙江省果树工程技术研究中心	黑龙江省农业科学院牡丹江分院	省级工程技术研究中心	省科技厅

（资料来源：市科技局）

表 59　2021 年牡丹江市省级重点实验室一览表

序号	机构名称	依托单位	类别	批准部门
1	抗纤维化生物治疗重点实验室	牡丹江医学院	省级重点实验室	省科技厅
2	新型碳基功能与超硬材料重点实验室	牡丹江师范学院	省级重点实验室	省科技厅
3	糖肽类药物重点实验室	牡丹江友搏药业股份有限公司	省级重点实验室	省科技厅
4	缺血性脑卒中防治重点实验室	牡丹江医学院	省级重点实验室	省科技厅
5	非木质林产品研发重点实验室	省林副特产研究所	省级重点实验室	省科技厅
6	寒地果树育种栽培重点实验室	黑龙江省农业科学院牡丹江分院	省级重点实验室	省科技厅
7	黑龙江省农林鼠害防治重点实验室	牡丹江师范学院	省级重点实验室	省科技厅
8	黑龙江省肿瘤疾病防治重点实验室	牡丹江医学院	省级重点实验室	省科技厅
9	黑龙江省光电功能材料重点实验室	牡丹江师范学院	省级重点实验室	省科技厅

（资料来源：市科技局）

表 60　2021 年牡丹江市科学家工作室一览表

序号	机构名称	依托单位	类别	批准部门
1	黑龙江中科热泵科技有限公司杨鲁伟热泵连续式烘干技术工作室	黑龙江中科热泵科技有限公司	科学家工作室	省科技厅
2	黑龙江神守药业有限公司张贵峰生物工程工作室	黑龙江神守药业有限公司	科学家工作室	省科技厅
3	戴小枫药食同源中药材及有机果蔬生产加工科学家工作室	穆棱中禾生物科技有限公司	科学家工作室	省科技厅

（资料来源：市科技局）

表 61　2021 年牡丹江市高新区高新技术企业一览表

序号	企业名称	所属县区
1	黑龙江北方双佳钻采机具有限责任公司	开发区
2	黑龙江鑫盛万隆电子科技有限公司	开发区
3	黑龙江盛世雪城科技有限公司	开发区
4	牡丹江天庆石油机械设备有限公司	开发区
5	黑龙江神守药业有限公司	开发区
6	牡丹江盛泰汽车制造有限公司	开发区
7	牡丹江市汇通锅炉制造有限公司	开发区
8	牡丹江市中安塑胶有限责任公司	开发区
9	牡丹江众恒科技有限公司	开发区
10	牡丹江电力电容器有限责任公司	开发区
11	牡丹江恒丰纸业股份有限公司	开发区

续表

序号	企业名称	所属县区
12	牡丹江卷烟材料厂有限责任公司	开发区
13	牡丹江鑫北方石油钻具有限责任公司	开发区
14	牡丹江欧太精制科技有限公司	开发区
15	牡丹江鑫兴化工有限公司	开发区
16	牡丹江市绿丰种业有限公司	开发区
17	牡丹江惠昇太阳能技术研发有限公司	开发区
18	黑龙江亿科医疗设备有限公司	开发区
19	牡丹江华兴安防科技有限公司	开发区
20	牡丹江富都钢化玻璃有限公司	开发区
21	牡丹江永兴化工有限公司	开发区
22	牡丹江嘉昌橡胶制品有限公司	开发区
23	黑龙江华峰汇龙电缆（集团）有限公司	开发区
24	黑龙江鼎壹科技医疗用品有限公司	开发区
25	黑龙江至晟车辆技术服务有限公司	开发区
26	黑龙江拾光瑰语生物技术开发有限公司	开发区
27	牡丹江凝力机电设备有限公司	开发区
28	牡丹江力同木业有限公司	开发区
29	黑龙江小慈生态农业发展有限公司	开发区
30	牡丹江水沐机电设备有限公司	开发区
31	黑龙江北方工具有限公司	开发区
32	牡丹江森田特种车辆改装有限责任公司	开发区
33	牡丹江恒源生化有限责任公司	开发区
34	牡丹江等离子体物理应用科技有限公司	开发区

（资料来源：市科技局）

力度，宣传科技成果、科技企业和科技项目，科技创新环境不断优化提升。

【科技企业孵化器与众创空间】 2021年，牡丹江市4家科技企业孵化器、1家众创空间完成市级重新备案，新备案3家省级科技企业孵化器、1家省级众创空间，全市市级以上备案科技企业孵化器、众创空间总量25家，其中国家级科技企业孵化器、众创空间各1家。

【科技园区】 2021年，牡丹江市高新区高新技术企业数34户，高新技术企业营业收入50.49亿元，技术合同成交额2.21亿元，申请发明专利55项，

2021年，牡丹江市高新技术产业开发区 （市科技局 供图）

授权发明专利43项。2月8日，科技部将牡丹江市高新区纳入“2021年度高新区以升促建考察调研名单”。穆棱市高新区2021年度高新技术企业数6户，高新技术企业营业收入3.73亿元，技术合同成交额0.90亿元，申请发明专利3项。

【深层次合作研发】 2021年，牡丹江市组织企业与哈尔滨工业大学、中国农科院作物所、省林科院等重点高校和科研院所合作对接，提升自主创新能力，全市产学研合作项目45个。市政府与哈尔滨工程大学、黑龙江中医药大学签署战略合作框架协议。全市新增6个“头雁”工作站，总数达到12个。其中：哈工大8个、哈工程3个、八一农垦大学1个。惠美佳制药与卢卫红教授合作实现汉麻自动化提取关键技术突破；绥发消毒服务公司利用马军院士的绿色杀菌消毒技术，实现进口货物低温消杀处理；盛世雪城、天擎科技等企业的“头雁”项目获省重点研发计划支持。组织召开“科技＋旅游”产业项目合作推介会议，莱特兄弟投资5000万元在牡丹江市建立航空互动体验馆，为青少年提供科普教育；发现者机器人有限公司在牡丹江市夏威夷酒店等地投放智能机器人，为顾客提供高科技智能服务体验。

（市科技局　唐鸿儒）

科技成果

【概况】 2021年，牡丹江市技术合同成交额实现历史性突破，全市登记技术合同630余项，成交额11.47亿元，同比增长48%，完成全年目标的114.7%。

【省科技计划项目】 2021年，牡丹江市科技局深化厅市共商，创新科技计划项目组织实施方式，在省内率先与省科技厅实施省重点研发计划和省自然科学基金省市联合引导项目，6个省重点研发计划项目和10个省自然科学基金项目获得支持，全市累计争取省以上科技计划资金5054万元，同比增长186%。霖润药辅有限公司“药用辅料天然纤维素技术开发及产业化”项目获批省“百千万”工程科技重大专项支撑行动计划项目，获资金402万元。恒丰纸业股份有限公司“麻类纤维全无氯漂白技术”项目获批省重点研发计划项目，获项目资金90万元。

【省科学技术奖】 2021年，全市获得省科学技术奖6项。其中，自然科学类二等奖1项、三等奖3项；科技进步类二等奖1项、三等奖1项。

【科技服务】 2021年，全市有14个技术合同代办机构，全年登记技术合同630余项，完成技术合同成交额11.47亿元，为历年新高。

【产学研合作】 2021年，黑龙江盛世雪城科技有限公司、黑龙江省铸浩石墨有限责任公司、牡丹江万鼎乳业有限公司等16户企业与清华大学、哈尔滨工业大学、哈尔滨工程大学等14所大学院所进行产学研合作，新增合作推进项目23个。

（市科技局　唐鸿儒）

科技普及

【科普宣传】 2021年，市科协下发《关于组建线上科普信息推送网络体系的通知》，各县（市、区）科协、科普教育基地充分利用微信公众号、

表62　2021年牡丹江市获得省科学技术奖明细一览表

奖项类别	等级	项目名称	完成单位	主要完成人员	推荐部门
自然科学奖	二等奖	糖尿病并发症与器官纤维化相关性的研究	牡丹江医学院	初彦辉、袁晓环、刘云双、刘海峰、武艳	牡丹江市科技局
科技进步奖	二等奖	周围神经再生中KLF7对Schwann细胞调控作用及机制研究	牡丹江医学院	王莹、朱晓峰、李文媛、孙平、程凤国、关艳中、杨卫边、关会林、范小荷	黑龙江省卫生健康委员会
自然科学奖	三等奖	基于多模态核磁共振成像不同亚型轻度认知障碍的比较影像学研究	牡丹江医学院	尹昌浩、李思瓯、赵维纳、徐庆、徐丹	黑龙江省教育厅
自然科学奖	三等奖	靶向调控激活素在肝脏的信号传导对实验性肝损伤形成及发展的影响	牡丹江医学院	张红军、鞠宝玲、轰影、王小花、刘海峰	黑龙江省卫生健康委员会
自然科学奖	三等奖	人群高尿酸血症与代谢综合征早期生物标志物的筛选及关联性研究	牡丹江医学院	崔新宇、李淼晶、荣胜忠、尹永奎、李春梅	牡丹江市科技局
科技进步奖	三等奖	油气田钻修井内防喷技术装备研究与开发	牡丹江鑫北方石油钻具有限责任公司	王文峰、王吉山、金琼、王雯欣、刘喜龙、刘庆、范洪兴、张新成、张绍宏、潘丽莉、张晓东、邹龙庆	牡丹江市科技局

（资料来源：市科技局）

微信群等网络媒介，组建线上科普信息推送网络体系。第一层级由市科协组建，通过“牡丹江市科协”微信公众号发布图文、视频等科普信息。第二层级由各县(市、区)科协组建县(市、区）科普工作微信群，向下转发推送市科协发布的科普信息和县（市、区）本级发布的科普信息。第三层级由社区、村屯负责，实现科普信息推送县（市、区）、街道、社区、村屯全覆盖。推送科普信息110条。与市委宣传部、市教育局、市科技局、市农业农村局、市卫生健康委等有关单位共同组织开展2021年全国科普日活动暨金秋科普月活动，组织协会、学会、大中小学、医疗机构、企业、科研院所，深入农村、社区、学校、企事业单位以及本系统本单位，开展系列科普联合行动，向公众宣传科技发展成就，普及科学知识。

【“典赞·2021科普中国”征集活动】 2021年8月初，牡丹江市科协按照中国科协、省科协《关于开展“典赞·2021科普中国”活动的通知》要求，面向各县（市、区）科协、各协会（学会）、各级科普教育基地、农技协、各纲要联席会议成员单位等机构团体，征集活动项目，确定2021年度科学传播人物、基层科普人物人选上报。

【全国第二批科普示范县（市、区）推荐】 2021年，牡丹江市科协按照中国科协、省科协《关于深入开展全国科普示范县（市、区）有关工作的通知》要求，推荐东安区和东宁市为候选示范县（市、区）。牡丹江市科协督促第二批示范县创建单位对标《全国科普示范县（市、区）标准》开展创建工作，践行科技为民服务，增强基层科普服务能力。

【2021—2025年度全国科普教育基地申报】 2021年，市科协组织符合条件的省级科普教育基地和到期的全国科普教育基地申报2021—2025年度全国科普教育基地。按照《全国科普教育基地创建与认定管理办法》和《全国科普教育基地认定申请条件》，对申报单位进行审核，最终推荐北京牡丹集团宁安智慧科技馆、黑龙江农业经济职业学院蕈菌文化与科普展馆、中国造纸博物馆（黑龙江）为2021—2025年度全国科普教育基地候选单位。

【2021年度全国科技志愿服务典型推荐】 按照中国科协《关于征集2021年度科技志愿服务典型事迹有关事项的通知》要求，市科协根据《报送条件》，在本领域、本地区广泛挖掘科技志愿服务典型，择优推荐科技志愿者王婷玮和牡丹江市林口县科普志愿服务队申报2021年度全国科技志愿者和科技志愿服务队。

（市科协　韩秋先）

气象服务

【概况】 全市气象部门建成由7个国家自动气象站、28个国家天气站、92个区域站、7套便携式自动气象站组成的综合观测站网，实现全市乡镇气象监测全覆盖和观测资料分钟获取。2021年，全市新建3个、升级改造5个区域自动气象站，进一步提升分区域、分时段、分强度的灾害性天气监测预报预警能力，实现气象灾害预警信号精准到乡镇，全面提升气象服务保障能力。牡丹江市农业气象观测网由宁安市和穆棱市2个国家农业气象站、7个土壤墒情站、7个农田小气候站组成，可对大豆，水稻和物候观测，满足全市农业经济发展、粮食安全及农业气象业务和服务需求。

【农业气象灾害】 2021年，牡丹江市主要农业气象灾害有高温热害、低温寡照、暴雨洪涝。

高温热害：7月12—31日连续20天日最高气温高于31℃，其中，15—17日和23—28日连续多日出现≥35℃高温天气。连续出现高温少雨天气，导致耕层土壤水分流失较快，旱象抬头并逐步发展，至7月28日，已出现农作物渴水现象。

低温寡照：5月下旬—6月上旬和8月中旬出现阶段性低温。5月下旬—6月上旬，温度较低，部分时段低于作物生长下限温度，对作物生长速度略有影响。总体上看，低温和寡照造成作物生育期略偏晚。8月11—15日低温过程导致局地生育期拖后，较多的地块出现延迟性型冷害，个别仍处于开花期水稻地块出现障碍型冷害。

暴雨洪涝：6月29—30日、8月22日出现暴雨或大暴雨天气，导致部分农田出现积水，对农作物生长发育有一定影响。

【气象探测】 截至2021年末，牡丹江市气象局已建成卫星、雷达、地面综合立体气象观测网络，利用风云4号气象卫星数据产品开展牡丹江地区天气监测与预报预警、数值预报、气候监测，为灾害及环境监测、人工影响天气、空间天气研究等提供有力支撑。牡丹江新一代天气雷达始建于2004年，2020年10月末雷达设备开始吊装、安装调试。2021年4月17日，省气象局观测与网络处组织专家及厂家进行现场测试工作。4月23日在中国气象局大气探测中心组织现场测试及验收，是最为先进的天气雷达系统，能够准确识别降水相态、判断降水量级，在监测暴雨、台风、冰雹、雷暴等强天气系统中发挥重要作用。牡丹江市气象部门建设2套雷电观测站：牡丹江国家基本气象观测站和东宁国家气象站。两站可监测牡丹江地区发生的雷电强度和发生时间，满足雷电定位实时查询和雷电预警的业务需求。

【环境气象服务】 开展空气污染气象条件预报，每年10月中旬至次年4月中旬是牡丹江地区供暖期，牡丹江市气象台根据气象条件（云况、风速预报、大气稳定度、压力梯度、混合层高度等）与扩散能力，针对本地区空气质量，每日制作并发布《大气扩散条件预报》专题预报，为空气质量保障服务和极端不利气象条件下空气污染控制应急措施实施提供支撑。

利用气象卫星遥感数据，开展生态环境遥感监测气象服务。2021年，气象卫星遥感数据对牡丹江市植被生态状况进行监测评价，结果表明，近20年以来，牡丹江市植被生态质量整体改善，森林植被固碳释氧能力逐年增强，农田固碳释氧能力明显提高，反映牡丹江市生态环境建设取得实效，人居“绿色”生态环境改善明显。

【农业气象服务】 市气象局编订《2021年度为农服务工作方案》，着力做好春耕春播、土壤墒情、秋收、霜冻等关键节点气象为农服务。针对农业气象服务特点，开展气象预报预警工作，特别是灾害性、关键性、转折性、重大天气的监测跟踪、滚动预报服务，不断提升农业气象服务质量和水平。与农业部门建立气象为农服务合作机制，建立直通式气象服务对象数据库，联合建立气象为农服务专家联盟。同牡丹江市农业技术服务中心和黑龙江省农业科学院牡丹江分院等部门开展合作，改进气象科技服务产品质量。根据农作物生长期、土壤墒情和气候趋势，制作《农业气象旬报和月报》30期，《春耕春播气象服务专报》8期，《气候趋势预测与影响评价》24期；与牡丹江市农业技术服务中心联合发布《气象与农事》7期。

【防雷监管】 2021年，牡丹江市气象局以有效预防和减少雷电灾害事故，确保安全生产形势稳定为目标，开展防雷监管执法检查工作。建立年度防雷监管计划，完善本辖区防雷安全重点单位及危化企业信息库，印发《2021年安全生产行政执法检查工作计划》，对辖区内87个易燃易爆重点单位进行执法检查，六县（市）局检查150家防雷重点单位。全区均已建立防雷安全风险隐患库并全部录入全国防雷减灾管理平台。对违规企业下达安全隐患整改通知单，限时整改到位，对重点单位和危化企业重点检查中未发现安全隐患。加强雷电灾害高发期值班值守工作，及时对雷电天气进行监测预报预警，通过电视、广播、微博、微信公众号等第一时间面向公众发布雷电灾害预警信息。与有关部门密切配合，充分发挥气象部门防灾减灾第一道防线作用，增强应急处置能力。利用“3·23”世界气象日、“5·12”防灾减灾日，在广场、社区等地对防雷知识进行宣传，发放防灾减灾宣传手册2000余份，通过电视、报纸、网络等媒体向公众科普防雷安全政策法规、防雷安全知识和技能，提高公众对雷电灾害的防御意识。

（市气象局　冀昭元）

综 述

【概况】 2021年，牡丹江市有各级各类公办学校（幼儿园）356所（不含高校），在校（园）学生21.11万人，教职工2.17万人。其中：幼儿园120所，在园幼儿16932人，教职工2382人；小学112所，在校生91090人，教职工7808人；初中79所，在校生50051人，教职工6337人；高中29所，在校生38776人，教职工4081人；特殊教育6所，在校生804人，教职工162人。中专3所，在校生4677人，教职工153人。职业高中7所，在校生8783人，教职工776人。全市有各级各类民办学校315所（不含培训机构），在校生2.06万人。其中民办中职学校6所、民办高中3所、民办普通初中1所、民办小学1所、民办幼儿园304所。

【教育投入与支出】 2021年，全市教育经费总投入39.70亿元。其中，国家财政性教育经费36.57亿元（包括一般公共预算安排的教育经费36.54亿元，政府性基金预算安排的教育经费0.03亿元）；民办学校中举办者投入0.05亿元；事业收入3.01亿元。

【教师队伍建设】 2021年，牡丹江市开展“四突出四做到”师德教育提升行动，组建师德师风宣讲团，开展师德师风宣传月系列活动，召开全市教师节庆祝大会，选树88名师德楷模，市职教中心学校王丹凤老师获全国教书育人楷模。持续提升教师素质，召开全市教师发展大会，制发《新时代教师素质提升五年行动计划》，实施教育领军人才培育计划、名校长“领航计划”、优秀年轻干部“薪火计划”三大提升工程，全市19734名教师进行继续教育培训，遴选158人参加国培、1963人参加省培。开展教师能力素质提升“寒假大练兵”，学习强国专门推介牡丹江市做法，树立教师队伍建设“能力素质风向标”，推动全市基础教育“质量革命”。全力保障教师待遇，巩固义务教育教师工资待遇，通过市、县两级“书记进校园”“雪城优才”、高水平人才招聘和社会公开招聘等方式，补充中小学、幼儿园教师346人，特岗教师264人，建立持续稳定的乡村教师补充机制，33人进入马云乡村育教人才计划，79人获得乡镇以下农村优秀教师补贴。减少涉及中小学校和教师的督查、检查、评比考核事项20项以上。

【教育督导】 2021年，牡丹江市落实教育督导体制机制改革。印发实施方案，明确职责分工。开展县（市、区）履行教育职责评价实地督查，对存在的问题与当地政府面对面提出整改要求。市本级及所属10个县（市、区）全部完成教育督导委员会调整工作，市本级成员单位由12个增加到22个，议事协调力量显著增强，工作保障更加有力。成立市政府教育督导委员会办公室，与市教育局内设机构市政府教育督导室合署办公。市委编委下发文件确定牡丹江市市级教育督导机构框架，各县（市、区）克服缺乏行政编制的困难，有5个县（市、区）在教育行政部门设立独立的教育督导机构，另外5个县（市、区）教育行政部门设立了教育督导岗位，都配备了专职督学，人员配备达到要求。加强督政工作，做好迎接省对市政府履行教育职责评价准备。针对省督导组提出的问题，开展深入查摆，向县（市、区）下达《整改督办函》，制定相应整改落实措施和工作谋划，形成《全市基础教育发展整改落实情况报告》及统计表。启动市对县（市、区）人民政府履行教育职责评估，建立起三级目标考核评价体系，成立督导评价组，历时12天完成对10个县（市、区）实地督导评价和社会满意度调查。加强对义务教育优质均衡发展和学前教育普及普惠发展督导，开展专题学习培训，指导县（市、区）制定《义务教育优质均衡发展建设规划》《学前教育普及普惠发展建设规划》，建立发展任务清单台账和年度任务目标。加强督学工作，加强兼职督学队伍建设，全市建立督学责任区63个，聘任责任区督学147人，专兼职督学与学校数配备比例达到1 ：2.7，超过1 ：5

的标准，实现中小学、幼儿园责任督学挂牌督导全覆盖。开展“五项管理”专项督学，实施四轮“五项管理”专项督导检查。开展第四轮幼儿园办园行为专项督导，前四轮累计通过342所，占幼儿园总数的80.7%。开展教育质量检测，组织开展县（市、区）政府履行教育职责评价满意度调查并形成履行教育职责《满意度调查报告》，配合省教督委办公室开展国家对省政府履行教育职责评价满意度调查。

【校园安全】 2021年，牡丹江市落实“五有一网格”（即有疫情防控指南、有防控管理制度、有适量防疫物资储备、有属地医疗卫生力量指导支持、有隔离场所和转运安排等措施；实施网格化管理）“九早”（即早储备、早演练、早发现、早响应、早流调、早筛查、早隔离、早救治、早发布）等防控措施，压实各方责任，在全国疫情出现波动时，做到外出师生排查全覆盖、重点人群管理全覆盖、督导检查全覆盖，重点设置“信息监测”“包保学校”“问题清单”“闭环演练”和“身体健康”五道防线，织密织牢校园疫情防控网络，确保校园疫情“零发生”。学校传染病、多发病工作得到加强，建立起政府、学校、医疗卫生机构、家庭、学生共同参与的综合防控体系。号召教职员工和在校在园幼儿、学生接种疫苗，教职员工除禁忌症外接种率100%；12—18周岁学生接种率98.58%；3—11周岁儿童、学生接种率85.42%。强化校园安全管理，安全基础建设不断夯实，管理制度不断完善，“三防”建设100%达标，实现2021年全市教育系统安全事故“零控制”。协调市公安局、市消防救援支队对2所民办高中、5所民办中专安全情况进行检查，排查出未安装“一键式”报警装置、视频监控未与公安机关联网、保安员无证上岗、防护器械不足等问题，下发整改通知书，学校按整改要求完成整改。

【“双减”政策落实】 2021年，牡丹江市推动“双减”落地见效，减轻义务教育阶段学生过重作业负担，建立专门协调机制，设立校外培训机构监管科，将“双减”工作列为教育督导“一号工程”，推进“十项专项整治行动”，协调组织市、县两级责任督学开展“全覆盖”专项督导检查，建立作业公示、作业总量控制和作业监督检查等制度，公布作业管理正、负面清单，建立校长第一责任、年级统筹、教研组统设、班主任统定的作业联动机制，探索建立优秀作业样例库，鼓励分层作业、弹性作业、菜单式作业，作业时间控制达标率100%。集中开展“学生餐”、艺考培训机构专项整治工作，全市针对校外培训机构，定期不定期开展联合专项检查。“双减”工作开展以来，检查学科类、自习室、小饭桌、黑班黑校等4316家（次），查处违规办学机构和黑班黑校163家，均已面向社会公示，得到社会认可。紧盯关键节点，联合市市场监督管理局、市民政局、市公安局开展联合大检查，国庆节期间、节后分两次发现违规培训行为58起，对违规主体进行处罚，有效遏制各类违规行为，全部责令停止办学，对黑班黑校进行集中摘牌，市级媒体跟踪专题报道。监测主流媒体教育培训类广告总条次74条次、户外广告322条次。管理与引导并行，出台《校外培训机构学科类培训材料备案审核暂行办法》，下发《中小学生参加校外培训备案通知》《家长理性选择参与校外培训承诺书》，规范机构办学行为，引导推进家庭、学校、社会协同育人机制。借助外力支持，按照市纪委“双减”专项监督工作方案要求，组建学科类校外培训机构监督检查专项工作组，深入县（市、区）进行“回头看”，构建起部门整治、纪委监督、社会参与的工作格局。

【教育教学研究】 2021年，牡丹江市按照党的教育方针，抓好教育教学研究，全年组织听评课6000余节，深入基层学校1592次，开展教研活动207次。做好科研助力事业发展，完成562项省级以上规划课题初审和推荐工作、121项课题结题验收工作、5491篇科研成果评审工作。成立牡丹江教育教学学会39个专业委员会，吸纳各学科骨干教师574名。编审出版12期《牡丹江教育学院学报》，总结区域先进教育教学经验。全面提升教师能力素质，落实教师队伍培训，举办中职教师说课大赛、第一届青年教师教学大赛，开展第五届中小学（幼儿园）班主任专业技能展示评比活动、第三届中小学教师“三字一话”教学基本功竞赛朗诵、演讲比赛，开展“奋进杯”教学评比，探索“双减”背景下教师队伍建设的新途径和新方法。

【教育综合改革】 2021年，牡丹江市推进教育督导体制机制改革，加强督导机构建设，完成对10个县（市、区）实地督导评价和社会满意度调查，开展春秋季开学督导和“五项管理”专项督学，实现全域相关学校100%全覆盖，解决全部整改问题103个，高质量完成省对市政府履行教育职责评价实地督导工作。全面推进新时代教育评价改革，制定85条工作任务清单，33条负面清单，清理各类问题8项，开展全市覆盖多级培训，着力扭转教育短视化、功利化倾向。全面、稳妥启动高考综合改革，加快高中学校信息化和实验室建设，教育信息化2.0工程稳步推进。31所市直属义务教育学校与薄弱学校、农村学校缔结城乡结对教育共同体，推进全市农村义务教育学校联盟式发展，牡丹江市东京城第二小学、绥阳镇中心小学被选树为全省新时代农村义务教育“十面红旗”学校（全省10所），相关案例在全省范围推广。稳步推进“县管校聘”，海林市作为试点率先启动改革。承接省级改革方案，出台《牡丹江市深化教育教学改革全面提升义务教育质量的实施方案》《牡丹江市全面加强新时代大中小学劳动教育的实施方案》。

【素质教育】 2021年，牡丹江市发挥劳动教育综合育人作用，营造全社会关心支持劳动教育良好氛围，学校围绕学生全部生活，创设劳动教育的生态环境与常态环境。立新小学建构完成“自治、逸美、焕新”三类课程的实践序列，以观察认知、实践感知、合作探究三种方式，培养学生的生活技能、人文底蕴、艺术特长、思维方式、发现探索能力。东宁市开展撸起袖子“干一干”—“三位一体”协同开展劳动实践活动，在家庭中鼓励学校利用假期组织学生参加“中华小当家，父母好帮手”活动；在社区中组建雏鹰假日小队开展志愿服务，鼓励并帮助联系寻找志愿者服务的固定点，以中队或雏鹰假日小队形式开展常态化志愿者活动；在校园中开展“（垃圾）分类在指尖，文明在心间”活动。林口县第三小学劳动课上教师教学生缝布口袋、手工编织，学习系鞋带，整理书包、衣柜，制作水果拼盘、寿司，包饺子等。配合班主任老师进行植物园、花卉园的种植、管理工作。学校政教处定期开展“卫生清扫”“清雪”“志愿者进社区”等义务劳动。围绕劳动教育进行“劳动+”校园文化品牌建设，创新开启劳动+学科的特色育人模式。将劳动教育融入校园文化建设、特色德育课程等，营造浓厚的劳动教育氛围，彰显劳动教育特色品牌文化。江南实验学校将劳动教育与各学科深度融合，在语文课学习赞美劳动者文章；音乐课学唱《劳动最光荣》，欣赏《劳动号子》；美术课学习泥塑、剪纸、编织等生产类劳动课程。低年级开设物品整理类生活自理能力课程，中年级开设收纳整理、家居清洁类生活自理能力课程，高年级开设烹饪技术、手工编织、养殖等生产劳动课程。牡丹江市推进素质教育，坚持“五育并举”，新时代大中小学（幼儿园）劳动教育一体化经验在全省推广。实施“体育美育浸润行动计划”，构建促进学生体质健康“1236”新体系，牡丹江市成为全国11个青少年校园足球改革试验区之一，市朝鲜族中学金玟玉在省学生冬运会短道速滑项目中获得冠军，爱民区井冈山小学在省运会雪上项目摘得1金1银2铜四枚奖牌。建成教育系统心理健康服务“一中心、两基地”，组建“梦之光”千人小提琴乐团，东安区成功承办全国机器人创新挑战大赛。穆棱市立德小学获“国育杯”思维运动会全国冠军。协同育人合力不断增强，创建“家长大课堂”“社会人士进课堂”“惠民公益讲座”等教育品牌，组建家庭教育讲师团，录制家庭教育视频课，宁安市被确定为省级家庭教育实验区，市第二中学、第四中学、长安小学被确定为省级家庭教育实验校。牡丹江市案例在全省德育工作会议上进行交流。

【教育援助】 2021年，全市资助困难学生6859人，发放助学金808.01万元。其中，学前教育资助52人，发放助学金10.24万元；义务教育阶段资助940人次，发放助学金55万元；普通高中教育资助1045人，发放助学金104.60万元，免学费164人，发放资金4.67万元；中等职业教育资助532人，发放助学金52.30万元，免学费4521人，发放资金599.28万元，奖学金9人，发放资金5.40万元。为人社局代发助学金100人，发放资金20万元，奖学金4人，发放资金2.40万元。

（市教育局 尹宏涛）

表63 2021年牡丹江市各级各类学校校数、教职工、专任教师情况统计表

指标	学校数（所）	教职工数（人）	专任教师数（人）
一、中等教育	128	11721	10103
（一）高中阶段教育	48	5384	4538
1. 高中	32	4231	3641
普通高中	32	4231	3641
2. 中等职业教育	16	1153	964
普通中专学校	7	355	272
成人中等专业学校	2	22	18
职业高中	7	776	607
（二）初中阶段教育	80	6337	5565
1. 普通初中	80	6337	5565
2. 职业初中	0	0	0
二、初等教育	113	7862	7103
普通小学	113	7862	7103
三、特殊教育	6	162	153
四、学前教育	424	5949	3024

（资料来源：市教育局）

表 64　2021 年牡丹江市各级各类学历教育学生统计表

指标	毕业生数（人）	招生数（人）	在校生数（人）
一、中等教育	33729	34904	105596
（一）高中阶段教育	14956	17891	55545
1. 高中	12202	12971	40032
普通高中	12202	12971	40032
成人高中	0	0	0
2. 中等职业教育	2754	4920	15513
普通中专	1488	2426	6730
成人中专	4	0	0
职业高中	1262	2494	8783
（二）初中阶段教育	18773	17013	50051
1. 普通初中	18773	17013	50051
二、初等教育	17273	12937	91637
普通小学	17273	12937	91637
三、特殊教育	84	42	804
四、学前教育	11861	13734	33694

（资料来源：市教育局）

表 65　2021 年牡丹江市各级各类民办教育基本统计表

指标	学校数（所）	毕业生数（人）	招生数（人）	在校生数（人）	教职工数（人）	专任教师数（人）
一、民办中等教育	10	775	894	3309	374	269
（一）高中阶段教育	9	775	894	3309	374	269
1. 民办普通高中	3	255	371	1256	150	91
2. 民办中等职业教育	6	520	523	2053	224	178
（二）初中阶段教育	1	0	0	0	0	0
1. 民办普通初中	1	0	0	0	0	0
2. 民办职业初中	0	0	0	0	0	0
二、民办普通小学	1	66	65	547	54	38
三、民办幼儿园	304	5604	6691	16762	3567	1547

（资料来源：市教育局）

学前教育

【概况】　2021 年，牡丹江市提升学前教育普及普惠水平，新建、扩建 10 所公办幼儿园。指导县（市、区）制定《学前教育普及普惠发展建设规划》，开展普惠性民办幼儿园认定工作，全市共有民办幼儿园 304 所。开展区域性学前教育创新管理调研活动。开展学前教育宣传月活动，征集稿件 300 篇，161 篇发布于专栏，22 篇被省教育厅网站采纳。

【区域性学前教育创新管理调研活动】　2021 年，牡丹江市教育教学研究院学前研培部按照市教育局、教研院工作部署，推进全市学前教育普及普惠、安全优质发展，结合市教育局下发的《关于加强牡丹江市区域性学前教育创新管理的指导意见》，制定《牡丹江市区域性学前教育创新管理调研活动方案》，深入四城区、六县市 12 家公办园、29 家民办园、9 家乡镇园开展相关调研。为了确保实现“深入交流、摸清问题、总结经验、积极推广”的调研目标，本次调研采取问卷调研和实地调研两种方式，实地调研主要将“听、看、问、查”相结合。听取各县（市、区）教育行政部门、教研部门对本地开展"区域性学前教育创新管理"的具体情况汇报。现场查看《牡丹江市区域性学前教育创新管理指导细则》的落实及创新情况的相关资料，实地考察调研幼儿园的办园条件、硬件设施、经营状况等内容。分别组织示范园、牵手园、农村园等不同类型幼儿园的园长、教师开展现场座谈交流，了解办园过程中遇到的问题困难，重点对区域管理中存在的问题及意见建议进行交流研讨，梳理提炼各地区特色的区域性管理经验、名园带动工作经验，实现"区域性学前教育创新管理"范围内教育资源共享，提升全市学前教育的整体水平。

2021 年 6 月，市幼儿教育中心安吉游戏幼儿户外活动

（牡丹江市幼儿教育中心　供图）

【安吉游戏推广】　2021 年，牡丹江市推进"幼小科学衔接""安吉游戏推广"，启动小学与幼儿园协同合作，推动改革创新、探索实践，开展省级创建工作，穆棱市和爱民区被列为"安吉游戏"省级示范区，教育三园等 4 所公办园被列为"安吉游戏"省级试点园；林口县和绥芬河市被确立为省级幼小科学试点县（市），14 所幼儿园和 13 所小学被确定为试点园校。

【小学化倾向专项治理】　2021 年，牡丹江市开展专项检查，通报存在违规、超前、超纲行为的民办幼儿园 58 所，督促整改，坚决纠正幼儿园"小学化"倾向。

（市教育局　尹宏涛）

义务教育

【概况】　2021 年，牡丹江市推进"四零承诺"政策，规范办学行为，中小学招生入学工作平稳有序，小学一年级招收学生 5467 人。针对四中江南分校生源不足的问题，出台有针对性的临时性政策，招收学生 426 人。开展"小学生学习质量监测"，做好"十四五"教师岗位培训。以课题为引领，加强教学研究，进一步深化"学本式成长教育"课题的实践研究，推进"小学语文主题学习"，组织"奋进杯"教学竞赛评选和青年教师教学竞赛。启动中小学生课后服务工作，联合市发改委、市财政局下发《关于做好牡丹江市区中小学生课后服务工作的实施意见》，组织召开中小学课后服务工作专项会议，详细解读相关政策，对中小学课后服务工作做出全面部署。4 月 1 日起，全市各中小学校启动课后服务工作。各中小学校根据不同学段学生特点，不断挖掘学校潜力，丰富课程内容，增强课程吸引力，满足学生共性需求和个性化发展要求。秋季学期，全市有 198 所义务教育学校课后服务开展比例、服务时间达标率均为 100%，134725 名学生、10622 名教师参加课后服务，参与率分别为 96.29%、81.54%。

【义务教育保障】　2021 年，市教育局对脱贫户、边缘户易致贫家庭学生辍学、失学开展预警监测，进行针对性帮扶。建立监测和帮扶机制，经筛查符合条件的学生全部纳入资助范围，不具备资助条件的由当地教育行政部门建立帮扶机制。完成 2021 年全市脱贫家庭学生信息数据更新、核查，进一步巩固义务教育阶段控辍保学成果，确保义务教育阶段脱贫家庭学生全部就学。严格落实教育帮扶和控辍保学政策，全年为 820 名建档立卡脱贫家庭学生发放助学金 86.56 万元；发放"雨露计划"助学资金 40.5 万元，受资助学生 270 人次。

【义务教育优质均衡发展】　2021 年，全市投入 3.31 亿元，改善 70 所义务教育学校办学条件，新建改扩建义务教育学校 5 所，市第二十一中学新建项目完成规划选址，第八中学、第十五中学合并平稳过渡。实施"中小学教学质量提升工程"，普及推广"学本式成长"教育和"三学五环"精进课堂教学模型。编制《牡丹江市义务教育薄弱环节改善与能力提升工作项目规划（2021—2025 年）》，不断巩固提升义务教育学校办学水平，加快全市教育资源均等化步伐。实施城乡义务教育共同体建设，全市农村义务教育学校联盟式发展持续推进。指导县（市、区）制定《义务教育优质均衡发展建设规划》，建立发展任务清单台账和年度任务目标。经测算，2021 年各县（市、区）义务教育学校差异系数均达到基本均衡标准。

（市教育局　尹宏涛）

普通高中教育

【概况】 2021年，全市有普通高中32所，其中，公办高中29所，民办高中3所。在校生40032人。深化普通高中育人方式改革，印发《牡丹江市关于新时代推进普通高中育人方式改革的实施方案》。

【新高考综合改革】 2021年，牡丹江市启动高考综合改革，开展各级各类线上线下培训、教研活动180余次，培训人员累计2万余人次。组建教育教学管理、学生生涯规划、综合素质评价3个市级高考综合改革推进专班，建立学生生涯规划指导中心和综合素质评价中心，组织编写《高中生生涯规划读本》，被省教育厅确定为省级新课程新教材示范区适用读本。开展生涯规划课程培训，开设生涯规划指导课程，全市普通高中有专兼职生涯规划教师330人。组织学校开展新高考选科指导讲座，使学生、家长明确选科策略、高校专业选科要求等；完善教学管理机制，强化软、硬件保障，完善选课走班、学生发展指导、综合素质评价等工作机制。聚焦选课走班制度各项保障，开展模拟选课走班压力测试，为市直属7所高中统一购置智慧校园管理系统和教育教学资源，完成系统部署、电子班牌安装及相关培训。新建和改扩建直属普通高中理化生实验室31间，通用技术实验室6间。持续推进“双新”示范区、示范校建设，指导学校依据国家和省级要求，统筹均衡安排每学年开设的科目和课时，确保开齐开足国家规定的各类课程，充分挖掘课程资源，开发、开设丰富多彩的选修课程；面向普通高中校长、教师持续开展新课程新教材培训，针对新教材累计开展四轮教研活动，成立“新课程新教材教研工作坊”，推动现代信息技术与教育教学融合创新；强化实践运用，市教研院教研员深入3所示范校驻校听课730节，对省级示范校新教材新课程的实施进行指导反馈。

【高考升学】 2021年，牡丹江市普通高等学校招生全国统一考试参考人数11350人。其中，理科考生7250人，文科考生4100人。全市录取10909人，录取率96.11%。其中，理科录取人数7107人，录取率98.03%；文科录取人数3802人，录取率92.73%。普本以上（含重本）上线率79.54%，重本上线率31.94%。

【“健身抗疫·阳光校园”主题展示活动】 2021年10月15日，在牡丹江市第二高级中学举办“健身抗疫·阳光校园”主题展示活动。活动系牡丹江市第二高级中学、第五高级中学教育共同体协作共建具体工作内容，主题活动展示三人篮球、女子投球、跑操、课间操等项目比赛。两校领导围绕推进校际合作、创新活动载体、落实多病共防、强化运动健身等方面工作开展交流与分享，共同探讨德育工作的新举措、新方法、新思路。

【高中生物学新课程新教材培训】 2021年5月14日，牡丹江市教育教学研究院特邀人民教育出版社专家闫景娟开展“高中生物学新课程新教材培训”活动。此次培训由牡丹江市第一高级中学承办，生物学教研室主任梁红艳老师主持。牡丹江市及外市县25所高中的生物学教研室主任及学科骨干教师、牡丹江一中生物学教研室全体教师参加培训。

（市教育局　尹宏涛）

中等职业教育

【概况】 2021年，全市有中等职业教育学校16所，在校生1.55万人，教职工1153人，专任教师964。其中普通中专学校7所，在校生6730人，教职工355人，专任教师272人；成人中等专业学校2所，教职工22人，专任教师18人；职业高中7所，在校生8783人，教职工776人，专任教师664人。

（市教育局　尹宏涛）

【校企合作】 2021年，围绕牡丹江市产业发展计划，开展“校企对接”活动，与老促会会员企业北京商鲲教育集团对接，签订校企合作协议。与市工信委配合，搭建牡丹江市中职学校与优质企业合作平台，与浙江绍兴金沙旅游发展股份有限公司、宏红管理咨询有限公司总经理及浙江饭店业协会相关领导对接，并组织全市中职学校与企业家座谈。8所学校成功申报国家1+X证书制度试点工作，按照试点要求制定人才培养方案，加强试点建设。发挥牡丹江市职教中心牵头成立区域性职教集团辐射功能，加强校企合作理事会和专业建设指导委员会建设。牡丹江市职教中心成为国家第二批示范性职业教育集团（联盟）培育单位。

（市教育局　尹宏涛）

【技能人才培养】 2021年，统筹推进全市中职学校德育工作，强化理想信念和社会主义核心价值观教育，加强中华优秀传统文化教育，培育弘扬劳动精神、劳模精神和工匠精神，9个项目成功申报省“三全育人”学校、“名班主任”及思政课教学创新团队。牡丹江市职教中心建设“VR+红色之旅”思政教育基地。市教育局、市职教中心德育工作典型案例推荐到教育部。12月8日，全省召开中职学校德育现场会，市教育局、海林市职业教育中心、宁安市职业教育中心学校做典型发言，宁安市职教中心、海林市职教中心两所学校云端展示德育工作，牡丹江市职教中心以“中国梦·青春梦·我的梦”为主题讲授一节“思政大课”。开展区域教研，开展县域中职学校信息化教学公开课展示交流，组织市级公开课24节，评选一等奖14节，二等奖10节。按照专业备案的条件，各学校结合经济发展与就业形势和学校实际情况，推荐牡丹江市职教中心、宁安市职教中心、海林市职教中心、东宁市职教中心等7所学校11个专业上报省教育厅备案。

（市教育局　尹宏涛）

【职业教育提质培优行动】　2021年，牡丹江市以“德行天下，技赢未来”为主题，举办第二届“中职校长论坛”，中职学校校长围绕坚持立德树人、打造优质学校及优质专业、深化校企合作等方面进行交流。按照教育部、省教育厅开展职业教育提质培优行动计划要求，指导学校制定《实施方案》《任务书》，承接好国家、省提质培优相关项目，推进提质培优项目。有序推进“双优”学校建设，指导2所优质学校及4个优质专业完善《建设方案》《任务书》，进一步完善德育基地、加强专业带头人及技能人才培养，构建人才课程体系，加强教学资源库建设，打造“精品在线”课程，完成年度“双优”建设任务。加强骨干教师、专业带头人建设，组织中职学校109名教师参加国培、省培，通过采取邀请职教专家到牡丹江市进行专题讲座、借助高职优质资源、到职业教育发达地区考察学习等形式，开拓思路，促进职业教育发展。聘请企业能工巧匠和社会优秀人才担任兼职教师，引导教师到企业进行培训。2021年，市职教中心1名教师被评为“全国教书育人楷模”，两名教师被评为省级“教学名师”。

（市教育局　尹宏涛）

【牡丹江技师学院】　牡丹江技师学院是经黑龙江省人民政府批准，市财政全额拨款的公办技师学院，隶属于牡丹江市人民政府，副厅级事业单位。主要职能以培养高级工、技师和高级技师为主，学历教育与职业培训并重，是黑龙江省东南部地区技能人才培养和各级各类社会培训的重要基地以及“国家技能等级证书鉴定试点单位”，先后获得“国家级高技能人才培训基地”“国家级中等职业教育改革与发展示范校”“国家高技能人才培养特殊贡献单位”“省示范技师学院”“省先进技工院校”“省招生就业工作先进单位”“省级文明校园标兵”等荣誉称号。2019年8月，国务院总理李克强到学院考察调研，对学院办学情况给予肯定，指出“办学有特色，师资也不错”。2020年，学院被省教育厅、省人社厅批准为“双优”学校建设单位。

学院占地面积38.9万平方米，建筑面积6.93万平方米。分为3个校区：主校区（位于爱民区兴平路288号）、创新创业分校区（位于东安区东四条路新安街）和温春分校区。建有数控、机加、汽修、焊接、餐饮、电子6个品牌专业实训基地，实训场地总建筑面积2.92万平方米，拥有实习实训设备4000余台（套），固定资产1.6亿元。学院有教职工299人，硕士以上学位30人，高级职称140人。2021年在籍学生4972人，其中全日制2237人，毕业生全部安置就业。

学院两度获评国家级高技能人才培训基地，推进传统专业转型和新专业建设，强化新能源汽车、电子商务、机器人应用、广告设计等专业建设，提升软硬件建设水平，形成现代智能制造和现代服务两大专业群，使专业发展更加适应产业转型升级的需要。学院设有机械工程、汽车化工、电信工程、餐旅商贸4个教学系，开设数控加工、工业机器人、新能源汽车检测与维修、烹饪、面点、计算机广告与制作、电子技术应用等16个专业。围绕“一学院一基地两个工作室”建设规划，瞄准新经济、新业态、新商业模式，对接地方产业对技能人才需求，《学院“十四五”发展规划纲要》确立“重点打造优质汽车技术、智能制造、现代服务、信息技术4个专业群。科学推动系部规划和专业体系建设，开发与地方经济发展相适应新专业”的专业发展目标。

2021年，成立新文创系，新开设影视表演与制作专业；教学改革持续深化，试行教考分离制度和教学质量评价制度；实施《强基提质培优行动计划》和《“五培”德育工程》，贯彻“专家治校”理念，首次成立专家听课团，成立学院学术委员会，制定学术委员会章程，建立全覆盖听课制度。聘请北京大学领导力研究中心执行主任杨思卓教授为名誉院长，聘请傅伯庚、李鼎、栾殿湖、付军凯等10位国家、省、市名家和郭锐、吴作国、齐名、陈雪玲、李辉等5位高技能领军人才为客座教授，为学院发展汇聚外脑智慧。

在全国乡村振兴职业技能大赛黑龙江省选拔赛汽车维修工项目职工组比赛中，汽车化工系教师王宝扬、解振丰分别获得第一名、第三名，学生组的宋明宇获得第三名；农机修理工项目职工组比赛中，姚东升老师获得第二名。在第二届全国人工智能应用技术技能大赛黑龙江省选拔赛计算机程序设计员（工业机器人人工智能技术应用）项目职工组比赛中，电信工程系教师卜彦波、赫兆南获得第二名，赢得国赛资格。在2021年黑龙江省职业技术培训优秀科研成果评审中，牡丹江技师学院教师19篇论文获奖，其中一等奖8名，二等奖5名，三等奖6名，是历年成果申报数量最多、获奖等级最高的一次。

2021年学徒制培训1209人，全年培训2449人。助力第四届黑龙江省旅游产业发展大会，承办全市“特色餐饮店”“金牌地方菜”“地方名小吃”评选大赛；创新思政课教学方法、充实教师队伍，开展首届趣味运动会、升国旗仪式、德育讲师团公益讲堂、红色故事会会演等活动百余项。加强思政课课程体系建设，进行思政课研究和教改，3名教师参加市级思政大赛，获得一等奖1名、二等奖1名。

（牡丹江技师学院　王海龙）

【牡丹江市职业教育中心学校】　牡丹江市职业教育中心学校是市直属公办职业高中，首批国家级重点职业高中，国家中等职业教育改革发展示范学校，国家提质培优计划建设单位，省优质中职学校和优质专业建设单位。先后获全国青少年道德培养实验基地、全国职工教育培训示范点、全国职业院校数字校园建设实验校、国家旅游局旅游职业教育校企合作示范基地、国家旅游类示范专业点、黑龙江省首批现代学徒制试点单位、黑龙江省高科技人才培训基地等称号，是一所集职业教育、社会培训为一体的综合性职业学校。

学校由主校区和分校区组成，总占地面积3.93万平方米，建筑面积4.7万平方米；建有数字图书馆、教学资源库和教育教学办公平台；有校内实习实践及生产性实训基地、模拟实训室、实训室42个，校外实训基地45个，教学、实习仪器设备资产价值4525.44万元，实训工位1081个，生均实训工位0.94个，图书总量4.76万册。教职工178人，专任教师125人，四大专业群14个专业，在校生1260人。学校综合办学实力在全省同类中职院校中名列前茅，2021年获评省级文明校园标兵、省三八红旗集体等荣誉称号。

2021年12月23日，为更好地培养高素质、高技能的应用型人才，牡丹江市职业教育中心学校到黑龙江北方双佳钻采机具有限责任公司调研考察，并与企业签订校企合作协议。推进东西合作，带动6所区域职业学校68名教师赴广东东莞挂职学习，邀请两校专家到校帮扶指导，共享优质职教资源，实现区域职业学校共同提升。

贯彻落实《职业教育法》《国家职业教育改革实施方案》等精神，聚焦区域地方发展，争取国家、省市项目，创建国家中职示范学校，承接现代学徒制、1+X证书制度、双元培育等28项国家和省市级项目建设，均取得新成果。2021年，承载35项国家提质培优行动计划任务，建设省级双优中职学校。5月，牡丹江市职教中心初级《1+X WPS办公应用职业技能证书》申报为国家第四批“1+X”证书试点单位。12月17日，第一期认证考试，60名学生参加初级认证考试，通过率100%。作为“1+X”证书制度试点学校，计算机专业部充分利用“1+X”试点工作为促进专业提升、深化课证融通，不断修订人才培养方案、优化课程设置和教学内容，推进“1”和“X”的有机衔接，培养社会需求的创新性、复合型、技术技能型人才而服务。11月20—21日，汽车运用与维修（智能新能源维修）“1+X”专业技能等级证书考核在学校汽车实训基地举办，64名学生参加考试，通过率90.63%。12月份，酒店专业的30名学生考取“1+X”酒店技能等级证书，通过率100%。

学校积极探索“学训结合、校企共育”人才培养模式，深化产教融合，把校企合作贯穿育人全过程；充分发挥专业建设委员会作用，构建以学生为中心、以能力为导向、以课程为主体、与职业资格标准相融合、对接企业工作岗位能力的课程体系；进行项目教学、案例教学、模拟仿真教学和岗位实训等多种形式的教学实践，构建“理实同步”教学模式；探索实践现代学徒制，构建双主体育人模式；重视学生德育管理，形成“三方两层一多样”的学生评价模式和“五行一建”学分管理体系；拓展专业内容，打破课堂与班级界限，以23个社团活动为平台，开展丰富多彩的技能实践活动，提升专业技能实战经验。在2021年4月21日至5月15日黑龙江省职业院校技能大赛（中职组）中，学校组织学生参加14个赛项的省技能大赛暨国赛选拔赛，4个赛项9人获一等奖项，6个赛项16人获二等奖项，8个赛项20人获三等奖项。

学校充分发挥师资、实训设备和培训基地等资源优势开展社会培训。举办下岗职工再就业、农村劳动力转移、SIYB创业培训、待业人员和退役士兵等培训鉴定，为区域企业提供技术服务、咨询，为社会培养技能型、服务型就业创业人才，促进地方经济发展。2021年10月26日起，相继开办中医理疗、中式面点、母婴护理等专业免费公益职业技能培训班，60余名学员参加培训。

（市教育局　尹宏涛）

普通高等教育

【牡丹江师范学院】　2021年，牡丹江师范学院招聘硕士、博士14人，分两批选任二级学院党委副书记9人，招聘专职辅导员10人、思政课教师2人，校内科级干部专任思政课教师3人，校内选拔研究生辅导员助理12人，新增专业技术二级岗位2人、省级教学名师2人、省师德先进个人1人。完成2021年专业技术职务评审工作，晋升正高级职称1人、副高级职称11人、中级职称39人。通过“双论证”验收和小学教育、汉语言文学、数学与应用数学3个师范类专业联合认证，获批国家级一流本科专业建设点2个，省级一流本科专业建设点4个，新增省内本科一批A段招生专业4个。新增“教育学”硕士学位一级学科授权点、“艺术”硕士专业学位授权点，获首届高校研究生课程思政教学竞赛优秀组织奖，获导学思政团队3个、课程思政课程1项，课程思政教学竞赛一等奖、二等奖、优秀教学设计各一项。

学校扩大研究生、专升本、公费师范生招生数量，一表专业生源质量稳步提升，2021年文科一表投档线与省线持平，理科一表投档线高出省线39分，在校生规模达到18000余人。2021届本科毕业生高质量就业率43.82%，留省就业率35.4%，研究生留省就业率37.6%。开展个体心理咨询217人次，干预心理危机9起。发放国家困难学生助学金419万元、国家助学贷款1354万元、勤工助学补助11万元。为82名特殊困难学生发放临时困难补助22万元。学校1343名师生党员主动为困难学生捐款9.6万元，干部师生为文学院患病学生捐款11.66万元。

开展“市校合作”，市委书记、市长到学校视察调研4次，推进成立由市长任组长的“支持牡丹江师范学院发展工作专班”。推进小蜜蜂公司家属区2.02万平方米土地无偿划拨学校取得新进展。建成16号学生公寓。校史上首次获得国家“教育强国”中央预算内1.3亿元资金支持，建设教师教育实训大楼。全年学校预算经费由4.5亿元增至5.7亿元，汇聚办学资源能力显著增强。

（牡丹江师范学院　赵宝库）

【牡丹江医学院】　2021年，牡丹江医学院有教职工2821人（含两所直属附属医院），具有高级职称人员885人，具有硕士以上学位人员911人。专任教师756人，正高级职称225人，副高级职称246人，硕士以上学位教师占77%，其中博士学位教师163人，占21%。博士生导师3人，硕士生导师271人，龙江学者特聘教授3人，国务院及省政府特殊津贴获得者、省级教学名师、省优秀中青年专家和省卫生系统有突出贡献的中青年专家等25人，省领军人才梯队、省高校科技创新团队、省级教学团队6个。学校有肿瘤疾病防治、脑卒中防治、抗纤维化生物治疗、麻醉与危重病学4个黑龙江省重点实验室。

2021年，本科招生2516人，实际报到2419人，报到率96.14%。2021届本科毕业生一次就业率82.51%，考研升学率15.01%。完成392名研究生招生计划，在校硕士研究生人数由2020年的679人增加到924人，增加245人，增幅36%。学校2021届硕士研究生学位论文在全省学位论文抽检工作中，全部合格。年内学校获得国家级、省级科研项目19项，首次获得省重点研发计划项目1项，经费180万元。获得中央支持地方高校高水平人才团队，经费200万元。优秀青年人才项目连获资助。博士科研启动基金项目立项67项。研究成果获省、部级科学技术奖5项，厅局级科技奖励14项。发表高质量研究论文116篇，获批授权发明专利40项。“北药研发校企合作联盟”新签约医药企业6户，累计14户。学校“牡丹江市北药资源开发与应用协同创新中心”备案为黑龙江省省级新型研发机构，获得500万元经费支持。比较医学中心繁育9000多只实验用鼠，为学校及地方单位提供科研服务，创收12万元。学校发明专利转化实现零突破，13项专利完成专利实施转让许可，金额24.8万元。大型科研设备使用率年度预约使用10882次，比2020年提高10%。

（牡丹江医学院　于　情　李明泽）

2021年，牡丹江医学院“北药资源开发与应用协同创新中心”备案为省级新型研发机构

（牡丹江医学院　供图）

【牡丹江大学】　2021年，牡丹江大学有教职工512人，其中专任教师306人，在读博士学位4人，研究生学历32人，硕士学位132人。正高级职称63人，副高级职称117人。全国五一劳动奖章获得者1人，省级劳动模范2人，省级名师1人，省级会计领军人才1人，省级教学新秀1人，省级师德先进个人1人，市级领军人才学科带头人2人。学校大专招生专业41个，中专招生专业9个。

2021年，学校单独招生考试录取616人；省内普招实现一次性投满，省内普招录取率连续三年实现100%；文科录取最低分291分，理科录取最低分217分；省外有7个省份录取率为100%，外省录取1442人，录取率86%，录取人数和录取率在全省高职院校中均名列前茅，创历史新高；统招录取3262人，录取率93%。统招扩招录取4770人，全日制大专在校生超过1.1万。

学校制发《牡丹江大学2021年就业创业工作方案》《牡丹江大学就业工作应急预案》《牡丹江大学就业包保工作实施方案》等相关文件。每周召开就业工作例会，分析学校毕业生就业工作现状，严格落实教育部“四不准”规定，建立三级核查机制，学校召开就业专项推进工作会4次，开展线上网络双选会44场，线下招聘41场，就业培训22次，转发招聘岗位数2000余个。2021届毕业生全部派遣，年终毕业去向落实率92.97%。

2021年，学校实现省自然科学基金项目申报零的突破，申报省自然科学基金联合引导项目1项——《基于多源信息融合与SVM的水稻品质分类与年份迭代优化研究》。实现科技成果转化零的突破，推进科技成果转化5项，为企业获利770万元。对接牡丹江市汇力科技公司，帮助该公司木制吸管加工成套自动化生产线项目进行成果转化，落户市高新开发区。该项目属于国内首创，研发产品完成第三次优化设计及定型，进入到产品小试阶段。教师发表论文149篇；参与编撰出版教材21部；申报立项12项、在研项目19项、结题项目9项；教师授权专利16项；获得省科研成果三等奖3项。

（牡丹江大学　张人杰）

【黑龙江商业职业学院】　2021年，黑龙江商业职业学院高职招生计划1137人，录取891人，扩招招生录取2500人，中职录取58人，在校生9196人，学生数突破历史新高。与省内50家中职学校（含2家技师学院）签定14个专业115份联合培养协议，建立中高职贯通培养机制。学校全年发布就业信息600余条，提供1200余个就业岗位供学生选择。创办“商院就业大讲堂”，举办专题讲座5场，召开大学生创业培训会1期，开展直播带货4次。拓宽大学生就业渠道，开发校外优质就业基地，与浙江零跑汽车、万豪国际酒店、希尔顿花园酒店等知名企业签订合作协议，合作企业72个。鼓励学生升学带动就业，107名学生通过专升本考试，升学率达到75.59%，再创新高。2021年学院整体就业落实率83.59%。加大创业就业师资培养，有2名教师被牡丹江市人力资源和社会保障局聘为“创业指导讲师”。

按照“十四五”国家经济社会发展和2035年远景目标对职业教育的要求，在科学分析产业、职业、岗位、专业关系基础上，对标《职业教育专业目录（2021年）》，调整后设置17个专业，其中保留5个、更名7个、申报新专业改大类2个，归属调整1个，申报新增2个。完成统招高职、五年一贯制、中职、3+2贯通培养四种类型48份人才培养方案。落实1+X证书制度，推进学分银行建设，全年获批16项19个职业技能等级证书，1+X职能财税职业技能等级证书和1+X业财议题信息化应用职业技能等级证书全国统一考试通过率均达100%。

（黑龙江商业职业学院　范文成）

【黑龙江农业经济职业学院】　2021年，黑龙江农业经济职业学院有教职员工515人，专任教师373人，其中正高级职称35人、副高级职称81人。设有智慧农业、动物科技、机电工程、经济管理、信息工程、食品药品工程与人文艺术7个系，47个高职专业面向23个省市招生，全日制在校生16516人，其中扩招学生7213人。学院持续强化师资培训，选派56名辅导员及学管工作队伍、50名专业带头人和骨干教师参加省培和国培、21人通过教育厅岗前培训；选派思政部教师参加专题培训班，支持在读博士4人、到国外进修2人，53人招聘计划已呈报主管部门审批，持续打造高水平双师团队。

2021年，新生报到6127人，报到率95.58%。其中，高职2923人，中职304人，扩招2900人，再创新高。深化就业两级管理，压实就业“一把手”责任，开展就业督查工作，2021届毕业生初次毕业去向落实率94.39%。

开展院级自然科学类立项25个，主持1项、参与6项省级自然科学基金引导项目。12名教师入选省级科技特派员，获得省科技厅专项经费24万元。年度内立项教研课题32项、结题20项、在研59项。入选4个全国行指委、5个省行指委和6个专委会。

（黑龙江农业经济职业学院　白蕾蕾）

【黑龙江林业职业技术学院】　2021年，黑龙江林业职业技术学院有专任教师332人，省级教学名师6人，院级名师24人，双师素质教师247人，兼职教师170人。引进硕士以上学位专任教师12人、高技能青年人才3人。拥有省级教学团队2个，国家精品资源共享课程1门，合作牵头建设国家专业资源库1门，省精品在线开放课程2门，中央财政支持的职业教育实训基地4个。强化教师专业理论和实践素养，开展多形式教师培训，培训教师3800余人次。

2021年，学院通过中国教育网平台直播、抖音、西瓜视频等新媒体以及疫情防控有奖知识竞答等形式开展招生宣传工作，新生录取4274人，实际报到4147人，全日制高职在校生8388人，毕业生1601人。截至8月30日，毕业去向落实1307人。其中，签就业协议和劳动合同形式就业1024人，其他录用形式就业63人，应征义务兵97人，自主创业4人，专升本116人，富民兴边计划3人，毕业去向落实率81.64%。

2021年，学院与红星美凯龙、北京国富纵横联合牵头成立“全国轻工大家居职业教育集团”，与辽宁宏图创展合作共建“倾斜摄影大师工作室”“低空无人机实训工厂”，与企业共建龙森食品检验检测中心，与厦门网中网共建“网中网财务云共享中心”，家具、摄影测量等专业分别与企业合作试行现代学徒制培养，通过国家试点验收，实现产教一体化融合。

（黑龙江林业职业技术学院　赵若鹏）

【黑龙江幼儿师范高等专科学校】　2021年，黑龙江幼儿师范高等专科学校选派43人参加全省各类教学业务培训，提升骨干教师的业务能力。承办2021年黑龙江省职业院校技能大赛（高职组）学前教育专业教育技能赛项，学校选手荣获一等奖并参加国赛。做好省级教学名师的评比推荐工作，1名教师获评省级教学名师。

2021年，学校加强招生政策研究，调整招生计划，实施全员招生政策。做好统招、单招和扩招宣传，采取多种形式向社会和家长宣传学校的发展成就及毕业生就业情况，提高学校的知名度，努力扩大生源基地和招生规模。全年入校新生2210人。

制定《黑龙江幼儿师范高等专科学校促进2021届毕业生就业创业工作方案》，采取线上线下相结合，线上依托“黑龙江省大学生就业创业平台”“24365校园招聘服务”等平台，线下利用校友的帮助，主动对接掌握一批适合师范生就业岗位特点的用人单位，为学生提供就业岗位3500余个，学校为学生设置就业缓冲区岗位8个。开展“就业冲刺 职为你来”2021届毕业生就业推进行动，对就业困难学生进行重点帮扶，为2021届58名就业困难毕业生申请每人1000元求职创业补贴。推进创业工作，学校成立大学生快递集散中心，组织全校双特学生进行创业。做好学生专升本考试工作，759人参加考试，录取326人，录取率43%，为学校考取率与考取人数最多的一年。

学校组织校内专家及专任教师深入“金课”课堂进行地毯式听课、打分，开展“金课”建设项目终期验收。推进1+X证书制度试点工作，推进职业技能等级证书和专业人才培养方案及专业课程的融合，新增申报器乐艺术指导证书试点，上报母婴护理、幼儿照护和器乐艺术指导3个证书试点的年度考核计划，拓宽人才培养路径。

（黑龙江幼儿师范高等专科学校　李大鹏）

民族教育

【教育教学】　持续巩固民族团结进步创建成果，充分发挥“全国民族团结进步创建活动示范单位”“省级民族文化教育基地”“省民族团结进步模范集体”的示范作用，加强民族中小学国家通用语言文字教育，贯彻落实国家、省对民族学校开设国家三科统编教材的相关要求，一年级全部使用国家统编教材，2—6年级语文、数学、英语、道德与法治使用国家统编教材并使用国家通用语言授课。推进语言文字工作规范化建设，组织开展第24届推广普通话宣传周、“中华经典诵写讲”等系列活动，推广阅、写、讲、诵、画、演结合的中华经典诵读教育教学模式，开展计算机辅助普通话水平测试工作。改善民族学校办学条件，加强民族学校与汉族学校在教育教学管理、普通话水平提升等方面的交流合作。结合庆祝中国共产党成立100周年和第四届黑龙江省旅游产业发展大会，制定民族团结进步月活动方案，开展民族团结宣传教育，落实《深化新时代学校民族团结进步教育指导纲要》，推进中小学铸牢中华民族共同体意识教育工作。发挥“省级民族文化教育基地”的示范作用，开展民族特色校园文化活动，铸牢中华民族共同体意识。

【全省民族中小学、幼儿园推进国家通用语言文字教育教学培训会在牡丹江市召开】　2021年5月，牡丹江市承办全省民族中小学、幼儿园推进国家通用语言文字教育教学培训会，省教育厅领导、全省8个地市教育局领导及民族学校校长60余人参会。市教育局局长张大伟代表牡丹江市作《推进使用三科统编教材 全力开创民族教育发展新格局》经验介绍。

（市教育局　尹宏涛）

特殊教育

【概况】　2021年，牡丹江市落实教育局等五部门《关于适龄重度残疾儿童少年送教上门工作实施方案》，提高随班就读教学质量。利用全国特殊教育监测平台，做好适龄残疾儿童入学工作。全市有适龄残疾儿童658人，在普通学校随班就读学生305人，在特殊教育学校就读学生338人，适龄残疾儿童入学率97.72%。全市有特殊教育教师164人，在校学生903人，其中送教学生385人，师生比1 ： 5.51。

【特殊教育质量提升】　2021年，牡丹江市教育局继续做好特殊儿童入学评估和转介安置工作。对年内未入学适龄残疾儿童进行入学评估并给出具体安置建议，各区教育行政部门根据评估结果和安置建议，结合控辍保学工作，通过特殊教育学校就读方式，安排适龄残疾儿童入学，残疾儿童入学安置率100%。开展特殊教育学校骨干教师教学能力提升和教育评估培训，培训内容涵盖融合教育概论与实务、特殊儿童心理与教育、特殊儿童教育评估、特殊儿童行为管理等。

【教育教学】　2021年，牡丹江市教育局根据“十四五”特殊教育提升计划要求，将送教上门工作纳入到教学常规工作之一，根据学生住址组成送教小组，提高送教工作实效性。针对学生走出校门回家门的情况，职前教育注重教师能力提升，先后4次组织教师到第一职业高中进行专题培训，结合学生的兴趣、爱好以及残障程度，成立职前教育小组，以走班制形式开展学生职前教育。举办牡丹江市特殊教育第六届区本教研活动，42名特教教师同台研讨分享教育成果，形成区域内教师相互学习、相互借鉴、共同提高的氛围。

（市教育局　尹宏涛）

社会教育

【成人学历教育】　2021年，牡丹江市成人高考报考人数4136人，比上年增加1657人。自学考试新生报名345

人，比上年减少192人；报考1523人，比上年减少14人；报考4039科次，比上年减少182科次。全年成人高等教育毕业148人。

（市招生考试院　姜为庆）

【社区教育】　2021年，牡丹江市职教中心根据省教育厅推进社区教育发展的实施意见的通知精神，发挥社区大学、社区教育学院功能，构建社区教育三级网络体系建设。发挥职教中心在技术推广、扶贫开发、劳动力转移培训中的作用，开展职业技能培训。服务双创工作，开展初始培训、精英培训，组织对新型职业农民、下岗失业待业、退役士兵等人员进行再就业培训和实用技术培训，培训人数约3000人次。

（市教育局　尹宏涛）

【老年教育】　2021年，牡丹江老年大学开设260个教学班，招生3700人（次），全部课程6816课时，完成年度教育教学任务。为满足广大老年学员的需求，在课程安排上做到知识型与娱乐型并重，专业性与普及性相结合。在原有63门课程基础上，新开设朝鲜舞、交谊舞、仪态形体、简谱速成、吉他、非洲鼓、抖音拍摄、快手制作等专业，满足学员因身体年龄差异、文化层次差异、兴趣爱好差异等因素产生的多元化学习需求。组织40多名民乐爱好者成立老年大学民族乐团。7月18日，牡丹江老年大学在牡丹江大剧院举办“不忘百年足迹追逐百年梦想”庆祝中国共产党成立100周年暨第八届校园文化艺术节文艺演出。举办“翰墨香宣颂党恩 光影聚焦绘百年”书画摄影作品展，展出油画、水彩、国画、书法、摄影等32幅作品。邀请市直机关工委常务副书记宋福东、老年大学工作人员作为主讲，录制“看画本，讲故事，不忘初心来路学党史，悟思想，永远跟党远航”连环画鉴赏主题讲座。组织学员党委和12个学员党支部到林口县刁翎镇八女投江纪念地开展“重走红色道路，重拾红色初心，赓续红色力量”主题党日活动。开展“庆旅发看发展”参观考察活动，精选4个考察项目开展实地参观教育。利用现代网络技术，丰富原有的远程教育应用内容，通过编排和整理符合老年人的文化知识创作远教课件供老年人使用，让老年人不用进校园就能学到老年大学课程。为解决许多老年人跟不上社会变迁节奏，在“数字化生活”中被“代沟式”淘汰的问题，学校制作数字生活微课件5集——《微信小程序——生活缴费》《微信小程序——健康码和行程卡》《微信小程序——手机充值》《微信小程序——医疗健康》《微信小程序——火车票》，让学员们学会微信小程序的基本操作方法，帮助解决他们生活中面临的一些实际困难。根据学员需求，全方位、多渠道为学员选取精品课程，通过网上直播让更多学员收看，真正实现直播平台与视频号、快手等多平台同步直播的突破。与上海老年大学合作，利用直播平台推出“时事政治”“健康养身”“隔代教育”“艺术文化”等系列网络课程41课时；为黑龙江省老龄委、黑龙江省老干部大学转播《变老的中国》4课时。截至2021年末，约9万人观看网络直播远程教育学习。

（牡丹江老年大学　朴　奕）

民办教育

【概况】　2021年，全市各级各类民办学校315所（不含培训机构），在校生2.06万人。其中，民办中职学校6所，民办高中3所，民办普通初中1所，民办小学1所，民办幼儿园304所。

【校外培训机构排查整治】　2021年，市教育局定期不定期对全市校外培训机构开展联合专项检查，检查学科类、自习室、小饭桌、黑班黑校等4316家（次），查处违规办学机构和黑班黑校163家。

【艺考培训专项整治】　2021年，市教育局开展艺考培训机构专项整治，根据省教育厅艺考培训整治的相关要求，召开全市专项清理整治动员会，制定下发专项整治行动方案，签订责任书，按照属地管理、业务指导的原则，协调所辖县（市、区）教育局集中开展专项治理，有16家艺考培训机构进入“白名单”。按照“四个一批”（打击一批黑班黑校；关停一批问题突出机构；限期整改一批机构；提升一批合规正常办学）要求，实施重点监管。针对艺考培训机构管理不够规范、存在“黑班黑校”等问题，两次对16家艺考培训机构全面排查，协调公安机关、市场监督管理局、城管局等联席会议部门对艺考培训机构进行集中检查、明察暗访，打击辖区内艺考类“黑班黑校”，严查正规审批的艺考培训机构是否存在利益输送和办学行为不规范等问题。

（市教育局　尹宏涛）

公共文化

【概况】 2021年，牡丹江市持续提升基层公共文化活动场所服务水平，与省图书馆联合新建景区图书馆分馆6家，扩大了图书馆分馆体系建设的覆盖面。持续开展“结对子·种文化”“百万文化能人培训”和“红色文艺轻骑兵”等活动，惠及群众近10万人次。全年围绕庆祝中国共产党成立100周年和第四届黑龙江省旅游产业发展大会召开两项活动，在全市范围内开展“百年百场”系列群众文化活动，组织开展“全省少数民族调演”、第四届黑龙江省旅游产业发展大会开幕式3个分会场演出活动。在全省“社区艺术节”、全省“广场舞大赛”等活动中，牡丹江市分别获得一等奖、优秀奖的好成绩。在全国第五次文化馆评估定级中，牡丹江市4家文化馆被评为“一级馆”，市群众艺术馆被人社部、文旅部授予“全国文旅系统先进集体”称号。

受多轮疫情冲击，全市文化娱乐演艺场所主体较疫情前大幅减少，仅存互联网上网服务、歌厅（歌舞厅）、演艺及互联网服务等文化娱乐演艺场所323家，其中绝大多数经营主体处于负债经营、融资困难、从业人员流失等困境，整体市场发展呈现萎靡态势。为提振士气，丰富群众文化生活，全市公共文化场馆利用“线上+线下”相结合形式，组织文艺专场演出和培训指导，开展公共文化活动600余场，惠及群众100万余人次。

（市文广旅局　高　阳）

【图书馆】

牡丹江市图书馆　牡丹江市图书馆总馆馆舍面积1.2万平方米，馆藏图书71.8万册，其中纸本图书60万册（含古籍12806册，地方文献1500余种，近5000册）。馆内设有“小雪花悦读体验大世界”（小雪花借阅中心、小雪花阅读大舞台、小雪花故事会、小雪花亲子阅读乐园）、现代化公益阅读吧、牡丹江籍艺术家精品坊、外借书库、工具书库、报刊阅览室、自修室、视障人士阅览室、咨询服务台和多功能报告厅等对外服务窗口，在文化引领中发挥着不可替代的重要作用。牡丹江市图书馆总馆打造以“与阅读同行，伴书香成长”为主题的“少儿阅读大礼包”活动，以“倡导阅读风尚，构建人文家园”为主题的“全民阅读”活动，以“传播先进文化，彰显文化引领”为目的的“牡丹江文化大讲堂”等多个公共文化服务品牌；实施以牡丹江市图书馆为总馆，四城区图书馆为分馆的总分馆制和图书流动站服务，实现借阅“一卡通”，文献联合编目等资源共建共享；成立牡丹江市区域图书馆联盟，实现市图书馆、市朝鲜族图书馆和驻牡八所高校图书馆间“资源互补、共建共享”；开展数字图书馆建设与服务，形成涵盖市图书馆、县（区）图书馆、乡（镇）图书室和农家书屋及图书流动站的公共图书馆三级服务网络。牡丹江市图书馆连续两次被评为国家一级图书馆，先后被中宣部授予“文化体制改革工作先进单位”，被中国图书馆学会授予“全民阅读示范基地”，被省委宣传部授予“黑

牡丹江市图书馆　（市文广旅局　供图）

龙江省文化体制改革与发展工作先进单位”，被省文化厅党委授予“先进基层党组织”，被牡丹江市委、市政府授予“创建国家公共文化服务体系示范区先进单位”。

牡丹江市朝鲜族图书馆 牡丹江市朝鲜族图书馆是黑龙江省唯一一所以收藏朝鲜民族文献为主的公共图书馆，是中国众多的朝鲜族散居地中唯一一所朝鲜民族图书馆。建筑面积1000平方米，设有汉文外借室、朝文外借室、综合阅览室、电子阅览室及少儿活动室5个服务窗口。建有分馆1个，流动图书站10个。有藏书6.7万余册，其中中文图书3.6万册，朝文图书3.1万册，电子图书0.8万册，是全国三级公共图书馆。

（市文广旅局 高 阳）

【文化馆】

牡丹江市群众艺术馆 牡丹江市群众艺术馆成立于1949年，占地面积7331平方米，是市政府设立的专业从事群众文化活动的公益性文化事业机构，是辅导培训、指导调研、组织开展群众文化活动、加强非物质文化遗产保护和对外文化交流的重要窗口。馆内设有培训部、辅导部、美影部、调研部、活动部和办公室五部一室，全馆周一到周日全天候免费开放。群众艺术馆把免费开放配套资金纳入财政预算，专款专用，利用多种方式引进文化特长人才，保障艺术馆正常运营。2021年，新增电脑25台，音响设备10套，高清晰度投影仪1台。群众艺术馆设有剧场舞台区，常年举办各类演出、展演活动及走进音乐品牌活动；设培训教学区，有教室45个，其中舞蹈培训教室9个，美术培训教室6个，书法培训教室2个，语言培训教室4个，音乐培训教室2个，声乐培训教室7个，器乐培训教室15个，面积5300平方米，常年开展培训活动；设综合服务区，年内新增设综合展厅、综合排练厅、录音棚和电子阅览室等，进一步提升完善群众艺术馆功能。市群众艺术馆连续五次被评为国家一级馆，先后获得全国文旅系统先进集体、省级文明单位、省级文明窗口标兵等荣誉称号。

牡丹江市朝鲜民族艺术馆 牡丹江市朝鲜民族艺术馆成立于1952年，是为全市13万朝鲜族群众提供公共文化服务的公益性文化事业单位，馆舍建筑面积2000平方米。组建有业余文艺团队28支，在各县（市）建立文化艺术培训辅导基地21个。全馆有国家级非遗项目1项（朝鲜族花甲礼）、省级项目5项、市级项目8项。先后荣获“全国三八红旗集体”“全省民族团结进步模范集体”等称号。

（市文广旅局 高 阳）

【博物馆（纪念馆）】 截至2021年末，全市已备案博物馆23家。其中，国有博物馆19家，非国有博物馆4家，包含2家三级博物馆，分别为远东林木博物馆、东宁市要塞博物馆。全市登录可移动文物数量35394件（套），其中，珍贵文物1948件（套）〔一级文物26件（套）、二级文物63件（套）、三级文物1859件（套）〕，一般文物28757件（套），未定级文物4689件（套）。

（市文广旅局 高 阳）

【牡丹江市博物馆和烈士纪念馆】 牡丹江市博物馆和烈士纪念馆为退役军人事务局下属事业单位，主要管理牡丹江市南山革命烈士陵园、崇英园、兴隆烈士陵园三处革命烈士陵园和6803平方米的博物馆大楼。承担着牡丹江市“八女投江”纪念馆、革命英烈纪念馆和博物馆对外接待工作，北山抗日战争暨爱国自卫反击战胜利纪念碑、江滨八女群雕、解放东北纪念碑等牡丹江市10处烈士纪念建筑物的维护以及烈士褒扬、爱国主义教育工作任务。

2021年，展馆接待参观团体700个，总人数6万人，其中青少年3万人，占参观总人数的50%，党史学习教育日最高接待量1000人次。革命烈士陵园、崇英烈士陵园、兴隆烈士陵园接待社会各界团体36个，826人。举办“我们的节日”、世界博物馆日、庆祝中国共产党成立100周年、烈士纪念日等为主题的系列宣传活动。配合学习党史开展“纪念馆走近你身边”“红色旅游纪念地打卡”等便学利学活动。配合市妇联开展“绣党旗、传精神、奋进新征程”主题活动，15名各界妇女先进代表亲手绣绘党旗，集中交由纪念馆收藏。修缮兴隆烈士陵园因年久损坏的爱国自卫战争殉难烈士纪念碑，修缮蔡云翔烈士墓并增添碑文，将人民公园内纪念碑碑文描金，市烈士陵园墓碑描红。

（市博烈馆 苏 亮）

东宁市要塞博物馆 （市文广旅局 供图）

表 66 2021 年牡丹江市博物馆名录

序号	博物馆名称
1	牡丹江市博物馆和烈士纪念馆
2	牡丹江市档案展览馆
3	黑龙江省爱民青铜器博物馆
4	黑龙江省春红昆虫博物馆
5	牡丹江市新时代年画博物馆
6	宁安市宁古塔历史文化博物馆
7	张闻天工作室旧址纪念馆
8	黑龙江省渤海上京遗址博物馆
9	宁安市马骏纪念馆
10	杨子荣纪念馆
11	中东铁路博物馆
12	林口县博物馆
13	八女投江遗址纪念馆
14	吴大澂纪念馆
15	中东铁路历史文化穆棱陈列馆
16	穆棱市抗日战争纪念馆
17	远东林木博物馆
18	穆棱市博物馆
19	中俄友好纪念馆
20	东宁市博物馆
21	东宁市要塞博物馆
22	绥芬河市秘密交通线纪念馆
23	绥芬河市博物馆

（资料来源：市文广旅局）

【书画院】 牡丹江市书画院成立于1984年，是集书画创作、研究、交流、展览于一体的专业艺术单位，隶属市委宣传部，办公用房1000平方米，其中，画室11间，教室3间，装裱室1间，展厅100平方米。2021年，书画院策划、组织9次大型展览，展出作品800件。4件作品入选第七届全国画院作品展，分别是肖景志的油画作品《故园春熙》、吴耀伟的国画作品《花儿为啥这样红》、张健的国画作品《家园》、戴剑波的水彩作品《七九河开》。其中，吴耀伟、肖景志获优秀作品进京展。张健的国画作品《盛秋》特邀参加中国美协主办的“白山黑水美丽四平”全国中国画名家作品展。吴耀伟的国画作品《天使在行动》《花儿为啥这样红》、肖景志的油画作品《春溪水暖》特邀参加黑龙江省美术作品展。肖景志的2件油画作品参加中国国际教育电视台、全国百善一心艺术教育委员会、北京国图文化发展有限责任公司主办，陕西华夏翰墨书画院承办的《水脉·纵横江河——中国画、油画名家提名展（无锡）》；油画作品《高粱熟了》特邀参加黑龙江省油画双年展。在黑龙江省首届“同心圆梦”书画展中，张东昌的书法作品获银奖，戴剑波的水彩作品《七九河开》获金奖。

（市书画院 李秀梅）

【农家书屋】 截至2021年末，全市建有农家书屋887个，覆盖率100%。向上争取20万元纸本图书，为基层农家书屋配备。开展“我的书屋我的梦”农村少年儿童阅读实践活动，依托全市农家书屋、文明实践中心（站、所）等平台阵地，开展“阅读、实践、写作、书画”等活动，征集软笔书法作品88幅、硬笔书法作品141件、绘画作品215张、手抄报170张、征文271篇。

（市委宣传部 沈 明）

【群众文化系列活动】 2021年，围绕庆祝中国共产党成立100周年，结合“庆祝我们的节日”“冰天雪地，美好生活”“同城共读，悦读阅美”等特色文化品牌建设，组织开展朝鲜族中老年文艺会演、第十六届庆“六一”少儿才艺会演、第九届“舞动全城”广场舞大赛、“美丽家园·幸福生活”社区艺术节、全省广场舞东部片区展演、“庆祝中国共产党成立100周年”系列音乐会、“庆百年华诞·颂百年辉煌”群众歌咏会和成人公益大课堂等各类线上、线下群众文化活动300余次，惠及群众近百万人次。参与全省第四届少数民族文艺调演，荣获优秀组织奖。

（市文广旅局　高　阳）

【全民阅读】　2021年4月23日，牡丹江大剧院承办全省第七届“书香中国·龙江读书月”全民阅读活动启动仪式，省全民阅读领导小组授予牡丹江市“黑龙江省全民阅读活动示范城市”荣誉称号。“龙江读书月”活动期间，组织阅读主题活动106项、300余场次。在北山公园、文化广场、东安区社区服务中心等处设立有声读物墙，方便市民使用数字阅读资源。参照省模式，成立由市委常委、宣传部部长任组长，市人大常委会副主任、市政府副市长、市政协副主席任副组长，19个成员单位组成的市全民阅读工作领导小组，进一步增强党委对全民阅读工作的领导。

（市委宣传部　沈　明）

【2021年“中国旅游日”黑龙江省主会场活动】　2021年5月19日，“中国旅游日”黑龙江省主会场活动在牡丹江市举行。此次活动由黑龙江省文化和旅游厅、牡丹江市人民政府主办，由牡丹江市文化广电和旅游局承办。省文旅厅发布2021年黑龙江省夏季旅游产品，现场举办牡丹江“北国之春”摄影活动开机仪式。牡丹江景区、旅行社、星级酒店等旅游企业代表在活动现场布展，推介产品，个别企业现场发放优惠券。活动现场展出精彩牡丹江旅游风光摄影作品。市文广旅局倡导旅游企业推出“中国旅游日”优惠政策，5月19日，火山口国家森林公园、黑宝熊乐园、雪乡国家森林公园太平沟原始林景区面向所有游客免门票，三道关雾溪谷景区门票五折优惠，威虎山九寨景区关注景区微信公众号可享受20元/人门票的优惠政策。

（市文广旅局　高　阳）

文学艺术

【文学】　2021年，牡丹江市文艺工作者在各级报刊上发表文学作品300余篇（首），在省级以上刊物上发表文学作品94篇（首）。在黑龙江省“庆祝中国共产党成立100周年”主题文学征文活动中，牡丹江市13部作品获奖；市作协副主席代英夫的散文集《耳顺集》由时代文艺出版社出版。

【戏剧】　2021年，市文联组织市剧协开展戏曲进校园活动，为清福小学开设戏剧公益课，培养孩子对戏曲的兴趣和爱好。旅游产业发展大会期间，市剧协京韵艺术团演出9场现代京剧，市剧协以专业表演者身份在旅发大会沉浸式体验中扮演NPC，如在旅发大会海林分会场沉浸式体验项目中、在开幕式上、在文化广场的舞台上、在林海雪原的小火车上，以及在1946文创园排练并演出沉浸式话剧《牡丹江保卫战》等。

【书法篆刻】　2021年，牡丹江市篆刻家韩冬等人的作品在西泠印社第十届篆刻艺术展中分别获奖、入展、入选；宋雷、郭宝君的作品在第六届全国金融书法篆刻展中入展，孟飞等人的作品分别在省级以上展赛上入展、入选。

【美术】　2021年，牡丹江市摄影家肖景志、吴耀伟和白兰的两幅作品在第七届全国画院美术作品展中为进京优秀作品，张健、戴剑波作品入选；白杰、宫晓光作品在第三届“神圣长白”全国中国画作品展中入选；陈磊作品在第四届“邮驿路 运河情”全国美术作品展中入选；王伟作品在大美漳州——全国中国画作品展中入选；董新海、李秀梅（北京）作品在百花向阳——2021全国花鸟画作品展中入选，吴天宝、李剑革等作者作品在省级以上展赛中入展、入选。朱良君摄影作品“天地悠悠”入选第28届全国摄影作品展览。刘贵文获《大众摄影》2020年度影像十杰摄影师。

【文艺活动】　2021年，市文联组织开展“庆祝建党百年、歌颂美好家乡”主题征文活动；“庆建党百年、迎旅发大会”牡丹江市书法美术作品展；“庆建党百年、迎旅发盛会”诗歌朗诵暨《亿龙诗韵》首发式活动；“喜迎冬奥会，雪城诗词行”牡丹江市诗词楹联大赛。篆籀寻真“石鼓问道”牡丹江市石鼓文临创专题学术邀请展线上展。“全国百名篆刻家主题创作邀请展”线上展。举办第六届牡丹江音乐舞蹈节，开展“永远跟党走·共筑中国梦”“红色牡丹江、助力旅发大会”主题读书系列活动，举办“庆祝中国共产党成立100周年”雪城诗歌朗诵会，举办“中国共产党党史红色牡丹江主题展”等形式多样的文艺活动，丰富全市群众的文化生活。

【文艺服务群众】　2021年，市文联组织各文艺家协会通过文艺辅导、采风交流、公益讲座等多种形式，满足人民群众多样化的精神文化需求，开展文艺志愿服务活动。组织开展“一本书点赞一座城”——城市阅读品牌创建活动。通过头条、抖音、公众号平台讲述、推荐，掀起继承弘扬红色精神的热潮，惠及群众近千人。开展3期“我们的中国梦——送万福进万家”线上书法文艺志愿服务直播活动，让中华优秀传统文化书法艺术走进直播间，为广大市民群众送去新年祝福。

（市文联　韩莎莎）

文化遗产保护

【物质文化遗产】 截至2021年末，全市已调查登记不可移动文物2288处，各级文物保护单位250处。其中，全国重点文物保护单位9处，省级文物保护单位41处，市县级文物保护单位200处。2021年，渤海国上京龙泉府遗址入选国家《大遗址保护利用“十四五”专项规划》项目。牵头推进国家长城文化公园前期基础建设，对牡丹江段边墙38公里文物本体及80米宽带状地形完成勘察测绘。开展全市革命文物普查、抗联资源普查。完成2022年度国家文物保护专项资金申报工作，推进宁安市兴隆寺消防工程等在建文物保护项目进程，加强文物工程全流程监管。

【文物保护项目】 2021年，全市申报5个文物保护项目。其中，涉及3处全国重点文物保护单位项目、1处省级文物保护单位项目和1个博物馆保护项目，累计争取资金1377.48万元。

【非物质文化遗产】 截至2021年末，牡丹江市有非遗项目203项。其中，国家级非遗项目3项，省级非遗项目70项，市级非遗项目130项。新增立新小学等3个省级非遗教育基地，全市省级非遗教育基地数量达到7个。推进非遗场馆建设，朝鲜族非遗展示馆建成开馆。宁古塔马氏灯彩、东北秧歌大浪花和海林八大碗3个非遗项目视频在省电视台经济频道播出；东北秧歌大浪花参加电影《东北人都是活雷锋》主要镜头的拍摄。组织宁古塔满绣、林口蚕翼绣等参加第二届冰雪非遗节活动。宁古塔满绣项目入选第五批国家级非遗项目名录，韩铁花等12位传承人被评定为第六批省级代表性传承人。

【非遗宣传展示】 2021年，牡丹江市开展“文化和自然遗产日”宣传展示活动，举办“匠心向党、非遗献礼”手工技艺大赛作品展、非遗购物节等宣传展示活动，以线上、线下相结合的方式开展非遗宣传展示。精选各级美术类、手工技艺类非遗项目优秀作品60余幅，全面展示牡丹江市非遗保护成果，倡导非遗融入生活、服务人民、服务社会。满族刺绣（渤海靺鞨绣）和不老缘传统酿酒技艺项目开通线上直播，拓展牡丹江市非遗产品销售渠道，线下满族传统旗袍、穆棱粽子、韩铁花月饼、横道河果酒、林口大鹅等项目进行现场销售，掀起“非遗”购物热潮。活动现场以展板图文并茂的形式，对各级民间文学、传统音乐、传统舞蹈、民俗等类非遗项目进行展示，弘扬优秀传统文化，宣传牡丹江市非遗保护成果。

【第二届非遗文化节开幕】 2021年6月15日，由市委宣传部主办，爱民区委区政府、市文广旅局、市体育局、市新闻传媒中心联合承办，黑龙江魁氏食品有限公司协办的“薪火相传 文脉相承”牡丹江第二届非遗文化节在北山体育场南广场开幕。活动布展面积3300平方米，有传统工艺的魁氏烧锅、非遗糖画、根雕技艺、剪纸、渤海靺鞨绣、王氏中医正骨等20个非遗项目在文化节上展示。爱民区三道关镇设置了特色农产品宣传推介区，集中展示手工大煎饼、华誉食品、丹枫龙猫、俪宏鸵鸟、吉世酒坊、康之源农业等15个名优产品，突出爱民区特色农业发展成果和助力乡村振兴发展的新面貌。进行省级非遗项目朝鲜族顶水舞、音舞诗画、国粹戏剧表演，呈现出一场非遗文化盛宴，展示中国传统非遗技艺的独特魅力。

（市文广旅局 郑 妍 孙晓霞）

表67 2021年牡丹江市第六批省级非物质文化遗产代表性项目代表性传承人一览表

序号	姓名	性别	民族	项目名称	保护单位
1	李香南	女	朝鲜	朝鲜族伽倻琴	牡丹江市朝鲜民族艺术馆
2	李泽秀	男	朝鲜	朝鲜族象帽舞	海林市文化馆
3	文福顺	女	朝鲜	朝鲜族牙拍舞	海林市文化馆
4	赵会云	女	朝鲜	朝鲜族长鼓舞	海林市文化馆
5	乔宏斌	男	汉	针灸（乔家天平针灸）	牡丹江市非物质文化遗产保护协会
6	兰久利	男	汉	中医传统制剂方法（牡丹江兰氏金疮膏）	牡丹江市回民医院
7	韩铁花	女	回	韩铁花清真月饼传统制作技艺	宁安市文化广电和旅游局
8	任国栋	男	汉	传统木旋技术及手把刀刀法技艺	牡丹江市群众艺术馆
9	吴芳斌	男	汉	烘炉锻造技艺	穆棱市文化馆
10	李光允	男	朝鲜	朝鲜族传统农耕具制作技艺	东宁市文化馆
11	王 芬	女	汉	草柳编工艺（玉米皮编制技艺）	海林市文化馆
12	王洪宝	男	汉	漆糊酒容器技艺	穆棱市文化馆

（资料来源：市文广旅局）

表68　2021年牡丹江市省级以上文保单位名录

序号	公布名称	地点	年代	保护等级	类别	批次及时间	备注	
1	渤海国上京龙泉府遗址	宁安市	渤海	全国重点	古遗址	国家第一批（1961年）	渤海国上京龙泉府遗址	2处
						国家第六批（2006年）	渤海国三灵坟	
2	牡丹江边墙	爱民区、宁安市	唐至金	全国重点	古建筑	国家第六批（2006年）	爱民区牡丹江边墙、宁安市江东边墙、镜泊湖边墙	5处
						国家第八批（2019年）	砬子山城遗址、老黑山城遗址	
3	中东铁路建筑群	海林市	清	全国重点	近现代重要史迹及代表性建筑	国家第六批（2006年）	海林6处：圣母进堂教堂、横道河子机车库、铁路大白楼、铁路治安所驻地、俄式木屋、中东铁路海林站旧址	13处
		绥芬河市				国家第七批（2013年）	绥芬河6处：绥芬河铁路大白楼、苏俄领事馆旧址、、苏俄学校旧址、东正教堂旧址、日本领事馆旧址、火车站候车室	
		海林市				国家第八批（2019年）	横道河子机务公寓旧址	
4	五排山城址	东宁市	战国至汉	全国重点	古遗址	国家第六批（2006年）	—	—
5	侵华日军东北要塞	东宁市	1934—1945年	全国重点	近现代重要史迹及代表性建筑	国家第六批（2006年）	勋山、胜哄山、朝日山、236高地、三角山、麻达山、409高地	7处
6	小四方山城址	穆棱市	战国至金	全国重点	古遗址	国家第六批（2006年）	—	—
7	团结遗址	东宁市	战国至唐	全国重点	古遗址	国家第七批（2013年）	—	—
8	宁古塔将军驻地旧城遗址	海林市	清	全国重点	古遗址	国家第七批（2013年）	宁古塔将军驻地旧城遗址、宁古塔遗址	2处
9	人民空军东北老航校旧址	牡丹江市西安区	1946—1955年	全国重点	近现代重要史迹及代表性建筑	国家第八批（2019年）	—	—
10	龙头山古城	西安区	渤海	省级	古遗址	省第二批（1986年）	—	—
11	南城子古城	阳明区	渤海	省级	古遗址	省第二批（1986年）	—	—

续表

序号	公布名称	地点	年代	保护等级	类别	批次及时间	备注	
12	砬子沟烽火台	阳明区	清	省级	古遗址	省第六批（2014 年）	—	—
13	侵华日军老黑山工事遗址	西安区	1934—1945 年	省级	近现代重要史迹及代表性建筑	省第六批（2014 年）	—	—
14	大石桥	宁安市	清代	省级	古建筑	省第一批（1981 年）		
15	东夏国城子后山城遗址	宁安市	金末	省级	古遗址	省第一批（1981 年）	—	—
16	上官地古桥址	宁安市	渤海	省级	古建筑	省第二批（1986 年）	—	—
17	兴隆寺	宁安市	清	省级	古建筑	省第二批（1968 年）	—	—
18	东康遗址	宁安市	铁器时代	省级	古遗址	省第二批（1986 年）	—	—
19	洋草沟墓群	宁安市	渤海	省级	古墓葬	省第二批（1986 年）	—	—
20	湾沟二十四块石遗址	宁安市	渤海	省级	古遗址	省第三批（1990 年）	—	—
21	省虹鳟鱼场墓群	宁安市	靺鞨至渤海	省级	古墓葬	省第三批（1990 年）	—	—
22	莺歌岭遗址	宁安市	新石器时代	省级	古遗址	省第四批（1999 年）	—	—
23	西营城子城址	宁安市	金	省级	古遗址	省第四批（1999 年）	—	—
24	望江楼	宁安市	清	省级	古建筑	省第四批（1999 年）	—	—
25	岱王山城址	宁安市	唐 · 渤海	省级	古遗址	省第六批（2014 年）	—	—
26	宁安清真寺	宁安市	清	省级	古建筑	省第六批（2014 年）	—	—

续表

序号	公布名称	地点	年代	保护等级	类别	批次及时间	备注	
27	张闻天工作室旧址	宁安市	1945—1946年	省级	近现代重要史迹及代表性建筑	省第六批（2014年）	—	—
28	群力岩画	海林市	新石器时代至渤海	省级	石窟寺及石刻	省第三批（1990年）	—	—
29	九公里山城	海林市	唐·渤海至辽金	省级	古遗址	省第五批（2005年）	—	—
30	横道河子中东铁路建筑群	海林市	清	省级	近现代重要史迹及代表性建筑	省第六批（2014年）	含俄式7号木屋、俄式民居、横道车务段旧址、横道火车站、横道机务段运转室旧址、东山街14号、16号、润土巷12号、山弯路11号、绥满路66–2号、绥满路66–4号、绥满路66–6号、塔山巷7–2号、欣新路12号、欣新路34号、学字路78号、邮电路11号、邮电路13号、邮电路21号、邮电路29–1号、邮电路29号、邮电路74号、振兴路10号、振兴路22号、振兴路25号	25处
31	大城子古城	东宁市	渤海	省级	古遗址	省第二批（1986年）	—	—
32	东宁劳工坟	东宁市	1934—1945年	省级	近现代重要史迹及代表性建筑	省第四批（1999年）	—	—
33	红石砬子城址	东宁市	汉代	省级	古遗址	省第五批（2005年）	—	—
34	太岭站中东铁路候车室	东宁市	清	省级	近现代重要史迹及代表性建筑	省第六批（2014年）	—	—
35	细鳞河站中东铁路建筑	东宁市	清	省级	近现代重要史迹及代表性建筑	省第六批（2014年）	细鳞河村195号民居、细鳞河火车站候车室	2处
36	绥阳站中东铁路候车室	东宁市	清	省级	近现代重要史迹及代表性建筑	省第六批（2014年）	—	—

续表

序号	公布名称	地点	年代	保护等级	类别	批次及时间	备注	
37	侵华日军万鹿沟军火库群	东宁市	1934—1945年	省级	近现代重要史迹及代表性建筑	省第六批（2014年）	—	—
38	侵华日军老城沟西北山仓库群	东宁市	1934—1945年	省级	近现代重要史迹及代表性建筑	省第六批（2014年）	—	—
39	五排屯东南抗联密营遗址	东宁市	1940年	省级	近现代重要史迹及代表性建筑	省第六批（2014年）	—	—
40	三道通古城	林口县	金	省级	古遗址	省第三批（1990年）	—	—
41	八女投江纪念地	林口县	1938年	省级	近现代重要史迹及代表性建筑	省第四批（1999年）	—	—
42	乌斯浑河城址	林口县	金	省级	古遗址	省第五批（2005年）	—	—
43	粮台山城址	穆棱市	汉魏时期	省级	古遗址	省第五批（2005年）	—	—
44	沟里大地西南遗址	穆棱市	青铜时代至汉魏	省级	古遗址	省第六批（2014年）	—	—

续表

序号	公布名称	地点	年代	保护等级	类 别	批次及时间	备注	
45	马桥河站中东铁路3号建筑	穆棱市	清	省级	近现代重要史迹及代表性建筑	省第六批（2014年）	—	—
46	下城子站中东铁路候车室	穆棱市	清	省级	近现代重要史迹及代表性建筑	省第六批（2014年）	—	—
47	伊林站中东铁路候车室	穆棱市	清	省级	近现代重要史迹及代表性建筑	省第六批（2014年）	—	—
48	侵华日军下城子镇军官住宅群	穆棱市	民国	省级	近现代重要史迹及代表性建筑	省第六批（2014年）	一、二、三、四号建筑（三普1处）	4处
49	宽沟站中东铁路候车室	绥芬河市	1903年	省级	近现代重要史迹及代表性建筑	省第六批（2014年）	—	—
50	绥芬河市中东铁路建筑群	绥芬河市	1901年	省级	近现代重要史迹及代表性建筑	省第六批（2014年）	大直路43号民居、铁路工务段旧址、光华路122-1号民居、光华路122-2号民居、绥芬河特警管理处旧址	5处

（资料来源：市文广旅局）

表 69　2021 年牡丹江市省级以上非遗项目名录

序号	项目类别	项目名称	申报地区	项目传承人	批次及时间
1	民间文学类	东宁民间文学	东宁市	张永峰	省第二批（2009 年）
2		宁古塔民间文学	海林市	王清民	省第一批（2008 年）
3		宁古塔满族萨满神话	宁安市	张爱云	省第一批（2008 年）
4		傅英仁满族故事	宁安市	张爱云	省第二批（2009 年）
5		镜泊湖传说	群艺馆	宋德胤	省第二批（2009 年）
6		招抚宁古塔	宁安市	赵文润	省第三批（2011 年）
7		秃尾巴老李的传说	群艺馆	宋梅颖	省第三批（2011 年）
8	传统舞蹈类	宁安秧歌	宁安市	龚云发	省第二批（2009 年）
9		朝鲜族牙拍舞	海林市	文福顺	省第二批（2009 年）
10		朝鲜族顶水舞	朝艺馆	姜顺今	省第二批（2009 年）
11		东海莽式舞	宁安市	孟秀霞	省第一批（2008 年）
12		鞑子秧歌	宁安市	孟秀霞	省第一批（2008 年）
13		朝鲜族击打舞	东宁市	崔云准	省第三批（2011 年）
14		朝鲜族农乐舞	朝艺馆	李荣	省第三批（2011 年）
15		朝鲜族长鼓舞	海林市	赵会云	省第三批（2011 年）
16		满族扬烈舞	宁安市	董蕊	省第三批（2011 年）
17		满族野人舞（巴拉莽式舞）	宁安市	孟秀霞	省第三批（2011 年）
18		满族拍水舞	宁安市	侯丽蓉	省第三批（2011 年）
19		朝鲜族刀舞	朝艺馆	金艺花	省第四批（2013 年）
20		东北大秧歌——大浪花	宁安市	叶丽珍	省第五批（2016 年）
21		朝鲜族象帽舞	海林市	李泽秀	省第六批（2019 年）
22	传统美术类	民间剪纸和纸扎	宁安市	付洪雁	省第二批（2009 年）
23		渤海靺鞨绣	群艺馆	孙艳玲	省第三批（2011 年）、国家第四批（2014 年）
24		宁古塔马氏灯彩	宁安市	马积瑞	省第三批（2011 年）
25		宁古塔满绣	宁安市	贾秀兰	省第四批（2013 年）、国家第五批（2021 年）
26		满族蚕翼绣	林口县	庞艳芳	省第五批（2016 年）
27	传统音乐类	朝鲜族伽倻琴	朝艺馆	李香南	省第二批（2009 年）
28		满族家祭神调	海林市	张国毅	省第二批（2009 年）
29		森林号子（海林号子）	海林市	高进忠	省第一批（2008 年）
30		朝鲜族四物打击乐	朝艺馆	金政革	省第三批（2011 年）
31		满族祭祀音乐与器乐	宁安市	谢景田	省第三批（2011 年）
32		吕氏吹打乐	海林市	吕云强	省第三批（2011 年）
33		朝鲜族洞箫	宁安市	崔光哲	省第四批（2013 年）
34	传统曲艺类	东宁大鼓	东宁市	张淑霞	省第三批（2011 年）
35		东北二人转	非遗协会	王晓全	省第五批（2016 年）
36	体育游艺杂技类	宁古塔珍珠球	宁安市	关常富	省第一批（2008 年）
37		宁古塔朝鲜族柶戏	宁安市	吴哲洙	省第五批（2016 年）
38		满族民间欻嘎拉哈	海林市	付金容	省第一批（2008 年）
39		满族踢行头	海林市	—	省第一批（2008 年）
40		陈式（玄中）太极拳	非遗协会	李玄中　王　锐	省第五批（2016 年）
41	传统医药类	桦林黄静湖中医骨伤病疗法	非遗协会	黄静湖　黄静良	省第五批（2016 年）
42		中医传统针灸——乔家天平针灸	非遗协会	乔宏斌	省第六批（2019 年）
43		牡丹江兰氏金疮膏	非遗协会	兰久利	省第六批（2019 年）

续表

序号	项目类别	项目名称	申报地区	项目传承人	批次及时间
44	传统技艺类	朝鲜族传统饮食制作（冷面、泡菜、大酱、打糕）	省级	洪弼顺　金太振　吴哲洙	省第五批（2016 年）
45		朝鲜族传统服饰制作技艺	宁安市	李春玉	省第二批（2009 年）
46		满族靰鞡制作技艺	海林市	杨喜久	省第二批（2009 年）
47		满族民居建造技艺	海林市	—	省第五批（2016 年）
48		民间酒篓制作技艺	穆棱市	王洪宝	省第二批（2009 年）
49		绥芬河俄式马车制作技艺	绥芬河市	宋林峰	省第五批（2016 年）
50		彩色鱼皮制作技艺	群艺馆	李宏伟　李　蕾	省第三批（2011 年）
51		松城酱油酿造技艺	群艺馆	葛建军	省第三批（2011 年）
52		玉米皮编制技艺	海林市	王芬	省第六批（2019 年）
53		满族傅察氏糜子酒酿造	群艺馆	付恩学	省第四批（2013 年）
54		传统木旋手把刀法工艺	群艺馆	任国栋	省第六批（2019 年）
55		满族旗袍传统制作技艺	非遗协会	贾淑娟　李博慧	省第五批（2016 年）
56		满族悠摇车制作技艺	非遗协会	贾淑娟	省第五批（2016 年）
57		穆棱晒烟技艺	穆棱市	赵斌	省第三批（2011 年）
58		响水水稻种植技艺	群艺馆	赵昌男	省第二批（2009 年）
59		韩铁花清真月饼	宁安市	韩铁花	省第六批（2019 年）
60		烘炉锻造技艺	穆棱市	吴芳斌	省第六批（2019 年）
61		朝鲜族传统农耕具制作技艺	东宁市	李光允	省第六批（2019 年）
62	传统习俗类	宁古塔年猪菜	群艺馆	孟照发	省第二批（2009 年）
63		满族冻吃（八大碗）	海林市	李淑英	省第二批（2009 年）
64		杨氏家族萨满鹰神祭祀	宁安市	杨学勤	省第二批（2009 年）
65		关氏家族满族萨满祭祀	宁安市	关玉林	省第一批（2008 年）
66		朝鲜族流头节	宁安市	吴哲洙	省第一批（2008 年）
67		满族礼节	海林市	关洪彬	省第三批（2011 年）
68		满族采参	海林市	王祖发	省第二批（2009 年）
69		满族传统婚俗	海林市	—	省第二批（2009 年）
70		朝鲜族花甲礼	朝艺馆	文庆泽	省第二批、国家第三批
71		宁古塔满族捕鱼习俗	海林市	杜春友	省第四批（2013 年）
72		宁古塔满族捕鱼（冬捕）	宁安市	靳志明	省第四批（2013 年）
73		满族服饰	海林市	吕喜云	省第五批（2016 年）

（资料来源：市文广旅局）

表 70　2021 年牡丹江市文物保护项目汇总表

项目类别	所在地	项目名称	资金（万元）
可移动项目	牡丹江市林口县	林口县博物馆馆藏文物预防性保护方案	187.4
国保项目	牡丹江市宁安市	渤海国上京龙泉府遗址宫城 2 号门本体保护加固前期勘察研究	70.73
	牡丹江市宁安市	渤海国上京龙泉府遗址——三灵坟遗址一号墓保护加固	205.35
	牡丹江市绥芬河市	绥芬河市中东铁路建筑群——苏俄领事馆旧址修缮项目	561.6
三防项目	牡丹江市宁安市	兴隆寺消防工程	352.4
合计			1377.48

（资料来源：市文广旅局）

大众传媒

【报纸】 2021年，牡丹江市有报纸3种，分别是《牡丹江日报》《牡丹江晨报》和《牡丹江师范学院报》。报纸出版单位两家，分别是牡丹江市新闻传媒中心和牡丹江师范学院报编辑部。

（市委宣传部　沈　明）

【期刊】 2021年，牡丹江市有期刊7种，分别是《牡丹江大学学报》《牡丹江师范学院学报》《牡丹江医学院学报》《牡丹江教育学院学报》《中国林副特产》《黑龙江造纸》和《炫动漫》。

（市委宣传部　沈　明）

【广播】 2021年，牡丹江市广播有牡丹江人民广播电台新闻综合、经济、交通三套广播频率。围绕“安全、优质、零事故播出”这一宗旨，组织开展广播电视安全保障、消防设施安全、网络信息安全等专项自查、检查工作。牡丹江市海林市融媒体中心、镜泊湖无线电视转播台代表黑龙江省迎接国家广电总局安全播出检查组专项检查，总局检查组对全市各级广播电视安全播出责任单位在安全保障方面所做的工作给予肯定，提出“要继续在细节上下功夫，加强操作演练和培训，提升实战能力”等要求。强化重点安全播出责任单位管理，落实加强值班力量、密切关注预警信息、及时联络报告、定期组织应急演练等措施，实现全年重要保障期、重要播出时段、重要节目零事故。

推进应急广播体系建设。按照既定的建设方案，筹措专项资金130万元，启动市区应急广播三期建设工作。在牡丹江市社区、街道和村屯完成900处终端音柱、喇叭的安装任务，基本实现市辖区各大公园、街道、社区等公共场所及市郊农村应急广播信号覆盖。截至年末，安装的1500处应急广播终端在线率90%以上。10月22日，省广电局在牡丹江市举办全省应急广播推进工作现场会，省广电局副局长王戈、牡丹江市副市长齐忠彦，黑龙江省各市（地）文广（体）旅局、播出机构分管领导出席现场会。到牡丹江新闻传媒集团观看宣传片，参观播控平台，到八女投江广场、西安区中兴村现场参观应急广播终端设备。

（市文广旅局　高　阳）

【网络媒体】 2021年，牡丹江市利用网络大V（达人）推广，形成宣传矩阵，在“中国旅游日”期间以“避暑胜地牡丹江”为话题，在新浪微博开启广泛推广，通过网络大V创意推广以及多名网络大V联合推荐，在线上线下展开创作接力，共同传播游客心中向往的避暑旅游目的地，话题总浏览量达到3500万次，话题讨论1.2万次，形成微博话题宣传矩阵。加强新媒体内容生产，提升宣传质量，市文化广电和旅游局微信公众号分别创作推出“冬游牡丹江”“牡丹江醉美‘女神’打卡地”“走进牡丹江的那些博物馆”“送你一朵‘林海雪莲’——冰凌花”等24篇原创推文。开通微信视频号，以四季为节点，推出“国色牡丹江”——北国之春、清凉之夏、多彩之秋、浪漫之冬主题，发布视频作品119个，视频点击量62万次，多篇原创推文及视频被学习强国黑龙江学习平台、极光新闻等媒体转发。5月27日，市委网信办举办全市新媒体运营与传播力提升培训班，邀请黑龙江大学新闻传播学院、字节跳动科技有限公司3位老师，分别作题为《融媒时代新型主流媒体影响力的提升》《2021头条号运营攻略》《教你玩转短视频》专题讲座，全市60余家单位180余人参加学习。

（市文广旅局　高　阳）

社科研究与宣传

【社科课题研究】 2021年，市社科联组织专家学者完成省级课题两项，分别是在省社科院立项的课题《牡丹江市文旅产业融合发展研究》，在省社科联立项的课题《牡丹江市县域康养旅游产业发展策略研究》。组织专家学者完成其他行业性、地域性课题研究成果30余项。

（市社科联　林　涛）

【社科普及】 为宣传牡丹江红色文化，助力现代文化名城建设，2021年，市社科联依托市图书馆学会，组织开展以红色文化为主要内容的中国共产党成立100周年主题演讲，受众1000余人。将党史学习教育向社会延伸，组织社科界专家学者深入西安区火炬街道爱民社区、牡丹江市美超装饰材料厂等社区企业开展“送理论进社区”活动，举办党史学习教育专题讲座。依托市道德教育学会开展“走进新时代 共筑中国梦”系列讲座活动，定标东北老航校暨英雄蔡云翔精神，引导党员群众学党史、悟思想、担使命。

（市社科联　林　涛）

【东北抗联文化研究】 2021年，牡丹江师范学院中国抗联研究中心聚焦东北抗联历史资料的整理与研究，围绕中国社科院历史研究所编辑的“满铁剪报”开展翻译整理研究。把从日本、俄罗斯搜集的资料进行翻译整理，重点开展关东军讨伐、日本侵华影像资料搜集、整理与研究。在省级以上报纸、期刊发表东北抗联研究论文12篇。

（市抗联文化研究院　陈　君）

档案工作

【档案事业发展规划编制】 2021年，市档案局编制完成《“十四五”

牡丹江市档案事业发展规划》，明确“十四五”时期牡丹江市档案事业发展的总体要求、指导思想、发展目标、保障措施。经市委12届151次常委会议审议，于11月10日以两办文件印发。

（市档案局　潘丽娟）

【档案综合利用】　2021年，市档案馆规范查阅档案资料流程，为社会各界提供便捷服务，为婚姻登记、二孩审批、职称批文、干部录用查询等方面提供利用。截至年末，接待查阅档案1229人次，调阅档案3056卷（件）次，目录385册，光盘328次。接待查阅志书、年鉴30余册，为阳明区委宣传部建工业博物馆、市人大调研牡丹江十大厂矿、编史修志等提供资料。指导城管局、交通局等82家单位档案归档工作，下发合格证97张。开展进馆单位数字化档案指导工作，深入应急局、市委办等单位开展现场实地指导。征集新冠疫情防控实物、电子档案资料，包括防护服、口罩、入党申请书、信件、院报、旗帜、请战书、光荣册、请愿书等。完成市新冠肺炎疫情指挥部及所属13个工作组新冠肺炎疫情档案归档指导工作，归档4316件，全部数字化，接收进馆。征集扶贫攻坚电子档案47件。将脱贫攻坚档案纳入重大事件档案，将2013年以来形成的扶贫攻坚档案进行划分、整理、归档2169件，全部接收进馆。征集建党百年相关档案资料，通过互联网、《牡丹江日报》等媒体发布《牡丹江市档案馆关于征集相关档案资料的公告》《牡丹江市档案馆档案资料征集工作制度》，征集到烈士家书、满绣党旗等红色档案资料。开展第四届黑龙江省旅游产业发展大会档案整理工作，指导第四届黑龙江省旅游产业发展大会的文书档案、照片档案的归档工作。

（市档案馆　王　欣）

【档案安全】　2021年，市档案局结合新修订的《档案法》第六章第四十二条“监督检查六方面内容”和《档案检查工作办法》，形成常态化检查与集中风险排查相结合机制，将档案归档情况、安全风险隐患排查等情况作为目标考核的扣分项进行督促落实。制定贯彻落实全省档案安全工作具体措施，细化档案安全责任，开展安全风险隐患排查，全市各级档案部门进行自检自查并上报档案安全风险隐患排查整治工作情况。制发《牡丹江市档案局关于报送2020年度文书档案归档文件目录的通知》，加强对全市各部门文件材料收集、整理监督管理，督促各单位按时立卷、归档、数字化。8月10日至25日，市档案局对30家机关、企业档案工作责任制建立、档案工作人员管理、档案归档、信息化、库房及装具使用、档案安全等方面进行实地检查，对没有及时归档、装具不足、人员不够、档案室安全隐患等问题提出整改意见。检查主管部门对所属机构档案工作监督指导情况，确保档案实体安全和信息安全。

（市档案局　潘丽娟）

【“两类档案”归集】　2021年，市档案局与市扶贫部门协同推进全市脱贫攻坚档案移交进馆工作，深入10个县（市、区）和相关部门，召开座谈会、推进会、培训会，制作脱贫攻坚档案整理视频课程，加强监督指导，提供规范化建档服务，全市建立脱贫攻坚档案33185件、2961卷，目录55121条，全部移交同级综合档案馆。统筹部署全市疫情防控档案工作，完成2020年度疫情防控档案建档，共计14510件，市档案馆、林口县档案馆、东安区档案馆、西安区档案馆、爱民区档案馆建立疫情防控档案专题目录数据库。市档案馆“两类档案”全部数字化，实现“双套”移交进馆。市档案局持续对疫情防控、旅发大会、党史学习教育档案工作跟踪指导，推动各部门及时有序收集归档，确保相关档案资料不遗漏不散失，应收尽收，应归尽归。

（市档案局　潘丽娟）

【红色档案资源开发利用】　2021年，全市各级档案部门围绕服务庆祝中国共产党成立100周年和党史学习教育，广泛开展红色档案资源的开发利用。市档案局开展“档案话百年——牡丹江红色文化”网上答题活动，宣传牡丹江红色历史，全市2.7万人次参与答题。市档案馆征集市司法局满绣党旗、牡丹江朝鲜族中学红色校史、车宗洙烈士家书等实物档案和电子档案。东宁市档案馆挖掘历史档案，配合市老促会、文联完成《东宁市革命老区志》《东宁故事》编辑出版，联合东宁要塞博物馆开展“红色档案展览”，讲述党史故事。绥芬河市建成国内唯一的中共六大专业展馆，成为党史教育的重要基地。全年全市各级档案馆接待参观人数近10万人，充分释放红色档案资源教育作用。

（市档案局　潘丽娟）

【档案数字化软件升级】　2021年，市档案馆抓实党史学习教育“我为群众办实事”举措，对档案非进馆的西安区档案馆、妇产医院、心血管医院等单位，涉及档案管理软件安装使用、档案数据录入、全文扫描等档案数字化、信息化工作中出现的情况和问题给予现场指导和帮助。

（市档案馆　高峻松）

【《档案法》宣传贯彻】　2021年，市档案局组织全市各级档案部门深入学习宣传贯彻新修订的《档案法》，召开中省市直企业档案工作座谈会进行解读。将《档案法》学习宣传贯彻情况作为重点工作任务列入全市档案专项目标考核。通过微信“问卷星”小程序开展网上答题活动，答题覆盖各县（市、区）、机关、团体、企业、事业、乡镇村、街道社区干部职工，2.3万人参与答题。

（市档案局　潘丽娟）

【档案宣教】　2021年，制定《市档案馆庆祝中国共产党成立100周年宣传活动方案》，开展阵地宣传。设计制作“领导关怀、雪城档案”画册，利用走廊墙面，建立文化宣传阵地，组织参加“6·9”国际档案日线上专题讲座和“档案话百年”主题征文活动。与牡丹江大学开展科研项目合作，将档案党史方志展览馆“牡丹江历史展厅”和“文化欣赏展厅”制作成网上展厅，完成视频制作，提升展馆质效。开办“党史学习教育简报”，制发30期。注册微信“雪城档案史志”视频号，制作短视频6个，点击数2000余次。开展国防教育系列活动，参观老航校纪念馆，召开座谈会，相关经验在中国档案资讯网、《黑龙江档案》等国家、省、市媒体刊发。市档案局、市档案馆等8家单位获全省档案工作先进集体称号。

（市档案馆　王　欣）

史志工作

【概况】　2021年，中共牡丹江市委史志研究室（以下简称市委史志研究室）启动党史编纂工作，补充《东北抗日联军史料汇编》丛书四本书的部分内容，编纂《牡丹江历史（第二卷）》，完成《中共牡丹江执政纪实2020》《牡丹江大事要览2020》，编纂《牡丹江市组织史资料》（第七卷），共完成近40万字初稿材料。配合广播、电视、报纸等新闻媒体开展党史宣传教育，提供《中共牡丹江地方史》《中共牡丹江党史人物传》等党史书籍；为市委组织部公众号撰写稿件20余篇；为各单位编史修志、党史宣传等提供年鉴、志书、地方党史等130余册；为西安区整理提供大量红色遗址资料；为省庆祝中国共产党成立100周年文艺晚会提供牡丹江党史素材；参与牡丹江师范学院《永不磨灭的信念》剧本论证。支持文化场馆建设。为《黑龙江革命军事馆展陈大纲》“军民融合”专题牡丹江展陈部分提供资料；为“牡丹江工业印象馆”“牡丹江老照片展示馆”“牡丹江关东民俗馆”“人民空军东北老航校旧址展陈中心”等展馆建设提供大量的地情资料和指导服务；为市委党校筹建2个党史党性教育基地提供建设性意见和史料。实施村史计划，与西安区联合筹建红旗村红色历史展览馆，为其提供布展大纲。开展教育基地授牌，挖掘具有牡丹江特色的红色资源，通过现场勘察、专家评审等环节，中共六大历史资料馆等10个基地被命名为第二批牡丹江市党史教育基地，市级党史教育基地达到25个。开展党史资料审读工作。应全市党史学习教育活动小组要求，为其审查《红色文化百题》，并提出10条建议。

【红色文化基地建设】　2021年，市委史志研究室开展第二批市级党史教育基地命名授牌活动，全市有20家单位申报。在对杨子荣事迹馆、人民空军摇篮纪念馆等场馆进行现场勘察的基础上，组织有关专家评审，产生10个市级党史教育基地。5月26日，举行第二批牡丹江市党史教育基地命名授牌会议，省委史志研究室副主任陈春雷，市委常委、市委秘书长徐利刃出席会议并为命名单位授牌。

【《东北老航校简史》项目结题】《东北老航校简史》项目是全省3个入选中央党史和文献研究宣传专项资金项目之一，2021年8月通过专家结项评审，按照党史、军史书写规范对课题材料修改完善，报中央党史和文献研究院通过后，在中央党史文献出版社出版。

【全市大学生中共党史翻译大赛】2021年5月，由市委史志研究室、牡丹江师范学院、团市委、市文广旅局联合主办，牡丹江师范学院应用英语学院承办的大学生中共党史翻译大赛正式启动。竞赛翻译原文为《中共牡丹江党史人物传》中的5篇传记，分别是《革命先驱马骏》《抗日将领周保中》《八女英魂光照千秋》《“镜泊英雄”陈翰章》和《侦察英雄杨子荣》，参赛者任选其中一篇译为英语、俄语、日语、朝鲜语或法语并用汉语撰写一份千字以内的党史人物传记读后感。经过初评、复评和终评，6月30日确定获奖人员，5篇传记被译成英语、俄语、日语、朝鲜语和法语并集结成册。

表71　2021年牡丹江市省级党史教育基地一览表

序号	名称	命名批次（时间）
1	林口县八女投江遗址纪念馆	第一批（2013年）
2	海林市杨子荣烈士陵园	第一批（2013年）
3	绥芬河秘密交通线纪念馆	第一批（2013年）
4	牡丹江市八女投江纪念馆	第二批（2015年）
5	宁安市马骏纪念馆	第二批（2015年）
6	宁安市张闻天工作室旧址纪念馆	第三批（2019年）

（资料来源：市委史志研究室）

表 72　2021 年牡丹江市级党史教育基地一览表

序号	名称	命名批次（时间）
1	牡丹江市八女投江纪念馆	第一批（2013 年）
2	牡丹江市八女投江烈士群雕	第一批（2013 年）
3	牡丹江市抗日战争暨爱国自卫战争殉难烈士纪念碑	第一批（2013 年）
4	牡丹江市革命烈士陵园	第一批（2013 年）
5	宁安市马骏纪念馆	第一批（2013 年）
6	宁安市张闻天工作室旧址纪念馆	第一批（2013 年）
7	宁安市翰章园	第一批（2013 年）
8	海林市杨子荣烈士陵园	第一批（2013 年）
9	海林地区第一个党支部旧址	第一批（2013 年）
10	穆棱市烈士纪念碑	第一批（2013 年）
11	穆棱市抗战纪念馆	第一批（2013 年）
12	林口县八女投江遗址纪念馆	第一批（2013 年）
13	林口县革命烈士陵园	第一批（2013 年）
14	东宁市西山革命烈士陵园	第一批（2013 年）
15	东宁市绥阳镇北山烈士陵园	第一批（2013 年）
16	中共六大历史资料馆	第二批（2021 年）
17	穆棱市孤榆树东北抗联密营教育基地	第二批（2021 年）
18	牡丹江市档案党史方志展览馆	第二批（2021 年）
19	绥芬河秘密交通线纪念馆	第二批（2021 年）
20	杨子荣事迹馆	第二批（2021 年）
21	人民空军摇篮纪念馆	第二批（2021 年）
22	西安区党史教育基地	第二批（2021 年）
23	中东铁路历史文化穆棱陈列馆	第二批（2021 年）
24	镜泊湖红色教育基地	第二批（2021 年）
25	东北老航校旧址	第二批（2021 年）

（资料来源：市委史志研究室）

【地方志工作】 2021年，市委史志研究室积极融入国家战略，为《中国扶贫志》《中国全面小康志》提供牡丹江市全面建成小康社会及扶贫开发方面的素材50余份，图片近百张，录入“纪录小康工程”平台。编纂出版《牡丹江年鉴（2021)》卷本，对承编单位年鉴编写中的问题进行解答和指导，对撰稿人进行业务培训。

【综合年鉴获奖】 2021年12月31日，中国地方志指导小组公布第八届全国地方志优秀成果（年鉴类）评审结果，牡丹江市3部综合年鉴获奖。其中，《牡丹江年鉴（2020）》《林口年鉴（2020）》获评二等年鉴；《宁安年鉴（2020）》获评三等年鉴。

（市委史志研究室 殷光涛 郑 莉）

文化产业

【概况】 2021年，牡丹江1946文创产业园正式对外开园营业，阅文网络文学人才培训基地、牡丹江电竞产业平台平稳运行，新文创全产业链条加快完善。推进国家文化和旅游消费试点城市建设，开展文化消费引导活动13项，引导城市居民文化消费突破1.5亿元，参与文化消费50万人次，参与消费试点活动企业、商户超过300户。8户文旅企业参与年度政府消费券消费活动，拉动文旅消费超过1000万元。推进牡丹江市互联网产业协会建设，组织协会内“互联网+”文学、旅游、影视拍摄、新技术应用、网络文学等相关企业开展业务融合，壮大互联网文创产业经济发展，全年协会内文创类企业产值超过千万元。

【新型文化业态】 2021年，牡丹江市新文化产业以网络文学、视频直播、音频制播、影视拍摄、服务外包、新兴媒体和节庆会展为主，形成新文创产业集群。牡丹江新文创企业与阅文集团合作举办网络文学创作峰会，建立网络文学人才培训基地；与中央电视台合作举办首届“国家品牌计划”峰会、央视广告论坛；与快手科技合作开发政务直播矩阵；与当当集团合作开发线上“牡丹江文学馆”；与喜马拉雅合作建立音频制作基地。建立新文创产教融合示范基地，在牡丹江师范学院建立网络文学创作基地，在牡丹江大学建立视频直播培训基地，在黑龙江幼儿师范高等专科学校建立有声书制播培训基地，在牡丹江大学和黑龙江商业职业学校开辟电竞专业，在黑龙江农业经济职业学院建立电子商务合作基地。整合政府、文创企业、高校和金融资源成立新文创产业高校联盟；成立东北地区首家网络作家协会，建成网络文学创作集群。华创产业园入驻耳根、胜己、小刀锋利3位本地白金级作家以及唐家三少、高楼大厦等国内知名网络作家工作室23家，引进当当网络文学总部、古道传媒网络文学创作基地，成立阅文集团牡丹江师范学院网络文学院；依托月关、程琳、潇湘冬儿、韩寒等知名编剧，建成影视编剧创作集群。引进贰飞语音工场、何其工作室、宥优文化传媒等国内语音制播产业领军企业，与黑龙江幼儿师范高等专科学校播音主持系建立语音录播培训学院，建成有声书产业集群，全市有声书工位达到120多个；建成视频直播产业集群，丰羽传媒、金地传媒、青娱汇传媒等一批直播企业发展迅速，牡丹江大学与北京字节跳动科技有限公司、中国演艺协会、中国传媒大学联合成立全国首家LIVE学院。

【新文创产业园区】 2021年，成立牡丹江市发展新文创产业工作小组、牡丹江市新文创产业指导服务中心和黑龙江华创、东安区1946、阳明区VC工业遗迹等一批新文创产业园区，建成覆盖牡丹江全域的产业园区集群。全市累计建设各类新文创产业园区16个，实施各类新文创产业项目100多个。

【出版印刷业】 截至2021年末，牡丹江市有印刷企业92户。其中，包装装潢印刷品印刷企业28户，其他印刷品印刷企业64户，印刷企业资产总额19466.3万元，营业收入17402.66万元，利润总额2409.37万元，从业人员0.07万人。

【出版工作】 2021年，市委宣传部强化印刷发行领域监管，开展全市170家书店“出版物经营许可证”年度核验，组织83户印刷企业开展年度报告，组织内部资料性出版物清理整治，完成出版科执法人员年度换证、告知承诺制、行政执法“三项制度”建设工作。

【电影放映】 牡丹江市是黑龙江省农村数字电影发行放映的试点单位，市农村数字电影院线负责全市农村数字电影发行放映工作。放映队将疾病预防、安全防火、科学种植、养殖的技术影片送到农村，让观众在观影的同时学到致富本领。2021年，放映公益电影11981场。

【影视剧拍摄】 2021年，牡丹江市以拍摄《跨过鸭绿江》《悬崖之上》《龙门巷》等影片为契机，强化影视项目服务功能，又有《驯鹿》《东北恋歌》《731》《我心飞扬》《完美伴侣》《东北人都是活雷锋》《白鹤亮翅》《黑土无言》等一批影视剧在牡丹江市拍摄，拉动地方消费，提高牡丹江市在影视拍摄行业中的影响力。

【动漫游戏业】 2021年，牡丹江大学动画学院建有动漫制作技术、游戏艺术设计、虚拟现实技术应用、影视动画和影视多媒体技术等5个专业，学院所在的数字创意设计与制作专业群被黑龙江省教育厅批准为第二轮高水平专业群建设立项。4月，与中央电视台动漫集团签订校企合作协议，在人才培养、影视动画中期制作、引入企业导师参与教学、实习就业等方面与中央电视台动漫集团展开深度合作。牡丹江大学投入220万元完成动画公共实训中心建设，与中央电视台动漫集团共同打造动漫人才培养基地、动漫影视制作基地、动漫产品创作基地、动漫科普基地等，打造国家级产教融合型实训基地，推进校企协同发展。在第九届全国高校数字艺术设计大赛（未来设计师NCDA大赛）黑龙江省赛中，动画学院学生创作作品获得一等奖3项、二等奖2项、三等奖3项，牡丹江大学获奖总数和一等奖数列全省41所高职高专院校第一名，也是一等奖中仅有的两所高职高专院校之一。

（市委宣传部　沈　明）

文化市场管理

【概况】　2021年，牡丹江市文广旅局对173名文旅从业人员进行电商直播培训；执法支队检查文旅企业39200户次，严厉打击私设景点问题，对排查梳理的14个问题攻坚解决，清理文化市场“僵尸”主体180户；新评定三星级酒店1家，申报省级丙级旅游民宿2家，牡丹江市选手参加全省星级饭店从业人员服务技能竞赛获二等奖2项、三等奖1项；配合相关部门做好对星级饭店和歌舞娱乐场所食品安全、燃气安全、建筑安全、消防安全排查工作。

【文化市场综合执法】　2021年，市文广旅局开展假日旅游市场治理、校园周边集中整治、网络文化市场专项检查等专项行动50次。市文广旅局推行局领导班子“网格化”包保责任制和文化经营场所“2+1”监管机制，构建“领导包片、党员包户、执法巡查、区级驻点”四级督查体系，全年检查各类文化经营场所1.3万余户次，受理文化市场举报投诉85件，罚没款21.1万元，结案率100%。指导辖区开展卫星电视地面接收设施专项整治行动，拆除非法卫视设施2600余件，非法卫星接收设施整治工作连续6年被评为省级一等。

【文旅行业信用提升】　2021年，牡丹江市文旅局加快推进“信易+”守信激励，创新文旅行业信用场景应用，印发《牡丹江市“信易游”工作方案》，消费者扫描“码上诚信”可查看企业信用状况，对企业的产品价格、质量和服务等进行评价；开展“十佳文旅品牌”评选活动；实施信用分级分类监管和失信修复行动，构建差异化、规范化监管模式，制定《文旅行业分级分类监管工作方案》《行政处罚信用信息修复工作方案》，召开全市文体旅经营单位信用工作会议，与全市100余家经营单位签订《诚信经营承诺书》；推进“码上诚信”推广应用，文旅企业赋码率50%以上。

【文化市场防疫培训】　2021年，牡丹江市抓好文旅行业疫情防控重点工作任务，制定《牡丹江市文旅行业疫情防控工作指引》《关于进一步做好文化和旅游行业疫情防控工作通知》等文件，采取“明察+暗访+抽检”方式，对全行业场所持续开展日、夜巡回检查；组织各县（市、区）局属各基层单位学习《新型冠状病毒肺炎防控方案（第九版）》，累计培训企业和机关干部360人。

（市文广旅局　高　阳）

综　述

【概况】　2021年，牡丹江市有各类卫生医疗机构2106个，医院88所。专业公共卫生机构1239个，疾病预防控制中心（防疫站）11个，专科疾病防治院（所、站）7个，妇幼保健院（所、站）7个，采供血机构2个，卫生监督所10个。全市医疗卫生机构有床位17761张，其中，医院15731张。卫生技术人员22160人，其中，执业（助理）医师8136人，注册护士9382人，药师（士）908人，技师（士）1457人，其他2277人。

（市卫健委　毕　玥）

【健康牡丹江行动】　2021年，健康牡丹江战略全面展开，把推进爱国卫生运动作为新时代文明实践的重要内容，提升新牡丹江城市形象。完成旅发大会镜泊湖主会场和分会场蚊虫消杀，城乡环境卫生整治覆盖面达到85%以上，新创建卫生村20个，无烟党政机关覆盖率83.33%，超省年度目标13.33个百分点。全省居民健康素养水平监测牡丹江市达到22.6%，居民营养健康知晓率60%，居民心理健康素养水平21%，人均预期寿命79.77岁。

（市卫健委　毕　玥）

【基本公共卫生服务】　2021年，牡丹江市艾滋病感染者和病人抗病毒治疗成功率为97.8%，国家级慢病综合示范区覆盖率为30%。93家基层卫生服务机构开展慢性病病人规范管理工作，覆盖率100%，高血压患者规范管理率79.9%，糖尿病患者规范管理率79.2%。儿童、青少年近视率同比下降1.82%。向各级各类教育机构发放《牡丹江市中小学生防病知识手册》46000余册。肺结核报告发病率控制在55/10万以下，治疗率达到96.9%。

（市卫健委　毕　玥）

【社会心理服务体系建设】　2021年，市卫建委编写《社会心理服务工作手册（基层版）》，为基层心理疏导人员提供技术指导。新冠肺炎疫情发生以来，举办线上讲座和团体辅导37场1700人次，建立心理干预微信群20个，开展线上心理健康宣传5146次，印发心理防护手册57000册；通过微信进行心理防护知识讲座15次，组织三甲医院专家电视台录制播放心理健康知识讲座9期；制作各种心理调节方法视频短信微信600个。

（市卫健委　毕　玥）

【“互联网＋医疗健康”服务体系】　2021年，牡丹江市卫生健康系统以“智慧医疗”为引领，发展互联网医疗服务，实现线上线下“一体服务”，通过各医疗机构微信公众号，为患者提供预约诊疗、候诊提醒、院内导航、检查检验结果查询、划价缴费、健康教育等服务，患者往返医院次数减少、在医院内重复排队减少，门诊全程候诊时间减少，平均住院日减少，全部11家三级医院门诊普通号源、专家号源全部开放预约，17家二级医院开展预约诊疗工作，门诊普通号源全部开放，并将流行病学调查表嵌入预约诊疗程序中，就诊患者通过医院微信公众号、官方网站、健康龙江平台、支付宝生活号以及医院预约电话等可直接预约就医。全市13家二级以上医疗机构注册“黑龙江省互联网门诊平台”和“健康龙江服务平台”，医学院附属红旗医院注册互联网医院，开展免费“网上问诊”，鼓励市民在线看病。远程医疗覆盖全市所有医联体和县级医院，并向社区卫生服务机构、乡镇卫生院、村卫生室延伸，推广“基层检查、上级诊断”服务模式，有效解决疫情期间看病难问题。

全市运用5G物联网技术开展医院感控全链条远程信息化管理。在红旗医院、第一医院、第二医院试点推进耗材SPD改革。在市区组建由6所三甲医院为牵头单位的网格化城市医联体，以及56个专科联盟和专业医联体。11家医疗机构（城区9家，绥芬河2家）全额拨付医保结余留用资金140.69万元。牡丹江市为按疾病诊断相关分组（DRG）付费唯一的省级试点城市，已完成项目调研、项目启动、数据处理和试运行工作。对城乡居民“两病”门诊患者给予最高支付限额

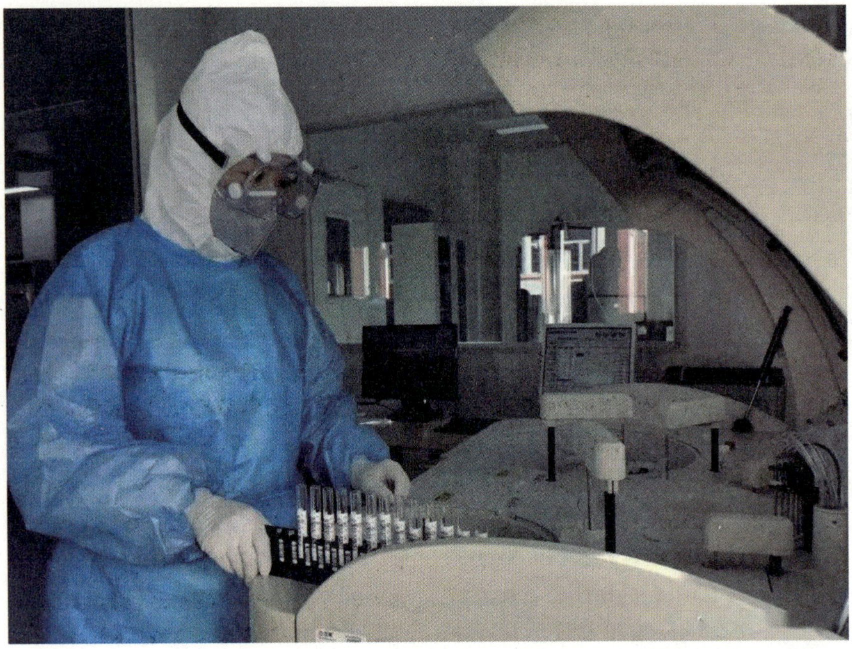

2021 年 2 月，牡丹江市中心血站通过 ISO15189 医学实验室认可

（市中心血站 供图）

高血压 300 元、糖尿病 500 元，并实施 6—12 周长处方。

（市卫健委 毕 玥）

【牡丹江市中心血站通过 ISO15189 医学实验室认可】 2021 年 2 月，牡丹江市中心血站获中国合格评定国家认可委员会 ISO15189 医学实验室认可证书，正式成为全国第九家、东北三省第一家通过 ISO15189 医学实验室认可的地市级血站。标志着市中心血站实验室已经具备按有关国际认可准则开展检验服务的技术能力，所出具的检验结果能够获得签署互认协议方国家和地区认可机构的承认。

（市中心血站 朱 超）

基层医疗卫生

【概况】 2021 年，牡丹江市有基层卫生医疗机构 1967 个。社区卫生服务中心（站）72 个，卫生院 56 个，村卫生室 1096 个，门诊部 67 个，诊所、卫生所、医务室 676 个。

【基层卫生体系建设】 2021 年，牡丹江市基本公共卫生服务资金提高到人均 79 元，新增 26 家基层医疗卫生机构达到基本标准，累计有 66 家基层医疗卫生机构达到基本标准。开展家庭医生签约服务宣传活动，全市“互联网 +”家庭医生签约率 10.6%。9 月 20—24 日，全市基层医疗卫生机构开展“服务百姓健康行动”大型义诊周活动。全市 10 个县（市、区）卫生健康行政部门、101 家基层医疗卫生机构、1000 余名基层医务人员开展义诊 276 次，为 15280 位居民提供义诊服务，测量血压 12090 人次，测量血糖 6067 人次，心电检查 6862 人次，B 超检查 6209 人次，发放宣传品 22810 份。为腿脚不便的老年人和残疾人等特殊人群做好服务，300 余名基层医务人员为居民开展入户义诊 1242 人次。

【基层卫生人才队伍建设】 2021 年，牡丹江市培训基层卫生专业技术人员 1.2 万人，为乡镇卫生院招聘 23 人，社区卫生服务中心未进行招聘，招聘订单定向学生 18 人。

（市卫健委 毕 玥）

医药卫生体制改革

【公立医院综合改革】 2021 年，市委编办下发《牡丹江市卫健委深化事业单位改革方案》，截至年末，全市直属公立医院全部完成党政分设，分级诊疗制度和医联体建设已经形成，按改革要求设置总会计师，负责财务预算、经济运营和财务执行情况管理。各级医疗机构设置专职科室或人员负责转诊工作，保障转诊患者在上级医院能够得到“三优先”服务，在下级医院能够得到“延续性”服务；对于诊断明确、病情稳定、需长期服药的签约慢性病患者，在基层医疗机构实行“长处方”政策，将单次配药量延长至 1 个月；在全市范围内推广“将转诊单纳入电子病历中管理”经验，符合转诊条件的试点病种患者须办理转诊单后方可办理出院，督促临床医师落实转诊工作。在市区组建由 6 所三甲医院为牵头单位的网格化城市医联体以及 56 个专科联盟和专业医联体，在成员单位内部实行远程会诊、质量管理、进修培训、资源下沉。年内，省卫建委确定绥芬河市、林口县为省级医共体推进县，分别建设以县级医院为龙头，县域内其他医疗机构为成员的紧密型县域医共体。

【分级诊疗制度和医联体建设】 2021 年，牡丹江市进一步促进医疗资源的合理利用，建立基层医疗卫生机构、大医院之间分工协作机制，在市区由 10 家三级医院与基层卫生机构组建 23 个医联体，在各县（市）组建二级医院与基层机构医联体。建立上级医院全天出诊制和专家预约出诊制联动机制。

【药品供应保障机制建设】 2021 年，全市各公立医疗机构落实国家和省级药品集中采购要求，切实做好药品集中采购和使用相关工作，依托省级药品集中采购平台进行采购。市卫健委下发《关于加强集中带量采购中选药品合理配备使用的通知》，要求适当配备非中选药品，满足不同群众的个性化用药需求，避免在药品配备使用中出现单一配备中选药品或者非中选药品的“一刀切”问题。规范用药目录，开展抗菌药物供应和分级管理目录备案，完善医疗机构药品采购供应制度，依托省级药品集中采购平台进行采购，组建由各医疗机构临床药师或副高级及以上职称药师组成的辖区药师专家库。11家三级公立医疗机构中，除南山医院外，均已确定总药师。

【“三医联动”改革试点】 2021年，牡丹江被确定为按疾病诊断相关分组（DRG）付费省级试点城市，按照这一标准推进DRG及“三医联动”（医疗、医保、医药改革联动）改革试点工作。牡丹江市医保局按项目实施方案及计划有序进行，基本完成试点医院HIS系统与DRG数据采集平台接口改造工作；制定《牡丹江市基本医疗保险按疾病诊断相关分组（DRG）付费结算管理办法（试行）》和《牡丹江市基本医疗保险按疾病诊断相关分组（DRG）付费监督管理暂行办法（试行）》。以市红旗医院为试点单位，通过耗材基金结余留用、年底清算激励奖惩、新技术新材料等创新，发挥医保基金激励导向作用，探索“三医联动”改革向纵深发展。整合资源和优化业务流程，实行“一窗受理、一站服务、一单结算”，提高办事效率，异地报销业务由60天缩短至20天之内。按照全省农垦、森工医疗保险经办机构剥离移交属地政府工作部署，明确分工、挂图作战，完成机构及移交人员审核、落编工作。

（市卫健委　毕　玥）

疾病预防控制

【概况】 2021年，全市报告法定传染病3872例，发病率169.07/10万，比上年4028例下降3.87%。全市有艾滋病感染者822人，死亡110人，存活712人，其中上年新发91人。全市免疫规划疫苗常规接种率保持在95%以上。全市接种新冠疫苗4699288剂次1777365人。报告疑似异常接种反应713例，全部得到救治。食源性疾病事件调查处置4起，涉及793人，无死亡病例。检测样品34146份、63933项。

【免疫接种】 2021年，牡丹江市部署好新冠肺炎疫情期间预防接种工作，调整儿童免疫规划脊灰和麻腮风免疫程序，全面推进10个县（市、区）狂犬病暴露处置门诊建设，全年全市免疫规划疫苗接种率高于95%。开展适龄儿童建卡率、建证率、扩大免疫规划疫苗接种率调查工作，抽取的460名适龄儿童100%建证、100%建卡、免疫规划疫苗接种情况均达到95%以上。

【艾滋病控制】 2021年，牡丹江市组织对全市所有艾滋病检测机构进行督导检查与考核工作。开展高危人群干预工作，对暗娼等风险人群免费提供性咨询与艾滋病检测。联合社区等相关部门开展艾滋病宣传进社区、进校园、进建筑工地宣传工作。年末随访监测比例87%，配偶HIV抗体检测比例95.2%，感染者接受结核检查比例97.5%，抗病毒治疗覆盖率87.4%。推进第四轮艾滋病综合防治示范区建设，向相关部门通报艾滋病情况并提出综合干预措施。完成艾滋病防治工作计划（2018—2020年）终期评估。

【常见病控制】 2021年，牡丹江市疾控中心联合教育部门开展学生常见病监测工作，对4所幼儿园、12所中小学和1所大学17所院校的4861名学生进行近视、龋患、肥胖及脊柱侧弯监测和健康信息问卷调查。完成全市人群碘营养监测、碘盐监测、地方性氟中毒监测。完成3000份尿碘、3000份盐碘监测工作，碘盐覆盖率100%，合格碘盐食用率96.31%。对海林市长汀镇双丰村饮用水进行预处理、加膜处理后，检测水氟含量由8.30毫克/升下降到0.08毫克/升，山市镇锦山村饮用水安装小型水净化设备，检测水氟含量由2.30毫克/升下降到0.61毫克/升，水氟含量均达标。

【慢性非传染性疾病预防控制】 2021年，牡丹江市做好东宁市、海林市慢病综合防控示范区复审工作，为绥芬河市国家示范区复审准备工作提供支持。完成基本公共卫生服务慢病管理工作，对121家基层卫生服务机构开展慢性病病人规范管理，覆盖率100%。对6000名脑卒中高危人群开展筛查和综合干预。开展肿瘤随访登记工作，推进新的国家肿瘤登记平台投入使用，实现肿瘤登记工作县（市、区）全覆盖。开展医疗机构消毒效果监测，完成18家二级以上医疗单位医院消毒效果两次监测任务，监测覆盖率100%，累计采集样品12类1305份，总合格率97.9%。监测中对各医疗机构存在的院感安全隐患进行现场指正。

（市疾控中心　全晓玉）

妇幼保健

【优生优育】 2021年，牡丹江市先后举办孕前优生检查、两癌筛查、增补叶酸、儿童眼保健、妇幼卫生监测以及艾滋病、梅毒、乙肝母婴阻断等培训班10期。10月末，孕前优生检查项目任务全部完成，产前筛查率96.8%，新生儿疾病筛查率98.3%，新生儿听力筛查率96.8%。10月，免费新生儿先天性心脏病筛查扩大到市区，先天性心脏病筛查率88.52%，出生缺陷率24.97/万，三网监测婴儿死亡9例，死亡率4.07‰。7岁以下儿童健康管理率77.75%，3—6岁儿童健康检查23562人。

【产前筛查】 截至2021年10月末，全市评估高风险孕产妇947例，其中：橙色800例、红色35例、紫色112例，转诊市级救治56例，转诊省级救治3例。孕产妇艾滋病、乙肝、梅毒检测率100%，阳性孕产妇所生儿童预防性治疗率为90.91%。举办全市危重孕产妇救治演练技能竞赛。

【孕妇健康管理】 2021年，全市活产数5587人，发生流动人口孕产妇死亡2例。孕产妇管理率、早孕建册率91.06%，产后访视率93.94%，全市补服叶酸5098人，依从率94.73%，婚检率33.32%。

【妇女“两癌”筛查】 2021年，全市完成妇女免费检查宫颈癌20245人，检查乳腺癌20302人。

（市卫健委　毕　玥）

老龄健康

【老龄服务】 2021年，全市组织实施“智慧助老”行动，二级以上医疗机构入口全部增设老年人“无健康码专属通道”，无智能手机就医的老年人测量体温后，由医疗机构工作人员帮助老年人进行健康码的查询操作或通过有效身份证明、纸质证明，协助填写流调表，完成流行病学史调查。创建老年友好型社区，林口镇北村和东安区学府社区获评全国老年友好社区。

【关爱服务】 2021年7月12日—18日，举办“老年健康宣传周”活动。市公安局反诈骗中心、市司法局法律援助中心、市民政局社会福利院、谭力心理咨询机构、市口腔医院、血栓病专科医院等单位在活动现场设立助老服务站，开展助老宣传和义诊活动。各相关单位工作人员向过往群众发放宣传资料，宣讲疫情防控、口腔健康、心理健康、智能产品应用、疾病预防等方面知识，着重宣传老年人龋齿、牙周疾病防治以及义齿修复等知识。

市口腔医院开展重阳节尊老爱老义诊活动，对过往群众提供口腔健康宣教和免费咨询服务，发放节日纪念品，当天接受义诊咨询30余人次，服务来院患者40余人次，发放节日礼品和纪念品70余份。市心血管医院组织20余名医护人员，为北方乐园老年颐养院老人进行免费义诊，医护人员询问老人们的退休生活和身体健康情况，宣传科普老年养生知识。联合市法律援助中心开展“法律援助惠民生 关爱关注老年人”活动，发放老年人法律援助服务手册200余份。围绕老年人最关注的赡养、遗产继承、婚姻家庭等内容进行讲解，现场解答咨询30余人次。印发《关于开展2021年度老年健康促进行动“健康银发达人”推选活动的通知》，任敏和崔京南荣获“省级健康银发达人”称号。

【“夕阳复明”老年人眼健康慈善公益项目】 2021年，牡丹江市团市委联合中华志愿者协会牡丹江办事处联合开展“夕阳复明”老年人眼健康慈善公益项目，该项目由北京博康鲲成医疗科技有限公司出资，牡丹江市先锋医院承办。项目本着扶弱扶志的基本原则，为低收入老年白内障患者提供医疗帮扶，提升老年人生活质量。12月20日，7名首批受助老年白内障患者在先锋医院会议室集中揭纱，受助老人术后反应良好，重见光明。先锋医院邀请北京专家为首批受助老年白内障患者进行诊疗，患者经过手术，3天即恢复视力办理出院。

（市卫健委　毕　玥）

职业卫生

【尘肺病监测】 2021年，在阳明区建立牡丹江市首个尘肺病康复站，开展用人单位职业病防治情况调查、用人单位工作场所职业病危害因素监测，牡丹江市10个县（市、区）监测企业190户，市CDC抽取10%共19家企业的样本进行现场验证。全市职业性尘肺病存活患者随访核实525人，其中，存活481人，死亡17人，失访27人。

【放射防护监测】 2021年，对全市78家放射诊疗机构开展基本情况调查，9家项目定点医疗机构的29台放射诊疗设备及场所进行放射防护监测工作。2021年黑龙江省个人剂量监测能力比对结果为优秀。

【《职业病防治法》宣传周活动】 2021年4月25日至5月1日第19个《职业病防治法》宣传周，市卫健委与市民政局、市人社局、市医保局、市总工会联合以“共创健康中国，共享职业健康”为主题，在全市范围内开展宣传活动。4月25日，各市级行政部门、市疾控中心、市卫生监督所、各区卫生健康局和职业健康检查机构等近20家单位在文化广场开展宣传周启动仪式暨现场宣传义诊活动。来自各单位的近140名工作人员、志愿者通过悬挂标语、解答职业健康咨询、发放宣传资料、义诊等方式，向社会公众和从业人员宣传职业病防治法，回答群众关心关注的职业病问题，有针对性地开展法规标准和政策解读，发放宣传单、宣传品近5000份，义诊人数近400人。宣传周期间，市卫健委聚焦“中国共产党为人民谋健康100年”主题，开展全市重点行业职业健康管理培训，举办主题座谈会，开展职业健康个人防护培训，实施职业健康知识“进技校、进工厂、进社区”等系列活动，进一步普及职业病防治知识，树立职业健康理念，营造全社会关心关注支持职业健康的浓厚氛围。

【“争做职业健康达人”知识竞赛】 2021年7月19日，牡丹江市总工会与市卫健委联合举办“争做职业健康达人”知识竞赛，全市有10支参赛队、30名选手参加竞赛。经过近两个月的培训与选拔，10个县（市、区）遴选出辖区内最优秀的1支队伍进入市级竞赛。比赛设置个人必答题、团体必答题、抢答题和风险题4个环节，内容涵盖《职业病防治》等法律法规知识、疫情防控知识等。最终东宁矿业联合代表队获得团体第一名，东宁代表队杨大伟获得个人一等奖。

（市卫健委　毕　玥）

健康促进

【概况】 2021年，牡丹江市把推进爱国卫生运动作为新时代文明实践的重要内容，提升新牡丹江城市形象，城乡环境卫生整治覆盖面85%以上，新创建卫生村20个，无烟党政机关覆盖率83.33%，超省年度目标13.33个百分点。协调推进卫健系统文明城市创建，新创作“文明健康、绿色环保”等公益广告80幅，设计卫生健康形象微信科普表情24个。举办全市新时代健康科普大赛，中央文明办对城区医疗单位抽查评估零失分。

【健康知识普及】 2021年，牡丹江市做好新冠肺炎疫情防控健康教育工作，开展以“文明健康生活方式”为主题的健康知识普及行动，规范开展健康县区建设，推进健康促进医院建设。创新健康知识普及载体，利用微信公众号、政府门户网、党建信息网、抖音、云短信息等平台和LED显示屏、宣传栏、横幅等载体进行广泛传播健康知识。全系统创作快手、抖音等科普作品330多个，各级悬挂张贴发放各类健康知识普及资料15万份，传统媒体与新媒体发布健康提示0.8万多次，线上线下受众约3万人。全市居民健康素养水平22.6%，较上一年度提升1.56个百分点。

【健康体检与疾病管理】 2021年，牡丹江市基层医疗卫生机构为179621名65岁以上老年人开展免费健康体检，体检率56.41%，项目包括生活方式和健康状况评估、体格检查、辅助检查（血常规、尿常规、血脂、血糖、肝功能、肾功能、B超、心电等）和健康指导。开展慢性病健康管理，其中高血压健康管理169680人，规范管理服务率65.53%，糖尿病健康管理53288人，规范管理服务率63.59%，健康管理项目包括疾病早期筛查、随访评估、分类干预和健康体检。

【医疗服务多元化监管】 2021年，牡丹江市印发《医疗服务多元化监管工作方案》，逐步落实医疗机构主体责任，二级以上医疗机构均建立依法执业承诺等七项制度。三级医疗机构成立依法执业管理部门，二级医疗机构明确依法执业管理部门负责本机构依法执业的日常管理工作。实施行业自律，持续加强政府监管和社会监督。

【爱国卫生活动】 2021年，牡丹江市爱国卫生运动委员会（以下简称市爱卫会）协调市城管局组织园林环卫中心对城市卫生死角进行义务清理，出动一线职工1950人次、车辆388台次、装载机59台次，清除残土、各类垃圾等6149立方米，清理各类无主垃圾1000车、1442立方米，平整场地1400多平方米。推进无烟党政机关建设，市爱卫会、市文明委、市直机关工委、市卫生健康委、市机关事务管理局联合印发《关于加强无烟党政机关建设的通知》，发挥各级党政机关和领导干部在控烟工作中的示范引领作用，建成各级无烟党政机关474家。

【病媒生物防治】 2021年，市爱卫会组织协调完成第四届黑龙江省旅游产业发展大会镜泊湖主会场和分会场蚊虫消杀。开展病媒生物综合防治，投放鼠药5万袋、鼠饵200千克，摆放毒饵站1000余个、黏鼠板2000余个，发放蟑螂药2万余份，除“四害”活动取得成效。

【爱国卫生宣传】 2021年，市爱卫会开展80余场次卫生健康科普活动、实践活动，参与人数1.2万人次，牡丹江市电视台“新闻联播”“直播60分”等栏目对爱国卫生各项工作开展情况进行跟踪报道。开展爱国卫生走进校园活动和城市卫生“春风行动”，改善城乡环境卫生，提升群众文明健康素质。

（市卫健委　毕　玥）

中医中药事业

【中医人才建设】 牡丹江市卫健委组织参加2021年度全省中医医术确有专长考核89人，中医类别执业医师考试286人、传统确有专长考核考试8人；参加传统医学师承人员出师考核2人；申报国医大师、全国名中医2人；培养全国中药特色技术传承人才1人、第一批省级中医临床优秀人才1人、第二批省中医优秀人才研修项目2人、全国中医临床特色技术传承骨干人才1人、省级第二批名中医师承4人、省中医护理骨干人才2人、省中药特色技术传承人才2人。市中医院刘国明、张绪峰通过第六批全国老中医药专家学术经验继承工作结业答辩。

【中医药服务】 2021年，牡丹江市开展基层医疗卫生机构中医诊疗区（中医馆）建设。全市建设完成31家中医馆并投入使用，市辖区101家乡镇卫生院和社区卫生服务中心有84家完成中医诊疗区（中医馆）建设，比上年同期增长12.9%，实现乡镇卫生院和社区卫生服务中心覆盖率83.1%。加强基层卫生医疗机构中医药服务能力提升，依托各级中医适宜技术培训中心，开展基层中医技术人员适宜技术培训，实现全部社区卫生服务中心和乡镇卫生院、75%的村卫生室具备中医药服务能力，比上年同期增长5%。推进中医药公共卫生服务项目实施，开展65岁以上老人中医体质辨识或0—36个月儿童中医药健康调养工作，推动中医康复、养生保健服务、适老服务向基层医疗卫生机构延伸。

【中医药文化传承】 2021年，牡丹江市中医院范玲、梁万军，红旗医院卢林被确定为黑龙江省第二批名中医传承工作室建设项目专家。医院为其建设传承工作室，整理、继承、推广名中医专家学术思想和临床经验。林口县中医院王庆国被确认为2021年度全国基层名老中医药专家，为其建设传承工作室，开展传承建设和人才继承培养。

（市卫健委　毕　玥）

卫生监督

【公共场所卫生监督】 按照《2021年公共卫生随机监督抽查计划》，市卫健委随机抽取公共场所任务位286个，监督检查285个，关闭20家，监督完成率99.65%。

【医疗服务监督】 2021年，牡丹江市开展新冠病毒疫苗接种、打击无证行医、医疗机构哨点作用等专项执法检查；日常监管重心放在医疗机构资质、医务人员、药品和医疗器械、医疗文书等内容。完成《2021年医疗卫生监督抽查计划》，随机抽取医疗卫生任务位76个，监督检查76个，关闭2家，监督完成率100%。开展打击无证行医专项执法行动工作，专项行动期间，立案查处涉及医疗机构无证行医行为5起，罚款7.76万元，没收违法所得1.27万元；查处“黑诊所”4个，罚款0.9万元，查封药品0.07万元。

【学校卫生监督】 2021年，牡丹江市开展春季、秋季两次学校卫生专项检查，市卫建委与市教育局联合督导，对全市247所各类学校进行专项检查，监督覆盖率100%，“回头看”覆盖率100%。按照牡丹江市《2021年公共卫生随机监督抽查计划》，随机抽取学校卫生任务位14个，监督检查14个，监督完成率100%。监管过程中发现部分学校消毒人员消毒知识掌握不全面，消毒通风记录填写不规范、不完整，经卫生监督人员现场指导，全部整改到位。

【职业卫生和放射卫生监督】 2021年，牡丹江市有放射诊断工作医疗机构122家，完成日常监管121家，双随机监管20家，立案处罚9家，罚款1.5万元。完成矿山等重点行业领域职业病危害专项治理工作，日常监管用人单位423家，立案处罚9家，罚款金额11.5万元。通过督导检查，强化企业职业健康主体责任，督促企业改善作业场所环境，预防和减少职业病发生，依法有效保障劳动者职业健康。

【传染病与消毒产品监督】 按照《2021年传染病防治和消毒产品随机监督抽查计划》，市卫建委对7家消毒产品生产企业开展现场监督检查。随机抽取传染病防治任务位69个，监督检查69个，评价68家，关闭1家，优秀单位7家，合格单位60家，重点监督单位1家，监督完成率100%。

【母婴保健和计划生育监督】 2021年，牡丹江市对39家开展计划生育、母婴保健服务工作的医疗机构进行全覆盖监督检查，完成“辅助生殖技术”“两非”“蓝盾行动”的专项整治工作和国家双随机抽检工作任务。

【食品安全标准管理】 2021年，牡丹江市组织6类食品安全标准及1项地方性标准进行跟踪评价，全年完成食品企业标准备案208件。

【卫生行政许可】 2021年，市本级办理卫生行政许可的事项有：医疗广告办理27件，医师执业注册办理405件，护士执业注册办理1236件，第三类消毒产品生产企业（一次性使用医疗用品的生产企业除外）卫生许可办理2件，医疗机构放射性职业病危害建设项目竣工验收办理13件，医疗机构放射性职业病危害建设项目预评价报告审核办理12件，涉及饮用水卫生安全产品中的国产输配水设备审批办理1件，麻醉药品和第一类精神药品购用许可办理23件，外国医师来中国短期执业许可办理1件，乙类大型医用设备配置许可办理7件，医疗机构执业登记办理22件，放射源诊疗技术和医用辐射机构许可办理18件，公共场所卫生许可办理12件，母婴保健技术服务机构执业许可办理6件。

（市卫健委　毕　玥）

医政药政管理

【医疗能力建设】 2021年，牡丹江市落实国家医疗质量安全改进目标，各三级医院设立健康管理服务中心，全面开展健康管理服务。完成海林市、林口县智能采血屋建设，血费直免和互助金返还工作覆盖全部三级医院和县（市）人民医院，第七次获得“全国无偿献血先进城市”。持续推进“看病不求人”，41家医院实现微信预约诊疗，定期公示全市定点医院、发热门诊、核酸检测便民信息。“卫生下乡送健康”系列志愿服务义诊267场次，院内服务智慧化、防疫服务便利化、医疗服务多层次多样化，切实解决疫情期间就医难题。统筹全市资源，做好新冠肺炎疫情防控和医疗保障工作。三级医院强化人防物防技防建设，开展安检工作，7家医院安检设备正式运行。

【医疗质量控制】 2021年，全市落实国家医疗质量安全改进目标，12个质控中心通过开展质控检查和针对性督导培训，开展不合理医疗检查专项治理行动，完善基本药物、抗菌药物等合理使用管理，加强民营医院监督管理。

【医疗行风建设】 2021年，市卫健委围绕整治医疗乱象、医疗服务、行风建设、信息化建设、政府采购、基层医疗服务能力、疫情防控7方面26个问题，开展医疗领域突出问题专项整治。全年受理行风投诉384件，办结率100%。医疗纠纷第三方调解深入开展，调解成功率93%。

【血液质量安全管理】 2021年，牡丹江市10家三级临床用血医疗机构成立医院临床用血管理委员会，制定完善临床用血管理制度，开展医院用血质量控制工作。把无偿献血者用血费用直接减免列为牡丹江市“十大利民实事”，血费直免平台在全市采供血机构及用血医疗机构运行良好。用血患者出院结算时直接减免血费，线上返还用血互助金服务，实现血费报销。为应对疫情下“采血难”，市中心血站探索采血新思路，利用微信公众号、抖音官方号、网站、交通广播，向广大市民发出“为爱逆行”献血倡议，动员更多爱心人士预约献血，全年采集血液29300人次。中心血站通过中国合格评定国家认可委员会ISO15189医学实验室认可评审，成为全国第九家、东北三省第一家通过ISO15189医学实验室认可的地市级血站。

【《2020版药品目录》正式执行】 2021年3月1日，牡丹江市正式执行《国家基本医疗保险、工伤和生育保险药品目录(2020年版)》（以下简称《药品目录》）。《药品目录》收载西药和中成药2800种，其中，调出29个品种，主要为临床价值不高且可替代，为调入更多救命救急的好药腾出空间，盘活医保资金，提高医保基金使用效益。为减轻参保人群的经济负担，特殊用药由70种增加至97种，多为临床使用范围广、治疗效果佳、参保人员有需求的肿瘤治疗药物。

【药品（医用耗材）招采制度改革】 2021年，牡丹江市各公立医疗机构落实国家和省级药品集中采购要求，做好药品集中采购和使用相关工作，依托省级药品集中采购平台进行采购。市卫健委下发《关于加强集中带量采购中选药品合理配备使用的通知》，适当配备非中选药品，满足不同群众个性化用药需求，避免在药品配备使用中出现单一配备中选药品或者非中选药品“一刀切”问题。

（市卫健委　毕　玥）

医疗机构选介

【牡丹江市第一人民医院】 2021年，牡丹江市第一人民医院（以下简称市一院）门诊量44.63万人次，同比增加135561人次，同比增幅43.62%；出院量20159人次，同比增加4649人次，同比增幅29.97%；急诊量47293人次，同比增加2679人次，同比增幅6%；手术量5247台，同比增加1306台，同比增幅33.14%，出院患者手术占比26.03%，床位使用率52.31%，同比增加12.62个百分点。

2021年，市一院开展临床科室督导督查，加大18项核心制度执行力度，开展单病种质量管理、运行病历质量控制和临床路径质量规范，单病种上报完成率85%，临床路径入组率44.1%，四级电子病历已经实现；加强医联体、医共体建设，与100多家下级医院成立“医联体合作单位”。加强对疑难、危急、重症的诊疗，增加高难度手术，关节镜、腹腔镜、胸腔镜、宫腔镜等微创手术量及三、四级手术占总手术比例不断提高；医院间合作加深，与上级8家国内知名医院建立长期合作关系；开展省市科研新技术12项，获省医疗卫生新技术Ⅰ类推广项目1项、Ⅱ类5项、Ⅲ类6项；获黑龙江省卫健委科研立项3项。谋划内科系以“介入治疗”为特色，外科系以“微创治疗”为特色的“两翼驱动”新思路，消化内科腔镜治疗、神经内科介入治疗发展潜力提高，心胸外科、骨外科、普外科、手外科等学科的核心竞争力和社会影响力在区域内日益突出；全年健康管理中心完成体检量2.3万人次，体检收入1725万元，同比增幅254.94%。2021年，市一院医院获得牡丹江市五一劳动奖状和牡丹江市创建窗口服务“百旗百星”示范单位称号，发热门诊荣获“黑龙江省工人先锋号”称号，癫痫中心获得中国抗癫痫协会（CAAE）认证。

（市第一人民医院　王　鹤）

【牡丹江市第二人民医院】 2021年，牡丹江市第二人民医院（以下简称市二院）开放床位1250张，收治门诊患者30余万人次，较上年增幅18.18%；出院患者近2万人次，较上年增幅11.76%；手术4570例，较上年增幅22.65%。医院拥有享受国务院政府特殊津贴知名专家1人，省级“龙江名医”1人、市级重点专科8个、市级重点学科2个、市级重点实验室1个、市级学科重点人才9人、市级知名专家13人。医院下设骨科分院、脑科分院及4个社区卫生服务中心，是牡丹江市医保和新农合定点医院、国际紧急救援中心网络医院、脑卒中筛查与防治基地医院、国家级爱婴医院。先后荣获全国五一劳动奖状、全国精神文明建设先进集体、全国优质服务先进单位、全国医院文化成果奖、黑龙江省级文明单位标兵等称号。总院有员工 1363 人，骨科分院 236 人，脑科分院 215 人；总院卫生专业技术人员 1160 人，正高级职称 207 人，副高级职称 185 人，中级职称 326 人，研究生及以上学历 87 人。医院拥有国家认证高级卒中中心、国家级胸痛中心、急诊急救中心、创伤救治中心。

2021 年，市二院建立 MDT 多学科门诊，让百姓少跑腿看好病；开展健康帮扶工作，对口支援周边区局医疗机构，进行技术指导和病人诊治；建立“院领导 + 支部书记 + 志愿服务队”的帮扶模式，组建志愿服务队，提供义诊、捐助帮扶、健康管理等有关志愿服务。

（市第二人民医院　吴　遥）

2021 年 10 月 29 日，中国房颤中心专家组一行四人对牡丹江医学院附属红旗医院房颤中心建设进行现场认证。（市红旗医院　供图）

【牡丹江医学院附属红旗医院】 2021 年，牡丹江医学院附属红旗医院（以下简称红旗医院）门诊量 486460 人次，与 2019 年同期相比增长 6.70%（2020 年因受疫情影响，非自然年数据）；住院患者量 32561 人次，与 2019 年相比下降 15.80%；平均住院日 9.47 天，比 2019 年下降 13.28%；完成手术 10834 例，与 2019 年同期相比增长 0.45%；四级手术 2412 例，与 2019 年同期相比增长 74.03%。医院固定资产 20535 台件，总值 89549 万元。新购置大型设备（50 万以上）28 台件，总值 4609 万元。神经内科获批黑龙江省东南部地区首个国家临床重点专科能力建设项目；心血管研究所正式挂牌成立；获得国家标准化房颤中心、心衰中心、胸痛中心、高血压示范中心等多项称号；获批牡丹江市首家以实体医院为支撑，线上虚拟院区为入口的“互联网医院”；通过电子病历应用水平四级评审；信息集成平台通过公安机关备案的安全等保三级评审；牡丹江首个电子健康卡在红旗医院上线。

2021 年，红旗医院拓宽医疗服务深度广度，提高关键核心技术能力。开设黄昏门诊及节假日门诊，满足上班族的需求；儿外科获得国家卫健委办公厅《关于 2018—2020 年改善医疗服务先进典型的通报》表扬；开展关键核心技术，如全飞秒技术、甲状腺手术术中喉返神经监测技术、静脉全麻催眠疗法对重度抑郁患者的快速治疗技术、超声引导下肉毒素注射术治疗肌肉痉挛等技术，常规开展腔镜半肝切除及脑血管介入等高难度技术；成立专科护理门诊，开展伤口造口与 PICC 治疗和护理。

（牡丹江医学院附属红旗医院　汤有鹏）

【牡丹江市中医医院】 2021 年，牡丹江市中医医院（以下简称市中医院）门诊人次 21.79 万人次，与上年同比增加 7.4 万人次，增幅 51.27%；住院人次 0.93 万人次，与上年同比增加 0.3 万人次，增幅 42.58%；床位使用率 43.55%，与上年同比增加约 4 个百分点，增幅 3.82%；平均住院日 10.48 天，与上年同比减少 1.82 天，下降 14.94%。

2021 年，市中医院开展新技术 5 项，填补省内空白 1 项，填补市内空白 5 项，填补院内空白 6 项，各类新技术获奖 3 项。成立康复治疗中心、介入治疗中心、江南分院腔镜中心，推动“八大中心”建设提档升级。介入治疗中心开展介入治疗手术 189 例，其中冠脉造影、冠脉支架、脑血管造影、椎动脉支架、肾动脉造影均填补院内空白；康复治疗中心提供康复治疗两万余人次，提升 7000 余人次；江南分院腔镜中心累计完成胃肠镜检查 3408 例，镜下手术 893 例，筛查出恶性肿瘤 39 例，微创 ESD 手术 23 例，其中 2 例术后大病理证实达到结肠癌 I 期，在省级消化学术群进行线上分享；稳固肺病科省内第二家、市内第一家中国肺癌防治联盟肺小结节筛查中心地位，开展早癌筛查 1624 例，带动中医综合干预治疗 1436 例，准确率 98.65%；新开展碳素光、中药面膜、平衡针等，对治疗抑郁、焦虑失眠、代谢性疾病、过敏性疾病等取得突破性进展，累计治疗上万人次，有效率 98%。

2021 年，牡丹江市中医医院新增国家、省级相关专业主委、副主委、委员 38 人。确定 2 名省级名中医及 4 名学员成为全省第二批省级名中医师承指导老师和学术传承人。通过公开招聘，引进和录招专业技术人才28名。

（市中医医院　徐　柱）

【牡丹江市妇幼保健院】 2021年，牡丹江市妇幼保健院开放床位305张，年分娩量5000余例，占牡丹江市区内分娩量70%左右，占全地区分娩量45%左右。设立全省首家医保“一站式”服务窗口，完成省级医保平台上线工作。年内，医院围绕“降低新生儿出生缺陷，提升出生人口素质”要求，重点开展辖区内妇女儿童管理、出生医学证明管理、妇幼管理人员的业务培训、考核等管理工作，开展免费孕前检查、产前筛查，预防艾滋病、梅毒和乙肝母婴传播项目及农村妇女免费增补叶酸预防神经管缺陷，宫颈癌、乳腺癌筛查等重大基本公共卫生服务项目工作。年内全市常住产妇6511人，常住活产6542人，剖宫产率59.97%，孕产妇死亡率为0，常住孕产妇系统管理率96.44%，孕产妇住院分娩率100%。婚检人数8652人，婚检率38.32%，检出疾病295人，疾病检出率3.41%。全市7岁以下在册儿童64881人。新生儿疾病筛查率99.62%，新生儿听力筛查率99.04%。围产儿出生缺陷发生率40.76/万，围产期监测出生缺陷发生顺位前五位分别是外耳其他畸形、总唇裂、多并指（趾）、先心病和神经管发育异常。常住5岁以下儿童死亡率4.13‰，户籍婴儿死亡率2.75‰，新生儿死亡率2.45‰。7岁以下儿童健康管理率96.50%，3岁以下儿童系统管理率96.07%。

医院加强核心制度落实，规范执业，形成PDCA闭环管理。定期召开药事管理与药物治疗学委员会、处方点评小组会议，启动针对不合理处方拦截的处方前置审核系统。对抗菌药物的合理使用、重点药物使用、毒麻药品使用等进行专项督导检查；每月对门诊病历及住院运行病历抽查，全年抽查病历1000多份；组织召开28次医疗纠纷病例讨论会，参加人员700余人次，接待处理医疗纠纷投诉17件。

（市妇幼保健院　许晓坤）

【牡丹江市肿瘤医院】 2021年，牡丹江市肿瘤医院诊疗病人114171人次，其中门诊106377人次，同比上升24.7%；出院20191人次，同比上升37.91%；床位使用率81.90%。完成手术3887例，同比上升53.03%，其中三、四级手术2971例，同比上升42.28%；微创手术837例，同比上升106.15%，微创手术占总手术的21.53%，同比上升5.55个百分点。业务收入3.79亿元，同比上升30.58%。

3月，医院药物临床试验机构、伦理委员会和肿瘤科专业组通过验收备案检查，标志着医院已达到国家规定的开展药物临床试验要求，可承接国家批准的正规Ⅱ、Ⅲ期药物临床试验。8月，瓦里安直线加速器正式投入使用，提高医院的放疗水平。医院在核医学诊疗中心的基础上设立核医学（ECT）诊断科、PET-CT诊断科，完善各项制度及流程，更新标准化操作规程，加强放射源及放射性药物安全管理及使用，保证辐射防护安全。全年申报医疗卫生新技术推广项目10项，均成为省级推广项目。其中，超声科项目《超声造影对乳腺癌新辅助化疗疗效RECIST评估法的修正》获省卫健委医疗卫生新技术推广I类项目，II类项目5项，III类项目4项。组织申报2021年度省卫健委科研立项4项，其中3个项目已立项。

（市肿瘤医院　特木尔·巴图）

【牡丹江市康安医院】 2021年，牡丹江市康安医院总收入1.24亿元，同比降低37.37%，其中医疗收入0.92亿元，同比增长43.75%；总支出1.46亿元，同比降低26.63%；资产负债率同比增长1.74%。门诊98756人次，同比增长101.09%；住院4024人次，同比增长29.6%；床位使用率41.21%，同比增长9.48%。

医院落实18项核心制度，开展多学科诊疗，加强急危重症患者诊治，审批危重症报告433人次，院内外会诊1172人次，远程会诊13次。每周主管院长查房一次、专家到11家社区卫生服务中心出诊98次，分级诊疗转诊至基层医疗机构患者1482人次。开设心理门诊，加大肝癌内外科系统化建设，介入治疗突破200例，床位数由360张增至500张，肝病、结核病等病人恢复新冠肺炎疫情前的85%。

2021年，医院加强内部监督管理制度建设，定期召开医疗安全及沟通协调会，完成护理质量月查8次，联查4次，杜绝事故隐患；创新院感防控管理手段，上线感染监控系统实时监控，落实落细三级感控管理监督网。实现与省医保、铁路医保信息对接网络时报及输血系统患者线上直报，上线疫苗接种软件；完成国家电子病历4级评审工作；升级HIS系统，完成门诊电子病历、传染病报告系统、卫材请领验收核查；上线病历电子签名等信息系统。完善康安微信服务号及支付宝小程序功能，实现电子病历流量表填报一站式服务分平台，便捷患者就医。

（市康安医院　于　洋）

【牡丹江市口腔医院】 2021年，牡丹江市口腔医院门诊量86150人次，与2019年新冠肺炎疫情发生前101561人次相比减少15411人次，同比下降15.2%。完成社区成人组、中学12岁年龄组的监测人群180人。根据2021年医院人才引进计划，通过校园招聘1名医生，自主招聘1名护士。外派学习13人次、接收高校实习人员10人、进修人员5人。

2021年，医院开展角化牙龈游离移植技术，并在3月份完成牡丹江市首例显微根尖切除术及根管倒充术。

美容树脂充填技术、美容贴面技术（包括无创瓷贴面）、大面积树脂嵌体技术、无牙颌种植即刻修复技术均填补医院和全市口腔医学领域空白。5名医生参加2021年全国牙周年会并获优秀病例展。申报《浓缩生长因子在种植手术中的应用》和《微研磨+外漂+渗透树脂无创治疗》2项市级科研项目，发表论文3篇。参加深圳种植年会、上海CDS口腔展会，了解行业前沿新技术；举办大型前牙美学修复、种植研讨会，260余人参加，提升牡丹江地区前牙树脂美学及种植美学的基础理论和手术水平。购置德国蔡司电子显微镜、VDW进口根管预备机、根管充填仪、EMS进口喷砂超声一体机、进口微型电动马达控制器等先进设备。

（市口腔医院　姜　虹）

【牡丹江市疾病预防控制中心】 2021年，牡丹江市疾病预防控制中心建筑面积6616平方米。在编职工125人，其中，卫生专业技术人员95人；正高级职称36人，副高级职称30人，中级职称23人，研究生19人。

2021年，全市报告新冠肺炎无症状感染者4例，发病率0.15/10万，无死亡病例报告。中心收、发协查函655份，协查1662人次；追踪管理密切接触者3714人。微信公众账号和平台视频号发布风险提示234篇。参加牡丹江市高（中）考等各项考试保障工作，对全市举办的各类大型活动进行疫情防控指导，在全省第四届旅游产业发展大会期间派出保障人员300多人次。对农贸市场、超市内的进口冷链食品、食品包装物及环境进行核酸检测393次，采集核酸样品20960份。中心有核酸提取设备4台、扩增设备5台、2个P2实验室。新建、改造1个核酸检测实验室，核酸每天最大检测量由2020年的1000人份提升到6000人份。派出专业骨干力量，支援绥芬河市、东宁市、林口县、望奎县、巴彦县、黑河市疫情防控工作。

（市疾病预防控制中心　金晓玉）

【牡丹江市中心血站】 2021年，全市采集血液29300人次，同比上升32.9%。采集总量53146U，同比上升30.7%，其中采集全血28041人次，采血量50988U；单采血小板1259人次，采集血量2158U，同比上升16.3%；全市总发血量101551U，同比上升34.2%。采集人次、采血量、发血量均创历史新高。2021年，献血者满意度99.58%，临床用血满意度100%。受上级部门表彰11人，外采一科荣获2019—2020年度“全国表现突出采血班组”荣誉称号，市中心血站首次获得“全国无偿献血促进奖单位奖”。血站运用智能化手段开展医疗血费直免金额773694元，占全部血费返还人次的83.4%，直免比例位居全省首位，全国前列。

血站申请国家疫情国债项目资金1000万，购入全自动酶免检测系统、全自动血液分离机等关键设备，血液分离、制备、包装全部实现智能化。安装X射线血液辐照仪，填补牡丹江市血液辐照的空白，并在东北三省采供血机构中首家实现血小板全部辐照供应临床。新建林口县固定献血屋、海林市固定献血屋，在市中心东大献血屋和海林献血屋增设两处单采血小板采集点，提高服务能力。

参加中国国际输血感染预防与控制室间质评活动、国家卫健委临床检验中心组织的室间质评等活动，圆满完成质评工作任务。血站实验室质量管理体系达到ISO15189：2012《医学实验室质量和能力认可准则》的要求，获得中国合格评定国家认可委员会颁发的认可证书，成为东北三省中心血站首家获得该证书的单位。

（市中心血站　朱　超）

【牡丹江市卫生健康服务评价中心】 2021年，评价中心组织首次医疗事故鉴定、预防接种异常反应鉴定、病残儿医学鉴定、计划生育手术并发症鉴定、职业病鉴定等各项医疗工作；完成医疗事故技术鉴定工作，受理鉴定42例，完成鉴定23例，其中构成医疗事故17例，事故率73.9%，中（终）止及撤诉19例。

利用网络平台开展线上及线下学术活动52次；举办新冠病毒疫情防控业务专题培训3次；组织9834人参加“2019-2020”年定期考核的工作。申报省级科研课题立项21项、医疗卫生新技术应用奖项目64项。受市卫健委的委托，开展大型设备专家论证会5场；为行政许可审批事项现场审查提供专家11人次。

（市卫健委　毕　玥）

群众体育

【体育社团】 2021年，牡丹江市有武术协会、航空运动协会、门球运动协会、摔跤协会、拳击运动协会、跆拳道协会、健身操舞协会、体育舞蹈协会、篮球运动协会、散打搏击运动协会、信鸽协会、足球协会、跳绳协会、台球协会、健美操协会、玄中太极拳研究会、飞镖运动协会、登山协会、徒步运动协会、体育总会20个体育社团。

【青少年体育】 2021年，牡丹江市有7所黑龙江省冰雪传统项目学校、10所黑龙江省短道速滑人才培训学校，各学校通过开展冰雪体育活动，进一步增强中小学生运动与健康意识，提高身体素质。10月份，市体育局在北山体育场举行“奔跑吧·少年”启动仪式暨“岗位练兵、业务比武”活动，全市260多名青少年运动员参加活动，测试项目为60米、背投实心球、1000米及立定跳远4个项目。通过比体育知识、比专项体能、比业务水平，达到选拔人才、提升素质的目标。持续开展“百万青少年上冰雪”活动，12月20日，市体育局与市教育局联合举办2021年度“百万青少年上冰雪”活动启动仪式。各学校挖掘自身冰雪特色，开展丰富多彩的学生冬季冰雪体育活动，夯实冰雪运动基础。

【残疾人体育】 2021年，牡丹江市残疾人群众性体育活动广泛开展，残疾人体育社团有残疾人游泳协会、乒乓球协会、飞镖协会等，社会各界为残疾人开展体育活动提供场地、器材、训练、参赛等多方面的支持，丰富残疾人业余文化体育生活。在牡丹江师范学院、东宁体校建立残疾人田径、游泳、举重训练基地，承接国家残疾人越野与冬季两项集训队集训任务，培养了一大批优秀体育人才。8月24日至9月5日，在日本东京举行的第十六届夏季残疾人奥林匹克运动会上，牡丹江市儿童福利院养育的残疾人运动员刘玉获得2枚金牌（女子150米个人混合泳SM4级比赛冠军和女子50米仰泳S4级比赛冠军，并打破世界纪录）。在第十一届全国残运会上（冬季、夏季），牡丹江市14名运动员参加了7个项目，获得6枚金牌、5枚银牌、5枚铜牌。残奥会、残运会游泳冠军刘玉被授予“全国五一劳动奖章”“中国青年五四奖章”“全国三八红旗手”等荣誉称号。

【全民体育健身系列活动】 2021年春节期间，牡丹江市利用互联网组织市民参加春节网络健身大拜年活动，拍摄视频200余部，参与互动人数超过4000人次。组织市民参与全国新春网络健身大联欢、“健康中国我行动”全国广播体操工间操云比赛活动。依托各单项体育协会、俱乐部、健身站点，以中国共产党成立100周年为主题开展各项体育活动。其中，市武术协会组织以“为全民战役助力”“我为党旗增添光辉”为主题的公益培训活动；健身操舞协会开展“党旗飘扬健身广场传递活动”，在全市8个规模较大的健身广场开展活动，参与人数超过2000人次，通过视频平台扩大传播影响力，获得数万线上点赞。

【社会体育指导员培训】 2021年，牡丹江市创新思路，开展线上二级社会体育指导员培训。邀请体育训练、健康养生、武术、健身操舞专家录制教学视频，全市300余人参加培训，促进全民健身运动发展，提升社会体育指导员业务能力。

【“行走大运河”全民健身健步走】 为助力第四届全省旅游产业发展大会，省体育局将全国“行走大运河”全民健身健步走黑龙江省主会场设置在牡丹江市。2021年9月5日，在牡丹广场主会场及江滨公园分会场同时举行启动仪式文艺演出，来自机关、企事业单位、各单项体育协会、俱乐部、健身站点的各界群众代表2000余人从南北两岸同时出发，途经东四跨江桥、牡丹江大桥等地完成全程6.9公里健步走。活动通过航拍、现场摄像等方式在网上全程直播。

【“恒丰”杯东北三省健美健身公开赛暨大学生健美健身锦标赛】 2021年7月11日，“恒丰”杯东北三省健美健身公开赛暨大学生健美健身锦标赛在恒丰全民健身中心开赛。本次比赛由黑龙江省健美协会主办，牡丹江恒丰纸业集团有限责任公司、阳明区文旅局承办。比赛分为锦标赛和公开赛，其中，锦标赛高校组分不同级别健美，设男子健体、女子健身比基尼、女子形体等健身比赛环节；公开赛专业组分不同等级传统和元老健美，设不同等级男子健体、不同等级女子健身比基尼、女子形体、男子健身模特、女子健身模特等比赛环节。根据不同组别比赛结果，为获奖选手颁发奖杯、奖牌、荣誉证书、奖金和奖品等。

2021年7月21日，黑龙江省国际式摔跤锦标赛在牡丹江市东四体育馆开幕

（市体育局　供图）

【全省“五人制”室内足球邀请赛】　2021年4月11日，2020年黑龙江省室内五人制足球锦标赛在牡丹江恒丰全民健身中心落幕。比赛有来自全省10个地市的12支代表队参加。经过两天激烈角逐，海林代表队获得冠军，七台河代表队和绥化代表队分获二、三名。在开幕式上，省足球协会将“黑龙江省足球协会社会足球培训基地”牌子授予恒丰全民健身中心。恒丰全民健身中心为本次赛事提供场地设施赞助支持，这也是省足球协会首次与企业合作举办赛事。

（市体育局　于长林）

竞技体育

【概况】　2021年，牡丹江市有冬季运动项目训练中心、竞技体育学校、青少年业余体校3家体育训练单位，培养国家一级运动员12人、二级运动员59人。全年速度滑冰项目获全国及以上比赛金牌18枚、银牌8枚；短道速滑项目获全国及以上比赛金牌1枚、银牌2枚、铜牌2枚；省级锦标赛中总获得金牌14枚、银牌17枚、铜牌35枚。

【运动员培养】　2021年，牡丹江市体育局向上输送到省直优秀运动队9名运动员：赵成明，自由式摔跤；濮士尧，古典式摔跤；姜宇杰，自由式摔跤；王俊杰，中国式摔跤；王浩宇，篮球；冯兆麒，自行车；徐梓耀，单板滑雪；柳亓，射击；王祎迪，自行车。

【教练员培养】　2021年，牡丹江市体育局公开招聘4名教练员，3家训练单位所有教练员在线上培训学习国家体育总局科学训练公开课（授课时间6月27日—12月5日，分三个阶段授课）。牡丹江市竞技体育学校教练员才波参加2021年黑龙江省纯洁体育教育讲师培训班。

【重要体育赛事】　2021年，牡丹江市承办省级比赛2个，分别为黑龙江省国际式摔跤锦标赛和黑龙江省“多威杯”田径锦标赛。7月21日至23日，黑龙江省国际式摔跤锦标赛在牡丹江市东四体育馆举行，154名运动员参赛，其中牡丹江市参赛运动员49名；9月4日至7日，黑龙江省“多威杯”田径锦标赛在牡丹江市师范学院田径场举行，全省803名运动员参赛，其

表73　2021年牡丹江市运动员参加速度滑冰全国及以上比赛获奖一览表

奖牌	数量	获奖运动员名单
金牌	18枚	陈翔宇　高亭宇　宁忠岩
银牌	8枚	陈翔宇　宁忠岩
铜牌	0枚	—

（资料来源：市体育局）

表74　2021年牡丹江市运动员参加短道速滑全国及以上比赛获奖一览表

奖牌	数量	获奖运动员名单
金牌	1枚	邢爱琳
银牌	2枚	邢爱琳　邴泽凯
铜牌	2枚	林泽涛　邢爱琳

（资料来源：市体育局）

表 75　2021 年牡丹江市运动员参加省级锦标赛获奖情况一览表

奖牌	数量	获奖运动员名单及比赛项目
金牌	14 枚	王俊杰（中国式摔跤）、梁世宇（摔跤）、赵成明（摔跤）、李兵兵（摔跤）、陈秋安（摔跤）、刘守文（摔跤）、王诗博（柔道）、王依琳（羽毛球）、王海博（举重）、韦吉喆（空手道）、叶建良（空手道）、许颖生（空手道）、林俊鑫（空手道）、曹嘉鑫（跆拳道）、林稼琪（跆拳道）
银牌	17 枚	刘宇博（摔跤）、邹鑫磊（中国式摔跤）、王昊（摔跤）、邵鑫月（摔跤）、魏磊（摔跤）、李柯汉（摔跤）、王景铨（柔道）、李宇航（柔道）、潘思睿（网球）、范雅楠（篮球）、姜嘉慧（篮球）、刘春雪（篮球）、林禹彤（篮球）、史鸿瑞（篮球）、姜烁楠（篮球）、于佳（篮球）、张智绮（篮球）、于庆雪（篮球）、郭潇潇（篮球）、李志阳（举重）、刘殿伟（举重）、李建伟（举重）、黄浩然（空手道）
铜牌	35 枚	刘硕（摔跤）、李钰琦（摔跤）、李兴源（中国式摔跤）、赵焱（摔跤）、孙浩（摔跤）、孙奥（摔跤）、吴雨珊（摔跤）、刘岩（摔跤）、郭旭（摔跤）、郭佳浩（摔跤）、乔子铭（摔跤）、周业宏（柔道）、孙浩然（柔道）、柴子峰（柔道）、黄梓铭（羽毛球）、高畅（网球）、潘思睿（网球）、李建柱（足球）、高宏博（足球）、岳强（足球）、李奇（足球）、韩景旭（足球）、宋文光（足球）、赵宇航（足球）、林俊达（足球）、程浩（足球）、姜相吉（足球）、王淳（足球）、洪元斌（足球）、金尚勋（足球）、全冠宇（足球）、崔文一（足球）、王关宇（足球）、马瑞（足球）、张宜晖（举重）、肖恒宇（举重）、王圣然（举重）、许颖生（空手道）、张越（空手道）、宋明宇（空手道）、郑泽荣（空手道）、冯郑（空手道）、黄蕊（空手道）、高慧慧（空手道）、邵帅（空手道）、杜林娜（空手道）、修彩茹（空手道）、仲千雯（空手道）、初冠承（跆拳道）、许展睿（空手道）、王月鑫（跆拳道）

（资料来源：市体育局）

中牡丹江市参赛运动员 245 名。

【牡丹江籍运动员成绩】　宁忠岩：2021 年 11 月，速度滑冰世界杯波兰站男子 1500 米（A 组）亚军；速度滑冰世界杯挪威站男子 1500 米冠军；速度滑冰世界杯挪威斯塔万格站男子团体竞速赛冠军。12 月，速度滑冰世界杯美国盐湖城站男子 1500 米（A 组）亚军；速度滑冰世界杯加拿大站男子 1000 米（A 组）冠军。

高亭宇：2021 年 11 月，速度滑冰世界杯波兰站男子 500 米（A 组）冠军打破场地记录。12 月，速度滑冰世界杯加拿大站男子 500 米（第一次 A 组）亚军。

（市体育局　于长林）

体育设施

【概况】　2021 年，牡丹江市区有北山体育场、东四体育馆、哈铁运动中心、恒丰全民健身中心等大型体育场馆，是举行大型体育活动的重要场所，另有健身活动场馆 124 户。

【体育休闲场馆维修与建设】　2021 年，市体育局加大对体育健身设施建设投入力度，争取资金新建 6 块门球场地，工程于 9 月 23 日完工投入使用，并完成 33 套健身器材采购、（安）发放任务。完善维修 363 件健身器材，保证健身人群安全使用。7—9 月，东四体育馆墙体重新粉刷，改造体育馆消防泵房，北山体育场 B 区屋面完成防水维修改造。

【体育公园改造施工】　牡丹江体育公园位于西安区江畔的市区段是一处集游览、观光、娱乐等活动于一体的省级公园，总面积约 12.7 万平方米。2021 年，体育公园改造项目包括：

位于牡丹江市爱民区的北山体育场　　（孙思邈　摄）

修建敛翠广场，新建儿童乐园，改造青年广场，翻新舞步池、篮球场、网球场，翻新甬路和绿化等工程。改造完善各年龄段的功能分区，提高儿童游乐活动空间的趣味性，增加沿江的彩色健康慢跑步道，改善市民运动健身环境，提升老年人舞步池活动场所的舒适感官性，增添体育文化元素。

【体育场馆选介】

北山体育场　牡丹江北山体育场建筑面积2.55万平方米，设有1.3万个坐席。日常为体育专业队训练提供场地保障，为门球协会、长跑俱乐部、足球俱乐部、跳绳协会等社会团体免费提供运动场地，户外公共区域及户外运动场地、健身设施实行全天候开放。北山体育场对外承接大型体育赛事及体育活动，开放项目有足球、太极拳、柔力球等大众项目。2021年，为保障群众运动健康安全，市社会体育指导中心定期对场地跑道塑胶、足球场地、篮球场地、排水系统、看台座椅等主体设施进行维护保养。

东四体育馆　东四体育馆建筑面试1.27万平方米，室内场地面积9450平方米，设有3500个坐席，可开展球类、武术、散打、棋类等多项体育健身活动，由市社会体育指导中心负责日常运营。2021年，除因新冠肺炎疫情防控需要闭馆外，其余日常开放时间及项目为，早6点至8点开放篮球项目；8点至10点开放太极拳项目；9点至11点开放动感单车、健身、跆拳道、散打搏击项目；每天8点至16点开放益智棋类项目。

恒丰全民健身中心　恒丰全民健身中心建于2016年9月，建筑面积3万平方米，体育馆分四层，包含游泳、足球、篮球、健身器械、瑜伽、跆拳道、团体操课等项目。馆内设有10片羽毛球场地、600平采用食品级硅藻土过滤设备的标准泳池、专业室内5人制足球场、专业篮球比赛场等运动场地。

（市体育局　于长林）

体育产业

【体育彩票】　2021年，全市体育彩票销售4.1亿元，筹集体彩公益金813万元，销售额在全省位列第三。

【体育健身装备制造业】　2021年，全市有体育健身器材生产企业1户，即牡丹江市西安区腾达文体器材厂，生产的主要产品有篮球架、乒乓球台、体育健身路径，年产值约960万元。冰雪装备制造企业4户，其中穆棱市华盛木业有限公司依靠俄罗斯进口白桦原木进行深加工，制造滑雪板面，年产值4000万元；牡丹江雪城机械制造有限责任公司、阳明区长城造雪机厂和宁安市雪板生产企业，年产值均为200万元左右，主要生产造雪机、飘雪机、雪橇单车、雪板等产品。

【企业选介】

牡丹江阳明区长城造雪机厂　位于阳明区裕民工业园区，2017年建厂。研发生产造雪机、魔毯、滑雪鞋、滑冰鞋、滑雪服、滑雪帽、滑雪镜、滑雪板、滑雪橇、滑雪圈、滑雪服等系列滑雪设备用品，产品先后出口俄罗斯、韩国、哈萨克斯坦等国家。2021年，受新冠肺炎疫情影响，企业产值不足200万元。

穆棱市华盛木业有限公司　位于穆棱经济开发区，2018年成立。公司以生产滑板为主线，研发生产木质雪橇、冰雪爬犁、木质滑冰板、冰上摆摆车、模拟滑雪器等六大系列高中端产品，集产品研发、生产加工、销售经营为一体，产品经广东、浙江、福建等工厂加工销往世界各地。2021年，企业年产值4000万元。

（市体育局　于长林）

就业创业

【概况】 2021年，牡丹江市发挥市县两级稳就业专班作用，形成上下联动、横向互动、合力推动“稳就业”工作格局。全市城镇新增就业3.64万人，完成年计划的148.5%；城镇登记失业率控制在3.03%以内，低于控制目标2.47个百分点。统筹实施稳就业“60条”政策措施，开展“援企稳岗”行动，采取“免申即享”方式为1417户企业、90559万人发放稳岗返还资金1872万元，支出就业补助资金1.98亿元，全力保市场主体、保就业存量。在全省率先开展“充分就业社区”建设，动态摸排、定向帮扶困难群体就业，全市发放失业保险金、失业补助金、灵活就业社保补贴等1.41亿元，惠及65470人次，实现失业人员再就业2.99万人，完成年目标的175.68%。

【就业帮扶】 2021年，全市城镇新增就业3.64万人、失业人员再就业2.99万人、就业困难人员就业1.01万人，分别完成年目标的148.5%、175.68%和178.42%。围绕援企稳岗、扩就业、促就业的目标任务，出台《2021年牡丹江市稳就业工作若干措施任务分解60条》，在全省率先启动“充分就业社区”专项行动，提供公共就业服务5100余次，公益性岗位安置就业困难人员2880人，社区登记失业人员就业率96%以上。严格落实就业帮扶政策，组织668户企业下乡送岗位7037个，开发护林、保洁、防火等公益性岗位安置就业1395人，全年全市累计转移就业2504余人次，有劳动能力且有劳动意愿的建档立卡脱贫人口全部实现就业增收。

【高校毕业生就业创业】 2021年，牡丹江市在全省率先创建“创业孵化基地联盟”，覆盖8所高校、18家创业孵化和培训基地，孵化创业项目62个。在全省率先建立创业担保贷款“一站式”协同快办模式，全市发放创业担保贷款4702万元，发放创业种子资金24.5万元、创业补贴21.9万元，实现创业带动就业1263人。实施未就业毕业生实名服务，实名登记高校毕业生就业率99.1%。

【人才招聘】 2021年，牡丹江市结合重点产业需求，编制发布年度紧缺人才需求目录，开展“校园直招”活动，为市、县、区招聘事业编制人员224人。开展两批次“雪城优才”招聘，采取“整体推介、集中报名、打捆引才”模式，引进本科以上人才506人。创新“政校企”合作机制，全省率先建立现代服务业“政校企”技能人才培养联盟，首批吸纳38户服务型企业。

【“充分就业社区”建设】 2021年，牡丹江市人力资源和社会保障局以提高社区失业人员就业率、降低城镇失业人员占比为目标，开展“充分就业社区”建设。在市县两级稳就业专班统筹下，整合人力资源和社会保障、财政、民政等多部门力量，压实县（市、区）政府主体责任，全市“充分就业社区”建设实施方案和评估办法相继出台，年度建设目标明确。市、县（区）、街道（乡镇）、社区（村）四级联动，定期入户调查登记，动态掌握未就业人员就业需求，每个社区都建立失业人员动态管理基础台账。以社区为单位，对失业人员等重点群体实行属地化就业援助，“一对一”落实1次政策宣传、1次职业指导、3次岗位推荐、1次免费培训的“1131”援助措施。截至年末，市县两级开发临时性公益性岗位3723个，全市失业人员再就业2.99万人，就业困难人员再就业1.01万人，全市“充分就业社区”数量达到社区总数的20%。

【公共就业服务】 2021年，牡丹江市建成全市统一规模的公益性智能化人力资源市场，形成覆盖全市的服务网站，提升智慧人力资源市场职业推介功能。结合“11+N”公共服务系列活动，开展线上线下招聘活动538场，提供招聘岗位9.28万个，签订就业意向协议人数8125人，就业6394人；建设就业创业人才综合服务窗口，进驻46项就业人才高频服务事项，结合“我为群众办实事”、优化创业担保贷款、就业创业补贴申领、高校毕业生档案托管、“人才驿站”等服务，快办人才待遇41项，为544名引进人才发放人才补贴和安家费524.8万元。

【援企稳岗服务】 2021年，牡丹江市建立重点企业用工服务机制，落实阶段性降低失业保险、工伤保险费率，启动普惠性失业保险稳岗返还，市县两级同步以“免申即享”方式向1417户单位发放稳岗返还资金1872万元、稳定岗位9万个，在全省位于前列。实施稳岗留工、以工代训2866人，发放补贴540万元。挖掘企业资源，扩大就业见习岗位规模，为69家单位落实就业见习补贴285.65万元。鼓励企业吸纳重点群体就业，落实企业社保补贴70.93万元。

【重点群体就业服务】 2021年，牡丹江市率先在全省启动“充分就业社区”专项行动，制定实施方案和评估标准，为社区重点群体提供公共就业服务5100余次，公益性岗位安置就业困难人员2880人，推荐国家级“充分就业社区”3个；编制2021年人才需求目录，配合开展“书记进校园”招聘，参与“雪城优才”招聘计划，建立牡丹江籍毕业生信息库，实施未就业毕业生实名服务，实现就业2866人；实施春节前后稳岗留工行动，引导741名务工人员就地过春节。全年开展“人社服务三农、助力乡村振兴”公益巡讲8场，惠及460名农村劳动者，点对点输送5批、232名农民工返岗复工。通过就业帮扶载体建设等措施，帮助2653名困难劳动力就业。

【创业环境优化服务】 2021年，牡丹江市优化人力资源服务行政许可审批程序，许可时限压缩到10个工作日；深化“牡丹江市创业孵化基地联盟”建设，认定2家市级创业孵化基地，发放孵化奖励补贴18万元，为4名大学生创业者发放大学生种子资金24.5万元，实施创业培训“马兰花计划”，开展创业培训2049人次。截至年末，联盟新增入孵化企业62户，累计入孵企业661户，带动就业7609人；开展创业担保贷款快办实施行动，建立创业担保贷款“一站式”服务窗口，贷款时间由22个工作日缩短至12个工作日，为344人发放创业担保贷款4702万元；多形式开展创业服务活动，举办“提升网络营销能力、培育新业态网红主播”直播销售专题公益讲座及“小微企业就业创业政策解读暨援企稳岗服务”等活动，结对帮扶不同类型的创业者，累计发放政策宣传册500余份。

【雪城优才招聘】 2021年，牡丹江市实施“雪城优才”招聘，统筹市、县、区编制，简化招聘程序，采取面试加考察方式，引进急需紧缺人才，全年引进本科及以上人才506人，其中硕士研究生263人。

【2021年就业援助月活动】 2021年1月7日，市残联、市人社局在人社局一楼智慧人力资源市场举办“2021年牡丹江市就业援助月启动暨就业困难人员专场招聘”活动，活动主题为“就业帮扶 真情相助”。市残联与招聘企业积极沟通，广泛收集岗位，以满足残疾人朋友的就业需求；通过区残联，联系就业年龄段内有劳动能力、有就业需求残疾人的参加招聘会。同时加大宣传力度，拓宽宣传渠道，使用人单位、残疾人朋友及时了解信息，避免错失招聘机会。招聘会活动现场设有政策咨询、职业指导、劳动维权、就业创业培训、企业现场招聘等5个服务专区，为残疾人求职者提供一站式服务。在市人社局多媒体会议室，针对就业困难人员开展政策宣讲、职业指导活动。此次活动组织走访就业困难人员，开展线上线下相结合、多频次的招聘活动，帮扶失业人员、残疾人等重点群体就业。就业援助月活动期间，全市开展入户走访行动8次，走访就业困难服务对象680户，发放政策宣传资料1550份，帮助291名服务对象实现就业；开展就业援助月暨就业困难人员专场招聘会等招聘活动19场，提供就业岗位1617个，签订就业意向349人。

【智慧人力资源市场就业服务】 2021年，牡丹江市完善“智慧人力资源市场”招聘服务系统，开展春风行动、百日千万网络招聘等“11+N”专项服务行动，举办线上+线下专场招聘会538场，发布招聘岗位9.28万个，签订就业意向协议8125人，就业6934。

【技能培训服务】 开展“职业技能提升行动三年计划”“技能提升质量年”活动，依托牡丹江技师学院组建现代服务业“政校企”联盟，组织开展多种职业技能大赛，举办马兰花全国创业培训讲师选拔赛，多名选手晋级2022年世界技能大赛，培育创业讲师130人。开展对接服务企业专项活动，全面推行职业技能电子培训券。截至2021年末，全市培训54345人次，发放补贴9297万元。建立培训质量监控体系，将35家培训主体纳入到监管系统中，实现数据可视化监控管理、数据化存储备查的新型监管模式，确保就业补助资金、职业技能专账资金安全发放。

【人力资源产业园筹建】 2021年，牡丹江市成立由市政府主管领导任组长，市人社局、市国投公司、市财政局、市开发区等部门为成员的筹建工作专班，归集扶持政策清单，多渠道招商引资，确定与深圳人才集团合作，推进建设总面积5.3万平方米的牡丹江市人才科技产业园（人力资源服务产业园）。

【劳动监察】 2021年，全市日常巡查企业1353户，涉及劳动者1.02万人，补签劳动合同2107份，协调处理欠薪案件及线索131件，为3143名劳动者追讨工资10184.14万元。市劳动保障监察局荣获2019—2020年度全国“青少年维权岗”称号。

【劳动争议仲裁】 2021年，牡丹江市关注新冠疫情防控期间劳动关系领域动向，动态监测全市20个行业、299户重点企业、7.9万个用工岗位，及时研判劳动关系风险隐患，指导企业规范裁员行为，年内未发生企业规模性裁员。推行劳动合同网上备案服务，指导全市8044户企业网上备案劳动合同，覆盖职工120110人。在建成劳动维权服务大厅基础上，创新建立联动维权工作机制，综合受理劳动监察、仲裁、信访案件，拓展延伸法律援助、人民调解等维权服务，构建全国领先的“五位一体”劳动者权益保障综合维权模式（指在劳动维权服务大厅，由劳动监察、劳动仲裁、信访、市总工会和市司法局五部门对涉劳纠纷实行调解员先期介入，对符合条件的企业职工进行免费法律援助，为劳动者提供系统化、多元化维权服务的维权模式）。全年受理劳动人事争议案件2020件，结案率99.8%。开展根治欠薪专项行动，为2634名农民工解决工资7841.93万元，保持欠薪案件动态清零。

【全省首个妇女劳动权益维护工作站挂牌成立】 2021年11月30日，为有效提升妇女劳动权益服务质效，优化妇女劳动和就业环境，市妇联与市人社局开展深度合作，成立全省首个妇女劳动权益维护工作站，携手维护妇女劳动权益，多元化解矛盾纠纷。牡丹江市涉及妇女劳动权益的争议案件约占争议案件总量的40%以上，主要涉及女职工三期保护及待遇、劳动报酬、岗位调整等。妇女劳动权益维护工作站建立妇女劳动人事争议诉前联调联治对接机制，为女劳动者开通劳动争议“绿色通道”，对“因确认劳动关系，订立、履行、变更、解除和终止劳动合同，工作时间、休息休假、社会保险、福利、培训以及劳动保护、劳动报酬、工伤医疗费、经济补偿或者赔偿金等发生的争议”实行日立案制，加大仲裁调解力度，力争将绝大部分争议解决在仲裁环节。对孕期、产期、哺乳期及经济困难妇女，妇女劳动权益维护工作站提供免费的法律咨询、调解疏导和法律援助服务。

【劳动人事争议维权服务】 2021年，牡丹江市人社局在“我为群众办实事”实践活动中，探索多元化解劳动人事争议方式和途径。通过与东安区人民法院合作，在市人社局劳动维权综合服务大厅设立劳动人事争议巡回法庭工作站和党员法官服务站，构建劳动人事争议“调裁审一体化”维权服务新模式。劳动人事争议巡回法庭设立后，协同处理劳动人事争议案件1300余件，仲裁调解率80%以上，仲裁终结率90%以上，绝大部分劳动人事争议案件解决在仲裁环节。

【劳动技能培训】 2021年，牡丹江市职业技能培训机构107个，累计完成职业技能培训54217人次，以工代训企业218个，开展以工代训职工2866人次。实施创业培训“马兰花计划”，推行电子培训券，全市开展职业技能提升培训54345人，完成年目标的178.7%。1月8日，市人社局对接商务、交通、市场监管等相关部门和技工院校、培训机构，组织开展旅游、交通、餐饮、住宿等重点服务领域从业人员培训，落实技能培训补贴政策，全市举办旅游相关行业政府补贴性技能培训班23次，培训旅游相关专业学员881人。

【专业技术职称评定】 2021年，牡丹江市资格核验和网上确认参加专业技术资格考试考生8160人。组织实施公务员招录笔试，局属参公管理事业单位遴选笔试和面试，“雪城优才”招聘面试，以及卫生、二级建造师、执业药师等专业技术资格考试21次，服务考生2.4万余人次，发放资格证书2700余本。完善人才评价机制，克服唯学历、唯资历、唯论文的倾向，落实破格晋升“基层”高级职称政策，全市晋升初、中、高级职称2072人，破格晋升高级职称2人，中小学教师破格晋升“基层”高级职称评审认定1580人。

【“人才驿站”建设】 2021年，牡丹江市高标准建设“人才驿站”，开展人才对接洽谈会、集中签约会、人才政策咨询周等系列服务活动，为544名引进人才发放补贴、安家费、企业引才补贴524.8万元。

【农民工“点对点”返岗就业】 为确保农民工安全有序返岗和就业输出，做好春节后农民工的返岗就业服务，2月20日，市、区两级人力资源和社会保障部门、卫健部门联动，组织50名农民工登上去往浙江杭州的返岗专车，搭建“点对点、一站式”劳务协作服务平台，春节后“点对点”输送5批、232名农民工返岗复工。

【“春风送岗位，就业助旅发”大型招聘会】 2021年4月11日，市人社局联合团市委、西安区政府，在牡丹江万达广场举办“春风送岗位，就业助旅发”大型招聘会。采取线上线下相结合的方式，收集500户企业1万余个岗位招聘信息提供给求职人员，为企业和劳动者搭建对接平台。

（市人社局　姜　健）

收入消费

【居民收入】 2021年，牡丹江市城镇居民人均可支配收入绝对值为36641元，比上年增长7.3%，绝对值高于全省2995元，在全省13个地级市中排名第3位；增速低于全省0.8个百分点，排名第11位。

2021年，牡丹江市城镇居民人均工资性收入18455元，增幅0.7%，贡献率5.1%，占人均可支配收入的50.4%，比上年下降3.3个百分点；经营净收入4741元，增幅76.1%，贡献率81.7%，占人均可支配收入的12.9%，占比较上年上升73.8个百分点；财产净收入1555元，同比下降5.9%，贡献率–0.4%，占人均可支配收入的4.2%，占比较上年下降2.6个百分点；转移净收入11890元，增幅3.8%，贡献率17.2%，占人均可支配收入的32.5%，占比较上年上升0.9个百分点。对比两年数据发现，四项收入呈现"三升一降"态势，工资性收入和转移净收入总计占比82.9%，仍占可支配收入的半壁江山，但较上年下降2.4个百分点；经营净收入增幅较大，占比较上年提升5个百分点，收入结构上有所优化，居民增收途径略有拓宽。

（国家统计局牡丹江调查队　闫　浩）

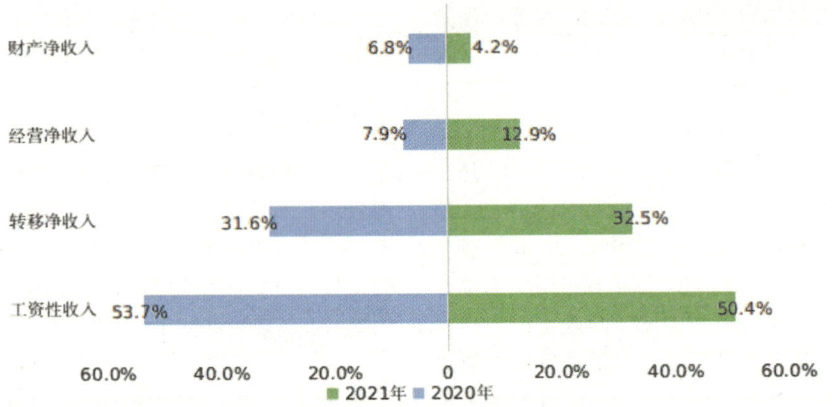

图3　2020—2021年牡丹江市四项收入占人均可支配收入比重对比图

【居民收入变化因素】　2021年，牡丹江市城镇居民人均工资性收入18455元。其中，按月发放的工资16753元，增幅2.6%，占工资性收入的比重90.8%。具体原因：一方面，市委、市政府贯彻落实中央、省委人才工作会议精神，深入贯彻"人才强市"战略，加大居民就业支持力度，陆续开展"春风送岗位，就业助旅发""万名青年人才引进计划""助力乡村振兴万人计划"等招聘专项行动，从稳定就业岗位、拓宽就业渠道等方面出发，在各行业领域搜集筛选用工岗位信息，同时鼓励高校毕业生留牡创业就业，以此带动居民工资性收入增长。据牡丹江市财政局相关数据显示，2020年12月至2021年11月，市本级公益性岗位安置2860人次促进就业，下发促进就业资金2967万元。另一方面，工资标准不断提升，2021年4月1日起，牡丹江市本级最低工资标准由1450元上调至1610元，增幅11%，调整后的小时最低工资标准市本级由13元上调至14元。此外，根据全省最低工作标准调整，社区工作者补贴待遇也得到提升。工资性收入增长为城镇居民增收提供保障。

2021年，牡丹江市城镇居民人均

表76　2021年全省地市级城镇居民人均可支配收入、增速及排名一览表

序号	地市名称	增速排序	增速（%）	绝对值排序	绝对值（元）
1	全省	–	8.1	–	33646
2	鸡西市	1	8.8	12	28252
3	伊春市	2	8.6	9	29194
4	大兴安岭地区	3	8.4	10	29136
5	黑河市	4	8.3	4	33477
6	佳木斯市	5	8.1	5	33150
7	绥化市	6	7.8	7	29700
8	双鸭山市	7	7.7	8	29448
9	齐齐哈尔市	8	7.6	6	33084
10	七台河市	9	7.5	11	28298
11	哈尔滨市	10	7.4	2	42745
12	牡丹江市	11	7.3	3	36641
13	大庆市	12	7	1	45876
14	鹤岗市	13	6.2	13	26042

（资料来源：国家统计局牡丹江调查队）

经营净收入4741元。其中，第三产业经营净收入4551元，增幅73.7%，占经营净收入比重96%。具体原因：一方面在疫情防控常态化机制下，牡丹江市经济稳定回升，居民出行较为便利，部分个体经营户经营较为活跃，状态向好发展。第三产业经营净收入中的交通运输仓储和邮政业、住宿和餐饮业两类增幅较为明显，其经营净收入分别为783元、1259元，同比分别增加268元、283元。另一方面，为加快企业经济发展，牡丹江市坚持为企业发展做好服务，把做实做强做优作为主攻方向，实行企业发展问题协调处理联动机制，建立全省首个惠企政策信息服务平台，为企业提供各种个性化私人订制，靶向服务各企业项目的实际需求，开展各类结对帮扶活动，全年为企业减税降费近7500万元，降低水电气等生产成本2500万元。经营净收入增长是带动城镇居民增收的有利因素。

2021年，牡丹江市城镇居民财产净收入1555元。其中，利息净收入403元，增幅39.8%，占财产净收入的比重25.9%，是财产净收入的有利因素。具体原因：一方面，受传统观念影响，部分居民对安全理财的认识趋于保守状态，将财产存入银行获取利息收入成为大多数居民的选择，利息收入成为带动居民财产性增收的重要因素。另一方面，随着居民生活水平逐步提高，拥有二套及多套住宅的家庭也在不断增加，通过出租闲置房屋盘活家庭固定资产成为很多居民增收的新途径。2021年牡丹江市城镇居民人均出租房屋净收入为112元，同比增长162.2%，是拉动城镇居民财产净收入增长的部分因素之一。

2021年，牡丹江市城镇居民人均转移性收入14033元。其中，养老金或离退休金11992元，增幅5.1%，占转移性收入的比重85.5%。具体原因：一方面，牡丹江市离退休人员养老金连年提标，成为转移净收入增收的重要因素。2021年6月，牡丹江市按照黑龙江省人社厅、财政厅《关于2021年调整退休人员基本养老金的通知》文件要求，调整退休待遇政策，企业退休人员人均月提高122.4元，机关事业单位退休人员人均月提高156.6元。另一方面，城乡低保、特困供养、失业人员、残障人员的社会救助标准有新提高，对低保家庭中重病重残等8类人员增发补助金，向低收入家庭发放取暖补贴和节日一次性补助等多项惠民措施，为居民增收提供有效保障，政策性增资引领收入增长的作用十分明显，各项政策福利有效带动转移净收入增长。

【农民可支配收入】 坚持“向特色产业要收入”的思路，做大特色农业、做强绿色农业、做精高效农业，持续壮大菌菜林药产业及特色养殖产业；推进农村劳动力转移、鼓励农民自主创业就业；推广线上销售线下体验、高端定制、直播带货、节会销售等新型营销模式，畅通增收渠道。2021年，全市农村居民人均可支配收入实现23832元，比2020年增加1908元，增长9.7%。

【居民消费】 2021年，牡丹江市常住居民人均生活消费支出23278元，全市居民人均食品烟酒、交通通信等支出稳定增长。居民人均食品烟酒支出7578元；人均衣着支出1747元；人均居住支出4402元；人均生活用品及服务支出1136元；人均交通通信支出2428元；人均教育文化娱乐支出2504元；人均医疗保健支出2803元；人均其他用品及服务支出681元。

【物价变化】 2021年，牡丹江市居民消费价格指数(以下简称CPI)累计上涨0.5%，上涨态势保持温和。2017年至2020年牡丹江市CPI涨幅介于1.7%—2.8%之间，均高于2021年，从影响CPI的新涨价因素看，2021年新涨因素为1.0个百分点，处于2016—2021年较低水平。

分月看，1—2月受2020年同期基数较高影响，CPI同比下降；随着高基数效应逐渐减弱，3月同比由降转涨，5月涨至1.2%。6月起，在猪肉等价格下降带动下，涨幅逐月下降，9月下降至-0.8%。10月，受特殊天气、上游价格持续上涨及低基期等因素叠加影响，CPI同比涨幅再次回升，

表77 2021年12月牡丹江CPI八大类累计指数情况一览表

项目名称	上年同期=100	对总指数的涨跌影响(百分点)
居民消费价格指数	100.5	0.49
一、食品烟酒	99.2	-0.22
二、衣着	100.8	0.06
三、居住	100.9	0.18
四、生活用品及服务	99.5	-0.03
五、交通通信	103.7	0.44
六、教育文化娱乐	100.9	0.11
七、医疗保健	99.5	-0.05
八、其他用品及服务	99.9	0.00

（资料来源：国家统计局牡丹江调查队）

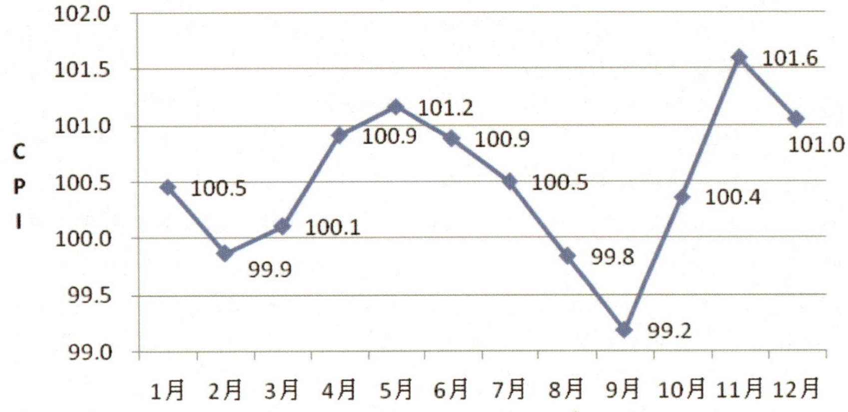

图 4　2021 年 1—12 月牡丹江市 CPI 同比指数示意图

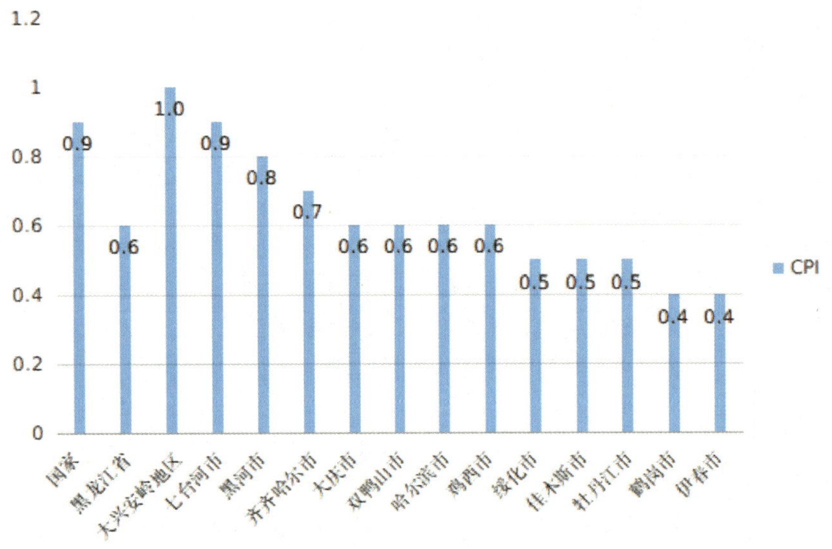

图 5　2021 年 1—12 月全国及全省 13 个地市城市 CPI 排名情况

11 月上涨 1.6%，12 月下降至 1.0%。

从构成看，八大类商品价格“四升四降”。食品烟酒类累计下降 0.8%，拉动居民消费价格总指数下降 0.22 个百分点，食品类中 14 小类价格呈 3 降 11 升态势。其中，畜肉类价格下降 15.4%，禽肉类价格下降 5.9%，菜及食用菌类价格上涨 8.3%、蛋类价格上涨 16.1%，水产品类价格上涨 5.8%。

交通和通信类累计上涨 3.7%，拉动总指数上涨 0.44 个百分点，交通类价格上涨 4.7%，拉动总指数上涨 0.40 个百分点。其中，交通工具用燃料类上涨 17.8%，拉动总指数上涨 0.43 个百分点；通信类价格上涨 1.3%，拉动总指数上涨 0.05 个百分点，通信工具上涨 3.3%，拉动总指数上涨 0.05 个百分点。

居住类累计上涨 0.9%，拉动总指数上涨 0.18 个百分点，水电燃料类价格上涨 1.8%，其他水电燃料类上涨 3.0%。

医疗保健类价格下降 0.5%，拉动总指数下降 0.05 个百分点。其中，药品及医疗器具价格下降 1.4%，医疗服务价格持平。生活用品及服务类价格下降 0.5%，拉动总指数下降 0.03 个百分点。其中，个人护理用品价格下降 1.6%，家用纺织品价格下降 1.7%。

2021 年 1—12 月，牡丹江市居民消费价格总水平累计上涨 0.5%，涨幅比全国低 0.4 个百分点，比全省低 0.1 个百分点。在全省 13 个地市涨幅由高到低排序中位列第 11 位（有并列），与涨幅最高的大兴安岭相比低 0.5 个百分点，与涨幅最低的伊春相比高 0.1 个百分点。

2021 年，随着全国生猪生产持续恢复，产能持续扩大，猪肉价格累计下降 33.4%，与上年同期上涨 58.4% 相比，2021 年下降幅度较大。因市场供应量增加，其他畜肉及副产品和鸡价格分别下降 22.9% 和 10.5%。在猪肉、其他畜肉及副产品和鸡等价格下拉影响下，食品价格下降 1.3%，比上年同期下降 12.1 个百分点，价格走势由上涨转为小幅下降。受多重因素影响，部分食品价格上涨较为明显。在国际市场大豆、玉米价格上涨冲击作用下，其他粮食、干豆和豆制品价格分别上涨 11.0%、9.6% 和 5.8%；受市场供给减少及饲料价格上涨等因素影响，淡水鱼、鸡蛋和羊肉价格分别上涨 23.8%、17.2% 和 5.5%；由于人工服务成本提升和食材价格上涨，其他在外餐饮价格上涨 3.0%。疫情影响下市场供求关系出现短期不平衡；受国际原油价格大幅上涨影响，柴油价格上涨 20.0%，汽油价格上涨 17.9%；受芯片短缺影响，笔记本电脑价格上涨 5.7%，台式计算机价格上涨 4.1%，通信工具价格上涨 3.3%。柴油、汽油、电脑和通信工具等价格上涨拉动 CPI 上涨 0.49 个百分点；旅行社收费、小学初中教育价格分别上涨 4.6% 和 3.4%；交通工具租赁费、其他住宿类上涨 2.5% 和 2.1%。在“房住不炒”政策作用下，自有住房上涨 0.5%，车辆保险、飞机票和家政服务等部分服务价格出现不同程度下降。

（国家统计局牡丹江调查队　闫　浩）

社会保险

【概况】　2021年，牡丹江市把“保发放”作为重大政治责任，发挥社会保险“稳定器”作用，保障群众基本生活。建立牡丹江市城乡居民基本养老保险丧葬补助金制度，完成机关事业单位养老金新计发办法第一批试点工作，社会保险制度体系更加完善。机关事业单位、企业离退休人员养老金标准分别提高3.5%、4.7%，全部按时足额发放到位。同步提高工伤保险伤残补贴、生活护理费、供养亲属抚恤金标准，工伤人员伤残津贴比上年增长10%。全市参加医疗保险173.46万人、基本养老保险136.8万人、失业保险17.0万人、工伤保险19.9万人。社会保险基金收入165.48亿元，支出164.69亿元，滚存结余18.95亿元。

（市人社局　姜　健）

【“全民参保计划”实施】　2021年，牡丹江市实施“全民参保计划”，督促新经济新业态从业人员应保尽保。全面推行助保贷款制度，为263名符合条件的困难人员发放助保贷款449.66万元，全市基本养老、失业、工伤三项保险扩面新增2.1万人。

（市人社局　姜　健）

【社保“微办理”】　2021年，市人社局推行“五险合一”和“综合柜员制”社保经办服务，建立企业职工退休“预审制”，完成退休预审1.08万人。开展养老保险待遇领取认证“不见面”服务，推行社保掌上“微办理”服务，全市完成社保待遇“不见面”认证15.8万人，指导6.2万人微信缴纳社保费2.5亿元。

（市人社局　姜　健）

【养老保险】　2021年，牡丹江市基本养老保险参保人数136.8万人，其中城镇职工基本养老保险（含离退休人员）84.7万人、城乡居民基本养老保险52.1万人。基本养老保险基金（不含全征地）总收入164.08亿元，支出163.39亿元。城乡居民基本养老保险基础养老金标准为每人每月113元；企业退休人员人均基本养老金增加122.4元（市本级），调整后全市企业退休人员月人均养老金2626.69元（市本级）。

（市人社局　姜　健）

【工伤保险】　2021年，牡丹江市工伤保险参保人数19.9万人，工伤保险基金收入4924万元、支出5572万元。全市享受工伤保险待遇1002人。一次性因工死亡补助金标准876680元。

（市人社局　姜　健）

【失业保险】　2021年，牡丹江市失业保险参保人数17.0万人，失业保险基金收入9152万元、支出7454万元。全市领取失业保险金2776人，失业保险金标准为1305元/月；领取失业补助金20203人，人均327.43元；领取一次性失业保险金和生活补助农民工40人，人均927.19元。

（市人社局　姜　健）

【社保卡服务】　2021年，牡丹江市设立社会保障卡服务实体网点88个，累计发放社会保障卡169万张。其中，发放第三代社会保障卡2万张，全市电子社保卡签发率为17%。

（市人社局　姜　健）

【社保基金监管】　2021年6月18日，市人社局印发《牡丹江市社会保险基金管理问题专项整治工作方案》，成立以市人社局主要领导为总召集人的专项整治工作专班，全面开展起底式清理社会保险基金管理问题行动，督促市本级和各县（市）核查疑点数据，追缴违规领取社会保险待遇，追回的社会保险基金缴入社会保险基金财政专户。11月24日，市人社局与市公安局联合制定印发《牡丹江市查处和防范社会保险欺诈工作联席会议制度》，进一步完善行政执法与刑事司法衔接机制，加强单位间协作配合，共同做好社会保险欺诈案件查处和防范工作。组织开展“社会保险基金安全警示教育月”活动。

（市人社局　姜　健）

【城乡居民基本养老保险丧葬补助金制度实施】　2021年，针对城乡居民基本养老保险待遇水平相对偏低的问题，市财政局与市人社局共同探索提高城乡居民基本养老保险综合待遇政策，6月1日，印发《关于建立牡丹江市城乡居民基本养老保险丧葬补助金制度的通知》，明确待遇标准（一次性发放350元/人）、领取范围和资金渠道。7月1日，牡丹江市全面实施城乡居民基本养老保险丧葬补助金制度。截至年末，全市城乡居民基本养老保险丧葬补助金审核拨付2632人。其中，市本级496人，六县（市）2136人，合计拨付92.2万元。

（市人社局　姜　健）

【牡丹江市入选2021年居家和社区基本养老服务提升行动项目地区】　2021年10月，民政部办公厅、财政部办公厅联合印发《关于组织实施2021年居家和社区基本养老服务提升行动项目的通知》（以下简称《通知》），确定42个地区实施2021年居家和社区基本养老服务提升行动项目，并给予中央专项彩票公益金支持。牡丹江市作为黑龙江省唯一入选国家首批居家和社区基本养老服务提升行动项目城市，获得中央专项支持资金1630万元。中央专项彩票公益金支持项目地区为60周岁以上的经济困难失能和部分失能老年人建设家庭养老床位、提供居家养老上门服务（助餐、助洁、助行、助浴、助医、康复护理、巡访关爱）。为确保中央专项彩票公益金规范使用、体现效果，市政府制定下发《牡丹江市2021年居家和社区基本养老服务提升行动指导意见》。截至年末，全部资金已下拨至县（市、区），各县（市、区）基本完成项目招标工作，陆续开展上门服务，形成符合本地实际的基本养老服务清单，推进本地基本养老服务体系建设。

（市人社局　姜　健）

【医保基金收入与支出】 2021年，全市城镇职工医保基金征缴13.54亿元；支出13.13亿元，收支相抵后，累计结余18.82亿元（统筹基金4.21亿元、个人账户14.61亿元）。县（市）征缴5亿元（划入统筹账户2.28亿元，占46%；划入个人账户2.72亿元，占54%）；支出5.05亿元；统筹累计结余3.02亿元，其中，绥芬河0.56亿元，海林0.22亿元，宁安0.42亿元，穆棱1.23亿元，东宁0.53亿元，林口0.06亿元。市区征缴8.54亿元（划入统筹账户3.84亿元，占45%；划入个人账户4.7亿元，占55%）；支出8.08亿元（统筹账户支出4.38亿元，个人账户支出3.7亿元），收支相抵后，累计结余10.95亿元（统筹基金1.19亿元、个人账户9.76亿元）。城乡居民医保基金：全市征缴9.72亿元，支出9.53亿元，结余0.19亿元，累计结余17.74亿元。县（市）征缴6.81亿元，其中，绥芬河0.4亿元，海林1.18亿元，宁安2.03亿元，穆棱1.01亿元，东宁0.74亿元，林口1.44亿元；支出7.12亿元；累计结余10.96亿元，其中：绥芬河0.6亿元，海林1.53亿元，宁安3.59亿元，穆棱1.81亿元，东宁1.37亿元，林口2.06亿元。市区征缴2.91亿元，支出2.4亿元，结余0.51亿元，累计结余6.77亿元。

（市医保局　蒙　娜）

【医保市级统筹】 2021年1月，牡丹江市出台市级医保统筹实施方案，明确任务分工和时限要求。7月，市政府常务会议通过《全面做实市级统筹的实施意见》，正式实施。组成专项调研组多次深入各县（市）开展宏观指导、业务培训，对个别县（市）提出的尿毒症透析、结核病等涉及特殊群体的历史遗留问题，专题请示省医保局同意，设置过渡期限，确保新旧政策有序衔接、平稳过渡。改革涉及百姓核心利益较多，针对个人账户调整、取消门诊三大项大检等政策，经多次向国家和省请示汇报并征得同意，对住院报销比例、透析待遇等涉及百姓切身利益的政策，均按高标准同步调整规范到位，调整后总体待遇政策水平处于全省中游。年内，按照制度政策统一、基金统收统支、服务管理一体的标准，全面做实基本医疗保险市级统筹。

（市医保局　蒙　娜）

【医保待遇】 2021年，牡丹江市医保待遇筹资标准由2017年的每人660元提升至每人930元；建立门诊统筹制度；扩大门诊慢性病病种范围，由原来的8种扩大到15种；制定城乡居民高血压糖尿病门诊用药保障机制，进一步减轻高血压、糖尿病患者医疗费用负担；先天性心脏病的困难家庭参保儿童实施免费治疗；三级医院报销比例由50%提高到60%；城乡居民大病保险制度不断完善，筹资标准由每人20元提高到每人85元，封顶线3万元提高到50万元，报销比例由50%提高到60%；居民慢性病认定频次由2年1次变更为1年2次，并逐步实现随时办理；异地转诊实现一次转诊半年有效。

（市医保局　蒙　娜）

【新冠肺炎疫情医保政策】 2021年，牡丹江市用足用好疫情期间国家和省出台各项医保政策，用于救治患者。疫情期间，开展网上预约、不见面办公、网上异地直接结算等新服务方式。按照国家和省疫苗接种经费保障要求，利用医保结余基金上解支付全市疫苗接种经费2.12亿元，其中市本级支付8587万元。

（市医保局　蒙　娜）

【医保异地门诊就医实现直接结算】 2021年5月31日和6月2日，牡丹江市与武汉市、天津市门诊直接结算全国测试分别通过，所有功能全部测试完成，标志着牡丹江市在全省率先接入国家异地门诊直接结算平台。

（市医保局　蒙　娜）

【医保费征缴】 2021年，牡丹江市医保局深入企业、单位为参保人员详细解答医保政策及相关法律法规，引导灵活就业人员参加医疗保险，将困难群众纳入基本医疗保障范围，扩大医疗保险覆盖人群。依法做好按月申报、按月缴费工作。开展缴费基数核查，追回基金近百万元，堵塞企业缴费漏洞。加大医保基金欠费催缴力度，确保应收尽收。建立医保、税务、中国银行等部门协调联动机制，明确责任分工，实现业务和数据无缝对接，确保医保费足额征缴到位。

（市医保局　蒙　娜）

【医保基金管理】 2021年，牡丹江市执行医保基金财务管理等相关制度，建立健全基金运行分析和风险预警机制，保证医保基金安全、高效、平稳运行。按照全省新协议范本，结合牡丹江市实际出台信用等级评价机制，实行动态监管，将410家“两定机构”（定点医疗机构和定点药店）纳入协议管理。上一年省、市、县三级联动专项巡视巡察反馈的23个问题基本整改完毕。针对国家和省两轮专项审计查出的基金应缴未缴、信息监管系统缺失、药品政策执行不规范等问题，在逐项整改到位的基础上，追回违规资金700多万元。开展对两定机构过度诊疗、过度用药、过度检查、药品进销存不符等突出问题的专项整治，开展打击“三假”（假病人、假病情、假票据）行动，对两定机构检查实现全覆盖。

（市医保局　蒙　娜）

【医保一体化公共服务平台建设】 2021年7月中旬，牡丹江市启动医保信息化建设工作。10月13日，牡丹江市医保信息系统与国家医保平台顺利对接、按时开通、正式上线。市医保局推进信息化平台建设涉及的贯标贯码、政策梳理、数据清洗、两定机构需求调研、骨干网络铺设、两定机构接口改造等项工作。赴省医保局信息化建设指挥部对接新平台上线工作；贯标贯码工作基本验收通过；两定机构接口改造、网络铺设基本完成；中枢设备到位并完成调试，自建系统数据清洗分批次上传验收。

（市医保局　蒙　娜）

【医保“六进”工作典型经验在全省推介】 2021年9月30日，全省医保系统召开黑龙江省医保服务“六进”工作推进会，牡丹江市医保局作典型经验发言。市医保局以打造“15分钟医保服务圈”为工作目标，开展医保服务进定点医药机构、进机关企事业单位、进银行网点、进学校、进乡村、进社区工作（简称六进），推进医疗保障经办服务体系建设，提升医保服务质效。将查询参保人账户余额和消费明细、修改密码等日常业务下沉所有定点医院、定点药店和8个中国银行网点，方便百姓办事。从百姓关注度较高的新生儿参保入手，将医保服务业务下沉市妇幼保健院，设立医保服务站。召开“医保服务进校园医保政策宣讲会”，解读医保政策，依托24个社区窗口，为学生参保建立绿色通道，方便学生就近参保缴费。到宁安市、林口县推动“进乡村”试点建设，依托乡镇卫生院和村医两个基础力量，构建县、乡、村医保服务体系。

（市医保局　蒙　娜）

社会救助

【概况】 2021年，市民政局出台《关于提高我市市区城乡低保保障标准和特困人员救助供养标准的通知》，将市区城市低保标准由604元/人月提高到637元/人月；农村低保标准由4404元/人年提高到4812元/人年。将城市特困人员集中供养指导标准由17736元/人年提高到18696元/人年，城市分散供养指导标准由12420元/人年提高到13092元/人年；农村特困人员集中供养指导标准由9996元/人年提高到10944元/人年，农村分散供养指导标准由7008元/人年提高到7668元/人年。全市有未成年人救助机构7个，未成年人救助中心1个，县级未成年人保护机构6个，负责对生活无着的流浪乞讨、遭受监护侵害、暂时无人监护等未成年人实施救助，承担临时监护责任，全年救助未成年人9人。

（市民政局　周永梅）

【城乡居民最低生活保障】 2021年，牡丹江市民政局印发《关于进一步做好城乡低保对象分类管理分类施保工作的通知》，对城乡低保对象中的八类人群按家庭人均收入与当地城乡低保标准差额发放基础保障金后，再按照城乡低保标准的20%给予加发。提高城乡低保和特困人员救助供养保障标准，将社会救助审核确认权委托下放至乡镇（街道），促进救助流程优化再造，救助对象认定更为精准。截至年末，全市有城乡低保对象55861人。其中，城市低保对象29184人，农村低保对象26677人。印发《关于提高我市市区城乡低保保障标准和特困人员救助供养标准的通知》，提高全市城乡低保和特困人员救助供养保障标准。将市区城市低保标准由604元/人月提高到637元/人月；农村低保标准由4404元/人年提高到4812元/人年，全年发放低保金27859.3万元。

（市民政局　周永梅）

【医疗卫生帮扶】 2021年，牡丹江市对医保帮扶涉及的六大类54个问题进行全面摸排并整改到位，及时宣传出台的政策信息，防止因病返贫、因病致贫。重点对新患大病脱贫人口按照“四定两加强”（“四定”即定救治医院、定临床路径、定单病种费用、定报销比例；“两加强”即加强救治管理，加强责任落实）原则组织救治，30种大病救治率和慢病签约率均达到100%。全年免收困难患者住院押金460万元，减免各项费用60万元。

（市医保局　蒙　娜）

【“容缺”办理急难救助】 2021年5月31日，市民政局印发《牡丹江市临时救助工作实施细则》，明确提出建立“容缺”办理急难救助的机制。在紧急程序时，可采取“容缺”办理先行救助，或一次审批、分阶段救助的方式，简化申请人家庭经济状况核对、民主评议和公示等环节，直接予以救助。待急难情形缓解后10日内，补齐救助对象、救助事由、救助金额等信息及相关经办（签字、盖章）手续。新纳入城乡低保对象838人、特困供养对象108人、低收入437人。累计发放资金1.28亿元。通过“12349”便民服务热线，全程解决或办理社会救助业务。市政府办下发《关于印发牡丹江市社会救助审核确认权委托下放乡镇（街道）工作实施方案的通知》，年内下放工作基本完成。

（市民政局　周永梅）

【赈灾救济】 2021年，全市1个城区、6个县（市）的38个乡镇遭受自然灾害。其中，阳明区、海林市、穆棱市、林口县提出冬春救助的资金申请。市民政局联合市财政局向上争取冬春救助资金 788 万元，在全市受灾人口中冬春救助 45479 人。

（市民政局　周永梅）

【特困人员救助】　2021 年元旦、春节期间，市民政局开展以“六到位、六保障”为主要内容的“暖心行动”，对困难残疾人、失能半失能分散特困供养人员、空巢老人等特殊困难群众进行全面摸底排查、探视帮扶。落实“一对一”包保责任，与困难群众“结对子”，开展情况摸排、日常走访、信息收集等工作，做到早发现、早报告、早救助。截至年末，全市有城乡特困供养人员 6284 人。其中，城市特困供养人员 1070 人，农村特困供养人员 5214 人。市民政局印发《关于提高我市市区城乡低保保障标准和特困人员救助供养标准的通知》，将城市特困人员集中供养指导标准由 17736 元 / 人年提高到 18696 元 / 人年，分散供养指导标准由 12420 元 / 人年提高到 13092 元 / 人年；农村特困人员集中供养指导标准由 9996 元 / 人年提高到 10944 元 / 人年，分散供养指导标准由 7008 元 / 人年提高到 7668 元 / 人年。

（市民政局　周永梅）

【流浪乞讨人员救助】　2021 年，全市召开市流浪乞讨救助工作联席会议，开展救助管理服务质量大提升专项行动，组织开展“寒冬送温暖”“夏季送清凉”活动。全年救助流浪乞讨人员 306 人，外省及牡丹江市区域内护送返乡 128 人，在全国寻亲网和“今日头条”开展寻亲 25 人，成功寻亲 21 人，寻亲成功率 84%，实施医疗救治 311 人次。

（市民政局　周永梅）

【临时救助】　2021 年，全市开展社会救助“暖心行动”，市民政局制定出台《牡丹江市开展元旦春节期间社会救助“暖心行动”实施方案》，走访排查困难群众 33123 户，给予临时救助 9197 人，发放实物救助和临时救助金 312 万元。

（市民政局　周永梅）

【慈善救助】　2021 年，市民政局引导各级慈善会开展“善守童心、与爱同行”“寒冬送暖 与爱同行”等各项救助项目，为社会福利机构、养老机构的工作人员、老人、儿童发放新春“温暖包”。定期开展扶贫济困、爱心捐助等慈善活动，为全市孤困儿童、残疾人、贫困大学生等 7000 余名生活困难群体，发放慈善资金 152.8 万元。

（市民政局　周永梅）

2021 年 1 月 15 日，火炬街道办事处联合市红十字会向困难群众发放物资

（图片来自网络）

【低保家庭重病重残等 8 类人员补助金增发】　2021 年，市民政局重新制定出台《关于进一步做好城乡低保对象分类管理分类施保工作的通知》，对城乡低保对象中的老年人、未成年人、重度残疾人（含 1—4 级伤残军人）、重病患者、烈士遗属、因公牺牲军人遗属、病故军人遗属和在乡复员军人等 8 类人员按城乡低保标准的 20% 分类加发，提高其城乡补助标准。

（市民政局　周永梅）

【红十字会应急救助】　2021 年 1 月 15 日，牡丹江市开展“博爱送万家”活动。重点向孤寡老人、留守儿童、残疾人（丧失劳动能力）、三无人员倾斜。救助特困家庭 180 户，东安区、西安区、爱民区、阳明区各 20 户；市红十字会党支部对接社区 20 户；穆棱市、东宁市发放救助物资各 30 箱；宁安市发放救助物资 20 箱。活动现场以集中发放的形式，把救助物资发放到困难群众的手中。

（市红十字会　陈雪晴）

社会福利

【残疾人“两项补贴”】　2021 年，牡丹江市依托全国残疾人“两项补贴”（残疾人生活补贴、护理补贴）信息系统，实现残疾人在线申请、跨省通办，全市发放残疾人“两项补贴”487921 人次、4435 万元。

【孤残儿童保障】　2021 年，牡丹江市成立未成年人保护工作领导小组，完善孤儿基本生活费补助自然增长机制。为城区 155 名孤儿发放生活费 298.9 万元。六一、中秋等节日，副市长刘军龙到儿童福利院慰问孤残儿童，代表市政府送去节日问候和价

2021 年 5 月 31 日，牡丹江市儿童福利院与爱民区义工协会举行"认亲助养"活动

（市民政局　供图）

值 2 万元的节日礼物。开展"认亲助养"活动，22 名爱心人士与 22 名孤残儿童对接，并捐赠价值 8000 元儿童食品和生活用品。

【老年人福利】　2021 年，牡丹江市落实老年人福利政策，对"高龄津贴""失能老年人护理补贴"申领流程进行优化，落实"高龄津贴"主动发放机制，解决群众在申领补贴中遇到的实际困难。7 月 1 日，省民政厅、省公安厅、省财政厅和省卫健委印发《黑龙江省高龄老人津贴发放管理办法》，重新优化高龄津贴发放管理流程，由老年人主动申请改为街道社区主动发现。为落实好新办法，市民政局协调市公安局，以爱民区为试点，摸索利用户籍数据进行主动告知的方法。9 月，省民政厅传来户籍数据后，市民政局立即根据试点经验指导各县（市、区）完成筛查工作。全市完成 87245 条数据筛查，初步发现 269 名符合发放条件且能联系到的老年人，及时纳入高龄津贴享受范围。

【养老机构补贴发放】　2021 年，牡丹江市落实养老机构运营补贴、民办养老机构供养补贴及养老机构综合责任保险的发放工作，全年审核符合运营补贴发放条件养老机构 46 家，发放补贴 209.14 万元；审核符合供养补贴条件养老机构 14 家，发放补贴 9.17 万元；为 42 家养老机构落实综合责任保险，参保床位 2212 张，市级补贴资金 10.62 万元。

【失能老年人护理补贴】　2021 年，牡丹江市享受失能护理补贴 710 人，其中，低保家庭失能老年人 339 人，低保家庭半失能老年人 325 人，低收入家庭失能老年人 30 人，低收入家庭半失能老年人 16 人。全年累计发放失能护理补贴 122.44 万元。发放标准为低保家庭失能老年人 150 元 / 月 / 人、半失能老年人 100 元 / 月 / 人，低收入家庭失能老年人 100 元 / 月 / 人、半失能老年人 50 元 / 月 / 人。

【高龄老人津贴发放】　2021 年，牡丹江市享受高龄津贴 11482 人。其中，80—89 周岁低保、低收入家庭老年人 4365 人，90 周岁以上老年人 7117 人。全年累计发放高龄津贴 1344.79 万元，发放标准为每人 100 元 / 月。

【农村留守儿童关爱保护】　2021 年，全市有农村留守儿童 2241 人，落实《牡丹江市人民政府关于加强农村留守儿童关爱保护工作的实施意见》，保障农村留守儿童的合法权益。建立"网络 + 档案"管理模式，将农村留守儿童信息录入全国儿童福利信息系统，建立个人档案，实现一人一档，动态管理。构建县（市、区）、乡镇（街道）、村（居）三级工作网络，城乡儿童之家覆盖率 100%。市民政局配齐配强儿童工作队伍，建立包括应急处置、评估帮扶、监护干预等儿童安全保护机制，通过定期走访，关爱保护农村留守儿童。

【《中华人民共和国未成年人保护法》集中宣传活动】　2021 年 5 月 27 日，市民政局邀请市检察院"冬梅姐姐法制巡讲团"为全市 700 余名儿童督导员、儿童主任进行线上授课。"巡讲团"从社会保护、政府保护、司法保护等方面宣传普及未成年人保护知识，对民政部门履行国家监护法定职责、开展家庭监护监督指导、受理未成年人权益个案、开展救助保护等方面进行讲解，增强全市儿童福利工作者的法制意识。

【福利彩票】　2021 年，牡丹江市福彩中心销售网点 385 家。其中，市区 212 家，县（市）173 家。全年销售福利彩票 15293 万元，筹集公益金 965.84 万元。销售福利彩票业务发行费 285.56 万元，事业支出 285.56 万元。

（市民政局　周永梅）

住房保障

【危房改造】　2021 年，全市改造危房 515 户。其中，阳明区 13 户，爱民区 14 户，西安区 15 户，东安区 2 户，海林市 32 户，穆棱市 218 户，宁安市 20 户，东宁市 14 户，林口县 187 户。

【保障性住房】　2021 年，全市提取城市廉租住房（公共租赁住房）建设补充资金11061.25万元，分配入住公租房（廉租房）157套，发放公租房（廉租房）租赁补贴2040户，发放资金548万元。

【公积金缴存】 2021年，牡丹江市计划归集住房公积金20亿元，实际归集19.82亿元，完成全年计划的99.10%，同比增长4.21%。其中，市本级归集11.70亿元，同比增长9.21%；海林市归集1.72亿元，同比减少6.65%；宁安市归集1.86亿元，同比减少2.98%；林口县归集1.42亿元，同比增长1.95%；穆棱市归集1.51亿元，同比减少6.13%；东宁市归集1.61亿元，同比增长3.72%。全年新增缴存单位222户，同比增长13.85%。新增缴存职工0.91万人，同比增长51.67%。实缴单位3864家，实缴职工13.42万人，缴存额19.82亿元，分别同比增长6.21%、0.6%、4.21%。截止年末，全市累计归集住房公积金总额181.52亿元，比2020年末增加12.26%；缴存余额80.24亿元，同比增长8.54%。受委托办理住房公积金缴存业务的银行2家。4.47万名缴存职工提取住房公积金；提取额13.52亿元，同比增长4.97%；提取额占当年缴存额的68.21%，比2020年增加0.49个百分点。提取总额101.28亿元，比2020年末增加15.41%。

【公积金贷款】 截至年末，全市累计归集住房公积金总额181.52亿元，累计归集余额80.24亿元。2021年，全市发放个人住房贷款0.27万笔7.74亿元，同比分别下降37.21%、51.93%。截至年末，累计发放个人住房贷款5.43万笔125.49亿元，贷款余额69.94亿元，分别比2020年末增加5.23%、6.57%、-0.91%。个人住房贷款余额占缴存余额的87.16%，比2020年末减少8.31个百分点。受委托办理住房公积金个人住房贷款业务的银行11家。全年发放异地贷款402笔12024.10万元。截至年末，全市累计发放异地贷款总额75175.20万元，异地贷款余额52908.65万元。全市住房公积金存款12.69亿元。其中，活期3.15亿元，1年（含）以下定期1亿元，其他（协定、通知存款等）8.54亿元；住房公积金个人住房贷款余额占缴存余额的87.16%，比2020年末减少8.31个百分点。回收个人住房贷款8.38亿元。

【公积金提取】 2021年9月9日，市住房公积金管理中心修订《牡丹江市住房公积金提取实施细则》（以下简称《细则》），精简户口簿、不动产证书等14项提取要件。10月20日，市住房公积金管理委员会审议通过《细则》。《细则》对住房公积金提取范围、提取条件、提取凭证、提取时限、提取额度、提取程序等做出规定，2021年11月1日起正式施行。出台《关于调整我市住房公积金个人住房贷款最高额度的通知》，将个人住房贷款商品住房最高贷款额度由40万元调至60万元，产权转让住房（二手房）最高贷款额度由30万元调至50万元，建造、翻建、大修住房由20万元调至40万元。

（市住房公积金管理中心　陈雪晴）

人口家庭

【人口】 截至2021年末，全市户籍人口2441965人，市区户籍人口846546人。全市设4个区，人口分布最多的是西安区，占市区人口总数的27.84%；人口分布最少的是爱民区，占市区人口总数的23.75%。全市6个县（市）中，人口分布最多的是宁安市，占全市人口总数的16.40%；人口分布最少的是绥芬河市，占全市人口总数的2.78%。

（市统计局　于　菲）

【家庭】 2021年，牡丹江市有家庭户95.56万户，家庭户人口269.02万人，占城市总人口的96.12%，家庭户规模为2.82人，比上年减少0.35人，家庭户规模进一步缩小。

（市统计局　于　菲）

【生育服务】 2021年，牡丹江市全面实施三孩政策，推进托育服务体系建设，加大对3岁以下婴幼儿照护服务工作，建设2900个托位。落实计划生育奖励扶助、特别扶助补助政策，全市农村部分计划生育家庭奖励扶助人数21336人，计划生育特别扶助人数7060人，扶助金足额发放。

（市卫健委　毕　玥）

【婚姻登记】 2021年，婚姻登记（结婚、离婚、复婚登记）不局限于户籍地登记，可跨区（县）办理。全市各婚姻登记处全部配齐婚姻登记信息化设备，实现婚姻登记档案实时电子化。全年全市婚姻登记处办理登记总量20926件（含涉外35件），其中结婚登记11062件（含涉外29件），离婚登记4277件（含涉外4件），补发结婚证4262件（含涉外2件），补发离婚证1325件。

（市民政局　周永梅）

【收养】 2021年，牡丹江市办理2件收养，均为收养三代以内同辈旁系血亲子女。

（市民政局　周永梅）

【殡葬管理】 2021年，市民政局联合多部门在祭祀节日（清明节、中元节、腊月二十三）前开展文明祭祀宣传和联合检查行动，发放张贴宣传单10万余份，抽查经营商户300余家，收缴殡葬迷信用品近1吨，中元节前查封违规销售点1处。倡导网络祭祀，网络祭扫参与3万余人次。组织街道干部、社区工作者和党员志愿者传统祭祀日在街头倡导文明祭祀。城东、城西两处公益性骨灰纪念堂投入使用，免费为市

2021年8月12日，江滨街道办事处开展中元节文明祭祀宣传工作

（高峻松　摄）

本级农村居民提供骨灰寄存服务。

（市民政局　周永梅）

老龄事务

【老龄人口】　2021年，牡丹江市60岁及以上人口578249人，占总人口的25.25%，其中65岁及以上人口397428人，占总人口的17.35%。与2010年第六次全国人口普查相比，60岁及以上人口的比重上升10.71个百分点，65岁及以上人口的比重上升7.68个百分点。

（市统计局　于　菲）

【敬老爱老活动】　2021年，市卫健委在“敬老月”期间慰问养老机构、特殊困难老人，开展老年人文体汇演、“银发健康达人”评选、助老法律援助等主题活动，搭建老年人展示风采平台，提升老年人幸福指数，助力“健康牡丹江”行动。

（市卫健委　毕　玥）

【老年权益保障】　2021年10月19日，牡丹江市法律援助中心联合市卫健委，邀请湛天律师事务所和盛世律师事务所律师到牡丹江市老年活动中心开展“法援惠民生 关爱关注老年人”法律服务活动。律师们结合《民法典》，围绕老年人最关注的赡养、遗产继承、婚姻家庭等内容进行讲解。从完善意定监护制度，增设居住权规定，到尊重个性化继承，扩大遗赠扶养范围，讲解与老人们切身利益息息相关的内容，全方位提升老年人权益保护意识。市法律援助中心主任结合法律援助工作实际，向老年人详细介绍法律援助的标准、范围和申请程序等内容。律师们对老人们提出的法律问题耐心解答，发放老年人法律援助服务手册200余份，现场解答咨询30余人次。

（市卫健委　毕　玥）

退役军人事务

【概况】　2021年，牡丹江市退役军人事务局获黑龙江省退役军人第二届“建行杯”创业创新大赛优秀组织单位、优秀基层党组织、拥军优属先进单位、全国重点军供站等称号，对退役军人开展安置、接收工作。

【退役军人服务保障体系建设】　2021年，牡丹江市建成市、县、镇、村四级退役军人服务保障体系架构，实现市、县、镇（乡）、村退役军人服务中心（站）全覆盖，核定市、县、乡全额事业编制。实现有机构、有编制、有人员、有经费、有保障的工作要求。各级退役军人服务中心（站）开展抚恤优待、就业创业、帮扶救助、政策解答、政治引领、党员管理等工作，实现“全覆盖”实体化运行。

【退役安置】　2021年，按照国家关于退役士兵安置政策相关规定，市政府安排相关单位一次性提供充足的安置岗位，年内市本级有16名历史遗留的应安置未安置义务兵被安置到市城管局协管员岗位，推荐25名本年度应安置未安置义务兵到市城管局协管员岗位。全市共解决157名历史遗留的退役士兵岗位安置问题。

【退役军人就业创业服务】　2021年，全市举办退役军人专场招聘会15场，提供岗位1536个。全年向市城管局推荐11人担任协管员，市公安局招聘辅警、消防大队招聘专职消防员40人。全市设立就业创业基地17家、创业专区2家。成立全市退役军人定点承训机构15家，完成培训后100%推荐就业。10月22日，在市委党校举行2021年度牡丹江市退役军人返乡欢迎会、现场招聘会、适应性培训“三位一体”服务活动。

【退役军人创业创新大赛】　2021年，在全省第二届退役军人创业创新大赛中，牡丹江市军创企业黑龙江熙普电器有限公司和牡丹江东梧商贸有限公司分别获得新兴产业和生活服务类一等奖。穆棱市退役军人就业创业工作经验向省退役军人事务厅推荐。

【拥军优属】　在春节、“八一”等节日，市委常委分组走访慰问部队，市本级慰问经费30万元，县市区慰问经费104.4万元。与市教育局沟通，调整军人子女中考加分政策，为现役军人子女办理入学、升学、转

2021年10月22日，市退役军人事务局在市委党校举行牡丹江市退役军人返乡欢迎会、现场招聘会、适应性培训“三位一体”服务活动

（市退役军人事务局　供图）

学及中考加分事项。为官兵解决现实问题10余件，现役军人持本人有效证件免费乘坐市内公交线路。协调政府相关职能部门先后三次召开解决牡丹江军分区39套经济适用住房办理房照专题会议。为A部队图书室配备图书123册，为B部队官兵到C部队医院体检提供车辆保障，为经牡丹江中转的某部指战员提供晚餐及次日早餐饮食保障。落实双清单制度，制定《牡丹江市推进落实双拥“双清单”制度实施方案》，了解部队需要解决的困难和问题，发挥军地沟通桥梁纽带作用。完善协作机制，推进军地合署办公制度落实，军分区抽调优秀干部到双拥办开展合署办公。

【优抚优待】 2021年，市退役军人事务局协调市财政、各区退役军人事务局按时支付1930名优抚对象抚恤补助金1500万元，春节期间发放救助优抚群体一次性救助金44.1万元，为190名享受城镇籍抚恤补助待遇的重点优抚人员发放供热补贴21万元。重大节日期间市区走访优抚对象1736户，发放慰问品和慰问金合计170万元，其中走访慰问烈士遗属230余人次，发放慰问金、慰问品35万元。全市换发837名伤残人员新式证件，悬挂光荣牌1910户。从8月1日起，伤残人员和“三属”（烈士遗属、因公牺牲军人遗属和病故军人遗属）抚恤金平均提高5%—10%。

【退役军人“两费”“两险”发放补缴】 2021年，市退役军人事务局分别开展为期100天的“两险”（养老保险与医疗保险）和“两费”（未上岗期间的补助费和待岗期间的补助费）双百攻坚行动。为符合“两险”政策的退役士兵补缴养老保费和医疗保险，缴费率98.58%，达到并高于国家和省要求的标准。

（市退役军人事务局　刘晓光）

社区建设

【概况】 2021年，牡丹江市有基层群众性自治组织1105个，其中，村民委员会887个，居民委员会218个。东安区有17个村民委员会，24个居民委员会；西安区有31个村民委员会，27个居民委员会；爱民区有12个村民委员会，28个居民委员会；阳明区有59个村民委员会，23个居民委员会；海林市有112个村民委员会，44个居民委员会；宁安市有240个村民委员会，18个居民委员会；穆棱市有127个村民委员会，17个居民委员会；东宁市有100个村民委员会，12个居民委员会；林口县有176个村民委员会，9个居民委员会；绥芬河市有13个村民委员会，16个居民委员会。

【村居委换届选举】 2021年，牡丹江市887个村、173个社区及45个原森工、农垦社区村（居）委会展开换届选举工作，选举产生村委会成员3769人，选举产生社区居委会成员1379人。在村（居）委会完成换届选举后，及时组织变更基层群众性自治组织特别法人信息，并换发统一社会信用代码证书，为全市村（居）委会成员统一编码发放当选证书。

【城乡社区服务】 2021年，牡丹江市构建“1+2+3+4+N”社区服务模式，即：树立一个理念，融合两个中心，依托三个载体，服务四类人群，提供N个系列服务。城区102个社区，覆盖服务网点4530个，开展公共服务项目178项，便民利民项目524项。

【社工站试点建设】 2021年，推动乡镇（街道）社工站试点建设，在全市范围选取基础条件较好的县（市），实施政府购买服务项目5个，争取资金81万元，共同落实乡镇（街道）社会工作服务站建设任务，形成牡丹江市社会工作服务的特色模式。

【基层社会治理创新】 2021年，牡丹江市开展基层治理典型创新工作，宁安市渤海镇、穆棱市马桥河镇、绥芬河市绥芬河镇完成省级乡镇政府服务能力建设试点任务，牡丹江市爱民区和西安区牡丹街道被确定为全省街道服务管理创新实验单位，有序推进街道管理体制、服务机制创新。

（市民政局　周永梅）

社会组织管理

【概况】 2021年，牡丹江市实行社会组织见一面审批制。截至年末，全市有社会组织1617家。其中，市本级432家（社会团体232家，民办非企业单位200家），县（市、区）社会组织1185家（社会团体928家，民办非企业单位257家）。

【登记办理】 2021年，社会组织注册登记办件84件，其中新审批成立社团6家，变更10家，延期16家，注销2家。民办非企业单位变更24家，延期23家，注销3家。

【社会组织孵化】 2021年，社会组织孵化基地交由社区和社会组织服务中心管理使用。全市纳入改革范围的行业协会商会四批392家全部与行政机关脱钩。对未成立党组织194家行业协会商会由党建管理部门或业务主管单位下派党建指导员指导党建工作。建立“双减”工作监督举报机制。实行社会组织见一面审批制。依法打击处置涉嫌非法社会组织4家。

（市民政局　周永梅）

区划地名管理

【行政区划调整】 2021年7月21日，牡丹江市政府批准设立东安区振兴街道，将东兴街道兴隆、胜利、乜河、中乜河4个村和恒大社区、兴隆社区、三利社区、绿地社区4个社区划归振兴街道管辖，振兴街道驻三利社区。东兴街道驻地迁移至东居华庭社区。8月24日，省民政厅批准振兴街道行政区划代码为231002006。

【地名管理】 2021年，牡丹江市市区住宅小区地名审核批准12项。国家地名信息库地名信息新增45条、更新1713条，共计1758条。全市清理住宅小区类不规范地名5项。

【界线管理】 2021年，牡丹江市民政局与哈尔滨市配合，完成第四轮市级界线联检哈尔滨—牡丹江线相关工作。林口县更换县级界线界桩10处。

（市民政局 刘 涛）

民族宗教事务

【全省民族团结进步创建经验交流现场会在牡丹江市召开】 2021年7月8日，全省民族团结进步创建经验交流现场会在牡丹江市党政会议中心召开。省委统战部副部长、省民宗委党组书记、主任刘明出席会议并讲话。牡丹江市、黑河市、杜尔伯特蒙古族自治县、哈尔滨市第73中学作典型经验交流发言；国家民委民族团结进步促进司副司长李钟协以《新时代民族团结进步创建理论与方法》为题作专题辅导。全省各地市参会人员前往海林市杨子荣纪念馆、西安区海南朝鲜族乡中兴村、牡丹街道西牡丹社区等民族团结进步示范单位观摩学习。

【全省第四届少数民族文艺调演在牡丹江市举行】 2021年9月8日，由省民宗委、省文化和旅游厅联合主办，牡丹江市委市政府承办的“黑龙江省第四届少数民族文艺调演”在牡丹江市举行。来自全省13个市（地）代表团200余名演职人员参加演出，为观众带来独具民族风情的文艺盛宴。文艺调演主题为《鸿舞向阳》，突出表现全省少数民族群众“感党恩、听党话、跟党走”的喜悦心情。演出分为“三江同辉”“四海同心”“五湖同梦”三大篇章18个节目。整场演出洋溢着浓郁、现代的民族文艺气息，让观众感受到新时代黑龙江少数民族对美好生活的向往。

【宗教界社会服务】 2021年，牡丹江市宗教界发挥爱国爱教、扶危济困、服务社会等优良传统，心系困难百姓，各宗教团体通过走访养老机构慰问孤寡老人、捐资助学等方式参与爱心帮扶，贡献宗教界力量。

（市委统战部 卜长顺 金文吉 房进成）

应急管理

【概况】 2021年，市应急指挥中心加强应急管理建设，完善制度方案，统筹应对各类事故灾害应急处置，提升应急指挥能力水平。全年上报应急信息日报353期、事故灾害周报49期，参加省应急管理厅应急指挥中心视频点名汇报47次，接受省灾害事故处置调度18次，对县（市、区）灾害应对处置工作视频调度24次。与消防、森防、水务、气象、卫健委等单位建立信息通报机制，遇极端天气及时发布预警信息，与5家驻地部队和森林消防、消防救援队伍签订军地防汛抢险应急联动机制，指导全市完成163次防汛抢险救灾应急演练，确保安全平稳度汛。推进市、县、乡三级应急指挥中心建设，海林市、宁安市提前完成建设任务。

（市应急局　迟昊东）

【应急管理预案体系建设】 牡丹江市应急预案体系由市级总体应急预案（1部），市级专项应急预案（44部），市级部门应急预案（24部），县（市、区）应急预案，乡镇（街道）、村（居）、社区应急行动方案，企事业单位应急预案，重大活动应急预案等七大类组成。2021年，牡丹江市落实国家和省应急预案管理办法，及时组织预案修订工作，进一步细化应急措施。全市下发《关于全面加强应急预案管理工作的通知》，各有关部门及时修订预案，明确各类应急预案的格式、结构和特点，规定应急预案制定、修订的具体要求。新修订20余个市级预案，全市专项预案体系框架基本稳定，部门预案进一步完善，行政区域内多发易发常发突发事件基本实现全覆盖。推动全市各级各类预案演练，按照省应急管理厅要求和演练计划，通过一系列常态化演练，达到完善预案、锻炼队伍、磨合机制、强化指挥的目的。

（市应急局　迟昊东）

【应急管理指挥体系建设】 2021年，牡丹江市推进市应急指挥中心建设。实行突发事件信息“日报告制”，明确消防、森防等报警首接单位每天向应急指挥中心报送当天突发事件情况，健全应急信息共享机制，拓展信息来源渠道，提升突发事件应急处置能力。为规范全市社会应急力量参与重特大事故灾害抢险救援行动的现场管理，提高社会应急力量现场应急救援能力，会同应急指挥中心制定牡丹江市试点方案，探索建立全市社会应急力量参与重特大灾害抢险救援行动现场协调机制。

（市应急局　迟昊东）

【应急管理救援体系建设】 截至2021年末，全市初步构建以驻军部队、公安、消防救援、森林消防、矿山救护、林业扑火等多支应急救援专业队伍为主，以民兵、蓝天救援队、雪城救援队等社会救援力量为辅，水务、环保、医疗救助、气象、畜牧防疫等行业应急专业人员协同支撑的应急救援力量体系。市应急局与市林草局、市水务局协调组织应急实战演练，配合完成森林草原防火和防汛抗旱工作；整合力量，农垦和森工转隶地方后，主动与其对接，及时将其应急力量纳入市应急救援体系当中。全市（含县级）整合应急抢险救援队伍171支29052人，其中市级应急队伍7支1160人，各县（市）区专家救援队9支545人。

（市应急局　迟昊东）

【应急救援能力建设】 2021年，牡丹江市建立健全应急救援队伍协助、军地抢险救灾协调联动和“全灾种、大应急”救援机制体制，全市有消防、森防专业救援队伍36支，蓝天救援队和红十字雪城救援队70人。与牡丹江军分区、黑龙江预备役步兵师、驻地部队、武警牡丹江支队、市消防救援支队和森林消防支队等队伍建立应急联动机制。

（市应急局　迟昊东）

【应急联动机制】 2021年，市应急局与市林业和草原局建立森林草原防灭火应急联动机制；与市水务局建立防汛应急联动机制；与市卫健委建立事故灾害及重要信息报告通报机制；与驻牡部队，消防救援、森林消防专业队伍建立军地防汛应急救援联动机制；与牡丹江市正大土石方工程运输有限公司、牡丹江鸿泰建筑安装工程有限公司建立应急机械设备紧急征用机制，并签订相关协议。与气象、城管、交通运输、住建、农业农村、消防、森防等部门协调联动，及时预报预警，加强灾情预警和统计。全体应急干部坚持全时备勤、全员备战，实行准军事化应急值班模式，协调消防、森防做好应急备勤备战，确保安全防范到位，应急反应到位，确保全市两轮冰雪极端天气下平安稳定。在春防紧要期和防汛关键期，派驻干部参与值班值守，组织市林草局、市水务局等部门共同进行联合督查检查。

（市应急局　迟昊东）

【物资储备】　2021年3月，市水务局将黑龙江省防汛物资库牡丹江分库交接至市应急管理局应急保障中心。6月，受大雨影响，黑龙江干流流域遭受洪灾，省厅从黑龙江防汛物资库牡丹江分库调拨编织袋15万条、无纺布6万平方米防汛物资，支持鹤岗市萝北县防汛抗洪抢险救援工作。全年两次接收省里调拨物资，7月2日，接收中央库拨付到省库物资编织袋9.5万条、土工布12万平方米、覆膜编织布19.98万平方米；10月15日，接收省应急管理厅调拨物资编织袋25万条、土工膜10万平方米。11月，市水务局将市本级防汛物资库交接至市应急管理局应急保障中心。

（市应急局　迟昊东）

【人防应急】　2021年，牡丹江市人防部门建立健全应急协调联动机制，与市应急局加快建立应急协调联动机制。参与市政府应急管理防灾减灾体系建设，针对防空袭、防灾害、防事故等需要，与市政府应急、气象等相关部门沟通对接，发挥人民防空指挥通信系统和掩蔽防护工程设施在防灾救灾、应急救援行动中的作用。

（市人防办　段体亮）

【应急保障】　2021年，在第四届黑龙江省旅游产业发展大会期间，市应急局牵头组建大会应急保障组，成立工作专班，对大会风险点进行评估，开展突发事件处置应急资源调查，统筹推进市、县两级应急指挥中心建设，开展应急资源普查，完善应急救援信息基础数据库，修订市级专项预案26个。编制《第四届黑龙江省旅游产业发展大会突发事件应急预案》，建立协调联动应急保障机制，制定《第四届黑龙江省旅游产业发展大会突发事件应急处置实兵综合演练方案》，在宁安市、镜泊湖山庄码头组织开展道路交通事故、新冠肺炎疫情防控、水上交通事故突发事件的应急处置预演活动。

（市应急局　迟昊东）

【应急演练】　2021年汛期，牡丹江市完成163次防汛抢险救灾应急演练。7月30日，牡丹江消防支队联合市海事局开展水上交通事故应急演练，先后调集公安、医疗、海事、消防、交通等部门参与救援处置，通过演练，强化训练，锤炼技术，确保在关键时刻抢救生命、排忧解难。10月21日，组织开展扑火综合演练。牡丹江军分区、市应急管理局、森林消防支队等11个部门参加此次军地联合森林扑火演练。

（市应急局　迟昊东）

新冠肺炎疫情防控

【概况】　2021年，牡丹江市2.8万名医护人员持续抗击新冠肺炎疫情。建立市、县流调专班一体化工作机制，市、县两级流调专班队伍1388人，具备核酸检测能力的机构36所，日检测能力达到18.68万管。核酸采样人员11405人，实现24小时完成区域核酸检测目标。组建1371人的多支救治队伍，定点医院9所，开放床位3048张，康安医院建成黑龙江省东南部感染性疾病区域医疗中心，红旗医院建成省级重症集中救治区域中心。配备呼吸机270台、心电监护仪1792台、高流量呼吸治疗仪63台、高端体外膜肺氧合机（ECMO）4台、专用负压救护车36辆，储备30天运转的防护装备和消毒用品。研发全民核酸结果查询系统、医疗感染风险监测和预检分诊监控平台，对核酸检测结果、医疗废物与环境消毒和预检分诊规范运行实现在线查询和全程可追溯。截至年末，全市累计接种新冠病毒疫苗469.9万剂次。

【公共卫生监测】　2021年，牡丹江市食品安全风险监测点覆盖全市所有县（市、区），食源性疾病监测覆盖县级以上综合性医院。年内完成10个县（市、区）监测点291家食品流通和餐饮机构摸底调查、分配采样、送样检验、结果网报、上报、总结等相关工作。监测13类19个品种485份样品，监测样品完成率102.5%，监测点覆盖率100%。采集本地样品数量395份，网报数据2803条，阳性样品21份，占全年监测样品总数的4.32%。完成食源性疾病监测1399例，占全年任务的114.67%，食源性疾病事件报告4起。定期与相关部门开展食品安全风险隐患会商，广泛开展营养和食品安全宣传活动，定期开展城乡饮用水监测，完成261个监测点、522份水样监测任务。其中，农村饮用水监测点174个，采集水样348份；城市饮用水监测点87个，采集水样174份。

【指挥体系建设】　2021年，市新冠肺炎疫情防控指挥部根据疫情防控阶段性特点，定期细化优化组间衔接，健全完善工作流程图、运行图，明确各级防指以及组间联络人员与方式，实现扁平化指挥，确保指挥体系高效运转，直达基层。为做好元旦、春节期间新冠肺炎疫情防控工作，成立党政主要领导任组长的工作专班，市、县、乡、村全部建立相应的指挥体系并保持激活状态，流调溯源、核酸检测等工作力量始终在班在岗在状态，各级防指落实24小时值班和工作情况“日会商”“日报告”“零报告”制度。

【防疫应急能力建设】 2021年，牡丹江市按照省疫情防控指挥部“24小时内完成全员核酸检测”要求，新配置6个核酸检测移动方舱，全市日核酸检测能力达到18.68万管，采样队伍11405人；各县（市、区）均制定全员核酸检测实操手册，科学选定采样点，逐小区逐单元建立采样流程图，依托省“全场景疫情病原体检测信息系统”，做到采样、转运、检测和报告全流程信息化管理。储备流调队员1388人，组建流调尖刀班队员67人，快速综合交换与汇总专业流调信息、大数据、地面排查信息、社区网格信息。建立市、县一体化流调溯源工作机制和两大片区对口支援机制（第一片区：四城区＋海林市、宁安市；第二片区：林口县、穆棱市、东宁市、绥芬河市），确保一旦接到疫情报告，流调队伍2小时抵达现场开展流行病学调查，4小时完成流调核心信息，24小时基本查清所有传播链条。

【基层防控措施落实】 2021年，牡丹江市10名市级领导分别包保1个县（市、区），党政主要领导分别包保绥芬河市、东宁市两地，严格落实“三级包保”和“五包一”制度。社区（村屯）全面摸清、动态掌握网格底数，实现第一时间发现、第一时间处置。研发“牡疫控”来（返）人员“入牡填报系统”小程序，实现风险人员报备、登记、推送、排查、管控、反馈等全流程数字化，做到快速倒查追溯。

【防控培训】 2021年，牡丹江市先后就流调筛查、核酸检测、核酸采样、医疗救治、院感防控等开展各级专业培训530次，累计培训12.5万人次。开展全要素全场景演练196次，结合冬季旅游旺季特点，在雪乡景区以员工检测核酸阳性为主线，开展景区疫情防控应急演练。结合“两节”期间疫情防控工作需要，从流调、筛查、确诊——应急响应——各部门联动疫情处置——应急响应终止、恢复生产生活，开展四个阶段全流程全要素演练。

【防控监督】 2021年，牡丹江市严格落实省常态化督查检查要求，建立“5+2+1”督导检查机制，及时发现并整改问题6800多个。12月13日—14日，对国务院进口冷链食品疫情防控督查组发现的38个具体问题，连夜逐条梳理，建立台账，明确责任，销号推进，全部整改完毕。围绕黑河疫情处置流程开展自检自查，全市查摆出13个方面52个具体问题，全部整改到位。

【口岸货物安全监管】 2021年，牡丹江市按照货物分类、作业分区、防控分级原则，组织制定口岸“两清单、三流程、一指引”（进口货物、作业人员管控“两个清单”，现场工作人员、货物核酸检测和进口货物出区、口岸工作人员核酸检测“三个流程图”，进口货物消毒技术指引）等制度，精简防控流程、明晰防控要求。实行“人不见面”查验模式、“三集中一轮转”（集中定点核酸检测、集中定点场所隔离、集中定点医疗救治、定期轮转形成闭环管理）和“五固定”（固定人员、岗位、工作场所、集中居住、交接班）制度，口岸工作人员每天开展1次核酸检测，全部完成加强针接种，在岗期间实行“钉钉”定位管理。针对冬季消杀难题，探索“八种消毒技术”“八种消毒方法”（使用含氯消毒剂、酒精、紫外灯、过氧化氢、臭氧、烘干窑、等离子、负压高温消毒；擦拭消、涂抹消、烘干消、喷淋消、喷雾消、传送消、辐照消、触即消）分类消杀模式，严格消杀评估，确保效果最佳、货物保质。将口岸作业区域和穿脱防护服区、医废暂存间、闭环生活区等全部接入视频监控中心，新增监控点位15个，实现口岸作业区视频监控全覆盖。严格管控垃圾，绥东一体化医疗废物集中处置中心紧急投入使用，垃圾实行日产日清，全部按照医疗废物进行管理。在做好口岸疫情防控基础上，为深入贯彻落实党中央、国务院“保证大宗货物进口”要求，在省委、省政府扩大对俄贸易领导小组支持指导下，建立“省市县外事办三级联动”工作机制，协调俄方加强绥芬河铁路口岸运输组织，实现“敞口接车”，每日达到14列接车能力；协调俄方提高公路口岸验放效率，每日进入绥芬河公路口岸单向验放车辆达到70台能力，东宁公路口岸达到60台能力；公路口岸通关时间由每日7时至19时延长至6时30分至21时，绥东两地口岸货物通关实现均衡运输、不堵不压。

【冷链环节防控】 2021年，建成牡丹江市、绥芬河市、穆棱市、东宁市4个进口冷链食品监管仓，对来自国内中高风险疫情地区冷链食品和口岸入关进口非冷链食品同步纳入监管，检测阴性后方可出仓销售，搬运作业人员实行闭环管理。按照省“谁开箱、谁负责”要求，强化进口入境、运输仓储、加工销售、从业人员全链条追溯管理，严查“三专”“三证”（专用通道进货、专区存放、专区销售；检验检疫合格证明、核酸检测证明、消毒证明），无追溯码的不得生产经营，全市完成录入进口冷链食品生产经营者信息1042户。全年累计核酸检测冷链食品从业人员51789人次、食品及外包装123957次、重点环境37359份、设备设施4430份。

【预警监测】 2021年，牡丹江市在发挥哨点作用基础上，边境口岸绥芬河市、东宁市两地落实免费核酸检测政策，对出租车司机、外卖人员、商超从业人员等重点行业人员实行“每周两检”，全民“每周一检”。

【流动人员管理】 2021年，牡丹江市贯彻落实国务院联防联控机制和省、市疫情防控指挥部要求，边境口岸绥芬河市、东宁市两地对进入人员全部登记，查验48小时内核酸检测证明并再次进行核酸检测，离开人员需持48小时内核酸检测阴性证明。绥芬河市将口岸所有工作人员纳入“绥疫控”平台，实现口岸和社区数据动态调整、同步管控。

【隔离点储备】 2021年，牡丹江市按照20间/万人储备要求，全市应储备隔离房间4580间。全市建立3支储备隔离点保障梯队，总储量1.2万余间。其中，第一梯队优先选择楼体独立、排风独立、化粪池独立场所，储备隔离点112家、隔离房间7288间（市区2750间），高标准完成“四有准备”（有征用合同、有设计图纸、有驻点专班、有改造物料），可在6小时内投入使用；第二梯队储备隔离点64家、隔离房间3823间（市区1744间），可在12小时内投入使用；第三梯队储备隔离房间1500余间（全部在市区），确保达到省防指“主城区储备隔离房间6000间”标准和要求。按照“一个隔离点、一套专班”配备标准，每个隔离点配备5—10人，设置负责人、医护人员、信息联络员、清洁消毒员、安全保障员、后勤保障员、人文关怀人员、感染防控监督员等岗位。坚持定岗、定责、定人，将健康监测、数据上报、垃圾清运、核酸采样等工作合理分配至人。为避免出现培训不到位、职责不清晰情况，对全市驻点人员开展专题培训，系统讲解各流程操作规范。市、县隔离组常态化开展实地抽查，随机考核工作人员掌握防疫要点情况。

【防控制度建设】 2021年，牡丹江市推进隔离管理规范化、制度化、流程化，制定《集中隔离点管理规程》《隔离转运工作实施方案》《隔离转运工作流程图》等指导性文件，将隔离工作细化形成隔离准备、信息推送、转运接收、封闭管控、数据报送、送医就诊、集中转居家、提级管理8项大流程、25项具体流程。针对人员分级管控、健康监测、核酸检测、环境消毒、个人防护等重点环节，逐一明确工作要点，制定形成120余条规章制度、操作指南。全市在用隔离点均结合实际，细化制定内部管理制度，将制度全部上墙并制成全流程展示PPT。

【防控管理规范】 2021年，牡丹江市隔离点执行单人单间管理制度，实行分级管理，不同类型隔离人员按风险等级由高至低分层管理。参照医疗废物标准，严格垃圾处置，由专业公司进行统一收集处置。

【定点医院建设】 2021年，牡丹江市设置9所定点医院，市康安医院为全省东南部地区感染性疾病区域医疗中心，红旗医院为省级重症集中救治中心，两所医院多轮修订腾空预案，经过实战检验，可在24小时之内完成腾空。市康安医院、市红旗医院开放床位1358张，其中重症床位141张。9所定点医院应急状态可将床位扩容至3048张，另在市中医院设立恢复期隔离康复床位596张。六县（市）完成辖区各一所定点医院“三区两通道”改造和硬件配置，并完成现有住院病人转运救治备用医院设置，能够在24小时内腾空病房，迅速开展医疗救治工作。

【救治力量储备】 2021年，牡丹江市组建涵盖呼吸、感染性疾病、重症、中医、心理、院感等各专业的新冠肺炎救治专家队伍229人、医疗（支援）队伍1371人。全市可调派呼吸机270台、心电监护仪1792台、经鼻高流量呼吸治疗仪63台、体外膜肺氧合机（ECMO）4台、连续肾脏替代仪24台以及负压救护车36辆，药品、试剂、防护用品、消毒用品等医疗物资按照30天满负荷运转需求配备。

【发热门诊筛查】 2021年，牡丹江市设置发热门诊16所，实行24小时接诊，其中市内5所、六县（市）11所。按照国家有关标准完成规范化建设，建成发热患者独立通道，扩充诊疗空间，完善功能分区，加强医护人员配备，落实“首诊负责制”，对就诊患者全部进行核酸检测，规范排查因发热等症状就诊人员。

【院感防控】 2021年，牡丹江市压实院长作为院感管理第一责任人的职责，强化医疗机构预检分诊、首诊负责制度落实，持续开展预检分诊、院感防控工作指导和“蓝盾护航”医疗机构哨点作用专项监督检查。不间断组织全院全员感控业务培训，各二级以上医院按照国家标准完成院感人员配备，医务人员每周进行两次核酸检测，重点科室隔日一次核酸检测，对发热门诊和定点医院医护人员实行闭环管理。开发医院感染风险监测平台，实现医疗废物管理、环境消毒等重点环节网上管理、可追溯。

【强化基层哨点作用】 2021年，牡丹江市在村卫生室、社区卫生服务站、诊所、门诊等“哨点”落实预检分诊和首诊负责制。药店全部使用“沃填报”系统，购买“退烧、止咳、抗病毒”药品实名登记、信息推送，由社区进行信息核查反馈，将发热人员引导至发热门诊就医。

【景区景点防控】 2021年，牡丹江市落实“扫健康码、测温、戴口罩、一米线”等管控措施，利用全国旅游监管平台实行旅游团“一团一报备”，在雪乡等冬季旅游热点景区配置快速核酸检测设备，实行提供48小时核酸检测报告措施。

【经营场所防控】 2021年，牡丹江市对百货大楼、新玛特、万达广场等重点商超驻点值守，对其他经营场所开展常态化监督检查，落实扫双码、戴口罩、测体温、通风消杀、控制人流等措施，严格验码，落实《黑龙江省九类重点场所疫情防控工作指引》，进一步明确行业主管责任分工，解决事权不清等问题，确保各项防控措施不折不扣落实到位。

（市疫情防控指挥部　张永济）

防灾减灾

【全国自然灾害综合风险普查】 2021年7月5日，全市“第一次全国自然灾害综合风险普查”启动，开展房屋与市政设施调查、森林火灾风险调查、地质灾害风险普查、交通设施（国省道、农村公路、大桥及隧道）调查、水旱灾害致灾、洪水隐患调查、气象灾害风险调查以及应急行业承灾体、历史灾害和综合减灾能力普查。截至年末，普查任务全部完成。

（市应急局　迟昊东）

【防汛抗旱】 2021年，市水务局组织完成全市流域面积50平方公里以上河流划界矢量数据整编上图。组织制定市、县两级洪水防御方案。21座小型水库除险加固遗留问题攻坚全部完成，完成率100%。完成12座超期到期水库大坝安全鉴定，分散管理小型水库管护机制创新涉及43座小型水库，均采取“区域集中管护”创新。牡丹江市防汛指挥部做好各项防汛准备，组织专家制定市本级洪涝灾害预案，组织开展江河、水库、堤防、险工弱段、山洪防御、低洼易涝区域等辖区内各级各类防汛责任人汇总、审核、公示以及防汛抗旱指挥部人员调整等。制定《牡丹江市防汛抗旱物资储备清查工作实施方案》，成立由市水务局、市应急局主要领导为组长，分管领导为副组长，两个部门业务科室为成员的工作专班。建立清查和物资录入专班，细化责任分工，明确专人负责物资系统录入工作，督促指导各县（市、区）建立应急资源管理平台账号。整理省、市、县三级防汛抗旱物资储备明细，确保应急救援物资底数清、情况明。制定《牡丹江市防汛抗旱机构改革实施方案》，督促指导各县（市、区）防指理顺职责关系，完成人员转隶以及事权移交工作，确保形成上下对应、指挥顺畅的工作体制。全年实现汛期无事故、无伤亡目标。

（市水务局　周迪鹤）

【抗洪抢险应急演练】 2021年，牡丹江市防汛指挥部开展汛前自查和隐患排查，督导全市13个重点水毁修复项目于汛前完成，对全市7处堤防险工险段落实专人巡查和政府责任人，制定应急抢险预案，建立台账，汛前做好对险工险段进行加固维修、配备抢险物料等应急度汛措施，开展全市穿堤涵闸统计、确权，落实管护责任主体，成立6个检查组，对全市防汛工作组织机构落实情况、责任制落实情况、预案体系构建情况、应急抢险救援队伍建设情况、防汛物资储备情况和风险隐患排查情况等6个重点工作进行再检查。结合实际，完善细化、审批下发《牡丹江市防汛应急预案》，明确预案响应流程、物资调用、队伍组织、各部门责任分工等。强化预案应急演练，全面检验提升全市救援力量综合实战能力，组织指导各地各部门开展中小河流洪水防御、堤坝抢护、水域搜救等防汛抗洪实战演练，重点对响应速度、装备操作、救灾情况处置等内容进行演练，突出对指挥要素、人员编组、抢护技术、救援能力等内容的检验。市防汛指挥部建立防汛抗洪抢险应急联动机制，各应急抢险力量随时听候命令，服从防汛指挥部统一指挥。全市储备439.66万元防汛抢险物资。其中，编织袋109.6万条，麻袋1万条，彩条布17.78万平方米，无纺布3.5万平方米，木材45立方米，打桩机2台，应急照明灯108台，救生衣1270件，船（舟）8只。

（市应急局　迟昊东）

【山洪灾害防治】 2021年，牡丹江市应急局与牡丹江军分区、驻地部队、武警牡丹江支队、市消防救援支队和森林消防支队等6支队伍建立山洪应急联动机制；建立健全军地灾害信息共享机制，各驻地部队指定专人负责

2021年7月15日，市应急局、东安区消防救援大队等单位在东安区兴隆镇小团水库开展“龙威2021”防汛综合演练　（市应急局　供图）

沟通联络；建立市应急队伍联络群，及时应对处置各类事故险情。省救灾物资储备库牡丹江分库、省防汛抗旱物资牡丹江储备库储备橡皮舟、汽油发电机、柴油机、水泵等各类大型救援设备，抢险救援时可协调的推土机、挖掘机、装载机、运输车等工程设备，以及帐篷、折叠床、棉被、棉褥、棉衣裤、救生衣、编织袋等各类抢险救援物资储备充足。

（市应急局　迟昊东）

【气象灾害预警服务】　2021年，牡丹江市提升灾害性天气中短期预报和极端气候事件预报监测能力，全市建成国家气象观测站7个，区域气象观测站92个，有防雹高炮21门、人工增雨（雪）火箭9部。市政府修订气象灾害应急预案和气象应急保障预案，修订市、县两级人工影响天气安全责任清单，进一步完善工作体系。汛前、汛期和冬季暴雪提前部署、精心准备，完成预报服务工作。完善次生灾害自动叫应系统，针对341个地质灾害隐患点和240个山洪易发村屯精细化预报，实现靶向四级自动短信推送。建设野外实景监测系统站点30个。启动气象灾害Ⅳ级以上应急响应命令3次（暴雪Ⅲ级应急响应1次、暴雪Ⅳ级应急响应2次），有关部门2次根据气象建议，中小学停课、机场和公路客运站关闭。应对两轮强降雪和大风寒潮极端天气，全力保障全市生产生活秩序安定有序。先后印发《关于迅速做好当前暴雪恶劣天气应对工作的紧急通知》《寒潮暴风雪极端天气风险防范提示》和《关于做好煤矿、非煤矿山、危险化学品和重点工商贸企业应对冰雪灾害天气的紧急通知》，保持24小时预警联动状态，协调各地各有关部门完善应对冰冻暴雪自然灾害应急救援预案，启动应急指挥系统平台，加强视频调度，做好应急响应，落实巡查、预警、加固、整改、值守等措施，加强应急物资储备。全年市、县两级发布重大气象信息专报91期，气象信息192期，气候信息72期，农业气象信息176期，决策服务信息97期，生态气象服务专报4期，卫星遥感联合专报4期，第四届黑龙江省旅游产业发展大会气象信息专报42期，其他服务材料111期。完善牡丹江市气象预警智能化一键式推送平台。制定第四届黑龙江省旅游产业发展大会气象服务方案、应急保障预案、人工影响天气作业实施方案，落实工作任务和责任，为旅发大会主会场排除雷电安全隐患。打造“气象＋旅游”名片，建设镜泊湖旅游气象服务显示系统、制作并发布近20年牡丹江生态植被评估报告、中国气象局公共服务中心气象服务首席朱定真在大会开幕式视频发布《牡丹江市气象指数绿皮书》，开幕式会场提前3天准确发布6小时和逐小时精细化预报，保障旅发大会顺利召开。

（市气象局　徐明伟）

【水文情报预报与监测】　2021年，牡丹江水文水资源中心完成收发报文202万条。其中，水文、水位站52万条，雨量站150万条。向省中心报送每日水情123期，向牡丹江市防汛指挥部报送每日水情报表123份，累计3000余站次。发布2小时降雨超50毫米告警31余站次，日降雨量超100毫米告警18站次。发布中小河流水文站面雨量告警40余站次，超预警水位5站次。服务第四届黑龙江省旅游产业发展大会水情专报5份。

（省水文水资源中心牡丹江分中心　武永娜）

【抗旱减灾】　2021年，市农业农村局印发农业抗旱指导意见，组织专家下沉开展指导。市气象局及时发布气象信息，根据气象条件，适时开展人工增雨作业，有效缓解耕地旱情，全市人工降雨16次，发射火箭弹222枚。利用江河浅层水，通过压坝、挖基坑等形式集蓄水、抽水，围堰引水灌溉水田，筹备各类水井源6715眼，新建小型水源工程（含蓄水池）81处。组织各地筹备调运抗旱设备，强化抗旱装备保障，全市准备抗旱设备2570台（套），维修泵站77处。增强抗旱物资和人力投入，组织发动基层干部和群众抗旱减灾，投入抗旱资金321.5万元。

（市农业农村局　殷秀彦）

安全生产监督管理

【概况】　2021年，市委主要领导2次主持召开市安委会扩大会议；市政府主要领导3次主持召开全市安全生产工作会议、2次主持市政府党组（扩大）会及专题会议研究安全生产工作。市人大专题调研安全生产1次。牡丹江市安全生产委员会办公室发挥统筹协调全市安全生产工作的职能，结合事故规律和季节变化特点，每季度制定印发重点行业领域风险分析研判及对策措施报告，提前部署元旦、春节、中秋节等节假日安全防范工作，持续开展安全生产专项整治三年行动、冬季安全生产保卫战、全市“防风险、除隐患、保安全、迎大庆”百日专项行动、“十查十治”专项整治和新一轮安全生产隐患大排查大整治行动及“回头看”等专项整治工作，坚决防范遏制重特大生产安全事故，全市安全生产形势持续稳定。全市发生生产安全事故47起，死亡48人，与2020年同期相比，事故起数同比增加2起，上升4.4%；死亡人数增加1人，上升2.1%。从行业领域情况看，商贸制造业发生事故13起、死亡13人，同比减少1起1人；交通运输和仓储业发生事故19起、死亡20人，同比减少2起3人；农林牧渔业发生事故1起、死亡1人，同比持平；采矿业和其他行业未发生事故；建筑业发生事故14起、死亡14人，同比增加7起7人。

（市应急局　迟昊东）

【冬季安全生产保卫战】 2021年，牡丹江市按照全省冬季安全生产保卫战工作部署，制发《牡丹江市冬季安全生产保卫战工作方案》，对冬季安全生产保卫战进行全面部署，明确时间节点和重点工作任务。2月19日和20日，分别下发《关于加强春季江湖融冰水面安全管理工作的通知》和《关于进一步加强元宵节期间禁放孔明灯安全管理工作的通知》。冬季安全生产保卫战期间，全市派出检查组2325个，检查企业22195户，排查治理一般隐患66227项，整改65960项；排查治理重大隐患1项，已整改1项；关闭取缔2户，停产整顿企业88户，罚款138.19万元，曝光单位14户，问责5人。

（市应急局　迟昊东）

【“除隐患、保平安、迎大庆”百日专项行动】 2021年6月3日，市安委办制定印发《全市“除隐患、保平安、迎大庆”百日专项行动工作方案》，开展全方位全覆盖安全生产大检查大排查，排查范围由11个行业领域扩展为14个重点行业领域，坚决遏制各类安全生产事故。应急、公安、交通、住建、工信、市场监管、教育、海事、消防等行业监管部门围绕14个重点行业领域开展百日专项行动和“十查十治”。结合安全生产专项整治三年行动攻坚阶段任务、安全生产“四大”行动、安全生产标准化建设、双重预防机制建设，组织各类企业对生产经营建设全过程及每个部位、每个环节、每个岗位开展自检自查、制定风险防控措施，组织执法检查，采取突击检查、明查暗访、随机抽查、交叉互检等多种方式，加强监管执法，防范重特大事故。全市派出各级各类检查组4253个，检查企业20876户，排查治理隐患和问题41436项，整改40933项；排查重大隐患13项，整改13项；责令停产停业整顿213户，行政处罚罚款473.67万元，追究刑事责任12人。

（市应急局　迟昊东）

【安全生产专项整治三年行动】 2021年，牡丹江市成立以市长为组长、常务副市长为副组长的安全生产专项整治三年行动领导小组，市应急管理局抽调16名工作人员按照省专班“四有”标准组建市三年行动工作专班，推进安全生产专项整治三年行动。召开专班会议18次，开展督查检查6次，对于重点难点问题实施挂图作战集中攻坚，确保三年行动取得实效。市安委办组织召开阶段工作会议3次，调度重点县（市）区和部门安全生产专项整治三年行动工作情况，选树县（市、区）和企业优秀典型进行经验交流，安排部署各地区、各部门和企业攻坚战重点工作，确保三年行动集中攻坚任务落实到位。截至年末，全市各级部门督促落实企业落实主体责任，成立检查组1247个，督导检查3402次，检查企业13074户，排查一般隐患48452项，整改47924项；重大隐患9项，整改9项；责令停产停业整顿124户，关闭取缔14户，罚款455.495万元，约谈警示463项，联合惩戒6次。

（市应急局　迟昊东）

【安全生产隐患大排查大整治行动】 2021年11月起，牡丹江市安委办组织企业对照“八查八看”自检自查，监管部门落实隐患排查、整改、验收、销号全链条责任和“双签字”制度，市安委会组织6个督查组深入各县（市、区）、重点行业领域和高风险企业开展综合督查，抽查县（市、区）和乡镇政府20个、部门52个、企业45户。12月，市、县、企“三级”联动，同步开展“回头看”。全市新一轮安全生产隐患大排查大整治期间发现的4587项隐患问题，省综合督查期间发现的43项隐患问题全部整改完毕。“回头看”排查问题隐患3376项，整改3310项，整改率98.05%。

（市应急局　迟昊东）

【防雷安全专项整治】 2021年，市气象局与多部门联动，协同开展自然灾害防治，形成统一指挥、快速反应、高效联动、无缝衔接、合力应对的防灾减灾救灾工作格局。市气象局对辖区内87个易燃易爆重点单位进行执法检查，六县（市）局检查150余家防雷重点单位。重点检查是否有专人负责防雷装置的日常维护工作、是否明确防雷安全管理职责、是否建立防雷相关安全管理制度、是否按照有关规定对防雷装置进行定期检测以及检测报告是否合规。建立防雷安全风险隐患库并全部录入全国防雷减灾管理平台。全年对重点单位和危化企业的重点检查中未发现安全隐患。

（市气象局　徐明伟）

【邮政行业安全生产整治】 2021年，牡丹江市集中整治危化品寄递问题，做好寄递渠道反恐、“扫黄打非”、打击侵权假冒、野生动物保护以及用户信息安全保护等工作。强化“三项制度”（实名收寄制度、开箱验视制度、过机安检制度）落实，开展作业场地安全管理规范化提升行动，突出整治“四不”（设备设施不达标、现场管理不到位、员工着装不规范、作业操作不合规）问题。全年开展检查140人次，检查网点70家，发现隐患62项，下达责令改正通知书15份，立案3起，罚款1.1万元，停业整顿企业1户，约谈企业3户。

（市邮政管理处　何冰冰）

【辐射安全监管】 2021年，牡丹江市开展辐射安全监管工作，对81户企业辐射安全隐患现场排查，开展2次辐射事故应急演练，提升全市辐射安全监管能力。

（市应急局　迟昊东）

【危化品安全生产专项巡视整改】 2021年，牡丹江市审查申请备案企业申报材料，严把非药品类易制毒化学品准入条件，对存在产品流向不明、制度不健全等问题的一律不予备案。全市办理非药品类易制毒化学品二类、三类经营备案证明7个。对全市15户非药品易制毒化学品生产、经营企业开展检查，全面掌握非药品类易制毒化学品的数量、种类、规模及流向，确保易制毒化学品不流入非法渠道。组织6户重大危险源企业完成危化品信息系统填报、公示牌设立、风险承诺公告等工作，并开展2次专项督导检查，通过省级督查、市地交叉互检、市级检查等方式，排查整治隐患149项，行政处罚6.5万元；全市有7户“一重大两重点”（即重点监管的危险化工工艺、重点监管的危险化学品和重大危险源）危险化学品企业完成自动化升级改造，数据接入国家、省危险化学品安全风险监测预警系统，实现联网监测，定期开展线上线下巡查。对全市2户精细化工企业开展专项整治，排查企业反应风险评估、自动化控制改造、人员密集场所搬迁、人员资质达标方面存在的隐患和问题6项，督促企业建立台账和问题清单，按期完成整治提升工作。全市8户危化品（化工）生产企业开展复产复工专项督导检查，逐个摸清停开工情况，建立企业台账清单，组织省、市级专家对复产复工条件进行严格核查、确认，有序组织复工复产。对照分类整治目录，对全市13户生产企业逐一开展排查评估，确定限期整改类企业9户、暂时停产停业类企业4户，全部建立问题清单，制定实施“一企一策”整治提升措施。组织开展全面排查，查处非法违法生产、储存、建设“小化工”，排查化工企业2户，化工建设项目2个，排查整改隐患和问题28项，行政处罚2万元；对全市19个化学品储罐集中区开展督查检查，对储存介质、容量和安全监控参数逐项进行核查、登记，掌握全市化学品储罐的基础数据，排查整治隐患163项。对化工园区引进项目严格准入条件，委托省级专家进行安全、工艺风险评估，严禁已淘汰的落后产能异地落户和进园入区，控制引进涉及危险化学品项目。大庆路化工园区2个化工生产项目履行审查程序，通过竣工验收审查。桦林和大庆路两个化工园区均已开展整体性安全风险评估，确定安全风险等级，安全风险评估报告通过省级专家评审，提出“一园一策”整治提升措施，督促指导制定落实整改方案，牡丹江桦林工业园区安全风险等级由A级提升为C级。

（市应急局　迟昊东）

【安全生产责任制】　2021年，牡丹江市推动《地方党政领导干部安全生产责任制规定》和省实施细则落实，市委、市政府领导分别带队对包保县（市、区）和分管行业领域开展安全生产和疫情防控督导检查。3月，组织成立3个安全生产督查组，对全市10个县（市）区及重点部门的安全防范工作情况、安全生产专项整治三年行动等重点任务落实情况进行督导检查，确保全市安全稳定。

（市应急局　迟昊东）

【安全生产行政执法】　2021年5月30日，市应急局制发《牡丹江市应急管理系统持续开展安全生产“大执法”行动方案》，成立领导小组，建立工作专班，确定“大执法”企业41户，通过网站公示、走访告知、微信推送等方式向社会和检查企业进行通告。统一下发监督检查清单、隐患整改台账记录表，确保信息及时上报。指导企业对大执法重点检查的17项内容开展自检自查，发现隐患169项，聘请专家，为技术力量薄弱的企业提供指导服务，全部整改完成。市应急局检查生产经营单位41户，排查整治问题及隐患231项，整改率100%，罚款6.98万元，重大隐患1项，均整改完毕，责令停产整顿1户，暂扣证照企业1户。按照《“21+4”工贸行业领域专项整治执法检查重点事项表》，对22户企业进行执法检查，排查整治问题及隐患105项，立案2件，罚款2.7万元。

（市应急局　迟昊东）

【安全生产基层基础建设】　2021年，牡丹江市抓好基层森林草原防火安全，依托市本级瞭望塔9座，建设预警监测系统，加强森林草原火点和林业有害生物监测。加强森林草原火灾监测预警和应急值守，利用卫星监测、高山瞭望、地面巡逻“三位一体”的森林火情监控体系，全方位、全天候实时监控火情。全年无森林草原火灾发生，森防形势持续稳定。抓好防灾基础设施建设，利用社区内的公园、绿地广场、学校、体育场馆等设防标准较高的坚固公共建设场所，确定全市应急避难场所86处，每个县（市、区）有1所可满足长期需求的示范性应急避难场所。

（市林草局　王新安）

【安全生产培训】　2021年，牡丹江市完成全国安全监管执法人员轮训网上专题培训班的相关工作，向省厅报送牡丹江市应急系统管理人员名单和学员信息名单，组织全市应急干部参加学习，培训210人；组织全市应急管理系统参加全省安全生产执法业务第一、二期视频培训，培训211人；组织2021年行政执法人员资格考试工作，培训执法人员51人；举办39期培训班，培训和考试考核各类从业人员3716人。其中，煤矿安全生产培训58人，非煤矿山安全培训118人，高危行业危险化学品安全培训145人，烟花爆竹安全培训146人，工贸领域安全培训140人，其他行业领域培训3109人。

（市应急局　迟昊东）

【安全生产宣传】　2021年安全生产月期间，市应急局邀请省级安全专家，在中加铁矿、热电总公司、百威啤酒有限公司、东京城林业局等10个单位开展“安全生产月”主题宣讲活动，举办培训班12期，培训从业人员2000余人，提高相关人员安全意识和素质能力。市、县两级同步举办“安全生产月”咨询日活动，组织专业人员和公益律师接受广大职工群众面对面咨询，为职工代表讲解新修订的《中华人民共和国安全生产法》。设计制作牡丹江市应急管理局安全生产月宣传片，利用LED大屏幕滚动播放，全市设置宣传展板640块、标语961幅，发放各类资料1万余份，受众5000余人次。开展疫情防控、应急管理、安全管理、震灾震害、防洪防汛、森林防火、安全生产三年专项整治和第四届黑龙江省旅游产业发展大会等方面宣传工作，全年向省应急厅报送稿件200余篇，省厅网站采纳发表45篇，省厅公众号发表10篇，《龙江应急》杂志发表3篇；《牡丹江日报》和《牡丹江晨报》发表40余篇，牡丹江融媒体发表4篇；安全生产专项整治三年专项行动工作简报刊发57期；助力第四届黑龙江省旅游产业发展大会，宣传报道稿件38篇；牡丹江市应急管理局微信公众号发稿574篇；在极光新闻等新媒体发布稿件668篇，多篇文章被推荐在应急版块并在应急频道首页置顶；在龙江新闻龙头号APP注册牡丹江应急管理账号，发表多篇新闻宣传稿件，实现宣传工作新突破。开展综合减灾示范社区创建活动，加强社区预案编制和演练，组织开展“5·12”和“10·13”减灾日宣传活动，提高公众参与度与知晓率。2021年，牡丹江市创建国家综合减灾示范社区2个、全省综合减灾示范社区2个。

（市应急局　迟昊东）

消防安全

【消防救援】　2021年，牡丹江市消防救援支队以打赢致胜为目标，举办全市消防运动会、多种形式消防队伍和微型消防站比武竞赛，承办全省第三作战协作区比武竞赛。建立搜救犬队，建强“地震、山岳”等10支专业队，组建专业技术服务队开展驻队指导，召开高铁列车火灾和应急救援联席会，同气象、水务、卫生健康、森林消防等部门建立长效合作机制，提高消防救援队伍攻坚克难本领。配齐配强全市消防救援队伍无人机设备、飞手及三大运营商专网图传卡，应急通信实现全时、全域、全网保障。开展常态化作战安全评估，精准修订3D数字化预案，全年未发生作战伤亡事故。在全省职业技能竞赛中斩获多项第一，获评“全国执勤训练工作先进支队”。完成“4·22”宁安坍塌救援、“5·26”东宁爆炸事故、“8·19”永昌纸业火灾、“10·7”七台河矿震事故井下搜救等硬仗。全年接处警1801起，其中，火灾扑救781起，抢险250起，社会救助及公务执勤等其他类警情770起。营救疏散被困群众367人，抢救财产价值313万元。

2021年10月13日，牡丹江市消防救援支队在东一步行街设置宣传展板、消防常识咨询台和消防器材展示等区域，向群众宣传消防减灾知识

（市消防救援支队　供图）

【智慧消防】　2021年，牡丹江市消防救援支队依托海湾公司消防远程监控系统搭建消防物联网，协调海湾公司开展免费培训、义务检测技术服务，共同推动一级消防监管单位安装消防远程监控系统，提升社会单位主体责任落实，全市具备安装条件的185家人员密集场所全部接入城市消防远程监控系统。市消防救援支队推动牡丹江万达广场商业管理有限公司建成消防远程物联网监控系统，通过手机APP实现“线上”监测，全面掌握单位基本信息、人员管理、异常查看、故障查看、火警信息、巡检情况、消防车通道等信息。单位消防安全管理人员、消防监督员利用手机APP即可查看单位末端压力值、水泵控制柜运行状态、消防水泵运行状态等情况，子系统防火智能化实现对疏散通道区域静态抓拍，通过服务器分析是否为真实堆积物品，实现8分钟系统报警等。市消防救援支队与市公安局建立信息沟通机制，共享“城市天眼系统”，配备值班人员24小时监控火灾等情况，保证有险情能第一时间在监控设备调取现场情况。市消防救援支队与市应急局、市气象局、市卫健委等建立安全工作微信联络群，在气象变化、火灾高发、特殊疫情的情况发生前，做好信息发布，做到信息资源共享。开展数据采集工作，将各类基础数据

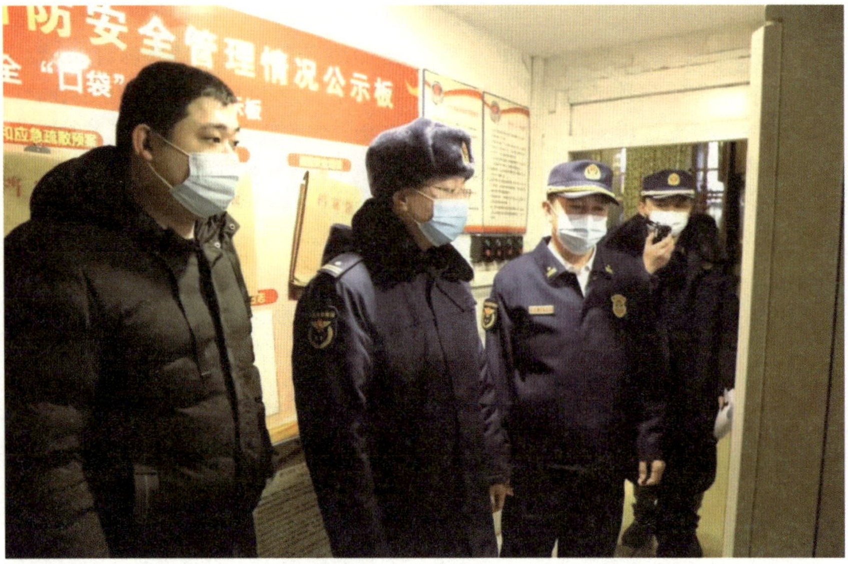

2021 年 12 月 23 日，牡丹江市消防救援支队开展“夜查行动”

（图片来自网络）

进行汇总，以备纳入平台使用。

【消防执法】 2021 年，市政府常务会议两次研究消防救援工作，市政府将《城区公共消防基础设施建设十五年发展规划》作为重点项目统筹编制，市人大牵头开展“一法一例”培训工作，市政协将“全市深化消防执法改革意见”纳入提案计划，为消防工作扎实有效开展提供高位支撑。牡丹江市消防救援支队推动开展“平安牡丹江”创建，在第四届黑龙江省旅游产业发展大会期间推行“无火”治创模式，实现“无冒烟、不着火”，全年“无火日”达 127 天。深化部署三年行动、新一轮大排查大整治和城镇燃气安全排查等专项整治，召开农村、高层建筑、大型商业综合体等 3 个现场会，出台“口袋管理”“深度提醒”“井盖文化”建设标准，提升隐患治理效能。设立支、大队两级派出所消防监督专员，联合乡镇（街道）试点推行“一所一站”基层消防力量建设，有效遏制小火亡人多发势态。全年累计检查单位 27042 家，整改隐患 76579 处，下发责令改正通知书 22868 份、行政处罚决定书 879 份，临时查封 472 家、“三停”（停止施工、停止使用或停产停业）408 家、罚款 480 万元。

【消防宣传】 2021 年，牡丹江市消防救援支队建成集采编、录音、演播、审片等功能于一体的全媒体中心，加强内容和渠道建设。依托“两微一抖一快”平台，制作“雪城消防微课堂”“青春火焰蓝”等系列短视频 61 条，“蓝朋友街坊记”“老薛说消防”等专题短片 33 个，累计播放量 9730 余万。承办的龙江最美消防员牡丹江地区巡讲被央视新闻联播播发，“无火”经验做法和实景党课等活动先后被《人民日报》、央视频、《中国应急管理报》等各级媒体报道。组建“你好·蓝朋友”志愿服务队，联合“美团外卖”“哈啰单车”推出线上消防提示弹窗及消防“大餐”进家门等活动，形成立体宣传声势，提升群众消防常识知晓率。以购买服务方式与地方运营商建立合作关系，实行消防宣传社会化运营，依托“线上互动 + 线下引导”模式，全年开展培训 2135 场，受众 10 万余人次。建成符合省级标准的 500 余平方米的应急科普教育基地，通过聚焦“历史火灾痛点、火灾致灾焦点、百姓关注重点”，引入 VR、AR 等体验设施，提升体验趣味性。借助抖音平台开展“探秘”消防世界直播活动，累计获得 5 万余次点赞。

（市消防救援支队　蒋炎良）

农产品质量安全

【概况】 2021 年，全市检查农村食品生产主体 396 户次，食品销售主体 4642 户次，餐饮服务主体 4685 户次，批发市场、农贸市场 53 户次，网络食品交易第三方平台提供者 37 个次，受理消费者投诉举报 120 件，排查问题隐患 189 个，下达责令整改通知书 157 份，核查处置不合格报告 23 个，立案 58 起，移交公安机关 5 起。全市食品安全管理员抽查考核达到覆盖面 100%、合格率 100% 的“双百”目标，农产品质量安全例行检查合格率 98%。

【农产品质量检查】 2021 年，市场监管部门对全市学校及周边 417 家食品销售单位进行全覆盖督导检查，发现 18 家经营单位存在食品安全问题，主要为索证索票不全、销售超过保质期食品等。督导检查中辖区市场监管部门下达责令改正通知书 11 份，立案 1 起。对辖区内经营猪、牛、羊肉等重点畜禽产品的农批市场、农贸市场、商场超市等重点场所开展检查。检查批发市场、农（集）贸市场 16 个，检查商场超市、便利店、生鲜店等销售场所 609 个，排查畜禽产品经营主体 371 个，下达责令改正通知书 8 份。对在产和阶段性生产的 547 户食品生产企业进行监督检查，发现问题 115 个，责令整改 42 户，警告 6 户。

【许可证制度】 截至 2021 年末，全市办理食品生产许可事项 212 项，其中首次申报许可事项 51 项，延续事项 88 项，变更事项 63 项，注销事项 10 项，受理咨询 1200 余件。

【农产品质量监管】 2021年，全市开展省级农产品质量监督抽查4次，抽检样品680批次；开展专项抽查9次，抽检样品563批次，农产品质量安全例行监测合格率98.8%，全年未发生重大农产品质量事件。

【农资执法检查】 2021年，牡丹江市围绕“农药及农药使用、水产品禁用药物和有毒有害物质添加、‘三品一标’农产品保真打假”等内容开展专项整治。检查企业931户次，指导培训12次，线上培训28次，发放宣传资料10万余份；农资打假办结案件4件，查获饲料、兽药230千克，行政处罚33546元。食用农产品质量安全有效案件10件，行政处罚54800元，没收违法所得3499.312元。

【农产品质量安全追溯体系建设】 截至2021年末，牡丹江市国家农产品安全追溯平台录入生产经营主体238户，省级农产品安全追溯平台录入生产经营主体208户，其中“两品”一标企业111户，打印合格证400007张，溯源码31103张，累计实现溯源面积32万亩。

（市农业农村局　殷秀彦）

食品药品安全

【概况】 2021年，全市未发生重大食品药品安全事件。疫情防控常态化下，盯紧看牢进口冷链食品、药店等重点领域，在全省首创药店远程监控，做好重点行业从业人员核酸检测、疫苗接种等关键环节。成立第四届黑龙江省旅游产业发展大会服务保障专班，开展餐饮安全等系列专项整治，完成食品安全应急演练桌面推演，提高食品安全应急处置能力，特别是对大会期间重点场所餐饮安全保障，制定预案，规范流程，确保万无一失。开展学生餐商业贿赂专项整治，立案3起，移交公安部门。穆棱市市场监督管理局被评为“全国食品安全工作先进集体”，牡丹江市市场监督管理局食品安全协调科被推选为“全国市场监管卫士”。

【食品安全宣传】 2021年6月8日，全市统一开展食品安全宣传周活动。按照《牡丹江市食品安全宣传周重点活动任务分工》，市文明办、团市委、市市场监督管理局、市公安局等17个部门走进广场、走进社区、走进校园、走进乡村，举办食品安全与营养健康科普宣教、法制知识宣传、你点我检、食品安全实践公开课、农产品质量安全等活动。开展食品安全网络知识竞赛、网络宣传、示范单位开放日、放心超市自我承诺、食品安全口岸行等20个主题日活动。市食安委各成员单位齐抓共管，保持牡丹江市食品安全稳定向好，守住从农田到餐桌的每一道防线，在主流媒体发布稿件百余篇、公益广告千余条，融媒体推送信息点击率6万余条。组织开展“食品安全宣传周”活动76场，举办“学生营养日”现场讲座4场、社区食品安全知识科普宣传12场，开展“放心食品超市自我承诺”34户、餐饮单位“摒弃浪费守护安全”倡议承诺活动455户、“你点我捡”食品快检276批次、“餐饮安全你我同查”活动9次，引导群众共同参与治理，为食品安全保驾护航。

【食品药品安全社会共治体系建设】 2021年，牡丹江市谋划21项重点工作任务，把食品安全工作列为“经济社会发展主要责任指标”“平安建设考评”和市委重要事项督办内容。3次召开食品安全工作会议，明晰各部门工作职责。在乡镇、社区建立食品安全领导小组，构建横向到边，纵向到底的责任链。完善食品安全协同工作机制，制定《牡丹江市食品安全工作信息数据报告制度》《牡丹江市食品安全风险和形势会商制度》。全市财政拨付食品安全监管经费121.4万元、检验检测经费276.6万元。强化风险隐患排查，对食品、药品、特种设备、工业产品质量“四大安全”实行全覆盖全链条监督检查，检查生产经营使用单位22671家，排查隐患1415个，全部限期完成整改。开展食品安全应急演练和专项整治，先后开展餐饮安全、校园食品安全、流通环节药品安全、新冠疫苗质量安全、电

2021年6月8日，市司法局在文化广场设立普法展台，向群众宣传食品安全知识　（市司法局　供图）

梯安全、景区游乐设施安全、成品油质量安全等系列专项整治活动，拉网式检查，排查隐患，建立台账，销号管理。

【食品安全监管】 2021年，牡丹江市完成乳及乳制品、粮食、食用菌、坚果等食品安全标准跟踪评价155户，举办食品安全标准工作培训班1次，督促生产企业落实主体责任，提高企业标准制定能力和执行能力。按季度对风险监测、隐患排查和舆情信息进行收集、汇总、分析，及时通报有关部门，对不合格食品进行追踪溯源，核查处置完成率100%。在庆祝中国共产党成立100周年、第四届黑龙江省旅游产业发展大会期间，开展“防风险、保安全、迎大庆”食品安全风险排查整治行动，盯紧旅游景区、学校食堂、养老机构、大型聚餐单位等关键部位，排查风险848个，全部跟踪整改到位。开展牡丹江市Ⅳ级食品安全突发事件应急演练和各县（市、区）食品安全应急演练10次。制定《食品安全保障方案》，派驻保障56人次，对大会观摩点进行两轮指导检查，对承接用餐单位的651名从业人员开展规范培训，确保大会无食品安全事故发生。

全年开展食用农产品监测抽检1990批次、粮食抽检293批次，地产农产品合格率99%以上；加强对全市肉菜流通追溯“节点单位”管理，上传平台追溯数据58290条；开展米面油、调味料、酒类、糕点类食品抽检3398批次，合格率97.84%；完成出口食品抽样检测261份、进口食品抽样检测160份；完成食品风险监测485份，食源性疾病病例监测1361份。在生产环节，开展粮食加工品专项整治，食用植物油专项整治，芝麻油、酿造酱油专项整治，标签标识规范行动；在流通环节，开展农村假冒伪劣食品专项整治、畜禽产品专项整治、校园食品安全守护行动、保健食品行业专项清理行动；在餐饮环节，开展旅游景区餐饮安全专项整治、中小学“学生餐”突出问题专项治理、校园周边流动摊贩和外卖送餐专项整治、校外托管机构食品安全专项整治、幼儿园食品安全专项治理、学校及周边食品安全专项整治。下达责令改正通知书410份。通过隐患排查和重点整治，全年市场监管部门立案查处案件386件，罚没金额192.34万元，取缔黑加工点1处；农业农村部门立案查处案件11件，罚没金额45万元；城管部门清理无证无照经营行为1026个；公安部门侦办刑事案件4起，抓获犯罪嫌疑人4名，涉案金额100余万元；审理食品安全犯罪案件16件，判处被告人28人，形成打击食品安全犯罪的高压态势。落实省委提出“把食品和农副产品精深加工业打造成龙江第一支柱产业”部署，开展肉制品和乳制品质量安全提升行动，开展红星乳业婴幼儿配方乳粉生产规范体系检查，企业自查率、报告率和问题整改率实现3个100%，在食品工业企业质量安全追溯平台运行平稳。

【药品安全监管】 2021年，牡丹江市未出现药品安全区域性、系统性风险，未发生药品安全事件。4月初，市政府投资100万元，在全市零售药店中推行“医药沃卫士”远程监控系统，全市1193家药店全部实行远程网络监管。推行使用“沃填报”，实行填报、流调、信息反馈、分析、决策、疫情防控闭环管理，全市“四类药品”（退烧、止咳、抗病毒、抗生素类药品）报送1358453人次。规范药品流通秩序，开展药品流通环节专项检查。制定《全市药品流通环节专项检查实施方案》，按照分级负责、属地监管原则，开展为期八个月专项检查，全市检查药品零售企业3096户，药品使用单位320户，发现违规单位165户，立案查处109件，罚没款131.2万元。6月下旬至10月中旬，组织开展全市“除隐患、保安全、迎大庆”药品监管百日专项行动工作，检查药品经营企业1748户次，药品使用单位60户次，发现问题158个，当场告诫整改25个，停业整顿27户次，责令整改85户次，警告85户次，未凭处方销售处方药的给予处罚37户次。

【化妆品监管】 2021年，牡丹江市根据省药品监督管理局（以下简称省药监局）统一部署和全市化妆品行业特点，开展儿童化妆品专项检查、特殊化妆品和进口化妆品专项检查、“除隐患、保安全、迎大庆”百日专项行动，分别制定工作方案，明确工作目标和主要任务。强化对重点化妆品种，对大中型商场、批发市场、超市、化妆品专卖店、母婴用品店、美容美发机构等一类监管对象的日常监管和风险管控。把儿童化妆品专项检查、特殊化妆品和进口化妆品专项整治活动纳入百日专项行动，三项检查同步推进，检查各类化妆品经营企业801户。全年检查母婴用品专卖店54家、儿童理发店21家、婴幼儿洗浴场所和早教机构8家、化妆品专营店169家、美容美发机构351家、化妆品批发企业5户。行政处罚案件立案8起，结案7起，罚款2.5万元。其中，2起为经营超过使用期限化妆品，5起未执行进货查验记录制度。对建立进货台账不完整的经营者，责令改正55家。督促县（市、区）局切实承担起监督检查职责，9月份督导东安区局、西安区局儿童化妆品专项检查工作，抽查8户经营企业，化妆品经营企业存在不重视进货查验记录和未建立健全台账等问题。

按照省药监局《关于做好2021年国家化妆品监督抽检工作的通知》要求，按确定比例在集中市场交易场所、商场、超市、美容美发机构等经营环节抽样，抽样地点涵盖全市化妆品经营企业。加大可能存在问题的经营企业抽检力度，尤其加大安全风险较大类别化妆品抽检力度。严格按照抽样程序进行抽样、封样和制作抽样记录，确保抽样工作质量。及时上传信息，按时限完成全年国家化妆品监督抽样79批次任务，其中儿童化妆品抽样12批次。全市将监测工作纳入化妆品日常监管工作中，认定牡丹江市红旗医院为首家医疗机构化妆品不良反应监测哨点，为化妆品日常监管工作提供技术支撑。建立县（市）级管理员账户5个，报送化妆品不良反应监测报告270份，超额完成全市按百万人口计算的工作目标。

【新冠病毒疫苗流通使用质量安全】2021年1月5日，省药监局召开全省新冠病毒疫苗质量安全监管工作视频会议，牡丹江市制定详细检查计划，成立3个督查组，检查全市11个疾病预防控制中心、19个社区接种单位。按照方案要求，由县（市、区）市场监督管理局检查辖区疾控中心和社区接种点，检查中发现部分县区级疾病预防控制中心未配备冷藏车配送疫苗、个别接种单位冷链设备容积明显不足以及存在应急调配制度不完善等问题，将问题上报省药监局并反馈给牡丹江市卫生健康委员会。针对发现问题，要求立即整改，在全市大规模接种前，10个县（市、区）全部配备使用冷藏车配送疫苗，各接种单位逐级增配冷链设施设备，市疾控中心制定并下发疫苗应急调配相关制度，锁紧筑牢疫苗冷链疫情防控工作。4月3日，接到省药监局《关于开展新冠病毒疫苗质量安全专项监督检查的通知》，市市场监督管理局成立专班并组织召开专题会议，对全市新冠病毒疫苗质量安全专项监督检查工作再部署，要求各县（市、区）市场监管局按照职责分工，开展对疾控中心、新冠病毒疫苗定点接种单位全覆盖、多频次检查，确保新冠病毒疫苗流通使用质量安全，及时掌握辖区内疾控中心及接种单位最大库存预警数量，避免出现因冷藏设施设备容积不足导致疫苗储存不符合要求的风险，确保所到疫苗储存符合冷链要求。为确保储运温度真实准确，要求各疾控中心、接种单位在原有温控条件下配备水银温度计作温度监测双保险，并组织市检验检测中心免费为全市新冠疫苗储运1148支温度计进行温度测定校准，发现并更换21支不能使用的温度计。4月初，成立两个督导组，与各级防指、卫健委、市场局等有关部门配合，对全市新冠病毒疫苗接种情况开展第二轮督导检查，对冷链储存运输中风险点进行风险排查并提出整改意见和建议。4月18—19日，省药监局新冠病毒疫苗专项监督检查专班第三检查组来牡丹江市，开展为期两天现场督导检查。为确保新冠病毒疫苗流通使用质量安全，组织开展全市新冠病毒疫苗质量安全专项监督检查。全市检查疾控中心71家次（应检查疾病预防控制机构11家），检查新冠病毒疫苗接种单位623家次（应检查预防接种单位119家）。

（市市场监督管理局　裴得明）

网络信息安全

【网络信息安全管理】　2021年，牡丹江市完善网络安全工作制度，相关部门在网络安全信息方面相互通报，信息共享，联合开展网络安全执法检查。建立全市网络安全信息预警工作机制，全年发布预警信息11条。在全市4家重点关键信息基础设施单位部署态势感知，实现对重要信息系统的安全态势实时监控。进一步完善《网络安全事件应急预案》，及时发布系统漏洞信息预警。

（市委网信办　张延辉）

【网络舆论引导】　2021年，牡丹江市策划组织“奋斗百年路·启航新征程”网络主题宣传，开展习近平新时代中国特色社会主义思想、庆祝中国共产党成立100周年、党史学习教育、迎第四届黑龙江省旅游产业发展大会、社会主义核心价值观等主题宣传活动，组织全市200多个新媒体账号开展网络信息传播工作。开展“庆百年迎旅发启航新征程”优秀网络作品征集展播，展现全市经济社会发展辉煌成就。征集作品312部，展播优秀作品108部，评选出优秀网络主题作品一等奖3部、二等奖5部、三等奖10部、优秀奖17部，优秀组织奖5个。短视频“牡丹江奔小康”入选央视网“人民记忆·百年百城”专题宣传。开展全市新闻奖网络作品评选活动，《以“黑金”产业为动力，跑出脱贫“加速度”》和《水不退、人不撤，林口县打响防汛抗洪阻击战》两部作品获黑龙江省新闻奖三等奖。加强新冠疫情防控网络宣传引导，广泛传播疫情防控权威信息、防护和疫苗接种知识、典型事迹等，及时发布涉疫情网络谣言，为持续打赢疫情防控人民战营造良好的网络舆论环境。加强网络人士统战工作，举办“镜泊胜景·林海雪原网络达人迎旅发”采风活动，同名微博话题浏览量3800余万。推荐牡丹江市网络代表人士进入政协2人、新阶层联谊会3人，网络作家“小刀锋利”荣获2021年黑龙江网络文明宣传大使称号，网络作家“潇湘冬儿”荣获全省十佳青年好网民称号。

（市委网信办　张延辉）

【网络信息服务】　2021年，牡丹江市做好“网信连心桥”等网上问政平台的网民留言回复工作，“网信连心桥”回复率100%，对网民反映的小区物业、环境卫生、市政建设等问题和政策咨询类问题，相关单位及时回复和办理，网民满意度日益提升。“网信连心桥”作为“雪城答卷”巡礼项目在“雪城理论学习”微信公众号进行展示，典型经验做法在《网信黑龙江》刊发。

（市委网信办　张延辉）

【网络安全宣传】　2021年，牡丹江深入开展《中华人民共和国网络安全法》等互联网法律法规宣传教育，组织全市5万余名党员干部参加全市网络安全法理论知识测试，提高网络安全意识。10月11日至17日，联合市公安局、市教育局、市工信局等单位举办以“网络安全为人民，网络安全靠人民”为主题的全市国家网络安全宣传周活动，组织开展网络安全图片巡回展、网络安全“六进”专题讲座、网络安全公益广告展播及互联网法律法规知识网络有奖答题等活动。宣传周活动举办宣传、培训活动31场，累计发放宣传材料2万余份，利用电视、网站、新媒体等平台累计播出网络安全公益广告、主题日活动等相关内容1300余次。开展“八五”互联网法律法规普法宣传，会同市依法治市办开展互联网法律法规知识答题，全市近10万名党员干部职工和网民参加。组织全市党员干部参加2021全国互联网法律法规知识云大赛，市委网信办荣获“优秀组织单位”。

（市委网信办　张延辉）

【“清朗2021”专项行动】　2021年，牡丹江市做好省级下放的互联网行政执法权限承接工作，编写《网信系统行政执法手册》。加强全市网站内容审核，贯彻落实省委办公厅印发的《关于进一步规范移动互联网应用程序 整治指尖上的形式主义工作实施方案》，清理规范28家非政府序列工作单位的微信工作群、微信公众号、政务类APP、学习平台等移动应用程序，开展具有信息服务、媒体属性、舆论动员功能的网站和自媒体账号管理工作，并开展实时巡查。在3月26日召开的全省网信系统推进网络综合治理、部署开展“护苗·净网”专项行动视频会议上，牡丹江市作《加快建立网络综合治理体系 营造和谐清朗的网络空间》典型发言。9月，经争取，《牡丹江日报》和“今日绥芬河”微信公众号增推权限获得中央网信办批准。截至年末，全市有7个微信公众号获得增推权限。

（市委网信办　张延辉）

【“网安2021”专项行动】　2021年，牡丹江市在庆祝中国共产党成立100周年和第四届黑龙江省旅游产业发展大会前夕，组织全市重要信息系统“网络安全大核查”，重点对6个县（市）和6个重点市直部门的19个重要信息系统、15家重点党政机关和事业单位网站开展网络安全现场检查，对7家单位下发《网络安全整改通知书》。

（市委网信办　张延辉）

【无线电管理】　2021年，牡丹江市无线电管理处根据工信部5G基站干扰协调管理办法，做好干扰协调工作。完善《5G频段卫星地球站清单》，为做好5G干扰协调提供依据。加强公众移动通信频段监测，及时掌握基站建设进度情况，为广电和运营商做好相关指导服务。在春秋季防火期、清明节等关键时期，对各重点设台单位走访调研，询问了解用频需求情况，实地测试设备效果。先后3次赴绥芬河东宁机场实地核查，解决机场无线电频率台站需求。查处非法设置使用“黑广播”“伪基站”等违法犯罪行为，保障人民群众正常通信权益、民航地空通信权益和通信安全，全年查处“黑广播”7起。在第四届黑龙江省旅游产业发展大会举办期间，配合公安部门对现场无人机、穿越机等低慢小航空器进行管控。全年保障各类国家级考试16次。

（市无线电管理处　陈献礼）

东安区

【概况】 东安区位于牡丹江市区东南部。2021年，东安区辖1个镇、6个街道办事处，土地面积581平方公里。年末户籍人口20.4万人，其中城镇人口17.4万人。全区地区生产总值38.92亿元，同比增长6.4%。其中，第一产业2.60亿元，同比增长4.2%；第二产业3.85亿元，同比增长10.2%；第三产业32.47亿元，同比增长6.2%。人均地区生产总值19067元。全区固定资产投资3.19亿元，同比增长32.7%。规模以上工业总产值同比增长4.5%。社会消费品零售总额突破百亿，同比增长10.4%。一般公共预算收入14350万元，同比增长51.3%。一般公共预算支出45673万元，同比下降11.05%。全年实际利用内资21亿元，同比增长68.2%。粮食总产量19.3万吨。全年旅游接待总人数230万人；实现旅游业总收入4.5亿元，同比增长19%。新增科技型初创企业513户，引入科技人才1167人。居民人均可支配收入36641元，同比增长7.3%。全区累计新增就业人员3951人，城镇登记失业率控制在3.75%以内。

【经济发展】

项目建设 2021年，东安区实施"全员+专班+包保+区域""六推三保"、驻点招商等新举措，签约屋顶分布式光伏发电、中俄国际健康康养中心等亿元以上项目8个，雪乡情滑雪场、申融物流等千万元以上项目20个。全口径到位资金21亿元，同比增长68.2%。重点推进中天黑木耳素饮品深加工、新纪元文华里等23个省、市"百大项目"，资金到位率、开工率、投资完成率均达100%以上。深入开展工业"挖潜增效"行动，棱达机电、特华得食品等重点企业产值实现大幅增长。构建商贸企业联盟，与广东、福建商会、名优企业精准对接，深度互动，推动牡丹江与厦门"友好共建中心"建设。东北新兴产业基地一期项目投入运营。丰阳商贸、温商商务酒店、聚唐商贸等8户企业达限入统。东一商场、中国满绣获评全省"龙江老字号"企业。

文旅产业 全面释放文旅产业发展活力，紧扣"一核两带三区"建设目标，完成东安区全域旅游规划编制，建成一批街镇特色旅游项目，打造印象五星、红色七星、最美牡丹峰旅游公路等特色景观。深入实施"1213"工程，东一中俄风情街和1946文创园2个观摩现场成为全市百大项目，谋划总投资近10亿元的旅发重点项目24个，建成运营沉浸式全景体验剧场、玛雅文化娱乐中心等12个项目。高质量办好各类赛会活动。成功举办"东安杯"全国青少年机器人创新挑战赛、中俄（牡丹江）国际文化交流暨市县区书画摄影联展等国家省市级活动20余场次，宣传推广"东安有礼"特色品牌百余种，红城剧场被授予"牡丹江市爱国主义教育基地"、市"青少年研学基地"。

乡村振兴 2021年，组建区乡村振兴局，统筹投入涉农资金3196万元，岭东污水处理厂填补东安区污水处理空白，投入1607万元新上东村农业嘉年华、东胜特色民族产业等一批富民强村项目。村级特色产业快速发展，大湾、西村成为全市都市精品蔬菜基地，中天富硒黑木耳棚室规模扩大到94栋，绿色有机食品生产突破2万亩，生猪、仔猪年出栏1.1万头，农林牧渔总产值同比增长8%。高标准完成岭东村、河西村美丽乡村建设，桥头村、东胜村公益事业项目推进有力，17个行政村实行生活垃圾集中转运，投入680万元提档升级农村公路13.2公里，"五清一改"清运生活垃圾16吨，清理河道7公里，农村常住危房动态清零，被水利部评为第四批节水型社会建设达标区。乡镇卫生院及卫生服务中心完成升级改造。

数字经济 东安区作为牡丹江市商贸核心区，区内购物中心、金融机构、特色商圈密布，商贸经济规模占全市半壁江山，社会消费品零售指数领跑全市。东安区贯彻落实全省"互联网+传统商贸业"发展战略和全市电子商务工作会议精神，以产业转型升级为主线，以"互联网+东安"为重点，以创新商业模式为动力，强力推进“互联网＋商业”的发展。全区有电子商务服务企业3户，电子商务应用企业近万户。其中，苏宁易购、大商“天狗网”、大润发“淘鲜达”上线运营，实现网上交易额过亿元，形成“互联网＋传统商贸业”发展格局。区内企业研发、创建、推广的“云地摊”项目，利用抖音直播、微信公众号、建群营销等模式开启“云复工、云复业、云运营”新零售模式。启动“村级电商服务站”建设，以“电商＋龙头企业＋专业合作社＋农户”模式的农村电商服务站发挥“采进来、卖出去”的便民、助民、惠民作用，助力乡村振兴发展。

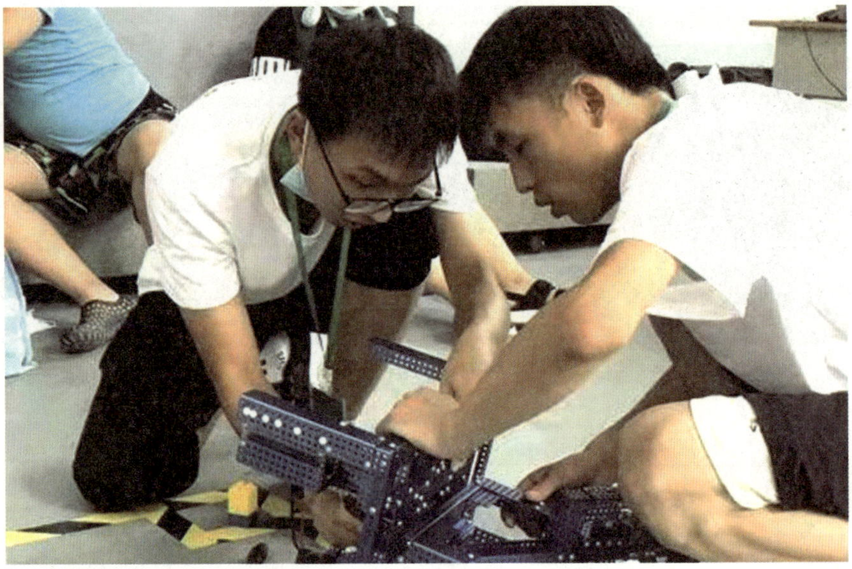

2021年7月23日，“东安杯”全国青年少机器人创新挑战赛上，参赛选手在组装机器人 （王鹤新 摄）

【社会事业】 2021年，东安区办结10件利民实事，完成60.2万平方米老旧小区改造，惠及居民7869户，东兴小区开创全省高层建筑改造先河。在全市率先落实养老机构备案制度，发放廉租房补贴104万元、城乡最低生活保障金1286万元，社区居家养老驿站覆盖率85%。发放优抚补助金452万元、义务兵家庭优待金315万元。破解人武部硬件建设不达标问题，拆址新建达到省级三星标准。投资909万元完成9所义务教育薄弱学校改造项目，4所新建公办幼儿园投入使用。全面落实“双减”政策，学科类培训机构压减比例100%，教育教学3项工作在全市经验交流会上作典型发言。开展“庆建党百年、迎旅发盛会”等系列群众文化活动50余场次，成立东兴、振兴2个街道办事处和7个社区，投资90万元高标准建立“五位一体”一站式公共法律服务中心。投资200万元建成小型消防站，填补主城区无消防救援站的空白。投入200万元完成全国第一次自然灾害综合风险普查工作任务。

【“一站式”诉讼服务】 2021年，东安区创新“集约化”一站办理诉讼服务新模式，让群众只跑一次。五星级诉讼服务中心集导诉服务区、诉讼服务区、自助服务区、便民服务区和诉调服务区等五大功能于一体，对登记立案、多元解纷、分调裁审、涉诉信访等诉讼服务实行集约化办理。完善诉讼服务机制保障，优化《一窗通办规范》《规范立案工作实施细则》《诉讼服务便民措施》等12项措施规定；构建“门诊式”分类处理诉讼服务新格局，让群众一次办清。对诉至法院的矛盾纠纷，首先引导当事人优先选择非诉讼纠纷解决方式，委派到诉讼对接中心，通过人民调解、劳动仲裁、律师调解等方式进行化解；对受理的案件进行归口管理和繁简分流，简案“门诊”速裁，难案“住院”精审。委派调解案件954件，速裁案件778件，案件审理周期平均缩短到17.9天；打造“智慧型”高效便捷诉讼服务新平台，让群众一次办好。依托“12368诉讼服务热线”“黑龙江法院诉讼服务平台”“黑龙江移动微法院”，打造“网上立、自助立、就近立、现场立、跨域立”的诉讼服务新平台，实现“线下一站全办、线上一网通办、跨域立案能办”；推进“多元化”矛盾纠纷快速解决新机制，打通诉讼服务“最后一公里”。建成法院调解中心、司法局调解中心、街道办事处调解中心三个层面的调解平台，密织17个行政村、社区调委会、202名专职调解员的大调解网络。

【“东安杯”全国青少年机器人创新挑战赛】 2021年7月23日，由全国学校体育联盟机器人工委、黑龙江省机器人运动协会、东安区人民政府、中国移动通信集团黑龙江有限公司牡丹江分公司联合举办的“东安杯”全国青少年机器人创新挑战赛在1946文创园拉开帷幕，来自全国20个省的1107支参赛队1827名参赛选手围绕多个竞技项目展开激烈角逐。本届挑战赛是面向全国青少年开展的一项具有导向性、示范性、普及性和综合性的科技竞赛活动，是全国各级各类学校机器人创新活动成果集中展示的一种形式。比赛主要是为激发新时代青少年创新热情，聚焦“教、练、赛”教学环节，检验学校机器人素质教育成果，进一步推进素质教育。

【东一中俄风情街开街】 2021年7月12日，第四届全省旅发大会重点观摩项目之一的东一中俄风情街项目全面完成改造升级。东一中俄风情街位于牡丹江市核心商圈，街区全长946米，占地面积9400平方米，商家300余户。街区以中俄元素为主线，体现中俄文化的交融并蓄，围绕“一轴三段七景十一纵”，由南至北规划中俄不夜商街、中俄艺术风情街、中俄文化老街3个特色街区。街区业态布局丰富，是集购物、餐饮、娱乐、商务于一体的一站式景观街区。

【1946文创园开园】 2021年7月10日，东安区举行1946文创园开园暨东安区红色爱国主义教育基地授牌仪式。文创园利用原牡丹江木工机械厂老工业遗存，改造提升以工业博览和沉浸式体验为主题的1946文化创意产业园区。项目占地9.1万平方米，厂房23间。对园区基础设施、业态布局、文化植入进行调整升级，突出文化核心地位，保留工业文化的历史感。园区内入驻中国神州机器人、奥体国际健身、玛雅娱乐工厂、胡同里音乐酒吧等驻园项目30多个，白金级网文大咖和著名画家20多人，催生了别具一格的牡丹江文化现象和“文创东安”特色品牌。建成以人工智能和机器人为主题，集教育培训、科技博览、国际交流、等级考试、资格认证、赛事举办于一体的机器人运动暨科技创新基地。“红城剧场”被授予“牡丹江市爱国主义教育基地”，是园区整体提升工程中的一号重点项目。

（东安区档案馆　姜守义）

西安区

【概况】 西安区位于牡丹江市西南部，是牡丹江市最早建立的城区之一。2021年，西安区辖温春镇、海南朝鲜族乡和先锋、火炬、牡丹、立新、江滨、沿江、水泥7个街道办事处，土地面积445平方公里。年末户籍人口23.57万人，其中城镇人口19.05万人。全区地区生产总值完成52.95亿元，同比增长6.3%。其中，第一产业增加值3.75亿元，同比增长3.9%；第二产业增加值7.55亿元，同比下降1.4%；第三产业增加值41.65亿元，同比增长8.0%。固定资产投资完成14.47亿元，同比增长37.8%，社会消费品零售总额51.41亿元，同比增长9.9%。一般公共预算收入完成2.55亿元，其中税收占比达到88.7%。

【经济发展】 2021年，西安区累计开复工亿元以上项目17个、500万元以上项目93个，全域旅游、嘉华星级酒店等26个省市百大项目“四率”领跑城区，获一档奖励资金300万元，优斯特购物中心、龙建混凝土等54个项目竣工。争取到位各类资金3.76亿元。新签约中韩食品产业园等亿元以上项目11个，名品运动等千万元以上项目60个，签约落地率93%，招商引资到位资金同比增长58.2%。“牡丹江大米”商标注册成功，稻米文化展示馆建成开放，温春烤烟综合体、北纯扩建等“两头两尾”项目投入生产，古榆公园、红星花海等休闲农业蓬勃发展，新建成的粮食物流中心入驻益海、全丰等总部企业7户，农业托管面积突破2万亩。全年新增国家级高新技术企业9户、规上工业企业1户，规上工业增加值增长0.4%。新蓝天钢结构、康泰生物扩建等项目建成投产，富通配套产业园建设实质破题，韩国商品免税购物中心、民族食品产业园等项目建成运营，“云经济”、促消费等系列活动拉动消费2.6亿元。全年新增限上企业10户，社会消费品零售总额增长9.9%。新经济产业加速发展，成立全市首家电商直播协会，新文创产业园、新经济产业园新引进澳瀚斯、仁合堂等项目21个，全区电子商务交易额增长10%。

【社会事业】 2021年，西安区“一村一街一带一路一街区”建设成效显著，国际书画文博中心、解放印巷等72个项目连点结网贯通全域，峰悦微度假小镇成功打造全省第一家3.0版自驾车营地，中兴村成为全市旅游新地标，朝鲜族文旅商贸园区获批全省首批旅游休闲街区，牡海城际公路景观大道愈加靓丽，解放路百年老街旧貌换新颜，温春文旅街区辟建城市近郊游新空间。全年西安区接待游客、旅游收入分别增长160%和170%。全区实施老旧小区改造81.5万平方米，农村危房改造15户，拆除私搭乱建757处，清运垃圾2420吨，新增物业管理面积102万平方米，建成农村污水处理设施2个，90%行政村达到清洁标准，中兴村荣获“全省最佳特色民宿示范村”称号。全年民生支出4.63亿元，占财政支出的85%。落实稳就业“60条”政策措施，兑现灵活就业补贴1639万元，城镇登记失业率低于省控目标2.7个百分点，保持农民工欠薪案件动态清零；发放各类救助金2160万元，惠及困难群众4.8万人次；建成街道养老服务中心5个、社区日间照料室22个，覆盖率分别为86%和81%；退役军人服务保障体系建设实现全覆盖，“一中心、两站”服务网络更加健全。建成全市首家AI校园安全教育体验馆，操场改造等5项校园提升工程全部完成，城乡教师交流47人，学生课后服务参与率92%，学科类培训机构压减比例100%；公共卫生服务能力不断提升，医政医改深入推进，健康管理“双岗联系人”制度全面实施，海南乡卫生院实现提档升级；强化文化惠民，南拉古体育广场建成开放，全年开展“庆祝中国共产党成立100周年”系列活动百余场。完成村（居）委会换届，建成区综治中心及海南乡等3个基层调解室。

【西安区获评全国直播电商百强地区】 2021年3月，中国市场学会、阿里研究院联合淘宝直播共同发布《直

2021年建成的西安区朝鲜民俗风情街民俗小巷　　（西安区档案馆　供图）

播电商区域发展指数研究报告》，通过淘宝直播2020年数据分析，从直播商品消费等5个维度，对全国各区域直播电商发展情况进行量化评估，评选出全国直播电商百强地区，西安区成为黑龙江省唯一上榜地区，位列第23位。

【第二届牡丹江大米节暨地方名优绿特农产品展销会】 2021年10月23日，由市农业农村局、乡村振兴局、市场监督管理局与西安区委、区政府联合主办的第二届牡丹江大米（沙虎大米）节暨地方名优绿特农产品展销会在西安区中兴村启幕。本届大米节通过稻米及绿特农产品展销、网络视频直播带货、沙虎大米一条街新米展销、“牡丹江大米”区域公用品牌推介等形式，宣传扩大牡丹江大米节影响力。牡丹江市30余户稻米生产加工企业参展，20多个优质稻米品种精彩亮相。现场不仅可以看到种类繁多的优质大米，还可以欣赏具有浓郁乡村特色的文艺演出。本次大米节现场销售4.6万斤，其中，网络直播销售3万斤，现场直售1.6万斤。采购订单近100万斤。

【省内首个粮食流通产业园在西安区开园运营】 2021年5月29日，牡丹江市西安区新经济产业园开园。园区为粮食仓储物流加工综合体，兼具现代粮食物流和粮食电子商务功能，集粮食种植、溯源、收购、存储、检测、深加工、物流集港、俄粮交易等业务于一体。作为省内首个粮食流通产业园，一期运营面积1100平方米，入驻限上企业7户。与大连良运集团粮油购销有限公司开展专业化物流集港业务；亚洲最大的酒精厂——鸿展集团牡丹江分公司入驻产业园，提供粮食深加工服务；利用对俄贸易优势，在俄罗斯耕种5000亩耕地，推进农业全产业链融合发展，实现粮食流通产业转型升级。

【西安区新文创产业园揭牌成立】 2021年1月7日，西安区举行新文创产业园揭牌仪式，牡丹江国际书画文博中心正式入驻园区。西安区新文创产业园总面积6000平方米，是西安区委、区政府利用解放路及周边闲置资产，创新采用“政府引导扶持、产权人投资入股、公司自主运营”三方共建模式，打造的集电商直播、“网红”健身、文化影视、文博展销于一体的新文创产业孵化基地，已入驻鲸娱直播、爆炒文化、智鼎网络、星宏传媒、聚风健身等10户企业。

【西安区朝鲜民俗风情街改造项目】 朝鲜民俗风情街位于西安区西长安街，东起西三条路，西至西十一条路，全长1.9公里，总占地面积100万平方米，居住着1.2万朝鲜族居民，有全省唯一的朝鲜族街道办事处，以及朝鲜族中小学、朝鲜民族艺术馆、朝鲜民族歌舞团等民族文化单位团体和400余户朝鲜民族商贸实体。2021年，西安区结合“城里城外”文旅融合发展思路，全力打造牡丹江最具朝鲜民族生活气息的商贸街，叫响“城西旅游”品牌。引导朝鲜民俗风情街沿街商家自愿更新更换中朝双语牌匾，临街商家、驻区单位、小区门楼100%实现双语亮化；对街道原有的公共装置进行艺术化改造，设置2处民族元素浓郁街景和500个特色门牌、6组朝鲜民俗铜质雕塑；新更换朝鲜民俗风情街民族特色路灯，完成沿街19个导引路牌、8个公交站亭和40个挡车石朝鲜民俗风格改造，完成朝鲜民俗风情街西三入口Logo和欢迎语的设置，并对临街21个小区大门进行粉刷改造。

【全国首个提琴工业旅游体验馆建成开放】 2021年8月11日，位于牡丹江市西安区西十二条路海浪路的和音提琴工业旅游体验馆全面建成并对外开放。作为全国首个提琴工业旅游体验馆，和音提琴工业旅游体验馆占地面积1800平方米，馆内陈设工厂纯手工打造的大师级小提琴、中提琴、大提琴真品，设置提琴生产构件材料展区、提琴制作工具展区、提琴历史文化展区、和音乐器厂历史沿革和工匠风采展区、提琴成品展区以及工艺品配件展区，可直观感受传统手工制作现场带来的精巧细致，了解提琴的生产工艺和诞生过程，得到工匠和艺术的双重熏陶，助推全市工业旅游。

（西安区档案馆　吴月霞　师　艺）

爱民区

【概况】 爱民区位于牡丹江市区北部。2021年，爱民区辖三道关镇、7个街道办事处，12个行政村、28个社区居民委员会，土地面积389平方公里。年末户籍人口201062人，其中城镇人口180938人，人口自然增长率-7.3‰。全区地区生产总值47.5亿元，同比增长3.5%。其中，第一产业增加值2.5亿元，同比增长4.7%；第二产业增加值8.7亿元，同比增长0.3%；第三产业增加值36.3亿元，同比增长5.8 %。规模以上工业增加值同比增长0.6%，固定资产投资同比增长27.2%，社会消费品零售总额22.7亿元，同比增长9.3%。

【经济发展】 2021年，爱民区谋划包装项目136个，洽谈推进项目113个，签约项目37个，实现开复工项目38个。仁合堂检测中心、佳友电器扩能改造项目投产达效，灵泰药业富硒产品、康之源粮食仓储项目完成阶段目标，旭日新材料、北方阀业小微园区等盘活闲置资产项目进展顺利，晟康乐医养中心、老旧小区改造等项目如期完工。22个市百大项目年内完成投资12.22亿元，开复工率、投资完成率、资金到位率、按期竣工率均达100%。坚持“工业立区”不动摇，生物医药、装备制造、新材料3个产业主导地位凸显。生物医药产业裂变扩张，恒远药业扩能改造项目试生产，新上制剂项目前期研发工作有序开展。灵泰药业富硒产业链不断延伸，与高校合作研发饲料、富硒肥、药妆等新产品。黑宝药业冻干粉产品成功打开市场，单品年销售额超过1300万元，产值同比增长60%。仁合堂药业蓝靛果等系列功能保健品投入市场，产品结构进一步优化。装备制造业竞争力增强，富宇汽配、诚鑫机电新上扩能改造项目当年投产，产能进一步提高。通用石油开拓中海油市场，林海石油、井田石油、天擎科技等12户企业研发投入同比增长13.7%，专利技术产品附加值大幅提升。全年企业申报发明专利和实用新型专利近20项，申报国家科技型中小企业24户、国家级高新技术企业9户，6户企业被评定为省级专精特新企业。月星环球港项目、牡丹江再生资源综合利用产业园区项目和牡丹江医疗耗材综合服务产业中心项目取得新进展，万腾新型建材产业园项目一期投产运营。

2021年，爱民区推广中草药种植面积144亩，栽种红松、云杉、王族海棠等各类绿植294亩。引进“兰岗100号”，盘活丰收村闲置棚室168栋，丰收莓瑰农业观光采摘基地成为全市最大的有机草莓生产基地，全国最大的龙猫养殖基地——枫丹龙猫养殖基地营业收入近千万元。改造农村危房55户，农村室内改厕60户，12个村生活垃圾转运体系建立运行。开展域内水体治理，新建污水收集池4个，清理银龙溪、丰收河、三岔河等河流26.5公里，域内水质明显改善。新增绿化1.1万平方米。完成“大棚房”回头看、设施农用地违规占地、违建别墅及乱占耕地建房问题排查工作任务。全区12个村收入均超过10万元，八达村被评为全市十佳奋进村，八达村沐淋生物科技项目被评为全市十佳项目。推进牡三沿线乡村“景观带”建设，完成黑宝熊乐园AAAA级景区复核工作和熊文化馆内部改造。

表78　2021年爱民区省级专精特新企业名录

序号	企业名称
1	灵泰药业股份有限公司
2	恒远药业股份有限公司
3	林海石油股份有限公司
4	仁合堂药业股份有限公司
5	北方油田机械股份有限公司
6	井田石油钻採配件股份有限公司

（资料来源：爱民区工信局）

2021年，位于爱民区兴平街道的居家养老服务中心　（杨　丹　摄）

【社会事业】 2021年，爱民区完善社会保障体系，稳步推进低保、特困等社会救助审核确认权限下放至镇（街道）。实施办学环境提升工程，升级改造“八校一园”基础设施，代表全市迎接省对县区政府履行教育职责督导评价，落实“双减”政策及“五项管理”，摘牌不合规培训机构44所。构建公共卫生服务体系，9个社区卫生服务中心全部达标。60岁以上老年人慢性病检测率98%以上，传染病防控能力得到提升。配建养老服务设施，街道居家养老服务中心和社区养老服务驿站建设覆盖率80%。落实省社工站“蒲公英”计划，兴平街道社工站成为全市首家运营的社工站。不断提升城市品质，清理垃圾2.3万吨、乱堆乱放1300余处、小开荒1.6万平方米，拆除配（违）建棚厦、车棚、看护房等1365处9093平方米，新建绿地13处近7万平方米。完成7个片区老旧小区改造项目，受益居民10691户；全力化解房地产领域历史遗留问题，完成回迁安置559户，发放安置费650万元。

【年产80万吨复合肥项目在爱民区开工】 2021年5月22日，河南安阳化学工业集团与黑龙江晟顶化工科技有限公司合作建设的年产80万吨复合肥项目在爱民区开工。项目占地面积15万平方米，由黑龙江晟顶化科技有限公司投资4.7亿元分两期建设，建设复合肥、复混肥、掺混肥及生物有机肥等5条生产线，采用国内领先的氨酸法生产新型生态肥料。年内完成场地拆迁、生产设备采购和安装等工作，11月，部分生产线投产。

【高校联盟助推乡村发展】 2021年，爱民区发动辖区牡丹江师范学院、黑龙江林业职业技术学院等10所院校组成“高校联盟”，与辖区行政村对接，围绕各村特色产业，提供智力和人才支持。三道关镇抓住哈尔滨商业大学举办驻村书记直播电商培训的契机，向该校发出邀请，共同谋划建立合作机制。通过“高校联盟”与北安村28.67公顷沙棘种植、丰收草莓园现代农业观光采摘基地、八达村鸵鸟养殖、全国最大的龙猫养殖基地等建设项目，进行深加工环节合作与交流，推进爱民区特色农业与互联网+的深度融合。

【牡丹江市首个社工站正式运营】 2021年9月1日，牡丹江市爱民区兴平街道社会工作服务站开站运营，这是全市首个正式运营的社工站。作为开展社会工作的基层综合性服务平台，兴平街道社工站配备3名专职人员（其中2名持证社工）和多名服务于不同群体的志愿者，组成社区治理组、养老助老组、儿童福利组、志愿服务组织管理组4个组。利用专业技能，通过参与式服务和项目化运作，为辖区内老人、儿童开展专业社会工作服务。

【杨子荣事迹馆揭牌】 2021年7月21日，由中共爱民区委、爱民区人民政府与牡丹江军分区共建的侦察英雄杨子荣事迹馆举行揭牌仪式。杨子荣事迹馆位于爱民区圣林广场北侧，占地面积300平方米，设9个展厅，重点介绍侦察英雄杨子荣在牡丹江一带剿匪的英雄事迹，馆名由牡丹江市书法家卢科题写。年内，杨子荣事迹馆被命名为“第二批牡丹江市党史教育基地”。

【爱民记忆馆开馆】 2021年7月31日，爱民区举行爱民记忆馆开馆仪式暨党史学习教育专题党课活动。爱民记忆馆以爱民区历史发展进程为脉络，墙面文化和实物展示相结合，通过建国前的爱民区、社会主义建设时期的爱民区、改革开放中的爱民区、新时代的爱民区等4个历史时期，以文字、照片、实物、沙盘等方式，立体化展现爱民区的历史沿革、社会发展、旅游资源及文化传承等内容，成为全区开展党史学习教育、爱国主义教育的重要平台。

（爱民区档案馆　孙　超）

阳明区

【概况】 阳明区位于牡丹江市区东部。2021年，阳明区辖铁岭、桦林、五林、磨刀石4个镇，阳明、前进、新兴、桦橡4个街道办事处，有59个行政村和23个城市社区，土地面积1345平方公里。年末户籍人口205686人，其中城镇人口105617人，人口自然增长率1.13‰。全区生产总值实现48.4亿元，同比增长4.6%。其中，第一产业8.6亿元，同比增长3.7%；第二产业16.9亿元，同比增长5.2%；第三产业22.9亿元，同比增长4.4%。三次产业比重为17.8 ：34.8 ：47.4。市区城镇常住居民人均可支配收入36641元，同比增长7.3%；农村常住居民人均可支配收入23832元，同比增长9.7%。

【经济发展】 2021年，阳明区规模以上工业企业29户，增加值同比增长0.1%。规模以上建筑业企业18户，实现增加值4亿元，同比增长27.8%。全区完成固定资产投资同比增长41.6%。商品房销售面积0.21万平方米，同比下降87%。提前两个月超额完成“8223”项目建设目标，其中29个省、市百大项目合计完成投资19.41亿元，投资完成率100%，竣工率100%。累计投入专项债券4.5亿元，建设VC产业园。鑫文物流、瀚捷石油等14个项目正式投产运营，博钧石油、三杰科技等40个项目完成签约。全区粮食作物种植面积4.1万公顷。粮食总产量17.7万吨，其中主要粮食作物水稻产量0.7万吨，玉米产量14.6万吨，大豆产量2.3万吨。经济作物播种面积0.2万公顷。截至年末，全区大牲畜存栏2万头，同比下降9%；生猪存栏6.8万头，同比下降9.2%；羊存栏2.1万只，同比下降9.4%；家禽存栏68.7万只，同比下降16.8%。全区肉类总产量1.22万吨，同比增长11.2%。其中，猪肉0.76万吨，同比增长24.7%；牛肉0.3万吨，同比下降14.3%；羊肉0.04万吨，同比增长9.9%；禽蛋产量0.64万吨，同比下降18.2%；奶类产量0.56万吨，同比增长10.5%。全区社会消费品零售总额同比增长8.5%，其中，城镇消费品零售额占全区消费品零售总额的82%；乡村消费品零售额占全区消费品零售总额的18%。全区限额以上贸

2021 年 10 月 28 日，阳明区承办的 2021 惠动金秋汽车节暨政府购车消费刷卡满减活动在江南国际会展中心启动（于弘泉　摄）

易企业 22 户，实现零售额 19.8 亿元，同比增长 19%。

【社会事业】 2021 年，阳明区城镇新增就业 4099 人，完成目标任务的 155.3%。就业困难人员实现再就业 854 人，完成目标的 140%。医联体及分级诊疗制度全面推进。保障劳动者权益，为 300 余名农民工解决拖欠工资近 400 万元；解决失地农民养老保险 448 人。为符合条件退役士兵发放安置后未上岗生活补助费 400 余万元。完成棚户区改造 8 个地块，惠及 434 户居民。完成集中供热老旧管网改造 1.55 公里，分户改造 2.41 万平方米，解决了华威小区、统建楼 4527 户居民“住上暖屋子”问题。推进磨刀石镇中学和五林镇中学公寓楼配套项目建设。完成五林镇中学、桦林镇中心校外墙保温、更换塑窗等项目工程。提高公办园幼儿在园比，完成铁岭中心校幼儿园、新星小学幼儿园二期改扩建工作。乡镇（街道办事处）综合文化站全部免费对外开放。举办阳明区第八届钓鱼大赛、“八法五步”公益大讲堂、“恒丰杯”东北三省健美健身公开赛等赛事，残疾人运动员刘玉荣获两枚东京残奥会金牌。实施“八五”普法村（社区）法律明白人培育工程，培育法律明白人 205 名，普法志愿者 1500 名。

【民警纪瑾的发明获国家专利】 2021 年 11 月 25 日，牡丹江市公安局阳明分局刑侦大队三级警长纪瑾在刑事技术现场勘查工作中发明的“指纹提取采样装置”获国家实用新型专利。纪瑾在长期从事一线刑事侦查及刑事技术现场勘查中，发现原有指纹提取设备需要磁粉、指纹刷、指纹贴等多种设备，需要双手操作且不便于携带，在实践过程中反复摸索实验，最终将多种指纹采样工具合而为一，创造出一种简易的新型指纹提取采样装置。不仅方便携带，而且能够实现单手操作、简单便捷，为刑事技术民警提供了一种实用新型工具和手段。

【阳明区 12 户企业产品入选第四届黑龙江省旅游产业发展大会指定产品】 2021 年 7 月，阳明区选报的黑龙江金苞谷食品科技发展有限公司、牡丹江老昌号冰花陶瓷有限公司、黑龙江红星集团食品有限公司、牡丹江中龙食品有限公司、黑龙江小慈生态农业发展有限公司等 12 户企业的 51 种产品入选第四届黑龙江省旅游产业发展大会指定产品。

【阳明开发区科技孵化基地项目】 阳明开发区科技孵化基地项目由牡丹江阳明城乡投资开发有限公司投资建设，项目总投资 2 亿元，占地面积 40 万平方米，建筑面积 23 万平方米，建设地点位于牡丹江市阳明经济开发区，建设起止年限为 2020 年至 2022 年，主要包括维修改造原有厂房及办公楼，完善供电、供汽、供水、排污等基础设施，美化、绿化园区等建设。结合园区内厂房结构、资源配置等因素，明确园区功能定位，推进“两园、两馆、三区”建设。截至 2021 年末，VC 科技加速器完成工程量的 90%，改造老旧厂房 16 万平方米，新建标准化厂房 7 万平方米。鑫文物流、瀚捷石油等 14 个项目投产运营，博钧石油、三杰科技等 40 个项目完成签约。

（阳明区档案馆　万　敏　潘　颖）

绥芬河市

【概况】 绥芬河市位于黑龙江省东南部，南、西、北三面与东宁市毗邻，东部与俄罗斯滨海边疆区接壤，国境线长 27 公里。2021 年，绥芬河市下辖 2 个镇，绥芬河镇下辖 11 个社区，阜宁镇下辖 5 个社区，土地面积 460 平方公里。年末全市户籍人口 67774 人，其中城镇人口 57396 人，人口自然增长率 1.99‰。全市地区生产总值 539504 万元，比上年增长 8.1%。其中，第一产业生产总值 14381 万元，增长 10.6%；第二产业生产总值 82989 万元，增长 9.5%；第三产业生产总值 442134 万元，增长 7.8%。三次产业结构为 2.7 ∶ 15.4 ∶ 81.9。全口径财政收入 86825 万元（不含基金），比上年增长 2.8%。其中，公共财政预算收入 53588 万元，增长 7.2%；公共财政预算上划收入 33237 万元，下降 3.6%。2021 年全市完成税收总额 57931 万元，增长 3.2%。

【经济发展】 2021 年，绥芬河市实现进出口总值 163.2 亿元，比上年增长 21.3%。其中，出口 34.7 亿元，增长 28.2%；进口 128.5 亿元，增长

19.5%。俄罗斯是绥芬河市的主要贸易伙伴，对俄贸易额实现139.2亿元，占对外贸易的85.3%。全市规模以上工业增加值比上年增长14.6%，规模以上工业总产值增长13.5%。规模以上工业企业主营业务收入2442448万元，同比增长11.1%。建筑业增加值比上年增长12.7%，房屋建筑施工面积4.59万平方米。全市14个资质等级三级及以上的建筑业企业实现主营业务收入22452万元。全市农林牧渔业总产值27878万元，同比增长12%。农林牧渔业增加值15428万元，同比增长10.3%。全年实现农业总产值17530万元，增长99.7%。全市社会固定资产投资比上年增长12.5%，其中城镇投资增长12.5%。在城镇固定资产投资中，国有及国有控股投资增长57.6%；民间投资下降44.9%。社会消费品零售总额比上年增长11.4%。其中，城镇增长12.2%；乡村增长9.2%。招商引资到位资金27.0亿元，比上年增长41.2%。利用外资总额43万美元，比上年增长122.7%。

【社会事业】 2021年，绥芬河市有科技管理机构1个，科技管理人员10人。年末全市有普通中学4所，在校生5846人，比上年增加113人，增长2.0%；中等职业学校1所，在校生450人，增加22人，增长5.1%；小学校7所，在校生6537人，减少589人，下降8.3%。全市有各类放映单位2所，文化馆和图书馆各1个，博物馆6个；电视、广播人口覆盖率100%；年末图书馆图书藏量154518册，比上年增加11317册。全市有卫生机构9个。其中，医院、卫生院6个；疾病预防控制中心、卫生监督所和中心血库各1个。社区卫生服务中心2个，门诊部、诊所、卫生所、村卫生室29个，卫生机构床位数586张。全市有卫生技术人员735人，其中医生259人，注册护士300人。全市城镇常住居民人均可支配收入40802元，比上年增长6.3%。农村常住居民人均可支配收入26143元，比上年增长9.0%。年末城镇登记失业率控制在3.1%以内。年末全市企业参加基本养老保险职工29826人，比上年增长6.0%。其中，在职职工22849人，增长5.9%；离退休人员6977人，增长6.4%。参加失业保险8226人，增长13.8%。年末全市基本医疗保险参保人数64102人。其中，参保职工为21092人；城乡居民参保43010人。全市有747人得到政府最低生活保障，其中城镇居民404人。

【中共六大历史资料馆在绥芬河市开馆】 2021年6月18日，国内唯一中共六大专业展馆——中共六大历史资料馆在绥芬河市开馆。中共六大历史资料馆选址在绥芬河市区天长湖东侧，是一座集文物征集、收藏、研究、展示于一体，系统展示中共六大历史的社会科学类革命史专题资料馆。总展陈面积2800平方米，展线480米。展馆分3个主要展区：六大召开的国内形势、中共六大的召开、六大代表的回国与六大精神的贯彻。综合采用文物实物、史料图片、动态视频、实景还原等多种形式，生动展现中共六大代表归国时的艰辛历程和中共六大的历史贡献，记录中国共产党领导中国人民推进马克思主义中国化的历史进程，再现毛泽东等老一辈革命家把普遍真理与具体实践相结合的历史性贡献，对于深入研究中共六大历史、总结历史经验具有极其重要史料价值和现实意义。馆藏资料5700多万字、图片2300多张、珍贵文物367件，其中最具代表性的是153份重要历史文献原件和扫描件，包括八七会议告全党同志书，周恩来等中共六大代表的发言稿，李大钊、瞿秋白等中国共产党早期领导人的信函等，很多资料和文献在国内具有唯一性。

【中共一大至七大巡展（绥芬河站）开幕】 2021年7月26日，“伟大历程——中共一大至七大巡展（绥芬河站）”在中共六大历史资料馆举行启动仪式。此次巡展由中共中央党史和文献研究院第七研究部、中共上海市委宣传部指导，中共上海市委党史研究室、中共黑龙江省委史志研究室主办，中共一大、二大、三大、四大纪念馆和武汉革命博物馆、中共六大历史资料馆、延安革命纪念馆共同承办。展览分“伟大开端”“崭新局面”“凝聚共识”“力量之源”“紧急探索”“异国聚会”“团结的大会　胜利的大会”七部分，首次撷取新民主主义时期7次党的全国代表大会纪念馆的馆藏精华，用近千张历史图片再现中国共产党筚路蓝缕的奋斗历程，勾勒中国共产党的红色印记。

2021年7月26日，伟大历程——中共一大至七大巡展（绥芬河站）开幕。图为巡展现场
（绥芬河市委宣传部　供图）

【中国·绥芬河木业VR全景馆开馆】 2021年，绥芬河市探索“电商+木业”新型发展模式，打造集信息发布、线上交易、物流跟踪、实景预览为一体的木业产业类综合服务平台。电商发展局在整合“中国·绥芬河木业展示馆”馆内各种木材信息、产品详情、厂商介绍等相关信息的基础上，利用VR技术呈现展馆内的实物产品和环境，给参观者带来真实的交互体验，增强采购商、销售商、个人用户对绥芬河边境经济合作区木制品和木制工艺品的深入了解，促进“电商+木业”融合发展，推进绥芬河传统木业企业进出口贸易转型升级。“中国木业之都”绥芬河毗邻俄远东地区，木材资源丰富，交通运输便捷，木业产业链条完备，是国内最大的俄罗斯木材进口集散地和木材精深加工基地。年进口木材总量600万—800万立方米，年木材落地加工能力300万立方米，创建37个商标品牌，包括大亚国家级驰名商标、友谊省级著名商标，以及35个牡丹江市级知名商标。有4户实木复合地板企业，2户实木整体橱柜企业，2户实木家具生产企业，3户实木别墅企业，6户家具用和建筑用集成材生产企业，42户实木复合地板生产企业。

【绥芬河市中俄自驾游露营地开营】 2021年6月28日，第四届全省旅游产业发展大会绥芬河重点项目和牡丹江市百大项目之一——绥芬河市中俄自驾游露营地正式开营。该项目投资1.1亿元，占地5.85万平方米，是集房车自驾、户外露营、康养娱乐为一体的综合特色景区，由配套服务区、商业消费区、特色住宿区、休闲娱乐区和环湖风景区五大功能区组成。设有69个帐篷营位和10个房车营位，星空小屋、木刻楞等特色营房让游客尽享独特的住宿体验。试营业期间，吸引本地及外省民间户外休闲组织20余个，累计接待游客5000余人次，抖音等视频网络点击关注超过10万人次。

【绥芬河市成为全省首个商标受理县级市】 2021年10月22日，国家知识产权局印发《关于设立第十三批商标业务受理窗口的公告》，绥芬河市获批设立国家知识产权局商标业务受理窗口，成为全省首个商标受理县级市。该窗口的设立，进一步简化商标申请流程，压缩业务办理时间，为推进绥芬河市知识产权运营服务体系建设、提升知识产权公共服务能力起到积极作用。

（绥芬河市档案馆 杨春芳 陆宗厚）

宁安市

【概况】 宁安市位于黑龙江省东南部，东与穆棱市毗邻，西与海林市交界，南与吉林省汪清县、敦化市接壤，北与牡丹江市相连。2021年，宁安市辖8镇4乡（2个民族乡），6个社区、240个行政村，土地面积7227.34平方公里。全市户籍总人口400420人，其中城镇人口186630人，人口自然增长率–1.8‰。全市地区生产总值124.1亿元，按可比价格计算，同比增长6.9%。其中，第一产业增加值66.4亿元，同比增长6.4%；第二产业增加值7.5亿元，同比增长6.3%；第三产业增加值50.2亿元，同比增长7.7%。人均地区生产总值30840元。从产业结构上看，第一、二、三产业增加值所占比重分别由2020年的52.8 ：6.2 ：41.0调整为53.5 ：6.0 ：40.5。

【经济发展】 2021年，宁安市93个重点项目总投资72.90亿元，29个省市“百大项目”开复工率100%，1个省“百大项目”完成投资2.55亿元，投资完成率100%；28个市“百大项目”，完成投资17.79亿元，投资完成率109.2%。大唐风电、汉麻CBD等16个市百大项目竣工投产，大唐风电头道岭、二道岭项目顺利进入规上企业行列，成为全市经济新增长点。东峰悦草生物科技项目一期建设完成，项目总投资7000万元，设备调试完毕。谋划食用真菌、普默斯农机装备、可降解塑料薄膜产业、50万吨废钢铁回收加工、顺和机动车报废拆解回收、再生铝加工等项目。全年全市实际利用域外资金42.8亿元，比上年同期增长33.8%。构建“两头两尾”产业体系，继续确保玉米、水稻、大豆三大主要农作物的主导地位，重点培育壮大玉米、水稻、果蔬、畜禽、北药五大产业链条。全市农业总产值123.4亿元，粮食作物播种面积14.5万公顷。全市社会消费品零售总额同比增长8.2%。按地域分，城镇零售总额同比增长13.9%，农村零售总额同比增长2.0%。

【社会事业】 截至2021年末，全市有中小学57所，在校生27070人；教育部门办幼儿园33所，在园幼儿1994人。全市有博物馆3个，公共图

2021年12月9日，国道（G201）鹤大公路宁安镇北出口连接线工程项目工程竣工 （宁安市档案馆 供图）

书馆1个。中、短波转播发射台1座，中波发射机1部，电视转播发射台1座，电视发射机6部。全市有卫生机构397家（含村卫生室），实有床位1479张，卫生技术人员3123人。全年全市举办体育活动7次，参加体育运动人数16万人。全市进入城乡居民养老保险程序的人员16.45万人，城乡居民基本医疗保险235289人，城镇职工基本医疗保险34986人，医疗救助17529人次。发放失业保险金720万元。增强民生保障，城市低保标准由604元/人·月提高到637元/人·月；农村低保保障标准由4404元/人·年提高到4812元/人·年。增强特困保障，城市特困供养人员集中供养标准提高到18696元/人·年，分散供养标准提高到13092元/人·年；农村特困供养人员集中供养标准提高到10944元/人·年，分散供养标准提高到7668元/人·年。全市城乡医疗救助资金支出807万元，救助17529人次。落实医疗服务改革，推进“异地就医”“慢性病”精简住院报销流程。异地就医从人工备案单渠道发展到异地备案线上线下双渠道便捷办理。实现全国联网、国家平台内医疗机构联网，通过微信“国家异地就医备案”小程序上传社会保障卡、异地居住证明等个人信息材料，实现异地就医住院费用直接结算。由专家委员会组建慢性病鉴定机构，提供上门体检服务，实现慢性病待遇鉴定不求人。实现异地住院直接结算1147人次，直接结算金额5418万元。为75人次划拨个人账户43.3万元。全市54所幼儿园开展“小学化”专项整治和普惠性民办幼儿园认定工作。有序推进落实“四零承诺”，改善学习环境，推进中小学课后服务。职业教育“双优”建设稳步推进，压缩普通高中招生人数，扩大中等职业教育招生比例，2021年招生662人，其中107人考入本科大学。教师队伍不断加强，招聘教师117人，域外选调10人，接收2名“三支一扶”大学生。实施“思政课+育人模式”，打造“红色思政”品牌，渤海中学参与全省100所红色基因传承校遴选。教育基础设施不断完善，投资300万元完成林业一中采暖改造、渤海中学操场硬化改造、东升小学教学用房维修改造、海浪中心校维修、光明小学操场铺设等6所学校新改建工程；谋划一中教学楼和综合中学项目，复工建设职业高中校企合作厂房项目。就业、再就业成效显著，城镇新增就业4905人，困难人员就业83人，失业人员实现就业3246人，技能培训10182人，城镇登记失业率3.13％，控制在目标任务5.5％以内。截至11月末，职业技能提升行动资金支出2273.62万元。强化基础扶贫设施建设，落实产业扶贫资金2239万元。加大对建档立卡脱贫户和监测户的帮扶，通过产业收益分红、特色帮扶产业等保障脱贫户和监测户收入，帮扶力量不减。构建行业帮扶、部门帮扶、社会帮扶大格局，12个乡村振兴标杆村、3个脱贫村派驻村工作队、17个软弱涣散村派驻村第一书记，严格按照“四个不摘”“三落实一巩固”要求，过渡期内保持帮扶政策整体稳定。“两不愁、三保障”政策全部落实到位，全市建档立卡脱贫人口162个村、735户、1663人。人均纯收入6600元为标准，有16户39人纳入监测户。落实“四个不摘”“三落实一巩固”要求，先诊疗后付费和“两免四减半”“一站式”报销和城乡医疗、大病保险、医疗救助、商险兜底“四重保障”救治政策。

宁安市渤海上京遗址博物馆 （宁安市档案馆 供图）

【宁安市入选2021年国家农产品质量安全县】 2021年8月4日，农业农村部发布2021年国家农产品质量安全县（市）创建试点单位名单，宁安市入选。国家农产品质量安全县（市）是根据《国家农产品质量安全县创建活动方案》和《国家农产品质量安全县考核办法》的要求开展的质量安全县（市）创建活动，在严格考评、征询意见和公开公示的基础上，认定103个县、4个市为“国家农产品质量安全县（市）”创建试点单位。黑龙江省入选的有哈尔滨市阿城区、宁安市、龙江县。

【风水山风电场项目签约】 2021年5月，宁安市与华电能源股份有限公司牡丹江第二发电厂、黑龙江广源新能源有限公司合作开发风水山风力发电项目签署框架协议。风水山风电场项目选址在宁安农场风水山区域，规划装机规模30万千瓦，项目总投资24亿元。

【宁安市木业产业园项目投入使用】 宁安市木业产业园标准化厂房建设项目由黑龙江省宁安经济开发区投资建设，总投资5845万元。其

2021 年 6 月，宁安西红柿获得农业农村部登记的农产品地理标志产品。图为宁安市宁安镇蔬菜生产基地西红柿喜获丰收　　　　（宁安市档案馆　供图）

中，五金厂投资 1800 万，海绵厂投资 2600 万，吉奥家俱投资 1200 万元，占地面积 2.9 万平方米，主要生产沙发、家具、自动床、五金配套材料等。2021 年，标准化厂房及电力配套、线路铺设等基础设施均已完成，正式投入使用。

【清华大学乡村振兴工作站宁安渤海站完成封顶】 2021 年 5 月 19 日，清华大学乡村振兴工作站宁安渤海站完成主体结构封顶。清华大学乡村振兴工作站宁安渤海站位于宁安市渤海镇上官地村，该站于 2019 年落户上官地村，由清华大学师生团队负责设计，2021 年 3 月 28 日开工建设到封顶历时 52 天。总占地面积 800 平方米，建筑面积 500 平方米，其中工作站主体建筑 400 平方米，附属建筑 100 平方米，利用改造村级闲置房屋，建设集科研、工纺、展示于一体的综合工作站。

【宁安市入围 2021 年全国最具发展潜力百佳县市榜单】 2021 年 6 月 1 日，“2021 中国最具发展潜力百佳县市”榜单出炉，宁安市位列榜单第 78 位，成为黑龙江省唯一上榜的县（市）。该榜单覆盖除直辖市所含区与港澳台地区以外的全国 2757 个县域行政单位。榜单实行全网数据解析，设定 8 个网络数据评榜维度，设立“人口基数”“5G 基站数量”“社会保险覆盖率”“人均 GDP”等 120 个关键词标签，来自互联网和移动互联网的数据，全程采集的客观资讯信息超过 1 亿条。

【宁安满族刺绣入选国家级“非物质文化遗产代表性项目名录”】 2021 年 5 月 24 日，第五批国家级“非物质文化遗产代表性项目名录”公布，宁安满族刺绣项目入选。宁安满族刺绣（以下简称宁安满绣）因诞生于满族聚集区宁安市及流人文化代表地宁安市宁古塔而得名。宁安满族刺绣是宁安地区独有的刺绣技艺，具有技艺古老、实用性强、艺术性强等特点，沿袭女真族人钉线的民间艺术，在颜色选择、底衬原料、图案设计有了新的发展。宁安满绣作品在继承原有风格的基础上，更具强烈的民族、地域特色。造型夸张，粗犷拙朴，色彩艳丽，冷暖对比强烈，构图细腻，具有朴实的情感和吉祥如意的寓意。作品题材广泛，涉猎山水、花鸟、草虫、走兽等各个领域。其品类有缎绣、布绣、纳纱等 10 余个种类，针法有平针、长针、双套绣等 10 余种。2013 年，宁安满绣被列入黑龙江省省级非遗名录，2021 年被列入国家级非遗名录。

【黑龙江普默斯智能装备有限公司项目投资合作协议签订】 2021 年 6 月，黑龙江普默斯智能装备有限公司与宁安市签订项目投资合作协议，建设互联网 + 食品产业孵化园食品机械装备孵化园（农机产业园）4#、6#、8# 标准化厂房。项目固定资产投资总额 5000 万元，厂房建筑面积 12078 平方米，建设 6 行以上高端智能免耕精量播种机装配生产线 3 条。

【宁安西红柿获得全国地标农产品】 2021 年 6 月，宁安西红柿获得农业农村部登记的农产品地理标志产品。宁安西红柿地理标志保护的具体地域是牡丹江市宁安市所辖宁安镇、兰岗镇、石岩镇、东京城镇、渤海镇、镜泊镇、沙兰镇、海浪镇、三陵乡、马河乡、卧龙乡、江南乡 12 个乡（镇）240 个行政村。宁安市种植的凯立德、宝罗塔西红柿，无限生长类型红果番茄，适应性强、坐果性好，单果质量 160 克—180 克，硬度大，高抗 TY，耐热，抗病性强，产量高，适合越冬。

【牡丹集团（宁安）智慧科技馆提升项目完工】 2021 年 6 月 18 日，全省旅发大会重点观摩项目——牡丹集团（宁安）智慧科技馆提升项目全面完工并对外开放。项目位于宁安市渤海镇，营业面积 1.3 万平方米，以“乡村振兴的践行者、智慧社会的试验田”为主题，重点打造数字赋能、智慧课堂、科技互动体验、拓展训练 4 个区块，涵盖 IEC 智慧工程中心提升、创新创业园建设 2 个子项目。

【国道鹤大公路宁安镇过境段改扩建工程竣工通车】 2021 年 7 月 1 日，国道鹤大公路宁安镇过境段改扩建工程正式交工通车。项目全长 18 公里，道路宽度 17.5 米，双向四车道，为沥青混凝土路面，新建桥梁6座、涵洞47道、平面交叉25处，累计完成投资3.5亿元。

【宁安市风力发电及电网工程项目签约】 2021年7月31日，宁安市与上海水发沪能新能源集团有限公司就开发建设宁安市风力发电项目及电网工程举行洽谈并签约。水发集团前身是山东省水利厅下属平台公司，2009年由山东省政府批准组建。2017年划归山东省国资委统一监管，是省属一级国有独资企业，注册资本30000万元。经营范围项目包括新兴能源技术研发、太阳能发电技术服务、风力发电技术服务、节能管理服务、资源再生利用技术研发、发电技术服务等。

【渤海镇入选第一批全国乡村旅游重点镇（乡）名单】 2021年8月2日，文化和旅游部发布《关于公示第三批全国乡村旅游重点村名单和第一批全国乡村旅游重点镇(乡)名单的公告》。全国有199个村入选第三批全国乡村旅游重点村，100个镇（乡）入选第一批全国乡村旅游重点镇（乡）。黑龙江省有9地（6村3镇）入选，宁安市渤海镇作为牡丹江地区唯一乡镇入选全国乡村旅游重点镇。

（宁安市档案馆　张佩臣）

海林市

【概况】 海林市位于黑龙江省东南部。2021年，海林市辖8个镇，112个建制村，土地面积8712平方公里。年末户籍人口346587人，其中城镇人口208813人，人口自然增长率-5.69‰。全市地区生产总值1224292万元，按可比价格计算比上年增长6.1%。其中，第一产业增加值325954万元，同比增长5.6%；第二产业增加值266104万元，同比增长5.1%；第三产业增加值632234万元，同比增长6.8%。人均地区生产总值35324元，同比增长8.1%。三次产业结构比重为26.6：21.7：51.6。全社会固定资产投资同比增长9.8%。招商引资新签约落地项目4个，引进域外资金61.4亿元。全市开复工项目81个，2个省“百大项目”中医药产业园一期钢结构主体开工建设，林海雪原旅游提升工程竣工接待游客。23个市“百大项目”开复工率87%，投资完成率69.7%，其中刺五加初加工、禾源牧业生态养殖、天龙食品加工二期等7个市“百大项目”竣工投入生产。

【经济发展】 2021年，海林市固定资产投资同比增长9.8%。全市规模以上工业企业（主营业务收入2000万元以上）37户，实现产值222608.8万元，同比增长6.2%。全市开复工项目81个，2个省“百大项目”中医药产业园一期钢结构主体开工建设，林海雪原旅游提升工程竣工接待游客。23个市“百大项目”开复工率87%，投资完成率69.7%，其中刺五加初加工、禾源牧业生态养殖、天龙食品加工二期等7个市“百大项目”竣工投入生产。全年全市农、林、牧、渔业总产值569115万元，同比增长6.6%。全市粮食总产量450039.6吨，同比下降4.2%。农作物总播种面积101859.03公顷，同比增长1.3%。全市肉类总产量15667.4吨，同比增长10.8%。2021年，海林市投资4000多万元整治农村人居环境，其中七里地村完成全国红色美丽乡村试点建设，成为旅发大会观摩热点。在第三季度全省农村人居环境整治擂台赛中，海林市排名标兵县第二位。悦来颐和食用菌种植专业合作社晋升为国家示范社，蔬菜村再获得“全国乡村特色产业亿元村”称号。截至年末，全市有绿色食品企业16户，绿色食品标志58个，地理标志2个。年内，新新永乐粮食种植专业合作社成功申报4个绿标。

【社会事业】 2021年，海林市投入12.32亿元，办理利民实事19件。改造站前小区、方兴小区、政协家属小区等7个老旧小区，配建廉租房26套，发放住房租赁补贴214户。启动林海实验小学、第三幼儿园建设，整治教育“三乱”，落实“双减”政策。投资1.56亿元扩建市医院，改造妇幼保健院等3家发热门诊，通过国家卫生城复审。新参保城镇企业职工养老保险1834人，发放各类补助资金4310万元，发放低保10333人、高龄津贴2336人、残疾“两补”4959人、慈善救助1639人。举办线上线下招聘会49场，推荐就业岗位12302个，实现上岗1761人次。组建红色物业小区12个，成立物业党组织30个、业委会党组织105个，打造日间照料室3处。加强社会治安综合治理，完成“感知网”基础建设，接入设备208处、视频点位2688个，建设“智慧警务室”和智慧安防小区、试点村4个。

【海林市入选中国县域旅游发展潜力百强县（市）】 2021年11月2日，竞争力智库、中国经济导报社和北京中新城市规划设计研究院等机构在北京联合发布《中国县域旅游竞争力报告2021》，同时发布“2021中国县域旅游综合竞争力百强县市”和“2021中国县域旅游发展潜力百强县市”，海林市入选中国县域旅游发展潜力百强县（市）。

【海林市进入“2021年冰雪旅游十强县”榜单】 2021年1月5日，由中国旅游研究院、哈尔滨市政府主办的2021中国冰雪旅游发展线上论坛举办，海林市进入“2021年冰雪旅游十强县（区）”榜单。

2021年8月，重新整修后的海林市杨子荣纪念馆 （杜 军 摄）

【杨子荣烈士陵园入选红色旅游精品线路】 2021年6月，为庆祝中国共产党成立100周年，文化和旅游部、中央宣传部、中央党史和文献研究院、国家发展改革委联合发布“建党百年红色旅游百条精品线路”。海林市杨子荣烈士墓及剿匪遗址入选“红色龙江·英雄不朽”精品旅游线路的红色旅游景点。

【海林猴头菇通过地理标志产品商标认证】 2021年8月7日，“海林猴头菇”被国家知识产权局批准通过地理标志产品商标认证。年内，中国食用菌协会批准成立中国食用菌协会猴头菇分会，分会地址设在海林市供销合作社联合社，会员32人。

【荒沟电站1号机组投产发电】 2021年12月20日，位于海林市三道河子镇的黑龙江省首座抽水蓄能电站——国网新源黑龙江荒沟抽水蓄能电站1号机组投产发电。荒沟电站2014年5月开工，总投资58.03亿元，总装机容量120万千瓦，安装4台单机容量30万千瓦抽蓄机组，以500千伏线路接入东北电网。荒沟电站是国内纬度最高的抽水蓄能电站，建设条件复杂，工程建设者攻坚克难，如期实现首台机组投产，推进建设技术进步，填补水电工程水下整体施工的空白，并在生态保护等方面成效明显。试运行期间，1号机组启动37次，完成电量4168万千瓦时，为东北电网安全运行和电力可靠供应提供重要保障。

【旅发大会“西线”观摩区项目建设】 2021年，海林市为第四届黑龙江省旅游产业发展大会“西线”观摩区建设单位，融贯大会“镜泊胜景·林海雪原”主题精神，打造“两园一山一城一镇一村” 六大精品项目，突出展现海林市“林海雪原、生态民俗、红色历史、历史旧貌”等旅游特色，推出猴头菇文化节、林海雪原旅游文化节和中俄摄影展等系列文旅活动，打造龙江旅游“新地标”，成为全省重点三大冰雪旗舰景区之一。杨子荣烈士陵园秉承“白山黑水+通往革命胜利道路”的设计理念，投资3000多万元，种植花卉，完善配套设施，优化烈士陵园的布局和烈士纪念馆的展陈，使其达到更优的视觉传达，新建智慧旅游系统，研发文创纪念品，提升红色文化之城的知名度。东北虎林园改造东北虎野化训练区，更换升级视频监控等设施设备，新建1600平方米的游客服务中心、2100平方米的停车场。林海雪原风景区模拟恢复林海雪原、中东铁路、森林小火车等历史风貌，建设林海雪原剧院、东北民俗文化展示区、分岭河漂流等，把中东铁路文化、东北抗联文化、关东影视文化、民俗文化、康养观光、冰雪运动有机融合，突出自然生态和历史人文，成为牡丹江地区旅游消费的新增长点。威虎山影视城以全新打造“北方影视基地”为目标，改造提升“五合楼”“剿匪司令部”“夹皮沟屯”等业态，增加东北酒馆、大煎饼铺、崩爆米花、微电影梦工厂等业态，植入“奇袭虎狼窝”“激战夹皮沟”等沉浸式演出，让游客体验浓郁的旧东北民俗风貌。横道河子俄罗斯风情小镇布置横道老街景区主要观光路线及沿线1.5公里范围内业态，全面改造景观绿化及旅游设施，建成西玛餐厅、画里主题民宿、美术馆等19处文化旅游业态，引入中东铁路记忆博物馆、“印象林海雪原”文创工厂等新业态，高仿老横道俄式业态和生活环境，使横道河子旧俄式风貌与现代时尚城镇交相辉映，突显俄罗斯风情和中东铁路等历史文化。打造七里地村为特色文化旅游村，建设“山野乐园”“田野乐园”、美溪等乡野业态以及亲子活动娱乐功能景区，改造提升党史馆、英雄广场、金沟水街等地标景点，打造龙江“乡村振兴”的“海林样板”，重点体现民俗风貌、自然风光。

（海林市档案馆 任再信）

穆棱市

【概况】 穆棱市位于黑龙江省东南部，是全省18个边境县（市）之一，有44公里边境线，处于牡丹江市、鸡西市、边境口岸绥芬河市“金三角”之间。2021年，穆棱市辖6镇2乡127个行政村，土地面积6196平方公里。全市户籍人口25.8万人，其中城镇人口13.5万人，人口自然增长

率 -4.5‰。全市地区生产总值 133.0 亿元，比上年增长 8.5%。其中，第一产业增加值 32.7 亿元，增长 7.1%；第二产业增加值 49.7 亿元，增长 9.9%；第三产业增加值 50.6 亿元，增长 8.1%。三次产业结构为 24.6 ∶ 37.4 ∶ 38.0。人均地区生产总值 68512 元。7 月，穆棱开发区被评为国家级木制品外贸转型升级基地。

【经济发展】 2021 年，全市粮食种植面积 12.98 万公顷，比上年增加 0.24 万公顷。粮食总产量 49.58 万吨，同比增长 0.8%。食用菌产量（干鲜混合）2.29 万吨，同比增长 8.5%。全市“两品一标”农产品认证数量 71 个，绿色有机食品认证面积 113.73 万亩。截至年末，全市规模以上工业企业 43 户，规上工业增加值同比增长 14.1%。全市固定资产投资同比增长 6.4%，社会消费品零售总额实现 42.1 亿元，同比增长 8.8%。限额以上贸易企业 27 户，完成零售额 2.3 亿元，同比增长 8.9%。批发零售业企业 24 户，完成零售额 2.3 亿元，同比增长 91.2%；住宿餐饮业企业 3 户，完成零售额 0.1 亿元，同比增长 15.0%。全市招商引资到位资金 51.5 亿元，同比增长 34.6%。

【社会事业】 截至 2021 年末，全市有各类学校 55 所，在校生 4118 人。全市有医疗卫生机构 287 个，卫生机构床位数 980 张，卫生技术人员 1806 人。全年签订技术合同 69 项，成交金额 1.78 亿元。专利授权 141 件，组织实施各类科技项目 11 个。全市有艺术表演团体 1 个，体育场馆 3 个，图书馆 1 所，藏书 5.6 万册，文化馆 2 个，文物所 1 个，文物藏品 667 件，档案馆 1 个，开放档案 7680 卷。全市广播综合人口覆盖率 100%；电视综合人口覆盖率 100%。全市城镇常住居民人均可支配收入 32924 元，同比增长 8.1%；农村常住居民人均可支配收入 23791 元，同比增长 9.6%。年末城乡居民基本养老保险参保人数 7.02 万人，基本医疗保险参保人数 15.3 万人；参加失业保险 4709 人，同比增长 32.2%。城镇居民最低生活保障人数 3742 人，同比下降 16.9%；农村居民最低生活保障 3739 人，同比下降 35.5%。提供住宿的社会工作机构 11 个，床位 1179 张。全年城市空气质量好于国家二级标准以上天数 333 天，城市环境噪声达标覆盖率 100%。

2021 年 10 月 21 日，穆棱亚麻产业园竣工投产　（刘增玉　摄）

【穆棱市成功创建省级高新区】 2021 年 1 月，省政府批复同意穆棱市建设省级高新技术产业开发区，定名为“黑龙江穆棱高新技术产业开发区”（以下简称穆棱高新区），实行现行的省级高新区政策，这也是牡丹江市第一个通过认定的县域省级高新区。全市自 2020 年启动创建穆棱高新区工作以来，得到省科技厅大力支持，将创建工作纳入《黑龙江省科学技术厅、牡丹江市人民政府科技合作共商议定书》工作任务；市、县（市）两级高度重视，将转型创建穆棱高新区作为中心工作，完善穆棱经济开发区科技创新服务体系，多措并举推进园区高标准建设、高质量发展，持续增强园区创新动能，形成集聚创新资源的“强磁场”。

【穆棱亚麻产业园竣工投产】 2021 年 10 月 21 日，穆棱亚麻产业园竣工投产。总投资 5 亿元，规划占地面积 20 万平方米，总建筑面积 21 万平方米，新建综合楼、亚麻展示馆、工业厂房、库房，以及园区共用工程、道路、停车场、基础配套设施等。入园企业有宏远亚麻纺织有限公司、鸿瑞亚麻有限公司、天恒亚麻纺织有限公司，经营范围包括亚麻织布、亚麻坯布、亚麻针织品及亚麻制品、亚麻服装、羊绒制品、纺织饰品、纺织工艺品等纺织品生产加工及进出口、货物进出口、技术出口等。

【穆棱市获全国有机农产品基地称号】 2021 年 12 月末，穆棱市农业农村局组织实施的 17616 亩有机农产品基地获得全国有机农产品基地称号。穆棱市全国有机农产品基地实施农业生产主体分别是穆棱市北盛现代农机农民专业合作社 8616 亩有机农业基地、穆棱市泰和丰收农业农民专业合作社 6000 亩有机农业基地、穆棱市凯飞食品有限公司 3000 亩有机农业基地。2013 年以来，这 3 家农业生产主体陆续开展以大豆、黑大豆、玉米、汉麻、黄芩为主的有机农业杂粮、经济作物、中草药有机高质高效生产，3 家农业生产主体创办的有机农业基地扩大到 27616 亩，分别与三尚行（天津）食品有限公司、欧盟有机食品企业合作开发以有机大豆、南瓜籽为主的有机农产品，示范带动穆棱市农民发展有机农业，助力农业生产持续高质量发展、农民持续高质量增收致富。

【穆棱高新技术产业园项目举行奠基仪式】 2021年3月28日，牡丹江市2021年首批百大项目春季集中开工（穆棱分现场）暨开发区高新技术产业园项目奠基仪式举行。高新技术产业园项目是省百大项目之一，也是开发区获批成为高新区后第一个高新技术企业孵化平台项目。项目总投资3亿元，占地面积12万平方米，分4个区域同步建设，可容纳20户科技型企业，推动穆棱市高新技术产业向集群化、高端化、特色化发展。

【穆棱市与哈尔滨工业大学共建学生政务实习基地】 2021年6月21日，穆棱市与哈尔滨工业大学共建学生政务实习基地合作签约仪式暨首批实习学生到岗对接会在牡丹江市举行。此次签约是落实省委“科教强省”、牡丹江市委“人才强市”决策部署的重要举措，也是深化战略合作协议、推进“十大基地”建设的具体实践。哈尔滨工业大学与穆棱市签订《共建哈尔滨工业大学学生政务实习实践基地协议》，双方以政务实习为契机，促进市校之间深层次、宽领域合作，拓宽穆棱市招才引智储备渠道，为穆棱争创国家级创新型县（市）提供智力支撑和人才保障。

【穆棱市举行对韩合作项目签约活动】 2021年12月15日，穆棱市举行对韩合作项目签约活动，通过网络视频形式，采用线上和线下签约。韩国政府和企业相关负责人，省商务厅外资处和穆棱顺来农业科技投资有限公司负责人、穆棱市领导参加签约活动。穆棱市利用区位优势、中韩人员贸易往来优势，全力支持双方企业合作发展。

（穆棱市档案馆　吕娅萱）

东宁市

【概况】 东宁市位于黑龙江省东南部，东与俄罗斯接壤，边境线长139公里，南与吉林省汪清县、珲春市相邻，是东北亚国际大通道上重要的交通枢纽，国家一类陆路口岸。2021年，东宁市辖6个镇、1个城区、102个村、12个社区，土地面积7139平方公里。全市户籍人口198442人，其中城镇人口126674人，人口自然增长率-1.97‰。全市地区生产总值74.98亿元，同比增长3.1%。其中，第一产业增加值28.68亿元，比上年增长5.2%；第二产业增加值15.45亿，比上年下降12.8%；第三产业增加值30.85亿元，比上年增长10.6%。7月30日，经省委常委会同意，东宁市纳入生态县考核。

【经济发展】 2021年，东宁市实现农林牧渔业总产值523845万元，按可比价格计算，同比增长6%；完成农林牧渔业增加值286730万元，同比增长5.2%。全年粮食作物播种面积56326公顷，同比下降2.6%；粮食总产量172183.15吨，同比增长9.5%。全市地栽黑木耳总产量41518.23吨，同比增长6.2%；实现产值332146万元，同比增长15.6%；实现增加值199287万元，占第一产业增加值的69.5%。黑木耳产业是拉动东宁市农民增收的主力军，对农业和农民收入增长的贡献进一步增强。全市规模以上工业企业26户，完成总产值166365万元，同比下降7.4%，规模以上工业增加值同比增长19.3%。从行业来看，煤炭开采业实现产值58326万元，同比下降21.7%；木材加工及制品业实现产值6149万元，同比增长26.2%；食品加工业实现产值65904万元，同比增长22.9%；电力、热力生产和供应业实现产值34727万元，同比下降17.1%。全市完成城镇固定资产投资115311万元，同比增长3.8%。社会消费品零售总额同比增长8.5%。其中，城镇消费品零售额同比增长6.8%；农村消费品零售额同比增长11.1%。批发业同比增长23.5%，零售业同比增长27.1%，住宿业同比增长15.6%，餐饮业同比增长35.6%。

【社会事业】 2021年，全市有各级各类学校96所，高中在校生3839人，职业高中在校学生634人，初中在校生4465人，小学在校生9342人，幼

2021年8月2日，位于东宁市绥阳镇的黑木耳博物馆开馆　（高维海　摄）

2021年9月13日，东宁洞庭峡谷观光列车首发仪式在洞庭景区洞庭站举行。图为洞庭中林号小火车（姜国玲　摄）

儿园在园儿童4078人，特殊教育学校在校生75人，送教上门学生46人。全市线上开展主题阅读286场，公益放映爱国主题电影20余部。利用网络平台录制各门类授课视频20多个，受益群众超千人，定期为16个文艺团体开展节目辅导。举办各类艺术培训班15期，向上级艺术院校输送人才11人。举办“三区”文化人才培训班12个，惠及群众千余人次，活跃农村文化生活，缩小城乡文化差距。挖掘整理县级非遗项目14个，全部建档立卡。举办“建党百年——东宁非遗剪纸”展，展出红色主题作品100多幅，参观群众4000人次。举办黑龙江省青少年篮球交流赛等各类全民健身赛事活动150余场次。全市各级各类医疗卫生机构194家，医疗卫生机构总人数1286人。全市城镇居民人均可支配收入36531元，同比增长6.7%；农民人均可支配收入30024元，同比增长8.8%。机关事业养老保险参保67203人，城镇居民基本养老保险参保31979人，工伤保险参保12497人，城乡居民养老保险参保45804人，失业保险参保4127人。基金收入分别为机关事业8998.94万元、城镇居民26429.17万元、工伤261万元、城乡居民2746.91万元、失业229.76万元。基金支出分别为机关事业23238.48万元、城镇居民60272.28万元、工伤549.7万元、城乡居民2608.5万元、失业304.29万元。

【“东宁黑木耳”跻身首批受保护的中国100个地理标志产品行列】 2021年3月1日，中欧地理标志协定正式生效，“东宁黑木耳”跻身首批受保护的中国100个地理标志产品行列。中欧地理标志协定是欧盟与中国签署的一份意义重大的双边贸易协定，保护分批进行，第一批互认的各约100个地理标志于协定生效之日起开始保护。东宁黑木耳入选中国首批受欧盟保护地理标志，体现中欧各界对东宁黑木耳的认可。东宁黑木耳在出口东南亚、韩国等地的基础上，开始发展欧洲市场，全面提升产品竞争力、品牌影响力和产业带动力，把黑木耳产业做大做强。

【东宁黑木耳博物馆开馆】 2021年8月2日，全省首个特色农业经济专业博物馆——东宁黑木耳博物馆正式开馆，全景展示黑木耳产业发展历史，填补东宁市黑木耳产业文化的空白。东宁黑木耳博物馆位于东宁市绥阳镇，占地面积1200平方米，集展示推广、科普研学、文化传承等多功能于一体，通过沙盘、视频、实物等形式，多元化呈现黑木耳文化及东宁黑木耳产业特点，展示新时代东宁黑木耳产业发展的新面貌。

【东宁市被列为首批全国“兴边富民行动中心城镇”建设试点】 2021年8月，东宁市被国家发展改革委、国家民委确定为国家第一批“兴边富民行动中心城镇”建设试点，为东宁市带来新一轮发展机遇。东宁市委市政府依托地缘、资源优势，紧紧抓住对俄口岸贸易这个龙头，大力实施“兴边富民”战略，以开放引领发展，以特色推动发展，走出一条“开放先导、全面带动”的特色新路。

【东宁作为“二战终结地”正式正名】 2021年9月3日，中俄两国同时举行纪念中国人民抗日战争暨世界反法西斯战争胜利76周年活动、二战东宁战役苏军战斗英雄纪念仪式，两国外长视频出席并致辞，明确东宁为“二战终结地”。

【东宁洞庭峡谷观光列车举行首发仪式】 2021年9月3日，东宁洞庭峡谷观光列车首发仪式在洞庭景区洞庭站举行。洞庭峡谷观光列车项目是由中林集团东宁中林林场有限公司投资开发，项目一期观光路线总长4.2公里，景区往返运行时长约60分钟，列车观光路线沿绥芬河贯穿洞庭大峡谷景区，结合洞庭景区峰崖雄伟峻峭的水乡美景，以全新的旅游方式，让游客感受东宁大美洞庭的自然风光美景。

【绥阳镇和绥阳镇细岭村入选全国乡村特色产业十亿元镇和“一村一品”示范村镇榜单】 2021年10月20日，农业农村部公示第十一批全国“一村一品”示范村镇、2021年全国乡村特色产业十亿元镇和2021年全国乡村特色产业亿元村名单，东宁市绥阳镇和绥阳镇细岭村分别成功入选榜单。

（东宁市档案馆　法继秀）

林口县

【概况】　林口县地处张广才岭、老爷岭余脉交界处之间，东与鸡东县、鸡西市毗邻，西与方正县、海林市相连，南与牡丹江市、穆棱市交界，北与依兰县、勃利县接壤。2021年，林口县辖11镇176个行政村，土地面积6638平方公里。全县户籍总人口323880人，其中城镇人口102438人，人口自然增长率-2.851‰。全县实现地区生产总值749050万元，按可比价格计算，比上年增长7.8%。其中，第一产业增加值320335万元，比上年增长7.8%；第二产业增加值74732万元，比上年增长9.4%；第三产业增加值353983万元，比上年增长7.6%。三次产业结构由2020年的43∶9∶48调整为2021年的43∶10∶47。一般公共预算收入48414万元，比上年增长5.0%；一般公共预算支出283467万元，比上年下降13.6%。城镇常住居民人均可支配收入同比增长8.5%；农村常住居民人均可支配收入同比增长9.9%。

【经济发展】　2021年，林口县完成全国电子商务进农村综合示范县建设，实现电商物流村村通；电商产业园孵化企业12户，晋升为省级科技孵化器。完成旅游产业规划编制，打造木刻馆、民俗馆、老相机博物馆等11个文旅项目；加快建设鹅文化主题酒店及步行街；评选出“十大人气餐馆”“特色美食打卡餐厅”；投放政府消费券150万元，举办促销活动116场，支持名优产品参展参会，提升品牌效应。全年实现开复工项目57个，纳入省百大项目2个、市百大项目28个，完成投资31.5亿元。林口县屹亿丰管业建设项目、黑龙江省佐康食品有限公司薯业二期项目、林口县金磊矿业有限公司石材项目等竣工投产，屋顶分布式光伏发电项目、抽水蓄能电站项目等重大项目纳入国家“十四五”规划，牡丹江流域水电梯级开发规划获省政府批复。全县粮食作物种植面积153174.5公顷，比上年增长2.2%，粮食产量实现十七连增；“三品一标”认证农产品17个，莲花镇黄芪种植基地入选全国“三品一标”的道地药材种植基地。

【社会事业】　2021年，全县开展就业培训7572人次，新增城镇就业2404人，城镇登记失业率稳控在3.38%以内；不拘一格招引人才349人。社保五险新增参保6290人，城乡低保标准同比增长5.5%和9.3%；发放各类社会救助资金9074.6万元。县职教中心实训基地、第一中学食堂、龙爪中学公寓、奎山教育中心公寓建成使用；古城镇第三小学、中心小学合并。完成6个社区日间照料站建设，建站率100%。普通小学在校生8825人；普通中学在校生10478人，其中初中在校生5658人，高中在校生4820人；特殊教育学校在校生105人。开展安全生产隐患大排查、大整治工作，有效遏制一批重大安全隐患。加强禁毒工作力度，严厉打击刑事犯罪和突出治安问题，阻断电信诈骗70件，止损240万元，社会治安形势总体稳定。

【牡佳高铁林口南站建成】　2021年12月6日，牡佳高速铁路开通运营。秉承“生态化”理念建造的林口南站作为牡佳高铁中间站，建筑面积2998.19平方米，可同时容纳800名旅客候车，车站设有正线2条、到发线4条，是七台河市、鸡西市的枢纽，也是绥芬河、东宁、密山、虎林等对俄贸易口岸的腹地。牡佳高铁开行后，乘坐动车组从林口县到鸡西市的时间在半小时左右，到七台河市的时间在50分钟左右，比普速列车的运行时间快3倍，为林口县的发展提供更好、更快捷的通道。

【林口县消防救援大队团支部荣获“第20届全国青年文明号集体”称号】　2021年9月22日，第20届全国青年文明号集体评选结果揭晓，由中国共产主义青年团林口县委员会推荐的林口县消防救援大队团支部喜获殊荣。林口县消防救援大队始建于1994年，2021年有党员20名、团

2021年12月6日，林口南站高铁站随牡佳高铁开通正式运营

（林口县档案馆　供图）

2021年12月，林口县莲花镇黄芪种植基地入选全国“三品一标”道地药材种植基地。图为林口县莲花镇宇砬子黄芪生产基地

（林口县农业农村局　供图）

员11名，平均年龄26周岁，承担着6688平方公里、11个镇、176个行政村的35万群众的消防安全和各类急难险重任务，累计完成各类灭火救援任务5000余次，挽救群众财产800余万元，营救被困群众300余人。

【全省首个邮政企业参与电子商务进农村项目签约】 2021年4月1日，林口县与中国邮政集团有限公司黑龙江省分公司就农村电子商务全面战略合作举行签约仪式，此次签约是黑龙江省首个邮政企业参与电子商务进农村项目。林口县邮政分公司在县电子商务产业园后院建设改造集仓储、分拣、包装、配送、冷链等为一体的2225.5平方米县级仓储中心，引导电商物流企业集中入驻经营、规范管理，实现仓储与物流配送的无缝连接，满足电商业务灵活多样的需求，有利于物流配送上行与下行业务双向流通，增加客流量，节约用地成本，更好地促进邮政企业各类便民服务业务发展。

【林口抽水蓄能电站项目签约】 2021年8月19日，林口县与黑龙江省水利投资集团有限公司、中水东北勘测设计研究有限责任公司就抽水蓄能项目举行签约仪式。抽水蓄能电站项目选址在林口县建堂镇，电站初拟装机容量180万千瓦，匡算单价4943元/千瓦，匡算总投资约88.98亿元。

【林口县老照相机博物馆开馆】 2021年9月19日，林口县郑殿波照相机博物馆开馆。林口县老照相机博物馆是黑龙江省最大的照相机博物馆，也是林口县第一家私人博物馆，展厅面积400余平方米，收藏陈列了1880年至2021年国内外知名品牌照相机及周边设备、附件等500余件藏品。

【林口县三道通镇、莲花镇获评2021年国家级全域森林康养试点建设乡（镇）】 2021年12月3日，林口县三道通镇、莲花镇以具备森林资源质量本底好、交通便利、具有较好的经营能力和康养条件获评2021年国家级全域森林康养试点建设乡（镇）。三道通镇位于林口县西北部，拥有国家AAAA级旅游景区罗勒密山景区；莲花镇域内以森林（原始森林）、湖泊（大、小莲花湖）、岛屿和峰崖石壁洞穴为主体景观，四季风光各异，景色宜人。

【林口县莲花镇黄芪种植基地获第一批全国种植业“三品一标”基地称号】 2021年12月22日，农业农村部公布第一批全国种植业“三品一标”基地名单，林口县莲花镇黄芪种植基地入选全国“三品一标”道地药材种植基地。基地有药用和食用价值的产品300余种，截至年末，莲花镇累计种植黄芪1.2万亩，注册黄芪药材商品商标12组，创新技术31项。

（林口县档案馆　王　群）

先进人物

·全国脱贫攻坚先进个人·

【高春艳】 女，汉族，1964年5月出生，中共党员，二级推广研究员，现任穆棱市农业技术推广中心主任。30多年来一直工作于基层农技推广一线，在农业供给侧结构性改革、精准扶贫、乡村振兴等农业重点领域都取得了可喜成绩。2012年，高春艳任下城子镇悬羊村任第一书记，她充分发挥自身的农业技术专长将悬羊村食用菌做成带动全市经济发展的主导产业，创新推广棚室黑木耳吊袋栽培技术，推动食用菌产业蓬勃发展。2021年，全村黑木耳栽培3500万袋，产值1.2亿元，户均纯收入10万元以上。2017年被农业部授予“最美农技员”；2020年被国务院扶贫开发领导小组授予“全国脱贫攻坚创新奖”、被授予享受国务院特殊津贴专家；2021年，被全国妇女联合会授予“全国三八红旗手”，被党中央、国务院授予“全国脱贫攻坚先进个人”称号。

·全国先进老干部工作者·

【张洁】 女，汉族，1972年9月出生，中共党员，海林市委组织部老干部办公室主任。10年来，张洁用担当和热爱践行了入职之初的承诺，面对老干部工作新局面新要求，张洁始终坚守一个目标不变，就是想尽办法为全市老干部提供最优质、最贴心的服务。围绕中组部提出的“增添正能量·共筑中国梦”主题，她认真研究，在老干部管理方式、组织活动方式、学习方式方面进行了创新实践，得到了普遍好评。把海林市老干部工作推上一个又一个新的台阶。在海林市的离退休干部中，认识张洁的人不占少数，特别是离休干部和经常到老干部局活动的退休干部，提起张洁更是赞不绝口：“张洁虽是老干部工作的领导，但她更像我们的闺女，是我们的贴心人。”因她分管的老干部工作和老年大学工作，海林市被评为全国老年教育实验区和示范区，老年大学被评为全省敬老文明号先进集体，海林老干部局被评为牡丹江市调研工作先进单位等。她多次被海林市委评为优秀共产党员、优秀党务工作者，并连续多年被海林市政府授予年度考核嘉奖。2021年，被授予“全国先进老干部工作者”称号。

·中国好人·

【王越】 男，汉族，1985年11月出生，中共产党，2004年12月应征入伍，现工作于海林卷烟厂二车间电工班组任维修工。作为退伍军人同时又是一名共产党员，在危难时刻，没有丝毫的犹豫，奋不顾身，舍己救人。2020年7月19日下午3时许，王越一家三口到海林市敖头水坝游玩。当时还有一对老两口带着他们4岁左右的小孙子也在水坝附近遛弯聊天，孩子离开爷爷奶奶身边独自去3米远的水边用水枪吸水，一下子没踩稳突然掉进了大河里。此时正在一边钓鱼的王越，第一时间发现了孩子落水，就在这人命关天、千钧一发、万分危急之际，不会游泳的他来不及脱掉身上的外衣，毫不犹豫，立刻地跳进水里，河水一下子就没过了他的胸口，王越朝着孩子用力抓了一把并没有抓住，水里的王越急忙再次往前探，水很深，1.8米的他根本都踩不到河床，趁着波浪荡漾孩子露出头的瞬间，他在湍急的水中一把紧紧抓住了孩子，然后用尽全力地举起他往岸边去，一次又一次的用力划水，精疲力尽的他和孩子一起脱险上岸。王越在部队曾获得一个嘉奖、两个优秀士兵；2005年被授予三等功；2021年，被授予“中国好人”称号。

【潘冬喜】 男，汉族，1968年12月出生，是一名江西来此养蜂个体户，初中毕业的他，将生死置之度外，只为挽救一个生命。“孩子被水冲走了，救命！救命……”2021年7月31日，海林市大海林林业局发河岸边，一位母亲焦急地看着水里的孩子被湍急的水流冲走。潘冬喜听到孩子母亲的呼救，当即跳下水紧急救援，由于水流太急，潘冬喜也没能停住，被湍急的河水冲到了孩子的下游。潘冬喜再次拼力往孩子方向游去，但发河桥下方水流异常湍急，他的手还未触及孩子，又被水流冲开。这时，孩子的舅舅在岸边抓住了孩子，把孩子拽上岸，但是潘东喜却不幸溺水死亡。潘冬喜见义勇为的行为感动着所有人。2021年，潘冬喜被授予“中国好人”称号。

·全国人力资源社会保障系统优质服务先进个人·

【郭忠奎】　男，汉族，1976年12月出生，中共党员，曾任海林市人社局长、发改局局长。他在人社局工作4年多，始终秉承“将心比心、赢得民心”服务理念，把窗口服务当作“良心活”，把办事群众当成亲人。他积极争取资金改造升级标准化服务平台，率先打造柜员制服务；坚持周周走流程、查疏漏、抓整改，带头到社保大厅参加人社志愿者服务，累计为办事群众领办代办各类人社事项1000余件，赢得了群众的交口称赞。他工作务实善创新，主动推进窗口服务向基层延伸，带头组建人社服务专员队伍，主动对接200户重点企业和重点项目落实援企稳岗保就业；疫情期间组织农民工“点对点”输出和就近就地就业，在央视《新闻联播》和央视17频道予以报道；主动接待讨薪农民工信访，耐心协调化解矛盾，为农民工追回欠薪近千万元，多次收到锦旗和感谢信。在他的带领下，2019年海林市社保中心窗口被国家人社部授予“全国人社系统优质服务窗口”；2020年被授予“黑龙江省级文明窗口”；就业服务中心被授予“牡丹江市优质服务窗口”；郭忠奎多次被授予优秀等次公务员；2016年被授予“黑龙江省优秀党务工作者”；2021年，被授予“全国人力资源社会保障系统优质服务先进个人”称号。

·全国体育系统先进工作者和劳动模范·

【宁忠岩】　男，满族，1999年11月出生，中共党员，牡丹江市冬季运动项目训练中心运动员。2013年入选牡丹江市速度滑冰专业队从事速度滑冰专业训练，2018年入选国家队。他严格要求自己，思想要求进步，认真钻研速滑技术，运动成绩不断提高。2019年，在速度滑冰世界杯总决赛中获得1500米金牌，是中国速滑史上该项目第一枚金牌。先后获得2019—2020赛季全国速度滑冰锦标赛500米、1500米、5000米、短距离追逐和全能5项冠军；获得2020—2021年度全国速度滑冰锦标赛500米、1000米和短距离全能冠军；2021年，被授予“全国体育系统先进工作者和劳动模范”称号。

·全国党史和文献部门先进个人·

【王玉富】　男，汉族，1962年7月出生，中共党员，副教授。中共绥芬河市委史志研究室原主任、市档案馆原馆长、中共六大历史资料馆原负责人，现任中共六大历史资料馆终身名誉馆长，全国高校伟大建党精神研究中心特约专家。曾参与马克思主义在中国的传播、绥芬河秘密交通线的历史作用、中共六大与绥芬河、中共六大及其时代价值等重要课题研究，成果丰富，在国内影响较大。他从2008年开始，在国内国外广泛收集中共六大历史资料和文献、文物，推进中共六大历史资料馆建设。2020年9月，作为中共六大专业历史展馆被中央有关部门批复，在全省和全国产生较大影响。2021年1月，绥芬河党史工作经验刊发在中央党史研究室办公厅《情况通报》上，在全国推广。7月，绥芬河市委史志研究室被省委史志研究室和省人力资源和社会保障厅联合授予“先进集体标兵单位”；王玉富同志被授予“全省党史系统先进个人”“全国党史和文献部门先进个人”称号。

·全国五一劳动奖章获得者·

【单东岩】　男，汉族，1957年9月出生，现任牡丹江和音乐器有限公司技师工作室首席提琴制作大师。建厂以来，他始终工作在车间生产一线，亲自传授徒弟们提琴制作方法，手把手地带出了一批又一批的精良弟子。如今他所带出的徒弟已经分布在和音乐器各个车间的重要岗位上。单东岩带领着他的弟子先后研制出许多制作提琴配件的机械，特别是提琴琴板音质调频的精准度，具有国际水准。他与中央音乐学院、意大利克雷莫纳提琴学院都建立合作伙伴关系，共同研制开发纯手工制作仿古提琴的秘钥与原理。在单东岩传帮带的带领下，全体和音乐器的员工都树立起了追求品质，精益求精的工作作风，成功打造“人人都是小匠人”的企业文化。和音乐器获得“省级文化产业示范基地”“国家文化出口重点企业”。单东岩2018年被授予“龙江工匠”；2020年被授予“黑龙江省五一劳动奖章”；2021年，被授予“全国五一劳动奖章”称号。

【甄立民】　男，汉族，1978年7月出生，中共党员，牡丹江市公共交通集团有限责任公司驾驶员。2007年，他由部队转业到公交公司成为一名驾驶员，工作中积极努力，兢兢业业，在平凡的工作岗位上，用真情和爱心，谱写了一曲“热情为民服务、无私奉献社会”的颂歌。他始终坚持“热心、诚心、真心、爱心、耐心”服务宗旨，时刻把乘客放在心上，细心揣摩乘客的心理，努力提高优质服务水平。他以实际行动，诠释着服务理念，用真情对待每一位乘客，以微笑拉近与乘客的距离，把车厢营造成如家般温暖，让温馨洒满车厢每个角落。2019年被授予黑龙江省“五一劳动奖章”；2020年荣获“全国交通运输系统劳动模范”；2021年，被授予全国“五一劳动奖章”称号。

【孙江】 男，汉族，1996年4月出生，中共党员，牡丹江首控石油化工有限公司气分车间主任。2018年，亲自指挥催化装置开停工和首次干气变压吸附提氢装置、首次加氢脱硫新装置开停工，实现了新老装置的无缝衔接，在诸多困难条件下确保了装置全系统安全一次开工完成。完善了掺炼渣油比例方案、汽油进料参数调整、催化剂混比改变产品分布，增加新氢循环量提高脱硫效果，增设外收汽油线提升脱硫处理量，气压机增设油冷器等装置运行课题。参与了公司余锅吹灰方式改造升级、管道泵热能循环充分回收利用，提高装置轻油产品收率，机泵冷却用新鲜水循环利用等催化装置改造、革新项目。2018年5月，冲在带料抢险第一线，避免恶性事故的发生。2019年，调任气分车间主任，全程参与事故状态下液化气储料罐V110注水操作施工改造，完善《加氢脱硫操作规程》，自主设计二网开路循环，各项指标在设计范围内，确保一次投运正常。细化编写《换热站操作方法》及指标参数，参与两次装置安全整改。2020年初又兼任计量质检处处长，申报并获得《可燃气体报警器检定装置》及《防静电接地检测装置》授权资质。2012年被授予“黑龙江省五一劳动奖章”；2021年，被授予全国“五一劳动奖章”称号。

【周慧来】 男，汉族，中共党员，1976年7月出生，牡丹江东大集团股份有限公司电工班班长。多年来一直从事电力维修工作，在电梯维护与保养、空调机组检测与维修、消防设备检测与维修等一系列工作中积累了丰富的工作经验。消防安全一直是各大商场工作中的重中之重。2011年，劝业场消防控制中心的消防控制柜由于使用年限问题，时常出现死机、以及各种故障，同时多种消防设备需要维修、保养，已严重影响了商场的消防安全。经过多日研究考证，周慧来带领他的班组拿出了一套可行性方案，得到商场领导的认同。项目在周慧来带领下施工节省数万元，为商场消防安全工作做出了重要贡献。2017年被授予黑龙江省“劳动模范”；2021年，被授予全国“五一劳动奖章”称号。

·全国大学生“返家乡”社会实践活动优秀工作者·

【杨雨澄】 男，汉族，1996年8月出生，中共党员，共青团东宁市委员会副书记。自“返家乡”活动开展以来，积极组织全市300余名学生投身家乡实践活动，持续引导青年学生了解家乡、热爱家乡、服务家乡、代言家乡。特别是在边境口岸城市的防控一线，由他牵头组建的返乡大学生志愿者服务队，成为全面筑牢联防联控严密防线的重要力量。他主动联络东宁市委组织部，积极对接各个乡镇及市直单位统计岗位需求，积极对接各个高校及媒体平台发布岗位信息。在他的努力和推动下，全市共有26个单位设置50个岗位共221个实习名额供东宁籍学子选择，确保家乡事业支持者“回得来”、家乡事业建设者“留得住”，当东宁市出现确诊病例时，面对防控人员紧缺的情况，他立即调整工作思路，号召广大学生立即从政务实践全部转岗至志愿服务。2021年，被授予全国大学生“返家乡”社会实践活动优秀工作者称号。

·全国大学生“返家乡”社会实践活动优秀学生·

【王学林】 男，汉族，2003年8月出生，共青团员，就读于黑龙江八一农垦大学。作为首批参与返家乡社会实践的大学生，负责在核酸检测点维持秩序，并逐户给居民打电话核对信息，督促居民按时下楼做核酸检测的同时确保社区居民无人遗漏，即使条件艰苦，但他信念坚定，始终奋战在抗疫一线，18岁的他成为无数逆行者中的一员，到各个核酸检测点查看现场秩序，安抚因为排队而感到焦虑的居民；为隔离群众配送物资，拎着近乎30斤的生活物资搬上搬下，累到瘫倒；耐心拨打群众电话，逐一核查数据信息。经过49天的岗位实践锻炼，他已经可以独立承担起所有小区核酸检测点的布置、人员调配、秩序维护等工作。2021年，被授予全国大学生“返家乡”社会实践活动优秀学生称号。

·全国维护妇女儿童权益先进个人·

【宫海峰】 男，汉族，1972年12月出生，中共党员，市公安局法制支队副支队长。2004年因赴马来西亚成功将被拐骗的26名中国妇女解救回国，被牡市维护妇女合法权益协调工作组授予全市维护妇女合法权益先进个人荣誉称号。在严格规范指导各单位办案工作的过程中，始终将妇女儿童权益保护作为重要的执法原则。在他的推动下，2021年2月21日，市公安局与市检察院联合在市妇女儿童医院建立的未成年人“一站式”办案中心正式启用，专门用于被性侵害未成年人的询问、生物样本提取等，最大限度地保护被害人的隐私，让未成年被害人减少心理压力，敞开心扉，避免因司法机关的办案活动再次形成心灵创伤，为保护未成年女性被害人的合法权益发挥了积极作用。2021年，被授予“全国维护妇女儿童权益先进个人”称号。

【丁晓鹏】 男，汉族，1973年12月出生，中共党员，牡丹江市妇女联合会权益部部长。在维护妇女合法权益工作中重点抓窗口服务，注重信访实效。做好信访接待工作，发挥妇联信访窗口和12338维权热线作用，接待妇女群众来信、来访、来电，为妇女群众提供维权服务，结案率100%。做好法律援助工作，几年来为60名妇女提供法律援助案件，减免诉讼费9万余元。创新维权工作机制，推动10个县（市、区）成立"婚姻家庭人民调解委员会"，在全省率先实现全覆盖，为规范化解婚姻家庭矛盾奠定了基础。协调市公安局、市检察院、市妇产医院、市妇联成立未成年人"一站式"办案中心。成立牡丹江市妇女儿童心理服务中心，在疫情期间制作战疫心理服务卡，公开10名心理咨询师电话，为400多名妇女儿童提供心理服务。2021年，被授予"全国维护妇女儿童权益先进个人"称号。

（市委史志研究室　张　颖）

表79　2021年牡丹江市立功受奖（二等功及以上）军人一览表

区域	姓名	是（否）现役	奖励名称
宁安市	关　朋	现役	二等功
海林市	刘敦辉	现役	二等功
穆棱市	孙彦峰	现役	二等功
林口县	陈红林	现役	二等功
西安区	程　铭	现役	二等功

（资料来源：市退役军人事务管理局）

先进集体

·全国先进基层党组织·

【牡丹江热电有限公司党委】　牡丹江热电有限公司是2003年4月由全体员工1126名出资人共同持股（100%）组建的股份制供热企业，供热面积占全市热电联产集中供热市场65%。公司党员占比一直保持近50%，先后培养出党的十八大代表1名、十九大代表1名，全国优秀党务工作者1名，全国人大代表2名，全国劳动模范5名，全国五一劳动奖章获得者4名。多年来，公司党委发挥政治引领作用，为企业科学发展、高质量发展把准了正确方向；为企业和谐发展、持续发展提供了坚强的组织保障；为企业全面发展、创新发展激发了不竭动力。公司先后获得全国五一劳动奖状、全国精神文明建设先进单位、全国模范劳动关系和谐企业、全国厂务公开民主管理示范单位等10项国家级荣誉。2021年，牡丹江热电有限公司党委被中共中央授予"全国先进基层党组织"光荣称号。

·国家级水效领跑者·

【牡丹江市机关事务管理局】　牡丹江市机关事务管理局坚持"节水优先、节水增效"，强化节水意识，宣传节水知识，营造节水氛围。制定节水用水计划，推动用水精细化管理。强化组织领导，构建节水管理体系。成立节水工作领导小组，落实国务院《关于实行最严格水资源管理制度的意见》《国家机关事务管理局关于加强公共机构节水工作的通知》。健全节水管理规章制度，强化节水管理。制定和完善各项节水管理制度，建立节水制约和激励机制。制定相关节约用水标准，量化、细化责任目标和任务指标，建立计量、报告等制度。市公共机构节能办公室、市节水领导小组根据《牡丹江市城市节约用水条例》和《节水型单位目标导则》要求，结合市党政办公中心的具体运行情况，提高水重复利用率。二级计量、三级计量水表全部更新，关键用水处换上了电磁流量计。能源消耗与生产量数同步日报，每周分析跟踪，每月总结和不断改进，保证了用水计量表的配备率和检查率达到100%。每年召开管理评审会议必须提报节能降耗计划，不断提升节水绩效，共安装8台套用水计量设施，计量率100%。每年投入近5万对计量器具更新、校验，确保用水计量器具检测率100%。鼓励干部职工创新参与节水管理。2021年，牡丹江市机关事务管理局被授予"国家级水效领跑者"称号。

·全总解困脱困先进集体·

【牡丹江市总工会】　牡丹江市总工会围绕困难职工解困脱困工作，多次与市政府召开联席会议进行研究部署，出台解困脱困实施意见；根据基层所需，制定分级管理办法、"1+5X"帮扶工作方案等一系列文件，进一步规范解困脱困工作程序；以"双创"为牵动，创新"平台＋资金""普惠＋特惠、线上＋线下"模式，创建工字号职工创业孵化基地7个，办理创业贷款贴息37家，服务困难职工2.6万余人次；2021年，结合庆祝中国共产党成立100周年，慰问省级劳模和全国模范退役军人、最美退役军人、生活困难退役军人党员、退役军人老党员、烈士遗属34人，省级劳模发放慰问金7000元；退役军人及军烈属13500元；发放一线职工（排水公司、中燃公司）39500元，共计6万元。同时对在档374户困难职工进行了常态化帮扶。市总工会筹措救助资金59.7万元，使261名困难职工子女得到救助。其中，小学和初中阶段61人、高中和中等职业教育阶段58人、大专以上142人。牡丹江市本级救助92人，比上年同期增加12人。5年来，累计发放资金4500万元，全面完成全市困难职工实现解困脱困目标任务。2021年，牡丹江市总工会被授予"全总解困脱困先进集体"称号。

·全国五一劳动奖状·

【黑龙江牡丹江抽水蓄能有限公司】　黑龙江牡丹江抽水蓄能有限公司隶属于国家电网公司，成立于2011年。荒沟抽水蓄能电站是黑龙江牡丹江抽水蓄能有限公司建设项目，项目总投资58亿元，是全国纬度最高的抽水蓄能电站，位于柴河林区，距市区145公里，地处高寒山区、有效施工期短、地质条件复杂。公司实施科技强企，全力打造国家优质工程，全面加强质量管控，大力实施科技创新，践行“两山”理论，落实“四节一环保”措施，深入开展劳动和技能竞赛，应用哈电自主研发大型机组，推进中国制造落地黑龙江，创造国内行业“四个首次应用”，被授予国家专利41项，科技进步奖13项，QC成果奖13项，省部级工法4项，保持着开工以来零伤亡和零违纪双纪录，工程合格率、优良率全部达标，被授予国网公司安全生产先进集体、地方廉洁自律先进单位，为省“百大项目”树立安全、质量和廉洁标杆。2021年12月实现首台机组发电。2018年以来，被授予全国“安康杯”“竞赛优胜单位”“全国五四红旗团委”“全国文明单位”“省模范职工之家”“省青年安全生产示范岗”“省五一劳动奖状”等20余项省级以上荣誉。2021年，黑龙江牡丹江抽水蓄能有限公司被授予“全国五一劳动奖状”称号。

· 全国工人先锋号 ·

【牡丹江市第二人民医院重症医学科】 牡丹江市第二人民医院重症医学科被誉为“创造奇迹的特种部队”。重症医学科医护团队以中青年为主，精力充沛、富有激情、锐意进取，勇于面对困难和挑战。护理为零陪护制度，工作秉承“用心看护，用爱关怀”服务理念，设专门医护人员24小时床旁监护，对患者开展细致护理工作，千方百计为患者减轻痛苦。2020年全市新冠肺炎疫情初期，重症医学科首先确诊并成功救治黑龙江省第一例危重型新冠肺炎病例。刘淑杰主任带领医生每天坚持查房，在床旁不顾感染风险亲自为患者吸痰、拍背，为患者翻身，及时调整治疗方案，力争把每个细节做到极致。经过16天不分昼夜的积极救治，终于把病人从死神手中夺了回来。科室全体医护人员积极响应国家号召，主动请战，驰援湖北第一线。先后支援牡丹江康安医院、绥芬河人民医院，医生李文秀和护士张岩松在驰援湖北期间光荣成为预备党员，护士杨林成为党员积极分子。援鄂期间他们因为表现突出，被当地政府和医院授予先进工作者。2021年，牡丹江市第二人民医院重症医学科被授予“全国工人先锋号”称号。

【牡丹江富通电气集团有限公司钣金电焊班组】 自2013年成立钣金电焊班组以来，在经理赵文带领下，与设计公司、配线班组共同改进箱式变电站、美式箱变电站、环网柜和电缆分接箱等公司产品，多项产品荣获国家专利。同时，钣金电焊班组完成了各式不锈钢高低压柜壳体制作、桥架的生产和安装、不锈钢户内外电表箱的生产与安装。在生产中不断强化技术革新，为公司整体品质提升做大量基础性工作，在全市以及全省的机电成套设备领域处于领先水平。该班组连续被授予公司“优秀班组”；2017年4月被授予“牡丹江市工人先锋号”；2018年4月被授予“黑龙江省工人先锋号”；2020年被授予牡丹江市“安康杯竞赛优胜单位”；2020年“赵文创新工作室”当选为牡丹江市级创新工作室；2021年，牡丹江富通电气集团有限公司钣金电焊班组被授予“全国工人先锋号”称号。

· 全国五四红旗团委 ·

【牡丹江市中医医院团委】 牡丹江市中医医院团委按照“党建带团建”原则，深化团建工作，新冠肺炎疫情发生以来，团员青年圆满完成对湖北、绥芬河、哈尔滨等地的支援工作任务，多名团员青年荣获“全国卫生健康系统抗击新冠肺炎疫情先进个人”“全国三八红旗手”“黑龙江省抗击新冠肺炎疫情先进个人”等荣誉称号。2020年4月15日，为应对绥芬河口岸境外输入疫情，医院成为全国首个康复隔离定点医院，全体团员青年冲锋一线，圆满完成了来自全国20个省（自治区、直辖市）66个地（市）共513人次的康复治疗任务并实现医护零感染。2021年，牡丹江市中医医院团委被授予“全国五四红旗团委”称号。

· 全国五四红旗团支部 ·

【海林市柴河镇中心学校团总支】 海林市柴河镇中心学校团总支共有直属团支部3个，团员23人，团干部10人。学校团总支加强未成年人思想道德建设，团结带领全校团员青年，认真履行四项基本职能。抓团的建设，不断夯实基层团组织根基。定期召开团支部书记会议，听取各班级团干部工作汇报，组织学习团队理论、团队活动的做法、经验等，提高团干部思想意识。充分发挥团校教育功能，定期举办团员培训班，提高团员青年思想觉悟。始终坚持实行团员发展接受学校学生的评议监督，入团必须在全班进行民主推荐，提高团员的质量。抓团内学习，提高团员青年的政策理论水平。以“智慧团建”作为依托，多次组织团员青年以集中学习与自学相结合形式深入学习党的政策方针及会议精神，并在重要时间节点开展相关活动，多次组织观看有教育意义的影片、记录片，并撰写心得体会，提高团员青年思想觉悟和大国意识。抓文化建设，锻炼团员青年综合能力。围绕年度工作部署，积极开展主题活动，丰富团员青年文体生活。在“五四”“十一”“一二九”等时间节点，精心组织、积极策划多项主题团日活动，培养团员青年团队意识。抓精神文明建设，培养团员青年爱心奉献精神。举办“敬老爱老献孝心、家务活动我来做”，驰援湖北捐款，向学校困难学生献爱心，保护母亲河，“校园是我家，环境靠大家”除草等活动。积极动员广大团员青年参与疫情防控工作，组建我是小小志愿者队伍，响应号召组织开展“爱心捐赠，助力抗疫”活动等。2021年，海林市柴河镇中心学校团总支被授予“全国五四团支部”称号。

·第十三届中国青年志愿者优秀组织奖·

【牡丹江爱心帮公益联合会】 牡丹江爱心帮公益联合会于2011年开始组织、策划和发起公益活动，于2014年正式注册。现已经拥有8个社会志愿服务队和6个校园志愿服务队，志愿者总数达2万余人。开展大型公益活动1000余场次，至少50万人（次）志愿者参与其中。组织、策划公益慈善活动，帮扶困境者千余人，直接筹集善款千余万元。坚持开展大型环保以及关爱弱势群体等活动，多个品牌活动的开展情况被全国各大网站先后报道和转载。2014年以来，先后组织青年志愿者开展以提供心理辅导、课业辅导、树立积极人生观、培养和谐亲子关系、养成良好习惯以及平安教育等多个方向的助学关爱活动。截至2021年末，累计为2万余人次的留守困境儿童提供了物质和心灵的双重关爱。党团引领，规范发展。2014年成立团支部，并于2016年成立党支部。在党支部和团支部引领下，理事会30多位青年企业家在常年参与公益活动同时，每月出资救助孤儿、看望各志愿服务队困境志愿者；青年志愿者们每月发起乐捐，帮扶身边鳏寡孤独弱势群体。截至2021年末，已有6支学校志愿服务队的2万余名中小学生常年跟随“爱心帮”参与公益活动。在疫情防控期间，响应共青团牡丹江市委号召，连续6个月组织6000多人次志愿者，24小时高质量参与火车站、机场、社区等疫情防控；连续48天每天两次前往专门收治新冠肺炎病人的医院和牡丹江市疾控中心，为抗疫一线的医务工作者送物资和“爱心餐”。2021年，牡丹江爱心帮公益联合会被授予第十三届“中国青年志愿者优秀组织奖”称号。

·第二十届全国青年文明号·

【林口县消防大队团支部】 林口县消防救援大队团支部创建“林青蓝焰”团建品牌，以团建带青年文明号建设，引导广大指战员在平凡岗位上创造了突出业绩。按照“科学布局、一室一用”原则精心打造“学习阅读区、网络沙龙区、大型观影区、娱乐休闲区、运动竞技区”五大区域，各功能室按照“每月一主题，周周有行动”的目标，定期举办“读书月”、征文比赛、党史知识竞赛、文化讲堂等活动，丰富青年业余生活。广泛开展帮扶困难老人、清除“城市牛皮藓”、环境整治等“我为群众办实事”志愿服务活动，深入推进消防宣传，组织开展消防科普教育体验、“消防安全进万家”“暖企行动”“敲门行动”等主题宣传，让群众零距离感受消防温暖、了解消防知识、消除安全隐患。2021年，林口县消防大队团支部被授予第十二届“全国青年文明号”集体称号。

·全国维护妇女儿童权益先进集体·

【牡丹江市信访局】 牡丹江市信访局充分发挥纾民怨、解民困、聚民心的党和群众桥梁纽带作用，全力化解涉及妇女儿童“急难愁盼”信访事项。畅通诉求渠道，搭建妇女儿童“连心桥”。进一步优化畅通信访渠道，解决群众合理诉求，重点关注涉及妇女儿童等弱势群体权益的信访事项，落实领导包保，实行快办快结，疑难复杂信访事项成立专班负责推进。2018年以来，共办结涉及妇女儿童信访事项2.3万件，涉及金额800余万元。化解突出问题，解决妇女儿童“烦心事”；重点督查督办涉及妇女儿童切身利益和久拖未决信访事项1200余件，一大批涉及妇女儿童切身利益的欠薪欠资、遗属待遇、房屋征拆、农村土地等信访事项得到有效解决；疫情期间，市长热线接到妇女儿童咨询求助2.8万件，在线解答2.43万件，协调相关部门、社区街道帮扶救助0.37万件，认可度满意度100%；了解实际困难，帮扶妇女儿童“生活难”，依照“三到位一处理”原则，做好无理信访事项信访人思想工作和法律普及的同时，了解信访人特别是妇女儿童信访群体的实际困难，积极与民政部门、乡镇（街道）协调沟通，将符合条件的47名妇女儿童办理低保救助和医疗救助。2021年，牡丹江市信访局被授予“全国维护妇女儿童权益先进集体”称号。

（市委史志研究室　张　颖）

组织机构及负责人

（2021年1月1日至12月31日）

中国共产党
牡丹江市委员会

【中共牡丹江市委员会领导人员名单】

书　　记：杨廷双
副 书 记：王文力（任至4月）
　　　　　张国军（4月任）
　　　　　李长生（任至4月）
　　　　　杨国利（4月任）
常　　委：张长虹（任至7月，女）
　　　　　王淑滨（7月任，女）
　　　　　赵荣国（任至2月）
　　　　　陈文远
　　　　　韩雪松（3月任）
　　　　　侯信波（任至11月）
　　　　　张鸿雁（11月任，女）
　　　　　徐利刃（任至8月）
　　　　　黄士伟（任至12月）
　　　　　殷　波（1月任）
　　　　　罗海涛（12月任）
秘 书 长：徐利刃（任至8月）
副秘书长：迟伟林（任至3月）
　　　　　金铭鼎（任至3月）
　　　　　唐荣胜（10月任）
　　　　　姚景林

【中共牡丹江市委工作部门领导人员名单】

市委办公室（加挂市档案局牌子）
主　任：唐荣胜
副主任：左　韫（任至8月）
　　　　王　颜（兼档案局局长，女）
　　　　王　利（任至4月）
　　　　姚兴华
　　　　金　玮（7月任）

市委组织部（加挂市委老干部局、市委非公有制经济组织和社会组织工作委员会、市公务员局牌子）
部　　长：侯信波（任至11月）
　　　　　张鸿雁（11月任，女）
副 部 长：于慈森
　　　　　王凤奇
　　　　　刘宏斌
　　　　　李新华（任至4月，兼市委老干部局局长）
　　　　　徐艳伟（兼市委“两新”组织工委书记）
　　　　　魏君红（兼市公务员局局长，女）
　　　　　董奇峰（4月任）
　　　　　金　凯（5月任）
基层办主任：高大成

市委宣传部［加挂市精神文明建设指导委员会办公室、市政府新闻办公室、市新闻出版局（版权局）］
部　　长：陈文远
常务副部长：瞿向前（兼市精神文明建设指导委员会办公室主任）
副 部 长：郎　勇（兼）
　　　　　纪丽宏（任至8月，女）
　　　　　鄂艳娟（10月任，兼，女）
　　　　　郭铁平（兼市政府新闻办主任，女）
　　　　　杨荣江［兼市新闻出版局（版权局）局长］
　　　　　孙华波（兼市精神文明建设指导委员会办公室副主任）
　　　　　宿宝安（10月任）

市委统一战线工作部（加挂市委台湾工作办公室、市政府台湾事务办公室、市民族宗教事务局、市政府侨务办公室牌子）
部　长：（空缺）
副部长：迟德彬（兼市民族宗教事务局局长）
　　　　佟江平（兼市委台湾工作办公室主任，市政府台湾事务办公室主任，市政府侨务办公室主任，女）
　　　　金勋国
　　　　徐大江
　　　　任丽丽（10月任，女）

市委政法委

书　　记：李长生（任至4月）
　　　　　杨国利（4月任）
常务副书记：纪智远
副 书 记：田　臣
　　　　　刘春钰
　　　　　王新平

市委政研室

主　任：毛成林
副主任：陈　悦（任至7月，女）
　　　　刘伟华
　　　　周　昊

市委网络安全和信息化委员会办公室（加挂市互联网信息办公室牌子）

主　任：郎　勇
副主任：周鹏飞（兼市互联网信息化办公室主任，女）

市委机构编制委员会办公室

主　任：王凤奇
副主任：张庆杰
　　　　杨怀沙
　　　　李潇辞（7月任）

市直机关工作委员会

书　　记：徐利刃（任至8月）
第一副书记：孙吉舜
常务副书记：宋福东
副 书 记：张守军（任至11月）
　　　　　郝丽君（女）
　　　　　孟祥雷（11月任）

市信访局

局　长：姚景林
副局长：沙士伟（任至11月）
　　　　王晓海
　　　　赵国军（4月任）
　　　　张　燕（11月任，女）

市委保密局和机要局（加挂市国家保密局、市国家密码管理局牌子）

局　长：黄秀梅（女）
副局长：李淑珍（任至12月，兼市国家保密局局长，女）
　　　　白　锋（兼市国家密码管理局局长）

市委党校（加挂市行政学院、牡丹江社会主义学院牌子）

校　　长：李长生（任至4月）
　　　　　杨国利（4月任）
第一副校长：侯信波（任至12月）
常务副校长：文　明
副 校 长：李剑平
　　　　　刘长春
　　　　　高　俊（10月任，女）
教 育 长：朱　明（女）

市档案馆（市委史志研究室）

馆长（主任）：宋国平
副馆长（副主任）：鞠　军
　　　　　刘月明(任至4月)
　　　　　刘慧英(7月任，女)

市委巡察办

主　任：沈　奇（任至12月）
　　　　王晓红（12月任，女）
副主任：司徒林宏
　　　　李海涛

市委巡察组

组　长：唐　丹（任至3月）
　　　　孙阳中（女）
　　　　李新华（4月任）
　　　　宋立志（4月任）
　　　　左　韫（8月任）
副组长：张金华
　　　　王忠文
　　　　燕海涛（任至8月）
　　　　于兹舜（4月任）
　　　　纪丽宏（8月任，女）

市新闻传媒中心（加挂牡丹江广播电视台、牡丹江日报社牌子）

主　任：唐国东
总　编：鄂艳娟（任至10月，女）
　　　　鞠　晨（10月任）
副主任：胡　波（女）
　　　　张冬民
副总编：姜玉华（女）

牡丹江市人民代表大会常务委员会

【牡丹江市第十六届人民代表大会常务委员会领导人员名单】

主　　任：郑君桥
副 主 任：黄莲花（女）
　　　　　魏芝红（女）
　　　　　王兆光
　　　　　孙喜忠
　　　　　李　彬（6月任）
秘 书 长：周亚东（任至7月）
副秘书长：朱艳华（任至11月，女）
　　　　　刘长生（11月任）

【牡丹江市第十六届人民代表大会常务委员会各办事机构、工作机构领导人员名单】

法制工作委员会

主　任：李丽红（女）
副主任：赵正吉（任至4月）

预算工作委员会

主　任：张　雷

研究室

主　任：张瑞江
副主任：郑建华（任至12月，女）

人事选举办

主　任：徐　强
副主任：张国强

机关党委

书　记：周亚东（任至7月）
副书记：王　波（任至11月，女）
　　　　李伟丽（11月任，女）

办公室

主　任：张成海（任至12月）
副主任：李成斌
　　　　张振宇

【牡丹江市第十六届人民代表大会各专门委员会领导人员名单】

法制委员会

主任委员：（空缺）
副主任委员：李丽红（女）

监察和司法委员会

主任委员：郑　涛（任至12月）
副主任委员：于　玲（女）

财政经济委员会

主任委员：肖　阳
副主任委员：吴宏君（任至3月）
　　　　　　钟　玲（3月任，女）

农林委员会

主任委员：王伟东
副主任委员：李四香（女）

城乡建设环境保护委员会

主任委员：孙书朋
副主任委员：李伟丽（任至11月，女）

教育科学文化卫生委员会

主任委员：张殿权
副主任委员：张文娟（任至7月，女）

民族侨务外事委员会

主任委员：赵晓军
副主任委员：金　宏（女）

社会建设委员会

主任委员：赵国权（任至1月）
　　　　　徐丽清（1月任，女）
副主任委员：吴宏君（3月任）

牡丹江市人民政府

【牡丹江市人民政府领导人员名单】

市　　长：王文力（任至4月）
　　　　　张国军（6月任）
副 市 长：赵荣国（任至2月）
　　　　　韩雪松（3月任）
　　　　　杜吉君（任至3月）
　　　　　苏凤仙（任至3月，女）
　　　　　齐忠彦
　　　　　张维国（任至12月）
　　　　　于学胜（任至1月）
　　　　　刘军龙（3月任）
　　　　　高忠远（2月任）
　　　　　邹　浩（10月任，女）
　　　　　李玉俊（12月任）
秘 书 长：孙吉舜
副秘书长：金秀兰（女）
　　　　　宋景东
　　　　　杨　波

【牡丹江市政府工作部门领导人员名单】

市政府办公室

主　任：孙吉舜
副主任：李逸涛
　　　　朱冬生（11月任）
　　　　倪文平
　　　　陈风雷（任至7月）
　　　　付国良（8月任）

市政府驻哈尔滨办事处

主　任：刘志学
副主任：梁云添

市政府驻北京联络处

主　任：杨晓东
副主任：梁国志

市政府研究室

主　任：杨　波（任至8月）
　　　　赵文正（8月任）
副主任：赵文正（任至8月）
　　　　王海嵩

市政府外事办公室

主　任：刘长生（任至11月）
　　　　王本其（11月任）
副主任：彭旭东
　　　　许　新（女）

市发展和改革委员会（加挂市粮食局牌子）

主　任：栾　娟（女）
副主任：马德华（7月兼市粮食局局长）
　　　　赖善勇
　　　　王剑英（任至7月，女）
　　　　戴冠宇（10月任）
　　　　杨小巍
　　　　陈　帅（11月任）

市经济合作促进局

局　长：鞠绎铼
副局长：周春光（任至11月）
　　　　闫　微（女）

市工业和信息化局

局　长：王长东（任至3月）
　　　　王剑英（7月任，女）
副局长：武险峰
　　　　张志钢（任至7月）
　　　　李　群
　　　　梁红娟（10月任，女）

市教育局

局　长：张大伟（女）
副局长：吕文韬
　　　　田开忠
　　　　宫建刚
　　　　崔桂海

市科学技术局（加挂市外国专家局牌子）

局　长：刘成刚
副局长：孟凡海（任至12月）
　　　　王长虹（任至8月，兼市外国专家局局长）
　　　　艾龙江（11月任，兼市外国专家局局长）
　　　　王　超（12月任）

市公安局

局　　长：杜吉君（任至3月）
　　　　　高忠远（3月任）
常务副局长：陈伟宏（任至4月）
　　　　　李　伟（11月任）
副 局 长：王建华
　　　　　娄可洲
　　　　　张宏伟（任至10月）
　　　　　孙　诚（10月任）

市民政局

局　长：孙玉华（任至7月，女）
　　　　张　超（8月任）
副局长：王建军
　　　　盛艳军
　　　　于　颖（女）

市司法局

党组书记：张凤刚（任至7月）
　　　　　王长虹（8月任）
局　　长：都业宁
副 局 长：王非非
　　　　　刁伟波（女）
　　　　　卜万良

市财政局（加挂市国有资产监督管理委员会办公室、市金融服务局牌子）

局　长：倪金亭（兼市国有资产监督管理办公室主任）
副局长：王子云（兼市金融局局长、市国有资产监督管理办公室副主任）
　　　　朱新有
　　　　郑忠彦（任至10月，女）
　　　　李　鹏
　　　　王　耀（4月任）

市人力资源和社会保障局

局　长：刘宏斌
副局长：韩士林（兼市社保局局长）
　　　　冯志强
　　　　张　欣（4月任，女）
　　　　李博峰（8月任）

市自然资源局（加挂市规划委员会办公室牌子）

局　长：刘德胜（4月任，兼市规划办主任）
副局长：刘吉获（任至4月）
　　　　刘国涛（任至5月）
　　　　刘　侃
　　　　李　伟（任至7月）
　　　　王　巍（兼市规划办副主任）
　　　　赵占鹏（7月任）

市生态环境局

局　长：焦俊伟（任至7月）
　　　　张洪蓬（7月任）
副局长：蔺家申
　　　　李大冬（任至11月）
　　　　张　强（任至11月）
　　　　卜　岚（女）

市住房和城乡建设局

局　长：杨　忠（任至8月）
　　　　付忠安（8月任）
副局长：孙海健（任至12月）
　　　　肖礼钦
　　　　范　涛

市交通运输局（加挂市邮政管理局牌子）

局　长：王　涛
副局长：钱鸿林（任至4月）
　　　　邱海燕（女）
　　　　柳　杰（任至5月，女）
　　　　于　涛（兼市邮政管理局局长）
　　　　王　峰（5月任）
　　　　邵群涛（5月任）

市农业农村局（加挂市委农办牌子，市扶贫开发工作办公室6月撤销，6月加挂市乡村振兴局牌子）

局　长：吴永奎（任至6月，兼市委农办主任，市扶贫开发工作办公室主任）
副局长：李志军（任至7月）
　　　　徐龙义（兼市扶贫开发工作办公室副主任）
　　　　周忠山
　　　　董凡玉

市水务局

局　长：王晓岩
副局长：张永军
　　　　吴海峰
　　　　王　飞

市商务局

局　长：许立香（女）
副局长：郑　连
　　　　卢元刚
　　　　梁云鹏（4月任）
　　　　郭振田（5月任）

市文化广电和旅游局（加挂市文物局牌子）

局　长：惠金山（任至9月）
　　　　鄂艳娟（10月任，女）
副局长：崔文涛
　　　　韩安春（兼市文物局局长）
　　　　郭冬霞（女）

市卫生健康委员会

主　任：刘　颖（女）
副主任：孙　波（女）
　　　　唐永利
　　　　吴　叶（任至8月，女）
　　　　张效宇（任至11月）

市退役军人事务局

局　长：崔　刚
副局长：吴　锐
　　　　赵广星（任至4月）
　　　　王银成（任至7月）
　　　　马　骏（7月任）

市应急管理局（加挂市煤炭生产安全管理局、市地震局牌子）

局　长：刘彦峰
副局长：王英芝
　　　　付秀生
　　　　张永军
　　　　种莳成（任至6月，兼市煤

炭生产安全管理局局长）
蔡玖军（兼市地震局局长）
王长友（6月任，兼市煤炭生产安全管理局局长）

市审计局
局　长：高　峰（5月任）
副局长：刘佳祥
田　方
姜　涛

市市场监督管理局（加挂市政府食品安全委员会办公室、市知识产权局牌子）
局　长：李兴国（4月任，兼市政府食品安全委员会办公室主任）
副局长：王玉琪
陈荣罡（任至5月）
赵有志
刘红雨（兼市知识产权局局长，女）
周鹤年（5月任）
敖永君（7月任）

市体育局
局　长：林　青
副局长：李国义（任至4月）
江　欣
郑君宝（4月任）

市统计局
局　长：厉国伟
副局长：马国晖
胡振贺（5月任）

市医疗保障局
局　长：张晓奇
副局长：刘书晶（任至7月，女）
刘昭晖
周　浩（7月任，女）

市营商环境建设监督局（加挂市行政审批局、市政务服务局牌子）
局　长：程　亮（任至8月，兼市行政审批局局长）
伊晓红（8月任，女）
副局长：王伟华（任至8月，兼市政务服务局局长）
钱丽环（女）
田永民（兼市行政审批局副局长）
廉　杨（8月任）

市林业和草原局
局　长：杜永斌
副局长：刘亚东（任至10月）
刘国涛（5月任）
郑苏楠（5月任）

市机关事务管理局（6月撤销）
局　长：李晓明（任至12月）
副局长：曲安国（任至7月）
朱冬生（任至11月）

市人民防空办公室
主　任：赵会平
副主任：贾云波（任至11月）
毕传鹏
刘广之

市城市管理综合执法局
局　长：李　彬（任至6月）
祁　华（8月任）
副局长：贾玉庆（任至12月）
孙　伟
李喜军

省镜泊湖风景名胜区、自然保护区管理委员会
主　任：孙德志（任至5月）
李东军（8月任）
副主任：马晓群（任至11月）
邹立元（任至12月）
李振国（7月任）
陆　军（11月任）
李习君（11月任）

牡丹江经济技术开发区管理委员会（加挂牡丹江国家级循环经济园区管理委员会、牡丹江高新技术产业开发区管理委员会牌子）
主　任：宋景东
副主任：齐向飞
丁小龙
刘君文
张向利
姜　华
杨　健（1月任）

市供销合作社联合社
主　　任：华国玉
监事会主任：田可柱
副　主　任：刘宝华（任至7月）
梅静一
沈立滨
田文飞（7月任）

市住房公积金管理中心
主　任：祁　华（任至8月）
许家利（8月任）
副主任：李晓红（女）
孟　杰（女）

市公共资源交易中心（加挂市政府采购中心牌子）
主　任：孙立秋（任至8月）
毕海波（9月任）
副主任：关宏彪
关姝姣（女）

市重大项目建设保障中心
主　任：孙立秋（8月任）

市林海水库管护中心
主　任：傅殿兴（8月任）
副主任：刘　薇
吕福财

中国国际贸易促进委员会牡丹江市支会（中国国际商会牡丹江商会）
会　长：宋慧茹（女）
副会长：娄伟春

市城市投资集团有限责任公司（2月撤销）
董 事 长：郝吉峰（任至4月）
总 经 理：孙旭刚（任至1月）
副总经理：康永军
任泽权

中国人民政治协商会议牡丹江市委员会

【政协牡丹江市第十二届委员会领导人员名单】

主　　席：闫　岩（女）
副 主 席：李自亲
王奉辉
隋清江（任至9月）
赵中三（任至11月）
张富广
吴庆兰（女）
秘 书 长：赵　珉（1月任）
副秘书长：隋红江（1月任）

【政协牡丹江市委员会各部门领导人员名单】

提案委员会
主　任：马国忠
副主任：刘　涌
纪　铭（兼）
杨孟威（兼，女）
纪智远（兼）
陈国会（兼）
崔文涛（兼）
刘书杰（兼）
刘静霞（兼，女）
马德华（兼）
徐海鸥（兼，女）

经济委员会
主　任：王国辉
副主任：左书彬
王作波（兼）

农业和农村委员会
主　任：楼中陆
副主任：关志来
刘　侃（兼）
刘亚东（兼）
张继忠（兼）
郭忠明（兼）
梅静一（兼）

教科卫体委员会
主　任：金学哲（1月任）
副主任：安　鹏
吕文韬（兼）
孟凡海（兼）
江　欣（兼）

社会与法制委员会
主　任：冯　红（任至11月）
赵　清（11月任）
副主任：徐平松
金学哲（任至1月）
毕元平（兼）
李忠亮（兼）
都业宁（兼）
鞠占秋（兼，女）

民族宗教和联络委员会
主　任：赵　清（任至11月）
孟凡海（11月任）
副主任：徐　凤（4月任，女）
李　懿（兼，女）
栗松臣（兼）
林　青（兼）
许　新（兼，女）
孟宪东（兼）

文化文史和学习委员会
主　任：王丽英（任至11月，女）
金冬梅（11月任，女）
副主任：徐　凤（任至4月，女）
刘月明（4月任）
王志民（兼）
李剑平（兼）
刘伟波（兼）
马国锋（兼）
韩安春（兼）
谭春明（兼）

办公室
主　任：隋红江（任至1月）
于林波（1月任）
副主任：于林波（任至1月）
金冬梅（任至11月，女）
唐志勇（5月任）

研究室
主　任：陈　悦（7月任，女）
副主任：高　珊（8月任）

机关党委
书　记：赵　珉（1月任）
副书记：庞玉美（女）

市纪委监委派驻市政协机关纪检组
组　长：冯　欣（任至12月，女）
罗　敏（12月任，女）

中国共产党牡丹江市纪律检查委员会（监察委员会）

【中共牡丹江市纪律检查委员会领导人员名单】

书　记：张长虹（任至7月，女）
王淑滨（7月任，女）
副书记：赵　珉（任至1月）
孙伯勇
孙敬辉
赵　鑫（12月任）
常　委：林永平（任至11月）
董光辉
王晓红（12月兼市委巡察办主任，女）
王占山
龙云波（4月任）
宋春龙（11月任）

【牡丹江市监察委员会领导人员名单】

主　任：张长虹（任至7月，女）

王淑滨（7月任，女）
副主任：赵　珉（任至1月）
孙伯勇
孙敬辉
赵　鑫（12月任）
委　员：林永平（任至5月）
赵文军（任至5月）
董光辉
龙云波
王占山（5月任）

【牡丹江市纪委（监察）工作部门领导人员名单】

办公室
主　任：王占山

组织部
部　长：刘业贤（任至11月）
衣　明（11月任）

宣传部
部　长：罗　敏（任至12月，女）
杨　冬（12月任，女）

政策法规研究室
主　任：宁慧杰（7月任，女）

党风政风监督室
主　任：宋鹏飞（任至4月）
高向阳（任至4月）

信访室
主　任：韩忠贵

案件监督管理室
主　任：王晓帅

第一监督检查室
主　任：田　强（任至2月）
梁　军（3月任）

第二监督监察室
主　任：孙伟民

第三监督监察室
主　任：高向阳（7月任）
刘永林（9月任）

第四监督监察室
主　任：孙庆彬（任至8月）
郑忠岩（10月任）

第五监督监察室
主　任：焦　健

第六监督监察室
主　任：刘百明（任至11月）
耿　霞（11月任，女）

第七监督监察室
主　任：胡寒冰

第八审查调查室
主　任：苏红军（10月任）

第九审查调查室
主　任：孙书宇（5月任）

第十审查调查室
主　任：马立军

第十一审查调查室
主　任：盛晓东

第十二审查调查室
主　任：郑忠岩（任至10月）

第十三审查调查室
主　任：王庆文

第十四审查调查室
主　任：（空缺）

信息技术保障室
主　任：宋春龙

案件审理室
主　任：刘佰莹（5月任，女）

干部监督室
主　任：梁　军（任至3月）
王疏影（8月任，女）

机关党委
主　任：郝　宇

县（市、区）

【东安区领导人员名单】

中共东安区委员会
书　记：张耀斌
副书记：林　坤（女）
伊晓红（任至8月，女）
万海涛（11月任）
常　委：李晓东（任至11月）
施秀江（任至11月）
王丽华（任至11月，女）
刁玉龙（任至3月）
李维秋（任至11月）
沙士伟（11月任）
赵银辉（3月任）
刘文军（4月任）
翟晓梅（11月任，女）
李树新（11月任）
杜宇明（11月任）

东安区人大常委会
主　任：鲍丽娟（任至11月，女）
李晓东（12月任）
副主任：姜守义（任至11月）
王锡辰（任至11月）
朱　磊（12月任）
王　瑶（12月任，女）
孙振廷
付广文（12月任）

东安区人民政府
区　长：林　坤（2月任，女）
副区长：刘文军
周海燕（任至11月，女）
魏　凯（1月任，任至6月）
杜宇明（11月任）
邓子龙（4月任）

梁　田（6月任）
刘万年（8月任，女）
梁光玉（11月任）

政协东安区委员会
主　席：梁淑霞（任至11月，女）
王丽华（12月任，女）
副主席：王　瑶（任至11月，女）
宋玉红（女）
王力波
王宏亮（12月任）

【西安区领导人员名单】

中共西安区委员会
书　记：赵玉国
副书记：张海峰（任至4月）
王雅罡（4月任）
杨　健（2月任）
常　委：康永生（任至11月）
郭诗忠（任至11月）
杨洪武
周海燕（11月任，女）
宋鹏飞（4月任）
尹　涛
谢文大（11月任）
严长谷（任至11月）
朱王胜（11月任）

西安区人大常委会
主　任：冯慧杰（女）
副主任：王奉君
文晓峰（任至11月）
赵　伟
于伯海（任至11月）
李文慧（11月任，女）
于志勇（11月任）

西安区人民政府
区　长：张海峰（任至4月）
王雅罡（4月任）
副区长：康永生（任至11月）
杨洪武（11月任）
周海燕（11月任，女）
徐惠欣（任至7月，女）
李新梁（任至11月）
谢文大（任至11月）
臧亚鹏（11月任）
柳青杨（8月任，女）
王玉石（8月任）
嵇慧斌（11月任）

政协西安区委员会
主　席：梁忠仁（任至11月）
冯海冬（11月任）
副主席：郝治国（任至11月）
银宇涛
董文颖（11月任，女）
葛雪芹（11月任，女）

【爱民区领导人员名单】

中共爱民区委员会
书　记：王晓冰（任至9月）
惠金山（9月任）
副书记：付忠安（任至8月）
王晓宇（8月任）
赵　鑫（任至12月）
杨云峰（12月任）
常　委：于滨霞（任至11月，女）
张政民（任至7月）
陈丽华（任至1月，女）
赵银辉（任至3月）
刘彦军（任至4月）
赵　岩（7月任，女）
李维秋（11月任）
袁　青（5月任）
李新梁（11月任）
王　丹（女）
张志刚（3月任）

爱民区人大常委会
主　任：赵秀红（女）
副主任：何　欣
史　臣（任至11月）
冯明志（任至11月）
陈　海
张　敏（11月任，女）
武伟艳（11月任，女）

爱民区人民政府
区　长：付忠安（任至8月）
王晓宇（8月任）
副区长：刘彦军（任至4月）
孙祖海（任至7月）
袁　青（5月任）
李新梁（11月任）
冯明志（11月任）
王海龙
赵　博
王　蕾（8月任，女）

政协爱民区委员会
主　席：石成军（任至1月）
陈丽华（1月任，女）
副主席：史　臣（11月任）
赵涤非
吴占全

【阳明区领导人员名单】

中共阳明区委员会
书　记：王志刚
副书记：孙传宝
庞喜财（任至4月）
王　利（4月任）
常　委：姚树山（任至11月）
吴龙海（任至11月）
吴　强
张世红（任至11月，女）
董奇峰（任至4月）
袁　青（任至5月）
柳　杰（5月任，女）
穆　愔（11月任，女）
种莳成（11月任）
鲁光发（11月任）
董少宝（5月任）

阳明区人大常委会
主　任：辛德才（任至11月）
张世红（11月任，女）
副主任：王　涛（1月任）
靳艳东（任至11月）
陈广胜（任至11月）
潘正军（任至11月）

白云龙
李　晶（11月任，女）
王克文（11月任）

阳明区人民政府

区　长：孙传宝
副区长：姚树山（任至11月）
穆　愔（女）
王　涛（任至1月）
种莳成（11月任）
孙祖海（7月任）
贾大鹏（任至11月）
龚海涛（11月任，女）
王春杰（7月任，女）
任智锋（11月任）

政协阳明区委员会

主　席：于立芬（任至11月，女）
吴龙海（11月任）
副主席：白云龙（任至11月）
靳艳东（11月任）
赵晶馥
李　晶（任至11月，女）
刘　辉（11月任）

【林口县领导人员名单】

中共林口县委员会

书　记：罗海涛（任至12月）
付　刚（12月任）
副书记：付　刚（任至12月）
高　辉
常　委：张邦柱
冯海冬（任至11月）
许　博（任至8月）
孙庆彬（8月任）
李学伟（任至11月）
康昊鹏（4月任）
葛建军
艾　磊
武广岐（5月任）
柴　君（11月任，女）
张作亮（11月任）

林口县人大常委会

主　任：刘　忠
副主任：丛　林（任至8月）
于贵波（任至8月）
王业范（任至1月）
李　梅（女）
高鹏山（2月任）
荣　辰（12月任）
胡桐海（12月任）

林口县人民政府

县　长：付　刚
副县长：康昊鹏
葛建军（12月任）
武广岐（任至6月）
刘海超
邓长英（任至11月，女）
刘长洲
侯晓艳（6月任，女）
于　海（12月任）
李　广（12月任）

政协林口县委员会

主　席：王　龙
副主席：刘　东（任至11月）
杨慧娟（任至11月，女）
李　微
邓长英（12月任，女）
任宪忠（12月任）

【绥芬河市领导人员名单】

中共绥芬河市委员会

书　记：黄士伟（任至12月）
罗海涛（12月任）
副书记：王永平（任至8月）
王　镭（8月任）
李兴国（任至4月）
宫　冰（6月任）
常　委：石金奇（任至11月）
孙晓峰
黄玉萍（任至11月，女）
房忠志
赵广友（任至11月）
辛　宇
何海敏
王晓宇（6月任，任至8月）
吴　叶（8月任，女）
李永良（11月任）
刘在明（11月任）
马文辉（11月任）

绥芬河市人大常委会

主　任：高宝平（任至11月）
赵广友（11月任）
副主任：刘　琦（任至11月）
曹玉希（任至11月）
徐　宽（任至11月）
石金奇（11月任）
周生艺
王俊波（11月任，女）
张云玲（11月任，女）

绥芬河市人民政府

市　长：王永平（任至8月）
王　镭（8月任）
副市长：房忠志
王乐刚
宋雪花（任至11月，女）
王晓宇（任至6月）
李永良（任至11月）
马文辉（4月任，任至11月）
白　杨（5月任，挂职，女）
林　勇（6月任）
朱晓义（11月任）
黄丽霞（11月任，女）
周渤翔（11月任）

政协绥芬河市委员会

主　席：李敬国（任至11月）
黄玉萍（11月任，女）
副主席：王俊波（任至11月，女）
李树林（任至11月）
张云玲（任至11月，女）
宋雪花（11月任，女）
叶剑波（11月任）
柴桂荣（11月任）

【宁安市领导人员名单】

中共宁安市委员会

书　记：申　奥

副书记：李东军（任至8月）

程　亮（8月任）

张　超（任至8月）

全慧敏（11月任，女）

常　委：林　虎（任至11月）

万海涛（任至11月）

全慧敏（女）

吴洪波

施鲜力（任至11月）

宁　宇

朱　杰（女）

李永日（4月任）

刘百明（11月任）

袁　强（11月任）

贾洪新（11月任）

宁安市人大常委会

主　任：王孔彬

副主任：贾维国（12月任）

刘连旺（12月任）

郭　成（12月任）

关雨尧（12月任，女）

史金宝（任至12月）

张俊伟（任至12月）

宁安市人民政府

市　长：李东军（任至8月）

程　亮（12月任）

副市长：万海涛（任至11月）

吴洪波（11月任）

袁　强（4月任）

赵占鹏（任至7月）

樊泽科

李永日（任至4月）

林　鹏

张明新（女）

朱玉光（8月任）

于　阳（11月任）

宿健飞（4月任，挂职）

政协宁安市委员会

主　席：杨冬梅（女）

副主席：朱　磊（任至12月）

贾维国（任至12月）

田忠青

王锡辰（12月任）

张延安（12月任）

【海林市领导人员名单】

中共海林市委员会

书　记：孙　涛

副书记：高　峰（任至5月）

魏红梅（女）

赵立群（9月任）

常　委：宋立志（任至4月）

王　欣（5月任，任至12月）

李振国（任至7月）

邓　利

赵立群（任至8月）

王本其（任至11月）

刘业贤（12月任）

康永生（12月任）

邹怀武

刘沛丽（任至5月，女）

王林锋（1月任）

陈风雷（7月任）

刘恒文（9月任）

许　鹏（12月任）

海林市人大常委会

主　任：陈凯旋（任至12月）

王　欣（12月任）

副主任：胡艳萍（任至12月，女）

鞠占秋（12月任，女）

马　林

韩明辉（任至12月）

李修杰（2月任，任至12月）

鲍丰臣（12月任）

李洪军（12月任）

海林市人民政府

市　长：高　峰（任至5月）

魏红梅（8月任，女）

副市长：王本其（任至11月）

康永生（12月任）

许　鹏（12月任）

李云齐

李　峰（12月任）

张兴武（任至7月）

齐景伟（任至12月）

赵靖波（任至8月）

李　峰

刘兵兵（8月任，女）

李修杰（12月任）

温海波（12月任）

政协海林市委员会

主　席：许崇华（任至12月）

林　虎（12月任）

副主席：李吉民（任至12月）

鞠占秋（任至12月，女）

唐衍河（12月任）

齐景伟（12月任）

赵锡武（12月任）

【穆棱市领导人员名单】

中共穆棱市委员会

书　记：贺业方

副书记：刘德胜（任至4月）

王雅罡（任至4月）

张海峰（4月任）

刘晓野（5月任）

常　委：王　欣（任至5月）

褚建华（任至11月，女）

刘晓野（任至5月）

刘学凯（任至11月）

刘沛丽（5月任，女）

沈明坤

戴志军

贾大鹏（11月任）

程立双

田延安（4月任）

刘明伟（11月任）

周金国（11月任）

穆棱市人大常委会

主　任：汪金贵（任至11月）

褚建华（12月任，女）

副主任：王国祥（任至11月）

尹相武（任至11月）

王　君（任至11月）

袁封华（12月任，女）

李俭波（12月任）

李俊刚（12月任）

崔桂林（12月任）

穆棱市人民政府

市　长：刘德胜（任至4月）

张海峰（5月任）

副市长：赵　岩（任至7月，女）

毕海波（任至9月）

刘明伟（任至11月）

周　坤（任至11月）

戴志军（1月任）

贾大鹏（12月任）

丛　林（12月任）

郭千里

于玲玲（8月任，女）

薛守波（12月任）

唐　嵩（12月任）

政协穆棱市委员会

主　席：温宽泽（任至11月）

刘学凯（12月任）

副主席：王桂斌（任至11月，女）

马　越（任至11月）

袁封华（任至11月，女）

巩艳梅（12月任，女）

郝桂菊（12月任，女）

【东宁市领导人员名单】

中共东宁市委员会

书　记：时　林

副书记：周振海

张洪蓬（任至5月）

王雪言（7月任，女）

常　委：许　博（8月任）

王树军

许家利（任至8月）

张政民（1月任）

王志宇

王雪言（任至7月，女）

鞠　晨（任至10月）

周春光（11月任）

刘庆帅

鲁光发（任至11月）

张秀月（11月任）

徐勤刚（11月任）

东宁市人大常委会

主　任：黄成文

副主任：赵凤昌（任至11月）

臧寒冰（11月任）

李欣宏（任至11月）

郭建新（11月任）

王　严（任至11月）

高嘉辰（11月任）

姜　涛（任至11月）

张爱武（11月任）

东宁市人民政府

市　长：周振海

副市长：王树军

刘庆帅

闫剑华（任至11月）

王殿玉（任至11月）

张秀月（任至11月）

杨和裕（11月任）

史晓丽（4月任，女）

张　峰（8月任）

李　谦（11月任）

梁国强（11月任）

政协东宁市委员会

主　席：黄书文（任至11月）

王殿玉（11月任）

副主席：殷月来（任至11月）

程震宇

王殿武（11月任）

王守斌（11月任）

文献选编

政府工作报告

——在牡丹江市第十七届人民代表大会第一次会议上的报告

张国军

2022年1月16日

各位代表：

现在，我代表市人民政府，向大会报告工作，请予审议，并请市政协委员提出意见。

一、过去五年及2021年工作回顾

市第十六届人民代表大会第一次会议以来，在党中央国务院、省委省政府和市委正确领导下，在市人大和市政协监督支持下，我们以习近平新时代中国特色社会主义思想为指导，深入落实习近平总书记对我省重要讲话重要指示批示精神，团结和带领全市人民，坚决贯彻新发展理念，以经济社会高质量发展推动全面振兴全方位振兴，“十三五”规划胜利收官，全面建成小康社会，“十四五”规划顺利开局，为全面建设社会主义现代化牡丹江奠定了坚实基础。

——五年来，我们积极应对经济下行压力，坚持不懈转方式调结构，振兴发展稳步向前。牢记习近平总书记“五个要发展”、做好“三篇大文章”等重要要求，扎实推进供给侧结构性改革，牡丹江烟厂、百威啤酒等10亿元以上产业项目投产，“4+2”产业产值占比达到90%以上；现代服务业比重达到55.7%，文旅综合消费突破250亿元；聚焦“两头两尾”发展现代农业，“菌菜牧林药”等绿特农业比重提高到65%以上，农产品加工转化率提高6个百分点、达到61%。以创新引领动能转换，国家级高新技术企业数量五年翻两番，民营经济税收占全市70%以上，引进各领域人才近6000

人。全市地区生产总值、规上工业增加值、固定资产投资年均增长3.1%、4.5%和7.4%，一般公共预算收入扣除减税降费等因素年均增长3.3%，社会消费品零售总额增速始终高于全省平均水平，进出口总额保持全省前三。

——五年来，我们聚焦重点难点，全力以赴攻坚克难，三大攻坚战取得决定性成果。脱贫攻坚战取得全面胜利，29个建档立卡贫困村、3097户6505名建档立卡贫困人口提前一年实现稳定脱贫，年人均纯收入高于脱贫标准8000元。生态文明建设成效明显，36项中央环保督察及“回头看”反馈问题全部整改销号，河湖“清四乱”、违建别墅和大棚房整治、农村乱占耕地建房、盗采泥炭黑土、毁林种参等专项整治既定任务全部完成，市区空气质量优良天数比例提高5.8个百分点、达到95.9%，我市成为全国水生态文明城市，东北虎豹公园成为首批国家公园；大力推行绿色生产生活方式，万元GDP综合能耗累计下降15.1%，秸秆综合利用率达到90.5%，市区生活垃圾实现分类分运，共享单车成为出行新风尚。重大风险有效防范化解，政府债务总体可控，职工医保基金“穿底”风险得到有效化解，不良贷款率下降5.6个百分点，非法集资陈案积案下降40%，牢牢守住了不发生区域性系统性风险的底线。

——五年来，我们深度融入“一带一路”战略，加速释放政策叠加优势，沿边开放桥头堡作用进一步提升。自贸试验区绥芬河片区累计形成制度创新成果102项，重点开发开放试验区、跨合区、互贸区、综保区协同发展，牡丹江保税物流中心（B型）实现口岸功能向中心城市延伸，境外园区数量占全省2/3，“一区引领、多区联动”开放平台体系加速形成。哈牡客专、牡佳客专、绥东机场等一大批重大基础设施项目竣工，“哈绥俄亚”通道打通陆海联运出海口，开放型城市功能全面提升。强化开放招商，建立招商图谱、产业地图实施精准招商，引进域外资金2563.6亿元、实际利用外资突破2400万美元，大自然地板、新凌亚麻等18个亿元以上外向型产业项目投产运营。与东莞市对口合作持续深化，开工合作项目29个；与俄日韩等国家重点城市开展一系列经贸文化交流活动，牡丹江的朋友圈辐射177个国家和地区。

——五年来，我们始终坚持以人民为中心，竭力保障改善民生，群众获得感、幸福感、安全感持续增强。坚持每年办成一批利民实事，民生支出1163.3亿元、是上个五年的2倍，城乡居民收入增长高于经济增长。五年新增城镇就业30万人，企业离退休人员养老金和城乡低保、特困供养、社会救助标准每年都有新提高。中小学全部实行“四零承诺”，全域通过国家义务教育基本均衡发展评估验收，药品和耗材加成全部取消，看病难、看病贵等问题得到有效解决；文化体育、养老托育等公共服务体系更加健全，人居环境、城乡面貌持续改善，全国文明城市创建水平不断提升；第七次全国人口普查和第三次国土调查高质量完成。扎实开展安全生产、食品药品安全、信访、社会治安等综合治理，稳妥处置问题楼盘，解决了8000余户逾期未回迁、1169套“一房多售”和10万余套房产办证难问题，社会保持和谐稳定。兴边富民、国家安全、国防动员等工作和妇女儿童、残疾人等事业取得新成绩，我市入选全国首批市域社会治理现代化试点城市，连续八届蝉联全国双拥模范城，获得民族团结进步示范市等国家级荣誉41项。

——五年来，我们坚持依法行政，持续深入改作风优环境，政府自身建设不断加强。始终坚持党的领导，严格落实全面从严治党政治责任和意识形态工作责任制，扎实开展“两学一做”学习教育、“不忘初心、牢记使命”主题教育和党史学习教育，驰而不息反“四风”转作风，从严从实抓好巡视反馈问题整改，持续加强统计审计监督，坚持不懈抓好政府系统党风廉政建设，风清气正的政治生态持续巩固。深入推进法治政府建设，完善政府“工作规则”“议事规则”，“三重一大”事项全部做到科学决策、民主决策、依法决策，高质量办理人大议案建议和政协委员提案，配合市人大完成5部地方性法规立法，“七五”普法圆满收官。坚持用改革思维、发展方式解决问题，专班化、项目化、清单化推进工作，系统实施政府机构、“放管服”、国资国企、行政执法、森工农垦、农业农村等一揽子改革攻坚，国投公司完成市场化转型，供销综合改革基本完成，1609项政务服务事项网上办理，新增市场主体5.4万户，营商环境实现系统性重塑。

2021年是中国共产党成立100周年，也是本届政府收官之年。一年来，我们全面贯彻落实市委决策部署，聚焦“五市”建设，统筹推进疫情防控和经济社会发展，全市经济稳步复苏、社会保持和谐稳定。预计全市地区生产总值增长5.8%，一般公共预算收入增长10.8%，规上工业增加值增长4%，固定资产投资增长18%，社会消费品零售总额增长10%，对外贸易稳中提质，城乡居民人均可支配收入均增长7%。

主要做了以下几个方面工作：

一是农业经济提质增效。深入实施粮食稳产增产行动，建设高标准农田35.1万亩，农业托管面积达到160.3万亩，粮食生产实现“十八连丰”。持续放大特色产业优势，食用菌生产规模稳定在23亿袋（块），生猪出栏量增长17%，新增蔬菜、中药材和林下经济面积1.5万亩、5.8万亩和6.7万亩。强化项目带动、品牌培育和市场营销，开工建设北药产业园等亿元以上项目18个，新希望草根知本集团增资红星乳业，万鼎乳业加工厂竣工投产，新增市级以上农产品加工龙头企业9户、总量达到172户；新认证绿色有机产品18个、达到227个，“牡丹江大米”商标注册成功，东宁黑木耳入选首批中欧互认地理标志保护名录；加快电商、快递进农村，农产品网络零售额增长26%。巩固拓展脱贫攻坚成果同乡村振兴有效衔接，新建产业项目59个，脱贫群众稳定增收。

二是工业经济平稳增长。坚定不移推进工业立市，实行经济运行网格化调度、企业发展问题协调处理联动机制和“4+2”产业链长制，扎实开展“三送两帮”活动，建立全省首个惠企政策信息服务平台，为企业减税降费近7500万元、降低水电气等生产成本2500万元。深入实施民营企业梯度成长培育计划，推进投资千万元以上工业项目74个，恒丰纸业实现股权优化，百威啤酒等72户企业获得省级奖励支持，鑫北方、北方双佳实现我市国家级“小巨人”企业零突破，全市净增规上工业企业35户。推进县域经济高质量发展，加快补齐城区工业短板，县域工业税收占一般公共预算收入比重提高3个百分点，穆棱市经济总量保持全省前十，城区工业投资增速高于全市3个百分点。深入推进科技兴市、人才强市，新增国家级高新技术企业42户、科技型中小企业33户、省级科技创新基地2个、“头雁”团队工作站6家，技术合同成交额达到10.6亿元，友搏药业等3户企业通过国家知识产权管理体系认证，我市成为全省质量一类城市。

三是项目支撑更加有力。坚持不懈抓招商促发展，出台招商引资“八条意见”和“激励资金管理办法”，参加和举办亚布力之夜、“沪闽粤”等重大招商活动11次，新引进汇众腾达数据中心、蒙牛集团中俄跨境农牧业集群等亿元以上项目201个，招商引资到位资金385.5亿元、增长50.3%，全年对上争取资金242.6亿元。全力以赴抓项目扩投资，紧盯“双200”和“四率”目标，压茬推进百大项目建设“四季会战”，全市新开工亿元以上项目63个，省市“百大项目”投资完成率113.6%，穆棱亚麻产业园等89个产业项目竣工投产，市开发区数字经济“一核三园”入驻企业30户，海浪铁路专用线、中药材交易市场项目开工建设。多措并举抓服务强保障，完善领导包保、专班推进等工作机制，全面落实“四减”措施，大力推行项目审批绿色通道、预办会办、容缺受理、网上办理，持续深化政银企对接，为项目融资184.4亿元，全市民间投资增长24%。

四是对外贸易创新发展。坚持开放活市，用好用活国家和省稳外贸稳外资政策，开展中小外贸企业成长行动，运用外贸服务平台拓展多元化市场，全市新增外贸企业71户，入驻“龙江云展会”企业161户，对东盟、欧盟贸易额分别增长10%和37%，与俄、蒙等“一带一路”沿线国家贸易额分别增长12%和32%；开通中俄直列、互贸专列，运时缩减80%，回运俄粮13.5万吨，肥料、铁矿砂等大宗商品进口和农产品、轻纺等骨干品种出口保持增势。新开工亿元以上外向型产业项目6个，牡丹江保税物流中心（B型）新入驻企业20户，绥芬河开展互市贸易进口商品落地加工试点，全市实际利用外资增长36%，境外农业合作规模居全省首位。

五是以会兴城拉动内需。聚焦文旅富市，成功承办第四届全省旅游产业发展大会，精心打造四季旅游线路66条，连点结网贯通全域，“高铁旅游专列”正式开通，智慧旅游平台上线运营，旅游便捷度大幅提升，全市接待游客、旅游收入分别增长143%和141%。突出“景城一体”实施城市更新行动、村庄清洁行动和绿化美化提升工程，改造桥梁21座、城市道路116条、老旧小区299万平方米，公铁联运中心主体完工，新建5G基站1814个，建设省级美丽宜居村庄和龙江民居示范村34个，城乡面貌和城市形象全面提升。坚持挖潜拓新激活消费市场，举办“消费促进月”、地方名优产品及俄罗斯商品展销等活动，出台人才购房等鼓励政策、发放2000万元政府消费券、拉动消费2.85亿元，1946文创园、VC产业园投入运营，全市新增限上商贸企业70户、电子商务交易额增长10%。

六是民生保障有力有效。深入开展“我为群众办实事”实践活动，用心用情用力解决好供热提标、保供稳价等群众“急难愁盼”问题，全市民生支出比重达到86.9%。深入开展援企稳岗行动，出台稳就业“60条”政策措施，城镇登记失业率低于省控目标2.32个百分点。社会保障明显加强，五项保险新增参保2.9万人，建立城乡居民基本养老保险丧葬补助金制度，全面做实医疗保险市级统筹，异地门诊就医实现直接结算，发放补缴退役军人“两费”“两险”3.9亿元，对低保家庭中重病重残等8类人员增发补助金，未成年人救助保护机构实现市县全覆盖，住房公积金扩面4.5万人。社会事业加快发展，统筹推进城乡义务教育一体化，全面落实“双减”政策，287个学科类培训机构全部压减；加快公共卫生体系建设，稳步推进公立医院改革，成立专科联盟56个，新增“优质服务基层行”达标卫生机构26家；我市被列为全国首批居家和社区基本养老服务提升行动项目地区；文化、体育等工作深入开展，宁古塔满绣入选国家级非遗项目名录，我市运动员刘玉在东京残奥会连获两枚游泳项目金牌并刷新世界纪录，宁忠岩、高亭宇分获速滑世界杯和全国速滑锦标赛金牌。社会大局保持稳定，村（居）委会换届选举工作顺利完成，公共法律服务中心（站室）实现市县乡村全覆盖；聚焦“保安全迎大庆”，扎实开展安全生产“十查十治”、食品药品安全“铁拳”行动、信访“治重化积”专项行动，常态化推进扫黑除恶斗争，重点行业、重点领域未发生较大以上生产安全事故，治安、刑事案件下降6.6%和1.8%。

各位代表，过去五年，困难比预料的多、挑战比预想的大，我们保持战略定力、发扬斗争精神，抓大事、干实事、解难事，初心如磐、砥砺前行。面对史无前例的疫情大考，我们牢记国之大者、人民至上，落实落细“外防输入、内防反弹、群防群控、联防联控”各项措施，牢牢守住国门省门市门，英雄的牡丹江人民用实际行动诠释了伟大抗疫精神，彰显了这座城市的硬核担当。面对经济下行、疫情冲击、能源趋紧等严峻复杂形势，我们坚定信心、稳中求进，千方百计稳增长扩内需，以“六保”促“六稳”，全力以赴推动振兴发展，竭尽所能增进民生福祉，实现了第一个百年奋斗目标，正在意气风发向着第二个百年奋斗目标迈进。这些成绩的取得，根本在于习近平新时代中国特色社会主义思想的科学指引，在于党中央国务院、省委省政府和市委的正确领导，在于全市人民上下一心、同舟共济、努力奋斗。在此，我代表市人民政府，向全市人民，向人大代表、政协委员，向离退休老领导、老同志，向各民主党派、工商联、无党派人士、各人民团体和各界人士，向驻牡中省直部门、驻牡部队、武警官兵、公安干警和消防救援队伍指战员，向奋战在抗疫一线的医务工作者、社区工作者、下沉值守机关干部和广大志愿者，致以崇高敬意！向所有关心支持牡丹江发展的同志们、朋友们，表示衷心感谢！

同时，我们也清醒地认识到，振兴发展的征程上还有不少困难和问题：当前疫情防控任务依然艰巨；经济下行压力较大，晋位争先的基础还不牢固；经济总量不大、产业结构不优、项目带动不足、科技支撑不够等问题还未从根本上解决；生态环保、公共服务等方面与群众期盼还有距离；营商环境有待进一步优化，政府干部干事创业的能力本领还需提升。我们将直面这些问题，认真加以解决。

二、未来五年发展目标和主要任务

未来五年，是牡丹江振兴发展的重要战略机遇期，我们既要深刻认识需求收缩、供给冲击、预期减弱带来的困难挑战，更要看到我市发展长期向好的基本面没有改变，只要我们坚定信心、保持定力，按照市十三次党代会决策部署，开拓创新、锐意进取、真抓实干，就一定能战胜前进道路上的一切艰难险阻，不断开创牡丹江振兴发展新局面。

今后五年政府工作总体要求是：坚持以习近平新时代中国特色社会主义思想为指导，全面贯彻落实党的十九大和十九届历次全会精神，深入贯彻落实习近平总书记重要讲话重要指示批示精神，弘扬伟大建党精神，坚持稳中求进工作总基调，坚持以供给侧结构性改革为主线，完整、准确、全面贯彻新发展理念，服务和融入构建新发展格局，推动高质量发展，实施创新驱动发展，加快产业结构转型升级，推进农业农村现代化，全面深化改革扩大开放，积极推动绿色低碳发展，统筹疫情防控和经济社会发展，统筹发展和安全，推进治理体系和治理能力现代化，深入实施“五市”战略，全力打造实力、活力、智慧、美丽、幸福、清朗牡丹江，建设东北亚更具影响力、竞争力的区域中心城市，推动全面振兴全方位振兴取得新突破，奋力谱写全面建设社会主义现代化牡丹江新篇章。

今后五年经济社会发展目标和主要任务是：立足全国全省发展大背景、大格局、大战略，突出发挥比较优势，推动发展潜力充分释放、质量效益显著提高，未来五年全市地区生产总值年均增长5.5%左右，城乡居民收入稳步增长，在推动振兴发展中体现新担当、展现新作为、作出新贡献。一是聚焦创新创业，高质量构建现代产业体系。绿特农业全面发展，工业经济持续向好，现代服务业提质扩容，数字经济、生物经济等新经济形态不断壮大，现代产业体系加速形成，创新创业支撑作用明显提升。二是聚焦城乡融合，高层次推动区域协调发展。区域中心城市辐射带动能力持续增强，城区经济发展壮大，县域经济晋位争先，乡村振兴全面推进，区域协调发展取得新成效。三是聚焦绿色发展，高标准推进生态文明建设。坚定不移走生态优先、绿色低碳的高质量发展道路，生态安全屏障更加牢固，碳达峰、碳中和工作有力推进，国家生态文明先行示范区建设取得更大成效，可持续发展能力显著增强。四是聚焦改革开放，高水平释放发展优势潜力。营商环境全面优化，各领域改革成效明显，市场主体充满活力；深度融入“一带一路”和“中蒙俄经济走廊”，自贸试验区绥芬河片区等平台加快建设，开放型经济加快发展，沿边开放大市地位更加巩固。五是聚焦共同富裕，高品质提升人民生活水平。就业、教育、文化、医疗、社保、住房、养老、社会救助等基本公共服务体系更加健全，市民文明素质和社会文明程度进一步提升，向共同富裕目标迈进。

三、2022年重点工作任务

2022年是新一届政府工作开局之年，也是实施“十四五”规划的关键之年，我们要深入贯彻落实党中央国务院、省委省政府和市委决策部署，坚持稳字当头、稳中求进推动经济发展，继续做好“六稳”“六保”工作，保持社会大局稳定，加快牡丹江晋位争先、振兴发展。

全年经济社会发展预期目标是：地区生产总值增长5.5%左右，规上工业增加值增长6%，固定资产投资增长6%，社会消费品零售总额增长7%，进出口总额增长10%，一般公共预算收入、城乡居民收入增长高于地区生产总值增长，粮食产量稳定在60亿斤左右，万元GDP综合能耗下降3.2%。

重点抓好以下几个方面工作：

（一）抓好疫情防控工作。坚持内外同防、人物环境同防，坚持“早快准严细实”，落实落细“九早”“十个到位”等各项防控措施，坚决守好国门省门市门。一是抓好常态化疫情防控。从严从快落实风险人员排查、检测、隔离等措施，强化重点部位重点环节管控，严格执行农村疫情防控“十项落实机制”，持续提升疫情预警监测能力，加快推进疫苗接种工作，引导市民做好个人防护，织密织牢疫情防控网。二是加强口岸边境防控。严格执行口岸“人不见面”查验模式和“五固定”“三集中一轮转”等制度，认真做好进口货物检测消杀工作，严厉打击偷渡、走私、非法出入境等违法违边行为。三是提升应急处置能力。常态化开展全要素全场景全流程演练，全面提升流调溯源、隔离转运、核酸检测、医疗救治、物资保障和大数据信息应用等能力，确保发生疫情及时处置。

（二）大力发展实体经济。坚持把做实做强做优实体经济作为主攻方向，持续增强经济竞争力、创新力、抗风险能力，筑牢振兴发展根基。一是提振工业经济。坚定不移推进工业立市、工业振兴，打好工业增速翻身仗。紧盯“六类”企业稳存量，做到服务企业“六必访”，支持富通空调、北一半导体等企业挖潜增效；关注“五类”项目扩增量，围绕构建“4+2”产业体系，加快红星乳业扩能、北方远东水泥等70个千万元以上重点项目建设，确保中车铸业技改、恒丰纸机改造等项目投产达效，博厚麻材料、红星机械制造等企业进入规上行列，力争全年净增规上企业35户。深化创新驱动，聚焦科技兴市、人才强市，深入落实新一轮科技型企业三年行动计划和市委“引育留用管”人才政策，加强与哈工大、哈工程等高校院所产学研合作，推进“头雁”团队工作站建设，加快科技成果转化，强化企业创新主体地位，支持恒元汉麻等企业开展技术攻关，全市国家级高新技术企业达到140户以上，技术合同成交额突破12亿元，新增省级科技创新基地2个，力争牡丹江高新区晋升国家级，争创国家知识产权示范城市。二是做强文旅经济。持续推进文旅富市，积极引进战略投资者，力争镜泊湖南湖康养休闲基地、东宁洞庭景区综合开发等项目落地，加快建设林海雪原景区提升等项目，促进全域旅游资源聚线成面、协同发展。加快国家文旅消费试点城市建设，加强宣传策划营销，精心打造特色旅游线路，丰富观光游、休闲游、体验游等主题产品供给，探索“一票通”合作机制，培育夜间购物餐饮、文化休闲、影视娱乐等消费业态，开展好“文旅消费季”活动和服务质量提升行动，全市接待游客、旅游收入均增长10%。三是发展数字经济。落实国家“上云用数赋智”行动，加快“数字牡丹江”建设。推动产业数字化转型，落实中小企业数字化赋能行动，支持恒丰纸业等企业申报省级智能工厂。推动数字化产业发展，发挥冷凉资源、专业人才等优势，积极引进培育云计算、人工智能、数据标注、呼叫服务等数字产业，支持爱海科技等企业发展壮大，牡丹江数字经济产业园新增企业60户；深入落实“千店入网”工程，鼓励云购物、云教育、云旅游等新业态新模式发展，扩大网络文学、有声书、视频直播等产业规模，“龙之旅现代信息服务平台”上线运营，全市电子商务交易额增长5%。加快数字“新基建”建设，新建5G基站800个以上，推进“5G+新型智慧牡丹江”建设，拓展数字化服务在城市治理、公共服务等领域应用。四是布局生物经济。依托资源优势发展生物医药、生物农业等产业，推动生物技术广泛应用，培育经济新增长点。加快灵泰药业硒酵母、中药材交易市场建设，推动霖润药辅等项目达产达效，支持黑宝药业扩大市场份额、友搏药业研发新产品；扩大汉麻种植规模，扶持中天生物、佰佳信生物科技等企业提质增效。五是壮大民营经济。坚持“两个毫不动摇”，落实鼓励、支持、引导民营经济发展政策，实施“抓大壮小扶微工程”，推动企业梯度成长，省级“专精特新”中小企业达到20户；落实“紫丁香计划”，支持具备条件企业加快上市进程；加强反垄断和反不正当竞争，以公正监管保障公平竞争。

（三）强化产业项目建设。坚持大招商招大商、大抓项目抓大项目，跑出高质量振兴发展加速度。一是提升招商实效。紧盯京津冀、粤港澳大湾区、长江经济带等重点区域，大力开展精准招商、驻点招商，聚焦绿色食品、林木林纸、生物医药、装备制造产业引进延链补链强链项目，紧扣新材料、新能源产业引入重大战略投资者，强化招商项目落地考核评价，谋划亿元以上项目300个，新签约亿元以上项目200个，力争在百亿级重大项目上有突破，确保亿元以上签约项目开工率达到50%，全年引进域外资金增长30%。强化金融开放招商，吸引各类金融机构入驻我市。二是狠抓项目建设。紧盯“四率”加快项目建设，坚决打好新一轮“百大项目”建设攻坚战，全年开复工省市“百大项目”200个，奥丰石墨开采加工、欣源环保科技等100个项目竣工投产。新开工500万元以上项目350个以上，产业投资比重提高5个百分点。三是夯实园区载体。强化市开发区聚集产业、引领发展的“火车头”作用，加快绿色食品、新材料、现代服务业等园区建设，确保落地亿元以上项目15个，陆港物流综合仓储集散中心、百万吨饲料加工厂等10个亿元以上产业项目竣工投产，海浪铁路专用线投入使用，力争桦林工业园区通过省级化工园区认定。各县（市、区）园区营业收入增长15%以上。四是强化对上争取。对标对表《东北全面振兴“十四五”实施方案》，精心谋划包装项目，高质量做好前期工作，提升对上争取实效，年内推动重点项目80个、总投资572亿元；聚焦中央预算资金、地方政府专项债券重点支持和投放领域，全年对上争取资金200亿元。

（四）扎实推进乡村振兴。聚焦农业高质高效、乡村宜居宜业、农民富裕富足，推进农业农村现代化实现新突破。一是发展特色高效农业。深入实施“藏粮于地、藏粮于技”战略，坚决遏制耕地“非农化”、防止“非粮化”，新建高标准农田39万亩，粮食播种面积稳定在950万亩左右。持续壮大“菌菜牧林药”等特色优势产业，稳定食用菌生产规模、棚室菌比重达到24%以上，新增棚室蔬菜1000亩、林下经济6万亩、中药材5万亩；提升肉牛、黑猪、大鹅等“精特”畜产品供给总量，畜牧业产值增长5%；扩大蜂业、渔业生产规模。大力发展农产品精深加工，加快万鼎乳业示范牧场等项目建设，新增农业产业化龙头企业10户，农产品加工转化率提高2个百分点；引导市场主体参与绿色有机认证基地建设，推广“直播+品牌”等营销模式，新认证绿色有机产品10个、农产品网络零售额增长5%。强化创新示范引领，加快宁安国家级玉米制种基地等项目建设，新建省级高标准现代农业科技园区2个。二是建设美丽宜居乡村。深入实施乡村建设行动，完成144个村庄规划编制，建设农村公路390公里，改造农危房450户；全面开展农村人居环境整治提升五年行动，持续推进厕所革命、污水治理、垃圾治理，95%以上村庄达到清洁标准，打造10个乡村振兴示范村。稳步提升乡村治理能力和公共服务均等化水平。三是促进农民增收致富。坚持“四个不摘”，健全防止返贫动态监测和帮扶机制，确保脱贫人口和监测户应帮尽帮、稳定增收。大力推广“农户+合作社+龙头企业+品牌”经营模式，促进小农户融入大产业、对接大市场，增加经营性收入；发挥好产业园区、集体经济、重点项目带动作用，鼓励和引导农民就地就近灵活就业，增加工资性收入；持续深化农村改革成果，新增农业托管面积30万亩，增加财产性收入；全面落实党的强农惠农政策，及时足额兑付各类补贴资金，增加转移性收入，力争农村居民人均可支配收入实现全省“二十连冠”。

（五）加快建设美丽牡丹江。坚持走生态优先、绿色低碳发展之路，争创国家生态文明建设示范市。一是深入打好污染防治攻坚战。从严从实抓好第二轮中央环保督察反馈问题整改，以更高标准打好蓝天、碧水、净土保卫战。加强秸秆禁烧、散煤污染、挥发性有机物等整治，确保市区空气质量优良天数比例保持在92%以上。巩固提升河湖“清四乱”行动成果，加大“一江两湖四河”治理力度，实施水环境质量考核奖惩，确保国控考核断面水质优良率达到83.3%、饮用水水源地水质达标率100%，加快推进林海水库项目前期工作。深入实施黑土地保护工程，持续做好违建别墅、农村乱占耕地建房整治整改和城乡固废、农村面源污染综合治理，确保市区生活垃圾焚烧发电、市辖乡镇生活垃圾收运项目投入运行，坚决保护好黑土地这个“耕地中的大熊猫”。二是推进生态保护修复。全面落实“河湖长制”“林长制”“田长制”，让制度“长牙”、让责任到位、让措施见效。加强山水林田湖草一体化修复，推进东北虎豹国家公园生态功能建设，完成镜泊湖地质公园规划和风景名胜区规划编制，扎实开展中小河流治理和山洪灾害防治，完成20宗矿山修复，全年造林绿化5万亩、治理水土流失26万亩。三是加快绿色低碳发展。稳步推进碳达峰、碳中和行动，完成牡丹江碳达峰行动方案编制，坚决遏制“两高”项目盲目发展。做好自然资源确权登记和资产委托代理机制试点工作，实施生态银行建设行动，打通资源资产资本转化通道。加快推进清洁能源进口储运加工、屋顶分布式光伏发电等项目，荒沟抽水蓄能电站全部机组实现并网发电。落实全面节约战略，倡导简约适度、绿色低碳生活方式，让绿色发展理念成为全社会共同价值追求。

（六）扩大高水平对外开放。坚持开放活市，全力推动以对俄合作为重点的全方位对外开放，发展更高水平开放型经济，为全省打造我国向北开放重要窗口和东北亚地区合作中心枢纽作贡献。一是加快构建“一区引领、多区联动”开放平台体系。自贸试验区绥芬河片区再推出制度创新成果50项，推动牡丹江开发区、穆棱、东宁申建自贸试验区协同先导区，加快推进牡丹江保税物流中心（B型）晋级综合保税区、保税商品交易额增长20%，支持境外园区发展，打造境内外联动的跨境产业链。二是推动“通道经济”向“口岸经济”转变。加快基础设施互联互通，推进牡丹江机场迁建，绥东机场年内通航；推动“哈绥俄亚”班列、中俄直列、互贸专列稳定运行，争创国家农产品冷链流通标准化试点城市；加快绥芬河跨境电商综合试验区建设，全市跨境包裹邮递量增长30%。大力发展外向型产业，设立“企业服务助理”，帮助企业纾难解困、开拓市场，全年新增外贸企业50户、10户企业入驻“龙江云展会”；用好用活指定口岸资质，打造木材、中药材进口加工基地，扩大绥芬河互市贸易进口商品落地加工种类，支持发展保税加工、委外加工、跨境电商等新业态；推进与盐田港、沃尔沃、大自然等企业合作，新开工俄罗斯水产加工等5个亿元以上外向型产业项目，绥芬河中药饮片加工基地项目投产运营，全市实际利用外资增长5%。三是促进对外交流合作向更宽领域拓展。深化对俄、巩固日韩、强化欧美、拓展东南亚，充分利用好进博会、中俄博览会等平台，拓展企业合作，加强民间交往，开辟旅游、教育、文化、体育、医疗等交流合作新空间。巩固提升与东莞市对口合作成果，争创国家级承接产业转移示范区。

（七）促进区域协调发展。深入落实区域协调发展战略，增强区域发展平衡性、协调性，提升牡丹江整体竞争力。一是科学规划城市空间布局。高质量完成国土空间总体规划编制，优化空间结构和区域功能，加强以县城为重要载体和枢纽的新型城镇化建设，支持森工农垦创新发展。积极融入哈长城市群、哈大齐牡佳“两小时经济圈”，健全完善城区与县市、口岸与内陆联动发展机制，细化落实“飞地”政策，推动制造业“退城进园”、重点企业项目向园区集聚，促进资源要素共享、产业配套衔接、区域协同发展。二是提升中心城市承载功能。持续发力创建全国文明城市，落实城市更新行动，开工建设火车站北广场，公铁联运中心投入使用，提升爱民街、牡丹街等商业中心街区步行系统，改造老旧小区 95.86 万平方米、供水管网 43 公里；推动城市治理精细化，加大市区交通、占道经营等整治力度，商业核心区新增停车泊位 3200 个。依托高铁枢纽优势，持续优化商业网点布局，推动市区景点、综合体、展示馆、特色街区等消费要素联动、整体提升，让“流量”变“留量”，打造区域消费中心，力争全年新增限上商贸企业 30 户以上。因地制宜、多措并举，促进房地产业良性循环和健康发展。三是构建县域经济与城区经济“双支撑”格局。加快县域经济提质增量，县域经济总量、规上工业增加值分别增长 8% 和 12%，力争六县（市）省内位次前移；发展壮大城区经济，城区新开工亿元以上项目 8 个，新增规上工业企业 10 户，社会消费品零售总额增速高于全市 2 个百分点。

（八）持续增进民生福祉。坚持政府过“紧日子”，大力压缩“三公”经费，持续加大民生投入，务实办好利民实事，不断实现好、维护好、发展好人民群众根本利益。一是做好就业社保工作。实施稳就业保就业专项行动，用好“创业孵化基地联盟”，做好重点群体就业创业工作，与深圳人才集团合作建设人力资源服务产业园，创建国家级充分就业社区 2 个，全年新增城镇就业 2.4 万人、登记失业率控制在 5% 以内，确保农民工工资及时足额发放。大力实施全民参保计划，推动失业保险扩面，提高城乡低保和特困供养人员保障标准，建立社会救助监督机制，完善社会救助体系。二是统筹发展社会事业。新增学前教育普惠学位 1200 个，推进义务教育优质均衡发展，深入落实“双减”政策，启动二十一中校舍建设，成立职业教育协同发展共同体，支持医学院、师范学院更名大学。深化“健康牡丹江”行动，推进医疗服务价格、薪酬、医保支付等综合改革，“优质服务基层行”达标卫生机构达到 70 家，支持市二院建设省级区域医疗中心、红旗医院建设省级重大疫情救治基地。聚焦“一老一小”，开展适老化和无障碍环境改造，街道综合养老服务机构和社区日间照料室覆盖率均达到 100%，落实好优化生育政策。加快发展文体事业，推进三道关唐长城修复和文化公园建设，开展喜迎“二十大”系列群众文化活动；完善公共体育服务体系，落实全民健身行动和“百万青少年上冰雪”等活动，努力为北京冬奥会和冬残奥会营造浓厚氛围。推进军民融合发展，争创全国双拥模范城“九连冠”。三是保持社会大局稳定。推进基层社会治理现代化，加快乡镇（街道）社会工作服务站建设，推动政府购买服务向基层延伸。防范化解各类风险，深入开展安全生产专项整治三年行动，严格落实“十查十治”措施，强化食品药品安全监管，确保人民群众生命财产安全。严格执行“三访一包”和“五个常态化”工作机制，确保重复信访积案清仓见底。加强社会治安防控体系建设，严厉打击电信网络诈骗等突出违法犯罪，常态化推进扫黑除恶斗争，建设更高水平的“平安牡丹江”。

四、加强政府自身建设

打铁必须自身硬。我们将牢记初心使命，以加快牡丹江振兴发展为己任，以增进人民福祉为最高追求，夙夜在公、履职尽责，持续推进政府治理体系和治理能力现代化，努力建设人民满意的服务型政府。

一是全面加强政治建设。坚持把党的领导贯穿政府工作全过程，巩固深化党史学习教育成果，坚决拥护“两个确立”，增强“四个意识”、坚定“四个自信”、做到“两个维护”，不断提高政治判断力、政治领悟力、政治执行力。胸怀“两个大局”、牢记“国之大者”，坚决贯彻党中央国务院、省委省政府和市委决策部署，坚决落实意识形态工作责任制，坚决扛起维护国家安全和兴边固防的政治责任。

二是加快建设法治政府。坚持法治牡丹江、法治政府、法治社会一体建设，严格执行重大行政决策程序，提高行政决策科学化、民主化、法治化水平。认真执行人大及其常委会各项决议决定，高质量办好人大代表议案建议和政协委员提案，自觉主动接受监督。配合市人大做好重点领域立法工作，完成行政复议体制改革，促进严格规范公正文明执法，深入推进“八五”普法，争创全国法治政府建设示范市。

三是持续推进重点改革。深化“放管服”改革、优化营商环境，推进社会信用体系建设，强化一体化在线政务服务平台应用，全面推行“证照分离”、“一件事”一次办就近办，“一网通办”率达到 100%。深化事业单位、乡镇（街道）机构改革，理顺权责和政事关系；加快应急管理综合行政执法改革，提升安全防范能力和管理水平；理顺镜泊湖管理体制，完成国企改革三年行动任务，支持国投公司迈向千亿级。

四是切实改进工作作风。深入践行"三严三实"，强化"闯"的精神、"创"的劲头、"干"的作风，努力奔跑、跳起摸高、进位赶超。完善领导责任、工作推进、考核评价、督导问责"四个体系"，大力推行"一线工作法"和专班推进、网格化调度、首席服务员、企业全量回访等机制，强化要素保障服务，构建"亲"而有度、"清"而有为的新型政商关系。

五是全力建设廉洁政府。落实落细全面从严治党主体责任，认真履行"一岗双责"，严格落实中央八项规定精神及其实施细则和省委市委有关规定，坚决反对"四风"。强化统计审计监督，加强公共资源招投标、财政重点专项资金等方面监管，支持纪检监察机关履行职责，一体推进不敢腐、不能腐、不想腐，树立为民务实清廉的政府形象。

各位代表，晋位争先勇进者胜，振兴发展奋楫者先。让我们更加紧密地团结在以习近平同志为核心的党中央周围，在市委正确领导下，戮力同心、攻坚克难，奋发有为、勇毅前行，奋力谱写全面建设社会主义现代化牡丹江新篇章，以优异成绩迎接党的二十大胜利召开！

调研报告

关于进一步优化营商环境的调研与思考

牡丹江市人民政府研究室
牡丹江市营商环境监督局

营商环境是企业生存发展的土壤，是城市保持持续竞争力的关键。为全面掌握我市优化营商工作基本情况，找准短板弱项，形成推进意见建议，市政府研究室会同市营商环境监督局，进行了深入调研并形成报告，旨在为市委市政府加快打造市场化、法治化、国际化的营商环境提供决策参考。

一、基本做法成效

近年来，我市认真贯彻党中央国务院和省委省政府决策部署，坚持把优化营商环境工作摆上重要日程，统筹推进、重点攻坚，持续打造一流营商环境。在2020年全省营商环境评价中，我市总得分在11个参评市（地）中排名第三位。

一是聚焦顶层设计，强化精准综合施策。出台全市优化营商环境"实施方案"和"责任分工"，成立市委市政府优化营商环境领导小组和"放管服"改革、清赖行动、营商环境评价、数字政府建设、信用体系建设、民生大厦建设6个工作专班，构建全市协同抓营商环境的工作格局。将优化营商环境工作纳入市委2021—2025年巡视巡察规划，制定营商环境监督测评、通报约谈和挂牌督办制度。加大国务院和省"优化营商环境条例"宣传普及力度，在全市上下营造出"人人都是营商环境"的良好氛围。

二是聚焦高效透明，着力打造政务环境。持续深化"放管服"改革，积极推动绥芬河自贸片区行政审批改革、"一枚印章管审批"和"行政审批不出区"。深化行政审批相对集中试点，我市企业注册实现100%电子化，新注册企业审批时限压缩至30分钟，企业开办时间压缩至1个工作日，项目审批最短用时69个工作日。搭建市级政府数据共享平台和开放平台，建成覆盖县区的全市一体化政务服务平台，1714项政务服务事项网上运行，平台办结率99.8%。

三是聚焦开放有序，着力打造市场环境。制定"招商引资优惠政策（试行）"，实施"市级领导、首席服务员"包保推进机制，搭建惠企政策兑现平台，为企业提供全生命周期服务。2020年以来，全市新增市场主体54364户，招商引资到位资金485.9亿元，新签约亿元以上招商引资项目274个，推进省市百大项目446个，已全部实现开复工。出台支持民营经济发展21条、稳企稳岗稳就业促进经济增长若干意见等政策措施，降低企业发展成本，帮助企业渡过难关。

四是聚焦公平正义，着力打造法治环境。全面推行"双随机、一公开"，制定抽查事项清单340项，录入执法检查人员4964人，完成18万户市场主体认领，抽取市场主体643户。完成"清赖工作"任务1005项、涉及金额20.6亿元，无新增失信违诺事项发生。快立快审涉企纠纷案件8700件，启动"一案双查"，审结知识产权纠纷案件90件，查处破坏营商环境问题404个、处理542人。

二、主要问题原因

虽然，近年来我市在优化营商环境工作方面取得了一些成绩，但是也存在一些短板和弱项，主要表现为"四个不"：

一是协调推进力度不大。个别部门对优化营商环境的系统性、复杂性、协同性认识不足，对推进营商环境改善工作的重视程度不够，将营商环境建设工作作为营商局等某个或者几个部门的工作，主动性和参与度不够高，对于政策的解读和落实水平程度不同，导致改革不够彻底，效率提升缓慢。

二是审批改革难度不小。审批与监管职责边界不清晰，事前审批与事中事后监管的配合不够紧密。行政审批执法过程中，审批监管与执法衔接不够、信息不互通，缺乏协调联动工作体系的支撑保障。

三是信息化建设水平不高。各政务服务平台没有完全实现对接，公积金、不动产和医保等自建业务系统的对接处于停滞状态。数字政府建设机制还未完全搭建起来，数字建设和管理的责任分工还不明晰，政务信息资源共享交换平台还存在各行业领域数据归集不充分、数据共享不全面、数据质量不够高等问题。

四是政策要素保障不力。我市中小微企业普遍存在规模小、管理不规范、经营不稳定和抗风险能力低等问题，融资难度较大。部分生产要素价格偏高导致企业生产运营成本增多，不利于投资创业积极性。企业知识产权保护和创新意识不强，在落实惠企政策上时效性不强、落实程度不高，产业投资吸引力不足。

三、具体对策建议

对策建议一：加快构建全方位推进机制，提升协同发展水平。强化组织领导，明确把优化营商环境作为“一把手”工程，充分发挥优化营商环境领导小组作用，市级领导高位推动，部门主要领导亲自谋划，切实发挥“头雁效应”。强化部门联动，建立营商局与公检法司、纪检监察和组织部门的联动机制，完善涉环单位部门联席会议制度，形成更强优环合力。强化机制建设，依据国家和省优化营商环境条例，建立健全营商环境问责、免责和激励机制，为担当者担当、为负责者负责，激发全市党员干部的担当与活力，为全市营商环境持续优化奠定坚实基础。

对策建议二：加快推进数字政府建设，提升政务服务质效。推进数字政府建设，建立健全政府总体统筹的数字政府规划建设管理机制和数据共享开放、数据安全协调机制，依照职责承担数据治理及安全保障、业务系统和特色应用开发等任务，推动政务数据全面汇聚、按需共享、有序开放。推进资金技术支撑，积极向上争取专项资金，确保财政资金拨付到位。将技术运营服务职能转交市场化运营平台，推动自建业务系统的单位按照统一标准规范开放数据接口，使用垂建业务系统的单位尽快实现审批服务事项办理过程和结果数据的互联互通、互认共享。推进数据应用场景，实施“移动微厅”开发建设，推进高频政务服务事项向移动端进驻，支持微信、支付宝在线办理，逐步实现“网上办理是常态、线下办理是例外”。

对策建议三：加快涉企要素保障，提升市场主体活力。规范生产要素定价，采取政府集中议价方式，召开听证会，综合考量市场供求、社会承受力、地区差价等一系列因素，规范供热、电信、物业等行业的价格标准，通过合理的生产要素价格，减轻企业生存发展负担，增强投资吸引力。创新更多金融产品，积极向省级层面协调，推进银行机构事权下放，提高我市银行机构能动性，出台可放宽融资风险容忍度的操作规则，形成“敢贷、愿贷、能贷”长效机制。全面推进“信易贷”，提升平台服务功能，创新更多应用场景，推动更多企业入驻。出台产业扶持政策，学习先进地市推动产业发展惠企政策，研究制定符合我市实际的产业扶持政策，确保各项政策落地落实，让企业享受政策红利、降本增效。同时，引导企业重视知识产权保护，提升核心竞争力。

对策建议四：加快执法监管体系建设，提升法治化水平。推进审批监管与执法衔接。建立权责清晰、业务协同、信息互通的审批、监管与执法衔接机制，健全行政执法自由裁量基准制度，探索“审批相对集中，审管相对分离”，厘清审批和监管部门责任，规范执法程序，提升监管效能。常态化开展“双随机、一公开”，增加监管的覆盖领域和事项，加强部门之间的联合检查，实现一次多查、一次彻查，坚持包容审慎监管和柔性执法，最大限度减少对企业的干扰，让企业安心发展。全面强化信用监管，在信用中国（牡丹江）网站设立承诺信息公示专栏，加强对各类型信用承诺信息归集、共享、公示，实施信用分级分类监管，推行以信用为基础的差异化监管。加快推进“互联网＋监管”，建设“行政执法综合管理监督信息”平台，进一步提升行政检查、行政处罚、行政强制和其他监管信息行为数据采集比率，运用大数据分析结果开展对市场主体的风险洞察和预警。

从群众对民生领域满意度看政府工作改进方向

牡丹江市人民政府研究室

按照党史学习教育“我为群众办实事”活动开展调研工作的相关安排，组织开展了群众对民生领域满意度专题调研，重点采用问卷调查的方式，并结合座谈交流、资料分析等手段，了解市民对就业、社保、教育、医疗、养老、住房、文化体育、治安、交通、基础设施、生态环境、政务服务等12个领域的满意程度，为政府改进工作提供决策参考和依据。

一、调查情况和调查结果

本次调研共发放问卷10000份、回收有效问卷6856份。为确保问卷的代表性，发放范围覆盖了四城区所属的102个社区，人员涵盖党政机关和企事业单位工作人员、个体从业者、退休人员等不同层面。

从问卷结果看，我市城区群众对民生领域的总体满意度为90.4%，不满意、很不满意占比为6.5%和3.1%。总体上，群众对各领域民生工作感到满意，对当前生活状况给予了正面评价，对未来发展也充满信心，这与市委市政府坚持以人民为中心发展思想，努力克服经济下行、疫情冲击、财政收入放缓等不利因素，持续改善民生工作密切相关，近五年，我市用于就业社保、教育医疗等方面财政支出年均增长12.8%，远超同期财政收入增速；民生支出比重始终保持在80%以上、几乎每年都再创新高；城镇居民人均可支配收入年均增长5.1%，高于GDP增速1.7个百分点（附表1）。

但民生发展不平衡不充分的问题仍然突出，需要进一步提高民生工作的精准性，不断增强群众获得感、幸福感、安全感（附表2）。

二、群众关切和主要诉求

从群众满意度情况看，满意度低于90%的共有7个领域，依次为就业、住房、教育、医疗、养老、社保、交通，分别为77.3%、84.3%、85.1%、85.6%、89.3%、89.7%和89.8%（附表3）。

（一）就业方面

我市始终把稳就业摆在突出位置，特别是去年疫情期间，全面落实援企稳岗扩就业政策，全市没有一户企业出现规模性裁员，城镇登记失业率低于省控目标2个百分点。群众诉求主要集中在四个方面：一是收入低。64%的群众年工资收入在3万元左右，4-10万元占34.2%、超过10万元仅占1.8%，认为推动项目建设、产业升级、提高就业质量是解决就业问题的重中之重。二是就业难。44.2%的群众认为大学生、农民工、下岗职工、退役军人等重点群体存在就业难问题。三是渠道窄。48.7%的群众通过熟人介绍获取就业信息，通过职业机构、招聘会的仅占19.5%和23.1%（附表4）。四是岗位少。70.5%和47.8%的群众认为就业待遇低、岗位少，41.6%的群众认为招工难和就业难并存，既缺少优质岗位供给，也缺少人岗相适技能（附表5）。

（二）住房方面

“十三五”期间，我市累计改造老旧小区96万平方米、惠及居民1.38万户，今年又改造老旧小区300万平方米。群众诉求主要集中在三个方面：一是70.6%和58.3%的群众认为小区脏乱破、物业管理差（附表6）；二是66.8%的群众认为与收入相比房价偏高，20.9%的群众认为部分区域偏高，仅有12.3%的群众认为房价适中；三是55.8%的群众对中介随意抬高房价、欺瞒欺诈等问题反映强烈（附表7）。

（三）教育方面

近年来，我市坚持教育优先发展，学前教育三年毛入园率达到86.2%，10个县（市、区）全部通过国家义务教育基本均衡发展评估验收，高中教育、职业教育走在全省前列。群众诉求主要集中在四个方面：一是50.5%的群众反映公办幼儿园数量少、45.7%的群众认为民营幼儿园收费高（附表8）；二是52.1%的群众认为中小学师德师风建设还需加强、44.9%的群众认为义务教育资源布局不够均衡（附表9），60%左右的群众反映校外辅导机构存在小散乱、高收费等问题（附表10）；三是52.3%的群众认为对高中生心理健康教育重视不够（附表11）；四是54.4%的群众认为职业教育与就业对接不足。

（四）医疗方面

近年来“健康牡丹江”行动成效明显，公立医疗机构药品和耗材加成全部取消，“看病不求人”向纵深推进。群众诉求主要集中在三个方面：一是79.9%的群众认为我市大医院就医费用过高，77.2%的群众认为检查项目多导致花费多（附表12）；二是群众对基层社区卫生机构诊疗技术薄弱问题反映较为强烈，占比达到67.2%（附表13）；三是33.9%的群众认为留住引进高水平专业技术人才，是提升我市医疗水平的当务之急（附表14）。

（五）养老方面

全市养老机构发展到209家、床位突破1.6万张，养老机构与基层卫生服务机构签约实现全覆盖。群众诉求主要集中在三个方面：一是65.7%的群众认为我市公办养老机构数量少（附表15）；二是57.2%的群众认为民营养老机构收费偏高（附表16）；三是47.3%和49.8%的群众认为公办和民营养老机构医疗服务不足（附表15、附表16）。

（六）社保方面

“十三五”期间，全市五项保险新增参保14万人，企业退休人员养老金、城乡社会救助标准平均提高30%和20%。群众诉求主要集中在三个方面：一是51.7%的群众认为我市困难群体最低生活保障工作亟需提高；二是超过45%的群众认为养老保险工作亟待提升，认为收入低、用人单位缴纳意愿不强的群众占82.3%和40.9%（附表17）；三是超过40%的群众认为医疗保险工作亟待提升，反映医保报销范围小、比例低的群众超过70%（附表18）。

（七）交通方面

“十三五”期间，我市建成了牡丹江大桥、虹云桥、太平路贯通等一大批重大市政基础设施，翻建改造平安街、新安街、大庆街等城市主次干道59条；优化公交线路27条、增设停车泊位1万个，市民出行更加便捷。群众诉求主要集中在四个方面：一是64.3%的群众认为交通秩序还不尽如人意，其中对非机动车、行人不遵守交通规则问题反映最为强烈，分别占47.6%和49.3%（附表19）；二是群众对市政道路破损较多、背街小巷路况差等问题反映较为强烈，分别占64.3%和60%（附表20）；三是54.2%和36.3%群众反映老城区停车场少、路边施划车位少（附表21）；四是55.2%和53.6%的群众认为公交车运营时间不合理、早晚高峰频次低。

同时，满意度高于90%的5个领域，也存在一些较为集中的问题，梳理归结为三个方面。城市环境方面：60.7%的群众对供热温度不达标问题较为关注（附表22）。58.7%的群众对饮用水水质问题较为关注（附表23）。58.5%的群众对生活垃圾处理问题较为关注（附表23），其中64.3%的群众认为生活垃圾分类知晓率支持度不够，54.2%的群众反映垃圾箱数量少、设置不合理（附表24）。超过50%的群众认为汽车尾气、建筑施工扬尘是主要污染源（附表25）。政务环境方面：71.1%的群众认为民生领域政务服务需要改进提升、超过经济领域43.3个百分点。58.4%的群众反映审批排队等候时间长（附表26），57.6%和53.8%的群众反映窗口工作人员解答问题不专业、不一次审核告知（附表27）。认为“互联网＋政务服务”普及度不够、服务内容更新不及时的群众占48.2%和37.1%（附表28）。社会环境方面：68%和53.5%的群众认为公共文化体育场馆数量少、分布不均衡，61.5%的群众认为公共文化体育活动较少（附表29）。62.5%和62.2%的群众认为加大打击力度、增加监控设备是改善社会治安的发力点，重点是加强流动人口、人员密集区域管理（附表30）。

三、努力方向和对策建议

民之所望，政之所向。全市人民对幸福美好生活的向往，就是政府工作的努力方向，让群众满意是改善民生的重要标尺。

方向一：加快补齐民生短板，让全市人民获得感成色更足。重点是着力解决好群众的操心事、烦心事、揪心事，主要有七个着力点：

第一，让群众幼有所育。一是抓基础，以实施学前教育普及普惠工程为重点，落靠县（市、区）公办幼儿园建设主体责任，每个乡镇至少办好1所公办中心幼儿园。二是抓服务，细化从业人员准入标准和培训内容，加强托育机构服务监管、整治乱收费行为，扩大婴幼儿照护服务产品供给，有效破解群众“带娃难”。三是抓入园，借鉴浙江省诸暨市经验做法，打造“名园联盟”，推动“名园＋新园”、“名园＋薄弱园”、“中心园＋辖区园”组团发展，提高普惠性幼儿园覆盖率和乡镇公办中心幼儿园覆盖率。

第二，让群众学有所教。一是更加注重义务教育优质均衡发展，统筹配置江南江北桥北师资力量，保持江南中小学新建校区招生政策延续性。二是突出优质特色发展，加强高中多样化、特色化建设，借鉴武汉市做法，把心理健康教育作为必修课，心理专家定期到校辅导，开展案例教学、体验活动、行为训练、社会实践等活动，提高心理健康教育实效。三是突出产教融合、校企合作畅通就业对接，针对人才紧缺领域建立订单式人才培养清单，打通中、高、本衔接通道。四是发挥驻牡高校人才工作站作用，推动高等教育内涵式发展，促进校地融合。五是加大教师违规补课等师德师风整治力度，清查校外培训机构资质，促进公办与民办教育健康互动发展。

第三，让群众劳有所得。一是抓好重点群体就业，借鉴云南省临沧市“人力资源服务公司＋用工企业”劳务输出模式，与东莞等发达地区建立劳务协作机制，拓宽高校毕业生、农民工、退役军人、转岗职工、城镇就业困难人员就业渠道，增加优质岗位供给。二是全面推行企业新型学徒制，推广“工学一体化”“互联网＋”先进培训方式，推出实用型线上培训平台，持续提升就业者技能。

第四，让群众病有所医。一是提升基层卫生保障能力，学习借鉴广西岑溪市人才、业务、药品、财务、资产、绩效“六个统一”做法，加快县域医共体建设，每个县（市）尽早建成1个县域医共体，为群众提供全方位全周期健康服务。二是学习借鉴福建省三明市医改经验，统筹推进医药、医保、医疗“三医联动”改革，通过推进分级诊疗、扩大医保范围及报销比例、清理应检项目、优化就医流程、规范药品流通、整治不良从医等措施，切实解决“看病难”“看病贵”问题。

第五，让群众老有所养。一是大力发展养老事业，鉴于90%以上老年人选择居家养老，借鉴广西打造“慧康养”平台做法，探索建设集养老服务供给、服务保障、需求匹配、行业监管、能力培训于一体的智慧养老综合服务平台，推动养老服务集成化、优质化、智能化；抓实社区养老服务，借鉴青海省西宁市“政府补一点、企业让一点、个人掏一点、社会捐一点”发展“爱老幸福食堂”的办法，推进养老服务设施建设，提高医疗、康养服务水平；尽快补齐农村养老服务短板，推进适老化、无障碍改造，让空巢家庭、留守老人等重点人群衣食无忧。二是着力发展养老产业，坚持以资源换产业、以市场换产业，借助旅发大会和举办天鹅颐养联盟年会契机，积极引入社会资本和国内知名养生养老企业，提高医养结合产品研发水平和供给能力，推动养老产业与旅游、文化、教育、康养、餐饮、地产、金融、保险等行业互动融合，扩大养老产业消费市场。

第六，让群众住有所居。一是加快主城区和城乡结合部棚户区、危旧楼余量改造进度，借鉴杭州经验，由居民决定“改不改”“改什么”“怎么改”，通过多元筹资吸引更多社会资本参与改造。二是持续巩固建档立卡贫困户、低保户、农村分散供养特困人员、贫困残疾人家庭“四类重点对象”危房改造成效，确保居有所安。三是加大房产中介机构清查整治力度，借鉴苏州市实行房产经纪人“一人一卡一码”做法，由市住建部门统一制发中介卡，群众扫码查询中介人员信息，并对服务进行评价。

第七，让群众弱有所扶。一是以“保基本、兜底线、救急难、可持续”为方向，持续提高城乡低保标准，建立社会救助管理平台和信息核对平台，确保困难群体救助精准、救助及时。二是紧盯10户23人脱贫不稳定胡和70户151人边缘易致贫户，对其收入水平变化、“两不愁三保障”巩固情况进行常态化监测，加大精准施策力度，做到早发现、早干预、早帮扶，确保贫困人口动态清零。

方向二：改善提升生活品质，让全市人民幸福感更可持续。重点是抓实两个关键词，主要有八个着力点：

——关键词一，建设“宜居宜业”家园。重点是突出软硬并重、同步提升办好六件事：一是优化生态环境，加快建设美丽牡丹江。统筹抓好全域山水林田湖草沙一体化治理，切实解决好“散乱污”企业、散煤污染、秸秆焚烧、汽车尾气、施工扬尘、饮用水源地、农村乱占耕地建房等老百姓身边突出生态环境问题。倡导绿色低碳生活方式和消费模式，借鉴武汉做法，推行“定时定点直接回收、绿色积分奖励回收、智慧平台网上回收、低值物品兜底回收”的生活垃圾回收模式，提高便民化服务、资源化利用水平。二是改善城市交通，增强群众出行体验。立足打造区域性综合交通枢纽中心，加快推进“铁公机”建设，改造翻建城市道路，整治交通秩序，借鉴成都市做法增设扫码限时临时停车位，用好太原市非工作时间机关事业单位停车场免费向市民开放等经验，提高城市交通便利度。三是夯实基础设施，提升城市承载能力。突出“地上”和“地下”两个重点：“地上”规模化布局5G商用网络，加快实现5G网络城镇以上区域全覆盖；打造沿江景观带、城市绿道、绿地广场、公园游园、文体场馆，加快建设园中建城、城中有园、城园相融、人城和谐的宜居城市。“地下”加快城市供热、燃气、供水等老旧管网改造，确保“三供”达标；完善城市排水管网等防洪排涝设施，避免发生城市内涝。四是以百姓办事方便为出发点优化政务服务。围绕“一件事一次办好”，优化民生服务大厅“综窗”设置，强化“互联网＋政务服务”一体化平台应用，不断提升“一网通办”率，让群众只跑一次。延伸政务服务“触角”，优化便民服务事项，灵活安排办理时间，推动全市乡镇街道和社区实现服务事项“就近办”。五是开展“大比武、大练兵、大演练”提高能力水平。以“能力建设提升年”活动为抓手，大力整治安逸平庸、畏难应付、慵懒散拖等作风，借鉴广东省湛江市设立“蜗牛奖”的做法，倒逼政府系统服务提升、作风转变。在政府系统特别是服务群众的一线单位、窗口岗位全面推进“基本业务＋”建设，广泛开展个性化专业化能力培训，提升政府干部服务群众的能力和水平。六是提升城市凝聚力向心力。结合党史学习教育，充分发挥杨子荣纪念馆、绥芬河红色国际通道纪念馆等重点革命遗址作用，大力弘扬“越是艰险越向前”的斗争精神，努力把红色资源利用好、把红色传统发扬好、把红色基因传承好，不断提升城市人文精神和干事创业精气神。

——关键词二，加快实现“共同富裕”。重点是坚持夯实根基与提升水平并重，抓好两方面工作：一是大力发展经济，夯实致富根基。以“项目为王”，加快推进百大项目建设，大力发展绿色食品、林木林纸、生物医药、装备制造、新材料、新能源等重点产业，提升实体经济竞争力。坚持以“招商引资论英雄”，学习借鉴齐齐哈尔“招商十法”（领导招商法、线索跟踪法、环境招商法、产业关联法、市场招商法、以商招商法、产业聚集法、转移承接法、盘活闲置法、网上洽谈法），力争在引进百亿级投资大项目和高科技、高附加值、高成长性企业上实现突破。加大财源建设，建立市县两级联动推进机制，稳税基、壮财源，促进财政收入恢复性增长，在财力可支撑基础上，提高民生支出占一般公共预算支出比重，加大优质公共产品和服务供给。二是鼓励创新创业，提高收入水平。持续深化创新驱动战略，借鉴北京石墨烯研究院“研发代工”模式，由企业提出研发需求，依托哈工大、哈兽研等战略合作伙伴，与高校和科研院所共建创新联合体促进更多科技成果转移转化。积极对接科技部、省科技厅，整合大庆路、磨刀石、下城子的工业园等创新创业资源，加快打造“一区三园”，推动牡丹江高新区晋升国家级高新区。深化市校院企合作共建，实施“万名青年人才引进计划”，为各类人才成长搭设舞台，为群众创新创业提供更多载体。

方向三：保持社会和谐稳定，让全市人民安全感更有保障。建议突出两个聚焦，主要有六个着力点：

（一）聚焦“安全”。一是抓实安全生产。时刻绷紧安全生产这根弦，以“十查十治”为重点，深入开展安全生产大检查大排查，严查城镇燃气、煤矿、交通、校园、食药、消防等重点领域安全隐患。二是抓实疫情防控。时刻抓好常态化疫情防控，落实“外防输入、内防反弹”防控策略，发挥医疗机构、发热门诊、药店哨点监测作用，确保符合条件的群众疫苗接种“应接尽接”。三是抓实防灾减灾。紧盯当前“七下八上”的关键阶段，对重点堤段、重点水库、重点险工弱段开展全面复查，全力做好防风、防汛等自然灾害应对准备，切实维护人民群众生命财产安全。

（二）聚焦“稳定”。一是稳妥化解群众信访。抓好精准稳控，着力化解重复上访，对重访开展案件评定，分类开展专项治理，对重点人员、事项精准施策，化解一批、稳控一批。畅通群众诉求通道，借鉴杭州钱塘区“五议工作法”（居民建议、代表提议、党委审议、议事会决议、群众评议），在社区设立民议亭、微议厅、倾听室等线上线下议事平台，形成收集社情民意“倾听—办理—反馈—评价”闭环工作机制，让“小平台”撬动“大治理”、“身边人”管好“身边事”。二是提高应急处突能力。强化气象、水务、应急、林草、农业农村、自然资源等部门常态化会商机制，及时采取应急处置措施，统筹解决问题。加强各级各类应急救援队伍执勤备勤，靠前驻防，做好应急物资储备，加强实战演练，提高应急处置能力。三是保持社会大局稳定。加快构建治安防控智能识别圈，推进智慧巡防、智慧小区建设，全面提升系统性、整体性、协同性。深化商贸市场、娱乐场所等重点区域整治，强化社会面治安巡控，推动扫黑除恶常态化，建设更高水平“平安牡丹江”。

附表 1：“十三五”期间相关指标情况

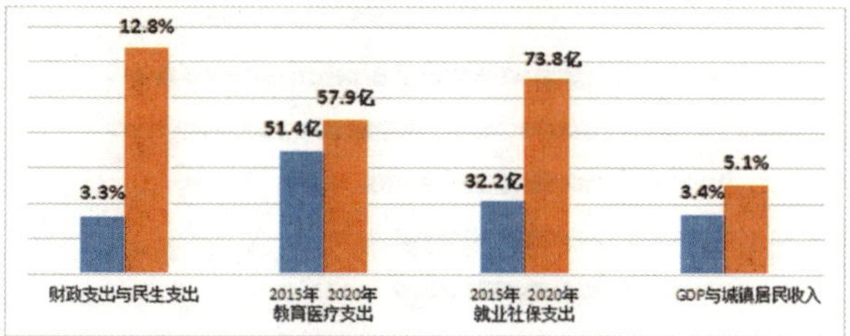

附表 2：群众生活总体满意度

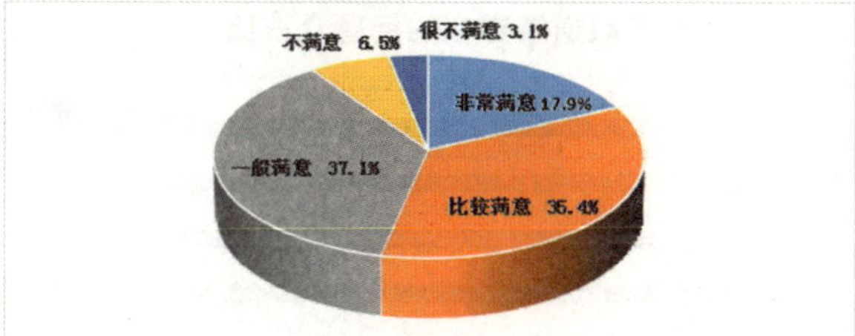

附表 3：各民生领域群众满意度

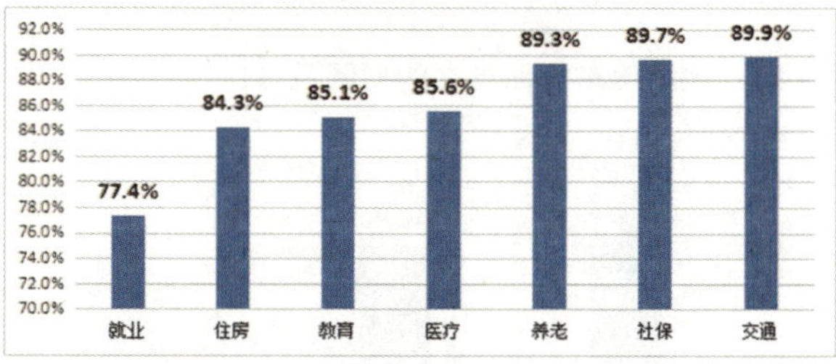

附表 4：群众获取就业信息的渠道及占比

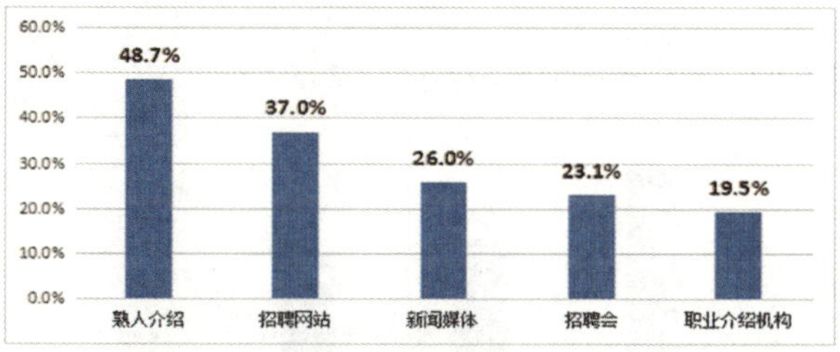

附表 5：我市就业存在的问题及占比

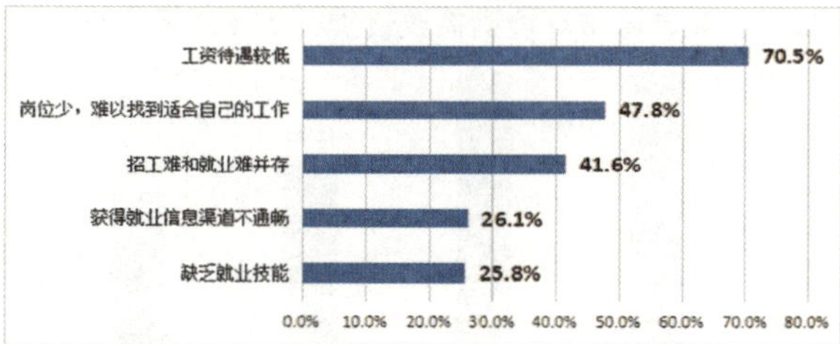

附表 6：我市小区环境方面存在的问题及占比

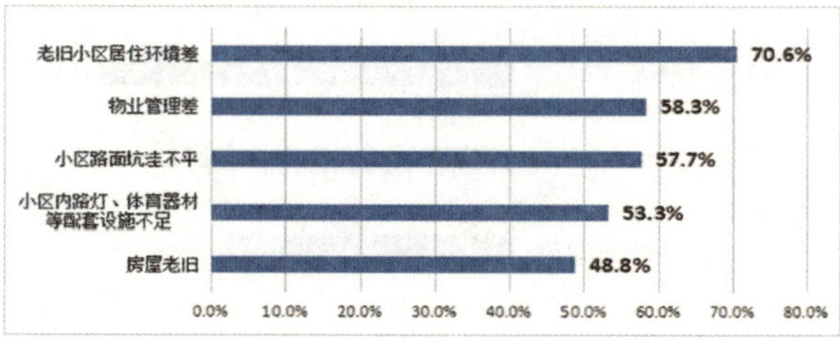

附表 7：群众购房过程中遇到的问题及占比

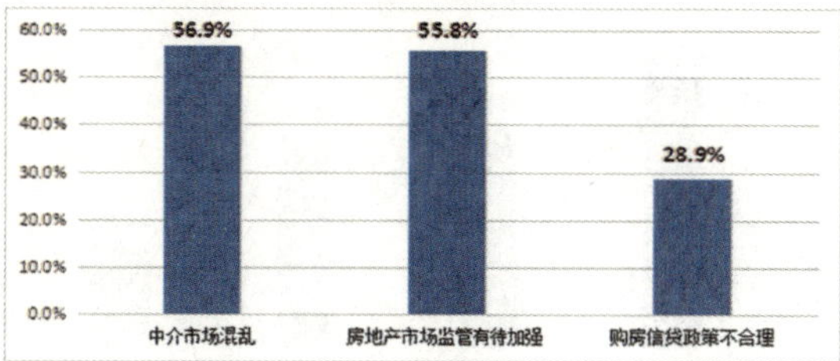

附表 8：我市学前教育存在的问题及占比

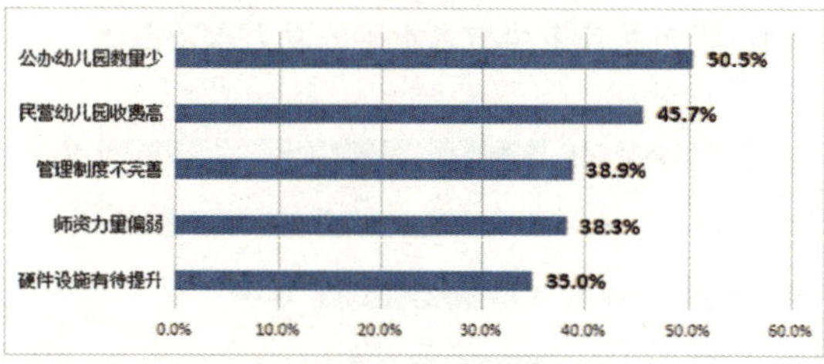

附表 9：我市中小学教育存在的问题及占比

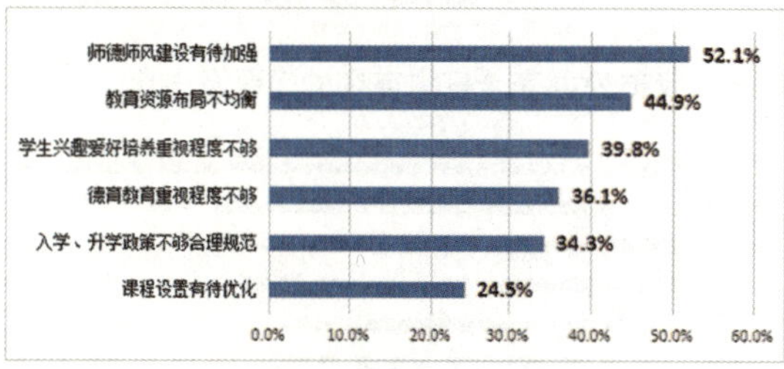

附表 10：我市校外辅导机构存在的问题及占比

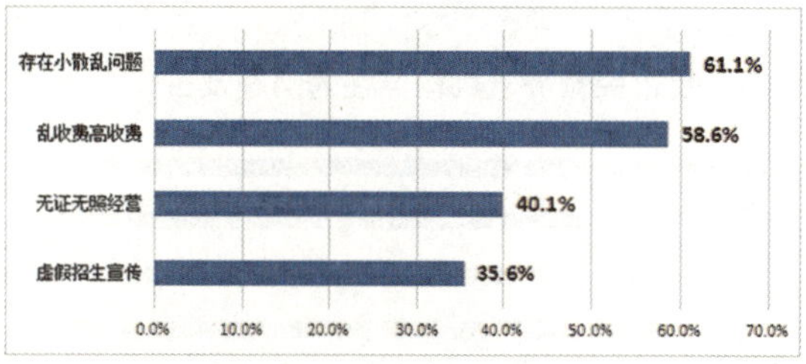

附表 11：我市高中教育存在的问题及占比

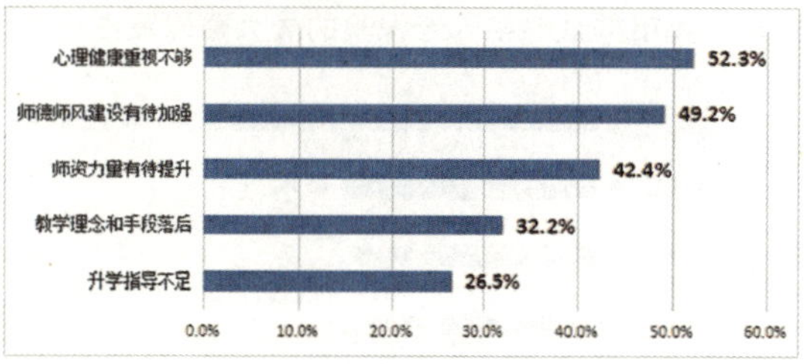

附表 12：医疗花费不合理之处及占比

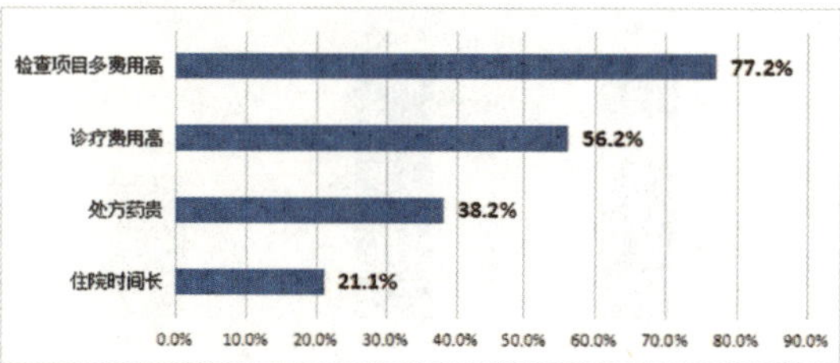

附表 13：我市社区医院存在的问题及占比

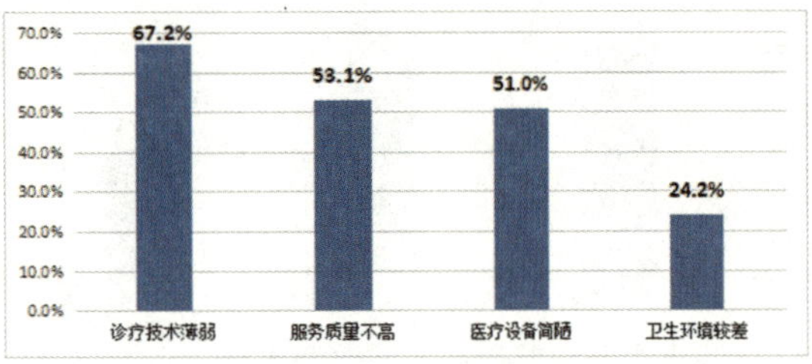

附表 14：我市医疗卫生技术水平的发力点及占比

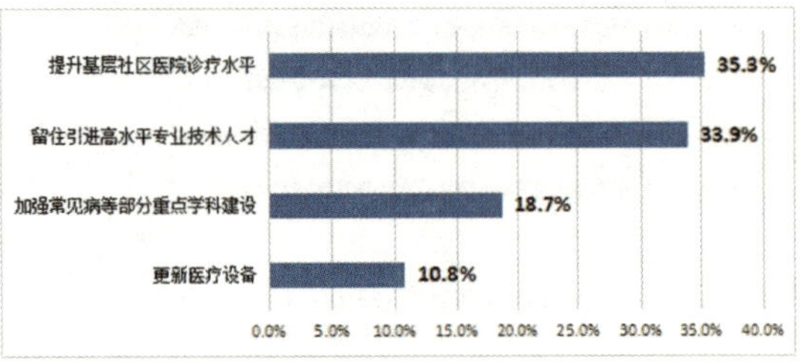

附表 15：我市公办养老机构存在的问题及占比

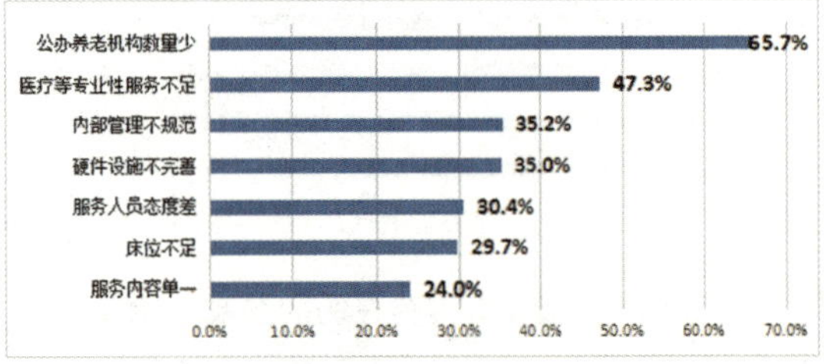

附表 16：我市民营养老机构存在的问题及占比

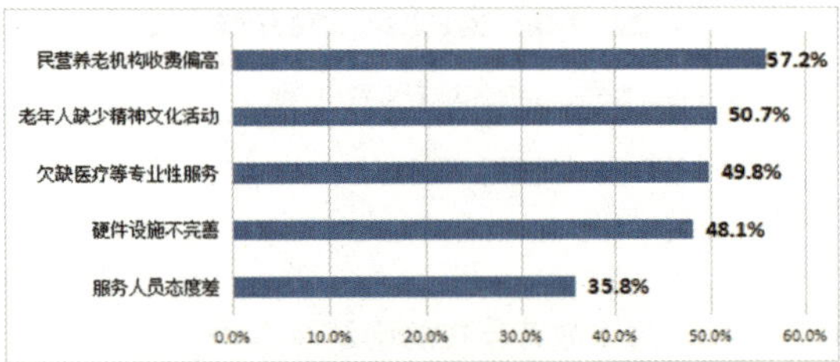

附表 17：我市群众缴纳养老保险的最大障碍及占比

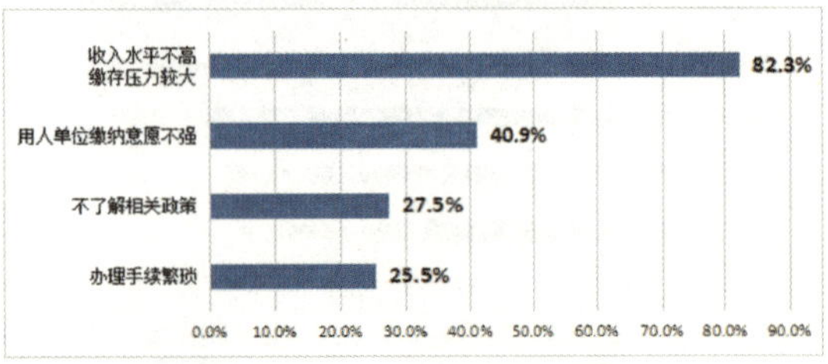

附表 18：我市医疗保险存在的问题及占比

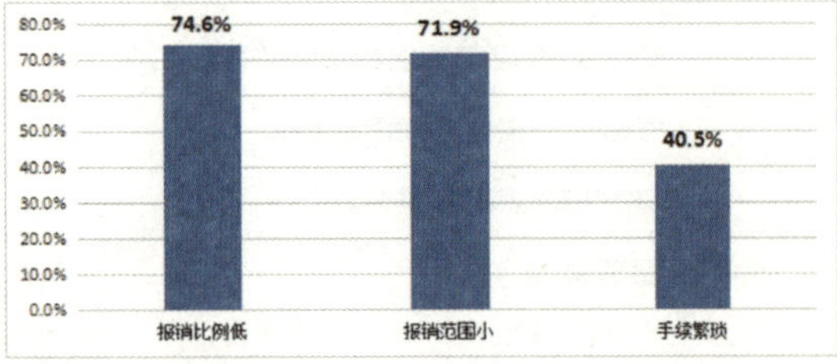

附表 19：我市交通秩序存在的问题及占比

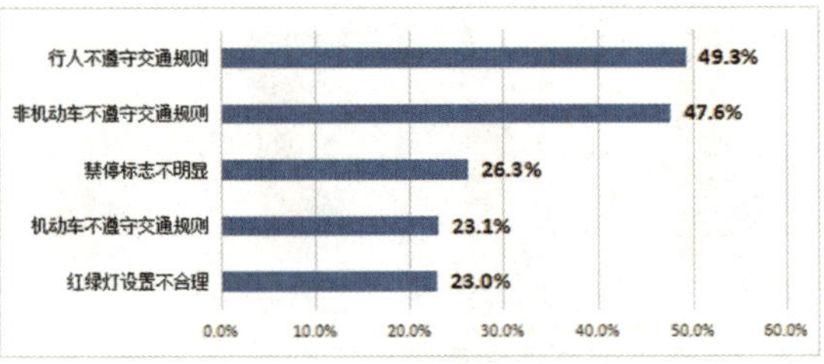

附表 20：我市市政道路存在的问题及占比

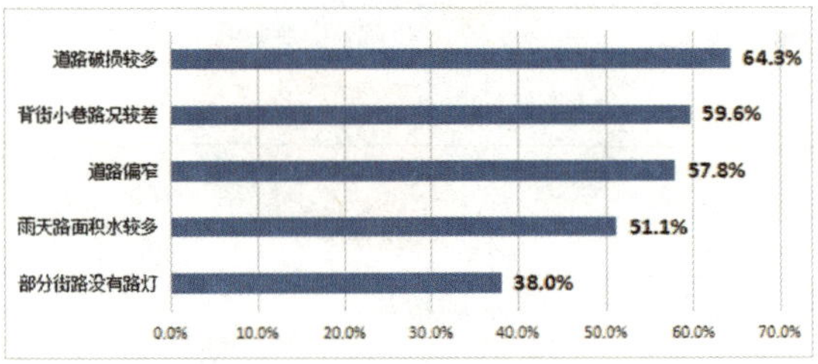

附表 21：我市停车方面存在的问题及占比

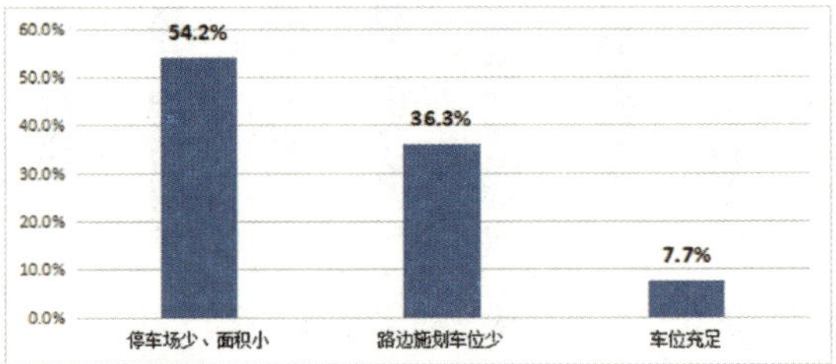

附表 22：我市供热方面存在的问题及占比

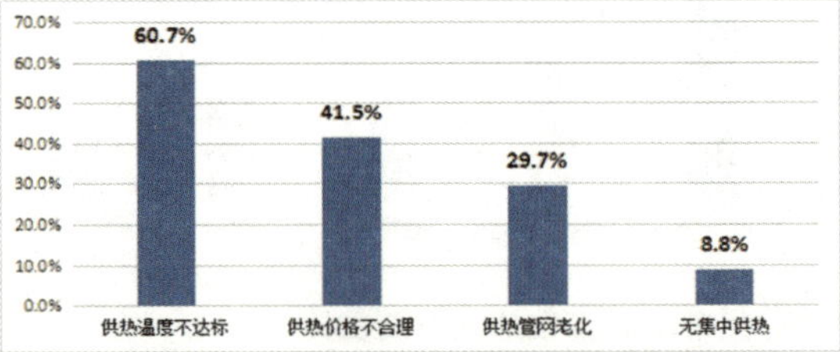

附表 23：我市城市环境亟需改进提升的领域及占比

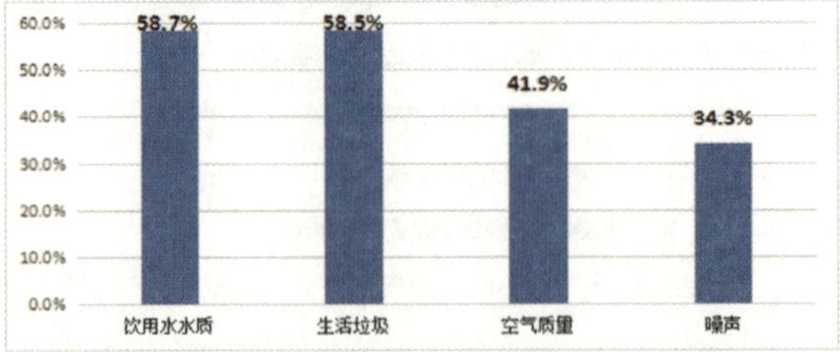

附表 24：我市生活垃圾处理存在的问题及占比

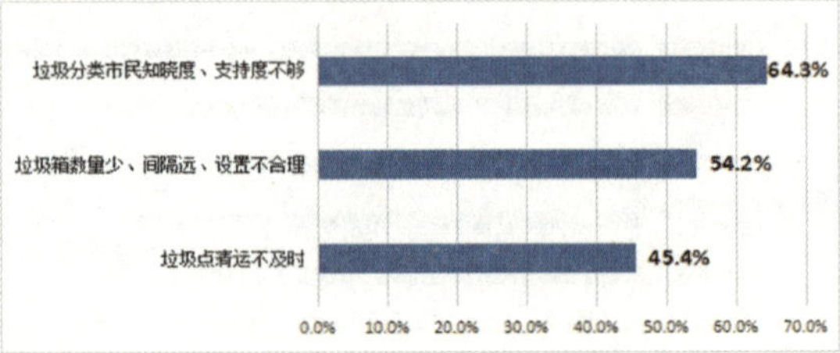

附表 25：我市大气污染防治工作重点及占比

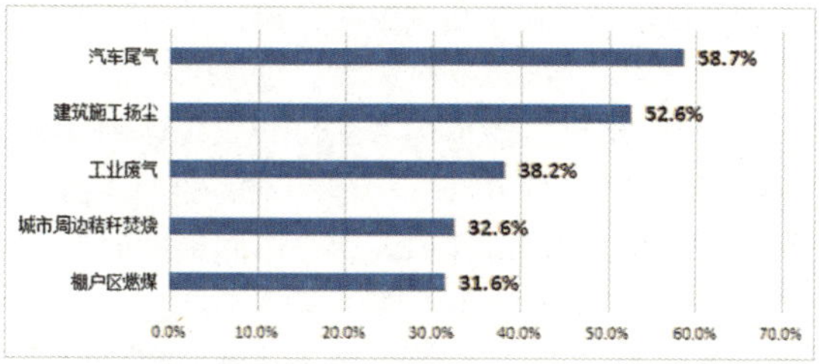

附表 26：审批过程中存在的问题及占比

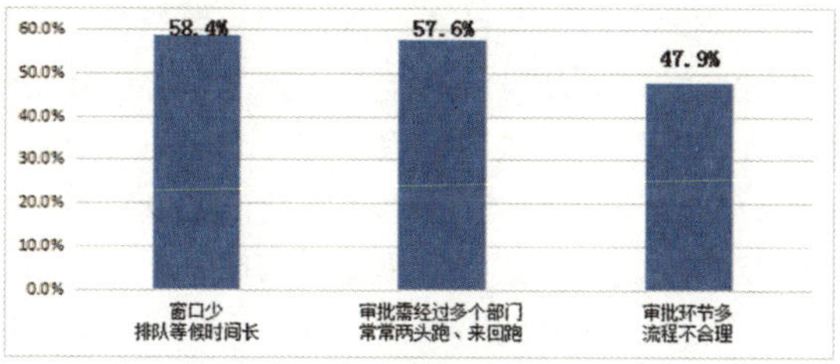

附表 27：窗口工作人员存在的问题及占比

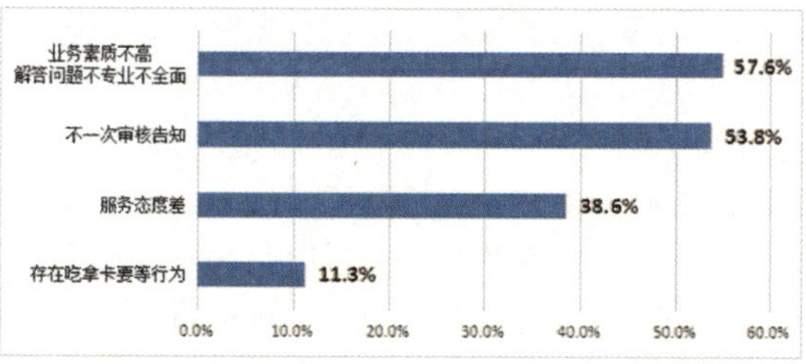

附表 28：互联网＋政务服务方面存在的问题及占比

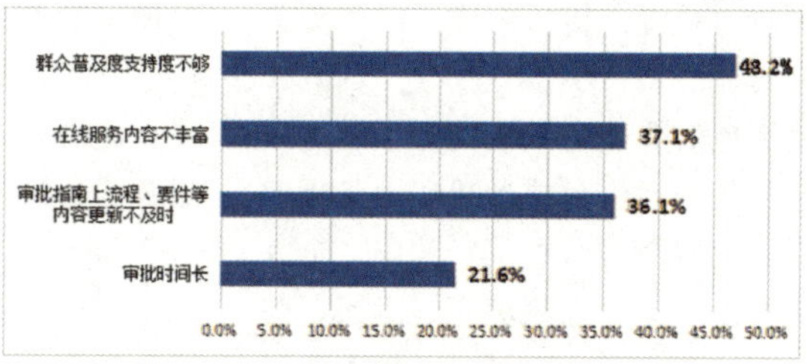

附表 29：我市公共文化体育方面存在的问题及占比

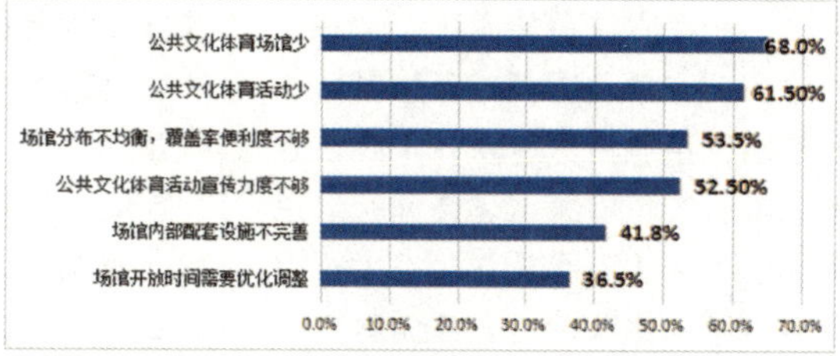

附表 30：我市改善社会治安的重点工作及占比

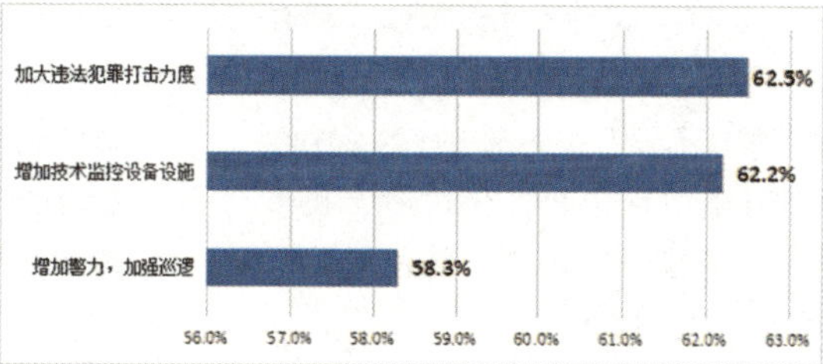

把红色旅游打造成“讲好牡丹江故事”的重要载体

——关于加快推动全市红色旅游发展的调研与思考

中共牡丹江市委政研室

红色旅游作为一项政治、经济、文化工程，在弘扬主旋律和正能量，加强爱国主义教育和革命传统教育，促进旅游经济发展方面，有着重要地位和作用。当前，全国上下正在深入开展党史学习教育，第四届全省旅游产业发展大会已进入倒计时冲刺阶段，把红色旅游资源挖掘利用作为党史学习教育的重要内容、作为讲好牡丹江故事的重要载体和“旅发大会”引爆点，具有十分重要的意义。

按照市委领导要求，市委政研室、市委办公室、市文旅局、市直机关工委、市委党校成立联合调研组开展了红色旅游专题调研。调研组先后深入 10 个县（市、区）和丹东抗美援朝纪念馆等域内外红色旅游景区进行实地调研，并上网查阅学习红色旅游资料，与专业人士座谈交流，梳理基本情况，形成对策建议，现将调研情况报告如下。

一、红色旅游红遍全国、前景广阔

红色旅游主要是以中国共产党领导人民在革命和战争时期建树丰功伟绩所形成的纪念地、标志物为载体，以其所承载的革命历史、革命事迹和革命精神为内涵，组织接待旅游者开展缅怀学习、参观游览的主题性旅游活动。

（一）发展历程。红色旅游发展大致经历了四个阶段，建国初期的萌芽阶段：作为爱国主义教育、革命传统教育、政治思想教育的阵地，有组织地前往参观学习，主要目的是接受革命传统教育，这一时期的瞻仰、参观、学习，尚不具备旅游的属性，只是红色旅游的萌芽。改革开放后的起步阶段：伴随着大众旅游的兴起，一些革命纪念地逐步开始了对红色资源的市场化开发，红色旅游进入起步阶段。20 世纪 90 年代中后期快速发展阶段：“红色”主题的重大节庆和纪念活动大量开展，红色景区周边优美的生态环境、淳朴的民俗风情，以及鲜明的地域特色成为吸引游人的重要资源，受到大众的普遍关注。新世纪全面发展阶段：2004 年，党中央、国务院做出了发展红色旅游的重大决策，极大地促进了红色旅游快速发展，很多地区把红色旅游资源作为当地旅游业发展的优势和特色，红色旅游进入市场化转型及科学发展的良性轨道。

（二）发展格局。我国红色旅游资源分布较为广泛，全国各地都比较丰富。在不同的历史发展阶段，红色旅游资源重心有所不同，在大革命之前主要集中在少数几个大城市中，之后我们党走出农村包围城市、武装夺取政权的道路，直至最后取得全国胜利。因此，全国红色旅游资源相对集中分布在革命老区和欠发达地区。经过多年的开发，逐步形成了以十大圣地为引领、12个片区为重点、300处全国红色经典旅游景区为骨干、遍布各地的区域性红色旅游景区为基础的全国红色旅游发展格局。其中，十大圣地为：上海、嘉兴南湖、南昌、井冈山、长汀、瑞金、遵义、延安、西柏坡、北京。12个片区为：沪浙红色旅游区、湘赣闽红色旅游区、左右江红色旅游区、黔北黔西红色旅游区、雪山草地红色旅游区、陕甘宁红色旅游区、东北红色旅游区、鲁苏皖红色旅游区、大别山红色旅游区、太行山红色旅游区、川陕渝红色旅游区、京津冀红色旅游区。其中，东北红色旅游区的主题形象为“抗联英雄、林海雪原”。2016年发布的《全国红色经典旅游景区名录》公布的300处全国红色经典旅游景区中我省有12处，我市有3处，分别是牡丹江市红色旅游系列景区（八女投江革命烈士陵园，海林市杨子荣烈士墓及剿匪遗址，宁安市马骏故居和纪念馆，林口县八女投江殉难地遗址）、鸡西市侵华日军虎头要塞遗址及牡丹江侵华日军东宁要塞遗址、绥芬河市秘密交通线纪念馆。

（三）国家政策利好。2004年12月，中共中央办公厅、国务院办公厅印发《2004—2010年全国红色旅游发展规划纲要》，就发展红色旅游的总体思路、总体布局和主要措施作出明确规定。此后国家连续颁发了三期《红色旅游发展规划纲要》，其中2016年印发的《2016—2020年全国红色旅游发展规划纲要》中指出，发展红色旅游是加强爱国主义和革命传统教育、促进社会主义精神文明建设的重大举措，应持续推进红色旅游健康发展。《中共中央关于制定国民经济和社会发展第十四个五年规划和二·三五年远景目标的建议》中明确提出，推动文化和旅游融合发展，发展红色旅游和乡村旅游，将红色旅游再次推向了一个新的发展高度。在国家一系列红色旅游政策的号召和支持下，各地纷纷出台地方政策，设立专门的组织机构，集中保护和修缮红色文化遗址，通过建立纪念馆、烈士陵园等，打造红色旅游精品路线，发展红色旅游。

（四）市场快速增长。随着国家政策利好不断，全国红色旅游投资增速不断提高，接待人数高速增长。据中华人民共和国文化和旅游部发布的《文化和旅游发展统计公报》统计，2013—2017年我国红色旅游接待人次逐年攀升，接待规模从2013年的7.85亿人次增至2017年的13.24亿人次。我国红色旅游收入也随之增加，从2013年的1985.6亿元增至2018年的4257.8亿元，收入增速基本维持在10%以上，整个“十三五”期间，红色旅游在国内旅游市场中维持11%以上的市场份额。可以看出，随着经济的不断发展，人民消费水平日渐提高，对旅游的需求也随之加大，国内的红色旅游产业也一直呈稳步发展趋势。今年是中国共产党成立100周年，党中央决定在全党开展党史学习教育，到红色教育场馆接受精神洗礼，是党史教育的必要环节，文旅主管部门顺势而上推出红色旅游系列活动，红色旅游将迎来新的发展热潮。

（五）发展经验成熟。近年来，随着红色旅游“遍地开花”，各地纷纷采取不同方式、融合多种元素吸引游客。

1. 多元融合模式。将多种模式融合开发，实现红色旅游与绿色生态、民俗文化、乡村振兴等方面有机融合，进一步丰富红色文化的内涵，延伸红色产业链条。如“红色＋绿色”发展模式，是将红色旅游资源和绿色自然资源结合开发，以红色资源为内核，以具有广泛知名度的红色旅游目的地为基础，以自然山水等绿色景观和生态环境为亮点，打造红色和绿色结合的红绿旅游品牌。“红色＋民俗”发展模式，是将红色旅游与民俗文化旅游进行有效融合，在改变农村等不发达地区传统产业结构的基础上，依托地方红色旅游资源，结合当地民俗文化与乡村风情，以度假区、民宿等为主要呈现方式，开发集休闲、会议、学习、娱乐等为一体的红色旅游景区，使游客深入感受不同地区的红色文化和风土人情。

2. 红色演出模式。利用现代化的技术手段对地方红色歌谣、红色戏曲、红色故事等红色文化资源进行包装，使其呈现出具有强烈感官体验的舞台效果，增强游客在革命历史中的代入感，强化红色文化的教育意义。如韶山实景演出《中国出了个毛泽东》，其演出综合运用全息投影、3D等多种技术手段，将人文历史、山水实景以及高新技术高度融合，将沉默单一的游览形式转变为生动的演出模式，极大的提升了游客的感官和互动体验。

3. 博物馆模式。在红色旅游资源较为集中且具有代表性的地方，如革命遗址、故居等地区设立场馆，通过创新内容设计和艺术形式等方式，全面展示在革命、战争和生产过程中留存的大量革命遗迹和历史文物等。如中央苏区（闽西）历史博物馆，该博物馆全面反映了闽西地区的革命史，馆内陈列主题突出、内容丰富。为进一步提升馆内文物的内涵，博物馆持续开展征集文物资料、采访和拍摄制作老红军纪录片等活动，同时不定期举办系列展览，邀请借展文物所属馆的馆长莅临讲解，使游客能够更加全面立体地了解历史。

4. 节庆模式。利用红色旅游目的地独特的红色文化资源，以举办红色节庆的方式，形成连续性、持续性的红色文化活动，从而提升区域知名度，进一步弘扬地方红色文化。如中国（湖南）红色旅游文化节，从2004年至今已连续举办16届，依托湖南省革命根据地旧址、纪念馆、红色名人故居等物质形态的红色资源，以及红色文学作品、红色歌谣等非物质形态的红色资源，打造红色旅游的重要品牌，极大地提升了湖南省在红色旅游领域的知名度。

5. 红色主题公园模式。结合红色旅游目的地的红色氛围和红色资源，打造从形式和内容上具有互动性、知识性和趣味性的主题场所，以真实还原某个历史时期的形式，全面提高游客对红色历史的认知与了解，从而实现实物情感化、体验互动化、结果持续化。如八路军文化园，利用珍贵的革命文物和大量仿制生活用品，最大程度的再现抗日战争时期八路军和太行人民在太行山浴血奋战、艰苦奋斗的场景，让游客参加“当一天八路军”的角色扮演活动，亲身体验八路军当年的学习生活场景，并切身感受八路军与当地民众深切的军民情谊。

二、牡丹江的红色文化底蕴深厚、红色旅游方兴未艾

牡丹江是一座具有红色基因的城市，红色旅游资源富集、优势突出，从新民主主义革命时期到抗日战争、解放战争时期，在民族独立和人民解放的进程中，留下了丰富的红色文化资源，蕴含着伟大的革命精神和厚重的历史文化内涵。

（一）红色旅游资源丰富。牡丹江是革命斗争时期大量的重大事件和著名历史人物重要事迹的发生地，留下了丰富的红色文化资源。牡丹江具有得天独厚的红色资源禀赋和区位优势。各县（市、区）中一类革命老区2个（穆棱市、林口县），占全省一类革命老区总数的四分之一，三类革命老区2个（宁安市、东宁市），四类革命老区1个（海林市）。全市共普查登记红色文物81处，其中：市区17处、绥芬河市7处、海林市6处、宁安市16处、穆棱市8处、东宁市10处、林口县17处。革命老区数量和红色文物遗址数量在全省范围内处于突出地位。牡丹江革命历史悠久，红色印记众多。中国共产党最早的党员之一、早期革命活动家马骏在这里播下红色的种子，牡丹江铁路沿线纷纷建立起党的组织。绥芬河红色秘密交通线，为中共六大的召开做出不可磨灭的贡献。龙江“四种精神”中的东北抗联精神和北大荒精神，发端地区之一就是牡丹江。东北抗联11个军中有9个军曾经在牡丹江地区进行抗日斗争，东宁要塞是第二次世界大战的最后战场之一，为抗战胜利做出了重要贡献。1947年6月13日，“国垦第一场”——宁安农场成立，1946年，东北民主联军航空学校和炮兵学校相继诞生在这里。全国评选出“100位为新中国成立做出突出贡献的英雄模范人物”，在牡丹江战斗过的“八女英烈”和“特级侦察英雄”杨子荣入选其中。可以说，无数革命先烈用他们的满腔热血，使红色成为牡丹江永不褪色的文化符号。牡丹江红色故事享誉内外。一本书——《林海雪原》、两部戏——《智取威虎山》《红灯记》是牡丹江红色文化的代表之作，八女英烈、杨子荣等一大批英雄事迹更是享誉全国，这些红色经典在宣传牡丹江良好形象上发挥了重要作用，提升了我市的知名度和美誉度。

（二）红色文化之城创建初见成效。近几年，我市深入实施红色文化保护、研究、开发、创作和教育“五大工程”，大力创建“红色文化之城”。打造了红色文化传播高地。对全市200多处重点革命遗址进行统筹保护和开发利用，着力把各类革命历史类纪念场馆建设成红色文化的资源宝库、革命历史的形象鉴证、宣传教育的实景课堂。建设了红色教育基地。初步构建起“哈牡绥高铁沿线红色教育基地体系”，将牡丹江八女投江纪念馆等20多处革命遗址遗迹和展馆纳入现场实训教学点，推出一系列精品课程，面向全省乃至全国党员干部开展“弘扬东北抗联精神、锤炼党性修养”主题教育培训；正在建设“空军红色基因传承教育基地”，打造中国“新航空人”的圣地摇篮；与清华大学、哈工大、上海市委党校、红旗渠和焦裕禄干部学院等20多所高校（党校）、教育基地建立合作关系。推出了多部红色文艺精品。200多部讲述红色经典的影视作品在牡丹江拍摄，其中包括广为人知的《智取威虎山》和《八女投江》，反映中国共产党领导人民武装抗击日本侵略的故事片《镜泊湖的枪声》，被国家广电总局列为纪念新中国成立60周年重点献礼影片。

（三）红色旅游格局初步形成。近年来，牡丹江红色旅游产业不断壮大，在全市旅游市场占比11.6%，年接待游客近200万人次。着重谋划了六大片区，分别是：以海林市为中心的“剿匪红色旅游区”，以市区八女投江纪念雕塑为中心的“巾帼红色旅游区”，以绥芬河市为中心的红色秘密交通线片区，以宁安市为中心的“先驱红色旅游区”，以东宁市为中心的“二战红色旅游区”，以市区空军博物馆为中心的“蓝天红色旅游区”。重点建设了8个景点景区。分别是：中共六大历史资料馆、八女投江烈士陵园、东宁要塞、马骏纪念馆、杨子荣烈士陵园、林口八女投江殉难地、绥芬河市秘密交通线纪念馆、穆棱东北抗联密营地。同时，东宁要塞、马骏纪念馆、杨子荣烈士陵园、林口八女投江殉难地、绥芬河市秘密交通线纪念馆5个景区也是国家级爱国主义教育示范基地（全省共14个）。初步形成了红色旅游线路。充分利用红色资源广泛分布于风景名胜和边境口岸的优势，推进红色文化景观建设，已初步形成以“红色文化”为主题，集八女投江纪念群雕、穆棱孤榆树抗联密营地、中东铁路机车库博物馆等20余处景点于一体的红色文化旅游景观带。

三、我市红色旅游尚处于自发阶段、需要迭代升级

近年来，牡丹江红色旅游取得一定发展，但与先进地区相比，还处于低端自发阶段，面临一些亟待破解的问题，仍有进一步做大做强、做精做优的空间。

（一）红色旅游顶层设计不到位。一是红色旅游缺乏专项规划。从2004年开始，全国相继出台三期红色旅游发展规划纲要。我市在2019年出台了全域旅游发展规划，其中涉及红色旅游部分没有单独成章，对于红色旅游发展没有做出全市顶层设计。二是红色资源需要进一步统筹整合。我市红色旅游资源主要分布在各县（市），还没有将全市红色旅游景点串珠成链，形成经典红色旅游线路和红色旅游带，缺少有效整合形成红色旅游体系，没能进一步叫响红色旅游品牌的知名度。三是红色景区布局需要进一步完善。各景点间的联系也较少，多以类似主题进行独立展示，布局较为分散，存在不同程度上的同质化竞争问题。例如，围绕八女投江、东北抗联、抗美援朝等题材有多处展馆，容易使游客产生“游一当十”的心理。

（二）红色文化开发挖掘不够深入。一是红色旅游主题形象需要梳理提炼。我市红色旅游还没有形成统一的形象定位和宣传口径，无论是在对外宣传推介还是对内开展教育中，都是在点上做文章，没有形成全市统一的主题形象，需要围绕牡丹江在整个革命战争时期的地位、贡献、发挥的独特作用以及重要事件和人物事迹，进行深度挖掘和细致梳理，形成属于牡丹江的红色脉络、红色精神、红色品牌。二是红色故事的诠释和讲解缺乏深度与感染力。红色旅游应该使旅游者身临其境，接受红色精神的洗礼，引发强烈的情感共鸣。在参观丹东抗美援朝纪念馆时，实景式的布展效果和深度投入的讲解使现场观众热血沸腾也热泪盈眶。而我市红色旅游大部分是以纪念碑、塑像、场馆展览等为主，展示工具及方法模板化，解说流程格式化，基本限于导游员的解说和图片说明，不能运用时尚现代的科技手段充分诠释红色内容，红色景区的红色文化氛围没有得到应有的渲染，缺乏直观代入感，难以使游客与历史人物和重大事件产生共鸣。三是没有将红色历史与现实发展有机结合。往往仅局限于红色历史讲解，缺乏拓展性和延伸性，没有充分体现红色精神传承对于当前发展的影响。比如，越是艰险越向前的斗争精神在牡丹江抗击疫情中的传承，比如，华为公司创始人兼总裁任正非倡导员工宣誓做公司的“牡丹江”，再比如，当年的红色之路与今天的“一带一路”中蒙俄经济走廊的关系，等等。对于这些题材的深度挖掘有助于更有针对性的讲好牡丹江故事，从而进一步释放红色文化的内在价值和外在影响。

（三）红色资源的包装宣传推介需要进一步提升。近年来，一些影视机构对我市“一本书、两部戏”等经典红色故事进行翻拍演绎，但相对来说影响力有限，远不及最初版本，究其原因是缺乏时代特征。在现今社会文艺产品多样化的大背景下，仅停留在“以戏翻戏”、“以书翻书”，缺少多元IP对红色文化的全方位演绎，很难在信息流量巨大的现代传媒体系中和广大民众中形成冲击力和引爆点。除此之外，牡丹江的红色文化宣传力度仍需进一步提升，除重大纪念日、节庆日以外，新闻媒体对红色文化报道次数不多，往往仅限于动态报道，宣传手段相对单一，使红色旅游产品在旅游市场上缺乏知名度和影响力。

（四）红色旅游配套设施不够完善。一是红色旅游景区通达性不好，红色景点场馆大多建在原址，距离城区较远，交通基础建设薄弱、道路等级低、路况差等问题影响了红色旅游景区的客流量。二是红色文化场馆阵地设施维护压力较大，由于红色景点多属地方政府管理运营，资金渠道单一，存在配套基础设施陈旧、日常维护压力较大问题。例如，八女投江烈士纪念馆地处林口县刁翎镇，距离市区较远，交通不便。同时，纪念馆免费向公众开放，旅游收入较低，加之纪念馆修建在乌斯浑河边，空气较为潮湿，维护展品需要投入较大。三是红色旅游景区周边配套服务不完善，大部分游客在景区参观之后，需到其他地方就餐住宿，路上花费时间较多，游客停留时间过短，不利于带动当地消费。近几年，旅游厕所革命推进力度较大，但相对而言部分红色景区旅游厕所仍然较少，游客较多时存在人员拥挤不便问题。

四、打造牡丹江红色旅游全新形象、推出城市红色名片

牡丹江作为北方历史名城，是一块红色而炽热的土地，这片土地上孕育的厚重红色文化和伟大红色精神，在当前实现中华民族伟大复兴，推进全面建设社会主义现代化的新时期，仍然具有重要的时代价值和现实意义。所以，我们要弘扬牡丹江红色精神，结合全市红色资源和历史文脉，统筹布局、科学谋划、理清脉络、重点突破，将红色文化打造成为我市助推经济社会发展的靓丽名片，塑造牡丹江红色向上的良好形象，推动红色旅游产业弯道超车，实现政治效益、社会效益和经济效益多赢。

一是突出主题主线，焕发红色旅游的时代价值。红色旅游的根本原则是突出社会效益，强化教育功能。要以弘扬主旋律、传播正能量、讲好牡丹江故事为主题主线，坚持把社会效益放在首位，统筹红色资源各类价值的多元化开发利用。要充分发挥红色旅游的教育价值，依托红色景区内的革命遗迹、文物、历史资料，开展系列红色教育活动，使红色旅游成为社会主义思想和品德教育的重要课堂。要充分发挥红色旅游的文化价值，深层次发掘红色革命精神的内涵，精心梳理牡丹江红色历史文脉，并结合全国革命历史，打造我市独特的红色旅游文化，使红色旅游景区成为传承红色文化的重要阵地。要充分发挥红色旅游的经济价值，加快整合自然环境资源和人文历史资源，因地制宜打造系列红色旅游项目，发挥关联带动作用，增加财政收入，扩大就业机会，优化经济结构，使历史、文化和资源优势转化为经济优势。要充分发挥红色旅游的生态价值，最大限度保持红色历史原貌，减少对生态和环境的人为改变，使红色景区呈现原生态的历史感和沧桑感，生动再现革命年代，延长红色旅游产品的生命周期，推动红色旅游持续发展。

二是强化顶层设计，统筹开发利用全市红色旅游资源。在全市旅游总体规划的基础上，建议聘请历史、文化、规划等领域专家学者和专业公司进行专题研讨和论证，编制我市红色旅游专项规划。结合调研思考初步提出以下建议，作为引玉之砖。一是着力推出牡丹江红色旅游主题形象。依托我市红色历史沿革，围绕“红色之路、中共六大、抗联英雄、林海雪原、革命后方”等主要内容加以总结提炼，可以采取网上征集、专家评审等方式，形成具有牡丹江特色的主题形象。二是着力打造牡丹江红色精神谱系。在全国红色精神谱系中，东北抗联精神、北大荒精神、伟大抗疫精神都与牡丹江息息相关。同时，我们还有能够在全国产生影响力的“越是艰险越向前”的斗争精神，以及与红船精神相对应的“红路精神”，以这些精神为主体加以梳理提炼，让牡丹江红色精神谱系绽放时代光芒。三是着力完善牡丹江红色旅游总体格局。以“一心、四带、六线”的总体框架，构建以点带线，以线带面，辐射周边的红色旅游发展格局，使全市的红色旅游做到互联互通、联动发展。一心：是指牡丹市区以及郊区周围，主要依托八女投江公园、牡丹江抗战胜利纪念碑、侦查英雄杨子荣事迹馆、东北老航校等。四带：是指四条红色旅游带，牡丹江—五林—林口红色旅游带，主要依托五林革命烈士墓、五林镇杏树村杨子荣剿匪劝降地、“八女投江”殉难地遗址，八女英雄故居等；牡丹江—磨刀石—下城子—绥芬河—东宁红色旅游带，主要依托中共吉东局第一二三四次工作会议旧址、孤榆树东北抗联密营教育基地、中共六大历史资料馆、东宁要塞等；牡丹江—宁安红色旅游带，主要依托张闻天工作室、宁安中心县委旧址等“七大旧址”，陈翰章烈士陵园、鸡冠山革命烈士陵园、镜泊湖抗联园等“七大园”，抗联第四、五军诞生地等“四个抗日部队诞生地”，马骏纪念馆等“三个纪念馆”；牡丹江—海林红色旅游带，主要依托杨子荣烈士陵园纪念馆、在原牡丹江地区第一个党支部旧址、威虎山主峰景区等。六线：是指重点开发六个主题红色游览线路，开辟以英烈故里寻访游、党组遗址考察游、“红色国际通道”游、革命先驱足迹游、抗联遗址觅踪游、革命先烈凭吊游为主题的精品旅游线路。

三是丰富旅游产品体系，推动红色旅游多元融合发展。结合我市的红色旅游资源特质和客源市场需求，遵循红色旅游新发展的内在规律，推动教育型、体验型、观光型、纪念型等多样化的红色旅游产品体系创新发展、深度融合、多元植入，探索从产品融合、业态融合到机制融合、模式融合，在关键节点、关键链条、关键要素、关键组织等方面与其他产业进行适度的结构性融合，在省域空间、市域空间的产品、项目、业态、路线、营销、基础配套设施、服务设施等方面进行高度的要素性融合，在部门职能、政策供给、行业管理等方面进行功能性融合，促进食、住、行、游、购、娱等旅游要素有机衔接，不断完善上下游产业链条。探索开发教育型红色旅游，围绕教育教学、商务培训等经营业态，打造《智取威虎山》《林海雪原》《重走抗联路》等主题的红色演艺演出、红色歌谣、红色夏令营系列旅游产品，开展集革命传统教育和游乐于一体的红色教育系列活动，使广大游客特别是青少年经受红色思想政治教育的深刻洗礼。探索开发体验型红色旅游，充分采用声、光、电结合的半景画、全景画形式等高新技术手段还原《八女投江》《接应六大代表》等历史事件和历史遗址，使游客能够身临其境。探索开发观光型红色旅游，将红色旅游景区与生态旅游景区、文化古迹旅游景区相互融合、联动发展，形成独具特色的旅游产品体系，来满足广大游客游览需求。探索开发纪念型红色旅游，将红色元素融入畅销商品中，打造红色书籍、音像制品、红色民俗工艺品等独具一格的红色纪念品，提升旅游产品的附加值。

四是提升服务品质，完善旅游基础设施建设。实施旅游基础设施提升工程，逐步提高旅游服务质量，努力为游客提供更多一站式服务，使游客更舒心更愉快，打造一个安全舒适的旅游环境。加强交通基础设施建设，加快推动红色旅游景区之间和县（市、区）、村镇与各景点之间道路建设和提档升级，合理配置公共交通资源，开通红色旅游班车，形成大旅游交通格局。加强旅游接待设施建设，鼓励红色景区周边进驻星级宾馆和精品民宿，打造集风味饮食、商品购物、休闲娱乐等多功能为一体的红色特色街区和商业综合体，提升接待能力和接待档次。加强公共服务体系建设，探索建立红色旅游综合服务中心，完善游客救助、旅游信息发布与查询等功能；积极支持红色旅游网建设，搭建旅游目的地营销系统；建设标准的旅游标识指示系统，持续推进“旅游厕所革命”，实现红色景区通信无缝覆盖。

五是完善制度保障，助推红色旅游产业发展。统筹布局全市人力、物力、财力，为加快推动红色旅游发展提供必要保障。进一步强化组织保障，宣传文化战线各部门负责发展红色旅游的具体工作、协调解决发展红色旅游中存在的重大问题，强化对红色旅游区域开发建设的指导和协调，严格控制题材和内容，防止低水平重复建设，杜绝庸俗化和过度商业化。其他市直各单位、各县市区要加强沟通、密切配合，按照全市统一规划明确分工，各司其职。进一步做好金融服务保障，在地方财政困难的情况下，要大力争取国家在规划和资金上给予倾斜扶持；探索运用市场机制融资和开发景区景点，引导社会资本参与发展红色旅游。进一步做好人才保障，通过选拔、培训和引进等多渠道来促进管理人员的专业化成长，打造一支红色旅游景区专业化管理队伍；加强对从业人员的服务礼仪、服务规范、服务技能等方面的培训，以便于为游客提供专业化的服务；充分挖掘了解红色历史、有真挚爱国情怀的社会知名人士成为爱心讲解员，并培养一批“政治思想好、知识储备好、讲解服务好、示范带头好、社会影响好”的红色旅游五好讲解员，让讲解员成为红色文化最好的传播使者。

六是借势借力旅发大会，唱响牡丹江传承红色基因的时代篇章。要结合旅发大会、党史学习教育、中国共产党成立100周年等活动，充分利用主流媒体和微博、微信、网站、短视频等网络新兴平台扩大宣传，将牡丹江革命先辈披荆斩棘、矢志奋斗的艰苦卓绝历程与当前振兴发展的良好态势、各级党员干部奋发有为的精神状态、全市人民众志成城的抗疫精神、科技创新加速集聚的活力潜力有机结合，并以多渠道、多角度宣传推介，使红色文化和红色旅游成为旅发大会的重要“引爆点”，使牡丹江红色旅游成为中老年人重温激情岁月、感怀时代变迁的体验地，成为年轻人聆听红色故事、致敬英雄模范的“打卡地”，不断增强红色旅游的吸引力和感染力，生动传播红色文化，共庆百年华诞、共创历史伟业。

统计资料

表80　2021年牡丹江市国民经济和社会发展总量指标表

指标名称	计量单位	数量
人　口		
年末户籍人口	人	2441965
#非农业人口	人	1467935
农业人口	人	974030
#男性人口	人	1220081
女性人口	人	1221884
出生人口	人	7569
死亡人口	人	17291
就　业		
城镇非私营单位从业人员数	人	177552
国民经济核算		
地区生产总值	万元	8750489
#第一产业	万元	2113560
第二产业	万元	1882866
第三产业	万元	4754063
财　政		
公共财政预算收入	万元	604484
公共财政预算支出	万元	2676642
物价总指数（上年=100）		
商品零售价格指数	%	101.0
居民消费价格指数	%	100.5
农　业		
乡村从业人员	人	665018

续表

指标名称	计量单位	数量
农林牧渔业总产值	万元	3883644
主要工农业产品产量		
粮　食	吨	2972790
蔬　菜	吨	1266616
肉　类	吨	150716
水产品	吨	19621
发电量	万千瓦时	671200
机制纸和纸板	吨	188753
轮胎外胎	万条	480.5
水　泥	万吨	97.5
建筑业		
建筑业总产值	万元	586150
施工房屋面积	万平方米	202
竣工房屋面积	万平方米	31
交通运输		
货运量		
公　路	万吨	2232
航　空	吨	542
客运量		
公　路	万人	694
航　空	万人	7.6
邮电通信业		
邮电业务总量 *	万元	166951
国内贸易		
社会消费品零售总额	万元	7309344
对外经济贸易		
进出口总额 *	万美元	2409940
进口总额 *	万美元	1552445
出口总额 *	万美元	857495
对俄进出口总额 *	万美元	1771551
进口总额 *	万美元	1178017
出口总额 *	万美元	593534
外商直接投资	万美元	276
金融保险		
金融机构各项存款余额	亿元	2039.5

注：邮电业务总量 2018 年起不包含邮政储蓄业务；进出口总额 2018 年起单位为万元。

续表

指标名称	计量单位	数量
金融机构各项贷款余额	万元	7767266
城乡居民储蓄存款余额	万元	13600988
教　育		
在校学生数	人	271835
普通高等学校	人	74861
中等学校	人	107315
小学校	人	91637
专任教师数	人	20317
普通高等学校	人	3085
中等学校	人	10129
小学校	人	7103
科　技		
技术市场成交额	万元	114700
卫　生		
卫生机构数	个	2106
#医院、卫生院	个	144
卫生技术人员	人	22160
#医　生	人	8136
床位数	张	17761
#医　院	张	15731
生　活		
城镇非私营单位从业人员工资总额 *	万元	1196288
城镇非私营单位从业人员平均工资 *	元	67641
城镇居民人均可支配收入	元	36641
市政建设		
自来水供应量	万立方米	7860
供水管道长度	公里	880
公共汽车总数	辆	658
客运总数	万人次	9350
铺装道路长度	公里	802
铺装道路面积	万平方米	1173
园林绿地面积	公顷	5419
公园面积	公顷	780

说明：* 指标 2015 年及以前为在岗职工口径

表 81　2021 年牡丹江市动植物资源状况表

指标名称	数　量	品　种
树种	25 科百余种	主要优质木材有红松、云杉、冷杉、落叶松、樟子松、水曲柳、黄菠萝、胡桃楸、椴、桦、柞、黄榆等
野生经济植物	2200 多种	
#药用植物	500 多种	主要品种有刺五加、黄芪、杜鹃、五味子、桔梗、防风、沙参等
年贮量	20 万吨	
可开发利用山野菜	80 多种	蘑菇、木耳、蕨菜、薇菜、刺老芽、猫爪子等
年贮量	40 万吨	
可开发利用的野生果品植物	30 多种	红松籽、榛子、山核桃、山葡萄、山里红、刺玫果、橡子、山杏、山梨、黑豆果等
年贮量	15 万吨	
蜜源植物	约 60 种	主要有椴树、胡枝子、山丁子、稠李子、毛水苏、野玫瑰等
蜜源面积	130 万公顷	可养蜜蜂 30 万群
森林真菌	22 目 125 种	
林木真菌	96 种	
可食用真菌	29 种	主要有松茸、榛蘑、榆黄蘑、黑木耳、猴头菇、元蘑等
野生动物资源	18 科 53 种	东北虎、马鹿、梅花鹿、狍子、熊、野猪、山兔、紫貂、黄鼬、狐狸等
#国家一级重点保护野生动物	5 种	东北虎、豹、梅花鹿、棕熊、紫貂
国家二级重点保护野生动物	8 种	马鹿、原麝、斑羚、黑熊、猞猁、雪兔、豺、水獭
鸟类资源	48 科 265 种	主要有虎头海雕、苍鹭、榛鸡、鸿雁、白鹳、野鸭子、鹰、啄木鸟等
#国家一级保护鸟类	4 种	中华秋沙鸭、金雕、黑鹳、白鹳
国家二级保护鸟类	30 余种	花尾榛鸡、鸳鸯、小天鹅、松雀鹰、游隼、燕隼、猛鸮等

表 82　2021 年牡丹江市重点矿产资源保有储量表

矿　种	计量单位	保有储量	矿　种	单　位	保有储量
煤　炭	亿吨	7.0	叶蜡石	万吨	72.7
油页岩	万吨	5978.9	沸　石	万吨	5648.0
铁　矿	万吨	4015.2	饰面用花岗岩	万立方米	882.1
铜　矿	万吨	3.1	珍珠岩	万吨	626.0
金矿（金属量）	千克	7707.2	火山灰	万吨	4948.0
矽线石	万吨	72.3	水泥用大理岩	亿吨	1.0
石墨（晶质石墨）	万吨	4477.5	玄武岩	亿吨	1.1

表 83　2021 年牡丹江市区城镇常住居民家庭人均收入和支出表

计量单位：元

指标名称	数量	指标名称	数量
可支配收入	**36641**	居　住	4402
工资性收入	18455	生活用品及服务	1136
工　资	17875	交通通信	2428
实物福利	349	教育文化娱乐	2504
其　他	231	医疗保健	2803
经营净收入	4741	其他用品及服务	681
财产净收入	1555	**财产性支出**	**22**
转移净收入	11890	# 住房贷款利息支出	22
转移性收入	**14033**	**部分商业保险支出**	**463**
# 养老金或离退休金	11992	意外伤害保险	48
报销医疗费	647	商业医疗保险（含大病保险）	372
赡养收入	556	其他非储蓄性商业保险	21
转移性支出	**2143**	其他储蓄性商业保险	23
# 个人所得税	39	**购置资产及非经常性转移支出**	**3272**
社会保障支出	1854	购置资产支出	1011
生活消费支出	**23278**	非经常性转移支出	2261
食品烟酒	7578	# 博彩支出	15
衣　着	1747	婚丧嫁娶礼金支出	866

表 84　2021 年牡丹江市区城乡居民家庭每百户耐用消费品拥有量表

指标名称	计量单位	城镇居民	农村居民
家用汽车	辆	24.5	24.4
摩托车	辆	4.2	20.3
电冰箱（柜）	台	100.0	92.9
洗衣机	台	99.0	92.4
热水器	台	70.7	4.1
空调	台	13.8	3.3
彩色电视机	台	97.8	101.8
照相机	台	6.3	4.4
计算机	台	38.2	12.2
中高档乐器	架	4.0	6.8
固定电话	部	4.3	1.6
移动电话	部	207.6	230.3

表 85 2021 年牡丹江市公路线路里程表

指标名称	计量单位	全市
公路里程	公里	12492
按行政等级划分		
#国 道	公里	1470
省 道	公里	1369
县 道	公里	1539
乡 道	公里	2652
村 道	公里	4845
专用公路	公里	617
按技术等级划分		
#高速公路	公里	448
一级公路	公里	417
二级公路	公里	1128
三级公路	公里	2253
四级公路	公里	7374
等外路	公里	872

表 86 2021 年牡丹江市邮政和信息传输基本情况表

计量单位：万元

指标名称	计量单位	数量
邮 政		
邮政业务总量	万元	64218
函 件	万件	41
特快专递	万件	227
报刊期发数	万份	16
集邮业务	万枚	175
信筒信箱	处	220
邮路长度	公里	6800
农村投递线路	公里	9215
邮政局所数	处	154
#设在农村	处	70
信息传输		
电信业务总量	万元	102733
本地固定电话年末用户	户	256710
移动电话用户	户	2640872
互联网络用户	户	802665

说明：邮政业务总量 2011 年起不含电话业务数据，包含快递公司数据。由于铁路邮路并入哈尔滨邮政，不再计入牡丹江，2014 年起相应指标口径有调整

表 87　2021 年牡丹江市区城市概况表

指标名称	计量单位	数量
建成区面积	平方公里	82
房屋建筑面积	万平方米	5685
#住　宅	万平方米	3510
用水普及率	%	95.1
用气普及率	%	98.4
建成区绿化覆盖率	%	29.2
垃圾粪便无害化处理率	%	100.0
供水管道长度	公里	880
供水总量	万立方米	7860
公共汽车运营车辆	辆	658
公共汽车客运总数	万人次	9350
出租汽车	辆	2910
实有铺装道路面积	万平方米	1173
城市路灯	盏	50612
公　园	个	19
生活垃圾清运量	万吨	25
环卫机械数	台	334
供热管道长度	公里	862
集中供热面积	万平方米	4643
液化石油气	吨	9116

说明：因开发区独立核算，城市维护建设资金不含开发区

表 88　2021 年牡丹江市卫生事业基本情况表

单位：个、张、人

指标名称	全市
机构数	**2106**
医　院	88
社区卫生服务中心（站）	72
卫生院	56
村卫生室	1096
诊所、卫生所、医务室	676
采供血机构	2
妇幼保健院（所、站）	7
专科疾病防治院（所、站）	7

续表

指标名称	全市
疾病预防控制中心	11
卫生监督所（中心）	10
门诊部	67
计划生育技术服务机构	1
其　他	13
床位数	**17761**
#医　院	15731
卫生事业人员数	**27430**
#卫生技术人员数	22160
#执业（助理）医师	8136
注册护士	9382
药师（士）	908
技师（士）	1457
其　他	2277
#医　院	14855
基层卫生机构	5996
专业公共卫生机构	1239
其他卫生机构	70

表 89　2021 年牡丹江市社会保险参保和享受待遇情况表

计量单位：人

指标名称	全市
参保人数	**1141773**
养老保险	777005
城镇职工	412567
机关事业单位	58892
城乡居民	305546
失业保险	167000
医疗保险	1723597
工伤保险	197768
生育保险	198435
享受待遇人数	**595587**
养老保险	591604

续表

指标名称	全市
城镇职工	324377
机关事业单位	51501
城乡居民	215726
失业保险	2981
医疗保险	793795
工伤保险	1002
生育保险	2557

（资料来源：市统计局）

索 引

说明：

一、本索引分主题索引和图表索引。

二、主题索引中文标目按汉语拼音音序排列（大事记、组织机构及负责人、概况及综述标目、彩页除外），数字和字母开头的标目排在前面；标目后的数字表示内容所在的页码，数字后的英文字母 a、b、c 分别表示该页码的左、中、右栏；类目、分目、专稿标题用彩色字体表明。

三、图表索引以正文表格题名为标目，仅标注所在页码，不标注分栏，按照图表在正文中的先后顺序排列。

主题索引

字母与数字

A

B

E

F

J

K

L

M

N

T

Y

图表索引